桂林年鉴

GUILIN NIANJIAN

2018

桂林市地方志编纂委员会　编

GUANGXI NORMAL UNIVERSITY PRESS
广西师范大学出版社
·桂　林·

图书在版编目（CIP）数据

桂林年鉴．2018 / 桂林市地方志编纂委员会编．—桂林：广西师范大学出版社，2018. 11
ISBN 978-7-5598-1443-2

Ⅰ．①桂… Ⅱ．①桂… Ⅲ．①桂林－2018－年鉴
Ⅳ．①Z526.73

中国版本图书馆 CIP 数据核字（2018）第 271745 号

广西师范大学出版社出版发行
（广西桂林市五里店路 9 号　邮政编码：541004
网址：http://www.bbtpress.com）
出版人：张艺兵
全国新华书店经销
深圳市精一瑞兰印刷有限公司印刷
（深圳市龙岗区南岭龙山工业区 25 号 1-3 层　邮政编码：518114）
开本：889 mm × 1 240 mm　1/16
印张：27.75　插页：28　字数：1 100 千字
2018 年 11 月第 1 版　2018 年 11 月第 1 次印刷
定价：368. 00 元

如发现印装质量问题，影响阅读，请与出版社发行部门联系调换。

编 辑 说 明

一、《桂林年鉴》是中共桂林市委、桂林市人民政府主办，桂林市地方志编纂委员会编纂的地方综合年鉴。每年出版1卷，已连续出版24卷。《桂林年鉴》的编纂出版坚持以马克思列宁主义、毛泽东思想、邓小平理论、“三个代表”重要思想、科学发展观和习近平新时代中国特色社会主义思想为指导，旨在载录桂林市经济和社会发展的基本情况，为各级领导机关决策、指导工作提供市情依据，是社会各界和海外人士了解、研究桂林的最新信息载体，并为桂林市的发展积累史料。

二、《桂林年鉴(2018)》主体内容设类目、分目、条目3个层次，除特载、大事记、统计资料、附录等类目外，其他类目的内容均以条目为表现内容的基本形式。条目的标题统一用黑体加【 】表示。年鉴内容采用科学分类和社会分工相结合的原则设置类目，机构、企事业单位的排序一般不表示其地位和规模。

三、本卷年鉴着重记载2017年桂林市经济和社会发展的基本情况及大事、要事、新事，个别重要内容有上溯或下延。全书设概况、特载、2017年大事记、桂林国际旅游胜地建设、中国共产党桂林市委员会、桂林市人民代表大会、桂林市人民政府、中国人民政治协商会议桂林市委员会、纪律检查和行政监察、民主党派·工商联、人民团体、政法、军事、外事侨务·接待、旅游业、城乡建设与管理、环境保护、交通运输·邮政、信息业、工业、农业·水利·农村扶贫、商业·会展业、对外经济贸易·非公有制经济、财政·税务、金融、新区·开发区、经济行政管理与监督、教育、科学、文化、新闻出版·广播电视、卫生·计划生育·体育、人力资源和社会保障、社会生活、区县简介、人物、统计资料、附录共38个类目，229个分目。设彩色插页56页，内文插图274幅。

四、本卷年鉴稿件由各行业主管部门和各县(区)提供，并经撰稿单位领导审核。各行业中列入统计部门的主要数据，采用统计部门提供的数据，未列入统计部门范围的数据，以各行业主管部门提供为准，数据不一致的，引用时应加以说明。统计数据采用法定计量单位。

五、本卷年鉴为便于读者查阅，配备双重检索系统，书首设中文目录和英文目录，书尾设索引，索引采用主题分析法，主题词词首按汉语拼音字母顺序排列。

六、本卷年鉴配备光盘，光盘内含电子版年鉴，电子版年鉴采用先进的多媒体和全文检索技术，方便读者使用。

桂林市地方志编纂委员会

主　　任：秦春成

副 主 任：韦凤云　彭东光　徐　锋　钟　麟　丁东弟
　　　　　申光明　谷海洪　徐朝凯

委　　员：涂国辉　刘满云　叶桂忠　唐建林　黄　强
　　　　　韦远明　蒋文明　谭兴元　蒋伟名　李安平
　　　　　曾　亮　蔡立圭　李　滨　王　芳　李　强
　　　　　罗建章　吴般丹　隆　斌　覃　澍　文　剑

《桂林年鉴(2018)》编辑人员

主　　编：徐朝凯

常务副主编：韦兰玉

副 主 编：文　剑　曾荣平　胡小春　潘树能　关玉成
　　　　　廖志良

编　　辑：覃丰展　陶树青　伍己忠　李春瑜　文雪梅
　　　　　陈　辉　尹　乐　李忆敏　廖宝剑　游宇琳

目　　录
Contents

概　　况

General Situation

特　　载

Special Documents

2017 年大事记

Chronicle of Events in 2017

桂林国际旅游胜地建设

The Construction of Guilin International Tourism Destination

中国共产党桂林市委员会

Guilin Municipal Committee of the Communist Party of China

桂林市人民代表大会

Guilin Municipal People's Congress

桂林市人民政府

Guilin Municipal People's Government

中国人民政治协商会议桂林市委员会

Guilin Municipal Committee of the Chinese People's Political Consultative Conference

纪律检查和行政监察

Discipline Inspection and Administrative Supervision

民主党派・工商联

Democratic Parties and the Federation of Industry and Commerce

人民团体

People's Organizations

政　法

Political and Legislative Affairs

军 事

Military Affairs

外事侨务·接待

Foreign and Overseas Chinese Affairs and Reception

旅 游 业

Tourism

城乡建设与管理

Urban and Rural Construction and Management

环境保护

Environmental Protection

交通运输·邮政

Transportation and Postal Service

信 息 业

Information Industry

工 业

Industry

农业 · 水利 · 农村扶贫

Agriculture and Water Conservancy and Poverty Alleviation and Development

商业·会展业

Commerce and Exhibition

对外经济贸易·非公有制经济

Foreign Economic Trade and Non-public Sector of the Economy

财政・税务

Finance and Taxation

金 融

Finance

新区·开发区

District and Development Zone

经济行政管理与监督

Economic Administration and Supervision

教 育

Education

科　　学

Science

文 化

Culture

新闻出版·广播电视

Press and Publication and Radio and Television

卫生·计划生育·体育

Health and Family Planning and Sports

人力资源和社会保障

Human Resources and Social Security

社会生活

Social Life

区县简介

General Situation of Districts and Counties

人　　物

Figures

统计资料

Statistical Data

附　　录

Appendix

索　　引

Index

国际旅游胜地——桂林

城市性质：

首批中国历史文化名城

著名国际风景游览城市

城市数字：（2017年）

行政区划：6城区11县

土地面积：27667平方千米

年末户籍总人口：534.08万人

6城区人口：130.4万人

全市地区生产总值：2045.18亿元

第一产业增加值：381.83亿元

第二产业增加值：791.94亿元

第三产业增加值：871.41亿元

人均地区生产总值：38298元

固定资产投资：2234.24亿元

组织财政收入：239.54亿元

农作物总播种面积：71.48万公顷

粮食总产量：195.79万吨

社会消费品零售总额：928.12亿元

接待国内外游客人数：8232.79万人次

入境游客人数：248.90万人次

旅游总收入：971.76亿元

民用汽车保有量：56.15万辆

城镇居民人均可支配收入：32534元

农村居民人均可支配收入：13345元

金融机构本外币存款余额：3284.51亿元

金融机构本外币贷款余额：2149.77亿元

外贸进出口总额：10.43亿美元

旅游景点：

国家5A级旅游景区（点）：4处（漓江景区、乐满地度假世界、独秀峰·王城景区、两江四湖·象山景区）

国家4A级旅游景区（点）：25处

国家3A级旅游景区（点）：28处

全国重点文物保护单位：15处

漓江风光　李腾钊　摄

国际旅游胜地——桂林

城市荣誉：

首批中国历史文化名城（1982年）

中国重点风景旅游城市（1986年）

首批中国优秀旅游城市（1998年）

首批中国十大文明风景旅游示范点（漓江景区 1998年）

全国创建文明城市工作先进城市（1999年、2002年、2005年、2009年）

国家园林城市（2003年）

全国园林绿化先进城市（2003年）

最佳中国魅力城市（2004年）

国家卫生城市（2005年）

全国科技进步先进市（2005年、2007年、2009年、2011年）

国家环境保护模范城市（2005年）

全国绿化模范城市（2007年、2011年）

中国十大休闲城市（2007年、2013年）

中国青年喜爱的旅游目的地（2007年）

国家知识产权示范城市创建市（2008年）

全国社会治安综合治理最高奖“长安杯”（2009年、2013年、2017年）

全国十佳绿色城市（2011年）

最中国文化名城（2011年）

中国特色休闲城市——最美休闲城市（2011年）

全国双拥模范城（1993年、1994年、1997年、2000年、2004年、2008年、2012年、2016年）

首批“全国旅游刷卡无障碍示范区”城市（2012年）

国家信息消费试点城市（2013年）

中国十佳品牌会展城市（2013年）

创建国家电子商务示范城市（2014年）

国家信息惠民试点城市（2014年）

全国优秀会展城市（2014年）

桂林喀斯特地貌列入世界自然遗产名录（2014年）

2014年度最佳国际旅游度假目的地（2014年）

美丽中国之旅十佳山水城市（2014年）

最佳国内旅游城市（2015年）

中欧低碳生态城市合作项目专项试点示范城市（2015年）

全国人民防空先进城市（2016年）

2011—2015年全国法治宣传教育先进城市（2016年）

2015—2016年度中国最具魅力会议目的地（2016年）

2015—2016年度全国会展名城（2016年）

2016亚洲旅游红珊瑚奖——亚洲最受欢迎旅游城市（2016年）

2013—2016年度全国社会治安综合治理优秀市（2017年）

全国首批健康旅游示范基地（2017年）

漓江景区　林京学　摄

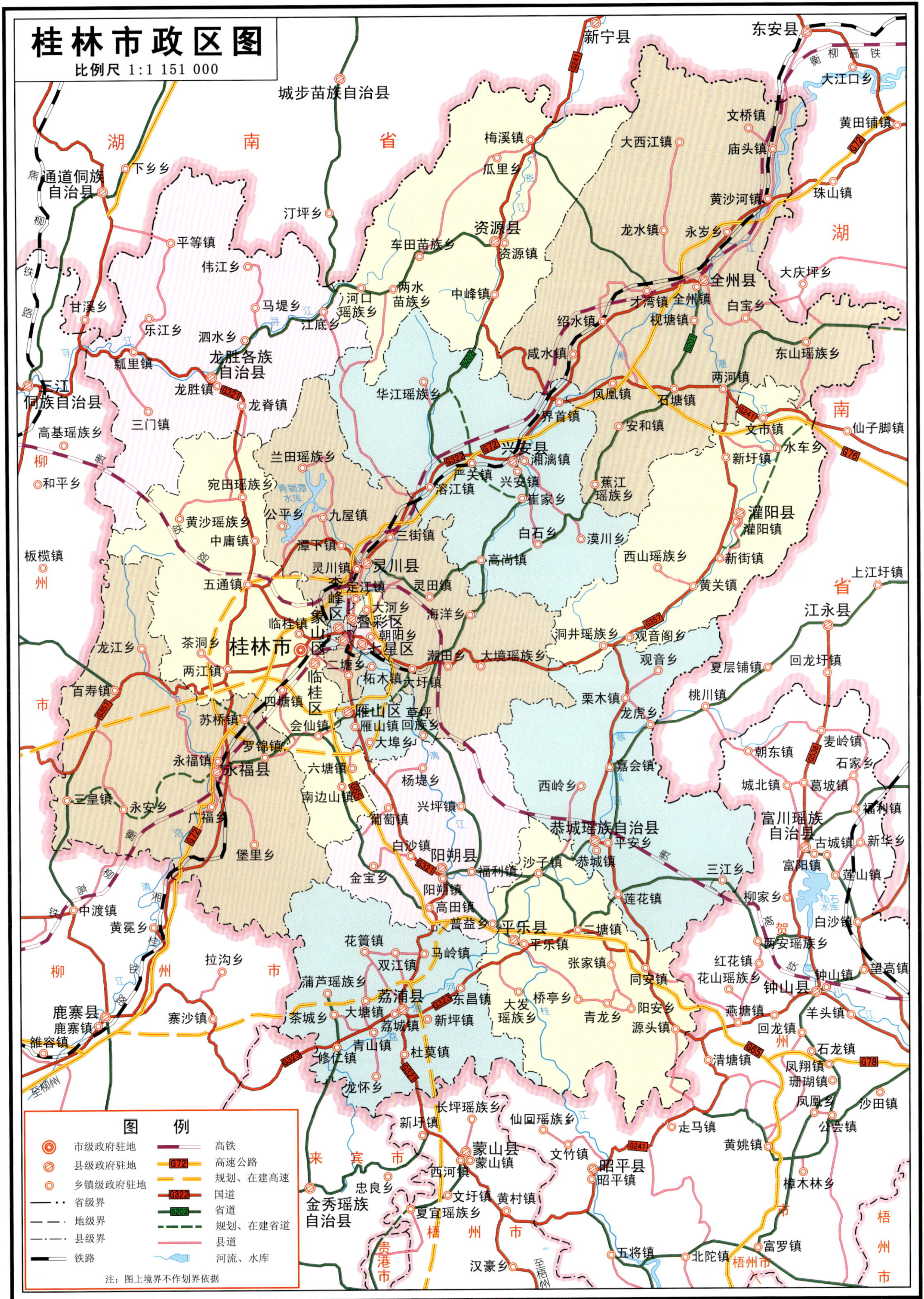

广西南宁六维地理信息服务有限公司编制　　审图号：桂S（2016）90号　　2016年12月

广西南宁六维地理信息服务有限公司编制

审图号：桂S（2016）90号

2016年12月

图片专辑 TUPIAN ZHUANJI

领导考察

领导活动

学习、宣传、贯彻党的十九大精神

桂林国际旅游胜地建设

城市形象显著提升

漓江生态环境保护

脱贫攻坚取得新成果

桂林百姓大舞台

漓江乌桕滩秋色　李腾钊　摄

领导考察

2017年5月3日，自治区党委书记、自治区人大常委会主任彭清华（前排左三）到桂林电子科技大学易班创客中心调研　　何平江　摄

2017年7月18日，自治区党委书记、自治区人大常委会主任彭清华（前排中）到桂林高铁经济产业园考察　　何平江　摄

领导活动

2017年2月15日，市委书记、市人大常委会主任赵乐秦（左一）到象山区北芬大村调研该村古村落保护与旅游开发以及建设民族风情特色休闲度假新村等情况　何平江　摄

2017年5月10日，市委书记、市人大常委会主任赵乐秦（前排中）到恭城瑶族自治县调研　何平江　摄

2017年7月13日，市长周家斌（右二）在桂林北站实地督查创城工作　　李 凯 摄

2017年4月12日，市长周家斌（右一）在龙门大桥建设现场听取工作汇报　　李云波 摄

领导活动

2017年12月12日，代市长秦春成(左二）察看塔山片区、新生街改造项目进度　　唐艳兰　摄

2018年2月9日，市长秦春成（中）到桂林市交警指挥中心开展节前安全生产检查　　唐　侃　摄

2017年2月8日，市政协主席粟增林（前排中）率队到荔浦县修仁镇调研　　市政协办公室　供图

2017年7月19日，市政协主席粟增林（左三）率政协常委视察团开展新型城镇化建设视察　　市政协办公室　供图

学习、宣传、贯彻党的十九大精神

2017年，桂林市积极组织学习、宣传、贯彻党的十九大精神，分别组建学习贯彻党的十九大精神领导干部宣讲团、文艺宣讲团、“第一书记”宣讲团、“定向选调生”宣讲团等等，开展“千人万场”宣讲3万多场次，直接受众500多万人次，全市学习党的十九大精神取得成效，促进了各行各业的快速发展。

1 2017 年 9 月 27 日，由中共桂林市委、市人民政府主办，市委宣传部承办的“迎十九大·感恩祖国”桂林市庆祝中华人民共和国成立 68 周年歌咏汇演在桂林大剧院举行　何平江　摄

2 2017 年 10 月 29 日，桂林市举行传达学习党的十九大精神大会　何平江　摄

3 2017 年 11 月 8 日，市委书记、市人大常委会主任赵乐秦（后排中）主持市委中心组专题学习会，再学习、再部署贯彻落实党的十九大精神　何平江　摄

4 2017 年 11 月 1 日，市委书记、市人大常委会主任赵乐秦（左二）到秀峰区鲁家村为干部群众宣讲党的十九大精神　何平江　摄

3

4

学习、宣传、贯彻党的十九大精神

1

2

1 2017 年 11 月 16 日，自治区宣讲团党的十九大精神报告会在市直机关小礼堂举行　唐　侃　摄
2 2017 年 11 月 10 日，学习贯彻党的十九大精神桂林市宣讲团动员会举行　文秀芳　摄
3 2017 年 11 月 17 日，桂林百姓大舞台到兴安县溶江镇宣讲党的十九大精神　何平江　摄
4 2017 年 12 月 6 日，桂林百姓大舞台到雁山区草坪回族乡宣讲党的十九大精神　何平江　摄

3

4

桂林国际旅游胜地建设

2017 年，桂林市以桂林国际旅游胜地建设统领桂林经济社会全面发展，坚持城乡互动、融合发展，加快实现从旅游目的地向国际旅游胜地转变，桂林国际旅游胜地魅力彰显：中央电视台春节联欢晚会桂林分会场举行；第十一届联合国世界旅游组织 / 亚太旅游协会旅游趋势与展望国际论坛、2017 中国—东盟博览会旅游展、第七届桂林国际山水文化旅游节在桂林举办；2017 环广西公路自行车世界巡回赛（桂林段）、桂林国际马拉松赛、2017 资源漂流世界杯等国际赛事精彩纷呈，提升了桂林知名度和美誉度。全年，全市接待旅游总人数 8232.79 万人次，（比上年，下同）增长 52.86%，旅游总消费 971.76 亿元，增长 52.48%；接待入境过夜游客人数 248.90 万人次，增长 6.68%。

第十一届联合国世界旅游组织 / 亚太旅游协会旅游趋势与展望国际论坛

1 2017 年 10 月 11 日，第十一届联合国世界旅游组织 / 亚太旅游协会旅游趋势与展望国际论坛开幕　何平江　摄

2 2017 年 10 月 10 日，市委书记、市人大常委会主任赵乐秦（左七），市长周家斌（左六）等领导会见参会的国外友好城市代表团团长　何平江　摄

3 2017 年 10 月 10 日，国家旅游局副局长杜江（右六）、自治区副主席张晓钦（中）、市长周家斌（右四）会见参会的嘉宾　何平江　摄

桂林国际旅游胜地建设

2017 中国—东盟博览会旅游展

1

2

1 2017 年 10 月 10 日，2017 中国—东盟博览会旅游展开幕　何平江　摄

2 2017 年 10 月 11 日，2017 中国—东盟博览会旅游展与会领导及嘉宾参观展馆　何平江　摄

3 2017 年 10 月 11 日，2017 中国（桂林）国际休闲旅游论坛在漓江大瀑布饭店举行　唐艳兰　摄

4 2017 年 10 月 11 日，桂林国际旅游胜地特色旅游产品及线路推介会上，桂林市旅游发展委员会与各商家签订战略合作备忘录　唐　侃　摄

5 2017 年 10 月 12 日，2017 中国—东盟汽车房车露营旅游产业发展高峰论坛在漓江大瀑布饭店举行　唐艳兰　摄

桂林国际旅游胜地建设

第七届桂林国际山水文化旅游节

第七届桂林国际山水文化旅游节开幕式暨文艺演出
The 7th Guilin International Scenery Culture & Tourism Festival Opening Ceremony and Theatrical Performances

1

2

1 2017 年 10 月 10 日，第七届桂林国际山水文化旅游节开幕式暨文艺演出在桂林大剧院举行　何平江　摄

2 2017 年 10 月 10 日，中外嘉宾出席第七届桂林国际山水文化旅游节开幕式并观看演出　何平江　摄

3 2017 年 10 月 10 日，第七届桂林国际山水文化旅游节开幕式暨文艺演出现场　唐艳兰　摄

4 2017 年 10 月 10 日，第七届桂林国际山水文化旅游节开幕式暨文艺演出现场　唐艳兰　摄

5 2017 年 10 月 12 日，第三届桂林国际美食文化展暨漓泉啤酒节在甲天下广场举行　唐　侃　摄

6 2017 年 10 月 12 日，第十届中国桂林国际市民徒步大会在古南门启动　唐　侃　摄

7 2017 年 10 月 12 日，2017“桂林有礼”旅游商品创意设计征集作品展在桂林市展览馆举行　唐艳兰　摄

桂林国际旅游胜地建设

重大国际赛事

1

2

1 2017 年 10 月 24 日，2017 环广西公路自行车世界巡回赛桂林赛段男子比赛出发　　李腾钊　摄
2 2017 年 10 月 24 日，2017 环广西公路自行车世界巡回赛桂林城市绕圈赛（男子组）举行　　何平江　摄
3 2017 年 10 月 24 日，2017 环广西公路自行车世界巡回赛桂林城市绕圈赛（女子组）举行　　何平江　摄
4 2017 年 10 月 24 日，2017 环广西公路自行车世界巡回赛桂林赛段女子赛队通过滨江路　　李腾钊　摄

3

4

桂林国际旅游胜地建设

重大国际赛事

1 2017 年 10 月 24 日，2017 环广西公路自行车世界巡回赛桂林城市绕圈赛赛况直播　　滕　嘉　摄

2 2017 年 10 月 24 日，2017 环广西公路自行车世界巡回赛桂林城市绕圈赛最佳车队 BMC 车队　　何平江　摄

3 2017 年 11 月 19 日，桂林国际马拉松赛从甲天下广场出发　　何平江　摄

4 2017 年 11 月 19 日，桂林国际马拉松赛选手们通过漓江桥　　唐　侃　摄

5 2017 年 11 月 19 日，桂林国际马拉松赛比赛现场　　唐艳兰　摄

城市形象显著提升

2017年，桂林市城市形象显著提升。城市交通基础设施建设取得重大进展，桂林至阳朔文化旅游大道全面完工，漓江桥扩建、龙门大桥、香江立交等一批工程建成投入使用。开展全国文明城市创建活动，城市面貌焕然一新。

城市交通设施建设

1

2

1 2017 年，桂林至阳朔文化旅游大道实现通车　　唐　侃　摄
2 2017 年 11 月 3 日，香江立交桥车流有序　　唐　侃　摄
3 2017 年 5 月 11 日，扩建通车后的漓江桥车辆畅通无阻　　唐　侃　摄
4 2017 年 6 月 1 日，龙门大桥建成通车　　何平江　摄

3

4

城市形象显著提升

城市交通设施建设

1 2017 年，城市道路“白改黑”工程完工　　何平江　摄

2 2017 年，三多路人行天桥　　陶树青　摄

3 2017 年 4 月，桂林第十一中学至万福广场人行天桥　　覃丰展　摄

4 2017 年，中山中路实施“花化彩化”建设　　李腾钊　摄

5 2017 年，僚田立交桥绿化景观　　李腾钊　摄

6 2017 年，在建中的云轨　　陶树青　摄

城市形象显著提升

全国文明城市创建活动

1 2017 年 5 月 17 日，市委书记、市人大常委会主任赵乐秦（前排左二）到象山区二塘乡北芬大村与学生们一起参加"小手人手共相牵，同绘美丽桂林城"活动　何平江　摄

2 2017 年 7 月 19 日，市创城办、市委宣传部干部职工和小记者们到虹桥社区开展创城调查　何平江　摄

3 2017 年 9 月 7 日，桂林创建全国文明城——大学生志愿者"我文明　我行动"举行授旗仪式　唐艳兰　摄

4 2017 年 7 月 8 日，由市创城办、桂林日报社、市教育局、桂林银行共同主办的"千名小记者　共创文明城"活动在市中心广场启动　何平江　摄

5 2017 年 5 月 31 日，桂林市芦笛小学"小手拉大手，我为创城做贡献"主题中队会现场　唐　侃　摄

6 2017 年 9 月 4 日，桂林市中山中学举行开学典礼，倡议师生为桂林创建全国文明城市作贡献　唐　侃　摄

城市形象显著提升

全国文明城市创建活动

1 2017年9月2日，叠彩区检查辖区大型商场、超市创城情况　唐艳兰 摄

2 2017年8月1日，创城交通秩序整治落实金点子整治僵尸车　唐 侃 摄

3 2017年8月22日，翊武路宝贤中学门口斑马线，过往车辆停车礼让行人　唐 侃 摄

4 2017 年 4 月，中山中路实施立体花化建设，美化城市环境　李腾钊　摄

5 2017 年 5 月，中山中路交通井然有序　李腾钊　摄

6 2017 年 7 月 4 日，桂林工人文化宫周边环境干净整齐　唐　侃　摄

7 2017 年 5 月 21 日，拆除违法广告和违法建筑后的中心广场面貌焕然一新　何平江　摄

8 2017 年 8 月，中山中路非机动车道由石板路面改为沥青路面，市民骑车出行更安全舒适　何平江　摄

城市形象显著提升

全国文明城市创建活动

1

2

1 2017 年 5 月，漓江东岸临江路上关村路段面貌焕然一新　唐侃 摄
2 2017 年 9 月，阳桥头违建拆除后，环境整洁　何平江 摄
3 2017 年 7 月 8 日，七星农贸市场整洁卫生　何平江 摄
4 2017 年 12 月，整洁的景区环境　李腾钊 摄

漓江生态环境保护

2017年，中共桂林市委、市人民政府高度重视漓江生态环境保护工作，加快推进漓江“统一管理、统一经营、统筹各方利益”管理体制改革。构建漓江生态保护新格局，完善漓江风景名胜区生态保护长效管理机制，四级网格化监管体系不断健全；集中开展“四乱一脏”专项整治行动，漓江流域21家关停采石场全部生态复绿，漓江市区段洲岛鱼餐馆及违法搭建全部拆除；漓江城市段污水集中治理基本完成，城市污水集中处理率超99%，污水直排漓江现象得到有效遏制。

1 2017 年 4 月 11 日，市委书记、市人大常委会主任赵乐秦（前排中）到漓江风景名胜区专题调研和现场办公 桂林漓江风景名胜区管理委员会 供图

2 2017 年 10 月 29 日，市委副书记白松涛（左）到漓江风景名胜区调研 桂林漓江风景名胜区管理委员会 供图

3 2017 年 5 月 10 日，由桂林市科学技术学会、桂林漓江风景名胜区管理委员会联合主办的“保护漓江生态环境我行动”——鱼苗放生活动在解放桥头西侧启动 桂林漓江风景名胜区管理委员会 供图

2

3

漓江生态环境保护

1

2

1 2017 年，漓江风景名胜区综合监管平台（一期）建成投入运行　桂林漓江风景名胜区管理委员会　供图

2 2017 年 11 月，桂林漓江风景名胜区管理委员会工作人员在兴坪码头抽检导游证　桂林漓江风景名胜区管理委员会　供图

3 2017 年 11 月，桂林漓江风景名胜区管理委员会规范整治杨堤码头游览排筏　桂林漓江风景名胜区管理委员会　供图

4 2017 年 3 月，桂林漓江风景名胜区管理委员会开展漓江风景名胜区毁林开垦整治　桂林漓江风景名胜区管理委员会　供图

5 2017 年 2 月，桂林漓江风景名胜区管理委员会清理整治漓江沿岸环境卫生脏乱情况　桂林漓江风景名胜区管理委员会　供图

漓江生态环境保护

1

2

3

1 2017 年，桂林漓江风景名胜区管理委员会依法查扣漓江风景名胜区范围内非法开采设备
桂林漓江风景名胜区管理委员会 供图

2 2017 年，桂林市开展世界自然遗产地漓江区域环境综合整治 桂林漓江风景名胜区管理委员会 供图

3 2017 年 1 月，桂林漓江风景名胜区管理委员会依法拆除漓江风景名胜区范围内违法建筑
桂林漓江风景名胜区管理委员会 供图

4 2017 年，桂林市开展漓江沿岸危岩治理 桂林漓江风景名胜区管理委员会 供图

5 2017 年，桂林漓江风景名胜区管理委员会开展漓江水域保洁 桂林漓江风景名胜区管理委员会 供图

漓江生态环境保护

1

2

1	2017 年 4 月，提档改造后的漓江星级游船	桂林漓江风景名胜区管理委员会　供图
2	2017 年 10 月 30 日，漓江游览分时分段游新航线开通	桂林漓江风景名胜区管理委员会　供图
3	2017 年 7 月 1 日，漓江水上游览开始实行实名制管理	桂林漓江风景名胜区管理委员会　供图
4	2017 年 11 月 14 日，两江四湖二期工程连通水系水道全线贯通	桂林漓江风景名胜区管理委员会　供图

脱贫攻坚取得新成果

2017 年，桂林市全面深入实施精准扶贫、精准脱贫，整合各方资金加大扶贫投入，全市整合各类扶贫资金 39.2 亿元，实施道路、饮水、通信、文化、卫生等工程建设，贫困地区基础设施持续提升。开展贫困人口动态调整工作，转移就业扶贫、易地扶贫搬迁、村级集体经济发展等工作全面推进。全年新建、改建贫困村公路 1440 条，实施农村电网改造项目 62 个；发展果蔬种植、禽畜养殖等产业，受益贫困户 4.08 万户；开工建设易地扶贫搬迁点 33 个，累计搬迁入住 2.18 万人；发放扶贫贷款 13.4 亿元，获小额信贷贫困户 3.31 万户；累计发放教育扶贫资金 1.57 亿元，惠及学生 24.5 万人次。贫困地区呈现出脱贫提速、发展提效、民生提质的局面。

1 2017 年 5 月 18 日，市委书记、市人大常委会主任赵乐秦（右四）到资源县车田苗族乡开展易地扶贫搬迁工作调研　市扶贫办　供图

2 2017 年 6 月 13 日，市委副书记白松涛（左三）到永福县永福镇渔洞村调研光伏扶贫项目　邹　龙　摄

3 2017 年 9 月 12 日，荔浦县杜莫镇榕洞村党组织第一书记张毅先进事迹主题情景报告会举行　何平江　摄

4 2017 年 6 月 15 日，家庭医生进入龙胜各族自治县帮助贫困患者建立健康档案　市扶贫办　供图

5 2017 年 9 月 7 日，兴安县贫困村仁和村带动贫困户种植林下仿野生灵芝　蒋小芳　摄

6 2017 年 6 月 29 日，灵川县灵田镇东田村混元桥建成，改善了村民出行交通条件　市扶贫办　供图

2

5

6

脱贫攻坚取得新成果

1 2017 年 8 月 21 日，龙胜各族自治县龙脊镇大柳村瑶族群众引进的新品种皇太鸡　　市扶贫办　供图

2 2017 年，桂林市实施扶贫饮水安全项目，改善了贫困群众生产生活条件　　市扶贫办　供图

3 2017 年 1 月 15 日，龙胜各族自治县龙脊镇大寨村年度股权分红　　石农兵　摄

4 2017 年 11 月 8 日，临桂区扶贫办到四塘镇李家贫困村验收道路　　市扶贫办　供图

桂林百姓大舞台

桂林百姓大舞台由中共桂林市委宣传部主办，各县（区）和有关部门共同打造的文化惠民工程，从2009年4月首演至2018年10月已演出236场，获文化部群众文化最高奖——群星奖。党的十九大以来，桂林百姓大舞台结合传统节日和各种节庆活动，先后深入农村、企业、社区、学校开展演出，贯彻习近平新时代中国特色社会主义思想和党的十九大精神，为老百姓提供了寓教于乐的免费文化大餐。

庆祝“中国医师节”暨2018年桂林市“最美医生”颁奖晚会

1 2018 年 8 月，庆祝首个“中国医师节”暨 2018 年桂林市“最美医生”颁奖晚会举行

2 3 医务工作者代表在会场观看文艺节目

4 5 医护人员登台演出

6 市领导白松涛、韦凤云、赵德明、兰燕、汤桂荔观看演出，并为“最美医生”颁奖

（本页照片由麻承福摄）

桂林百姓大舞台

走进全州

1 2018 年 6 月 26 日，桂林百姓大舞台走进全州县永岁镇九节岗村举办宣传党的十九大精神专场文艺演出

2 观众观看演出

3 欢声笑语满会场

（本页照片由麻承福摄）

走进恭城

1 2018 年 1 月 24 日，桂林百姓大舞台走进恭城瑶族自治县平安乡演出，在热情洋溢的瑶族歌舞《欢聚瑶乡》中拉开帷幕

2 演唱热情歌颂党的十九大的歌曲《不忘初心》

3 农村老百姓观看演出

（本页照片由麻承福摄）

桂林百姓大舞台

走进永福

1 2018年1月30日，桂林百姓大舞台永福县罗锦镇专场文艺演出暨永福县“三下乡”活动启动仪式的演出会场

2 快板《不忘初心党旗红》

3 现场观众参与党的十九大知识问答抢答活动

4 彩调《新生事物》

（本页照片由唐侃摄）

第二届寻找“最美军嫂”评选揭晓晚会

1 2018年9月4日，庆祝中国人民解放军建军91周年暨第二届寻找“最美军嫂”评选揭晓晚会走进桂林百姓大舞台

2 战士们在舞台上展示军人风采

3 女兵表演

4 消防战士演绎最美“逆行者”

（本页照片由何平江摄）

桂林百姓大舞台

走进兴安

1 2017 年 11 月 17 日，桂林百姓大舞台走进兴安县溶江镇，用老百姓喜闻乐见的文艺形式宣讲党的十九大精神

2 小品《欢乐小山村》

3 现场冒雨观看演出的观众

（本页照片由麻承福摄）

走进雁山

1 2017 年 12 月 6 日，桂林百姓大舞台走进雁山区草坪回族乡

2 热情的观众挤满了会场

3 载歌载舞宣传党的十九大精神

4 文艺演出现场

（本页照片由何平江摄）

桂林百姓大舞台

走进读书月

1 2018年4月23日，市领导出席"读书月"启动仪式

2 3 "读书月"启动仪式文艺演出

4 桂林高等院校和中小学生代表观看演出

（本页照片由麻承福摄）

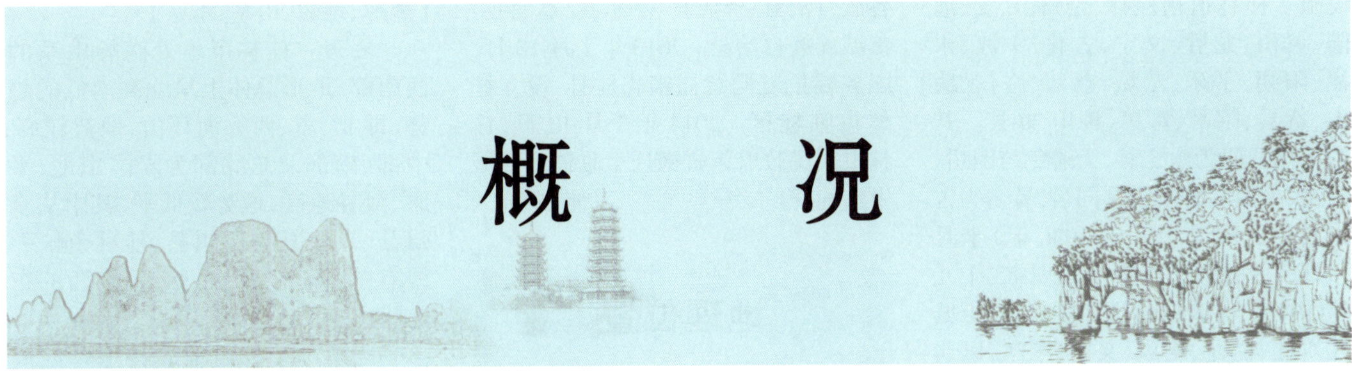

概　况

建置沿革

先秦时期，桂林为百越地。秦始皇三十三年（前214年），秦王朝统一岭南，设桂林、南海、象三郡，今桂林市大部分为桂林郡，东北部今兴安县、全州县、资源县、灌阳县和龙胜各族自治县的一部分属长沙郡。

汉高祖三年至元鼎五年（前204年—前112年），原桂林郡地属南越国地。

汉元鼎六年（前111年），置始安县，辖地包括今桂林市区、灵川县、阳朔县、永福县、柳州市鹿寨县及兴安县、龙胜各族自治县部分地域，县治在今桂林市区，属荆州零陵郡。今灌阳县、全州县、资源县及平乐县、恭城瑶族自治县部分地域属零陵郡；今龙胜各族自治县属武陵郡；今荔浦县属苍梧郡。

东汉建武四年（28年）改始安县置始安侯国，治所在今桂林市区。

三国吴甘露元年（265年）十一月，分零陵郡南部置始安郡，辖始安（今桂林市区、兴安县、灵川县、阳朔县、荔浦县、永福县）、平乐（今平乐县、恭城瑶族自治县）、荔浦、尚安（今阳朔县）、熙平（今阳朔县）、永丰（今荔浦县）等县，今全州县、灌阳县、资源县属荆州零陵县，今龙胜各族自治县属荆州武陵郡。始安郡、始安县治所均在桂林市区，仍属荆州管辖。

西晋，始安郡改属广州，辖始安、平乐、常安、熙平、永丰、荔浦等县，包括今桂林兴安县、灵川县、临桂区、阳朔县、永福县、平乐县、荔浦县、恭城瑶族自治县，柳州市鹿寨县，梧州市蒙山县。今全州县、灌阳县、资源县、龙胜各族自治县的归属同三国时期。

南朝刘宋年间，始安郡属湘州；南朝梁天监六年（507年）析广州之苍梧、郁林郡置桂州，领郡县，大同六年（540年）十二月，州治迁至今桂林市区。

隋大业三年（607年），桂州废改为始安郡，治始安县（今桂林市区），今桂林市区及辖县大部分属始安郡，今全州县、资源县、兴安县、灌阳县属零陵郡。

唐武德四年（621年），始安郡改置桂州。天宝元年（742年）桂州改为始安郡。唐至德二年（757年）九月，改始安县为临桂县。以后历五代十国、宋、元、明、清至民国二年（1913年）三月一日前均称临桂县，为桂州、广南西路、静江府、静江路、广西行中书省、广西三司（布政使司、提刑按察使司、都指挥使司）、漓江道、桂林道、广西行省治所驻地。唐乾元元年（758年），桂州领临桂、理定（今永福县）、灵川（今灵川县、龙胜各族自治县及临桂区部分）、阳朔、荔浦、永丰（今荔浦县、永福县）、建陵（今荔浦县）、纯化（今鹿寨县）、永福、临源（今兴安县）10县。今全州县、资源县、灌阳县属零陵郡，今平乐县、恭城瑶族自治县先后属乐州、昭州、平乐郡。

五代十国晋天福四年（939年）增设全州，领清湘县（今全州县）、灌阳县，州治清湘县（今全州县城）。晋开运三年（946年）在今兴安县城增置溥州，辖德昌（今兴安县）、广明（今临桂区部分、龙胜各族自治县、灵川县）、义宁（今临桂区部分）。

北宋至道三年（997年）置广南西路，包括今广西和广东雷州半岛及海南岛等地区，治所桂州（今桂林市），广西简称为“桂”自此始。南宋绍兴三年（1133年）二月初一桂州升为静江府，府治临桂县城（今桂林市区），辖临桂（今临桂区）、兴安、荔浦、永福、修仁（今荔浦县）、灵川、义宁（今龙胜各族自治县及临桂区部分）、理定（今兴安县）、古县（今永福县）、阳朔10县。全州、昭州辖县治所沿袭唐制。

元至元十五年（1278年）改静江府为静江路，所辖县与宋静江府同。元大德五年（1301年），昭州改为平乐府，府治今平乐县城，辖平乐、恭城、蒙山、昭平4县。

明洪武元年（1368年）六月二十三日静江路复为静江府。洪武五年（1372年）六月，静江府改为桂林府，桂林作为广西东北地区行政区域的名称从此时开始。初领临桂、兴安、荔浦、修仁、灵川、阳朔、永福、理定、古县、义宁10县，后领2州7县（全州、永宁州，临桂、兴安、灵川、阳朔、灌阳、永福、义宁县）。洪武九年（1376年）全州府降为全州，隶属湖广承宣布政使司永州府，辖地不变。洪武二十七年（1394年）全州由属湖广永州府改属广西桂林府，初领灌阳1县。平乐府初领4县，弘治四年（1491年）增辖荔浦、修仁，次年增辖永安州，明末实辖永安州及7县，今桂林市辖县平乐、恭城、荔浦属之。永宁州于隆庆五年（1571年）升古田县置，领永福、义宁2县。

清前期同明制，乾隆六年（1741年）析义宁县西北地置龙胜厅，属桂林府。光绪三十二年（1906年）析永宁州并永福、融、柳城、雒容4县地置中渡厅，属桂林府。

民国元年（1912年）八月二十八日，广西省治迁往南宁。民国二年（1913年）改临桂县为桂林县，并废府设道。桂林道辖桂林、全州、兴安、灌阳、灵川、龙胜、义宁、古化、中渡、永福、阳朔、平乐、恭城、荔浦、修仁、蒙山、贺县、昭平、富川、钟山20县。其中古化县原为永宁县，为避免与四川、贵州、山西等省永宁县同名，易名为古化县。民国二十五年(1936年)十月一日广西省治迁回桂林。民国二十九年(1940年)改桂林县为临桂县，析城区八桂、白龙、培风、义南、东江、凤北6镇及太沙、柘木、东附廓、三合、北附廓、西南附廓6乡置桂林市，治所在今桂林市区，直属广西省政府。民国三十一年(1942年)设直属行政区，辖桂林市及全州、灌阳、资源、兴安、阳朔、临桂、永福、百寿、义宁、灵川、龙胜11县。民国三十三年(1944年)改直属行政区为第八行政区。平乐、荔浦、恭城县属平乐区，区治平乐县(今平乐县城)。民国三十八年八月(1949年9月30日止)，广西省治从桂林市迁往南宁市。

1949年12月广西全境解放后，桂林市为省直辖市，桂林行政区专员公署驻今桂林市区，辖临桂、灵川、义宁、永福、百寿、龙胜、兴安、全州、灌阳、资源、阳朔11县。1951年8月，龙胜县改名为龙胜各族联合自治区。1955年9月，改称龙胜各族自治县，义宁县并入灵川县。1952年，百寿县并入永福县，资源县并入全州县，鹿寨县划入桂林专区。1954年，灵川县并入临桂县，恢复资源县制。1958年6月，平乐专区改为梧州专区，荔浦、恭城、平乐县划归桂林专区管辖，鹿寨县划归柳州专区。1960年7月，桂林地区和桂林市合并。1961年5月，桂林地区和桂林市分开。同年，恢复灵川县制，归属桂林地区。1981年7月，阳朔县和灵川县大圩公社的潜经、草坪大队以及茯荔大队的吴家、杨家生产队划归桂林市管辖。1983年10月，临桂县划归桂林市管辖。

1998年8月27日，国务院批复同意桂林市和桂林地区合并。11月8日正式挂牌，组建新的桂林市(地级)。市人民政府驻象山区榕湖南路6号。新的桂林市辖原桂林市的秀峰区、叠彩区、象山区、七星区、雁山区和临桂县、阳朔县以及原桂林地区的灵川县、全州县、兴安县、永福县、灌阳县、龙胜各族自治县、资源县、平乐县、荔浦县、恭城瑶族自治县。2013年1月18日，国务院批复同意撤销临桂县，设立桂林市临桂区。2014年7月12日，桂林市人民政府正式搬迁至临桂区西城中路69号。 （市志办）

地理位置

【位置面积】 桂林市位于广西壮族自治区东北部，境域地理位置坐标介于北纬24° 15′ 23″—26° 23′ 30″，东经109° 36′ 50″—111° 29′ 30″之间，境域南北长236千米，东西宽189千米。北部、东北部与湖南省通道、城步、新宁、东安、永州、双牌、道县、江永8个县(市)交界，南部、东南部与广西壮族自治区贺州市富川、钟山、昭平3个县和梧州市蒙山县、来宾市金秀瑶族自治县及柳州市鹿寨县毗邻，西部、西南部与广西壮族自治区柳州市三江、融安2个县接壤。2017年，根据桂林市国土资源局2015年度土地变更调查结果，桂林市土地总面积27667平方千米(其中市区2805平方千米)。

【地形、地貌、山系、水系】

地形 桂林市地处南岭山系的西南部，地形总体上呈北高南低的趋势，即北、东、西三面环山，地势较高；中部、南部及东北部为岩溶山地、平原、河谷地区，地势较低平，其中从全州县、兴安县到灵川县、桂林市区一线有“湘桂走廊”之称，是广西的东北门户。

地貌 桂林市地貌特点是四周山地环绕，山地丘陵面积广大，地貌类型多样，可分为中山、低山、丘陵、岩溶石山和河谷平原五大类。中山主要分布在桂林市的北部、西部和中部海洋山等地，低山主要分布在各大山脉的四周，中山、低山总面积大约占全市面积的一半。丘陵多分布于中低山与河流谷地之间。境内石灰岩地层分布广泛，岩层厚、质地纯，加上受地质构造的作用和长期的侵蚀、切割，形成了沿桂江与湘江两岸分布的典型岩溶石山与河流谷地平原。典型的岩溶石山海拔标高200米—500米不等，有峰丛洼(谷)地和峰林平原等类型。石峰内或地下多洞穴或地下河。市区至阳朔县约80千米漓江沿岸的峰林地貌最为典型，形成了千峰环抱、山环水

表1 2017年桂林市土地面积

单位：平方千米

指标	面积
全市	27667
市区	2805
秀峰区	43
叠彩区	52
象山区	90
七星区	71
雁山区	302
临桂区	2247
阳朔县	1436
灵川县	2302
全州县	3979
兴安县	2332
永福县	2795
灌阳县	1835
龙胜各族自治县	2450
资源县	1941
平乐县	1893
荔浦县	1760
恭城瑶族自治县	2139

注：该表数据来自桂林市国土资源局2015年度土地变更调查最终数据。

绕、碧水青山、奇峰倒影、洞奇石美的独特景观，被世人美誉为“山水甲天下”，成为举世闻名的旅游胜地。岩溶石山、丘陵与平原约占全市总面积的47%。此外，在资源县城向北部和西北的白垩纪红色砂岩分布区，由于地表水系的长期侵蚀，形成了一个沿资江分布，面积达125平方千米的丹霞地貌。桂林素来享有“无山不洞，无洞不奇”的赞誉，是中国也是世界上洞穴开发利用最早、最多的地区之一，有洞穴1万个左右。早在公元5世纪，颜延之就在独秀峰下开辟一洞穴为读书岩。七星岩洞口最早的一方石刻是隋开皇十年(590年)所刻的“栖霞洞”，迄今游览历史有1400多年。桂林的著名洞穴有芦笛岩、七星岩、穿山岩、冠岩、甑皮岩洞穴遗址、银子岩、丰鱼岩、莲花岩、黑岩、永福岩、蟠山安乳洞岩、百寿岩、龙岩等。

山系　主要为中低山和岩溶山地。山系主要呈北北东走向。北部有猫儿山、越城岭，东部和中部有都庞岭、海洋山，西北和西部有大南山、天平山，南部有驾桥岭和大瑶山。组成山地的岩石除古老地层外，还有大量的花岗岩，形成花岗岩地貌景观。山地长度多在60千米以上，在高度上，除驾桥岭主峰高度较低(海拔1246.9米)外，其余山地主峰均在1700米以上。其中，猫儿山主峰海拔2141.5米，为华南第一高峰；越城岭主峰真宝顶海拔2132.4米，为广西第二高峰。猫儿山、越城岭、海洋山和都庞岭构成了珠江和长江水系的分水岭。在分水岭南北两侧，沿湘江和漓江河谷，分布形成西南—东北走向的兴安—全州河谷平原和西北—东南走向的岩溶山地—河谷平原区。

水系　桂林市河流水系发达，全市共有大小河流100余条，分属长江流域的洞庭湖水系与珠江流域的西江水系，为典型的雨源型山区河流。分布有桂江、湘江、洛清江、资江与寻江五大河流，其中资江与湘江分属长江流域资水、湘江水系，桂江、洛清江、寻江属珠江流域西江水系。分山地型河流与岩溶丘陵平原型河流两大类，山地型河流多位于碎屑岩分布区，区内降雨量充沛，地表水系发达，河流曲折多弯，流域形成树枝状水系网络，河流坡降大，水流湍急、落差大，多峡谷、险滩，是开展漂流等水上运动的良好地域。岩溶丘陵平原型河流多位于碳酸盐岩分布区，流域内地表地下岩溶发育，致使地表水系不发育，地下多发育有地下河或伏流，地表与地下水系共存。属长江流域洞庭湖水系的有资江、湘江(包括其支流灌江)，流域总面积约占全市总面积的30%。其中，湘江境内河流长190千米，流域面积7049平方千米；资江境内河流长83千米，流域面积1300平方千米。属珠江流域西江水系的有桂江、洛清江和寻江，约占全市总面积的70%。其中，桂江平乐县城以上段又称漓江，境内河流长约288千米(漓江长214千米)，流域总面积12669平方千米；洛清江境内河段长103千米，流域面积2806平方千米；寻江境内河段长139千米，流域面积3868平方千米。在湘江和西江两大水系之间，古代修建有著名的灵渠(位于兴安县城西南)将两大水系沟通。另外，在临桂区会仙镇附近的相思埭有一条古运河将漓江水系与柳江水系(通过洛清江)沟通。

(中国地质科学院岩溶地质研究所)

漓江风光　(韦毅刚　摄)

资源·物产

桂林是农业大市，物产富饶，名特优农产品众多。桂林素有“桂北粮仓”之称，是广西主要粮食生产基地之一。粮油作物主要有水稻、玉米、红薯、马铃薯、小麦、大豆、花生、油菜、芝麻等。桂林是广西第一大水果产区。水果主要有柑橘、沙田柚、金橘、葡萄、月柿、百香果、梨、桃、李、板栗、枇杷、枣子等。野生果类资源有中华猕猴桃、山楂、杨梅、酸枣、山葡萄等。其他经济作物主要有罗汉果、荔浦芋、荸荠、棉花、甘蔗、苎麻、烟叶、西瓜、食用菌等。桂林是“南菜北运”“西菜东运”的重要生产基地。蔬菜主要有辣椒、大蒜、番茄、南瓜、苦瓜、豆角、生姜、白菜、萝卜、莲藕等。名特优农产品主要有金橘、月柿、罗汉果、荔浦芋、白果、沙田柚、荸荠等。

桂林市林业资源丰富，是广西的主要林区之一，植物种类有199科564属1415种。国家Ⅰ级保护的珍稀植物有“活化石”——银杉、南方红豆杉、银杏、资源冷杉、水松、伯乐树、苏铁等，国家Ⅱ级保护的珍稀植物有福建柏、柔毛油杉、华南五针松、白豆杉、樟树、马尾树、榉木、楠木、厚朴、花榈木、红豆树、任豆、喜树、半枫荷等。用材林主要有杉、松、毛竹、桉树等。经济林主要有油茶、柿子、板栗、柑橘、柚子、桃、梨、金橘、白果、杜仲、厚朴、金槐、茶树、油桐等。主要林产品有杉木、松木、桉木、毛竹等商品材，还有柑橘、梨子、葡萄、桃子、柿子、板栗、茶叶、笋干、白果、香菇、杜仲、厚朴、生漆、油桐子、槐米、松脂等。

全市有动物种类1593种，隶属

水稻　（市发展和改革委员会供图　2017 年摄）

68 目 295 科。国家Ⅰ级保护的珍稀动物有黄腹角雉、白颈长尾雉、金雕、林麝、云豹、豹、蟒蛇。国家Ⅱ级保护的珍稀动物有红腹角雉、穿山甲、大鲵(娃娃鱼)、白鹇、毛冠鹿、猕猴、大灵猫、小灵猫等。

桂林市矿产资源较为丰富,已发现可利用矿产 48 种,其中查明有一定资源储量并开发利用的矿产 40 种。在查明资源储量的矿产中有 17 种居全广西前列,其中滑石矿质量居世界前列,保有资源储量居全国前列。铅锌、铌钽、花岗岩、石灰岩、大理岩、重晶石、矿泉水等资源前景较好,滑石、大理岩、花岗岩、石灰岩、萤石、矿泉水及鸡血石等具有较大开发潜力。

（市志办）

气候・水文

【气候】 2017 年,桂林市辖各县(区)平均气温 17.5℃—20.9℃,降水量为 1190.5 毫米—2218.6 毫米,与常年同期相比,全州县、兴安县、灌阳县、恭城瑶族自治县、平乐县、荔浦县偏少 10%—20%,市辖其余各地偏多 1%—15%。从全年整体情况来看,全市气温偏高,雨量正常。阴雨寡照与低温霜(冰)冻持续时间不长,农事生产及人们出行活动均未受低温、冰冻天气的影响。夏季晴热高温天气多,给人们户外作业及生产生活带来不便,降水主要集中在 4 月—8 月,春季降水有利于水库储水及春耕用水。由于 6 月—8 月桂林受到连续性暴雨的影响,出现了多起滑坡及洪涝灾害。

汛期雨量　2017 年 4 月—9 月,全市雨量累计 805.2 毫米—1731.7 毫米,与历年同期相比,资源县和桂林市中部地区偏多 3%—22%,桂林市北部和南部地区偏少 1%—19%。前汛期(4 月—6 月)雨量为 504.7 毫米—1033.4 毫米,与常年同期相比,灵川县、桂林城区偏多约 10%,其余偏少 3%—28%;后汛期(7 月—9 月)雨量为 300.5 毫米—821.9 毫米,平乐县、荔浦县偏少 10%—20%,其余各地偏多 1%—77%。前汛期雨量占全年汛期雨量的 45%—65%,后汛期雨量占全年汛期雨量的 35%—55%。

暴雨　全市按 13 站计算(11 县加临桂区、市区),出现 1 站暴雨的有 13 天,2 站暴雨的有 5 天,3 站暴雨的有 2 天,4 站暴雨的有 2 天,5 站暴雨的有 1 天,6 站暴雨的有 1 天,7 站暴雨的有 1 天,8 站暴雨的有 1 天。单站日雨量最大为 295.6 毫米(永福县 7 月 1 日),其次为 200.5 毫米(临桂区 8 月 13 日)。暴雨在各月的分布:2 月 1 天,3 月 1 天,4 月 2 天,5 月 3 天,6 月 11 天,7 月 2 天,8 月 5 天,9 月 1 天。

日照　全市年日照时数 1165.1 小时(龙胜)—1537.5 小时(平乐),与历年相比,资源县、全州县、灌阳县、临桂区、阳朔县和荔浦县偏多 17.1 小时—101.7 小时,其余各地则偏少 0.8 小时—142.9 小时。

主要天气气候事件

一、阴雨寡照与低温霜(冰)冻。2017 年春季(2 月—4 月)桂林市总降雨量偏多 10%—20%,平均气温比常年同期略偏高 0.1℃—0.5℃,连续 3 天以上日平均气温≤12℃低温阴雨总天数 14 天—20 天,比常年同期偏少 2 天—5 天,结束期比常年略偏早。2 月 1 日—27 日,市辖各县(区)平均气温 8.7℃—13.0℃,与常年同期相比,全市偏高 0.8℃—1.8℃,雨量为 24.6 毫米—113.3 毫米,与常年同期相比,资源县偏多约 10%,龙胜各族自治县偏多约 40%,市辖其余各县(区)则偏少 10%—70%。2 月雨日和雨量主要在上旬前期、下旬前期。受强冷空气影响,2 月 22 日—23 日自北向南出现寒潮,但根据桂林市农业生产进度统计,该时段桂林市各县(区)双季早稻尚未播种,因此,这次低温阴雨天气对早稻播种没有带来影响或危害。

二、强对流。5 月 11 日傍晚,受强对流天气影响,兴安县出现风雹灾害。灾害发生时间为 5 月 11 日 17 时 30 分,灾害结束时间为 5 月 12 日 15 时 39 分。受灾人口 32 人,紧急转移安置人口 20 人,因灾死亡人口 1 人(兴安县兴安镇董田村人,因雷击死亡),直接经济损失 20 万元,其中家庭财产损失 20 万元。

三、暴雨天气。6 月 12 日傍晚至 6 月 16 日上午,全市范围内出现局部强降雨并伴有短时雷电等强对流天气。受强降雨影响,临桂区、灌阳县、永福县、平乐县、荔浦县、全州县出现洪涝灾害,造成部分道路、农房受损,农作物被淹。6 月 25 日傍晚至 6 月 29 日上午,受高空槽、切变线及弱冷空气共同影响,全市范围内出现连续性暴雨、局部大暴雨到特大暴雨过程,桂林市防汛抗旱指挥部办公室启动桂林市洪涝灾害Ⅲ级应急响应。受强降雨天气影响,灵川、全州、兴安、永福、龙胜、资源、恭城、叠彩、雁山、临桂 10 个县(区)出现洪涝灾害。6 月 28 日夜晚,资源县车田苗族乡白洞村四组金竹岩发生 1 起滑坡灾害,造成 1 人被掩埋死亡。6月30日—7月4日，桂林市各地普降中到大雨，局部暴雨。强降雨造成阳朔、灵川、全州、兴安、永福、龙胜、资源、平乐、灌阳、荔浦、恭城、象山、叠彩、七星、雁山、临桂16个县(区)发生洪涝灾害。8月14日—17日，兴安、灵川、七星、临桂4个县(区)出现洪涝灾害。

四、寒露风。全年全市没有出现寒露风。9月全市平均气温25.6℃—28.9℃，与常年同期相比，全市各地偏高1.8℃—3.2℃，以分散性的小雨为主，无低于22℃的寒露风天气。气象条件有利于晚稻的孕穗、抽穗和灌浆等生长发育。（王存真）

【水文】2017年，桂林市水文水资源局下设13个中心水文站，123个水文测站(其中56个水文站、67个水位站)，369个自动监测雨量站。桂林市境内集水面积大于100平方千米的河流68条，多年平均径流量245.6亿立方米，多年平均径流深900毫米—1800毫米。湘江、资江、桂江汛期为3月—8月，古宜河、洛清江汛期为4月—9月。洪水多发生在主汛期5月—7月。单独洪峰历时一般3日—5日，复式洪峰历时一般10日—20日。各条河流枯水期主要在9月至次年2月。

2017年，桂林市3月—8月降水总量1628毫米，与历年同期相比，偏多22.1%。来水量情况:3月—8月月平均径流量与历年同期相比，除潮田河、恭城河偏少13.5%—17.2%外，其他河流偏多4.4%（灌江）—96.4%(万乡河)。总体来看，属偏丰年景。5月，桂林市进入主汛期后，受强降雨影响，先后有42条河流55个水文测站共119站次超过防洪警戒水位，其中灵渠、大溶江、勒黄站各超警戒水位4次，三门、桂林、桃花江、永福、兴安、全州站各超警戒水位3次。洪水的主要特点是雨洪走势同向、超警范围广、次数多、洪水量级大。最大一场洪水出现在7月初，从6月25日开始，桂林市遭遇年内持续时间最长、范围最广、强度最大的一次降水过程，桂林市区，永福、阳朔、灵川、兴安、灌阳、全州等县出现持续大暴雨和特大暴雨，至7月4日持续降水日数长达10天，全市累计平均面雨量331毫米，单站累计降水量较大的有兴安县溶江镇塔边站683毫米，永福县永福镇坪岭站679毫米。最大24小时降水量永福县罗锦镇陡岭脚站476毫米和临桂区南边山乡头陂站454毫米，均是有实测资料以来最大值。受强降雨影响，桂江、洛清江、古宜河、湘江、资江干支流均爆发大范围汛情，41条河流78站次出现超警戒水位0.04米—4.67米洪水过程。桂江:桂林水文站7月2日10时出现洪峰水位147.35米，超警戒水位1.35米，为5年一遇洪水。阳朔水文站7月2日19时35分出现洪峰水位113.60米，超警戒水位4.10米，为50年一遇洪水。支流良丰河良丰水文站7月2日21时30分出现洪峰水位150.44米，超警戒水位2.74米，为50年一遇洪水，并持续警戒水位以上69小时，是1967年建站以来实测最大洪水。平乐水文站7月3日3时50分出现洪峰水位103.64米，超警戒

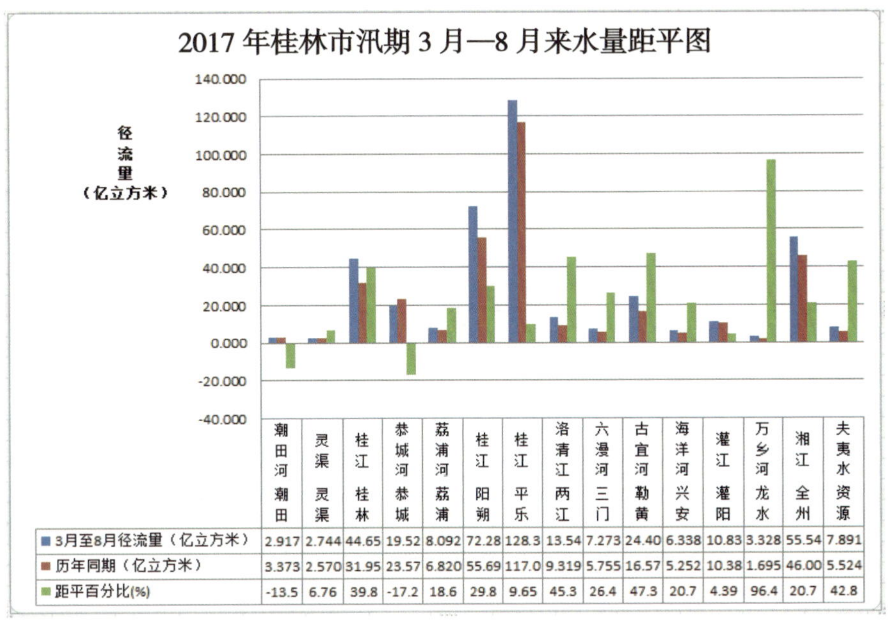

	潮田河 潮田	灵渠 灵渠	桂江 桂林	恭城河 恭城	荔浦河 荔浦	桂江 阳朔	桂江 平乐	洛清江 两江	六漫河 三门	古宜河 勒黄	海洋河 兴安	灌江 灌阳	万乡河 龙水	湘江 全州	夫夷水 资源
3月至8月径流量（亿立方米）	2.917	2.744	44.65	19.52	8.092	72.28	128.3	13.54	7.273	24.40	6.338	10.83	3.328	55.54	7.891
历年同期（亿立方米）	3.373	2.570	31.95	23.57	6.820	55.69	117.0	9.319	5.755	16.57	5.252	10.38	1.695	46.00	5.524
距平百分比(%)	-13.5	6.76	39.8	-17.2	18.6	29.8	9.65	45.3	26.4	47.3	20.7	4.39	96.4	20.7	42.8

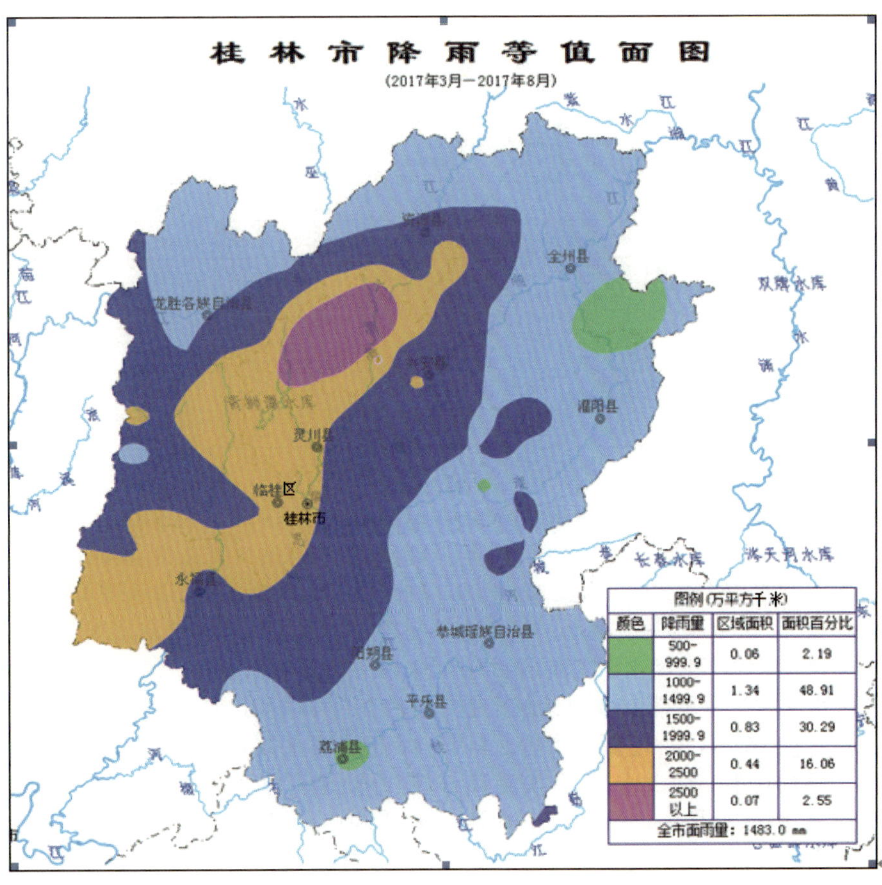

表 2

2017 年桂林市汛期 3 月—8 月水文测站主要洪峰情况统计表

河名	站名	洪峰水位(米)	出现时间	涨幅(米)	警戒水位(米)	超警幅度(米)
灵渠	灵渠	187.44	7 月 1 日 12:25	1.66	187.2	0.24
		187.99	7 月 1 日 18:05	0.61	187.2	0.79
		187.70	7 月 2 日 10:10	0.44	187.2	0.50
		188.45	8 月 14 日 19:10	1.99	187.2	1.25
大溶江	大溶江	187.98	7 月 1 日 12:30	1.79	187.2	0.78
		188.21	7 月 1 日 18:15	0.46	187.2	1.01
		188.93	8 月 14 日 19:00	4.13	187.2	1.73
		187.56	8 月 15 日 20:00	0.88	187.2	0.36
古宜河	勒黄	209.78	6 月 28 日 20:55	1.73	209.5	0.28
		212.99	7 月 1 日 19:50	5.91	209.5	3.49
		209.70	8 月 13 日 20:15	3.98	209.5	0.20
		209.65	8 月 15 日 18:40	3.31	209.5	0.15
六漫河	三门	210.72	7 月 1 日 9:35	3.25	209.6	1.12
		210.87	7 月 1 日 19:20	1.89	209.6	1.27
		209.69	8 月 14 日 7:00	2.75	209.6	0.09
桂江	桂林	147.35	7 月 2 日 10:00	2.60	146.0	1.35
		147.51	8 月 15 日 2:10	5.04	146.0	1.51
		147.33	8 月 15 日 23:40	0.36	146.0	1.33
桃花江	桃花江	150.32	7 月 2 日 8:50	2.98	149.0	1.32
		150.49	8 月 15 日 1:35	3.96	149.0	1.49
		150.42	8 月 16 日 0:00	0.49	149.0	1.42
西河	永福	139.23	6 月 26 日 13:30	1.41	139.0	0.23
		143.67	7 月 2 日 14:00	5.10	139.0	4.67
		141.46	8 月 14 日 19:00	3.67	139.0	2.46
海洋河	兴安	210.65	6 月 21 日 15:30	1.78	210.5	0.15
		210.92	6 月 26 日 14:00	2.35	210.5	0.42
		212.68	7 月 2 日 8:00	2.59	210.5	2.18
湘江	全州	150.84	6 月 28 日 13:55	2.04	150.5	0.34
		153.30	7 月 2 日 2:30	6.20	150.5	2.80
		152.80	7 月 3 日 0:00	0.81	150.5	2.30
桂江	阳朔	113.60	7 月 2 日 19:35	6.43	109.5	4.10
		110.57	8 月 15 日 19:43	5.88	109.5	1.07
潮田河	潮田	157.94	7 月 2 日 11:00	2.32	157.7	0.24
良丰河	良丰	150.44	7 月 2 日 21:30	6.87	147.7	2.74
洛清江	两江	156.91	8 月 14 日 19:00	3.71	155.6	1.31
万乡河	龙水	167.94	7 月 1 日 16:15	4.03	165.5	2.44
夫夷水	资源	377.07	7 月 1 日 14:35	4.13	376.2	0.87
桂江	平乐	103.64	7 月 3 日 3:50	6.06	99.5	4.14

水位 4.14 米，为超 5 年一遇洪水。湘江：全州水文站 7 月 2 日 2 时 30 分出现洪峰水位 153.30 米，超警戒水位 2.80 米，为超 20 年一遇洪水，是有实测资料以来第二大洪水。支流万乡河龙水水文站 7 月 1 日 16 时 15 分出现洪峰水位 167.94 米，超警戒水位 2.44 米，为超 50 年一遇洪水，是有实测资料以来第一大洪水。支流海洋河兴安水文站 7 月 2 日 8 时出现洪峰水位 212.68 米，超警戒水位 2.18 米。洛清江：永福水位站 7 月 2 日 14 时出现洪峰水位 143.59 米，超警戒水位 4.59 米，为超 50 年一遇洪水，是有实测资料以来第一大洪水。支流西河永福水文站 7 月 2 日 14 时出现洪峰水位 143.67 米，超警戒水位 4.67 米，为超 10 年一遇洪水，是有实测资料以来第二大洪水。古宜河：勒黄水文站 7 月 1 日 19 时 50 分出现洪峰水位 212.99 米，超警戒水位 3.49 米，为 20 年一遇洪水。夫夷水：资源水文站 7 月 1 日 14 时 35 分出现洪峰水位 377.07 米，超警戒水位 0.87 米，为超 10 年一遇洪水。8 月 13 日—15 日，桂林市区，兴安、灵川、永福等县再次遭遇大暴雨，累计降水量最大的是兴安县溶江镇砚田站 595 毫米，最大 24 小时降水量 436 毫米，是 1958 年建站以来实测最大值，重现期接近百年一遇。受强降雨影

响，桂江、洛清江、古宜河干支流共24个水文测站超警35站次，其中11个站水位反复超警。桂江桂林水文站8月15日2时10分出现2009年以来最高洪峰水位147.51米，超警戒水位1.51米，为10年一遇洪水，是1957年建站以来历年同期8月份出现的最高水位。 （钟婷）

人口

2017年年末，桂林市有户籍人口1632617户（6个城区406236户，11个县1226381户），5340754人（6个城区1303952人，11个县4036802人）。桂林市人口中，男性2765487人，女性2575267人。 （唐志红）

行政区划

2017年年末，桂林市辖秀峰区、叠彩区、象山区、七星区、雁山区、临桂区6个城区及阳朔县、灵川县、全州县、兴安县、永福县、灌阳县、龙胜各族自治县、资源县、平乐县、荔浦县、恭城瑶族自治县11个县。区县下辖街道13个，镇86个，乡48个（民族乡15个）。分辖社区237个，建制村1654个。

秀峰区　辖街道3个（秀峰街道、丽君街道、甲山街道）。分辖社区20个，建制村7个。

叠彩区　辖街道2个（叠彩街道、北门街道），乡1个（大河乡）。分辖社区21个，建制村15个。

象山区　辖街道3个（象山街道、南门街道、平山街道），乡1个（二塘乡）。分辖社区34个，建制村8个。

七星区　辖街道4个（七星街道、东江街道、穿山街道、漓东街道），乡1个（朝阳乡）和华侨旅游经济区。分辖社区29个，建制村16个。

雁山区　辖街道1个（良丰街道），镇2个（雁山镇、柘木镇），乡1个（大埠乡），民族乡1个（草坪回族乡）。分辖社区4个，建制村37个。

临桂区　辖镇9个（临桂镇、六塘镇、会仙镇、两江镇、五通镇、四塘镇、南边山镇、中庸镇、茶洞镇），民族乡2个（宛田瑶族乡、黄沙瑶族乡）。分辖社区10个，建制村161个。

阳朔县　辖镇6个（阳朔镇、白沙镇、福利镇、兴坪镇、葡萄镇、高田镇），乡3个（金宝乡、普益乡、杨堤乡）。分辖社区15个，建制村99个。

灵川县　辖镇7个（灵川镇、大圩镇、定江镇、三街镇、潭下镇、九屋镇、灵田镇），乡3个（潮田乡、海洋乡、公平乡），民族乡2个（大境瑶族乡、兰田瑶族乡）。分辖社区19个，建制村129个。

全州县　辖镇15个（全州镇、黄沙河镇、庙头镇、文桥镇、大西江镇、龙水镇、才湾镇、绍水镇、石塘镇、咸水镇、凤凰镇、安和镇、两河镇、枧塘镇、永岁镇），乡1个（白宝乡），民族乡2个（蕉江瑶族乡、东山瑶族乡）。分辖社区11个，建制村273个。

兴安县　辖镇6个（兴安镇、湘漓镇、界首镇、高尚镇、严关镇、溶江镇），乡3个（漠川乡、白石乡、崔家乡），民族乡1个（华江瑶族乡）。分辖社区10个，建制村115个。

永福县　辖镇6个（永福镇、罗锦镇、百寿镇、苏桥镇、三皇镇、堡里镇），乡3个（广福乡、永安乡、龙江乡）。分辖社区6个，建制村93个。

灌阳县　辖镇6个（灌阳镇、黄关镇、文市镇、新街镇、新圩镇、水车镇），乡1个（观音阁乡），民族乡2个（洞井瑶族乡、西山瑶族乡）。分辖社区3个，建制村138个。

龙胜各族自治县　辖镇5个（龙胜镇、瓢里镇、三门镇、龙脊镇、平等镇），乡5个（泗水乡、江底乡、马堤乡、伟江乡、乐江乡）。分辖社区8个，建制村119个。

资源县　辖镇3个（资源镇、中峰镇、梅溪镇），乡1个（瓜里乡），民族乡3个（车田苗族乡、两水苗族乡、河口瑶族乡）。分辖社区3个，建制村71个。

平乐县　辖镇6个（平乐镇、二塘镇、沙子镇、同安镇、张家镇、源头镇），乡3个（阳安乡、青龙乡、桥亭乡），民族乡1个（大发瑶族乡）。分辖社区12个，建制村134个。

荔浦县　辖镇10个（荔城镇、东昌镇、新坪镇、杜莫镇、青山镇、修仁镇、大塘镇、花篢镇、双江镇、马岭镇），乡2个（龙怀乡、茶城乡），民族乡1个（蒲芦瑶族乡）。分辖社区22个，建制村122个。

表3　**2017年年末桂林市人口统计表**

地区别	年末总户数（户）	年末总人口（人）		
		合计	男	女
桂林市	1632617	5340754	2765487	2575267
市辖区	406236	1303952	651450	652502
秀峰区	37091	111297	53518	57779
叠彩区	49174	150600	72822	77778
象山区	85840	242426	117814	124612
七星区	74584	216908	105155	111753
雁山区	18160	69297	34542	34755
临桂区	141387	513424	267599	245825
阳朔县	93794	328577	169792	158785
灵川县	118117	390855	197470	193385
全州县	247037	841493	453566	387927
兴安县	124658	390869	201166	189703
永福县	80974	288709	152555	136154
灌阳县	105754	295717	158133	137584
龙胜各族自治县	47788	172482	87944	84538
资源县	56996	180282	94227	86055
平乐县	149058	461850	244378	217472
荔浦县	111529	382408	196751	185657
恭城瑶族自治县	90676	303560	158055	145505

注：该表人口为市公安局提供的户籍人口。

（唐志红）

恭城瑶族自治县　辖镇5个(恭城镇、栗木镇、莲花镇、嘉会镇、西岭镇),乡4个(平安乡、三江乡、观音乡、龙虎乡)。分辖社区10个,建制村117个。　　（邓丕旺　张璎璎）

经济与社会建设

【概况】 2017年,桂林市经济运行缓中趋稳,稳中向好,社会大局和谐稳定。全市地区生产总值2045.18亿元;组织财政收入239.54亿元,(比上年,下同)增长7.0%;固定资产投资2234.24亿元,增长4.8%;社会消费品零售总额928.12亿元,增长11.0%;城镇居民人均可支配收入32534元,增长8.0%,农民人均可支配收入13345元,增长9.6%;居民消费价格上涨1.6%;节能减排指标控制在年度预期目标范围内。

荔浦芋标准化生产示范基地　　（市发展和改革委员会供图　2017年摄）

【现代工业蓬勃发展】 2017年,桂林市出台加快新型工业发展的若干意见和政策,推进"重振桂林工业雄风"工作。新建标准厂房22.7万平方米、人才公寓(孵化器)16万平方米,完善园区道路、污水处理等基础设施。培育规模以上企业66家。开展"一对一"精准对接服务,比亚迪首批新能源车顺利下线,莱茵生物植物资源综合应用产业化工程等一批项目竣工投产。发放"惠企贷"4.98亿元,惠及企业72家。桂林三金药业股份有限公司、桂林南药股份有限公司分别获国家、广西工业企业质量标杆奖项,桂林智神信息技术有限公司的智能手持云台在全球细分市场的占有率突破60%。高新技术企业规模不断扩大,全市认定高新技术企业105家。举办首届"桂林绿色制造"展示会,实施重点工业行业清洁生产技术改造,燕京啤酒(桂林漓泉)股份有限公司获批国家工业产品生态(绿色)设计试点企业。各县工业集中区加快发展,平乐县、荔浦县、灌阳县成功引进中联科技、荣事达、美亚迪、雅高控股等知名企业。高技术产业蓬勃发展,规模以上高技术产业增加值增速高于规模工业7.3个百分点。

桂林比亚迪新能源汽车基地　　（市发展和改革委员会供图　2017年摄）

【农业发展稳中向好】 2017年,桂林市第一产业增加值381.83亿元,增长4.3%,增速排全自治区第五位。农业综合生产能力不断提升,灌阳县"一季稻+再生稻"平均亩产再创世界纪录,实现"吨半稻"目标。水果种植面积、年产量、年产值等各项生产指标居全自治区第一。生态养殖发展迅速,规模肉牛(羊)养殖90%以上使用微生物发酵技术养殖。农业品牌效益日渐彰显,建设农产品质量安全示范市,制定荔浦芋、砂糖橘、月柿、葡萄等系列标准化栽培技术规程。桂林国家农业科技园区通过科技部园区验收,恭城瑶族自治县农业科技园区被自治区科技厅认定为第四批建设的广西农业科技园区。农村产业融合成效明显,乡村旅游人数突破3000万人次,综合收入超50亿元。恭城瑶族自治县红岩村被评为中国慢生活休闲体验镇。电子商务进农村全自治区领先,资源县获批国家电子商务进农村综合示范县,6个示范县电商村级覆盖率达70%。

【服务业市场繁荣活跃】 2017年,桂林市第三产业增加值871.41亿元,增长8.5%,第三产业占地区生产总值的比重提升至42.6%,成为拉动经济发展的主要引擎。在中央电视台春节联欢晚会桂林分会场效应带动下,旅游业空前火爆,桂林跃升至全国热门旅游目的地第五名,全市接待游客总人数 8232.79 万人次，增长 52.9%，旅游总消费 971.76 亿元，增长 52.5%。桂林市作为广西唯一获批准的全国首批健康旅游示范基地，向全国介绍桂林经验。房地产业持续升温，商品房销售面积增长 20.3%，商品房销售额增长 36.2%。生产性服务业发展力度加大，华为、中兴、浪潮集团落户桂林经济技术开发区，互联网和相关服务业营业收入增长 83.1%，软件和信息技术服务业营业收入增长 160.4%。电子商务交易总额增长 23%，汽车零售额增长 9.1%。

【城乡统筹稳步推进】 2017 年，桂林市重大基础设施建设不断提速。两江国际机场扩建工程新航站楼钢结构主体合龙，桂林动车所、桂林西货运中心站建成使用，铁路枢纽作用进一步增强。桂林至三江、资源至兴安高速公路建成通车，阳朔火车站连接线完工。老城疏解提升成效明显，桂阳文化旅游大道、龙门大桥、漓江桥、香江立交桥等一批新建及改扩建路桥工程竣工通车，多个交通瓶颈消除，“北通南畅、东拓西联”目标基本实现。临桂新区宜居逐步显现，复兴小学、桂林师专临桂校区、山水公园等项目建成使用。山水大道、临桂新区给水管网二期工程等市政项目竣工，景观水系基本完工，城市基础设施和配套功能日益健全。县域更繁荣，荔浦县、阳朔县、灌阳县成为广西科学发展十佳县，全州成为广西科学发展进步县。兴安溶江镇被认定为全国特色小镇。第三批新型城镇化示范乡（镇）建设基本完成，城镇综合承载力不断增强。

【社会事业扎实推进】 2017 年，桂林市实现 96 个贫困村摘帽，7.5 万贫困人口脱贫。发展果蔬种植、禽畜养殖等扶贫产业，受益贫困户 4.08 万户。发放教育扶贫资助项目资金 1.57 亿元，惠及家庭困难学生 24.5 万人次。全市教育建设项目投资 6.7 亿元，新续建中小学校 47 所，“大班额”和“入学难”问题得到缓解。学前三年毛入园率 86.2%，九年义务教育巩固率 97.5%，高中阶段教育毛入学率 91.3%。实施市区小学升初中改革，恢复桂林中学初中部办学。全市高考一本、二本上线率居全自治区前列。桂林大学聚集区基础设施建设稳步推进，开工建设桂林芳香东路桂林电子科技大学花江供水工程等项目 7 个，完成投资 47.9 亿元。医疗卫生工作取得新突破，全年投入卫生基础设施建设项目共 197 个，总投入 5.33 亿元。

（刘继美）

政治文明建设

【政府职能依法全面履行】 2017 年，市人民政府持续取消承接下放和调整行政审批事项，市、县两级行政审批事项大幅精简，推进审批服务流程再造、减证便民、并联审批、登记制度等改革。通过全面公布行政许可目录、实行目录动态化管理，行政许可事项统一进入政务服务中心集中办理，落实行政审批的审批机构、事项和人员“三集中三到位”制度，完善“马上办”工作机制，提高桂林市行政审批效率，提升行政审批服务便利化水平。全年，市本级审批事项从法定平均办理时间 22.53 天提速至 9.1 天，承诺提速率 59.98%，实际办理提速率 83.09%，按时办结率 100%，群众满意率 99% 以上。市本级取消调整证明 24 项，各县（区）共取消调整证明 283 项。重大项目从立项到获开工许可证的审批时限由原来串联办理的 240 多天，缩短到并联办理的 92 天。桂林市住房和城乡建设委员会实行二手房交易联审联办，将群众办 1 件事排 5 次队减至 1 次即可办完交易多个环节审批手续。在公布市本级保留的行政审批中介服务事项目录的基础上，从 2017 年起可由审批部门委托有关机构提供服务，降低制度性交易成本。8 月，在已公布权责清单的基础上完成市、县两级“两单融合”工作，将权力清单和责任清单合二为一，并通过政府及部门门户网站设置专栏公布“两单融合”清单，规范行政权力运行。全年，市级公共资源交易平台完成交易项目 2301 个，交易金额 210.37 亿元，节约金额 8.94 亿元，溢价金额 1.77 亿元。全州县、荔浦县、龙胜各族自治县交易平台陆续投入运行，共完成交易项目 424 个，交易额 20.22 亿元，节约金额 1.29 亿元，溢价金额 0.32 亿元。市公共资源交易平台的政府采购公开招标项目、建设工程项目分别于 3 月、7 月实行电子化交易，实现网上报名、在线购买标书、电子评标、评分统计等全流程电子化操作。深化商事制度改革，推进工商注册登记便利化。9 月，将 7 个部门的 29 个登记、备案事项整合到营业执照上，实现“多证合一、一照一码”“一窗受理，互联互通，信息共享”，全市核发“多证合一”营业执照 3.14 万份。在广西率先全面推行企业登记全程电子化改革，实现“网上申请、网上受理、网上核准、网上发照、网上公示”的登记服务新模式。全市全年共完成网上名称核准业务 6141 户，设立登记业务 1065 户，业务总量占全自治区电子化登记总量的 83.4%。坚

桂林西货运中心站 （阳成斌 2017 年摄）

持以国家生态文明先行示范区建设为抓手，加强环境保护和生态文明建设。落实环境保护“党政同责、一岗双责”，强化目标任务考核，推进中央环保督察反馈意见整改工作。构建漓江生态保护新格局，完善漓江风景名胜区生态保护长效管理机制，健全四级网格化监管体系。针对乱建、乱挖、乱养、乱经营、环境卫生脏“四乱一脏”的违法违规行为集中开展专项整治。

【依法行政制度体系完善】 2017年，市人民政府制定施行《桂林市2017—2021年五年立法规划》《桂林市人民政府规章制定程序规定》，为地方政府立法工作奠定基础。制定《桂林市人民政府规章立法后评估办法》，完善政府立法体制机制。全面提高行政立法工作能力和水平，61名专家学者和法制专业人员入选市人民政府行政立法咨询人才库。市人民政府及其相关部门配合市人大常委会审议《桂林市市容和环境卫生管理条例(草案)》《桂林市城乡规划条例(草案)》《桂林市防控和查处违法建设条例(草案)》，根据桂林市首部实体法《桂林市石刻保护条例》拟订《桂林市国有石刻保护资金管理办法》等配套规章，针对桂林市实际拟订《桂林市城市照明管理办法》《桂林市集贸市场管理办法》等政府规章。科学编制2018年立法计划，做好政府年度立法计划与市人大常委会立法计划的衔接，向市人大常委会报送地方性法规《漓江风景名胜区管理条例》审议项目，以及《桂林市旅游公共服务条例》等调研项目6个。市人民政府贯彻落实《广西壮族自治区规范性文件监督管理办法》，全面规范行政规范性文件管理。制定实施《桂林市行政规范性文件管理办法》，对行政规范性文件的立项、起草、审查、审议、发布、备案、评估、清理等环节作出全面细致规定，实现行政规范性文件统一登记、统一编号和统一发布的“三统一”管理，有效提升市、县(区)行政规范性文件制定的科学性、严谨性和民主性。将市人民政府发布的16件行政规范性文件向自治区法制办、市人大常委会报送备案。5月，印发《桂林市2017年规范性文件清理工作方案》，开展规范性文件清理工作，市人民政府印发的现行有效规范性文件共134件，废止45件，失效5件，修改24件；市直属部门印发的现行有效的规范性文件共190件，废止73件，失效32件，修改35件。

【行政决策建设】 2017年，市人民政府贯彻落实《广西壮族自治区重大行政决策程序规定》，落实决策调研、咨询论证、公众参与、风险评估、合法性审查和集体讨论决定的程序机制基本形成。重大行政决策事项均由承办单位进行事前调研，听取有关专家论证及公民、法人和其他组织意见，再交由市法制办进行合法性审查，经审查合法的才能提交市人民政府常务会议集体决定，最后在市人民政府门户网站或《桂林日报》上公布决策结果。在制定与公民、法人和其他组织切身利益密切相关的公共政策时，通过桂林政府法制信息网等渠道向社会公开征求意见，特别重大的行政决策还要召开听证会。市、县(区)法制办负责人固定列席政府常务会议参与重大决策的做法已成常态，确保政府决策的合法性。年内，市人民政府办公室印发《关于规范报送市人民政府审议的重大行政决策及规范性文件有关工作的通知》，改变报送文件合法性审查混乱的局面。建立桂林市人民政府法律顾问专家库，77名入选人员成为各级各部门普遍建立法律顾问制度的备选人才。县(区)政府和市直属各部门从各自的实际出发，按照自治区和市人民政府要求完善政府法律顾问制度。有15名法学专家和律师担任市人民政府法律顾问，7名律师担任市公安局法律顾问，67名律师分别担任县(区)和乡(镇)政府法律顾问，537名律师和法律服务工作者担任村(社区)法律顾问。市法制办、阳朔县法制办、平乐县和七星区人民政府办公室均成立公职律师办公室，共有公职律师13人。全市已建立起以法制机构人员为主体的专职法律顾问，吸收外聘专家学者和律师为兼职法律顾问的新型政府法律顾问队伍，通过履行政府法律顾问工作职责，带动重大行政决策机制的发展和提高。将健全重大行政决策机制、加强重大行政决策合法性审查工作列入《2017年桂林市法治政府建设专项考评指标和评分标准》，对各县(区)、市直各有关部门进行重点考评，推进桂林市行政决策的科学化、民主化和法治化。

【严格规范公正文明执法】 2017年，市人民政府理顺行政执法体制，坚持严格规范公正文明执法，查处和制裁各类违法行为，保障公民、法人和其他组织的合法权益，维护经济社会秩序。桂林市52个行政执法部门均按要求全面实施行政执法公示制度，并推进交通、农业、文化市场及漓江景区综合执法，推动执法重心下移，解决基层执法难问题。年内，市机构编制委员会印发《关于加强和规范桂林漓江风景名胜区机构编制管理的指导意见》，推进景区网格化监管体系和长效管理机制构建，加强景区全域生态环保和旅游秩序监管。制订《桂林市深化乡镇“多所合一”改革工作实施方案》，健全乡(镇)政府功能，提升其公共服务水平和综合执法能力，推进机构改革向纵深发展，整合力度和跨度均居全自治区前列。推进卫生、计生监督执法资源整合，构筑市、县、乡三级卫生、计生执法网络。整合市农业局分散的执法资源，组建市农业行政综合执法支队，将市科教站、植保站、土肥站、种子站、农经站、农业推广站等单位受委托承担的执法工作统一交由支队行使。广西首个旅游警察支队在桂林市成立，桂林市“1+3+N”（“1”即旅游行政管理部门，“3”即旅游工商分局、旅游警察支队、旅游巡回法庭，“N”即多个涉旅游部门）旅游综合执法机制和市场综合监管模式基本建成。市安全生产监督管理局探索建立安全生产和职业健康一体化综合执法新机制，有效整合执法资源，避免多头监管和重复执法。市知识产权局针对专利执法自身特殊性和复杂性以及执法力量不足等问题，探索与市工商行政管理局、市版权局等多部门联合执法途径，提高执法效率。

年内，桂林市全面推进依法行政工作领导小组办公室完善行政执法程序，印发《关于做好我市全面建立行政裁量权基准制度工作的通知》,组织市文物行政主管部门和规划、建设、园林、国土、工商、公安、旅游、城管、环保、林业、水利、宗教等部门,对照《桂林市石刻保护条例》的相关职责,完成建立桂林市地方性法规所设行政裁量权基准制度的任务。市城市管理委员会依据11部法律法规和1部地方性法规建立自由裁量基准,涉及市政道桥、城市供水、城镇排水、城市照明、市容环境卫生、燃气使用和管理6个方面146项;市审计局对6种行政处罚设置较轻、一般、较重和严重4个裁量阶次;市商务局对涉及典当、商业特许经营、单用途商业预付卡、成品油经营、对外劳务合作等20项行政处罚事项制定裁量基准,要求执法人员在行使处罚自由裁量权时充分听取当事人的陈述和申辩,对申辩意见是否采纳以及处罚决定中有关从重、从轻、减轻处罚的理由予以说明。5月,市人民政府办公室印发《编制和优化市县乡三级行政权力运行流程工作方案》,市本级、各县(区)和乡(镇、街道)人民政府按照权责清单对行政许可、行政处罚、行政强制等10类行政权力运行流程进行编制和优化,消除权力设租、寻租空间。至年末,市人民政府公示43个市直属部门行政权力运行流程图,编制和优化3227项市本级行政权力事项运行流程。

【行政权力制约和监督】 2017年,桂林市各级各部门建立健全常态化行政权力运行制约和监督体系,接受各种监督。市人民政府每年都向市委、市人大常委会提交深入推进依法行政、加快建设法治政府情况年度报告,并向市政协常委会通报工作情况。全年,市人大代表建议和政协委员提案办复率100%。市人大常委会听取和审议关于城市道路交通秩序整治、农村土地承包经营权确权登记颁证、环境状况和环保目标完成情况等工作报告,开展行政诉讼法、安全生产法、野生动物保护法、城乡规划法、义务教育法等法律法规的执法检查,对市人民政府的10件规范性文件进行备案审查。市人民政府及其部门遵守行政诉讼法、《广西壮族自治区行政机关负责人出庭应诉工作规则》,单位负责人出庭应诉已成常态。全年市人民政府收到各级人民法院一审、二审和再审出庭应诉通知231件,出庭应诉197件。17个县(区)人民政府及市住房和城乡建设委员会、市环境保护局、市工商局、市食品药品监督管理局等单位落实行政机关负责人出庭应诉制度,通过行政机关负责人参与出庭应诉的常态化,将行政权力接受制约和监督具体化,向社会传递出各级人民政府和行政机关尊重法律、接受司法监督的信号。市审计局以重大项目落地、重点资金保障、重大政策落实、重大风险防范、简政放权具体部署、执行进度和落实效果等工作作为检查重点,抽查99个部门及单位、77个项目,发现重大项目建设推进慢、建档立卡贫困户学生覆盖面较小等问题18个。加强领导干部经济责任审计及自然资产离任审计力度,发现违规占用基本农田、非法采矿破坏公益林、部门规划制订不衔接等问题20多个。加大对“三农”(农村、农业、农民)、教育、医疗、社会保险、扶贫资金和项目审计力度,对市本级和12个县(区)2013—2016年新型农村合作医疗基金审计发现的问题和案件线索,进行了移送处理。坚持以公开为常态,不公开为例外原则,推进决策公开、执行公开、管理公开、服务公开、结果公开。市人民政府办公室先后印发《关于在政务公开工作中进一步做好政务舆情回应的通知》《关于将“五公开”要求落实到办文办会程序的通知》《关于印发将“五公开”融入办文办会程序操作规范(试行)的通知》《关于贯彻落实自治区人民政府办公厅2017年政务公开工作要点的通知》等系列文件,围绕稳增长、促改革、调结构、惠民生、防风险,加强各重点领域信息公开并指导协调全市各级各部门的政务公开工作。市人民政府印发《桂林市加快推进网上政府服务工作实施方案》,明确工作总体思路、主要目标、重点任务和组织保障措施,推进“互联网+政务服务”平台建设。市人民政府加强党风廉政建设和反腐败工作,抓好巡视“回头看”反馈意见整改,全年共查处违反中央八项规定精神问题291件,处理338人。

【社会矛盾纠纷依法有效化解】 2017年,市人民政府坚持以行政复议工作规范化建设为主线,将行政复议工作列入桂林市法治政府建设专项考评指标,使行政复议作为化解行政争议主渠道的作用和地位得到提升。通过探索建立行政争议事前化解机制,增强行政调解能力,履行行政调解职责,发挥行政机关在解决行政争议中的重要作用,依法有效化解矛盾纠纷。全年,市人民政府立案受理行政复议案件148件。各县(区)行政复议机构共收到行政复议申请166件,立案受理155件。开展矛盾纠纷集中排查和精准排查专项活动,全市各级人民调解组织共开展排查1.39万次,预防纠纷5244件,调解案件4.87万件,调解成功4.77万件。推进行业性专业人民调解组织建设,推动调解工作向矛盾纠纷多发、易发的行业和领域延伸。市医疗纠纷人民调解委员会推进医疗纠纷调解与保险理赔一体化,5月被司法部授予全国模范人民调解委员会。全市各级公安机关共调解治安案件1291件。组织律师以第三方身份到市信访局、市中级人民法院、市人民检察院、市公安局参与信访值班及“12348”法律服务热线值班。市旅游发展委员会建立健全“调解+仲裁+行政执法+司法诉讼”的综合处理机制,化解旅游矛盾纠纷。

【政府工作人员依法行政能力培训】 2017年,市人民政府培育政府工作人员树立宪法法律至上、法律面前人人平等、权由法定、权依法使等法治理念,以市委党校和市行政管理学院举办县处级领导干部进修和公务员任职、在职培训班为依托,将法律法规知识作为培训内容,提高干部法治思维及依法办事能力。年内,市委、市人民政府举办为期4天的全市领导干部统计学习培训班,特邀国家统计局统计执法监督局、国民经济核算司以及自治区统计局领导和有关专家授课,进行统计法律法规、国民经济核算和领导干部统计业务基础知识培训,提高领导干部的统计法治意识,邀请自治区法制办专家为全市各单位的200名领导干部授课,解读《广西壮族自治区法治政府建设实施方案》。各县(区)

政府完成举办领导干部法治专题培训班、政府领导班子法治专题讲座的年度考评任务。市委办公室、市人民政府办公室印发《关于贯彻落实国家机关"谁执法谁普法"普法责任制的意见》,明确细化部门普法责任,使工作规范化、制度化。市委组织部、市委宣传部、市人力资源和社会保障局、市司法局联合制定《关于完善国家工作人员学法用法制度的实施意见》。继续通过年度普法考试等方式,增强各级领导干部和公务员的法律素养和依法行政能力。（陈小华）

【市人大常委会依法开展对"一府两院"监督】2017年,市人大常委会依法开展对"一府两院"(市人民政府、市中级人民法院、市人民检察院)的监督,组织开展执法检查,促进法律法规的贯彻实施。4月,市人大常委会成立检查组,对2015年5月1日行政诉讼法修改实施以来桂林市行政机关、审判机关、检察机关贯彻实施行政诉讼法的情况开展执法检查。6月30日,市五届人大常委会第七次会议听取和审议市人大执法检查组执法检查情况的报告。7月,市人大常委会对桂林市检察机关查办和预防扶贫领域职务犯罪的情况进行调研,建议检察机关继续加强扶贫领域职务犯罪预防工作,保持对职务犯罪打击的高压态势,建立健全和扶贫各部门常态化的联络机制,构筑社会预防格局,堵塞漏洞,加强扶贫资金的监督管理,依法履职,完善刑事司法与行政执法衔接机制。8月30日,市五届人大常委会第八次会议听取和审议了市人民检察院关于桂林市检察机关查办和预防扶贫领域职务犯罪工作报告,提出审议意见。9月,市人大常委会组成调研组对桂林市城市道路交通秩序整治工作情况进行调研。10月31日,市五届人大常委会第九次会议听取和审议市人民政府关于开展城市道路交通秩序整治专项工作报告,并提出审议意见。市人民政府对审议意见进行研究处理,并对存在的问题提出整改措施。

【市人大常委会推进地方立法工作】2017年,市人大常委会编制完成《桂林市人大常委会2017年立法工作计划》,并将立法计划印发执行。在2017年立法计划中明确《桂林市市容环境和卫生管理条例》《桂林市城乡规划条例》《桂林市防控和查处违法建设条例》等年度立法项目。9月,向社会各界公开征集2018年立法计划项目的意见和建议,为2018年贯彻执行立法规划,持续推进立法工作做好基础准备。年内,市人大常委会完成对《桂林市城市市容和环境卫生管理条例》的审议工作,并报自治区人大常委会审核通过。同时做好《桂林市城乡规划条例》《桂林市防控和查处违法建设条例》草案的起草和提请审议工作。市人大常委会加强对规范性文件的备案审查监督工作。全年,依法对《桂林市人民政府关于提高桂林市城乡居民最低生活保障标准的通知》等10件规范性文件进行备案审查。按照新修改的《广西壮族自治区各级人民代表大会常务委员会规范性文件备案审查条例》,制定《关于规范性文件及其目录按规定报送的函》《桂林市人民代表大会常务委员会规范性文件备案审查办法》,加强对市人民政府、市中级人民法院、市人民检察院、各县(区)人大规范性文件的备案审查。9月,对市人民政府制定的《桂林市行政规范性文件管理办法》提出审查意见。（黄英江）

文化建设

【文化事业欣欣向荣】2017年,《桂林市石刻保护条例》公布实施,甑皮岩国家考古遗址公园(二期)建成开放,靖江王陵国家考古遗址公园考古挖掘清理工作基本完成。"桂林渔鼓"和"广西文场"2个非物质文化遗产项目获国家支持,灵渠申报世界文化遗产工作持续推进。《百里漓江百里画廊》《油茶情歌》《象山传说》等一批文艺精品获得全国、全自治区奖项。中央电视台春节联欢晚会桂林分会场为全国人民展现一场富含桂林元素的文化视觉盛宴。啤酒文化广场建成运营,袭汇国际文化世界、桂林国际文化创意产业园等项目有序推进,恭城瑶家大院互联网影视旅游基地启动建设。靖江王城片区历史文化旅游街区、正阳西巷改造加快推进,叠彩凤北路段等11个特色街区建设完成。阳朔千漓缘旅游文化公司获"自治区第七批文化产业示范基地"称号,3D动漫游戏《捕鱼来了》被评为2017年度广西优秀原创动漫作品。（刘继美）

【公共文化服务】2017年,桂林市公共图书馆、美术馆、文化馆、文化站全部按要求落实免费开放服务。年内,市群众艺术馆对公众实施免费开放服务,并举办馆内阵地培训、馆外基地培训、"三区"人才培训,开展馆内和馆外培训累计1977课时,培训人数2.8万人次。桂林图书馆免费对外开放,接待读者153万余人次,借阅书刊537万余册次,网站访问量270万余次,移动图书馆点击1260万余次,科技查新315项,SCI/EI/ISTP检索93项。市展览馆举办公益性展览和开展公益培训活动。市群众艺术馆文化志愿者"文化列车"服务项目整合全市各类文化志愿者资源,对接群众文化需求,精准投放服务。年内,"文化列车"分别到灵川县双潭村举办新春慰问演出,到象山区二塘中心校举办地方戏曲进校园庆"六一",到夕阳红养老中心举办父亲节慰问演出,到驻桂林部队庆祝建军90周年慰问演出等。

【精神文明创建】2017年,桂林市持续开展文明城市、文明村镇、文明单位等评选命名活动。深化农村精神文明建设,推进移风易俗工作;深化文明家庭创建工作;开展道德模范评选活动等。评选出第四届桂林市道德模范8名,提名奖4名。评选首届桂林市文明家庭22户。评选桂林市"十星级文明户"100户。桂林市公安局交通警察支队七星区交通警察大队、广西电网有限责任公司桂林培训中心、桂林市中医医院、中央储备粮桂林直属库、广西水利电业集团有限公司荔浦供电分公司5个单位获"第五批全国文明单位"称号,兴安县湘漓镇阳安村、阳朔县普益乡古乐村、恭城瑶族自治县莲

2017 年 1 月 28 日，为中央电视台春节联欢晚会桂林分会场服务的青年志愿者们

（麻承福 摄）

花镇门等村、全州县才湾镇南一村、平乐县青龙乡郡塘村 5 个村获“第五批全国文明村”称号。 （廖玲）

【桂林志愿服务实现全覆盖】 2017 年，桂林市将“学雷锋做好事”延伸到教育、科学、文化、交通及服务大型会展、中心工作等各个领域。活跃在全市各公共文化设施的 26 支文化志愿服务队 800 余名志愿者，定期开展“百姓文化大讲坛”“百姓大舞台”“周末大家乐”“流动博物馆”“送福联进万家”等志愿服务活动 113 场次，不定期举办“送文化进社区”“戏曲进校园”、各类文化培训辅导班及科技活动讲座，服务群众 300 万人次。组织志愿者参与 2017 年中央电视台春节联欢晚会桂林分会场、联合国世界旅游组织 / 亚太旅游协会旅游趋势与展望国际论坛、中国—东盟博览会旅游展和桂林国际山水文化旅游节、环广西公路自行车世界巡回赛等大型活动，受到中外游客好评，为桂林志愿城市树立良好国际形象。年内，桂林获 2017 年全国学雷锋志愿服务“四个100”最佳志愿服务组织 1 个，第三批全国岗位学雷锋标兵 1 名，第二届全国“敬老文明号”1 个，自治区最佳志愿服务组织 1 个、最佳志愿服务项目 1 个、最美志愿服务社区 1 个、第二批“学雷锋活动示范点”1 个、岗位学雷锋标兵 1 名。 （罗家骏）

生态文明建设

【国家生态文明先行示范区创建工作】 2017 年，市委组织部、市委宣传部、市绩效办、市发展和改革委员会等 50 个部门组成桂林市创建国家生态文明先行示范区联席会议，联席会议办公室设在市发展和改革委员会。市发展和改革委员会联合市科技局、市财政局、市国土资源局、市环境保护局等部门印发《广西壮族自治区桂林市创建国家生态文明先行示范区实施方案》《桂林市 2017 年生态文明先行示范区建设工作要点》，明确各县（区）人民政府、各相关单位开展桂林市创建国家生态文明先行示范区主要工作、任务目标和 2017 年度目标任务。年内，全市城镇绿色建筑占新建建筑比例的 40%，占城市公共交通出行比例的 21.7%，县级以上饮用水水源地水质达标率 100%，市区环境空气质量优良天数占比 84.5%，全市生态系统稳定性得到明显增强。

【资源节约和环境保护项目建设】 2017 年，桂林市获资源节约、环境保护及重点流域水环境综合治理中央预算内投资资金 7730 万元，其中支持桂林市山口生活垃圾焚烧发电工程 6000 万元，支持桂林市资源县城区污水处理二期工程 1500 万元，支持桂林市生活垃圾存量治理工程 230 万元。年内，桂林市做好国家重大建设项目库项目储备工作，加强储备项目前期工作管理，确保储备项目符合中央预算内投资资金申报要求。至年末，桂林市市本级资源节约和环境保护储备入库项目 6 个。国家重大建设项目库内有桂林市资源节约、环境保护及重点流域水环境综合治理中央预算内投资在建项目 5 个，分别为桂林市山口生活垃圾焚烧发电工程、桂林市资源县城区污水处理二期工程、灵川县污水处理厂提标技术改造工程、桂林市全州县第二污水处理工程、桂林市生活垃圾存量治理工程。

【节能减排降碳】 2017 年，桂林市推进节能减排降碳工作，较好完成能源

2017 年，桂林市山口生活垃圾焚烧发电工程在建项目

（市发展和改革委员会 供图）

消耗总量和强度“双控”及控制温室气体排放工作。1月，在桂林市第五届人民代表大会第二次会议上通过的《关于桂林市2016年国民经济和社会发展计划执行情况与2017年国民经济和社会发展计划(草案)的报告》，明确要求推进节能降碳，确保全市节能减排指标控制在自治区下达目标范围内。5月，桂林市印发《节能减排降碳和能源消费总量控制“十三五”规划》《循环经济发展“十三五”规划》《桂林市能源发展“十三五”规划》。6月，桂林市印发《桂林市“十三五”时期各县(区)能耗总量和强度“双控”及控制温室气体排放目标分解方案》。全年桂林能源消耗强度下降4.51%，能源消耗增量21.83万吨标准煤；万元地区生产总值二氧化碳排放强度下降9.80%。

2017年，桂林会仙喀斯特国家湿地公园试点建设通过国家林业局验收

（市发展和改革委员会　供图）

【低碳城市建设】 2017年，桂林市继续推进国家低碳城市试点工作。2月，市发展和改革委员会印发《桂林市低碳城市发展“十三五”规划》，确立桂林市“十三五”时期低碳城市建设指导思想、基本原则及发展目标，并对构建低碳产业体系、控制能源消费总量、构建低碳交通体系及构建绿色建筑体系等工作进行部署。推进低碳示范居民社区建设工作。10月，自治区发展和改革委员会、中国质量认证中心广州分中心派人组成调研组到桂林市开展低碳社区试点现场调研，桂林市汇报了低碳社区试点工作经验。推进市重点企业温室气体排放报告工作。2017年桂林市拟纳入全国碳排放权交易体系企业9家，涉及钢铁、化工、电力、建材、造纸等重点行业。实施园区循环化改造工作，桂林高新技术产业开发区、广西灵川八里街工业区开展园区循环化改造实施方案编制工作，并通过自治区审核；桂林市完成“十三五”园区循环化改造实施方案编制任务。（李东成）

【生态环境日趋优良】 2017年，桂林市集中开展漓江风景名胜区“四乱一脏”(乱建、乱挖、乱养、乱经营，环境卫生脏)专项整治行动，漓江流域21家关停采石场全部生态复绿。蚂蟥洲、伏龙洲等洲岛自然生态景区餐饮违章污染设施拆除，漓江城市段污水集中治理基本完成。城市污水集中处理率超过99%，全市集中式生活饮用水源地水质达标率100%，生活垃圾无害化处理率100%。完成全市禁燃区范围内149台燃煤锅炉整治工作。全年空气质量优良天数308天。可吸入颗粒物(PM10)和细颗粒物(PM2.5)平均浓度值分别下降6.3%、6.4%。龙胜各族自治县、资源县等5个国家级生态功能区建设加快推进，生态修复和城市修补纳入全国试点，6个县(区)、28个乡(镇)、15个村被评为自治区级生态县(区)、生态乡(镇)、生态村。桂林会仙喀斯特国家湿地公园试点建设通过国家林业局验收，平乐县狮子山获“国家级森林公园”称号。（刘继美）

生态乡村东计岭村　（赵积亮　2017年摄）

2017年桂林市党政机关、直属事业单位、党派团体及其领导人名单

中国共产党桂林市委员会

书记：赵乐秦

副书记：周家斌(任至11月)

秦春成(11月任职)

常委：杜福初（任至9月）
张晓武
陈丽华
赵志军
李国忠（任至6月）
彭东光（6月任职）
吕洪安
王建毅
赵仲华
何翔（挂职）
邓志勇（挂职，任至8月）
秘书长：赵仲华
副秘书长：唐沐林（任至1月）
刘春燕
肖必忠
王春梅
于建新
李志华
黄立平
刘祖军（兼）
张松（1月任职）

市委工作部门
中国共产党桂林市委员会办公室
主任：刘春燕（1月任职）
副主任：王波（5月任职）
戴波（2月任职）
中国共产党桂林市委员会保密委员会办公室（市委办内设机构，挂桂林市国家保密局牌子）
局长：王超
副局长：程正祥
中国共产党桂林市委员会督查室（市委办内设机构）
主任：张志伟（任至11月）
黄立平（11月兼职）
中国共产党桂林市委员会、桂林市人民政府信访局
局长：刘祖军
副局长：周东青
万子健
程春林
中国共产党桂林市委员会组织部
部长：李国忠（任至7月）
彭东光（7月任职）
副部长：蔡泽军
李安平
石凤羽
林兵
刘琴
中国共产党桂林市委员会老干部局
局长：刘琴
副局长：王达金（2月任职）
朱斌
张成平
中国共产党桂林市委员会宣传部
部长：陈丽华
副部长：唐述东
朱鹃屏
蒋桂斌
中国共产党桂林市委员会精神文明建设办公室（在市委宣传部挂牌）
主任：唐述东
桂林市互联网信息办公室（在市委宣传部挂牌）
主任：潘涤非（任至8月）
蒋晓军（11月任职）
中国共产党桂林市委员会统一战线工作部
部长：王建毅
副部长：阳行志（任至11月）
程海超（11月任职）
张广惠
胡涛
中国共产党桂林市委员会政法委员会
书记：赵志军
副书记：仇祖和（任至7月）
陈荣茂（7月任职）
文社教
苏纯云（任至5月）
唐恢豪（兼）
邹玉章
委员：陈敏
林鼎立
孙杰（5月任职）
桂林市社会治安综合治理委员会办公室（在市委政法委挂牌）
主任：苏纯云（兼，任至5月）
副主任：白永驰
宁顺彪
市委维护稳定工作领导小组办公室
主任：文社教（兼）
副主任：程建屿
中国共产党桂林市委员会政策研究室
主任：唐庆林（任至5月）
龚明聪（11月任职）
副主任：吴学东
龚明聪（任至11月）
张松（任至1月）
许敏良
苏绍维（11月任职）
桂林市机构编制委员会办公室
主任：谭兴元
副主任：丁银健
梁春萍
刘成
中国共产党桂林市直属机关工作委员会
书记：张衍平
副书记：吴江宁
唐咸康
邓晖
委员：刘锦辉
石远国
徐军（任至7月）
桂林市绩效考评领导小组办公室
主任：梁兵
副主任：李南海
唐祖杰（11月任职）
中国共产党桂林市委员会台湾工作办公室（挂桂林市人民政府台湾事务办公室牌子）
主任：刘汉军（任至11月）
阳行志（11月任职）
副主任：蔡振生
彭霖
中国共产党桂林市委员会巡察工作领导小组办公室
主任：李伟中（1月任职）
副主任：刘占军（1月任职）
曾凡香（7月任职）

中国共产党桂林市纪律检查委员会

书记：吕洪安
副书记：王列强（5月任职）
刘新刚（5月任职）
韦秋燕
蒋平华
常委：李伟中
周芳
王健
张捷林
杨勇
市人民政府监察局（在市纪委挂牌，与市纪委合署办公）
局长：杨卫东（任至4月）
韦秋燕（6月任职）
副局长：杨勇

桂林市人民代表大会常务委员会

主任：赵乐秦

副主任:潘永建
石春莲
赵德明
徐锋
王德明
何运保
党组书记:赵乐秦
副书记:潘永建
秘书长:周理胜
副秘书长:许礼祥
郑钧洪
李永松
王嬟
市人大常委会办公室
副主任:蒙少强
邓洁(2 月任职)
市人大常委会调查研究室
主任:涂国辉
副主任:覃积孔
秦清浥
市人大常委会法制工作委员会
主任:廖国忠
副主任:徐强
张海云
市人大常委会选举联络工作委员会
主任:黄玲
副主任:申春梅
李方连
市人大财政经济委员会
主任委员:李远红
副主任委员:莫秋萍
李建平
市人大城乡建设环境与资源保护委员会
主任委员:侯翔
副主任委员:欧阳莉萍
王玲
市人大法制委员会
主任委员:李日升
副主任委员:丁白茹
方悦仁
市人大教育科学文化卫生委员会
主任委员:刘鹃
副主任委员:王艺洁
蒋明
市人大旅游委员会
主任委员:欧阳夏薇
副主任委员:陈兰香
莫林涛
市人大民族华侨外事委员会
主任委员:赵海兵
副主任委员:何媛
王冬秀
市人大农业委员会
主任委员:兰辉
副主任委员:唐树明
刘长记

桂林市人民政府

市长:周家斌(任至 11 月)
代市长:秦春成(11 月任职)
副市长:张晓武
陈丽华
仇祖和(任至 8 月)
陈荣茂(8 月任职)
樊新鸿
彭代元
兰燕
谢灵忠
邓志勇(任至 8 月)
市政府党组书记:周家斌(任至 11 月)
秦春成(11 月任职)
秘书长:丁东弟
副秘书长:裴军
莫若林
李顺意
时曦
高钦(挂职)
邓忠育(挂职,任至 3 月)
李成钢(挂职,任至 6 月)
贲黄文
韦远明
杨水才
梁一萍(挂职)
曹方明(1 月任职)

市政府工作部门
桂林市人民政府办公室(挂桂林市金融工作办公室牌子)
副主任:曹方明(任至 1 月)
蒋易君
覃伟(1 月任职)
桂林市人民政府督查室(政府办内设机构)
主任:温海
桂林市调解处理土地山林水利纠纷办公室(政府办内设机构)
主任:时曦
副主任:刘德华
桂林市人民政府应急管理办公室(政府办内设机构)
主任:裴军
副主任:杨灏
桂林市政务服务监督管理办公室(政府办内设机构)
主任:贲黄文
副主任:庞采哲
周迎新
桂林市发展和改革委员会(挂桂林市物价局牌子)
党组书记:叶桂忠
主任:叶桂忠
副主任:刘红光
魏黎平(任至 5 月)
李军(任至 3 月)
蒋福光
饶江
徐宁(4 月任职)
谭永源(12 月任职)
桂林市重大项目建设推进领导小组办公室(设在市发改委)
副主任:叶桂忠
专职副主任:李军(任至 3 月)
谭永源(12 月任职)
桂林市铁路建设办公室(设在市发改委)
主任:李军(任至 3 月)
谭永源(12 月任职)
桂林市深化医疗卫生体制改革工作领导小组办公室(设在市发改委)
主任:魏黎平(任至 5 月)
桂林市物价局
党组书记:刘红光
局长:刘红光
副局长:罗克勤
聂奇壮
桂林市价格监督检查分局
局长:高应中
桂林市工业和信息化委员会
党组书记:赵塞经
主任:赵塞经
副主任:陈雄文
莫国才
余剑
韩俊(任至 6 月)
叶涛(6 月任职)
桂林市教育局
党组书记:唐建林
局长:唐建林
副局长:张建生
文泽鸿
陈念进(10 月任职)

桂林市科学技术局(挂桂林市知识产权局牌子)
党组书记:黄强
局长:黄强
副局长:钟可安
唐健梅
桂林市知识产权局
副局长:李日辉
桂林市民族宗教事务委员会
党组书记:蒋文明
主任:蒋文明
副主任:潘天秀
高亮(任至8月)
李冠宇(12月任职)
桂林市公安局
党委书记:仇祖和(任至7月)
陈荣茂(7月任职)
副书记:刘小平
李杰
局长:仇祖和(任至8月)
陈荣茂(8月任职)
副局长:李杰
谢坚
黎筱棣
周云
黄光年(任至9月)
钟明(9月任职)
桂林市民政局
党组书记:蒋伟名
局长:蒋伟名
副局长:李荣
刘修祥
蒋晓金(3月任职)
桂林市司法局
党组书记:蒋海波
副书记:曾忠东
局长:蒋海波
副局长:曾忠东
陈桂生
秦昕
桂林市财政局
党组书记:胡焕忠
副书记:卫东
局长:胡焕忠
副局长:卫东
刘桂峰
黄宏忠
唐伟
桂林市人力资源和社会保障局
党组书记:李安平
局长:李安平
副局长:刘卫东
苏骋
魏承林
朱桂平
桂林市国土资源局(挂桂林市测绘地理信息局牌子)
党组书记:谢小明
局长:谢小明
副局长:周江
李济明
易云初
桂林市测绘地理信息局
局长:谢小明
桂林市不动产登记局
局长:谢小明
副局长:周江
桂林市环境保护局
党组书记:邓学云
局长:邓学云
副局长:舒忠常
蒋永光
刘学振
桂林市住房和城乡建设委员会(挂桂林市房产管理局牌子)
党组书记:曾亮
党组副书记:张健(任至2月)
主任:曾亮
副主任:张健(任至3月)
刘开成
周旭
高醇武
李维祥
刘江帆
桂林市房产管理局
局长:张健(任至3月)
桂林市交通运输局
党组书记:钟德臣
局长:钟德臣
副局长:谭永源(任至12月)
倪大虎
张建强(兼)
陈晞
桂林市高速公路建设领导小组办公室(设在桂林市交通运输局)
主任:钟德臣
副主任:余泽民
桂林市水利局
党组书记:文飞
局长:文飞
副局长:黄东明
唐官荣
仇建辉(6月任职)
桂林市农业局
党组书记:蔡立圭
局长:蔡立圭
副局长:邱云
何祖任
蒋碧娟(12月任职)
桂林市林业局
党组书记:彭志明
局长:彭志明
副局长:孙桂春
秦香华
刘资灵
桂林市森林公安局
局长:马玉生
政委:刘锋
桂林市商务局
党组书记:李志刚(任至11月)
苏绍坤(11月任职)
局长:李志刚(任至11月)
王昕(11月任职)
副局长:沈秋林(任至1月)
苏绍坤(任至12月)
宁志
邓治
桂林市文化新闻出版广电局(挂桂林市文物局、桂林市版权局牌子)
党组书记:李滨
副书记:徐熔(12月任职)
局长:李滨
副局长:徐熔
李汉春
吴东才
李山宏
张明道
桂林市文物局
局长:张明道
桂林市卫生和计划生育委员会(挂桂林市中医药民族医药管理局牌子)
党组书记:王芳
主任:王芳
副主任:周爱民
梁滨
蒋碨鸿
卢浩华(9月任职)
唐玲凤
蒋基权(任至2月)
桂林市中医药民族医药管理局
局长:周爱民

桂林市爱国卫生运动委员会办公室（设在市卫生和计划生育委员会）
主任：袁海德
桂林市审计局
党组书记：江建和
局长：江建和
副局长：唐正柱
赵素云
全宏星
桂林市外事侨务办公室
党组书记：陈强华
党组副书记：余治水
主任：陈强华
副主任：余治水
宁松（任至1月）
王晓霞
叶兵
桂林市旅游发展委员会
党组书记：罗建章
主任：罗建章
副主任：李娅
陈连生
曹健
张志红
桂林市工商行政管理局
党组书记：周作智
副书记：曾小林
局长：周作智
副局长：曾小林
刘金彪
蒋少海
蒋以宏
桂林市质量技术监督局
党组书记：廖建秋
局长：廖建秋
副局长：衣鹏
莫海林
陆小春
彭秀成
桂林市体育局
党组书记：兰茵（任至5月）
郭红星（5月—12月）
王子西（12月任职）
局长：王昕（任至11月）
副局长：莫智斌
彭欧翔
桂林市安全生产监督管理局
党组书记：韦文周
局长：韦文周
副局长：邱小谋（任至5月）
秦天清
吴根山
张建新
桂林市食品药品监督管理局（挂桂林市食品安全委员会办公室牌子）
党组书记：唐春洪
局长：唐春洪
副局长：张进
隋国华
聂平安
蒋小刚
桂林市食品安全委员会办公室
副主任：石为宁
桂林市统计局
党组书记：黄明贵（任至11月）
李强（11月任职）
局长：黄明贵（任至11月）
李强（12月任职）
副局长：和向东
粟峥群（12月任职）
沙惠平（任至11月）
桂林市粮食局
党组书记：秦伟民
局长：秦伟民
副局长：周月桂
莫曦媛
王少宾
桂林市规划局
党组书记：周彦
局长：周彦
副局长：王锡光
于小明
张海
桂林市园林局
党组书记：涂卫东
局长：李兰
副局长：陆丹
邓建中
刘强（1月任职）
陆伟东（8月任职）
桂林市水产畜牧兽医局
党组书记：唐金华
局长：唐金华
副局长：韦绍芳
唐东明
桂林市城市管理委员会（挂桂林市城市管理综合行政执法局牌子）
党组书记：余捷
主任：余捷
副主任：陈运春
戴大文
张坤（3月任职）
秦军
谢应明（4月任职）
桂林市法制办公室
党组书记：诸葛旸
主任：诸葛旸
副主任：张林
董忠
桂林市人民防空办公室
党组书记：唐铭泽
主任：唐铭泽
副主任：粟定就
叶昆（3月任职）
桂林市扶贫开发办公室
党组书记：吴应新
主任：吴应新
副主任：霍新奎
林章廷
桂林市人民政府国有资产监督管理委员会
党委书记：龙挥忠
副书记：陈植功（任至11月）
肖必忠（11月任职）
主任：陈植功（任至12月）
肖必忠（12月任职）
副主任：蓝誉国
陈江
赵祖俊
朱袭林

中国人民政治协商会议桂林市委员会

党组书记：粟增林
副书记：叶兆泉（任至10月）
邹长新（11月任职）
主席：粟增林
副主席：叶兆泉（任至10月）
汤桂荔
肖立华
邹长新
罗永东
郑毅
钟麟
区捷
秘书长：苏甲杏
副秘书长：程海超（任至11月）
刘满云（任至3月）
曾艳波
阳宝林（3月任职）
唐晓敏（3月任职）
黄明贵（12月任职）
市政协研究室
主任：龙镇凯

副主任：戴玉萍（任至3月）
龙海（3月任职）
市政协经济科技委员会
主任：李小元
副主任：梁志鸿
王亿群
阳耀民（兼）
谭永源（兼）
莫绍芬（兼）
蓝誉国（兼）
邱云（兼）
何明华（兼）
市政协提案委员会
主任：谢漓
副主任：阳宝林（任至3月）
韦敏玲
莫若林（兼）
沙惠平（兼）
赖慧云（兼）
马伟荣（兼）
赵玉林（兼）
市政协社会法制与民族宗教委员会
主任：杨湘林
副主任：林俐
蒋丽娟
李高泉（兼，任至2月）
李何（兼）
李荣
文社教（兼）
侯天良（兼）
张力丹（兼）
市政协教育文化卫生体育委员会
主任：唐克力
副主任：秦永川
邓凡
何绍连（兼）
唐春松（兼）
文泽鸿（兼）
吴东才（兼）
覃澍（兼）
王子西（兼）
颜丽萍（兼）
市政协港澳台侨外事委员会
主任：莫尚贵
副主任：吴德英
龙海（任至3月）
戴玉萍（3月任职）
王晓霞（兼）
叶涛（兼）
蔡振生（兼）
张翔（兼）
市政协文史和学习委员会
主任：唐晓敏（任至3月）
刘满云（3月任职）
副主任：胡伶俐
张彦
隆斌（兼）
徐熔（兼）
伍发进（兼）
市政协委员联络工作办公室
主任：王晓燕
副主任：徐松年

法院・检察院

桂林市中级人民法院
党组书记：陈敏
党组副书记：彭卫国（任至5月）
李忠林（7月任职）
院长：陈敏
副院长：彭卫国（任至5月）
李忠林
杨畔男
张德生
唐原（挂职）
桂林市人民检察院
党组书记：林鼎立
副书记：周鸿广
检察长：林鼎立
副检察长：周鸿广
邹定华
侯天良
秦艳

民主党派・工商联

中国国民党革命委员会桂林市委员会
主委：区捷
副主委：向惠玲（兼）
郑发生（兼）
秦明群（兼）
中国民主同盟桂林市委员会
主委：谭建国
副主委：以体杰
伍发进（兼）
蒋太才（兼）
孙小军（兼）
中国民主建国会桂林市委员会
主委：郑毅
副主委：李丽君
唐正柱（兼）
赵钧铎（兼）
席国际（兼）
中国民主促进会桂林市委员会
主委：白云（兼）
副主委：葛浩波
傅广生（兼）
李其斌（兼）
覃文（兼）
中国农工民主党桂林市委员会
主委：农军（2月任职）
副主委：邓翠荣
周长山（兼）
农军（兼，任至2月）
李素华（兼）
中国致公党桂林市委员会
主委：谢永功
副主委：蒋向筝（兼）
陈东辉（兼）
曾明华（兼）
九三学社桂林市委员会
主委：卢全喜
副主委：赖慧云
谭永源（兼）
梁士楚（兼）
林玉山（兼）
市工商业联合会
党组书记：胡涛
主席：王昕（任至4月）
周英（4月任职）
副主席：梁世辉（任至4月）
蒋海燕
王卫斌
伍和志
胡涛（4月任职）

群众团体

桂林市总工会
党组书记：张强
主席：罗永东
副主席：张强
宋伊宁
李国玉
叶雪刚
中国共产主义青年团桂林市委员会
书记：陈文彬
副书记：张力丹
杨丹
张圆
桂林市妇女联合会
党组书记：秦伟
党组副书记：桂文英

主席：秦伟
副主席：桂文英
王淑兰
覃丽
关永兵（兼）
桂林市科学技术协会
党组书记：俸文英
主席：袁道先（名誉）
副主席：莫绍芬
蒋旭明
彭友萍
邱云（兼）
姜路（兼）
文泽鸿（兼）
杨家福（兼）
卢有盟（兼）
韦霄（兼）
苏桂发（兼）
桂林市文学艺术界联合会
党组书记：何绍连
主席：何绍连
王志梧（名誉）
黄继树（名誉）
副主席：张震（任至5月）
秦凌斌
许菁（兼）
龚桂华（兼）
盘文波（兼）
张贤（兼）
张树萍（兼）
钟毅（兼）
桂林市归国华侨联合会
主席：叶涛
副主席：陆飞雄
简桂梅（兼）
何明华（兼）
蒋向筝（兼）
桂林市社会科学界联合会
党组书记：隆斌
主席：隆斌
副主席：王达金（任至3月）
李春毅
伍垂龙
黄家城（兼，任至3月）
王清荣（兼，任至3月）
陶然（兼，任至3月）
庾和周（3月任职）
陆奇岸（兼，3月任职）
周海（兼，3月任职）
唐春松（兼，3月任职）
毕贵索（兼，3月任职）
桂林市台湾同胞联谊会
会长：吕虹（兼）
副会长：高建娟
左剑虹
洪波
马晓珍
桂林市残疾人联合会
理事长：李何
党组书记：吉喆
副理事长：吉喆
李孝平
余丁华
桂林市红十字会
名誉会长：赵乐秦
会长：巫家世（任至3月）
何翔（3月任职）
副会长：刘正东
肖必忠（兼，任至3月）
唐述东（兼）
邓晓强（兼，任至3月）
钟平（兼，任至3月）
钟涛（兼，任至3月）
丁银健（兼）
古保华（兼，任至3月）
唐建林（兼，3月任职）
李成钢（兼，3月任职）
王芳（兼，3月任职）
蒋伟名（兼，3月任职）
秦维忠（兼，3月任职）
中国国际贸易促进委员会桂林市委员会
会长：赵海强
副会长：卢毅

市直属事业单位

中国共产党桂林市委员会党校（挂桂林市行政学院、桂林市社会主义学院、共青团桂林市委员会团校牌子）
校长：石东龙（任至1月）
白松涛（5月任职）
常务副校长：唐开国（任至5月）
唐庆林（5月任职）
副校长：王莉
黄革新
李富亮
中国共产党桂林市委员会党史研究室
主任：邓学艺
副主任：曾富沅（任至1月）
彭敏翎
凌世君
桂林日报社
党组书记：覃澍
副书记：龙霖锋
社长：覃澍
副社长：赵秋丽（7月任职）
总编辑：龙霖锋
副总编辑：唐禄贤
覃龙新
王学军
郑斌
桂林市地方志编纂委员会办公室
主任：徐朝凯
副主任：韦兰玉
文剑
桂林市农业机械化管理中心（局）
党组书记：毛义德
主任（局长）：毛义德
副主任（副局长）：莫秋冬
文美华
蒋永辉
桂林市档案局（馆）（挂桂林市档案文件信息服务中心牌子）
党组书记：奉世江
局（馆）长：奉世江
副局（馆）长：全裕胜
蒙涛
胡正科
桂林市人民政府驻北京联络处
主任：陈立高
副主任：徐福照（6月任职）
陈建林（12月任职）
桂林市人民政府发展研究中心
党组书记：王朝胜
主任：王朝胜
副主任：曲庭万
欧阳美（任至1月）
桂林市投资促进局（挂桂林市非公有制经济发展服务中心牌子）
党组书记：陈哨林（任至5月）
罗静（6月任职）
局长：汤桂荔
副局长：叶琴
黄锡亮
范春德
桂林市非公有制经济发展服务中心
主任：汤桂荔
副主任：余世华
桂林市地震局（挂桂林市数字地震观测指挥中心牌子）
局长：毛喜才
副局长：蔡正林

桂林市供销合作社
党组书记：唐纪文
党组副书记：黄永文
理事会主任：唐纪文
理事会副主任：苏绍维
唐行知
监事会主任：黄永文
桂林市人民政府驻南宁办事处
主任：宁静
桂林市老龄工作委员会办公室
主任：李荣
副主任：陈俐文
陈亚青
桂林市工业合作联社（挂桂林市二轻化工业协会牌子）
党组书记：韦杰
主任：韦杰
副主任：宁文超
唐永斌
桂林市住房公积金管理中心
主任：江冰欣
副主任：邓金山
桂林市博览事务局
局长：周英（任至 4 月）
梁志勇（7 月任职）
副局长：梁志勇（任至 7 月）
袁桂兵
桂林市机关事务管理局
党组书记：吴殷丹
局长：吴殷丹
副局长：韩克军
曾向东
梁建明
桂林市接待办公室
党组书记：王春梅
主任：王春梅
副主任：汪信萍
程文华（12 月任职）
桂林市水库移民工作管理局
局长：李仁山
副局长：石志勇
诸葛毅

区、县机构

秀峰区
中共秀峰区委员会
书记：蒋育亮
副书记：雷陈
罗静（任至 6 月）
唐芳顺（11 月任职）
中共秀峰区纪律检查委员会
书记：李巍
秀峰区人大常委会
主任：相恒心
副主任：贺东方
王桂英
莫广燕
黄璐
秀峰区人民政府
区长：雷陈
副区长：唐芳顺（任至 11 月）
李元浪（11 月任职）
谢静
王洋
代海鹏（10 月任职）
何静
陆军
秀峰区政协
主席：郭琳
副主席：颜艺华
黄初长
骆家茂
莫运珍

叠彩区
中共叠彩区委员会
书记：唐修璇
副书记：周政英
陈永东
中共叠彩区纪律检查委员会
书记：王唐飞
叠彩区人大常委会
主任：粟卫宏
副主任：王启贵
向林海
刘小强
秦秀珍
叠彩区人民政府
区长：周政英
副区长：曾艺
狄加
钟明（任至 6 月）
潘玲
陈孝云
刘丽春
叠彩区政协
主席：李曼华
副主席：阳庆平
郑建国
林昊（5 月提前退休）
石霞
黄晔华（9 月任职）

象山区
中共象山区委员会
书记：唐小忠
副书记：蒋永刚
王飙
中共象山区纪律检查委员会
书记：黄文
象山区人大常委会
主任：徐维升
副主任：谢东
黄晖
聂桂华
李勇江
象山区人民政府
区长：蒋永刚
副区长：梁红
经翠艳
张宁生
周灿
林莉
崔海健
象山区政协
主席：眭铂生
副主席：钟庭盛
赖慧云（5 月任职）
李雅劼
罗秋云

七星区
中共七星区委员会
书记：石玉琳
副书记：郑平
肖育明
中共七星区纪律检查委员会
书记：胡天云
七星区人大常委会
主任：黄文干
副主任：齐桂平
蒋瑞芳
曾小明
张永红（2 月任职）
七星区人民政府
区长：郑平
副区长：蒋伟宁
王海燕
阳明（1 月任职）
张翔（1 月任职）
胡凯
周琥

七星区政协
主席:宛高云
副主席:梁荣军
孙士桥
彭小珂
涂文红
桂林国家高新技术开发区
工委书记:白松涛(5 月任职)
工委第一副书记:石玉琳
工委副书记:郑平
聂云
周敏(8 月任职)
工委委员:周敏
覃传良
黄岳飞
管委主任:石玉琳
管委第一副主任:郑平
管委副主任:聂云(任至 9 月)
周敏(任至 8 月)
覃传良
黄岳飞
张一新
殷立夫
谢文彬
伍传仁

雁山区
中共雁山区委员会
书记:古保华
副书记:杨玉霜
孙敬东
中共雁山区纪律检查委员会
书记:潘军勇
雁山区人大常委会
主任:杨明
副主任:伍运英
李春燕
刘开送
张杰雄
付德宝(2 月任职)
雁山区人民政府
区长:杨玉霜
副区长:邓世文
李红
唐新文
彭意坤
陆铁拓
李剑鸿
雁山区政协
主席:莫连旺
副主席:刘永莉
欧双球
唐振国
蒋家领

临桂区
中共临桂区委员会
书记:何新明
副书记:李绍政
郑建忠
中共临桂区纪律检查委员会
书记:郑远军
临桂区人大常委会
主任:刘修荣
副主任:陈苦源
欧翠兰
李少波
黄萍
临桂区人民政府
区长:李绍政
副区长:吴晓罡
诸葛亚
唐立勋
秦初明
刘春吉
于荣生
陈月林(12 月任职)
临桂区政协
主席:李先赠
副主席:以善梅
李燕青
莫先发(任至 2 月)
韦崇广

阳朔县
中共阳朔县委员会
书记:谷海洪
副书记:蒋春华
张晓阳
中共阳朔县纪律检查委员会
书记:杨贵清
阳朔县人大常委会
主任:李自军
副主任:黄燕
梁文干
徐永康
莫永明
阳朔县人民政府
县长:蒋春华
副县长:李首群
孟璇
韦星
黄爱荣
莫冰
蒋东兵
阳朔县政协
主席:陈庆武
副主席:吴土得
张猛
蔡龙德
海强

灵川县
中共灵川县委员会
书记:赵奇玲
副书记:周春涌
周文金
中共灵川县纪律检查委员会
书记:罗颖
灵川县人大常委会
主任:唐火祯
副主任:刘甲秀
李志仁
陈华
谢小明(任至 4 月)
灵川县人民政府
县长:周春涌
副县长:朱名武
唐筱凌
余桂兰(任至 3 月)
陈世章
赵莉
秦卫民
谢小明(4 月任职)
灵川县政协
主席:赵国平
副主席:刘云堂
秦壬娣
秦玉珍
廖明昊

全州县
中共全州县委员会
书记:林武民
副书记:廖照德
吕佳军
中共全州县纪律检查委员会
书记:张楷
全州县人大常委会
主任:阳瑞华
副主任:唐忠祥
陶韬
蒋艳姣

李恩琼
全州县人民政府
县长:廖照德
副县长:李光强
王本瑛
蒋雪娇
谢俊
王荣正
蒋学军
全州县政协
主席:蒋经灿
副主席:蒋述生
伍吉东
蒋龙云
丛莉

兴安县
中共兴安县委员会
书记:黄洪斌
副书记:黄钦
经友新
中共兴安县纪律检查委员会
书记:刘先锋
兴安县人大常委会
主任:张永军(6月任职)
副主任:刘婉秋
赵代林
蒋功合
周剑冰(任至2月)
胡琳(6月任职)
兴安县人民政府
县长:黄钦(2月任职)
副县长:黄小桂
庄慧琼
徐建强
申小军
吕忠荣
邓健君(任至2月)
文新祥(5月任职)
兴安县政协
主席:唐庆林
副主席:韦辉
唐树斌
伍发进
张琴

永福县
中共永福县委员会
书记:蒋昌桂
副书记:莫振华
钟涛
中共永福县纪律检查委员会
书记:何涛
永福县人大常委会
主任:罗代璋
副主任:莫军
周昌盛
廖万刚
曹文缤
吴明忠(2月任职)
永福县人民政府
县长:莫振华
副县长:赵家维
蔡一鸣
王树生
李忠德
李超
廖先梅
永福县政协
主席:秦际广
副主席:黄泽治
徐玉红
卢秀明
万钦红

灌阳县
中共灌阳县委员会
书记:陆桂弟
副书记:卢嵩
陈礼兵
中共灌阳县纪律检查委员会
书记:闫位勤
灌阳县人大常委会
主任:范科君
副主任:王峰
袁高明
赵新春
陈春虹
灌阳县人民政府
县长:卢嵩
副县长:李春孟
周恒志
秦家德
黄小雪(任至5月)
唐敏
蒋红斌
灌阳县政协
主席:蒋小林
副主席:唐莉姣
陆健康
向国庆
郑有成

龙胜各族自治县
中共龙胜各族自治县委员会
书记:周卉
副书记:吴永合
黄健
中共龙胜各族自治县纪律检查委员会
书记:李桥胜
龙胜各族自治县人大常委会
主任:粟宁群
副主任:李健胜
梁文星
曾波
潘艳玫
龙胜各族自治县人民政府
县长:吴永合
副县长:石修雄
潘德辉
曾瑞玉
黄炜
梁德锋(任至8月)
阳健青
李一飞(9月任职)
龙胜各族自治县政协
主席:杨桂姬
副主席:侯秋英
何彦泽
吴耿心
甘高强

资源县
中共资源县委员会
书记:韦绍艺
副书记:谭玉成
姚兴松
中共资源县纪律检查委员会
书记:刘晴
资源县人大常委会
主任:陈育勤
副主任:莫家荣
杨清霞
程国
易敬友
资源县人民政府
县长:谭玉成
副县长:孙清洪
唐文政
侯中华
黄民兴
陈虹
刘兆龙

资源县政协
主席：容小敏
副主席：张征林
王庆文
何春艳
吴龙华

平乐县
中共平乐县委员会
书记：陆智成
副书记：石小松
梁志明
中共平乐县纪律检查委员会
书记：王日康（任至 11 月）
王峥（11 月任职）
平乐县人大常委会
主任：陶伟文
副主任：彭钦凤
伍成红
彭骏武
王继芳
平乐县人民政府
县长：石小松
副县长：李钧
陈利
王淮
余和登
谢波
杨林葵
平乐县政协
主席：袁天赐
副主席：林忠
黄家乐
于江
李子佳

荔浦县
中共荔浦县委员会
书记：陈代昌
副书记：李玉清
唐双喜
中共荔浦县纪律检查委员会
书记：陶捌旺（11 月任职）
荔浦县人大常委会
主任：覃舜
副主任：黄旭斌
何有军
张维娟
莫桂桓（任至 12 月）

荔浦县人民政府
县长：李玉清
副县长：姜路
李宗庆
覃丽虹
李文林
陶捌旺（任至 11 月）
何启芝
莫桂桓（12 月任职）
荔浦县政协
主席：蒋战平
副主席：罗毅
高祖斌
黄旭庆
黄晔华（任至 6 月）

恭城瑶族自治县
中共恭城瑶族自治县委员会
书记：邓晓强
副书记：黄枝君
杨征山
中共恭城瑶族自治县纪律检查委员会
书记：覃自仁
恭城瑶族自治县人大常委会
主任：陈义军
副主任：吴艳琴
林堃
蒋述卫
李晓武
恭城瑶族自治县人民政府
县长：黄枝君
副县长：容志权
关小菊
刘有文
叶勇
王华
蒋舒羽
恭城瑶族自治县政协
主席：唐寿元
副主席：陈念翠
段凡徐
蒋尽球
钟础富

临桂新区
工委书记：张晓武
工委第一副书记：何新明
工委副书记：李绍政
唐标明
市纪委派驻纪检组组长：罗正宝
管委主任：何新明
管委第一副主任：李绍政
管委常务副主任：李星明
管委副主任：唐标明
文杰
莫秋元
蒋玖明
秦土六
黄福岗
覃正东
陈清

桂林经济技术开发区
工委书记：樊新鸿
工委副书记：何兵
莫振华
李绍政
纪工委书记：唐良平（任至 7 月）
管委主任：何兵
管委副主任：唐俊
卜清亮
黄锦堂
莫孟觉
李家明（12 月任职）
戴大文
黄宏忠
赵家维
刘春吉（任至 5 月）

漓江风景名胜区
工委书记：何运保
工委副书记：柳茵
石明（5 月任职）
纪工委书记（纪检组组长）：周民
管委主任：柳茵（6 月任职）
管委副主任：柳茵（任至 6 月）
石明
秦荣军
石长进
陈建国（挂任，11 月任职）
孙敬东（兼，任至1月）
黄兰（兼）
李红（兼）
李首群（兼）
朱名武（兼，11 月任职）
周虎（兼，11 月任职）
（市委组织部　市编办）

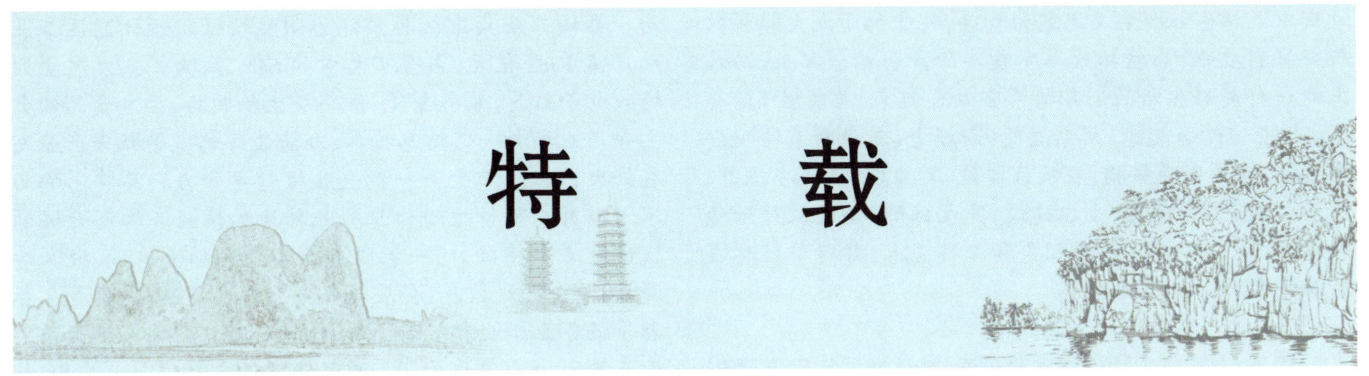

市委常委会工作报告

——2017年12月28日在市委五届四次全体(扩大)会议第一次全体会议上

中共桂林市委书记　赵乐秦

同志们:

这次全会的主要任务是,深入学习贯彻党的十九大精神,贯彻落实中央经济工作会议和全区经济工作会议精神,听取和讨论市委常委会工作报告,安排部署2018年工作。下面,我受市委常委会委托,向全会作工作报告。

市委五届三次全会以来,在自治区党委、政府的正确领导下,市委常委会团结带领全市各级党组织、广大党员和干部群众,认真贯彻落实党的十八大,十八届三中、四中、五中、六中全会精神,深入学习宣传贯彻党的十九大精神,坚持以习近平新时代中国特色社会主义思想为指导,牢固树立和践行新发展理念,统筹推进"五位一体"总体布局,协调推进"四个全面"战略布局,全面落实自治区第十一次党代会和市第五次党代会决策部署,坚持桂林国际旅游胜地建设"一本蓝图绘到底",按照"加快建设新城、疏解提升老城、产业融合发展、城乡协调推进、生态文化相融、富裕和谐桂林"总体要求,全力推动经济建设、政治建设、文化建设、社会建设、生态文明建设和党的建设取得新成绩,开创了桂林"两个建成"新局面。

一年来,市委常委会主要抓了以下几方面工作。

一、旗帜鲜明讲政治,坚决维护以习近平同志为核心的党中央权威

市委常委会以高度的政治自觉和政治责任做好迎接学习宣传贯彻党的十九大各项工作,并作为主线贯穿全年工作始终。圆满完成我市推荐提名广西出席党的十九大代表候选人工作。组织开展系列宣传活动,以良好健康的发展态势、安定和谐的社会环境、昂扬向上的精神风貌、隆重热烈的舆论氛围喜迎党的十九大。党的十九大胜利闭幕后,我们第一时间作出部署安排,全力抓好传达学习、宣传宣讲、督导落实全覆盖,迅速在全市兴起了学习宣传贯彻热潮,使党的十九大精神在桂林家喻户晓、深入人心,成为推动各项事业发展的强大动力。

我们始终高度重视理论武装工作,牢牢抓住领导干部这个"关键少数",抓好各级党委(党组)中心组和县处级以上领导干部理论学习。市委常委会以身作则,率先垂范,坚持市委理论学习中心组每月集中学习制度,把学习贯彻党的十九大精神与贯彻落实习近平总书记视察广西重要讲话精神紧密结合,力求学懂、弄通、做实,不断增强贯彻落实中央和自治区党委决策部署的思想自觉、政治自觉和行动自觉。深入开展理论宣传宣讲活动,着力抓好大宣传、大宣讲、大培训,全年举办各类宣讲3万多场次,直接受众500多万人次。全市各级党组织和广大党员干部"四个意识""四个自信"进一步增强,更加紧密地团结在以习近平同志为核心的党中央周围,更加坚定地维护以习近平同志为核心的党中央权威和集中统一领导,更加自觉地在思想上政治上行动上同以习近平同志为核心的党中央保持高度一致,为决胜"两个建成"提供了坚强的思想保障。

我们始终坚持学以致用、学用结合,坚持以习近平新

时代中国特色社会主义思想为指导，将党的十九大精神的新部署新要求，与桂林改革发展实际紧密结合起来，与人民群众对美好生活的新期待紧密结合起来，与决胜“两个建成”紧密结合起来，用新思想、新理念、新论断来检视发展思路、完善发展举措，在项目建设、产业发展、城乡统筹、改革创新、文化建设、生态建设、民生保障、全面从严治党等方面，创造了许多成功经验和工作亮点，开辟了桂林发展新境界。

二、全力推进国际旅游胜地建设，桂林发展实现新提升

我们坚持以国际旅游胜地建设统揽发展全局，统筹抓好重大项目建设、产业做强升级、全域旅游发展和城乡一体发展，着力强优势补短板上水平，胜地建设再掀新高潮，中期目标全面实现，桂林综合实力再上新台阶，保持了持续健康发展的良好态势。初步预测，全市地区生产总值完成2016.7亿元，增长5%左右；组织财政收入239.42亿元，增长7%；固定资产投资2224.96亿元，增长4.4%左右；人均地区生产总值40085元；城镇居民人均可支配收入32534元，增长8%左右；农村居民人均可支配收入13515元，增长11%左右。

重大项目持续发力，发展后劲全面增强。坚持实施重大项目带动战略，建立市领导“一联三”工作责任制，强化项目规划、审批、土地、资金等要素保障，抓实督促检查，推动重大项目加快建设，形成了项目大建设、基础大提升、发展大变化的良好局面。桂阳公路文化旅游大道全面完工，桂三高速、资兴高速建成通车，桂林至柳城高速、灌平高速开工建设，桂林动车所、西货运中心站建成使用，桂林市旅游专线试验线、桂林北综合客运枢纽等项目启动实施，两江国际机场扩建加快建设，2018年可投入使用，桂林交通进入高速发展、立体推进、全面升级时期。华为、比亚迪、中兴等一批大体量、上规模、影响深远的重大产业项目相继落地实施，产业链不断补强，产业集群进一步壮大。叠彩万达广场建成开业，万达文化旅游城加快推进，桂林国际会展中心等一批项目加快实施，为桂林发展提供了新动能。积极筹措资金，通过市级投融资平台整合、PPP、与商业银行合作建立基金等方式，新增项目融资近200亿元，有效保障了项目建设资金需求。全市统筹推进重大项目889项，预计完成投资834亿元，顺利完成年度投资目标任务。

现代产业做强升级，质量效益明显提高。坚持把加快产业做强升级作为稳增长的关键举措，强力推动新型工业、旅游业和现代服务业、特色农业融合发展，产业核心竞争力和可持续发展能力显著增强。着力重振桂林工业雄风，召开全市工业发展大会，出台关于加快桂林新型工业发展的若干意见及配套政策，实施工业发展十大工程，持续完善运行监测、企业服务、规模以上企业培育等工作机制，全力推动工业经济快速发展。桂林经开区驶入发展快车道，桂林高新区提质扩容、产业转型步伐加快，粤桂黔高铁经济带合作试验区（桂林）广西园建设稳步推进，三大园区工业总产值超750亿元，形成联动互补、良性发展新格局。县域工业集中区集聚能力明显增强。预计园区工业总产值1382亿元，占全市总量的64%，成为工业发展主战场。电子信息、装备制造、医药及生物制品、生态食品四大主导产业和新一代信息技术、智能装备制造等新兴产业发展壮大，福达、三金等一批企业核心竞争力和品牌影响力不断提升。坚持把现代服务业作为加快经济转型升级的战略重点和突破口，一批服务业集聚区加快建设，投入运营，物流、金融、信息、会展等服务业发展提速，健康养生养老等服务业新业态不断涌现，桂林成为首批国家健康旅游示范基地，6个县成为国家电子商务进农村综合示范县，数量居全区前列。预计全年服务业增加值增长10%左右，占地区生产总值比重超40%，对全市税收贡献超67%，成为拉动经济增长的第一动力。深入实施现代特色农业“7+3”提升行动，打造了一批特色鲜明、定位明确的农业示范区，建成3个自治区五星级示范区，促进了农业提质增效。休闲农业走在全国前列，预计全年休闲农业旅游人数突破3000万人次，收入超50亿元。农民增收居全区前列。众志成城，科学应对，战胜两次特大洪涝灾害，抗洪夺丰收取得明显成效。

全域旅游提档升级，桂林“国际范”进一步彰显。持续推进旅游基础设施、旅游业态、旅游营销、旅游管理优化提升，国家全域旅游示范区建设成效显著，景点旅游模式向全域旅游模式加快转变。8条大桂林生态休闲旅游精品线路建设加快推进，两江四湖·象山景区升级为国家5A级景区，建成桂阳公路绿道等一批休闲旅游设施，自驾游、体验游、骑行慢游等旅游新业态蓬勃发展，创建特色旅游名县数量居全区首位，厕所革命“桂林模式”在全国推广。春晚效应持续扩大，旅游业实现“质”“量”双提升，旅游龙头作用进一步发挥。预计全年接待游客超过8000万人次，实现旅游总消费960亿元，分别增长48.5%、50.5%。其中，接待境外游客245万人次，旅游外汇消费85亿元，分别增长6%、9%。成功举办第十一届联合国世界旅游组织。亚太旅游协会旅游趋势与展望国际论坛、2017中国—东盟博览会旅游展、第七届桂林国际山水文化旅游节、2017年环广西公路自行车世界巡回赛（桂林赛段）、桂林国际马拉松赛、2017漂流世界杯大赛、阳朔国际山地越野赛，提升了胜地影响力。

城乡统筹加快推进，城乡面貌深刻变化。统筹推进新区建设、老城疏解提升、县域城镇和美丽乡村建设，大桂林“生态美丽、城乡一体、文化多元、富裕和谐”大家园展现新风貌。临桂新区承载力、吸引力日益增强，学校、医院、公园、景观水系等设施建设取得突破性进展，市民公园、山水公园建成开放，桂林师范高等专科学校临桂新校区投入使用，景观水系基本完工，各类生产生活要素加速聚集，建成面积30平方千米，常住人口超过20万人，人气景气进一步集聚。老城疏解提升全面提速，漓江桥、龙门大桥、香江立交等一批重要桥梁道路节点相继建成通车，“城市双修”、人行天桥等工程加速建设，成为国家公交都市第一批创建示范城市，“北通南畅、东拓西联”的城市交通更加便捷。统筹推进漓江两岸片区、洲岛、慢行绿道等整治改造，王城片区等特色街区改造顺利推进，福隆园、塔山片区等

城中村改造加快实施，新生街改造项目启动，漓江市区段生态旅游休闲带项目初显成效。

坚持创城为民、创城惠民，开展了规模大、力度强、效果好的创建全国文明城市活动。“创建文明城，为民办实事”金点子征集活动点燃了全民创城的激情热情，有效攻克了一大批市民反映强烈、长期想解决而没有解决的城市“顽疾”，激发了广大市民关心城市、关爱家园的积极性主动性，“做美丽桂林人，建美丽桂林城”已成为广大市民的共识。在创城期间铸就的“实干担当，落实责任”的态度、“配合协作，甘为人梯”的大度、“民之所望，政之所向”的理念、“久久为功，驰而不息”的韧劲已经成为深入人心的“创城精神”，引导全社会形成了崇德向上、感恩奋进的浓厚氛围。

县域建设发展再上新水平。第三批16个新型城镇化示范乡（镇）“书记工程”建设基本完成，7个国家级和自治区级新型城镇化示范县、23个自治区百镇建设示范工程加快推进，乡（镇）联接城乡、带动一方的作用明显增强。“美丽桂林”乡村建设成效显著，全区“美丽广西·宜居乡村”活动基础便民工作现场会在我市召开。2017年，我市作为广西唯一、全国7个代表之一，在全国农村精神文明建设工作经验交流会上作典型发言。实施“大县城”战略成效明显，荔浦、阳朔、灌阳成为2016年度广西科学发展十佳县，全州成为2016年度广西科学发展进步县，数量全区最多。

三、全面深化改革，发展活力得到新增强

我们始终把改革创新作为破难题、促发展的动力之源，作为加快桂林国际旅游胜地建设的“关键一招”，抓住“牵一发而动全身”的重点领域和关键环节，加强统筹协调，强化督察落实，系统推进83项改革任务、19项重点改革专题，改革工作亮点纷呈。一是漓江“三统”改革深入推进。制定《桂林漓江风景名胜区管理体制改革方案（2017—2020）》《桂林漓江风景名胜区水上游览项目经营权管理办法》，建立漓江联动协同综合执法体系，健全完善漓江保护长效机制。实施漓江游船星级运营管理，漓江游船全面提档升级。发挥漓江品牌效应，推行漓江分段分时分形分级游，漓江旅游秩序和旅游产品质量稳步提升，生态效益、社会效益和经济效益更加凸显。二是市级旅游资源整合取得重大突破。围绕重铸市场竞争力，完成桂林旅游发展总公司、桂林旅游股份有限公司整合调整，理顺旅发展和旅股份领导体制，组建景区管理公司和榕湖酒店管理集团，桂林旅游旗舰企业加快做大做强。在全区率先成立地级市旅游警察队伍，建成“1+3”旅游市场综合监管模式，导游体制改革继续走在全国前列。三是改革市级投融资平台，规范组建、充实壮大市级投融资公司，将原国有投融资平台和22家相关企业重组为8家投融资实体公司，规范了投融资行为，增强了投融资能力和防风险能力。四是行政审批制度改革向纵深推进。市县两级行政审批事项精简率达55%，“四所合一”改革和商事制度改革继续走在全区前列，在全区率先实现企业登记全程电子化覆盖，全市电子化业务总量排全区第一，市场活力不断释放。出台城市综合执法办法，严格实施城市管理绩效考评，城市管理体制不断完善。园区管理体制改革、农村综合改革、义务教育学区制管理改革、公立医院改革等改革顺利推进，取得实效。完成22项国家和自治区级试点任务，形成了一批可复制可推广的桂林经验，发挥了示范带动作用。

四、推进文化创新发展，历史文化名城展现新魅力

我们以坚定的文化自信和文化自觉，致力“寻找桂林文化的力量，挖掘桂林文化的价值”，历史文化名城魅力日益彰显。

意识形态工作全面加强。坚持党管宣传、党管意识形态、党管媒体不动摇，定期召开意识形态工作联席会议，建立联席会议、舆情处置、督查问责等制度机制，全面压实意识形态工作主体责任。坚持把好方向、管好导向，切实加强社科理论阵地、学校阵地、文化传播阵地管理。深入推进社会主义核心价值体系建设，大力宣传先进典型和时代楷模，加强爱国主义教育和国防教育，唱响主旋律，弘扬正能量。加强网络阵地建设管理，深入开展净化舆论环境专项整治和“扫黄打非”等专项行动，网络空间更加清朗。

文化名城优势不断厚植。深入推进历史文化保护利用“三部曲”，组织编撰《桂林历史文化大典》，公布实施《桂林市石刻保护条例》，历史文化遗产“散珠碎玉”得到系统性整理，完整性呈现，保护性利用。历史文化项目推陈出新，成功打造东西巷“讲古堂”桂林文化传播新平台，靖江王府片区历史文化旅游休闲街区改造加快推进，甑皮岩国家考古遗址公园建成开放，靖江王陵考古遗址公园考古挖掘清理基本完成，桂海碑林“桂城遗痕——桂林古代大型石刻展”建设完工。组织保护抢救、挖掘整理红色文化，切实做好红军长征过桂北历史遗存发掘保护工作，完成一批抗战文化标识和名人故居修缮。85个国家级传统村落保护利用稳步推进，非物质文化遗产保护传承工作成效明显。成功举办2017年中央电视台春节联欢晚会桂林分会场节目，成功实现“央视春晚，桂林最美”目标，成为桂林“文化＋旅游”融合发展的典范，桂林生态、文化、旅游融合魅力精彩呈现，有力提升了桂林城市的知名度和美誉度，极大增强了桂林人民的文化自信。

文化事业和文化产业蓬勃发展。文化惠民工程扎实推进，一批公共文化设施场所建成并免费开放，建成村级公共服务中心963个，占全市建制村的68.6%，农村文化建设和文化活动不断繁荣发展。与中国歌剧舞剧院联合打造的精品剧目《歌仙刘三姐》首获国家艺术基金资助，本土文艺精品不断涌现。文化创意、旅游演艺、游戏动漫、电影电视、新闻出版等文化产业加快发展，力港、坤鹤等特色文化企业成为行业龙头。

五、大力实施生态立市战略，绿水青山焕发新风采

我们牢固树立“绿水青山就是金山银山”、生态优势金

不换的理念,坚持生态立市,不断厚植绿色发展优势,确保了桂林山清水秀、天蓝地净、家园美丽。

环保责任体系全面强化。全面落实“党政同责、一岗双责”责任制,在全区率先制定实施环保考核奖惩制度,推动落实最严格的统责、分责、考责、追责环境保护机制。大力推进中央环保督察反馈意见问题整改工作,实行销号制,做到责任明确、时限明确、效果明确,反馈意见问题如期整改完毕。

科学保护漓江成效明显。坚持把漓江环境综合治理摆在突出位置,漓江保护和整治力度持续加大。桂林市防洪及漓江补水枢纽工程基本完成;漓江流域21家采石场全部关停拆除并生态复绿;漓江市区段污水集中治理基本完成,污水集中处理率超过99%,水质常年达国家考核标准;大力推进漓江风景名胜区“四乱一脏”集中专项整治行动,漓江两岸拆违控违基本完成,洲岛餐饮等违章污染设施全部拆除,乱建、乱挖、乱养、乱经营、环境卫生脏等现象得到长效治理,漓江生态环境持续向好。

生态系统整体保护持续加强。强力推进大气、水、土壤三大领域污染防治行动成效明显,空气质量持续明显改善,全年空气质量优良天数308天。农村垃圾处理攻坚任务全面完成,主要污染物排放总量得到有效控制。全面推行河长制,加强水资源保护、水污染防治和水生态修复,水环境质量整体状况位居全区前列。6县(区)成为“自治区级生态县(市、区)”,占全区的2/3,生态村和生态乡镇建设保持全区领先。申报国家可持续发展议程创新示范区取得重大进展。

六、切实加强和改善民生,脱贫攻坚取得新成效

我们深入贯彻以人民为中心的发展思想,坚持把保障和改善民生作为一切工作的出发点和落脚点,多谋民生之利,多解民生之忧,一大批惠民举措、民生工程落地实施,人民群众的获得感、幸福感和满意度不断提升。

脱贫攻坚工作稳步推进。坚持把脱贫攻坚作为最大政治责任、最大民生工程、最大发展机遇,全面实施脱贫攻坚“七个一批”“十大行动”,以钉钉子精神持续打好脱贫攻坚战。深化部门联村、干部联户、企业联村帮户全覆盖责任制,不断完善脱贫攻坚“六大体系”,形成“三位一体”大扶贫格局,帮扶成效更加显著。因地制宜打造了“富硒农业+扶贫”“旅游+扶贫”“电商+扶贫”等特色产业扶贫新模式,全市所有贫困村锁定了脱贫产业项目。整合各方资金加大扶贫投入,全市投入财政扶贫资金16.59亿元,大力实施道路、饮水、通信、文化卫生等工程建设,贫困地区基础设施水平持续提升。扎实开展贫困人口动态调整工作,转移就业扶贫、易地扶贫搬迁、村级集体经济发展等工作全面推进,贫困地区呈现出脱贫提速、发展提效、民生提质的良好局面。初步预计全年完成7.8万贫困人口脱贫,110个贫困村摘帽。

民生保障能力显著提升。集中力量做好普惠性、基础性、兜底性民生建设,筹集资金83.8亿元,全面完成自治区层面重大民生项目建设,重点实施市级层面十大类34个为民办实事项目。全市公共财政用于民生类支出320.54亿元,增长13.5%,占一般公共预算支出的比重达79.1%。实施新一轮更加积极的就业政策,城镇新增就业人数6.5万人,城镇登记失业率为2.4%,城镇新增就业创出新高。城市棚户区改造项目开工10312套,农村危房改造完成14504户,基本建成保障性住房12451套,完成年度任务的229.26%。城乡居民医疗保险、养老保险、社会救助等制度不断健全,社会保障能力持续提高。教育事业全面发展,新续建中小学校47所,9个县(区)通过自治区县域义务教育基本均衡评估,发放资助资金3.8亿元,惠及学生36万人次。出台《关于推进健康桂林建设的决定》《“健康桂林2030”规划》,全面部署卫生健康工作,健康桂林建设迈上新台阶。科技、体育、新闻出版、防灾减灾、食品药品安全等社会事业全面发展。

社会大局和谐稳定。完善信访工作机制,集中开展“化积案”“应诉求”等工作,全面加强矛盾纠纷排查,严格依法规范信访秩序,完成中央巡视“回头看”交办的信访案件办理工作,全市信访形势向好发展。深入推进平安桂林建设,严厉打击“两抢一盗”、黄赌毒、电信诈骗等违法犯罪行为,社会治安防控体系不断健全完善。全面推进法治桂林建设,法制宣传阵地建设全面加强,公共法律服务体系逐步完善,司法行政工作和网络向村(居)、社区延伸。加强和创新社会治理,我市连续5次被评为全国社会治安综合治理优秀市,连续3次获得“长安杯”。严格落实安全生产责任制,安全生产形势总体平稳,社会大局和谐稳定,全市人民群众安全感和满意度不断提升。

七、坚定不移全面从严治党,政治生态得到新改善

我们坚持党要管党,全面从严治党,坚决落实新时代党的建设总要求,始终把党的政治建设摆在首位,坚决压实全面从严治党政治责任,以强烈政治担当,全面推进党的思想建设、组织建设、作风建设、反腐倡廉建设和制度建设,切实提高党的执政能力和领导水平。

切实推进“两学一做”学习教育常态化、制度化。坚持把真“学”实“做”贯穿始终,把经常性抓问题查摆和整改贯穿始终,成立5个督导组,对全市115个参学单位严格督导检查,推动广大党员践行党员标准、联系服务群众、展示先锋形象,涌现出先进典型张毅同志。精心组织开展“党日+”活动,持续增强党支部基本功能和主体作用,推动学习教育与市委中心工作融合互促。市委常委以上率下,带头开展集中学习研讨,带头上好党课,带头开展整改,示范带动各级党委(党组)班子成员参加所在支部活动,推动全市各级党组织查摆整改问题1.83万个,党员干部队伍理想信念不断增强,工作作风持续好转。

全面夯实基层党建工作基础。坚持发挥基层党建在胜地建设中的引领作用,制定实施《关于基层党建嵌入国际旅游胜地建设实现融合发展的意见》,着力打造三大党建示范带,推动了党建与旅游发展、项目建设、脱贫攻坚、新型城镇化、全国文明城市创建等有机融合。在全区率先出台《市委常委联系指导党建品牌建设制度》,落实每个常

委联系指导一个党建品牌建设，打造市级党建品牌12个，带动县（区）创建党建品牌187个，形成市委常委班子成员齐心协力大抓党建的生动局面。持续加大基层投入保障力度，全市基层党建工作总投入8.92亿元，增长43.7%。坚持开展县（区）委党委书记抓党建述职评议考核，全面整顿软弱涣散基层党组织，圆满完成村（社区）“两委”换届工作，选优配强了村（社区）“两委”班子，统筹抓好机关、国企、“两新”组织党建各项工作，形成了基层党建工作比学赶超的浓厚氛围。

着力抓好领导班子和干部队伍建设。坚持好干部标准，注重选拔政治强、懂专业、敢担当、作风正的领导干部，调动了各方面的积极性，提高了选人用人公信力。全年提拔干部81人，其中正处级干部23人，副处级干部58人。加强县（区）和市直单位领导班子建设，对领导班子运行情况开展综合研判，切实强化干部管理监督。树立基层一线用人导向，选派优秀年轻干部到基层挂职锻炼，促进年轻干部和后备干部健康成长。突出抓好人才工作，进一步营造了关心人才、爱护人才、尊重人才、成就人才的浓厚氛围。

强力推进党风廉政建设和反腐败工作。坚持作风建设永远在路上，统筹部署推进中央巡视“回头看”反馈意见整改和中央八项规定“回头看”整改工作，各项整改任务如期完成，八项规定“回头看”发现问题2209个并全部完成整改，一批“四风”顽疾得到有效整治。在全区率先出台实践运用监督执纪“四种形态”《实施细则》，实现惩处极少数、教育大多数的政治效果和社会效果。坚持力度不减、尺度不松、节奏不变，严肃查处一批严重违纪案件，反腐败斗争压倒性态势形成并巩固发展。强力推进扶贫领域监督执纪问责，全区扶贫领域监督执纪问责工作现场推进会在我市召开。坚持深化政治巡察，在全区率先开展县区交叉巡察，巡察利剑作用充分发挥。大力推进市县纪委派驻机构改革，实现93家市一级党和国家机关单位派驻全覆盖，全面动员部署推进深化国家监察体制改革试点工作。按照“全国一流”标准建设的桂林廉政教育基地投入使用。全市纪检监察信访举报数量大幅下降，党的十八大后不收手、不收敛的违纪党员干部大幅下降，全市党员干部遵规守纪逐渐成为一种习惯和自觉，群众对党风廉政建设和反腐败工作满意度大幅提升。

切实加强民主政治建设。坚持和完善人民代表大会制度，全力支持和保障人大依法行使各项职权，地方立法工作积极推进。全力支持人民政协依法开展民主监督和政治协商，加强基层协商民主建设，充分运用专题调研、专题协商会等形式，为改革发展建言献策。坚持党对统战工作的领导，构建大统战工作格局，切实抓好党外代表人士队伍建设和海外统战工作，构建“亲”“清”新型政商关系。依法管理宗教事务，维护民族团结和谐。深入推进群团改革，工青妇等群团工作取得新成绩。高度重视国防动员和国防后备力量建设，强化党管武装工作，军地军民双拥共建成效显著。

一年来，市委常委会高度重视自身建设。始终高举旗帜，坚定理想信念，在学习宣传贯彻党的十九大精神上率先垂范，以自身学习带动各级中心组学习，以常委带队宣讲督导推动各级宣讲督导，认真学习领会习近平新时代中国特色社会主义思想，学习借鉴正反两方面经验教训，不忘初心，牢记使命，自觉做共产主义远大理想和中国特色社会主义共同理想的坚定信仰者和忠实实践者。增强政治自觉，强化责任担当，牢固树立“四个意识”，在政治立场、政治方向、政治原则、政治道路上同以习近平同志为核心的党中央保持高度一致，坚决维护习近平总书记在全党的核心地位，坚决维护党中央权威和集中统一领导。敢作为、善作为，在项目建设、党风廉政建设、“一联三”工作等方面率先垂范，带头落实生态环保、安全生产、信访维稳“党政同责，一岗双责”制度，形成齐抓共管新常态。加强能力建设，全面增强本领，在贯彻新理念、引领新发展上率先垂范，带头深入基层一线，开展调查研究，解决重大问题，勤学善思、敢做善成，主动向实践学习、向群众学习，不断增强战略思维、创新思维、辩证思维、法治思维、底线思维能力，努力提高领导改革发展稳定和驾驭复杂局面的本领。充分发扬民主，坚持集体决策，自觉贯彻执行民主集中制，注重制度建设，严格按规则议事、决策、办事，凡重大事项决策，都深入调研、集体讨论，认真听取各方面意见，班子的凝聚力、战斗力明显增强。坚持以上率下，强化廉政建设，始终把严的要求贯穿到管党治党全过程，落实到党的建设各方面，带头遵守党的纪律规矩，带头执行中央八项规定精神，带头严格自律、廉洁从政，知敬畏、存戒惧、守底线，习惯在受监督和约束的环境中工作生活，示范推动全市形成良好的政治生态和发展环境。市委常委会全体同志精诚团结，密切配合，相互支持，敢于担当，求真务实，团结进取，带动形成了全市上下团结一心干事业、谋发展的良好局面。

同志们，以上报告的是市委常委会一年来的主要工作。这些工作的开展及所取得的成绩，是自治区党委、政府正确领导的结果，是全市各级党组织、广大党员和干部群众共同努力、艰苦拼搏的结果，也是各位委员、候补委员辛勤工作的结果。在此，我代表市委常委会，向大家表示衷心的感谢和崇高的敬意！

面对新形势新任务，我们也清醒地认识到工作中还存在一些新挑战新问题：一是经济下行压力加大，促进稳增长、强产业、优结构、增动力的举措和办法还需进一步加强和完善。二是发展不平衡、不充分问题较为突出，城乡之间基础设施、文教卫生等方面发展差距较大，民生领域尚有短板，脱贫攻坚任务仍然艰巨，公共服务能力建设还有较大提升空间。三是干部作风建设和能力水平有待进一步提高，解决“四风”问题仍需持续发力，干部的担当、落实、奉献精神有待加强，反腐倡廉任务仍然艰巨，全面从严治党还需紧抓不放。对于这些问题，市委常委会将在今后的工作中，采取有效措施，认真加以解决。

希望同志们对市委常委会的工作提出意见和建议，帮助我们把工作做得更好。

桂林市人大常委会工作报告

——2018年1月11日在桂林市第五届人民代表大会第三次会议上

桂林市人大常委会副主任　潘永建

各位代表：

我受市人大常委会委托，向大会报告工作，请予审议。

2017年主要工作

在市委的坚强领导下，2017年，市人大常委会深入贯彻落实党的十八大以来中央各项决策部署，学习宣传贯彻党的十九大精神，紧紧围绕全市工作大局依法行使职权，充分发挥地方国家权力机关作用，认真完成桂林市五届人大二次会议确定的目标任务，各项工作取得了新进展、新成效、新突破。

一、努力服务全市发展大局

始终坚持党的领导。常委会始终把坚持党的领导贯穿于人大工作各方面、全过程，切实把思想和行动统一到中央、自治区党委和市委的决策部署上来，按照桂林国际旅游胜地建设“一本蓝图绘到底”的目标任务，主动适应新形势对人大工作的新要求，努力服务全市经济社会发展大局。

科学决定重大事项。常委会认真行使讨论决定重大事项的法定职权，抓住事关桂林市改革发展稳定的重大事项和人民群众普遍关心的重大问题，通过法定程序适时作出决议、决定，把市委的重大决策和主张，转变为全市人民的共同意志和自觉行动。依据组织法及常委会议事规则，听取和审议市政府相关报告，依法作出了批准市区政府债务限额议案的决议，批准市本级预算调整方案，决定授予郑宝用“桂林市荣誉市民”称号等。全年共作出决议决定13项。

跟踪推进项目建设。常委会坚持以促进全市发展为己任，始终牢记职责和使命，全力支持重大项目建设。一年来，常委会按照市委重大项目建设的要求，充分发挥自身职能作用，通过听取项目建设情况报告、专题调研、组织代表视察等多种措施，对全市重大项目建设情况进行跟踪服务和推进。其中，常委会领导跟踪服务联系的龙门大桥建成通车，龙船坪特色街区提升改造项目、二医院城北医院项目等顺利推进。

依法做好人事任免。坚持党管干部原则与人大依法任免相统一，制定实施《桂林市人民代表大会常务委员会人事任免办法》，依法依规做好人事任免工作，促进人事任免工作程序化、制度化、规范化。一年来，常委会依法任免人大及其常委会和“一府两院”工作人员86人次，确保市委人事安排意图通过法定程序得以全面实现。

二、积极推进法治桂林建设

常委会紧紧围绕全市发展大局开展地方立法工作，坚持计划先行、谋定后动，牢牢抓住立法质量这个关键，确保制定的地方性法规立得住、行得通、能管用。

坚持围绕大局，推进立法进程。建立立法工作机制，完善立法工作体系，着力构建“党委领导、人大主导、各方参与”的立法工作格局，编制了2017年立法工作计划。明确了《桂林市城市市容和环境卫生管理条例》《桂林市城乡规划条例》《桂林市防控和查处违法建设条例》等年度立法项目，确立了《桂林市漓江风景名胜区管理条例》《桂林市湘江战役旧址保护条例》等7个立法调研项目。

坚持科学民主，提高立法质量。牢固树立依法立法、为民立法、科学立法理念，积极推进涉及改革发展全局和群众切身利益的立法，加强组织协调，努力破解难题，不断提高立法质量。立法专家库人才储备力量进一步充实，由10位立法专家扩充到50多位专家顾问。注重发挥人大代表、专家学者和市民群众以及政府部门、高等院校在法规起草、征求意见、论证评估、审议表决和公布实施等工作中的作用。在对《桂林市城市市容和环境卫生管理条例(草案)》修改过程中，从二审到三审共收集整理各方面意见建议308条，认真研究梳理并充分采纳吸收。在自治区人大常委会及有关部门的大力支持下，2017年12月1日该条例经自治区人大常委会批准，12月19日在《桂林日报》发布公告，2018年1月1日正式实施。

坚持依法治市，促进司法公正。一是保障法律法规有效实施。《桂林市石刻保护条例》出台后，先后召开条例实施工作推动会，举办培训班以及向公众免费发放法规单行本等活动，有效促进法规的贯彻执行。相继开展了行政诉讼法、安全生产法、野生动物保护法、城乡规划法、义务教育法等法律法规的执法检查。二是备案审查取得新进展。依法对市人民政府10件规范性文件进行了备案审查。三是促进司法公正和社会和谐稳定。听取和审议了桂林市人民检察院查办和预防扶贫领域职务犯罪执法检查情况的专项工作报告。坚持以涉法涉诉信访为重点，认真做好人大信访工作。全年共受理群众来信来访138批(件)次，做到依法处理、及时转办、强化督查，促使群众的合法合理诉求得到有效解决。

三、切实增强监督工作实效

常委会依法行使宪法法律赋予的监督职权，针对“一府两院”2017年工作总体要求和目标任务，突出监督重点、拓展监督内容、完善监督方式，切实增强监督工作的针对性、实效性。

聚焦经济社会健康发展。面对国际经济形势复杂多变、国内经济下行压力加大的形势，常委会加强对经济发展重点领域的研判，结合听取专项工作报告，对我市全域旅游、乡村建设、创意文化产业、全民健身等情况开展专题调研，为经济发展“把脉问诊”，出谋划策。着力推动新型工业化、城镇化、信息化、农业现代化和绿色化进程，促进全市经济平稳健康发展和社会和谐稳定。组织常委会组成人员开展了新型城镇化和传统古村落保护专题视察。

助推民生福祉持续改善。常委会高度重视人民群众最关心、最直接、最现实的利益问题，密切关注社会和民生热点难点，综合运用监督手段予以推动，不断提升百姓的幸福感和获得感。大力支持创建全国文明城市工作。听取和审议市人民政府城市道路交通秩序整治专项工作报告，提出加强交通基础设施建设和构建良好交通环境等意见，城市道路交通秩序整治取得明显成效。重点督办公共消防栓建设，优化城市主干道接入口及附属设施等代表建议，以实际行动支持创城。高度关注教育发展。开展义务教育法执法检查，推动解决部分学校“大通铺”“大班额”、校外午托安全隐患严重等突出问题。持续关注“三农”工作。听取和审议农村土地承包经营权确权登记颁证等专项工作报告，组织开展全市旅游扶贫及草牧业发展、乡村旅游和“旅游+”服务、农业科技创新工作、食品药品安全监管、少数民族贫困地区扶贫等专题调研，着力助推社会民生持续改善。重视生态环境保护。听取和审议环境状况和环保目标完成情况工作报告，对漓江风景名胜区、会仙湿地等生态环境保护情况进行调研，努力营造山清水秀、天蓝地净的良好生态环境。

强化财经工作有效监督。一是调研2016年度国民经济和社会发展计划与预算执行情况，初审2017年国民经济和社会发展计划与预算(草案)。听取和审议2017年上半年国民经济和社会发展计划与预算执行情况、审计工作报告，对存在问题提出意见和建议。二是加强对市本级预决算的审查监督。以加强预算监督为突破口，对政府“四大预算”以及15个部门预算进行评审，审查批准2016年度本级决算和2017年预算调整方案，加大了实质性审查力度。三是听取关于2016年市本级预算执行和其他财政收支审计查出突出问题整改落实情况的报告，督促政府在规定时间内将审计查出问题进行整改，增强人大监督跟踪问效的力度。

四、充分保障代表依法履职

常委会坚持和尊重代表主体地位，完善履职规范、创新工作机制、拓展履职平台，更好发挥代表在参与管理地方国家事务中的重要作用。

发挥代表主体作用有新举措。一是认真举办好换届后首次代表履职培训班，通过邀请代表列席常委会会议，参加视察、执法检查、专题调研等活动，代表参与活动、撰写建议的积极性有所提高，建议的质量明显提升。二是以密切代表与人民群众的联系为核心，完善市人大常委会组成人员联系市人大代表、市人大代表联系选区单位和人民群众的相关制度，“双联”制度不断健全。三是认真组织闭会期间代表活动，组织代表开展集中视察和专题调研。做好全国、自治区驻桂林人大代表年中调研乡村建设和年底视察桂林市全域旅游发展情况等工作。

完善建议督办工作有新机制。先后协调和组织市政府督查室、市人大相关专委、165名提建议的代表以及31个承办单位、33个协办单位负责人和具体承办人共260多人，连续召开10场“小型见面会”，对75件重点代表建议进行全面督办，代表建议落实率达55.6%，较往届有了大幅提升。深入开展评选活动，评选表彰10件“代表优秀建议”和10个“承办建议先进单位”。在此基础上，对优秀建议的办理情况进行典型宣传，进一步增强人大代表依法履职的责任感，充分调动承办单位的主动性，推动代表建议办

2017年10月18日，市人大常委会在永福县召开桂林市人大代表联系人民群众履职平台建设经验交流会

(黄英江 摄)

理工作上台阶。

代表履职平台建设有新成效。全面加强人大代表履职平台建设，建立了6个人大代表履职平台示范点，这些平台标准基本达到自治区示范点的水平。目前全市各级“代表活动中心”“代表之家”有860个，其中县级34个、乡级144个、村级682个，实现代表履职场所数量规模从小到大、从低中层次到规范化转变，为代表作用充分发挥创造了良好条件。

五、着力加强自身建设

常委会贯彻全面从严治党要求，始终把思想政治和作风建设摆在首位，学习贯彻习近平总书记系列重要讲话精神，抓好“两学一做”学习教育常态化、制度化，增强“四个意识”，坚定“四个自信”，切实加强自身建设。认真履行好党风廉政建设主体责任，坚决执行中央八项规定精神，深入开展整治“四风”活动，扎实抓好“回头看”整改工作；认真做好精准扶贫工作，积极、主动为帮扶对象排忧解难；认真做好人大宣传工作，讲好人大故事，传递正能量；认真做好老干部工作，积极、热情为离退休老同志服务。密切与基层人大联系，提高全市人大工作水平。一年来，市人大及其常委会机关思想作风建设进一步加强，制度机制建设进一步规范，干部队伍能力进一步提升，人大整体作用进一步发挥。

各位代表，过去一年常委会工作取得的成绩，离不开市委的正确领导，离不开人大代表的辛勤工作，离不开“一府两院”的配合和支持，离不开全市人民、社会各界的热情参与和帮助。在此，我谨代表市人大常委会对他们表示崇高的敬意和衷心的感谢！

在取得成绩的同时，我们也清醒地看到，常委会在提高立法工作的科学性和民主性方面还需要继续努力；在增强监督工作刚性和推动相关问题解决方面还需要持续发力；在提高代表能力素质和发挥代表主体作用方面还需要加强给力。新的一年，常委会将认真改进自身工作的不足，更好履行宪法法律赋予的职权。

2018年主要任务

2018年，在市委的领导下，市人大常委会将进一步深入学习贯彻落实党的十九大精神，坚持以习近平新时代中国特色社会主义思想为指导，坚持党的领导、人民当家作主、依法治国有机统一，围绕中心，依法履职，全力推动市委决策部署的贯彻落实，为决胜全面建成小康社会和基本建成桂林国际旅游胜地而努力。

一、坚定方向把握定力，在推进发展上彰显新作为

走进新时代，踏上新征程，常委会要旗帜鲜明讲政治，坚定不移讲党性，始终坚定人大工作的正确政治方向。

（一）坚持党的领导，把政治建设摆在首位

要深入学习贯彻习近平总书记系列重要讲话精神，旗帜鲜明讲政治，做政治上的明白人；紧密结合人大工作，把健全人民当家作主制度体系等决策落到实处，恪尽职守勇担当，做依法履职的带头人；把政治建设摆在首位，切实加强自身建设，密切联系人民群众，做群众的贴心人。

（二）坚持服从大局，围绕意图狠抓落实

继承和发扬历届人大的优良传统，围绕市委部署抓落实，始终与市委同心同向、合力合拍，自觉把市委的统一领导贯穿于人大工作全过程。

（三）坚持人民主体地位，依法决定重大事项

积极把人民群众对经济、民主、法治、公平、正义、安全、环境等方面的需要，转化为监督、决定重大事项的主要方向，依法推动解决好发展不平衡不充分问题。

（四）坚持依法办事，促进依法任免

坚持党管干部和依法任免有机结合，严格按照法定程序和任免条件，做好人事任免工作。认真实施宪法宣誓制度，完善任前考核审查和任后监督评价机制，增强公职人员的宪法意识和法律意识，促进国家机关工作人员勤政廉政。

二、依法履职体现能力，在法治建设上找准新亮点

根据新时代人大工作要求，市人大常委会将深入推进依法治国，努力在法治桂林建设上找准新亮点。

（一）积极推动，完成监察体制改革试点任务

围绕全面推进依法治国、全面从严治党，落实好中央、自治区党委和市委关于国家监察体制改革试点的决策部署，选举任命好桂林市本级监察委员会组成人员，圆满完成自治区人大和市委赋予的各项任务。

（二）有效发挥，引领和推动地方立法工作

进一步推进科学立法、民主立法、依法立法，精心谋划2018年立法工作计划，集中精力做好漓江风景名胜区管理、防控和查处违法建设、城乡规划等条例草案的调研论证相关工作；积极协助上级人大开展执法检查、立法调研等活动；开展会仙喀斯特湿地公园保护、旅游公共服务、大气污染防治、抗战遗址和靖江王陵保护等立法调研；认真做好规范性文件备案审查。

（三）扎实推进，营造法治桂林建设氛围

坚持依法监督、规范监督、科学监督，着力推动法治政府建设。加大宪法法律宣传力度，积极开展农业机械化促进法、旅游法、食品安全法、物业管理条例等执法检查。听取和审议市中级人民法院关于基本解决执行难问题的专项工作报告；听取和审议市人民检察院关于开展公益诉讼工作的专项报告；对《桂林市石刻保护条例》的贯彻落实情况开展集中视察。

三、聚焦民生精准发力，在依法监督上谋求新突破

常委会要坚持在监督中支持，在支持中监督，推动解决好人民日益增长的美好生活需要和不平衡不充分的发展之间的矛盾，切实提高监督工作实效。

（一）关注经济监督，促进健康发展

加强对宏观经济形势的研判，组织开展国民经济和社

会发展计划执行情况调研。听取和审议 2018 年上半年国民经济和社会发展计划执行情况、“十三五”规划实施情况中期评估报告。

（二）创新财政监督，规范预决算执行

加强财政预决算审查监督，开展全市和市本级预算执行情况调研；听取和审议 2018 年上半年预算执行情况、2017 年市本级决算、审计工作、审计查出突出问题整改落实情况报告，审查和批准市区政府债务限额及预算调整方案，全面提高预算审查质量。

（三）注重民生监督，回应社会关切

针对重大民生问题开展人大监督工作，政府工作重心重点在哪里，人大就应把监督的立足点、着眼点、发力点放在哪里。听取和审议现代特色农业、城市园林绿化规划建设和管理专项工作报告；对柑橘黄龙病防治、推行河长制、创建“国家全域旅游示范区”、环境状况和环保目标完成、儿童权益保护、长寿文化、民族医药、少数民族贫困地区扶贫开发等情况进行调研。对“一府两院”研究处理人大审议意见的情况进行跟踪监督。

四、创新举措激发活力，在代表作用上塑造新形象

密切联系人民群众，广泛听取群众意愿、真实反映群众诉求，做到民有所呼、我有所应，树立人大代表的良好形象。

（一）完善工作机制，密切联系群众

完善工作制度、创新活动载体、强化服务保障，支持和促进代表履职，丰富代表联系群众的内容和形式，用心倾听人民呼声，用力回应人民期待。

（二）构建履职平台，提高代表能力

拓宽代表知情知政渠道，积极推动参与“一府两院”重大决策。加强代表履职动态管理，保障和督促代表认真履行代表义务。在全市范围内全面推进代表履职平台建设，促进基层人大规范化建设水平全面提升。

（三）狠抓跟踪督办，提高办理实效

改进督办方式，健全督办机制，加大代表建议办理力度，开展评选表彰代表优秀建议和承办建议先进单位活动，进一步提升建议落实率、代表满意率。

（四）强化服务意识，保障依法履职

巩固和完善“双联”制度，建立健全“双联”档案，推进代表履职管理制度化。加强闭会期间代表小组活动指导，做好驻桂林全国人大代表、自治区人大代表联系和服务，组织开展年中调研和年度集中视察活动。

五、务实高效凝心聚力，在自身建设上展现新风貌

常委会要把健全人民当家作主制度体系、发展社会主义民主政治、长期坚持和不断完善人民代表大会制度的各项决策部署落到实处。

（一）加强学习，推动工作

学懂弄通做实党的十九大精神，做到学思践悟、知行合一，内化于心、外化于行。强化党组在工作中的政治、思想和组织领导，坚持会议讨论把方向、理论学习抓经常、组织建设强队伍、民主决策促团结，推动人大各项工作顺利开展。

（二）规范制度，强化责任

严格民主生活会和组织生活会制度，落实“三会一课”，用好批评和自我批评武器。坚持集体领导和个人分工负责相结合，规范议事规则和决策机制，使各项工作更有章可循、有据可依、有度可量。

（三）严于律己，务实为民

坚决反对“四风”，认真落实党风廉政建设责任制和领导干部“一岗双责”制，支持市纪委派驻人大机关纪检组工作，做到人大工作和廉政建设同部署、齐推进，廉洁从政、务实为民。

（四）加强宣传，营造氛围

大力宣传人大制度、人大工作实践和人大代表风采，办好《桂林人大》杂志和桂林人大网站，在全市营造人大工作的良好氛围。

（五）提高标准，做好服务

加强对基层人大工作的指导，密切联系交流；加强人大信访工作，努力维护人民群众合法权益；在扶贫帮困中使足实劲、下足功夫，拓展精准帮扶实效；高标准做好老干部服务保障工作。

各位代表，让我们更加紧密地团结在以习近平同志为核心的党中央周围，在市委领导下，情系人民，依法履职，为决胜桂林“两个建成”体现人大作为，贡献人大力量。

2017 年 6 月 5 日—9 日，自治区人大常委会副主任、党组书记危朝安（右三）率队到桂林市考察调研 （张碧周 摄）

政府工作报告

——2018年1月10日在桂林市第五届人民代表大会第三次会议上

桂林市代市长 秦春成

各位代表：

现在，我代表市人民政府向大会作工作报告，请予审议，并请各位政协委员和列席会议的同志提出意见。

一、2017年工作回顾

过去的一年，面对经济持续下行和特大洪涝灾害双重考验，在自治区党委、政府和市委的领导下，我们主动适应经济发展新常态，全面落实新发展理念，坚持桂林国际旅游胜地建设“一本蓝图绘到底”，统筹推进稳增长、促改革、调结构、惠民生、防风险各项工作，保持了经济社会持续健康发展。初步预测，地区生产总值增长5.0%，组织财政收入增长7.0%，固定资产投资增长4.4%，社会消费品零售总额增长11.0%，城镇居民人均可支配收入增长8.0%，农村居民人均可支配收入增长11.0%，居民消费价格上涨1.6%，节能减排指标完成自治区下达任务。

——胜地魅力充分彰显。“央视春晚，桂林最美”享誉海内外，成功举办第十一届联合国世界旅游组织/亚太旅游协会旅游趋势与展望国际论坛、2017中国—东盟博览会旅游展、第七届桂林国际山水文化旅游节，2017环广西公路自行车世界巡回赛（桂林段）、桂林国际马拉松赛、漂流世界杯等国际赛事精彩纷呈，极大地提升了桂林知名度和美誉度。全年接待旅游总人数突破8000万人次，增长48.5%，旅游总消费达960亿元，增长50.5%；接待境外游客245万人次，增长6.0%，旅游外汇消费85亿元，增长9.0%。

——城市形象显著提升。桂阳文化旅游大道全面完工，漓江桥扩建、龙门大桥、香江立交等一批工程建成并投入使用，是近年来基础设施项目竣工最多的一年。开展规模大、力度强、效果好的全国文明城市创建活动，解决了一大批市民反映强烈、长期想解决而没有解决的突出问题，城市面貌焕然一新。

——改革红利加速释放。系统推进83项改革任务、19项重点改革专题，旅游产业用地、导游管理体制改革走在全国前列，漓江管理体制改革、市级旅游资源整合取得重大突破，生态环境保护、文化发展、旅游转型升级等方面的实践和探索得到《人民日报》的高度关注。

——招大引强成果丰硕。成功引进华为、中兴、比亚迪、美亚迪、中联智创、释码大华等国内外知名高新技术企业，实现当年签约落地，当年开工建设，为重振桂林工业雄风注入了强劲动力。

——县域发展亮点突出。第三批16个新型城镇化示范乡镇“书记工程”基本完成，新型城镇化建设“桂林模式”受到区内外广泛关注。我市作为7个代表之一，在全国农村精神文明建设工作经验交流会作典型发言。全区“美丽广西·宜居乡村”工作现场会在我市召开，产业富民工作经验在全区推广。脱贫攻坚取得阶段性成效，预计实现110个贫困村摘帽，7.8万贫困人口脱贫。荔浦、阳朔、灌阳成为广西科学发展十佳县，全州成为广西科学发展进步县，数量居全区之首。

一年来，我们主要做了以下工作：

（一）聚焦胜地建设，旅游发展水平实现新提升

坚持规划引领，统筹推进世界一流旅游目的地、全国生态文明建设示范区、全国旅游创新发展先行区、区域性文化旅游中心和国际交流重要平台建设，胜地建设中期目标全面实现，综合实力显著增强。实施“旅游+”行动，民宿乡居、体育休闲等新业态蓬勃发展，我市成为首批国家健康旅游示范基地，阳朔获评首批中国优秀国际乡村旅游目的地。实施旅游“双创”[1]行动，阳朔、兴安、龙胜、恭城、雁山全域旅游示范区建设稳步推进，灵川入围广西特色旅游名县创建县，阳朔成为全国首个基层标准化改革创新先行区创建县，“双创”工作保持全区领先。实施“领军企业培育”行动，引导旅发展、旅股份等进行资源整合、差异发展，打造桂林旅游旗舰企业。实施“旅游品质提升”行动，两江四湖（二期）连通水系水道建成通航，漓江城市段西岸慢行步道全面完工，两江四湖·象山景区晋升为国家5A级景区，阳朔西街晋升为国家4A级景区，兴安灵渠成为国家水利风景区，万达文化旅游城、独秀峰·王城景区5A级提升等重大项目加快实施，桂林旅游产业研究院和旅游大数据中心挂牌成立，“厕所革命”桂林模式在全国推广。实施“旅游市场综合整治”行动，成立全区首支旅游警察队伍，率先建成“1+3”[2]旅游市场综合监管模式，旅游联合监管“一盘棋”格局基本形成。实施“旅游精准营销”行动，

借力春晚效应，与脸书(Facebook)、英国广播公司等国内外知名媒体开展营销合作，开通“灵渠”号高铁旅游专列，飞行航线增至109条，通航城市达75个，机场旅客吞吐量近800万人次，铁路旅客发送量突破1500万人次，均创历史新高。

（二）聚焦实体经济，产业做强升级迈出新步伐

重振工业雄风成效初显。抓重点园区，新建标准厂房22.7万平方米，人才公寓(孵化器)16万平方米，园区承载能力显著提升。经开区新开工工业项目27个，完成投资21.3亿元，豪文学校等10个配套基础设施项目加快推进；高新区扩容提质取得积极成效，新建成的桂电校友产业基地入驻高科技企业23家，高新技术产业加快发展；高铁经济产业园总体规划基本完成，征地拆迁1万亩，引进重点项目6个，总投资25亿元；平乐工业园区建设和招商引资成效显著，荔浦、灌阳分别引进荣事达、雅高控股等知名企业，全市三大园区“齐头并进”、各县工业集中区“多点支撑”的工业发展新格局初步形成。抓重大项目，华为产业合作区招商中心、展示中心、双创园(一期)和三金中药城等项目建成，莱茵生物完成搬迁，比亚迪新能源汽车等项目加快推进。抓政策引导，落实中央、自治区降本减负政策措施，出台加快桂林工业发展16条具体政策，发展环境持续优化。抓企业服务，坚持“市长服务日”等工作机制，建立完善非公经济服务平台，深入推进“惠企贷”业务，举办首届“桂林绿色制造”展示会，组织企业参加各类工业产品交易会，桂林产品的市场影响力持续提升。

现代农业提质增效。持续实施现代特色农业“7+3”提升行动[3]，9个南方现代草地畜牧业项目加快推进，水果总产量达543万吨，灌阳“一季稻+再生稻”平均亩产再创世界纪录。加快现代特色农业示范区建设，新增自治区级(核心)示范区14个，获评为自治区五星级示范区3个，各级示范区增至186个，数量居全区第一。大力实施农业品牌战略，新认证“三品一标”产品20个，龙脊梯田系统入选全球重要农业文化遗产，永福罗汉果入选首批中国特色农产品优势区名录，全州成为国家农产品质量安全县创建试点单位，永福龙江乡、灵川小平乐村成为全国一村一品示范村镇。积极培育新型农业经营主体，新增农民专业合作社552家、家庭农场135家，龙头企业37家。休闲农业继续走在全国前列，乡村旅游人数突破3000万人次，综合收入超50亿元。农民增收居全区前列。加强农业基础设施建设，完成永久基本农田划定工作，新增高效节水灌溉面积2.37万亩，荣获全国“平安农机”示范市。成功举办第十三届广西名特优农产品(桂林)交易会及桂林名特优新农产品上海、西安推介会，有效提升了我市农产品的美誉度。全国第三次农业普查取得阶段性成果。

服务业发展量质齐增。桂林创意产业园等3个集聚区成为自治区首批现代服务业集聚区。加快商贸服务业发展，叠彩万达广场等投入运营，桂林米粉速食保鲜技术实现突破，为大规模外销奠定了良好基础。健康养生、金融、会展等现代服务业加快发展，桂林国际智慧健康旅游产业园等项目加速推进，成功举办中国(桂林)国际健康旅游高端论坛，金融机构各项存贷款余额分别增长10.2%、15.5%。新兴服务业蓬勃发展，互联网和相关服务业营业收入增幅超80%，软件和信息技术服务业营业收入增幅超200%。“电商桂林”建设加快推进，电子商务交易总额增长23%，资源成为国家电子商务进农村综合示范县，我市获批总数增至6个，居全区前列。

（三）聚焦项目建设，基础设施攻坚取得新突破

建立市领导“一联三”工作责任制[4]，统筹推进重大项目889个，预计完成投资834亿元，增长10.4%。两江国际机场扩建工程加快建设；桂林动车所、西货运中心站投入使用；桂林至三江、资源至兴安高速公路建成通车，桂林至柳城、灌阳至平乐高速公路开工建设；永安关经水车至灌阳等国省干线公路升级改造加速推进，桂林汽车客运南站等项目进展顺利；平乐印山旅游码头一期工程投入使用，区域性综合交通枢纽地位更为凸显。斧子口水库基本建成，长塘水库项目前期工作有序推进。5个风电项目竣工投产，新增风电装机容量40万千瓦。电信普遍服务试点城市项目加快推进。通过发行企业债券、与金融机构加强战略合作等方式，融资近200亿元，有力保障了项目建设资金需求。

（四）聚焦协调发展，城乡建设展现新面貌

坚持新区老城双举并重，城乡一体统筹推进，新型城镇化建设成效显著，常住人口城镇化率达48.7%。加快建设临桂新区，投资发展大厦、建设大厦等工程完工，市民广场、山水公园建成开放，景观水系基本完工，复兴小学、桂林师范高等专科学校临桂校区投入使用，桂林中学临桂校区(一期)等工程竣工，旅游专线试验线、旅游综合医院等项目顺利推进，一座宜居宜业宜游的现代化新城加速崛起。加快疏解提升老城，全面推进“城市双修”[5]，芦笛路、甲山路铁路下穿通道建成通车，12座人行天桥主体完工，51条城市道路“白改黑”[6]全面完成，东二环路机动车道完成整修，王城片区等特色街区改造“书记工程”顺利推进，福隆园、塔山、新生街等片区改造加快实施，以项目带动片区改造模式获得普遍赞誉。着力提升城市管理水平，强化城市管理绩效考评，推进城市建筑垃圾公司化处置，老城区环卫机扫率达80%，环卫保洁市场化率达75%，完成拆违265万平方米，拆除违法户外广告牌7800多块，改造提升无物业管理小区100个，城市面貌明显改观。加快推进城乡一体化建设，全州、荔浦等7个国家和自治区级新型城镇化示范县，23个自治区百镇建设示范工程顺利推进，兴安溶江镇成为全国特色小镇。加快推进“美丽乡村”建设，“三改”工作[7]成效明显，31个传统村落保护发展示范村建设基本完成，200个现代特色生态宜居乡村示范村加快建设，灵川大桐木湾村成为全国生态文化村。建制村通客车率达91.8%，通公交率达39.1%，荔浦成为广西唯一的全国“四好农村路”示范县。

（五）聚焦改革创新，经济社会增添新活力

大力推动供给侧结构性改革，全面落实“三去一降一补”[8]五大重点任务，关停22家小造纸厂，全面取缔“地条钢”[9]，房地产去库存取得积极成效，直接融资占融资总额的比重超30%，为企业和社会减税清费27.59亿元。全面深化重点领域改革，漓江“三统”改革[10]加快推进，

漓江旅游实施"四分四化"模式[11]，精华段游船全面提档升级；行政审批制度改革向纵深推进，市县两级行政审批事项精简率达55%；商事制度改革继续深化，在全区率先实现企业登记全程电子化覆盖，新增市场主体4.6万户，增长16.2%；国企改革成效明显，原市级投融资公司和22家相关企业重组为8家投融资公司；金融体制改革加快推进，建立"4321"新型政银担合作关系[12]，新增"新三板"挂牌企业2家；农村综合改革全面深化，111个乡镇完成"多所合一"改革，农村土地承包经营权确权登记颁证、国有林场改革稳步推进；教育、科技和社会治理等领域改革持续推进。全面深化医疗改革，"五项制度"[13]建设成效显著，分级诊疗有序推进，家庭医生签约服务覆盖面不断扩大，持续开展医联体建设，灌阳医改模式得到国家层面充分肯定。开放水平进一步提升，内外资实际到位资金增长14.1%，进出口贸易总额增长11.8%。创新能力不断增强，国家可持续发展议程创新示范区申报工作取得重大进展，桂林国家农业科技园区通过验收。新增国家地方联合工程研究中心1家，桂林科技企业发展中心成为国家级小微企业创业创新示范基地，民华科技获评国家中小企业公共服务示范平台。获广西科学技术特别贡献奖1项、广西科技奖36项，福达集团获国家智能制造示范项目1项。高新技术企业保有量突破150家，三金药业获全区唯一国家工业企业质量标杆，光隆光电公司光电子芯片项目建成投产，填补国内空白。申请发明专利5296件，每万人口发明专利拥有量居全区前列，荔浦成为国家知识产权强县工程示范县。1人入选国家"千人计划"，新增"八桂学者"7人、广西特聘专家4人，选聘第二批"漓江学者"8人，新建广西院士工作站7家，新入站两院院士9人。

各位代表，创新引领发展，人才成就未来。让我们向为我市经济社会发展作出突出贡献的优秀人才，致以崇高的敬意和衷心的感谢！

（六）聚焦文化建设，城市软实力跃上新台阶

加强历史文化保护与利用，甑皮岩国家考古遗址公园（二期）建成开放，靖江王陵国家考古遗址公园考古挖掘清理工作基本完成，桂海碑林古代大型石刻展项目完工，靖江王府历史文化旅游休闲街区、非物质文化遗产展示馆等工程进展顺利，红军长征过桂北历史遗存发掘保护工作持续推进，完成一批文化标识设立和名人故居修缮，编撰《桂林历史文化大典》，出版《桂林雁山园》，历史文化遗产"散珠碎玉"得到系统性整理、完整性呈现、保护性利用。扎实推进文化惠民工程，展览馆新馆正式对外开放，建成村级公共服务中心963个，实现"村村有书屋"，广播、电视综合人口覆盖率分别达97.0%、98.5%，正阳东西巷"讲古堂"正式开讲，"百姓大舞台""百姓大讲坛""漓江之声""周末大家乐""桂林有戏"等群众性公益文化特色品牌影响力持续提升。与中国歌剧舞剧院联合创排的民族歌剧《刘三姐》首获国家艺术基金资助，方言话剧《龙隐居》获广西文艺创作铜鼓奖，纪录片《桂林古村落》被文化部收录，精品创作喜获丰收。加快发展文化产业，希宇文化创意产业园、漓江千古情等重大项目加速推进，桂林文体集团正式成立。力港网络销售收入突破7亿元，坤鹤"可可小爱"系列正能量短剧影响力进一步扩大，两家特色文化企业成为全区行业龙头，动漫产业继续领跑广西。

（七）聚焦漓江保护，生态环境实现新优化

坚持以国家生态文明先行示范区建设为抓手，加强环境保护和生态文明建设。严格落实环境保护"党政同责、一岗双责"，强化目标任务考核，全力推进中央环保督察反馈意见整改工作。构建漓江生态保护新格局，完善漓江风景名胜区生态保护长效管理机制，四级网格化监管体系不断健全；集中开展"四乱一脏"专项整治行动[14]，漓江流域21家关停采石场全部生态复绿，漓江市区段洲岛鱼餐馆及违法搭建全部拆除；漓江城市段污水集中治理基本完成，城市污水集中处理率超99%，污水直排漓江现象得到有效遏制。加强环境保护治理，强化大气污染防治，市区空气质量优良天数增至308天，是全区唯一实现正增长的城市，可吸入颗粒物（PM10）、细颗粒物（PM2.5）平均浓度值分别下降6.3%、6.4%；全面推行河长制，全市集中式饮用水水源地水质达标率100%，水环境质量居全区前列；土壤污染防治成效明显。加强生态城乡建设，扎实抓好生态公益林、天然林保护，植树造林26.6万亩，会仙喀斯特国家湿地公园试点建设通过国家验收，平乐狮子山跻身国家级森林公园，永福、恭城获广西园林城市称号，灵川、全州、阳朔、资源、恭城、临桂成为自治区级生态县（市、区），生态创建工作保持全区领先。

（八）聚焦精准施策，脱贫攻坚取得新成果

整合各类扶贫资金39.2亿元，深入开展"七个一批"[15]"十大行动"[16]，全力以赴打好脱贫攻坚战。龙胜、资源、灌阳三个扶贫开发重点县脱贫攻坚工作成效显著，龙胜获批国家健康扶贫示范县，资源以有机产业助推精准扶贫，跻身国家有机产品认证示范县，灌阳创新推出"电商扶贫直通车"模式。出台《桂林市"十三五"农村脱贫攻坚重点项目资金以奖代补实施办法》，开展基础设施建设大会战，新建改建贫困村公路1440条，实施农村电网改造项目62个。大力发展果蔬种植、禽畜养殖等产业，受益贫困户达40752户。开工建设易地扶贫搬迁点33个，累计搬迁入住21771人。发放扶贫贷款13.4亿元，3.31万贫困户获得小额信贷，工作经验在自治区推广。累计发放教育扶贫资金1.57亿元，惠及学生24.5万人次。提高建档立卡户参合人员普通住院费用补偿10个百分点，大病保险补偿起付线从8000元降低至4000元。与肇庆市扶贫协作取得积极进展。村级集体经济组织"造血"功能不断增强，贫困地区呈现脱贫提速、发展提效、民生提质的良好局面。

（九）聚焦民生需求，人民群众满意度得到新提升

把保障和改善民生作为政府一切工作的出发点和落脚点，民生领域支出占一般公共预算支出总额的79.1%，自治区层面十大类33项、市级层面十大类34项为民办实事项目全面完成。扎实推动"大众创业、万众创新"，城镇新增就业6.5万人，农村劳动力转移就业新增7.63万人次，城镇登记失业率2.4%。健全社会保障体系，"五险"[17]参保人数716万人次，发放城乡低保5.95亿元，开工建设棚户区改造住房10312套，基本建成保障性住房12451套，农村危房改造新开工14504户。办好公平优质教育，新续

建中小学47所，永福通过国家义务教育基本均衡县认定，兴安、叠彩等9个县区通过自治区评估，学前教育三年毛入园率、九年义务教育巩固率、高中阶段教育毛入学率分别达85.0%、97.5%、91.3%，桂林高校集聚区建设取得重要进展。深化健康桂林建设，疾病防控工作扎实有效，卫计资源整合走在全国前列，中医壮瑶医药不断发展，率先在全区发行居民健康卡，计划生育服务管理水平不断提高，秀峰社区卫生服务中心荣获全国卫生计生系统先进集体，象山平山、叠彩北门社区卫生服务中心成为全国百强社区卫生服务中心。扎实开展全民健身活动，社区全民健身设施覆盖率达80%，名列全区前茅。深入推进平安桂林建设，严厉打击“两抢一盗”、黄赌毒、电信诈骗等犯罪活动，社会治安防控体系进一步完善，连续5次被评为全国社会治安综合治理优秀市，连续3次获得“长安”杯。民族团结进步创建工作扎实推进，恭城成为全国民族团结进步创建示范县。安全生产形势持续稳定，食品药品监管成效明显，依法调处化解各类纠纷，社会保持和谐稳定。

一年来，我们深入学习贯彻党的十九大精神，全力推进“两学一做”学习教育常态化制度化，政府治理能力进一步提升。坚持依法行政，健全重大行政决策机制，实施重大决策预公开，依法接受市人大及其常委会的监督，自觉接受市政协的民主监督，人大代表建议和政协提案办结率达100%。优化政务服务，落实行政审批“三集中三到位”[18]制度，完善“马上办”工作机制，办理时限从法定平均时间22.53天提速至9.1天，办理提速率达83.1%，按时办结率100%。切实履行全面从严治党主体责任和党风廉政建设“一岗双责”，认真贯彻落实中央八项规定精神和国务院“约法三章”要求，加强党风廉政建设和反腐败工作，抓好巡视“回头看”反馈意见整改，加强重点领域的审计监督和行政监察，查处违反八项规定精神问题291起，处理338人，全区扶贫领域监督执纪问责工作推进会在桂林召开。健全厉行节约长效机制，公开部门预算和“三公”经费预决算，“三公”经费同比下降19.2%，作风建设取得明显成效。

一年来，国防教育深入开展，国防和后备力量建设得到加强，人民防空工作扎实推进，民族宗教、外侨、对台工作、编制、人事、统计、质监、物价、接待、机关事务、档案、供销、保密、口岸、气象、水文、测绘、地方志、检验检疫、防震减灾、决策咨询、社会科学、残疾人、公共机构节能等工作取得新进步，中直、区直驻桂林单位取得新成绩，工会、共青团、妇联等群团组织在经济社会发展中发挥了重要作用。

各位代表，看似寻常最奇崛，成如容易却艰辛。这些成绩，是在经济下行压力持续加大的形势下取得的，是在注重优化经济结构、提高质量效益的情况下取得的，是在推进供给侧结构性改革、加快淘汰落后产能的环境下取得的。这是市委总揽全局、科学决策的结果，是市人大及其常委会和市政协监督支持的结果，是全市各族干部群众团结拼搏、开拓进取的结果。在此，我代表市人民政府，向全市各族人民，向人大代表、政协委员，向各民主党派、工商联、无党派人士、各人民团体和各界人士，向离退休的老领导、老同志，向中央和自治区驻桂林单位，向驻桂林部队和武警官兵，向所有关心支持桂林发展的海内外朋友，致以崇高的敬意和衷心的感谢！

在充分肯定成绩的同时，我们也清醒地看到，我市发展还面临不少问题和困难，主要表现在：经济总量小，人均水平低。产业发展不充分，工业不大不强，结构不优，效益不高；服务业企业实力总体偏弱，核心竞争力有待进一步提升；名牌产品数量少，影响力不强。县区之间、城乡之间发展不平衡，民生领域尚有短板，脱贫攻坚任务艰巨，公共服务能力建设还有较大提升空间，等等。我们要正视困难，直面矛盾，进一步解放思想、敢作善为、精准施策，持续开创经济社会发展新局面。

二、2018年工作总体要求和目标任务

2018年是贯彻党的十九大精神的开局之年，是改革开放40周年，是自治区成立60周年，是决胜桂林“两个建成”的关键一年。我们既要看到形势的积极方面，坚定信心，也要看到形势的复杂性，增强忧患意识，兢兢业业、扎扎实实做好各项工作。

今年政府工作的总体思路是：全面贯彻党的十九大精神，以习近平新时代中国特色社会主义思想为指导，围绕中央、自治区经济工作会议及市委五届四次全会决策部署，坚持稳中求进工作总基调，坚持新发展理念，紧扣社会主要矛盾变化，按照高质量发展要求，以推进供给侧结构性改革为主线，坚持桂林国际旅游胜地建设“一本蓝图绘到底”，围绕“加快建设新城、疏解提升老城、产业融合发展、城乡协调推进、生态文化相融、富裕和谐桂林”的总体要求，全面做好稳增长、促改革、调结构、惠民生、防风险各项工作，着力构建现代化经济体系，坚决打好精准脱贫攻坚战，加强和改善民生，促进经济社会持续健康发展，为决胜“两个建成”目标奠定坚实基础。

今年经济社会发展的主要预期目标是：地区生产总值增长7%—7.5%，规模工业增加值增长6.8%—7.5%，财政收入增长6.5%，固定资产投资增长12%，社会消费品零售总额增长10.5%，城镇居民人均可支配收入增长8.5%，农村居民人均可支配收入增长12%，居民消费价格涨幅控制在3%左右，城镇登记失业率控制在4.5%以内，常住人口城镇化率达50%。上述目标，体现了高质量发展和稳中求进的要求，考虑了各县区、各行业的发展实际，兼顾了需要与可能。

实现上述目标，重点要抓好以下工作：

（一）坚持国际标准，着力推进国际旅游胜地建设

持续推进世界一流旅游目的地建设。推进旅游产品国际化和品牌化，积极引进一批国际品牌酒店、休闲产品、购物中心，加速形成国际品牌聚集效应；加快打造龙脊梯田、动感天湖、资源八角寨、兴安灵渠、猫儿山养生度假区等世界级旅游精品；加快推进万达文化旅游城等重大项目，开工建设复星桂林健康养生文旅小镇、龙光国际健康休闲养老小镇、七星体育休闲生态度假区，推动阳朔乌布小镇与洲际酒店等一批国际性品牌酒店群建成运营，不断

完善符合国际化要求的旅游产品体系。推进旅游服务标准化,提供与国际接轨的餐饮住宿、旅游购物、导游等服务,加快建设一批具有国际品质的旅游服务中心,重点打造市区一级旅游集散中心和阳朔、兴安、龙胜二级旅游集散中心,完善景区道路多语种标识系统,强化旅游管理服务人才引进和培养。推进旅游基础设施便利化,完成两江国际机场扩建工程,积极培育新航线,扶持壮大桂林航空;加快打造大桂林生态休闲旅游精品线路,全力推进龙胜生态旅游大环线公路等项目建设;完善旅游交通换乘系统,建立无缝衔接的交通网络。加快推进"一部手机游桂林"。上半年,通过政府引导、市场运作,整合现有信息化成果,按照"硬件+软件+平台+服务"模式,重点建设全市统一的旅游大数据中心、旅游服务平台、旅游管理平台,实现手机查询、预订、支付、评价、宣传、监管等功能,提升旅游便捷性与舒适度。

全力推进旅游创新发展。深入实施"旅游+"战略,推动旅游与相关产业融合发展,围绕"吃住行游购娱""商养学闲情奇"十二要素,重点培育乡村旅游、体验旅游、研学旅游、体育旅游、健康养生游等新业态,不断完善旅游产业体系。大力推进旅游"双创"工作,抓好荔浦、资源、恭城、灵川、雁山、灌阳等县区广西特色旅游名县创建工作,加快阳朔、兴安、龙胜、恭城、雁山等县区国家全域旅游示范区创建步伐,持续推进26个特色旅游小镇建设,形成开放、共享、精细、高效的全域旅游发展新格局。加快市级旅游资源整合,基本完成旅游企业重组,优化市区旅游大景区管理模式,着力打造旅游"旗舰企业""规模景区""特色产品"。不断创新旅游管理体制,加快桂林旅游产业研究院建设,持续推进"1+3"旅游市场综合监管,重拳整治旅游市场秩序,进一步优化旅游发展环境。

持续推进旅游区域合作。继续办好联合国世界旅游组织/亚太旅游协会旅游趋势与展望国际论坛、中国—东盟博览会旅游展、桂林国际山水文化旅游节、环广西公路自行车世界巡回赛(桂林段)、桂林国际马拉松赛、中国·阳朔国际山地越野赛、中国(桂林)国际健康旅游高端论坛等重大节事、赛事活动,积极策划一批新的国际赛事,吸引一批跨国公司国际年会在桂林召开,争取世界旅游组织每年通过桂林论坛发布世界旅游趋势报告,引领世界旅游发展潮流。加强国际营销与推介,突出打响桂林世界自然遗产地、国家历史文化名城品牌,吸引更多境内外游客。力争旅游人数增长20%,旅游总消费增长25%。

促进服务业优质高效发展。加快发展健康养生产业,建设国家健康旅游示范基地,落实《桂林市健康旅游产业发展规划》和《桂林国家健康旅游示范基地建设实施方案》,按照"一核两线、多点辐射"思路,强化招商引资和重点项目建设,促进健康服务和旅游产业深度融合,大力发展高端医疗、康复保健、休闲养生等新业态,提高桂林健康旅游产业的竞争力,打造"漓水青山,养生桂林"城市品牌。促进商贸服务业集聚发展,老城区重点打造以万福广场为中心的南部商圈,以叠彩、七星万达广场为中心的北部和东部商圈,以华润琴潭片区为中心的西部商圈,以王城片区为中心的历史文化休闲旅游中部商圈;新区加快培育以海吉星为重点的新商圈。持续推进"电商桂林"建设,大力促进"电子商务进农村",继续开展"桂林网购节"等主题活动,不断扩大社区智能快递终端覆盖面。大力发展金融、信息服务、现代物流、商务会展、体育等产业,建立完善"四上"企业[19]培育机制,力争新增规模以上服务业企业150家。进一步对38个服务业集聚区进行系统梳理,分类加速推进,着力打造区域性现代服务业中心城市和面向东盟的现代服务业创新发展示范区。

(二)重振桂林工业雄风,着力构建现代产业体系

狠抓生产要素集中。突出抓好工业园区基础设施建设,推动土地、金融、人才、技术等要素向园区集中。加快园区土地收储和标准厂房建设,新建50万平方米标准厂房、20万平方米人才公寓(孵化器),为项目入驻创造良好条件。继续抓好华为产业合作区基础设施建设,推动入园企业扩大投资,建成华为双创园、数据中心(一期)等项目,建成中兴通讯产业园招商中心、展示中心、5万平方米标准厂房,加快比亚迪新能源客车生产基地建设,积极推动手机项目落地,力争八加一大型医疗设备生产线建成投产。推动金融资源向园区集中,引导银行、保险、担保等金融机构入园设立分支机构,为企业提供便捷的金融服务。加强招才引智,完善园区住房、教育、医疗、商业等配套服务设施,营造一流的工作生活环境,吸引一流人才到园区就业创业。实施科技入园工程,推动科技经费向园区倾斜,引导科研机构向园区集聚,支持驻桂林高校院所到园区创办园中园,加速科研成果转化,提升园区自主创新能力。加快发展水路运输,重点推进平乐珠子洲客货综合港、永福洛清江等水运项目规划建设。经开区、高铁经济产业园着力引进一批跨区域大型物流企业入驻,进一步降低园区企业物流成本。

狠抓产业集聚发展。围绕电子信息、医药及生物制品、先进装备制造、生态食品四大优势产业和新能源、新材料、新一代信息技术、节能环保等新兴产业,大力引进行业龙头企业和关联企业,不断完善产业链,打造产业集群。依托华为、中兴等知名企业,推动电子信息产业加快发展。依托比亚迪、桂林客车、福达等大型企业,打造桂林新能源客车生产基地。依托光隆光电等高科技企业,打造桂林"微芯谷"。依托力源粮油、漓泉啤酒、莱茵生物、三金药业等企业,加快建成全国知名的生态绿色食品和大健康产业基地。积极发展固体动力电池、石墨烯、新型传感器等核心产业和关联产业。依托现代科技改造提升传统产业。推动军民融合深度发展,加快推进军民融合产业基地规划建设。

狠抓数字经济发展。深入贯彻国家大数据战略,大力推动互联网、大数据、人工智能与实体经济深度融合。持续推进"宽带桂林"建设,完善通信网络等信息基础设施。加快建设大数据中心、云计算中心,带动软件、物联网及通信设备、智能终端等关联产业快速发展。尽快启动华为、中兴桂林研究基地建设。推动数据资源整合应用,建设健康医疗大数据中心,大力发展共享经济。继续推进两化融合贯标对标工作,鼓励企业发展数字化车间和智能工厂,实施机器换人、个性化定制等新模式,加快推进智能制造。

狠抓企业培育服务。坚持“市长服务日”等工作机制，主动融入广西非公经济服务平台，全面落实中央、自治区及我市加快工业发展的政策措施，不断优化实体经济发展环境，打造一批年产值超10亿、20亿、30亿的行业小巨人。探索建立工业企业分类评价体系，实行差别化管理。抓好重点骨干企业培育，加快打造桂林特色产业集群。抓好规模企业培育，争取实现新上规入统企业60家以上。抓好小微企业扶持，发挥其协作配套功能。抓好困难企业帮扶，为动力转换赢得时间。抓好成长型、创新型企业扶持，培育研发与营销两端创新型企业，支持智神、海威等科技型“瞪羚企业”加快发展。抓好桂林品牌产品本地应用，推动本地企业与国内外大型知名企业产销对接，不断拓展产品市场。抓好老城区工业企业搬迁改造，推动企业实现产值效益大提升。

（三）实施乡村振兴战略，着力推进农业农村现代化

扎实推进现代特色农业建设。贯彻全区现代特色农业“10+3”提升行动荔浦会议精神。实施现代特色农业示范区增点扩面提质升级三年行动，加大创建整合力度，打造一批有规模、上档次的示范区，努力实现县县有自治区级（核心）示范区，每个乡镇建成一个自治区乡级以上示范区，积极创建国家级、自治区级特色农产品优势区。推动农村一二三产融合发展，大力发展农产品加工业和物流业，构建现代化大农业全产业链。做好“农业+”文章，打造一批田园综合体，创建桂林休闲农业国际旅游示范区。持续推进品牌建设，积极培育农产品地理商标、区域公用、企业、产品等品牌，力争新增认证“三品一标”产品30个以上。办好第十五届广西名特优农产品交易会，在全国主要城市举办特色农产品推介会。狠抓农产品标准化生产、质量安全监管，做好柑橘黄龙病综合防治工作，加强畜禽养殖废弃物资源化利用，推广种养结合型生态循环农业技术模式，力争65%以上规模养殖场实现生态养殖，推动质量兴农、绿色兴农。

大力提高农业综合生产能力。继续推进高标准农田建设，开展粮食绿色高产创建，巩固提升粮食产能。继续实施高效节水灌溉、中小河流治理等水利设施建设项目，充分发挥气象、水文等服务保障作用，提高农业防灾减灾能力。推动农业机械化全程、高效发展，力争农业耕种收综合机械化水平60%以上。发挥好桂林国家农业科技园区示范作用，推进基层农技推广体制机制创新。实施新型职业农民培育整村推进工程，鼓励社会各界人士投身乡村建设。

持续开展“美丽桂林”乡村建设。完成宜居乡村、启动幸福乡村建设。深入推进产业富民、服务惠民、基础便民专项活动，全面完成“三改”重点任务，实现农村清洁厨房普及率60%以上，无害化卫生厕所普及率90%以上，人畜混居改造完成率50%以上，实现行政村基本公共服务全覆盖、群众办事不出村。加快“四好农村路”建设，新增村际联网路200千米以上。创建一批国家级美丽宜居小镇、宜居村庄，建设88个宜居乡村示范村，建成第三批18个传统村落保护发展示范村，持续改善农村人居环境。

不断深化农村改革。推进农业供给侧结构性改革，探索“三权分置”[20]多种实现形式，完成农村土地承包经营权确权登记颁证工作，加快荔浦集体土地流转服务平台建设试点工作。培育新型农业主体，引导和支持种养大户、家庭农场、农民专业合作社、龙头企业发展壮大，提升辐射带动功能。统筹推进小型水利工程管理体制、国有林场、供销合作社、农村金融等重点领域改革，激发农业农村发展新动能。

（四）实施项目带动，着力增强发展后劲

掀起项目建设新高潮。实施市级统筹推进重大项目969个，完成投资917亿元。强力推进十大重中之重项目和市领导跟踪服务的62个重大项目建设，特别要抓好万达、华为、比亚迪等重大产业项目建设。确保完成桂林汽车客运南站等一批重大项目；加快推进灌阳至平乐、贺州至巴马（桂林段）、荔浦至玉林、桂林至柳城等一批在建项目，争取阳朔至鹿寨高速公路复工。启动市区与各县之间快速交通系统规划建设。全面建成桂林防洪及漓江补水枢纽工程，推进长塘水库前期工作，加快巴江口船闸改扩能工程建设。

激发民间投资活力。坚持以市场的理念、市场的手段、良好的服务，促进民间投资较快增长。支持民间资本以独资、合资、控股、参股、合作等方式依法开展各种投资活动。对于社会资本不愿进入的“小散”项目，通过“捆绑打包”“上下游串联”等方式激发社会投资意愿。

强化项目服务保障。做好项目包装策划，围绕胜地建设，超前谋划、科学编制三年滚动投资计划。加强项目动态管理，让具备条件的项目加快推进，让久推不动的项目及时退出。坚持“五个一”工作机制[21]，完善“1+4”会议制度[22]，形成项目推进的强大合力。整合不动产登记业务，实现“一个窗口受理、一站式服务”，提升不动产登记效率。加快购进储备占补指标，全面保障项目建设用地。大力破解征地拆迁难题，探索开发区村庄原地改造模式，打造与开发区配套的现代金融小镇、智慧小镇、特色旅游小镇。

（五）打造品位休闲之都，着力推进新型城镇化建设

加快完善临桂新区功能。牢固树立城市品牌意识，按照全国文明城市标准，规划、建设和管理新区，提升新区品质。大力推进机场路以北、万平路以南片区规划建设。围绕入驻入居，完成金融大厦、广电大厦、桂林日报社传媒中心等项目建设。加快推进国际会展中心、科技馆、规划馆等项目。开工建设西城大道南延长线等市政项目，加快旅游专线试验线建设，扎实推进北区水系工程。力争桂林师专全部搬迁入驻临桂校区，桂林中学临桂校区、旅游综合医院投入使用，加快推进崇文小学等学校建设。规划建设一批专业市场，建成枫林等农贸市场，推进吾悦广场等城市综合体建设，引进酒店、商业、教育、医疗等方面的知名品牌入驻，加快打造产业新城、宜居新城。

加快疏解提升老城。继续实施“城市双修”8大类39个示范项目，加快修复城市设施、空间环境、景观风貌。实施畅通缓堵工程，打通一批城市断头路，推进主要道路路口渠化改造，建成15座人行天桥，新建和改造20个以上立体停车场。推动城市业态提升，抓好城区产业“退二进三”，带动休闲旅游、文化创意、楼宇经济、拍卖等产业发

展。加大城市改造力度，着力推进城区北大门片区建设，加快灵川县与桂林同城化建设步伐，加速打造漓江城市段中心区域休闲旅游示范带，推动龙船坪等特色街区改造提升，加快福隆园、塔山、新生街、华润琴潭等片区改造，抓好洲岛、漓江和小东江两岸环境整治。持续推进全国文明城市创建活动，巩固提升已有成果，将金点子、城市立面定期清洗等有效做法上升为制度标准，推动城市管理长效化、精细化、智能化。迎接新一轮国家卫生城市复审。大力宣传实施《桂林市城市市容和环境卫生管理条例》，完善城市管理市场运作机制，进一步做好"人机清扫"巡回保洁等工作。新增20—30个垃圾分类试点小区，实施100个无物业管理小区改造。拆除城市建成区违法建设254万平方米，坚决遏止新增违法建设增长。继续开展占道经营整治等专项活动，完成主次干道"白改黑"并向小街小巷延伸，实施绿化、花化、彩化等工程，创造更加优美的城市环境。

加快推进县域经济发展。突出产业发展，落实和完善促进县域经济发展政策，每县力争引进1—2个对财政起支撑作用的重大产业项目，培育1—2个特色产业集群。实施项目带动，谋划一批发展潜力大、带动作用强的项目进入自治区三年滚动计划，夯实县域经济发展基础。强化基础支撑，强力推进县域基础设施能力提升三年行动计划，推动"路、水、电、网、气、园"等建设，提升县域经济发展支撑能力。完善县域经济综合评价考核指标体系，发挥评价考核的导向作用。继续实施大县城战略，按照城市标准进行规划建设管理。落实扩权强县、扩权强镇改革，加快荔浦、全州撤县改市步伐，推动符合条件的乡撤乡改镇。突出抓好7个国家和自治区级新型城镇化示范县、第三批7个自治区百镇建设示范工程建设，完成第三批16个、启动第四批13个新型城镇化示范乡(镇)"书记工程"，着力打造县域经济社会发展次中心。

（六）坚持生态立市，着力推进生态文明示范区建设

强化漓江科学保护利用。加快编制漓江风景名胜区详细规划，推动出台《漓江风景名胜区管理条例》。继续强化漓江流域生态环境综合整治，抓好漓江城市段截污工程(三期)，实现漓江流域市区段截污管网全覆盖。加强漓江水源林保护、生态修复、水资源调度，强化网格化管理和日常巡查，巩固采石场整治、畜禽养殖场禁限养、网箱养鱼清理成果，深入推进"四乱一脏"专项整治。全力推进漓江旅游码头提升改造、漓江城市段游船提档升级。推进漓江城市段洲岛自然生态公园项目，完成漓江城市段东岸慢行步道建设，加快形成漓江旅游新景观。

持续抓好环境污染防治。全面完成自治区对我市能源消费总量和强度"双控"目标责任制考核。扎实开展第二次全国污染源普查，抓好中央环保督察反馈意见的整改工作。继续实行双目标联控，健全网格化管理体系，力争可吸入颗粒物(PM10)浓度降至每立方米66微克以下，细颗粒物(PM2.5)浓度降至每立方米44微克以下，空气优良达85%以上，坚决打赢蓝天保卫战。强化水污染防治，全面推行河长制，进一步加强河流水库管理保护和水环境治理，加强饮用水水源地保护和备用水源地建设，加速推进城北水厂二期工程，完成市区污水厂提标改造，基本消除城市黑臭水体。强化土壤污染管控和修复，保持全市土壤环境质量总体稳定。

加大生态系统保护力度。扎实推进生态文明建设，开展国土绿化行动，完成营造林17万亩，严禁毁林种果，加强野生动物保护。大力推进国家湿地公园试点和自然保护区建设。抓好国家生态园林城市、国家森林城市、国家园林县城创建工作，加快城市山体、河流、湿地、植被等生态修复。持续推进生态县、生态乡镇、生态村创建工作。

各位代表，生态文明建设功在当代，利在千秋。我们要始终牢记习近平总书记"一定要保护好桂林山水"的重托，确保桂林蓝天常驻、青山常在、碧水长流！

（七）持续深化改革创新，着力推动高质量发展

深化供给侧结构性改革。大力破除无效供给，全面完成自治区下达的化解过剩产能任务，严禁新增产能过剩项目。着力化解非住宅商品房库存压力，积极发展住房租赁市场。着力防控金融风险，健全政府性债务管理长效机制，加强民间融资、互联网金融、企业债券等风险防控。继续清理涉企收费，大力降低实体经济成本。

着力提升创新驱动能力。积极创建国家可持续发展议程创新示范区，创新生态保护、科技成果转化、多元化投融资等机制，实施自然景观资源保育、生态产业创新发展、创新驱动能力支撑等行动，促进生态保护与绿色产业协调发展，支持恭城等县区率先发展，为世界同类地区可持续发展提供现实样板和典型经验。深入推进桂林自治区级自主创新示范区建设。促进发明专利量质提升。大力培育具有创新能力的排头兵企业，打造一批年产值3亿元以上的科技型企业，新增高新技术企业30家以上、自治区级科技平台5家以上。实行柔性引才政策，加快创建高层次人才一站式服务平台，加强海内外高端人才创业创新示范基地建设，力争引进创新型高层次人才50人以上。

实施质量强市战略。大力弘扬"一流山水，一流质量"的桂林质量精神，建立健全高质量发展的考评体系，持续开展质量提升行动，积极创建"全国质量强市示范城市"。加大品牌培育和保护力度，打造品牌形象突出、产品质量一流的现代企业，为高质量发展奠定坚实基础。

持续推进重点领域改革。深化行政审批、"放管服""多证合一"等制度改革，激发市场主体活力。继续推进漓江"三统"改革，大力推行漓江旅游经营"四分四化"新模式。深化投融资体制改革，推进市城投集团组建工作。深入推进园区管理体制、城市管理执法体制以及文化、教育、卫生、科技、脱贫攻坚等民生领域改革。深化统计管理体制改革，做好全国第四次经济普查和投入产出调查工作。

加大国企改革力度。筛选一批条件较好的国有企业，整合优质资源，注入优质资产，培育一批资产超千亿元企业。创新监管方式，加快完善以国有资产保值增值为核心的考评体系，激发企业发展的内生动力。切实发挥国有企业强大的融资功能，以及在重大项目建设、产业转型升级方面的带动作用，使其成为全市经济发展的稳定器和压舱石，成为贯彻落实市委市政府战略意图，引领全市经济社会发展的生力军。

构建开放新格局。积极融入“一带一路”建设，深入对接自治区“三大定位”，推进与高铁沿线及周边城市的产业互动发展。瞄准国内外500强、民企100强企业开展精准招商，力争招商引资到位资金增长8%以上，实际利用外资超5.5亿美元。加强与国外友好城市交流合作。实现外贸进出口总额稳定增长。

（八）建设文化强市，着力推动文化繁荣兴盛

保护传承城市文脉。深入实施“寻找桂林文化的力量，挖掘桂林文化的价值”工程，传承中华优秀传统文化，推动桂林文化创造性转化、创新性发展。实施重点文物遗址保护修复工程，完成王城片区历史文化旅游街区改造，加快国家考古遗址公园建设，着力推动灵渠申报世界文化遗产和世界灌溉工程遗产，加强古桂柳运河和会仙湿地保护开发，继续抓好红军长征过桂北等文物保护利用及名人故居、古迹修缮开放等工作，推进第三批文化标识建设。持续抓好《桂林历史文化大典》等编撰工作。组织开展文艺进校园、非遗展演展示等活动，形成保护文化遗产的良好社会氛围，彰显历史文化名城的永久魅力。

繁荣发展文化事业。强力推进乡镇广播电视无线发射台（站）、村级公共服务中心建设和农家书屋补充更新，持续开展送文艺、送电影下乡活动，继续推动图书馆、美术馆、展览馆、文化馆（站）等公共文化设施免费开放，进一步丰富“百姓大舞台”“百姓大讲坛”“漓江之声”“周末大家乐”“桂林有戏”等群众性公益文化特色品牌内涵，打通公共文化服务“最后一公里”。开展深入生活、扎根人民的主题实践活动，创作更多的文化精品，抒写桂林人民的美好生活。

提升文化产业竞争力。创新“文化+”发展模式，加快发展动漫游戏、创意设计、网络文化等新型文化业态，培育文化产业新亮点。支持重点文化企业做大做强，进一步提升力港动漫游戏、“可可小爱”等品牌影响力，争创1—2家自治区级以上文化产业示范基地。持续推进高新区文化创意产业园、希宇文化创意产业园、歌仙刘三姐、漓江千古情、象山景区实景演出等项目建设，争创国家级文化产业示范园区。实施文化“走出去”战略，鼓励动漫、演艺、美术等产业进入欧美、东南亚市场，提升桂林文化国际影响力。

（九）打好精准脱贫攻坚战，着力保障和改善民生

坚决打好脱贫攻坚战。坚持把脱贫攻坚作为最大政治责任、最大民生工程、最大发展机遇，全面深入实施精准扶贫、精准脱贫“七个一批”“十大行动”，以钉钉子精神持续打好脱贫攻坚战。大力推进产业脱贫，培育一批能带动贫困户长期稳定增收的特色种养优势产业，积极发展旅游、电商等扶贫新业态。完善村民合作社体制机制，全力推进贫困村集体经济发展，确保每个贫困村集体经济收入超3万元。强力实施易地扶贫搬迁，完成7900人以上搬迁任务。抓好金融扶贫，加大涉农资金整合力度，扎实开展扶贫小额信贷工作。全力推进健康扶贫行动，切实减轻贫困人口看病治病负担。继续推进贫困村电网、道路、宽带建设，加快补齐基础设施短板。抓实定点帮扶和结对帮扶工作，统筹抓好教育扶贫、低保兜底、转移就业等工作。严格执行“一把手”脱贫攻坚责任制，强化驻村第一书记管理，抓好扶贫开发成效考核和实绩考核，切实增强脱贫实效。持续开展扶贫领域腐败和作风问题专项整治，确保脱贫攻坚风清气正。

抓好就业和社会保障。完善落实就业创业政策，大力开展职业技能培训，注重解决结构性就业矛盾，实现城镇新增就业5万人，城镇失业人员再就业1.47万人次以上，农村劳动力转移就业7万人次以上。健全社会保障体系，大力实施全民参保计划，深入推进医保支付方式改革，降低个人医保自费比例，完善统一的城乡居民基本医疗保险和大病保险制度。加大农村低保制度与扶贫开发政策的有效衔接，提高农村低保保障标准和补助水平。

协调推进社会事业。优先发展教育，探索教育管理体制改革，实施第三期学前教育行动计划，力争实现乡镇公办中心幼儿园全覆盖，优化中小学校布局，推动城乡义务教育一体化发展，做好国家县域义务教育均衡发展督导评估验收工作，加快普及高中阶段教育，继续做好中职学校布局调整及专业结构优化，完成市卫校入驻雁山校区。持续推进桂林高校集聚区建设，加快实施雁山大学集中区中心环线、芳香东路等项目建设，大力支持高校创造良好环境，引进各学科领军人才；不断完善产学研合作机制，积极构建产业技术创新战略联盟，推动高校与地方经济社会深度融合发展；推动桂林师专“升本”。积极发展民办教育。落实《健康桂林2030规划》，扎实推进健康桂林建设。加强公共卫生工作，提高疾病防控能力，不断提升基层医疗卫生机构服务水平；推进市级医疗资源整合，加快中医药事业发展；促进生育政策和相关经济社会政策配套衔接。创新食品药品监管模式，实施食品监管工程，大力推进广西食品安全示范城市、示范县创建工作。开展全民健身活动，全力打造城区15分钟全民健身圈。

加强和创新社会治理。扎实开展民族团结进步创建活动。深入推进法治桂林、平安桂林建设，实施“雪亮”工程，大力推进天网工程建设，健全立体化社会治安防控体系，依法打击和惩治黄赌毒、黑拐骗等违法犯罪活动。完善突发事件应急处置机制，做好信访维稳和矛盾化解工作。完善安全生产责任制，坚决遏制重特大安全事故，提升防灾减灾救灾能力。做好人民防空工作。扎实开展“扫黄打非”工作。加强社区治理体系建设，实现政府治理和社会调节、居民自治良性互动。

深入开展国防教育，加强国防动员和后备力量建设，加大双拥创建工作力度，让军人成为全社会尊崇的职业。

竭诚办好民生实事。继续实施为民办实事工程，确保完成自治区下达的重点民生项目任务。积极筹措资金，实施教育、文化、卫生、基础设施等十大类40个为民办实事项目，解决群众普遍关心的热点、难点问题。

各位代表，“两个建成”的目标任务光荣而艰巨，人民群众对美好生活的向往现实而热切。新时代新形势对政府工作提出了新要求，我们必须以时不我待的紧迫感、夙夜在公的使命感，敢于打破常规，严格依法履职，诚心为民服务，通过一项项任务的完成、一个个项目的实施、一件件实事的落实，回应群众的关切与期盼，赢得人民的支持和拥护！

一要坚定政治方向。坚定不移落实“党领导一切”的根本原则，牢固树立“四个意识”，坚定维护以习近平同志为核心的党中央权威和集中统一领导，认真贯彻落实自治区党委、政府的决策部署，坚决维护市委总揽全局、协调各方的领导作用，以实际行动确保党的政令畅通。

二要严格依法行政。加强法治政府建设，严格按照法定权限和程序行使权力、履行职责。依法接受市人大及其常委会的监督，自觉接受市政协的民主监督，加强政府协商，密切与各民主党派、工商联和各人民团体、社会各界人士的沟通联系，认真办理市人大代表建议、市政协提案。完善政府议事规则和决策程序，进一步推进决策、执行、管理、服务结果公开，主动接受舆论监督和群众监督。

三要坚持高效施政。牢固树立“实干就是能力、落实才是水平”的理念，加快转变政府职能。坚持实行市长碰头会议制度、市领导定期坐班制度，集中解决政务问题。坚持领导干部调查研究制度，深入基层、深入群众，了解实情、解决问题。进一步强化机关效能建设，持续整治“为官不为”“推绕拖”等不良作风。落实容错纠错机制，旗帜鲜明为勇于改革创新者鼓劲撑腰。

四要坚持从严治政。严格落实管党治政的政治责任、主体责任，始终把全面从严治党要求落实到政府工作各领域和全过程。精心组织“不忘初心，牢记使命”主题教育，深入推进“两学一做”学习教育常态化制度化，严格落实中央八项规定精神，扎实开展形式主义和官僚主义专项整治，坚决防止“四风”问题反弹。持续推进廉洁政府建设，不断增强政治定力、纪律定力、道德定力、抵腐定力，始终做到公正用权、谨慎用权、依法用权，以实际行动树立政府的良好形象。

各位代表！新时代要有新气象，更要有新作为。让我们更加紧密地团结在以习近平同志为核心的党中央周围，高举习近平新时代中国特色社会主义思想伟大旗帜，在自治区党委、政府和市委的领导下，不忘初心，牢记使命，以永不懈怠的精神状态、一往无前的奋斗姿态，继续朝着“两个建成”的宏伟目标奋勇前进！

《政府工作报告》名词解释

[1]旅游“双创”：指创建国家全域旅游示范区和广西特色旅游名县。

[2]“1+3”：“1”是指综合性旅游管理机构，“3”是指旅游警察、旅游法庭、旅游工商分局。

[3]现代特色农业“7+3”提升行动：指提升粮食、水果、蔬菜、食用菌、茶叶、肉牛肉羊、生猪七大种养业，以及富硒农业、有机循环农业、休闲农业三个新兴产业。

[4]市领导“一联三”工作责任制：指市四家班子领导联系重大项目、工业企业和贫困村扶贫工作，推进跟踪服务的项目早开工、快建设、早投产，引导联系的工业企业做大做强做优，帮助挂点联系的贫困村和贫困户发展生产、脱贫致富。

[5]“城市双修”：指城市修补、生态修复。

[6]道路“白改黑”：指水泥路面改为沥青路面。

[7]“三改”工作：指改厨、改厕、改圈工作。

[8]“三去一降一补”：指去产能、去库存、去杠杆、降成本、补短板。

[9]“地条钢”：指以废钢铁为原料、经过感应炉等熔化、不能有效地进行成分和质量控制生产的钢及以其为原料轧制的钢材。

[10]漓江“三统”改革：指漓江风景名胜区的经营管理实行统一管理、统一经营、统筹利益分配等方面的改革。

[11]漓江旅游实施“四分四化”模式：指漓江“四分”游览（分段游、分时游、分级游、分形游）和漓江风景名胜区票务“四化”管理（旅游票电子化、行程单电子化、旅游售票网络化、游客身份实名化）模式。

[12]“4321”新型政银担合作关系：指市县担保机构、省（区）担保集团、银行和地方政府按4∶3∶2∶1比例共担风险。

[13]“五项制度”：指分级诊疗、现代医院管理、全民基本医保、药品供应保障、综合监管。

[14]“四乱一脏”专项整治行动：指针对乱建、乱挖、乱养、乱经营、环境卫生脏等违法违规行为的专项整治行动。

[15]“七个一批”：指通过扶持生产发展一批、转移就业扶持一批、移民搬迁安置一批、生态补偿脱贫一批、教育扶智帮助一批、医疗救助解困一批、低保政策兜底一批，确保项目、资金、力量精准帮扶到位。

[16]“十大行动”：指特色农业富民、特色旅游扶贫、基础设施建设、扶贫移民搬迁、农村电商扶贫和农民工创业培训、金融扶贫、贫困户资产收益扶贫、科技文化扶贫、社会扶贫以及留守儿童、老人、妇女和残疾人关爱服务等脱贫攻坚行动。

[17]“五险”：指养老保险、医疗保险、失业保险、工伤保险和生育保险。

[18]“三集中三到位”：指统筹推进审批机构、事项、人员的三集中三到位。

[19]“四上”企业：指规模以上工业企业、资质等级建筑业企业、限额以上批零住餐企业、限额以上服务业企业等四类规模以上企业的统称。

[20]“三权分置”：指农村土地所有权、承包权、经营权的分置。

[21]“五个一”工作机制：指重大项目实行“一个项目，一个领导，一个团队，一个工作计划和一抓到底”的工作机制。

[22]“1+4”会议制度：指以每月召开的重中之重项目推进会为核心，延伸扩展到四个会议（每季度召开重大项目推进大会，每月召开1—2次重大项目专项协调会，每月召开一次工业项目协调会，每周一次市长服务项目工作会）。

政协桂林市常委会工作报告

——2018年1月9日在政协桂林市第五届委员会第三次会议上

桂林市政协副主席　邹长新

各位委员：

我受中国人民政治协商会议桂林市第五届委员会常务委员会的委托，向大会报告工作，请予审议。

一、2017年工作回顾

2017年是我市加快实现“两个建成”目标取得显著成就的一年。一年来，中共桂林市委高度重视人民政协工作，进一步加强对市政协工作的领导，专门听取市政协党组工作汇报，多次研究政协工作。在中共桂林市委的领导下，市政协及其常委会深入贯彻市委的决策部署，牢牢把握团结和民主两大主题，紧扣全市工作大局，认真履行政治协商、民主监督、参政议政职能，凝聚共识、汇集力量、建言献策，为推动我市改革发展稳定作出了新贡献。

（一）加强理论学习，凝聚思想政治共识

市政协常委会坚持把强化理论武装、增强政治定力摆在首位，组织政协领导班子、机关干部和委员在认真学习中共十八大，十八届三中、四中、五中、六中全会精神和习近平总书记系列重要讲话精神的基础，把迎接中共十九大召开、学习中共十九大精神贯穿政协履职全过程，引导各级政协组织、政协各参加单位和广大政协委员，认真领会新时代对人民政协的新要求，进一步增强“不忘初心、牢记使命”的政治自觉、思想自觉和行动自觉，牢固树立“四个意识”，坚定“四个自信”，坚持中国共产党的领导，坚定不移地走中国特色社会主义道路。认真学习贯彻政协章程和中共中央办公厅印发的《关于加强和改进人民政协民主监督工作的意见》，以及中央、自治区党委和市委关于加强人民政协工作的意见，切实加强对人民政协性质定位的理解和把握，聚焦市委中心工作，推进协商民主，广泛凝聚共识。按照“懂政协、会协商、善议政”的要求，组织政协常委和政协干部参加干部教育基地的履职培训，及时把学习贯彻中共中央、自治区党委和市委的重要会议精神与履行职能结合起来，着力提升履职成效，努力推动政协工作不断迈上新台阶。

（二）紧扣中心任务，围绕发展建言献策

市政协常委会坚持把促进发展作为履行职能的第一要务，注重发挥政协优势，围绕中心工作，积极参政议政，为促进我市改革发展献计出力。

助推旅游改革不断深化。围绕市委、市政府重点推动的国有旅游企业改革和加快胜地建设的构想，组织政协委员和专家成立调研组，对整合桂林优势旅游资源，打造旅游旗舰品牌开展重点课题调研，形成了包括旅游企业整合、自然旅游资源整合等5个子课题在内的系列调研报告，并召开了专题协商会，提出了完善顶层设计、加强旗舰品牌营销、深化导游体制改革、打造高端旅游人才队伍等意见和建议，得到了市委、市政府的高度重视和充分肯定，一些意见建议被采纳并落实到具体工作中。

助推区域合作不断拓展。围绕粤桂黔高铁经济带合作问题，就如何打造桂林高铁经济产业园，助推我市融入国家“一带一路”战略、珠江—西江经济带和泛珠三角区域合作战略，组织开展重点课题调研，经过学习、考察和论证，借鉴外地经验，结合我市实际，从加快构建以高铁为引领的综合交通体系、深化粤桂黔高铁沿线城市产业合作、拓宽融资渠道等方面提出意见和建议，形成专题调研报告，并以建议案的形式提交市委、市政府参考，为积蓄工业发展后劲发挥了积极作用。

助推专项任务取得成效。按照市委对全市重大项目的统一部署，市政协班子成员继续牵头组织“漓江桥扩建工程”等9个重大项目推进工作组、“桂林力源集团”等9个重点企业“直通车”服务工作组，对所联系的重大项目、重点企业开展协调服务和督促指导，均按市委要求圆满完成任务。此外，积极组织参与环境卫生清扫活动，为创建全国文明城市尽心尽力。

助推经济社会全面发展。一是市政协五届二次会议期间，汇总整理委员们围绕政府工作报告提出的1100多条意见和建议，形成《市政协委员协商讨论政府工作报告综述》和《市政协委员、界别提出的意见和建议汇编》，提交市政府研究参考和作为年初全市领导干部大会的参阅材料。完善大会发言遴选机制，提高发言质量，向全会提交大会发言材料22篇，10名委员代表在大会上作发言。二是围绕发展少数民族风情旅游、加强食品药品安全监管、推进城镇化建设、做强升级优势特色农产品、加强校内

课后服务、提升公办中学教学质量、加强红色文化的保护和利用、加强餐具消毒管理等专题，召开8次委员界别（对口、提案）协商会，96名自治区、市政协委员出席，提出了300多条意见建议。市政府及有关部门相关领导到会听取意见，回答问题，促进了相关问题的解决。三是市政协各部门结合各自的工作职责，组织委员积极围绕全市重点工作或社会高度关注的问题开展调研。一年来，形成了《关于加快桂林城镇化建设更快更好发展的对策建议》《关于推动驻我市高校与地方经济融合发展的对策建议》《关于推动我市农业供给侧结构改革的对策建议》等调研报告，提出的许多意见和建议，得到市政府及有关部门的重视和采纳。

（三）加强民主监督，促进经济健康发展和社会和谐稳定

坚持创新工作方式，不断探索民主监督新形式，拓展民主监督新领域，民主监督更加扎实有力。

坚持工作情况通报制度。坚持市政府、市中级人民法院、市人民检察院向市政协常委会通报工作情况制度，使政协常委们更全面了解我市经济社会发展和市政府主要工作情况，以及我市执法情况，以更好地围绕中心履行民主监督、参政议政职能。

积极反映社情民意信息。注重加强社情民意和舆情动态的收集与反映，及时报送反映全局性、苗头性和倾向性问题的信息。全年共收集、整理信息130篇，编发《政协社情民意》5期，切实为党委、政府察民情、听民意、解民忧提供参考，较好地发挥了人民政协协调关系、化解矛盾、汇聚力量的作用。

精心举办政协委员论坛。今年市政协围绕“进一步提高我市城乡居民健康水平”和“努力打造我市历史文化旅游精品”等社会热点问题，在组织政协委员深入调研的基础上，制作播出了两期《委员论坛》，既促使政协委员及时参与了市委、市政府的重大决策协商，对相关工作进行了民主监督，又促进社会各界进一步了解和支持市委、市政府的决策部署。

坚持特邀监督员的制度。发挥特邀监督员的民主监督骨干作用，认真遴选了200多名市政协委员担任社会特邀监督员，参加自治区和我市的政风行风评议，旁听法院庭审进行执法监督，参与全市旅游市场秩序整治、环境综合治理、创建全国文明城市暗访督查等工作，为促进依法行政、作风转变、优化发展环境发挥了作用。

（四）坚持履职为民，致力社会发展和民生改善

始终把以人为本、履职为民作为政协工作的出发点和落脚点，引导政协委员积极参与我市文化建设和脱贫攻坚，切实促进桂林社会和谐发展。

促进桂林文化繁荣发展。围绕市委提出“寻找桂林文化力量，挖掘桂林文化价值”的工作部署，分别组织开展我市传统文化的创新发展等专题调研，为进一步加强我市历史文化的保护利用和创新发展建言献策。积极开展文史资料征集出版工作，累计征集文史资料30余万字，编辑出版桂林文史资料第59辑，发挥了文史资料存史、资政、团结、育人的作用。在出版“桂林美食系列丛书”《食在桂林》《桂林美食地图》的基础上，今年又发行了第三部《桂林美食文化趣谈》，继续完善“桂菜”名录，为深度开发、挖掘桂林特色餐饮文化贡献力量。开展美丽乡镇建设桂林书画名家采风活动，并举办书画展、出版书画集，为扩大桂林历史文化名城影响作出了贡献。

积极开展扶贫救助活动。为爱心企业和人士牵线搭桥，筹集资金500多万元，资助临桂区两江镇保全村、全州县蕉江瑶族乡绕湾村等全市11个贫困村修建村屯公路、校舍和村民活动中心，帮助贫困群众解决实际困难。争取贫困村扶贫资金220万元，帮助村民发展砂糖桔、百香果等当地优势产业，寻找致富门路，为我市脱贫攻坚贡献力量。依托市慈善事业会、市仁济慈善基金会平台，组织委员关注民生、服务群众，募集善款1980多万元，开展全市扶贫济困、救灾助学及公益事业。其中，向贫困群众免费发放药品1200多万元；捐资助学466万元，帮助桂林聋哑学校等中小学校建立语音图书室、教学综合楼，设立奖学金和助学金，资助贫困家庭学生879名；响应市委、市政府号召，向遭受重大洪涝灾害的全州等县捐款98万元，帮助受灾群众开展生产自救和恢复重建工作，彰显了委员和各界爱心人士回馈社会、无私奉献的真情和风采。

（五）广泛开展联谊，扩大交流合作

充分发挥联系广泛的优势，搭建各种调研考察平台，开展各种形式的联谊活动。

深化与各党派团体和各界别的联系合作。坚持市政协秘书长与各民主党派、工商联驻会负责人、秘书长联系会议制度，交流履职情况，交换意见和看法。完善界别召集人制度，健全专委会联系服务界别工作机制，为开展界别活动提供有力支撑，全年组织界别委员小组活动56次。继续推行与党派团体开展联合调研制度，调研质量有所提高。

做好民族宗教及与各界人士的联谊工作。贯彻落实中央民族工作会议精神，协助做好少数民族的服务工作，组织相关委员参加伊斯兰教“古尔邦节”庆祝活动，促进民族团结、宗教和睦。发挥政协团结统战功能，慰问在桂林的“两航起义”人员遗孀，带去党和政府的关怀，鼓励她们为祖国和平统一多做工作。

加强港澳台侨工作。采取“走出去”和“请进来”的方式，继续加强与市政协港澳委员、知名人士和特邀贵宾的联系，赴深圳召开我市经济社会发展情况通报会，赴澳门参加“青年创业创新零距离交流论坛”联谊活动。组织开展港澳委员、异地商会调研联谊活动，热情接待港澳委员、异地商会投资考察团12批，230多人次，为他们在桂林参观考察、投资创业牵线搭桥，鼓励他们为我市经济发展多作贡献；密切与海外桂林同乡会、华人华侨商会的联系，邀请海外侨胞列席全体会议，向他们通报我市发展情况，激发他们在桂林投资兴业、参政议政的热情。

深化内外交流交往。配合全国、自治区及省外政协做好在我市开展的发展健康养老产业、发展县域经济等11次调研活动；协助自治区政协征集古民居古村落保护文史资料，举办“广西是个好地方”——当代国画优秀作品展。与北京、上海、深圳等全国各地政协开展学习交流

活动。坚持市、县、城区政协秘书长、办公室主任联系会议制度，加强了与县区政协的工作交流。充分利用中国—东盟博览会等平台，与参会国家侨领座谈，介绍我市经济社会发展情况，进一步增进他们对桂林的了解，提高他们宣传、参与桂林国际旅游胜地建设的积极性和主动性。按照自治区和市外事工作总体部署，开展政协对外交往活动，推动广西文化产业发展与“一带一路”沿线国家的合作交流。

(六)坚持注重实效，扎实推进其他经常性工作

积极探索新形势下做好政协工作的途径和方法，认真抓好提案、视察、宣传、理论研究等政协经常性工作，取得了较好成效。

努力增强提案办理实效。积极探索提案督办新模式，首次在桂视网、《漓江周刊》、市政协网站公布112件提案办理情况，组织委员对10件民生提案办理情况进行监督性视察，开展提案办理民主评议现场测评活动，扩大提案办理的透明度。与桂林电视台联合开展老百姓最关注的“十佳”民生提案评选活动，得到社会各界广泛关注；走访提案承办大户9家，涉及提案173件，占提案总数的61.2%，加强了与提案承办单位的联系，提高了提案办理实效。市政协五届二次会议以来，共收到提案312件，立案273件，内容涉及经济发展、城市管理、社会事业等各方面，迄今已全部办复。一大批事关教育、医疗、交通、社保等群众切身利益的提案，如中小学校内外午托管理、加快我市主干道改造等问题得到落实解决，为协助党委、政府民主决策、科学决策，改进工作，改善民生发挥了积极作用。

着力提升委员视察考察效果。精心选择专题，扎实做好前期调查，周密安排行程，围绕“城乡协调发展”“重振桂林工业雄风”两项重点工作，组织市政协常委和自治区政协驻桂林的委员，分别视察兴安县界首镇、灵川县灵田镇我市第二批新型城镇化建设示范点和考察苏桥、秧塘工业经济开发区，就如何完善规划设计、实行管营分离、破解建设难题等方面提出意见和建议，督促有关部门及时解决问题，对推动我市城镇化进程和工业发展发挥了作用。此外，我们还组织委员对我市文化体育产业发展、医药卫生体制改革、生态环境保护等方面开展视察，促进了相关问题的解决和工作的落实。

不断加大宣传力度。在做好常规新闻宣传报道工作的同时，加强重要会议和重大活动的集中宣传报道，突出宣传政协履职的新思路、新办法、新成效。努力办好《桂林政协网》和手机短信平台，发挥政协新闻宣传主阵地的作用。一年来，市政协网站共发文稿600多篇，通过手机短信平台发送“政协快讯”共120多条。积极向市外媒体送稿，在人民网、广西政协网、广西政协报、广西日报及市内新闻媒体登载反映我市政协工作文章320多篇，唱响主旋律，传播正能量，凝聚共识，弘扬正气。

切实加强理论研究。依托桂林人民政协理论研究会平台，开展“加强和改进人民政协民主监督工作”理论研究和论文征集活动，组织县区政协、民主党派及高校撰写论文62篇，形成了一批有价值、有深度的理论研究成果，对人民政协如何更好地开展民主监督进行了有益的探索。认真总结中共十八大以来我市政协履职的创新与实践，在广西政协“市县政协工作交流会”上作典型发言，为新形势下推动人民政协事业发展建言献策。

(七)加强自身建设，努力提高履职能力和水平

市政协常委会始终把加强自身建设作为提高政协履职能力的前提和基础，积极探索自身建设的新思路，切实加强常委会的思想建设、组织建设、作风建设和制度建设，认真带好“两支队伍”，努力提高工作水平，为政协履职奠定良好基础。

加强委员队伍建设。为规范委员履职活动，制定《桂林市政协委员履职工作规则》，引导委员依规履职。为提高委员履职水平，多次组织开展专题培训。积极搭建委员知情平台，通过常委会议、调研视察、专题座谈、民主监督、提案办理等，组织委员开展调研视察。评选表彰优秀提案、优秀论文和优秀宣传单位，不断激发委员的履职热情。全市广大政协委员切实发挥了在本职工作中的带头作用，政协工作中的主体作用，界别群众中的代表作用，在社会上树立了良好的形象。

加强机关队伍建设。扎实推进“两学一做”专题教育常态化制度化，贯彻落实中央八项规定“回头看”工作，持续纠正“四风”问题，修订完善公务接待、财务管理和车辆管理等27项规章制度，认真落实党风廉政建设和反腐败工作。加强机关党组织建设和工会等群团建设，完成了机关党委换届工作，成立了机关妇委会，组织市政协和城区政协机关联合参加“迎十九大、感恩祖国”歌咏比赛等文体活动，举办机关周末书法讲堂，进一步增强了机关的创造力、凝聚力和向心力。

各位委员！过去一年市政协常委会工作取得的成绩，是中共桂林市委高度重视、加强领导的结果，是市人大常委会、市人民政府以及各级党政部门和社会各方面大力支持的结果，是市政协各参加单位和广大政协委员以及全市各级政协组织共同努力的结果。在这里，我代表市政协常委会，向大家表示衷心的感谢！

总结一年来的工作，我们深切体会到：做好新时期人民政协工作，必须坚持中国共产党的领导，认真贯彻中共中央和自治区、市委的各项决策部署，始终保持政协事业正确政治方向；必须坚持人民政协性质定位和团结民主两大主题，充分发挥政协独特优势和不可替代的作用；必须坚持围绕中心、服务大局、履职为民，在助推发展、服务人民中彰显政协作为；必须坚持委员主体地位，在发挥委员作用中夯实政协工作基础；必须坚持改革创新，在与时俱进中永葆人民政协蓬勃生机与活力。

同时，我们也清醒地看到，与中共桂林市委的要求相比，与人民政协肩负的使命相比，与广大委员和人民群众的期盼相比，我们的工作还存在一些差距和不足，需要切实加以改进。比如，协商成果转化有待进一步推动，民主监督工作需要不断规范，对重点问题的调查研究需要更加深入，委员作用、界别优势有待进一步发挥，机关作风建设需要进一步加强等。我们真诚地希望各位委员对常委会工作提出批评和意见，以便把今后的工作做得更好。

二、2018 年工作部署

2018 年是全面贯彻中共十九大精神的开局之年，是改革开放 40 周年，是桂林地市合并 20 周年，是决胜我市“两个建成”的关键一年。市政协工作的总体要求是：全面贯彻中共十九大精神，深入学习贯彻市委五届四次会议精神，围绕推进“五位一体”总体布局和“四个全面”战略布局，紧扣稳中求进工作总基调和高质量发展的根本要求，组织参加人民政协的各党派团体、各族各界人士，紧密围绕全市中心工作，扎实有效地履行政治协商、民主监督、参政议政职能，着力做好思想引导、汇聚力量、议政建言、服务大局的各项工作，促进我市经济社会健康发展，为新时代桂林发展贡献智慧和力量。

（一）强化忠诚意识，进一步夯实共同思想政治基础

忠诚是做好任何工作的根本保证。人民政协讲忠诚，最根本的就在于毫不动摇地坚持中国共产党的领导，在于始终保持坚定的政治定力。要认真学习领会中共十九大精神，以习近平新时代中国特色社会主义思想为引领，进一步增强“四个意识”，更加坚定地维护以习近平同志为核心的中共中央权威，更加坚定不移地走中国特色社会主义道路。切实做到思想和行动与中共中央保持高度一致，确保中央、自治区党委和市委的各项决策部署贯彻到政协履职的全过程。

（二）强化中心意识，聚焦中心工作建言献策出力

十九大报告指出：“人民政协工作要聚焦党和国家中心任务”要自觉把政协工作放到全市工作大局中去谋划和推进，紧紧围绕市委确定的目标任务，集中力量抓好专题调研，广纳群言、汇集众智、凝聚合力，精准建言、精准服务、精准助推。坚持党委想什么、政协议什么，政府干什么、政协帮什么，群众盼什么、政协做什么，真正做到建言建在需要时、议政议在点子上、监督监在关键处，努力促进我市经济高质量发展，为加快实现桂林“两个建成”目标作出应有的贡献。

（三）强化协商意识，进一步提升政协协商民主实效

把协商民主贯穿政协履职全过程，是新时代对人民政协提出的新要求。众人的事情众人商量，这是协商民主的真谛。要主动加强与党委工作、政府工作的有效衔接，增强政协协商的计划性、系统性、前瞻性，对重要协商成果的落实情况开展跟踪调研，推动协商成果转化，提高协商成效。进一步深化政协全体会议、专题协商会，更加灵活地开展对口协商、界别协商、提案办理协商，完善协商议政内容和形式，着力增进共识，促进团结。进一步健全协商议政制度，确保协商民主有制可依，有章可循，切实发挥人民政协作为社会主义协商民主的重要渠道和专门协商机构的作用。

（四）强化监督意识，推动各项事业健康发展

人民政协民主监督是社会主义协商民主建设的重要内容，是帮助党和政府改进工作的重要方式。要进一步强化监督意识，丰富监督形式，完善监督制度，坚持在参与中支持、在支持中服务、在服务中监督，融协商、监督、参与、合作于一体，敢于指出各项工作中的各种不足，真正实现民主监督的常态化、规范化和实效化。要突出监督重点，围绕中共中央、自治区党委和市委的重大改革举措、重要决策执行情况，切实发挥政协民主监督作用。

（五）强化团结意识，为经济社会发展凝聚合力

发挥政协统战功能，加强团结联谊工作，为发展大局凝聚智慧和力量，是人民政协的重要职责所在。要切实加强与各民主党派、工商联和人民团体的联系，通过座谈、走访、联合调研等方式互通情况，增进团结与合作。加强与宗教团体、宗教界代表人士的联系，及时听取他们的意见，重视发挥宗教界委员在促进宗教和睦、社会和谐中的作用。密切与新经济组织和新社会阶层人士的联系，不断拓宽各界群众有序参与政治生活的渠道。发挥港澳委员作用，支持和鼓励特邀嘉宾为推进我市经济社会发展贡献力量。加强与华侨社团的联系，做好凝聚侨心、汇聚侨智、发挥侨力、维护侨益的工作。

（六）强化民本意识，助力人民群众对美好生活的向往

人民政协为人民。要把人民对美好生活的向往作为政协履职的出发点和落脚点。坚持协商于民、协商为民，设身处地为群众着想，感同身受地为群众分忧，多做得民心、顺民意的工作。要进一步发挥政协社情民意在汇集舆情中的重要作用，把关注民生热点问题作为政协履职的重要工作，多建利民之言，多谋利民之策，促进改革发展成果更多惠及人民群众。要把助推脱贫攻坚作为重中之重，围绕精准扶贫、精准脱贫开展专题协商，建言献策。组织委员深入基层、深入群众，持续开展扶贫攻坚活动，为脱贫攻坚、决胜全面建成小康社会精诚出力。

（七）强化履职意识，不断提高政协工作水平

政协委员及机关干部职工，都应该懂政协、会协商、善议政，更应该守纪律、讲规矩、重品行，认真履行好委员职能和工作职责。要以界别为纽带、专委会为基础、委员为主体，强化联系协调，加强内外联络，积极构建沟通顺畅、配合紧密、运转高效的工作格局，着力提高调查研究能力、联系群众能力、合作共事能力、协商议政能力、民主监督能力，焕发履职热情，提升履职实效。要严格执行中共中央和各级党委关于加强作风建设的各项规定，扎实开展“不忘初心，牢记使命”主题教育，深入推进机关党风廉政建设和反腐败工作，进一步加强机关工会和妇委会建设，持之以恒强素质、驰而不息抓作风，努力造就一支政治坚定、作风优良、业务熟练的干部队伍，为开创政协工作新局面提供有力保障。

各位委员，同志们！

十九大吹响的时代号角催人奋进，新时代赋予的历史使命光荣艰巨。让我们紧密团结在以习近平同志为核心的中共中央周围，以习近平新时代中国特色社会主义思想为引领，在中共桂林市委的领导下，同心同德，求真务实，开拓创新，推动我市人民政协事业不断向前发展，为决胜“两个建成”、谱写新时代桂林发展新篇章作出新的更大贡献！

2017年大事记

1月

5日 政协桂林市第五届委员会第二次会议在市直机关小礼堂开幕，7日闭幕。

6日 桂林市第五届人民代表大会第二次会议在临桂新区桂林大剧院开幕，8日闭幕。

同日 灌阳县千家洞水果产业（核心）示范区被认定为“广西现代特色农业（核心）示范区（四星级）”。

16日 市委书记、市人大常委会主任赵乐秦，市长周家斌率队到广西军区开展慰问活动，并与广西军区政委、少将姜英宇进行座谈。

18日 桂林电子科技大学被教育部列为全国首批深化创新创业教育改革示范高校。

27日 2017年中央电视台春节联欢晚会桂林分会场精彩呈现“央视春晚，桂林最美”。《歌从漓江来》《带上月光上路》节目通过大型山水实景演出，实现了甲天下的山水与浓郁的民俗风情、历史文化底蕴以及现代舞台灯光艺术的完美融合。桂林分会场节目收视率为36.27%，居中央电视台春节联欢晚会节目收视率第五名，为全国四个分会场节目收视率第一。

2月

4日 桂林市被评为全国“2016年度厕所革命先进市”。

9日 2017年桂林市“春风行动”活动启动仪式暨平乐县农村劳动力转移就业现场招聘会在平乐县举行。80多家自治区内外规模以上企业参加，提供就业岗位3000多个。

18日 市委常委、常务副市长张晓武在榕湖饭店会见到访的罗马尼亚登博维察省红十字会代表团，双方就促进两地红十字会合作关系进行了交流。

20日—23日 市委书记、市人大常委会主任赵乐秦，市长周家斌率桂林市党政代表团赴玉林市、南宁市、河池市考察。

21日 2017年CTF（China Travelers' Forum）中国旅行者大会暨国际旅游产业峰会在上海举行，桂林市获“十佳亲子游目的地”和“国内十佳自助游目的地”，桂林两江四湖景区获“2016年度最佳互联网创新景区”。

25日 2017桂林市第七届公益性人才交流大会暨大中专技校毕业生“双向选择”洽谈会在桂林国际会展中心举行。进场企业512家，提供岗位数11000个，进场人数9000余人，初步达成就业意向5000余人。

同日 国家旅游局召开新闻发布会，宣布桂林两江四湖·象山景区新晋为国家5A级旅游景区。27日，国家旅游局局长李金早为桂林两江四湖·象山景区授予“国家AAAAA级旅游景区”牌匾。

28日—3月3日 市委书记、市人大常委会主任赵乐秦率桂林市党政代表团赴湖南省永州市、邵阳市、娄底市考察。

3月

3日 市公安局旅游警察支队挂牌成立，成为广西设区市内首支旅游警察队伍。

同日 广西首个基层法院清算与破产审判庭在荔浦县人民法院挂牌成立。

5日 2017年桂林灌阳千家洞瑶族文化旅游节暨灌阳“二月八”农具文化节在灌阳县开幕。

6日 桂林市人民政府与华为技术有限公司在北京钓鱼台国宾馆举行桂林华为信息生态产业合作区签约仪式。自治区副主席黄伟京，桂林市委书记、市人大常委会主任赵乐秦，市长周家斌在北京会见华为技术有限公司副总裁、华为技术有限公司中国地区部总裁彭中阳。市长周家斌代表桂林市人民政府与华为技术有限公司签署协议。

同日 桂林市人民政府与中兴通讯股份有限公司在北京钓鱼台国宾馆举行签约仪式。市委书记、市人大常委会主任赵乐秦，中兴通讯创始人侯为贵等见证签约，市长周家斌代表桂林市人民政府与中兴通讯股份有限公司签署协议。

8日 市委常委、副市长何翔在桂林香格里拉大酒店会见到桂林访问的马来西亚驻华大使拿督·扎伊努丁·叶海亚一行。

10日 桂林市举行2017年“兴水利、种好树、助脱贫、惠民生”全民义务植树活动。市四家班子领导与机关、企事业单位干部和部分市民5000多人，在市区种植苗木3万余株。

22日 桂林市被住房和城乡建设部列为第二批"城市双修"试点城市。

23日 自治区"美丽广西·宜居乡村"基础便民工作现场会在兴安县举行。

24日 市委书记、市人大常委会主任赵乐秦在榕湖饭店会见美国飞虎队历史委员会主席詹姆斯·怀特海德一行。

同日 桂林北动车运用所正式启用，首列CRH2A型动车组入库检修。

25日 美国飞虎队历史委员会将C-47飞机捐赠给美国飞虎队桂林遗址公园。市委书记、市人大常委会主任赵乐秦，中国人民对外友好协会副会长谢元，国务院侨务办公室国外司司长张健青，中国人民对外友好协会美大部主任张和强出席捐赠仪式。

同日 桂林经济技术开发区举行2017年项目集中开工仪式。桂林豪文国际学校、海口制药厂有限公司中药提取和颗粒剂建设项目等16个项目集中开工。

27日 市委常委、常务副市长张晓武在香格里拉大酒店会见由北拉斯维加斯市市长约翰·李率领的美国拉斯维加斯地区经贸旅游代表团一行。

29日 桂林八加一医药产业园开工奠基仪式在桂林经济技术开发区举行。该项目位于桂林经济技术开发区苏桥先进制造园，项目总投资6.2亿元。

31日 中央电视台《乡约》栏目到桂林秀峰区录制"三月三"特别节目。

4月

3日 中央电视台少儿频道《大手牵小手》栏目组到桂林两江四湖景区录制《走进桂林》节目。

7日 市委书记、市人大常委会主任赵乐秦，市长周家斌在榕湖饭店会见比亚迪股份有限公司董事长兼总裁王传福一行。

8日 桂林西铁路综合物流中心建成投入使用，该中心是广西第二个现代化铁路综合物流中心。

14日 桂林市国民体质监测中心面向社会公众开放。

15日 2017年第二届中国互联网医院与远程医疗实践（春季）论坛在榕湖饭店国际会议中心举行。

19日 市委常委、常务副市长张晓武在桂林香格里拉大酒店会见到桂林访问的印度驻华大使顾凯杰一行。

20日 市长周家斌带队赴上海张江高新技术产业开发区考察。

21日 桂林市第十届"读书月"活动在桂林理工大学雁山校区启动，该届活动以"推动全民阅读，建设书香桂林"为主题。

24日 由桂林市文艺演出有限责任公司引进，中国歌剧舞剧院排演的大型民族舞剧《昭君出塞》在桂林大剧院演出。

5月

1日 新扩建的漓江桥全线通车。

4日 自治区党委书记、自治区人大常委会主任彭清华到广西师范大学为桂林片区高校师生作思想政治教育专题报告，宣讲和解读中共中央总书记习近平视察广西重要讲话及自治区第十一次党代会精神。

8日 桂林市芳香东路新建工程项目开工。

11日 由桂林市应对气候变化及节能减排工作领导小组办公室、桂林市公共机构节能领导小组办公室、北京首汽智行(Gofun出行)科技有限公司共同主办的"共享出行、绿色常驻、生态旅游——首家共享汽车Gofun进驻桂林启动仪式"在临桂新区创业大厦举行。

15日 永福县、恭城瑶族自治县被自治区住房和城乡建设厅命名为"广西园林城市"。

19日 广西首列以历史名胜景区命名的动车"桂林兴安·灵渠号"冠名签约仪式在南宁市举行。

23日 2017年第二届亚洲少年田径锦标赛在泰国曼谷举行，桂林市选手廖羽获女子标枪冠军，梁义娜勇获女子400米跨栏冠军，打破锦标赛纪录。

24日 永福县苏桥镇太平村山尾屯的百岁老人韦八嫂家庭被全国妇联授予2017年全国"最美家庭"称号。

26日 桂林市人民政府在南宁市分别与比亚迪股份有限公司、比亚迪汽车工业有限公司签署《投资合作协议》《跨座式单轨交通及纯电动汽车公共服务项目合作协议》。

28日 正阳西巷改造项目动工开始建设。

31日 龙船坪特色街区提升改造项目在象山区龙船坪开工，项目计划总投资5亿元。

6月

1日 龙门大桥竣工通车。

2日 桂林旅游购物退货监理中心在桂林市旅游投诉中心挂牌成立。该中心是广西成立的首家旅游购物退货监理中心，游客在桂林旅游购物可享30天内无理由退换货服务。

同日 市委常委、宣传部部长、副市长陈丽华会见到桂林访问的越南广宁省人委会副主席武氏秋水率领的越南广宁省代表团一行。

4日 芦笛路铁路涵洞接线工程全面完工，下穿道路通车。

2017 年 6 月新建成的芦笛路下穿通道　　（陶树青　摄）

13 日　桂林市 2017 年节能宣传周启动仪式和第六届节能体验自行车赛暨摄影赛，在临桂新区创业大厦前广场举行。

15 日　桂林市人民政府与中国邮政储蓄银行广西分行举行战略合作签约仪式。合作期间，邮储银行将提供桂林市 200 亿元以上信贷支持。

16 日　桂林市文化精品项目《桂林有戏》在杉湖路桂林有戏剧场首次公演。

同日　2017 广西电子商务高峰论坛暨第三届桂林网购节在桂林国际会展中心开幕。

18 日　“动听世界的山水”——桂林首届国际声音艺术节在桂林靖江王城举行。

25 日　2017 年桂林市“禁毒宣传大篷车”活动在市中心广场启动。

28 日　“恭城月柿栽培系统”列入农业部第四批中国重要农业文化遗产名单。

7 月

2 日　2017 年全球卫生法国际研讨会在桂林市召开。

6 日　桂林市创建全国文明城市誓师大会在榕湖国际会议中心召开。

同日　市委书记、市人大常委会主任赵乐秦，市长周家斌在榕湖饭店会见美高梅亚太区总裁、钓鱼台美高梅酒店集团执行董事、总裁史可特（William Maxwell Scott Ⅳ）。

同日　2017 全国农产品加工业品牌创建宣传周暨广西农产品加工业品牌推介会在桂林市启动。

7 日　市区道路停车位开始实行机动车停放半小时内免收停车费。

8 日　由中国好人网发起的全国第八届好人论坛在桂湖饭店举行。

12 日　桂林市人民政府与中国—东盟信息港股份有限公司在榕湖饭店签署“中国—东盟信息港桂林产业园”合作框架协议。

18 日　自治区党委书记、自治区人大常委会主任彭清华率全自治区县域经济发展大会暨年中工作会议第一组代表到灵川县参观考察。

同日　国家卫生和计划生育委员会、国家发展改革委、财政部、国家旅游局、国家中医药局联合下发《关于开展健康旅游示范基地建设的通知》，同意桂林市作为第一批健康旅游示范基地开展创建工作。

同日　2017 年“‘红领巾心连心’艺术之旅——走进桂林”艺术大联欢在桂林大剧院举行。

27 日—28 日　市委书记、市人大常委会主任赵乐秦率友好访问团访问新西兰黑斯廷斯市。

30 日　市委常委、常务副市长张晓武在榕湖饭店九岗岭会议厅会见到访的波兰雇主协会主席安杰·马林诺夫斯基一行。

同日　阳朔县被国家旅游局认定为“中国优秀国际乡村旅游目的地”。

8 月

4 日　桂林市被交通运输部列为“十三五”期间全面推进公交都市建设第一批创建城市。

8 日　市委书记、市人大常委会主任赵乐秦在榕湖饭店会见中国人民解放军陆军特种作战学院院长肖秋良、政委谢贻平。

11 日　广西第一个“农村污水处理项目远程控制中心”落户恭城瑶族自治县，总投资 2.78 亿元。

15 日　副市长樊新鸿在桂林会见到访的日中友好会馆会长、前国会参议院议长江田五月和日本民进党参议员难波奖二等一行。

17 日　2017 年资源漂流世界杯在资源县双龙体育场开幕，来自 10 个国家和地区的 14 支漂流队伍在资源五排河角逐。

同日　市长周家斌在资源县会见前来出席资源漂流世界杯的国际漂流联合会主席乔·威利斯·琼斯一行。

21 日　桂林市靖江王府片区历史文化旅游休闲街区改造提升项目——市政设施改造工程进场施工。

同日　资源县入选国家电子商务进农村综合示范县。

23 日　2017 年国家药品安全示范性应急演练在桂林春天剧场举行。

2017 年 12 月，改造后的东华社区一角 （陶树青 摄）

24 日 七星区塔山片区城中村·棚户区改造项目安置房建设破土动工，为桂林市最大的城中村改造项目。

9 月

1 日 2017 中国国际商标品牌节颁奖典礼在桂林国际会展中心举行，“2017 年度商标品牌领军人物”“2017 年度商标品牌建设卓越贡献奖”“2016—2017 年度优秀商标代理机构”三类大奖现场揭晓。

2 日 由中华商标协会和自治区工商行政管理局主办的 2017 中国国际商标品牌节在桂林国际会展中心开幕。

同日 市委书记、市人大常委会主任赵乐秦在榕湖饭店会见新西兰黑斯廷斯议会议员凯文·沃特金斯。

4 日 位于临桂新区的桂林市复兴小学揭牌启用。

5 日 桂林市 2017 年反恐应急力量紧急拉动演练在雁山区举行。

8 日 桂林市地面人防指挥所在临桂新区开工建设。

12 日 由中共桂林市委员会主办，中共桂林市纪律检查委员会、中共桂林市委组织部、中共桂林市委宣传部承办，桂林市文化新闻出版广电局、桂林市扶贫开发办公室、中共荔浦县委员会协办的张毅同志先进事迹主题情景报告会在桂林大剧院举行。

同日 第十四届中国—东盟博览会桂林市经济合作项目专场签约仪式在南宁市举行。现场签约项目 44 个，签约总额 765.22 亿元，其中内资签约额 724.96 亿元，外资签约额折合人民币 40.26 亿元。

13 日 市委副书记白松涛在桂林宾馆会见由罗马尼亚登博维察省省长、省议会主席亚历山德鲁·奥普雷亚率领的代表团一行。

14 日 桂林市人民政府与民生银行签署战略合作协议。根据协议，民生银行在 5 年内为桂林市基础设施建设及文化、旅游等优势产业发展提供资金支持 200 亿元。

18 日—21 日 市委书记、市人大常委会主任赵乐秦率桂林市考察团，先后到湖南省永州市道县、郴州市，江西省赣州市于都县、瑞金市，福建省龙岩市长汀县、上杭县考察。

19 日 桂林市获“全国社会治安综合治理优秀市”称号，连续 3 次获“长安杯”。

24 日 市委、市人民政府在灌阳县举行湘江战役灌阳新圩阻击战酒海井红军烈士遗骸安葬仪式。

27 日 2017 年度全国工业企业质量标杆揭晓，桂林三金药业股份有限公司成为 33 家全国质量标杆企业之一。

28 日 桂林廉政教育基地在市委党校启用。

10 月

9 日 市委书记、市人大常委会主任赵乐秦，市长周家斌在香格里拉大酒店会见出席第十一届联合国世界旅游组织 / 亚太旅游协会旅游趋势与展望国际论坛的联合国世界旅游组织执行主任马修·法维拉，亚太旅游协会首席执行官马里奥·哈迪，联合国世界旅游组织亚太部副主任哈利·黄，香港理工大学酒店及旅游业管理学院副院长宋海岩，加拿大 Tourisk Inc 总裁泰德·曼宁，美国爱彼迎公司亚太区副总裁麦克·奥吉尔。

10 日 桂林市人民政府与上海复星高科技（集团）有限公司在榕湖饭店签署战略合作框架协议。

同日 市委常委、副市长邓志勇在喜来登饭店会见由越南下龙市人民委员会副主席黄光海率领的代表团一行。

同日 副市长彭代元在喜来登饭店会见由罗马尼亚登博维察省特尔戈维什泰市副市长莫妮卡·伊利耶率领的代表团一行。

同日 市委书记、市人大常委会主任赵乐秦在香格里拉大酒店会见出席“两会一节”的各国驻华使节团一行。

同日 第七届桂林国际山水文化旅游节在桂林大剧院开幕。

11 日 第十一届联合国世界旅游组织 / 亚太旅游协会旅游趋势与展望国际论坛在桂林开幕，当天闭幕。

同日 由国家旅游局、自治区人民政府主办，自治区旅游发展委员会、中国—东盟博览会秘书处、桂林市人民政府承办的 2017 中国—东盟博览会旅游展在桂林国际会展中心开幕。该届旅游展以“共创‘一带一路’旅游合作新篇章”为主题。

12 日 第三届桂林国际美食文化展暨漓泉啤酒节在甲天下广场开幕。

同日 第十届中国桂林国际市民徒步大会在古南门启动。

同日 “2017 年中国—东盟汽车房车露营旅游产业发展高峰论坛”在漓江大瀑布饭店举行。

23 日 市长周家斌代表桂林市人民政府与中冶京诚工程技术有限公司董事长韩国瑞一行,五矿证券有限公司副总裁丛蔚、郝勇兵一行举行座谈会,三方签署战略合作框架协议。

24 日 2017 年格力—环广西公路自行车世界巡回赛第六赛段比赛的开赛仪式在桂林市中心广场举行。2017 格力—环广西世界女子精英挑战赛于同日开赛。当晚,2017 国际自行车联盟全球颁奖盛典(UCIGALA)暨“世巡赛·环广西”闭幕式在桂林举行。

26 日 桂林至三江高速公路通车。桂三高速公路是自治区重点工程,全长 135 千米,起于临桂区,止于三江侗族自治县唐朝村(桂黔界),项目概算总投资 150.87 亿元。

同日 桂林至柳城高速公路开工。该项目由基础设施建设领域标杆民营企业西部中大建设集团股份有限公司投资并承建。

11 月

2 日 桂林市象山区平山社区卫生服务中心、叠彩区北门街道办事处北门社区卫生服务中心成为全国百强社区卫生服务中心。

3 日 2017 年广西·桂林第七届节能减排新产品新技术(新能源汽车)展示会暨第二届绿色低碳产业博览会在桂林国际会展中心开幕。该次展会以“节能有我 绿色共享”为主题。

3 日—6 日 首届“桂林绿色制造”体验与展示展销会在市中心广场举行。

9 日 市人大常委会副主任潘永建在香格里拉大酒店会见由英国保守党议员、内阁办公室政务次官、英国议会跨党派中国小组副主席威尔·奎恩斯带领的英国议会跨党派代表团一行。

9 日—11 日 2017 年度“十如论坛”在香格里拉大酒店举行。

10 日 桂林师范高等专科学校新校区启用。

同日 八一桥改扩建工程动工。

14 日 桂林市召开领导干部会议。自治区党委组织部副部长唐咸仅出席会议并宣布自治区党委决定:秦春成同志任中共桂林市委委员、常委、副书记,提名为桂林市市长人选;周家斌同志不再担任中共桂林市委副书记、常委、委员职务,调任新的岗位。

同日 两江四湖二期连通水系(桃花江至西清湖)水道贯通活动在桂湖游泳场举行。

17 日 桂林市举行“桂林工匠”命名发布会,首批 10 位“桂林工匠”诞生。

19 日 2017 桂林银行桂林国际马拉松赛在甲天下广场开跑。肯尼亚选手 CHEPKW ONY、埃塞俄比亚选手 DERA 分别以 2 小时 22 分 26 秒和 2 小时 45 分 00 秒获得男女全程马拉松冠军。肯尼亚选手 MIYANGI 和中国选手殷晓雨分别以 1 小时 04 分 11 秒和 1 小时 19 分 10 秒获得男女半程马拉松冠军。

22 日 市委常委、副市长何翔在榕湖饭店九岗岭会见厅会见越南外交部党组成员、部长助理苏英勇一行。

同日 桂林市举行第二十四届“叠彩—解放杯”长跑赛,近 2000 名市民参赛。

23 日 “广西龙胜龙脊梯田系统”通过联合国粮农组织(FAO)评审,被认定为全球重要农业文化遗产(GIASH)。

同日 市委副书记、代市长秦春成在榕湖饭店九岗岭会见厅会见法国老阿讷西市市长贝尔纳·阿夸耶一行。

24 日 第 13 届广西名特优农产品交易会在桂林国际会展中心开幕。该届交易会以“山清水秀美广西,绿色生态好产品”为主题。展区面积 2.6 万平方米,标准展位 800 个,参展企业 1000 多家。集中展出广西优质特色的绿色、有机、无公害产品 3000 多种。

同日 叠彩万达广场开业。

25 日 2017 中国阳朔 MaXi-Race 国际山地越野赛开跑。来自中国、法国、日本、西班牙、墨西哥等 18 个国家和地区的 2500 多名选手分组别角逐,来

2017 年 11 月,新通航的两江四湖二期西清湖段　　（陶树青　摄）

自厄瓜多尔的 Martin Saenz Espinoza 夺取 115 千米男子组冠军。

26 日 第四届中国—东盟武术节在市中心广场体育馆开幕。来自全球 13 个国家和地区的 79 支代表队 600 多名运动员参加武术节。

27 日 由自治区人民政府举办的桂林国际旅游胜地建设工作新闻发布会在广西新闻中心自治区政府新闻发布厅召开，向境内外媒体发布近年来桂林国际旅游胜地建设情况。

28 日 “桂林葡萄”通过农产品地理标志登记专家评审。“龙胜红糯”成为国家地理标志性农产品。

28 日 桂林旅游大数据中心和桂林旅游产业研究院同时在桂林市旅游发展委员会挂牌成立。

12 月

2 日 2017“千家洞矿泉杯”中国—灌阳全国山地户外运动挑战赛在灌阳县拉开序幕，3 日闭幕。

4 日—5 日 市委书记、市人大常委会主任赵乐秦，市委副书记、代市长秦春成率考察团到深圳参观考察华为技术有限公司、比亚迪股份有限公司，并分别与华为总裁任正非、比亚迪董事长兼总裁王传福等企业高层进行座谈。

2017 年 11 月 24 日，叠彩万达广场开业 （陶树青 摄）

8 日 桂林机场扩建工程高架桥主体合龙，实现全线贯通。

13 日 市委常委、副市长何翔和洛阳市委常委、副市长胡衡庐分别代表桂林、洛阳在榕湖饭店会议中心签署缔结友好城市协议。

同日 由中国歌剧舞剧院创作的大型历史舞剧《孔子》在桂林大剧院上演。

15 日 桂林国家健康旅游示范基地专家咨询委员会成立，中国医疗保健国际交流促进会会长、中国工程院院士韩德民等 13 名专家受聘为桂林国家健康旅游示范基地专家咨询委员会成员。

同日 副市长兰燕在喜来登酒店会见泰国南部府尹代表团。

2017 年 11 月 24 日，第 13 届广西名特优农产品交易会在桂林国际会展中心开幕 （陶树青 摄）

16 日 2017 中国(桂林)国际健康旅游高端论坛暨华夏健康漓江论坛在桂林漓江大瀑布饭店开幕。17 日闭幕。

同日 桂林航天工业学院与新华网股份有限公司无人机事业部签订合作协议，成立广西首个无人机学院。

22 日 会仙喀斯特国家湿地公园试点建设通过国家验收。

25 日 永福罗汉果入选由农业部、中央农村工作领导小组办公室、国家发展和改革委员会等 9 部委评定的中国特色农产品优势区名单。

26 日 恭城瑶族自治县被国家民族事务委员会命名为第五批“全国民族团结进步创建示范区(单位)”。

同日 桂林市发放第一块小型新能源汽车专用号牌。

27 日 桂林市召开创建全国文明城市工作总结暨再动员大会，总结创建全国文明城工作成绩、表彰先进，推进第六轮全国文明城市创建工作。

29 日 灌阳至平乐高速公路项目开工现场会在恭城瑶族自治县恭城镇孟家村举行，该项目估算总投资 133.2 亿元。

同日 资源至兴安高速公路通车仪式在桂湘梅溪收费站举行。

（陶树青）

桂林国际旅游胜地建设

综　述

【桂林国际旅游胜地建设阶段性指标基本完成】 2017年，中共桂林市委、市人民政府以桂林国际旅游胜地建设统领桂林经济社会全面发展，坚持城乡互动、融合发展，加快实现从旅游目的地向国际旅游胜地转变，桂林国际旅游胜地建设取得新成绩，社会经济发展实现新突破，产业转型升级凸显新成果，完成了桂林国际旅游胜地建设中期评估自评工作。全市实现地区生产总值2045.18亿元，综合实力显著增强；城镇居民人均可支配收入（比上年，下同）增长8.0%，农村居民人均可支配收入增长11.0%，达到西部地区先进水平；旅游质量效益持续提升，旅游接待总人数、总收入、人均消费创历史新高。全市旅游接待总人数8232.79万人次，增长52.86%；旅游总消费971.76亿元，增长52.48%，占地区生产总值比重的47.5%；接待入境游客248.9万人次，实现入境旅游收入88.87亿元；人均消费从2010年的749元增加到2017年的1181元。桂林接待入境过夜游客人数位居全国热点旅游城市前十。漓江保护成效显著，生态环境持续向好。漓江干流水质达标率均为100%，全市森林覆盖率70.92%，城市污水处理率99%。城区空气质量持续好转，优良以上天数308天。三次产业结构从2011年的18.6∶46.3∶35.1调整为17.1∶45.3∶37.6，第三产业占比持续提高。

【世界一流旅游目的地建设】 2017年，桂林坚持漓江保护与开发并重，旅游融合发展取得明显成效，生态旅游、文化旅游、红色旅游、乡村旅游、高铁旅游、低空旅游成为新亮点，旅游逐步由观光旅游向休闲度假旅游转变。两江四湖·象山景区晋升为国家5A级旅游景区，逍遥楼和正阳东巷历史文化街区成为展示桂林深厚历史文化的新名片，龙胜梯田、兴安灵渠等景区提升工程逐步完善。旅游软硬环境明显改善，航空、高铁、城市交通、县县高速等旅游通道能力大幅提升。旅游服务业标准化试点城市通过国家验收。

【区域性文化旅游中心和国际交流的重要平台加快建设】 2017年，联合国世界旅游组织/亚太旅游协会旅游趋势与展望国际论坛在桂林已连续成功举办11届，成为国际旅游数据研究与趋势展望的“智慧中心”之一。中国—东盟博览会旅游展永久落户桂林并连续成功举办3届，成为桂林融入“一带一路”倡议的主要抓手。桂林国际山水文化旅游节已连续举办7届，成为桂林向外展示城市魅力的重要平台。桂林机场全年旅客吞吐量786.20万人次，创历史新高，飞行航线112条，通航城市76个。全市“一市九站两高铁”格局形成，动车连通全国18个省（直辖市、自治区），城际交通衔接顺畅，形成以桂林为中心，到南宁、贵阳、广州、长沙等城市的3小时“高铁交通圈”，和到昆明、南昌、武汉、重庆等城市的5小时“高铁交通圈”，以及到成都、郑州、北京、杭州、上海、西安等城市的7小时—10小时“高铁交通圈”。粤桂黔高铁经济带合作试验区（桂林）广西园成为桂林深化跨区域合作的重要平台。

【重大项目带动旅游业跨越发展】 2017年，靖江王城“拆违透墙”及城墙修复工程有序开展；兴安、阳朔、资源3个县通用航空机场建设加快推进。随着空中游阳朔十里画廊、空中游漓江等项目的推广，在桂林旅游，除徒步、骑车、坐船以外，坐飞机成为游客新选择，桂林旅游已经全面进入“水、陆、空”全方位体验的“全域旅游”时代。“两江国际机场扩建工程加快推进”被列为2017年完善现代综合交通运输体系一系列建设项目的首要工程。　　（唐飞鸿）

漓江科学保护

【概况】 中共桂林漓江风景名胜区工作委员会（简称漓江工委）、桂林漓江风景名胜区管理委员会（简称漓江管委），为中共桂林市委、市人民政府的派出机构，实行一个机构、两块牌子，负责漓江风景名胜区统一管理、统一经营、统筹兼顾各方利益工作。办公地址在桂林市七星区骖鸾路23号。2017年，漓江管委内设机构为综合办公室，人员编制15名（含后勤服务聘用人员控制数2名），在职人员15人。下辖桂林漓江风景名胜区综合执法支队、桂林漓江风景名胜区战略发展处、桂林漓江风景名胜区市场拓展处。年内，漓江工委、漓江管委推进实施漓江基础设施和旅游服务配套设施建设，打击破坏漓江生态环境的违法违规行为，全面提升漓江旅游品质和品牌形象。

【漓江风景名胜区重大项目建设】 2017年，漓江工委、漓江管委加快推

2017 年 11 月 14 日，两江四湖二期工程连通水系水道全线贯通

（漓江管委　供图）

进漓江沿岸基础设施和旅游服务配套设施建设。持续推进漓江活动壅水科学试验项目、漓江旅游码头提升改造工程、漓江城市段沿岸慢行步道系统建设、漓江洲岛自然生态景区项目、两江四湖二期后续工程，提升漓江风景名胜区硬件设施和旅游服务水平，构建漓江生态保护新格局。完成逍遥楼亲水平台、象山渔人亲水平台、叠彩山亲水平台、阳朔杨堤亲水平台建设。雁山草坪、平乐浦口、灵川三岔尾、阳朔杨堤、阳朔兴坪旅游码头及叠彩万达亲水平台、磨盘山码头旅游服务区项目前期工作有序开展。完成漓江城市段西岸慢行步道建设。实施漓江城市段东岸慢行步道，建成后与西岸步道串联形成完整的沿江慢行步道系统，提升漓江岸线生态景观和游览品质。推进漓江城市段西岸历史文化长廊、漓水清廉文化长廊建设。推进漓江城市段洲岛自然生态景区项目，对蚂蝗洲、伏龙洲、大洲等漓江洲岛采取生态修复方式实施漓江城市段洲岛环境综合整治，构建城市生态景观带，完成伏龙洲收地拆迁工作。推进两江四湖二期工程连通水系建设，11 月 14 日，两江四湖二期工程连通水系水道全线贯通。

【漓江风景名胜区综合执法监管】2017 年，漓江工委、漓江管委强化漓江风景名胜区执法监管，打击破坏漓江生态环境的违法违规行为，保护漓江生态环境。建立健全机制，形成长效管理。贯彻落实桂林市人民政府《关于进一步加强漓江风景名胜区综合执法工作的意见》，建立健全“四化”（保护管理责任网格化、综合执法联动协同化、执法监管信息化、执法保护制度化）执法保护长效管理机制。漓江风景名胜区范围内 10 个县（区）、27 个乡（镇）专司其职的漓江管理机构和执法队伍基本组建到位，四级网格监管执法体系基本形成，各县（区）漓江生态保护执法监管的属地主体责任得到明显加强。加快推进地方立法工作，为科学保护漓江提供法律法规支撑，《漓江风景名胜区条例》列入市人大地方性立法计划。年内，漓江风景名胜区综合监管平台（一期）建成投入运行，通过运用信息化手段，提升执法监管工作效率。加强社会监督，鼓励公众参与生态环境保护监督管理，共接到各类举报投诉 102 件。强化执法监管，推进漓江风景名胜区“四乱一脏”（乱建、乱挖、乱养、乱经营，环境卫生脏）整治。漓江管委牵头组织相关县（区）和部门开展集中专项整治行动，对漓江污染源和乱象进行治理，漓江风景名胜区生态环境和游览秩序持续向好。漓江洲岛鱼餐馆及违法搭建全部拆除；全面关停漓江风景名胜区范围内的所有采石场，并实施生态复绿；加强非法采砂打击力度，漓江上游河道非法采砂得到有效遏制；全面治理养殖污染，关闭漓江沿岸养殖场，迁移生猪，划定禁养红线。全年共查处各类“四乱一脏”违法违规行为 576 件，拆除漓江沿岸各类违法搭建 1.2 万平方米，收缴销毁无证及乱停放排筏 58 张，收缴销毁地笼 700 余条，收缴非法电鱼设备 80 余套，清理非法养殖家禽 3 万余只、家畜 500 余头，清理各类垃圾 220 余吨。

【桂林喀斯特世界自然遗产地保护】2017 年，漓江工委、漓江管委做好漓江风景名胜区和喀斯特世界自然遗产地保护管理工作。严格执行《桂林漓江风景名胜区总体规划》和《广西

2017 年，漓江风景名胜区范围内阳朔县诸葛长芝采石场实施生态复绿

（漓江管委　供图）

壮族自治区漓江流域生态环境保护条例》，规范漓江风景名胜区建设和规划活动审批，强化与相关县（区）在规划项目审核沟通对接。完成喀斯特世界自然遗产地和缓冲区标界立桩工程。全面开展喀斯特世界自然遗产地植被保护监管，遏制毁林种果等破坏漓江生态环境行为。开展“文化和自然遗产日”系列活动，提高群众保护漓江意识。

2017 年 10 月 28 日，漓江分时分段游新航线开通　　（漓江管委　供图）

【2017 年中国南方喀斯特世界自然遗产保护管理培训会在桂林召开】2017 年 10 月 27 日—28 日，2017 年中国南方喀斯特世界自然遗产保护管理培训会在桂林召开。培训会由自治区住房和城乡建设厅、桂林漓江风景名胜区管理委员会共同承办，邀请北京大学、清华大学等专业知名学者以及岩溶地质方面的专家授课，重庆、广西、云南、贵州等省（直辖市、自治区）级遗产地主管部门，中国南方喀斯特世界自然遗产地管理机构，桂林市相关市直属单位和县（区）、乡（镇）代表参加培训。会议围绕中国南方喀斯特世界自然遗产保护管理关注的问题，共同探讨相关管理经验，推动遗产地保护与发展。与会的国内自然遗产专家针对南方喀斯特世界自然遗产保护和利用作专题演讲，内容包括《桂林喀斯特地貌的保护》《遗产地可持续发展》《世界遗产发展趋势》《遗产地遥感监测》等。2014 年，广西桂林、贵州施秉、重庆金佛山、广西环江联合申报的“中国南方喀斯特二期”被联合国教科文组织列入《世界自然遗产名录》，与云南石林、重庆武隆、贵州荔波共 7 个地方共同组成中国南方喀斯特世界自然遗产。桂林市履行《保护世界文化和自然遗产公约》，将桂林喀斯特自然遗产保护与生态文明建设结合起来，强化管理措施，提高保护管理水平。

【漓江管理体制改革】2017 年，漓江管理体制改革被列入自治区级改革试点。漓江工委、漓江管委贯彻市委印发实施的《桂林漓江风景名胜区管理体制改革方案(2017—2020)》精神，推进漓江管理体制改革。推进漓江风景名胜区财政体制改革，实现漓江保护利用管理资金制度化供给保障机制。《桂林漓江风景名胜区财政核算体制》经市人民政府常务会议审定原则通过。漓江风景名胜区港航管理体制改革进展顺利，按照统一管理原则，实现漓江风景名胜区管理机构对漓江风景名胜区规划范围内水路运输和港口（码头）等港航管理事项的集中统一管理。充实和完善漓江风景名胜区管理机构，理顺职责、依法行政、高效运行。加快推进漓江风景名胜区投融资平台建设，争取各大银行流动资金贷款。向自治区申请设立漓江流域生态环境保护专项资金，建立漓江流域生态环境保护补偿机制。

2017 年 10 月 27 日—28 日，2017 年中国南方喀斯特世界自然遗产保护管理培训会在桂林召开　　（漓江管委　供图）

【漓江风景名胜区旅游品牌建设】2017 年，漓江工委、漓江管委推进游船提升、经营整合、游览模式创新和规范管理工作，加强漓江旅游品牌建设。全年，漓江游船接待游客总量 177.4 万人次，门票销售总收入 4.17 亿元，增长 19.42%，其中漓江精华段接待游客 138.2 万人次，实现营运收入 3.78 亿元，增长 15.18%。推进漓江星级游船建造，完成漓江游览游船提档改造，投入运营的漓江精华段星级游船 96 艘，所有老旧游船淘汰退出漓江精华段水上游览。制订出台《漓江城市段星级游船基本标准》，指导游船经营企业按照“一船一景”要求实施漓江城市段星级游船建造。做好漓江游船经营企业整合工作，漓江城市段由原有 7 家企业整合成 2 家，涉及大小股东近 1000 人的“小、散、乱、弱”民营私营企业完成整合。制订印发《桂林漓江风景名胜区精华段水上游览经营整合，推进绿色旅游示范基地建设的实施意见》，推进漓江精华段游船经营企业整合。创新漓江“四分”游览（分时游、分段游、分级游、分形游）和“四化”（旅游票电子化、行程单电子化、旅游售票网络化、游客身份实名化）管理新模式。按照市委、市人民政府关于漓江旅游高端化、精品化、多元化发展目标，打破漓江传统游览模式，丰富漓江旅游产品，平乐至阳朔航线、竹江至兴坪航线（往返游）、阳朔至杨堤航线（返航游）、两江四湖新环城水系航线、直升飞机空中游览漓江项目开通运营，满足游客不同游览体验需求，形成漓江“水、陆、空”全方位立体旅游新格局。启用新版漓江调度售票综合业务平台，漓江精华段游览线路全面实行实名制管理，使漓江旅游更规范化、标准化。实施漓江风景名胜区水上游览经营权改革，依法建立相应的准入、退出管理办法和监督管理工作机制。年内，制订《桂林漓江风景名胜区水上游览项目经营权管理办法》，市委全面深化改革领导小组第九次会议原则审议通过该办法。

（漓江管委）

旅游创新发展

【桂林旅游用地改革见成效】 2017年，桂林旅游产业用地改革项目运用31条在规划管控、差别化用地、保障农民权益等方面取得显著效果。全年全市共引进旅游产业用地项目160个，已营业项目10个，创造产值1.36亿元，实现税收3351万元，新增就业人数2000余人。桂林创先创优的旅游用地试点政策得到上级部门认可。2月，国家旅游局组织编撰的《旅游业发展用地相关政策解读》中梳理出全国旅游用地典型案例10个，其中桂林案例5个。11月，中国国土资源经济研究院和自治区国土资源厅的有关领导和专家到桂林开展深化旅游产业用地改革试点政策调研，形成《深化完善桂林旅游产业用地改革试点政策意见》，针对开展试点存在问题和新时期旅游产业发展需要，提出深化完善改革试点新政策，并向国土资源部申请延长桂林旅游产业用地改革试点时间至2020年，对桂林市深化实施旅游产业用地改革试点政策给予支持。

【“1+3+N”旅游管理体制形成】 2017年，桂林市实施旅游秩序综合整治，建立旅游综合监管、联合执法常态化机制。桂林市及阳朔县、兴安县、龙胜各族自治县旅游巡回法庭相继成立。3月3日，漓江分局增挂桂林市公安局旅游警察支队牌子，成为广西设区市首支旅游警察队伍。桂林市旅游主管部门、旅游工商行政管理分局、旅游巡回法庭、旅游警察，以及涉旅游部门共同构成的“1+3+N”旅游管理体制形成。

【推进特色旅游和全域旅游】 2017年，广西特色旅游名县创建工作持续推进。各县（区）按照一县（区）一精品要求，打造提升特色旅游产品，完善旅游基础设施和公共服务设施，促进县域旅游升级版建设。阳朔县、兴安县、龙胜各族自治县当选广西特色旅游名县，雁山区、恭城瑶族自治县成为广西特色旅游创建县，荔浦县、资源县、灵川县入围广西特色旅游创建备选县。阳朔县、兴安县、龙胜各族自治县、雁山区、恭城瑶族自治县入选国家全域旅游示范区创建单位。各县（区）按照全域旅游创建标准，构建旅游综合发展模式，加强旅游环境秩序建设，推动景区景点模式向全域旅游模式转变。

【休闲养生度假基地建设】 2017年，桂林市制订出台桂林养生健康产业发展规划及实施方案，制定桂林社会化养老服务业标准，搭建桂林健康云平台。连续4年举办“中国（桂林）国际健康养生服务产业创新发展高端论坛”，引入“世界医疗旅游与全球健康大会”品牌，“漓水青山，养生桂林”健康养生城市品牌初步形成。中国—东盟友好疗养基地、桂林国际塔山生态养心岛、广西龙泉生态旅游温泉养生示范基地、万福路沿线传统疗养院群改造升级等一批规模优势突出、功能定位明晰的健康医疗旅游产业重大项目和集聚平台建设进展顺利。

【重点旅游基础设施加快建设】 2017年，桂林市规划完善旅游中英文标识系统，开展智慧景区建设试点工作，打造生态旅游精品线路，规划布局旅游公共服务设施。旅游综合数据中心建设稳步推进，成功对接已建成的景区视频监控系统、高速公路车流量监控系统等智慧旅游服务平台和公安、机场、客运、航运、三大电信运营商数据，以大数据提升旅游公共服务智能化水平。桂林市城区至各县（区）的8条生态精品旅游线路建设稳步推进，覆盖11个县和2个城区的39个乡（镇）、

2017年11月30日，龙胜各族自治县龙脊镇入选首批“广西养生养老小镇”

（卢新忠　摄）

599个村，以公路为纽带串联起各县（区）特色城镇乡村、景区景点，成为经济发展带、旅游观光带。

（唐飞鸿）

重大项目建设

【概况】 2017年，桂林市贯彻落实项目带动发展战略，有序推进重大项目建设，为桂林国际旅游胜地建设注入动力，带动全市经济社会全面发展。全年全市共统筹推进重大项目889个，年度计划投资833.45亿元，项目增加102个，年度计划投资增加85.81亿元。全年实际完成投资848.23亿元，占年度计划投资额的101.8%。

2017年10月，桂林至三江高速公路建成通车　　（刘旭东　摄）

【城市基础设施建设】 2017年，桂林市城市基础设施建设实施重大项目146个，其中前期项目32个，新开工项目39个，续建项目40个，竣工项目35个。开工建设象山区瓦窑路网建设、阳朔县新城区览胜桥建设工程、国道322线兴安绕城公路西环路工程、平乐县茶江连接线（茶江二桥）工程、平乐县同乐公园建设工程、恭城瑶族自治县滨江东路建设工程、桂林市芳香东路新建工程、桂林市八一桥改扩建工程、安新小区人行天桥建设工程等项目39个。续建叠彩区永彩路（滨江北路至芳华路段）改造项目、阳朔县新城区建设项目一期工程、平乐县工业集中区基础设施建设（含创业园、物流园）、桂林新城中心公园、漓江西岸桂阳公路慢行绿道等项目40个。竣工桂林市漓江桥扩建工程、龙门大桥新建工程、机场路香江饭店路口立交桥新建工程、桂林市城市道路水泥路面加铺沥青路面（白改黑）工程等项目35个。

【旅游景点景区建设】 2017年，桂林市旅游景点景区建设实施重大项目87个，其中前期项目16个，新开工项目21个，续建项目41个，竣工项目9个。年内，桂林市统筹推进世界一流旅游目的地、全国生态文明建设示范区、全国旅游创新发展先行区、区域性文化旅游中心和国际交流重要平台建设，全面实现国际旅游胜地建设的中期目标。开工建设象山区华夏艺术大观园（国家级文化产业示范区）、阳朔宋城演艺、阳朔瑞盛“星天乐”二期等项目21个。续建桂林市桃花湾旅游休闲度假区基础设施一期工程、桂林市台湾街旅游度假区、桂林碧宸芦笛桃花湾农业生态休闲旅游园、桂林（临桂）世外人间生态养生工程、桂林雄森熊虎山庄搬迁扩建工程、桂林（临桂）罗山湖体育旅游开发利用建设（二期）工程、桂林袭汇国际文化世界（一期）、桂林漓江古韵博览园建设、桂林市王城片区历史文化旅游街区改造等项目41个。竣工平乐印山旅游码头工程、刘三姐大观园改扩建项目、阳朔益田西街等项目9个。

2017年，龙门大桥新建工程项目竣工　　（市发展和改革委员会　供图）

【城市交通项目建设】 2017年，桂林市城市交通项目建设实施重大项目34个，其中前期项目4个，新开工项目11个，续建项目13个，竣工项目6个。一批重大交通项目建成投入使用，交通布局进一步完善。开展阳朔县新城区至高田道路扩改建设项目、国道G241梅溪至资源段改造工程、桂江航道提升工程、荔浦县国道321公路至金牛工业园区道路工程（东环路）等项目前期工作。开工建设竹江码头至国道321公路（一期）、永福县牛河至龙江公路四级路改三级路工程、桂江二桥至潮水公路建

2017 年，桂林华为信息生态产业合作区开工建设（市发展和改革委员会　供图）

设工程、桂林至柳城高速公路（桂林段）等项目 11 个。续建灵川县城至八里街 1 号工业园区（西站）公路工程、贺州至巴马高速公路（桂林段）、桂林两江国际机场扩建工程等项目 13 个。竣工桂林至柳州高速公路大修改造（永福段项目）、资源至兴安高速公路、桂林至三江高速公路（桂林段）、国道 321 桂林至阳朔段改扩建工程等项目 6 个。

【产业和服务业项目建设】 2017 年，桂林市在产业和服务业方面实施重大项目 329 个，其中前期项目 42 个，新开工项目 65 个，续建项目 172 个，竣工项目 50 个。年内，桂林市推进产业转型发展，重振工业雄风初现成效，现代特色农业提质增效，现代服务业发展不断加快。开展桂林智慧旅游跨境电商创业孵化器项目（一期）、桂林叠彩区江东国际汽车文化旅游城、高新区航空轮胎科研生产基地建设、桂林国际中药城建设、桂林经济技术开发区食品（米粉）产业园、华为信息生态产业合作区双创园二期等 42 个项目的前期工作。新开工建设比亚迪电动客车厂、象山区凯风创业广场项目、中国—东盟信息交流中心及沃易购电子商务基地桂林备份中心、桂林华为信息生态产业合作区等项目 65 个。续建桂林万达文化旅游城、中国电科桂林光电子光通信科技创新与产业化、白云电气集团公司桂林电力电子产业基地、桂林医药总部基地及现代医药物流中心、桂林海吉星食尚港、燕京漓泉 100 万吨产能填平补齐工程等项目 172 个。竣工桂林叠彩万达广场、桂林（临桂）莱茵生物科技股份有限公司植物资源综合应用产业化工程、广西永福百泓源科技有限公司罗汉果深加工系列产品产业化等项目 50 个。

【民生和社会事业项目建设】 2017 年，桂林市在民生和社会事业方面实施重大项目 148 个，其中前期项目 21 个，新开工项目 45 个，续建项目 56 个，竣工项目 26 个。开工建设漓江记忆——龙船坪特色街区提升改造、桂林市非物质文化遗产展示馆、桂林理工大学三期等项目 45 个。续建象山区甑皮岩国家考古遗址公园、七星区塔山片区城中村·棚户区改造暨环境整治工程、桂林市正阳西巷历史文化地段保护修缮及旧城改造工程、桂林中学临桂校区、桂林旅游综合医院等项目 56 个。竣工桂林市委党校改扩建工程、象山区迎宾小学崇善分校、雁山镇区段特色街区改造工程、桂林市示范性综合实践基地学校、桂林金融大厦等项目 26 个。

【生态文明项目建设】 2017 年，桂林市推进国家生态文明先行示范区建设，加强环境保护和生态文明建设力度，全市生态文明建设实施重大项目 40 个，其中前期项目 7 个，新开工项目 15 个，续建项目 12 个，竣工项目 6 个。开展象山区环卫垃圾收运系统、桂林市秀峰琴潭加压泵站一期、荔浦县荔江国家湿地公园工程、漓江城市段洲岛自然生态景区（大洲项目）等 7 个项目的前期工作。开工建设桂林漓江（城市段）排污综合治理项目（二期）、阳朔县葡萄镇污水处理系统工程、资源县梅溪镇污水处理工程、平乐县岩溶地区石漠化综合治理工程建设等项目 15 个。续建界首镇污水处理厂、兴安县湘江环境综合整治项目、灵渠（南渠）一期修缮工程、灌阳县文市镇污水处理设施及配套管网工程项目、訾洲生态公园建设项目等项目 12 个。竣工会仙镇污水处理厂、四塘镇污水处理厂、兴安县城北污水处理厂等项目 6 个。（王嘉辉）

2017 年，訾洲生态公园建设（李腾钊　摄）

中国共产党桂林市委员会

综　述

【概况】 2017年，中国共产党桂林市委员会办公室（简称市委办）办公地址在桂林市临桂区西城中路69号，内设20个职能科（室、局），人员编制56名，在职人员48人。其中，市委办机关内设秘书科、政工科、综合一科、综合二科、市委信息综合值班室（信息综合科、值班科）、文电科、政策法规科、会务接待科、行政科、机关党委；市委督查室、市委保密委员会办公室（市国家保密局）在市委办公室挂牌。年内，中国共产党桂林市委员会（简称市委）坚持桂林国际旅游胜地建设“一本蓝图绘到底”，按照“加快建设新城、疏解提升老城、产业融合发展、城乡协调推进、生态文化相融、富裕和谐桂林”总体要求，在经济建设、政治建设、文化建设、社会建设、生态文明建设和党的建设方面取得新成绩。

【推进全面从严治党】 2017年，桂林市坚持党要管党、全面从严治党，推进党的思想、组织、作风、制度和反腐倡廉建设，提高党的执政能力和领导水平。“两学一做”学习教育实现常态化、制度化，落实市委常委联系指导党建品牌建设，打造市级党建品牌12个，带动县（区）创建党建品牌187个。持续加大基层投入保障力度，完成村（社区）“两委”换届工作，统筹抓好机关、国企、“两新”组织（新经济组织和新社会组织）党建各项工作。抓好领导班子和干部队伍建设，突出抓好人才工作，树立基层一线用人导向，全年提拔干部81人，其中正处级干部23人，副处级干部58人。推进党风廉政建设和反腐败工作，做好中央巡视“回头看”反馈意见整改和中央八项规定“回头看”整改工作，各项整改任务如期完成。在自治区率先出台实践运用监督执纪“四种形态”实施细则，率先开展县（区）交叉巡察，实现惩处极少数、教育大多数的政治效果和社会效果。推进扶贫领域监督执纪问责，严肃查处一批严重违纪案件，反腐败斗争压倒性态势形成并巩固发展。推进市、县纪委派驻机构改革，实现93家市一级党和国家机关单位派驻纪检组全覆盖，动员部署推进深化国家监察体制改革试点工作。桂林廉政教育基地投入使用。全市纪检监察信访举报数量大幅下降，群众对党风廉政建设和反腐败工作满意度大幅提升。

【桂林发展实现新提升】 2017年，桂林市坚持以国际旅游胜地建设统揽发展全局，统筹抓好重大项目建设、产业做强升级、全域旅游发展和城乡一体发展，中期目标全面实现。全年完成地区生产总值2045.18亿元；组织财政收入239.54亿元，（比上年，下同）增长7%；固定资产投资2234.24亿元，增长4.8%；社会消费品零售总额928.12亿元，增长11%；城镇居民人均可支配收入32534元，增长8%，农村居民人均可支配收入13345元，增长9.6%。重大项目建设加快，桂林—阳朔公路文化旅游大道全面完工，桂林—三江高速、资源—兴安高速建成通车，桂林—柳城高速、灌阳—平乐高速开工建设，桂林动车所、桂林西货运中心站建成使用，桂林市旅游专线试验线、桂林北综合客运枢纽等项目启动实施，两江国际机场扩建加快建设，桂林交通进入高速发展、立体推进、全面升级时期。全市统筹推进重大项目889个，桂林经济技术开发区、桂林国家高新技术产业开发区、粤桂黔高铁经济带合作试验区（桂林）广西园三大园区齐头并进。

【实施各项改革】 2017年，桂林市推进83项改革任务、19项重点改革专题。漓江“三统”（统一管理、统一经营、统筹利益分配）改革深入推进，制订《桂林漓江风景名胜区管理体制改革方案（2017—2020）》《桂林漓江风景名胜区水上游览项目经营权管理办法》，建立漓江联动协同综合执法体系，实施漓江游船星级运营管理，推行漓江分段、分时、分形、分级游，漓江旅游生态效益、社会效益和经济效益更加凸显。市级旅游资源整合取得重大突破，完成桂林旅游发展总公司、桂林旅游股份有限公司整合调整，组建景区管理公司和榕湖酒店管理集团，桂林旅游旗舰企业加快做大做强。在自治区率先成立地级市旅游警察队伍，导游体制改革居全国前列。深化投融资体制改革，将原国有投融资平台和22家相关企业重组为8家投融资实体公司，增强投融资能力和防风险能力。行政审批制度改革向纵深推进，市、县两级行政审批事项精简率55%，“四所合一”（国土资源所、村镇规划建设所、环保站和案例生产监督管理站合并成立国土规建环保安监所）改革和商事制度改革居自治区前列，在自治区率先实现企业登记全程电子化覆盖，全市电子化业务总量居自治区第一。出台城市综合执法办法，严格实施城市管理绩效考评，完善城市管理体制。园区管理体制改革、农村综合改革、义务教育学区制管理改革、公立医院等取得实效。完成22项国家和自治区级试点任务，形成一批可复制可推广的桂林经验。

【创新发展文化建设】 2017年，桂林市坚持“寻找桂林文化的力量，挖掘桂林文化的价值”，推进历史文化保护利用“三部曲”，组织编撰《桂林历史文化大典》，公布实施《桂林市石刻保护条例》，靖江王府片区、甑皮岩国家考古遗址公园、红军长征过桂北历史遗存等历史文化遗产“散珠碎玉”得到系统性整理、完整性呈现、保护性利用，85个国家级传统村落保护利用稳步推进。举办2017年中央电视台春节联欢晚会桂林分会场节目，成为桂林“文化+旅游”融合发展的典范。建成村级公共服务中心963个，占全市建制村的68.6%，农村文化建设和文化活动繁荣发展，精品剧目《歌仙刘三姐》等一批本土文艺精品涌现，文化创意、旅游演艺、游戏动漫、电影电视、新闻出版等文化产业加快发展，桂林力港网络科技股份有限公司、桂林坤鹤文化传播有限公司等特色文化企业成为行业龙头，文化事业和文化产业蓬勃发展。 （郑义来）

重要会议

【全市领导干部大会】 2017年2月8日—9日召开，市委书记、市人大常委会主任赵乐秦作动员和总结讲话。市长周家斌主持第一阶段会议并部署工作。会议围绕事关桂林经济社会发展的重大问题进行研讨，包括如何抓住桂林列入国家“五大重点旅游区”发展机遇，做好相关政策争取，推进旅游重大项目建设；如何提升城市管理、旅游管理、社会管理、政务管理等水平，进一步提升桂林城市整体素质；如何打好产业做强升级攻坚战，加快培育经济发展新动能；如何因地制宜，突出优势特色，打好脱贫攻坚战；如何统筹城乡发展，加快推进新区建设、老城疏解提升、示范乡（镇）建设、县域经济发展及“三农”工作等问题。

【全市推进“两学一做”学习教育工作座谈会】 2017年5月25日召开，市委书记、市人大常委会主任赵乐秦出席会议并讲话，安排部署“两学一做”学习教育常态化、制度化工作。会议指出，推进“两学一做”学习教育常态化、制度化是全面从严治党的战略性、基础性工程，是一项长期任务，各级党组织要高度重视，强化责任落实，坚持分类指导，注重典型引领，做好统筹兼顾，坚持抓常抓细抓长，确保各项工作落实到位。

【全市工业发展大会】 2017年6月29日—30日在平乐县召开，市委书记、市人大常委会主任赵乐秦，市长周家斌出席会议并讲话。会议学习了中共中央总书记习近平视察广西时的重要讲话精神，回顾总结桂林工业发展情况，研究部署“重振桂林工业雄风”战略，安排桂林市工业发展工作。会议强调，必须树立新发展理念，强化资源要素集聚，强化科技创新引领，强化开放合作共赢，促进桂林工业向中高端迈进，为实现“两个建成”提供产业支撑。

【创建全国文明城市誓师大会】 2017年7月6日召开，市委书记、市人大常委会主任赵乐秦出席会议并讲话，市长周家斌主持会议。会议对创城工作进行再动员、再部署，强调全市要以常抓不懈、久久为功、全市动员、志在必得的信心与决心，以全力冲刺、决战决胜的姿态，吹响创城工作总冲锋号，奋力实现创建全国文明城市目标。

【全市县域经济发展大会暨年中工作会议】 2017年7月23日—24日召开，市委书记、市人大常委会主任赵乐秦，市长周家斌出席会议并讲话。会议贯彻落实自治区县域经济发展大会暨年中工作会议精神，总结上半年工作情况，研究部署县域经济发展及下半年工作。会议强调，要立足县域资源禀赋，激发县域发展活力，加快县域经济发展步伐，全力做好下半年各项工作，确保完成全年各项目标任务。

【全市卫生与健康大会】 2017年9月6日召开，市委书记、市人大常委会主任赵乐秦，市长周家斌出席会议并讲话。会议贯彻落实全国、自治区卫生与健康大会精神，坚持把人民健康放在优先发展的战略地位，推进健康桂林建设，为人民群众提供全生命周期的卫生与健康服务，持续提升城乡居民健康水平，以全民健康助推桂林市加快实现“两个建成”目标。

【传达学习党的十九大精神大会】 2017年10月29日召开，市委书记、市人大常委会主任赵乐秦主持会议，会议全面传达党的十九大精神，并对桂林市学习宣传贯彻党的十九大精神作部署。会议要求全市各级党组织和广大党员干部要增强“四个意识”、坚定“四个自信”，掀起学习宣传贯彻党的十九大精神的热潮，开创桂林“两个建成”新局面。

【市委第五届委员会第四次全体（扩大）会议】 2017年12月28日召开，市委委员61人、候补委员12人出席会议，市纪委委员和有关单位负责人

2017年6月29日—30日，桂林市工业发展大会召开 （陈勇 摄）

列席会议。市委书记赵乐秦作工作报告，市委副书记、代市长秦春成安排部署2018年经济工作，市纪律检查委员会作书面报告。全会强调要以习近平新时代中国特色社会主义经济思想为指引，团结带领全市各级党组织、广大党员和干部群众坚定信心、迎难而上，稳中求进、奋发有为，推动桂林高质量发展，为决胜桂林“两个建成”、奋力谱写新时代桂林发展新篇章作贡献。

（郑义来）

重要决策

【开展创建全国文明城市活动】 2017年，中共桂林市委坚持创城为民、创城惠民，开展规模大、力度强的创建全国文明城市活动。实施“创建文明城为民办实事”金点子征集活动，解决一大批市民反映强烈、长期想解决而没有解决的城市“顽疾”，城市形象大幅提升。

【推进旅游资源整合】 2017年，中共桂林市委加大工作力度，推进市级旅游资源整合，围绕重铸市场竞争力，完成桂林旅游发展总公司、桂林旅游股份有限公司整合调整，理顺桂林旅游发展总公司、桂林旅游股份有限公司领导体制，组建景区管理公司和榕湖酒店管理集团，旅游旗舰企业做大做强，市级旅游资源整合取得新突破。

【加快漓江管理体制改革】 2017年，漓江管理体制改革列入自治区级改革试点。中共桂林市委全面深化改革领导小组第十次会议审议通过《桂林漓江风景名胜区管理体制改革方案(2017—2020)》。运用“行政+市场”的措施，采取“分步走”办法推进实施漓江城市段游船企业整合，结束了漓江城市段水上游览30多年来经营“小、散、乱、弱”局面。实施漓江游船星级运营管理，引导、指导经营主体按照“一船一景”要求实施星级游船建造，漓江游船全面提档升级，103艘3星级以上游船投入运营。实施漓江分段、分时、分形、分级游，推进漓江旅游向高端、差异、定制的方向发展。建立漓江联动协同综合执法体系，对漓江风景名胜区实行全方位巡查监管。漓江旅游秩序和旅游产品质量稳步提升，生态效益、社会效益和经济效益更加凸显。

【打好精准脱贫攻坚战】 2017年，中共桂林市委全面实施脱贫攻坚“七个一批”“十大行动”。深化部门联村、干部联户、企业联村帮户全覆盖责任制，完善脱贫攻坚“六大体系”，形成“三位一体”大扶贫格局；因地制宜打造“富硒农业+扶贫”“旅游+扶贫”“电商+扶贫”等特色产业扶贫新模式。全市投入财政扶贫资金16.59亿元，实施道路、饮水、通信、文化、卫生等工程建设，贫困地区基础设施水平持续提升。开展贫困人口动态调整工作，全面推进转移就业扶贫、易地扶贫搬迁、村级集体经济发展等工作，贫困地区呈现出脱贫提速、发展提效、民生提质的局面。全年完成7.8万贫困人口脱贫，110个贫困村摘帽。

【创建国家健康旅游示范基地】 2017年7月18日，桂林获批为国家首批健康旅游示范基地创建城市。9月13日，全国健康旅游示范基地建设工作座谈会在北京召开，市委书记、市人大常委会主任赵乐秦在会上作交流发言，向全国介绍桂林经验。12月20日，桂林国家健康旅游示范基地建设领导小组召开第一次全体成员会议，部署国家健康旅游示范基地落户桂林后的相关工作。

（郑义来）

组织建设

【概况】 2017年，中共桂林市委员会组织部(简称市委组织部)办公地址在桂林市临桂区西城中路69号，内设16个科室，其中桂林市两新组织党工委下设3个科室，桂林市党员电化教育中心下设3个科室。人员编制65名(含后勤服务人员编制控制数6名)，在职人员47人。桂林市两新组织党工委人员编制8名，在职人员5人；桂林市党员电化教育中心人员编制15名，在职人员10人；桂林市领导干部考试与测评工作办公室编制12名，在职人员1人。年内，干部监督科更名为干部监督室，增设领导干部个人有关事项抽查核实科，新增人员编制4名。全年全市组织工作落实全面从严治党要求，精准科学做好选干部配班子、建队伍聚人才、抓基层打基础各项工作，全面提升新形势下组织工作水平。至年末，全市有基层党组织1.47万个，其中党委532个，党总支部1125个，党支部1.30万个，党员28.82万人。

【拓展“两学一做”专题教育】 2017年，市委组织部坚持把政治理论教育作为首要任务，制订全市推进“两学一做”学习教育常态化制度化实施方案，明确推进学习教育的责任主体、具体举措、工作要求等内容。开展党员设岗定责、承诺践诺、示范岗、责任区等实践活动，推动学做结合。把学党章党规、学系列讲话作为经常性教育基本内容，坚持读原著、学原文、悟原理。注重典型引领，宣传报道一批先进基层党组织和优秀共产党员，举办先进事迹报告会，组织全市党员向“两学一做”先进模范、贫困村党组织第一书记张毅学习。将推动“两学一做”学习教育常态化、制度化纳入年度绩效考核范围，列明考核细则，明确要求党内组织生活，规范执行“三会一课”、党日活动、民主生活会、专题组织生活会、民主评议党员等制度，作为“两学一做”的规定动作。成立5个市级督导组，列出“十查十看”清单，对全市115个参加学习单位推进“两学一做”学习教育常态化、制度化情况进行督查，注重真学真改，推动全市各级党组织共查摆问题5.3万个，整改落实问题4.9万个。

【优化干部教育培训】 2017年，市委组织部坚持分类分级、全员培训工作方针，推进干部教育培训内容、方式和管理机制改革创新。突出抓好党的十八届六中全会精神、自治区第十一次党代会精神的学习培训，举办处级干部培训班6期，完成轮训处级干部1500多人。重点开展党章、党规党纪、党风廉政建设等课程学习，采用“党校+著名高校+考察调研+学员自我管理”模式，加大与国内著名高校、培训机构合作办学力度,抓好市委党校主体班培训与市直属单位联合办班培训。做好全市处级以上干部网络在线学习的指导服务与跟踪管理工作。

【干部队伍建设】 2017年,市委组织部坚持全面从严治党、从严管理干部要求,采取定期研判、日常研判、专项研判相结合的"三期"研判方法,对换届后县(区)领导班子的基本情况、运行状况、优化方向等8个方面进行综合分析研判,提高干部的精准识别度。通过加强领导班子和领导干部的年度考核、任职考察、跟踪考察,了解县(区)领导班子民主生活会存在的问题,重点筛查处级干部档案信息,强化精准识人。强化干部队伍综合分析研判的结果运用,做好领导班子空缺职位和专业化人才的配备,全年量化择优选拔任用调研员10名、副调研员22名。建立全市处级以上领导干部信息库,实现单位信息、干部信息集中管理,提高干部队伍管理的信息化、科学化水平。市委管理领导班子的企业调整为8家。会同市国资委对市级投融资公司等13家企业领导班子管理方式提出调整方案。全年共完成13次市委常委会干部人事议题材料准备,提交研究讨论干部532人次。首次采用无领导小组讨论的面试形式招录选调生46名,接收自治区定向选调生37名。

【干部队伍监管】 2017年,市委组织部坚持"抓在日常、严在经常",突出抓好领导干部任前谈话,重点对新调整、新提拔的干部指出缺点。严格执行干部任前档案审核制度,开展处级干部档案学历学位审核清理工作,对66名处级干部学历弄虚作假给予批评教育,责令书面检查或诫勉处理。开展处级干部档案数字化扫描工作,推动档案查询与利用信息化、便捷化。印发《关于进一步加强桂林市处级领导干部因私出国(境)管理工作的通知》,严格执行领导干部出国(境)信息登记报备制度和证件集中保管制度,开展领导干部持有因私出国(境)证件和因私出国(境)情况专项治理,有效防范违规违纪持有因私出国(境)证件和因私出国(境)行为的发生。开展全市1870名处级领导干部(含市管企业高管)个人有关事项填报工作,对181名拟提拔、进一步使用对象和换届拟继续提名人选进行重点抽查核实,对28名不如实报告个人有关事项的领导干部作出严肃处理。推进提醒、函询、诫勉工作常态化制度化,对1919名处级、科级领导干部进行提醒教育,函询单位和个人47件(次),对58名处级、科级领导干部进行诫勉谈话。推进超职数配备干部整治工作,对全市2487名超配处级、科级领导职数完成消化。开展"为官不为"专项整治,问责处级干部1名、科级干部5名。持续发挥"12380"电话、短信、网络、信访"四位一体"综合举报平台作用,实现与中央、自治区的网络连通。强化审计结果运用实效,加强领导干部经济责任审计与自然资源资产离任审计试点工作;加强"裸官"治理管控以及防止干部"带病提拔""带病上岗"工作,全年对16名处级干部、8名科级干部选拔任用程序进行倒查,对有关责任单位和责任人进行严肃追责。组织开展自2015年8月选人用人工作专项自查,提升干部监督实效。

【提升基层党建工作水平】 2017年,市委组织部坚持将基层党建嵌入国际旅游胜地建设,以村(社区)"两委"换届为契机,以党建品牌创建为引领,压实基层党建主体责任、推动党建促脱贫攻坚、夯实基层党建工作基础,统筹推进基层各领域党建工作。全市基层党建工作总投入8.92亿元,增加3.9亿元,增长43.7%。其中基层党组织活动场所建设总投入2.42亿元;党员教育培训投入1439万元;村(社区)"两委"干部报酬待遇总支出2.1亿元;村(社区)服务群众专项经费投入9742万元;发展壮大村级集体经济总投入2.7亿元;两新组织党建工作投入841万元。坚持市委常委会议专题研究和党建工作领导小组例会制度,每月重点研究一次基层党建工作,每季度开展一次工作报告和督导。出台市委常委联系指导党建品牌建设制度,打造出"漓水象山·党员工作室""漓东红色e家园""党旗领航·诚信商旅"等党建工作品牌12个,示范带动各县(区)创建党建品牌187个。加大对城市基层党建工作投入,各城区采取原场地改扩建、民生项目整合建、国有资产划拨建、商住小区同步建等多种建设方式,解决社区活动场所建设问题,全市有105个城市社区活动场所达300平方米。推行"党员工作室""四联系四服务"、五步为民工作法等城市党建工作新模式,健全干部联系群众机制,创建服务型城市基层党组织,促进社区文明和谐,涌现了辰山、毛塘路、五通等一批全国和谐示范社区。实施"桂林八大地理标识"党组织覆盖工程,建立园区党建"三服务"机制,开展"党旗领航+"等系列活动,扩大"两新"组织党的组织和工作全覆盖。抓实失联党员的规范化管理和组织处置、党组织和党员基本信息采集、基层党组织按期换届、补交党费使用管理和规范党费等工作。

【村(社区)"两委"换届选举】 2017年,市委组织部组织村(社区)"两委"换届选举,注重从农村致富能手、专业合作组织负责人、外出务工经商人员、回乡大中专毕业生中选拔党性强、作风好、能力强的党员担任贫困村党组织书记。通过换届工作责任制、重点难点村提前集中整顿和换届风气巡回督导等措施,全面完成村(社区)"两委"换届,其中新任贫困村党组织书记属致富带头人416人。加大新任建制村(社区)"两委"干部轮训力度,对新任村(社区)"两委"干部实行过关式培训,对全市1654个建制村和129个农村社区的村党组织书记实施任职能力综合测试。

【贫困村党组织第一书记管理】 2017年,桂林市通过推行过关式培训、"承诺公示"制度和"捆绑考评",提升贫困村第一书记带领群众脱贫能力。全市贫困村党组织第一书记共结对帮扶贫困户3.25万户;争取10万元以上资金项目601个,各类资金7.06亿元;帮扶修建村(屯)道路1857条、2835.4千米;新建和改(扩)建村组织活动场所247座,帮扶慰问困难群众资金或物资折算资金1.03亿元。通过开展发展壮大村级集体经济量化考评,全面设立村民合作社,整合发展资金资

2017年6月19日，桂林市召开2017年贫困村党组织第一书记培训班

（陈辉　摄）

源等方式，推动村级集体经济发展。499个贫困村成立村民合作社，85个计划脱贫目标村和27个计划争取脱贫村集体经济收入全部达标。

【优化人才发展环境】 2017年，桂林市成立市、县两级人才工作领导小组，建立党委、政府、组织部门“三位一体”抓人才工作体系，构筑横向涵盖各个重点领域、纵向囊括“漓江学者”“拔尖人才”“农村实用人才”等工作格局。制订各级权力、责任、问题清单，实行目标责任考核，压实各级领导班子抓人才工作责任。深化人才发展体制机制改革，研究制订《桂林市关于深化人才发展体制机制改革的实施意见(征求意见稿)》《桂林市关于进一步深化产学研合作校地校企协同创新的指导意见(征求意见稿)》，出台《桂林市高层次人才引进和培养暂行办法》及《桂林市高层次人才引进和培养暂行办法实施细则》，完善人才发展政策，引进和培养高层次人才。全市引进国家千人计划专家4人，引进世界500强企业高级职业经理人、自治区特聘专家等六类高层次人才148人。完成第二批8名“漓江学者”选聘工作。统筹推进11个农村实用人才培养示范点建设，培养致富带头人、科技带头人、经营带头人等农村实用人才2678人。对8个市级人才小高地28个项目实行运作，在重点产业和关键领域聚集培养高层次人才和创新团队，形成多层次、多格局人才发展平台。加大柔性引进人才、高层次人才“一站式”服务平台等宣传力度，优化人才发展环境。（刘杰）

宣传教育

【概况】 2017年，中共桂林市委宣传部(简称市委宣传部)办公地址在桂林市临桂区西城中路69号，内设科室16个，人员编制63名(含后勤服务人员编制控制数6名)，在职人员50人。下设桂林市委讲师团、桂林新闻图片社。挂靠单位有中共桂林市委精神文明建设委员会办公室、中共桂林市委对外宣传办公室(桂林市政府新闻办公室)、桂林市互联网信息办公室。年内，市委宣传部围绕“寻找桂林文化的力量，挖掘桂林文化的价值”战略，以学习宣传贯彻党的十九大精神为主线，全面落实意识形态工作主体责任，持续提升新闻舆论传播力、引导力、影响力、公信力，开展党的十九大精神“千人万场”理论宣讲、创城“金点子”等活动，为桂林市实现“两个建成”作贡献。（曾云　唐娟娟）

【理论学习培训】 2017年，市委理论学习中心组开展学习10次，共编印《中心组学习信息参考》10期共3万余份，组织专家对各县(区)、市直各单位党委(党组)开展学习辅导200余场次。举办全市理论骨干培训班、学习宣传贯彻党的十九大精神基层理论宣讲骨干培训班。组织召开市委意识形态工作联席会议，组织各联席单位到各县(区)、市直各单位督查落实意识形态工作责任制情况。组织市、县理论专家和理论宣讲骨干到街道、社区、村(屯)、学校、企事业单位及市直属单位进行面对面宣讲党的十八届六中全会、自治区第十一次党代会精神451场，中共中央总书记习近平在广西视察时的讲话精神235场。组织桂林市、县学习贯彻党的十九大精神宣讲团集中宣讲党的十九大精神1016场，党的十九大代表、全市各级领导干部、定向选调生、贫困村第一书记等到基层一线开展宣讲党的十九大精神2.8万场次。（廖芸）

【新闻宣传】 2017年，桂林市新闻舆论树立“四个意识”，组织中共中央总书记习近平视察广西重要讲话精神、党的十九大等重大主题宣传。开设“砥砺奋进的五年”“新时代，新思想，新征程，全面贯彻落实党的十九大精神”等专题专栏，围绕全市改革发展稳定中心，做好2017年中央电视台春节联欢晚会桂林分会场、创建全国文明城市、“两会一节”、重中之重项目推进会、扶贫攻坚、2017环广西公路自行车世界巡回赛、2017桂林国际马拉松比赛等重大主题宣传工作。讲好桂林故事，传播桂林声音，1月23日—27日，中央电视台新闻频道先后在《新闻直播间》《东方时空》等节目中报道桂林逍遥楼、东西巷等文化地标和桂林年俗文化。1月28日大年初一、1月31日大年初四，中央电视台《新闻联播》连续聚焦春节联欢晚会桂林分会场及效应。6月19日，《人民日报》头版头条刊登消息《桂林加速推进国际旅游胜地建设，山水更美，文化增色》。7月30日，中央电视台《新闻联播》播出桂林市民赞誉大阅兵的心声和反响。年内，市委宣传部加强突发事件引导，在“游客被导游蛮横对待”“桂林电脑城起火”“桂林洪水”等突发事件中，第一时间启动新闻应急机制。（王春霞）

【调研舆情】 2017年，市委宣传部累计报送信息2600多条，获2017年度自治区舆情信息工作先进单位一等奖，其中《当前基层干部群众对党中央治国理政成效的积极评价和关心的主要话题、期盼及建议》获评为2017年度自治区舆情信息工作“优秀舆情分析报告”。《广西面向东盟推动中华文化“走出去”“融进去”》《主流媒体浓墨重彩报道习近平总书记“2·19”重要讲话发表一周年》《2017〈开学第一课〉引发积极反响》《金砖国家领导人厦门会晤开幕前境内舆论情况》获评为自治区舆情信息工作“好信息”。《推动桂林市文化旅游产业融合发展的调研报告》获评为自治区宣传思想文化系统优秀调研报告一等奖,《五年磨一剑,打造高素质理论宣讲队伍》获自治区宣传思想文化系统创新工作案例。（杨毅峰）

【对外宣传】 2017年,市委宣传部围绕党的十九大,中央电视台春节联欢晚会桂林分会场等重大会议、重大活动,宣传市委、市人民政府中心工作,塑造桂林良好形象。10月19日,党的十九大代表、桂林市委书记、市人大常委会主任赵乐秦在中国共产党第十九次全国代表大会的广西代表团发言在《光明日报》《广西日报》等报刊上登载。年内,市委宣传部重新调整、补充全市各级新闻发言人,印发《2017年桂林市人民政府例行新闻发布会主题》,每月组织举行1场例行新闻发布会,并举行2017资源漂流世界杯、2017中国—东盟博览会旅游展、国际旅游论坛、桂林山水文化节、美食节、绿色制造、平安桂林等十多场新闻发布会。做好第3届粤桂黔高铁会议、第13届广西名特优农产品(桂林)交易会、桂林市2017中国国际商标品牌节、第14届桂林恭城月柿节等活动的对外宣传工作。（廖严昌）

【文化工作】 2017年,市委宣传部打造传播桂林文化新平台——东西巷“讲古堂”,市委书记、市人大常委会主任赵乐秦以“溯源桂林历史文化,推进文化山水深度融合”为题率先开讲,反响热烈。成功举办“迎十九大·感恩祖国”主题歌咏汇演活动和桂林市第38届“漓江之声”活动。在市中心广场举行“周末大家乐”公益演出40场。举办桂林市第6期文化志愿者文艺骨干培训班和“戏曲进校园”师资培训班。民族歌剧《刘三姐》获2017年度自治区文化精品项目。组织地方文艺精品曲艺《油茶情歌》、渔鼓《象山传说》等参加自治区第5届基层群众文艺会演,获二等奖2个,三等奖5个。开展“戏曲进校园”工作,戏曲进444所校园,完成率54.4%。6月20日,桂林文体集团完成工商变更登记并成立,注册资本2亿元。组织推荐桂林文化企业申报自治区本级文化产业发展专项资金,桂林市坤鹤文化传播有限公司、桂林力港网络科技有限公司、东方时代网络传媒股份有限公司、桂林润海文化发展有限公司、桂林文艺演出有限责任公司5家文化企业共获350万元资金支持。桂林力港网络科技有限公司开发的动漫游戏《捕鱼来了》被自治区文化厅评为2017年度优秀原创动漫作品。阳朔县千漓缘旅游文化有限公司获“自治区第七批文化产业示范基地”称号;桂林喀斯特服饰有限公司、桂林力港网络科技有限公司、桂林集扇文化创意有限公司3家文化企业获首批“自治区级文化创意产品开发示范基地”称号。开展市级第三批文化产业示范基地评选命名工作,13家企业获“市级文化产业示范基地”称号。龙胜各族自治县119个村被列入中共中央宣传部贫困地区民族自治县、边境县村综合文化服务中心全覆盖工程项目。（秦白萍）

【网络舆情宣传】 2017年,市委宣传部组建“桂林发布”头条号新闻发布矩阵,全市共8个县(区)、10多家市直属相关单位和主流新媒体加入矩阵。8月17日,市委宣传部“桂林发布”头条号矩阵运行,至12月31日共发布信息900多篇(条),阅读量300多万人次。加强对桂林市重大活动的网络宣传,组织今日头条、新浪广西、网易桂林、腾讯桂林等全国知名新媒体,集中对“两会一节”进行网络视频直播、网络专题实时报道,共开设相关专题8个,文字和图片稿件90余篇组,专题报道浏览量和曝光量590余万次,微博话题阅读量878.9万次,视频直播观看量117.5万人。（陈东）

【2017央视春晚桂林分会场宣传】 2017年1月27日,中央电视台春节联欢晚会桂林分会场在全国4个分会场节目中收视率排名第一,在所有42个节目中收视率排名第五,有10亿电视观众、1.3亿网民收看直播,实现“央视春晚,桂林最美”的目标。1月28日(正月初一)和1月31日(正月初四),中央电视台《新闻联播》2次播出桂林分会场消息。2月7日(正月十一)晚9点,2017“大美桂林”中央电视台春节特别节目在中央电视台综艺频道黄金时间播出。春节前后,中央电视台与桂林连线直播9次,聚焦桂林报道13条。广西电视台推出相关新闻报道共130余条,播出专题片《春晚里的广西精彩》,其中在《广西新闻》播出相关新闻35条,《新闻在线》播出27条,《广西日报》共刊发报道23篇共计约2万字。（唐娟娟）

2017年9月27日,“迎十九大·感恩祖国”桂林市庆祝中华人民共和国成立68周年歌咏会在桂林大剧院举行（何平江 摄）

精神文明工作

【概况】 2017年，中共桂林市委精神文明建设委员会办公室（简称市文明办）办公地址在桂林市临桂区西城中路69号，内设综合科、活动科、未成年人思想道德建设科、志愿服务科。在职人员12人。年内，市文明办开展各项群众性精神文明创建工作。曾杰在中央文明办“我推荐我评议身边好人”活动中入选“中国好人榜”。桂林市获“第七轮自治区文明城市”称号，获“2014—2016年度自治区未成年人思想道德建设工作先进城市”称号。桂林市获2017年全国学雷锋志愿服务“四个100”最佳志愿服务组织1个，第三批全国岗位学雷锋标兵1名，第二届全国“敬老文明号”1个。

（廖玲）

【推进未成年人思想道德建设】 2017年，桂林市未成年人思想道德建设工作在创建全国文明城市总测评年中获满分。桂林市获“2014—2016年度自治区未成年人思想道德建设工作先进城市”称号，6个单位被评为2014—2016年度自治区未成年人思想道德建设工作先进单位，13人被评为先进工作者。2所中小学校获“全国文明校园”称号，21所中小学校获“第一届自治区文明校园”称号。优秀童谣作品《小鸭子找妈妈》获自治区优秀童谣征集活动一等奖，《瑶家情》《争做当代好学生》《我用彩笔画家乡》获二等奖，《美丽阳朔我的家》获三等奖。市文明办组织开展第四届桂林市美德少年评选活动，评选出桂林美德少年100名，并评出桂林“十佳”美德少年。桂林市“童心向党”歌咏活动专场在广西文明网、广西青少年网、广西公共频道《亲亲我的宝贝》栏目中展播。全市50余万名中小学生参与“喜迎十九大，争当时代小先锋”系列主题教育实践活动，网上留言、撰写心得体会200余万条（篇）。市文明办联合市禁毒办、防艾办、坤鹤文化传播有限公司共同制作推出关心未成年人健康成长公益剧。创建8所中央专项彩票公益金支持乡村学校少年宫。全市263个自治区级以上文明单位共投入4951.97万元为未成年人办好事实事530件。

（谢明艳）

统一战线

【概况】 2017年，中共桂林市委统一战线工作部（简称市委统战部）办公地址在桂林市临桂区西城中路69号，内设办公室、党派科、民族宗教科、海外联络科、党外干部科、工商经济科、党外知识分子工作科、调研宣传科、光彩事业促进会办公室（挂牌）。人员编制30名，在职人员29人。年内，市委统战部贯彻落实中央和自治区党委关于统一战线一系列重大决策部署，提升统一战线工作科学化水平。在自治区贯彻落实中央、自治区党委统一战线重大决策部署经验交流暨推进解决基层统战工作薄弱问题现场会上，桂林市作典型发言。

【组织开展专项调研活动】 2017年，市委统战部组织各民主党派、工商联和无党派人士为中共桂林市委、市人民政府科学决策提供依据。协商拟定课题9个，内容涵盖工业、农业、旅游及互联网平台等，各民主党派、工商联和无党派人士按照计划开展重点课题调研工作，形成调研报告9篇。12月20日，召开2017年度桂林市民主党派、工商联和无党派人士调研协商座谈会，听取2017年桂林市各民主党派、工商联和无党派人士专题调研成果的汇报。

【优化非公有制经济发展环境】 2017年，市委统战部开展全市非公有制经济发展服务年活动，组织开展11项工作，优化和改善非公有制经济发展的环境。召开全市非公有制经济发展服务年活动动员会，印发《桂林市服务非公有制经济发展工作任务分解表》，明确各县（区）、各有关单位职责，量化工作任务，提出具体完成时限。牵头组织调研组6个，对全市240家非公有制经济企业开展大调研、大走访活动。以“五个一”（上门征求一次意见，畅通一条企业反映诉求渠道，形成一个企业反映问题的解决方案，召开一次解决反映问题协调会，督查解决一批企业反映强烈问题）为主题，听取有关企业负责人意见和建议。协调处理重点、难点问题87个。

【推广使用广西非公有制经济服务平台】 2017年，市委统战部畅通投诉渠道，将广西非公有制经济服务平台推广使用工作纳入县（区）及非公有制经济领导小组成员单位绩效考评内容，明确各县（区）和相关单位的职

2017年4月25日，市委常委、市委统战部部长王建毅（中）到非公有制经济企业开展大走访、大调研活动 （胡建波 摄）

责、任务，跟踪了解注册使用进度，并定期进行通报。市委统战部多次召开会议安排部署，对受理事件进行督办，提高各部门工作积极性。全年全市政务人员注册认证 1503 人，督办人员注册认证 382 人，非公有制经济人士注册认证 27051 人。非公有制经济人士通过服务平台反映各类问题 205 件，受理处理 186 件，受理处理率 90.73%。

【新的社会阶层人士统战工作】 2017 年，市委统战部组织对各部门进行摸底调查，推荐 19 人作为桂林市新的社会阶层代表人士报送到自治区。建立新的社会阶层人士统战工作联席会议制度，有成员单位 23 个，约 5 万人。年内，组织召开新的社会阶层人士统战工作会议，明确新的社会阶层人士统战工作的总体思路、重要原则和重点任务。组织县（区）统战部部长到上海市黄浦区和温州市调研学习考察新的社会阶层人士工作。

【落实党的民族宗教政策】 2017 年，市委统战部组织开展宗教团体换届工作。抵御渗透，制止非法传教活动，开展宗教队伍建设。6 月 19 日，召开全市宗教和反邪教工作座谈会，全市宗教联席会议成员单位和市防范邪教办公室相关负责人参加，会议分析全市宗教工作情况和反邪教工作形势，研究宗教工作和反邪教工作中一些重大突发事件和重大问题。11 月 8 日—9 日，在自治区贯彻落实中央关于宗教工作重大决策部署经验交流会上，桂林市作典型发言。

【拓展海外统战工作】 2017 年，市委统战部加强与港澳地区政府组织和社团交流交往。支持香港、澳门桂林同乡会发展壮大组织。推动港澳地区社团到桂林市开展扶贫、助学活动。澳门桂林同乡会对桂林市 2 所小学进行捐助活动，共捐赠学习用品价值 4 万余元。香港桂林同乡联谊会组织 23 名眼科专家和义工服务团到桂林市开展光明行活动，投入 30 万元为 130 名贫困白内障患者免费进行复明手术。

（胡建波）

对台工作

【概况】 2017 年，中共桂林市委台湾工作办公室（简称市台办）办公地址在桂林市临桂区青莲路 1 号，内设秘书（人事）科、交流联络科、经济协调科、宣传调研科。人员编制 12 名（含后勤服务人员编制控制数 1 名），在职人员 12 人。年内，市台办把服务台商台胞、扶持台资经济发展与全市中心工作结合起来，逐步为台湾同胞在大陆学习、创业、就业、生活方面提供与大陆同胞同等待遇，搭建交流平台，扩大交流合作，提升桂林在台湾地区的影响力和知名度。

【服务台商台胞】 2017 年，市台办到基层一线和台资企业了解台商台胞生产生活方面的困难和真实想法，开展服务台资企业“六个一”（走访一批台资企业、召开一批座谈会、兑现一批惠台政策、化解一批台胞投诉案件、加快一批涉台产业园区建设、推进一批桂台合作项目）活动，协调解决台商台企实际困难。年内，市台办走访台企 20 家 50 余次。协调市财政局给予桂林漓江高尔夫实业有限公司政策减免财政借款利息 33.63 万元；协调市、县相关部门，通过举办招工会、搭建融资平台等措施为企业解决实际困难；协调桂林市人民医院为台胞开辟“生命绿色通道”，落实台胞子女入学市民待遇，为台胞子女开具台胞证明 12 份，向台胞出具购房证明 5 份。协调处理台商台胞投诉、求助及突发事件，全年办结全部台胞投诉和来访共 53 件；协调公安、旅游部门妥善处理台湾游客旅游意外坠亡事件。

【搭建各类交流平台】 2017 年，市台办通过搭建党际、社区、乡（镇）、行业组织等交流平台，扩大与台湾政要、青少年、行业协会、企业家、基层民众、社会团体等交流往来。完成“2017 在台广西籍陆配回娘家”“2017 台湾新同盟会桂林参访”“2017 台湾致公党青年参访团桂林行”重点交流活动；完成中国国民党原代主席林政则参访桂林、中国国民党荣誉副主席蒋孝严到桂林祭母扫墓接待工作。6 月，第 26 届时报金犊奖总决审暨文化创意与桂林国际旅游胜地研讨会在桂林召开，为桂林与台湾经贸文化交流增加新交流平台。协助市直属单位和县（区）组团到台湾交流考察及学习培训，全年共计有党际交流、经贸文化、旅游观光、科技农业等交流考察、学习培训等团组 12 批 200 人次赴台湾成行。邀请台湾同胞到桂林参访交流，台湾“民意代表”张丽善参访团、花莲民族体育交流参访团、花莲县海峡两岸妇女经贸文化交流协会代表团等 25 批 700 多人访问桂林。组织全市开展各类涉台活动，开展旅游论坛、展会、推介会 15 场，邀请台商 600 人次参加，

2017 年 6 月 9 日，第二十六届时报金犊奖总决审暨文化创意与桂林国际旅游胜地研讨会在桂林召开

（姜文骅　摄）

为推进桂林、台湾两地交流合作提供平台。培育打造对台湾交流特色品牌“1121”交流平台，即“一校一馆两村一社区”（桂林市民主小学、李宗仁官邸纪念馆、恭城瑶族自治县红岩村、临桂区农民画家村、象山区将军桥社区），以此平台安排参访团参访交流，深化台湾同胞对桂林历史文化、教育艺术和桂林现代农村的认知、认同，落实中央对台交流工作新目标。

【对台宣传】 2017年，市台办及时宣传报道桂林经济社会新成果及对台工作新动态，全年向中国台湾网、《两岸关系》、《台湾工作通讯》、《广西对台工作》、桂台之声微信公众号等媒体撰投稿100多篇，被评为自治区台办信息工作集体一等奖，年度调研文章分获一、二等奖。拓宽对台宣传渠道，以新闻媒体、网络微信、走访座谈、调研慰问等形式，开展涉台宣传，宣讲党的方针政策、法律法规和惠台措施。与广西师范大学桂台研究中心联合进行台资经济转型升级课题研究，探讨文化创意、科技创新对桂林台资企业发展壮大的影响与作用，提出建设性、操作性建议。（姜文骅）

2017年10月，市委政研室在市发改委调研国家可持续发展试验区试点建设情况（黄婷 摄）

政策研究

【概况】 2017年，中共桂林市委政策研究室（简称市委政研室）增挂桂林市委改革领导小组办公室（简称市改办）牌子，办公地址在桂林市临桂区西城中路69号，内设秘书科、综合科、经济科、农村科、旅游文化科、社会科、党建科。人员编制20名，在职人员15人。年内，市委政研室深化改革部署，做好推进改革和以文辅政工作，开展重大课题调研，组织完成国家自主创新示范区、大众创业万众创新等系列重大课题调研。

【推进全面深化改革】 2017年，市委政研室进行改革总体谋划，拟定桂林市2017年改革工作要点，明确改革任务83项和重点改革专题19项，其中承接自治区改革任务62项，自选改革任务21项。制订分工落实方案，逐项明确牵头单位、配合单位和完成时限，压实改革责任。全年共审议重大改革方案17项，筹办全市改革工作推进会，组织“将改革进行到底”专题学习会。做好全市改革信息工作，全年编印《全面深化改革简报》22期，上报自治区改革信息177篇。协调督促桂林市改革落实，以绩效考评为抓手促进改革部署落实，将自治区下达桂林市的15项绩效考评任务和桂林市19项重点改革专题、12项已出台的重大改革举措落实列入绩效考评。强化改革督察，实施2017年改革督察计划，将重点改革任务列入督察计划并实施，通过单位自查、日常督察、专项督察、全面督察等多种督察形式督促改革落实，全年对县（区）和市直属牵头部门开展全面督察4次、专项督察5次。狠抓改革试点，共完成国家和自治区级试点22项。参与旅游资源整合、漓江管理体制改革、群团改革等重大改革。

【开展调查研究】 2017年，市委政研室根据全市工作重点，开展重大课题调研，组织完成国家自主创新示范区、大众创业万众创新、桂林市培育党建特色亮点研究、桂林城市人文精神等系列重大课题调研，形成的成果成为市委、市人民政府决策依据。将国家自主创新示范区相关研究直接转化为《桂林市国家可持续发展议程创新示范区规划》。联合旅游、文化、科技等部门以及相关高校开展调研，形成大调研工作格局。参与自治区政研（改革）系统“调查研究年”活动。发动各县（区）党委政研（改革）部门共同参与，共上报课题32个，参与自治区评比获奖4个。

【创新《今日桂林》】 2017年，市委政研室创新《今日桂林》办刊内容和形式，《今日桂林》继续保持全国城市党委系统政研联席会颁发的“全国十佳党刊”、全国城市党刊网颁发的“双十佳城市党刊”和全国城市党刊研究会颁发的“全国城市十佳党刊”称号。全年出版12期，增刊1期。

（刘泽兴）

党　　校

【概况】 2017年，中共桂林市委党校（简称市委党校）为“一校两院”体制格局，包括市委党校、市行政学院、市社会主义学院。内设办公室、组织人事科、财务科、教务科、科研科、学员工作科、社会培训科、信息技术科、图书馆、离退休人员工作科、行政科、党史党建与哲学教研室、经济管理学教研室、公共管理与法学教研室、科学文化教研室、统一战线理论教研室。全校人员编制132人，在职人员120人，其中参照公务员管理人员45人、专业技

2017年9月28日，市委党校启用新校园办学 （梁建华 摄）

术人员65人（专职教师43人）、工勤人员10人；共有副高级以上职称人员19人，中级职称30人。9月28日，市委党校搬迁回万福路25号新校园办学。新校园占地面积12.4万平方米，总建筑面积为7.76万平方米，有行政中心、会议中心、教学中心、图书信息中心、文体中心、膳食中心、廉政教育基地、学员宿舍楼、后勤楼等。年内，市委党校打造桂林国际旅游胜地、廉政教育、红色文化、生态文明、城乡统筹、历史文化“六大”品牌课程，抓好党校智库建设，学校教学、科研、管理、基础设施建设等工作迈上新台阶。

【干部培训质量显著提升】 2017年，市委党校推动党的十九大精神进课堂、进基层，多名骨干教师作为市委十九大精神宣讲团成员，深入县（区）、部门、社区、企业开展党的十九大精神宣讲。全年市委党校共举办主体班11期576人，举办县处级领导干部学习党的十八届六中全会精神和自治区第十一次党代会精神轮训班6期1800多人，举办县处级以上领导干部学习贯彻党的十九大精神轮训班2期700多人，承办基层党支部书记学习十九大精神培训班4期1000余人。承办其他社会培训班10余期700多人次。建立和健全社会培训专题库、师资库和现场教学基地建设，挖掘社会培训特色专题18个，打造现场教学特色线路12条、特色班次8个。培训学员从2016年的418人次增加到2017年的1763人次。

【开设“领导大讲堂”课程】 2017年，市委党校开设领导干部上讲台常态化，市委书记、市人大常委会主任赵乐秦在2017年秋季学期主体班开班典礼上作《全市领导干部深入学习贯彻习近平总书记系列重要讲话》专题报告。年内，27名处级以上领导30次走上讲台，围绕桂林经济社会发展和党的建设实际为参训学员授课。

【教学改革创新成果丰硕】 2017年，市委党校丰富教学内容，创新教学模式。创新异地培训模式，与南宁市委党校进行学员互换式教学，通过交换教学实现两地院校资源共享。创新校校间联动合作模式，与梧州市委党校、贺州市委党校共同签订教研咨一体化协同发展协议，推动三市党校构建联动发展新格局。学校创新课题开发模式和教学模式，将课题研究与教学专题结合起来，规定重点课题必须集体开发，每个课题至少有3名以上教师参加，结题时要以优质课的形式展现出来，而且所有参与者都能独立对专题进行授课。党校干部教育培训从传统的讲授式教学为主，逐步走上多元开放的立体化培训之路。年内，学校打造了一系列研讨式、案例式、模拟式、情景式、访谈式等不同教学方式方法的精品课。

【科研工作取得突破】 2017年，市委党校教研人员在各级各类刊物上公开发表学术论文42篇，其中国家级刊物6篇，省级刊物15篇，市级刊物21篇。共获课题立项32项，课题结项32项，其中自治区社科规划项目立项1项。整体承担桂林市的重大科技课题“桂林市工业产业发展现状分析与对策研究”。开展理论研讨交流会，举办桂林市党校系统理论研讨会暨培训班、承办“全区党校（行政院校）系统学习党的十九大精神暨党风廉政建设教育理论研讨会”等。打造咨政平台，成立市情研究中心，出版《市情研究专报》6期，获市级采用7篇，获自治区领导批示1篇。 （张莉莎）

党史工作

【概况】 2017年，中共桂林市委党史研究室办公地址在桂林市临桂区西城中路69号，内设秘书科、征编一科、征编二科、宣传教育科。人员编制19名（含后勤服务人员编制控制数4名），在职人员19人。年内，桂林党史工作抓住党史基本著作编纂工作重点，履行“存史、资政、育人”工作职责。

【党史资料征集】 2017年，中共桂林市委党史研究室制订《中共桂林历史》第三卷编撰工作方案，开展基础资料征集工作。编辑出版30万字、140幅图片的《中共桂林执政纪实(2016)》，同时收集整理《中共桂林执政纪实(2017)》资料40万字。编辑出版《桂林市临桂新区建设党史专题资料汇编（一）》。完成自治区党史研究室下达的《桂林市新民主主义革命时期党史资料汇编》收集整理工作，编写文字2万余字，编辑图片200余幅。收集整理《红军长征过桂北故事集》初稿10万字、照片120幅。

【党史资政】 2017年，中共桂林市委党史研究室参加桂林文新广局主编的《桂林历史文化大典》中桂林红色文化部分编纂工作，完成文字约3万字、图片60幅。与市纪委合作完成桂林市廉政教育基地“桂林红色文化”

2017 年 5 月 5 日，桂林市委党史研究室参加灌阳县酒海井红军烈士遗骸鉴定发布会 （全智勇 摄）

版块的布展工作，对展陈文案审核、把关。配合开展重走长征路活动，做好从桂北到江西、福建沿途重要节点介绍、行走线路图等前期准备工作。参与并指导灌阳县做好酒海井红军遗骸史料依据整理工作，引导媒体正面报道红军的英勇献身精神。

【党史宣传】 2017 年，中共桂林市委党史研究室组织原桂林地下党老党员、桂北游击队老队员及部分烈士家属约 50 人开展清明祭扫烈士墓活动。开展“迎接十九大胜利召开党史国史宣讲”活动，全年共宣讲 47 场次，听众 4300 余人。在市委党校宣讲《桂林城，光荣与梦想》8 场，听众约 800 人。开展“庆七一、迎十九大、学党史”桂林地方党史读书活动，向各县(区)党委、党史等部门赠送《中国共产党桂林历史》(一、二卷)、《广西的改革开放(桂林市卷)》、《桂林革命老区》、《丰碑——桂林红色记忆》、《中国共产党桂林执政纪实》(2013、2014、2015 卷)共 5600 册。 （全智勇）

保密工作

【概况】 2017 年，中共桂林市委保密委员会办公室(简称市委保密办)和桂林市国家保密局是两块牌子一套人马，办公地址在桂林市临桂区西城中路 69 号，内设综合法规科和技术检查销毁科，在职人员 7 人。年内，市委保密办开展保密自查自评督查、保密检查、保密教育、保密违法违规案件查处和保密技术服务等工作。年内，市国家保密局、市政府办、灌阳县国家保密局、兴安县国家保密局、资源县国家保密局、雁山区国家保密局、龙胜各族自治县国家保密局获自治区评选的 2012—2016 年度保密工作集体二等功。

【加强保密监督指导】 2017 年，市委保密办、市国家保密局清理桂林市保密自查自评和定密管理工作中存在的问题，成立 3 个监督指导工作组，对 17 个县(区)、92 个市直属单位开展监督指导工作，检查计算机保密管理情况和涉密载体管理情况，抽查非涉密计算机 587 台、涉密计算机 160 台，对检查中存在问题的单位督促限期整改。对 3 个市直属和中央、自治区直属单位违反保密法律法规案件进行查处，给予党纪、政纪处分 3 人。依照相关法规约谈 5 个存在泄密隐患的市直属和中央、自治区直属单位的分管领导，提出批评意见并督促整改。

【保密宣传教育】 2017 年，市委保密办在全市开展党政机关保密教育宣传月活动，全市各级保密部门和保密组织开展形式多样的宣传教育活动，推动保密宣传教育全员覆盖。全市的自治区管理干部参加保密教育轮训学习活动，市委保密委员会主任为市委党校主体班学员讲授保密专业课，各县(区)保密委主任、市直属各单位保密领导小组组长为县(区)、单位涉密人员进行专题保密教育。市委保密办利用短信平台向全市 2000 多名副处级以上领导干部和涉密人员发送保密提示短信。约 5000 名县(区)、乡(镇)党政领导干部和涉密人员观看自治区党委保密办、自治区国家保密局组织的保密违法案例警示教育展。年内，市委保密办、市国家保密局举办 2 期县(区)保密干部培训班。

【保密基础性管理】 2017 年，市委保密办、市国家保密局加强计算机及网络保密管理和涉密载体管理。帮助各单位梳理门户网站、政务邮箱、微信公众号等信息公开渠道，指导各单位规范信息公开保密审查工作。对灌阳、全州等 7 个县(区)的纪检监察涉密网络远程终端接入节点开展现场核查。推进全市党政机关涉密计算机保密技术防护专用系统的配备工作，规范各单位起草、处理涉密信息的行为，全年新增涉密计算机 140 台。对市委保密办、市国家保密局 2014—2016 年度印发的密级文件进行清退，共回收密级文件 2225 份。

【保密技术服务保障】 2017 年，桂林市成立保密技术服务中心(涉密载体销毁中心)并开始运行。升级涉密计算机保密监管平台，加大对全市涉密计算机的监管力度。保障高考、中考、司法考试等各类资格考试的顺利进行，对各县高考招生考试院保密室以及桂林市承担广西、湖南高考绝密试卷印刷任务的印刷厂进行保密检查。 （李雅琦）

信　访

【概况】 2017 年，桂林市信访局办公地址在桂林市临桂区西城中路 69 号，内设办公室、接访科、办信科、专线电话科、督查调研科、信息网络科。人员编制 21 名，在职人员 37 人。年内，全市信访工作抓好信访法治化建设、信访基层基础规范化标准化正规化建设和信访工作责任落实，信访形势稳定向好，实现"一个根本好转、两个明显下降、三个坚决防止"的工作目标。全年市信访局受理群众来信来访 312 件 750 人次，（比上年，下同）件数增长 78.29%，人次下降 49.39%。其中来信 135 件，增长 77.63%；来访 103 件 541 人次，件数增长 30.38%，人次下降 60.79%；集体访 25 件 395 人次，件数下降 39.02%，人次下降 70.30%。办理上级转送信访件 374 件次，办理上级转送网上投诉 432 件次，办理纳入满意度评价信访件 84 件次。收到复查复核申请 19 件，出具不予受理告知书 18 份，自愿撤回复查申请 1 件；编写《市长信箱综述》12 期，《市长专线电话情况综述》6 期，《信访情况分析研判报告》4 期。

【化解信访积案】 2017 年，中央第三巡视组交办桂林市来信来访 19 批 429 件 1636 人次，其中来信 10 批 150 件 1016 人次，来访 9 批 279 件 620 人次，按期办结率 100%。桂林市信访局成立督导组，对重点县（区）进行不定期督察指导，建立全程跟踪督察通报机制，以督察问责推动交办件的按期办结。自治区联席办共交办桂林市信访积案 24 件，涉及 8 个县（区），桂林市信访积案化解工作小组对无理反复到各级缠访、闹访者，采取信访听证办法，促使其息访、息诉，24 件积案得到化解。

【群众信访服务中心建设】 2017 年，桂林市成立群众信访服务中心，核定编制 9 名，其中 4 名全额拨款事业编制，5 名后勤服务聘用人员控制数编制。9 月 1 日，实施《桂林市群众信访服务中心管理办法（试行）》，规范社会管理服务。年内，桂林市信访局整合人才资源，突出依法办事，聘请信访工作专家 59 人，建立第三方力量参与信访工作专家库，成立市法律援助中心信访局工作站，落实每个工作日安排 1 名律师到工作站参与接待来访群众，为来访群众提供免费的法律援助。投入资金 110 万元，完成市群众信访服务中心办公场所建设，构建信访事项"一站式接待，一条龙办理，一揽子解决"的"统一领导、综合协调、各负其责、分类处理"的信访工作格局。

（邓利平）

老干部工作

【概况】 2017 年，中共桂林市委老干部局（简称市委老干局）办公地址在桂林市临桂区西城中路 69 号，内设办公室、安置科、保健科、调研科、企业科、关心下一代工作委员会办公室。人员编制 21 名（含后勤服务人员编制控制数 3 名），在职人员 22 人。至年末，全市共有离休干部 792 人，平均年龄 89 岁。其中，市直属单位 504 人，6 个城区 67 人，11 个县 221 人；行政机关离休干部 281 人，事业单位离休干部 321 人，企业单位离休干部 190 人；抗战时期参加革命工作的 58 人，解放战争时期参加革命工作的 734 人；享受厅级待遇的 51 人，享受处（县）级待遇的 522 人，享受科级待遇及其他待遇的 219 人。年内，市委老干局加强学习培训和队伍建设，抓好老干部待遇落实，推进关爱青少年活动。

【组织老干部开展各项活动】 2017 年，市委老干局组织 2000 多名老干部举行春节游园活动。春节前，在《桂林日报》刊登致全市离退休干部春节慰问信；组织召开全市经济社会发展情况通报会。年内，组织市四家班子部分老领导调研漓江旅游改造升级和灵川县新农村建设；组织 2000 多名副处级以上退休干部和离休干部体检；组织部分老领导分别到全州县、阳朔县调研；举办全市离退休干部党支部书记培训班，组织部分老领导赴资源县、龙胜各族自治县调研和参观市廉政教育基地。

【落实老干部待遇】 2017 年，市委老干局落实离休干部"三个机制"，给予桂林市新中国成立初期参加革命工作的部分退休干部适当照顾经费。协调有关部门提高生活长期完全不能自理的离休干部护理费标准，7 月 1 日执行，由原每人每月 1000 元提高到每人每月 2500 元。发放离退休人员一次性生活补助（离休人员生活补助标准为每人每年 10000 元，退休人员生活补助标准每人每年 6000 元）。落实对患病住院及易地安置的离休干部、四家班子老同志看望慰问工作，为 90 周岁以上的老干部登门祝寿，做好老干部医疗保健、丧事办理和遗属抚慰工作。出台《关于完善企业离休干部生活费、医药费保障机制的意见》，接收 78 名企业离休干部划归市委老干部局管理。

【深化正能量活动】 2017 年，市委老干局组织老干部开展"畅谈十八大以来变化，建言十九大胜利召开"为主题的正能量活动座谈会，举办全市离

2017 年 10 月 12 日—13 日，广西离退休干部"多彩金秋·大美桂林"正能量山歌擂台赛在阳朔县举行

（黄少丹　摄）

退休干部纪念中国共产党成立96周年文艺会演，举办“唱响正能量”山歌创作培训和山歌擂台赛，在阳朔县承办自治区“多彩金秋·大美桂林”广西离退休干部山歌擂台赛。市委老干部局与桂林电视台《板路》栏目联合推出“乐为桂林”节目，宣传报道桂林市离退休干部先进典型。

【开展关爱青少年活动】 2017年，桂林市基层关心下一代工作委员会组织有2205个，“五老”（老干部、老战士、老专家、老教师、老模范）骨干4091人；全市“五老”组织有1329个，“五老”志愿者3.5万人。年内，市委老干局组织“五老”人员收集整理资料，编写出版《桂林抗战城史录》。在全州县举办庆“六一”暨“3元计划·爱心工程”资助困境儿童活动，资助500名学生每人1000元；为2所边远山区学校129名学生发放4.06万元“3元计划·营养午餐”费。会同爱心企业为11个县、6个城区200多所学校送去价值80多万元的1.4万套图书和55套国学教学机。

（王达金　黄少丹）

机构编制

【概况】 2017年，桂林市机构编制委员会办公室（简称市编办）办公地址在桂林市临桂区西城大道69号，内设综合科、机关机构编制科、事业机构编制科、县乡机构编制科、监督检查科、电子政务科。人员编制21名，在职人员21人。下设桂林市事业单位登记管理中心（局），人员编制9名，在职人员8人。年内，市编办创新机构编制管理。至年末，桂林市有县级以上行政机构959个，其中市级80个，县（区）级879个。

【规范行政审批】 2017年，市编办推进行政审批制度改革。精简行政审批事项，全年全市取消行政审批事项559项，调整2751项。加快清理规范行政审批中介服务，至年末，全市共分4个批次清理规范行政审批中介服务事项1042项，确定不属于行政审批中介服务事项1255项。市本级审批事项从法定平均办理时间22.82天提速至9.54天，承诺提速率59.13%。提前梳理公布“两单融合”权责清单，其中，市本级明确43个部门的权力事项3033项，与行政权力对应的责任事项2.03万项；11个县和6个城区共明确579个部门的权力事项共4.61万项，与行政权力对应的责任事项35.79万项。同时，加强事中、事后监管，使全市行政权力运行更加规范、高效。

【优化行政管理体制】 2017年，市编办加快完善园区管理体制和运行机制，批准组建桂林经济技术开发区土地储备中心，完善桂林经济技术开发区安全生产监督、审计等机构和职责，为其产业发展提供体制、机制保障。申报组建桂林高铁经济产业园工委、管委，加快打造桂林经济发展新格局。完成行政审批服务局筹备组建前期工作，加快推进相对集中行政许可权改革。创新推进旅游管理体制机制改革，在自治区率先设立旅游警察支队，加强和规范漓江风景名胜区机构编制管理，推动漓江长效管理机制建设。优化民生领域管理体制机制，组建城区社会保障局，设置乡（镇、街道）社会保障经办点，设立河长制办公室。理顺市本级与城区食品药品监督管理事权、各行业主管部门安全生产监管职责。批准恭城瑶族自治县、龙胜各族自治县组建民族宗教事务局，加强少数民族地区民族宗教事务管理。

【推进乡镇管理体制改革】 2017年，桂林市在自治区率先实施乡镇“多所合一”改革。至年末，全市134个乡（镇）有111个完成“多所合一”改革。其中，61个乡（镇）完成“五所合一”改革，占总数的46%；41个乡（镇）完成“六所合一”改革，占总数的30%；灌阳县9个乡（镇）全部完成“七所合一”改革。

【健全全面从严治党体制机制】 2017年，桂林市完成纪检派驻机构改革，撤销各单位原设置的纪检组、纪工委及监察室，新派驻纪检机构194个，实现对所有驻在单位及其所属和代管单位的综合监督。推进监察体制改革，市、县编制办从检察系统划转编制192名，并印发部门“三定”（定部门职责、定内设机构、定人员编制）方案，配合做好人员转隶，保障市、县监察委组建。同时，推进巡察制度建设，完成巡察办调整为党委工作机构的申报工作，加快设立巡察机构，推动党内监督与群众监督相统一。

【推进事业单位分类改革】 2017年，市编办继续清理规范事业单位，市区撤并事业单位26家。开展事业单位承担行政职能自查清理和分类“回头看”工作，为推进事业单位改革奠定坚实基础。重新核定全市中、小学校教职工编制，为市区中、小学校新增聘用教师控制数，解决教师编制总量不足等问题。

2017年11月16日，桂林市监察体制改革和巡察制度建设工作座谈会召开

（赵文杰　摄）

【科学配置编制资源】 2017年，市编办坚持把职责任务轻重、编制管理与优化人员结构、机构改革等结合起来，科学审批编制计划，推动编制资源向基层一线倾斜。引导各单位把空编主要用于政策性安置和引进急需人才，确保“编尽其用”和“编有节余”。盘活用好编制资源，优先保障全市中心工作和民生工作，加强干部监督、非公有制经济服务、国有资产监管等工作力量。 （李敏刚）

2017年3月9日，桂林市召开市直机关党的工作暨党风廉政建设工作会议
（粟成剑 摄）

机关党建

【概况】 2017年，中共桂林市直属机关工作委员会(简称市直机关工委)办公地址在桂林市临桂区西城大道69号，内设办公室、组织部、宣传部、机关工会工委、团工委、妇工委。人员编制20名，在职人员22人。年内，市直机关工委党的建设各项任务取得新进展、新成效。年末，市直机关工委直属党组织100个，其中党委55个，党总支部17个，党支部28个。管理党员27059人，其中在职党员18285人，离退休党员8774人。

【抓好机关党组织意识形态工作】 2017年，市直机关工委制订机关意识形态工作方案，与100个直属机关党组织签订《落实意识形态工作责任制责任书》，把意识形态工作作为党组织书记履行主体责任述职评议、党组织班子成员民主生活会和述职报告的重要内容，把意识形态工作纳入机关党建绩效考核重要内容。开展中国梦、中国特色社会主义和社会主义核心价值观宣传教育，引导党员干部坚定理想信念，牢固树立“四个意识”。策划编印机关党务干部培训、推进“两学一做”学习教育常态化制度化、党的十九大精神等学习资料，以机关“党课大讲堂”为重要平台载体，采取每季一专题、每月一主题的形式，开展反腐倡廉、理想信念、党史国情、党的十九大精神等内容的宣讲授课。在市委党校举办市直机关基层党支部书记培训班，把意识形态工作列为培训内容，受训基层党支部书记750余人。

【抓好机关党组织正面宣传】 2017年，市直机关工委发挥“桂林机关党建网”宣传阵地作用，全年刊发有关文件、讲话、简报、征文、新闻报道、理论文章等信息、图片1500余条(幅)，全方位反映市直机关党建和意识形态工作动态。开展基层党员先进事迹交流专题党课活动，深化先进典型人物事迹宣传，推动公民道德素质提升和良好道德风尚形成。举办“迎十九大，感恩祖国”歌咏比赛、“不忘初心，永远跟党走”演讲比赛等活动，创造健康向上的思想政治氛围。召开动员部署学习宣传贯彻党的十九大精神大会，开展宣讲、培训、征文、板报等系列活动。对机关基层党支部书记进行“学习宣传贯彻党的十九大精神”全员集中培训，分别在红旗渠干部学院和北京大学举办培训班，240多名机关党务干部参加学习培训。

【强化日常党建工作】 2017年，市直机关工委推出“周五党日+”活动，把“三会一课”制度落到实处。市委书记、市人大常委会主任赵乐秦等市四家班子党员领导干部带头以普通党员身份参加双重组织生活。统一印制、使用《党组织生活记录本》《党员学习笔记本》《党员交纳党费登记簿》《党费证》，健全完善党组织生活台账，推动机关党组织生活常态化制度化。做好日常党建工作，经查找取得联系党员720人，给予组织处置出党24人；完成党员基本信息入库采集25933人；25个直属党组织完成换届选举工作。机关党组织、在职党员到社区“双报到”工作成效明显，机关党组织、在职党员志愿者到社区报到率100%，覆盖社区率100%。

【深化机关党建品牌化】 2017年12月1日，市直机关工委在市国家税务局组织召开市直机关党建品牌建设现场推进会，与会人员考察市中级人民法院等5个单位党建品牌建设情况。市直机关工委出台《市直机关党建品牌建设分类推进的实施意见》，突出“八个注重”、坚持“四个强化”的工作要求，加强分类指导工作。
（粟成剑）

桂林市人民代表大会

综　　述

2017年年末，桂林市三级人民代表大会共152个，其中市人民代表大会1个，县（区）人民代表大会17个，乡（镇）人民代表大会134个；实有人大代表11712名，其中市人大代表433名，县（区）人大代表3167名，乡（镇）人大代表8112名。桂林市第五届人大常委会组成人员38名，其中主任1名，副主任6名，秘书长1名，委员30名。桂林市人民代表大会（简称市人大）常设机构为市人大常委会，办公地址在桂林市临桂区西城中路69号。内设市人大常委会办公室、市人大常委会选举联络工作委员会、市人大常委会调查研究室、市人大常委会法制工作委员会4个办事机构。市人大设有市人大法制委员会、市人大财政经济委员会、市人大农业委员会、市人大旅游委员会、市人大城乡建设环境与资源保护委员会、市人大教育科学文化卫生委员会、市人大民族华侨外事委员会7个专门委员会。市人大常委会机关人员编制93名（含后勤服务聘用人员控制数18名），在职人员90人。

全年，市人大常委会依法履职，共举行常委会会议7次，审议地方性法规3部，通过1部，听取和审议"一府两院"（市人民政府、市中级人民法院、市人民检察院）专项工作报告8项，开展执法检查5次，视察1次，作出决议决定13项，提出审议意见13份；依法任免人大及其常委会和"一府两院"工作人员86人次。

重要会议

【桂林市第五届人民代表大会第二次会议】 2017年1月6日—9日举行。1月6日，会议在临桂新区桂林大剧院开幕，应到代表432名，出席代表415人。会议分别听取和审议桂林市人民政府工作报告；审查桂林市2016年国民经济和社会发展计划执行情况与2017年国民经济和社会发展计划草案的报告，桂林市全市与市本级2016年预算执行情况和2017年预算草案的报告；听取和审议桂林市人大常委会工作报告、桂林市中级人民法院工作报告、桂林市人民检察院工作报告。会议分别表决通过《桂林市第五届人民代表大会第二次会议关于政府工作报告的决议》《桂林市第五届人民代表大会第二次会议关于桂林市2016年国民经济和社会发展计划执行情况与2017年国民经济和社会发展计划的决议》《桂林市第五届人民代表大会第二次会议关于桂林市全市与市本级2016年预算执行情况和2017年预算的决议》《桂林市第五届人民代表大会第二次会议关于桂林市人民代表大会常务委员会工作报告的决议》《桂林市第五届人民代表大会第二次会议关于桂林市中级人民法院工作报告的决议》《桂林市第五届人民代表大会第二次会议关于桂林市人民检察院工作报告的决议》。会议依法补选邱敏军为桂林市第五届人民代表大会常务委员会委员。

【桂林市第五届人大常委会会议】 2017年，桂林市第五届人大常委会会议共召开7次。

第5次会议　2月27日举行。会议听取和审议市人民政府《关于提请审议批准2016年桂林市市区政府债务限额的议案》、市人大财经委员会

2017年1月8日，桂林市第五届人民代表大会第二次会议闭幕　（林京学　摄）

《关于〈桂林市人民政府关于提请审议批准2016年桂林市市区政府债务限额的议案〉的审查报告》。会议表决通过《关于批准〈桂林市人民政府关于提请审议批准2016年桂林市市区政府债务限额的议案〉的决议》《桂林市人大常委会2017年工作要点》，表决通过有关人事任免事项。市人大常委会副主任潘永建为新任命的国家机关工作人员颁发任命书。会议举行新任命国家机关工作人员向宪法宣誓仪式。

第6次会议　4月21日举行。会议听取和审议市人大常委会执法检查组《关于〈中华人民共和国安全生产法〉执法检查情况报告》《关于〈中华人民共和国野生动物保护法〉执法检查情况报告》；听取和审议并表决通过《桂林市人民代表大会常务委员会人事任免办法》；表决通过有关人事任免事项。市人大常委会副主任潘永建为新任命的国家机关工作人员颁发任命书。

第7次会议　6月29日举行。会议听取和审议市人大常委会执法检查组《关于〈中华人民共和国行政诉讼法〉执法检查情况的报告》《关于〈中华人民共和国城乡规划法〉执法检查情况的报告》《关于〈中华人民共和国义务教育法〉执法检查情况的报告》，市人民政府《关于2016年桂林市本级财政决算的报告》《关于2016年度桂林市本级预算执行和其他财政收支的审计工作报告》，市人大财政经济委员会《关于2016年桂林市本级决算的审查报告》。会议表决通过《桂林市人大常委会关于批准2016年市本级决算的决议》和有关人事任免事项。市人大常委会副主任潘永建为新任命的国家机关工作人员颁发任命书。会议举行新任命国家机关工作人员向宪法宣誓仪式。

第8次会议　8月30日举行。会议听取和审议市人民政府《关于提请审议授予郑宝用“桂林市荣誉市民”称号的议案》《关于2017年上半年国民经济和社会发展计划执行情况报告》《关于桂林市2017年上半年预算执行情况报告》；听取市人民检察院《关于查办和预防扶贫领域职务犯罪的专项工作报告》，市人大法制委员会《关于〈桂林市市容和环境卫生管理条例（草案）〉修改情况和主要问题的汇报》。会议表决通过《关于授予郑宝用“桂林市荣誉市民”称号的决定》；表决通过有关人事任免事项，任命陈荣茂为桂林市副市长、市公安局局长。市人大常委会副主任潘永建为新任命的国家机关工作人员颁发任命书。会议举行新任命国家机关工作人员向宪法宣誓仪式。

第9次会议　10月31日举行。会议听取和审议市人民政府《关于我市开展交通秩序整治的专项工作报告》《关于我市农村土地承包经营权确权登记颁证工作情况的报告》《关于桂林市本级2017年预算调整方案（草案）议案》，市人大常委会副主任、代表资格审查委员会主任委员石春莲所作的《关于个别代表的代表资格审查情况报告（草案）》，市人大财政经济委员会《关于市本级2017年预算调整的审查报告》，市人大法制委员会《关于〈桂林市市容与环境卫生管理条例（草案）〉审议结果的报告》。会议表决通过《桂林市市容与环境卫生管理条例》《桂林市人民代表大会常务委员会关于批准2017年市本级预算调整方案的决定》《桂林市人大常委会代表资格审查委员会关于个别代表的代表资格审查情况的报告》《桂林市人大常委会关于表彰市五届人大一、二次会议及闭会期间代表优秀建议和承办建议先进单位的决定》和有关人事任免事项。

第10次会议　11月20日举行。会议听取、审议并表决通过有关人事任免事项，审议并通过相关议案和决定。会议任命秦春成为桂林市副市长并决定其代理市长职务，决定接受周家斌辞去桂林市市长职务。市人大常委会副主任潘永建为新任命的国家机关工作人员颁发任命书。会议举行新任命国家机关工作人员向宪法宣誓仪式。

第11次会议　12月26日举行。会议听取和审议市人民政府《关于2016年度桂林市市本级预算执行和其他财政收支审计查出问题整改情况的报告》《关于我市2017年环境状况和环保目标完成情况的专项报告》《关于市五届人大一次、二次会议代表建议批评和意见办理工作情况的报告》，市人大常委会副主任、代表资格审查委员会主任委员石春莲所作的《关于个别代表的代表资格审查情况报告（草案）》，市人民政府《关于〈桂林市城乡规划条例（草案）〉的起草说明》《关于〈桂林市违法建设防控和查处条例（草案）〉的起草说明》；听取市人大城乡建设环境与资源保护委员会《关于〈桂林市城乡规划条例（草案）〉的初审意见报告》《关于〈桂林市违法建设防控和查处条例（草案）〉的初审意见报告》。会议表决通过《桂林市人大常委会代表资格审查委员会关于个别代表的代表资格审查情况报告》《桂林市人大常委会关于召开桂林市第五届人民代表大会第三次会议的决定》《桂林市第五届人民代表大会第三次会议列席人员的决定》。审议提交市五届人大三次会议的市人大常委会工作报告和提交市五届人大三次会议预备会议表决的有关材料。会议对市五届人大一次、二次会议及闭会期间代表优秀建议和承办建议先进单位进行表彰。会议表决通过有关人事任免事项，决定接受邓志勇辞去桂林市副市长职务。市人大常委会副主任潘永建为新任命的国家机关工作人员颁发任命书。会议举行新任命国家机关工作人员向宪法宣誓仪式。

（黄英江）

重要工作

【重大事项决定】　2017年，市人大常委会通过法定程序适时作出决议、决定，把市委的重大决策和主张，转变为全市人民的共同意志和自觉行动。依据组织法及常委会议事规则，听取和审议市人民政府相关报告，依法作出批准市人民政府《关于提请审议批准2016年桂林市市区政府债务限额的议案》的决议，批准市本级预算调整方案，决定授予郑宝用“桂林市荣誉市民”称号等。全年共作出决议决定13项。

【重大项目建设跟踪推进】　2017年，市人大常委会按照市委重大项目建设的要求，通过听取项目建设情况报告、专题调研、组织代表视察等措施，对全市重大项目建设情况进行跟踪服务和推进。其中，龙门大桥建成通车，龙船坪特色街区提升改造项目、桂林市第二人民医院城北医院项目等顺利推进。

【法治桂林建设】 2017年，市人大常委会推进法治桂林建设。推进立法进程，建立立法工作机制，完善立法工作体系，构建“党委领导、人大主导、各方参与”的立法工作格局。明确《桂林市城市市容和环境卫生管理条例》《桂林市城乡规划条例》《桂林市防控和查处违法建设条例》等年度立法项目。确立《桂林市漓江风景名胜区管理条例》《桂林市湘江战役旧址保护条例》等7个立法调研项目。提高立法质量，树立依法立法、为民立法、科学立法理念，推进涉及改革发展全局和群众切身利益的立法。充实立法专家库人才储备力量，由10名立法专家扩充到50多名专家顾问。注重发挥人大代表、专家学者和市民群众以及政府部门、高等院校在法规起草、征求意见、论证评估、审议表决和公布实施等工作中的作用。10月31日，市人大常委会第9次会议表决通过《桂林市城市市容和环境卫生管理条例》，2018年1月1日正式实施。依法治市，促进司法公正，召开《桂林市石刻保护条例》实施工作推动会等，促进法规的贯彻执行，相继开展行政诉讼法、义务教育法等法律法规的执法检查。依法对市人民政府10个规范性文件进行备案审查。

【专题调研与视察】 2017年，市人大常委会加强对经济发展重点领域的研判，结合听取专项工作报告，对桂林市全域旅游、乡村建设、创意文化产业、全民健身等情况开展专题调研，为经济发展出谋划策。推动新型工业化、城镇化、信息化、农业现代化和绿色化进程，促进全市经济平稳健康发展和社会和谐稳定。年内市人大常委会组成人员开展了新型城镇化和传统古村落保护专题视察。

【财经预算、决算监督】 2017年，市人大常委会调研2016年桂林市国民经济和社会发展计划与预算执行情况，初审2017年桂林市国民经济和社会发展计划与预算(草案)。听取和审议2017年度上半年桂林市国民经济和社会发展计划与预算执行情况、审计工作报告，对存在问题提出意见和建议。加强对市本级预算、决算的审查监督。以加强预算监督为突破口，对政府“四大预算”(一般公共预算、政府性基金预算、国有资本经营预算、社会保险基金预算)以及15个部门的预算进行评审，审查批准2016年市本级决算和2017年预算调整方案。听取关于2016年市本级预算执行和其他财政收支审计查出突出问题整改落实情况的报告，督促市人民政府在规定时间内将审计查出问题进行整改。

2017年6月26日，市人大常委会副主任潘永建(左三)率市人大常委会组成人员专题视察传统村落保护情况 (黄英江 摄)

【民生热点督办】 2017年，市人大常委会密切关注社会和民生热点难点问题，综合运用监督手段予以推动，提升百姓的幸福感和获得感。听取和审议市人民政府城市道路交通秩序整治专项工作报告，提出加强交通基础设施建设和构建良好交通环境等意见，城市道路交通秩序整治取得明显成效。重点督办公共消防栓建设、优化城市主干道接入口及附属设施等代表建议。关注教育发展，开展义务教育法执法检查，推动解决部分学校“大通铺”“大班额”、校外午托安全隐患严重等突出问题。持续关注“三农”(农业、农村、农民)工作，听取和审议农村土地承包经营权确权登记颁证等专项工作报告，组织开展全市旅游扶贫及草牧业发展、乡村旅游和“旅游+”服务、农业科技创新工作、食品药品安全监管、少数民族贫困地区扶贫等专题调研，推进社会民生持续改善。重视生态环境保护，听取和审议环境状况和环保目标完成情况工作报告，对漓江风景名胜区、会仙湿地等生态环境保护情况进行调研。

【保障代表依法履职】 2017年，市人大常委会发挥代表主体作用。举办换届后首次代表履职培训班，通过邀请代表列席人大常委会会议，参加视察、执法检查、专题调研等活动，代表参与活动、撰写建议的积极性有所提高，建议的质量明显提升。组织代表开展集中视察和专题调研。做好全国、自治区驻桂林人大代表年中调研乡村建设和年底视察桂林市全域旅游发展情况等工作。采用新机制完善建议督办工作。年内，先后协调和组织市人民政府督查室、市人大相关专门委员会、165名提建议的代表以及31个承办单位、33个协办单位负责人和具体承办人共260多人，召开10场“小型见面会”，对75件重点代表建议进行全面督办，代表建议落实率55.6%。加强人大代表履职平台建设，建立6个人大代表履职平台示范点，平台标准达到自治区示范点水平。全市各级“代表活动中心”“代表之家”有860个，其中县级34个、乡级144个、村级682个。 (黄英江)

桂林市人民政府

综　　述

2017年，桂林市人民政府设工作部门39个，工作部门加挂牌子11个。桂林市人民政府办公室（简称市政府办）办公地址在桂林市临桂区西城中路69号，内设第一秘书科、第二秘书科、第三秘书科、第四秘书科、第五秘书科、第六秘书科、第七秘书科、第八秘书科、金融一科、金融二科、金融三科、人事行政科、文书科、信息科、调查研究科、会议接待科、综合科、市政府督查室（内设决策督查科、专项督查科）、市政府应急管理办公室（内设值班室、应急协调处置科）、市调解处理土地山林水利纠纷办公室（内设"三大纠纷"调处科、"三大纠纷"信访督查科）、市政务服务监督管理办公室［内设政务综合科、政务管理科（政务投诉监督科）、政务公开科（政务技术科）、公共资源交易管理科］。人员编制108名（含后勤服务聘用人员控制数10名），在职人员97人。

2017年，桂林市人民政府主动适应经济发展新常态，全面落实新发展理念，按照"加快建设新城，疏解提升老城，产业融合发展，城乡协调推进，生态文化相融，富裕和谐桂林"的总体要求，统筹抓好稳增长、促改革、调结构、惠民生、防风险等各项工作，推动经济社会持续健康发展。坚持桂林国际旅游胜地建设"一本蓝图绘到底"，实施"旅游+""双创双促"、领军企业培育、旅游品质提升、旅游市场综合整治、旅游精准营销"六大行动"，桂林旅游品质和品牌影响力持续提升，国际旅游胜地建设中期目标全面实现。坚持把重大项目建设作为推动经济社会发展的重要引擎，建立市领导"一联三"工作责任制（市四家班子领导联系重大项目、工业企业和贫困村扶贫工作），创新推出"1+4"会议制度（在每月召开重中之重项目推进会的基础上，每季度召开重大项目推进大会，每月召开1次—2次重大项目专项协调会，每月召开1次工业项目协调会，每周开展1次"市长服务日"活动），推动重大项目建设提速提效。坚持实施重振桂林工业雄风战略，召开全市工业发展大会，研究出台系列政策措施，推动工业经济平稳健康发展。坚持以农业供给侧结构性改革为主线，优化农业产业体系、生产体系、经营体系，促进农业转型升级、提质增效。统筹推进宜居城市和宜居乡村建设，提升城市发展品质，临桂新区建设提速，老城疏解提质，加快城乡一体化发展步伐，完成第三批16个新型城镇化示范乡（镇）"书记工程"建设。坚持"生态立市"，以国家生态文明先行示范区建设为抓手，强化环境保护目标任务考核，生态环境保护和生态文明建设再上新台阶。保障和改善民生，打好脱贫攻坚战，办好公平优质教育，加快文化体育事业发展，深化健康桂林、"平安桂林"建设，人民群众的获得感、幸福感持续增强。

（刘二辉）

重要会议

【全市性重要会议】

1月3日，市人民政府召开桂林市五届人民政府第一次全体（扩大）会议。

2月13日，市人民政府召开桂林市五届人大二次会议代表建议和政协提案办理工作会议。

同日，市人民政府召开全市工业工作专题研究会。

同日，市人民政府召开城市管理暨"城市双修"专题会。

2月17日，市人民政府召开2017年全市交通运输工作会议。

2月23日，市人民政府召开2017年全市卫生计生工作会议。

2月24日，市人民政府召开2017年全市消防工作会议。

3月2日，市人民政府召开2017年全市审计工作会议。

3月3日，市人民政府召开全市教育工作会议。

3月7日，市人民政府召开全市应对H7N9疫情预防联控工作会议。

3月21日，市人民政府召开2017年全市第一季度金融运行分析会。

3月29日，市人民政府召开2017年全市第一季度工业经济运行调度会。

4月7日，市人民政府召开2017年全市环境保护工作会议。

4月10日，市人民政府召开桂林市五届人民政府第一次廉政工作会议。

4月19日，市人民政府召开全市重点工业企业发展专题协调会。

4月20日，市人民政府召开2017年全市"三大纠纷"调处工作会议。

4月21日，市人民政府召开2017年旅游工作暨"五一"假日旅游安全工作会。

4月25日，市人民政府召开2017年全市医改工作暨县级公立医院综合改革现场推进会。

5月16日，市人民政府召开全市

行政审批制度改革工作会议。

5 月 25 日，市人民政府召开污水垃圾处理设施建设工作推进会。

6 月 2 日，市人民政府召开创建国家可持续发展议程创新示范区工作布置会。

同日，市人民政府召开全市脱贫攻坚工作推进会。

7 月 1 日，市人民政府召开全市防汛工作会议。

8 月 9 日，市人民政府召开全市耕地提质改造（旱改水）工作会议。

9 月 1 日，市人民政府召开桂林市创建广西食品安全示范城市工作推进会暨食药监管事权划分和食药检所机构改革工作布置会。

9 月 6 日，市人民政府召开 2017 年“放管服”工作电视电话会议。

10 月 19 日，市人民政府召开全市易地扶贫搬迁工作推进会议。

12 月 15 日，市人民政府召开 2017 年全市质量大会。

（徐付林）

【第五届人民政府常务会议】 2017 年，桂林市第五届人民政府常务会议共召开 12 次。

第 4 次常务会议　2017 年 2 月 14 日召开。会议组织学习《中共广西壮族自治区委员会关于进一步贯彻落实中央八项规定的实施办法》和《中共桂林市委员会关于进一步贯彻落实中央八项规定的实施办法》；审议并原则同意桂林市人民政府与中国农业银行合作设立 45 亿元城市建设发展基金、租赁办公用房、防震减灾专业技术楼建设、组建桂林国投产业发展集团有限公司、认定第三批桂林市现代特色农业示范区、桂林市 2017—2021 年五年地方法规立法规划、2017 年地方法规立法计划项目建议和 2017 年政府规章立法计划、给予“十三五”农村扶贫攻坚重点项目资金补助、城区部分道路命名更名、恭城瑶族自治县平安乡撤乡建镇、龙胜各族自治县乐江乡撤乡建镇、在漓江水域设立禁渔区、为市公安消防支队申报集体三等功等事宜；审议并原则通过《桂林市国有林场改革方案》《桂林市交通一卡通工作实施方案》《桂林市易地扶贫搬迁“十三五”规划》《桂林市安全生产“十三五”规划》《桂林市生产安全事故应急预案》《桂林市人民政府深圳烯旺新材料科技股份有限公司战略合作框架协议》《桂林市靖江王陵遗址重点保护范围内散葬民坟治理工作方案》《桂林市旅游项目配套旅游地产用地管理办法（试行）》《桂林市法治政府建设实施方案（2017—2020 年）》《桂林市改善农村人居环境基础设施建设项目购买服务协议》《桂林市地方志事业发展规划（2016—2020 年）》《桂林市战略性新兴产业发展“十三五”规划（送审稿）》《桂林市国民经济动员“十三五”规划（送审稿）》《桂林市城镇规划建设中小学幼儿园实施细则（试行）》《桂林市食品安全事故应急预案（2016 年修订）》《桂林市城市风貌专项规划——色彩专项规划》《桂林市万福休闲旅游度假区项目用地控制性详细规划》《桂林市酱料厂地块控制性详细规划》《桂林航天工业学院新校区扩建项目建筑风貌方案》《桂林市芦笛百纺公司、驿前横里周边地块控制性详细规划 B-06-1 地块规划调整方案》《桂林市琴潭组团控制性详细规划 B2-7 地块规划调整方案》《“4321”政银担合作框架协议》。

第 5 次常务会议　2017 年 2 月 27 日召开。会议组织学习《中共中央国务院关于推进安全生产领域改革发展的意见》；听取桂林市安全生产工作情况汇报；审议并原则通过《桂林市人民政府　华为技术有限公司　桂林华为信息生态产业合作区合作协议》《桂林市人民政府　中兴通讯股份有限公司合作协议》《桂林市人民政府　中兴通讯股份有限公司　中兴通讯产业园合作协议》《桂林市人民政府　中兴通讯股份有限公司　中兴智慧小镇及配套商业综合体项目合作协议》《桂林市工业和信息化委员会　桂林浪潮云计算有限公司　桂林聚慧资产管理有限责任公司共建桂林浪潮双创科技园合作协议》《桂林市城市公交车成品油价格补助资金管理暂行办法》《粤桂黔高铁经济带合作试验区（桂林）广西园发展总体规划》《桂林市经济体制改革“十三五”规划》《桂林市金融业发展“十三五”规划》《漓江城市段沿岸慢行步道改造工程项目实施方案》《桂林市各县（区）人民政府交通运输工作责任目标考核办法》《关于深化公安改革工作的意见》《桂林市全面提升群众安全感和政法队伍满意度责任制实施办法》《2017 年市人民政府主要目标任务分解表》《2017 年市级层面为民办实事项目》；审议并原则同意与中国人民解放军空降兵学院签订置换土地协议、市防洪及漓江补水枢纽工程启动斧子口库区移民临时搬迁安置措施、市防洪及漓江补水枢纽工程启动斧子口库区企业搬迁安置措施、市防洪及漓江补水枢纽工程兴安县双拥路基础设施缺口资金等事宜；专题研究 H7N9 防控工作。

第 6 次常务会议　2017 年 3 月 28 日召开。会议审议并原则通过《桂林市战略性新兴产业创新发展实施方案（送审稿）》《桂林市关于支持和促进工业创新发展的实施办法（送审稿）》《桂林市医疗机构设置规划（2015—2020 年）》《桂林市农业水价综合改革实施方案》《2017 年桂林市农业水价综合改革实施计划》《桂林市物价局民政局财政局人力资源和社会保障局国家统计局桂林调查队关于进一步完善社会救助和保障标准与物价上涨挂钩联运机制的通知》；审议并原则同意第四届桂林市市长质量奖获奖单位、桂林肉类联合加工厂国有产权挂牌出让实施改制有关问题、桂林市行政许可事项目录和取消一批中央指定地方实施行政许可事项等事宜；通报《桂林市食品药品安全“十三五”规划》《桂林市医疗卫生服务体系规划（2016—2020 年）》事项；听取 H7N9 防控工作情况汇报。

第 7 次常务会议　2017 年 5 月 5 日召开。会议听取桂林市信访工作和落实中央环境保护督察反馈意见整改工作情况汇报；审议并原则通过《桂林市节能减排降碳和能源消费总量控制“十三五”规划》《桂林市能源发展“十三五”规划》《桂林市循环经济发展“十三五”规划》《桂林市环境保护“十三五”规划》《桂林市人民政府办公室对列入市级重点监督的 10 项重大安全事故隐患进行整治的通知》《优先发展城市公共交通的意见》《桂林市关于促进科技创新发展实施办法》《桂林市教育用地专项规划（2015—

2020)》《桂林市辐射事故应急预案》《桂林国际旅游胜地建设中期评估自评报告》;审议并原则同意2016年度环保目标责任状考评结果、签订棚户区项目《委托投资协议》、签订棚户区项目《购买服务协议》、签订建设"中国—东盟信息港桂林产业园"合作意向书、糖果食品厂棚户区改造项目规划、七星区塔山片区城中村改造项目控制性详细规划调整、荔浦县撤县设立县级市的方案论证和风险评估报告等事宜。

第8次常务会议 2017年5月22日召开。会议审议并原则同意桂林市2015年度银行业金融机构支持地方经济发展奖励调整方案、中国邮政储蓄银行广西壮族自治区分行与桂林市人民政府进行战略合作、组建桂林榕湖酒店集团有限公司、桃江宾馆资产移交榕湖饭店、桂林市人民政府与比亚迪公司签订相关协议、市级服务业集聚区认定管理试行办法和桂林市现代服务业集聚区发展五年行动计划,审议并原则通过《中共桂林市委员会桂林市人民政府关于加快桂林新型工业发展的若干意见》《桂林市人民政府关于表彰2016年度全市工业发展先进单位及优秀企业的决定》《桂林市人民政府中车株洲电力机车有限公司城市轨道交通示范线项目建设与产业发展合作协议》《桂林市人民政府上海市张江高新技术产业开发区管理委员会战略合作框架协议》《桂林市综合交通运输发展"十三五"规划》《桂林市突发环境事件应急预案》《桂林市森林火灾应急预案》。

第9次常务会议 2017年6月21日召开。会议审议并原则同意321国道资本金BT提前回购融资管理费及降造比例方案、市国土资源局不动产登记中心租用办公楼、桂林经济技术开发区行使市级相关国土资源行政审批管理权限及设立土地储备中心、桂林市凯风路东侧地块控制性详细规划B-9地块规划调整方案;审议并原则通过《"美丽桂林·宜居乡村"活动实施意见》及3个配套文件、《漓江大圩旅游码头改造工程实施方案》《桂林市建筑石料用采石场建设和生产运营管理暂行规定》《桂林市旅游专线试验线选线方案》《桂林七星体育休闲生态度假区开发建设项目战略合作框架协议书》;通报市级旅游资源整合、市级投融资公司改革整合的企业领导班子管理方式,市本级政府性债务及建设资金筹措有关情况等事项。

第10次常务会议 2017年7月11日召开。会议审议并原则通过《灌阳至平乐高速公路采用政府和社会资本合作(PPP)模式项目实施方案》《桂林经济技术开发区人事制度和薪酬制度改革方案》《桂林市市直行政事业单位老城区房屋、土地资产清查处置工作方案》《桂林市露天开采矿山(砂石土)采矿权出让管理暂行规定》《桂林市行政规范性文件管理办法》《龙胜各族自治县县城总体规划(2015—2030年)》;审议并原则同意桂林市物资协作开发总公司国有产权划转市国投公司筹集资金安置职工、桂林市事业单位绩效工资总量核定管理工作、沙河片区控制性详细规划C2-11地块规划调整方案、开通桂林至阳朔旅游观光穿梭巴士等事宜。

第11次常务会议 2017年7月31日召开。会议审议并原则同意2017年度桂林市科学技术奖励决定、组建桂林市景区旅游经营管理有限公司、桂林旅游发展总公司和榕湖饭店与旅游资源整合相关债务处理意见、桂林市实行企业职工基本养老保险分级发放、2016年度市本级绩效考评奖金发放有关事项;审议并原则通过《桂林市城市管理绩效考评办法(修订稿)》《桂林市全面推行河长制工作方案》《桂林市自然灾害救助应急预案(修订版)》《桂林市现代物流业发展"十三五"规划》《桂林市国土资源"十三五"规划》《桂林市突发事件应急体系建设"十三五"规划》《桂林市消防事业发展"十三五"规划》《桂林市文化发展"十三五"规划》《桂林市城区公共安全视频监控建设联网应用项目工作实施方案(2016—2020年)》;布置有关工作。

第12次常务会议 2017年8月24日召开。会议审议并原则通过《2017年市发展和改革委员会等43个部门权责清单"两单融合"清单》《桂林市土地储备收益分配暂行办法补充规定》《桂林至柳城高速公路项目建设合作框架协议》《关于推进健康桂林建设的决定》《"健康桂林2030"规划》《桂林市工业发展"十三五"规划》《桂林市信息化发展"十三五"规划》《桂林市政府性债务风险应急处置预案(送审稿)》《桂林市猫儿山西片区控制性详细规划》;审议并原则同意"一院两馆"实行资产重组、桂林榕湖酒店集团公司出资收购桂林伏波山大酒店有限责任公司、灵川县调整城镇土地使用税征税范围及税额、授予华为技术有限公司高级副总裁郑宝用"桂林市荣誉市民"称号等事宜;开展法治专题讲座。

第13次常务会议 2017年10月18日召开。会议审议并原则同意环广西公路自行车世界巡回赛相关事项、2017年桂林市市区城市和农村低收入家庭收入标准、提高桂林市城乡居民最低生活保障标准、使用污水处理费收费权质押贷款、处置桂林日报社部分房产等事宜;审议并原则通过《桂林市参与建设丝绸之路经济带和21世纪海上丝绸之路实施方案》《桂林市特困人员救助供养制度实施细则》《桂林市一线环卫工人工资福利待遇标准指导性意见(送审稿)》《桂林市建设健康城市(2017—2020)行动方案》《桂林市烟花爆竹产业结构调整转型指导意见》《桂林市站前路储备用地及周边地块控制性详细规划CB7、CB28地块及周边道路规划调整方案》《桂林市八一桥改扩建设工程规划桥梁风貌方案》;听取创建广西食品安全城市工作汇报。

第14次常务会议 2017年12月7日召开。会议审议并原则同意漓江补水机制、靖江王陵遗址重点保护范围内散葬民坟清理整治相关问题、调整桂林市城区城镇土地使用税征税土地等级和税额标准有关问题、靖江王府片区历史文化旅游休闲街区商业业态经营管理、桂林银行2017年增资扩股、2017年市直机关事业单位编外聘用人员申报计划、2017年桂林市行政规范性文件清理结果、桂林市与自治区司法厅合作共建"法治桂林"、确定桂林市交通投资控股集团有限公司为国道321阳朔至桂林段公路收费、管理及养护单位、桂林市保障性住房(棚户区改造)项目(第一批)采用政府购买服务方案、桂林市2018年地方法规立法计划项目建议等事宜；审议并原则通过《桂林市政府投资引导基金设立方案》《桂林市城镇低效用地再开发利用实施细则（暂行）》《桂林市电子政务工程建设项目管理暂行办法》《桂林市违法建设防控和查处条例（草案）》《桂林市城乡规划条例（草案）》《桂林市人民政府规章立法后评估办法》《桂林市桃花江片区 B1-1、B1-2、B1-3、B1-4 地块规划设计条件、修建性详细规划与建筑风貌方案》《桂林市本级 2017 年预算调整方案（草案）》；传达学习自治区关于扶贫开发工作成效考核相关文件；开展法治专题讲座。

第 15 次常务会议 2017 年 12 月 21 日召开。会议审议并原则通过《桂林市市政公用设施"十三五"规划》《桂林市餐厨废弃物资源化利用和无害化处理项目实施方案》《桂林市人民政府关于推进国有企业发展混合所有制经济实施方案》《桂林市国有企业职工家属区三供一业分离移交工作实施方案》《桂林市集中式饮用水水源地突发环境事件应急预案》《桂林市贯彻落实食品安全党政同责规定的实施意见》《2017—2020 年桂林市区中小学校建设实施方案》《桂林市调整完善市辖区财政管理体制的实施方案》《桂林市市以下财政事权和支出责任划分改革工作方案》《政府工作报告（送审稿）》《2017 年国民经济和社会发展计划执行情况及 2018 年国民经济和社会发展计划（草案）的报告（送审稿）》《桂林市全市和市本级 2017 年预算执行情况及 2018 年预算草案的报告（送审稿）》；审议并原则同意桂林众力创能环保服务有限公司组建方案及公司章程、桂林市文化体育产业投资发展集团有限公司向银行申请贷款购买位于一院两馆旁 1.87 公顷土地进行商业开发、将桂林市商业总公司所持桂林新凯悦酒店有限公司 50% 国有股权及酒店用地挂牌出让、将桂林市商业总公司整体国有产权划转至桂林旅游发展总公司、对桂林市园林局下属公园进行旅游资源整合、确认国道 321 项目道路产权及改扩建新增的道路资产所有者为桂林市交通投资控股集团有限公司、桂林市人民政府与中国医疗保健国际交流促进会进行战略合作等事宜；听取市安全生产工作情况汇报。 （李宅林）

重要政务

【旅游业持续转型升级】 2017 年，桂林国际旅游胜地建设中期目标全面实现，桂林综合实力持续增强。"旅游+"发展迅速，民宿乡居、体育休闲、骑行慢游等业态不断丰富，桂林成为全国首批 13 家国家健康旅游示范基地之一，8 条大桂林生态休闲旅游精品线路加快推进。旅游"双创双促"（"双创"指创建国家全域旅游示范区和广西特色旅游名县，"双促"指促进县域经济发展和县域旅游转型升级，即以创建国家全域旅游示范区和广西特色旅游名县为切入点和着力点，促进县域经济发展和县域旅游转型升级）持续推进，阳朔、兴安、龙胜、恭城、雁山 5 个县（自治县、区）加快创建国家全域旅游示范区，灵川入围广西特色旅游名县创建县。推进旅游资源整合，组建景区管理公司和榕湖酒店管理集团，引导桂林旅游股份有限公司和桂林旅游发展总公司等旅游旗舰企业做大做强。旅游基础设施不断提升，两江四湖 · 象山景区晋升国家 5A 级旅游景区，两江四湖二期连通水系建成通航，漓江城市段西岸慢行步道工程全面完工，万达文化旅游城等重大项目加快推进，"厕所革命"桂林模式在全国推广。强化旅游市场综合整治，成立自治区首支旅游警察队伍。强化旅游精准营销，与脸书(Facebook)、英国广播公司等知名媒体合作开展网络营销，借助节庆赛事活动宣传桂林旅游，"央视春晚，桂林最美"享誉海内外。全年接待游客 8232.79 万人次，实现旅游总消费 971.76 亿元，分别增长 52.9%、52.5%。

【重振桂林工业雄风】 2017 年，桂林市工业园区承载能力显著提升。新建标准厂房 22.7 万平方米、孵化器及人才公寓 16 万平方米；桂林国家高新技术产业开发区、桂林经济技术开发区、桂林高铁经济产业园三大园区实现工业总产值超 750 亿元。桂林经济技术开发区新开工工业项目 27 个，完成投资 21.3 亿元，10 个配套基础设施项目全面推进。桂林国家高新技术产业开发区持续扩容提质，高新技术产业加快发展。高铁经济产业园总体规划基本完成，征地拆迁 666.67 公顷，引进重点项目 6 个，总投资 25 亿元。全市三大园区"齐头并进"、各县工业集中区"多点支撑"的工业发展新格局初步形成。工业重大项目加快建设，建成华为产业合作区招商中心、展示中心、双创园（一期）和三金中药城等项目，完成莱茵生物搬迁，比亚迪新能源汽车等项目加快推进。举办首届"桂林绿色制造"展示会，组织企业参加各类工业产品交易会，桂林产品市场影响力持续提升。

【现代服务业提速增质】 2017 年，桂林市持续推进服务业集聚区建设。出台实施市级服务业集聚区认定管理办法、现代服务业集聚区发展五年行动计划，开工建设桂林国际智慧健康旅游产业园、桂林国家农业科技园、临桂新区中央商务区等 8 个集聚区，桂林创意产业园园区、桂林电商谷、桂林软件与服务外包集聚区投入运营，3 个集聚区成为自治区首批现代服务业集聚区。成功举办中国（桂林）国际健康旅游高端论坛，叠彩万达广场等项目投入运营，桂林米粉百亿元产业加快推进，国家电子商务进农村综合示范县农村电商村级覆盖率达 70%。金融机构各项存贷款余额分别增长 10.2%、15.5%，均居自治区前列。

【现代农业增产增效】 2017 年，桂林市继续实施现代特色农业"7+3"提升行动（即提升粮食、水果、蔬菜、食用菌、茶叶、肉牛肉羊、生猪七大种养业，以及富硒农业、有机循环农业、休闲农业三个新兴产业），粮食总产量超 200 万吨。水果改扩种 1.16 万公顷，水果总产量 543 万吨。全州县天湖忠发生态养殖有限公司、兴安县旺源牛场基地有限责任公司、龙胜龙达生态养殖有限公司等 9 家公司获南方现代草地畜牧业项目支持。建设现代特色农业示范区，各级示范区增至 186 个，数量居广西第一。兴安县灵渠葡萄产业示范区、荔浦县橘子红了砂糖橘产业示范区、阳朔县百里新村金橘产业示范区3个示范区被认定为自治区五星级示范区，实现五星级示范区零的突破；18个示范区被认定为市级现代特色农业示范区。加强农产品品牌建设，新认证农业“三品一标”（无公害农产品、绿色食品、有机农产品和农产品地理标志）产品20个，永福罗汉果入选首批中国特色农产品优势区名录。2017年全国农产品加工品牌创建宣传周主场活动暨广西农产品品牌推介会在桂林市举行；成功举办第十三届广西名特优农产品（桂林）交易会及桂林名特优新农产品上海、西安推介会。积极培育新型农业经营主体，新增农民专业合作社552家、家庭农场135家。恭城瑶族自治县恭城镇、莲花镇红岩村被评为2017年“中国慢生活休闲体验区、村（镇）”。乡村旅游人数突破3000万人次，综合收入超过50亿元。

【重大项目建设】 2017年，桂林市加强项目建设协调服务，强化项目规划、审批、土地、资金保障，重大项目建设不断提速。全年市级统筹推进重大项目889个，完成投资848.23亿元。桂林两江机场扩建工程顺利推进，桂林至柳城、灌阳至平乐高速公路开工建设，桂林至三江、资源至兴安高速公路建成通车，桂阳文化旅游大道全面完工，漓江桥、龙门大桥、机场路香江饭店路口立交桥相继建成投入使用，桂林动车所、西货运中心站投入使用，斧子口水库基本建成。

【临桂新区建设】 2017年，临桂新区的投资发展大厦、建设大厦等工程完工；市民广场、山水公园建成开放，景观水系基本完工；复兴小学、汇荣小学教学用房、桂林师专临桂校区投入使用，桂林中学临桂校区（一期）等工程竣工。旅游专线试验线、桂林旅游综合医院、枫林农贸市场等项目顺利推进，新区宜居宜业水平进一步提高。

【老城疏解提升】 2017年，桂林市漓江桥扩建、龙门大桥新建、机场路香江饭店路口立交桥新建、芦笛路铁路下穿通道、甲山路铁路下穿通道等工程建成通车，完成东二环路机动车道整修、51条城市道路“白改黑”改造（水泥混凝土路面改建为沥青混凝土路面），12座人行天桥主体完工，破除多个交通瓶颈。全面推进“城市双修”（指生态修复、城市修补），王城片区等特色街区改造“书记工程”顺利实施，福隆园、塔山、新生街等36个棚户区（城中村）改造项目加快推进，老城活力进一步激发。开展全国文明城市创建活动，修订实施城市管理绩效考评办法，推进城市建筑垃圾公司化处置，老城区环卫机械清扫率80%，完成拆除违法建筑265万平方米，改造提升无物业管理小区100个，清理整治各类亭棚1364个，拆除各类违法户外广告牌6700多块，城市环境更整洁有序。

2017年，市民在建成的中央公园游玩　　（临桂区委宣传部　供图）

【生态立市绿色发展】 2017年，桂林市强化环境保护目标任务考核，推进中央环保督察反馈意见整改，完善漓江生态保护长效管理机制，21家关停采石场全部生态复绿，漓江城市段洲岛鱼餐馆全部拆除，市区生活污水集中处理率99%。强化大气污染防治，市区空气质量优良天数增至308天。全面推行河长制，设立四级河长599名，全市集中式饮用水水源地水质达标率100%。灵川、全州、阳朔、资源、恭城、临桂等县（自治县、区）成为自治区级生态县（市、区）。

【改革创新释放活力】 2017年，桂林市实施供给侧结构性改革，关停22家小造纸厂，商品房库存下降10.9%。继续推进漓江“三统”（指漓江风景名胜区的经营管理实行统一管理、统一经营、统筹利益分配）改革，推出漓江旅游经营“四分四化”模式[指漓江“四分”游览（分段游、分时游、分级游、分形游）和漓江风景名胜区票务“四化”管理（旅游票电子化、行程单电子化、旅游售票网络化、游客身份实名化）模式]，精华段游船企业整合和游船提档升级成效明显。国企重组取得进展，原桂林市国有资产投资经营有限公司等13家市级投融资公司和桂林市环城水系建设开发有限公司等22家相关企业重组成为桂林市产业投资集团公司等8家投融资公司。行政审批、商事制度、农业农村、教育卫生、科技金融、社会治理等领域改革全面深化。创新能力不断增强，国家可持续发展议程创新示范区申报工作取得重大进展，获广西科学技术特别贡献奖1项、广西科技奖36项，每万人口发明专利拥有量7.73件，居广西前列。

【民生社会事业发展】 2017年，桂林市有自治区层面十大类33项、市级层面十大类34项为民办实事项目全面完成。推进脱贫攻坚，整合各类扶贫资金39.2亿元，完成脱贫贫困村96个，减少贫困人口7.5万人，开工建设易地扶贫搬迁点33个，累计搬迁入住2.18万人。实现城镇新增就业6.5万人，农村劳动力转移就业新增7.63万人次，城镇登记失业率2.4%。健

2017年12月19日—20日，自治区、市、县、乡、村五级“三大纠纷”普法下乡法制宣传活动在龙胜各族自治县伟江乡举行 （赵志明 摄）

全社会保障体系，“五险”参保人数716万人次，开工建设棚户区改造住房1.03万套。新续建中小学校47所，学前教育三年毛入园率、九年义务教育巩固率、高中阶段教育毛入学率分别为85%、97.5%、91.3%。出台《关于推进健康桂林建设的决定》，率先在广西发行居民健康卡。完善社会治安防控体系，连续5次被评为全国社会治安综合治理优秀市，连续3次获全国社会治安综合治理“长安”杯。

（刘二辉）

【“三大纠纷”调处】 2017年，桂林市完善市、县、乡、村、组五级信息联络员网络体系，落实“五排查”（特种设备安全排查、人员密集场所安全排查、油气管道安全排查、涉爆粉尘安全排查、职业卫生的排查预防）制度，重要时期实行“零报告”制度。所有县（区）与接连市县（区）建立联席联调会议机制，加强对重要案件、敏感纠纷矛盾的分析、评估、排查。围绕自治区、桂林市统筹推进的139个重点项目做好服务保障，化解各类项目建设纠纷148件。年内，桂林市“三大纠纷”调处办公室开展业务培训83期，培训人员9000人次，参与指导纠纷22件，开展各类法制宣传活动300场。全年全市“三大纠纷”发案975件、立案923件、调结887件，调结率96.1%。上年积案52件、调结51件，调结率98.1%。年内，由桂林市牵头负责的9件“三跨”重点积案，完成跨省跨市纠纷3件，调结率75%，完成跨县纠纷5件，调结率100%。全年没有发生因“三大纠纷”调处不力而引发的重大群体性事件、恶性刑事案件和集体赴邕进京上访事件。

（田瑞勇）

【政府应急管理】 2017年，桂林市应急管理工作有序开展，应急管理体系持续完善。值守应急工作更加规范有序，发布《桂林市突发事件和紧急敏感情况信息报送工作规定》等规范性文件，全年向自治区人民政府上报突发事件信息120条，无迟报、瞒报、漏报现象。突发事件应急处置迅速有效，全年共发生夏季洪涝灾害、“一一二八”永福县境内列车与货车相撞等较大突发事件16件，各级各部门均做到事发响应迅速，事中处置科学，事后恢复稳妥，全年全市未发生重大及特别重大突发事件。开展国家药品安全示范性应急演练、湘桂两省区防空袭跨区域通信保障协同演练等大型演练，修订《桂林市食品安全事故应急预案》等5个市级专项预案和一批部门应急预案。应急志愿者队伍建设取得成效，建成一批包括专业、基层、青年、企业四大类的志愿者队伍。基层应急管理示范点建设加快推进，建成乡（镇、街道）、村屯（社区）、学校、企业等各类示范点21个，七星区辰山社区被自治区人民政府应急办评为广西首批基层应急管理示范点。（王佳奇）

【驻京联络】 2017年，桂林市人民政府驻北京联络处（简称驻京联络处）办公地址在北京市西城区西便门西里小区15号楼，内设综合科、外联科，人员编制6名，在职人员8人。年内，驻京联络处加强与中央机关和北京市有关部门沟通联络，整合多方资源，协助桂林市、县（区）相关单位在北京开展工作。协助驻桂林的全国人大代表、全国政协委员完成相关工作任务。建立桂林市招商引资平台，协助企业在桂林投资、与桂林企业合作事宜，引进北京中讯四方科技股份有限公司手机

2017年11月28日，桂林市开展应急管理工作培训 （王佳奇 摄）

声表面波双工器项目落户桂林经济开发区华为双创园。建立宣传窗口，扩大对桂林的宣传。指导桂林市驻北京团工委、桂林在北京大学生联谊会，桂林在北京企业家联谊会等群众性组织开展工作，促成北京桂林企业商会第一届会员大会暨成立大会“一带一路”桂商国际合作论坛举行。

（房榕）

政府法制

【概况】 2017年，桂林市法制办公室（简称市法制办）办公地址在桂林市临桂区西城中路69号，内设秘书人事科、规范性文件审查科、法律事务科、行政执法监督科、行政复议应诉科（市人民政府行政复议办公室）、法规科，人员编制22名，在职人员20人。年内，市法制办以建设职能科学、权责法定、执法严明、公开公正、廉洁高效、守法诚信的法治政府为目标，强化组织保障和落实机制，健全重大行政决策机制，建立行政自由裁量权基准，规范行政复议，完成市人民政府立法任务，加快法治政府建设步伐。

【加快建设法治政府】 2017年，桂林市全面推进依法行政工作领导小组办公室（简称市依法行政办）制订《2017年全市法治政府建设工作要点》《2017年桂林市法治政府建设专项考评指标和评分标准》，中共桂林市委、市人民政府印发《桂林市法治政府建设实施方案(2017—2020年)》，强化组织保障和落实机制，推进依法行政，加快法治政府建设。全市建立起以法制机构人员为主体的专职法律顾问、吸收外聘专家学者和律师为兼职法律顾问的新型政府法律顾问队伍。市依法行政办举行全市建设法治政府示范经验交流会，推介市工商行政管理局规范行政处罚行为、确保公正文明执法的示范经验。严把执法人员资格准入关，组织全市2700多名行政执法人员参加网络培训和自治区行政执法资格年度考试。开展全市行政执法案卷评查活动，针对查出问题进行整改。

【规范性文件管理】 2017年，市法制办对市人民政府发布的《桂林市促进科技创新发展实施办法》等16份行政规范性文件进行合法性审查，并向自治区法制办、市人大常委会备案。各县（区）人民政府和市直属部门报送的20件行政规范性文件通过备案审查。实施《桂林市行政规范性文件管理办法》，对行政规范性文件进行统一登记、统一编号和统一发布管理。组织开展行政规范性文件清理，市人民政府印发的有效行政规范性文件134件，废止45件，失效5件，修改24件；市直属部门印发的有效行政规范性文件190件，废止73件，失效32件，修改35件。

【行政复议和应诉】 2017年，市法制办行政复议应诉科（市人民政府行政复议办公室）立案受理行政复议案件148件，其中山林权属纠纷72件，行政处罚29件，土地权属纠纷23件，行政征收5件，行政不作为4件，行政许可3件，信息公开2件，工伤认定2件，其他8件。审理结案209件，其中维持117件，撤销26件，驳回申请20件，责令限期履行11件，确认合法2件，调解终止33件。副市长陈荣茂代表市人民政府出庭参加行政诉讼应诉4件，市法制办代理市人民政府出庭应诉172件。

【办理涉法事务】 2017年，市法制办为市人民政府重大决策、经济管理、社会事务、行政行为、合同行为等事务提供法律顾问服务。向市人民政府提供关于与比亚迪项目、华润项目、国奥城项目、七星体育休闲生态度假区开发建设项目的战略合作框架协议，临桂新区旅游专线试验线工程合作协议，黑山植物园市场危害铁路安全违法建设拆除，旅游资源整合，福隆园、塔山片区棚户区改造项目，靖江王陵散葬民坟迁移等法律意见629件，内容涉及城乡规划、城市管理体制改革、部门职责划分与责任追究、国有土地房屋征收、各类工作实施方案及应急预案、各类总体及专项工作规划、行政审批事项清理等方面。

【地方政府立法】 2017年，市法制办完善政府立法体制机制，61名专家学者和法制专业人员入选桂林市人民政府行政立法咨询人才库。配合市人大常委会审议《桂林市市容和环境卫生管理条例（草案）》《桂林市城乡规划条例（草案）》《桂林市防控和查处违法建设条例（草案）》。根据桂林市首部实体法《桂林市石刻保护条例》组织起草配套规章《桂林市国有石刻保护资金管理办法》。组织起草《桂林市城市照明管理办法》《桂林市集贸市场管理办法》等行政规章。制订《桂林市行政规章立法后评估办法》，科学编制2018年立法计划。（陈小华）

政务督查

【概况】 2017年，桂林市人民政府督查办公室（简称市政府督查室）为桂林市人民政府办公室的内设机构，设有决策督查科和专项督查科。年内，市政府督查室按照市委、市人民政府统一部署，突出督查重点，丰富督查手段，创新督查方式，推动政府各项工作有效落实。

【重大决策部署贯彻落实情况督查】 2017年，市政府督查室抓好对中央和自治区有关稳增长等一系列重大决策部署等贯彻落实情况督促检查。重点开展国务院第四次大督查和自治区集中督查迎检及整改工作。制订《桂林市稳增长情况“红黑榜”督查通报工作方案》，全年印发稳增长督查专报2期。印发《桂林市人民政府关于落实2017年政府工作主要目标任务的通知》，将272项主要目标任务，分解到责任单位和各县（区）人民政府落实，抓好季度进展情况跟踪督查。全年全面完成目标任务261项个，完成率96%。抓好市人民政府常务会、市长例会等会议贯彻落实情况督查，做到全程跟踪督办、动态管理。全年共办理市人民政府常务会议决定事项204项，落实率100%。

【重点工作推进情况督查】 2017年，市政府督查室根据市政府领导指示、批示和有关重点工作部署开展督查。

对漓江风景名胜区采石场复绿及毁林种果整治工作、H7N9联防联控工作、中央预算内投资项目、校园及校外托管场所安全工作、全市农村生活垃圾专项治理2年攻坚项目建设工作、全市促进非公有制经济发展系列政策落实情况、环广西公路自行车世界巡回赛桂林赛段筹备工作、全市国有林场改革工作等开展专项督查。年内，市政府督查室共办理市委、市政府主要领导批示14件，办结14件，办结率100%；办理市政府主要领导批示92件，办结80件，当年办结率86.9%。编制领导批示办理情况月报6期。

【社会民生热点问题督查】 2017年，市政府督查室找准政府领导关注的重点问题、人民群众关心的热点问题、决策执行中的难点问题开展督促检查。完成2017年全市为民办实事项目的筛选、督办、协调、服务等工作，确定全市为民办实事十项工程项目34个。实行月度检查、月度通报、不定期督查、专项协调等工作制度，对17个县(区)为民办实事项目进行阶段性全面督查，促进为民办实事项目落地生根。年内，自治区级33个为民办实事项目累计完成投资83.8亿元，市级34个为民办实事项目累计完成投资8.87亿元。完善创新人大代表建议和政协提案办理机制，提高办理质量。全年承办人大代表建议、政协委员提案360件，其中自治区人大代表建议4件、市人大代表建议81件，办复率100%；自治区政协委员提案2件、市政协委员提案273件，办复率100%。

（黄永吉）

2017年5月24日，市长周家斌(右二)在政务中心现场办公 （市政府办 供图）

政务服务

【概况】 2017年，桂林市政务服务监督管理办公室(简称市政管办)办公地址在桂林市临桂区西城中路69号，内设政务综合科、政务管理科(政务投诉监督科)、政务公开科(政务技术科)、公共资源交易管理科，人员编制12名(含后勤服务人员编制控制数1名)。管理服务窗口215个，窗口人员350人。年内，市本级50个部门521项行政审批和公共服务事项全部进驻政务服务中心，向群众和企业提供“一窗口受理，一站式办理”服务。

2017年，全市各级政务服务中心(简称政务中心)共办理事项48.89万件。其中，市本级政务中心办理事项19.44万件，所有事项办理时间从法定平均时间22.53天提速至9.54天，承诺提速率59.13%，办理提速率83.46%，按时办结率100%，群众评议满意率99.97%以上。

【县(区)政务服务基础设施建设】 2017年，各县(区)优先保障政务中心场地建设经费，科学规划场地布局，新建、扩建政务中心场地面积共计6万平方米，其中兴安县、平乐县、龙胜各族自治县新政务中心面积达5000平方米以上，超过自治区要求标准。临桂区新建政务中心面积2万平方米。永福县、灌阳县、资源县、荔浦县、象山区新政务中心建设加速推进，县(区)政务服务基础设施建设得到改善。

【行政权力运行流程】 2017年，桂林市优化行政权力运行流程，市本级权力事项办结时限提速率61.23%，特殊环节办理时限提速率19.24%，申请材料缩减367个，进驻市政务中心行政权力事项561项，进驻率55.14%。各县(区)权力事项办结时限提速率51.15%，特殊环节办理时限提速率30.33%，申请材料缩减2594份，企业、群众办事更快速便捷。清理规范证明事项，全市各级各部门从证明的“需求”和“供给”方面开展清理规范证明事项工作，共取消、调整证明24项，11个县和6个城区共取消、调整证明245项。

【市长服务日】 2017年，市人民政府从5月24日开始，每周三被定为“市长服务日”，专门受理单位和个人在办理行政审批和公共服务过程中，需要市人民政府层面协调解决的困难和问题，由市政管办组织召开并进行督办落实。全年“市长服务日”举行12期，为37家企业当场协调解决问题106个，创新服务模式得到自治区肯定。

【政务公开】 2017年，桂林市政务公开工作持续推进，市人民政府印发系列文件落实政务公开工作，畅通政府联系服务群众的“最后一公里”。年内，桂林市通过政府网站、政府公报等载体共公开文件9194件，发布政策解读稿件813篇，做到“公开是常态，不公开是例外”。年内，政务公开周活动从市、县(区)两级向乡(镇街道)、建制村(社区)延伸，四级同步开展，形成规模效应。活动期间，市本级现场咨询

2017 年 5 月 15 日，“桂林市 2017 政务公开周”在创业大厦举行启动仪式

（市政府办　供图）

6182 人，现场解决问题 3530 个。

【公共资源交易管理】 2017 年，市人民政府按照“政务服务和公共资源交易一体化管理”模式，加强市级交易平台管理，建成全州、荔浦、龙胜 3 个县级交易平台并投入运行。全市构建形成“1+3”公共资源交易平台格局，发挥公共财政“节流阀”“增效剂”作用。房屋建筑工程招标投标、土地使用权和矿业权出让、政府采购统一进入市级平台集中交易，水利水电工程、交通运输工程项目以及各县（区）的公共资源交易项目进入各级平台集中交易，促进“公共资源交易进平台，平台之外无交易”。建立公共资源交易“绿色通道”机制，确保中央财政预算、精准扶贫、市本级重大及重点在建项目实施进度。取消进场交易服务费，电子化招投标项目实行网上报名，全年共为企业减负 2000 万元。年内，市交易中心共完成公共资源交易项目 2229 个，交易额 210.37 亿元，增值额 1.67 亿元，节约额 8.93 亿元，节约率 4.92%。其中，工程建设项目招标投标 457 项，交易额 48.44 亿元，节约额 5.16 亿元，节约率 9.62%；政府采购项目 1834 个，交易额 124.13 亿元，节约额 3.77 亿元，节约率 2.95%；国有建设用地使用权出让 8 项，交易总额 37.8 亿元，溢价 1.67 亿元。

【推进“互联网＋政务服务”】 2017 年，桂林市各级政府加强网站建设，市工商行政管理局、市质量技术监督局、市国家税务局、市地方税务局等 8 个单位部分事项实现网上审批。“桂林市房地产市场信息系统平台”和市工商局全面推行商事登记全程电子化改革入选自治区“互联网＋政务服务”优秀案例。1 月，“桂林市房地产市场信息系统平台”上线运行，为开发商、个人进行商品房预售及合同备案交易和中介商、个人二手房屋交易网签及合同备案交易提供全天 24 小时服务。市工商行政管理局率先在自治区全面推行商事登记全程电子化改革，将企业名称预先核准，企业设立、变更登记全部流程转为电子化登记，实现“网上申请、网上受理、网上核准、网上发照、网上公示”登记服务新模式，商事登记从“朝九晚五”转变为“全天 24 小时”。（韦炜）

发展研究

【概况】 2017 年，桂林市人民政府发展研究中心（简称市发展研究中心）办公地址在桂林市临桂区西城中路 69 号，内设秘书科、产业经济研究科、社会发展研究科、区域·农村经济研究科、旅游经济研究科、综合研究科、《桂林发展研究》编辑部，人员编制 29 人，在职人员 27 人。年内，市发展研究中心立足“决策咨询服务”基本职能，围绕中共桂林市委、市人民政府重大决策部署以及经济社会发展重点、热点、难点问题开展调查研究，在课题研究、刊物编辑、信息情报收集及研究等方面取得新进展。牵头完成 2017、2018 年度《政府工作报告》的起草；参与完成《广西壮族自治区人民政府关于降低实体经济企业成本若干措施的意见》《广西推进县域经济跨越发展的意见》《广西壮族自治区桂林市国家可持续发展议程创新示范区建设方案》《广西壮族自治区桂林市可持续发展规划》《中共桂林市委员会、桂林市人民政府关于全面实施科技创新推动经济转型升级的决定》等各类政策性文件起草工作。按照中共桂林市委、市人民政府领导要求，牵头完成

2017 年 11 月 15 日，桂林市 2018 年度《政府工作报告》起草调研组调研驻荔浦电商大楼电商企业

（市发展研究中心　供图）

《桂林市对接广西"三大定位"工作思路及战略措施研究》《新常态下桂林县域经济发展对策研究》等调研报告。紧扣桂林发展实际开展"桂林市打造农产品区域公用品牌对策研究""龙胜鸡血玉发展对策研究""桂林国际旅游胜地的'短板'问题及对策研究""桂林新型城镇化建设对策研究"等课题研究，完成《桂林市民宿经济发展调研报告》《桂林根雕产业发展调研报告》《桂林社区建设调研报告》《灌阳县公立医院改革情况的调研报告》等调研报告。参与自治区参事室、自治区发展研究中心及市政协的重点课题"广西现代服务业集聚区建设对策研究""广西县经济发展典型案例研究""广西企业税费负担情况调研报告""城市共享交通工具发展与管理对策研究""桂林集聚要素促进工业转型升级对策研究""桂林推进城镇化的实践与探索调研报告"等课题研究及重大调研活动。跟踪服务完成"国际旅游胜地建设背景下桂林市现代旅游发展策略研究""桂林市实施科技创新推动经济转型升级研究""桂林市经济发展战略研究"等市校合作课题。全年共编辑出版《桂林发展研究》6期，编发稿件90余篇，约50万字；编辑完成《决策参考》24期，刊载稿件400余篇，约24万字；编辑完成呈阅件《领导参阅》5期。

【"桂林国际旅游胜地建设的'短板'问题及对策研究"课题】 该课题是市发展研究中心根据市人民政府要求而开展的专题研究。课题系统总结桂林国际旅游胜地建设的主要成效，厘清桂林国际旅游胜地建设存在的综合经济实力依然薄弱、统筹协调推进能力不强等突出"短板"问题及产生的根源，并学习借鉴先进地区成功经验，立足桂林发展实际，提出有较强针对性和操作性的提升产业发展水平、提升城市规划建设管理水平等对策建议，为中共桂林市委、市人民政府加快推进桂林国际旅游胜地建设提供重要决策咨询意见。2017年，该课题完成。

【"桂林市打造农产品区域公用品牌对策研究"课题】 该课题是市发展研究中心年度重点课题之一。该课题总结桂林市打造农产品区域公用品牌的基础条件，分析打造品牌存在的如公用品牌发展滞后、传统品牌出现下滑现象等主要问题和困难，在借鉴百色等地打造农产品区域公用品牌经验的基础上，探索具有桂林特色的区域公用品牌创建之路，提出明确发展战略、完善发展思路、提升品牌创意、强化品牌传播、注重品牌管理、增强品质保障、集中政策资源等建议，对促进桂林打造具有影响力的农产品区域公用品牌，全面提升农产品的市场竞争力，推动当地农民增收致富具有理论和现实意义。2017年，该课题完成。

【"新常态下桂林县域经济发展对策研究"课题】 该课题是由市发展研究中心结合桂林经济社会发展热点问题提出的研究课题。该课题在全方位收集各县（区）资料，到部分县（区）开展调研的基础上，分析了桂林部分县（区）经济发展存在问题，如无法形成发展的系统性和持续力等。结合《桂林国际旅游胜地建设发展规划纲要》《桂林市国民经济和社会发展第十三个五年规划纲要》等规划，提出坚持差异化定位、做好顶层设计、坚持差异化发展、打造特色化产业、坚持差异化考核、激发发展动力等对策建议，为桂林县域经济发展提供决策参考。2017年，该课题完成。

【"桂林市新型城镇化建设对策研究"课题】 该课题是市发展研究中心根据市人民政府要求而开展的课题研究。该课题通过调研全市新型城镇化建设的现状，对近年来桂林在新区建设、县（区）建设、示范乡（镇）建设、美丽乡村建设的基本情况进行描述，寻找桂林新型城镇化建设存在的主要问题，借鉴江浙、重庆等地新型城镇化建设的成功经验，分析桂林城镇化率提升不快原因，提出推进全市加快新型城镇化建设的指导思想、发展目标及对策措施。2017年，该课题完成。

【"龙胜鸡血玉产业发展对策研究"课题】 该课题研究是为贯彻落实2017年市人民政府工作报告提出的"加快发展现代服务业"和"推动现代服务业集聚发展"的工作要求而做的。该课题阐述了龙胜鸡血玉的特色和独特价值，对龙胜鸡血玉产业发展现状、存在问题进行分析，提出发展壮大龙胜鸡血玉产业，将龙胜鸡血玉打造成为具有品牌效应的桂林旅游商品名片的对策建议。2017年，该课题完成。

【"关于桂林民宿经济发展情况的调研报告"课题】 该课题是由市发展研究中心结合桂林经济社会发展热点问题提出的研究课题。该课题在对桂林民宿发展现状进行调研的基础上，剖析桂林民宿发展面临的困境和亟须破解的问题。针对存在的问题，从规划引导、差异发展，制定标准、强化管理，政策引领、破解难题，搭建平台、加强宣传，提升内涵、打响品牌等方面提出具有针对性和可操作性的对策建议。2017年，该课题完成。

【"桂林社区建设调研报告"课题】 该课题是市发展研究中心根据市人民政府指示而开展的专题研究。该课题总结桂林市城乡社区建设成效、成功模式，分析桂林社区建设中存在的社区工作负担过重、干部队伍力量不足、服务设施建设相对滞后、社区工作人员待遇偏低等主要问题及其原因，针对存在的问题提出全面落实社区准入制度、加强社区人才队伍建设、创新服务载体等建设性的对策建议。2017年，该课题完成。

【"桂林根雕市场发展调研报告"课题】 该课题是市发展研究中心通过调研，对桂林市根雕市场现状进行分析，针对桂林根雕市场环保问题突出、根艺人才问题突出、市场规模较小、经营体制不顺等问题，提出加大工艺人才培养、推进根雕产业重点项目建设、加大基础设施配套建设等对策建议，推动桂林市根雕市场快速、健康发展。2017年，该课题完成。 （侯湘玲）

机关事务管理

【概况】 2017年，桂林市机关事务管理局办公地址在桂林市临桂区西城中路69号，内设办公室、人事科、财务科、节能监督管理科、计划生育管理科、房地产管理科、服务管理科、保卫科、政策法规科、设备通讯管理科、纪检监察室。下设桂林市机关后勤服务中心、市机关幼儿园、机关第二幼儿园、机关第三幼儿园、市政府招待所、市政府第二招待所、桂林市公车管理中心。5月，桂林市机关事务管理局车队撤销，组建桂林市公车管理中心。年末，桂林市机关事务管理局人员编制75名，其中事业编制36名，后勤服务聘用人员控制数39名(公车管理中心后勤服务聘用人员控制数34名)，在职人员49人。年内，市机关事务管理局履行机关事务管理、保障、服务工作职能，保障市直机关正常运转。

2017年11月19日，2017桂林国际马拉松赛举行

(桂林市机关事务管理局　供图)

【办公用房管理】 2017年，桂林市人民政府根据《桂林市市直机关办公用房统一管理实施细则》，加强机关办公用房统一管理，市直属机关单位搬迁到临桂区办公，将其原在老城区属于国有资产的办公用房收归桂林市机关事务管理局统一管理，并清理腾退和整改超标办公用房。年末，市发展和改革委员会、市人力资源和社会保障局等28个市直属机关单位搬迁到位于临桂区青莲路的投资发展商务大厦、建设大厦办公。

【公务用车管理】 2017年5月，桂林市机关事务管理局组建桂林市公车管理中心。9月，《桂林市本级机关公务租车管理办法(试行)》印发执行。12月，市直属机关200余辆应急、机要通信用车收归桂林市公车管理中心，实现车辆统一调度派遣和管理。

【节约型机关建设】 2017年，桂林市机关事务管理局加强对各县(区)和市本级公共机构节能工作督促检查指导力度，完成5家节约型公共机构示范单位和5家自治区级、37家市级节水型公共机构示范单位创建工作，其中桂林市社会福利院、桂林市社会福利医院、桂林市秀峰区人民政府办公室、资源县人民检察院、阳朔县人民政府被评为自治区级节水型单位，荔浦县机关事务管理局、灵川县人民政府、桂林理工大学(雁山校区)、桂林市第二人民医院、全州县人民医院被评为第三批自治区级节约型公共机构示范单位。年内，桂林市机关事务管理局加强节约型机关建设。5月，引进北京首汽智行科技公司的共享汽车投放桂林。6月，在行政中心广场举办节能宣传周暨低碳日活动，同时举办第六届节能体验自行车赛、徒步中央公园、节能新产品展示、节能宣传板报展等活动。7月，与江苏天楹股份有限公司合作，在行政中心开展生活垃圾资源化处理，采取“互联网+垃圾处理”方式，实行垃圾分类回收。通过市人民政府为民办实事项目，市财政投资100万元，县(区)财政和社会资金配套75万元，建设300个充电桩，覆盖机场、车站和各县(区)人民政府办公区。

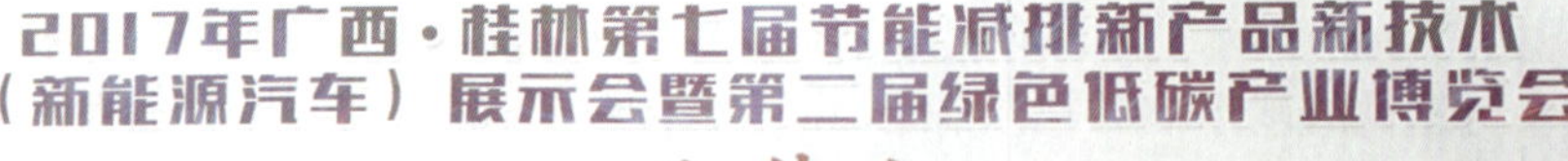

2017年11月3日，2017广西·桂林第七届节能减排新产品新技术(新能源汽车)展示会暨第二届绿色低碳产业博览会开幕式举行　(桂林市机关事务管理局　供图)

【发展会展经济】 2017年，桂林市机关事务管理局发展会展经济。10月12日—22日，在国际会展中心广场举办第三届桂林国际美食文化展暨漓泉啤酒节，吸引游客及市民30余万人次到现场品尝美食。11月3日—5日，在桂林国际会展中心采用政府引导、市场运作的方式，由企业进行赞助，举办2017广西·桂林第七届节能减排新产品新技术(新能源汽车)展示会暨第二届绿色低碳产业博览会，推广新能源汽车、节能减排新技术新产品，参展展商130多家，成交额400余万元。11月19日，牵头承办的2017桂林国际马拉松赛在桂林举行，有来自14个国家和地区的1.8万名选手参赛。

【机关事务管理服务】 2017年，桂林市机关事务管理局举办专题培训，提升机关事务管理服务水平。5月，在浙江大学举办全市机关事务工作系统财务人员专题培训班。6月，在桂林旅游学院举办机关事务系统科级干部业务能力提升培训班，重点培训餐饮、物业、会展、会务、礼仪等后勤保障业务知识，提升后勤保障能力。9月，与市委组织部联合在北京大学举办2017年桂林市县处级领导干部“公共机构节能与新能源汽车分时租赁”培训班，提升县(区)和市直属单位节能工作分管领导的公共机构节能工作业务素质。年内，规范机关财务管理，严格落实财务规定，节约使用财政资金，规范市直机关国有资产报废、清理处置工作。做好会议服务，完成桂林市“两会”、全市工业发展大会等大型会议服务工作。提升机关餐饮服务，举办桂林市第二届机关事务系统餐饮文化交流活动，提升服务水平。规范安全保卫和物业工作，细化工作制度和标准，落实对行政中心办公大楼的日常巡查、巡检，保障设施设备正常运转。 (莫徽鸿)

绩效管理

【概况】 2017年，桂林市绩效考评领导小组办公室(简称市绩效办)办公地址在桂林市临桂区西城中路69号，内设第一绩效考评科(县区科)、第二绩效考评科(市直科)、综合科，人员编制9名。下设桂林市绩效评估中心。年内，市绩效办突出“谁加快发展谁就得高分、谁注重实干谁就排前列、谁多承担重点任务谁就多加分”的绩效考评新导向和问题导向、结果导向，强化绩效管理与考评，推动各项重点工作的部署落实。

【自治区绩效考评】 2017年，自治区对设区市的绩效考评总分为1000分，包括“职能工作目标(占比70%)、共性工作目标(占比9%)、创新创优目标(占比6%)、工作满意目标(占比15%)和察访核验(总分中扣除)”等5个部分。年内，桂林市对照自治区绩效指标，制订《桂林市2017年度自评迎考绩效管理目标》，确保全部指标都有分管领导、责任主体和工作标准。突出结果导向，强化挂钩问责。市绩效办修订市级绩效考评奖惩(加扣分)规定，将自治区考评结果紧密地与县(区)、有关单位年度绩效考评结果挂钩，压实责任。突出问题导向，针对创新、创优成效不高和公众满意度低两大“短板”加强整改，组织县(区)和有关单位召开创新、创优工作会议和公众满意度提升工作会议。突出公众满意导向，将2016年度799条意见建议全部转发县(区)和各相关单位，要求将相关整改工作作为各县(区)、各单位服务市民、服务企业、服务基层、提高公众满意度切入点，合理分类，加强整改。加强指标管理，利用“桂林市自评迎考绩效管理平台”对各单位每月填报的指标进度进行监控和分析。年内，桂林市在自治区2017年度设区市绩效考评中获二等奖。

2017年11月2日，全市自评迎考推进会召开 (市绩效办 供图)

【市本级绩效考评】 2017年，桂林市绩效考评对象包括11个县、6个城区、94个市直属单位和11个中央、自治区驻桂林单位[简称中(区)直单位]。年内，桂林市印发《桂林市2017年度绩效管理与考评工作方案》，强化考评对象绩效管理意识和创新争优意识；出台《桂林市绩效考评结果运用暂行办法》《桂林市绩效考评“一票否决”暂行规定》《桂林市绩效考评领导小组会议制度(暂行)》，规范绩效管理与考评制度。

加强对县(区)的绩效考评。根据自治区人民政府有关主体功能区域规划定位将县(区)分三类考评：重点开发区(6个城区)、农产品主产区(灵川县、全州县、兴安县、永福县、平乐县、荔浦县)和重点生态功能区(资源县、龙胜各族自治县、灌阳县、阳朔县、恭城瑶族自治县)。县(区)绩效考评总分为1000分，包括指标考核(占比65%)、评议评价(占比30%)、察访核验(总分中扣除)和绩效奖惩(5%)等5个方面。参照自治区年度绩效指标和中共桂林市委、市人民政府年度中心工作，按照可量化、可考评、可操作的原则制订印发《2017年度县(区)绩效考评指标评分细则》《桂林市2017年度县(区)绩效奖惩(加扣)分标准》。

加强对市直属单位和中(区)直部分单位的绩效考评。桂林市将94个市直属单位和11个中(区)直单位分为经济管理、公共事务管理、执法与监督、专项事务管理、党政综合管理机关、党委工作单位、群团组织、民主党派机关、中(区)直单位9类进行考评，绩效考评总分为100分，包括指标考核(占比65%)、评议评价(占比30%)和绩效奖惩(5%)等4个方面。制订印发《桂林市2017年度市直单位(中、区直有关单位)绩效考评指标体系及评分细则》《桂林市2017年度绩效考评市直属单位和中央、自治区驻桂林有关单位绩效考评奖惩规定》。

(市绩效办)

中国人民政治协商会议桂林市委员会

综　述

2017年，中国人民政治协商会议桂林市委员会（简称市政协）办公地点在桂林市临桂区西城中路69号。市政协机关内设办公室、机关党委、提案委员会、经济科技委员会、教文卫体委员会、社会法制与民族宗教委员会、文史和学习委员会、港澳台侨外事委员会、研究室、委员联络工作办公室。全市有市政协委员430名。全年市政协召开全体委员会议1次，常务委员会议5次，主席会议9次，听取全市经济运行、财政预决算执行等情况通报，开展“整合桂林优势旅游资源，打造旅游旗舰品牌”和“打造桂林高铁经济产业园，助推桂林融入国家‘一带一路’倡议、珠江—西江经济带和泛珠三角区域合作战略”等课题调研，开展“第二批新型城镇化示范乡镇项目建设情况”“经济技术开发区建设情况”等视察活动，召开界别（对口）协商会8次，开办委员论坛2期，征集提案312件，立案273件。

重要会议

【政协桂林市第五届委员会第二次会议】 2017年1月4日—7日召开。会议应出席委员427人，实到委员402人，驻桂林市的全国、自治区政协委员、特邀贵宾应邀列席会议。会议期间，与会委员听取并审议了政协桂林市第五届委员会常务委员会所作的《中国人民政治协商会议桂林市第五届委员会常务委员会工作报告》《中国人民政治协商会议桂林市第五届委员会常务委员会关于政协桂林市五届一次会议以来提案工作情况的报告》；与会委员列席桂林市第五届人民代表大会第二次会议，听取并协商讨论了市长周家斌所作的政府工作报告及其他报告。民革桂林市委、民盟桂林市委、民建桂林市委、民进桂林市委、农工党桂林市委、致公党桂林市委、九三学社桂林市委等民主党派，共青团桂林市委、市工商联及市政协有关专门委员会作大会发言。会议审议通过《中国人民政治协商会议桂林市第五届委员会第二次会议政治决议》《中国人民政治协商会议桂林市第五届委员会第二次会议关于常务委员会工作报告的决议》《中国人民政治协商会议桂林市第五届委员会第二次会议关于市政协五届一次会议以来提案工作情况报告的决议》。

【政协桂林市第五届委员会常委会会议】 2017年，共召开5次常委会会议。

第3次会议　1月6日召开。会议审议通过《政协桂林市第五届委员会第二次会议增选常务委员选举办法（草案）》，大会选举总监票人、监票人建议名单（草案），提交分组会议讨论的会议各项决议（草案）。

第4次会议　3月6日召开。会议审议通过有关人事事项和《中国人民政治协商会议桂林市委员会委员履职工作规则（试行）》。

第5次会议　6月21日召开。会议审议通过《关于整合桂林优势旅游资源　打造旅游旗舰品牌的调研报告》《〈关于加强人民政协协商民主建设的实施意见〉的贯彻落实意见（草案）》。

第6次会议　9月26日召开。会议审议通过《关于加快建设高铁经济带合作试验区（桂林）广西园——桂林高铁园的调研报告》和有关人事事项。

2017年1月5日上午，政协桂林市第五届委员会第二次会议在市直机关小礼堂开幕

（市政协办　供图）

第 7 次会议　12 月 22 日召开。会议听取市人民政府、市中级人民法院、市人民检察院工作情况通报，以及市政协各专委会报告 2017 年度工作、市政协常委会工作报告(草案)起草情况说明、市政协提案工作情况的报告(草案)起草情况说明，审议通过《关于召开政协桂林市第五届委员会第三次会议的决定》《政协桂林市第五届委员会第三次会议议程、日程(草案)》《政协桂林市第五届委员会常务委员会工作报告》和报告人的建议，《政协桂林市第五届委员会常务委员会关于政协五届二次会议以来提案工作情况报告》和报告人的建议，《政协桂林市第五届委员会第三次会议秘书长、副秘书长名单》，审议通过有关人事事项。会议决定，政协桂林市第五届委员会第三次会议于 2018 年 1 月 8 日—1 月 11 日举行。

重要工作

【政协提案办理】 2017 年，市政协抓好提案源头、提案督办、提案评议、提案宣传工作，全年征集提案 312 件，立案 273 件，内容涉及经济发展、城市管理、社会事业等方面，并全部办复。中小学校内外午托管理、加快城区主干道改造等一批事关教育、医疗、交通、社保等群众切身利益的问题得到落实解决，为协助党委、政府民主决策、科学决策、改进工作、改善民生发挥作用。

【重点专题调研】 2017 年，市政协围绕中共桂林市委、市人民政府的中心工作，组织委员成立调研组深入开展专题调研，积极议政建言。围绕“整合桂林优势旅游资源，打造旅游旗舰品牌”专题开展调研论证，形成包括旅游企业整合、自然旅游资源整合等 5 个子课题在内的系列调研报告，并召开专题协商会，提出完善顶层设计、加强旗舰品牌营销、深化导游体制改革、打造高端旅游人才队伍等意见和建议。围绕粤桂黔高铁经济带合作问题，就如何打造桂林高铁经济产业园，助推桂林融入国家“一带一路”倡议、珠江—西江经济带和泛珠三角区域合作战略，组织委员深入调研并形成调研报告，从加快构建以高铁为引领的综合交通体系、深化粤桂黔高铁沿线城市产业合作、拓宽融资渠道等方面提出意见和建议，形成专题调研报告。

【组织委员议政建言】 2017 年，市政协组织委员围绕市委、市人民政府中心工作和群众高度关注的民生问题、热点问题、难点问题进行议政建言。全年围绕发展少数民族风情旅游、加强食品药品安全监管、推进城镇化建设、做强升级优势特色农产品、加强校内课后服务、提升公办中学教学质量、加强红色文化的保护和利用、加强餐具消毒管理等 8 个议题，召开委员界别(对口、提案)协商会，自治区、市政协委员提出意见建议 300 多条。

【委员视察活动】 2017 年，市政协围绕“城乡协调发展”“重振桂林工业雄风”重点工作，组织市政协常委和自治区政协驻桂林委员分别视察兴安县界首镇、灵川县灵田镇；组织考察苏桥、秧塘工业经济开发区，就如何完善规划设计、实行管营分离、破解建设难题等方面提出意见和建议，督促有关部门及时解决问题，为推动桂林城镇化进程和工业发展发挥作用。组织委员对桂林文化体育产业发展、医药卫生体制改革、生态环境保护等方面开展视察，促进相关问题的解决和工作的落实。

【促进桂林文化繁荣发展】 2017 年，市政协组织开展桂林传统文化创新发展专题调研，为加强桂林历史文化的保护利用和创新发展建言献策。开展文史资料征集出版工作，累计征集文史资料 30 余万字，编辑出版桂林文史资料第 59 辑。出版发行“桂林美食系列丛书”第三部《桂林美食文化趣谈》，完善“桂菜”名录，为深度开发、挖掘桂林特色餐饮文化贡献力量。开展美丽乡(镇)建设桂林书画名家采风活动，并举办书画展、出版书画集。

【反映社情民意信息】 2017 年，市政协注重加强社情民意和舆情动态的收集与反映，及时报送反映全局性、苗头性和倾向性问题的信息。全年共收集、整理信息 130 篇，编发《政协社情民意》5 期，为党委、政府察民情、听民意、解民忧提供参考。

【港澳台侨工作】 2017 年，市政协继续加强与市政协港澳委员、知名人士和特邀贵宾的联系，到深圳市召开桂林经济社会发展情况通报会，到澳门参加“青年创业创新零距离交流论坛”联谊活动；组织开展港澳委员、异地商会调研联谊活动，接待港澳委员、异地商会投资考察团 12 批 230 多人次。密切与海外桂林同乡会、华人华侨商会的联系，邀请海外侨胞列席全体会议，向他们通报桂林发展情况，激发他们在桂林投资兴业、参政议政的热情。

【政协交流交往】 2017 年，市政协配合全国、自治区及区外政协做好在桂林开展的发展健康养老产业、发展县域经济等调研活动 11 次。协助自治区政协征集古民居古村落保护文史资料，举办“广西是个好地方”——当代国画优秀作品展。与北京、上海、深圳等全国各地政协开展学习交流活动。坚持市、县、城区政协秘书长、办公室主任联系会议制度。利用中国—东盟博览会等平台，与参会国家侨领座谈，介绍桂林经济社会发展情况。开展政协对外交往活动，推动广西文化产业发展与“一带一路”沿线国家的合作交流。

【政协扶贫救助活动】 2017 年，市政协为爱心企业和人士牵线搭桥，筹集资金 500 多万元，资助临桂县两江镇保全村、全州县蕉江瑶族乡绕湾村等全市 11 个贫困村修建村(屯)公路、校舍和村民活动中心，帮助贫困群众解决实际困难。争取贫困村扶贫资金 220 万元，帮助村民发展砂糖橘、百香果等当地优势产业。依托市慈善事业会、市仁济慈善基金会平台，组织委员关注民生、服务群众，募集善款 1980 多万元，开展全市扶贫济困、救灾助学及公益事业。　(何开成)

纪律检查和行政监察

综　述

2017 年 1 月 22 日，中国共产党桂林市第五届纪律检查委员会第二次全体会议召开 （赵强　摄）

【概况】 2017 年，中国共产党桂林市纪律检查委员会（简称市纪委）与桂林市监察局合署办公，办公地址在桂林市临桂区西城中路 69 号。内设办公室、组织部、宣传部、研究法规室、党风政风监督室、信访室、案件监督管理室、第一纪检监察室、第二纪检监察室、第三纪检监察室、第四纪检监察室、第五纪检监察室、第六纪检监察室、案件审理室、干部监督室、机关党委 16 个科室，下设桂林市反腐倡廉网络舆情监控管理办公室、桂林市纪检监察办案点管理办公室、桂林市廉政教育基地管理办公室。机关人员编制 127 名，在编人员 116 人；派驻机构编制 166 名（含政法专项行政编制 35 名）。年内，全面完成市、县纪委派驻机构改革，市级共设置 30 家派驻机构，实现对 93 个市一级党和国家机关单位全覆盖。推进监察体制改革试点工作，成立市深化国家监察体制改革试点工作小组及办公室。全年全市处置问题线索 4710 件，立案 2332 件，给予党政纪处分 2257 人。

2017 年 7 月 25 日，市纪委为全市 30 个单位派驻纪检机构授牌 （赵强　摄）

【市纪委五届二次全体会议召开】 2017 年 1 月 22 日，中国共产党桂林市第五届纪律检查委员会第二次全体会议召开，市委书记、市人大常委会主任赵乐秦出席会议并讲话。会上，市委常委、纪委书记吕洪安代表市纪委常委会作题为《推动全面从严治党向纵深发展，为加快实现“两个建成”提供坚强纪律保证》的工作报告。会议审议并通过了中国共产党桂林市第五届纪律检查委员会第二次全体会议公报。

【反腐败斗争呈压倒性态势】 2017 年，市纪检监察机关坚决惩治腐败，全市处置问题线索 4710 件，立案 2332 件，给予党政纪处分 2257 人，涉案金额 2.52 亿元，涉及市管干部 112 人。严肃查处一批严重违纪案件，集中查处政法、国有企业、发展和改革、人民防空、交通等系统违纪案及临桂区系列案，发挥执纪审查的震慑力。全市共有 1434 名干部主动交代问题，上缴违纪款近 6000 万元。坚持安全文明执纪审查，共对 11 人采取“两规”措施，没有发生办案违纪问题和办案安全事故。做好执纪审查回访工作，对受纪律处分的 719 名党员干部进行回访，以组织的关怀再次激发他们干事创业激情。全年全市接受信访举报（比上年，下同)下降36.46%,群众对党风廉政建设和反腐败工作满意度大幅提升。

主要工作

2017年9月28日,桂林廉政教育基地正式启用　　(赵强　摄)

【推动落实党风廉政建设“两个责任”】 2017年,市纪委协助中共桂林市委印发《桂林市2017年党风廉政建设党委(党组)主体责任清单》,各级各部门细化主体责任清单6.01万个。市纪委主要领导先后约谈17个县(区)党委、25个重点市直单位和11家国有企业主要领导,市纪委领导班子一对一分别约谈了17个县(区)纪委书记和30个市直属单位纪检组长,带动市、县、乡三级纪委共约谈1.75万人次。以问责倒逼责任落实,全市共问责全面从严治党不力党组织30个、纪委(纪检组)5个、党员干部362人,其中对2个派驻纪检组管党治党不力进行严肃问责,压实全面从严治党政治责任,形成真管真严、敢管敢严的新局面。

【深化作风建设】 2017年,市纪委抓好中央八项规定精神“回头看”工作,共发现、解决和整改问题2209个,破解一批“四风”顽症。发扬钉钉子精神,组织明察暗访53次,发现问题129个,处理107人。坚决查处顶风违纪行为,查处违反中央八项规定精神问题422个,给予党政纪处分516人,通报曝光典型案例86件151人,重点查处通报一批公款旅游、违规发放津补贴、超标准配备办公用房、私设“小金库”等典型案件,持续释放越往后执纪越严的强烈信号。全市“三公”经费下降19%,违反中央八项规定精神行为问题下降45.3%,遵守中央八项规定精神逐渐成为自觉。

【推进扶贫领域监督执纪问责】 2017年,市纪检监察机关强化对各级各部门贯彻落实扶贫政策措施的监督检查,197人因扶贫政策落实不到位被责任追究。创新开展进村入户排查、系统核查、重点督查、专项巡察、代表委员巡察“五查”活动,共排查问题线索1853件,排查民生资金133.92亿元,查出、纠正、追缴、归还金额2.32亿元。2016年7月专项工作开展至2017年年末,全市扶贫领域立案1728件,给予党政纪处分1618人,涉案金额1.84亿元,确保脱贫攻坚风清气正。同时,开展现场集中退赔等活动130余次,退还群众350多万元。2017年12月,自治区扶贫领域监督执纪问责工作现场推进会在桂林市召开。

【实践运用监督执纪“四种形态”】 2017年,市纪委开展“党内两部法规”巡回宣讲,市本级组织宣讲199场,通过市、县、乡三级宣讲覆盖全市党员干部20多万人,其中市纪委主要领导在重点系统领域宣讲10余场,党员干部受到教育1.6万人。把严明纪律体现在日常监管中,查处违反政治纪律和组织纪律行为28人。全市运用“四种形态”处理4618人次,其中前两种形态占到93%,第四种形态占比由上年的3%下降至2%,“四种形态”处理的结构和比例呈现积极变化。同时,推进容错纠错机制落地见效,给24名党员干部容错纠错,及时为142名受到错告、诬告的党员干部澄清问题,营造支持改革创新、宽容失误的良好环境。

【开展执纪专项巡察】 2017年,桂林市制定新一届市委巡察工作五年规划,在自治区率先开展县(区)交叉和市、县联合巡察,重点聚焦扶贫领域、落实“两个责任”、中央八项规定精神等内容,实现对县(区)专项巡察全覆盖。市、县两级共开展4轮巡察,发现问题3515个,领导干部问题线索1066条,转立案650件,党政纪处分524人,全市执纪审查案件巡察线索来源率超过30%。推进中央第三巡视组巡视“回头看”反馈意见整改工作,完成整改任务92项。强化巡察成果运用,建立巡察成果运用台账管理制度,督促各被巡察单位建立问题清单3515项,整改任务清单4570项,已整改4339项,整改率94.9%。健全完善市委巡察工作领导小组工作规则、巡察工作领导小组办公室工作规则等8项制度机制,提升巡察工作规范化水平。

【推进廉政文化建设】 2017年,市纪委挖掘桂林廉政文化力量,打造桂林电视台《爱廉说》栏目等十大特色廉洁宣传教育品牌,营造崇廉尚洁浓厚氛围。按照“全国一流”标准,打造桂林廉政教育基地,2017年9月正式启用。至年末,共接待290个单位413批次1.8万人次。新建“清廉桂林”门户网站及其县(区)子网站集群,日均点击量大幅度增加。讲好反腐故事,在自治区级以上主流新闻媒体刊发信息稿件1610余篇。在门户网站设置《纪律审查》《曝光台》等栏目,共通报曝光典型案例533件,拍摄《变味的名义》《人生不能重来》等警示教育片,社会反响强烈。同时,针对问题易发多发领域和环节,督促农业、水利、林业等系统制订完善制度1637项,不断织密制度笼子。　(刘贺丽)

民主党派 · 工商联

中国国民党革命委员会桂林市委员会

【概况】 2017年，中国国民党革命委员会桂林市委员会(简称民革桂林市委)办公地址在桂林市临桂区西城中路69号。内设办公室、组织部、宣传部(内设调研室)和联络部。人员编制13名，在职人员9人。全年发展新党员12人。至年末，民革桂林市委下设总支部6个，基层支部22个，小组1个。共有党员569人，其中有大专以上学历483人，占总人数的84.9%。年内，民革桂林市委履行参政党职能，以“政治交接”为主线，积极建言献策，参政议政工作取得突破。民革桂林市委获民革中央授予的“民革全国参政议政工作先进集体”称号。

【民革桂林市委开展主题活动】 2017年，民革桂林市委在所辖基层组织和全体党员中，开展“不忘合作初心，继续携手前进”主题活动；组织各总支部、支部、专委会委员参观湘江战役系列旧址，重走长征路，重温革命史；组织各支部党员开展“观故居，走多党合作之路”系列活动，参观李济深故居、中山纪念堂。以纪念民革成立70周年为契机，在民革党员中举行专题讲座、文艺汇演等活动，出版书籍《历史行程总向前》，拍摄宣传片《大道之行》，回顾了民革与中国共产党风雨同舟、荣辱与共的历史。

【民革桂林市委学习宣传贯彻中共十九大精神】 2017年10月18日，中国共产党第十九次全国代表大会召开，民革桂林市委组织党员开展学习宣传贯彻中共十九大精神的活动。先后举办民革桂林市委常委学习十九大精神专题会议、“庆祝十九大欢度重阳节”敬老活动，邀请桂林市总工会副主席叶雪刚宣讲中共十九大精神。在学习和宣传中共十九大精神活动中，民革桂林市委常委、基层组织负责人及党员积极撰写了学习体会。

2017年6月18日，民革桂林市委组织开展“不忘合作初心，继续携手前进”党建主题活动

(王文彬 摄)

【民革桂林市委参政议政】 2017年，民革桂林市委主要领导参加中共桂林市委组织的政党协商5次，围绕桂林市“十三五”规划、基层党组织建设等重大议题，提出加快城市公共交通网络建设、完善地方立法等若干建议。民革桂林市委集体提案《关于规范辅警队伍建设的建议》被列为2017年度市政协重点督办提案；在2017年1月召开的市政协优秀提案及承办单位表彰会上，提案《完善科技特派员制度，加快农业现代化步伐》《关于加快推进桂林城市精细化管理的建议》《建议大力发展桂林市健康养生产业》《关于加快芳香路段接通建干路口和栖霞桥头的工程施工的建议》获优秀提案奖。在各级人大、政协会议期间，桂林的民革党员提交全国人大议案建议6件，提交自治区政协提案2件，提交市政协提案(建议)53件，提交县(区)人大、政协提案(建议)51件。年内，民革桂林市委完成中共桂林市委统战部布置的重点调研课题“多措并举，促进桂林市现代农业发展”，并在中共桂林市委召开的重点课题协商会上进行发言。重点课题调研成果《关于完善广西传统村落保护机制的几点建议》在民革自治区委员会举办的提案讲评会上获一等奖。

【民革桂林市委及党员举办书画展览】 2017年7月1日，由桂林市文学艺术界联合会、桂林市中华文化促进会、民革桂林市委联合主办的“红色记忆”沈丰明美术作品60周年回顾展，在桂林美术馆举行，桂林市各界人士近500人参加开幕式。7月19日，桂林民革书画院副院长孔祥珠的《书风画韵——帅立功、孔祥珠、唐贤江书画作品展》在桂林花桥展览馆举行开幕式。

10月31日，民革桂林市委副主委、桂林民革书画院院长郑发生在新加坡举办《造境——郑发生山水画展》。

【民革桂林市委开展“同心·为民”活动】 2017年，民革桂林市委及其各基层组织以“同心·为民”为主题，广泛开展社会服务活动。民革桂林市委组织法律咨询专家和医护人员队伍，与桂林蓝丝带公益组织的志愿者到乡（镇）社区，为居民、村民提供中医问诊、居民基础健康体检等服务；组织农业专家到灵川县九屋镇江头村和海洋乡滨洞村、九连村为农民讲解蔬果生产技术；与秀峰区民政局开展以“关爱自闭症儿童”“未成年人保护”等主题的多项社会服务活动。年内，各基层组织结合自身优势，开展敬老爱老送温暖进养老院和送教下乡活动。

（伍思捷）

中国民主同盟桂林市委员会

【概况】 2017年，中国民主同盟桂林市委员会（简称民盟桂林市委）办公地址在桂林市临桂区西城中路69号，内设组织部、宣传部、社会服务部、办公室。人员编制14名（含后勤服务人员编制控制数1名），在职人员10人。全年发展新盟员36人。至年末，民盟桂林市委设有基层组织14个（其中总支部9个、直属支部5个），共有盟员814人（女盟员370人）。副高级以上专业技术职称盟员占总盟员数的44.09%。年内，民盟桂林市委加强自身建设，履行参政党职能，为桂林市的经济、社会和文化发展贡献力量。

【民盟桂林市委开展专题教育】 2017年，民盟桂林市委以“坚持和发展中国特色社会主义学习实践活动”为主线，开展“不忘合作初心，继续携手前进”专题教育。举办新盟员培训班、基层骨干培训班和中共十九大精神宣讲会，参加培训盟员200人次。8月23日，民盟中央传统教育基地在八路军桂林办事处纪念馆挂牌。12月18日，民盟中央美术院桂林分院成立，同时举办民盟中央美术院桂林分院成立暨民盟广西地方组织成立75周年美术作品展。

2017年12月18日，民盟桂林市委举办民盟中央美术院桂林分院成立暨民盟广西地方组织成立75周年美术作品展　（黎文　摄）

【民盟桂林市委成立“盟员之家”】 2017年7月，民盟桂林市委在民盟桂林美术院成立市级“盟员之家”。“盟员之家”可为广大盟员提供学习园地、交流场所、议政平台和思想港湾。年内，民盟桂林市委在“盟员之家”召开基层盟员座谈会和基层支部联谊会，并举办书画摄影讲座。

【民盟桂林市委参政议政】 2017年，民盟桂林市委在全国政协会议上提交提案5件，在自治区人大、政协会议上提交建议（提案）3件。在市人大五届三次会议上提交建议6件；在市政协五届三次会议上作《推进土地经营权有序流转，促进我市农业规模化发展》大会发言，作《加强协调与监督机制建设，全面推进我市各项规划落实》书面发言；并提交集体提案12件，个人提案22件。其中《关于加快桂林市主干道改造，打造市区交通快速通道的建议》被列为市政协2017年重点督办提案，并与《关于加快我市交通一卡通全国互联互通建设步伐的建议》共同入选2017年桂林市民最关注的“十佳民生提案”。年内，完成中共桂林市委重点调研课题“供给侧改革背景下加快桂林县域经济转型升级调查研究”和市政协大会发言调研课题“农村留守儿童的心理教育问题研究”“关于加强桂林喀斯特湿地生态修复与保护的建议”。承担并完成民盟自治区委员会合作调研课题“喀斯特湿地区域农村土地碎片化格局中的生态修复与保护研究”，民盟中央教育论坛调研课题“高校教育观念现代化与创新创业人才培养”，民盟中央法治论坛调研课题“以地方立法工作为重点，民主党派应在司法改革中彰显作为”，中共自治区党委协商会发言材料《关于县域旅游发展的几点建议》，自治区政协常务委员会材料《完善旅游产业，助推县域经济发展》。全年向民盟自治区委员会、中共桂林市委、市政协反映各种社情民意信息63篇。

【民盟桂林市委服务社会】 2017年，民盟桂林市委投入4.2万元，组织雁山区柘木初级中学、平乐县二塘镇初级中学“农村教育烛光行动”示范基地的15名教师到南宁市天桃实验学校进行跟班学习。6月22日，民盟桂林市委组织民盟广西师范大学总支部到桂林市第一强制戒毒所开展“黄丝带”活动，捐赠书籍价值5000元。7月11日，中共桂林市委统战部联合各民主党派市委在兴坪镇古皮寨村举行光伏发电项目投产暨脱贫攻坚社会捐助仪式，民盟桂林市委为古皮寨村光伏发电项目捐款2万元。9月14日，民盟桂林市委组织桂林医学院附属医院支部、桂林市中西医结合医院支部到荔浦县开展分级诊疗调研及“送医下乡”义诊活动。9月16日，民盟桂林市委组织民盟桂林市人民医院支部、民盟阳朔县总支部在阳朔县公园开展免费义诊活动。11月17日，民盟自治区委员会联合民盟桂林市委到桂林市兴安县高尚镇开展“送医送药下乡”义诊活动。

【盟员立足工作岗位创佳绩】 2017年，桂林市的民盟盟员在工作岗位上取得较好成绩。盟员孙小军获广西高校优秀中青年骨干教师培养对象工程优秀学员奖；曹雪丽、陆绍荣与他人的合作项目分别获广西自然科学奖三等奖、广西技术发明奖三等奖；邓国和获广西高等教育自治区级教学成果奖、全国高校大数据教育行业实践教学奖、全国大学生数学建模竞赛广西赛区本科组一等奖1项、三等奖1项；邓玲、宋红军获广西教育厅教学成果特等奖；郭庆获广西高等教育教学成果一等奖2项；罗晓曙获民盟自治区委员会议政建言论坛一等奖；杨毅获国家知识产权局专利28项；蒋舒帆被评为2017广西中直企业优秀个人；李弘参加全国中青年内镜视频大赛获最佳风采奖。 （刘晓君）

中国民主建国会桂林市委员会

【概况】 2017年，中国民主建国会桂林市委员会（简称民建桂林市委）办公地点设在桂林市临桂区西城中路69号。内设宣传部、组织部、办公室，人员编制9名（含后勤服务人员编制控制数1名），在职人员9人。全年发展新会员12人。至年末，民建桂林市委下设6个总支部（直属、象山、秀峰、高新七星、叠彩、雁山），34个支部，5个专委会（企业、经济、法律、妇女、旅游），共有会员660人。年内，民建桂林市委夯实思想、组织和制度基础，创新工作机制，调动会员积极性，完善工作方法，各项工作较上年取得新进展。

【民建桂林市委加强思想建设】 2017年7月，民建桂林市委召开常委会学习中共中央总书记习近平“七二六”重要讲话精神，举办各级人大代表、政协委员培训班。12月，举办基层骨干培训班，学习中共十九大精神，100余名基层骨干参加学习。全年民建桂林市委共编辑出版会刊《桂林民建》4期。向民建中央发征文1篇，在《中国统一战线》《团结报》《广西统一战线》各发表宣传稿件1篇。

【民建桂林市委参政议政】 2017年，民建桂林市委承接中共桂林市委“基于国际旅游胜地建设，重振桂林工业雄风”的年度重点调研课题，课题组成员先后到市国资委、市工信委等部门进行走访座谈。承担并完成民建自治区委员会“加快我区县域经济发展的研究”等年度重点调研课题。承担“关于全国范围内推进快递包装环保升级的问题研究”调研课题并顺利结题。通过课题招标形式，组织开展“工业园区群聚式产业链发展的探讨”等11个课题调研。

年内，民建桂林市委提交的《关注农村残疾儿童康复治疗，助力精准扶贫深入实施》的建议获民建中央单篇采纳为集体提案，提交到全国政协十二届五次会议。在自治区政协十一届五次会议上，民建桂林市委提交的参政议政素材《发挥产业投资基金作用，助力产业转型升级“攻坚战”》《关于进一步加强广西史前文化展示，助力“一带一路”文化外交的提案》被民建自治区委员会分别作为大会发言和集体提案上交自治区政协。在市政协五届二次会议上，民建桂林市委提交《进一步加强史前文化保护、发掘和利用助推桂林国际旅游胜地建设》等3篇大会发言和《关于打造旅游+金融“网络孵化”平台建议》等10件集体提案，其中《关于借助华为等巨头进入桂林的战略机遇，进一步加快信息技术服务业发展的建议》被市政协列为年度重点督办提案。年内，民建桂林市委有2件提案获市政协表彰，其中民建桂林市委集体提案《关于加强桂林市食品安全治理体系和能力建设的几点建议》获优秀提案一等奖，会员程开涛提交的《关于桂林市区道路停车收费时段标准合理化的建议》获优秀提案二等奖。

【民建桂林市委服务社会】 2017年6月，民建中央脱贫攻坚民主监督调研组到龙胜各族自治县就脱贫攻坚民主监督工作开展实地调研，民建桂林市委领导陪同调研组深入龙胜各族自治县4个村的140户贫困家庭进行走访，向中华思源工程扶贫基金会申请到2台救护车，用于帮助龙胜各族自治县提升基层医疗急救水平。7月，桂林市部分县（区）遭受洪涝灾害，通过民建自治区委员会向爱德基金会上报抗灾救灾项目建议书，共引进援助资金315万元，用于购买大米、蚊帐、食用油和夏凉被，受益人群5100户2.2万人。10月，民建桂林市委捐助2万元，支持阳朔县兴坪镇古皮寨村开展光伏发电项目。

【民建桂林市委基层组织开展活动】 2017年1月，民建七星总支部与桂林电子科技大学举办校企创新创业交流会。8月，民建雁山总支部邀请雁山区政协、中共雁山区委统战部召开中共十九大精神学习座谈会。9月，民建秀峰总支部及会员企业与中共秀峰区委统战部慰问城市管理工作队员。12月，民建叠彩总支部到防城港市开展学习交流活动。 （张尚君）

中国民主促进会桂林市委员会

【概况】 2017年，中国民主促进会桂林市委员会（简称民进桂林市委）办公地址在桂林市临桂区西城中路69号。内设办公室、调研室、组织部和宣传部，共有人员12名（含后勤服务人员编制控制数1名），在职人员10人。全年发展新会员21人。至年末，有基层组织43个，其中总支部5个，基层支部38个。共有会员683人，其中有大专以上学历者537人（含硕士29人，博士7人），有中级技术职称398人，有高级技术职称198人。年内，民进桂林市委加强基层组织建设，积极参政议政，有1件集体提案被市政协评为2017年度优秀提案和“2017年桂林市民最关注的十佳民生提案”。两名会员分别被民进中央授予“民进坚持和发展中国特色社会主义学习实践活动先进个人”“民进全国机关工作先进个人”称号。

【民进桂林市委开展政治理论学习实践活动】 2017年，民进桂林市委开展政治理论学习实践活动，凝聚会员思想政治共识。3月9日，组织机关干部及各总支部、支部负责人参加“民进桂林市委坚持和发展中国特色社会主义实践活动”座谈会。3月17日，组织学习2017年全国人大、政协“两会”精神。组织民进会员参加“不忘合作初心，继续携手前进”专题教育暨全国“两会”精神报告会。7月，与民进柳州市委在浙江大学联合举办“不忘初心，携手同行”民进桂林—柳州市委骨干会员培训班。8月，组织2017年基层骨干培训班。10月，组织5名机关干部参加由民进自治区委在重庆大学举办的“民进广西全区机关专干培训班”。11月，组织各总支、支部负责人及机关干部50余人听取民进桂林市委主委白云作题为《践行社会主义核心价值观，切实履行参政党职能》报告。

【民进桂林市委开展成立60周年庆祝活动】 2017年，民进桂林市委组织各项活动，纪念桂林民进组织成立60周年。组织机关干部走访老领导、老会员、基层支部，回忆桂林民进发展历史，通过摄影、摄像进行记录，抢救会史。12月24日，民进桂林市委在桂林市百花剧场举行成立60周年庆祝大会，来自38个基层支部的近300名会员出席大会。中共桂林市委常委、统战部部长王建毅，民进自治区委主委、自治区投资促进局局长杨静华分别致贺词。大会为桂林民进先进个人、先进集体和入会30年的老会员代表进行颁奖，并举行了文艺演出。

【民进桂林市委参政议政】 2017年12月20日，民进桂林市委参加中共桂林市委组织的“2017年度桂林市民主党派、工商联和无党派人士调研协商座谈会”，民进桂林市委主委白云作题为《推进我市县域中职教育改革，助力全面打赢脱贫攻坚战》的发言，向中共桂林市委、市人民政府提出重视县域职业教育、创新管理体制、加强职教资源整合、培养专业师资、促进校企合作、鼓励民间办学等建议。年内，民进桂林市委完成“深入挖掘、利用地方戏曲，提升广西文化自信”调研课题。组织调研组到桂林市教育局、阳朔县、荔浦县、平乐县、恭城瑶族自治县等地开展调研，完成“推进我市县域中职教育改革，助力全面打赢脱贫攻坚战”调研课题。组织调研组到桂林市文新广局、兴安县、全州县、永福县等地开展调研，完成“顺应广大基层群众需求，加快我市县域公共文化服务供给侧改革”调研课题。在市政协五届二次会议上作题为《桂林智慧城市产业发展情况及建议》大会发言，提交集体提案9件，其中《关于拆除桂林市留春岩、弹子岩等宋代石刻周边违法建筑的建议》被市政协定为重点提案进行督办。《关于加强我市青少年心理健康教育的建议》提案获市政协2017年度优秀提案和“2017年桂林市民最关注的十佳民生提案”。会员中的各级人大代表、政协委员共提交议案、提案46件。开展社情民意信息的收集整理和报送工作，全年向中共桂林市委提交信息25篇，其中被采用3篇。向民进自治区委提交社情民意信息10篇，被采用4篇。

【民进桂林市委服务社会】 2017年1月19日，民进桂林市委和民进芦笛小学支部到临桂区四塘镇横山村池头自然村开展“春联万家”活动。4月23日，民进桂林市委、民进广西师范大学支部联合桂林市图书馆、桂林谷雨诗会开展“悦读·在路上”世界读书日活动，倡导全民阅读。5月19日—21日，民进桂林师范高等专科学校支部参加灌阳县教育局2017年第一期特岗教师培训活动，到灌阳县西山瑶族乡和新街镇开展送教下乡活动。5月27日，民进桂林市委联合广西师范大学出版社到阳朔县金宝乡大利小学开展“关爱童心六一助学活动”，共向大利小学捐赠价值2万元的图书、文体用品和爱心早餐。5月31日，民进桂林市委联合广西期刊传媒集团，到桂林市秀峰区桥头小学开展“同心关爱童心”六一慰问活动，为桥头小学捐赠价值1万元的爱心图书、爱心早餐。8月，民进桂林市委参加中共桂林市委统战部到阳朔县兴坪镇开展的精准扶贫活动，捐赠扶贫款项2万元。年内，组织教学骨干，定期到秀峰区桥头小学、广西师范大学附属中学博阳双语学校和桂林市榕湖小学开展支教活动，每周上课1次。民进桂林市委被民进自治区委评为2017年度“社会服务工作先进单位”。 （邓宗永）

中国农工民主党桂林市委员会

【概况】 2017年，中国农工民主党桂林市委员会（简称农工党桂林市委）办公地址在桂林市临桂区西城中路69号。内设办公室、组织部、宣传部、调研服务部，人员编制12名（含后勤服务人员编制控制数1名），在职人员12人，全年发展党员30人。至年末，农工党桂林市委下设基层组织18个，其中总支部7个，支部10个，小组1个，共有党员590人，其中有高级专业技术职称214人。年内，农工党桂林市委获农工党中央授予的“2017年度全国党刊征订工作先进集体”称号。

【农工党桂林市委开展学习教育活动】 2017年，农工党桂林市委开展形式多样的学习教育活动，加强对农工党党员的学习培训。5月4日—5日，农工党桂林市委组织机关专职干部和广西师范大学总支部部分党员到贺州市开展坚持和发展中国特色社会主义学习实践活动，接受革命传统教育和爱国主义教育。7月1日，农工党中央和农工党自治区委员会“不忘合作初心，重走先辈道路”主题教育活动组到桂林宣讲，农工党桂林市委组织机关干部参加主题教育活动，并参观黄琪翔故居和八路军桂林办事处旧址。8月28日—9月1日，农工党桂林市委与致公党桂林市委联合在湖南大学举办以“不忘合作初心，继续携手前进”为主题的2017年骨干党员培训班。

【农工党桂林市委党员立足本职工作岗位创佳绩】 2017年，广西师范大学总支部获“农工党中央开展坚持和发展中国特色社会主义学习实践活动参政议政工作先进集体”称号；广西师范大学总支部、市第二人民医院总支部、市中西医结合医院支部获“全区(自治区)社会服务工作先进基层组织”表彰，党员伍于斌获“全国卫生计生系统先进工作者”及农工党中央“坚持和发展中国特色社会主义学习实践活动先进个人”称号。党员刘心宇作为主要完成人的科技项目《高性能环保银氧化锡触头材料开发及产业化》获2016年度广西科学技术进步一等奖；党员邓翠荣、王希琳、王爱铭3人被授予“桂林市名中医”称号；党员刘志宏获韩国建筑学术研究大会论文宣讲(国家级)一等奖。

【农工党桂林市委参政议政】 2017年，农工党桂林市委组织党员专家，围绕关系民生发展的问题，开展调查研究。在市政协五届二次会议上共提交《关于创新我市科技投入方式，助推创新驱动发展的建议》《关于我市在特色小镇建设中增强产业功能的建议》等集体提案11个，其中农工党桂林市委副主委邓翠荣的提案《加强基层医疗机构服务能力，提升分级诊疗实效》被评为2017年度桂林市民最关注的十佳民生提案。副主委周长山的提案《关于在现有本科生人才培养方案中设置社会责任学分的建议》被评为广西师范大学十届一次教师代表大会优秀提案。年内，农工党桂林市委完成中共桂林市委课题“实施旅游+互联网，推动旅游供给侧改革问题研究”及市政协课题“推进我市分级诊疗，缓解看病难问题”“推进湘桂湘江上游生态经济合作区建设问题研究”。在市政协五届三次会议上，农工党桂林市委主委农军代表桂林市政协港澳台侨外事委员会、农工党桂林市委作《关于推进我市新型城镇化建设更好更快发展的建议》的口头发言，副主委邓翠荣代表农工党桂林市委作《推进湘桂湘江上游生态经济合作区建设，为桂北经济社会发展增添新动力》的口头发言。年内，农工党桂林市委召开提案征集暨宣讲会，共收到基层组织和个人提交提案25个。全年农工党桂林市委共收到反映社情民意信息稿件89篇，分别向农工党自治区委和中共桂林市委、市政府、市政协、中共桂林市委统战部报送80篇。党员莫德昊撰写的《中国铁路客服中心官方网站界面建议增设常用多国语言版》获全国政协采用，邓翠荣撰写的《医改要避免从“以药养医”变成“以检养医”》被中共中央统战部《零讯》采用，4篇稿件被农工党中央采用，2篇信息被自治区政协采用，14篇信息被中共自治区统战部采用，《关于将二类疫苗纳入城镇职工医疗保险和新农合报账范畴的建议》等21篇稿件被农工党自治区委员会采用。

【农工党桂林市委服务社会】 2017年，农工党桂林市委把“中国环境与健康宣传周”“国际科学与和平周”等活动与精准扶贫结合起来，开拓社会服务工作的新思路。在第十届“中国环境与健康宣传周”活动期间，5月23日，农工党桂林市委与中共桂林市委统战部到阳朔县兴坪镇古皮寨村开展精准扶贫义诊活动。6月8日，农工党桂林市委到资源县梅溪镇戈洞坪村开展义诊活动。6月10日，农工党广西师范大学总支部、桂林市中医医院总支部、南溪山医院支部、市第三人民医院支部、桂林旅游学院支部、灵川小组6个支部，在灵川县中心广场联合举办“中国环境与健康宣传周”活动。6月15日，农工党广西师范大学总支部在广西师范大学王城校区举办“运动、健康与环境”讲座。11月9日，农工党桂林市委与中共资源县委统战部在资源县梅溪镇开展学习贯彻十九大精神、“国际科学与和平周”义诊活动，农工党桂林市委向50户贫困户赠送一批价值1.22万元的慰问品，组织15名党员专家在梅溪镇街圩为近300名群众义诊，并赠送药品2000元。

（罗文）

2017年9月12日—14日，农工党桂林市委“推进湘桂湘江上游生态经济合作区建设”课题组在湖南省永州市开展专题调研（农工党桂林市委 供图）

中国致公党桂林市委员会

【概况】 2017年，中国致公党桂林市委员会(简称致公党桂林市委)办公地址在桂林市临桂区西城中路69号。内设办公室、组织宣传部、调查联络部，人员编制7名，在职人员6人。全年发展新党员10人。至年末，下设的基层机构有专门委员会5个，支部12个，有党员377人，具有中、高级专业技术职称377人。年内，致公党桂林市委“同心·致福”龙胜各族自治县乐江乡西腰小学实践基地被致公党中央评为社会服务工作优秀成果。钟承润、胡智强被评为社会服务工作先进个人，秦丽华被评为致公党中央社会服务工作优秀组织工作者，韦婉芹被致公党中央评为坚持和发展中国特色社会主义学习实践活动先进个人。

【致公党临桂一支部成立】 2017年5月27日，中国致公党桂林市临桂一支部成立大会召开，会议选举产生中国致公党桂林市临桂一支部，并宣读了

《关于成立中国致公党桂林市临桂一支部的决定》,任命支部主委1人,支部副主委1人,组织委员1人,宣传、文娱委员1人。

【致公党桂林市委开展学习实践活动】2017年,致公党桂林市委通过学习培训、实地考察、交流研讨等形式,开展"不忘合作初心,继续携手前进"专题教育,推动坚持和发展中国特色社会主义学习实践活动的开展。与农工党桂林市委在湖南大学联合组织开展了以"不忘合作初心,继续携手前进"为主题的2017年新党员、党员骨干培训班。年内,开展坚持和发展中国特色社会主义学习实践活动,致公党桂林市委被致公党自治区委评为"坚持和发展中国特色社会主义学习实践活动先进市级委员会"。

【致公党桂林市委参政议政】2017年,致公党桂林市委共召开参政议政工作会议、社情民意信息工作会议和重点调研课题工作会议等。年内,向全国人大提交建议3件,向自治区政协提交提案3件,向致公党自治区委报送调研报告2篇,向市政协提交大会发言2篇、集体提案9件、委员提案18件,提交城区(县)政协提案13件。其中,《关于加快我区交通基础设施建设,做好民航、铁路、公路与市内交通、景区衔接的建议》被致公党自治区委采用为集体提案提交自治区政协会议,《关于加强对桂林传统村落和古建筑保护与传承的建议》获市政协优秀提案一等奖,提交市政协的集体提案《关于在我市国家电子商务示范基地建立县域"闭环"物流的建议》被确定为2017年市政协重点督办提案。年内,完成"全域旅游背景下广西桂林民宿发展模式与对策研究""关于推广我市乡村治理成功经验的建议"重点调研课题并形成调研报告。提交的《关于完善桂林市社会化养老服务体系的建议》《关于切实保障农村医疗保险重大疾病报销比例的建议》《全域旅游背景下桂林民宿发展存在的问题》等信息报告被中共桂林市委采用。年内,致公党桂林市委向致公党自治区委提交信息8篇。

【致公党桂林市委服务社会】2017年,致公党桂林市委关注民生和"三农"(农民、农业、农村)问题,助力桂林市扶贫脱困攻坚工作。参与中共桂林市委统战部组织各民主党派、工商联开展的精准扶贫工作,为阳朔兴坪镇古皮寨村贫困村民送去价值3万元的鸡苗和种鸡,为阳朔县古皮寨村开展光伏发电项目投产暨脱贫攻坚社会捐助活动捐款2万元。深化"同心·致福"品牌,开展捐资助学慰问活动,到"同心·致福"实践基地——龙胜各族自治县乐江乡西腰小学持续开展帮扶慰问、送爱心、送教育活动。"同心·致福"西腰实践基地被致公党中央评为社会服务工作优秀成果。

【致公党桂林市委开展海外联谊】2017年,致公党桂林市委与中国台湾致公党开展交流、联谊活动。1月3日,致公党桂林市委领导陪同中国台湾致公党副秘书长一行考察雁山区。10月24日—10月28日,"2017年桂台两地青年创业交流活动"在桂林举办期间,致公党桂林市委接待了台湾致公党副主席王蜀虹率领的台湾青年参访团一行。（韦婉芹）

2017年10月24日—28日,中国台湾致公党副主席王蜀虹(前排右五)率台湾青年参访团一行30人在桂林访问（致公党桂林市委　供图）

九三学社桂林市委员会

【概况】2017年,九三学社桂林市委员会(简称九三学社桂林市委)办公地址在桂林市临桂区西城中路69号。机关设置办公室、组织宣传部、科教部,人员编制8名(含后勤服务人员编制控制数1名),在职人员7人。至年末,有基层组织19个,其中支社18个直属小组1个。共有社员507人,其中有高级专业技术职称331人。全年发展新社员29人。年内,九三学社桂林市委分别获九三学社中央、九三学社自治区委员会"坚持和发展中国特色社会主义学习实践活动先进集体"称号,获九三学社自治区委"2014—2016年度参政议政、组织工作先进集体"称号。1人获九三学社中央"参政议政工作先进个人"称号。

【九三学社桂林市委思想建设】2017年,九三学社桂林市委以开展中国特色社会主义学习实践活动为契机,推进思想建设。组织社员学习中共十九大精神、习近平新时代中国特色社会主义思想、九三学社第十一次全国代表大会会议精神。开展理论研究,组织社员撰写理论文章参加九三学社自治区委员会、桂林市政协征文活动,获九三学社自治区委员会2017年度理论研究论文优秀组织奖,8篇论文分别获九三学社自治区委理论研究二等奖、三等奖、优秀奖。获2017年度桂林市政协人民政协理论研究先进单位表彰。举办骨干社员培训班,同时组织社员参加各级培训,全年培训社员200多人次。开展实践活动,举办"巾帼社员喜迎十九大·学习历史和传统文化"主题活动,召开"四个怎么"大讨论研讨会,举办第三届"奉献杯"气排球赛等。

【九三学社桂林市委参政议政】 2017年，九三学社桂林市委共有各级人大代表、政协委员70人次。社员中的人大代表、政协委员在各级“两会”上共提交人大建议4件，政协提案52件，大会口头发言1篇，书面发言2篇，提交集体提案7件。其中《关于加强我市普惠性幼儿园建设的建议》和《关于加强校外托管机构引导和管理的建议》被市政协列为重点督办提案，《加强无物业小区管理的建议》等3件提案获市政协优秀提案表彰。承担中共桂林市委课题“关于打造桂林旅游旗舰企业的对策研究”，与九三学社自治区委员会联合完成调研课题“广西智能制造发展与研究”。开展提案宣讲活动，各支社、专委会及社员共提交提案32件，有7件提案作为2018年市政协会议集体提案素材。年内，九三学社桂林市委领导、机关干部参加中共桂林市委、市人民政府、市政协召开的各种协商会、征求意见会、座谈会、情况通报会30多人次。

【九三学社桂林市委服务社会】 2017年，九三学社桂林市委发挥优势，开展社会服务工作。组织20名社员参加“2017保护漓江生态环境我行动”活动启动仪式及活动；打造“社员科技讲坛”活动品牌，在中国地质科学院岩溶地质研究所举办“爱在九三·重温社史社员科技讲坛(第二讲)”活动，参加社员130余人；为阳朔古皮寨村光伏发电项目捐助资金2万元；各支社的专家社员参与扶贫帮困技术培训近12次，受益群众近1000人。(黎冰)

桂林市工商业联合会

【概况】 2017年，桂林市工商业联合会(简称市工商联)与桂林市总商会(简称市总商会)合署办公(一套工作人员)，办公地址在桂林市依仁路16号。内设办公室、调研部、宣传教育部、会员部、经济联络部，共有人员编制17名，在职人员19人。年内，新发展会员692个。至年末，全市有会员6910个，其中企业会员3257个，团体会员205个，个人会员3448个。下辖17个县(区)工商联，132个乡(镇)商会，55个行业商(协)会，17个异地商会。全年，市工商联履行参政议政、协调服务等职能，推动全市工商联工作不断取得新业绩，荔浦、兴安、永福、阳朔、全州等县工商联被全国工商联评为2017年全国“五好”县级工商联。年内，全市工商联深入开展“万企帮万村”活动，共有176家民营企业参与帮扶贫困村149个，企业投入总金额2113.42万元，受帮扶贫困人数超过1.43万人。

2017年11月24日，市工商联与市委统战部、市金融办在榕湖饭店共同举办“贯彻十九大精神，搭建桂林市服务中小微企业融资平台”活动 (市工商联 供图)

【市工商联第五次代表大会召开】 2017年4月12日—13日，市工商联第五次代表大会召开，参加会议代表272人。大会选举产生了市工商联(总商会)第五届执行委员会主席(会长)1人，副主席23人，秘书长1人，副会长21人，常务委员60人，执行委员169人。周英当选为市工商联主席、市总商会会长。

【市工商联参政议政】 2017年，市工商联围绕中共桂林市委、市人民政府的中心工作，开展“融入‘一带一路’建设，加快桂林非公有制经济发展”“构筑网络平台，加快桂林众创空间建设”课题调研。围绕电子商务、交通设施、城市建设、行业发展等方面撰写提案，向市政协提交提案9个。会同中共桂林市委统战部、桂林市工业和信息化委员会、市统计局、市工商局完成《2016年桂林市民营经济发展报告》，全面反映了2016年桂林市民营经济发展情况。

【市工商联促进经济发展】 2017年，市工商联开展非公有制企业大走访活动，走访企业近100家(次)，为会员企业解决问题45个。4月，与桂林市人力资源和社会保障局、市教育局、总工会联合举办“民营企业招聘周”活动，组织280多家企事业单位参加招聘，提供就业岗位6000多个，招聘会共吸引超过5000人次进场，与用人单位达成就业意向1682人。搭建政府、银行、企融资贷款合作平台。6月，与广西漓江农村合作银行举办银企座谈会，参加座谈会的民营企业代表近300人。8月，与宁波市工商联、大连市工商联分别组织“2017桂林市加工贸易产业发展专题招商推介会”，92家企业近400人参加。11月24日，与市委统战部、市金融办等单位联合举行桂林市政银企服务中小微企业平台建立暨市小微企业融资担保有限公司开业仪式，现场3家企业与担保公司、银行签订贷款合同，发放贷款金额1300万元，10家企业与担保公司签订意向担保合同，担保金额4050万元。

(陈大文)

人民团体

桂林市总工会

【概况】 2017年，桂林市总工会(简称市总工会)办公地址在桂林市瓦窑路36号。内设办公室、党委办公室、基层组织工作部、宣传教育部、劳动保护部、保障工作部、法律工作部、财务部、女职工部、经费审查办公室、政策研究室、资产监督管理部、广西职工医疗互助保障活动桂林办事处、桂林市教育工会、桂林市财贸工会，人员编制36名，在职人员37人。直属单位有桂林市职工大学、桂林市工人文化宫、桂林市第二工人文化宫、桂林市职工技术协作站、桂林市职工对外交流中心、桂林市天盛商贸有限责任公司。下辖11个县总工会和6个城区(总)工会。全市工会组织3.21万个，工会会员95.06万人，职工入会率97.37%。全市工会经费代收1.24亿元，其中市总工会本级完成经费收入6300万元，上交自治区总工会经费2700万元。年内，市总工会推进工会改革，创新服务职工载体和平台，开展“践行新理念、建功‘十三五’”主题劳动竞赛和职工文化活动，弘扬新时代劳模精神，培育工匠精神，突出维权主责主业，依法科学维护职工合法权益，深化和谐劳动关系建设。市总工会获广西职工技能大赛优秀组织奖。

【工会改革】 2017年，市总工会按照增“三性”(增强政治性、先进性和群众性)、去“四化”(克服“行政化、机关化、贵族化、娱乐化”现象)、强基层、促创新的改革总体思路，研究制订《桂林市总工会改革实施方案》。在优化组织机构设置和干部队伍结构，构建以职工为主体的工会工作体系，打造适应职工需求的网上工会和拓展工会工作社会化发展路径等方面提出改革举措26条，全面推进桂林市工会改革工作。

【工会基层组织建设】 2017年，市总工会加强基层工会建设“落实年”工作，推进基层工会建设，实现工会组建和会员发展新突破。年末，全市工会组织数3.21万个，工会会员95.06万人，职工入会率97.37%。推进工会工作站和“职工之家”建设。按照“强基层、补短板、增活力”行动要求及“六有”(有依法选举的工会主席，有独立健全的组织机构，有服务职工的活动载体，有健全完善的制度机制，有自主管理的工会经费，有会员满意的工作绩效)基层工会建设目标，开展创建“合格职工”之家活动，合格“职工之家”比例达基层工会总数90%。推行开展企业工会“联建联创”活动，推动开发区非公有制经济企业建会建家，全面提高非公有制经济企业工会工作水平。

【开展弘扬劳模品质活动】 2017年，市总工会创办大型公益宣传栏目《咱们工人有力量》，弘扬劳模精神、劳动精神和大国工匠精神。组织开展2017年第十五届全国职工职业道德建设评选表彰推荐活动，向全国总工会、自治区总工会推荐桂林市全国职工职业道德建设标兵单位和标兵个人。组织开展推荐申报2017年广西学雷锋志愿服务先进典型活动。组织开展“广西工匠”学习宣传评选活动，桂林市推荐的中国石油天然气第六建设公司吊装技师张仕经获2017年“广西工匠”称号。组织开展“发现、命名桂林工匠”活动，命名桂林银行网络工程师周阳锋等10名“桂林工匠”。召开先进模范创新工作室经验交流会，发挥先进模范“传帮带”作用，培育工匠精神，推动先进模范创新工作室集群化发展。推进劳模规范化管理工作和劳模档案工作的信息化、

2017年4月27日，桂林市庆“五一”表彰先进颁奖仪式暨最美桂林最美劳动者文艺汇演在春天剧场举行
（市总工会　供图）

2017 年 1 月 11 日，市总工会开展春节送温暖活动　　（市总工会　供图）

网络化建设，落实劳模政策待遇，春节期间慰问各级劳模 369 人，发放慰问金 32.96 万元。“五一”国际劳动节，市总工会表彰全国五一劳动奖章获得者刘萌刚、谢玉华，全国最美职工祝平辉，自治区五一劳动奖章获得者张闫华、奉桂芳等 20 人，广西五一劳动奖状集体获得者桂林莱茵生物科技股份有限公司等 5 个集体，全国“工人先锋号”集体获得者桂林市公安局出入境管理支队等 2 个集体，广西“工人先锋号”集体获得者桂林漓佳金属有限责任公司经营销售部外销组等 7 个集体。

【开展劳动竞赛活动】 2017 年，市总工会以开展“践行新理念、建功‘十三五’”主题劳动竞赛活动为主要载体，推进工业园区企业班组建设、安全生产、发现命名“桂林工匠”活动和创建“先模创新工作室”以及开展“清洁企业 · 美丽桂林”“美丽广西 · 劳动最美——建设美好家园”劳动竞赛。组织旅游服务行业开展以“创造优美环境、提供优质服务、倡导优雅言行，创建文明窗口”为主要内容的“三优一创”立功竞赛。组织各行业职工参加广西第七届职工职业技能大赛、广西第四届农民工技能大赛、广西旅游饭店服务行业职业技能大赛。组织开展以“零违章、零隐患、零事故”为主题的安康杯竞赛活动和具有产业、行业（系统）、企业特色的劳动竞赛。年内，共组织开展涉及 12 个工种、23 项赛事，覆盖 981 个单位的职工岗位练兵、技能比武劳动竞赛活动，参与、参赛职工 16.4 万人次。

【开展帮扶关爱活动】 2017 年，桂林市出台《桂林市进一步做好困难职工解困脱困工作的实施方案》，完善困难职工信息，实行一户一档案，动态管理。开展“‘两节’送温暖、夏季送清凉、金秋送助学、平时送岗位、难时送帮扶”工会品牌活动。全年桂林市各级工会共筹集慰问金 260 万元，慰问困难职工 2375 名，下拨资金 255.3 万元对洪灾严重的县（区）职工群众开展生活帮扶和临时救助，资助 659 名困难职工家庭子女 164 万元，筹集 150 多万元对在高温作业的户外工作者进行慰问。开展“六一”农民工子女暑期亲情慰问活动，组织 17 名桂林籍留守儿童到广东省佛山市与父母团聚。加强对农民工就业再就业的技能培训，推进农村劳动力转移就业和返乡创业。为 11.27 万名农民工送上意外伤害保险。

【深化和谐劳动关系】 2017 年，市总工会加强协调劳动关系三方沟通协作，开展“一小时法律服务圈”活动，建立对职工合法的劳动经济权益诉求零门槛援助服务制度，健全劳动关系预警、调处、应急处置机制，加强劳动法律监督，参与劳动纠纷的协调处理和开展维护职工合法权益的专项活动。加强县（区）法律服务律师站（点）建设，推动职工法律援助工作。年内，全市各级工会提供法律援助的劳动争议案件共结案 12 件，涉及农民工 14 名，涉及追索劳动报酬、工伤赔偿、社会保险金额 34 万元。工资集体协商有新成效，全市已建立工会组织的企业签订工资专项集体合同 3971 份，覆盖企业法人数 2.71 万家，建立工会企业集体协商建制率动态保持在 89% 以上，25 人以上建会企业签订工资专项集体合同 3055 份，签订率 92%。桂林市区 20 家世界 500 强企业工资集体协商建制率 100%。开展企业、事业单位厂务公开民主管理创建活动，拓宽民主管理渠道。全市国有及控股企业、事业单位厂务公开、职工代表大会建制率 99%；非公有制经济企业厂务公开、职工代表大会建制率 90%。

（玉明）

共青团桂林市委员会

【概况】 2017 年，共青团桂林市委员会（简称团桂林市委）办公地址在桂林市临桂区西城中路 69 号。内设办公室、组织部、宣传部、城市青年工作部、农村青年工作部、学校部、统战部、少年部、权益部、希望工程办公室，人员编制 19 名（含后勤服务人员编制控制数 2 名），在职人员 16 人。下设桂林市少年宫和桂林青少年社会服务中心（原桂林市婚姻介绍所）。挂牌机构有桂林市青年联合会、桂林市学生联合会、中国少年先锋队桂林市工作委员会。全年桂林市共有基层共青团组织 5796 个，其中基层团（工）委 316 个、团总支部 92 个、团支部 5388 个。全市有共青团员 12.39 万人。年内，团桂林市委贯彻《共青团中央改革方案》《共青团广西区委改革实施方案》，印发《共青团桂林市委改革实施方案》，推动桂林市共青团工作的新发展。

【加强青少年思想引领】 2017 年，桂林市各级团组织利用互联网线上、线下相结合的方式，开展“喜迎十九大，不忘初心跟党走”“研读十九大报告，八桂青年话使命”等主题活动，组织全市青少年学习宣传贯彻党的十九大

2017 年 6 月 16 日，2017 年广西电子商务高峰论坛暨第三届桂林网购节在桂林会展中心举办 （钟雁 摄）

精神。全年全市共组织开展十九大宣讲交流会 108 场，“不忘初心跟党走”主题团日活动 114 场，互联网编发“迎接十九大”“砥砺奋进的五年”“青春瞩目十九大”“青春建功新时代”等话题235条，总阅读量累计80万人次。

【推进青年创业创新】 2017 年，团桂林市委为帮助青年培养创业意识、增强创业能力，提升创业成功率，共开展创业创新沙龙活动 23 场，培训电商创业青年 1000 多人次。4 月，联合阿里巴巴农村淘宝举办桂林青年电商创业培训暨阿里巴巴农村淘宝橙掌营培训班。6 月，与市商务局、市“两新”党工委、七星区共同承办 2017 年广西电子商务高峰论坛暨第三届桂林网购节，联合市商务局、七星区人民政府举办 2017 广西电子商务高峰论坛青年电商创业分论坛。8 月，启动桂林青年创业创新主题活动月。11 月，组织桂林市青年企业家、创业青年和高校创业大学生代表参加广西科技厅主办的创新讲习——创新创业经验交流与能力培育活动。桂林市创业青年恩泽食用菌专业合作社理事长石志辉获“全国农村青年致富带头人”称号、广西农村创业创新项目创意大赛一等奖。

【青春扶贫行动】 2017 年，桂林各级团组织围绕“青春扶贫行动”开展扶贫工程，助力脱贫攻坚战。全市共青团共投入各类帮扶资金 120 多万元，受益贫困人数 4000 多人。1 月，团桂林市委联合市人力资源和社会保障局、市投资促进局、市人民政府驻北京联络处共同主办 2017 年桂林市第三届桂林游子春节回家联谊会暨“乡聚·桂林力量”返乡人才座谈会。6 月，联合爱心企业家代表分别到恭城瑶族自治县、龙胜各族自治县开展“六一”慰问活动。整合社会资源结对帮扶兴安县溶江镇中洞村、高尚镇仁和村。引进黄金百香果种植项目 13.33 公顷，联合市水产畜牧兽医局在贫困村投放鱼苗 82 万尾。

【保护漓江行动】 2017 年 3 月，团桂林市委在永福县苏桥镇太平村开展“美丽桂林·宜居乡村”2017 年桂林市青少年植树行动。全年组织青少年植树 2.1 万株。5 月，团桂林市委联合爱心企业募集 51 万元，在雁山区草坪回族乡举办“保护漓江母亲河·共创全国文明城”——2017 年保护母亲河漓江环保基金捐赠暨鱼苗放生、公益健走活动，参加活动青少年环保志愿者 300 多人。

【优化青少年健康成长环境】 2017 年，团桂林市委优化青少年健康成长环境，做好未成年人保护工作、“青少年权益创新工作”、青少年事务社工队伍建设等青少年权益工作。推进“12355”青少年服务台建设、青少年维权岗创建活动，“共青团与人大代表、政协委员面对面”活动，“青年志愿者彩虹桥行动”品牌活动。做好青少年思想道德和法治宣传教育、重点青少年群体服务管理和预防青少年违法犯罪推进工作、落实创新社会治理新要求、持续做好禁毒宣传、跟进防艾宣传 5 项常规工作。全年推进建设“12355”青少年服务站 13 个，青少年维权岗实体化阵地建设 20 个，培育青少年事务社工 335 人，开展“12355 轻松备考·心理减压”“青春自护教育”“阳光绿网行动”“青春护航·平安校园”“心理成长小组”活动 142 场，服务青少年近 5 万人。团桂林市委获“广西未成年人思想道德建设先进单位”称号。

【青少年对外交流】 2017 年，团桂林市委加强与各国青年、中国港澳台青年的交流。3 月，桂林市青年联合会委员代表随团前往韩国济州市与济州联合青年会进行友好交流。10 月，接待柬埔寨青年联盟联合会中央委员会代表团。11 月，桂林青年联合会届别的政协委员（青年企业家代表）随团到澳门参加“青创闯天下”系列活动——“青创零距离”交流论坛。11 月，接待文莱青年官员代表团。

【开展青年志愿者行动】 2017 年，团桂林市委深入开展青年志愿者行动。先后通过桂林航天工业学院、桂林理工大学、广西师范大学、桂林旅游学院等高等院校招募青年志愿者 1 万多人，参与桂林市创建全国文明城市、2017 中国国际商标品牌节、2017 年中国—东盟博览会旅游展、桂林国际马拉松赛、第十三届广西名特优农产品交易会、2017 年央视春晚桂林分会场以及 2017 年环广西公路自行车世界巡回赛（桂林站）等大型活动。团桂林市委获“2017 年中央电视台春节联欢晚会桂林分会场筹备工作优秀组织奖”“2017 年中国—东盟博览会旅游展先进单位”称号。

【桂林市青年联合会第四届委员会、桂林市学生联合会第四次代表大会召开】 2017 年 12 月 12 日—13 日，桂林市青年联合会第四届委员会全体会

2017 年 6 月 16 日，2017 年"'一带一路'倡议中青年社会组织的作用与责任"论坛在广西师范大学举办 （钟雁　摄）

议、桂林市学生联合会第四次代表大会召开。中共桂林市委副书记白松涛和团广西区委副书记黄世芳出席会议并讲话。大会听取了市青联第三届委员会常委工作报告和市学联第三届主席团工作报告，选举产生桂林市青联第四届委员会领导班子和桂林市学生联合会第四届主席单位。

【中国少年先锋队桂林市第三次代表大会】 2017 年 12 月 6 日召开。中共桂林市委副书记白松涛和团广西区委副书记廖长友出席会议并讲话。大会听取了桂林市第二届少工委工作报告，选举产生桂林市新一届少工委和领导机构。

【第八届"桂林市杰出（优秀）青年卫士"表彰大会】 2017 年 7 月 18 日，由团桂林市委、市社会治安综合治理委员会办公室等 16 个单位联合开展的第八届"桂林市杰出（优秀）青年卫士"表彰大会召开，王龙河等 10 人获第八届"桂林市杰出青年卫士"称号，卢祖发等 20 人获第八届"桂林市优秀青年卫士"称号。

【开展青年社会组织活动】 2017 年，桂林青年社会组织、新兴青年群体活动有序开展。5 月，桂林筑梦计划新兴青年群体青年沙龙在正阳步行街举行。6 月 16 日，2017 年"'一带一路'倡议中青年社会组织的作用与责任"论坛在广西师范大学举办，自治区党委常委、组织部部长喻云林，团中央书记处书记徐晓出席论坛，并为"一带一路"青年社会组织国际合作研究基地（广西）揭牌，同时启动广西青年社会组织东盟合作发展基金。10 月，"东西瓦肆"桂林国际青年文创市集之"情暖重阳"专场在东西巷开市。

（刘俊　张云涛）

桂林市妇女联合会

【概况】 2017 年，桂林市妇女联合会（简称市妇联）办公地址在桂林市文明路 21 号，内设办公室、宣传部、组织部、发展部、权益部、儿童部、联络部、妇儿工委办公室。人员编制 21 名（含后勤服务人员编制控制数 2 名），在职人员 21 人。下设桂林市妇女儿童活动中心。年内，全市各级妇联推进妇联改革，开展妇女思想引领、巾帼创业创新、家庭文明建设、妇女儿童维权、强基固本"五大行动"，妇联工作取得新成效。

【引领妇女听党话跟党走】 2017 年，市妇联开展"巾帼心向党，宣传十九大""巾帼心向党，建功新时代"宣讲活动，邀请党的十九大代表和宣讲团成员宣讲 117 场，召开各界妇女学习座谈会 184 场，举行文艺演出 732 场，参与妇女群众 20 万人次。利用妇女之家、妇联网站以及微信公众号等平台，把妇女的思想和行动统一到党的十九大精神上来。注重发挥榜样示范带动作用，培养和树立先进妇女典型，全市获全国"三八红旗手"1 人、广西"三八红旗手"7 人、广西"三八红旗集体"5 个。

【妇联组织四项改革取得突破】 2017 年，桂林市推进妇联组织改革，四项改革取得突破，村（社区）妇代会改建妇联取得突破，与村（社区）"两委"换届同步推进妇代会改建妇联，全市 1884 个建制村（社区）100% 妇代会改建妇联，100% 的村（社区）妇联主席进入"两委"班子，全市新增村（社区）妇联执委 2.07 万人。乡（镇）妇联组织区域化建设取得突破，桂林市各级妇联从"建组织、扩队伍、强服务"入手，建立覆盖体制内外不同妇女群体的妇女组织架构，全市 134 个乡（镇）全部完成妇联组织区域化建设，新建妇女组织 993 个。妇女儿童事业发展经费保障问题取得突破，各县（区）结合妇联

2017 年 10 月 26 日，市妇联部署学习宣传党的十九大精神 （苏小琼　摄）

改革，将妇女儿童事业发展专项资金纳入改革方案中予以明确。网上妇联建设取得突破，建立健全市、县（区）妇联官网、微信公众号、妇联干部工作QQ群、微信群，至年末，全市100%的乡（镇）和92%的建制村（社区）建立了微信工作群。

2017年5月9日，市妇联开展文明家庭创建宣传活动助力创建全国文明城市（曾怡 摄）

【妇女创业创新】 2017年，市妇联引导和帮助妇女发展健康养生、商贸物流、电子商务等服务业，举办巾帼电商培训53期，"互联网+"成为妇女增收致富新亮点。组织17家企业参加广西第三届女企业家、女能人、女科技人员创新创业产品（成果）展，成交额320多万元，选派3名女性参加全国创业创新大赛，获优胜奖。举办贫困村妇联干部、巾帼致富带头人和贫困妇女骨干培训76期，开展"金绣球"巾帼家政大篷车进村（社区）培训183期。发放扶贫贷款2.91亿元，获贷款妇女家庭7320户；发放"两癌"（宫颈癌、乳腺癌）救助资金392万元，对建档立卡贫困妇女患者实现救助全覆盖。

【家庭文明建设】 2017年，桂林市家庭文明建设彰显新活力。弘扬文明家风，将寻找"最美家庭"纳入培育践行社会主义核心价值观内容，组织开展寻找"最美家庭"活动3427场，2户家庭获全国"最美家庭"称号，8户家庭获自治区"最美家庭"称号，20户家庭获桂林市"最美家庭"称号。市妇联获广西"秀家风，晒亲恩"家庭微视频大赛优秀组织奖。引导科学家教，把家庭教育作为推进未成年人思想道德建设的重要抓手，成立市儿童与家庭发展研究中心，举办家教研讨会、读书会、好书分享会285场，打造"小蜗牛"婴幼儿早教、与孩子心灵对话亲子论坛、爱的教育情感体验、"心手相牵，共同成长"等品牌项目，实现家庭工作社会化、品牌化。拓展桂林幸福女性成长课堂课程内容，与桂林百姓文化大讲坛、各高校联合举办关注女性成长、关爱女性健康等系列讲座246场。

【关注妇女儿童】 2017年，市妇联加大维权工作力度，以开展"建设法治中国，巾帼在行动"为载体，抓好法律宣传和妇女维权工作。推进妇女儿童维权岗、妇女儿童维权律师志愿服务团建设，构建"纠纷联调、培训联动、普法联抓、关爱联帮"维权模式，为妇女儿童案件开辟绿色通道。建立健全反家暴联动机制，重点联合公安出台反家暴告诫制度，法院发出人身安全保护令，民政建立家暴救助庇护所，"110"指挥中心全年接待家庭暴力报警356件，出警率100%。各级妇联维权窗口接待来电来访2498件次，处置率100%。成立婚姻家庭纠纷调解委员会和惜缘婚姻家庭辅导室，提供咨询、调解、援助服务1980人次。改善妇女儿童民生，筹措资金383.2万元，新建"儿童家园"322个，其中贫困村85个。发挥"周末爱心妈妈"等社会组织力量募集资金167.5万元，用于实施春蕾计划、贫困儿童保护等项目。建立爱心书屋69个、乡村儿童活动阵地48个，启动"一本旧书，一份关爱"闲置图书收集公益行动，收集图书6080册，为近3万名留守儿童送去关爱。联合市卫生和计划生育委员会实施"两癌"免费检查，将农村贫困妇女纳入"两癌"免费检查范围，筛查25.22万人次。（舒满江）

2017年8月27日，市妇联召开妇联改革专题座谈会听取意见建议（苏小琼 摄）

桂林市归国华侨联合会

【概况】 2017年，桂林市归国华侨联合会（简称市侨联）办公地址在临桂区西城中路69号。内设办公室、经济联络科，人员编制6名（含后勤服务人员编制控制数1名），在职人员9人。

2017年6月1日，市侨联与桂林市海外华侨交流协会赴龙胜各族自治县龙脊小学开展助学捐赠活动（市侨联 供图）

市侨联团结广大归侨侨眷和海外侨胞，在服务经济发展、依法维护侨益、积极参政议政、拓展海外联谊、弘扬中华文化、参与社会建设等方面取得较好成绩。年内，全市挂牌建立“侨胞之家”8个，其中麓湖国际社区“侨胞之家”为桂林市第一个挂牌建立的“侨胞之家”，荔浦县丰润莱生物科技股份有限公司“侨胞之家”为桂林市第一个县级“侨胞之家”。

【全面推进侨联改革】2017年，市侨联全面推进桂林市侨联改革。按照强“三性”、去“四化”的改革目标，制订《桂林市侨联改革实施方案》，针对桂林市侨联基层组织建设薄弱问题，提出在3年内实现侨联组织全覆盖，为解决桂林市侨联工作发展难题提供基本遵循和行动指南。

【服务侨资企业】2017年，市侨联带领广大归侨侨眷和海外侨胞推进桂林国际旅游胜地建设。10月，第三届中国—东盟博览会旅游展在桂林举办，市侨联通过网络平台组织外资、侨资企业参展，推介多项国内外旅游项目及产品，为侨胞到桂林投资创业牵线搭桥。年内，市侨联领导走访侨资企业丰润莱生物科技有限公司、远望智能通信科技有限公司、思奇通信设备有限公司、溢达纺织有限公司等，密切同涉侨企业的联系，畅通服务渠道，拓展服务领域。丰润莱生物科技股份有限公司加入中国侨联新侨创新创业联盟。

【开展交流联谊】2017年，市侨联发挥侨联组织民间性的特点和优势作用，加强与海外侨胞、港澳同胞的联系和交流，推动桂林经济社会发展。通过参加广西侨联成立60周年庆典、第十八届世界桂籍侨胞联谊大会、第五届世界钦廉同乡恳亲大会、华商八桂行等活动，与来自世界各地的华侨华人交流，团结归侨侨眷和海外侨胞。年内，市侨联接待了洪都拉斯侨领陈慧良、泰国侨领苏丽湘和加拿大侨领陈丙丁、黄天华以及美国侨领陈灿培、陆培玉等。桂林海外华侨交流协会名誉会长陈隆魁应邀参加旧金山湾区各界华侨华人庆祝香港回归祖国20周年活动。

【捐资助学和扶贫帮困】2017年国庆节、中秋节前夕，市侨联到华侨农场和社区、养老院，看望和慰问困难归侨侨眷，送上慰问金6万余元。开展“侨帮侨”帮扶活动，广西侨联澳门委员慰问桂林市归侨侨眷3万元。桂林市侨联、桂林海外华侨交流协会到龙胜各族自治县龙脊镇小学开展扶贫助学活动。桂林海外华侨交流协会名誉会长陈隆魁为阳朔白沙观桥小学捐资50万元兴建教学楼，改善乡村小学的教学环境。在广西华侨爱心基金会的助推下，江苏正大天晴药业、山东鲁南药业分别向桂林市人民医院捐赠20万元、49万元，用于医护人员培训、公益救助、设备更新等。（钱朋华）

桂林市台湾同胞联谊会

【概况】2017年，桂林市台湾同胞联谊会（简称市台联）办公地址在桂林市临桂区西城中路69号。人员编制1名，在职人员1人。年内，市台联以服务台胞工作为重点，创新方法机制，抓好措施落实，完成年度工作任务。

【联谊交流】2017年6月24日，市台联与“中华复兴网”联合主办“走复兴路，圆中国梦”海峡两岸暨香港、澳门书画家名家交流展暨桂林慈善帮扶活动，来自大陆及台湾、香港、澳门的50多名书画家100多幅

2017年6月28日，桂林市侨联与爱尔眼科医院在华侨农场开展“侨爱心·光明行”公益活动（钱朋华 摄）

作品参展，拍卖作品45幅的款项全部捐给市慈善会用于资助贫困地区。10月27日，接待中国台湾高雄市新移民社会发展协会一行30人并开展交流。

【对台宣传】 2017年，市台联借助两岸一家亲的关系理念，利用定居台胞对台湾岛内亲人进行亲情宣传，邀请他们到大陆观光走访，介绍大陆的发展和政策。加强与台胞接触，做好面对面宣传。 （市台联）

桂林市残疾人联合会

【概况】 2017年，桂林市残疾人联合会（简称市残联）办公地址在桂林市临桂区西城中路69号。内设办公室、组织联络科、维权科、康复科、教育就业科、宣文计财科，人员编制13名，在职人员22人。下设桂林市残疾人事业管理中心。全市有市级残联1个，县级残联17个，乡（镇、街道）残联147个，村（社区）残疾人协会1707个，乡（镇、街道）以上残联机构工作人员475人。年内，市残联开展残疾人基本服务状况和需求信息数据动态更新。复审中华人民共和国残疾人证1.4万本。

【桂林市残疾人事业园建设】 2017年，入驻桂林市残疾人事业园的助残组织有桂林惠仁公司、桂林市启聪幼儿语言康复中心、桂林新华电脑职业技术学校、桂林"惠爱"贸易有限公司、桂林博宇公司、桂林好善助残联合会、桂林市肢残人协会、桂林蓝丝带助残志愿者协会共8家。年内，桂林新华电脑职业技术学校（国家级残疾人职业培训基地）开展计算机操作等培训项目6个，培训残疾人346人，安排电子商务学生（残疾人）实习近210人，成功孵化从事电子商务残疾人156人。桂林惠爱电商平台安置残疾人12人，其中重度残疾人8人。桂林惠仁旅游产品开发有限公司安置残疾人10人，采取随到随学的培训方式培训残疾人60人次。桂林博宇康复辅具有限责任公司与桂林市妇女儿童医院合作完成七彩梦儿童矫形器项目，筛查适配完成67人。市残联协助各县（区）做好精准康复项目转介服务工作，完成2015年彩金项目前臂美容手10例、髋离断假肢5例，自主筛查适配完成大腿8例、小腿11例、美观手1例，成人儿童矫形器116人。桂林好善助残联合会开展扶贫助残公益慈善活动9次，累计捐款4.1万元，捐物价值3.8万元。

【残疾人康复服务】 2017年，市残联与桂林市卫生和计划生育委员会、桂林市扶贫办和桂林市教育局等部门联合印发桂林市残疾人精准康复服务行动实施方案，确定桂林市残疾人精准康复服务定点二级康复评估机构和市级定点康复服务机构目录，对全市精准康复工作进行部署和培训，组织工作组到9个县（区）进行检查督导，为7921名残疾人提供基本康复服务和基本辅具适配服务。市残联实施中央专项彩票公益金0—6岁残疾儿童康复救助服务项目和残疾人康复项目，对302名0—6岁残疾儿童实施抢救性康复救助，为有需求的残疾人配发免费轮椅、助行器等辅具585件。协助自治区残联辅具中心在象山区、雁山区、资源县为听力残疾人适配成人助听器71台。组织35名康复人才参加"全区社区康复协调员师资培训班"培训。推进残疾预防工作，印发桂林市"十三五"新生儿筛查项目实施方案。

【扶残助学】 2017年，市残联实施"阳光扶残助学计划"系列项目，开展残疾儿童少年学前康复训练及学前教育、义务教育阶段的资助工作。对96名学前教育儿童、728名特殊教育学校在校生和64名大中专残疾学生发放助学金69.92万元。实施桂林市残疾学生及贫困残疾人子女助学办法，对符合条件的市区残疾学生和贫困残疾人子女1558人发放助学补助72.58万元。

【帮扶残疾人就业脱贫】 2017年元旦、春节期间，市残联与桂林市人力资源和社会保障局联合，在全市组织开展就业援助月专项活动。以"就业帮扶·真情相助"为主题，招聘残疾登记失业人员、困难家庭离校未就业高校毕业生、城乡低保家庭成员、因病致贫家庭成员、失地人员等就业困难群体。全年全市各级残联工作人员走访残疾登记失业人员家庭885户，登记失业的残疾人员1187人，组织召开残疾人专场招聘会15场，实名制纳入年度培训计划残疾人1262人，帮助残疾人登记失业人员实现就业525人次，其中社会用人单位按比例吸纳就业34人，帮助残疾人享受专项扶持政策211人。实施《桂林市残疾人创业就业扶助暂行办法》，发放市区36名残疾人创业、就业扶助资金11.6万元。叠彩区、龙胜各族自治县、灌阳县争取自治区创业扶持资金35万元，扶助残疾人创办微小企业和残疾人个体创业。以政府购买服务的方式，对120名残疾人开展计算机操作、盲人初级中级保健按摩、足部反射区按摩、盲人电脑等培训。组织县（区）开展以种、养和手工业项目为主要内容的农村实用技术培训，争取自治区专项资金135万元，培训农村残疾人3000多人。与地税部门分工合作，对安排残疾人就业达不到在职职工人数1.5%比例的单位依法征收残疾人就业保障金5495万元，比上年增长53%。年内，全市安排残疾人就业达到规定比例的单位有237个，残疾人就业680人。

【残疾人社会保障】 2017年，市残联协助民政部门为35.62万名困难残疾人发放生活补贴1899.5万元，为49.06万名重度残疾人发放护理补贴2453.12万元。实施为就业年龄段智力、精神和重度残疾人提供托养服务的"阳光家园计划"项目，为托养对象发放生活补贴703.65万元。给899名贫困残疾人个体户和残疾人灵活就业人员，发放自治区财政补贴资金93.32万元。对参加新型农村居民基本养老保险和城镇居民基本养老保险的贫困残疾人，选择最低缴费档次缴费的，个人缴费部分由政府给予全额补助。对1319名残疾人机动轮椅车车主发放中央财政燃油补贴资金34.3万元。对306户肢体、听力、视力贫困残疾人住房进行无障碍改造，发放补贴资金122.4万元。

2017 年,桂林市轮椅篮球队参加全国轮椅篮球锦标赛 （市残联 供图）

【残疾人文体活动】 2017 年,桂林市残疾人运动员参加国内外体育比赛取得较好成绩。5 名残疾人运动员参加“华诺菲杯”2017 年全国残疾人田径锦标赛,获 7 枚金牌、1 枚银牌、3 枚铜牌。选派吴国山、申莹等运动员参加国际体育赛事并取得好成绩。举办桂林市第三届残疾人坐式排球比赛,桂林市中小学生第三届残疾人运动会暨第六届特殊奥林匹克运动会,组织残疾人参加桂林国际马拉松赛。第 27 次全国助残日活动期间,联合桂林电视台制作播放残疾人体育专题宣传片《翼虽折心未弃,向生命潜能挑战》,引起社会关注。组队参加第九届广西残疾人艺术汇演,报送舞蹈《龙脊·勤》参赛并取得优胜奖。

【扶助残疾人维权】 2017 年,市残联实施“扶残维权工程”,与法律援助机构合作,落实法律援助资金 2.1 万元。开通“12385”残疾人服务热线。年内,市本级接待受理残疾人来信来访 113 人次,妥善处理“爱心亭”经营户群体上访事件和全国小儿麻痹后遗症患者联名网上上访等具有代表性群体上访事件。 （市残联）

桂林市红十字会

【概况】 2017 年,桂林市红十字会办公地址在桂林市临桂区西城中路 69 号。内设办公室、组宣青少部、赈济救护部,人员编制 5 名,在职人员 8 人。桂林市红十字会有团体会员 13 个,会员 26352 人,志愿者 769 人。全市有县级以上地方红十字会组织 17 个,基层红十字会组织 40 个。年内,桂林市红十字会推进“三救”(救灾、救助、救护)、“三献”(无偿献血、无偿造血干细胞捐献、无偿捐献遗体器官)项目工作,发挥了政府在人道主义领域的助手作用。

【红十字会组织建设】 2017 年 3 月,桂林市红十字会第二届理事会以通信方式选举表决常务理事、副会长、会长,选举市委常委、副市长何翔为桂林市红十字会会长,选举李成钢、王芳(女)、蒋伟名、秦维忠、唐建林当选为副会长(兼)。年内,桂林市红十字会指导灌阳县红十字会、临桂区红十字会配备专职副会长,理顺县(区)红十字会管理体制。

【开展“博爱送万家”活动】 2017 年元旦、春节期间,桂林市红十字会围绕政府“精准扶贫、精准脱贫”的工作,开展“博爱送万家”活动,争取上级红十字会物资价值 70 余万元,并自筹经费 10 余万元购置 300 多个温暖包,看望和慰问特困群众近 2500 户。

【抗灾救灾】 2017 年 6 月,桂林市红十字会组建成立赈济救援队。7 月,桂林市遭受洪涝灾害,桂林市红十字会派出 10 批次工作组 40 多人次深入灾区抗灾救灾,筹措调拨资金物资 200 万元支援灾区,近 5 万名受灾群众得到救助。11 月,龙胜各族自治县龙脊金竹壮寨发生火灾,桂林市红十字会紧急采购近万元群众急需生活物资发送受灾群众。

【救护培训】 2017 年,桂林市红十字会推进应急救护培训。全年为市区 26 所中学(职业中学)培训 62 场,为中共桂林市委党校、广西师范大学等培训 10 余场。同时,利用“五八”世界红十字日、“五一二”国家减灾日等重大节日开展应急救护培训,全年累计培训 2.4 万人。5 月,举办一期应急救护师资培训班,培训 40 人。6 月,选送 9 名乡村医生到自治区学习培训。

【器官捐献和造血干细胞采集】 2017 年,桂林市红十字会人体器官捐献居广西前列。开展人文关怀,为 21 户器官捐献特困家庭争取救助金 21 万元,在重要节庆对器官捐献者家庭开展慰问活动,发放慰问金 9500 元、物资价值 4 万多元。至年末,桂林市红十字会共参与人体器官捐献 52 例,捐献人体大器官 139 个,其中肝脏 40 个、肾脏 95 个、心脏 4 个,捐献眼角膜 74 枚,完成遗体捐献 4 例,139 名重病患者的生命得到延续。全年,桂林市红十字会完成造血干细胞采样 900 余份,对 89 名造血干细胞低分相合的潜在捐献者进行再动员,12 人进行高分辨,完成造血干细胞捐献 2 例。

【项目开展】 2017 年,桂林市红十字会组织为灌阳等县 13 个特困村申报自治区红十字基金会惠民工程项目,为全州等县 4 个村(屯)申报中国红十字会总会博爱家园项目。组织开展全州县、灌阳县 2 个高山饮水项目硬件施工建设。5 月,对龙胜各族自治县、全州县博爱家园项目点进行督察。

（马金宝）

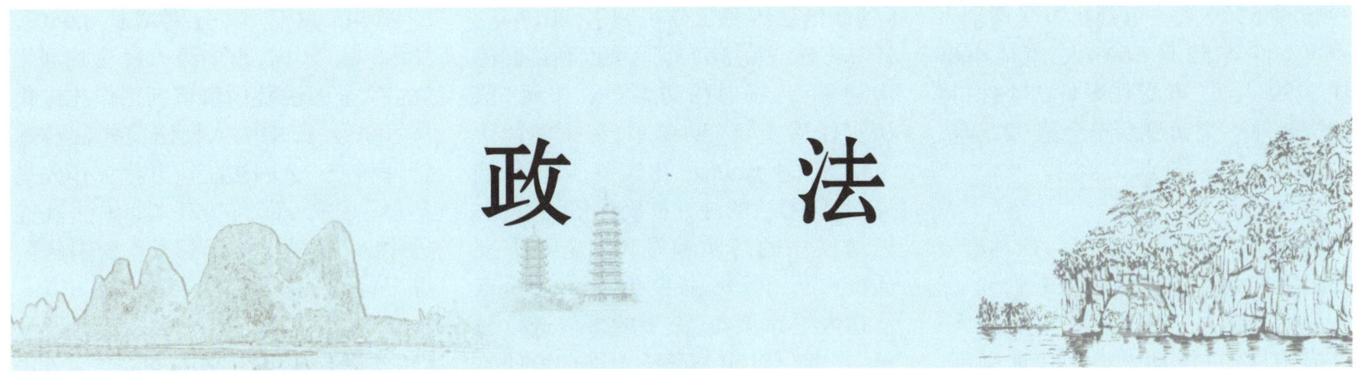

政　法

社会管理综合治理

【概况】 2017年，中国共产党桂林市委员会政法委员会（简称市委政法委）办公地址在临桂区西城大道69号。内设办公室、政治部、执法监督科、信息宣传调研科、市综治办综治基层科、市综治办综治联络科、市综治办流动人口和出租房屋管理科、市委维稳办维稳协调科、市委维稳办信息督察科、市610办秘书科、市610办综合协调科。人员机构编制40名，在编人员36人。市委政法委与市委维稳办、市综治办、市610办合署办公，市法学会由市委政法委代管。年内，全市政法工作以维护政治安全、防控社会风险、服务经济发展、深化司法改革、维护公平正义、锻造过硬队伍为着力点，提升政法工作能力，为全市经济社会健康持续发展营造和谐稳定的社会政治环境。2017年，桂林市被评为全国社会治安综合治理优秀市并获“长安杯”。

【服务发展大局】 2017年，桂林市政法部门运用法律手段调节经济社会关系，打击经济犯罪，为加快桂林经济发展，为桂林国际旅游胜地建设提供法律保障和法律服务。全年审判机关审结各类民商事案件3.23万件，审结虚开增值税专用发票等经济犯罪案72件。检察机关批准逮捕破坏市场经济秩序等经济犯罪嫌疑人143人，起诉122人。公安机关侦破侵财串案124件，抓获作案嫌疑人255人，直接破获侵财案件1073件。开展清查行动，打击传销犯罪，侦破“一一二七”传销专案，冻结和扣押大批赃款赃物。司法行政机关组织开展法律服务，律师受聘为780个政府和企事业单位的法律顾问，办理刑事、民事案和非诉讼业务7812件。拓展公证服务，办理公证5.89万件。

【维护社会稳定】 2017年，桂林市政法部门组织对97个重大决策、重大工程项目进行社会稳定风险评估，其中准予实施95项，暂缓实施2项。开展反渗透、反间谍、反恐怖、反分裂、反邪教斗争。整治市、县汽车站、火车站，阳朔西街等一批存在公共安全风险隐患的重点部位。开展社会矛盾纠纷化解，全市成立精准排查工作队5519个，参加排查工作人员3.16万人次，排查各类矛盾纠纷1.57万件，调处1.50万件，调处率为95.99%。防止民间纠纷转化为刑事案件142件1232人，防止民间纠纷引起自杀案件18件25人，防止群体性上访140件4829人，防止群体性械斗58件6658人。全市没有发生因局部问题处置不及时而演变成全局性问题的事件，也没有发生因非对抗性矛盾处置不当而演变成对抗性矛盾的事件。

【打击违法犯罪】 2017年，全市各级公安机关组织开展“神剑”系列严打整治行动，组织打击“盗抢骗”集中统一抓捕行动、“捕鼠”反扒行动、“夜查”行动、“隆剑”行动、打击黄赌毒违法犯罪等各类专项行动，重点整治非法传销等新型犯罪，集中整治“城中村”等社会治安混乱地区、校园及周边管理难点地区。全年刑事案件报案率（比上年，下同）下降17.31%。审判机关审结刑事案件4858件，判处犯罪分子4987人，其中审结群众关心、关注、关切的涉黑涉毒、涉枪涉爆、盗抢骗等多发生性严重暴力犯罪和侵财犯罪案件1154件。全市各级检察机关依法严惩黑恶势力、涉枪涉爆、盗抢骗等严重刑事犯罪，开展依法惩治“村霸”专项行动，全年批准（决定）逮捕案件3799件4737人，提起公诉

2017年9月1日，桂林市公安局对“城中村”福隆园展开清查行动

（桂林市公安局　供图）

3968 件 5109 人。审判机关受理刑事一审案件 4252 件 5693 人，审结 4008 件 5289 人，二审受理案件 734 件，审结 708 件。全市群众安全感 92.54%，上升 3.74 个百分点。

【加强社会管理】 2017 年，桂林市公安机关加强对流动人口服务管理，完善“以房管人、以证管人、以业管人”等措施，推进流动人口居住证制度。全市登记在册流动人口 38.3 万人，列管出租房屋 6.2 万套（间），发放流动人口居住证 1.59 万份。开展特殊人群服务管理，加强社区矫正工作，新接收社区矫正人员 1198 人，解除矫正 1242 人。年末，全市有社区矫正人员 1966 人，社区矫正人员重新犯罪率 0.14%。加强肇事、肇祸等严重精神障碍患者服务管理，将严重精神障碍患者管理纳入综合治理，实行社会、单位、家庭共管共治，全市严重精神障碍在册患者 1.83 万名，在管患者 1.60 万名，患者管理率 87.25%，规范管理率 83.34%，服药率 61.57%。加强学校、幼儿园及周边治安环境管理，排查影响学校、幼儿园安全隐患 496 处，整改 495 处。

【完善基层综合治理基础建设】 2017 年，桂林市开展综治中心建设年活动，在资源县召开全市现场推进会，资源县实现综治信息化系统、视联网系统、公共安全视频监控系统“三网合一”，成为全市首个综治中心建设全覆盖的县。加强治安防控体系建设，全市整合联网各类视频监控探头 1.39 万个，推进各企事业单位、商铺店面、个人自行投资建设视频监控探头 6.2 万个。建成联网带车牌识别功能的电子卡口系统 615 个、环市智能卡口系统 11 套、全制式无线信息采集系统 142 个、Wi-Fi 热点信息采集前端 920 套。全市日采集各类视频数据约 29TB，过车数据 312 万条，积累视频数据 870TB，卡口数据 8.2 亿条。全市各级公安机关通过“天网”视频监控系统直接破获各类案件 4100 余件，待破案件 1500 余件，抑制现行发案 300 余件，协助调查交通事故 1365 件，抓获各类违法犯罪嫌疑人近 3200 名。

【创新信访维稳工作机制】 2017 年，桂林市建立完善涉军等重点利益群体沟通平台，畅通信访渠道。按照“信访责任落实年”的要求，在压实信访工作责任上想办法、出实招，以责任倒逼、责任考核的硬杠杠确保信访责任、信访秩序的落实和好转。全年下发通报 6 期，对源头控制不严、导致重点信访人进京聚集、滋事的事件进行通报，并责令对相关责任人进行责任追究。建立高效统一的信访维稳信息平台，解决信息不畅通、不共享、不及时问题。年内，进京非正常信访人数下降 14.12%。加大对缠访、闹访、非访违法行为的依法打击力度，依法处理 325 人次，其中训诫 168 人次，行政拘留 131 人次，刑事拘留 26 人，信访秩序得到规范。

【开展法律服务进景区活动】 2017 年，市委政法委、市法学会以阳朔县为试点开展法律服务进景区活动。在阳朔西街、大榕树、遇龙河游客码头等游客集中的地点，建立法律咨询服务站。市、县法学会组织法学专家与有关成员单位联合开展以“弘扬法治精神，普及法律知识，共建和谐社会”为主题的法律服务进景区（景点），提升群众安全感满意度集中宣传活动，引导景区（景点）依法管理和诚信服务，提高景区（景点）的法治化管理水平。引导游客依法维权，规范旅客行为，化解社会矛盾。组织涉外人员义务法律服务工作队参与法治宣传，解决外国人在阳朔旅游、定居、经营、婚姻等涉外法律问题，为外国人提供法律咨询服务 200 多件。

（唐晓明）

审　判

【概况】 2017 年，桂林市中级人民法院（简称市中级人民法院）办公地址在七星区毅峰路 19 号。内设机构 27 个，人员编制 284 名（含后勤服务聘用人员控制数 21 名），在职人员 273 人。管辖基层法院 17 个，干警人数 1257 人。全年全市人民法院共审结各类案件 5.40 万件，涉案诉讼标的额 145.43 亿元，分别增长 8.95%、13.66%。年内，市中级人民法院刑二庭获“全国法院刑事审判工作先进集体”称号，市中级人民法院司法技术管理科获“全国法院信息化工作先进集体”称号，邵国庆获“全国法院先进个人”称号，蒋子秀获“全国法院办案标兵”称号。

【依法惩治犯罪】 2017 年，全市人民法院审结刑事案件 4858 件，判处犯罪分子 4987 人。惩治腐败，审结职务犯罪案 95 件 112 人。审结抢劫、故意杀人、绑架等严重暴力犯罪和黄赌毒犯罪案 1154 件，维护社会稳定。审结虚开增值税专用发票等经济犯罪案 72 件，维护市场经济秩序。审结滥伐林木，非法采沙、采石等破坏环境资源犯罪案 133 件。审结减刑、假释案 1460 件。依法对 923 名被告人适用缓刑，妥善审理未成年人犯罪案 149 件 200 人，有效减少社会对抗和不稳定因素。

【加强民商审判】 2017 年，全市人民法院审结民商事案件 3.23 万件，诉讼标的金额 60.63 亿元。推行繁简分流，组建速裁庭，对 63.4% 的民商事案件速裁结案，平均审理周期 25.8 天，服判息诉率 96.87%。审结婚姻家庭、劳动争议、人身损害赔偿等案件 7410 件，促进家庭社会和谐稳定。审结金融案 3978 件，维护金融秩序。审结破产案 6 件，保障供给侧结构性改革。审结房地产案 1908 件，促进房地产市场健康发展。审结旅游纠纷案 99 件，服务桂林国际旅游胜地建设。审结商标侵权等案 23 件，强化知识产权司法保护，服务创新发展。审结涉外、涉港澳台商事案 39 件。

【强化行政审判】 2017 年，全市人民法院审结行政案件 965 件。加强行政案件和解化解，联合市司法局、市律师协会召开行政诉讼业务座谈会，引导当事人理性维权，加大与行政机关沟通协调，和解案件 284 件，占结案总数 29.43%。促进政府依法行政，提出司法意见或建议 65 件，为行政机关授课 21 次。推进行政首长出庭应诉，共出庭 179 件。支持政府重点项目建设，妥善审结移民搬迁、征地补偿、土地权

2017年8月25日，市中级人民法院开展集中拘传拘留失信被执行人的“秋季行动”

（市中级人民法院 供图）

属等纠纷案122件，其中桂阳公路改扩建引发的8件行政诉讼案被市中级人民法院全部和解结案，保障重大决策实施和重大项目推进。

【破解执行难题】 2017年，全市人民法院破解执行难题，执结案件1.39万件，标的金额85.8亿元，其中标的金额500万元以上的案件265件。市中级人民法院和市公安局、市人民检察院制订《关于办理拒不执行判决、裁定刑事案件若干问题的意见》，拍摄公益广告宣传片《自觉》，督促被执行人自觉履行义务。全市人民法院共发布失信被执行人5463名，限制高消费5169人，限制“老赖”子女就读高收费私立学校8人，限制出境54人，追究拒执罪和非法处置查封、扣押、冻结的财产罪8件9人。集中开展“春雷行动”“秋季行动”“冬季风暴”等集中拘传、拘留被执行人专项行动，共拘传606人、拘留403人，265人在拘传、拘留后立即履行债务5897.69万元，促使196个案件执结。在自治区率先制订《关于执行案件使用调查令的实施办法（试行）》，建立执行实施案件委托律师调查财产机制，拓宽执行财产发现渠道。探索“执转破”程序化解疑难执行案件，兴安县人民法院受理的“桂果公司”47件系列案，永福县人民法院受理的“融和风景”150件系列案转入破产清算、重组程序。推行网络司法拍卖新模式，共拍卖标的物1155件，成交额2.6亿元，溢价率33.45%，为当事人节约佣金1054.7万元。

【推进司法改革】 2017年，全市人民法院按照岗位职责、办案数量，科学确定法官、司法辅助人员、司法行政人员比例，有序推进法官、法官助理、书记员单独职务序列等级确认及晋升工作。实现院长、庭长办案常态化，院长、庭长办案3.91万件。全市人民法院组建以员额法官为核心，以辅助人员为支撑的新型审判团队177个，建立专业法官会议制度。推进以审判为中心的刑事诉讼制度、破产案件审理方式、家事审判方式等一系列改革。全面推行民商事案件繁简分流，象山区、荔浦县等人民法院实行“繁案精审、简案快办”做法，得到最高人民法院、自治区高级人民法院肯定。加强长期未结诉讼案件监管，开展“百日清案”专项活动，清理历史积案，审结旧存案件3691件，旧存案件结案率96.83%。实施发改案件季度通报制度，建立重大敏感案件台账，开展案件质量评查3次，评查案件2385件，优良率98.51%。推进信息化3.0版建设，新增智能庭审系统、智慧审判管理系统等信息化基础设施，开通新浪网庭审直播法庭56个，推进审判体系和审判能力现代化。

（黄猛）

检　察

【概况】 2017年，桂林市人民检察院办公地址在象山区信义路9号。内设部门17个，人员编制176名，在职人员166人。下辖基层检察院18个。年内，全市检察机关围绕全市经济社会发展大局，维护社会和谐稳定，查办和预防职务犯罪，履行法律监督职责，推进司法体制改革，配合做好深化国家监察体制改革试点工作，18个基层检察院全部完成内设机构改革，各项检察工作取得新进展。

【维护社会和谐稳定】 2017年，全市检察机关履行审查逮捕和公诉职责，依法惩治各类刑事犯罪，审查批准（决定）逮捕3799件4737人，提起公诉3968件5109人。与市公安局联合印发《关于提前介入刑事案件侦查活动的工作办法》，对重大案件依法适时介入，规范引导侦查取证，批准逮捕杀人、抢劫、强奸、爆炸、涉黑、涉毒等严重危害社会治安的犯罪嫌疑人1203人，提起公诉1737人。提前介入重大疑难案件14件，参与现场勘查、引导取证25次。贯彻宽严相济的刑事政策，对涉嫌犯罪但无逮捕必要的，不批准逮捕1268人。对犯罪情节轻微、社会危害较小的，不起诉245人。批准逮捕侵犯知识产权、制售假冒伪劣产品、网络电信诈骗等犯罪嫌疑人202人，提起公诉382人。参与打击传销，批捕网络传销案件10件12人。做好检察环节信访稳定工作，办理人民群众控告、申诉和举报案件667件。在综合检务服务大厅成立法律援助工作站，推进律师参与化解和代理涉法涉诉信访案件工作，引导和支持当事人在法治轨道上表达诉求、解决纠纷。打击信访活动中违法犯罪行为，批准逮捕7人，起诉7人。推进立体化社会治安防控体系建设，建立社区矫正交付流程监督制度。开展检察官“进机关、进企业、进乡村、进学校、进社区”活动，完成未成年人犯罪社会调查30件44人，举办法治宣讲190余场次。严厉打击破坏环境资源犯罪，批准逮捕22人，起诉38人，立案侦查退耕还林、污染治理、矿产资源管理等生态领域职务犯罪32人。强化检察监督，围绕保护自然资源提出检察建议18个，督促整治排污、非法采挖等危害环境的突出问题。开展集中惩治和加强预防扶贫开发领域职务犯罪专项活动，立案查办惠农扶贫领域职务犯罪15件20人。保障食品药品安全，持续开展食品药品专项监督行动，立案监督销售假药等案件8件11人。解决民生难题，为特别困难的139个刑事被害人及其家庭发放司法救助金88.96万元。

【查办和预防职务犯罪】 2017年，全市检察机关保持反腐败高压态势，立案侦查贪污贿赂案件157件173人，立案侦查渎职侵权案件32件35人。查办了涉嫌滥用职权、受贿、贪污等一批重大职务犯罪案件。开展追赃追逃工作，依法对黄某某违法所得向法院提出没收申请。严肃查办发生在群众身边、损害群众利益的职务犯罪，查办食品药品安全、教育医疗、社会保障、征地拆迁、涉农惠民等民生领域案件犯罪嫌疑犯97人。坚持惩防并举，推动职务犯罪群防群治。开展预防调查281次，职务犯罪案例分析179件，提出检察建议80条，开展警示教育宣传155次，行贿犯罪档案查询5.32万次。

【履行诉讼监督职能】 2017年，全市检察机关依法开展刑事立案监督、侦查活动监督和审判监督。对公安机关应当立案而不立案的案件，监督立案131件，对不应当立案而立案的案件，监督撤案11件。对应当逮捕而未提请批捕，应当起诉而未移送审查起诉的犯罪嫌疑人，纠正漏捕136人，纠正遗漏起诉罪行案件229人，纠正漏诉同案犯罪嫌疑人331人。书面纠正违法侦查行为52个，提起刑事抗诉案件25件。完善多元化民事行政诉讼监督格局，对裁判结果、审判程序及执行活动实行全面监督，共审查民事行政和执行监督案件242件，对认为有错误的民事、行政判决、裁定，向市中级人民法院提出抗诉11件，提请自治区人民检察院抗诉21件，提出再审检察建议2条，提出执行监督检察建议44条。在生态环境和资源保护、国有财产保护等重点领域排查公益诉讼案件线索，发出公益诉讼诉前检察建议21条，其中生态环境和资源保护领域案件18件，国有财产保护案件3件，督促行政机关依法履职，促进法治政府、法治社会建设。同步审查提请减刑、假释、暂予监外执行3737件，提出监督意见234件。开展财产刑执行专项检察活动，支持并监督法院依法执行55件。全面开展羁押必要性审查，向办案单位发出检察建议，办案单位对383名在押人员变更强制措施。灵川县人民检察院驻灵川县看守所检察室、桂林市城郊地区人民检察院驻桂林监狱检察室、桂林市城郊地区人民检察院驻英山监狱检察室被评为第五届全国检察机关派驻监管场所一级规范化检察室。

【深化司法体制改革】 2017年，全市检察机关按照“谁办案谁负责、谁决定谁负责”的原则，两级检察院均按照1名员额检察官至少配备1名检察官助理或1名书记员的模式组建新的办案组织。员额检察官人均办案63件。推进检务公开改革，公开案件程序信息1.16万条，重要案件信息806条，法律文书4775件。市人民检察院、全州县人民检察院、临桂区人民检察院、恭城瑶族自治县人民检察院获2017年度全国检察宣传先进单位。举办“检察开放日”活动19次，邀请社会各界人士720人次走进检察机关。邀请人民监督员参与案件听证、执法检查、案件评查等活动，监督“十一类案件或事项”81件81人。推动以审判为中心的诉讼制度改革，切实转变司法理念和办案方式，加强证据合法性审查，启动非法证据调查5件，从源头上遏制非法取证发生，防止案件“带病”进入审判程序。与市中级人民法院、市司法局等6个部门联合发文建立桂林市律师工作联席制度，依法保障律师执业权利。发挥技术性证据和司法鉴定在证明案件事实中的支撑作用，市人民检察院的笔迹鉴定、印章鉴定和死因鉴定在公安部组织的全国公安机关刑事技术实验室能力验证(盲测)活动中，获最高成绩档次“满意”。开展审查逮捕案件诉讼式审查，确定5个试点院，办理有争议和社会影响力大的逮捕案件18件19人，各级人大代表、政协委员等各界人士110余人参与旁听，增强案件透明度和司法公信力。 (郑丽君)

公　安

【概况】 2017年，桂林市公安局(简称市公安局)办公地址在秀峰区三多路1号。下辖6个城区和风景旅游名胜区公安分局以及11个县(自治县)公安局，另协管森林公安局1个。全市共有派出所178个。全年全市公安机关开展各项打防管控工作，确保全市实现不发生暴恐案事件、不发生在全国有重大影响的大规模群体性事件、不发生重大公共安全案事件“三个不发生”的工作目标。年内，完成环广西世界自行车赛、桂林国际马拉松赛等重大国际赛事安全保障工作。全年全市公安机关有159个集体、936名个人获各级奖励和表彰。其中，市公安局出入境管理支队获“全国工人先锋号”“全国优秀公安基层单位”称号。七星公安分局被司法部、中央综治办评为第三届“关爱明天、普法先行”——青少年普法教育活动优秀组织奖。薛平、陶群标获“全国优秀人民警察”称号，陶群标获“全国百佳刑警”荣誉称号。

【打击刑事犯罪】 2017年，市公安局深化以打黑除恶为龙头的“神剑”系列专项行动，加大命案、涉枪涉爆等严重暴力犯罪的攻坚力度，公安部、自治区公安厅列为督办的大案、要案，以及在全市有广泛社会影响的案件全部告破，命案侦破率达100%，创历史新高。成功侦破自治区公安厅督办的“七二〇”制枪、贩枪案件。全市多发性侵财案件明显减少，抢劫、抢夺案件均下降30%。

【开展社会综合治理】 2017年，市公安局在全市推行“星级化”管理思路，破解治安复杂区域的整治管理难题。打造以摩托车“骑警队”常态化巡逻为主体、“红袖标”力量共同参与、“天网”与“智慧守护者”工程为支撑的防范机制。通过天网与巡逻防范相互融合，推广应用智能小区门禁系统，象山区摘掉“治安环境重点关注”帽子。开展持续整治行动，全市最大的“城中村”福隆园乱象得到有效治理。通过探索建立“村警务助理”管理机制，提升消防自救能力，成功处置了“一一三〇”等火灾事故。

【打造立体化安保管控体系】 2017年，市公安局强化组织领导，制订安全保卫方案、预案32个，构建市级大型活动安保办、县（区）级战区指挥部、路段片区分部、基层民警战斗小组四级安保指挥体系。以警务指挥“一张图”为载体，整合天网视频监控系统及车牌识别治安卡口系统、无人机系统和人脸识别系统于一体，打造水、陆、空三位一体的现场立体化安保管控体系，累计发动社区干部、志愿者等社会力量10万人参与安全保卫行动。在环广西公路自行车世界巡回赛、桂林国际马拉松赛期间，投入全部警务资源，全部路口做到警力全覆盖、无缝链接、管控严密，妥善处置各类影响赛事活动的事件15件。

2017年9月5日，市公安局举行反恐应急力量拉动演练 （市公安局 供图）

【保障全市重大项目建设】 2017年，市公安局从化解矛盾入手，构建预警研判机制、“驻所调解室”对接多元化解机制、日常巡逻防控机制，累计投入警力8000余人次，参与维护全市各类重大项目、重点工程日常建设秩序，共化解、调处各类施工建设纠纷矛盾2000件，打击查办各类危害企业生产经营、恶意阻工、破坏重点项目建设的违法犯罪活动137件。处置涉企涉工程建设突发事件37件。全市共有3个危害一方、影响辖区经济建设发展的恶势力犯罪集团被判决。

（唐志红）

司法行政

【概况】 2017年，桂林市司法局办公地址在秀峰区解放西路3号。人员编制65名（含后勤服务聘用人员控制数5名），在职人员67人。有市、县（区）两级司法行政机关18个（其中地级市司法局1个），司法所147个，在职人员585人。年内，桂林市司法行政部门开展法律服务和保障工作，完善公共法律服务体系建设，化解社会矛盾，完善行政审批、行政处罚信息“双公示”制度。共有10个集体和4名个人获全国级表彰，10个集体和18名个人获自治区级表彰。年内，有8家行政体制公证机构改革为公益2类事业单位。

【提供法律服务保障】 2017年，全市律师共办理各类案件7812件，担任常年法律顾问780人，办理法律援助案件750件，协助处理涉法涉诉信访案件73件，担任社区法律顾问541人，参与公益事业和社会活动3890人次。开展律师参与化解和代理涉法涉诉信访案件工作，在市中级人民法院、市人民检察院、市公安局均设立“律师工作站”，指派178名律师作为第三方在公检法“律师工作站”、市信访局、市劳动仲裁委员会、“12348”法律服务热线值班。完成3家国资律师事务所的脱钩改制工作，设立6家公职律师办公室，安排公职律师21名。严格规范办证程序，提高公证质量，提升公证公信力，全年共办理公证5.89万件。全市司法鉴定机构共办理各类鉴定案件6754件，人民监督员参与案件评议98件。成立市信访局和市劳动人事仲裁院法律援助工作站，实现全市看守所、人民法院法律援助工作站全覆盖目标。年内，全市共接待法律援助来访来电咨询15628人次，受理法律援助案件申请5383件，其中刑事案件588件，民事案件4768件，行政案件27件。提供法律援助服务5489人次，挽回损失5449.3万元。

【完善公共法律服务体系建设】 2017年，全市建成市、县（区）公共法律服务中心18个，乡（镇、街道）公共法律服务站146个，村（社区）公共法律服务工作室1358个，建成市、县（区）、乡（街道）、村（社区）四级网络服务平台体系。推进一村（社区）一法律顾问建设，全市共有1140个村（社区）签订法律顾问合同。全年全市村（社区）法律顾问提供法律建议735条、法律咨询3.18万次，参与化解矛盾纠纷4858件，办理法律援助案件1478件。在兴安县、荔浦县、阳朔县、资源县、龙胜各族自治县和秀峰区试点设立旅游纠纷人民调解委员会，全年共调解旅游纠纷47件。

【开展法治宣传教育】 2017年，桂林市将各县（区）普法宣传教育工作和依法治国专项考评工作纳入全市年度绩效考评，推动法治宣传教育深入开展。12月4日，组织开展“一二·四”国家宪法日系列法治宣传活动，组织30家成员单位开展公职人员宪法宣誓、展板评比、法律服务咨询活动。组织举办“党的十九大精神暨宪法知识竞赛”活动。举行“七五”普法法治文艺汇演颁奖晚会，对27个先进集体和34名先进个人进行表扬。开展“法进校园”活动，组织市普法讲师团成员到市直属16所中学进行法治巡讲，与市地税局等职能部门在广西师范大学漓江学院开展税法宣传活动，引导

2017 年 12 月 4 日,广西 2017 年"一二·四"国家宪法日集中宣传活动启动仪式桂林分会场在市中心广场举行 (市司法局 供图)

青少年树立社会主义法治理念和法治意识。运用《法治桂林》电视专栏、桂林普法网、法治桂林微信微博和手机普法 APP 等新闻媒体,开展法治宣传教育,全民遵法、学法、守法、用法意识得到增强。至年末,全市有法治文艺宣传队 237 个,法治宣传轻骑队 101 个,普法讲师团 116 个,普法志愿者 1.29 万人。建立社区法治学校 228 所,农民法治学校 1654 所,法律图书室 1828 个,法治文化公园 22 个,法治文化广场 126 个,法治文化长廊 359 个,法治教育基地 17 个,法治宣传栏 3.01 万个。

【化解社会矛盾】 2017 年,全市共建立人民调解委员会(简称调解委)2100 个,其中乡(镇、街道)调解委 146 个,村(社区)调解委 1876 个,企事业单位调解委 26 个,物业纠纷调解委 2 个,道路交通调解委 9 个,劳动争议调解委 9 个,医疗纠纷调解委 13 个,旅游纠纷调解委 6 个。有人民调解员 10628 名。全年全市各级人民调解委共开展纠纷排查 1.52 万次,预防纠纷 5696 件。调解案件总数 5.33 万件,调解成功 5.22 万件,成功率 97.9%,涉及当事人 15 万多人次,金额 1.86 亿元。防止民间纠纷转化为刑事案件 56 件 337 人,防止民间纠纷引起自杀 2 件 3 人,防止群体性上访 68 件 3218 人,防止群体性械斗 58 件 2582 人。化解疑难复杂纠纷 679 件。年内,桂林市医疗纠纷调解委被司法部授予"全国模范人民调解委员会"称号。推进医疗纠纷调解与保险理赔一体化工作,中惠保险经纪有限公司"理赔服务中心"在市医疗纠纷调解委挂牌。秀峰区司法局与市公安局秀峰分局在甲山派出所设立人民调解工作室。市医疗纠纷调解委与秀峰区人民法院共同建立的诉调对接工作室挂牌成立。阳朔县、荔浦县旅游纠纷调解委被自治区司法厅列为规范化建设试点。

【加强特殊群体管理】 2017 年,全市衔接刑满释放人员 3028 人,安置 2927 人,安置率 96.6%;落实帮教措施 3022 人,帮教率 99.8%。获社会救助 78 人,获就业服务 72 人。平乐县刑满释放人员过渡性安置帮教基地被自治区司法厅确定为规范化建设试点。开展"社区矫正基层基础建设加强年"活动,推进社区矫正工作规范化。全市接受社区服刑人员 1198 人,解除矫正 1242 人。开展对拟适用社区矫正前的调查评估 632 件,撤销缓刑 10 人,撤销假释 1 人,对暂予监外执行罪犯收监执行 2 人,给予警告 143 人次,给予治安处罚 4 人次,办理居住地变更 42 人次。

【完善制度和规范化建设】 2017 年,中共桂林市委办公室、市人民政府办公室联合印发《桂林市关于完善法律援助制度的实施意见》《关于实行国家机关"谁执法谁普法"普法责任制的实施意见》,完善普法制度。推进市司法局权力清单和责任清单"两单融合"工作,编制并公开权力责任清单 39 项。完善"双公示"(行政审批、行政处罚信息)制度,在桂林诚信网公示行政审批事项 100 余件。打造"网上政府",市司法局 14 项公共服务行政办事事项实现网上申请、审批试运行。推进社区矫正执法场所建设,提高社区矫正管理水平。兴安县、永福县、恭城瑶族自治县、龙胜各族自治县、临桂区、七星区等社区矫正中心完成建设并投入使用。开展全市社区矫正工作队伍"岗位练兵争当能手"活动,通过社区矫正突发事件应急处置演练现场会、社区矫正档案质量评查、社区矫正优秀工作者评选等活动,提高队伍素质。 (李洪波)

2017 年 10 月 10 日,全市社区矫正工作突发事件应急处置演练现场会在全州县举办 (市司法局 供图)

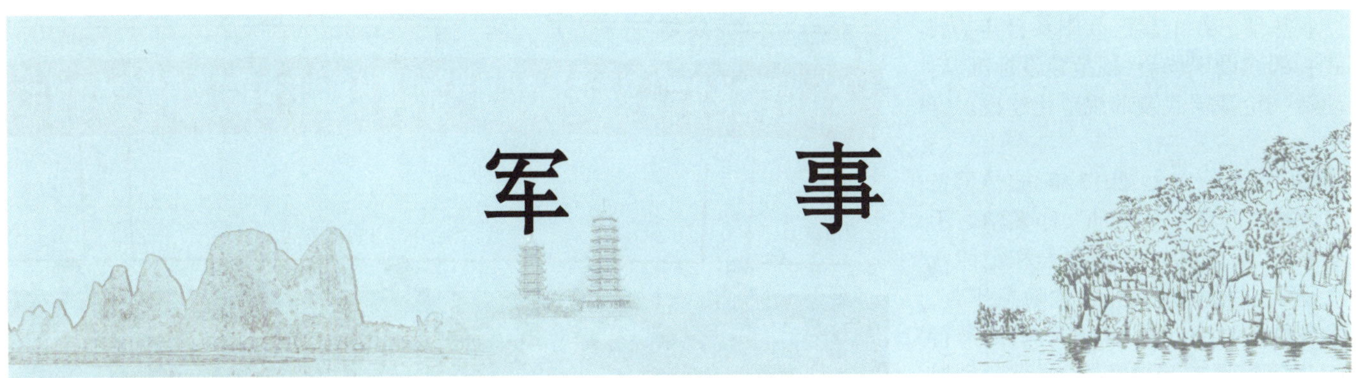

军　事

桂林警备区

【概况】 2017年,桂林警备区改进作风抓落实,部队建设呈现稳步开局、向上向好态势。年内,桂林警备区被广西军区政治工作局表彰为“新闻宣传工作先进单位”,七星区人民武装部、灌阳县人民武装部被广西军区表彰为“全面建设先进团级单位”,3名官兵立三等功,26人次获通令嘉奖,9人次获广西军区表彰。

【思想政治建设】 2017年,桂林警备区采取网上轮训、授课辅导、研讨交流等形式,抓好以习近平新时代中国特色社会主义思想和强军思想为重点的理论武装,强化官兵职工“四个意识”(政治意识、大局意识、核心意识、看齐意识),对党忠诚、听党指挥思想更加牢固。“维护核心、听从指挥”主题教育扎实开展,“两学一做”学习教育常态化、制度化,军委主席负责制学习教育入脑入心。紧跟党的十九大召开进程,制订方案、组织宣讲辅导、重温入党誓词、开展网上交流、进行要点考核等活动,持续掀起学习热潮,2篇经验做法被广西军区转发。开展“寻找最美拥军人物”“寻找英雄足迹,学习英雄事迹”、刊播“八一光荣榜”等纪念建军90周年系列活动,军地反响强烈。

【部队编制体制改革】 2017年,桂林警备区完成警备区本级、县(区)人民武装部两级机关调整、预备役通信团转隶移交和6个干休所(点)接收工作。开展谈心交心、政策宣讲、排忧解难等活动,增强官兵投身改革、拥护改革的自觉性。紧贴岗位职责需求,完成落编定位干部118名,确定干部转业39名。紧盯部队体制变更,调整设置党支部20个、党小组57个。7月1日,桂林警备区开始按新编制运行,履行“5+2”职能(国防动员、兵员征集、国防教育、国防设施保护、双拥工作和军民融合协调、离退休干部服务)。结合工作机制变化,建立健全建战衔接、上下协调和内外沟通等机制。

【战备训练工作】 2017年,桂林警备区适应新的体制要求,调整规范作战值班,调整完善修订各级各类战备方案4类16种,战备状态保持良好。组建民兵应急营1个、民兵应急连14个、民兵应急排84个和常驻民兵应急分队17个。组织军事训练新大纲试训,全年完成两类训练大纲试训论证和5725名民兵训练任务。突出能力提升,抓好团职以上首长机关业务集训、新任职专职武装干部集训和10个单位的冲锋舟训练。对17个民兵应急分队1951名民兵展开7个科目的考核大排名。参与保障演习部队过境军事行动、环广西公路自行车世界巡回赛桂林赛、阳朔县国际山地越野赛、资源县“河灯节”等安保任务,部队遂行任务能力不断增强。

【国防动员创新】 2017年,桂林警备区推进国防动员需求提报对接工作试点,组织7大类150余项动员潜力调查,完成军民融合职能定位和军事斗争国防动员准备重大问题研究。抓好兵员征集,采取领导宣讲、媒体宣传造势、登门入户精准动员等方式搞好宣传发动,把好政治考核、体检、定兵关,新兵质量大幅提升。兵役登记率在全自治区率先达100%,完成1585名新兵和24名直招士官征集任务,大学生征集比例66.6%。兴安、龙胜、阳朔、象山4个县(区)共投入专项经费91万元,组织327名预定新兵开展役前教育训练,为新兵尽快适应部队生活打下基础。组织军队和地方领导到12省27市35个接兵单位进行协调和新兵回访,激发新兵立足军营、建功

2017年6月22日,桂林警备区召开宣布军委国防动员部命令大会

(桂林警备区　供图)

立业热情。在七星区朝阳乡召开基层武装部建设现场会，规范建设标准，启动新一轮基层武装部规范化建设。

【抓好安全稳定】 2017年，桂林警备区开展“百日安全活动”，印发学习手册和禁酒令卡片，法治素养和纪律观念得到加强。开展经常性隐患排查，发现纠治隐患问题443个。针对遂行应急任务频次递增实际，分级分类抓好安全教育训练、预测研判和风险评估，确保自身安全。突出武器装备、涉密载体、军车、私家车、乘坐摩托车电动车等管控重点，健全和落实形势分析、明察暗访、问题通报等安全机制，促进安全工作末端落实，部队保持高度安全稳定。

2017年12月18日，桂林驻军与桂林市人民政府签订房地产租赁项目整体打包移交政府框架协议仪式举行（桂林警备区 供图）

【后勤装备建设】 2017年，桂林警备区适应新体制新要求，规范后装运行秩序，修订完善后装6类保障方案计划，抓好后勤动员物资器材储备。启动全州、阳朔、雁山、平乐4个县(区)人民武装部和警备区机关部署调整工作。对386套经济适用住房情况进行摸底，完善军队住房建设管理数据，开展对狮子岭干休所、西山路干休所营院综合整治工作。调整健全警备区物资集中采购领导小组，规范物资采购程序和方式，严格经费审批和监管。做好供应保障，发放被装8200件(套)，采集第二代军人家属子女保障信息215人。

【驻桂林部队停止有偿服务】 2017年，桂林警备区成立驻桂林部队全面停止有偿服务工作军地协调领导小组，多次组织召开驻桂林部队停止有偿服务工作推进会议。按照“试点先行、分批实施”总体思路，印发《驻桂林部队全面停止有偿服务工作实施方案》。贯彻“属地负责”原则，采取县（区）人民武装部与地方党委政府共同负责、双向对接的办法，指导各县（区）建立健全停止有偿服务工作机制。将41个复杂项目置换或委托管理移交地方政府，解决历史遗留问题。加大全面停止有偿服务工作执纪监督力度，为全面停止有偿服务工作提供坚强政策、制度保证，10个行业项目如期全面停止有偿服务，75个空余房地产复杂敏感项目全部签订移交框架协议或关停搬迁协议，其中需终止收回20个项目，有19个收回。（黄如意）

2017年7月3日，全州县人民武装部组织民兵应急分队进行灾后清淤（桂林警备区 供图）

桂林联勤保障中心

【思想政治建设】 2017年，桂林联勤保障中心突出学好习近平强军思想，开展“维护核心、听从指挥”主题教育，推进“两学一做”学习教育常态化、制度化。抓好党的十九大精神的学习贯彻工作，研究制定措施16条，持续兴起学习贯彻热潮。开展纪念建军90周年和“新后勤新征程新风采”系列文化活动，92篇稿件被中央级媒体刊发。

【练兵备战打仗】 2017年，桂林联勤保障中心融入联合作战指挥体系，全程参与指挥演练试点攻关，集智研究联勤保障重难点问题。应周边安全情势，抓好情况研商、战场勘察、方案对接，4支担负军事应对行动任务分队落实常态备勤，紧急向任务部队调拨发放战储物资器材10万余件(套)。第16批赴黎巴嫩维和医疗分队轮换、野战医疗所跨区基地化轮训、5支专业分队参加联演联训、新兵训练、预提指挥士官集训和专业兵培训成效明显。组织实施训练监察，执行训练成绩“一票否决”，82%的年度奖励指标用于军事训练，部队练兵动力得到增强。

【提升联勤服务保障能力】 2017年，桂林联勤保障中心启动推进军需油料仓库规范化建设、军选民用车辆维修

2017 年 8 月 16 日，桂林联勤保障中心某重装运输连组织装载训练

（桂林联勤保障中心　供图）

社会化保障、基层医疗卫生机构规范化建设 3 个试点和安置住房区域统建工作，抓好仓储物资普查、经济适用住房清理整治工作，配合中央军委审计署做好生活费审计和专项检查，推进行业系统专项整治。组织香港回归 20 周年庆祝活动卫生勤务保障，完成重大保障任务 20 多项。主动走访战区部队，对接保障需求，推行军人出行依法优先，开展"生殖健康军营行""军需服务大篷车走基层"等服务活动，官兵获得感、满意度得到提高。

【抓好部队发展基础】 2017 年，桂林联勤保障中心抓好制度规范，印发《党委机关工作制度汇编》和应知应会、教育管理"两个 100 条"，机关和部队"四个秩序"（战备、训练、工作、生活秩序）更加正规。按照"中心常委挂钩片区、部处领导帮带团营、机关干部蹲连住班"的方式强化指导帮建，抓好全面按纲抓建试点，研究确定代理职务和负责工作干部 73 名，选派参加培训干部 52 名，自下而上召开党代表会议和军人代表大会。开展"教育整顿活动月"和"争创百日安全"活动，组织枪弹清查、保密检查、行业安全专项检查和 4 个波次安全管理督查，投入 1.71 亿元经费解决安全隐患 152 个，部队总体保持安全稳定。

【双拥共建工作】 2017 年，桂林联勤保障中心开展以"扶贫、帮困"为主题的爱心捐资助学活动，捐款总额近 100 万元。组织官兵到社区、街道、村庄、养老院等场所，义务帮助生活困难军烈属、特困家庭、孤寡老人、留守儿童解决生活所需。中心医疗单位开展义诊巡诊、送医送药、健康宣讲等活动，累计赠送设备设施、药品价值 45 余万元，培训医护人员 150 余人次，参加义诊群众 2.5 万人次。（冷铁鑫）

陆军特种作战学院

【概况】 2017 年，陆军特种作战学院由原特种作战学院和桂林综合训练基地合并组建，属高等教育院校，分布在桂林、广州、株洲、衡阳 4 个市，共 8 个营区，总面积 220 公顷。该院主要承担特种作战和侦察情报指挥专业生长军官、现职军官、研究生、士官和外军留学生培训任务，特种兵新兵训练任务，全军狙击手、军事体育教员骨干、驻港澳干部培训任务，以及海军陆战队、空降兵部分指挥生长军官本科基础教育等任务。年内，该学院党委坚持改革实施与教学训练同步展开，开局起步与长远规划推进，各项工作和建设有序展开。

【思想政治建设】 2017 年，陆军特种作战学院加强思想政治建设，用习近平新时代中国特色社会主义思想铸魂育人，落实党委中心组学习制度，开展"坚决维护核心、坚定听党指挥"和"两学一做"常态化、制度化主题教育和理想信念、光荣传统、战斗精神等专题教育，跟踪抓好教学训练和遂行任务中的思想政治工作。召开党委扩大会专题研究党的十九大精神进教材、进课堂、进头脑的方式、方法推进习近平新时代中国特色社会主义思想课程启动并在全军院校率先开课。推进全院调整改革教育，推进各项改革任务落实。学院党委开展思想调查，加强针对性教育，组织专家到各营区开展改革教育宣讲，在全院集中进行"交出改革大考合格答卷"专题党课教育，确保全院官兵坚决服从改革。

【教学训练】 2017 年，陆军特种作战学院党委坚持抓改革、抓教学，保证教学训练任务高标准完成。制订完善 4 个培训层次 14 本教学大纲、16 个专业人才培养方案、7 类培训对象 76 个教学实施计划和相应的课程安排。开展

2017 年 8 月 9 日，陆军特种作战学院举行挂牌仪式　（张卫　摄）

教学改革思想大讨论，明确各层次教学理念，确立“以学为本、全面发展、注重质量、前瞻引领”的教学思路。本科学历教育抓好新训，突出政训为主。专项任职培训以实践性教学为主，强化综合技能和组织指挥训练。某项试点训练任务以共同科目、体能技能、战技术应用训练为主，锻造合格特种兵。以原特种作战学院和桂林综合训练基地教员为主体，构建本科教学基本队伍，优化专业教学师资团队，充实教学力量。

【学术科研】 2017 年，陆军特种作战学院围绕科研学术建设发展，梳理 9 大领域重点研究课题 52 个。组织转型建设专项研究，形成研究报告 44 篇。制订工作运行管理规定，推进各类项目研究，确保 69 个重点课题按计划实施，武器装备 4 类 20 余项科研项目结题。年内，完成结题军事类研究生资助课题 3 个，武器装备军内科研项目 5 项，武器装备技术基础项目 2 项，院级科研课题 10 个。7 项成果获军队科技进步三等奖，4 项成果分获第六届军事科学优秀成果一、二、三等奖。

【军民共建】 2017 年，陆军特种作战学院参与桂林市创建全国文明城市，开展拥政爱民和军民共建活动，参与地方公益事业建设及便民义务服务活动。参加桂林市公祭烈士、义务植树活动，与广州市天河区沙河小学、桂林市象山区将军桥小学结为军民共建单位，支持打造军事特色品牌学校。精准对接做好全市扶贫工作，到永福县大罗村开展扶贫帮困，为贫困家庭发放慰问金和慰问品，累计投入 10 万余元。全年共承担广西师范大学、桂林电子科技大学、桂林理工大学等 5 所高校 2.05 万人的军事技能训练和军事理论教学任务，7 月—8 月，组织完成广东、广西和湖南 3 省(区)9 所签约高校 500 余名国防生暑期基地化集训任务。 （张卫）

驻桂林部队

【95795 部队】 2017 年，95795 部队(空降兵训练基地)由原空军空降兵学院改建。开展“维护核心、听从指挥”主题教育、空降兵 10 个方面优良传统教育、“以空降兵为荣、为空降兵争光”等专题教育实践活动，激发“热爱空降兵、建设空降兵、献身空降兵”的激情动力。组织干部进行政策宣讲，开展纪念建军 90 周年、空降兵部队组建成立 67 周年、上甘岭战役胜利 65 周年等系列活动。

年内，95795 部队推进各项教学训练工作。紧贴新的职能定位，确保完成教学培训、升空跳伞、演训演练等保障任务。加强经费开支、物资采购、资产管理、工程建设、停止有偿服务等敏感领域的检查督导。跟进改革进程，制订《关于调整改革期间加强党委班子建设的措施》，规范党建制度落实，严格党员干部教育管理，强化基层自主抓建能力。对家庭特困、遭遇重大自然灾害的官兵进行救助，协调解决随军家属就业、干部子女入学择校和官兵家庭涉法问题。开展“学条令、知条令、用条令”和“严军纪、树形象、正秩序、促安全”活动，加强值班系统条件建设，理顺指挥管理体制。落实安全形势分析制度，实施常态化安全警示机制和风险急报、心结诉解、法律援助机制，把握安全工作主动权。支持驻地城市建设，参加桂林市“植树造林，美化桂林”活动，承担桂林市委党校县处级领导干部进修班、中青年干部培训班和乡(镇)长干部培训班、广西师范大学等 11 所院校的军训任务，到临桂区泰蓝天小学，为学校赠送价值 3 万元的办公用品及文体器材；组织官兵 318 人次参加无偿献血 11.46 万毫升。 （张建平）

【75180 部队】 2017 年，75180 部队聚焦备战打仗主业，用党的十九大精神和习近平强军思想教育引领部队，组织 4 个专题党委中心组学习、15 次常委集中理论学习，编印《理论学习月刊》。开展“维护核心、听从指挥”主题教育，打好意识形态主动仗，推进“红色基因代代传工程”，完善旅史馆建设，做好 12 个英模连队特有精神传承弘扬工作。配合八一电影制片厂完成《维和步兵营》拍摄任务。修订完善战备方案，加强战备演练，投入 200 余万元完善战备设施，部队保持良好常态备勤状态。7 月初，受命赴雁山区、全州县抗洪抢险。组织多个专业 20 多批次集训，抓好课目示范研练，部队经上级军事训练考核调研、重大联合实兵演习检验，21 名官兵获陆军各级表彰。备战“晴空—2017”国际军事比赛，获 3 个专业最佳个人、3 个阶段比赛第一、团体总分第一，2 人立一等功，4 人立二等功。规范部队依法开展工作流程，投入 30 万元对营区政治环境和战斗氛围升级改造。投入 200 余万元整修老旧营房，改造饭堂和连队晾衣场，改善部队野外驻训基本设施，建立零利润超市服务基层，官兵训练生活条件得到改善。推进国防和军队编制体制改革，紧跟改革进程抓实 3 个波次专题教育，强化官兵拥护支持投身改革的政治自觉和行动自觉。像行军打仗一样组织

2017 年 7 月 28 日，市政协主席粟增林(中)率队到 95795 部队进行“八一”慰问
(95795 部队 供图)

2017 年 8 月,75180 部队参加"晴空—2017"国际军事比赛 （张建超 摄）

调整移防,完成多个方向多个部队官兵接收、所有分队在营整编工作,组织多个机动梯队、装备移防工作。抓好部队保密工作,邀请桂林市公安局网络安全支队专家为营连骨干进行安全用网问题授课辅导、现场讲解示范,提升官兵网络安全防范意识。从严抓好安全工作,部队全年保持安全稳定。年末,部队被南部战区陆军表彰为依法治军从严治军先进单位。开展基层"微腐败"和重点行业领域专项清理整治工作,迎接军委审计署审计。注重用好基层风气联系点和监督员创新机制,发挥"前沿哨所"作用,维护部队的风气元气。

（陈银波 张政庭）

【武警桂林市支队】 2017 年,中国人民武装警察部队桂林市支队(简称武警桂林市支队)围绕"向武警部队第一方阵迈进""建设全面过硬窗口部队"目标,部队全面建设稳中有进、向上向好,支队被武警部队表彰为"百日安全竞赛优胜单位",被武警广西总队表彰为先进支队。抓好"维护核心、听党指挥"主题教育和庆祝建军九十周年"重温革命历史,探寻红色足迹"主题活动,开展"最美桂林兵"评选活动,筑牢官兵军魂意识。开展执勤系列教育活动,严格规范值班执勤秩序,投入 300 余万元全面升级执勤设施建设,开展执勤隐患排查活动,整治执勤隐患 50 处。投入 405 万余元推动战备工作集训精神贯彻落实。完成中央电视台春晚桂林分会场现场安全保卫、云南调犯押解、抗洪抢险救灾等临时勤务,78 名官兵受到军地表彰。补足军事训练短板,部队实战能力得到提升。支队反恐战法研究获武警总部二等奖、武警广西总队一等奖。坚持精准定位抓帮带,采取一队一案、精准施策的办法,派出工作组 8 批 156 人次,基层部队基础不断厚实。紧盯"十二个方面重难点问题"治理,开展安全隐患大排查系列活动。支队三大队被武警总队表彰为"基层建设先进大队",阳朔县中队被武警总队表彰为"基层建设标兵中队""基层风气建设先进单位",立集体三等功。推进实战型后勤建设,拓展"一专多能、一兵多用"训练模式,修订完善四大类 11 种保障方案,组织 10 批次后勤专业培训,参加武警总队后勤专业大比武并获团体第一名。优化战备物资储备方式,与地方签订社会化应急保障协议,抓好副食品定点采购配送和官兵就近医疗保障,后勤应急保障能力得到提升。完成 4 个中队新营房搬迁,推进部队停止有偿服务和新机关建设。 （武警桂林市支队）

【桂林市消防支队】 2017 年,桂林市消防支队按照"创新、严管、规范、提速"要求,推动桂林消防事业迈上新台阶。该支队连续 3 年被市人民政府授予集体三等功,连续 4 年被市人民政府评为"拥政爱民模范单位",连续 6 年被自治区消防总队评为"先进支队"。年内,共检查单位 57361 个,整改各类火灾隐患 86149 处。完成中央电视台春晚桂林分会场、第十四届中国—东盟博览会旅游展、环广西公路自行车世界巡回赛等 11 个重大活动的消防安全保卫工作,实现活动期间全市火灾形势和队伍管理双稳定。全年全市发生火灾 789 起,死亡 2 人,受伤 1 人,直接财产损失 1105.6 万元,火灾起数(比上年,下同)增长 160.40%,死亡人数下降 50%,受伤人数持平,直接财产损失下降 47.10%。投入装备建设经费 2787.16 万元,新增各类消防车 14 辆、各类灭火及抢险救援装备 4623 件套,投入近 500 万元购置消防救援艇 1 艘,存储灭火药剂 230 余吨,配备无线遥控炮、手抬机动泵、多功能水枪等一批进口高效

2017 年 7 月 26 日,武警桂林市支队组织党员到八路军桂林办事处旧址参观

（林昕翔 摄）

2017 年 7 月 3 日，桂林市消防支队官兵参加抗洪抢险　（桂林市消防支队　供图）

能灭火装置。共接警出动 3778 起，出动车辆 11688 台次，人员 81816 人次，抢救被困人员 822 人，疏散 3590 人，抢救和保护财产价值 9.8 亿元，完成“一一三〇”龙胜县村寨火灾和桂林“七一”抗洪抢险等各类急、难、险、重任务。全市所有县（区）、乡（镇）消防规划编制率 100%，推动 122 个乡（镇）网格化管理纳入综治平台，建成区域联防组织 17 个，重点单位、街道、社区微型站建站率 100%。推动全市微型消防站人员和辖区单位消防安全管理人员配备手持终端，实现对所有微型消防站的统一调度。完成公网集群通信系统建设，首次实现全市统一可视化调度指挥，为全市消防部队配发 19 套 4G 单兵设备。投入 500 万元将“智慧消防”纳入“智慧城市”建设。投入 280 万元在全自治区首创开展“消防宣传大篷车基层行活动”。在主流媒体、网站开通消防专栏专刊 6 个，邀请中央电视台主持人欧阳夏丹、演员黄婉秋等知名人士为桂林消防代言并制作宣传片。到党政机关、国有企业、重点单位等开展消防培训 625 次。部队全年安全无事故，38 人立三等功，152 人记嘉奖。　（李毕源）

人民防空

【概况】 2017 年，桂林市人民防空办公室（简称市人防办）办公地址在桂林市秀峰区骝马山路 26 号。内设政工秘书科、指挥通信科、工程管理科（行政审批办公室）、平战财务管理科、法规宣传科、机关党委办公室。人员编制 21 名，在职人员 32 人。下设人防指挥信息保障中心（增设人防信息指挥服务站牌子）、人防执法监察支队（增设人防工程质量监督站牌子）、人防地下商场管理处、城南人防工事管理中心。全年完成人防行政审批 102 件，审批结建人防工程建筑面积 X 万平方米，依法征收防空地下室异地建设费 X 万元。

【人防指挥通信建设】 2017 年，市人防办狠抓训练时间、内容、人员、效果，人防组训能力和训练水平得到提高。协助承办并参与湘桂两省（自治区）跨区域防空袭人防通信保障协同演练，组织“九一八”防空警报试鸣暨防空袭紧急疏散隐蔽演练，对战时人防工事平战转换和城市居民临战紧急疏散演练起到示范作用。新建立一套“人防指挥三网融合综合通信系统”，提高桂林市人防指挥信息系统信息分发能力。新增电声防空警报器 12 套，提升全市防空警报音响覆盖范围，人防通信保障能力得到增强。

【人防工程建设】 2017 年 10 月，市人防地面指挥所在临桂区开始施工，年底完成基坑开挖和部分基础底板施工工作，火车北站的改造任务按计划进行。琴潭“千亩”荷塘湿地公园的人防工程建设、开发利用与市政建设同步推进。围绕指挥通信建设、行政审批、人防政策法规、人防工程建设知识及执法监察、质量监督和工程验收等内容，组织 2 期人防业务培训。对全市人防山体坑道进行清查、登记和确权，对部分人防坑道进行排险和维修。年内，城区新增防空地下室面积 X 万平方米，城市防空防灾应急安置能力增强。规范人防工程质量报监制度，至年末，新建人防工程竣工验收合格率 100%。推进人口疏散地域建设，全市新增村级人口疏散地域 X 个，可接收疏散人口 X 人，并对已建人口疏散地域按新标准进行改造和完善。

【人防法制建设】 2017 年，市人防办完善人防执法监督检查制度，对外公布人防执法监督举报电话，全年开展 2 次对人防执法进行事中、事后监督，保证人防执法的规范性和权威性，年内，共进行人防执法 151 次。实行行政执法公示制度，在市人民政府办门户网站公示支队行使人防执法权力的主体、依据、运行程序和监督措施。规范行政处罚裁量权行使，细化、量化裁量基准。通过《桂林市人民防空办公室行政处罚裁量权基准制度》，明确裁量范围、种类和幅度并向社会公开。聘请法律顾问，为市人防办重大决策和重大项目推进提供法律援助。

【人防宣传】 2017 年，全市各级人防部门为全市初级中学发放人民防空知识教材 6 万余册，教学光盘 300 多套，防毒面具等教材 500 多套，4 所初级中学通过自治区“人防教育示范学校”达标验收，人防知识教育在全市 176 个初级中学普及。在街道和社区开设人防知识宣传专栏，扩大人防宣传阵地。在人防地下室统一制作并悬挂人防标识，拓展人防知识宣传介质和渠道。年内，市人防办在人防门户网站和信息平台发布、更新各类信息 49 条，制作 3 集人防知识宣传动漫片，9 月—10 月在桂林电视台新闻综合频道和科教旅游频道连续播放 50 余天。　（吴利娥）

外事侨务·接待

外事侨务

【概况】 2017年,桂林市外事侨务办公室(简称市外事侨务办)内设秘书科、礼宾科、国际合作科、出国管理科、对外联络科、文化经济科、侨政科,人员编制31名,在职人员31人。桂林市人民对外友好协会在市外事侨务办挂牌,人员编制12名,在职人员15人。10月18日,市外事侨务办由桂林市榕湖南路10号搬迁至临桂区西城中路69号。全年接待中共中央对外联络部、全国人大常委会、中国人民对外友好协会、外交部、自治区外事办公室交办的境内外团组48批486人次,其中副国级4人,正部级7人,副部级4批。共受理审核因公出访团组98批177人次,其中完成桂林市厅级团组出访11批,48人次。受理审核邀请通知函137批168人次。年内,桂林市各级侨务办公室接待到桂林考察、访问、探亲的海外华侨华人、港澳同胞团组31批478人次,其中重点人士167人次。走访调研侨资(含港澳资)企业(项目)26家(个),帮助企业(项目)协调解决困难和问题9个,全年办理海外华侨华人、港澳同胞救灾、扶贫捐款300万元。

【外宾到访】 2017年,访问桂林的重要外宾团组主要有21批230人次:3月7日—11日,马来西亚驻华大使拿督·扎伊努丁·叶海亚一行4人;3月24日—25日,美国驻广州总领事白智理一行4人;3月24日—25日,以美国飞虎队历史委员会主席詹姆斯·怀特黑德为团长的美国飞虎队历史委员会代表团一行13人;3月25日—28日,以美国北拉斯维加斯市市长约翰·李为团长的拉斯维加斯地区经贸旅游代表团一行9人;4月13日—18日,马来西亚驻南宁总领事黄奕瑞一行4人;4月19日—21日,印度驻华大使顾凯杰一行3人;6月2日—4日,越南广宁省人民委员会副主席武氏秋水率广宁省代表团一行22人;6月9日—11日,第二届中国—东盟国家大法官论坛嘉宾一行40人;8月15日—17日,日本前参议长江田五月一行6人;8月17日,国际漂流协会主席乔·威利斯·琼斯一行3人;9月2日—6日,新西兰黑斯廷斯议员凯文·沃特金斯一行2人;9月13日—15日,罗马尼亚登博维察省省长、省议会主席亚历山德鲁·奥普雷亚一行7人;10月8日—12日,越南下龙市人民委员会常务副主席黄光海一行13人;10月9日—12日,罗马尼亚登博维察省特尔戈维什泰市副市长莫妮卡·伊利耶应邀率代表团一行6人;10月9日—13日,韩国济州市副市长文景珍应邀率政府代表团一行9人;10月11日—13日,来自东盟国家旅游部代表团、外国驻华使节团等10个国家的团组一行26人;10月23日—24日,国际自行车联合会主席拉帕虔一行3人;11月9日—10日,英国议会跨党派中国小组副主席威尔·奎恩斯率领的英国跨党派议员代表团一行9人;11月22日—24日,越南外交部党组成员、部长助理苏英勇率越南地方外办主任代表团一行21人;12月15日,匈牙利外交与对外经济部旅游事务部长特派员博洛什·爱玛什一行12人;12月15日—17日,以泰国拉依府府尹扎都蓬·比亚布达为团长的泰国南部四府府尹代表团一行14人。

【协办、承办国际会议和重大活动】 2017年,市外事侨务办协助、承办国际会议和重大外事活动13次:

3月25日,美国飞虎队飞机捐赠

2017年10月10日,中共桂林市委书记、市人大常委会主任赵乐秦(右一)会见瑞士驻广州总领事博智东(左一)等驻华使节团团长 (舒恒茂 摄)

仪式在美国飞虎队桂林遗址公园举行，以美国飞虎队历史委员会主席詹姆斯·怀特黑德为团长的美国飞虎队历史委员会代表团一行13人访问桂林，出席美国飞虎队桂林遗址公园C-47飞机捐赠仪式。市委书记、市人大常委会主任赵乐秦，中国人民对外友好协会副会长谢元，国务院侨务办公室国外司司长张健青，中国人民对外友好协会美大部主任张和强出席捐赠仪式。7月5日—19日，2017年海外华裔青少年"中国寻根之旅"夏令营——文化桂林营在桂林市举办。8月18日—21日，2017年资源漂流世界杯在资源县五排河举行，来自澳大利亚、捷克共和国、俄罗斯、新西兰、匈牙利、意大利、塞尔维亚等国家的14支代表队的运动员参赛。10月11日—13日，2017年中国—东盟博览会旅游展在桂林市国际会展中心举行。10个东盟国家的团组12批26人参会。10月11日，第十一届联合国世界旅游组织/亚太旅游协会旅游趋势与展望国际论坛在桂林开幕。来自64个国家和地区的旅游官员、专家学者和全球旅游业界人员参会。联合国世界旅游组织执行主任马修·法维拉，亚太旅游协会首席执行官马里奥·哈迪，香港理工大学酒店及旅游业管理学院院长田桂成，印度尼西亚旅游部副部长伊·格戴·皮塔纳，老挝信息文化旅游部副部长欧同·考潘，中国国家旅游局副局长杜江，自治区副主席张晓钦，桂林市委书记、市人大常委会主任赵乐秦出席开幕式。10月11日—13日，第七届桂林国际山水文化旅游节在桂林举办。10月23日—24日，环广西公路自行车世界巡回赛桂林段赛事在桂林举行，共有18支世界顶级自行车队，100多位世界顶尖车手在桂林赛段角逐。11月19日，2017桂林国际马拉松赛在桂林举行，来自美国、加拿大、日本、埃塞俄比亚、肯尼亚等14个国家和地区的近2万名跑步爱好者参赛。11月25日，2017中国阳朔MaXi-Race国际山地越野赛在桂林阳朔举行，来自中国、法国、日本、西班牙、墨西哥等18个国家和地区的2500多名选手参赛。12月11日，中国—东盟中心第七次联合理事会会议在桂林举行，东盟各成员国、中国及东盟秘书处代表出席。12月13日—27日，以"名人文化桂林"为主题的"中国寻根之旅"冬令营活动在桂林举行，来自马来西亚、印度尼西亚、澳大利亚的52名海外华裔青少年参加冬令营活动。12月15日—17日，2017中国（桂林）国际健康旅游高端论坛在桂林举行，来自欧美、亚太地区，中国香港、澳门、台湾地区的专家学者代表，国内特邀企业和专业机构代表及桂林企业代表320多人参会。12月16日，2017海外华裔青少年"中国寻根之旅"冬令营——中华民族歌舞营开营仪式在广西师范大学举行，来自阿拉伯联合酋长国、印度尼西亚的36名华裔领队和青少年参加。

2017年3月25日，美国飞虎队历史委员会向美国飞虎队桂林遗址公园捐赠C-47飞机
（舒恒茂　摄）

2017年12月24日，参加2017年"中国寻根之旅"冬令营——名人文化桂林营的海外华裔青少年与桂林市青少年在市少年宫举行联欢活动　（市外事侨务办　供图）

【国际友好城市交流】 2017年，市外事侨务办开展国际友好城市交流29批235人次，其中出访6批59人次，到访23批176人次。至年末，桂林市、县与国外城市结为友好城市10个，其中县级4个。年内，重点建立和发展与越南下龙市的友好关系，市外事侨务办与下龙市人民委员会办公室和下龙湾管理局就两市建立友好城市关系举行会谈。促成阳朔县与罗马尼亚普奇瓦萨市签署友好交流意向书。与西班牙龙达市、加拿大桑德贝市等国外城市开展交流。

2017年7月25日—31日，中共桂林市委书记、市人大常委会主任赵乐秦（中）率团访问友城新西兰黑斯廷斯市（市外事侨务办　供图）

桂林市与新西兰黑斯廷斯市交流　2017年7月27日—28日，桂林市委书记、市人大常委会主任赵乐秦率领桂林市友好代表团访问新西兰黑斯廷斯市。8月3日—17日，桂林市小桂花艺术团一行25人访问新西兰黑斯廷斯市。9月2日—6日，新西兰黑斯廷斯市议员凯文·沃特金斯偕夫人访问桂林。

桂林市与韩国济州市交流　2017年2月23日，韩国济州市政府安排行政交流员金东益到广西师范大学进行为期一年的交流与学习。3月1日—5日，桂林市代表团和演出团组共8人，应邀参加韩国济州市野火节活动。9月18日—30日，桂林市少年宫选送20幅小学生美术作品在韩国济州市韩中日儿童绘画交流展展出。韩国济州市的26幅作品在市少年宫安排展出。10月11日—13日，韩国济州市副市长文景珍率团参加第七届桂林国际山水文化旅游节。

桂林市与日本交流　2017年1月6日—9日，日本熊本市驻上海事务所所长黑木慎也一行2人及熊本市友好人士访问团一行10人访问桂林。8月7日—22日，桂林市选派恭城瑶族自治县1名学生到日本参加第33届环太平洋学生夏令营活动。10月14日—18日，接待日本取手市市长藤井信吾率领的市民代表团一行7人，桂林市副市长樊新鸿会见藤井信吾一行。10月11日—13日，熊本市率团参加第七届桂林国际山水文化旅游节。

桂林市与法国老阿讷西市交流　2017年11月22日—26日，法国老阿讷西市市长贝尔纳·阿夸耶率领代表团一行7人访问桂林，出席2017中国阳朔MaXi-Race国际山地越野赛相关活动。桂林市代市长秦春成会见阿夸耶一行。

【因公出入国(境)管理】　2017年，市外事侨务办共受理审核因公出访团组98批177人次，涉及40个国家和地区，其中出国团组73批132人次，赴东盟国家11批20人次，赴中国香港、澳门地区14批25人次；受理审核邀请到桂林从事经济贸易、文化教育和医疗的外国技术人员通知函材料137批168人次，涉及21个国家和地区。

2017年重要的出入国(境)团组有：6月4日—11日，副市长兰燕率团访问美国；6月4日—24日，副市长彭代元随团赴日本培训；6月8日—15日，市政协副主席罗永东随团到中国香港和澳门交流；6月10日—19日，市政协主席粟增林随自治区政协领导出访俄罗斯、印度到中国香港交流；7月25日—8月3日，市委书记、市人大常委会主任赵乐秦率团出访澳大利亚、新西兰和到中国香港交流；9月16日—30日，市长周家斌随团赴德国培训；11月6日—10日，市人大常委会副主任王德明率团赴印度参会；11月12日—21日，副市长樊新鸿率团访问芬兰、丹麦和瑞典；11月27日—12月4日，市政协副主席汤桂荔率团访问德国、比利时和意大利；12月5日—12日，市委常委、统战部部长王建毅率团出访美国、加拿大和墨西哥；12月20日—27日，市人大常委会副主任石春莲随自治区人大团访问法国和波兰。

【境外媒体采访活动管理】　2017年1月，市外事侨务办参与市公安局象山分局处理的美国CNN驻京记者站3名记者擅闯军事禁区的突发事件，

2017年11月24日，桂林市代市长秦春成（右）会见法国友好城市老阿讷西市市长贝尔纳·阿夸耶（左）（舒恒茂　摄）

回复自治区外事侨务办关于征求澳大利亚 OCULUS PRODUCTIONS 制片公司摄制组一行 3 人赴桂林拍摄的意见的函。

【外侨公共服务体系建设】 2017 年，市外事侨务办推选 8 名侨界人士参加桂林年度“两会”参政议政。争取上级业务部门支持，获华侨事业费、救灾款 38 万元。在桂林华侨农场设立“侨之家”工作平台，国务院侨务办公室支持创建经费 3 万元、七星区政府配套 2 万元。与市就业办公室、七星区人力资源和社会保障局等单位联合举办 3 期涉侨人员的职业技能培训，花费 3 万多元为下岗和失业的归侨侨眷进行再就业培训。协助海外侨胞办理回国捐赠，接待办理捐赠事项 7 项，落实到位海外捐赠资金 111 万多元。

（胡军）

党和国家领导人视察桂林

【万钢视察桂林】 2017 年 1 月 31 日—2 月 2 日，全国政协副主席、科技部部长万钢视察桂林。万钢在桂林期间，考察了漓江、西街、印象·刘三姐、象山公园、桂海碑林博物馆、逍遥楼及正阳东西巷历史文化街区。

【郭声琨视察桂林】 2017 年 3 月 27 日，国务委员、公安部党委书记、部长郭声琨视察桂林。郭声琨在桂林期间，前往桂林叠彩派出所调研，并考察了逍遥楼、东西巷历史文化街区、桂林市临桂新区城市规划展示馆。

【刘淇视察桂林】 2017 年 4 月 11 日—14 日，中共中央政治局原委员、北京市委原书记刘淇视察桂林。刘淇在桂林期间，考察了象山公园、靖江王府、愚自乐园地中海俱乐部、两江四湖、漓江、大榕树、遇龙河、红军突破湘江烈士碑园、灵渠。

【周铁农视察桂林】 2017 年 9 月 1 日—2 日，全国人大常委会原副委员长周铁农出席 2017 桂林国际商标节。

接待

【概况】 2017 年，桂林市接待办公室（简称市接待办）办公地点在临桂区西城中路 69 号。内设秘书处、综合业务处、接待一处、接待二处、接待三处和交通处。人员编制 30 名，在职人员 29 人。下设桂林市接待服务中心，人员编制 5 名，在职人员 4 人。年内，全市公务接待实现科学化、精细化、专业化。全年共接待全国各级领导及随员 923 批 9041 人次，其中接待党和国家领导人 5 批 47 人次，接待省（部）级领导干部 94 批 162 人次。

【接待国家各部委团组】 2017 年，接待的国家各部委团组主要有：1 月，文化部副部长、故宫博物院院长单霁翔一行到桂林考察。2 月，中国联通集团总经理陆益民一行到桂林检查工作；中国科协党组成员吴海鹰一行到桂林调研；科技部副部长徐南平一行到桂林考察。3 月，民建中央副主席吴晓青一行到桂林调研。4 月，民政部副部长宫蒲光一行到桂林考察；人力资源和社会保障部原副部长何宪到桂林考察；全国人大民族委副主任委员杜德印一行到桂林考察。5 月，中央组织部副部长齐玉一行到桂林考察。6 月，全国政协民族和宗教委主任朱维群一行到桂林开展“发挥民族地区生态优势发展健康养老产业”专题调研；全国妇联副主席夏杰到桂林开展调研工作；团中央书记处书记徐晓一行到桂林出席“2017 年‘一带一路’倡议中青年社会组织的作用与责任”论坛。7 月，致公党中央副主席曹鸿鸣一行 21 人到桂林调研；国土资源部副部长凌月明一行到桂林调研；全国人大环资委副主任蒋巨峰一行到桂林调研。8 月，国家工商总局副局长刘俊臣一行到桂林出席会议及调研；国家食品药品监督管理局副局长孙咸泽一行到桂林考察；全国人大原副委员长周铁农一行到桂林出席桂林国家商标节活动；中华商标协会会长刘凡一行到桂林出席会议及调研。9 月，中央组织部原部长张全景到桂林考察；全国政协文史委副主任刘德旺一行 30 人到桂林调研彩调、桂剧；中华全国总工会副主席邓凯到桂林调研工会工作；中华全国供销合作总社理事长王侠一行到桂林调研。10 月，国家旅游局副局长杜江一行到桂林参加“两会一节”（中国—东盟博览会、联合国世界旅游组织 / 亚太旅游协会旅游趋势与展望国际论坛、桂林国际山水文化旅游节）活动。11 月，中国政策科学研究会原会长滕文生一行 13 人到桂林调研；中央党校副校长黄浩涛一行 21 人到桂林调研；水利部原副部长张春园等水利部离退休老干部考察团到桂林考察；全国人大原副委员长陈至立一行路过桂林；中国科学院院士袁道先一行到桂林调研；国家林业局副局长李

2017 年 10 月 30 日—31 日，市接待办召开全市接待工作暨业务培训会议

（市接待办　供图）

春良一行到桂林调研;国家林业局局长张建龙一行到桂林调研。12月,中央610办副主任樊绪银一行12人到桂林调研;中华全国总工会副主席焦开河到桂林出席会议;国家安全监管总局副局长付建华一行到桂林调研。

【接待自治区领导团组】 2017年,桂林市接待自治区领导团组有:1月,自治区党委常委、宣传部长范晓莉一行到桂林指导桂林市委常委会民主生活会;自治区政协副主席沈北海一行到桂林开展春节慰问;自治区党委常委、宣传部长范晓莉一行到桂林出席中央电视台春节联欢晚会桂林分会场活动;自治区人大常委会副主任高雄一行到桂林调研。2月,自治区副主席张秀隆一行到桂林调研;自治区副主席张晓钦一行到桂林调研。3月,自治区副主席张秀隆一行到桂林调研;自治区政协副主席黄道伟一行到桂林出席"当代国画优秀作品展"。4月,自治区副主席张秀隆一行到桂林调研;自治区副主席胡焯一行到桂林灌阳县调研。5月,自治区党委书记、自治区人大常委会主任彭清华一行到桂林调研;自治区党委常委、政法委书记,自治区副主席黄世勇一行到桂林开展政法和扶贫工作调研;自治区副主席黄日波一行到桂林调研;自治区人大常委会原副主任文明一行到桂林调研。6月,自治区党委常委、组织部部长喻云林一行到桂林出席"2017年'一带一路'倡议中青年社会组织的作用与责任"论坛;自治区人大常委会副主任危朝安一行到桂林调研。7月,以自治区党委书记彭清华为组长的第一考察组104人在桂林参加全自治区县域经济暨年中工作会议考察活动;自治区政协副主席高枫到桂林调研;自治区人大常委会副主任荣仕星一行到桂林调研;自治区副主席张秀隆一行到桂林开会;自治区人大常委会原副主任莫永清一行到桂林调研。8月,自治区党委常委、统战部部长赵德明到桂林调研;自治区党委常委、玉林市委书记莫恭明率玉林市党政代表团到桂林调研;自治区党委常委、纪委书记于春生到桂林调研;自治区副主席黄日波一行到桂林调研、开会。9月,自治区政协副主席、工商联主席磨长英到桂林调研;自治区政协副主席沈北海到桂林调研;自治区副主席黄日波一行到桂林调研、参会;自治区副主席黄伟京一行到桂林调研。10月,自治区党委常委、统战部部长赵德明到桂林高校开展思想政治报告;自治区副主席张晓钦一行到桂林参加"两会一节"活动;自治区人大常委会副主任王跃飞一行到桂林参加"环广西国际自行车赛"活动;自治区政协副主席高枫一行到桂林参加"环广西国际自行车赛"活动;自治区副主席陈刚一行到桂林调研。11月,自治区党委常委、纪委书记房灵敏到桂林调研;自治区人大常委会原副主任莫永清一行到桂林调研;自治区副主席胡焯一行到桂林调研;自治区副主席张秀隆一行到桂林参加广西名特优农产品交易会;自治区政协副主席磨长英到桂林参加广西民营企业与优化农业供给侧结构提高农产品质量和竞争力现场交流会。12月,自治区政协副主席李彬到桂林出席活动;自治区人大常委会副主任刘新文一行到桂林调研。

【接待外省(自治区、直辖市)团组】 2017年,桂林市接待外省(自治区、直辖市)团组有:3月,上海市政协副主席李逸平一行到桂林考察;山西省人大常委会副主任田喜荣一行到桂林考察;河北省政协副主席许宁一行到桂林考察;贵州省黔东南州州长冯仕文率考察团到桂林考察。4月,永州市委书记李晖率党政代表团到桂林考察;上海市张江高新区管委会招商团到桂林考察。5月,河北省政协副主席钱国玉一行到桂林考察;青海省政协原副主席赵启中到桂林考察。6月,甘肃省政协副主席欧阳坚一行到桂林考察;江西省委常委、南昌市委书记殷美根率代表团到桂林考察城市建设。9月,山西省人大常委会副主任胡苏平一行到桂林考察;福建省人大常委会副主任潘征一行到桂林考察;山西省政协主席薛延忠到桂林考察;山东省政协副主席许立全到桂林考察;上海市政协主席吴志明率上海市政协部分港澳委员70人到桂林考察并开展捐赠活动。10月,广东省政协副主席温思美一行12人到桂林考察;河南省人大常委会副主任段喜中一行到桂林考察。11月,广东省政协副主席王珣章一行17人到桂林考察。

【接待部队、新闻媒体、院校团组】 2017年,桂林市接待部队、新闻媒体、院校团组有:2月,新华社广西分社社长王念一行到桂林采访。3月,《经济日报》文化专题部主任隋明梅到桂林采访。4月,人民日报社广西分社社长刘华新一行到桂林采访。5月,中央电视台《魅力中国城》导演组一行到桂林拍摄专题片;《广西故事》摄制组到桂林拍摄专题片。6月,中央电视台《城市里的中国》到桂林拍摄专题片。7月,广西经济杂志社社长黄宗海到桂林调研。8月,陆军特种作战学院院长肖秋良一行到桂林调研。科技日报社主编江东洲到桂林调研。12月,中央电视台《国宝档案》到桂林录制节目。

【接待知名人士团组】 2017年,桂林市接待知名人士团组有:1月,太平洋建设集团有限公司五味书院严介和一行到桂林考察。4月,中国国民党原副主席蒋孝严一行到桂林参访;比亚迪股份有限公司总裁王传福一行到桂林考察。6月,浪潮集团副总裁王方一行到桂林考察。7月,美高梅集团总裁史可特一行到桂林考察;中国—东盟信息港股份有限公司董事长鲁东亮一行到桂林考察;碧桂园集团董事局主席杨国强到桂林考察。8月,香港桂林同乡联谊会会长洪响堂到桂林考察;浦发银行南宁分行行长吴长路一行到桂林考察;华为公司高级副总裁郑宝用一行到桂林调研;农业银行广西分行行长梁毅一行到桂林考察;民生银行南宁分行行长曹亮一行到桂林考察;西安未来国际公司董事长王茜一行到桂林考察。9月,广西电网董事长揣小勇一行到桂林考察;中国民生银行董事长洪崎一行到桂林考察。10月,复星集团董事长郭广昌一行到桂林考察;中冶京诚工程技术有限公司董事长韩国瑞一行到桂林考察;比亚迪公司高级总裁王杰一行到桂林考察。12月,香港特别行政区长官林郑月娥到桂林度假;中信银行总行董事长李庆萍一行到桂林考察;中国中药控股有限公司总裁王晓春一行到桂林考察。(周雁冰)

旅 游 业

综 述

【概况】 2017年,桂林市旅游发展委员会(简称市旅发委)办公地址在临桂区青莲路投资发展商务大厦,内设办公室、政策法制科、规划发展科、产业促进科、综合协调科、旅游安全与景区管理科、监督管理科(行政审批办公室)、国内市场科(国际旅游论坛秘书处办公室)、境外市场科、人事科,人员编制47名(含后勤服务人员编制控制数4名)。下设市旅游质量监督管理所、市旅游公共服务管理处、市旅游管理服务中心。年内,桂林市旅游行业坚持桂林国际旅游胜地建设"一本蓝图绘到底",持续推进旅游基础设施、旅游业态、旅游营销、旅游管理优化提升,加快桂林旅游业提档升级。全年全市接待游客8232.79万人次,(比上年,下同)增长52.86%。其中,国内游客7983.89万人次,增长54.95%;入境过夜游客人数248.90万人次,增长6.68%。实现旅游总消费971.76亿元,增长52.48%。其中,国内旅游消费882.89亿元,增长57.99%;国际旅游(外汇)消费88.87亿元,增长13.21%。旅游总收入、游客人均消费增幅高于游客数量增幅,旅游转型升级成效明显。全年桂林机场运输旅客786.2万人次,桂林高铁年发送旅客突破1500万人次。

【推进旅游"双创"工作】 2017年,桂林市加快推进创建国家全域旅游示范区和广西特色旅游名县工作。阳朔县、兴安县、龙胜各族自治县、恭城瑶族自治县、雁山区被确定为创建国家全域旅游示范区单位。各县(区)通过全域旅游理念发展地方经济,阳朔县、兴安县、龙胜各族自治县探索"1+3+N"(综合性旅游监管机构和旅游警察、旅游工商、旅游巡回法庭以及N个旅游服务机构)综合管理模式,自治区旅游发展委员会联合中国旅游报社,对桂林市创国家全域旅游示范区工作经验成果进行调研和总结,形成专家组长期跟踪指导机制,在桂林打造推广全域旅游广西模式。推进创广西特色旅游名县工作,荔浦县、资源县、灵川县、恭城瑶族自治县、雁山区为广西特色旅游名县创建县(区)。创建自治区旅游标准化示范单位,对独秀峰·王城景区等3家创建企业进行验收,编制《旅游观光车服务规范》《旅行社散客旅游服务规范》《自驾车旅游服务规范》《旅行社计调操作规范》等规范,推进8条大桂林生态休闲旅游精品线路建设,桂阳公路绿道等一批休闲旅游设施建成,自驾游、体验游、骑行慢游等旅游蓬勃发展,景点旅游模式向全域旅游模式加快转变。

【旅游成为扶贫和富民渠道】 2017年,桂林市旅游管理部门与农业、林业等管理部门合作,加快推进乡村旅游,打造花海基地、葡萄园基地、金橘基地、砂糖橘基地等特色农业体验旅游。创成临桂区莲花岛休闲乐园等3家广西休闲农业与乡村旅游示范点。新增五星级乡村旅游区1家(平乐县渡河乡村旅游区)、四星级乡村旅游区2家(灌阳县大仁村生态休闲园、灌阳县江口村特色文化旅游区);新增五星级农家乐2家(阳朔县龙泉度假山庄、恭城瑶族自治县牛路头休闲山庄)、四星级农家乐10家。市旅发委与Airbnb(爱彼迎)签署战略合作协议,推进龙胜各族自治县桂林乡村旅游扶贫试点项目,探索旅游扶贫新模式。

【提升旅游公共服务】 2017年,桂林市"厕所革命"以"数量充足、干净无味、实用免费、管理有效"为目标,科学合理规划旅游厕所的布局选址,把在景区和城市开展的旅游"厕所革命",拓展为景点景区内外、城乡一体推进的全面"厕所革命",实现旅游厕所城乡全覆盖,景区全覆盖,重要旅游景点全覆盖。全年全市完成旅游厕所建设85座。桂林"厕所革命"模式在全国"厕所革命"工作现场会作重点推广。整合市级旅游资源,印发《桂林市区旅游资源整合营销工作方案》,推进桂林"城市旅游服务中心"作为旅游公共服务新品牌,细化完善"桂林旅游直通车"穿梭巴士方案。编制完成《桂林市旅游中英文标识系统规划(2017—2020)(送审稿)》。龙胜各族自治县、资源县高速公路通车,县县通高速的旅游交通环境更加完善。

【智慧旅游实现提档升级】 2017年,桂林市创新应用数据,聚焦大数据国际旅游胜地建设需要,在智慧旅游景区、智慧旅游运营平台、监管体系、游客服务、质量标准体系等方面运用大数据手段,把桂林旅游大数据中心建设成为旅游统计平台、数据分析平台、决策支持平台、产业研究平台和国际交流平台,打造全国一流的旅游数据中心。年内,桂林市旅游大数据中心挂牌成立,采集旅游基础数据、导游数据、舆情数据、公安住宿数据及三大电信运营商、航空、客运、航运等数据2000多万条,建立了13大类、90个子类的数据信息库和数据共享交换平台,并提供了API接口,制定了规范的数据采集、存储和交换标准，具备数据交换、预警、统计、分析等功能，初步具备采集中国移动游客实时数据、全市住宿数据、景区视频监控和客流量数据、部分旅游汽车运行轨迹数据、旅游舆情分析数据等能力。完成全市国家4A级旅游景区和部分国家3A级旅游景区的视频监控图像91路，共享图像30多路，向自治区发展和改革委员会传输景区图像95路。对移动、住宿、景区等旅游数据的实时采集和分析，为桂林旅游统计提供大数据支撑。

（唐飞鸿）

旅游资源

【概况】 2017年，桂林市有世界自然遗产1处：桂林喀斯特（漓江）。有国家5A级旅游景区4处：漓江景区、乐满地景区、独秀峰·王城景区、两江四湖·象山景区。有国家4A级旅游景区25处：七星景区、芦笛景区、世外桃源旅游区、冠岩景区、愚自乐园艺术园景区、银子岩旅游度假区、古东瀑布景区、灵渠景区、丰鱼岩旅游度假区、龙胜温泉旅游度假区、穿山景区、尧山景区、荔江湾景区、义江缘景区、图腾古道—聚龙潭景区、金钟山景区、南溪山景区、龙脊梯田景区、经典刘三姐大观园景区、蝴蝶泉景区、西山景区、罗山湖·玛雅水上乐园景区、逍遥湖景区、猫儿山景区、西街景区。有国家3A级旅游景区28处：阳朔文化古迹山水园、资江景区、十二滩漂流景区、鉴山寺景区、九马画山漂流景区、天河瀑布、龙门瀑布景区、仙家温泉景区、资源八角寨景区、红岩景区、恭城“三庙一馆”景区、江头景区、蛇王李景区、桂林旅苑景区、红军长征突破湘江战役纪念公园、芦笛岩鸡血石文化艺术中心、湘山寺景区、白面瑶寨、艺江南中国红玉文化园、龙脊特色旅游小镇、金车生态民族村、崇华中医街景区、炎井温泉景区、神龙水世界度假景区）、万福广场·休闲旅游城、马岭鼓寨民族风情园、柘村景区、鹅翎寺景区。

有国家级风景名胜区1处（漓江），自治区级风景名胜区4处：龙脊、青狮潭、八角寨—资江、资源天门山。有国家级自然保护区4处：花坪、猫儿山、千家洞、银竹老山，有自治区级自然保护区7处，有县级自然保护区9处。有自治区级旅游度假区4处：桃花江旅游度假区、龙胜温泉旅游度假区、青狮潭旅游度假区、丰鱼岩旅游度假区。有国家地质公园1处（桂林资源丹霞国家地质公园），有国家湿地公园1处（桂林会仙喀斯特国家湿地公园）。有全国重点文物保护单位15处：甑皮岩新石器时期洞穴遗址、桂林石刻、灵渠、靖江王府和王陵、李宗仁官邸和故居、八路军办事处旧址、秦城遗址、湘江战役旧址、江头村和长岗岭村古建筑群、燕窝楼、恭城古建筑群、晓锦遗址、湘山寺塔群与石刻、永宁州城城墙、百寿岩石刻。

【中心区域景点选介】

漓江景区　世界自然遗产、全国首批国家5A级旅游景区。漓江发源于兴安县猫儿山，是桂林风光的精华，中国山水风光的典型代表。漓江是喀斯特地形发育最典型的地段，酷似一条青罗带，蜿蜒于万点奇峰之间。从桂林至阳朔约83千米的水程，沿江风光旖旎，碧水萦回，奇峰倒影、深潭、喷泉、飞瀑参差，美不胜收。兼有“山青、水秀、洞奇、石美”四绝，还有“洲绿、滩险、潭深、瀑飞”之胜。乘船游览漓江，可见绿岛芳洲、渔舟红帆、鹰击长空、鱼翔浅底。江水赋予凝重的青山以动态、灵性、生命，把人带进神话世界，舟行之际，进入“分明看见青山顶，船在青山顶上行”意境。漓江景观因时、因地、因气候而有不同变化，春天，岚雾缭绕，烟雨缥缈，江山空濛；夏日，上下天光，碧绿万顷，万山刚毅；秋时，江峰如洗，满山飘香，硕果累累；冬季，两岸白雪，山水清灵，纯净高雅。构成一幅绚丽多彩的画卷，人称“百里漓江、百里画廊”。

两江四湖·象山景区　国家5A级旅游景区。由两江四湖景区、象山景区、滨江景区（伏波山公园和叠彩山公园）构成，位于桂林中心城区，是以象鼻山、伏波山、叠彩山为中心，两江四湖为纽带的大型景区，集山清水秀、洞奇石美及丰富的历史文化景观为一体。整个景区沟通连接漓江、桃花江2条河流和榕湖、杉湖、桂湖、木龙湖4个湖泊，构成可通航的环绕桂林城区的水上游览体系。两江四湖景区主要包括以木龙古渡、古城墙为主景，宝积山、叠彩山等为背景的体现城市文化特色的木龙古水道主景区，以山林自然野趣为特色的桂湖景区，以体现“城在景中、景在城中”山水城市空间特征为特色的榕湖、杉湖主景区。象鼻山景区主要有象鼻山、水月洞、象眼岩、普贤塔、三花酒窖、爱情岛、云峰寺太平天国革命遗址陈列馆等，以其独特的山形和悠久的历史成为桂林城徽标志，位于水月洞内有摩崖石刻50余件，是广西重点文物保护单位，唐代著名诗人韩愈的名句“江作青罗带，山如碧玉簪”镌刻于洞中。水月洞与水中倒影宛如一轮明月，自古有象山水月的美誉。叠彩山上历代名人的摩崖石刻尤多，为文物的精华。伏波山因

漓江烟雨　（李腾钊　2017年摄）

唐代曾在山上修建汉朝伏波将军马援祠而得名。伏波山公园由多级山地庭园组成，有还珠洞、千佛岩、珊瑚岩、试剑石、听涛阁、半山亭、千人锅及大铁钟等景点和文物，集山、水、洞、石、亭、园、文物于不足1万平方米的范围内，成为独特的桂林山水的缩影。

芦笛景区　国家4A级旅游景区。因洞口长有一种可做笛子的芦荻草而得名，是一个以游览岩洞为主、观赏山水田园风光为辅的风景名胜区。芦笛岩洞深240米，游程500米。洞内有大量奇麓多姿、玲珑剔透的石笋、石乳、石柱、石幔、石花，琳琅满目。主要景点有狮岭朝霞、红罗宝帐、盘龙宝塔、原始森林、水晶宫、花果山等，令游客目不暇接，如同仙境，被誉为"大自然的艺术之宫"。从唐代起，历代都有游人踪迹，现洞内存历代壁画77幅。自1959年发现并开发后，芦笛景区建有餐厅、茶室、水榭、湖池、曲桥，并设游船，广植花木等。

独秀峰·王城景区　国家5A级旅游景区，全国重点文物保护单位。靖江王城始建于明洪武五年(1372年)，史上为明朝藩王府，清时广西贡院，民国时的广西省政府所在地。靖江王城坐东北朝西南，南北长556米，东西宽355米，整个王府占地面积18.7公顷，历经11代14位藩王的历史。按照藩王府定制构筑，保持了中国古代建筑中轴对称的布局，前为承运门，中为承运殿，后为寝宫，最后是御苑。围绕主体建筑还有4堂、4亭和台、阁、轩、室、所等40多处。王城著名的景点有承运殿、太平岩、贡院、独秀峰。独秀峰有"南天一柱"的赞誉，史称桂林第一峰，山峰突兀而起，形如刀削斧砍，周围众山环绕，孤峰傲立，有如帝王之尊，峰壁摩崖石刻星罗棋布，"桂林山水甲天下"千古名句真迹题刻于此。

甑皮岩新石器时期洞穴遗址　全国重点文物保护单位。甑皮岩新石器时期洞穴遗址于1965年发现，1978年对外开放，占地5万平方米。遗址包括主洞、矮洞、水洞，洞穴面积约1000平方米，出土了石器、骨器、蚌器、角器、牙器和陶器残片。发现了中国最原始的陶器和新石器洞穴遗址最早的石器加工场。发掘了古人类骨架32具，其中大部分为屈肢蹲葬。出土了古人类食后遗弃的113种水、陆生动物遗骸，其中哺乳类的"秀丽漓江鹿"，鸟类的"桂林广西鸟"是首次发现的绝灭种属。鉴定出植物孢粉和碳化物近200种，其中发现了中国最早、距今约1万年的桂花种子。遗址的遗迹遗物记载和展示了距今12000年—7000年的桂林史前文化发展轨迹，被考古界称为"华南及东南亚史前考古最重要的标尺和资料库之一"，有"史前明珠"之誉。

美国飞虎队遗址公园　位于临桂区临苏路秧塘机场遗址，是在抗日战争时期美国第十四志愿航空队秧塘机场指挥所旧址上建设的一个纪念公园，保存有山洞指挥所、陈纳德将军观战石、飞机掩体等文物。公园占地面积16.67公顷，总投资1.6亿元，其中美国飞虎队队员亲属筹措40万美元，于2015年3月28日建成，含抗战纪念馆、抗战英雄纪念碑、抗战英雄浮雕墙、空军将士情景雕塑以及营房、指挥所等项目。纪念馆内陈列与"飞虎队"相关的军服、勋章以及老照片等历史文物近300件，均由美国飞虎队历史委员会捐赠。纪念馆综合利用现代声光电展览陈设技术，结合图片、文物、模型复制品等，分成"历史的天空""虎啸云端""飞虎队在桂林""永不磨灭的番号"等部分，还原飞虎队在桂林的抗日史实。遗址公园建成后，成为美国飞虎队老战士及家属和朋友重温历史、瞻仰前辈先烈的重要基地，成为进一步增进中美两国友好交流的重要平台。2017年3月25日，美国飞虎队历史委员会捐赠了一架C-47飞机，永久陈列在美国飞虎队桂林遗址公园。

【东部区域景点选介】

靖江王陵　全国重点文物保护单位，国家级大遗址保护重点园区。位于桂林市东北郊的尧山西南麓，是明王朝分封在靖江(桂林)历代诸王的陵园，规模宏大，素有"岭南第一陵"之称。靖江王陵是保存最完整、墓葬数量最多的明代藩王墓群。王陵的墓园布局大体相同，皆采用两院落式长方形布局，沿神道中轴线左右对称，呈"回"字形结构，中轴线上依次筑有陵门、祾恩门、祾恩殿、宝城。神道两旁为对列整齐的石作仪仗队。王陵墓群现存地表石刻334件，数量上居全国明代藩王陵首位，体现了不同时期的风格，反映了古代艺术家的追求与成就，同时也为研究明代藩王陵的墓仪规制提供了一套较为完整的实物资料。

冠岩景区　国家4A级旅游景区。位于雁山区草坪回族乡，距市区29千米，因山形似一古老的紫金冠而得名。1992年开发，1995年向社会开放。冠岩处在漓江中段，是百里漓江精华段"零距离景区"。景区属典型的喀斯特岩溶地貌，溶洞多，山峰奇，地下河发育完整，地上江流清澈，周边山峰挺拔环绕，小岛散落俊秀。冠岩神奇幽深，分三层五洞，上面两层为旱洞，下层为水洞，洞洞相连、逶迤曲折，洞内悬挂着各形各态的石钟乳，洞内有轨电车、游艇、观光电梯，堪称奇绝。拥有乡吧岛、电动滑道车、重力滑道车、云雾山庄、冠岩饭店等旅游项目和齐备的配套设施。

古东瀑布景区　国家4A级旅游景区，广西首家绿色环保教育基地，广西青少年科普教育基地。位于灵川县，距桂林市区26千米。属原始森林与瀑布结合的森林氧吧游览胜地。2000年建成开放，有瀑幽、潭碧、枫红，融原始生态、地质奇观、民风民俗于一体。景区分前景区、三姐湖、生态广场、多级瀑布区、原始森林区5个部分。多级瀑布、走瀑戏浪和原始香枫林是景区特色。

大圩古镇　国家历史文化名镇，国家科技小城镇建设示范点，广西重点文物保护单位。汉代形成居民点，北宋已是商业繁华集镇，明代为广西四大古镇之一，明清时期，依漓江水路优势，成为沟通桂林、广东、梧州等地的交通枢纽和桂北地区的重要商品集散地，为桂林著名历史文化旅游景点。古镇内有一条长800米的青石板街以及老圩街、地灵街、隆安街、兴隆街、塘坊街、教楼街、福兴街、泗赢街8条大街。青石板街与漓江平行而建，数百个商铺分列古街两旁，历史上曾出现了黄(商号为黄源顺)、李(商号为裕和昌)、廖(商号为廖忠源)、高(商号为广昌均)"四大家"，朱松柏、黄泗盛、

大圩古镇　　（李腾钊　2017 年摄）

熊大和、周茂和、阳万美、白兴泰、秦宏和、彭遂安“八甲家”和“二十四小家”巨贾富商。卖半码头、更鼓楼码头、秦聚利码头、五福码头、塘坊码头、狮子码头、渡船码头、石鸡码头、大码头、社公码头、寿隆寺码头、清真寺码头、鼓楼码头等 13 个码头沿江而建，依商业种类划分其交易功能。民国时期孙中山先生北伐时曾在塘坊码头启岸并发表“南北一统”的著名演说。

恭城瑶族自治县“三庙一馆”景区　国家 3A 级旅游景区。包括文庙、武庙、周渭祠、湖南会馆。

文庙又称孔庙，全国重点文物保护单位，位于恭城瑶族自治县县城西山南麓，是纪念古代杰出教育家、思想家孔子的庙殿，始建于明朝永乐八年(1410 年)，总面积 3600 平方米，是国内保存较完整的孔庙之一，有“华南小曲阜”之称。建筑布局依次为照壁官墙、礼门、义路门、棂星门、泮池和状元桥、左右碑亭和东西厢房、大成门、名宦祠、乡贤祠、东西庑殿、露台、大成殿，最后是崇圣祠。门、院、殿宇贯穿在一条中轴线上，左右对称排列，层次分明，布局严谨。

武庙为全国重点文物保护单位，该庙是纪念祭祀三国时期的名将关羽的祠庙，又称关帝庙。始建于明朝万历三十一年(1603 年)，庙宇面积 2100 平方米，武庙规模较大、气势宏伟，保存完整。

周渭祠又称周王庙或嘉应庙，建于明朝成化十四年(1478 年)，清朝雍正元年(1723 年)重修，是祭祀北宋监察御史周渭的祠庙。占地面积 1600 多平方米，建筑面积 1040 平方米，由戏台、门楼、大殿、后殿及左右厢房组成。周渭祠门楼面阔五间，重檐歇山，颇有明清古建筑特色。正殿塑有周渭像，两边的墙壁上用壁画的形式展示周渭生平故事，并配有诗赋。

湖南会馆建于清朝同治十一年(1872 年)，为三湘同乡会集资所建，占地面积 1847 平方米，建筑面积 1420 平方米。由门楼、戏台、正殿信两边厢房组成。因其结构独特，造型奇巧，雕饰丰富，花草人物繁杂，故有“湖南会馆一枝花”之美称，其丰富的彩饰古戏台具有明显的岭南古建筑特色，有较高的艺术价值和研究价值。

新圩阻击战遗址　红色旅游景点，位于灌阳县新圩镇。1931—1934 年，中国工农红军第七军北上，第六军团西征，中央红军长征，先后 3 次经过灌阳，足迹遍及灌阳北部的 4 个乡(镇)，400 多个村庄。新圩阻击战是红军长征中抢渡湘江最为关键的战役，是湘江战役中第一大阻击战，是“红军入桂第一仗”。1934 年 11 月 27 日—30 日，为保证中央军委纵队和红军主力通过灌阳、抢渡湘江，突破敌人第四道封锁线，阻击来自灌阳县城方面的敌军，中央军委炮兵营，红五师第 14、15 团及红六师第 18 团先后受命在灌阳新圩至排埠江一带布防，阻击数倍于自己的敌人，红军将士浴血奋战 4 天 3 夜，战斗打得十分惨烈。新圩阻击战，为红军主力过江赢得宝贵时间，有近 3000 名红军指战员长眠于此。新圩镇下立湾村的蒋氏祠堂是当时红军的战地救护所，在此抢救了大量的受伤红军战士。2016 年 10 月 11 日，在当年打响湘江战役阻击战第一战的新圩阻击战主战场遗址枫树脚村建设的新圩阻击战陈列馆开馆。新圩阻击战陈列馆主建筑造型为五角星建筑，由四个底部宽度 12 米的五星向中间靠拢组成，内部结构分三层加基座共四层，高度 20 多米，顶层为观光台，基座一层为展厅。展厅分“红军三次过灌阳”“新圩阻击战”“悲壮三十四师”“鱼水情深”“精神永存”等五大板块展示新圩阻击战。陈列馆外左侧有高 3.5 米，宽 4.5 米花岗岩主题雕塑，雕塑由 6 位红军将士不怕牺牲、骁勇善战形象组成。

唐景崧故居　位于灌阳县新街乡江口村。为灌阳清代“同胞三翰林”之一唐景崧的故居，始建于清康熙年间，占地面积 410 平方米，为砖木穿斗式结构，饰小青瓦、兰灰墙，分上、下两座，设有前庭、正庭、厢房、天井等，梁、枋、门楣等均雕刻有人物故事、龙凤花草虫鱼，两边墙体均以兰灰粉刷，墙体山头饰以双龙、太极八卦等图案。

【南部区域景点选介】

阳朔西街　位于阳朔县城中心，是阳朔县古老街区，已有 1400 多年历史。全长 1180 米，宽 8 米。西街的房屋建筑古朴典雅，呈桂北明清时期风格，处处可见小青瓦、坡屋面、白粉墙，吊阳台。环境古尚，民风淳朴，商业繁荣，文化交汇，游人如织。西街各式商行铺面比邻连接，洋溢民族气息。被称誉为“中国第一条洋人街”“最大的外语角”“名副其实的地球村”，不同爱好的各国游客在这里自由地游览、活动、交友，形成了中西文化的交汇点。

遇龙河　位于阳朔县，全长 43.5 千米，流域面积 158.47 平方千米，流经阳朔县的金宝、葡萄、白沙、阳朔、高田 5 个乡(镇)的多个村庄。遇龙河景区包括从白沙遇龙桥到大榕树工农桥 16 千米水程区域，水质清澈，水流平缓，有 28 道堰坝，景点 100 余处，一片原始、古朴、纯净的自然山水风貌，

遇龙河　　（诸葛全生　2017 年摄）

被国内外专家一致认为是“世界上一流的人类共有的自然遗产”。遇龙河两岸有自然生态、田园风光，人们到此仿佛进入天人合一的诗意境界、返璞归真的自由天地。两岸山峰清秀迤逦，连绵起伏，形态万千，江边绿草如茵，翠竹葱郁，树木繁阴。河水如同绿色翡翠，清澈透亮，鱼儿闲游，水筏飘摇，微风拂过水面，泛起阵阵涟漪。两岸田畴平整开阔，绿意逼人，稻花飘香，使人心旷神怡，超然物外。主要景点有双流美景、夏棠佳胜、大小五指山、狮子山、八仙岩等。

印象·刘三姐　全国文化产业示范基地、广西文化产业示范基地、广西民族风情旅游示范点。获中国乡土文化艺术特别贡献奖、首届文化部创新奖和第三届中国十大演出盛事奖、最佳导演奖。印象·刘三姐集漓江山水、广西少数民族文化及中国精英艺术家创作之大成，是一部全新概念的大型山水实景演出。演出地点为漓江山水剧场，位于阳朔县书童山。张艺谋、王潮歌、樊跃任总导演，67 位中外著名艺术家参与创作，整场演出全长 70 分钟，演出人员 600 余人。演出以“印象·刘三姐”为主题，大写意地将刘三姐的经典山歌、广西少数民族风情、漓江渔火等元素创新结合起来，融入山水，还于自然，成功诠释了人与自然的和谐关系。

阳朔文化古迹山水园　国家 3A 级旅游景区，位于阳朔县城漓江码头旁，漓江水道和桂阳公路可直达。因形似含苞欲放的碧莲而得名，已建设为集自然风光、文物古迹、人文景观、艺术展示为一体的旅游景区。景区内有一条刻满历代碑文的风景道，共有大小石刻 20 多件，为县重点文物保护单位，石崖悬壁上有清代著名书法家王元仁任阳朔代理知县时所书写的“带”字巨幅摩崖，高近 6 米，宽近 3 米，笔画行云流水、龙腾虎跃，字中含“一带山河，少年努力”等深刻寓意。山上有迎江阁、鉴山楼、瀑布溪流著名景观。作为阳朔第一峰，碧莲峰吸引了历代众多名人，如唐代佛门大师鉴真、大诗人曹邺、大旅游家徐霞客等都到此游览，周恩来、邓小平、陈毅等 10 多位国家领导人到此视察，留下了大量珍贵墨宝。

世外桃源景区　国家 4A 级旅游景区，全国首批农业旅游示范点。位于阳朔县白沙镇，是根据陶渊明《桃花源记》中描绘的桃源美景并结合当地田园风光所设计开发的大型旅游景区。集山水、田园、民俗于一体，展示了一幅古桥、流水、田园、老村与水上民族村寨融为一体的画图。青山秀水环绕，生态环境优美，全程可乘船游览。景区展示了少数民族的特色建筑，有侗族鼓楼、风雨桥、壮族小姐楼、苗族刀山（架）、土家族图腾柱等。

雁山园　国家 4A 级旅游景区。位于雁山镇，始建于 1869 年，占地 19.07 公顷。原为乡绅的私家园林，后为清代两广总督花园。雁山园景色秀丽，山情水趣，自成一体。建造者吸纳了丰富的风水理论精髓，在园林的构思布局中得天独厚地将龙脉思想，天星与山水地形，巧妙应用得当，拱成万象，被誉为园林建筑与风水结合的成功典范，被郭沫若誉其为“岭南第一文化名园”。园区的主要景点有龙道、飞来河、沉鱼潭、公子楼、小姐楼、水榭、神樟树及雁山植物四宝等。

银子岩景区　国家 4A 级旅游景区，桂林市文明旅游风景区示范点。位于荔浦县马岭镇。1999 年初对外开放，岩洞为典型的喀斯特地貌，贯穿 12 座山峰，属层楼式溶洞，汇集了不同地质年代发育生长的钟乳石，晶莹剔透，宛如夜空中的银河倾斜而下，闪烁出像银子、似钻石的光芒，所以称银子岩。洞内特色景点数十处，最为著名的景观有“雪山飞瀑”“音乐石屏”“瑶池仙境”。被誉为“世界溶洞奇观”。

丰鱼岩景区　国家 4A 级旅游景区，自治区级田园旅游度假区。位于荔浦县龙怀乡，属洞穴与地下河景观构成的溶洞观光景区。丰鱼岩洞穴长 5.3 千米，其中暗河水洞长 3.7 千米，旱洞长 1.8 千米。洞内最高处有 36 米，洞穴面积 12 万平方米，最大的一处洞厅面积 2.55 万平方米。洞中大厅连小厅，石笋、石柱、石幔林立，其中定海神针、不夜城、宝塔王国、八方锦绣等景点辉煌壮丽，灿烂缤纷。洞内暗河漂流观赏区全长 3.3 千米，河道曲折，空谷幽邃，岸危穹高，忽仰忽倾，恍若回到混沌初开的远古时代。

仙家温泉　国家 3A 级旅游景区。位于平乐县源头镇，是集游览、观光、会务、休闲、理疗、度假为一体的综合型旅游疗养度假区。由温泉沐浴区、宾馆住宿区、文化娱乐区、休闲游乐区等组成，融吃、住、游、购、娱于一体。

【西部区域景点选介】

龙胜温泉景区　国家 4A 级旅游景区。位于龙胜各族自治县江底乡，是以山间温泉为特色，集康体、休闲、度假、商务、旅游于一体的综合性旅游度假区。温泉由地下 1200 米深处岩层涌出，分上下两大泉群，有 16 眼泉口，水温为 54 摄氏度—58 摄氏度。温泉水质为超低钠低矿化度的偏硅酸重碳酸钙镁型天然饮用矿泉水，含有锂、锶、铁、锌、铜等 10 余种于人体有益的微量元素。

龙脊梯田景区　国家4A级旅游景区，自治区级风景名胜区。位于龙胜各族自治县龙脊镇。以农艺梯田景观为主体，集自然景观、人文景观、民族风情于一体的综合型旅游景区。龙脊梯田始建于元朝末期，成形于明朝，完工于清朝初期。主要以平安壮族梯田和金坑红瑶梯田为主体，并向周边村寨辐射的梯田群体。景区占地面积71.6平方千米，梯田分布在海拔300米—1100米之间。龙脊梯田规模宏伟、气势磅礴，线条行云流水，堪称“天下一绝”，是中国南方农耕文明的集中体现。一年四季各有神韵，春如层层银带，夏滚道道绿波，秋叠座座金塔，冬似群龙戏水，被艺术家们赞叹为“神奇的韵律、优美的线条”。

资江景区　国家3A级旅游景区、国家森林公园、国家地质公园、自治区级风景名胜区。位于资源县北部。属丹霞地貌、生态型自然风景区。景区系3000万年前强烈的造山运动构成南北走向的山脉，由白垩系红色砾岩、砂岩、泥岩构成软硬相间的岩层，在漫长的地质年代里由于风化、剥蚀、侵蚀和溶蚀的综合作用，逐渐发育形成的丹霞地貌。资江历史上是湘桂两地重要通道，漂流旅游的黄金水道，开辟了机动木船、橡皮艇、竹筏等游览项目，漂流中途可参观浪田瑶寨，观看浪田瑶族歌舞表演。漂流河段是资江景观最为集中的地带，全长22.5千米，下45条滩，拐31道弯，河谷深割，似玉带穿梭于奇山峻岭之中。两岸丹峰耸立，植被丰富多样，原生态植物保护完好，有国家重点保护的资源冷杉、福建柏、鹅掌楸、马蹄参、香果木、银杏、观光木等。沿途有风帆石、火炬山、神象饮水、浪田瑶寨、将军骑马镇天门等60多处景点。

八角寨景区　国家森林公园，国家地质公园，自治区级风景名胜区。位于资源县北部。景区面积40平方千米，丹霞地貌发育最为典型，其丰度和品位高，具有大、多、长、密、厚等特质，被专家誉为“丹霞之魂”。景区以峰林为主，涵盖了丹霞地貌中的石寨、石墙、石崖、石柱、石峰、嶂谷、峰林、水蚀溶洞、造型地貌、天然壁画等类型，奇景变幻多姿。主峰八角寨又名云台山，因主峰斜生八个翘角而得名。

花坪　国家级自然保护区。位于临桂区与龙胜各族自治县西南部交界处，集森林探险、珍稀物种观光、科普教育于一体的综合性自然生态旅游区。保护区总面积1.51万公顷，森林覆盖率97.48%，动植物资源丰富。地貌峰峦重叠连绵，岭脊嶙峋锐利，谷坡陡峭绝险，植被繁茂复杂，古树遮天蔽日，藤蔓横纵交错，苔藓厚如毛毯，素有“花的世界”“瀑布之乡”“动物王国”之称。保护区内分为红毛河、粗江、红滩、广福4个景区，主要有观赏银杉、红滩峡谷寻幽探险、广福顶登高望远、广福湖泊荡舟垂钓等旅游项目。

李宗仁故居　全国重点文物保护单位。位于临桂区两江镇。故居西北倚靠天马山，西南边有古定山和肖家山。占地面积5060平方米，建筑面积4039平方米。始建于清宣统三年(1911年)，经3期扩建而成，为木结构二层楼房，四周围以院墙，用青砖包泥砖砌筑，院内由安乐第、将军第、学馆和三进客厅组成，分布有7个院落，13个天井，共有大小厅房113间，既具有雄踞一方的庄园气派，又富有浓厚的桂北民居建筑特色。整个院落楼轩相连，廊庑回环，点缀有泉池、百年古杨、山茶、苏铁等珍稀花木。李宗仁在此度过他的童年和少年时代，从政后亦数度居此。

红溪　位于临桂区中庸镇，因溪石大多为红色紫砂岩而得名。占地面积466.67公顷，有原始红溪，众多瀑布，老藤古林，奇石小桥。景区主游道2千米，分为红溪主题游览区、群瀑揽胜区、原始林区、游轮返程区。主要景观有溪景画意系列、奇石系列、雅池系列、古树奇景系列、古藤奇观系列、瀑布系列等。主瀑布——红溪银瀑落差33米，岩层叠叠，青苔绝壁，千层聚散，美感独特，观赏价值极高。

【北部区域景点选介】

乐满地度假世界　国家5A级旅游景区，中国十佳主题乐园，中国先进游乐园，位于兴安县，是集狂欢主题乐园、五星级度假酒店、木屋别墅、高尔夫球场于一体的综合性度假胜地。主题乐园分为欢乐中国城、美国西部区、梦幻世界区、海盗村、欧洲区、南太平洋区、森林游乐区等。有超级旋风、高空弹跳、大峡谷漂流、飞艇冲浪、风火轮、魔法光轮、飞天龙、动感影院、海盗船等30余项惊险刺激的游乐设施，还有好莱坞影视特技秀、魅力狂欢大巡游、激情热辣秀、阿里山歌舞秀、南太平洋歌舞秀、街头秀等10余项精彩演艺项目。高尔夫球场围绕着灵湖和丘陵而建，为18洞标准球场。

红军长征突破湘江战役纪念公园　国家3A级旅游景区。碑园坐落于兴安县城狮子山，占地面积10万平方米，主要纪念建筑有大型群雕、纪念碑、陈列馆、闽西革命烈士雕塑、廉政清石园、湘江战役新陈列馆和湘江战役烈士碑亭。群雕为灰白色花岗岩雕凿，长46米，高11米，由4个巨型头像和五组浮雕组成，再现当年红军突破国民党第四道封锁线的壮烈场景。纪念碑高34米，耸立于狮

2017年7月5日，桂林市机关党员到红军长征突破湘江战役纪念公园接受爱国主义和革命传统教育（市志办　供图）

子山顶，上部为3支直插蓝天的步枪造型，象征着“枪杆子里面出政权”的真理，下部为圆拱形碑亭。纪念碑和群雕由一线四折共184级台阶连接，陡峭的台阶寓意中央红军突破湘江封锁线的曲折过程。陈列馆位于狮子山北山脚，馆内陈列着湘江战役军事模型图、红军长征过广西路线示意图、中共中央领导人的题词及红军部分实物等。

江头村和长岗岭村古建筑群　全国重点文物保护单位。江头村和长岗岭村都位于灵川县，两个村在明清时期就已形成具有历史、艺术、科学价值的民居祠堂、牌坊、巷道、墓葬等建筑群。江头村历史悠久，古民居建筑种类齐全，规模宏大，分布着明中晚期、清朝时期、民国时期民居的古建筑群。江头村周氏是北宋理学家周敦颐后裔，明代迁居至江头村。该村保留有江头周氏居住的100余座明清古建筑，建筑的着色、雕花、布局均按周敦颐的理学文化构建，具有明显的文化特色。长岗岭村位于兴安灵渠至桂林、大圩古商道的中央，有“小南京”之美称。该村先民依托地理优势经商发迹，清代及民国时期成为桂林一带的富豪村，该村古民居的跨度、高度、宽度堪称桂林民居之首，古墓石雕豪华气派、古商道幽深完整。

猫儿山景区　猫儿山主峰海拔2141.5米，号称“华南第一峰”，是漓江、寻江、资江发源地。景区内风景秀丽，气候宜人。景点包括华南绝顶、穿仙洞、通天道、华南虎、猫岳佛光、睡美人、铁杉荟萃、漓江源、杜鹃花廊、龙潭、十里大峡谷、剑崖大瀑布以及1996年发现的美国二战援华飞机（飞虎队）失事之地等，整个景区是集科教、探险、猎奇、度假、避暑、竹木经济开发、缅怀革命先烈与纪念国际友人为一体的综合性国际旅游景区。

灵渠景区　国家4A级旅游景区。又名秦凿渠，或称陡河，位于兴安县。建成于秦始皇三十三年（前214年），与四川都江堰、陕西郑国渠并称为秦代三大水利工程。2004年重新修复秦城水街，2005年4月向社会开放，秦城水街沿灵渠而建，长约1千米，地处秦代著名水利工程灵渠的城区一段，沿街建筑古老而富有岭南特色，楼台亭阁、小桥连廊精巧典雅。秦城水街整体分为古建设文化、古桥文化、古石雕木雕文化、古灵渠文化、岭南市井风俗文化5个主题，主要景观有秦文流觞、娘娘桥、万里桥、七层佛塔、北街里、马嘶桥、湖广会馆、漓江书院、照壁砖雕、百米浮雕、三将军墓等。

秦家大院　位于兴安县白石乡。为明清时期建筑，始建于明朝初年，完工于清朝中期，是集游览、观光、休闲、民居、寻古于一体的乡村旅游休闲区。占地面积1.7万平方米，有3组14幢23座规格统一的古民居建筑群，明清建筑风格分明，具有典型桂北地区民族特点。院内建筑群主次轴线分明，依轴线层层深入，左右对称，梯进布局，高墙窄巷，错落有致。古屋青砖黛瓦、飞檐翘角、门窗雕梁画栋、刻字铭文。开井青石铺砌，清爽宜人。巷道纵横交展，平坦整齐。古朴典雅的民居、宗祠，厚重的石板古巷，数量众多的牌匾，寓意深刻的图案，处处清静典雅、古色古香，透露出过去不同时代的气息。周边有太子山、青龙山、宝塔山、骆驼山等青山秀峰环绕，与大院内古民居融为一体，景色优美。

天湖景区　位于全州县才湾镇，在华南第二高峰真宝顶东侧。海拔1600多米，是由高山草地、原始森林和13座水库组成的湖泊群，典型的高山湖泊景观。景区面积43平方千米，高山顶上的座座水库相互贯通，互成补充，点缀在崇山峻岭间。满山生长着高山植物，随山体高低不同形成层次变化，绿茵茵的草甸，像厚厚的绿毯覆盖在山坡上，成为天湖奇观。天湖水电站水头落差高达1074米，为亚洲第一高水头电站。

炎井温泉　国家3A级旅游景区。位于全州县大西江镇炎井村，地处越城岭山脉北端，海拔高度700米—1000米。温泉属低钠低矿化度含氟偏硅酸及高温氡医疗矿泉。景区周围山峰林立，原始森林苍翠葱茏，蔚为壮观。景区内高山幽谷，环境优雅，冬暖夏凉，气候宜人，宛若一幅清新秀丽的山水画。沿途还有虹饮桥、千年古樟、精忠祠、童母岩等众多景点。

湘山寺景区　国家3A级旅游景区，景区内湘山寺塔群与石刻为全国重点文物保护单位。位于全州县全州镇北门社区湘山南麓，有妙明塔，觉传和尚墓塔，大圆鉴翁老和尚塔，洗钵岩泉1处，湘山摩崖石刻81件，湘山寺石雕群1处，湘山寺建筑基础遗存。分布面积3.45万平方米。妙明塔始建于唐乾符元年（874年），塔原为5层，宋元丰至元祐年间（1081—1092年），改建为7层，宋绍兴五年（1135年）赐敕名妙明塔，历代或有修建，现存塔基是南宋遗物，塔身是明代遗构。洗钵岩泉位于湘山寺西北角，清道光十二年（1832年）造池，泉水从林地下的沟渠流入青石砌成的3个水池中。湘山寺塔群与石刻是广西保存较好的佛教建筑群，反映了地方历史和文化的发展脉络，是建筑史和宗教史研究的重要实例。　（唐飞鸿）

长岗岭商道古村生态纪念馆　（市志办供图　2017年摄）

表 4　　2017 年桂林市主要旅游景区(点)一览表

区域	主要旅游景区(点)
桂林市区	两江四湖・象山景区、独秀峰・王城景区、芦笛岩、西山景区、七星景区、桂海碑林博物馆、愚自乐园(法国地中海俱乐部桂林度假村)、八路军桂林办事处旧址、靖江王陵、冠岩、穿山公园、南溪公园、西山公园、尧山景区、刘三姐景观园、虞山景区、甑皮岩、李宗仁官邸、园林植物园、訾洲公园、芦笛岩鸡血石文化艺术中心、桂林旅苑景区、九滩瀑布、花坪、十二滩漂流、古桂柳运河、李宗仁故居、刘三姐茶园、义江缘景区、红溪、五通浮州塔、东宅江瑶寨蝴蝶谷、岚岩生态长寿村、会仙湿地、罗山湖・玛雅水上乐园景区、崇华中医街景区等
阳朔县	大榕树景区、兴坪景区、杨堤景区、福利景区、印象・刘三姐、阳朔西街、遇龙河、世外桃源、碧莲峰、历村、月亮山景区、蝴蝶泉、聚龙潭、鉴山寺、莲花岩、龙颈河漂流、图腾古道—聚龙潭景区等
灵川县	古东景区、青狮潭、大圩千年古镇、东江生态旅游区、世纪探古乐园、海洋银杏林、江头景区、毛洲三岛农家乐、逍遥湖景区等
全州县	湘山寺景区、炎井温泉、天湖、三江口、龙岩洞、燕窝楼、溪竹山、童母岩、千年古樟、虹饮桥、觉山铺、关岳庙、凤凰嘴、大坪渡、语录山等
兴安县	乐满地度假世界、灵渠、秦城水街、红军长征突破湘江烈士纪念公园、超然派度假山庄、秦家大院、世纪冰川大溶洞、古严关、猫儿山、五里峡水库等
永福县	永宁州城城墙、百寿岩石刻、板峡湖景区、金钟山旅游度假区、孔雀山庄、龙江社边农家乐、白马山庄等
灌阳县	九龙岩、赤壁山、灌江山峡、太子山风景旅游区、月岭古民居、黑岩、千家洞、九如堂、新圩阻击战遗址、灌阳烈士陵园、米珠山农家乐等
龙胜各族自治县	龙脊梯田、龙胜温泉、龙胜温泉国家森林公园、大唐湾景苑、龙脊古壮寨、银水侗寨、白面红瑶寨、三门红瑶寨、红军楼、红军岩、黄洛红瑶寨、金竹壮寨、细门红瑶寨、玉牙谷、艺江南中国红玉文化园、龙脊特色旅游小镇、金车生态民族村等
资源县	资江、八角寨、天门山、宝鼎瀑布、五排河漂流、福满园温泉、晓锦遗址等
平乐县	桂江生态游、千年古镇、仙家温泉、千年古榕、冷水石景苑等
荔浦县	银子岩景区、丰鱼岩景区、龙怀文化景区、长滩河漂流、鹅翎禅寺、荔江湾景区、龙皇山、天河瀑布、银龙古寨等
恭城瑶族自治县	"三庙一馆"景区、红岩生态旅游村、朗山古民居、大岭山桃花源景区、茶江水上乐园、横山瑶寨、社山生态旅游景区、豸游周氏祠堂等

旅游行业管理

【完善旅游市场综合监管机制】 2017 年,桂林市推进诚信旅游,优化旅游法制环境,推动"1+3+N"旅游执法体制改革创新,成立工商旅游分局,挂牌成立桂林市公安局旅游警察支队、旅游购物退货监理中心,设立了桂林市旅游巡回法庭,阳朔县、兴安县、龙胜各族自治县人民法院分别在当地旅游投诉处理部门设立旅游巡回法庭,其他县(区)也将旅游纠纷纳入工商行政管理与县(区)人民法院联合成立的"消费者权益保护中心"或"消费纠纷巡回法庭"予以解决。全市旅游联合监管"一盘棋"的旅游管理格局基本形成。

【加强旅游市场监管】 2017 年,桂林市持续开展旅游市场整治"春季行动""暑期整顿""秋冬会战""非法经营旅行社业务"专项行动,重点对"不合理低价游""散客一日游"市场等乱象开展专项整治行动,整治旅游购物消费市场,加强"黑车""黑社""黑导"整治。打击"擅自变更旅游行程、随意加点购物、超范围经营旅游业务等扰乱旅游市场秩序的各类违法违规行为,保持严打各种旅游乱象的高压态势。印发《桂林市旅行社服务网点管理暂行规定》,指导市旅行社协会重新修订《桂林市散客旅游合同》,明确散客"一日游"行程中不得安排购物等规定。8 月,国家旅游局联合督查组在桂林市开展"暑期整顿"专项整治行动,分 6 个组对桂林市旅游企业开展为期 4 天的现场督查,督查组移交问题 18 个、线索 8 个。年内,桂林市联合执法检查组共出动检查人员 1800 余人次,检查纠正违规企业 100 余家次,检查景区 300 多个次,检查旅行社或服务网点 300 多个次,检查旅游购物场所 100 多家次,检查旅游团队 800 多个,暂扣导游证 24 本,现场纠正一般违规行为 106 个,立案 35 件,下达行政处罚决定书 16 份,罚没款达 22 万余元,吊销旅行社 1 家。

【加强旅游行业自律】 2017 年,桂林市加强对旅游从业人员的培训,引导旅游从业人员学法、执法、懂法,合理合规经营。为塑造桂林旅游良好形象,推动建立完善桂林旅游市场的长效机制,市旅游各行业协会提出共建诚信管理机制倡议书的意见倡议,坚决抵制高回扣、不正当竞争、违背旅游者意愿的自费消费项目和强加的购物行为,要求实行明码标价,不欺客、不宰客,引导旅游者理性消费和参与质量监督。市旅行社协会发挥行业协会自律作用,推进"创文明城,旅游先行",营造守法、公平、诚信的竞争环境,与 90% 以上的旅行社签订《诚信经营承诺书》。

【导游"四位一体"管理体系形成】 2017 年,桂林成为国家开展线上、线下导游自由执业试点工作城市,制订《桂林市导游自由执业试点工作方案》《桂林市导游自由执业试点管理办法实施细则》,开发搭建 PC 版、手机版和带有导游诚信管理系统的 3 个导游网络预约平台,对线上自由执业导游实现"进出、监管、保障、奖惩"常态管理。先后在 11 个单位和 720 名导游中开展导游自由执业试点工作。推进导游责任险、导游服务费第三方支付、依法纳税、纠纷处理和先行赔付等改革试点。协调推进携程、途牛等旅游电商参与桂林导游自由执业试点。导游"四位一体"(进出、监管、保障、奖惩)管理体系形成。　(唐飞鸿)

旅游开发建设

【"旅游+"引领旅游发展新常态】 2017 年,桂林市创新驱动发展,推动旅游与文化、农业、工业、交通、航空、商务、卫生、体育等各领域相加相融合,推动健康旅游、体育旅游、乡村旅游、红色旅游、工业旅游等新业态新产品竞相发展。“旅游＋体育”围绕在桂林举办的环广西公路自行车世界巡回赛、桂林国际马拉松赛等赛事打造“旅游＋体育”国际化品牌，桂林罗山湖国际旅游度假区成为首批“广西体育旅游示范基地”，2017资源漂流世界杯、第十届阳朔攀岩节成为“2017年度广西十大体育旅游精品赛事”，阳朔县燕莎航空基地、桂林市金鞍马术训练基地以及罗山湖水上训练中心成为自治区体育旅游示范基地。“旅游＋康体养生”作为国家中医药健康旅游示范区，依托桂林优美的自然山水环境，打造“漓水青山，养生桂林”城市品牌，打造集中医康复医疗、养生保健、休闲旅游为一体的中医药养生旅游产业体系，桂林成为全国首批健康旅游示范基地，龙胜各族自治县龙脊镇、秀峰区鲁家村入选首批“广西养生养老小镇”，漓江逍遥湖景区成为广西生态旅游示范区。“旅游＋农业”加快推进乡村旅游，打造花海基地、葡萄园基地、金橘基地、砂糖橘基地等特色农业体验旅游。全市13个县（区）60个旅游扶贫村全部完成规划编制工作。红色旅游以桂北“湘江战役”红色历史文化为依托，打造红色旅游教育研学基地，湘江战役旧址等一批项目列入国家红色旅游重点项目。举办“桂林有礼”旅游商品创意设计征集活动，推出桂林十大精品民宿。

【开展旅游精准营销】 2017年，桂林市利用中央电视台春节联欢晚会桂林分会场春晚后效应，开展一系列精准营销，推出10多条旅游产品。利用铁路两次“调图”，围绕3小时、5小时、10小时“高铁旅游圈”开展高铁旅游营销，开通兴安“灵渠”号高铁旅游专列。推出了“千车万人”游永州、“百台自驾车”游三江等区域合作营销及系列事件营销。与BBC、脸书（Facebook）、途牛等知名境内外媒体网站开展精准网络营销，分赴泰国、马来西亚、印度尼西亚和中国香港、中国台湾地区等地促销，国际、国内旅游市场得到巩固提升。新开通桂林—新加坡、桂林—雅加达等国际航线，全年新开通或恢复国际国内航线共计16条。成功举办第十一届联合国世界旅游组织/亚太旅游协会旅游趋势与展望国际论坛、2017中国—东盟博览会旅游展、第七届桂林国际山水文化旅游节等一批重大活动，桂林国际旅游胜地影响力进一步提升。

【整合旅游资源】 2017年，桂林市针对市级旅游资源丰富，出现过于分散经营，甚至恶性竞争，没有形成“拳头效应”的问题，启动市级旅游资源整合工作，组建政府主导的旅游旗舰公司，化零为整，实现资源的统一开发和有效利用，做大做强旅游市场，引领行业发展。年内，桂林旅游景区资源整合方案已修改完善，桂林市景区旅游经营管理有限责任公司组建方案通过审议。 （唐飞鸿）

旅游企业

【星级饭店（宾馆）】 2017年年末，桂林市有旅游三星级以上饭店48家，其中五星级饭店5家，四星级饭店14家，三星级饭店29家。全年全取消三星级饭店11家，四星级饭店1家。新评三星级饭店4家，四星级饭店1家。年内，桂林市加大对星级饭店（宾馆）管理，市旅游发展委员会开展创建文明城市专项督查工作和旅游市场综合整治“暑期整顿”工作，对部分旅行社、宾馆酒店及旅游景区进行现场检查督导，强化文明出游意识，治理旅游不文明行为，整治旅游市场乱象，打造规范有序的旅游环境。要求星级宾馆依托景区游客服务中心、宾馆服务前台建立固定的志愿者服务站，展现旅游行业的文明形象。

【旅行社】 2017年年末，桂林市共有旅行社282家，其中经营出境旅游业务的20家，台湾游业务2家，边境游业务1家，入境游业务259家。年内，桂林市实施《桂林市旅行社服务网点管理暂行规定》，整治“不合理低价游”，规范旅行社服务网点管理，维护旅游市场正常运营秩序。完善“散客一日游合同预定单”和景区购物协会规范购物场所的经营行为，市旅行社协会不断完善《桂林市旅游市场诚信指导价》，在推出全市行业指导价的基础上，倡导“阳光成本”，推出“阳光产品”，打造“阳光品牌”。 （唐飞鸿）

表5 2017年桂林市区星级宾馆（饭店）

序号	酒店名称	星级	地址	电话
1	喜来登饭店	五星	滨江南路15号	2825588
2	帝苑酒店	五星	临江路186-1号	5688888
3	漓江大瀑布饭店	五星	杉湖北路1号	2822881
4	香格里拉大酒店	五星	环城北二路111号	2698888
5	桂山华星酒店	四星	穿山路42号	3199999
6	桂林宾馆	四星	榕湖南路14号	2823950
7	桂湖饭店	四星	螺蛳山1号	2558899
8	观光酒店	四星	漓江路20号	5882688
9	榕湖饭店	四星	榕湖北路17	2893811
10	精通桂林大酒店	四星	中山北路1号	2820588
11	金龙珠国际大酒店	四星	龙珠路1号	2560000
12	丹桂大酒店	三星	中山南路77号	3834300
13	香江大饭店	三星	西环一路141号	2266666
14	环球大酒店	三星	解放东路1号	3128888

续表

序号	酒店名称	星级	地址	电话
15	新凯悦酒店	三星	中山南路 72 号	8983456
16	山水大酒店	三星	七星路 48 号	5815151
17	名城大酒店	三星	正阳路 6 号	2828331
18	杉湖大酒店	三星	中山中路 24 号	2890089
19	桂星酒店	三星	七星路 18 号	2188888
20	金嗓子大酒店	三星	栖霞路 6 号	2677688
21	新桂大酒店	三星	银锭路 1 号	3676666
22	柏丽商务酒店	三星	解放东路 2 号	3111111
23	中山大酒店	三星	中山中路 2 号	2882999
24	贵客 0773 酒店	三星	文明路 31 号	2283388
25	郦峰饭店	三星	雉山路 108 号	3871555
26	教育宾馆	三星	雉山路 7 号	3816098
27	桂林旅游学院桂洛酒店	三星	雁山区桂林旅游学院	7791299

表 6

2017 年桂林市各县星级宾馆(饭店)

序号	酒店名称	星级	地址	电话
1	阳朔碧莲江景大酒店	五星	阳朔县观莲路	8886666
2	龙胜温泉中心酒店	四星	龙胜各族自治县江底乡矮岭村	7482888
3	阳朔桂福大酒店	四星	阳朔县抗战路 2 号	8880000
4	阳朔新世纪大酒店	四星	阳朔县蟠桃路阳朔公园旁	7955799
5	资源盛源大酒店	四星	资源县城北开发区	4368888
6	恭城千钧大酒店	四星	恭城瑶族自治县县滨江西路	3378888
7	兴安帝豪大酒店	四星	兴安县志玲路 447 号	6235888
8	荔浦金凤凰大酒店	四星	荔浦县滨江路	7238111
9	荔浦丰鱼岩宾馆贵宾楼	三星	荔浦县龙怀乡东里村丰鱼岩景区	7128568
10	全州博宇大酒店	三星	全州县中心北路 1 号	8681111
11	兴安兴怡度假山庄	三星	兴安县崔家乡长冲村	6255667
12	永福金海岸商务酒店	三星	永福县连江路 26 号	8513333
13	永福金海岸阳光假日酒店	三星	永福县汽车总站后门	8568888
14	龙胜碧莲大酒店	三星	龙胜各族自治县武装部	7518677
15	阳朔宝峰大酒店	三星	阳朔县城西路 129 号	8813888
16	兴安景泰大酒店	三星	兴安县双灵路 240 号	6211898
17	珊瑚大酒店	三星	龙胜各族自治县黄埔路 56 号	7880333
18	恭城白天鹅酒店	三星	恭城瑶族自治县茶南路拱辰路 46 号	8189999
19	资源天成大酒店	三星	资源县城北移动公司	8958888
20	资源丹霞商务宾馆	三星	资源县大埠街 115 号	4315798
21	荔浦县荔景大酒店	三星	荔浦县滨江新城 B 区	7229999

表 7

2017 年桂林市部分旅游景点门票价格表

单位:元 / 人

景点名称	票价	景点名称	票价
芦笛岩	120	大野神境景区	门票 80　漂流 198
独秀峰 · 王城景区	120	古东瀑布景区	70
西山景区	70	冠岩景区	75（市民 40）
芦笛景区	110	神龙水世界度假区	55
象山景区	70	逍遥湖	60
七星岩	55	龙门瀑布	40
七星景区	70	乐满地度假世界	150
伏波山	28	猫儿山原生态旅游景区	75、180（含来回车费）
翰苑碑林	18	超然派景区	80

续表

景点名称	票价	景点名称	票价
叠彩山	32	漓江源大峡谷	65
訾洲公园	37	世纪冰川灵佛岩	45
尧山索道	单程 60，双程 110	灵渠	B 票 55（灵渠），C 票 140（灵渠、水街游）
刘三姐大观园	白天 90，晚上 120	龙胜温泉	125
甑皮岩遗址博物馆	13	龙脊梯田	95
李宗仁官邸	13	金坑索道	单程 70，双程 120
宋城主题公园	70	大唐景苑	88（含门票、表演）
日月双塔	42	义江缘景区	80
桂林园林园艺博览园	80	十二滩漂流	128
雁山园景区	90	罗山湖水上乐园	150
地中海俱乐部桂林度假村	600（含自助午餐、运动项目）	蝴蝶谷	50
凯旋王国主题乐园	180	银子岩	80
世外桃源	75	丰鱼岩	65
聚龙潭	55	荔江湾	58
鉴山寺景区	20	天河瀑布景区	38
碧莲峰景区	30	八角寨	38
古榕公园	20	资江漂流	86
月亮山	15	五排河漂流	168
龙颈河山溪漂流	128	丹霞温泉	138
九马画山漂流	128（市民 100）	天门山	38
白沙湾峡谷漂流	128	天门山索道	58（单程）
阳朔图腾古道	45	宝鼎瀑布	29
蝴蝶泉	55	灌阳腾龙洞	75
文庙	15	金钟山景区	温泉 128，永福岩 60，天坑 45
武庙	10	仙家温泉景区	98

表 8

2017 年桂林市旅游文艺演出场所票价表

单位：元 / 人

演出单位	票价	演出单位	票价
印象·刘三姐	普通票 198 贵宾票 320、238 总统票 680、480	梦幻漓江	150（普通座） 180（VIP）
象山传奇	260	山水间	198（普通），388（VIP）
新漓水·古越山水实景演出	80		

表 9

2017 年桂林水上游览项目价格表

单位：元 / 人

航线	类别		散客		团队		说明
			淡季	平旺季	淡季	平旺季	
漓江精华游	桂林至阳朔	超豪华空调船（含自助餐）	380	450	350	400	平（旺）季为每年的 4 月—11 月
		超豪华空调船（不含餐）	240	270	210	240	
		普通空调船（含经济餐）	190	210	180	200	
两江四湖环城水系游		230					
环城水系桃花江自然生态山水画廊游		白天 120，晚上 170					
市区水上游			65				
阳朔水上游	阳朔至福利		160				
	杨堤至兴坪		90				
遇龙河漂流	金龙桥至工农桥		280				
	朝阳至工农桥		180				

（唐飞鸿）

城乡建设与管理

城乡规划

【概况】 2017年，桂林市规划局办公地址在桂林市临桂路12号。内设办公室、技术科、城市规划科、行政审批办公室、市政公用和交通规划科、村镇规划科、城市景观规划科、政策法规科、档案科和象山、秀峰、高新七星、叠彩、雁山、临桂新区6个规划分局，人员编制49名（含后勤服务人员编制控制数5名），在职人员44人。下设桂林市城市规划设计研究院、桂林市测绘研究院、桂林市城市规划研究中心、桂林市城市规划信息技术中心和桂林市城市规划展示馆。年内，桂林市规划局组织规划编制和调整，加强规划监察，全年共核发行政许可选址意见书52件，规划用地面积21.17万平方米。规划定点文264件，规划用地面积356.25万平方米，规划建筑面积336万平方米。建设用地规划许可证101件，规划用地面积235.77万平方米。建设工程规划许可证243件，建筑面积139.94万平方米。建设工程竣工规划条件核实280件，竣工面积187.01万平方米。行政复议案件27件，行政诉讼案件50件，依法召开听证会67场。

【控制性详细规划编制和调整】 2017年，桂林市规划局组织编制完成《桂林市万福片区控制性详细规划》《桂林市猫儿山西片区控制性详细规划》等规划编制。开展《桂林市站前路储备土地及周边地块控制性详细规划调整CB7、CB28地块及周边道路规划》《桂林市芦笛百纺公司、驿前横里周边地块控制性详细规划B-06-1地块规划》《桂林市琴潭组团A12-3-1、B16-2地块控制性详细规划》《桂林国家高新区信息产业园控制性详细规划局部调整》《桂林市七星区塔山片区城中村改造项目（下关村棚户区改造项目、穿山塔山片区棚户区改造项目）控制性详细规划调整》等规划调整工作。

【市政专项规划编制】 2017年，桂林市规划局组织完成《桂林市城市电力专项规划（2015—2025年）》《桂林市城市停车场近期实施规划》《桂林市轨道交通线网规划》《桂林市城市轨道交通选线方案》等市政专项规划的编制和论证工作。牵头组织成立桂林北综合客运枢纽规划建筑联合领导小组，推进各项工作落实。组织编制《桂林北综合客运枢纽修建性详细规划》，按时完成桂林北综合客运枢纽项目规划选址、定点和建设工程规划许可证核发等前期规划审批工作。

【村镇规划】 2017年，桂林市规划局组织编制《灵渠保护利用及南渠复航总体规划》，加快推进《灵川县定江镇总体规划》编制工作，组织《灵川县定江镇总体规划暨粤桂黔高铁经济产业园核心区总规划》交流对接会。完成全州县青山口风电建设项目选址、S206荔浦县修仁镇至来宾市金秀瑶族自治县公路工程项目选址、乌东德电站送电广东广西（昆柳龙直流）输电工程（特高压多端直流示范工程）直流输电线路工程（荔浦段）等项目选址。指导《资源县资江—八角寨风景名胜区总体规划》《资源县梅溪镇控制性详细规划》《平乐县张家镇总体规划》《平乐县同安镇平山村委寿星村乡土特色村庄规划》《灌阳县黄关镇总体规划》等规划的论证评审工作。指导七星区开展村庄规划编制工作，审查《桂林市七星区小江村村庄规划》《桂林市七星区榛头村村庄规划》《桂林市七星区堪头村村庄规划》《桂林市七星区毛家村村庄规划》《桂林市七星区横塘村村庄规划》《桂林市七星区挂子山村村庄规划》《桂林

2017年11月18日，《兴安县城市总体规划（2016—2030年）》专家部门评审会召开
（市规划局 供图）

市七星区庄上村村庄规划》《桂林市七星区岩前村村庄规划》共8个村庄规划并报市人民政府审批。

【市政基础设施建设规划】 2017年，桂林市规划局完成G321阳朔县至桂林城区段扩建工程(园博园至万达城段)道路综合管线规划调整，完成奇石根艺污水泵站、大埠乡自来水加压泵站等附属设施和叠彩万达广场项目周边新建道路工程建设项目调整。完成桂林市新华书店、安新洲、乐群路口等13座人行天桥建设工程规划。完成桂林万达文旅城配套项目——雁山区大埠乡乐园路一期工程(万达段)项目、桂林万达文旅城配套项目——雁山区大埠乡大埠路一期工程(万达段)、桂林漓江东岸生态慢行步道工程、桂林市东二环路道路隔离带绿化改造规划等项目的规划定点审批工作。

【综合管线规划管理】 2017年，桂林市规划局继续推进综合管线建设工程规划许可办理，强化对综合管线规划管理。完成城北水厂二期供水工程环城南路DN1000输水管道和北辰路至南洲桥段供水管道、华润地块片区雨水治涝工程、党校改扩建项目10KV电源外线工程、叠彩万达项目室外综合管线、叠彩万达项目东侧公园绿地地下停车场项目、110KV木棉—清风线路漓江西岸架空线路改电缆下地土建工程及原运行110KV档木南普线105—108号塔改电缆下地工程等25个项目管线建设工程规划许可办理。

【城乡规划监察】 2017年，桂林市规划局加强与市城管监察支队和各城区城管监察大队的协调、指导和监督。全市共查处违法建筑案件1389件，违法建筑面积55.57万平方米。其中，审批市城管监察支队查处国有土地上的违法建筑案件169件，违法建筑面积6.3万平方米，审批各城区城管监察大队查处集体土地上的违法建筑案件1220件，违法建筑面积49.27万平方米。申请市人民政府强制执行请示文13份，全市共拆除违法建筑面积16.94万平方米。

【"城市双修"试点城市建设】 2017年，桂林市规划局组织编制《桂林市生态修复和城市修补总体规划》《桂林市旅游慢行绿道系统规划》。12月，《桂林市旅游慢行绿道系统规划》报市人民政府审批。完成王城周边特色旅游街区改造项目、伏龙洲生态修复项目、蚂蟥洲生态修复等"城市双修"示范项目规划，完成《桂林市琴潭千亩荷塘湿地项目唐家村、熊家村旧住宅区综合整治工程规划设计方案》项目前期规划服务工作。

【完善城乡规划立法】 2017年，桂林市规划局成立《桂林市城乡规划条例》调研起草工作领导小组，制订立法调研工作计划，编制《桂林市城乡规划条例》立法调研工作方案，与桂林电子科技大学法学院专家学者开展立法调研起草合作。8月《桂林市城乡规划条例(草案)》初稿，9月组织召开专家和部门评审会，10月通过市人民政府第14次常务会审议，12月通过市五届人大常委会第11次会议初次审议。

【《桂林市现代测绘基准体系建设》通过验收】 2017年，桂林市测绘研究院承接市场委托测绘工程1222项，政府重点测绘工程11项，其中1∶500数字地形图面积32.29平方千米，建筑、综合管线放线5506点，建筑±0.00及建筑过程检查84栋，建筑竣工测量面积0.92平方千米，综合管线竣工测量343.44千米。采用无人机技术完成倾斜摄影测量面积17.3平方千米。完成《桂林市行政区划图集》编制出版工作，并对基础数据库进行升级，新增近700平方千米地理信息数据。年内，《桂林市现代测绘基准体系建设》通过验收，建立的桂林市C级GNSS控制网、二等水准网、似大地水准面模型、坐标转换等成果优于国家有关规范及项目设计要求，项目实现与省级测绘基准之间的统一与无缝衔接，并对原有的连续运行参考站进行改造和扩建，由1个单基站扩建为5个基准站，覆盖范围超过2000平方千米，全面支持中国Beidou(北斗)、美国GPS和俄罗斯GLONASS三大卫星定位系统，广泛应用于地理国情监测、大地测量、规划测量、工程测量、城市地面沉降监测，以及城市地理信息公众服务平台等领域。桂林市测绘研究院桂林市现代测绘基准体系建设项目获2017年广西测绘地理信息科学技术奖一等奖。

【规划设计】 2017年，桂林市城市规划设计研究院承接《桂林市中心城区控规全覆盖设计》等规划设计委托202项，《桂林电子科大四创教育中心建筑工程设计》等建筑设计委托34项，《桂林市遇龙路道路工程设计》等市政设计委托36项，其中指令性任务20项(含规划、建筑、市政项目)。完成规划设计188项，完成规划面积851公顷(控制性详细规划476公顷，修建性详细规划214公顷，村庄规划161公顷)。完成建筑设计项目30项，设计面积47.5万平方米，完成市政设计项目30项。共完成设计产值4530万元。年内，《龙脊风景名胜区三大景区重点村寨详细规划》获广西优秀城市规划设计一等奖，《广西桂林市雁山区草坪回族乡老街提升改造项目》获广西优秀勘察设计一等奖。

(王玲平)

住房和城乡建设

【概况】 2017年，桂林市住房和城乡建设委员会(简称市住建委)办公地址在桂林市临桂路12号。内设办公室、人事教育科、行政审批办公室等机构19个，人员编制62名(含后勤服务人员编制控制数6名)，在职人员62人。下设市住房制度改革委员会办公室、市房屋拆迁管理办公室(市房屋征收办公室)、市建设工程质量监督站等事业单位24个。年内，市住建委加强对住房城乡建设管理，完成环广西自行车赛桂林赛段沿线风貌改造、农村垃圾专项治理两年攻坚、保障性住房及棚户区改造建设、农村危房改造建设、中国传统村落保护发展、广西城镇建设百镇示范工程、桂林市新型城镇化示范乡(镇)建设等。开展重大项目建设、建筑节能和绿色建筑应用推广、房地产去库存、建筑市场和房地产市场监管、公共租赁住房管理等工作，加快新型城镇化进程，统筹城乡协调发展，改善城乡人居环境，促进建筑业和房地产业转型升级。全年完成建筑业总产值349.85亿元，（比上年，下同）增长13.5%。完成房地产开发投资300.40亿元，增长7.0%。

【住房城乡建设行政审批改革】 2017年，市住建委深化行政审批制度改革，推进"放管服"（简政放权、放管结合、优化服务）改革和"两单"（权力清单和责任清单）融合工作，全面清理权力清单，优化权力运行流程，共编制10类130项权责清单并进行公开。编制行政权力裁量基准，加强推行"双随机一公开"（监管过程中随机抽取检查对象，随机选派执法检查人员，抽查情况及查处结果及时向社会公开）监管工作。年内，市住建委推进"互联网+政务服务"，加强信息平台建设与提升，存量房交易网签及交易资金结算监管平台上线运行，市本级实现房地产交易合同网签全覆盖。完成税收房产一体化系统平台建设工作，实现房产交易网签系统与税务部门之间涉税信息的互通共享。全年审批各类业务1.38万件，办理企业从业资质147家，核发工程施工许可证89个。

【保障性住房及棚户区改造建设】 2017年，市住建委完成城市棚户区改造开工10372户，其中国家下达开工任务7911户，自治区要求新增开工任务2461户。基本建成保障性住房1.43万套，完成年度基本建成保障性住房5431套目标任务的263.3%。2013年年末前政府投资开工建设的公共租赁住房2.54万套，至2017年年末分配入住2.30万套，分配入住率90.6%。2014年政府投资开工建设的公共租赁住房4023套，至2017年年末分配入住3430套，分配入住率85.3%。新增发放住房租赁补贴779户，完成年度新增住房租赁补贴655户的118.9%。

【公共租赁住房管理】 2017年，市住建委完成公共租赁住房租金调整，重新签订公共租赁住房租赁合同1.18万个，完成率97.1%，租金标准调整后，月均增收95.16万元。加强公共租赁住房租金清欠工作，对2015年12月31日前拖欠租金的286户承租户进行追缴，收回拖欠租金122万元。健全公共租赁住房（非住宅）公开招租常态机制，确保国有资产保值增值。全年完成租金收缴4702.05万元。做好公共租赁住房实物配租工作，制订《桂林市公共租赁住房动态管理流程》，建立"住得进、退得出"的动态管理机制。组织市本级公共租赁住房实物配租集中摇号分房3次，分配保障性住房1411套。加强公租房安全管理，投入维修经费194.81万元，大修项目81个，其中投资92万元完成平山廉租住房电动车停车场改造建设，解决小区环卫三轮车停放和充电需求，小区环境得到明显改善。

【推进县城建设与重点小城镇建设】 2017年，市住建委坚持扩容提质和凸显特色并重，统筹推进县城建设与重点小城镇建设。国家级、自治区级新型城镇化试点示范县建设全面启动，2个国家级试点县（全州县、荔浦县），6个自治区级示范县（兴安县、灵川县、荔浦县、阳朔县、龙胜各族自治县、恭城瑶族自治县）共有建设项目54个，计划总投资32.12亿元，至年末完成投资22.71亿元，完成投资率70.7%。国家特色小镇培育全面实施，兴安县溶江镇入选第二批中国特色小镇。自治区百镇建设示范工程加快推进，全市分三批获百镇建设示范工程23个，第一、第二批共16个示范镇135个建设项目全部完成；第三批7个示范镇49个建设项目完成投资1.63亿元。第三批16个新型城镇化示范乡（镇）"书记工程"通过考核验收，共实施建设项目333个，完成投资21.25亿元。推进少数民族乡项目建设，第一批11个少数民族乡95个建设项目全部完成，完成投资1.64亿元，完成投资率100.6%；第二批4个少数民族乡29个建设项目完成投资0.32亿元，完成投资率66.52%。

【靖江王府片区历史文化旅游休闲街区改造】 2017年，桂林市加快推进靖江王府片区历史文化旅游休闲街区改造项目建设，年内完成投资1.21亿元，累计完成投资2.41亿元，投资完成率63.6%。立面改造工程完成改造面积24.35万平方米，占总面积的73.8%；西巷改造工程、市政基础设施工程、园林景观工程、夜景亮化工程等进入全面施工阶段。

【传统村落保护】 2017年，桂林市加强传统村落保护力度，全市累计入选中国传统村落名录85个，入选广西传统村落263个。分4批获中央财政支持的传统村落64个，获补助资金1.92亿元；获自治区补助资金传统村落62个，获补助资金1.24亿元。全市前两批31个中国传统村落完成建设项目213个，完成投资1.15亿元，完成投资率106.3%；第三批18个传统村落完成投资5779万元，完成投资率74.1%。年内，全市申报第五批中国传统村落142个。

【环广西公路自行车世界巡回赛桂林赛段沿线风貌改造】 2017年，市住

2017年建成的临桂区四塘镇市民广场　　（市住建委　供图）

2017 年，环广西公路自行车世界巡回赛桂林赛段沿线风貌改造阳朔县赛段
（市住建委　供图）

建委高标准启动环广西自行车赛桂林赛段沿线风貌改造，完成 18476 户的房屋外立面改造，屋顶整治 4777 户，打造景观村（屯）节点 14 个，建设风光带 2 条，完成投资 5.34 亿元，完成投资率 102.5%，向参赛选手和游客展示桂北民族风情和特色城乡风貌。

【“宜居乡村”建设】 2017 年，市住建委以乡村规划为引领，以改善农村人居环境为目标，重点实施农村垃圾专项治理、改厨改厕工作，增强村庄公共照明能力。农村垃圾专项治理两年攻坚工作目标全面完成，54 个乡（镇）片区垃圾处理中心完成投资 1.54 亿元，完成投资率 122.8%，118 个村级垃圾处理中心完成投资 0.99 亿元，完成投资率 109.1%，通过国家综合验收。推进改厨改厕工作，全年农村改厨开工 18.89 万户，完工 18.69 万户，完成投资 1.61 亿元；农村改厕开工 19.17 万户，完工 19.03 万户，完成投资 2.48 亿元。村庄公共照明项目完工 196 个，完成投资 679.62 万元。继续实施广西乡土特色示范建设，全市 118 个广西乡土特色示范村完成投资 1.45 亿元，完成投资率 52.3%。年内，恭城瑶族自治县平安乡新街村、莲花镇门等村和龙胜各族自治县泗水乡周家村被列为全国改善农村人居环境示范村。

【农村危房改造】 2017 年，市住建委指导督促各县（区）推行差异化补助政策，推进农村贫困户危房精准改造。2017 年自治区下达桂林市农村危房改造任务数 14504 户（建档立卡贫困户 5851 户），年末开工 14509 户，竣工 12623 户。其中，建档立卡贫困户开工 6097 户，开工率 104.2%；已竣工 6090 户，竣工率 104.1%。完成投资 7.57 亿元。

【建筑市场管理】 2017 年，桂林市有建筑施工企业 111 家，其中一级施工总承包企业 9 家，二级施工总承包企业 27 家，三级施工总承包企业 75 家。全市完成建筑业总产值 349.85 亿元，增长 13.5%；完成建筑业增加值 182.23 亿元。年内，市住建委强化建筑市场监管，加强建筑业诚信体系建设，推进建筑从业人员实名制管理，制订《关于调整我市建设工程项目监理机构关键岗位人员配备的通知》《关于进一步做好建筑业工伤保险工作的通知》，受理建筑业企业诚信库入库信息审核 1087 件，发放诚信卡 999 张，受理项目管理人员变更、诚信卡解锁 205 件。开展建筑市场暨建筑工程质量安全层级监督检查，随机抽查在建项目 45 个，下发整改通知书 45 份，通报批评行为不规范的建筑企业 11 家。加大建筑市场违法行为查处力度，立案查处违法施工案件 46 件，共处罚款 149.7 万元。开展建设工程项目报建费用核算工作，核增配套费基数 2.02 亿元，劳保费基数 3.22 亿元。加强建筑安装劳动保险费管理，市本级组织收缴劳保费 1.08 亿元，拨付劳保费 0.65 亿元，拨付率 77%；调剂劳保费 0.27 亿元，调剂帮助困难企业 7 家。全面治理拖欠工程款及农民工工资问题，召开协调会 10 次，接待农民工投诉 240 多人次，受理已结算项目投诉 8 件，涉及农民工 60 多人、被拖欠工资 69.81 万元，协调解决拖欠工资 61.44 万元，清欠比例 88%。

【工程质量安全监管】 2017 年，市住建委开展全市建设工程质量安全提升行动暨建筑工地施工扬尘专项整治，推动建设工程质量稳定提升和安全文明施工水平上新台阶。启动住宅工程质量满意度四年提升专项行动，开展建设工程质量专项治理培训、住宅质量通病防治、保障性安居工程质量安全巡查等专项大检查，工程质量稳定提升。年内新增受监工程项目 90 个 204 万平方米，下发质量整改通知书 194 份，发现督促整改质量隐患 564 处，监督竣工验收项目 167 个 143.4 万平方米，竣工验收合格率 100%。全市获国家优质工程 1 项，2017 年度自治区优质施工工程奖 23 项。开展建设工程质量安全大检查暨层级监督检查、建筑工地消防安全检查、渣土管理专项整治、重大节假日及防汛抗旱安全大检查、工地危险爆炸物品清查、重大危险源专项整治等专项检查，下发安全整改通知书 1172 份、停工整改通知书 113 份，项目动态扣分 78 个，对施工现场管理差、安全隐患较多的项目实施“严管重罚”83 个，实施行政处罚 2 个、罚款 20 万元。全市获自治区建筑施工安全文明标准化工地 41 个（标准化示范工地 2 个）。

【建筑工地环境综合治理】 2017 年，市住建委参与创建全国文明城市工作，加强建筑工地综合整治，提升建筑工地文明施工水平，建筑工地扬尘污染、脏乱差等现象得到有效治理。印发《关于进一步加强全市建筑工地扬尘治理工作的通知》《关于进一步强化我市市政工程施工围挡标准化管理的通知》，与市财政局联合印发《关于市建成区、临桂新区、灵川县范围内建筑工程新增扬尘防治费用的通知》，召开全市安全生产、文明施工暨扬尘治理现场观摩会，在全市建筑工地推广应用工地喷淋降尘系统以及工地洗车槽新标准。组成扬尘治理巡查组4个，对全市建筑工地开展拉网式督查排查，全年扬尘检查2160次，下发扬尘污染整改通知书554份、停工整改通知书87份，约谈6个施工项目负责人，立案查处违法施工企业6家，处罚金额50余万元。结合创建全国文明城工作，成立创城工地现场检查组、全市工地巡查组和全市工地督查组，每日巡查重点建筑工地，专项整治全市建筑工地（含无名工地）200多个，并定期督查各工地的整改落实情况，确保建筑工地项目达到文明创建标准。全年共巡查、检查在建项目727个（次），下发整改通知书193份，其中停工整改通知书54份，发送督办函88份，协调有关部门督促解决不符合创城工作要求项目224个（次）。

【建设工程招投标和造价管理】 2017年，市住建委加大工程招投标和造价监管，开展招投标市场行为及造价成果文件专项检查，规范市场秩序。推进招投标监管深化改革，开展全市建设工程招投标电子化工作，房屋建筑和市政工程电子化招标系统成功运行。推行投标保证金年金制度，缓减企业资金压力。强化开标、评标工作监管，制订发布评标专家动态考核办法，对评标专家实行一标一评。规范工程造价管理，编制发布桂林市建设工程造价指数及26种不同类型房屋建筑和市政工程造价指标。全年办理工程施工发包的建设工程项目237个，工程造价35.38亿元。其中，公开招标的项目140个，工程造价15.66亿元，增长20%；邀请招标项目23个，工程造价3.05亿元，下降40%；直接发包项目74个，工程造价16.67亿元，下降42%。

【勘察设计管理】 2017年，市住建委落实勘察设计项目负责人终身责任制，加大对审图市场、审图质量及服务水平监管力度，全市勘察设计质量得到提高。全年完成建筑工程野外勘察报告登记164项，完成施工图备案核查320项。全市89个项目获自治区优秀勘察设计奖，其中一等奖10个，二等奖26个，三等奖53个。

【建筑节能及绿色建筑推广应用】 2017年，市住建委加强建筑节能与绿色建筑应用监管，召开全市建筑外墙挤塑聚苯乙烯泡沫塑料板应用现场经验交流会，推进新型建筑节能材料的探索利用，提高建筑节能在施工阶段执行率。全市完成建设工程建筑节能专项备案320件次，新建建筑节能强制性标准设计阶段执行率100%，施工阶段执行率97.5%以上，新增节能建筑面积约680万平方米，节约标准煤14.5万吨。开展既有公共建筑节能改造，完成对60栋大型既有公共建筑能源审计工作，对公共建筑的能源使用效率、消耗水平、能源利用等经济和环境效益进行诊断和评价，为全市开展既有建筑节能改造工作提供科学参考。加强绿色建筑推广应用，组织全市绿色施工专题培训，开展桂林市绿色施工相关标准制定工作，编制完成《桂林市绿色施工实施细则》《桂林市绿色施工管理办法》。完成桂林市建筑能耗监测平台、智慧城市技术展廊、绿色建筑体验中心项目建设。选取4个使用不同类型太阳能热水系统的居住小区进行问卷调查，召开专家座谈会，对新建居住小区常态化应用可再生能源技术提出指导建议，推进可再生能源建筑应用。

2017年6月28日，桂林市建设工程质量安全提升行动暨建筑工地施工扬尘专项治理现场观摩会召开 （市住建委 供图）

【新型墙体材料应用】 2017年，市住建委加大新型墙体材料应用推广，通过新型墙体材料产品认定的新型墙体材料生产企业53家，全市新型墙体材料产量折合标准砖18亿块，占墙体材料总产量的80%。实现节约生产能耗10.4万吨标煤，节约土地197.47公顷，利用工业废渣95.8万吨。淘汰关停落后墙体材料产能，全部淘汰24门以下轮窑，逐步整合年产能折合3000万块标准砖以下的新型墙材企业。开展县城“限黏”（限制使用粘土制品）、乡（镇）“禁实”（禁止使用实心粘土砖）工作，完成第一批2个县城“限黏”、21个乡（镇）“禁实”工作。开展清水墙砖生产线示范、清水砖应用示范项目建设和新墙体材料标杆示范企业建设，4条清水砖示范生产线和1个清水砖示范项目获批，7家自治区新墙体材料标杆示范企业通过验收。严格墙改基金清算和管理，年内停止新型墙体材料专项基金收取，市本级一季度共征收墙改基金221万元，核退墙改基金1000多万元。申报农村新型墙体材料联合推广示范项目和新型墙体材料示范乡（镇）项目，促进各类新型墙体材料在乡（镇）农村建筑中的推广应用。

【房地产开发】 2017年，桂林市有房地产开发企业370家，其中一级资质2家、二级资质9家、三级资质72家、四级资质75家、暂定资质212家。全市房地产开发完成投资300.40亿元，增长7.0%；商品房新开工面积456.28万平方米，下降6.0%；商品房上市面积509.45万平方米，增长2.7%，其中商品住房上市面积444.08万平方米，增长 7.6%。商品房成交面积 545.81 万平方米，增长 6.5%，其中商品住房成交面积 501.48 万平方米，增长 5.2%。商品房累计可售面积 522.66 万平方米，下降 10.9%，其中商品住房可售面积 355.72 万平方米，下降 13.5%，库存消化周期 8.5 个月。商品房成交金额 301.13 亿元，增长 20.5%，其中商品住房成交金额 265.14 亿元，增长 20.0%。商品房成交均价每平方米 5517 元，增长 13.2%，其中商品住房成交均价每平方米 5287 元，增长 14.1%。全市二手房成交面积 127.09 万平方米，增长 18.5%，其中二手住房成交面积 118.08 万平方米，增长 18.9%。成交金额 48.03 亿元，增长 41.3%，其中二手住房成交金额 42.88 亿元，增长 36.8%。成交均价每平方米 3779 元，增长 19.2%，其中二手住房成交均价每平方米 3632 元，增长 15.0%。

【房地产市场调控】 2017 年，市住建委加强房地产市场调控，突出区域及结构性去库存，狠抓防风险、防泡沫、稳发展工作，成立桂林市房地产市场调控工作协调小组，印发《关于加强房地产市场调控促进房地产市场平稳健康发展的通知》，从销售标价、预售申报、合同注销备案、现房转让、企业行为等方面加大管理，确保房地产市场健康发展。组织房展和房地产外销推广活动，促进商品房销售，商品房外销比例 40.8%，提高 4.6 个百分点。加强房地产企业经营行为监管，组织对全市在售在建商品房项目的销售现场“五证”（建设用地规划许可证、建设工程规划许可证、建筑工程施工许可证、国有土地使用证、商品房预售许可证）公示、价格公示、广告发布等经营行为进行核查，向社会公示全市房地产开发企业资质备案情况，净化房地产市场环境，维护房地产市场秩序。

【全市房屋交易和产权管理】 2017 年，市住建委加强全市房屋交易和产权管理工作，制订完善存量房合同网签和交易资金监管工作流程，开展存量房合同网签和交易资金监管，市本级实现房地产交易网签全覆盖。开展打击和防范非法集资，整顿规范房地产销售中介行为，化解涉房产权属纠纷的信访事项，协调解决相思江·奥林苑、兴宸·山水中央、西城大厦等房地产开发项目遗留问题。完成《桂林市人民政府关于加快培育和发展住房租赁市场的实施意见（代拟稿）》起草工作。全年办理商品房买卖合同备案 13483 户，商品房转移确认 3468 宗，商品房预抵 896 宗；存量房转移确认 6401 宗，存量房交易资金监管 4584 户 1.34 亿元；房屋测绘成果备案 556 栋 326.28 万平方米，房屋楼盘表管理 359 栋 214 万平方米；房屋抵押权确认 804 宗，房屋租赁备案 9066 户，发放房屋产权告知书 26025 户；协助完成房产税收 3.46 亿元。

【房屋征收拆迁管理】 2017 年，市住建委加强房屋征收拆迁管理工作，组织实施新生街改造、桂北枢纽工程等项目 15 万平方米房屋的逐户调查、测量等房屋征收前期工作，发布房屋征收预公告 3 次。实施房屋征收项目 11 个，完成福隆园、甲山隧道等国有土地上房屋征收 89 户 1.2 万平方米；实施房屋拆迁管理项目 2 个，完成拆迁 430 户 2.5 万平方米。

【推进住房改革】 2017 年，市住建委推进住房改革工作，实施危旧房改造项目开工 583 套，基本建成 587 套（含上年开工 4 套），完成投资金额 1 亿元。推进“清房回头看”工作，清查出违规多占住房 110 套，受理并办结相关清房业务 118 个，其中实物清退住房 54 套，货币清退 64 套。房改房上市交易审核受理公示 3845 户，审批 3855 户，超标 2365 户，收取超标款 1324.85 万元。做好各类政策性住房的审核审批工作，审核审批 29 个单位各类政策性住房 1401 户。推进经济适用住房建设和销售工作，“万福安居小区”“北组团”一期 423 套住宅建成并交付使用；受理经济适用住房购房申请 145 户，签订经济适用住房购房合同 44 份。

【物业服务行业管理】 2017 年，桂林市有物业服务企业 360 家，从业人员 3 万余人，管理小区 600 多个 4500 万平方米。年内，市住建委加强全市物业服务行业管理，会同市物价局制定《桂林市住宅小区物业服务收费标准》，开展物业服务行业监督检查，推进物业管理诚信系统建设，调解处理物业管理纠纷 20 余件。加强物业维修资金归集和使用管理，全年市本级新增归集资金 0.94 亿元，增长 24.8%，累计归集资金 8.7 亿元；受理申请使用维修资金项目 450 个，审批使用维修资金项目 368 个，拨付维修资金 800 余万元，涉及小区面积 460 余万平方米，惠及业主 2.28 万户。

【住房和城建档案管理利用】 2017 年，市住建委加强住房和城建档案管理利用工作，为全市城市建设、不动产登记、司法部门取证、房改房上市及补差等提供凭证和依据。完成 35 万卷有效房产登记档案复制和移交工作，接

2017 年 7 月 7 日，桂林市 2017 年公共租赁住房实物配租摇号仪式举行

（市住建委　供图）

待各类调档 3.61 万卷，开具涉税、小孩入学、住房保障审核等房屋登记信息证明 5.86 万份。推进城建档案数字信息化建设，推进声像档案工作，跟踪拍摄重点工程项目、城市建设记忆等各类照片 1 万余张，视频近 7000 分钟。开展城建档案数字化扫描工作，完成扫描 845.1 万页共 8.9 万卷。强化建设工程档案管理，办理移交入库档案 8079 卷。接待查档群众 824 人次，调阅档案 2738 卷，提供档案复印 2.01 万张。

【突出公租房管理安全】 2017 年，市住建委加强全市房屋安全管理工作，突出公租房管理安全工作重点，组织对全市老楼危楼开展安全隐患大排查、大整治活动，完成查勘、鉴定房屋 791 栋（户）52.8 万平方米。组织协调象山区西城路 4 号综合楼应急事件质量安全问题、城南电器城火灾事故处理等房屋损坏应急事故处置工作。

（市住建委）

城市管理

【概况】 2017 年，桂林市城市管理委员会（简称市城管委）办公地址在桂林市榕湖北路 3 号。内设办公室、计划财务科、人事教育科、政策法规科、发展规划技术科、安全应急科、市政设施管理科（行政审批办公室）、公用事业管理科、市容秩序景观科、环境卫生综合管理科、工程建设科、数字化信息宣传科、执法监督科、综合考评管理科、建筑垃圾管理科。人员编制 58 名，在职人员 51 人。下设市城市照明管理处、市政工程管理处、市排水工程管理处等二层机构 19 个。年内，市城管委推进城市基础设施项目建设，提升城市管理服务水平，强化城市管理综合执法。加强制度建设，印发《桂林市城市市容和环境卫生管理条例》《桂林市城市管理绩效考评办法（2017 修订）》《桂林市一线环卫工人工资福利待遇标准指导性意见》，建立燃气行业常态化管理联席会议制度，在自治区率先成立市城管支队燃气执法大队。建筑垃圾全面实行公司化处置，市区环境卫生机扫率由 60% 提升到 80%。全年拆除各类广告牌 7800 多块，清理各类亭棚 1360 个，完成存量拆违 265 万平方米，增长 69%。生活垃圾无害化处理率 100%，所管道路完好率 95% 以上，城市污水集中处理率 99.4%，路灯亮灯率 98% 以上，供水水质综合合格率 99.99% 以上。全年完成重点项目建设投资 16.22 亿元，漓江桥扩建、龙门大桥新建、芦笛路等项目完工通车，市区道路白改黑二期工程全面完工，新华书店和乐群路口 2 座人行天桥建成投入使用。全年全市共拆除违法建筑 264.95 万平方米，其中市城市管理监察支队共查处违法建筑案件 6206 件，拆除违法建筑 42.56 万平方米，市人民政府将阳朔县和具有城市管理职能的 14 个市直属部门，6 个中央、自治区直属单位纳入考评范围，考评范围由原来的 1 个县 6 个区扩大到 2 个县 6 个区及 14 个市直属部门和 6 个中央、自治区直属单位，城市管理“全市一盘棋”的“大城管、大考评”模式初步构建。

【市政基础设施项目建设】 2017 年，市城管委共实施自治区级、市级层面重点项目 29 个，其中自治区层面统筹推进重大项目 2 个。至年末，漓江桥扩建、龙门大桥新建、芦笛路及甲山路铁路涵洞接线、香江立交、新华书店和乐群路口人行天桥、东二环路等重点项目工程竣工。城市道路水泥路面加铺沥青路面（白改黑）工程累计完成城市道路改造 45 条，路面提升 4 条，改造提升面积 62 万平方米。芳香东路、八一桥等重点项目工程开工，城北水厂二期供水、山口垃圾焚烧发电等重点项目顺利推进，完成投资 16.22 亿元。推进市政消火栓补建工程，完成水表及消火栓安装 336 个，落实财政建设资金 1600 多万元。按照“路平、管通、灯亮、整洁、安全、有序”的目标要求，牵头组织城区完成 100 个小区、10 个城中村的基础设施改造提升工作，改善居民居住环境和出行条件。

【城市道路桥梁管护】 2017 年，市城管委加强对道路桥梁管理，全年投入资金 401 万元维修车行道 1.31 万平方米、人行道 1.73 万平方米，维护桥梁 105 座次，道路完好率 97% 以上。投入 262.2 万元，修复开挖车行道 1.57 万平方米、人行道 5719 平方米。投入 82 万元，对石家渡大桥、燕山桥等 11 座桥梁结构进行定期检测。

【城市排水及污水净化】 2017 年，市排水工程管理处共完成处理污水量 10399.97 万吨，增长 9.57%，城市污水处理率 100%。每吨污水耗电 0.333 千瓦时，每吨干泥单位药耗 5.24 千克，全年处理污泥 1.23 万吨，COD 削减量 2.02 万吨，氨氮消减量 1841.77 吨。污水处理水质监测按时、按质完成，常规项目检测 2.60 万次。推进污水处理设施项目建设，全年累计完成投资 1.80 亿元。强化市政设施巡查，保障市政设施正常运行，全年共清捞沙井 9.16 万个，清运淤泥 1915 立方米，机械疏通管道 15.9 千米，维修井

2017 年改造完成的东二环路　　（市政工程管理处　供图）

座369座，更换各类井盖202块，共处理排水设施损坏、堵冒等相关排水问题402个，义务疏通管道820米，解决城区街道堵冒、积水问题188个，问题解决率和满意率均为100%，有效保证排水设施正常安全运行。完善防汛预案，共启动防汛预案Ⅳ级应急响应5次、Ⅲ级应急响应2次、Ⅰ级应急响应1次，消除城市积水路段30多处，确保汛期期间管道畅通安全，实现安全度汛。强化安全生产管理，坚持日常检查和重点监管相结合，共进行安全生产检查147次，安全应急演练31次，对隐患重点环节、重点部位进行专项检查、重点监控，形成“横向到边、纵向到底、责任到人、不留死角”的安全工作网络格局。

【城市照明保障】 2017年，市城市照明管理处完成维护产值650万元，完成新建项目投资551万元，新建及更换灯具1.69万盏，镇流器1171只，电线、电缆177千米，灯具灯罩4868个，其他配件2.6万件，恢复和抢修被损路灯286杆，清除灯杆小广告3000多处。对建干北路、上海路、解放东路、解放西路、始发站广场等30多条存在线路老化、灯具老化隐患的路段进行整改，确保路灯亮灯率98%以上。全年完成老城区背街小巷路灯改造一期项目，在37条路上安装路灯307套，完成铁西小区三期、圣隆路、一机小区、文明路4条路路灯升级改造，安装路灯285杆。完成漓江訾洲公园及象山公园段中央电视台春节联欢晚会桂林分会场演出亮化提升工程建设，靖江王府历史文化旅游休闲街区夜景亮化概念方案设计并通过审定。全年升级改造智能基站180余个。

【城市供水】 2017年，市自来水公司完成供水量1.47亿立方米，增长4.85%；售水量1.26亿立方米，增长4.59%；耗电率每立方米0.201千瓦小时，与上年持平；矾耗每立方米2.52克，下降4.91%；氯耗每立方米1.77克；出厂水压力合格率99.97%，管网水压力合格率99.99%，水质综合合格率99.99%。全年完成DN80以上的供水管道新建和改造共28.09千米。配合各工程指挥部进行管道改迁工作，全市人行天桥建设给水管道迁移103米，世纪大道（新中北路箱涵）给水管道迁改83米，机场路香江立交给水管道迁移183米，芦笛道口（永久管）给水管道迁移857米，甲山路铁路涵洞接线工程西侧给水管道迁移320米，桂阳路扩建（拖机道至润鸿水尚）给水管道改造164米，桂阳公路扩建（收费站南）给水管道改造1652米，雁山加压站（桂阳路）给水管道改造338米，临桂区公园北路给水管道改造233米。完成相关园区基础设施建设，其中完成灵川八里街工业园区BK线给水管道704米，铁山园铁山三路西段道路（改线段）给水管道1.16千米，医药城道路给水管道488米。加大城市管网改造力度，完成沙河路给水管道改造561米。配合城市布局完善供水基础设施建设，新建机场路（临桂新区至两江机场）DN600供水管道11.67千米，临桂区两江镇供水工程（两江机场段）供水管道1.71千米。新建东二环路（桂磨路—金鸡路、建干路—南洲桥东）DN1200供水管道5.63千米，良丰产业园DN500给水管道135米，叠彩万达广场项目周边新建道路给水管道917米，桃花江路（飞鸾桥至肖家村段）供水管道工程769米。

【燃气供应】 2017年，桂林市已建成天然气门站2座，调压站1座，天然气储配站4座，天然气加气站4座，天然气母站1座。铺设高压管道25.4千米，中压管道477.31千米，低压及庭院管道1282.18千米。其中，桂林新奥燃气有限公司已建成天然气门站1座，调压站1座，天然气储配站2座，天然气加气站4座，铺设高压管道18.9千米，中压管道355千米，低压及庭院管道1020千米。桂林港华燃气有限公司在临桂区已建成天然气门站1座、天然气储配站1座，铺设高压管道6.5千米，中压管道54.42千米，低压管道及庭院管道202.3千米。兴安旭升燃气有限公司建设天然气储配站1座，中压管道70千米，低压管道及庭院管道105.4千米。桂林市（含临桂区、兴安县）共有988个居民小区安装管道天然气设施，共有管道天然气用户27.76万户，使用管道天然气工商用户975户，使用天然气的公交车265辆、出租车1050辆、客运大巴6辆、旅游大巴15辆，全年销售天然气7643.83万立方米。29家液化石油气企业供应瓶装液化气5.22万吨。

【市容专项整治】 2017年，市市容管理处将分布于全市的各类乱设、乱挂户外广告实施强制拆除，共开展户外广告强制拆除行动140次，拆除户外广告牌7800块，共计面积6.90万平方米，其中大型户外广告牌320多块4.20万平方米。对在市区主次干道不符合城市容貌标准的各类门店招牌进行规范整治，共清理拆除不雅广告2500多处、店牌920多块、墙体广告718处，条幅2700多条。市城市管理监察支队全年共接待答复并督办

2017年6月9日，市市容管理处拆除汽车总站楼顶大型广告牌

（市市容管理处 供图）

处置市容投诉案件1860件，开展整治120余次，配合城区开展集中整治行动130余次，取缔流动占道经营、超门槛经营6800摊次，车辆乱停放1.8万辆次，教育违章相对人1.30万人次，纠正不文明现象8000余次，清理杂物堆放3800余处，暂扣非机动车3240多辆，收缴各类维修手机牌、广告牌等3200余块；查处住宅室内违规装饰装修案件208件，损坏园林绿化设施案件297件；开展燃气行业“打非治违”专项执法行动6次，暂扣液化石油气罐1513瓶，配合公安扣押违法嫌疑人11人、运输车辆9辆。

【生活垃圾无害化处理】 2017年，甲山中心转运站转运生活垃圾37.13万吨，做到日产日清。山口垃圾填埋场累计卫生填埋生活垃圾63.37万吨，处理垃圾渗滤液20.55万立方米，垃圾无害化处理率100%。巩固已推行垃圾分类试点的30个小区的垃圾分类宣传和处理工作，2017年度新增试点小区20个，平山垃圾处置场全年累计收集处理厨余垃圾564.21吨，生产高品质有机肥46.21吨。规范各城区环卫站大件垃圾收运工作，全年收纳大件垃圾1856.39吨。年内重点完成冲口垃圾填埋场封场工程建设，冲口垃圾填埋场成为广西第一座整体完成封场治理和生态修复的垃圾填埋场。

（林慧）

住房公积金管理

【概况】 2017年，桂林市住房公积金管理中心办公地址在桂林市西城路20号，公积金业务大厅办公地址在桂林市丽君路3号。内设办公室、人事教育科、财务科、信息管理科、法规稽查科、归集管理科、计划信贷科。人员编制75名。下设全州、阳朔、灵川、临桂、兴安、资源、灌阳、平乐、永福、荔浦、龙胜、恭城12县（区）公积金中心管理部，为市公积金管理中心的派出机构。年内，全市公积金资金运行安全，风险控制良好，至年末，全市公积金余额113.60亿元，贷款余额111.14亿元，公积金银行存款余额10.91亿元（含向5家金融机构借款6亿元），当年共实现增值收益1.61亿元。7月1日，桂林市开始启用全国住房公积金异地转移接续平台办理职工异地调动的住房公积金转移业务。指导企业结合自身经济效益状况，在单位开立公积金账户时自主选择缴存比例5%—12%。

【住房公积金归集及提取】 2017年，全市归集住房公积金37.38亿元，增长9.73%。至年末，全市住房公积金缴交单位5770个，缴存职工35.49万人，实缴职工27.63万人，净增职工1.22万人。累计归集住房公积金280.63亿元，归集余额113.6亿元。全年全市公积金提取26.64亿元，完成年度计划的126.84%，占当年归集额的71.27%，增长16.30%。其中，用于购建房提取9.89亿元，增长22.26%；还贷提取10.04亿元，增长13.30%，占提取额的37.69%；离退休销户提取5.19亿元，增长34.45%。至年末，全市累计提取167.03亿元。

【发放公积金个人住房贷款】 2017年，全市发放公积金个人住房贷款32.53亿元，增长66.85%；全年发放贷款1.12万户，增长62.17%。全年回收个人贷款本金10.69亿元。至年末，全市累计发放个人贷款178.49亿元，个人贷款余额111.14亿元。全市住房公积金个人贷款逾期率0.035‰。

【调整住房公积金政策】 2017年9月6日，桂林市住房公积金管理中心面对下半年全市房价上涨过快趋势，考虑房地产市场形势和住房公积金使用情况，开始适当调整全市异地购房提取公积金政策。调整办理公积金贷款条件、首付比例、贷款额度计算公式，实施差别化的住房信贷政策，采取有效措施遏制投资投机性购房贷款需求。

（刘娅丹）

园林绿化

【概况】 2017年，桂林市园林局办公地址在桂林市西山路南一里6号。内设有办公室、绿化管理科（行政审批办公室）、公园管理科、风景名胜管理科、规划建设科、政策法规科、计划财务科、人事教育科。人员编制27名（含后勤服务人员控制数3名），在职人员33人。下设桂林市绿化工程处、桂林市第二绿化工程处、桂林市花木研究所、桂林市东江苗圃、桂林园林植物园、桂林市石山绿化试验站、桂林市南溪山公园管理处、桂林市穿山公园管理处、桂林市西山公园管理处、桂林市虞山公园管理处、桂林园博园管理处、桂林市园林规划建筑设计研究院、桂林市园林建设管理处。年内，桂林城市园林绿化按照建设桂林国际旅游胜地要求，开展创建国家生态园林城市工作，通过“科学规划、积极建设、严格管理”的要求，增加城市绿量，完善绿地布局、优化绿化结构，提高城市园林绿化水平，突出“城在景中，景在城中，城景交融”的山水园林特色。至年末，桂林城市绿化覆盖率40.07%，绿地率35.79%，人均公园绿地面积11.68平方米。

【开展全民义务植树活动】 2017年，桂林市园林局组织市直属机关、企事业单位、驻桂林部队和市民群众在雁山区窑头漓江段、秀峰区桃花江路鲁家村段沿线、象山区瓦窑同心路漓江边、叠彩区漓江泗洲湾河滩、七星区樟木村漓江边以及桂林园博园、訾洲公园等多个植树活动点开展义务植树活动，种植碧桃、柳树、樱花、乌桕、枫香、木芙蓉、夹竹桃等品种的苗木5万多株，增加桂林城市新绿量，其中在雁山区窑头漓江段成片种植桃花1万多株，美化漓江市区段生态景观。组织开展向市民赠送苗木活动，向市民免费赠送了1万多盆三角梅、月季、绣球花、吊兰等花木。

【实施城市绿化提升行动】 2017年，桂林市园林局组织实施以花化彩化为重点的绿化提升行动，完成环城南一路、环城南二路、环城南三路绿化改造，启动僚田立交绿化改造、南洲桥匝道绿化改造、滨北路生态绿地建设、靖江王府片区历史文化旅游休闲街区绿化改造提升等工程。继续在城市主干道增种一批树形优美、花期较长且抗污染能力强、易于管护的植物，其中在中山路南门桥至火车南站段种植紫薇，在中山路凤北路口至十字街段增种象牙红，在环城南一路、环城南二路、环城南三路新引种紫玉兰、紫薇、洋紫荆、黄槐，在桂磨路新种银杏、紫叶李，丰富城市园林的季相景观，提高城市园林品位。做好重要节假日和重大活动的摆花工作，春节期间，结合中央电视台春节联欢晚会桂林分会场活动，在胜利桥、火车南站、中山中路、南门桥、中心广场等节点摆花 80 万盆。“五一”节期间，在市区摆花 48 万盆，其中在中山中路中心广场段、上海路立交桥新挂设马鞍式花。国庆节期间，在市区道路节点、广场等共摆花 60 万盆。2017 年环广西公路自行车世界巡回赛桂林赛段期间，在临桂山水公园、火车站、中心广场、桂磨高速路口、中山路等赛段摆花 60 万盆，在机场路、中山路、西二环、桂磨路、站前路等各重要城市道路端头累计换种地栽花 205.64 万盆。

【城市绿化管护】 2017 年，桂林市园林局理顺城市绿地管理关系，完善城市绿化的分级管理，明确园林部门、城区和各单位的管护责任。针对城市绿化“三分建，七分管”特点，加强所管理的 176 条路段和 58 处节点绿化日常管护和灾害天气防护。强化制度建设，制订《桂林城市园林绿化管养规范》《桂林城市园林绿地养护定额标准》等规范，把工作指标量化、细化，明确规定各级绿地的养护等级、养护标准和应采取的养护措施，加强技术指导，实行“三级巡查”制度，严格检查督促，把目标管理与质量管理结合起来，增加管理的覆盖面和力度。

【古树名木保护】 2017 年，桂林市园林局组织开展市区第二次古树名木普查工作。共普查市区内的古树名木 432 株，其中以属地分类七星区 157 株、叠彩区 63 株、象山区 31 株、秀峰区 112 株、雁山区城区部分 69 株，以树种分类樟树 196 株、枫香 86 株、榕树 33 株、桂花 20 株、翅荚香槐 11 株、厚壳 10 株、朴树 9 株、重阳木 7 株、皂荚 7 株，其他 53 株。为管理和保护城市古树名木，建设市区古树名木保护监测信息系统，对每株古树建立电子信息档案，获取古树名木生长情况，有针对性地实施保护措施，在城市建设当中对所有古树名木进行避让，使古树名木得到有效保护。对古南门大榕树、王城景区大榕树进行支撑加固等专项治理，对桂林医学院乐群校区古银杏、琴潭小学古樟树、桂林乳胶厂古樟树、漓江两江口岸边的古樟树进行修剪、病虫害防治和复壮施工等专项管护。

2017 年 3 月 27 日，桂林市园林局工作人员在西二环路开展古樟树普查工作（李腾钊 摄）

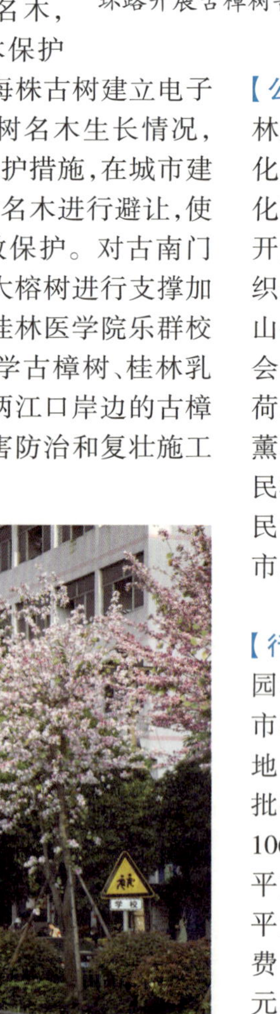

2017 年，绿化提升的环城南路

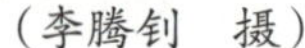
（李腾钊 摄）

【公园花事活动】 2017 年，桂林市园林局局属各公园按照“公园建设生态化、公园活动特色化、公园管理精细化”要求，引进和培育花卉新品种，开展形式多样的特色花事活动。组织开展訾洲公园新春郁金香花展，穿山公园梅花展，桂林园林植物园桃花会，虞山公园精品月季展，西山公园荷花精品展，桂林园博园的虞美人、薰衣草和向日葵花展，南溪山公园市民樱花季，桂林园林植物园的金秋市民赏桂活动等 10 个花事活动，受到市民欢迎。

【行政审批和执法】 2017 年，桂林市园林局行政审批窗口共受理砍伐城市树木审批 293 件、临时占用城市绿地 15 件、改变绿化性质审批 20 件，经批准砍伐城市树木 820 株、移植树木 1064 株、临时占用绿地面积 2804.81 平方米、改变绿化性质面积 8618.69 平方米。共收取绿化用地面积补偿费 2.07 万元，绿化补偿费 36.54 万元。批准减免城市绿地面积补偿费 312.55 万元，减免绿化补偿费 9.75 万元。委托桂林市城市监察支队行政处罚案件 10 件。（李腾钊）

环境保护

综　　述

2017年，桂林市环境保护局（简称市环保局）办公地址在市中山南路102号。内设办公室、规划与监测科、政策法规与宣传教育科、行政审批办公室、水环境与农村环境管理科、大气环境管理科、土壤环境管理科、自然生态保护科、核与辐射安全管理科、环境保护督查科、纪检监察室，派驻机构有象山、秀峰、叠彩、高新七星、雁山区环保分局。二层机构有桂林市环境监测中心站、桂林市环境监察支队、桂林市环境保护科学研究所、桂林市环境自动监控管理办公室、桂林市环境应急处置和固体废物管理中心5个事业单位，桂林市环境监测中心站兼挂牌桂林市机动车尾气污染监督管理办公室。6月21日，桂林市机构编制委员会核销市环保局纪检组及监察室，由市纪委统一管理，核减划出用于纪检派驻机构行政编制2名，核减正科领导职数1名（监察室主任）。调整后，市环保局机关人员编制28名，在职人员27人；5个城区环保分局派驻机构人员编制27名，在职人员23人。

年内，市环保局落实各项生态环保领域改革，生态环境保护工作取得较大成绩，环境质量达到2014年以来最高水平。全市主要污染物排放量进一步削减，化学需氧量、氨氮、二氧化硫和氮氧化物排放量（比上年，下同）分别下降4.52%、1.29%、8.0%和6.4%。环境空气质量各监测项目浓度年均值（臭氧和一氧化碳为百分位数）除细颗粒物外均达国家一级或二级标准，市区全年环境空气质量优良天数达308天，为全广西优良天数唯一同比增加的城市，空气质量综合指数下降幅度连续10个月排名广西第一；地表水、地下水水质总体良好；市区声环境质量保持较好等级；未发生放射源丢失和辐射安全事故，辐射环境质量保持正常；森林覆盖率70%以上，生态环境状况良好。年内，桂林市人民政府办公室印发《桂林市环境保护"十三五"规划》。

环境质量

【环境空气质量】

市区（国控点位）。2017年，桂林市环境空气质量优良率84.4%，空气质量指数（AQI）范围为21—278，空气质量指数为一级145天，空气质量指数为二级163天，空气质量指数为三级45天，空气质量指数为四级9天，空气质量指数为五级3天，比上年优良率上升0.8个百分点。市区二氧化硫日均值浓度范围为4微克每立方米—57微克每立方米，年均值15微克每立方米，下降11.8%。二氧化氮日均值浓度范围为9微克每立方米—83微克每立方米，年均值25微克每立方米，下降7.4%。一氧化碳日均值浓度范围为0.3毫克每立方米—2.6毫克每立方米，年评价浓度（第95百分位数）1.3毫克每立方米，下降23.5%。臭氧日最大8小时平均值浓度范围6微克每立方米—198微克每立方米，年评价浓度（第90百分位数）139微克每立方米，上升3.0%。可吸入颗粒物日均值浓度范围为8微克每立方米—261微克每立方米，年均值为60微克每立方米，下降6.3%。细颗粒物日均值浓度范围为8微克每立方米—228微克每立方米，年均值44微克每立方米，下降6.4%。

按照《环境空气质量标准》（GB3095-2012）进行年度污染物单因子评价，二氧化硫、二氧化氮、一氧化碳达到一级标准，臭氧和可吸入颗粒物达到二级标准，细颗粒物年均值超出二级标准。

各城区。空气自动监测站点按照所在城区进行评价，6个城区空气质量状况为：二氧化硫、二氧化氮、一氧

2017年桂林市区空气污染物综合指数分指数图

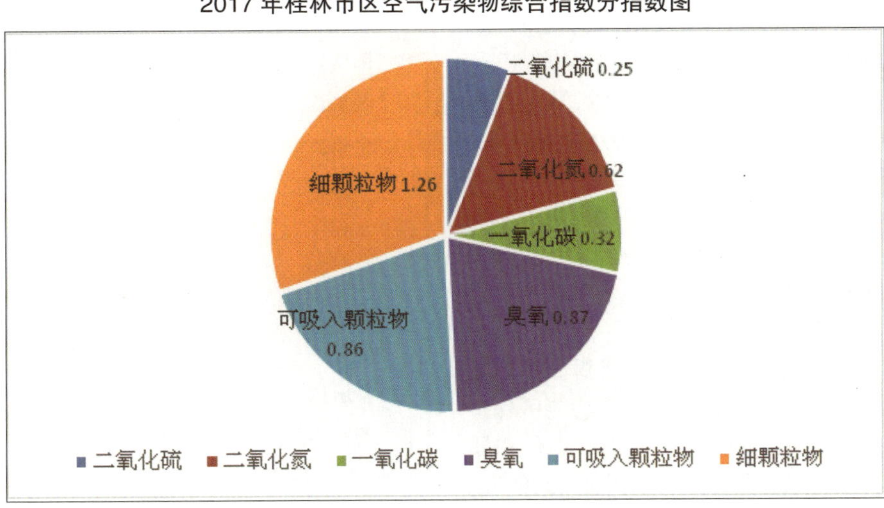

化碳均达到一级标准,臭氧(8小时)、可吸入颗粒物均达到二级标准,细颗粒物均超过二级标准。

各县县城。桂林市11个县按照《环境空气质量标准》(GB3095-2012)对自动监测数据进行评价。二氧化硫:永福县城达到二级标准,其他县城达到一级标准。二氧化氮、一氧化碳:所有县城均达一级标准。臭氧(8小时):资源、平乐县城达一级标准,其他县城达二级标准。可吸入颗粒物:所有县城均达二级标准。细颗粒物:恭城瑶族自治县、资源县、灌阳县、龙胜各族自治县、荔浦县和兴安县6个县城达二级标准,其余县城均超过二级标准。

【水环境质量】 2017年,桂林市地表水水质保护类别依据《桂林市地表水环境功能区划》规定,总氮和粪大肠菌群项目为参考指标,不参与水质类别评价。集中式饮用水水源地水质按《地表水环境质量标准》(GB3838-2002)Ⅲ类标准评价,青狮潭水库水质按《地表水环境质量标准》(GB3838-2002)Ⅱ类标准评价,地下水按《地下水质量标准》(GB/T14848-1994)Ⅲ类标准评价,其他水体按《地表水环境质量标准》(GB3838-2002)相应的标准进行评价。

地表水水质。2017年,桂林市各干流水质较好,漓江干流、桂江、湘江、资江、灌江、洛清江和寻江为Ⅰ—Ⅱ类水质,符合水环境功能区保护目标要求;漓江支流桃花江、小东江、相思江和桂江支流荔浦河、恭城河各断面水质类别为Ⅱ—Ⅳ类,符合水环境功能区保护目标要求。

集中式生活饮用水源地水质。2017年,桂林市区和11个县共19个在用集中式生活饮用水源,其中河流型水源地18个、水库型水源地1个。市区4个集中式生活饮用水源地水质监测项目均符合国家地表水Ⅲ类水质标准。11个县在用集中式生活饮用水源地水质符合国家地表水Ⅰ—Ⅲ类水标准。

青狮潭水库水质。青狮潭水库各监测点位水质符合水环境功能区保护目标要求,其中水库出水口点位水质为Ⅰ类,西湖中心、东湖中心和西湖湖

表10 2017年桂林市河流水水质类别评价结果

河流名称	断面名称	水功能区目标	2017年度水质类别	超标因子(断面均值超标倍数、超标率)
漓江干流	大埠头	Ⅲ	Ⅰ	无
	大面	Ⅲ	Ⅱ	无
	大河	Ⅲ	Ⅱ	无
	磨盘山	Ⅲ	Ⅱ	无
	阳朔	Ⅲ	Ⅱ	无
漓江支流甘棠江	水库出水口	Ⅱ	Ⅰ	无
漓江支流小东江	花桥	Ⅳ	Ⅳ	无
	刘家桥	Ⅳ	Ⅳ	无
漓江支流桃花江	伍仙桥	Ⅳ	Ⅳ	无
	胜利桥	Ⅳ	Ⅳ	无
	南门桥	Ⅳ	Ⅳ	无
漓江支流相思江	渡槽	Ⅴ	Ⅲ	无
桂江	浮桥	Ⅲ	Ⅱ	无
桂江支流荔浦河	扒齿	Ⅲ	Ⅲ	无
桂江支流恭城河	乐湾	Ⅲ	Ⅱ	无
湘江	庙头	Ⅲ	Ⅱ	无
	界首	Ⅲ	Ⅰ	无
资江	随滩	Ⅲ	Ⅱ	无
灌江	文市	Ⅲ	Ⅱ	无
洛清江	龙溪	Ⅲ	Ⅱ	无
	潦潭	Ⅲ	Ⅱ	无
寻江	交洲	Ⅲ	Ⅱ	无

表11 2017年桂林市区集中式生活饮用水源地水质状况统计表

水源地名称	取水总量(万吨)	达标率
城北水厂	4191.72	100%
东镇路水厂	2522.35	100%
东江水厂	3508.24	100%
瓦窑水厂	4855.06	100%
合计	15077.37	100%

表12 2017年桂林市各县集中式生活饮用水源地水质类别和达标情况

各县	评价标准	水质类别				达标率
		一季度	二季度	三季度	四季度	100%
阳朔县	Ⅲ	Ⅱ	Ⅱ	Ⅱ	Ⅱ	100%
灵川县	Ⅲ	Ⅱ	Ⅰ	Ⅰ	Ⅰ	100%
全州县	Ⅲ	Ⅱ	Ⅱ	Ⅱ	Ⅱ	100%
兴安县	Ⅲ	Ⅱ	Ⅱ	Ⅱ	Ⅰ	100%
永福县	Ⅲ	Ⅰ	Ⅱ	Ⅱ	Ⅰ	100%
灌阳县	Ⅲ	Ⅱ	Ⅰ	Ⅱ	Ⅱ	100%
龙胜各族自治县	Ⅲ	Ⅰ	Ⅰ	Ⅱ	Ⅱ	100%
资源县	Ⅲ	Ⅱ	Ⅱ	Ⅱ	Ⅱ	100%
平乐县	Ⅲ	Ⅱ	Ⅱ	Ⅱ	Ⅱ	100%
荔浦县	Ⅲ	Ⅱ	Ⅱ	Ⅱ	Ⅱ	100%
恭城瑶族自治县	Ⅲ	Ⅰ	Ⅲ	Ⅰ	Ⅰ	100%

边水质为Ⅱ类,3条入库河流兰田河入口、东江河入口和西江河入口水质为Ⅰ类。青狮潭东湖中心、水库出水口点位营养状态级别为贫营养,西湖中心、西湖湖边其他点位营养状态级别为中营养。

风景湖塘水水质。市区风景湖塘桂湖、木龙湖、榕湖、春天湖、杉湖水质符合水环境功能区保护目标要求;芳莲池总磷超标,水质劣于水功能区目标要求。芳莲池、桂湖、木龙湖、榕湖、春天湖、杉湖水质营养状态级别均为中营养。

地下水水质。桂林城区地下水质枯水期21处监测点有优良级8处,良好级5处,较差级7处,极差级1处。丰水期19处监测点有良好级14处,较差级5处。主要超标项目为亚硝酸盐、氨氮、锰及耗氧量。

【声环境质量】

市区(不含临桂区)

2017年,桂林市区监测区域声环境质量点位102个,道路交通声环境质量点位55个,功能区声环境质量点位10个。

区域声环境:区域环境噪声平均等效声级为52.2分贝,下降1.0分贝,按《环境噪声监测技术规范,城市声环境常规监测》(HJ640—2012)等级划分属于二级,对应评价为较好。在监测区域中,暴露在60分贝以上的面积占总网格面积的1.0%。噪声声源构成比中生活噪声占首位,声源强度则是施工噪声占首位。

道路交通声环境:道路交通噪声平均等效声级(路段长度加权平均值)为68.5分贝,下降1.2分贝,按《环境噪声监测技术规范,城市声环境常规监测》(HJ640—2012)等级划分属于二级,对应评价为较好。超过70分贝的路段长度占监测路段总长度的20.2%,说明桂林市区大部分监测路段的等效声级低于国家标准控制值(70分贝)。

功能区声环境:1类区昼间、夜间达标率均为100%;2类区昼间达标率为100%,夜间达标率为95%;3类区昼间、夜间达标率均为100%;4类区昼间达标率为87.5%,夜间达标率为0。

各县和临桂区

区域声环境:11个县和临桂区区域环境噪声平均等效声级范围为48.9分贝—57.2分贝,1个县评价等级为好(一级),9个县(区)评价等级为较好(二级),2个县评价等级为一般(三级)。

道路交通声环境:11个县和临桂区道路交通噪声平均等效声级范围为59.6分贝—68.7分贝,9个县评价等级为好(一级),3个县(区)评价等级为较好(二级)。

功能区声环境:全州、兴安、永福、灵川、灌阳、龙胜、资源、平乐、荔浦、恭城10个县(自治县)各功能区昼间和夜间监测结果均低于国家标准限值。临桂区1类功能区昼间、夜间均超标,2类、3类、4类功能区昼间均达标、夜间均超标;阳朔县4类功能区夜间超标,其余功能区昼间、夜间均达标。

【辐射环境质量】

电离辐射。2017年,桂林市区15个监测点位的γ辐射空气吸收剂量率年均值71.0纳戈瑞每小时(未扣除宇宙射线响应值),处于本底涨落范围内。辐射自动监测站连续监测点位的γ辐射空气吸收剂量率年均值76.7纳戈瑞每小时(未扣除宇宙射线响应值),处于本底涨落范围内。

电磁辐射。2017年,桂林市区15个监测点位的电场强度为0.14伏每米—1.97伏每米,均值为0.74伏每米。监测结果低于《电磁环境控制限值》(GB8702-2014)中公众曝露控制限值12伏每米,频率范围30MHz—3000MHz,电磁辐射环境质量状况良好。

2017年桂林市区区域环境昼间噪声声源构成比例图

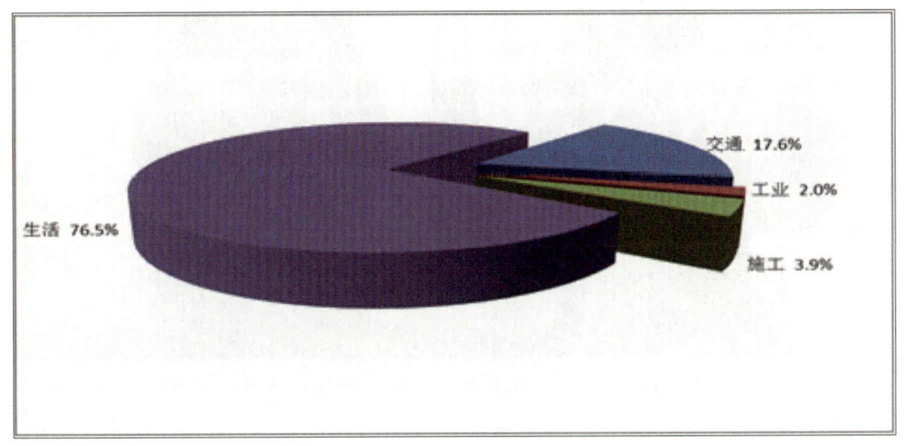

环境管理

【环保目标责任制考评】 2017年,桂林市环境保护目标责任制工作以落实"党政同责、一岗双责"制度,全面提升辖区环境质量为重点,采取市人民政府与各县(区)人民政府、市直属单位签订环境保护目标责任状的形式开展。制订《2017年度桂林市环境保护目标责任状评分细则》,强化党政主要领导对辖区环境质量负总责和提升辖区环境质量要求。11个县、临桂区由8个考评项目调整为16个,5城区考评项目增加"'党政同责、一岗双责'的落实"和"推进城区乡(镇)'四所合一'落实"内容。年末,全州县人民政府、雁山区人民政府、市公安局获桂林市环境保护目标责任制一等奖。

【环保专项资金】 2017年,桂林市共获各级财政性环保专项资金5047.2万元。其中,获中央资金3685万元(2017年第二批水污染防治资金1027万元,2016年第二批中央土壤污染防治专项资金915万元,2017年中央土壤污染防治专项资金1743万元);获自治区资金732.2万元(2017年农村环境保护资金250万元,2017年度污染防治项目资金209.2万元,自治区2017年度重点污染源自动监控设施社会化运行补助资金253万元,2017年度淘汰黄标车和老旧车补贴资金20万元);市本级环保专项资金630万元。

【社会环境监测机构管理】2017年，市环保局加强社会环境监测机构管理，对已完成信息采集的5家社会环境监测机构负责人进行约谈，重点围绕数据弄虚作假、环境质量管理、“两高”（最高人民法院、最高人民检察院）司法解释等方面内容进行座谈，并对社会环境监测机构未来良性发展提出“积极引导，加快培育，规范监管，依法查处”的工作方针。7月，对全市7家社会环境监测机构进行质量考核。做好社会环境监测机构管理制度改革工作，印发《关于做好环境监测服务社会化管理相关工作的通知》，要求各社会环境监测机构要按照自治区环境保护厅和自治区质量技术监督局联合印发的《广西壮族自治区环境监测服务社会化管理办法（试行）》做好相关工作。

【环境法治建设】2017年，市环保局开展权力清单、责任清单“两单融合”及行政权力运行流程优化编制工作，优化简化公共服务办理流程，公布权责清单98项。梳理行政执法职权、依据，具体列明市环保局有关的行政许可审批、行政处罚、行政强制、行政征收及其他行政行为涉及的全部法律依据、实施的责任等。规范行政处罚自由裁量权，推进环保行政处罚规范化建设，调整修订《桂林市环境保护局行政处罚裁量标准》相应的处罚幅度。在办理行政处罚案件过程中，严格执行规范后的行政自由裁量细化标准，各类环境违法行为依照法定罚则，按照违法情节和造成后果的严重程度，对照进行处罚，做到裁量零偏差。

【环境行政处罚】2017年，桂林市加大环境执法力度，组织实施“清废打假促达标”“铲污除险卫家园”、砖瓦专项整治、纳污坑塘整治和环境安全隐患大排查大整治等专项行动，通过双随机抽查、交叉检查等方式，查处各类环境违法行为，化解群众反映强烈的环境问题。全年全市环保部门共出动环境执法人员1万余人次，检查排污单位4400余家次，依法作出行政处罚决定书295份，处罚金额1030万元。全市办理按日连续处罚案22件，查封扣押案78件，限产停产案4件，移送行政拘留案9件，涉嫌环境犯罪案3件。

【环境信用评价】2017年2月—3月，市环保局开展企业环境信用评价工作。纳入2016年度企业环境信用评价的企业173家，其中14家企业因关闭或停产不实施评价，实际评价企业为159家。评价结果为环保诚信（绿牌）企业17家，环保良好（蓝牌）企业101家，环保警示（黄牌）企业22家，环保不良（红牌）企业19家。评价结果纳入企业信用评价体系，作为开展企业整体信用评级、绿色信贷等工作的重要依据。

【环境保护行政许可管理】2017年，桂林市、县环保部门加强环境保护行政许可管理。做好环境影响评价审批项目许可工作，对于满足环保准入条件、涉及民生工程和基础设施建设等项目提前介入，推动项目尽快审批，对全市重点建设项目进行跟踪服务，全年全市共完成建设项目环境影响评价审批359项。加强竣工环境保护验收，共完成建设项目竣工环境保护验收147项。做好环境影响评价机构监督管理，规范环境影响评价机构从业行为，强化对环境影响评价机构的考核，依托系统抽查审批的建设项目环境影响评价文件和竣工验收监测调查文件编制质量，对编制质量差的机构加大惩处力度。抽取2016年在桂林市各级环保部门审批的环境影响评价报告62份，组织专家进行质量检查。全市15家环境影响评价机构及21名环境影响评价工程师受到自治区环保厅通报批评。做好环境影响评价技术评估工作，新受理技术环境影响评价评估47项，延续上年承接项目36项，办结项目60项。年内，桂林市本级共办理环境保护行政许可133项，全部在承诺时限内完成审批工作，其中环境影响评价审批项目51项（辐射类12项），竣工环境保护验收项目22项，水污染排污许可延续31项，新排污许可18项，辐射安全许可延续10项，防治污染设施拆除或闲置审批1项。

【生态保护和建设】2017年，桂林市成功创建自治区级生态县（区）6个、自治区级生态乡（镇）28个、自治区级生态村15个、市级生态村34个。年内，市环保局会同市林业局、市国土资源局组织联合督查组对辖区内国家级自然保护区及部分自治区级自然保护区进行现场核查。11月4日—5日，“绿盾2017”国家级自然保护区监督检查专项行动第六巡查组到桂林市千家洞国家级自然保护区及海洋山自治区级自然保护区恭城辖区开展巡查，对桂林市开展的各项整改工作表示认可。年内，市环保局开展了海洋山、青狮潭、银殿山、寿城、架桥岭等自治区级自然保护区确界及面积确定工作。

2017年10月16日，环境保护部华南督查中心对桂林市医疗废物处置项目建设情况进行检查

（市环保局　供图）

【固体废物管理】 2017年,市环保局联合市发展和改革委员会、市工业和信息化委员会、市公安局、市商务局、市工商行政管理局印发《桂林市联合开展电子废物、废轮胎、废塑料、废旧衣服、废家电拆解等再生利用行业清理整顿实施方案》,在全市范围内开展再生利用行业排查清理整顿联合专项行动,对4家有环境违法行为企业责令整改并依法进行行政处罚。

【危险废物管理】 2017年,桂林市实行年度桂林市环境保护目标责任制,首次将各县(区)危险废物规范化管理督查考核结果纳入桂林市环境保护绩效考核指标体系,强化督政问责。印发《2017年度桂林市危险废物规范化管理督查考核工作方案》,成立考核领导小组,组织固废管理、环境监察等部门对全市60家涉危险废物企业分期分批进行考核。除2家企业停产外,其余企业全部完成考核,桂林市企业危险废物规范化管理抽查合格率100%。年内,将危险废物无害化处置能力建设纳入桂林市“十三五”环境保护规划,建设桂林市医疗废物处置项目二期工程,涉及处理规模为12吨每日。举办2017年桂林市危险废物规范化管理培训班暨先进经验现场交流会,全市各级环保部门固体废物管理、环境监察、环境影响评价工作人员及涉危险废物企业近120人参加培训。结合环境安全大检查、“清废打假促达标”专项行动、危险废物规范化管理督查考核等工作,将所有涉危险废物企业纳入重点监管名单,加大现场监管频次和力度,打击涉危险废物环境违法行为。先后查处了广西强博生物科技有限公司、广西壮族自治区南溪山医院、临桂辉煌油脂公司等企事业单位涉危险废物环境违法案件,处罚金额33万元。

【危险化学品管理】 2017年,市环保局组织各县(区)环保局、各城区分局、监察支队开展全市化学品生产使用情况调查。共调查企业69家。全年全市没有发现易制毒化学品和毒品。

【核与辐射安全监管】 2017年,桂林市核技术利用单位193家,市环保局发放辐射安全许可单位171家,自治区环境保护厅发放许可单位21家,环境保护部发放许可单位1家。桂林市登记在册射线装置478套,其中Ⅱ类射线装置66套,Ⅲ类射线装置412套。桂林市有15家放射源使用单位,由市环保局发放辐射安全许可单位13家,自治区环境保护厅发放辐射安全许可单位1家,国家环境保护部发放辐射安全许可单位1家。全市有放射源74枚,其中Ⅴ类源20枚,Ⅳ类源9枚,Ⅲ类源2枚,Ⅱ类源4枚,Ⅰ类源39枚。

【环境监察管理】 2017年,桂林市环保部门运用新的国家环境保护法配套办法查处案件135件,其中实施按日连续处罚案件22件,实施查封、扣押案件94件,实施限产、停产案件6件,实施移送行政拘留案件10件,移送涉嫌污染犯罪案件3件,居全自治区首位。查处环境违法案件295件,处罚金额1030.99万元,处罚金额居全自治区首位。年内,全市完成700余家工业企业的排污申报核定工作,征收排污费3100余万元。开展辖区内排污费清欠工作,清理完成企业数89.1%。9月,市环保局对全市排污费征收核定情况进行稽查,对部分县(区)存在排污费档案不规范、不按规定收费等现象下发稽查整改通知,要求各县(区)做好整改工作。

【污染源自动监控建设】 2017年,桂林市纳入环境保护部自动监控数据“传输有效率”考核范围监控企业23家,自动监控设施25套,全年自动监控数据传输平均有效率98.63%。市控重点污染源企业(63个监控点位)点位运转率98.44%。桂林市广西重点污染源自动监控系统监管指数考核居全自治区第一。年内,市环保局组织完成40家63个点位的飞行抽检工作,分别查处8家企业排放超标及不正常运行自动监控设施案件,对存在比对监测结果不合格情况的11家企业下达限期整改通知。加强对运行维护单位管理,对现场运行维护质量不高、服务不到位的单位开展约谈并进行通报批评。开展对社会化运行服务单位工作考核,全年核发运行维护补助资金148.19万元。

【环境应急预案体系建设】 2017年,市环保局编制《桂林市饮用水水源地突发环境事件应急预案》,并通过了市人民政府常务会审议;印发《桂林市环境保护局关于贯彻落实水污染防治行动计划,切实做好突发环境事件应急预案有关工作的通知》,要求各县(区)环保局编制本级政府突发水环境污染事件应急预案,并督促辖区重点行业企业完成环境应急预案的编制备案及环境风险评估工作。年内,全市17个县(区)环保局全部完成预案编制和报备,29家工业园区有17家完成预案编制和报备,158家重点行业企业有116家企业完成应急预案的编制和报备。

2017年11月28日—29日,市环保局在平乐县举行突发环境事件应急演练

(市环保局 供图)

【开展突发环境事件处置演练】 2017年11月28日—29日，桂林市2017年突发环境事件应急演练在平乐县举行。演练以危险废物非法倾倒导致桂江流域水质异常为模拟背景，设置水质快速检测、污染源移动执法检查、应急指挥决策3个专项考核内容以及专家点评环节，旨在检验桂林市环保队伍应对突发环境事件尤其是危险废物非法倾倒事件的应急监测能力、污染源排查能力以及应急指挥能力。市环保局各应急部门以及平乐、恭城、荔浦、阳朔县（自治县）环保局共70余人参加演练。

环境治理

【水污染治理】 2017年4月，桂林市人民政府办公室印发《桂林市水污染防治行动2017年度工作计划》，市环保局组织桂林市工业和信息化委员会、市国土资源局、市住房和城乡建设委员会、市交通运输局、市水利局等16个部门召开2017年度水污染防治行动计划考核工作会，协调组织各牵头部门开展考核台账工作。年内，永福县完成饮用水水源自动监测站建设并通过验收，其余各县基本完成自动监测站建设。组织开展漓江（市区段）16条支流沿岸污染源现状调查，排查发现污染源109个。农村生活污水处理设施长效管理机制逐步形成。全年公布2016年全市集中式饮用水水源环境状况评估结果为优秀。

【饮用水水源地保护】 2017年，市环保局组织相关监测站和县环保局参加饮用水源保护培训，按期完成2016年桂林市本级和县级集中式饮用水水源环境状况评估工作。开展饮用水水源保护情况自查工作，对4个市级集中式饮用水源地、16个县级集中式饮用水源地、107个乡（镇）集中式饮用水源地和154个农村1000人以上集中式饮用水源地保护情况进行自查。开展乡（镇）级及以下集中式饮用水水源基础信息调查和信息采集工作，组织县（区）环保局业务骨干开展乡（镇）级及以下饮用水水源信息调查采集系统培训，有序开展饮用水水源地保护工作。

【桂林市实现河长体系全覆盖】 2017年，桂林市大力推行河长制，从方案制订、河长办公室组建到河长设立入手，全市河长制架构基本搭建完成，实现河长体系全覆盖。市、县、乡村各级河长累计巡河2683次，河道水环境问题得到解决。

【黑臭水体整治】 2017年，桂林市漓江城市段污水集中治理基本完成，城市污水集中处理率超99%，污水直排漓江现象得到遏制。南溪河、道光河黑臭水体基本消除，黑臭水体消除比例66.6%，超过自治区2017年水污染防治考核指标60%的要求。

【大气污染治理】 2017年，桂林市印发《2017年桂林市大气主要污染物总量减排计划》，将大气污染物总量减排工作纳入全市重要工作部署。继续实行“PM10+PM2.5”双目标联控，建立定期公示制度，每月在《桂林日报》等媒体公示各县（区）环境空气质量排名结果。推进燃煤小锅炉整治工作，联合市工业和信息化委员会、市质量技术监督局等相关部门对企业开展锅炉整治工作，对全市68家企业89台锅炉发放环保补助资金236.6万元。严管建筑工地扬尘污染，2017年开始禁止在建筑施工工地现场搅拌砂浆，建筑工地全部落实6个100%（施工现场围挡率、进出道路硬化率、工地物料遮盖率、场地洒水清扫保洁率、密闭运输率、出入车辆清洗率），采取湿法作业防止扬尘污染。投资4.35亿元，对55条街道进行“白改黑”，即把原来的水泥混凝土路面（灰白色）改建为沥青混凝土路面（黑色）。在城区主干道及建筑工地等重点区域、重点项目安装了99台颗粒物在线监控设备，实现了扬尘精细化和动态化监管。推进机动车尾气和油气整治，投入2亿元对市区公交车进行清洁能源改造，购置新能源公交车300辆，完成225座加油站、4个加油库、77台油罐车的油气回收改造工作。全年全市重点行业大气污染物排放量下降，二氧化硫排放量为32041.89吨，氮氧化物排放量为28452.80吨，分别下降8.0%和6.4%。

【土壤污染治理】 2017年1月，桂林市人民政府办公室印发《桂林市土壤污染防治工作方案》，市环保局组织桂林市监测中心站、各城区环保分局和各县（区）环保局对桂林市农用地土壤污染状况详查初步布设点位进行核实，确定桂林市农用地土壤污染状况详查重点行业企业337家、农用地调查点位8833个和详查单元1007

2017年9月15日，自治区副主席黄伟京（前排中）到桂林市开展采石场整治情况调研
（市环保局　供图）

个。开展土壤污染地块或农用地(疑似)梳理及调查工作。确定桂林市首批18家土壤环境重点监管企业名单。开展土壤污染治理与修复规划的编制工作,落实土壤污染治理与修复规划编制单位,并指导各县(区)开展土壤污染治理与修复规划、土壤环境保护工作方案的编制工作。

【噪声污染防治】 2017年,桂林市加强城市建设和噪声污染防治工作,对市区和各县的声环境功能区进行调整。加强城市道路建设和改造,实施水泥路面加铺沥青路面(白改黑)二期工程,完善公共交通系统,有效防治道路交通噪声污染;加强工业企业噪声监管,严把审批关,督促老噪声污染源治理改造,引导居民区周边的噪声源企业进行搬迁;各部门协调联合管理,加大对建筑施工噪声和社会生活噪声的监管监察力度。

【农村环境综合整治】 2017年,桂林市完成总投资4000万元的2016年度农村环境综合整治项目建设,共建集中式污水处理设施46套,污水设计处理能力2215吨,建设污水管网总长约161.1千米,受益人口约24万人。兴安县、恭城瑶族自治县、平乐县、荔浦县、阳朔县、资源县、灌阳县、临桂区、雁山区共投入1000余万元,将历年建设的400多套污水处理设施纳入第三方运行维护管理,购买第三方管理服务占比达82%。

【漓江流域生态保护】 2017年,市环保局开展生态保护红线(是生态环境安全的底线,目的是建立严格的生态保护制度,对生态功能保障、环境质量安全和自然资源利用等方面提出更高监管要求,促进人口资源环境相均衡、经济社会生态效益相统一)相关工作,同时委托环境保护部南京环境科学研究所开展桂林市生态保护红线“1+3监管体系”(监测平台、负面清单、生态补偿、绩效考核)的建立工作,依照《广西陆域生态保护红线划定方案》的初步成果,完成《桂林市生态保护红线监管体系建设方案(初稿)》的编制,初步搭建生态保护红线监管体系框架。开展漓江流域市区段病死牲畜打捞工作,全年共打捞病死牲畜523头。

2017年2月,市环保局检查漓江城市段病死牲畜打捞中标公司打捞设备
(市环保局　供图)

【环保专项行动】 2017年4月,桂林市开展打击“地条钢”(“地条钢”是以废钢铁为原料,经过感应炉融化后轧制成钢材)专项行动,市环保局组织人员对辖区钢铁行业企业污染防治工作进行全面核查,共排查出涉嫌违法生产“地条钢”企业1家。年内,开展“清废打假促达标”专项行动,对8家存在环境问题的相关企业下达整改通知书。开展“铲污除险卫家园”专项行动,检查排污企业30家,发现环境问题28个。开展砖瓦行业环保专项执法检查,排查砖瓦行业企业178家,其中正常生产并安装除尘脱硫设施企业120家,正常生产企业中存在环境问题114家,发现存在环境违法行为11家。10月,开展“环境安全隐患集中排查整治”专项行动,对桂林漓江信息产业集团有限责任公司等6家涉重金属企业、涉危险化学品企业进行拉网式排查和整治。

环境监测与科研

【环境数据监测】 2017年,桂林市环境监测中心站做好各项环境数据监测工作。加强环境空气监测,全年发布空气质量周报52期,全市20个环境空气自动监测站对公众实时发布环境空气质量状况。强化降水监测,桂林市环境监测中心站对市区降水监测做到逢雨必测、按月上报,共采集酸雨95场,获取监测数据2760个。开展地表水水质例行监测工作,完成并上报国控断面、自治区控断面、市控断面、风景湖塘水、青狮潭水库以及跨界水体水质联合监测等监测数据报告,获取监测数据10714个。桂林市有4个断面(阳朔、交州、龙溪、水库出水口)纳入国家地表水考核。开展饮用水源地水质监测,每月对市区4个集中式生活饮用水源地水质进行监测,全年对规划水源地青狮潭水库进行1次全分析监测,获取监测数据5991个。开展地下水环境监测,广西桂林地质环境监测站完成城区地下水质量监测面积560平方千米,监测点类型有抽水井、民井、溶潭、溶洞和泉水等。水质监测频率分枯水期、丰水期,枯水期、丰水期各监测21处和19处,共取样40套,检测项目包括化学指标和毒理性指标共35项。开展声环境监测,桂林市环境监测中心站完成区域声环境质量102个点位、城市道路交通声环境质量55个点位、功能区声环境质量10个点位的监测工作,共获取监测

2017 年 8 月 30 日，桂林市环境监测中心站监测人员在砖厂进行废气监测

（市环保局　供图）

数据 788 个。开展辐射环境监测，完成市区 15 个辐射环境质量监测点的 γ 辐射剂量率、电场强度监测和青狮潭水库宇宙射线仪器响应值监测，获取监测数据 94 个。开展土壤环境质量监测，完成桂林市国控土壤环境质量 54 个点位样品的采样工作，承担桂林、贺州两市共 81 个点位样品六六六、滴滴涕项目分析，分析数据 1040 个。

【环境科研】 2017 年，桂林市环境保护科学研究所承担科研课题 7 项，其中“桂林市环境保护‘十二五’规划终期评估”结题，“桂林市‘十三五’重金属规划”通过验收，“桂林市重点行业企业危险化学品调查及环境风险事故应急处理措施修编”“桂林市几种典型地区负氧离子现状调查”“桂林市会仙湿地水生生态调查与研究”待验收。桂林市环境监测中心站承担的“污染减排监测信息化与数据综合管理”和“基于模型法的桂林市细颗粒物流动排放源清单研究”科研项目通过验收。发明专利“一种液质联用检测饮用水中六种邻苯二甲酸酯的方法”获国家知识产权局正式授权。完成桂林市区城市声环境功能区划分和城市声环境监测点位确定工作。成功开发“自动批量选定复制”程序，被全国土壤污染状况详查信息管理系统开发者采纳。

环境宣传教育

【环境宣传活动】 2017 年，市环保局开展丰富多彩的宣传活动，增强环境宣传教育影响力。6 月 5 日，在市中心广场开展“六五”环境日宣传活动，并举行全市环保演讲比赛和第二届环保掠影摄影展；组织城区环保分局开展环保法律法规进乡村、进学校、进企业、进商场、进社区等宣传活动；在临桂中学举办中学生环保知识竞赛，在广西师范大学举办桂林市首届大学生环保辩论赛。6 月 9 日，举办环保公众开放日和公众评污活动，邀请市民代表、高校学生 40 余人走进市环保局，参观机动车尾气在线监控平台、污染源在线监控平台及桂林市环境空气质量自动监测站点等，向市民及高校学生展示桂林市环保高科技设备，介绍环保专业知识。

【环境教育】 2017 年，市环保局以“环境教育基地”“绿色社区”“绿色医院”为载体，深入推进绿色创建工作。10 月—12 月，组织开展“环境教育基地”“绿色社区（小区）”“绿色医院”评选活动。组织专家考评组对申报的 4 个单位进行考评，评选出桂林市临桂区会仙湿地公园管理局等市级“环境教育基地”3 个，平乐县阳安乡石面山村龙源自然村获市级“绿色环保社区（小区）”称号。联合市教育局在全市范围内开展“2017 年青少年环境知识科普课堂——生命之水”活动。科普课堂主要在小学五年级学生中开展，利用统一提供的教案、课件 PPT、教材和辅助资料，向小学生讲解水与生命、水与生活、节约用水等知识内容，给孩子们教授基本的环保知识和理念，培养孩子们低碳环保的生活习惯。全市共 63 所小学 224 个班级 10357 名学生参与生命之水科普课堂活动。年内，继续深化国际生态学校创建工作，全市创建国际生态学校 12 所。

（潘川）

2017 年 6 月 5 日，桂林市环境保护局在市中心广场开展“六五”环境日宣传活动

（市环保局　供图）

交通运输·邮政

交通运输综述

【概况】 2017年,桂林市交通运输局办公地址在桂林市中山南路92号,加挂桂林市黄金水道建设领导小组办公室、桂林市高速公路建设领导小组办公室、桂林市国防动员委员会交通战备办公室3个机构牌子。内设办公室、综合规划科、综合运输管理科、政策法规科(行政审批办公室)、建设管理科、安全监督科、财务科、人事教育科,另设城市客运科、内部审计科、机关党委专职副书记办公室(党务办公室),人员编制42名(含后勤服务人员编制控制数4名),在编人员42人。下设桂林市道路运输管理处、桂林市公路管理处、桂林市航务管理处、桂林市交通运输执法支队、桂林市交通工程质量监督站。

2017年年末,全市共有1648条建制村等级水泥路(油路),农村公路总里程1.1万千米,建制村通达率100%,路面硬化率99.6%,公路列养率100%。全市新增农村公路通车里程336千米,新建、改建农村公路235条1009.8千米,桥梁38座2360米,景观路26条71千米。新增44个建制村通沥青(水泥)路,实现有条件的建制村100%通沥青(水泥)路,建制村通畅率99.6%。全市有客运站92个,总建筑面积14.53万平方米,其中一级站4个、二级站14个、三级站15个、四级站17个、五级站28个、等外站14个,实现所有县城有二级以上客运站,乡(镇)场站覆盖率56.39%。有农村便民候车亭623个,37.67%的建制村有便民候车亭。全市拥有营运汽车3.92万辆,其中营运客车7613辆19.74万个座位,营运货车3.16万辆17.98万吨位。全市共有1518个建制村通客车,建制村通客车率91.78%。646个建制村通公交车,建制村通公交车率39.06%。全市共有港口码头186个,其中旅游码头15个、货运码头3个、便民码头163个。营运船舶468艘,其中客船384艘、货船84艘。桂林市市区公交车769辆,市区公交线路59条,市区线路总长812.85千米,市区公交分担率21.09%。全市道路水路运输换算周转量完成198.77亿吨千米,增长8.98%。其中,道路运输换算周转量完成197.64亿吨千米,增长9.02%;水路运输换算周转量完成1.13亿吨千米,增长2.81%。

2017年8月4日,交通运输部发布《交通运输部关于公布“十三五”期全面推进公交都市建设第一批创建城市名单的通知》,桂林市入选“十三五”期全面推进公交都市建设第一批创建城市。

【交通基础设施建设】 2017年,桂林市公路、水路交通基础设施建设完成投资75.8亿元。高速公路完成投资40.9亿元,龙胜各族自治县、资源县通高速公路,新增高速公路180.5千米,高速公路通车总里程630.7千米,贺州至巴马(桂林段)、荔浦至玉林高速公路完成预期目标。路网项目完成投资17.1亿元,阳朔火车站连接线建设完工,按时打通阳朔螳螂村遗留路段、雁山兰口至大田公路;全州(才湾)至资源(梅溪)、永福至三皇、国道322线兴安县绕城公路、桂三高速出口至龙胜等国省道项目改造步伐加快,龙脊梯田风景名胜区大循环公路、灵川县城至八里街1号工业区(西站)公路工程等一批通国家3A级旅游景区、自治区工业园区的路网建设提速。站场建设完成投资1.05亿元,桂林客运南站主体工程开工建设,全市首家国家一级标准县级客运站平乐同乐汽车站投入运营,按交通运输部二级标准建设的全州汽车客运西站全部完工。建成63个便民候车亭和荔浦县蒲芦乡农村客运站。水路运输完成投资0.29亿元,平乐县印山旅游码头一期

2017年11月,雁山区兰口至大田公路贯通 (吴丽霞 摄)

工程投入使用，灵渠南渠复航一期工程试航。建设完成便民码头11个、便民候船亭11座和渡口进出道路5条，便民码头、便民候船亭、渡口进出道路标准化建设覆盖率分别为80.48%、44.67%、57.82%。

【农村公路管养】 2017年，市交通运输局强化农村公路质量监管，执行公路技术标准及建设程序。加强第三方检测，安排专项资金，通过政府购买服务方式，公开招投标选定2家第三方检测机构对全市地方路网及农村公路进行检测，全市农村公路抽检比例由40%提高到80%以上，桥梁专项检测比例100%。探索将试验检测机构纳入信用评价体系，基本形成公路工程施工、监理、设计及检测等从业单位信用评价全覆盖体系。6月1日，公路项目全部进入桂林市公共资源交易平台交易，提高招投标过程公开化、法制化、规范化水平。开展货车非法改装和超限超载治理专项行动，建立超限超载"黑名单"，提升治超工作管理水平。13个县（区）均出台农村公路管理养护方案，地方政府管养主体责任得到全面落实。临桂、荔浦、永福、灵川、阳朔、灌阳等县（区）中心养护站建成并投入使用。推动安全生命防护工程建设，县、乡、村道优良路率分别为45.9%、35.8%、26.3%，中等以上路率分别达77.2%、72.8%、69.5%。推进农村客运线路及班线车公交化运营改造，提升建制村客车通达率和通公交比例，提高城乡公交线网覆盖面和通达深度。阳朔、雁山、灌阳等7个县（区）新增通客车建制村22个，全市建制村通客车率91.78%，全市新增通公交乡（镇）12个、通公交建制村87个，乡（镇）、建制村通公交率分别为69.4%、39.06%。

【交通脱贫攻坚】 2017年，市交通运输局落实《桂林市脱贫攻坚交通基础设施建设实施方案》，全年完成建制村通硬化路8条57.6千米，窄路加宽10条41.8千米，县、乡联网路1条8.8千米，安防工程66个292.2千米，危桥改造18座795.2延米，处置农村公路隐患里程292.2千米。

【法治交通建设】 2017年，市交通运输局共梳理行政权力271项，将权力清单、责任清单实行"两单融合"，编制和优化行政权力运行流程，在相关网站进行公开，接受社会监督。全年受理审批事项4060件，办结4060件，按时办结率、办件准确率和服务对象满意率均为100%。交通窗口开展延时办件、假日办件等服务。全年查处非法营运116件、查处拒载议价等违法经营行为13件，案件办理保持零诉讼。执法信息化创新取得实效，"交执通"手机APP勤务管理功能与执法车辆GPS相结合，建立实时反映执法人员出勤轨迹的电子勤务登记反馈机制，实现勤务透明化管理；处罚数据库与许可数据库实时对接，实现执法人员快速锁定违法车辆、人员的身份信息。完善执法设施，通过增设高清视频监控设备和接入公安天网接口，实现设施共享，拓宽交通执法视频监控覆盖面。

【全国绿色交通城市创建】 2017年，桂林市启动绿色交通城市示范工程重点支撑项目21个，完成16个，核定投资额6.31亿元，节能8486.25吨标准煤，替代燃油量5.4万吨标准油。淘汰黄标车3170辆，推广CNG出租汽车117辆，购置清洁能源和新能源公交车182辆，新能源旅游大巴200辆，清洁能源、新能源汽车推广应用工作居自治区前列。

【智慧交通建设】 2017年，市交通运输局推进智慧交通建设，完成智慧交通运输综合信息管理系统项目评审，完成桂林市"12328"交通运输服务监督电话系统及相关设备建设。全年"12328"交通运输服务中心共受理业务727件，办结率100%。12月18日，桂林交通一卡通实现与全广西一卡通互联互通，桂林城区、灵川县、阳朔县率先启用一卡通。

【交通安全生产】 2017年，市交通运输局将10项安全事故隐患列入全市交通运输行业重点监督整改对象，并将整改工作情况作为重要参考依据，纳入各单位安全生产考评工作。全年组织各类检查组131个，出动检查人员9039人次，检查车辆8610辆次、渡口渡船860次，巡查管辖公路148次，排查安全隐患167个。全市水运、行业消防、工程质量安全责任事故为零，道路运输行业事故发生起数、死亡人数实现双下降。（田春燕）

铁路运输

【桂林车站】 2017年，桂林车站办公地址在桂林市叠彩区站前路6号。车站行政职能机构设办公室、计划财务科、劳动人事科、职工教育科、安全科、技术科、业务科和信息技术科，及桂林南、桂林北、桂林西、运转4个车间。党群组织机构设党委、纪委、工会、团委，内设党群工作办公室。下辖桂林站、桂林北站（Ⅰ场、Ⅱ场）、桂林南站、三江南站、五通站、桂林西站（普速场、高速场）、阳朔站、恭城站10个站区及定江线路所，其中五通站未开办客运业务。全年全站累计发送旅客1544.8万人次，增长13.2%。

桂林站为办理客运业务一等站，车站设软席候车室1个，普通候车室5个，候车室面积4463平方米，能同时容纳4057人候车。日开行普速列车2对，动车组（高铁）列车52.5对。

桂林北站为办理客运、货运业务一等站，设软席候车室1个，普通候车室4个，候车室面积4986平方米，能同时容纳4533人候车。日开行普速列车21对，动车组（高铁）列车53对。

桂林西站为办理客运业务四等站，设有软席候车室1个，普通候车室1个，有候车室面积1438平方米，能同时容纳1308人候车。日开行动车组（高铁）列车32对。

恭城站为办理客运业务四等站，设有普通候车室1个，候车室面积1628平方米，能同时容纳1480人候车。日开行动车组（高铁）列车21.5对。

阳朔站为办理客运业务四等站，设有普通候车室1个，候车室面积1628平方米，能同时容纳1480人候车。日开行动车组（高铁）列车17对。

三江南站为办理客运业务四等站，设有软席候车室1个，普通候车室1个，候车室面积1439平方米，能同时容纳1308人候车。日开行动车组(高铁)列车23对。

桂林西站普速场位于灵川县定江镇境内,中心里程位于湘桂线自衡阳站起350km+315m处,该站为区段站,担负柳州、永州方向的货物列车解体、编组、改编、中转、到发、会让作业。(谢武云)

【桂林车务段】 2017年,桂林车务段办公地址在桂林市叠彩区水塔路南巷2号。行政职能机构设办公室(保卫科、人民武装部)、劳动人事、职工教育、计划财务、业务、技术、安全、信息技术科及生产调度指挥中心;下设东安、全州、兴安、永福、鹿寨5个车间。管辖湘桂铁路蓝家村—洛埠37个车站、衡柳铁路东安东—柳州西(不含桂林、桂林北)11个车站;三等站8个,四等站40个。营业里程696.78千米,湘桂铁路361.39千米,衡柳铁路329.84千米,青鹧铁路5.55千米。

全年发送旅客244.6万人次,增长14.8%;客运收入1.83亿元,增长12.4%;停时27.4小时。实现行车无一般D类事故3943天。

7月1日,兴安北至南宁的"灵渠"号动车从兴安北始发。12月12日,南宁铁路局桂林车务段名称相应更名为"中国铁路南宁局集团有限公司桂林车务段"。年内,该车务段获"全国文明单位"称号 (黄志馨)

【桂林铁路(场站)建设】 2017年,桂林市铁路完成投资1.75亿元。其中桂林动车所完成投资1.21亿元,累计完成17.2亿元;桂林西货运中心完成0.15亿元,累计完成4.65亿元。湘桂铁路市区段下穿铁路立交桥建设取得重大进展,建安路下穿铁路框架桥完成规划设计、施工图设计、预算编制等前期准备工作。芦笛路铁路框架桥市本级财政累计投资3086万元(与南宁铁路局按3∶4比例分摊投资),甲山路铁路框架桥市本级财政累计投资1076万元(与南宁铁路局按2∶5比例分摊投资),芦笛、甲山铁路框架桥和西环路公路框架桥由南宁铁路局代建完成工程建设。灵川八定路铁路框架桥改扩建工程有序推进,完成八定路路基、桥墩、桥梁和公路桥面混凝土浇筑。1月,芦笛路铁路立交桥开通。3月,桂林动车所完成联调、联试投入运营。4月,桂林西货运中心完成联调、联试投入运营。11月,甲山路铁路框架桥开通。(胡钢鑫)

公路运输

【概况】 2017年,桂林公路管理局办公地址在桂林市环城南二路7号。内设办公室、人事科(党委办公室)、养护管理科、纪检监察室、工程管理科、规划计划科、财务科、审计科、国有资产与票务管理科、安全生产监督科(应急管理办公室)、法制监督科(公路公安科)、征费管理科、离退休人员管理科(机关工会)和服务中心,人员编制106名,在职人员85人。

年内,桂林公路管理局管养国道5条,分别是国道241、321、322、323、357线;省道7条,分别是省道202、206、208、301、302、501、502线。管养总里程1968.61千米,全部为高级、次高级路面。按专业技术等级分:一级公路226.86千米,二级公路1130.54千米,三级公路316.53千米,四级公路263.88千米,等外公路10.80千米。管养的全部路线晴雨通车里程、已绿化里程均达100%。管养公路桥梁415座共2.03万延米,其中大、中桥155座共1.54万延米。管养公路隧道5道共1899.2延米。管理在建路网工程项目1个,建设里程82.02千米,项目工程总投资6.62亿元,年内完成投资1.61亿元。

2017年,全市完成公路货物运输量9351万吨,货运周转量193.14亿吨千米,分别增长8.85%、9.39%。道路客运量达到7376万人次,旅客周转量44.95亿人千米,分别下降4.22%、4.78%。年内,平乐同乐汽车站、全州汽车客运西站完工。

【公路管养综合服务】 2017年,桂林公路管理局推进精细管养,加强预防性养护工作,稳定公路路况,管养全部路线优良路率62.71%,控制差路率4.9%。全年累计修复路面病害158.74万平方米(折算)。抓好防洪水毁工作,共抢通公路边坡塌方47处,清运土石方13.69万立方米,新建路基挡墙2876立方米,路基回填5950立方米,修复水毁路面5230平方米,确保公路安全畅通。养护工程2016年计划项目良永线永福段、G321线荔浦段、G323线平乐段大修工程完工,完成投资5250万元;2017年计划项目恭龙线大修工程总体完成率96.19%,按期完成全部安防工程建设,完成投资1280万元;2016年计划改造危桥(东门大桥、马岭大桥、西河桥)、2017年危桥改造项目永福大昌桥、阳朔麻疯岩桥及全州灌江水渠桥完工。

【环广西公路自行车世界巡回赛桂林赛段赛道建设】 2017年,桂林公路

2017年7月3日,龙胜公路管理局抢险人员在龙胜镇勒黄村G321线K708+600处山体滑坡塌方路段抢险 (刘康 摄)

管理局负责的环广西公路自行车世界巡回赛赛道整治建设工程（桂林段）项目9个，其中中修工程项目6个、路面修补工程3个，全长155.36千米，总投资4829万元。10月，9个项目工程全部完工。

【路政管理】 2017年，桂林公路管理局加强源头管理和部门联动，促进联合治超取得新突破。全年查处路政案件340件，累计追回路产赔（补）偿款256.94万元，办理路政许可项目149件；拆除违法建筑13处640平方米，清理非公路标志1082块，整治不规范道口54处753米。参与桂林市治超专项行动，共检测车辆6.24万辆次，查处超限运输车辆2094辆次，卸货1.07万吨，罚款460.96万元；结案91辆次，罚款10.72万元。向法院申请强制执行案件14件。（陈铸恒）

【出租汽车行业管理】 2017年，市交通运输局出台《桂林市区出租汽车客运市场长效管理实施方案》《桂林市巡游出租汽车经营服务管理规定》《桂林市巡游出租汽车质量信誉考核实施细则》等文件，对出租汽车驾驶员实行“奖优罚劣”制度，暗访合格率从33%提升到82%，对经考核不合格的驾驶员强制停班培训，经考核合格后方能上岗营运。全市出租汽车行业管理水平全面加强、服务水平显著提升，基本实现“把出租汽车行业打造成为一张靓丽的城市名片”的目标。

2017年10月，改建后的环广西公路自行车世界巡回赛永福县与鹿寨县交界（桂林段）自行车赛道（刘康　摄）

【城市公共交通】 2017年，桂林市全面实施公交优先发展政策。市交通运输局推进大站快线、定制公交、社区巴士等多元化公交服务体系建设，全年调整公交线20条，公交出行分担率21.09%。全面推进公交进社区工程，满足市民“最后一千米”出行需求，投入公交车20辆，完成叠彩区6个城郊建制村公交的覆盖，城郊通公交率97.73%，城乡居民出行更加便利。指导各县（区）通过开行公交线路、定制班线、圩日班车和预约车等，提升建制村客车通达率和通公交比例，乡（镇）、建制村通公交率分别达69.4%、39.06%。年内，荔浦县申报“全国城乡交通一体化示范县”获交通运输部批复。

2017年8月1日，桂林最后一个普通公路收费站全州咸水收费站收费期满撤销（陈铸恒　摄）

【道路运力投放方式改革】 2017年，市交通运输局对运力投放方式进行试点改革。对2017年县际包车客运运力投放实行市场调节机制，由企业根据旅游客运市场需求购置新车后依法申办车辆营运许可，扩大企业经营自主权。全年市区新增中级、高级客车444辆，其中9座至15座小型客车66辆，满足小型旅游团体包车及散客包车的市场新需求。推进多种运输方式综合衔接，鼓励通过新辟或延伸线路的方式开辟县（区）至机场专线，推动“空地联运”发展。开展危险货物运输企业经营资质清理规范，依法核减5家危险货物运输企业无投入车辆的危险货物经营项目，新增危货专用运输车辆154辆。结合行业服务质量信誉考核，加快推进货运企业基础管理规范化。

【道路运输安全生产】 2017年，市交通运输局抓好重要节假日及会议活动期间道路运输安全保障工作，强化安全管理和保障措施，严格落实安全生产责任，全面排查治理，确保重要节假日及活动期间道路运输安全。落实凌晨2时—5时禁行规定，对全市14家违规企业，35辆违章车辆下发整改通知书。开展行业安全生产管理考核，对市辖区“两客一危”38家企业实施考核。开展“道路交通平安年”“打非治违”、危险货物运输安全生产综合治理等活动，强化重点领域、重点企业的监督检查。全年累计出动安全检查人员 500 余人次，检查企业 100 余家，排查安全隐患 37 处。组织安全生产知识和管理能力考核，对 515 名道路运输企业负责人及安全管理人员进行考核，提升企业安全管理水平。

（田春燕）

水路运输

【概况】 2017 年，桂林海事局办公地址在桂林市上海路 4 号。内设办公室、财务会计处、通航管理处（指挥中心）、船舶监督处、执法督察处、党群工作部（纪检监察处）。下设办事机构 2 个（政务中心、海巡执法支队），派出机构 3 个（漓江海事处、阳朔海事处、平乐海事处）。人员编制 71 名，在编人员 59 人。

桂林航道管理局办公地址在桂林市中安路 8 号。内设办公室、人事科（增挂离退休人员工作科）、党办（监察室）、财务审计科、航道航标科、航道行政监督科（增挂航道行政执法大队）、设备管理科（增挂安全管理科）、科技信息管理科。下设航道疏浚处、测绘处、平乐分局、桂林航道站、大圩航道站、阳朔航道站（副科建制）。人员编制 124 名，在职人员 101 人。

2017 年，桂林市水运建设全年完成投资 0.29 亿元。全年完成水路运输客运量 235.6 万人次、客运周转量 1.18 亿人千米，分别增长 5.7%、4.2%；完成水路货运量 44.6 万吨、货运周转量 5145 万吨千米，分别增长 0.4%、1.1%；全市水路运输换算周转量完成 1.10 亿吨千米，增长 2.81%。

【发展特色水运品牌】 2017 年，市交通运输局深化渡口渡船标准化管理，出台《桂林市乡镇渡口渡船标准化管理实施方案》《桂林市乡镇渡口渡船标准化管理指导意见》《乡镇渡工考核管理指导意见》，提高渡口渡船建设和管理标准。加大“以奖代补”政策实施力度，将以奖代补比例由 40% 提升至 60%—100%，拟定“十三五”期间 1921 万元的“以奖代补”投资计划，调动各县（区）人民政府积极性。开展灵川县双潭便民码头、便民候船亭、渡口进出道路和绿化美化亮化工程建设工作，力求渡口在修建过程中采用复古模式修建。

【水运安全生产】 2017 年，市交通运输局落实安全生产责任，将安全生产纳入年度考核内容，并实行一票否决制。联合桂林海事局组织开展船舶消防溢油应急演练，加强水路运输行业船舶突发事件应急处理、水污染治理工作，提高工作人员突发事件应急处置能力。开展春运大检查行动、水路“情满旅途”活动、渡运安全生产月活动、汛期安全生产大检查活动和重要节庆期间安全生产工作督查。全年未发生重大安全生产事故，水路运输安全生产责任事故多年持续为零。

（田春燕）

【船舶监督管理】 2017 年，桂林海事局开展“平安交通”“渡运安全月活动”“水上交通安全知识进校园”及漓江福利段无证船舶非法营运专项整治等多个专项行动，印刷出版《漓江旅游客船安检指南》，遏制漓江旅游客船违章行为多发势头，保障旅客生命财产安全。至年末，桂林海事局登记在册船舶 1142 艘，包括旅游船、客渡船等 18 个船舶种类，办理各类船舶进出港报告 32.87 万艘次，旅客发送及到达总量 800.89 万人次，货物发送及到达总量 5.95 万吨，共检查航运公司 56 家次，查出缺陷 85 项。全年完成船舶安全检查 442 艘次，发现缺陷 938 项。

【通航秩序管理】 2017 年，桂林海事局制订辖区重点水域、重点船舶、重点时段的水上交通安全监管工作方案，开展“水上交通安全大检查”“平安交通”“打非治违”“双进”等各类专项整治和专项活动，确保桂林辖区水上交通安全形势持续稳定。通过加强电子巡航、提高现场监管密度、推动漓江排筏公司化管理，规范漓江通航秩序和漓江旅游客船污染物排放。全年共发布航行通告 8 次，完成水上、水下活动审批 5 项。开展巡航 2763 次，巡航里程 27.44 万千米。查处违法行为 115 件，罚款金额 8.76 万元。发送水文信息 519 条，发送预警信息 112 条，封航管制信息 45 次，收缴销毁无证排筏 23 张。

【漓江排筏规范管理】 2017 年，桂林海事局推动阳朔漓江景区公司完成漓江阳朔下游段 560 多张排筏收购工作，漓江 1700 余张排筏全部实现公司化管理，并将全辖区排筏公司纳入航运公司安全与防污染检查范畴。制订漓江排筏操作员考试、发证和漓江排筏登记管理办法，漓江排筏操作员实现全员持证上岗。加强漓江排筏安全监管，划定排筏封航水位线，限定装载人数和开航时间，完成全国首个载客排筏安全警示教育视频，推动桂林船检局出台《漓江游览排筏检验暂行规定》。

2017 年，桂林漓江加油船消防溢油演习在磨盘山码头 11 号泊位下游水域举行

（黄晓露 摄）

【渡口渡船监管】 2017年，桂林辖区共有渡口89道，渡船150艘。加强渡运安全管理，桂林海事局制订渡运安全月活动方案并组织实施，活动期间共检查渡口74道，渡船87艘，排查各类隐患25个，签发停航通知书3份。联合市、县交通部门在全州县、阳朔县开展渡船应急演练2次。

【船员管理】 2017年，桂林辖区登记在册船员4692人，其中技术船员1774人，普通船员2918人。共开展37期各类船员考试评估1740人次，其中内河排筏船员适任证书考试评估13期689人次；广西内河小型船舶驾驶员考试评估2期44人次；内河船员基本安全培训合格证考试评估15期778人次；内河客船船员特殊培训合格证考试评估3期113人次；内河客船船员特殊培训合格证再有效考试评估1期70人。共签发船员管理类证件2175本，其中内河船舶船员适任证书667本，船员服务簿754本，内河客船船员特殊培训合格证259本，排筏操作员证书495本。

【水上应急搜救】 2017年，桂林海事局抓好水上搜救、水上突发事件应急演练及应急队伍管理、安全教育培训等重点工作，编制《桂林海事局2017年应急演练计划》。成功处置"7·3桂林旅游学院学生被洪水围困""7·14全州凤凰嘴渡口农用拖拉机落水""8·15无证无动力维修船在下关滩沉没水中"等险情。制订《桂林海事局关于印发2017年船舶(排筏)水上突发事件应急演练工作方案的通知》，督促船舶单位、船舶加强应急演练及完善应急预案。牵头联合桂林漓江管理委员会开展漓江旅游船舶水上突发事件应急演练活动，参加演习船舶42艘次，参演人员618人。加强电子巡航工作力度，对漓江水域实行全方位电子监控。成立桂林漓江水上搜救志愿者服务中心。全年桂林辖区共发生各类险情8件，遇险船舶(排筏)9艘次，遇险人数832人，获救830人，水上人命救助成功率99.8%。

【漓江船舶防污染管理】 2017年，桂林海事局推动地方政府出台加强船舶污染应急能力建设相关规范性文件，组织编写《桂林市船舶污染物接收转运处置联单制度和联合监管制度》，召开《漓江旅游客船污染物监督管理规定(修订)》新闻发布会，分别在阳朔县龙头山码头水域、雁山区磨盘山组织开展船舶溢油应急演练，规范漓江老旧船舶拆解工作，有效保护漓江清洁。全年共开展船舶防污染登轮检查401艘次；船舶油污水接收处理203次，共2.43吨；船舶垃圾接收处理6.94万次，共2497.06吨；船舶其他污染物接收处理1.59万次，共5367.08吨。

(桂林海事局)

2017年5月9日，桂林海事局将暴雨后的漓江阳朔段排筏全线封航

(桂林海事局 供图)

【航道维护】 2017年，桂林航道管理局定期安排航道测量，全年完成航道测量3.3平方千米，维护性补筑坝1800立方米，对半条滩、下关、白果树、花桥河口等15处险滩进行疏浚维护38滩次，完成维护3.88万立方米。确保航道安全顺畅，通航保证率100%。

【航标维护】 2017年，桂林航道管理局共完成航标维护6.34万座天，标灯维护3.83万盏天，标志维护正常率99.6%，标灯维护正常率100%。巴江口电站示位标建设工程竣工并通过验收，共新建示位标27座并投入使用。

【航道行政】 2017年，桂林航道管理局依法开展行政许可工作，全年共完成行政许可事项3项。协同相关涉水行政部门联合执法，阻止辖区内侵占主航道、非法网箱养殖等破坏主航道行为。对漓江辖区水域围栏捕鱼设施进行清理整治，共清理围栏捕鱼设施2700平方米、漂浮垃圾2吨，确保漓江旅游航道安全畅通。

(覃有昌)

民用航空

【概况】 2017年，桂林两江国际机场(简称桂林机场)运输起降航班6.24万架次，增加7134架次；运输旅客786.2万人次，增加123.2万人次。其中，国内航线旅客(不含地区航线旅客)运输747.4万人次，增加127.7万人次。全年飞行航线112条，航线总量增加8条，通航城市机场76个，新增及恢复印度尼西亚雅加达、柬埔寨暹粒及国内的绵阳、丽江、遵义等14个通航城市。飞行桂林航线的航空公司38家，新增6家。年内，桂林机场通过国家民航局2017民用机场服务质量评价工作，完成春运、国庆等重大节假日，以及"党的十九大""环广西自行车世界巡回赛"等重要活动的服务保障工作。7月，桂林机场安检站蓝馨女子检查分队获"2017年全国巾帼文明岗"称号。12月27日，桂林机场国际值机室获中国民航工会"全国民航示范班组”称号。

2017 年 4 月 17 日，市长周家斌(左二)到桂林两江国际机场调研 （刘荣华 摄）

【拓展航空客运市场】 2017 年，桂林机场以国内航线为主，国际航线为辅，争取运力投放、增飞航线，拓展航空市场，促进旅客吞吐量增长。发挥航线补贴资金引导功能，对“新增航线、新增航班、新增航点”给予补贴，拓展航线网络。优化中转流程，调整中转服务效率、航延后续安排、中转行李保障等方面细节，树立“中转无忧服务”口碑。促进“一县一点”航空网点发展，根据不同航空服务点的区域特点，对湘桂粤、桂黔交界地区的航空服务点给予政策倾斜，通过给予地面交通及住宿补贴方式促进旅客出行；对桂林县域网点，通过航空公司的淡季特价机票及特价航空产品的投放刺激当地旅客出行。针对学生市场，打造“校园轻松飞”产品，集接机、送机和快捷办票登机服务以及特价优惠机票为一体，培养新消费群体。全年旅客吞吐量 786.2 万人次。

【机场安全管理】 2017 年，桂林机场安全保障飞机起降 6.4 万架次，地面输送旅客安全行车 310 万余千米，排除飞机故障 33 起，查获违禁物品 11.3 万件，连续实现第 34 个安全年。机坪运行违章和 FOD 整治方面，利用三委会(机坪运行安全管理委员会、除冰除雪工作委员会、FOD 防范工作委员会)平台协调解决机场运行问题 22 个，推进“机坪违章分级处罚”制度，通过日常巡视检查加大对机坪安全运行监管。推进净空管理工作，制订《飞行程序保护区净空管理专项整治工作方案》，与桂林市人民政府建立健全沟通协调机制。与民航桂林空中交通管理站协调，制订无人机应对工作方案，划设桂林机场无人机等升空物体禁飞区域。完善“应急演练督导机制”，对重要的演练项目进行督导，开展单项演练 36 次，桌面演练 2 次，检验了机场应急救援队伍。

【机场基础设施建设】 2017 年，桂林机场全年完成固定资产投资 2893.67 万元，完成安检信息管理系统、飞行区道面嵌缝料、桥载设备替代 APU、双视角 X 光机更换等建设项目。年内，桂林机场 T2 航站楼及站坪配套设施扩建项目累计完成投资 13.51 亿元。

【国际新航线开通】 2017 年 1 月 17 日，桂林机场首次开通桂林—暹粒国际航线，航班号为 K6938/K6939，由柬埔寨吴哥航空公司采用空客 A321、A320 两个机型执飞，每周二、四、六飞行。8 月 26 日，开通桂林—雅加达国际航线，由印度尼西亚狮航集团旗下巴迪航空采用 737-800 型机型执飞，航班号为 ID9000/01，每周飞行 1 班。

（莫亚兰）

邮　　政

【概况】 2017 年，桂林市邮政管理局(简称市邮政管理局)办公地址在桂林市凤北路 1 号。内设办公室、普遍服务科(机要通信科)、市场监管科。人员编制 12 名，在职人员 12 人。年内，桂林市邮政业平稳有序发展，全市邮政行业业务总量 6.85 亿元，增长 30.57%；业务收入 6.77 亿元(不含邮政储蓄银行直接营业收入)，增长 16.05%。其中，快递业务量完成 1950.35 万件，增长 26.23%；业务收入 3.28 亿元，增长 23.89%。邮政普遍服务和快递服务满意度稳中有升，消费者申诉处理满意率 98.6%。全市共有邮政普遍服务营业网点 185 个，其中

2017 年 12 月 8 日，桂林机场 T2 航站楼扩建工程高架桥主体合龙

（刘荣华 摄）

乡(镇)网点 131 个,邮政服务网络覆盖城乡并逐步向农村延伸。共有快递企业品牌 26 个,许可企业 100 家,全市快递服务网点 484 个,分拨中心 21 个,企业生产场地和规模不断扩大,服务水平和能力得到提升。年内,市邮政管理局获"2017 年全国'扫黄打非'先进工作集体"称号。

【邮政业服务现代农业及制造业】 2017 年,邮政业与现代农业、制造业深度融合发展,寄递企业为电商提供仓配一体化服务,邮政企业农特产品配送量 596.9 吨,交易额 468.27 万元,带动电商快包业务 22.23 万件,实现业务收入 148.03 万元。在寄递企业的带动下,桂林已形成"桂林爽圆圆"米粉、资源猕猴桃、恭城月柿、荔浦芋等邮政业特色项目。服务制造业方面,三金药业、漓泉啤酒、金顺昌、俏天下等成为邮政业服务制造业的主要对象,涵盖汽车电子、制药、食品、木制品加工等多个领域。

【全市建制村实现直接通邮】 2017 年,全市 1654 个建制村全部实现直接通邮。全市邮政企业累计建设便民服务站 92 处,"三农"服务站 50 处,"邮乐购"站点 1001 个。市邮政管理局开展"快递下乡""一地一品"工程,通过协调、做好许可审批服务及树立典型等方式引导邮政快递企业完善乡(镇)服务网络,畅通农产品外销渠道,促进快递与农村电子商务协同发展。

【邮政业重大项目实施】 2017 年,市邮政管理局重大项目实施取得阶段性成果,桂林申通物流园纳入《广西促进现代物流跨越式发展三年行动计划(2015—2017 年)》重大项目,桂林申通物流园与顺丰产业园被推荐进入广西现代服务业发展重大项目库,完成投资 7000 万元,整体建设进入收尾阶段。邮政业发展获政府资金支持,恭城瑶族自治县、荔浦县邮政分公司分别与当地县人民政府签订承建农村电子商务服务站点合作协议书,均获补贴资金 20 万元。

2017 年 5 月 18 日,参加自治区"扫黄打非"源头行业自律现场会人员在桂林邮政网点考察
（市邮政管理局　供图）

【邮政业服务社会民生】 2017 年,市邮政管理局提高邮政普通包裹时效,督导企业贯彻落实邮政普遍服务标准,加强培训,开展贯标监督检查专项行动,消费者对邮政企业申诉处理满意率 100%。开展县级城市党政机关当日见报率调查摸底,督导邮政企业创新方式,县级党报当日见报率实现 100%。建制村直接通邮率实现 100%,快递乡(镇)网点覆盖率 86%。提升快递末端投递服务工作,推进快递入区工程,杜绝摆地摊现象,完善安全监管体系,规范末端网点管理。实施放心消费工程,加大辖区视频监控系统覆盖范围,组织开展"野蛮分拣"专项整治行动。提高快递包装绿色化、减量化水平。推广使用电子运单,减少耗材使用量。推广使用新能源和清洁能源车辆,改善投递员工作环境。

【收寄信息系统推广】 2017 年,桂林被列为广西首批实名收寄信息系统推广应用试点城市之一。实名收寄信息系统"安易递"APP 具有现场扫录身份信息、时时共享网络数据、用户信息加密保护和在线安全监管等功能,可快捷完成实名制登记,且有效减少个人信息泄露风险。市邮政管理局对寄递企业集中培训,制订推广工作时间表,持续督导、压实主体责任。与市公安局、市国家安全局联合印发《桂林市全国邮件快件实名收寄信息系统推广应用工作方案》,明确邮政管理部门牵头职责,实行信息共享"总对总"原则。按品牌指派工作人员实时监测企业使用情况,并对"安易递"系统使用进行指导。鼓励寄递企业或广大用户对未推行实名收寄信息化的企业进行举报。全年全市实名收寄信息化率突破 80.63%,累计实名收寄业务量突破 1843 万件,累计实名在库用户数 59.3 万人。

【邮政业务监管】 2017 年,市邮政管理局共立案处罚违法违规快递企业案件 19 件,罚款 9 万元。检查邮政网点 128 个、快递网点 228 个,下达责令改正通知书 169 份。发挥申诉渠道作用,桂林"12305"邮政业消费者申诉中心共处理申诉 2897 件,其中涉及邮政服务 140 件,涉及快递业务 2757 件,为消费者挽回经济损失 5.92 万元,消费者对邮政管理部门申诉处理满意率 98.6%。（冯珂）

信 息 业

综　　述

2017年，桂林市电信业运营商完成业务总量77.84亿元，其中主营业务收入32.91亿元。在主营业务收入中，话音业务收入7.66亿元，移动数据及互联网业务收入22.75亿元，短信业务收入2842万元。完成固定资产投资11.95亿元，(比上年，下同)增长13.3%。互联网出口带宽1900G；全市光纤7.9万千米，其中中国电信光纤4.2万千米，中国移动光纤1.9万千米，中国联通光纤1.8万千米。新增固定电话用户3.23万户，累计达到35.21万户；新增移动电话用户133.21万户，累计达到481.53万户，其中4G用户数344.28万户；新增宽带用户32.42万户，累计达到101.97万户。全年全市新增电信业基站数5875个，总数达到3.21万个，其中4G基站数2.13万个。覆盖桂林市区主城区、所辖县城的中心城区、乡(镇)以及辖区内99.2%建制村，其中农村区域室外站点3628个。在全市1654个建制村中，4G覆盖的建制村数量1640个。

信息化建设

【加强信息业规划设计】 2017年，桂林市工业和信息化委员会(简称市工信委)加强规划设计，加速推进信息化项目落实"资源换产业"政策，推动各信息产业园项目建设进程。修改完善《桂林市信息化发展"十三五"规划》，指导桂林市各部门开展信息化建设，促使信息化成为桂林市创新发展的驱动力。年内，《桂林市通信基站建设总体规划(2016—2025)》经市人民政府审定通过，对桂林市中心城区进行独立设置多网联合通信基站(宏蜂窝站)进行总体布局，并对中心城区范围以外的通信基站建设提出规划技术要求和建设原则。结合信息化建设的现状和规划，与华为、中兴、浪潮三大ICT企业沟通合作，进行信息化建设模块前期工作划分，加速推进桂林市信息化建设进程。

【出台电子政务相关管理政策】 2017年，市工信委探索出台相关管理政策，为电子政务的发展提供政策支持。一是上报《桂林市电子政务工程建设项目管理暂行办法》，并经市人民政府常务会审议通过，强化顶层设计和统筹建设，规范桂林市电子政务工程建设项目的编制、申报、评审、批复、建设、绩效评价等各个环节的工作，为提高电子政务整体应用水平和政务服务能力提供制度保障。二是印发《桂林市电子政务基础资源共享办法》，解决跨部门共享机制不健全、政策制度滞后、各部门网络林立、"信息孤岛"和"数据壁垒"现象严重等问题，发挥电子政务基础资源共享应用的整体效能。

【实施工业云和工业大数据试点示范建设】 2017年，桂林市坚持以网络升级和"新三网融合"建设为契机，引进华为、中兴等知名企业落户桂林，推进制造龙头骨干企业与互联网企业的跨界融合，启动实施工业云和工业大数据试点建设。桂林工业云服务平台先后与桂林电子科技大学、广西师范大学、桂林理工大学、郑州大学等院校和北京用友公司、北京数码大方、上海名匠等企业进行深度合作，建设工业云体验中心，已经为福达控股集团有限公司、桂林乳胶厂、桂林市啄木鸟医疗器械有限公司、桂林南药股份有限公司、桂林斯壮微电子有限责任公司、桂林大宇客车有限公司等近100家工业企业提供专业化服务。与中国移动广西公司签订"中小企业云"战略合作协议，举办"云创未来信息化巡展"活动，推出基于云计算、大数据、工业4.0、新型智慧城市、物联网各领域等富有桂林特色的民生及企业的云应用服务，陆续与燕京啤酒(桂林漓泉)股份有限公司、桂林彰泰实业集团、桂林力港网络科技股份有限公司等约200家企业及单位签约云应用业务合作协议，提供包含云主机、云存储、八桂舆情、商情通等一系列云计算行业应用，帮助各级政府机关及广大中小企业解决管理、营销、通信等信息化难题，助力中小企业向"互联网+"信息化的转型发展。针对桂林软件企业数量多规模小的特点，与中软国际科技服务有限公司等大企业对接，举办"中软国际解放号+华为软件开发云""云上软件园"共建软件服务新生态推荐会，为桂林软件企业发展提供信息、技术共享和支撑。

【软件和信息技术服务业快速发展】 2017年，桂林市软件和信息服务业的总量和企业规模持续快速增长，成为桂林市重点发展的产业之一。年内，桂林市入境旅游电子商务处于行业领先水平，酒店管理、安防系统、伺服系统、RFID应用(无线射频识别技术)等软件开发、应用，在行业中占有一定的市场份额和影响力。软件和信息技术服务业企业影响力逐步增强，广西瀚特信息产业股份有限公司、桂林世纪风科技发展股份有限公司、桂林力港网络科技股份有限公司先后在全国中小企业股份转让系统（“新三板”）挂牌，广西小草信息产业有限责任公司成为国家黑木耳产业技术创新战略联盟副理事长单位。桂林市发挥政策、资金、项目的引导和拉动作用，以构建产业集群为重点，推进软件与信息技术服务业的发展。年内，桂林市在库的信息传输、软件和信息技术服务业规模以上企业共15家，年营业收入6.6亿元，其中互联网和相关服务业完成主营业务收入约5亿元，软件和信息技术服务业完成主营业务收入1.6亿元。

【全面完成电信普遍服务试点城市项目建设】 2017年，桂林市申报全国第二批电信普遍服务试点城市获批复。年内，市工信委督促各县（区）与试点城市项目建设中标公司签订相关协议、落实配套资金、明确责任主体，形成有效的推进项目建设工作机制，将试点项目建设落到实处。同时将电信普遍服务试点城市项目列入2017年为民办实事项目库，项目建设内容包括8个未通宽带建制村宽带建设和改造，提速755个宽带速率未达到12Mbps的建制村，范围涉及15个县（区）。至年末，桂林市新建成并开通763个建制村电信普遍服务试点，完成电信普遍服务试点城市项目建设，并通过自治区通信管理局组织的项目验收。

【信息安全保障】 2017年，市工信委做好全市信息安全工作。对全市所有政府网站进行实时在线监测，并每月给各被监测单位出具一份监测报告，指导各单位进行网站安全检查和漏洞修复，检查督促有工业自动化控制系统的相关企业的安全防范，及时发布工业自动化控制系统安全防范预警，年内未发生重大信息安全事故。做好桂林市创建全国文明城市相关工作，牵头对所负责的41个窗口单位进行现场督查，使其完成改造，提升市民到窗口办理业务的便捷性。协调电信运营商协助相关部门开展“扫黄打非”专项行动和打击传销行动，配合市综治委校园及周边治安综合治理专项组办公室开展“平安校园”创建工作，协调运营商加强网络接入服务商的管理，防止发布“黄、赌、毒”等有害信息。

（颜杰）

无线电管理

【概况】 桂林市无线电管理处办公地址在桂林国家高新区信息产业园8-1号（同兴大楼）。内设综合业务科、频率台站、监督检查科、财务科、宣传培训科，下设桂林市无线电监测站。人员编制19名，在职人员17人。年内，桂林市无线电管理处做好频率台站管理、无线电监测和技术设施建设、干扰查处和打击整治“伪基站”“黑广播”的工作，保障重大活动无线电安全。

2017年10月16日，临桂区宛田瑶族乡柳厄村电信光纤宽带开通

（市工信委 供图）

【频率台站管理】 2017年，桂林市无线电管理处继续推进无线电频谱使用评估专项工作，制订《桂林市频谱使用评估专项活动工作方案》，完成11个县和6个城区快速路、主干道、次干道忙时、闲时无线电频谱使用评估移动路测工作，累计行程1900多千米，出动监测车辆28台次、技术人员41人次，累计存储监测信息数据172GB，利用新设备采取多种方式对采集数据进行比对。抓好频率台站日常管理，全年新批复设台单位3个，新指配频率2个；新审核报废台站34个，收回频率2个。强化中国移动桂林分公司、中国电信桂林分公司、中国联通桂林分公司拟建基站设置审批管理，审批新设基站1152个，发放无线电台执照1100多份。组织开展4次业余无线电台操作证书等级考试，参加考试人数为92人（其中A类81人，B类11人），分配业余无线电呼号12个。

【无线电监测和技术设施建设】 2017年，桂林市无线电管理处贯彻无线电监测技术、监测管理数据等技术规范，重点对223MHz—235MHz、351MHz—400MHz、450MHz—470MHz、821MHz—825MHz、866MHz—870MHz、915MHz—917MHz、917MHz—920MHz、920MHz—925MHz、925MHz—930MHz、840.5MHz—845MHz、1430MHz—1444MHz、2408MHz—2440MHz等频段进行专项监测，全年固定监测累计1.2万小时，移动监测1000小时以上。完成广西人民广播电台桂林部分县（区）使用的广播频率、广西广播电视技术中心桂林部分县（区）使用的广播电视频率及拟建中波广播电台预选场址、恭城瑶族自治县嘉会镇拟建机场预选场址等电磁环境测试。年内完成兴安县、临桂新区高铁监测小型站选址建设、设备安装和调试；完成桂林北三类站监测测向设备的安装调试；完成桂林两江机场空管无线电监测测向三类站建设，并投入使用；完成金源大厦二类监测测向站设备的改造升级。

【整治“伪基站”“黑广播”】 2017年，桂林市无线电管理处组织人员对桂林思奇通信设备有限公司、桂林长海发展有限责任公司、桂山华星大酒店等8家生产或使用无线电设备单位进行监督检查。全年累计受理中国移动桂林分公司、中国联通桂林分公司、中国电信桂林分公司、桂林民航交通管理站等干扰申诉案件27起，维护正常的通信安全。开展打击整治“伪基站”“黑广播”工作，利用固定监测站、小型站、移动监测车等监测设施，组织技术人员对辖区公众移动通信频段和广播频段进行“伪基站”“黑广播”信号监测追踪，累计出动监测车辆115辆次，派遣监测人员360人次，动用监测设备190台次，累积监测时间3100多小时，累计查处“伪基站”案件2起，查获“伪基站”设备2套。

【重大活动无线电安全保障】 2017年，桂林市无线电管理处在春节、全国人大和政协会议、壮族“三月三”“一带一路”国际合作高峰论坛、“五一”劳动节、博鳌亚洲论坛、党的十九大会议期间，确保无线电频率使用安全。完成2017年中央电视台春节联欢晚会桂林分会场无线电安全保障任务，获市委、市人民政府授予的“2017年央视春晚桂林分会场筹备工作最佳支持奖”称号；做好环广西公路自行车世界巡回赛桂林赛段无线电安全保障工作，对赛道及周边进行模拟路测，行程600多千米，查处无线电干扰案件5起。年内，累计实施全国高考、全自治区公务员录用考试、初级会计师资格考试、建造师资格考试等重大考试无线电安全保障15次，维护考试的公平公正。 （钟显文）

2017年10月，桂林市无线电管理处做好环广西公路自行车世界巡回赛桂林赛段无线电安全保障工作 （钟显文 摄）

电 信 业

【中国电信股份有限公司桂林分公司】 2017年，中国电信股份有限公司桂林分公司（简称中国电信桂林分公司）位于桂林市中山中路53号。下辖高新七星区分公司、象山区分公司、叠彩区分公司、秀峰区分公司、雁山区分公司和12个县级分公司，至年末有工作人员1968人。年内，中国电信桂林分公司坚持“聚焦份额抓规模、强化能力促转型”的工作方针，围绕“4+1”（天翼、宽带、IPTV、信息化＋渠道）格局竞争开展各项工作，推进企业转型升级，实现公司稳步、健康、可持续发展。

强化能力，集聚优势 2017年，中国电信桂林分公司移动业务坚持价值导向，至年末，移动用户过网份额29.79%。宽带业务坚持融合发展促价值提升，高带宽用户占比提升幅度较大。IPTV（交互式网络电视）全年新增18.2万户，达31.7万户。年内，营业收入稳步增长，管理体系持续优化。

智慧运营，改革创新 2017年，中国电信桂林分公司坚持异业合作，增强电渠势能。建立桂林当地大V公众号传播互动、广点通大数据投放机制，以多种方式吸引用户，提升线上宣传渠道效能。联合异业商家开展多维度合作，通过“网上商城＋商户＋翼支付＋营业厅活动”合作商家生态模式，调动商家积极性，盘活翼支付生态圈。聚焦产品价值，打造50M起步、100M/200M普及、1000M引领的宽带接入能力。推出提速降费七大举措，普惠为民。规范客户触点，加强基于用户感知的服务监控和帮扶提升。优化装修维护服务流程和培训机制，履行“当日装、当日修、慢必赔”服务承诺，提升差异化服务技能。以微信公众号为基础持续开展微小店服务与微信朋友圈活动，多种方式打造精细化主动服务客户维系运营体系，厚植差异化服务优势。

加快转型，业务发展 2017年，中国电信桂林分公司推进转型业务发展。以“互联网＋能力”开放平台，封装通信、定位、流量、安全等能力；以智能应用合作切入，聚焦政务、教育、医疗、工业互联网等重点领域，创新布局“产品、运营、销售、支撑、服务”五位一体能力穿透计划，推动“专业主建、属地主战”体系落地。拓展新兴ICT（信息和通信技术）市场，打造新的收入增长极。优化新兴ICT业务支撑体系，规范业务支撑关键环节和服务标准，提升产品质态，促进业务创收，增强新兴ICT业务售后服务和运营能力。打造行业标杆，以政府、行业部门、部队为重点目标市场，聚焦政务服务、平安综治、绿色军营、精准扶贫等4大类应用，占领政务云平台经营业务。签约并建设自治区首个“12345”政府服务热线项目，与陆军南部战区签约绿色军营项目，与深圳盒子支付信息技术有限公司签订战略合作协议。

立足感知，强化体验 2017年，中国电信桂林分公司快速提升基础网络能力，支撑格局竞争。4G网络建设持续加快加强，覆盖范围与质量得到提升，具备承载高品质VOLTE（基于4G网络下的通话技术）基础网络能力。加快推进光网建设，光网覆盖率优先，完成IP城域网优化与扩容，桂林互联网总出口带宽扩至1.4T，用户上网感知进一步提升。加速推进传统网络向智能网络转型，完成端局退网下电，正式步入全光网时代。 （蒋芸）

【中国移动通信集团广西有限公司桂林分公司】 2017年,中国移动通信集团广西有限公司桂林分公司(简称中国移动桂林分公司)办公地址在桂林市毅峰南路18号。内设综合部、财务部、人力资源部、市场经营部、品质管理部、工程维护部、党委办公室(党群工作部)、纪检监察部、工会等9个职能部门,营销中心、集团客户中心、客户运营中心、网络运营中心、客户响应中心、工程建设中心、采购供应服务中心等7个生产中心,下设12个县级分公司。至年末有在职人员1430人。

年内,中国移动桂林分公司推进企业战略转型,强化信息安全管控,配合开展电话“黑卡”治理专项行动。推进4G网络建设,夯实基础网络对桂林经济发展的支撑作用。推动“宽带中国”战略实施方案在桂林落地,有线连接能力不断提升,为桂林市在大数据、智慧城市、政务信息化、视频监控、信息高速公路基础建设等多个领域加油助力。至年末,全市营业服务网点1036个,客户超过300万户。

旅游大数据项目再上新台阶 2017年,中国移动桂林分公司为桂林市在大数据、智慧城市、政务信息化、视频监控、信息高速公路基础建设等多个领域助力。与桂林市旅游发展委员会开展“旅游大数据项目”战略合作,形成桂林旅游大数据的展示平台,发布多期《桂林旅游大数据报告》。借助网络覆盖和产品研发能力,开发并应用以“智慧漓江”为代表的“景区慧眼”“智慧巡园”等一体式信息解决方案,助力各级政府主管部门提升智能化、信息化管理能力,提高景区服务水平,共享旅游资源信息,优化游客体验。

“天网+地网”工程构建立体化治安防控体系 2017年,中国移动桂林分公司与市公安局、市社会治安综合治理办公室联合,以信息化技术构建“天网+地网工程”立体化治安防控体系,维护广大人民群众的财产安全,提升人民群众的安全感,其中“和车宝”产品签约建设桂林市城区公共安全视频监控建设联网应用项目。与桂林市食品药品监督管理局合作在桂林市内20家重点宾馆和学校,试点建设视频实时监控系统,推进食品安全“明厨亮灶”工程建设,为创建“平安桂林”打下基础。

“宽带中国”建设 2017年,中国移动桂林分公司通过加大投资规模、扩大客户覆盖、提升产品质量等方式,推动“宽带中国”战略实施方案在桂林落地,全年出口带宽(宽带负载能力)达到400G,光纤里程近2万千米,增长76%。提升有线连接能力,桂林市区及县城宽带覆盖率90%,乡(镇)宽带覆盖率100%,农村宽带覆盖率60%,支持了农村电商发展。

“云创未来”移动信息化巡展活动 2017年9月25日,中国移动广西公司“云创未来”移动信息化巡展活动在桂林启动首场活动,有110家大中小企业代表参加。会上,中国移动广西公司桂林分公司与桂林市工信委签订“中小企业云”战略合作协议,与5家企业代表达成中小企业云应用合作协议,与31家中小企业签约云应用合作协议,与4家单位达成大数据、景区智慧旅游监控、信息化解决方案及云视讯等项目合作意向。

探索“云视讯+党建”发展新模式 2017年,中国移动桂林分公司将集团专线、会议视频系统落实到镇镇通、村村通。2月27日,率先覆盖灵川县128个建制村和19个社区,将“云视讯”运用到中共灵川县委组织部基层党建工作会议项目,打造全新党建模式,有效解决了工作半径大、集中开会成本高等问题,开启“云视讯+党建”的新模式。 (徐先丽)

【中国联合网络通信集团有限公司桂林市分公司】 2017年,中国联合网络通信集团有限公司桂林市分公司(简称中国联通桂林分公司)办公地址在桂林市五里店路17号。至年末,在职人员624人,营业服务网点1500余个,4G网络覆盖率市、县、乡达98%。年内,中国联通桂林分公司围绕“抓党建、促发展、控成本、转机制”的整体工作要求,推进各项工作取得新成效。

开展机制体制改革 2017年,中国联通桂林分公司推进瘦身健体、划小承包、薪酬激励等机制体制改革。年内,完成机制精简优化工作,市本级部门由15个精简为13个;基层营销单元由48个精简为23个,其中城区12个,县分公司11个。完成集客队伍的机制体制改革,从源头上开展集客线在专业化销售、专业化实施、适应创新业务发展的管理体系等核心能力的构建。

开展“联通小象”品牌服务活动 2017年,中国联通桂林分公司注重树立公司品牌,促进服务能力提升。7月19日,中国联通桂林分公司服务品牌——“联通小象”诞生。年内,“联通小象”分别与共青团桂林市委联合举办“国际商标节”防诈骗宣传活动、“桂林市第32个国际志愿者日”公益服务活动,与七星区文明办联合开展“走进社区,净化网络环境宣传活动”。

重点项目拓展 2017年,中国联通桂林分公司发挥在互联网基础建设、技术创新、资源整合等方面的业务领先优势,与桂林某部队签订智慧军营战略合作协议。根据部队的特殊场景,为部队搭建安全手机平台及大数据分析平台,为官兵提供安全、保密的互联网学习环境。 (常玲)

【中移铁通有限公司桂林分公司】 2017年,中移铁通有限公司桂林分公司(简称中移铁通桂林分公司)办公地址在桂林市朝阳路信息产业园创新大厦。至年末,在职人员103人。全年中移铁通桂林分公司由电信运营公司实现收入超1亿元。

调整组织机构 2017年,中移铁通桂林分公司完成分公司职能部门调整,撤销综合部、市场业务部、维护业务部、工程项目部、维护服务中心、集团客户营销中心,设置服务部、拓展部、支撑部、工程部,职能分别对应延续原综合部、市场业务部、维护业务部、工程项目部的职能,新设立灌阳县支撑服务中心,全州县、阳朔县、平乐县、恭城瑶族自治县、永福县由维护站升级为支撑服务中心,在40个乡(镇)设置网格65个。

员工素质大提升 2017年,中移铁通桂林分公司围绕公司全面转型和移动全业务发展需求,全年共举办培训班45期,其中综合管理类5期、市场业务类8期、技术类26期、政企客户类6期,参加培训1320人次,全员培训率100%。 (蒋秀成)

工　业

综　述

【概况】 2017年，桂林市工业和信息化委员会(简称市工信委)办公地址在临桂区西城中路69号。内设办公室、政策法规科、规划科、科技科、投资科、经济运行科、中小企业发展科、节能与循环经济科、园区科、能源科、原材料工业科、装备工业科、轻工医药科、电子信息和软件科、信息化推进科、信息安全协调科、国防科学技术工业科、重大项目科、人事科、财务科。人员编制82名(含后勤服务人员控制数8名)，在职人员77人。下设事业单位7个，企业1家。

年内，面对经济持续下行的压力和复杂的外部因素影响，桂林市围绕产业做强升级，工业在转型升级中持续平稳发展。全年完成全部工业总产值2094.56亿元，其中规模以上工业总产值1980.39亿元；全部工业增加值609.71亿元，其中规模工业增加值566.32亿元。在规模以上工业增加值中，从经济类型分析，国有企业(比上年，下同)增长7.3%，集体企业增长3.2%，股份制企业增长0.8%，外商及中国港澳台商投资企业下降21.8%；从产业结构分析，高技术行业增加值增长5.8%，高耗能行业增加值下降2.5%；从行业分析，在30个工业行业大类中有14个行业实现增长。全年规模以上工业主营业务收入1740.20亿元，规模以上工业销售产值1882.87亿元，规模工业产品销售率95.08%。规模以上工业企业盈亏相抵后的利润总额108.23亿元。全市工业税收(含国税、地税)完成41.95亿元，增长10.56%。全年完成工业固定资产投资696.7亿元，完成技术改造投资482.2亿元。全市规模以上万元工业增加值能耗下降3.65%。在工业运行、投资指标增速出现一定程度放缓情况下，出口额、用电量、货运量、税收等匹配性指标表现出良好增长势头。全市规模工业累计完成出口交货值132.77亿元，增长24.01%；累计公路货运量9351万吨，增长8.85%；累计铁路货运量351.1万吨，增长13.2%。

【加强工业政策引领】 2017年，桂林市印发《关于加快桂林新型工业发展的若干意见》(简称若干意见)和《加快桂林新型工业发展若干政策》(简称若干政策)。若干意见提出，在未来3年投入11亿元用于支持工业转型升级、基金建设、园区发展、企业壮大等，全面实施“产业壮大提升工程”“园区拓展提质工程”等十大工程；到2020年，实现全部工业总产值4500亿元，工业总产值超500亿元产业4个，新建标准厂房超100万平方米，新建孵化器及人才公寓超100万平方米等具体目标。若干政策包括“设立桂林工业发展引导基金”“支持企业加快发展”等16条措施，为加快新型工业发展提供保障。印发《桂林市工业发展“十三五”规划》《桂林市信息化发展“十三五”规划》《桂林市工业园区发展“十三五”规划》，全面总结“十二五”规划时期桂林市工业和信息化发展取得的成绩，明确“十三五”规划时期工业和信息化发展的总体思路、发展目标和主要任务。

【重大项目建设稳步推进】 2017年，桂林市加大统筹力度，着力解决项目推进各项问题。年内，桂林华为信息生态产业合作区一期项目双创园完成投资2.5亿元。比亚迪项目各项工作全面铺开，500台新能源汽车8月底分批组装下线，充电站项目于11月开工。完成浪潮大数据双创展示中心建设，引进入园企业22家，第三方服务机构24家，集中展示桂林云计算、大数据和智慧城市建设发展成果。完成桂林中兴通讯产业园建筑设计，并开工建设招商展示中心。桂林澳林制药有限责任公司新建头孢类抗生素生产基地、小容量注射剂及抗生素原料和粉针车间项目，广西永福百泓源科技有限公司罗汉果深加工类产品产业化项目竣工并生产，桂林溢达纺织有限公司九美桥时尚园自动化特纺厂项目、桂林福达曲轴有限公司年产40万件曲轴自动化生产线技术改造等项目顺利推进。

【工业园区建设优化】 2017年，桂林市加强工业园区的基础配套设施建设，优化园区建设。全年工业园区完成规模工业总产值1290亿元，完成规模工业增加值374亿元。全市工业园区完成规模工业总产值占园区所在县(区)规模工业总产值的75.6%，占全市规模工业总产值的65.1%。引进工业项目83个，项目合同总投资266亿元，园区工业发展成为全市工业发展的主引擎。完善园区配套服务功能，完成基础设施投资16亿元，增长17.9%，新建标准厂房25.2万平方米，人才公寓19.7万平方米，推动招商引资和项目入驻。全市6个园区获自治区工业园区发展专项资金4419万元，总量创历年新高。灌阳县工业园区园区大道、桂林经济技术开发区公租房等项目竣工并投入使用，各园区污水处理设施、桂林经济技术开发区山水科技双创园孵化楼等项目快速推进。《桂林经济技术开发区人事制度和薪酬制度改革方案》完成编制并通过市人民政府常务会审议。

【招商引资成效显著】 2017年,桂林市优化投资环境,招商引资成效显著。年内,桂林华为信息生态产业合作区、桂林中兴通讯产业园、桂林浪潮双创科技园、桂林八加一医药产业园等重大项目落地实施,其中投资超20亿元的比亚迪新能源汽车及云轨产业项目成功签约。桂林市通过召开华为“千企”招商大会,与东华集团等10家企业签订合作协议,投资额超30亿元。与深圳市华谊智测科技股份有限公司等4家企业签订入园协议。推动桂林八加一药业股份有限公司联合成都奥泰公司建设PET/CT等高精尖大型医疗设备项目,填补广西在该项技术上的空白。顺应各行业发展新趋势,重点引进北京释码大华科技有限公司、桂林智神信息技术公司等高科技企业落户。桂林市与深圳烯旺新材料科技股份有限公司开展战略合作,抢占石墨烯产业发展先机。

【技术创新竞争力提升】 2017年,桂林市工业企业推动技术创新,提升企业竞争力。年内,桂林福达控股集团曲轴数字化锻造车间试点示范项目列入2017年国家智能制造示范项目公示名单。国营长虹机械厂、桂林市淦隆环保科技有限公司、广西甙元植物制品有限公司、桂林三花股份有限公司、桂林市红星化工有限责任公司、桂林市晶瑞传感技术有限公司6家企业被认定为自治区企业技术中心,桂林电器科学研究院有限公司、桂林中昊力创机电设备有限公司、中国化学工业桂林工程有限公司、桂林君泰福电气有限公司4家企业被认定为自治区工业设计中心。桂林科技发展中心获评为国家小微企业创业创新示范基地,桂林民华科技发展有限公司获评为国家中小企业公共服务示范平台。桂林光隆光电科技股份有限公司填补国内空白的光电子芯片项目建成投产。年内,桂林电器科学研究院有限公司引进的留学日本回国博士朱凌云入选国家第十三批“千人计划”名单,成为自治区第七名“千人计划”成员。该公司由朱凌云等组建的动力电池研发团队,在2016—2017年申请有关全固体锂电池及电解质方面的发明专利23件,部分成果朝产业化目标发展。桂林啄木鸟医疗器械有限公司、桂林君泰福电气有限公司、桂林福达股份有限公司、桂林俏天下家居用品集团有限公司4家企业获批工业和信息化部2017年“两化”(工业化、信息化)融合管理体系“贯标”试点企业。桂林优利特集团有限公司应用于社区医疗及健康服务的全科诊断信息集成系统,其研制及应用项目入选国家服务型制造示范企业项目,为广西入选的2个项目之一。桂林君泰福电气有限公司的“JST智能电气装备云数据管理平台”、桂林远望智能通信科技有限公司的“基于海量数据分析的融合实战平台应用与示范”项目获批为2017年广西工业云与工业大数据试点示范项目。

【打造“绿色工业”】 2017年,桂林市推进生态文明建设,以高科技、高智能的新型工业推动“绿色工业”发展,全年全市规模以上万元工业增加值能耗下降3.65%。年内,开展燃煤小锅炉整治工作,完成全市禁燃区范围内的149台燃煤锅炉整治工作,提前1年完成自治区下达的任务。燕京啤酒(桂林漓泉)股份有限公司获批为工业和信息化部工业产品生态(绿色)设计试点企业(第二批)。年内,市工信委组织7家企业、4个产品及1个园区参加自治区绿色工厂、绿色产品、绿色园区示范试点创建工作。制订《桂林市水污染防治重点工业行业清洁生产技术改造实施计划》,在造纸行业、原料药制造行业采用先进技术,降低水资源消耗和污染物排放,最大程度减少环境污染。

【发展环境优化】 2017年,桂林市持续优化营商环境,服务企业,促进工业发展。年内,筹备设立市工业发展引导基金,引导社会资本进入工业领域,该基金由市财政首期出资2亿元。推进“惠企贷”业务,至年末,为72家企业发放贷款4.98亿元,有效缓解企业融资困难。推动高新投资开发集团有限公司等国有融资平台和桂林市华力重工机械有限责任公司等企业合作,解决企业流动资金缺乏问题。加强企业上市指导工作,2月20日,桂林世纪风科技发展股份有限公司挂牌“新三板”。贯彻落实自治区降低实体经济企业成本相关措施,全年为企业降低生产运营成本10亿元。年内,市工信委落实市领导联系服务重点工业企业工作制度,定期组织召开“重点工业企业困难问题协调会”“市长服务日”等服务企业活动,通过政企面对面“零距离”沟通,协调解决企业及项目建设中的问题。举办首届“桂林绿色制造”体验与展示展销会,全市68家食品、电子类等企业参展,吸引参观体验的游客和市民近10万人次,

2017年11月3日,第一届“桂林绿色制造”体验与展示展销会在市中心广场举行
(陈勇　摄)

线上电子商务平台实现销售额近100万元。在桂林电视台、《桂林日报》上分别开辟《点“经”桂林》《今日桂商》栏目，展示桂林企业风采，树立“桂林制造”品牌，宣传桂林工业发展。

（钟毅 赵晨彦）

电力生产

【概况】 桂林市电力生产主要包括火力发电、水力发电、燃气发电、风力发电和光伏发电。2017年，桂林市有火力发电企业1家（国电永福发电有限公司）。新增水电站1处，报废3处，新增装机容量3200千瓦，全市水电总装机容量135.17万千瓦，中小型水电站803座，其中总装机容量5万千瓦以上的中型水电站为桂江上的平乐县巴江口水电站（装机容量9万千瓦）、龙胜各族自治县南山梯级水电站（装机容量7.2万千瓦），5万千瓦以下较大的水电站有全州县天湖水电站（装机容量3万千瓦）、龙胜各族自治县银河水电站（装机容量2.4万千瓦）、灵川县青狮潭水电厂（装机容量1.94万千瓦）。至年末，桂林市规划风电项目65个，完成核准31个，装机容量191万千瓦。已竣工投产的风电项目16个，总装机容量94.2万千瓦，主要分布在资源县、龙胜各族自治县、灌阳县、全州县、兴安县和恭城瑶族自治县；已核准未投运的风电项目15个，其中已动工风电项目7个，未动工风电项目8个。全市有光伏发电项目132个，光伏发电项目的企业主要有桂林君泰福电气有限公司、桂林三金药业股份有限公司、兴安尚鼎新能源股份有限公司等。

2017年，因火力发电及风力发电等新能源发电增加，桂林市总发电量呈上升趋势。全年发电量73.69亿千瓦小时，增长12.6%。其中，火力发电15.62亿千瓦小时，增长11.25%；水力发电43.47亿千瓦小时，下降4.20%；风力发电13.56亿千瓦小时，增长146.55%；光伏发电390万千瓦小时，增长69.57%。

【国电永福发电有限公司通过安全文明生产标准化验评】 国电永福发电公司是桂林市唯一的火力发电企业。2017年，因电力市场供大于求，自治区下达火电发电指标较少，该公司发电机组装机62万千瓦，发电负荷15万千瓦。12月，中国国电集团公司安全文明生产标准化验评组对该公司的组织管理与机制、现场安全标准化及设施配置、现场卫生及作业环境和设备无渗漏四部分进行检查验评，验评结果为合格。

（吴冠文）

供电与电网建设

【概况】 2017年，广西电网有限责任公司桂林供电局（简称桂林供电局）办公地址在桂林市象山区上海路15号，内设办公室、人力资源部、财务部、企业管理部、计划发展部、市场营销部、生产设备管理部、基建部、安全监管部、农电管理部、监察部、党建工作部、审计部、工会、系统运行部，下设调度管理所、输电管理所、变电管理一所、变电管理二所、城中供电分局、东城供电分局、城南供电分局、客户服务中心、计量中心、营销稽查中心、信息中心、物流服务中心，直管临桂区、灵川县、永福县、兴安县、阳朔县5个县（区）级供电企业，全局在职人员1301人。

2017年，桂林供电局供电区域面积2.77万平方千米，直供客户40.2万户，加上5个直管县（区）级供电企业客户共107.4万户。全社会用电量113.8亿千瓦小时，其中居民生活用电31.95亿千瓦小时，全行业用电81.85亿千瓦小时。至年末，桂林电网境内共有500千伏变电站1座，容量1500兆伏安；220千伏变电站19座，容量4375兆伏安；110千伏变电站71座，容量4823.1兆伏安。220千伏线路46回，长度1648.20千米；110千伏线路84回，长度1819.94千米。主营业务收入（不含税）32.57亿元，当年电费回收率100%，客户平均停电时间（低压）13.85小时每户。累计完成固定资产投资8.49亿元。年内，桂林供电局被评为自治区安全文化建设示范企业。

【电网建设】 2017年，桂林供电局落实与桂林市人民政府签订的电网发展合作框架协议，深化政企合作模式。7月调整桂林市电网规划建设领导小组，8月将电力规划建设纳入各级政府部门绩效考核，并分别与桂林经济技术开发区和灵川高铁经济产业园成立电网建设协调领导小组，推动电网建设。建立领导挂点联系和督办机制，桂南、洋田、清风、华能分布式能源送出等一批受阻多年的基建工程建设取得重大突破，骆驼送变电工程32基杆塔施工受阻难题得到解决。全年完成726个中心村及机井通电项目建设。落实电力行业扶贫，投资7125万元新建改造配电变压器190台、线路375千米，贫困地区供电质量得到改善。推进脱贫攻坚未通电户项目建设，完成永福县和兴安县未通电户项目建设8个。

2017年11月11日，桂林供电局东江变电站开展主变压器大修工作（梅山啸 摄）

2017 年 1 月 27 日，桂林供电局实施中央电视台春节联欢晚会桂林分会场用电保障

（莫晓姣　摄）

【供电安全防控】 2017 年，桂林供电局围绕保障地方经济社会发展用电安全，加强安全生产基础，电网保持安全稳定运行。年内，整治涉电公共安全隐患 355 处，整改完成率 100%，有效防范触电危害；实现全市重点旅游单位供电可靠率 100%。与市人民政府联合召开输电线路安全隐患整治会议，解决了危及桂北电网安全的 220 千伏桂大Ⅰ、Ⅱ线树障隐患等重大隐患 285 处。实施配网综合整治攻坚，启动 2017—2019 年配电专项治理及低压配网精益治理专项行动，累计集中整改线路 52 条，改造台区 573 个，更换瓷瓶、避雷器等 2.57 万个，有效缓解低电压、重过载、频繁停电等问题。高效应对 7—8 月持续强降雨抗洪保电应急工作，完成 220 千伏渡江站接入重大风险管控工作，成功避免桂林北部 4 县县城、高铁供电中断可能导致的一般电力安全事故风险。完成中央电视台春节联欢晚会桂林分会场、党的十九大会议期间等重要活动的保供电任务。

【加强精益管控】 2017 年，桂林供电局制订实施综合标杆一流评价指标提升行动计划，推进精简、提质增效等工作，提前 4 个月完成阳朔“僵尸企业”处置，“两金”（存货、应收账款）余额下降 11.92%。通过实施审计促进增收节支 243 万元；完成审计整改治理任务，审计整改收回资金 381 万元。加强客户服务管控，精准、快速解决客户问题，对高风险及重要投诉履行“一把手”接单制，按照“五个亲自”（亲自督办、亲自协调、亲自跟踪、亲自反馈、亲自回访）的要求管控。落实电力体制改革政策，做好电价政策宣传和解答，促成 51 家企业与广西电网公司签订年度长期协议交易，累计交易电量 19.44 亿千瓦小时，增长 333%。实施内部体制改革，完成阳朔县、永福县、临桂区供电公司以及灵川县、兴安县供电公司“公司制”改制，原桂林城郊供电公司体制改革全面完成。

（车诒慧）

电子信息产业

【概况】 2017 年，桂林市电子信息产业主要有通信设备产业（光通信和微波通信）、光电光伏产业、行业应用电子产业、软件和信息服务业四大板块。全市有电子信息产业企业 480 家，其中规模以上企业 50 家，产值超 1 亿元以上企业 29 家。受国内外经济下行压力、市场激烈竞争、光伏产业集体技术改造停产、军工电子和部分电子制造企业减产等多重内外因素影响，桂林市电子信息产业创新技术，提升市场竞争力，保持平稳运行态势。至年末，全行业规模以上企业实现工业总产值 275 亿元（不含驻桂林军工电子信息企业、运营商营业数据），占全市工业总产值的 14%。

【电子信息行业运行分析】 2017 年，桂林市电子信息产业，主要产业为电气机械和器材制造业，产值 208 亿元，占全行业规模以上企业工业总产值 75.64%，实现平稳发展。计算机、通信和其他电子设备制造业实现产值 35 亿元，占全行业规模以上企业工业总产值的 13%，实现较快增长，增速高出全行业平均增速 9 个百分点。仪器仪表制造业发展放慢，出现下滑，全年实现产值 32 亿元，占全行业规模以上企业工业总产值的 12%。软件和信息技术服务业实现主营业务收入 12.9 亿元，略有下降。

【企业强劲发展】 2017 年，桂林市电子信息产业部分企业发展迅速。在行业应用电子板块，桂林智神信息技术有限公司发展迅猛，该公司成立于 2015 年 6 月，以研发、生成、销售电子稳定器和无人机配套配件为主。累计研发产品 22 套，配件产品 40 多套，申请专利 92 件，拥有专利 30 多件，软件著作权 6 项；2017 年实现销售收入 5 亿元，产品出口比例占 65%，所生产的手机稳定器获中国设计红星奖。在软件和信息技术服务业板块中，桂林力港网络科技有限公司开拓中国台湾和东南亚市场，丰富产品种类，实现利税 2.5 亿元，增长 68%，市值 23.8 亿元，年内获评为全国电子信息行业优秀企业。在光伏及光电子板块，桂林光隆光电科技有限公司被认定为自治区级 2016 年新增战略性新兴产业企业。在通信设备板块，桂林市思奇通信设备有限公司产品销售拓展至东南亚及非洲 10 余个国家与地区，年内与斯里兰卡签订合同金额 7.5 亿元。

【两个光电项目开工建设】 2017 年，荔浦县美亚迪光电科技产业项目、荣事达光电产业园项目开工建设。荔浦县美亚迪光电科技产业项目位于荔浦县金鸡坪工业园，计划总投资 8 亿元，被列入 2017 年自治区“四个一百”产业转型升级项目计划，第一期为 LED 光电项目建设，计划投资 2 亿元，占地 6.67 公顷；第二期为 15 个配套项目建

2017 年建成的荔浦美亚迪光电科技有限公司 LED 生产线　（陈勇　摄）

设，计划投资 6 亿元，占地 20 公顷。荣事达光电产业园项目计划总投资 12 亿元，其中工业部分投资 6.8 亿元，商业部分投资 5.2 亿元。主要产品为 LED 产品、电子产品、家电产品等，工业项目分塔窝山片区及长水岭片区。5 月 22 日举行开工奠基仪式，年末，相关基础设施已开工建设。　（蒋海清）

医药及生物制品业

【概况】 2017 年，桂林市医药及生物制品业在整体经济形势下行压力较大的情况下，加强产品研发，推动创新和转型升级，全行业保持稳定增长态势。至年末，全市医药及生物制品业有规模以上企业 28 家，其中产值超 1 亿元的企业 20 家，从业人员 0.87 万人。行业规模企业完成工业总产值 97.0 亿元，实现主营业务收入 84.2 亿元，实现利税 19.6 亿元，其中实现利润 14.0 亿元，税金 5.6 亿元。全年生产中成药 2.16 万吨，增长 6.3%；化学药品原药 1567.1 吨，增长 20.2%。

【重点企业稳定发展】 2017 年，桂林市医药及生物制品业重点企业坚持技术创新，提升产品竞争力。桂林三金药业股份有限公司、桂林莱茵生物科技股份有限公司、桂林华诺威基因药业有限公司、桂林澳林制药有限责任公司、桂林中族中药股份有限公司等产值增幅均在 10% 以上。桂林三金药业股份有限公司完成工业总产值 17.9 亿元，实现销售收入 16.0 亿元，实现利税 7.3 亿元，利润 4.5 亿元；桂林莱茵生物科技股份有限公司完成工业总产值 13.3 亿元，实现销售收入 12.0 亿元，实现利税 2697 万元；桂林中族中药股份有限公司完成工业总产值 10.4 亿元，实现销售收入 9.0 亿元，实现利税 7000 万元；桂林南药股份有限公司完成工业总产值 8.0 亿元，实现销售收入 8.3 亿元，利税 3.7 亿元，利润 3.0 亿元；桂林华润天和药业有限公司完成工业总产值 3.6 亿元，实现销售收入 3.3 亿元，实现利税 1.0 亿元；桂林华诺威基因药业有限公司完成工业总产值 1.9 亿元，实现销售收入 1.5 亿元，实现利税 688 万元，利润 300 万元。年内，桂林三金药业股份有限公司的复方罗汉果清肺系列产品全程质控体系及产业化项目、桂林南药股份有限公司的注射用青蒿琥酯产业化项目获自治区工业和信息化委员会科技创新发展专项资金支持。桂林莱茵生物科技股份有限公司的生物智能工厂建设工程项目获自治区工业和信息化发展专项资金（制造业和互联网融合）支持。桂林南药股份有限公司获“2016 中国医药外贸榜单”西药制剂出口第二名。

【桂林八加一医药产业园项目开工建设】 2017 年 3 月 29 日，桂林八加一药业股份有限公司、桂林八加一医疗科技有限公司生产基地建设项目在桂林经济技术开发区开工建设。桂林八加一药业股份有限公司是集新药研发、药品生产销售为一体的科技创新型企业，该项目计划总投资 6.2 亿元，项目完工后将建成冻干粉针剂生产线 2 条、原料药生产合成车间 2 个、胶囊剂生产线 1 条、滴丸剂生产线 1 条、片剂生产线 2 条、中药提取车间 2 个。年内，该公司 1.1 类新药和特色壮药研发生产项目入围自治区第一批新兴产业直接投资项目。　（涂年笙）

机械工业

【概况】 2017 年，桂林市机械工业推进新能源汽车发展，培育发展智能制

2017 年 3 月 29 日，桂林八加一医药产业园项目开工建设　（赵晗　摄）

造产业，推进重大项目建设，全行业保持良好运行态势。至年末，全市规模以上机械工业企业实现工业总产值205.8亿元，实现工业增加值55.58亿元。

【机械工业重点企业发展】 2017年，桂林市机械工业企业强化产品研发，坚持技术创新，一批重点企业发展较快。至年末，桂林国际电线电缆集团有限责任公司实现工业产值25.5亿元，增长16.3%。福达控股集团有限公司上市企业福达股份实现营业收入13.33亿元，增长30%；申请发明专利21件，实用新型专利24件，获授权专利13件，其中发明专利3件。桂林君泰福电气有限公司实现工业产值11.2亿元，增长10%，获授权发明专利4个。桂林橡胶设计院有限公司实现营业收入4.6亿元，增长8%。桂林啄木鸟医疗器械有限公司实现工业产值3.2亿元，增长25%，获授权发明专利3个。桂林机床电器有限公司实现工业总产值3.06亿元，增长12%。桂林鸿程矿山设备制造有限责任公司实现工业产值2.7亿元，增长80%。桂林桂北机器有限责任公司实现工业产值1.8亿元，增长30%。桂林狮达机电技术工程有限公司实现工业产值3100万元，增长5%，获授权发明专利8个。

【智能制造获发展】 2017年，桂林市推进供给侧结构性改革，推进工业和信息化深度融合，机械工业企业智能化应用取得长足发展。年内，桂林福达股份有限公司在德国成立福达(欧洲)技术有限公司，提高公司汽车零部件技术领域自主创新及研发能力。9月，桂林福达重工锻造有限公司曲轴数字化锻造车间试点示范项目列入2017年国家智能制造试点示范项目，为广西唯一列入名单的企业项目。桂林广陆数字测控有限公司年产150万套高端数显卡尺智能工厂等5个建设项目获自治区智能制造与智能工厂技术改造专项资金支持。年内，桂林君泰福电气有限公司的“干式变压器铁芯制造智能管理系统应用项目”、万向钱潮(桂林)底盘部件有限公司的“汽车底盘部件研发制造与智能生产”、桂林国际电线电缆集团有限责任公司的“大规模电线电缆高效敏捷制造链信息化智能化改造”、桂林机床电器有限公司的“智能化生产线改造项目”、桂林市华力重工机械有限责任公司“软硬件协同的工程机械物联网检测诊断与大数据服务平台”等项目获2017年自治区工业和信息化发展专项资金(制造业和互联网融合)支持。

【新能源机械研发生产取得突破】 2017年，桂林市新能源机械研发制造取得突破。8月25日，桂林比亚迪首台C9新能源客车下线仪式在桂林经济技术开发区苏桥工业园举行，该客车是纯电动长里程客车，年内在市区公交线路上运行。桂林电器科学研究院有限公司动力电池电解质研究项目取得较大进展，正极、负极材料及全固体电解质小试获成功，完成1千瓦小时(1度电容量)级电动摩托车的锂动力电池的设计、安全性改进和电池组的智能化控制系统研制。桂林矿产地质研究院负极材料研究项目产业化通过论证。新能源动力漓江游船研发取得进展，纯电动竹筏研发基本完成，已进入批量生产并投放市场。新能源动力漓江游船的高效节能环保锂离子电池混合动力直翼浆漓江旅游船通过实船运行测试，油电混合能源螺旋桨游船获桂林船舶检验局颁发的内河船舶适航证书。

【机械工业重大项目建设】 2017年，桂林市机械工业一批重大项目建设有序推进。年内，桂林比亚迪新能源车产业基地云轨梁车间投产，生产云轨梁100多根；云轨车生产车间钢架结构初步完成，新能源客车生产车间钢架结构启动建设。福达控股集团有限公司曲轴锻造车间智能化改造项目通过自治区工业和信息化委员会验收，完成新增5条100万套离合器生产线。万向钱潮(桂林)汽车底盘部件有限公司汽车控制臂智能工厂建设项目，桂林国际电线电缆集团有限责任公司智能化改造、装备升级中压电力电缆新技术扩建项目，桂林优利特医疗电子有限公司新一代高速全自动生化分析系统的产业化项目，桂林天湖水利电业设备有限公司年产1万台变压器项目，广西晨天恒源金属制品有限公司年产320吨高比重合金、硬质合金技术改造项目顺利推进。

【机械行业产品开发】 2017年，桂林市机械行业坚持科技创新，加强技术产品研发。年内，中国化学工业桂林工程有限公司实现产值4.6亿元，该公司完成的“五复合橡胶挤出机组研制”及“3200mm宽幅胶片挤出压延生产线研制”项目通过中国石油和化学工业联合会的科技成果鉴定，项目生产线列入国家《首台(套)重点技术装备推广应用指导目录》，项目产品出口土耳其、泰国、沙特阿拉伯等国家，生产的高端橡胶挤出装备市场占有率达60%。桂林中昊力创机电设备有限公司的“挤出热贴法裁断生产线”项目和“OTR工程胎带束层和胎体组合钢丝帘布裁断机”均被列为自治区技术创新项目并通过鉴定验收，技术水

2017年，桂林比亚迪项目建设现场 (赵晗　摄)

平均被评定为“国内领先”水平。桂林星辰科技股份有限公司实现工业总产值8287万元，销售收入7059万元，纳税总额1733万元，获授权发明专利3件，实用新型专利3件，软件著作权4项；该公司的“高性能机器人专用伺服控制系统研发”项目入选2017年广西科技计划项目。桂林矿山机械有限公司全年实现销售收入4422.43万元，获实用新型专利7件。桂林高新区科丰机械有限责任公司自主研发的1WG2.2-60A型微耕机、3CB1.5型背负式割草机、3CB0.8型背负式割草机，均获自治区农机推广鉴定证书。

（李少铸）

铁合金工业

【概况】 2017年，桂林市铁合金品种主要为硅锰合金和工业硅。受国家宏观政策调控尤其是严控钢铁产能、加大环保整治力度影响，铁合金行业发展面临着较大困难，产品价格时有波动。桂林市大部分铁合金企业能正常生产，由于受矿、煤等原材料价格猛涨，以及工业电价过高等因素影响，行业经济效益极不理想，大部分企业处于亏损状态或微利状态。至年末，桂林市共有铁合金企业43家，主要分布在全州县、灌阳县、灵川县和龙胜各族自治县，总装机84.35万千伏安。规模企业有34家，完成工业总产值62.03亿元，下降2.2%。

【灌阳县多措施扶持铁合金企业】 2017年，灌阳县采取电费补贴等措施，多方面扶持铁合金企业发展。年内，该县引导铁合金企业将产品由单一的硅锰6014逐步升级为硅锰6517、硅锰6028，冶炼炉由12.5兆伏安升级为25兆伏安，资源利用率和利润有所提高。引导企业进行技术改造和深加工，延伸产业链，提高产品档次和附加值，产品实现多元化。实施灌阳县铁合金冶炼企业电费补贴扶持相关措施，5月20日—12月20日，企业用县内小水电量每千瓦小时给予补贴扶持0.0113元，实际电价为每千瓦小时0.51元。

（张腾蛟）

食品（饮料）工业

【概况】 2017年，桂林市食品（饮料）工业提升生产技术水平和研发能力，优化产品结构，紧随市场需要创新产品类型。年内，由于啤酒等行业竞争激烈，销量减少，整体经济效益略有下降。至年末，全市食品（饮料）行业有规模企业112家，占全市规模企业总数17.3%。年产值1亿元以上企业64家，占全市规模企业总数9.9%，从业人员3.4万人。全年全市食品（饮料）行业完成规模工业总产值411.5亿元，实现主营业务收入329.2亿元，实现利税32.3亿元，实现利润20.1亿元。全年生产大米54.5万吨，下降11.1%；饲料110.6万吨，增长1.1%；白酒（折65度，商品量）6.2万吨，增长4.1%；啤酒93.0万吨，下降13.9%；米制半成品（糕点及干湿米粉等）21.9万吨，增长12.6%；罐头18.1万吨，增长8.7%；包装饮用水89.2万吨，下降84.6%；冷冻蔬菜6.4万吨，增长4.1%。

【食品（饮料）行业重点企业发展】 2017年，桂林市食品（饮料）工业一批重点企业提升管理，促进产品转型升级，深化产品质量，实现稳定发展。年末，桂林市力源粮油集团公司完成工业总产值140.0亿元，实现销售收入130.0亿元，利税总额6.0亿元，利润4.8亿元。燕京啤酒（桂林漓泉）股份有限公司完成工业总产值65.2亿元，生产各类啤酒93.0万吨，实现销售收入58.0亿元，实现利税12.0亿元，其中利润5.2亿元。桂林智仁食品工业有限公司完成工业总产值13.7亿元，实现销售收入11.0亿元，实现利税6000万元，其中利润4500万元。桂林周氏顺发食品有限公司完成工业总产值13.7亿元，实现销售收入10.0亿元，利税总额5200万元，利润4000万元。桂林西麦生物技术开发有限公司完成工业总产值8.9亿元，实现销售收入6.2亿元，利税总额1.3亿元，利润7000万元。桂林湘山酒业有限公司完成工业总产值2.11亿元，实现销售收入2.0亿元，实现利税3500万元，利润1200万元。

【《桂林米粉》标准发布实施】 2017年6月1日，由桂林市产品质量检验所研究制定、针对独立包装型桂林米粉的广西壮族自治区食品安全地方标准《桂林米粉》标准（DBS 45/042–2017）发布实施。桂林米粉地方标准涵盖鲜湿米粉、调制鲜湿米粉、干米粉、调制干米粉4大类预包装产品。该标准对米粉等原辅料进行要求，同时包含感官要求、理化指标、微生物限量及食品添加剂、生产加工过程的卫生要求等方面。并对检验方法和标签、标志、包装、运输、贮存、保质期等方面作详细规定。该标准制定有利于保障米粉产品品质、促进市场流通，有效推动地方特色产业品牌的树立和产业化发展。

（涂年笙）

2017年11月3日，速食米粉在第一届“桂林绿色制造”体验与展示展销会上展出

（陈勇 摄）

包装及竹木加工业

【概况】 桂林市包装及竹木加工业以木衣架、特种包装纸、竹木制家居用品、人造板、实木家具等为主。2017年，桂林市包装及竹木加工业调整产业结构，更新升级生产工艺，全行业实现平稳发展。至年末，桂林市包装及竹木加工业规模以上企业97家，就业人数3.3万人，全行业完成工业总产值286.6亿元，实现主营业务收入259.4亿元，实现利税21.0亿元，其中实现利润总额11.9亿元，实现税金9.1亿元。全年生产人造板277.3万立方米，增长21.5%，其中胶合板137.5万立方米，纤维板139.8万立方米；家具64.2万件，下降34.5%；衣架42.7亿个，增长52.2%；机制纸及纸板20.8万吨，下降1.5%；纸制品41.4万吨，下降22.4%。

【包装及竹木加工业重点企业发展】 2017年，桂林市包装及竹木加工业企业强化管理，提升产品质量，推进品牌建设，一批重点企业保持较好发展态势。至年末，永福县龙腾木业有限公司完成工业总产值15.0亿元，实现销售收入13.5亿元，利税总额6000万元，利润总额3200万元。桂林市艺宇印刷包装有限公司完成工业总产值8.5亿元，实现销售收入7.2亿元，利税总额5000万元，利润总额3000万元。桂林裕祥家居用品有限公司完成工业总产值6.8亿元，实现销售收入6.0亿元，利税总额3800万元，利润总额1800万元。桂林澳群彩印有限公司完成工业总产值7.9亿元，实现销售收入6.6亿元，利税总额9000万元，利润总额5300万元。桂林奇峰纸业有限公司完成工业总产值2.8亿元，实现销售收入2.5亿元。年内，桂林裕祥家居用品有限公司通过“标准化良好行为企业”确认验收。

【桂林俏天下家居用品集团有限公司清洁生产升级改造项目通过验收】 2017年，桂林俏天下家居用品集团有限公司年产4000万支金属浸塑系列衣架生产线清洁生产升级改造项目通过自治区工业和信息化委员会评估验收。2016年11月，该项目完成建设，新增的金属浸塑衣架生产线将分体加热—浸胶—烘干改为一体化作业，降低人力成本30%，节约电能40%；新增的全自动电镀衣架生产线采用三价铬替代六价铬电镀工艺技术，减少企业生产安全隐患，降低重金属排放，生产效率和产品质量得到提高。

（涂年笙）

建材工业

【概况】 桂林市建材工业以水泥工业为主，其他建材工业有预拌混凝土、预拌砂浆、滑石及加工、石材、墙体材料等。2017年，受市场和季节影响，水泥产品上半年价格低迷，10月随着市场需求增加，价格持续走高，生产经营取得较好成绩。至年末，桂林市有规模建材企业95家，营业总收入184.68亿元，其中兴安海螺水泥有限责任公司营业收入10.58亿元。有水泥生产企业13家，全年水泥产量662.30万吨。有完备资质和手续的混凝土企业30家，全年生产混凝土538.68万立方米。有已备案预拌砂浆企业6家，其中正式投产5家；有运输车25台、专用流动罐350个，预拌砂浆累计供应量55万吨。滑石企业有桂林桂广滑石开发有限公司、广西龙广滑石开发有限公司、广西龙胜华美滑石开发有限公司和龙胜三门滑石有限公司4家，以开采和加工滑石粉为主。

【桂林南方水泥有限公司生产经营稳步发展】 2017年，桂林南方水泥有限公司强化市场建设，改进基础管理，生产经营稳步发展。全年生产熟料191.14万吨，增长12.58%；生产水泥122.08万吨；销售水泥、熟料合计220.14万吨，下降1.4%；水泥、熟料销售价分别增长19.5%、28.9%；实现净利润8629.85万元，增长39%；完成工业总产值6.16亿元；缴纳各项税费6550.13万元，增长41.9%。年内，该公司将桂林市城区、阳朔县、荔浦县、平乐县、恭城瑶族自治县划为核心利润区，通过考评与激励，提升核心市场占有率，核心市场销量占比由57%提升至59%。通过循环风机、喷煤管以及工艺操作参数优化、系统漏风处理等，回转窑可靠性系数提高到99%以上，熟料综合电耗降至每吨55度，标准煤耗降至每吨105千克。改造余热发电，熟料发电量从每吨30千瓦小时提高到每吨35.5千瓦小时。结合环保政策整改要求，开展5S（整理、整顿、清扫、清洁和素养）现场管理，全面提升清洁生产水平。

【预拌砂浆、预拌混凝土行业】 2017年，桂林市预拌砂浆供应量55万吨。桂林市是自治区第二个开展禁止现场搅拌砂浆的城市，于2016年率先实现预拌砂浆批量生产销售，当年预拌砂浆实现零的突破，供应量5.48万吨。

2017年3月21日，市工信委联合相关单位开展禁止现场搅拌砂浆检查工作

（市工信委　供图）

年内，市工信委联合市环保局、住建委等部门，开展联合执法检查4次，检查建设工地60个，责令整改没有按规定使用预拌砂浆的工地9个。市散装水泥办公室到建设工地进行执法检查，对8个建筑项目使用散装水泥达标情况进行核查，核退散装水泥专项资金16万元。年内，完成对灵川县大新混凝土搅拌站、铁山混凝土搅拌站清洁生产、生产污水处理、站前道路保洁检查；督促新搬迁的铁山混凝土搅拌站环保设施加快建设。

【桂林桂广滑石开发有限公司竞争力增强】 2017年，桂林桂广滑石开发有限公司发挥矿产资源优势，从技术创新、转型升级、内挖潜力、外拓市场入手，增强企业核心竞争力。至年末，滑石块产品销售收入3.22亿元，利润总额1.22亿元。年内，该公司执行开采和剥离计划，控制资源消耗，延伸矿山服务年限，加大粉矿、尾矿、夹石矿回收力度，提高产品附加值。加大环保投入，完成矿区生活污水和矿区选厂生产污水处理。实行技术创新，淘汰落后产能，加大设备更新力度，全年投入600多万元完成粉厂咸阳磨安装、滑石除铁加工工艺和矿区洗选工艺改造等，产品质量和经济效益大幅提高。开拓工程塑料滑石应用新领域，促进企业转型升级，完成金发科技股份有限公司、苏州旭光材料技术发展有限公司批量试验，完成日本松村公司中等规模试验以及日本滑石公司的小规模试验。培育新的经济增长点，利用公司二级原料块，新开发出适合汽车工程塑料市场的T系列滑石粉，全年累计销售6000吨。年内，推进IPO（首次公开募股）项目，11月1日，广西金融工作办公室同意将该公司纳入自治区上市（挂牌）后备企业资源库。年内，该公司被中国非金属矿业协会评为“全国非金属矿行业先进企业”。 （张腾蛟）

二轻城镇集体工业

【概况】 2017年，桂林市工业合作联社办公地址在桂林市临桂区青莲路建设大厦，内设二轻工业行业管理科、技术管理科、人事劳动科、财务科、办公室和党委办。人员编制41名，其中行政编制15名，自收自支事业编制26名；在职人员9人，其中行政编制3人，自收自支事业编制6人。至年末，桂林市市属二轻城镇集体工业生产企业3家，县属二轻城镇集体工业企业20家。全年全市二轻城镇集体工业完成工业总产值4.2亿元，实现主营业务收入3.9亿元，实现税收1989万元。主要产品有：油漆、塑料制品、木衣架、金属衣架、塑料衣架、金属配件、食品饮料、钢化玻璃等。

2017年11月10日，桂林市授名“广西木根雕名城”评审会召开 （容邵春 摄）

【城镇集体企业改革改制】 2017年，桂林市工业合作联社、市城镇集体企业改革领导小组办公室推进企业改革改制，促进企业摆脱困境，寻求新的发展机遇。年内，完成桂林利盾保安服务有限公司兼并桂林市保安服务总公司改革改制工作，推动桂林市水电建筑工程公司股份制改革、燕京啤酒（桂林漓泉）股份有限公司兼并桂林市消防器材厂改制筹备工作，为企业完成改制工作打下基础。

【传统工艺美术产业】 2017年，桂林市工业合作联社拓展行业服务空间，推动传统工艺美术产业发展。桂林工艺美术行业借助各种平台展示桂林工艺美术技艺和地方特色，提升行业知名度，促进行业水平提高和产业发展。年内，组织桂林市工艺美术行业从业人员参加第52届全国工艺品交易会暨“金凤凰”创新产品设计大奖赛、“深圳·金凤凰”工艺品创新设计大奖赛、第18届中国工艺美术大师作品暨手工艺精品奖博览会、中国工艺美术协会“百花杯”大赛，获国家级金奖14项、银奖18项、铜奖34项。9月，组织参加2017广西工艺美术作品（旅游工艺品）暨大师精品展览，桂林市获“八桂天工奖”金奖19项、银奖17项、铜奖21项；桂林市32个由广西工艺美术大师和高级工艺美术师组成的项目创作组，获大师精品创作工程“精品奖”7项；获“八桂天工奖（旅游工艺品）”金奖2项、银奖5项、铜奖4项；入选广西艺术作品展54件，其中8件作品获“广西艺术展优秀奖”。10月，组织4家企业的12个产品参加自治区第7届广西发明创造成果展览交易会，获创新成果奖4个。

【桂林市获“广西木根雕名城”称号】 2017年，桂林市工业合作联社组织推动“广西木根雕名城”申报工作，巩固和发展木根雕行业产业集群优势，提高桂林市工艺美术行业的知名度和影响力。11月，桂林市被自治区二轻城镇集体工业联社授予“广西木根雕名城”二轻行业特色产业区域称号。桂林的木根雕市场拥各类木根雕企业、作坊1000多家，产业从业人员逾5万人，产值销售额超15亿元。

（文小毛）

农业·水利·农村扶贫

农业综述

【概况】 2017年,桂林市农业局办公地址在桂林市螺狮山路14号,内设办公室、人事科、计划财务科、综合科、政策法规科、农村经济体制与经营管理科、种植业科、农产品质量安全监管科、市场与经济信息科、科技教育科、对外经济合作科、机关党委办公室,撤销原监察室。下设桂林市农业科学院、桂林市蔬菜研究所、桂林市农业区划办公室、桂林市水果生产办公室、桂林市农村合作经济经营管理站、桂林市土壤肥料工作站、桂林市种子站、桂林市农业技术推广站、桂林市农业科教站、桂林市农业生态与资源保护站、桂林市经济作物技术推广站、桂林市植物保护站、广西农业广播电视学校桂林分校、桂林市农业技术推广中心。在职人员298人。

2017年,桂林市农林牧渔业总产值609.44亿元,其中农业产值409.11亿元,林业产值34.84亿元,牧业产值132.09亿元,渔业产值14.36亿元,农林牧渔服务业产值19.03亿元。农村居民人均可支配收入13345元,(比上年,下同)增长9.6%,绝对值排名全自治区第三。桂林市水果栽培面积、产量、产值居全自治区第一,其中砂糖橘、金橘、柿、罗汉果产量居全国第一,柑橘、葡萄、桃、梨产量居全自治区第一。年内,桂林市举办全国农产品加工业品牌创建宣传周暨广西农产品加工业品牌推介会、广西第14届“看禾选种、助农增收”活动(桂北分会场)、第13届广西名特优农产品(桂林)交易会等大型展会活动。

【农业结构不断优化】 2017年,桂林市围绕农业产业布局,调整农业产业结构,特色产业聚集区逐步形成,种植结构不断优化。年内,桂林市坚持“优势柑橘为主线,特色水果为辅助”原则,继续推广砂糖橘、杂交柑、温克等特早、特迟、特优水果品种,并结合休闲农业开发,利用独特小气候,适当发展城郊草莓、百香果等时令水果,探索发展山区猕猴桃、甜柿、蓝莓、布福娜(黑老虎)等新兴水果。全面推进全市蔬菜产业朝着区域化布局、标准化生产、产业化经营、品牌化建设方向发展,做大做强蔬菜产业。蔬菜产业在临桂区南边山镇无公害常年叶菜类蔬菜生产示范基地,荔浦县新坪镇荔浦芋示范基地、修仁镇茭白标准示范园、青山镇莲藕示范基地,龙胜各族自治县西红柿高产栽培示范基地等示范点带动下,推动一批特色高效农业生产基地建设。

【粮食生产稳步发展】 2017年,桂林市围绕以全州县、兴安县等6个国家级产粮大县,阳朔县、灌阳县、荔浦县3个自治区粮源基地县和全州县广西粮食生产功能区划定与建设试点县的建设为重点,扶持粮食增产提质增效核心示范区建设,开展粮食绿色高产高效项目创建,实施水稻生态区域动态监测,加大新品种新技术的推广力度,打造超级稻、优质稻、旱杂粮等粮食优势产业带。灌阳县黄关镇联德村在自治区粮食绿色高产高效示范点创建过程中,结合超级稻高产攻关和神农稻博园水稻核心示范区建设,实行统一规划、统一用种量、统一播种时间、统一肥水管理、统一病虫防治,推广和运用水气平衡栽培、“三定”栽培(即因地定产、依产定苗、测苗定氮的水稻栽培方法)、测土配方施肥、病虫害综合防治等关键技术。兴安县高尚镇乐群村示范点推广应用“水稻+免耕秋甜玉米”水旱轮作模式。全州县才湾镇南一村建立桂林市水稻等作物生长发育动态监测点,开展从播种到收获的全程动态观测、监控,定期定时形成监测报告。加快发展旱粮生产,利用幼龄果园、山地、低丘缓坡等丰富的旱地资源和冬闲田,发展玉米、红薯、大豆、马铃薯、高粱、杂豆等旱粮生产。全年全市旱粮面积11.88万公顷,超级稻种植面积16.1万公顷,种植规模在全自治区排名领先。灌阳县“超级稻+再生稻”平均每667平方米产出首次突破1500千克,再创世界纪录。全年全市完成粮食播种面积36.93万公顷,下降1.9%;粮食总产量195.79万吨,下降4.4%,其中夏粮86.35万吨,秋粮106.30万吨。

【产业扶贫取得成效】 2017年,桂林市围绕贫困村脱贫摘帽、贫困人口脱贫奋斗目标,落实精准脱贫攻坚产业开发部署。因地制宜地选择确定适宜发展的水果、蔬菜、中药材、食用菌、茶叶、生猪、肉鸡、肉鸭、油茶、林下经济等特色优势产业,全市13个县(区)均确定4个—5个特色优势产业,有效覆盖到贫困村和贫困户。启动产业脱贫春季和秋冬大行动,做到村村有技术员联系,户户有技术明白纸。加快现代农业示范区建设,引进培育农业龙头企业,发展贫困村农民专业合作社和集体经济,促进一、二、三产业融合发展。开展种植业、养殖业等产业培训1147期,培训人数6.99万人次,推进种植、低产改造、家禽养殖、水产养殖、食用菌栽培等项目实施,覆盖贫困村472个,受益贫困户4.08万户、14.93万人。

【现代特色农业产业成效显现】 2017年，桂林市持续深入推进现代特色农业产业品种品质品牌“7+3”提升行动(即提升粮食、水果、蔬菜、食用菌、茶叶、肉牛肉羊、生猪7大种养业，以及富硒农业、有机循环农业、休闲农业3个新兴产业)，优势特色农产品持续实现丰产丰收。年内，全市实施水果改园扩种面积2.03万公顷。全市水果栽培面积24.06万公顷(不含白果、板栗，下同)，增加1.6万公顷，增长7.12%；水果总产量539.74万吨，增加63.83万吨，增长13.41%，其中以砂糖橘、金橘为代表的柑橘类产量323.04万吨，增长16.2%；水果总产值176.1亿元，增长42.1%；农民人均水果收入约4600元。水果种植成为农民经营性收入的主要增长点，全市80%以上新农村示范村和现代农业核心示范区都以水果为主导产业，阳朔县白沙镇古板村(金橘)、荔浦县修仁镇板纳村(砂糖橘)、兴安县溶江镇莲塘村(葡萄)、灵川大圩镇秦岸村(葡萄)等村(屯)水果人均收入达1万元。开展“菜篮子”工程建设和蔬菜标准园建设，全市建立蔬菜示范点33个，创新推出“稻+菜+菜”“稻+菜+薯”“稻+菜+菜+菜”等稻田耕作模式，引进推广蔬菜新优品种和标准化生产技术。全市蔬菜复种面积19.35万公顷，增长2.3%；蔬菜总产量431.32万吨，增长3.8%。蔬菜复种面积、总产量居全自治区第二。

【休闲旅游农业提质升级】 2017年，桂林市继续抓好休闲农业示范点、星级创建和最美休闲乡村等申报创建工作。年内，荔浦金州湾休闲山庄、临桂莲花岛乐园、灵川思江合作社获“自治区休闲农业与乡村旅游示范点”称号；桂林恭城牛路头农业旅游开发有限公司、兴安县牧川生态农业开发有限公司、桂林灌阳禾亚生态农业开发有限公司、广西资源县丰绿生态养殖开发有限公司获“四星级休闲农业与乡村旅游创建点”称号；龙胜、灌阳、灵川、阳朔、荔浦、恭城6个县(自治县)编制休闲农业发展规划，龙脊梯田稻作系统被联合国粮农组织评为全球重要农业文化遗产，恭城月柿栽培系统入选第4批中国重要农业文化遗产。组织编制印刷《桂林市休闲农业与乡村旅游100个精品景点》画册，促进休闲农业与旅游业的有机结合。

【现代特色农业示范区建设】 2017年，桂林市贯彻落实中央、自治区加快现代农业发展部署，通过市、县、乡联动，点、线、面结合，统筹推进示范区建设。年内，新增桂林市灌阳县千家洞水果产业(核心)示范区，恭城瑶族自治县甜蜜柿业月柿产业(核心)示范区、雁山区柿里回乡休闲农业(核心)示范区、灵川县橘红甘棠江特色农业(核心)示范区、桂林市临桂区相思湖柑橘产业(核心)示范区、灌阳县神农稻博园水稻产业(核心)示范区6家四星级广西现代特色农业(核心)示范区；新增灵川县古镇提香(核心)示范区、平乐县车田河肉牛循环农业(核心)示范区、永福县福寿橘园(核心)示范区、临桂区桂林之花特色林业(核心)示范区、阳朔县遇龙河休闲农业(核心)示范区、兴安县红色湘江蜜橘产业(核心)示范区、全州县金槐产业(核心)示范区、灌阳县油茶产业(核心)示范区8家三星级广西现代特色农业(核心)示范区。创建荔浦县荔江湾砂糖橘产业示范区、兴安县三造高效农业示范区、阳朔县蔗香甜园示范区等12家广西现代特色农业县级示范区；创建全州县东山瑶族乡盘龙湖特色林业示范园、桂林市雁山区雁山镇三立蔬菜示范园、平乐县二塘镇柿海波涛农业示范园等18家广西现代特色农业乡级示范园。全年全市各级示范区累计硬化道路1503千米，修建水利1142千米，架设电力线路1375千米，投入服务设施建设资金1.34亿元，购置农产品加工设备637台(套)，引入农村新型经营主体和服务主体数量731个，打造农产品名优品牌数128个。至年末，全市共启动创建现代特色农业示范区233个，认定204个，其中自治区级20个(五星级3个、四星级7个、三星级10个)、市级39个、县级43个、乡级102个，数量排全自治区前列。

桂林兴安灵渠葡萄产业核心示范区 （陈辉 2017年摄）

【完善农产品质量安全保障】 2017年，桂林市完善和巩固农产品质量安全监管与追溯体系建设。年内，共组织161人次参加自治区绿色食品办公室举办的“广西2017年种植业无公害农产品内检员培训班”及“广西2017年绿色食品检查员监管员培训班”学习，组织440多人次参加“三品一标”(无公害农产品、绿色食品、有机农产品和农产品地理标志)知识专题培训。加强农产品质量安全监管，对各县(区)种植业无公害农产品生产基地开展年度现场监督检查，全年共检查生产基地27个。全市有14家绿色食品生产企业的25个产品获“绿色食品标志”使用权，种植业农产品获“绿色食品标志”使用权的数量达89个。建成柑橘、月柿2个全国绿色食品原料标准化生产基地。灌阳雪梨、荔浦马蹄、荔浦芋、资源红提、龙脊辣椒、龙脊茶、桂林桂花茶、恭城月柿、平乐石崖茶、平乐慈姑、兴安葡萄和荔浦砂糖橘12个农产品获国家地理标志保护。组织开展农资打假专项治理，全市出动农业执法人员7000多人次，检查农资生产经营单位3948个（次），查处违法违规农资产品600多吨，货值500万元，整顿农资市场750个（次），立案查处528件，挽回经济损失1283万元。全市各县（区）监测单位共抽检各类蔬菜样品总数3.68万个，不合格样品数6个，合格率99.98%。135个乡（镇）风险监测站共抽检各类蔬菜样品总数11.57万个，不合格样品数32个，合格率99.97%。

【农村综合改革】 2017年，桂林市全面开展农村土地确权工作，全市应确权农户总数95.8万户（不含4个城区），签订土地承包合同农户91.2万户，占耕地承包总农户数的95.1%。完成确权承包耕地面积24.46万公顷，占家庭承包耕地总面积的95%以上。推进农村土地承包经营权流转，全市土地流转面积8万公顷，占耕地面积的61.7%。壮大新型经营主体，全市共培育农民专业合作社5890家，新增1043家，其中国家级示范社30家，自治区级示范社187家，市级示范社71家。共培育家庭农场635家，新增263家，其中市级示范性家庭农场48家，新增35家。提升农产品加工能力，全市累计有市级以上农业产业化龙头企业174家，新增37家，其中国家级重点龙头企业2家，自治区级重点龙头企业22家。 （杨华东）

粮油生产

【概况】 2017年，桂林市落实惠农政策，推进绿色发展，稳定粮食播种面积，加大农业科技推广力度，提高农业机械化水平，组织开展粮食生产功能区划定试点工作，稳步提升粮食综合生产能力。受砂糖橘等水果种植影响，全市粮食面积、总产量略减。受6月26日—7月1日洪涝灾害影响，粮食单产略减。全年全市完成粮食播种面积36.93万公顷。粮食总产量195.79万吨，其中稻谷总产量154.84万吨，下降5.5%；玉米总产量20.61万吨，下降0.7%；豆类总产量6.85万吨，增长4.8%；薯类总产量（折粮）12.39万吨，下降0.9%，其他旱杂粮1.1万吨。粮食平均每公顷产量5302千克，下降2.5%。油料生产稳定增长，油料作物总产量7.78万吨，增长6.0%，其中花生总产量7.07万吨，增长6.5%；油菜、芝麻等油料作物总产量0.71万吨，与上年基本持平。年内，第十四届广西"看禾选种，助农增收"活动在全州县举行。全州县成为广西粮食生产功能区划定与建设试点县之一。

【"神农稻博园"水稻（核心）示范区建设】 2017年，桂林市"神农稻博园"水稻（核心）示范区在灌阳县黄关镇建成，面积0.2万公顷。"神农稻博园"共设置"神农画梦"水稻种植示范区、"超级稻+再生稻"高产攻关区、新品种展示区、绿色防控区、测土配方施肥区、富硒栽培示范区、全程机械化示范区、稻+灯+鱼生态模式示范区，已建成为集农业种植、示范、加工、科普、休闲、养生多元化发展和"产、学、研、吃、住、玩"为一体的多元化核心示范区。11月，"神农稻博园"水稻（核心）示范区通过自治区级验收，被认定为自治区四星级核心示范区。

【超级稻高产攻关再创新高】 2017年，桂林市灌阳县超级稻高产攻关再创新高，连续8年刷新广西水稻单产最高纪录。一季超级稻平均每667平方米产出稻谷突破1000千克，达到1009.5千克，最高田块每667平方米产出稻谷1048.33千克。再生稻平均每667平方米产出稻谷552.1千克，最高每667平方米产出606.4千克。超级稻+再生稻平均每667平方米产出1561.6千克，"一季稻+再生稻"单产创造最高的世界纪录。年内，灌阳县农业局被国家杂交水稻工程技术研究中心、湖南杂交水稻研究中心联合授予"超级杂交稻高产攻关与示范先进示范基地"称号。

【新技术推广应用】 2017年，桂林市推广测土配方施肥技术面积48.02万公顷、节水农业技术面积7.95万公顷、水稻抛秧技术面积18.56万公顷，水稻水气平衡技术面积5.35万公顷，水稻"三控"（控肥、控苗、控病虫）技术面积4.99万公顷；玉米"一增三改"（合理增加种植密度，改种耐密型高产品种、改粗放用肥为配方施肥、改人工种植和收获为机械化作业）技术面积0.7万公顷。全市实施秸秆还田面积29.9万公顷，中低产田改良面积1.43万公顷。开展病虫综合防治111.67万公顷次，发布各类病虫情报265期，测报准确率在90%以上。

【超级稻推广】 2017年，桂林市完成超级稻推广面积16.1万公顷，增加0.16万公顷，其中早稻面积7.51万公顷，中稻面积3.16万公顷，晚稻面积5.43万公顷。推广的主要品种有"株两优819""五优308""淦鑫

2017年，桂林市"神农稻博园"水稻（核心）示范区在灌阳县黄关镇建成

（唐茂军 供图）

203”“天优华占”“淦鑫688”“丰源优299”“Y两优1号”“中浙优1号”等。

【优质稻生产】 2017年，桂林市种植优质稻面积24.32万公顷，其中早稻推广优质稻11.11万公顷，中稻优质稻3.55万公顷，晚稻优质稻9.66万公顷。推广的优质稻品种有“五优308”“五优华占”“五山丝苗”“天优华占”“中浙优1号”“Y两优1号”等。

【土豆生产】 2017年，桂林市利用秋冬闲田，实施“千万亩秋冬种产业开发行动计划”，发展土豆种植。全年全市土豆种植面积0.48万公顷，总产量9.30万吨。 （唐茂军）

2017年12月，广西匠域生态农业发展有限公司灵川羊肚菌种植基地进行放置营养袋管护 （市农业技术推广站 供图）

其他经济作物生产

【概况】 2017年，桂林市经济作物（不含蔬菜、水果）播种面积7.03万公顷，减少0.20万公顷，下降2.77%。其中，中药材面积4.84万公顷，下降7.10%；甘蔗面积0.16万公顷，下降40.74%；桑园面积0.02万公顷，下降50%；其他经济作物面积2.01万公顷，增长17.54%。

【中药材产业呈现下滑态势】 2017年，桂林市中药材产业呈现下滑态势，全年中药材种植面积4.84万公顷（当年新种植面积1.29万公顷），下降7.10%。其中，“三木”药材面积1.81万公顷（杜仲0.38万公顷，黄柏0.19万公顷，厚朴1.24万公顷），下降5.73%；罗汉果种植面积0.69万公顷，下降21.59%；金银花种植面积0.36万公顷，下降7.69%；金槐种植面积1.23万公顷，与上年持平。其他零星分布的品种有生姜、山药、桔梗、杜仲、玉竹、广佛手、鸡骨草、太子参、何首乌、板蓝根、金钱草、郁金、葛根、铁皮石斛、菊花等。年内，全市建成罗汉果生产示范基地（龙胜各族自治县、临桂区），葛根生产示范基地（阳朔县），金槐基地（全州县），黄精、重楼及药用菊花基地（灌阳县），红豆杉、玉竹、金银花种植基地（资源县）等34个中药材基地，面积3711公顷，下降25.02%。全市已形成金槐、罗汉果等连片开发的良好农业规范栽培基地，持续发展百合、葛根等药食两用基地规模。构建“约材商业企业＋基地＋农户”“中成药生产企业＋基地＋农户”发展模式，引导全市中药材生产向规模化、生态化、标准化方向发展。至年末，全市中药材总产量8.73万吨，下降7.62%；总产值12.83亿元，下降14.01%。

2017年7月，资源县中峰镇白芨栽培场基地 （市经济作物技术推广站 供图）

【甘蔗种植面积继续萎缩】 2017年，桂林市甘蔗种植面积继续萎缩。糖蔗主产区永福县，年内收购价无力反弹，砍蔗人工、运输成本等居高不下，收入微薄影响蔗农种植积极性，导致蔗田面积一再出现萎缩，出糖量一路走低。全年全市甘蔗种植面积1560.73公顷，减少1095.5公顷，下降41.24%。其中，果蔗面积1271.4公顷，糖蔗面积289.33公顷，分别下降10.65%和76.54%。 （刘广安）

【食用菌生产】 2017年，桂林市食用菌栽培面积2000.18公顷，食用菌鲜品总产量16.83万吨，总产值15.37亿元。全市食用菌生产主要分布在全州、龙胜、兴安、灵川、灌阳、临桂等县（自治县、区），主要栽培品种有香菇、木耳、平菇、双孢蘑菇、秀珍菇等，其中栽培面积达100公顷以上的品种有6个（香菇486.71公顷，产量4.39万吨；黑木耳358.90公顷，产量2.97万吨；毛木耳 295.29 公顷，产量 2.90 万吨；平菇 139.40 公顷，产量 1.47 万吨；双孢蘑菇 138.93 公顷，产量 1.11 万吨；秀珍菇 136.97 公顷，产量 1.17 万吨）。全市野生菌采集量 147.55 吨，主要品种有香菇（花菇）、木耳、灵芝、松乳菇（松树菇）、鸡枞菌等，主要分布在全州、兴安、资源、龙胜、恭城、临桂等县（自治县、区）。全市种菇农户 7678 户，食用菌产业从业人员 1.74 万人，生产及加工企业 12 家，食用菌专业合作社 14 家。全年食用菌加工能力 2366 吨，实际加工量 1882 吨，销售金额 2228 万元。年内，受水果种植业迅猛发展影响，菇农锐减，食用菌栽培面积大幅减少，产业面临前所未有的困境。桂林市积极调整食用菌产业结构，从抓高效益品种引进、品种合理布局及重点生产企业等方面来推进和促进食用菌产业特色化、规模化、产业化发展。10 月，广西匠域生态农业发展有限公司引进珍贵品种——羊肚菌，成为桂林市首家引进并进行规模化人工栽培羊肚菌的企业。（刘兴淋）

水果生产

【概况】 2017 年，桂林市实施水果改园扩种面积 2.03 万公顷，完成计划任务的 156%。年内，全市水果栽培面积 24.06 万公顷（不含白果、板栗，下同），增加 1.6 万公顷，增长 7.12%；水果总产量 539.74 万吨，增加 63.83 万吨，增长 13.41%；水果总产值 176.1 亿元，增长 42.1%；农民人均水果收入 4600 元。水果栽培面积、产量、产值等各项指标居广西第一。其中砂糖橘、金橘、柿产量居全国第一，柑橘、葡萄、桃、梨等产量居广西第一。

【水果品种结构调整】 2017 年，桂林市坚持“优势柑橘为主线，特色水果为辅助”原则，开展晚熟杂交柑、葡萄、甜柿、猕猴桃、蓝莓等水果新品种引进试验示范。推广砂糖橘、杂交柑、温克等特早、特迟、特优水果品种，逐步淘汰中熟温州柑、普通甜橙等一批退化、老化、低效水果品种。结合休闲农业开发，利用独特小气候，适当发展城郊草莓、百香果等时令水果。探索发展山区猕猴桃、甜柿、蓝莓、布福娜（黑老虎）等新兴水果。打造贫困山区扶贫产业，推进果业供给侧结构调整，提升水果产业整体效益。年内，以砂糖橘为主的柑橘类水果种植面积 14.67 万公顷，产量 323 万吨，分别占全市水果种植面积和产量的 61% 和 60%。建立柑橘新品种试验示范点 5 个，引入金秋砂糖橘、沃柑、大雅等柑橘品种 10 个 2000 株；建立杂交柑砧穗组合试验示范点 1 个，不同砧穗组合处理 4 个 36 株。同时，利用山区独特气候资源，建立甜柿新品种试验示范点 2 个 6.67 公顷，带动月柿高接换种 53.33 公顷。

【优势特色水果产业】 2017 年，桂林市依托桂阳路“百里”金橘、湘江资江流域“百里”葡萄长廊、荔柳路“百里”果蔬 3 条“万元增收”示范带；桂江月柿、灌江黑李、海洋山脉优质桃等一批特色水果产业带；恭城甜蜜柿业（核心）示范区、兴安灵渠葡萄产业（核心）示范区、荔浦县橘子红了砂糖橘产业（核心）示范区等多个核心示范区带动，打造出每个县都有 1 个—2 个主导果品或“一乡一品”“一村一品”的产业格局。形成恭城月柿、兴安葡萄、荔浦砂糖橘等一批特色明显的水果主产县。随着树冠覆膜保鲜技术的广泛应用，柑橘上市期延后。春季上市销售的水果产量超过总产量的 30%，打破了水果在冬季集中上市局面。

表 13　2017 年桂林市各县（区）水果生产情况统计表

县（区）	总面积（万公顷）	总产量（万吨）
市四城区（秀峰区、叠彩区、象山区、七星区）	0.02	0.05
雁山区	0.16	3.33
临桂区	1.15	17.97
阳朔县	2.31	49.97
灵川县	2.08	41.27
全州县	2.85	41.60
兴安县	2.03	45.46
永福县	2.53	32.32
灌阳县	1.70	42.16
龙胜各族自治县	0.55	9.84
资源县	0.37	7.39
平乐县	3.10	89.18
荔浦县	1.96	45.40
恭城瑶族自治县	3.25	113.80
合计	24.06	539.74

2017 年，灵川县大圩镇“古镇提香”葡萄现代特色农业核心示范区

（市水果办　供图）

【水果类国家农产品地理标志申报】 2017年，桂林市申请“桂林葡萄”“桂林月柿”“桂林砂糖橘”3个品牌申报国家农产品地理标志。至年末，“桂林葡萄”获国家农产品地理标志，全市已拥有“阳朔金橘”“恭城月柿”“灌阳雪梨”“资源红提”“兴安葡萄”“荔浦砂糖橘”“桂林葡萄”等水果类国家农产品地理标志7个。

【水果供应链建设】 2017年，桂林市建成与水果相关的龙头企业30多家，农民专业合作经济组织1500多个。建成水果产地冷库280个，容积10万立方米，生产处理线270条，年处理鲜果120万吨。涌现了“百林芳蜜橘”“丰华园甜脆柿”“亮靓砂糖橘”“肖卷忠葡萄”等水果品牌。促进水果销售流通发展，组织相关企业、合作社到北京、上海、浙江等地进行砂糖橘等水果推介活动。打造海洋桃花红、古板金橘黄、南方吐鲁番等休闲果业旅游精品线路，举办“兴安葡萄节”“恭城月柿节”“灌阳雪梨黑李节”“首届广西好食材砂糖橘评选”等水果节庆活动，实现水果产业与旅游业有机结合。

【水果科技培训及推广】 2017年，桂林市水果管理部门围绕柑橘、葡萄、月柿、桃、李等水果主栽品种，组织开展技术培训，推广柑橘健康无病苗、柑橘黄龙病防控、柑橘节本增效栽培、葡萄熟期调控、水肥一体化等水果种植技术。建设砂糖橘树冠盖膜简易钢架改造示范点5个、面积8公顷；葡萄避雨栽培新架式改造示范点3个、面积2公顷。年内，邀请国家科学技术体系柑橘首席专家邓秀新、李类产业权威专家刘威生等专家到桂林进行技术指导，共举办水果技术培训1000多期，培训人数超10万人次。全市推广树冠盖膜简易设施栽培面积7.3万公顷，已投产的葡萄、金橘基本实现全覆盖，砂糖橘覆盖率97%；推广柑橘节本增效栽培面积1.5万公顷以上；水果水肥一体化技术面积0.8万公顷以上。全年全市水果良种覆盖率96%，优质果品率72%。水果新品种、新技术的推广运用，使全市水果单产增加约5%，挂果面积增加1.8万公顷。

【柑橘黄龙病防控】 2017年，桂林市抓好柑橘无病健康苗木基地建设项目实施，推进市、县两级柑橘无病健康苗木繁育体系建设，建成柑橘无病健康苗木繁育基地37个，可提供柑橘无病健康苗木1300万株。在全市范围内开展柑橘黄龙病综合治理培训宣传，提高果农防控黄龙病的意识和水平，成立专业机动防控队伍，制订统一防控方案防治柑橘木虱。加强柑橘失管果园治理，严格监管柑橘苗木生产经营。年内，在荔浦县修仁镇、永福县堡里镇、灵川县潭下镇开展统防、统治柑橘木虱试点工作，抓好柑橘黄龙病综合防控示范点建设项目实施。

（罗继丰）

蔬菜生产

【概况】 2017年，桂林市蔬菜复种面积19.17万公顷(其中秋冬蔬菜种植面积10.71万公顷)，减少0.37万公顷，下降1.89%；蔬菜总产量418.51万吨，增长1.72%。蔬菜播种面积、总产量居全自治区第二。全市无公害蔬菜产地认定面积6009公顷，获农产品地理标志的产品4个，分别是荔浦芋、荔浦马蹄、龙脊辣椒、平乐慈姑；反季节蔬菜种植面积3.65万公顷；蔬菜与其他农作物间作套种面积12.62万公顷；推广蔬菜“三避”（避雨、避寒、避晒）技术应用面积5.07万公顷。全年全市农贸市场检测室检测蔬菜样品合格率99.99%，未发生因蔬菜农药残留超标引发的安全事故。

【加强蔬菜基地建设】 2017年，桂林市有常年蔬菜基地面积0.21万公顷，覆盖灵川县、全州县、荔浦县与6个城区。蔬菜产业示范建设稳步发展，11个县(自治县)和6个城区建成蔬菜生产示范点25个，示范面积0.65万公顷。各县(区)生产示范点开展多项对比试验，如秋冬季蔬菜品比试验，大棚豇豆夏栽品比试验，春露地辣椒、茄子品比试验，甜瓜大棚夏栽观察试验，荔浦芋水培法、岭地和水田栽培对比试验，荔浦芋地下害虫防治试验等等。建成香葱生产基地(灵川县灵川镇)，以茄果类、葱蒜类、豆类、叶菜类为主的常年蔬菜生产基地(灵川县、临桂区、雁山区)，荔浦芋、茭白、莲藕示范基地(荔浦县)，番茄高产栽培示范基地(龙胜各族自治县)等。

【蔬菜优良品种引进】 2017年，桂林市引进优良蔬菜品种21个，对灌阳雪萝卜、龙脊辣椒、荔浦芋、全州红辣椒、阳朔香芋等5个地方优良品种，开展提纯复壮工作。组织蔬菜种植专题培训，请蔬菜专家到生产大户、专业村进行产前集中培训，通过蔬菜产业合作经济组织形式，指导菜农掌握无公害蔬菜生产技术和蔬菜标准园建设。全市创建蔬菜科技园区6个，园区总面积210.5公顷。有经营蔬菜出口型企业6家，出口蔬菜0.82万吨。

2017年5月，灵川县大圩镇茄子生产基地大棚（市经济作物技术推广站　供图）

开展科技扶贫、服务“三农”活动，举办蔬菜技术培训693期，培训菜农7.43万人次。（刘广安）

农业科技

【概况】 2017年，桂林市农业科技教育部门围绕农业产业发展，组织实施各类农业科技推广项目，全年全市组织实施种植业农业科技项目27个，项目资金1489万元。促进农业科技成果研究，农业种植业领域有5个科技研究成果获奖。加强基层农技推广体系建设，打造出一支科技能力强、技术水平高的基层农技推广队伍。加大新型职业农民培育力度，年内共培育新型职业农民2106人。

【农业科技项目实施】 2017年，桂林市农业种植业获基层农技推广体系改革与建设补助项目、新型职业农民培育项目及农业科技项目27个，项目资金1489万元。其中，农业部基层农技推广体系改革与建设补助项目13个，项目资金730万元；农业部新型职业农民培育项目12个，项目资金724万元；桂林市科学研究与技术开发计划项目2个，项目资金35万元。

【基层农技推广体系建设】 2017年，桂林市11个县（自治县）和临桂区、雁山区承担基层农技推广体系改革与建设补助项目，获项目补助资金730万元。全市参与技术培训和技术指导的农业技术人员1497人，建立农业新技术、新品种试验示范基地108个；遴选、培育科技示范户3075户；组织农业知识更新、技术提升培训1938人次。

【农业科技成果获奖】 2017年，桂林市农业种植业领域有5项科技研究成果获奖。分别为桂林市蔬菜研究所承担的《系列辣椒品种选育及产业化》获2017年度广西科学技术进步奖三等奖，《草莓新品种引进与高产栽培技术研究》获2017年度桂林市科学技术进步奖三等奖；桂林市经济作物技术推广站承担的《罗汉果扦插苗规范化栽培技术研究示范与推广应用》获2017年度桂林市科学技术进步奖二等奖；桂林市农业科学院承担的《双低早熟油菜“中双10号”高产栽培示范与推广》《南方梨整形修剪与稳产关键技术研究与示范》获2017年度桂林市科学技术进步奖三等奖。

（周翡云　龙晶晶）

农业执法

【概况】 2017年，桂林市有农业执法机构13个，其中参照公务员法管理事业单位9个，全额拨款事业单位4个。人员编制100名，在职人员76人。年内，全市组织开展放心农资下乡进村宣传周、农作物种子市场监管、农药监督抽查、肥料市场专项整治监督检查、农资打假专项治理行动等活动，规范农资市场秩序，维护农民利益。开展农资打假宣传及新《农药管理条例》等农业法律法规宣传培训，全年全市共出动执法人员、专家和农技人员5000人次，接受现场咨询培训的农民3万多人次。

【农资市场秩序维护】 2017年，桂林市农业执法部门重点开展对种子、农药和肥料等农业投入品的监督抽查，做好农产品质量安全执法检查。检查经营未经审定或审定未通过的农作物杂交种子、未按照种子生产许可证的规定生产种子和未按规定制作、保存种子生产、经营档案的行为，立案查处种子行业违法行为9件。检查无农药登记证、假冒农药登记证、以肥代药、假劣农药及擅自修改标签的行为，立案查处农药行业违法行为373件。检查生产销售未经登记、假冒肥料登记证、假劣肥料及肥料标签残缺不清或擅自修改标签内容的行为，立案查处肥料行业违法行为146件。全年全市共检查农资生产经营单位3948家次，立案查处528件，挽回损失1283万元。年内，共抽检样品151个。其中，农药样品70个，60个合格，合格率85.71%；肥料样品81个，66个合格，合格率81.48%。

【高毒农药规范化经营管理】 2017年，桂林市农业执法部门与市工商行政管理部门联合执法，审定定点经营高毒农药的申请单位资质。对违规经营高毒农药的非定点经营单位，经发现一律收缴退回或移交工商行政管理部门按超范围经营给予从重处理。严格要求各高毒农药定点经营单位，规范高毒农药经营档案管理，设立高毒农药专柜经营，实行实名制销售。规定高毒农药定点经营单位必须给高毒农药购买者提供必要的技术服务，要求购买者严格按照农药标签登记的作物及安全间隔期使用，严禁超范围使用，确保农产品质量安全。至年末，全市共核发高毒农药定点经营单位牌照168家。（唐德方）

林　　业

【概况】 2017年，桂林市林业局办公地址在桂林市中山北路159号。内设办公室、营林科、林政资源管理科（行政审批办公室）、森林资源利用管理科、野生动植物保护与自然保护区管理科、林业改革发展科、国土绿化科（市绿化委员会办公室）、森林防火科（市森林防火指挥部办公室）、计划财务科、人事教育科（机关党委办公室）。直属事业单位13个，分别是市农村能源办公室、市林场管理站、市林业技术推广站、市林业科教站、市森林资源管理站、市林业种苗站、市林政管理站、市林产品工业管理站、市林业工作站、市林业基金管理站、市林业贷款管理站、市野生动物救护站、桂林会仙湿地公园管理处。局机关和局属事业单位有在职人员98人。局下属二层独立核算单位10个，分别是广西花坪国家级自然保护区管理局、广西猫儿山国家级自然保护区管理局、广西桂林千家洞国家级自然保护区管理局、市龙泉生态林区管理处、市林政稽查支队、市森林病虫害防治检疫站、市林业科学研究所、市林业设计院、市木材产品质量检验站、市森林公安局。年内，全市林业部门开展造林绿化，发展林业经济，推进林业改革，加强生态环境保护治理，坚持依法治林。全年完成植树造林面积1.77万公顷，林业产业总产值691.64亿元。年内，全市森林覆盖率71.23%，活立木蓄积量1.19亿立方米。有国家级湿地公园试点5个；国家级自然保护区4个，自治区级自然保护区7个；国家级森林公园5个，自治区级森林公园2个。

【植树造林】 2017年，桂林市完成植树造林总面积1.77万公顷。组织开展“兴水利、种好树、优生态、惠民生”全民义务植树活动，种植桃花、枫香、乌桕、夹竹桃、秋枫、柳树等树种700.6万株。实施中央财政造林补贴、珠江流域防护林、油茶造林、石漠化综合治理等重点营林工程，完成人工造林面积0.8万公顷、封山育林0.68万公顷；森林抚育项目完成人工造林面积0.69万公顷；国家储备林建设完成人工造林面积0.07万公顷，完成率100%。抓好特色经济林示范典型，通过实施油茶项目示范带动各县种植油茶高产高效示范园6个，其中灌阳县4个。自治区首批公布的油茶“双高”（高产高效）示范基地6个，其中桂林市占3个。

【城乡绿化】 2017年，桂林市筹备环广西公路自行车世界巡回赛（桂林赛区）准备工作，做好赛道沿线绿化彩化工作。共完成村（屯）绿化4520株、荒山绿化253.07公顷、节点绿化2.90万平方米、通道绿化1.34万株、森林质量提升工程20公顷、公路边坡绿化长度16.3千米。开展森林城市等创建活动。年内，桂林市申报森林县城1个、森林乡（镇）2个、森林村庄8个、森林单位园区2个。11月，桂林市灵川县海洋乡大桐木湾村、临桂区茶洞乡花岭村委褚村获“全国生态文化村”称号。

【林业改革】 2017年，桂林市在国有林场改革试点基础上，全面铺开9个县11家国有林场的改革工作，全市14家国有林场撤并整合为12家，其中公益一类林场10家，比改革前增加9家，公益二类林场1家，企业性质林场1家。国有林场人员编制由1105人减少至687人。取消自收自支林场，改成公益类林场，增加财政投入，凤凰、鸡笼山、里骆、坪岭、大源、广运、荔浦、资源、咸水、摩天岭10家国有林场定为公益一类财政全额保障林场，马林源林场定为公益二类差额保障林场，河口林场作为企业性质林场，根据承担的公益职能由县财政给予定额保障。年内，组织开展集体林地林权证发放查缺补漏纠错工作。各县（区）完成查缺补漏纠错面积0.08万公顷。全年全市受理林权抵押登记面积0.45万公顷，贷款余额5.94亿元；受理林地流转0.23万公顷，政策性森林保险投保面积182.33万公顷。

【林业产业】 2017年，桂林市围绕林业供给侧结构性改革，发展林业生态经济，推动林业转型升级。全市林业产业总产值691.64亿元，林业增加值增长2.3%。创建现代特色林业示范区，涵盖花卉苗木、优势用材林、特色经济林、森林生态文化旅游等林业主导产业。年内，桂林市获认定自治区级现代特色林业（核心）示范区3个。加快发展林下经济，因地制宜推广林药、林禽、林菜等林下经济模式，实施林下经济项目15个，共获财政补助资金700万元。完成10个“产业富民”示范基地验收工作。开展林下经济“十百千万”富民增收行动。全年实现林下经济产值95亿元，发展林下经济面积49.6万公顷。将桂林大管家农业发展有限公司打造成为林下养鸡品牌及一体化建设典型示范基地。灌阳县广西中源生态农业开发有限公司建设油茶示范基地140公顷，年收益超500万元，并带动农户2000多户，种植油茶800多公顷。推进森林旅游和花卉产业发展。实施桂林国家森林公园改造提升项目。12月，广西狮子山国家级森林公园获批准成立。至年末，全市有国家级森林公园5个，自治区级森林公园2个，“森林人家”森林旅游品牌试点单位9家。森林旅游收入75亿元，花卉苗木产值18.5亿元。

【林业重大项目建设】 2017年，桂林市完成珍贵树种造林面积280.1公顷，桉树林改造面积666.7公顷。珠江流域防护林工程完成人工造林面积2133.3公顷。油茶造林完成人工造林面积224.3公顷。石漠化综合治理工程完成人工造林面积204.7公顷。封山育林面积6832.6公顷。中央财政造林补贴项目完成人工造林面积5406.1万公顷。中央财政森林抚育项目完成人工造林面积6870.1公顷。

【森林资源管护】 2017年，桂林市开展非法侵占用林地清理排查专项行动和自然保护区内违规建设项目查处整改。加强森林防火和森林病虫害防治，林业有害生物防控目标管理工作“四率”（林业有害生物成灾率、无公害防治率、测报准确率、种苗产地检疫率和木材调运检疫率）指标全面达标。打击破坏森林资源违法犯罪行为，全市森林公安机关共破获涉林刑事案件324件，依法起诉327人；查处林业行政案件1756件，处罚1863人次，罚款225.2万元。森林火灾受害率0.04‰，

2017年4月，广西古树名木资源普查工作推进会在桂林召开（市林业局 供图）

没有发生重特大森林火灾和人员伤亡事故。调结山林纠纷 442 件，调结率 90.57%。

【生态环境保护治理】 2017 年，桂林市做好自治区级以上公益林区划优化调整，落实公益林补偿资金政策。全市已兑现管护补助金额 1.59 亿元，兑现率 88.32%。全面停止集体所有天然商品林商业性采伐。加强漓江流域生态保护。阳朔县和灵川县完成 19 个采石场整治复绿工作。推进自然保护区建设，完成并上报 7 个自治区级自然保护区确界方案。年内，桂林会仙喀斯特国家湿地公园试点建设工作通过国家林业局验收并授牌。开展实施桂林国家森林公园改造提升项目。组织开展古树名木普查，全市录入古树名木 2.93 万株，占全自治区录入量的 20.8%，录入量居全自治区第一。开展"美丽桂林·宜居乡村"活动，完成大中型沼气工程 3 个；完成太阳能路灯、太阳能光伏发电、管道集中供气以及农村有机垃圾沼气化处理等自治区级项目 8 个。

【林业科研】 2017 年，桂林市以"全国科普日"和"十月科普大行动"为载体，开展科技"三下乡"科普宣传培训活动。联合市林业科学研究所、桂林林业学校以及各县林业推广站开展松、杉、毛竹、油茶等传统树种和楠木、红豆杉、香榧等珍贵树种的种植技术、病虫害防治等林业实用技术的培训和推广工作，全年共培训林业工作人员、林农 3500 多人次。年内，《油茶优质高效栽培技术集成应用示范》项目获桂林市科技进步三等奖。市林业局参与的《银杏种质资源收集评价与新品种选育利用》科研项目获 2017 年度山东省科学技术进步奖二等奖。

（易春林）

畜 牧 业

【概况】 2017 年，桂林市水产畜牧兽医局办公地址在桂林市临江路 1 号。内设办公室、计划财务科、畜牧与饲料科、防疫监督科、医政药政科和渔业渔政科，在职人员 36 人。下设市渔政站（市渔政执法支队）、市动物卫生监督所、市水产技术中心推广站、市动物疫病预防控制中心、市畜牧站、市水产养殖场、市第二水产养殖场、市种畜场和市水产研究所。全年全市共出栏猪 431.55 万头、牛 25.07 万头、羊 29.16 万头、家禽 1.14 亿羽。全市有国家级畜禽标准化养殖示范场 21 家，自治区级畜禽标准化养殖示范场 62 家。创建生态养殖助农增收示范村 15 个，示范点 30 个。年内，广西桂林绿淼农业有限公司获全国稻田综合种养模式创新大赛金奖。桂林市代表队获"2017 中国技能大赛——广西首届牛人工授精技术大比武"团体第一名。灵川、兴安、阳朔 3 个县畜牧站获"全国畜牧示范站"称号。

【畜禽生产】 2017 年，桂林市共出栏生猪 431.55 万头，增长 1.88%；出栏牛 25.07 万头，增长 6.59%；出栏羊 29.16 万头，增长 9.17%；出栏家禽 1.14 亿羽，下降 1.32%；出栏兔 186.19 万只，下降 2.91%。肉类总产量 54.34 万吨，增长 1.14%；禽蛋产量 6.59 万吨，增长 4.28%；奶类产量 1185 吨，下降 25.09%。年内，灵川县依托养殖企业和养殖专业合作社建成"微生物 + 漏缝地板"示范基地。灌阳县建成"猪—沼—葡萄"养殖模式示范区、"猪—沼—奈李"养殖模式示范区和立体种养观光区。永福县生猪养殖（核心）示范区发展温氏合作养殖户 500 多户，为农民创造收入 4000 多万元。

表 14 **2017 年桂林市畜牧业生产情况表**

单位：万头（羽）

项目	猪	牛	羊	家禽	其中		
					鸡	鸭	鹅
当年出栏	431.55	25.07	29.16	11441.33	9389.93	1867.52	179.28
上年同期	423.59	23.52	26.71	11594.32	9527.01	1882.47	165.65
增减(%)	1.88	6.59	9.17	−1.32	−1.44	−0.79	8.23
年末存栏	354.50	58.31	25.41	4697.18	3794.70	795.26	108.89
上年同期	350.68	57.95	24.17	4486.10	3616.73	769.50	99.87
增减(%)	1.09	0.62	5.35	4.76	4.92	3.35	9.03

表 15 **2017 年桂林市畜牧业产品产量表**

单位：吨

项目	肉类总产量	禽蛋产量	奶类产量	蜂蜜产量
当年产量	543420	65901	1185	1047
上年同期	537272	63197	1582	1025
增减(%)	1.14	4.28	−25.09	2.15

【饲料生产】 2017 年，桂林市获生产许可的饲料和饲料添加剂生产企业 22 家。全年全市共生产饲料产品 110.21 万吨，增长 1.68%。其中，配合饲料 106.95 万吨，增长 1.29%；浓缩饲料 0.02 万吨，下降 87.33%；饲料添加剂 0.60 万吨，下降 0.67%；饲料添加剂预混合饲料 0.03 万吨，下降 98.61%；单一饲料 2.62 万吨，增长 4.4%。饲料产品总产值 40.41 亿元，增长 21.71%。全市抽检未检出"瘦肉精"、三聚氰胺等违法添加物。

【畜禽养殖标准化示范场创建】 2017 年，桂林市组织广西资源县丹霞生态养殖科技有限公司等 21 家畜禽养殖企业参与农业部和自治区开展的畜禽养殖标准化示范场创建活动。年内，全州县春林养殖实业有限公司、灌阳县恒牛生态科技有限公司、资源县金紫商贸有限责任公司获"2017 年国家级养殖标准化示范场"称号。广西资源县丹霞生态养殖科技有限公司等 11 家养殖场获"2017 年自治区级养殖标准化示范场"称号。至年末，全市共有畜禽养殖标准化示范场 83 家，分布在 15 个县（区），其中国家级 21 家，自治区级 62 家。

【"三品一标"认证】 2017年,桂林市有12家企业申报并获"三品一标"(无公害农产品、绿色食品、有机农产品和农产品地理标志)认证。其中广西盛东源生态养殖有限公司的鸡、鸡蛋和龙胜天添养猪场的生猪获有机产品认证。临桂六塘鱼博士生态水产养殖场、灌阳揽胜养殖有限责任公司等10家养殖企业获无公害农产品产地认证。全市畜禽无公害农产品产地认定、产品认证数量占全广西的三分之一。至年末,全市共有无公害农产品产地认定34个,认证产品35个,已登记的国家地理标志农产品9个。

【牛品种改良】 2017年,桂林市共完成牛杂交改良配种7.01万头,增长52.81%,其中人工授精5.53万头(黄牛3.99万头、水牛1.54万头),本交1.48万头(黄牛1.39万头、水牛0.09万头);产仔4.87万头(水牛0.88万头、黄牛3.99万头)。全年发放液氮2.78万升,牛冻精6.12万支(黄牛冻精5.81万支、水牛冻精0.32万支)。全市牛人工授精受胎率平均比上年提高1.1个百分点,杂交母牛占全市能繁母牛数量65%以上。

【畜禽养殖污染整治】 2017年,桂林市利用国家扶农优惠政策,进行沼气池、化粪池、消毒池等粪污处理相关配套设施建设,对现有猪舍进行改造和维护,达到设备配套、废污利用、排放达标的总体要求。全市规模养殖场畜禽粪污综合利用率79.7%。组织开展市中心城区禁养区养殖场关停、搬迁工作。至年末,市本级财政共投入资金1.2亿元,关停畜禽养殖场894家。

【生态养殖建设步伐加快】 2017年,桂林市推广"饲料微生物化+固液分离""饲料微生物化+高架网床"等生态养殖技术,将微生物技术贯穿应用于整个养殖过程。年内,全市组织辖区1180家规模畜禽养殖场开展生态养殖改造,新建、改建高架网床的养殖场超过300家,使用微生物益生菌养殖规模猪场400余家,规模肉牛(羊)养殖场使用微生物发酵技术养殖90%以上。组织15家企业参加养殖业无公害产品认证、13家企业参加畜禽标准化示范场创建、622家企业参加生态养殖示范场认证。创建生态养殖"助农增收"示范村15个,示范点30个。

【水产畜牧行业质量监管】 2017年,桂林市强化水产畜牧产品质量安全监测力度,以兽药、饲料和饲料添加剂等投入生产、经营、使用和畜禽产品兽药残留为重点,开展畜禽产品质量安全监督抽样检测,抓好水产畜牧产品质量安全。全年全市出动执法人员5528人次,检查兽药经营企业、畜禽养殖场(户)、动物诊疗机构1627个次。查处动物卫生监督执法案件114件,处罚金额4.97万元,其中市本级查处8件,处罚金额5760元。查处经营假劣兽药案件3件,罚没金额4764元。查处无证从事动物诊疗活动案件1件,罚款4575元。查处涉及兽用抗菌药专项整治、生猪屠宰监管"扫雷行动"和农资打假专项治理等专项行动案件36件,涉案金额0.69万元,罚没金额2.72万元。完成畜禽产品质量安全抽检监测120批次,合格率100%;兽药残留监控20批次,合格率100%;饲料和饲料添加剂产品102批次,合格率100%;兽药产品34批次,合格率73.53%;"瘦肉精"专项监测522份次,合格率100%;县级快速检测2113批次,合格率100%。

【动物防疫与检疫】 2017年,桂林市口蹄疫应免猪522.40万头,实免520.30万头,免疫密度99.60%;应免牛52.60万头,实免52.55万头,免疫密度99.90%;应免羊44.80万头,实免44.70万头,免疫密度99.80%。家禽禽流感应免禽9623.25万羽,实免9604万羽,免疫密度99.80%。猪瘟应免522.40万头,实免522.40万头,免疫密度100%。高致病性猪蓝耳病应免485.32万头,实免484.50万头,免疫密度99.80%。小反刍兽疫应免羊11.32万头,实免11.32万头,免疫密度100.00%。全年全市生猪产地检疫282.62万头,牛产地检疫8.24万头,羊产地检疫6.54万头,家禽检疫8761.42万羽。生猪屠宰检疫175.40万头,牛羊屠宰检疫4.96万头。无害化处理病害动物产品163.17吨,养殖环节无害化处理生猪4.77万头,屠宰环节无害化处理病死生猪497头。

(苏剑)

2017年11月30日,桂林市生态养殖推进会在荔浦县召开 (苏剑 摄)

水 产 业

【概况】 2017年,桂林市水产品养殖业稳步发展,全面推进池塘标准化改造,推广大水面生态养殖、循环水养殖和集装箱生态养殖等健康养殖模式。休闲渔业示范基地创建得到发展,桂林全州县井源生态农庄被评为全国休闲渔业示范基地;全州县绿荷生态农业有限公司、灵川县桂莲农业投资有限公司被评为自治区休闲渔业示范基地。"三品一标"创建成效明显,桂林市辉科淡水小龙虾养殖农民专业合作社、雁山区鱼伯伯水产养殖场通过2017年水产健康养殖示范场考核验收。临桂区康尊龟鳖养殖专业合作社、桂林市一驱渔业有限责任公司、桂林汇龙水产养殖有限公司经农业部农产品质量安全中心审定,其养殖产品获无公害农产品证书。至年末,全市水产养殖面积1.47万公顷,增加12公顷,增长0.08%;水产品产量13.02万吨,增加0.5万吨,增长3.99%;渔业总产值14.14亿元,增加0.58亿元,增长4.3%。

【特色水产品养殖保持增长态势】 2017年,桂林市继续推广中华绒螯蟹生态养殖,兴安县、灵川县、雁山区等地大闸蟹养殖面积33.33公顷,其中雁山区的桂林市辉科淡水小龙虾养殖农民专业合作社柘木镇基地共投放蟹种50万只。加大禾花鱼、庭院甲鱼、泥鳅、光倒刺鲃等特色水产品养殖力度。全市禾花鱼养殖面积3.22万公顷,增长1.26%;产量1.15万吨,增长5.51%。灵川、阳朔、兴安、灌阳、临桂等县(区)的庭院甲鱼养殖延续稳步健康发展势头。全市甲鱼养殖户1256户,增加6户,增长0.48%;产量956吨,增加19吨,增长2.03%。庭院养殖总户数1.36万户,增加22户,增长0.16%。泥鳅规模养殖面积55.07公顷;泥鳅总产量1153吨,增长2.04%。光倒刺鲃、倒刺鲃等淡水渔业养殖保持增长态势。全市光倒刺鲃养殖面积451.76公顷,增长4.27%;产量4922吨,增长5.04%。倒刺鲃养殖面积278.33公顷,增长0.58%;产量3065吨,增长0.86%。

【水产品质量安全监管】 2017年,桂林市水产部门继续开展水产品质量安全监管行动、水产苗种专项整治行动、水产品质量安全监测行动、水产养殖监管专项行动、渔业养殖环境隐患问题大排查大整治、重大节假日产品质量安全监管行动等专项行动,打击违规使用氯霉素、孔雀石绿、硝基呋喃类、乙烯雌酚等违禁药物的行为和其他违规养殖行为。年内,组织对11个县和临桂区水产品质量安全抽样检查4次,检测样品147批次(农业部重点水产品质量安全风险监测11批次,自治区水产畜牧兽医局例行抽检124批次,桂林市本地抽检12批次),合格率100%。

【亚冷水渔业发展稳步推进】 2017年,桂林市依托山区"冷水溪流"条件,开展鲑鳟鱼、鲟鱼等冷水鱼养殖,抓好资源县中峰镇毛竹山冷水鱼繁殖基地建设,利用猫儿山国家级自然保护区原始森林资源优势,发展养殖虹鳟、金鳟、哲罗鲑、美洲红点鲑、黄河裸裂尻、远东红点鲑、西伯利亚鲟、娃娃鱼等多个名优冷水鱼,成为广西最大的冷水鱼养殖基地。加强对新、扩建冷水鱼养殖场的技术指导,帮助桂林北极生物科技有限公司从北美洲引进美洲红点鲑、美洲白点鲑、虹鳟、金鳟等冷水鱼鱼卵2万枚;协助临桂区义江冷水鱼养殖合作社从北京引进杂交鲟鱼水花苗50万尾;提供苗种在全州县才湾镇开展鲟鱼养殖示范。

【水产品稻田养殖示范】 2017年,桂林市实施稻田养鱼面积3.24万公顷,鱼产量1.2万吨,产值近3亿元。全年全市共争取国家、自治区项目资金765万元,在全州、灌阳、灵川、兴安、资源、临桂等县(区)免费发放禾花鱼苗6000万尾。邮政储蓄银行桂林分行为生态养殖提供优先贷款,支持稻鱼养殖发展近1000万元。年内,全州县建立稻鱼生态养殖工程示范点2个,培育稻田综合种养技术示范户82户。广西桂林绿淼农业有限公司获全国稻田综合种养模式创新大赛金奖,灌阳绿之源生态农业生态开发有限公司获全国稻鱼综合种养模式创新大赛绿色生态奖。

【渔政管理】 2017年,桂林市渔政执法部门加强联合执法行动力度,探索市、县(区)渔政联合执法模式。全年出动执法车辆430辆次,出动执法船艇186艘次,检查渔船1659艘次,查获电、炸、毒鱼等各种渔业违法案件120余件,收缴电鱼工具80余套,清理销毁地笼网8500条,警告教育违法违规人员215人次,累计罚款4.6万元,移送公安机关案件1件。实施漓江水域人工增殖投放,在漓江水域放流鱼苗187万尾。加强渔船检验,共检验渔船771艘,合格率99.87%,其中市本级检验渔船34艘,合格率97%。

【水产新品种养殖】 2017年,桂林市探索推广"箱内养鱼、箱外养水"良性循环的"净水养鱼"池塘低碳循环水养殖新模式。继2015年市第二水产养殖场在广西首次采用玻璃钢浮动池塘内循环水槽养鱼,2017年桂林市组织市水产养殖场、市第二水产养殖场和雁山区鱼伯伯水产养殖场开展池塘循环流水跑道模式养鱼,养殖面积2300平方米。年内,在荔浦县新坪镇建成广西首个科技特派员集装箱鱼类生态养殖产业扶贫基地。配置集装箱

2017年,桂林市第二水产养殖场养殖的无公害罗氏沼虾每667平方米产量50千克
(市水产畜牧兽医局 供图)

6个，养殖品种2个，其中花骨鱼(勾嘴鱼)6.2万尾，黄颡鱼2.6万尾，成活率分别为99%和91%。市第二水产养殖场采取小池塘种植水草净化水源，养殖的无公害罗氏沼虾每667平方米产量50千克。（苏剑）

农业机械化

【概况】2017年，桂林市农业机械化管理中心(局)（简称市农机局）办公地址在桂林市横塘路8号。内设办公室、政工科、党办、监督管理科、科教质量科、安全监督管理科、财务科，撤销原监察室，在职人员24人。下设市农机安全监理所、市农业机械化技术推广站。全年全市农业机械总动力503.47万千瓦，增加21.22万千瓦，增长4.40%；农业机械原值33.85亿元，增加1.15亿元，增长3.52%；拥有各类拖拉机33.42万台，增加1.21万台，增长3.77%，其中大中型拖拉机907台，联合收割机3771台，水稻插秧机1819台，分别增长7.59%、2.33%、1.11%。至年末，全市有农机专业合作社253个，从业人员3192人，全年作业服务面积5.3万公顷。

【农机购置补贴政策】2017年，桂林市继续落实“自主购机、带机申请、定额补贴、县级结算、直补到卡”的农机购置补贴政策。年内，桂林市争取到自治区农机局、自治区财政厅农机购置补贴资金2562.80万元，落实农机购置补贴资金2247.83万元。全市17个县(自治县、区)共补贴各类农机具1.31万台(套)，受益农户1.10万户，拉动农民购机投入0.48亿元。

【农业机械化作业】2017年，桂林市主要农作物耕、种、收综合机械化水平57.4%，增长4.80%；水稻耕、种、收综合机械化水平75.6%，增长2.1%（其中，水稻机耕率93.03%，下降1.43%；水稻机插率38.65%，增长8.41%；水稻机收率89.32%，增长0.48%）。年内，全市共组织各类农业机械服务农业生产66.2万台次。完成农作物机耕面积63.71万公顷(水稻机耕面积24.37万公顷)；完成机收面积41.83万公顷(机收水稻面积23.60万公顷)；完成水稻机插面积10.12万公顷。

2017年9月28日，桂林市创建全国“平安农机”示范市推进会召开

（市农机局　供图）

【农机安全生产】2017年，桂林市年检拖拉机1.71万台，参加拖拉机驾驶员培训考试1109人，办理新机入户1594台；与农机手签订农机安全生产责任状2.27万份。开展“渣土”运输和外挂变型拖拉机等交通违法行为专项整治活动。全市农机安全生产保持平稳态势，全年无农机道路外死亡事故发生。年内，桂林市获“全国首批‘平安农机’示范市”“2016—2017年广西‘平安农机’示范市”称号，1人被评为全国农机安全监理示范岗位标兵。

【农业机械化技术培训与推广】2017年，桂林市依托市、县农机技术推广站、县农机校，通过集中培训、农机科技下乡、现场演示会等形式培训农机人员2.06万人，其中农机操作人员5631人(新购机操作人员2560人)，培训农机化管理人员372人，培训农机技术人员1329人，培训农民1.33万人。年内，桂林市推广水稻工厂化育秧技术、机插育秧技术，无纺布育秧技术，试验示范水稻机械精量穴直播新技术，推广特色农作物种植和农机化新技术、新机具。（唐冬发）

国有农场

【广西农垦国有良丰农场】2017年，广西农垦国有良丰农场(简称良丰农场)办公地址在桂林市良丰路18号。内设办公室、党群办公室、规划与建设科、招商与项目管理科、生产经营科、危旧房改造办公室、休闲农业基地办、财务结算中心、综合治理办公室，下辖5个分场，管理国有土地783.73公顷。有干部职工957人(含农垦系统专业56人)，其中高级技术职称人员4人。有垦地合作工业集中区1个，入园企业11家。全年全场实现国内生产总值14.87亿元，增长14.91%；经营总收入40.57亿元，增长8.19%；固定资产投资33.17亿元，增长2.12%；水果总产量1.92万吨，增长27.15%。

年内，良丰农场完善生产管理制度，鼓励职工加大果树管理和生产投入，抓好柑橘春、冬两季管理工作，推行病虫害综合防治技术措施，推广农业防治、生物防治、物理防治等新举措，减少化学农药使用，降低农药的残留，保证果品品质。加强农业基础设施建设，做好水利、喷灌、果园道路的管理和维修工作。提前联系收果客商，拓宽水果销售渠道。

年内，良丰农场项目建设稳步推

进。广西农垦桂林良丰产业园基础设施建设基本完成，内部道路路网一期、二期工程竣工，给排水管网建成并投入使用，污水管道接入市政污水处理管网。“玉圭园·环球名胜”四季温泉疗养项目完成主体建设，花海狩猎项目完工运营，梦幻水上乐园、凯旋王国机动游戏乐园游乐项目逐步完善园内配套游乐设施安装，玉圭大酒店2#、3#、4#主楼于6月投入试运营，5#楼主体完成建设，湖心度假区等项目开工建设。“桂林相思江生态家园”项目征地工作基本完成，乌仔岭北侧规划用于市政道路建设的征地拆迁工作完成70%，完成路基土方工程施工。中国—东盟绿色创意印刷产业园桂林园项目各入园企业陆续办理项目开工建设报批手续，协调解决项目建设阻工问题。“广西国有良丰农场旅游休闲观光农业”项目完成19栋房屋主体及木结构建设，景观基础建设全部完工。至年末，良丰佳园农场危旧房改造工程给排水管道网、电力通信线缆等配套设施基本完工。

年内，良丰农场办社会职能改革工作取得阶段性成效。成立良丰农场社区服务工作站，与良丰农场社区居民委员会合署办公。将离退休人员管理、“良丰佳园”(职工小区)物业管理、“三供一业”(将家属区水、电、暖和物业管理职能从农场剥离，转由社会专业机构实施管理)等19项社会职能纳入社区服务工作站统筹管理。年末，农场将环境保护、环境卫生与绿化管理、计划生育管理、民政、劳动力就业培训指导、农业技术推广等10项社会职能移交给雁山区人民政府。

(莫娟平)

2017年8月，源头农场柑橘产业文化展示馆建成并对外开放　(李申梅　摄)

【广西农垦国有源头农场】 2017年，广西农垦国有源头农场(简称源头农场)办公地址在平乐县源头镇车田村。内设综合管理办公室、工会办公室、生产部、财务部、党群部、生产一队、生产二队、生产三队、生产四队、生产五队、生产六队，下属农产品加工企业1家。管理国有土地717.3公顷。有干部职工496人(含农垦系统专业技术人员42人)，其中高级技术职称5人。年内，该农场推进柑橘产销一体化示范区建设，建成面积约200平方米的柑橘文化展示馆以及占地2200平方米的地理标志性建筑物，柑橘标准化生产对外宣传力度得到提升。加快苗木培育和新品种引进。全年全场苗圃基地共育苗约100万株，柑橘二级苗圃投入使用，引进沃柑、兴津、砂糖橘、大芬、卡拉等新品种20多万株。成立平乐县振源果蔬种苗专业合作社，推动家庭农场互助合作。至年末，源头农场实现社会经营总收入8.8亿元，增长10.21%；固定资产投资1.03亿元，下降0.06%；招商引资签约金额2905万元，增长0.01%；国民生产总值4.37亿元，增长9.09%；柑橘总产量1.26万吨，增幅0.76%；柑橘加工量6600吨，增幅0.76%；出栏生猪2.43万头，增长25.95%；加工马蹄粉2200吨，增长10%。　(李申梅)

【广西农垦国有桂北农场】 2017年，广西农垦国有桂北农场(简称桂北农场)办公地址在全州县绍水镇中心大道51号。下辖4个生产队，经营绍水镇自来水厂，管理国有土地634.66公顷。有干部职工136人(含农垦系统专业技术人员36人)，其中高级技术职称5人。有垦地合作经营的工业集中区1个，新增入园项目2个，入园企业3家。全年全场实现生产总值3.32亿元，增长3.42%；经营总收入9.80亿元，增长2.7%；柑橘总产量9000吨，增长38.46%；实现固定资产投资1亿元，招商引资到位金额6750万元。

2017年12月14日，广西农垦国有良丰农场办社会职能改革工作推进会在雁山区人民政府会议室召开　(何冬妮　摄)

2017年10月，广西农垦桂北柑橘产业示范区通过自治区专家组的实地考核验收（桂北农场 供图）

年内，桂北农场推进农业现代化的建设，创建广西农垦桂北柑橘产业示范区，规划总面积493公顷，总投资4925万元。示范区分为核心区、拓展区、辐射区。10月，完成柑橘产业示范区配套基础设施建设，并通过自治区专家组的实地考核验收，入围广西县级现代特色农业示范区。继续加强农业生产投入监管力度，从定点供应农资源头上保障农产品的质量安全。要求各家庭农场严格按照标准化、透明化管理，实现从田间到餐桌，生产到消费的全程可追溯的信息化质量管理体系。至年末，该农场柑橘产品质量追溯系统建设通过农业部产品质量追溯项目组的验收。

年内，桂北农场加快商业开发力度，促进一、二、三产业的融合发展。建设广西农垦国有桂北农场果蔬加工仓储冷链物流中心，项目占地7公顷，落户工业集中区A区，总投资4600万元。规划建成集水果加工、包装、电子商务及冷库、仓储、物流交易于一体的水果加工企业。建设绍水镇农贸市场项目，项目占地5.87公顷，落户工业集中区D区，总投资5亿元。该项目由全州县人民政府、全州县天之龙农贸市场开发公司及桂北农场合作开发。

年内，桂北农场加大改善场容、场貌力度，提高职工幸福指数。3月，多功能职工活动中心楼建成并投入使用，有效改善职工文体活动条件。启动场部办公楼上坡路段旧房改造工作，规划建设职工安置住宅楼4栋，建筑面积1.35万平方米，共有住房80套。10月，第一栋职工安置住宅楼开工建设。（梁义兰）

水　　利

【概况】 2017年，桂林市水利局办公地址在桂林市骝马山北路北巷8号。内设办公室、人事科、财务科、水政水资源科、规划计划科、行政审批科、防汛抗旱科、河长制工作科，下设市属水库管理处、市防洪排涝工程管理处、市水利电力勘测设计研究院等直属事业单位17个。在职人员550人。年内，桂林市加强防汛抗旱工作，推进水利项目建设，深化河长制等重点领域水利改革，保持项目资源向贫困地区倾斜。全年全市争取上级水利投资10.86亿元，完成水利水电固定资产投资28.82亿元(中央投资7.29亿元，自治区投资4.63亿元，市、县投资3.57亿元，其他资金13.33亿元)。组织实施病险水库除险加固18座，新增渠道防渗长度442.34千米，新增、恢复灌溉面积1.49万公顷，改善灌溉面积4.41万公顷。全市有水库397座，其中大型水库4座、中型水库24座、小(1)型水库107座、小(2)型水库262座，水库总库容22.87亿立方米，有效库容16.25亿立方米，水库总灌溉面积14.83万公顷。

【防汛减灾】 2017年，桂林市平均降雨量1763毫米，(比上年，下同)偏少1.48%，比历年偏多4%。全年全市出现暴雨到特大暴雨过程13次，2次超强降雨过程为历史罕见。6月25日—7月2日，桂林市遭遇历史罕见强降雨天气过程，永福县罗锦镇24小时降雨量561.4毫米，为广西有气象记录以来的最大降雨量。7月1日16时，全州县万乡河出现167.94米洪峰水位，超警戒水位2.44米，略超100年一遇。7月2日21时30分，雁山区良丰水文站出现150.44米洪峰水位，超警戒水位2.74米，50年一遇，为建

2017年12月，桂林市防洪及漓江补水枢纽工程斧子口水库枢纽大坝碾压砼浇筑至坝顶工程（市水利局 供图）

站以来第一大洪水。7月2日21时45分，桂江阳朔水文站出现113.58米洪峰水位，超警戒水位4.08米，50年一遇，为建站以来第一大洪水。至7月2日，全市445座各类水库(其中电站水库48座)有182座超汛限水位。17个县(区)、131个乡(镇、街道)均不同程度受灾，直接经济损失58亿元。8月15日2时10分，漓江桂林水文站出现147.51米洪峰水位，为2010年以来最高水位。年内，全市投入抗洪抢险13.19万人次，投入抢险设备798舟次，转移人员3.9万人。全市各类水库共拦蓄洪水19.8亿立方米，减少农田受灾面积0.39万公顷，减少受灾人口5.16万人，减免直接经济损失3.37亿元。

【桂林市防洪及漓江补水枢纽工程建设】 2017年，桂林市防洪及漓江补水枢纽工程建设完成投资3.53亿元。年内，川江水库发挥防洪、补水、发电效益，拦截最大洪峰流量897立方米每秒，累计向漓江补水0.73亿立方米，发电2146万千瓦小时。主汛期，小溶江水库与其他水库联合调度，为漓江拦洪、削峰、错峰，确保漓江洪峰水位控制在警戒水位以下，全年累计向漓江补水1.73亿立方米。12月26日，斧子口水库大坝主体工程通过自治区水利厅组织的下闸蓄水验收。至年末，桂林市防洪及漓江补水枢纽工程累计完成项目投资53.35亿元，完成总投资的96.96%。

【重大水利项目】 2017年，桂林市列入市级层面投资计划的重大水利项目44项，全年完成投资10.59亿元，其中长塘水库被列入"十三五"国家大型水库建设计划，是广西"十三五"规划中唯一一座新增的大型水库建设项目。年内，桂林市组织开展长塘水库可行性研究阶段前期工作。

【农村水利基础设施建设】 2017年，桂林市加固病险水库18座，完成重要支流及中小河流治理项目17个，完成堤防、护岸建设长度34.99千米。完成农村饮水安全巩固提升工程150个(新建成集中式工程137个，改造提升工程13个)，总投入3987.8万元，受益人口5.58万人(其中建档立卡贫困人口0.72万人)。推进13个县(区)中央财政小型农田水利重点县、项目县建设，完成投资1.61亿元。完成高效节水类型项目投资8393万元，实施高效节水灌溉面积2060公顷。实施小流域水土保持综合治理工程7个，完成投资5055万元，综合治理水土流失面积97.9平方千米。全年全市争取广西农村水电增效扩容改造河流生态修复工程项目18个。至年末，灵川县小平乐水电站，全州县永红水电站、绍水水电站增效扩容改造工程完成主体工程建设。完成灌阳县龙门水电站建设达标验收、龙胜各族自治县小水电代燃料工程平等水电站竣工验收。全年全市农村水电发电量42.53亿千瓦小时。

【冬春水利建设】 2017年，桂林市冬春农田水利基本建设计划投资11.78亿元，累计完成投资10.06亿元。冬春水利建设新增供水受益人口6.79万人;新增渠道防渗长度442.34千米，渠道清淤1927.07千米;新增、恢复灌溉面积0.75万公顷，改善灌溉面积2.10万公顷;新建、加固堤防568.85千米，完成治理水土流失面积62.54平方千米。

【水生态文明建设成效显著】 2017年初，桂林市在《2016年落实最严格水资源管理制度考核》中被评定为优秀等级。全市各县(区)《2016年落实最严格水资源管理制度考核》全部为良好以上，其中10个县达优秀等级。全年全市累计节水1050万立方米，工业用水重复利用率82.7%，征收水资源费1041万元。年内，桂林市对151套重点取水用户及19套重点中型灌区在线监控设备进行维护管护。对17个全国重要水功能区和5个省内重点水功能区、2个重要城市饮用水源地、5处跨设区市河流及10处跨县(区)河流交接断面进行每月跟踪监测，加强水功能区水污染防控和水资源保护。开展全市规模以上入河排污口监测，对56个规模以上入河排污口取样检测，配合长江水利委员会完成桂林市长江流域规模以上入河排污口的现场调查核实工作，强化水域纳污能力监管。江河湖库水系连通项目有序开展，《桂林市江河湖库水系连通体系临桂新区机场路以北片区湖塘水系连通工程》划拨资金2800万元，《阳朔县城区河湖水系连通工程》初步设计通过自治区水利厅审查，《桂林市雁山大埠万达文化旅游城项目景观水系供水工程可行性研究报告》编制完成。

【水利综合管理】 2017年，桂林市共受理、审批、办结水利行政审批事项61件。加强事中事后监管，组织对20个生产建设项目水土保持方案实施情况进行跟踪检查。年内，组织对市区的漓江、桃花江、南溪河、宁远河、小

2017年10月17日，桂林市全面推行河长制工作动员会议在榕湖饭店召开
(市水利局　供图)

东江等河流专项执法检查,共查处水事违法案件15件。强化水利科技支撑,由市农田灌溉试验站承担的“广西百万亩糖料蔗高效节水灌溉创新集成”科技成果获广西科技进步奖二等奖。6月,实施的水利部公益性行业科研项目《基于漓江水质污染控制的水量调配关键技术研究》通过中国工程院专家组验收,成果达国际先进水平,国内领先水平。至年末,市农田灌溉试验站作为承担单位牵头承担广西科技厅科研项目5个,桂林市科技局科研项目7个。

【全面推行河长制】 2017年,桂林市编制出台《桂林市全面推行河长制工作方案》。为完善河长制管理机构,经市人民政府批复成立桂林市河长制办公室,设专职副主任1人(副处级),工作人员9人。年内,桂林市全面启动11条主要河流及6座大型水库的市、县、乡、村四级河长设置工作,共设市总河长2名、市级河长9名、县级河长17名、乡级河长87名、村级河长484名。编制印发河长会议制度、信息报送制度、信息共享制度、工作督察制度、考核问责和激励制度、验收制度,同时根据桂林区域实际,增加河长巡查制度、江河湖库保洁制度。组织完成江河湖库名录信息调查。

【深化水利改革】 2017年,桂林市将中央财政小型农田水利工程项目的6个县列入农业水价综合改革试点,龙胜各族自治县和灌阳县的农业水价综合改革任务面积不低于66.67公顷,其他县不低于333.33公顷。同时永福、雁山等5个县(区)农业水价综合改革任务不少于1个试点。继续推进小型水利工程管理体制改革,全市非试点县(区)全部出台改革实施方案和小型水利工程确权发证暂行办法,全年完成确权发证3855处。年内,国家级试点县永福县河湖管护体制机制创新工作基本完成,自治区试点县恭城瑶族自治县小型水利工程管理体制改革通过自治区级验收。国家级试点县恭城瑶族自治县农田水利设施产权制度改革和创新运行管护机制通过验收,改革经验在全自治区得到推广应用。

【水利脱贫攻坚】 2017年,桂林市水利局按照统筹财政涉农资金规定安排计划,在水利工程布局、投资、政策、人力资源等方面向贫困地区倾斜,把贫困地区作为农田水利投资优先安排区域。全年全市共投入贫困地区水利基础设施建设资金4.17亿元,解决贫困农村饮水不安全及饮水困难人口4.72万人。贫困地区新增、恢复、改善农田有效灌溉面积6720公顷,新建堤防、护岸25.28千米,综合治理水土流失面积6560公顷。 (罗娟)

农村扶贫

【概况】 2017年,桂林市扶贫开发办公室(简称市扶贫办)在桂林市临桂区西城中路69号。内设综合科、督查考核科、项目管理科、社会扶贫科,在职人员26人。下设市扶贫开发综合服务中心。全年全市共投入各类扶贫资金18.15亿元,其中中央财政扶贫资金4.85亿元,自治区财政扶贫资金1.97亿元,市级配套财政扶贫资金1.12亿元,县(区)配套财政扶贫资金2.34亿元。至年末,全市有96个贫困村、7.50万名贫困人口实现脱贫摘帽,全市贫困发生率降至4%。

【加大扶贫资金投入】 2017年,桂林市级预算安排财政专项扶贫资金1.12亿元,增加2221.94万元,年度安排财政专项扶贫资金增长11.6%。盘活存量,及时清理收回财政存量资金6.53亿元(市本级2.75亿元,各县3.78亿元),从清理收回存量资金中可统筹使用资金9592.9万元,并统筹资金6028.16万元用于补充扶贫项目开发,有效解决扶贫资金短缺问题。年内,龙胜各族自治县、资源县、灌阳县作为全自治区统筹整合使用财政涉农资金整合试点县,整合到位资金9.40亿元。

【产业扶贫成效明显】 2017年,桂林市13个有扶贫开发工作任务的县(区)因地制宜选择、确定适宜当地区域发展的4个—5个特色优势产业覆盖到贫困村和贫困户。龙胜、阳朔、资源等县(自治县)实施旅游扶贫战略,引导贫困群众以特色民居、梯田、林地等特色资源入股合作方式,实现田园变景区,资源变资本,农舍变旅馆,产生良好的脱贫致富增收效应。实施产业扶贫项目,全年全市共扶持贫困户种植经济作物0.66万公顷;实施低产改造耕地652公顷;养殖家禽58.88万羽,家畜4.14万头(只),水产品1161吨;培育食用菌1.58万棒。产业扶贫项目管理工作居全自治区设区市前列。12月6日—7日,自治区扶贫办与农业厅联合举办的2017全自治区扶贫项目管理现场交流暨产业扶贫培训班在荔浦县召开。

【贫困地区基础设施改善明显】 2017年,桂林市加大基础设施建设扶贫力

2017年8月29日,龙胜各族自治县瓢里镇孟化村贫困户种植的哈密瓜获丰收

(市扶贫办 供图)

度，出台《桂林市“十三五”农村脱贫攻坚重点项目市级财政资金补助办法》，以先建后补、以奖代补形式对农村脱贫攻坚6大重点项目（贫困村道路建设项目、贫困村集中供水项目、贫困户产业发展项目、贫困村旅游扶贫项目、乡镇信息平台建设项目和贫困村太阳能路灯建设项目）实施奖补。年内，共实施贫困建制村道路硬化项目8个，建设里程57.9千米。实现全市499个贫困建制村全部通沥青（水泥）路，贫困建制村通畅率100%。投入财政扶贫资金6.09亿元用于扶贫基础设施项目建设，修建村（屯）道路1453条、1648.98千米；建成桥梁96座、1735.80延米；建成小型人饮水利工程109处。全市实施2016—2017年度以工代赈、以工代赈示范工程共78个，计划总投资5138万元，累计完成投资4798万元。改善贫困户住房条件，为建档立卡贫困户实施危房改造，开工建设5955户，竣工5910户。推进村级公共服务中心项目建设，计划实施项目130个，完工113个。启动贫困村农村电网升级改造工程，投入资金2324万元，开工项目62个（含扶贫生态移民搬迁工程9个），至年末，62个项目全部竣工并投入使用。

【易地扶贫搬迁稳步推进】 2017年，桂林市“十三五”期间易地扶贫搬迁规模由原计划的4.31万人调整为3.06万人，涉及龙胜、资源、灌阳、全州、阳朔、永福、雁山、临桂等8个县（区）。年内，桂林市组织实施2016年度、2017年度易地扶贫搬迁工作，总任务数为2.77万人（建档立卡贫困人口2.72万人，同步搬迁473人）。至年末，全市共完成易地扶贫搬迁2.42万人（建档立卡贫困人口2.38万人，同步搬迁433人），完成集中安置项目33个，建设住房6332套，搬迁入住率88.98%。

【教育扶贫政策落实】 2017年，桂林市落实教育扶贫“全面改薄”（全面改变薄弱环节）工程，共投入建设资金36853万元。执行贫困生资助政策，累计发放贫困学生资助资金3.78亿元，惠及学生35.76万人次。宣传雨露计划和扶贫培训政策，全年共发放补助资金1420.70万元，惠及学生6851人次。年内，各县（区）开展扶贫就业技能、农村电商、农村创业等各类短期技能培训，通过以奖代补形式补助建档立卡贫困户193人，中期就业技能培训全年培训补助306人，发放补助资金84.15万元。

【扶贫小额信贷】 2017年，桂林市创新开展贫困户评级授信和放贷工作，实施“一二三四”工作机制（成立一个联合工作组，采取集中批量和日常评级授信相结合两种方式，实行“村级初评、支行审核、农商行核批”三级评级授信机制，抓好宣传发动、初审初评、审核发证、动态调整四项工作程序）。全年全市辖区内的农村信用合作银行和农村商业银行完成对6.17万户建档立卡贫困户（含低保户）的评级授信动态管理工作，累计授信金额10.08亿元，发放扶贫贷款金额3.03亿元，获扶贫贷款农户7826户，扶贫贷款余额13.37亿元，财政贴息6031.78万元，扶贫贷款余额涉及3.34万户（其中自主经营3.19万户、委托经营1364户、合作共营108户）。

【就业扶贫】 2017年，桂林市落实担保贷款政策，鼓励农民创业就业。全年全市共发放农民工创业担保贷款8820.5万元，扶持自主创业1206人，带动实现就业6579人。帮扶建档立卡贫困家庭离校未就业高校毕业生617人，实现就业率99.5%，促进贫困劳动力实现转移就业。全年共组织专场招聘会23场，帮助建档立卡贫困人口实现就业868人。跨地区有组织的劳务输出农村建档立卡贫困人口711人。关爱残疾人就业。落实农村残疾人扶贫开发基地建设资金360万元，扶持建设“阳光助残扶贫基地”18个，辐射带动残疾人就业1800人。

【医疗民政扶贫保障】 2017年，桂林市推动各项惠民政策落实，增强民众获得感和满意度。年内，全市27.14万名建档立卡贫困人员全部参加城乡居民基本医疗保险，实现参保率100%。按时拨付城乡居民基本养老保险财政补助资金，到位资金7.62亿元，资金到位率100%。年内，建档立卡贫困人员在统筹区内定点医疗机构住院治疗，取消住院基金起付标准；在统筹区内定点医疗机构治疗门诊特殊慢性病费用，基本医疗保险报销比例提高5%；在统筹区内及经批准转诊到统筹区外定点医疗机构就医发生的政策范围内住院医疗费用，基本医疗保险报销比例提高5%；在统筹区内定点医疗机构就医，使用国家基本药物目录内药品，按照广西现行甲类药品的报销比例给予支付。建档立卡贫困人员大病保险起付线从8000元降低至3500元，报销比例提高10%。

【科技服务助力扶贫】 2017年，桂林市派驻227名科技特派员对接帮扶贫困村产业发展。通过基地示范、合作社组织、企业参与的形式帮助贫困村建设科技示范基地，提供产前、产中、产后全程科技服务。编写出版《桂林市特色种植养殖技术》一书，指导和帮助贫困村发展特色产业整合。农业、科技、扶贫等部门资源和力量开展农民实用技术培训。通过“农家课堂”、农技专家现场指导等方式加大对贫困户种养实用技术的培训力度，使贫困户掌握1门—2门科学种养技术。全年全市共开展种植业、养殖业等产业培训1147期，培训人数6.99万人次。

【壮大贫困村村集体经济】 2017年，桂林市财政统筹安排给每个贫困村扶贫发展资金50万元，作为发展村级集体经济收入项目启动资金。鼓励贫困村通过入股龙头企业、发展光伏发电项目、成立合作社发展种养业、购买门面经营等渠道增加村集体经济收入。至年末，全市有269个贫困村的村集体经济收入2万元以上（含2万元），占499个贫困村的53.9%，其中有27个贫困村的村集体经济收入达到或超过5万元，占499个贫困村的5.4%。

【实现贫困人口动态调整】 2017年，按照自治区的统一部署，桂林市首次开展建档立卡贫困人口动态调整和扶

2017年9月4日，广东省肇庆市端州区与桂林市资源县扶贫协作部门对接框架协议签约仪式在榕湖饭店举行　（市扶贫办　供图）

贫信息系统数据“清洗”工作，实现贫困人口有进有出的动态管理。通过核查清洗，全市有4592户1.66万人符合“应纳尽纳”条件，被识别为贫困户；完成整屯搬迁120户435人的“应纳尽纳”工作；认定退出户1775户，返贫6932人；剔除错评贫困人口2768户1.05万人；核查出贫困户疑似错误信息40万条。

【粤桂扶贫协作】 2017年9月4日，广东省扩大对广西壮族自治区结对帮扶范围，其中新增肇庆市端州区结对帮扶资源县、肇庆市高要区结对帮扶龙胜各族自治县。年内，广东省共投入财政资金4200万元，实施项目16个。肇庆市安排5个镇（街道）、5个村与桂林市5个乡（镇）、5个村建立结对帮扶关系，双方对接交流190余人次。肇庆市派出党政干部和医生、教师等专业技术人才23人支援桂林市；桂林市派出干部和专业技术人员16人到肇庆市挂职锻炼和跟班学习。（黄院菊）

水库移民

【概况】 2017年，桂林市水库移民工作管理局办公地址由桂林市榕城路5号搬迁至桂林市临桂区青莲路1号。内设办公室、安置后扶科、计划财务科、信访法规科，在职人员14人。全年共投入移民资金3.75亿元。其中，水库移民后期扶持资金补助、水库移民新村建设、交通道路建设、村（屯）绿化、移民增收等项目资金0.8亿元，市防洪及漓江补水枢纽工程移民安置工作专项资金2.95亿元。全年完成易地扶贫搬迁入住人员2.41万人。

【易地扶贫搬迁】 2016—2017年，桂林市易地扶贫搬迁总任务2.77万人（建档立卡贫困人口2.72万人，同步搬迁473人），共涉及龙胜、全州、资源、灌阳、永福、阳朔、临桂等7个县（自治县、区）。至2017年年末，全市共完成易地扶贫搬迁2.41万人（建档立卡贫困人口2.37万人，同步搬迁433人），完成集中安置项目33个，建设住房6332套，搬迁入住率87.19%。

【大中型水库移民后期扶持】 2017年，桂林市累计发放水库移民后期扶持资金4712.70万元，惠及移民群众7.85万人。全年全市投入项目资金3577万元，完成项目建设任务96个，涉及桂林市11个县和2个城区（临桂区及雁山区），乡（镇）56个、建制村74个、移民村民小组135个，受益群众1.09万户3.73万人（其中受益移民5180户1.99万人）。至年末，项目建设全部完成。

【桂林市防洪及漓江补水枢纽工程移民安置】 2017年，桂林市防洪及漓江补水枢纽工程移民安置完成投资2.95亿元，其中兴安县完成2.45亿元，灵川县完成0.1亿元，桂林市大禹水利基础设施建设投资有限公司完成0.4亿元。12月8日，桂林市防洪及漓江补水枢纽工程斧子口水利枢纽工程下闸蓄水阶段移民安置工作通过终审验收。（潘燕华）

2017年12月8日，桂林市防洪及漓江补水枢纽工程斧子口水利枢纽工程下闸蓄水阶段移民安置工作在桂湖饭店召开　（市移民局　供图）

商业·会展业

商业服务业

【概况】 2017年，桂林市商务局（简称市商务局）办公地址在桂林市临桂路25号。内设办公室、综合业务科、市场秩序科（桂林市人民政府打击走私综合治理办公室）、市场体系建设科、流通业发展科、市场运行和消费促进科、对外贸易科、对外经济和外国投资管理科（行政审批办公室）、口岸管理科、电子商务和信息化科、财务科、人事教育科。人员编制49名，在职人员63人。年内，桂林市消费市场保持平稳较快增长，累计实现社会消费品零售总额928.12亿元，（比上年，下同）增长11.0%。按经营单位所在地分，城镇消费品零售额778.96亿元，增长10.8%；乡村消费品零售额149.16亿元，增长12.1%。按消费类型分，餐饮收入157.20亿元，增长18.2%；商品零售770.92亿元，增长9.6%。

【开展促消费活动】 2017年，市商务局落实稳增长、促消费工作精神，组织和举办多场集中促消费活动，促进消费需求增长，助推消费结构改善。开展以“新消费、新供给、新体验”为主题的“消费促进月”活动，活动期间全市销售额排名前10名的零售企业累计实现商品销售5.5亿元。组织开展以“缤纷夏日，欢购百日”为主题的“百日促消费”和“百店大促销”活动，“双百”活动期间，参与的综合商场、家电经销企业、汽车企业、餐饮企业销售额（营业额）分别较上年同期增长10%、25%、23%、30%。联合桂林汽车流通协会、桂林市汽车行业协会举办“2017桂林五一汽车博览会”“2017桂林国际汽车博览会暨首届新区房车节”，促进品牌新车和二手车交易量增加。组织名特优农产品生产和销售企业参加“广西特产行销全国南京站”、第12届广西名特优农产品交易会、第13届广西名特优农产品交易会，举办首届“广西特产产销对接活动”，促进农副产品产销衔接。

2017年3月24日，2017广西“壮族三月三”电商节桂林分会场开幕仪式举行

（市商务局　供图）

【成品油流通监管】 2017年，市商务局组织各县（区）商务主管部门及成品油经营企业，开展2016年度成品油经营企业经营资格年度审查工作。开展2017—2020年桂林市加油站厕所改造提升工程，编制印发《2017—2020年桂林市加油站厕所改造提升方案》，组织中国石油桂林分公司、中国石化桂林分公司学习借鉴湖南省加油站厕所建设及管理经验。组织开展全市打击取缔非法加油站（点）和非法流动加油车专项整治行动。

【重要商品储备】 2017年，市商务局完成3轮生猪活体储备及2轮冻猪肉储备，并及时拨付承储企业储备补贴资金。推进储备工作信息平台建设，加强动态管理，为政府应对突发事件提供物资保障。

【商贸重点项目建设】 2017年，市商务局加强商贸重点项目建设，推动大型商贸综合体建设。叠彩万达广场建成开业，城北商圈核心功能显现。桂林华润、桂林海吉星食尚港、东西巷西巷等项目有序推进。做好桂林中辰电商物流交易中心的跟踪服务工作，项目全年投资1.02亿元，完成快递物流分拨中心、仓储物流区和零担物流区相应库室建设。顺丰速运桂林分拨中心投入运营，现代化快递电商园区雏形初步显现。

【商贸产业发展】 2017年，市商务局引导桂林米粉生产企业实施创新升级

2017 年 9 月 2 日，桂林米粉国家地理标志证明商标授牌仪式举行

（市商务局　供图）

战略，涌现了一批具有向外扩张能力的创新企业，桂林三养胶麦生态食疗产业有限责任公司突破湿米粉保鲜技术瓶颈，为大规模外销奠定基础。全州县重点发展米粉生产基地，十米粉年产量 33 万吨，年产值超过 15 亿元，成为全国最大县域级干米粉加工基地，干米粉产业初现聚集效应。桂林米粉产业呈现爆发式发展，产值突破 100 亿元。开展民宿产业调研，起草《桂林市人民政府关于加快民宿经济发展的指导意见》，组织首届"寻找桂林特色民宿"评选活动。阳朔县充分发挥首批中国优秀国际乡村旅游目的地平台作用，发展民宿产业，有 8 家民宿获"金宿级特色民宿"称号。

【营造法治营商环境】 2017 年，市商务局整顿和规范市场经济秩序，全市开展商务领域执法 764 次，出动执法人员 2573 人，案件办结率 100%。牵头开展打击走私综合治理工作，健全市场三线监管机制，深化流通领域私货整治，加强运输环节拦截查缉。开展"国门利剑"、集中打击治理非法改装车辆和高速公路私开道口违法行为专项行动，开展打击濒危动植物走私、打击"洋垃圾"走私、烟草"猎非"专项行动、打击大米走私等行动。开展商务诚信体系建设工作，开展"守诚信、讲文明"诚信兴商主题实践活动、2017 年度广西商务诚信示范单位创建活动、诚信兴商宣传月活动。（罗晖）

【烟草专卖】 2017 年，桂林市烟草专卖局（公司）全年销售卷烟 94.8 亿支，销售额 53.48 亿元，单箱销售额 2.81 万元，增长 6.08%；实现税金 10.12 亿元，增长 7.4%；上缴财政 12.68 亿元，与上年持平。年内，桂林市烟草专卖局（公司）突出政府主导作用，强化联合执法，开展各项专项市场整治行动，打假破网取得重大突破。全年查获各类涉烟违法案件 1337 件，其中 100 万元以上的网络案件 3 件，案值共计 683.33 万元。查获假烟、非烟 1986 万支，增长 72.1%；查获走私烟 398 万支，下降 41.21%。移送追刑案件 19 件，行政拘留 17 人，逮捕 15 人，判刑 20 人。桂林市烟草专卖局获自治区烟草商业系统 2017 年度"先进单位奖"和"卷烟税利特别贡献奖"称号。

（常婷婷）

电子商务

【概况】 2017 年，市商务局探索电子商务应用新手段。开展创建"国家电子商务示范城市"活动，完善桂林市电子商务发展环境，促进电商桂林市场体系建设。创建"桂林电商谷"国家电子商务示范基地，优化电子商务载体，该基地第三期主体工程建设完成，至年末入驻电子商务应用和电子商务服务企业 300 多家。开展创建"广西电子商务示范企业"活动，推动电子商务健康发展，桂林市所辖 10 家广西电子商务示范企业发展良好，全年业务量和销售额持续高速增长，成为全市电子商务企业发展的标杆。

【农村电子商务发展】 2017 年，市商务局推进农村电子商务发展，全市先后有荔浦、灌阳、全州、龙胜、恭城、资源 6 个县（自治县）获批准建设国家电子商务进农村综合示范项目，初步建立立足农产品上行的电子商务县、乡、村三级服务体系和物流配套体系，建成县域电子商务公共服务中

2017 年 5 月 12 日，"党旗领航　助力脱贫·电商扶贫"行动计划启动仪式在灌阳县举行

（市商务局　供图）

2017年6月16日，2017广西电子商务高峰论坛暨第三届桂林网购节开幕式举行

（市商务局　供图）

心。通过自治区服务业引导资金，完成桂林老字号打造及特产线上、线下大促销项目，举办2017广西老字号电子商务品牌打造活动（桂林站）。联合市委组织部、市扶贫办等部门，推进“党旗领航　助力脱贫·电商扶贫”行动计划，举办“‘我为家乡代言’资源县电商大集”“七一红色购物季”等活动，推动贫困村创新发展和贫困户脱贫致富。

【电子商务建设】2017年6月16日—18日，自治区商务厅、桂林市人民政府共同主办的2017广西电子商务高峰论坛暨第三届桂林网购节在桂林市举行，参会人员2000多人，吸引观展群众超过3万人次。展会设特装展位16个，标准展位290个，实现线上、线下销售额6200多万元，促成了一批电商项目签约落地。年内，市商务局举办广西“壮族三月三”电商节桂林分会场、“双十一”电商购物节等系列活动，利用电子商务手段促进桂林市消费转型升级。　（罗晖）

国际贸易促进

【概况】2017年，中国国际贸易促进委员会桂林市委员会（简称市贸促会）办公地址在桂林市临桂区西城中路69号。内设办公室、法律事务部。人员编制8名（含后勤服务人员控制数编制1名），在职人员8人。年内，市贸促会推动全市国际贸易促进工作，对外联络持续健康发展。

【服务国际贸易企业】2017年，市贸促会拓展优惠证业务范围，坚持信息化“一站式服务”和重点企业“一对一”举措，全面落实“马上办”等便企惠民措施，提高签证效率。向中国国际贸易促进委员会、中国国际商会调解中心推荐2名调解员，为桂林市企业“走出去”提供法律保障。免费为企业培训相关专业人才，为45家外贸企业的59名手签员进行一般原产地证、优惠原产地证、国际商事证明书、代办领事认证、ATA单证册等知识培训。12月，市贸促会获国际商事证明书的办理授权资格，出证、认证业务受众面进一步扩大。全年市贸促会共办理一般原产地证846份，优惠原产地证266份，代办国际商事证明书475份，代办涉外商贸文件领事认证198份。

【会展工作持续发展】2017年，市贸促会拓展会展项目，在相关网络平台发布全年全系统会展项目，供企业选择参展。会同香港富森（展览）实业有限公司、广州中威展览服务有限公司、桂林国贸展览服务有限公司等专业会展公司商讨会展合作业务，商定会展项目。组织举办2017广西柑橘产业博览会暨第2届桂林品牌农资、农机博览会，展会吸引国内外300多家企业参展。协办第13届广西名特优农产品交易会。

【开展贸易促进】2017年，市贸促会扩大与世界各国经贸团体、商协会联络互动，构建联络互动机制。接洽韩国韩中国际交易中心、中国台湾两岸情经贸交流协会等经贸团体，开展走访企业、座谈推介等活动，推进双边、多边贸易促进工作。开展与自治区内外贸促会交流、协作，全年接洽或走访了大连市贸促会、内蒙古自治区贸促会、安徽省亳州市贸促会以及钦州市贸促会、贵港市贸促会。

（周志军）

2017年12月19日，市贸促会举办属地外贸企业手签员培训班

（市贸促会　供图）

2017年12月16日—17日，2017广西柑橘产业博览会暨第2届桂林品牌农资、农机博览会举行 （市贸促会 供图）

物资流通

【概况】 2017年，桂林市社会消费品零售总额928.12亿元，增长11.0%。全市进出口贸易总值70.4亿元，增长19.2%。其中，出口贸易59.34亿元，增长14.2%；进口贸易11.06亿元，增长55.5%。道路水路运输换算周转量完成198.77亿吨千米，增长8.98%，拉动地区生产总值增长0.18个百分点。其中，道路运输换算周转量完成197.64亿吨千米，增长9.02%；水运运输换算周转量完成1.13亿吨千米，增长2.81%。邮政业业务总量累计完成6.85亿元，增长30.57%；实现业务收入6.77亿元，增长16.05%。其中，桂林市快递企业业务量累计完成1950.35万件，增长26.23%；快递业务收入累计完成3.28亿元，增长23.89%。

【重要商品市场供求基本平衡】 2017年，桂林市通过加强储备力度，做好粮食、食盐、农资等重要商品总量宏观调控，全市市场供应充足，价格基本稳定。全市粮食总购进136.24万吨(贸易粮)，粮食总销售68.45万吨，完成年度考核任务指标的130.39%。全年购进盐品1.98万吨，销售盐品总量1.85万吨。直接销售食用盐1.40万吨，盐品总库存5164吨，其中直接食用盐库存3934吨，加工用盐库存1167吨，工业盐库存63吨。全市供销社系统实现销售总额123.93亿元，增长15%；购进总额104.8亿元，增长13.3%；农副产品购进26.13亿元，增长19.4%；消费品零售41.67亿元，增长16.3%；售给农民农业生产资料34.43亿元，增长8.68%。再生资源回收1.24亿元，增长19.6%。全市争取产品进口关税配额1.52万吨，其中长粒米7937吨、玉米6029吨、棉花1246吨，确保企业生产原材料充足供应，降低企业生产运营成本。

【完善物流规划体系】 2017年，市发展和改革委员会完善物流规划体系建设。组织编制的《桂林市现代物流业发展“十三五”规划》由市人民政府办公室印发实施。相继出台《桂林空港物流产业园区详细发展规划》《广西壮族自治区民宿服务管理规范》地方标准。临桂新区物流配送中心、五里店商品交易服务平台、广西物资集团大溪河物流基地项目、桂林海吉星食尚港、荔浦衣架交易市场等9个商贸与现代物流服务集聚区列入《桂林市“十三五”现代服务业集聚区发展规划》，广西物资集团桂林储运总公司物流园被自治区认定为首批现代服务业集聚区。

【物流重点项目建设】 2017年，桂林市推进经贸物流重点项目86个，总投资774.77亿元，完成投资99.81亿元。其中，现代物流项目15个，总投资76.84亿元，完成年度投资13.7亿元；商贸流通项目71个，总投资697.93亿元，完成年度投资86.11亿元。桂林万禾农产品物流园、桂林临桂通达综合物流园区、桂林中辰电商物流交易中心、申通快递物流园、桂林临桂新区物流配送中心等项目加快建设。桂林叠彩万达广场、象山区桂林国际啤酒文化广场、桂林八里电子物流商务综合项目等项目竣工并投入运营。物流新业态初见成效，桂林万禾电子商务有限公司建设的公用型保税仓投入运营。推进“电子商务进农村”示范县建设，提升县域商贸物流水平，全市经贸物流网络不断完善。

【加大对外开放合作】 2017年，桂林市继续开展外贸提升工程，启动第二轮“加工贸易倍增计划”，多次参加国内外加工贸易产业招商推介会和产品博览会，为企业争取更多订单。注重发展外贸新模式，利用广西“一达通”平台，促进中小企业开拓国际市场，鼓励企业建立海外仓、海外研发中心和展示中心。推动“引进来”和“走出去”，加大对新建、在建外资重大项目服务力度，帮助企业利用国家资金政策更好地“走出去”。

【完善乡(镇)农村物流服务网络】 2017年，桂林市引导邮政快递企业完善乡(镇)服务网络，建制村直接通邮率实现100%，快递乡(镇)网点覆盖率90%，畅通了农产品外销渠道，促进快递与农村电子商务协同发展。全年邮政农特产品配送量596.9吨，交易额468.27万元，带动电子商务快包业务22.23万件，实现业务收入148.03万元。各快递企业参与阿里巴巴集团农村淘宝项目和百姓乐淘、乐村淘等本土电商项目，打通农村物流网络“最后一千米”。全年桂林市电子商务快件业务量累计完成693.09万件，增长41.7%，占全市快递业务量的35.54%。

（王志军）

集市贸易

2017 年 8 月，乐群市场铁棚改造基本完成　　（市市场中心　供图）

【概况】 2017 年，桂林市市场开发服务中心（简称市市场中心）办公地址在桂林市自由路花桥街 4 号，是桂林市国有资产监督管理委员会监管的自收自支性质、企业化管理的事业单位。市市场中心内设行政秘书科、财务科、人事教育科、法制科、物业管理科，下设东区、南区、北区、中区 4 个物业管理处，下辖东环、东江、旅游商品批发城、雁山、北门、保惠、芦笛、铁路、乐群、信义 10 个集贸市场物业管理所。人员编制 90 名，在职人员 137 人。年内，市市场中心推进规范化市场管理，完成一批市场基础设施美化亮化和升级改造施工，市场消防安全、经营管理、基础设施建设等工作取得新成绩。

【开展市场环境整治】 2017 年，市市场中心贯彻桂林市关于全国文明城市创建工作精神，开展市场环境整治。投入资金 71.8 万元对所辖东江、东环、芦笛、北门、信义、乐群市场等 6 处市场的基础设施进行美化亮化施工或改造。

【健全市场安全生产管理机制】 2017 年，市市场中心以"安全生产月""安全生产法宣传周"等专项活动为契机，加强安全宣传和教育培训，建立健全安全生产管理机制。全年投入资金 2.46 万元，完成对各市场内的消防设施补充更换。对所辖各市场开展消防安全大排查大整治 26 次，发现安全隐患 81 处，下发安全生产隐患整治通知书 26 份，并落实安全隐患问题整改，确保各市场安全生产形势稳定。

（韦昊）

供销合作商业

【概况】 2017 年，桂林市供销合作社（简称市供销社）办公地址在崇善路 12 号。内设办公室、人事劳动保障科、经济发展科、财务审计科、合作指导科、社有资产管理科、监事会、监察室，人员编制 26 名，在职人员 24 人。全年全系统实现销售总额 123.93 亿元，增长 15%；购进总额 104.8 亿元，增长 13.3%；农副产品购进总额 26.13 亿元，增长 19.4%；消费品零售总额 41.67 亿元，增长 16.3%；售给农民农业生产资料 34.43 亿元，增长 8.68%；再生资源回收 1.24 亿元，增长 19.6%；利润总额 1901 万元，增长 12.02%。

【供销综合改革】 2017 年，桂林市供销系统获综合改革、"新网工程"、产业富民地头冷库等项目补助资金 919.6 万元。组织开展"新网工程"、综合改革项目检查，促进项目建设。各县（区）供销社强化工作力度，推动改革任务落到实处。9 月，市人民政府在全州县召开全市供销社综合改革现场推进会，总结交流经验做法，以点带面引领和带动供销综合改革向纵深推进。

【服务功能成效显著】 2017 年，桂林市供销系统打造基层供销社、综合服务站、农民合作经济组织联合会"三位一体"综合服务平台。基层供销社盘活资产改造建设取得新进展，新建、改建基层供销社 36 个，乡（镇）综合超市 6 个，社区综合服务社 23 个，农资配送中心（站）8 个，再生资源回收网点 12 个，乡（镇）农贸市场 5 个；改造经营网点 56 个。经营服务领域加快拓展，基层社形象有效改善。基层社实现营业收入 3.74 亿元，利润 476 万元。全年新建、改建、扩建县级综合

2017 年 9 月，改造后的信义市场　　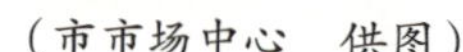（市市场中心　供图）

服务中心1个、乡(镇)综合服务站37个和村级综合服务社96个,为农民生产生活提供"一站式"综合服务。全系统社有企业实现营业收入9.04亿元,增长13.18%;净利润1215万元,增长15.94%。

【打造供销系统"互联网+农业"格局】2017年,桂林市供销系统已注册成立电商公司10家,自建电商平台9个,推广当地特色农产品,拓宽市、县农产品对外销售渠道。年内,电商公司销售额759.59万元,增长286%。龙胜各族自治县实施全国电子商务进农村综合示范县项目,多方筹措资金,搭建实体店和电子商务平台,拓宽农产品销售渠道,打造县域农村电子商务生态链,构建消费品下乡、农产品进城的网上通道,至年末实体店运作良好,上行产品初成规模。永福、全州、兴安、荔浦等县供销社在"供销e家""阿里巴巴"等开设电子商务网站平台,推出当地特色农产品。灌阳县供销社开展"农资电商惠农工程"建设,平乐县供销社搭建绿鑫农资电子服务平台等等,打造桂林市供销系统"互联网+农业"新格局。

【为农服务项目建设】2017年,桂林市供销系统实施为农服务项目146个,完成投资总额1.47亿元。其中,17个地头冷库建设项目通过自治区评审,获得补助资金765万元。荔浦县双江供销社超市经过改造成为双江镇经营面积最大、经营品种最齐全的日用品超市。恭城瑶族自治县的西岭镇供销综合服务站、栗木镇五福村供销综合服务社完成改造。资源两水综合服务站9个地头冷库项目竣工。

(谭祥树)

粮油商业

【概况】2017年,桂林市粮食局办公地点在临桂区西城大道69号。内设办公室、调控科、监督检查科、财务管理科、流通与科技发展科、人事科、党务办公室,人员编制33名(含后勤服务人员控制数编制4名),在职人员37人。下设桂林市军粮供应管理中心、桂林市粮油质量监督检验中心、桂林市军粮供应站、桂林市第一粮库、桂林市第三粮库。全年全市粮食企业粮食总购进136.24万吨(贸易粮,下同),总销售68.45万吨;实现主营业务销售收入6.59亿元,减少2083万元,下降3.07%;实现利税总额1259万元,增加187万元,增长17.44%,利润总额942万元,增加330万元;市直属国有粮食企业实现销售9010万元,增加534万元;实现利润846万元,增加43万元。全年全市粮油饲料工业总产值54亿元,产品销售收入50亿元,下降10.5%和13.5%;实现利润1.53亿元,增长42.2%。其中,大米加工业销售收入19.05亿元,下降28.5%;饲料加工业销售收入32.44亿元,下降5.5%;小麦粉加工销售收入0.40亿元,分别下降58.3%。年内,全市有8个库点进行智能化升级改造,完成投资543.2万元,在建仓容2.53万吨。有11个县(区)纳入到粮食直补范围,全市直补订单粮食总收购14.63万吨。

【粮食宏观调控】2017年,桂林市设立应急供应网点153家、应急加工企业34家,落实应急成品粮油储备,并做到规范管理,能随时调得动、用得上。10月,桂林市粮食局组织市辖区部分骨干企业和县(区)粮食局相关人员开展粮食供应应急预案培训和现场演练,提升应急供应能力。执行国家粮食收购政策,开展粮食收购政策宣传,动员社会企业入市收购粮食,全市粮油购销平稳有序。年内,市辖区内部队调整较大,军粮供应涉及面广,供应难度增大,桂林市粮食局完善军粮供应服务设施,加强军粮质量监管,增强服务意识,提高军粮供应综合保障能力,做到"部队满意、政府放心"。

【粮食流通监督检查】2017年,桂林市各级粮食行政管理部门组织开展粮食流通监督检查107次,检查企业436家次。印发《桂林市粮食局"双随机一公开"执法检查工作监管实施细则》,与市财政局、市工商行政管理局、市质量技术监督管理局等部门联合组织开展粮食流通统计制度执行情况、跨部门"双随机一公开"联合抽查等专项检查工作,全市抽查企业32家。

【粮食质量安全监管】2017年,桂林市粮食局完成粮食库存检查任务。联合市财政局组织开展直补订单粮食收购政策落实情况专项检查,全市直补订单粮食收购政策落实较好,未发现严重违法违纪违规问题。联合市发展和改革委员会、市财政局、中国农业发展银行桂林分行开展"粮食安全隐患大排查快整治严执法"集中行动抽查,全市库存粮食没有发现违法违规的情况。

【粮食产业化发展】2017年,桂林市粮食局加强对龙头企业的培育和扶持,桂林力源粮油食品集团有限公司得到发展壮大。引导企业加入"广西

2017年12月8日,桂林市"戍桂"放心粮油超市开业　(侯世华　摄)

香米”产业联盟，推动“中国好粮油”和“广西香米”区域公用品牌建设，扩大自身品牌影响力和销路。9月，自治区“优质粮食工程”建设和直补订单粮食收购工作现场会在全州县召开。年内，永福福寿米业公司的“永福香”大米品牌入选全国“名特优新”农产品目录。全州县规划建设以大米精深加工和干米粉生产为主的特色粮食产业园区，园区占地面积66.67公顷，有5家规模企业入园，总投资11.5亿元，年产优质大米21万吨、干米粉33.5万吨。（徐鑫鑫）

2017年6月26日，桂林市会展业专场推介会在海口市举行 （市博览局 供图）

会展业

【概况】 2017年，桂林市博览事务局（简称市博览局）办公地址在桂林市临桂区西城中路69号。内设综合协调科、招商招展科、市场开发科、展览管理科，人员编制18名，在职人员18人。年内，市博览局启动桂林新国际会展中心建设，提升桂林会展基础设施和服务水平。强化政策扶持，培育创新会展发展新动能，品牌展会培育成效凸显。中国—东盟博览会旅游展、联合国世界旅游组织/亚太旅游协会旅游趋势与展望国际论坛、桂林山水文化旅游节、中国（桂林）国际健康旅游高端论坛、广西名特优农产品交易会、桂林房车节等一批大型会展活动的国际化、专业化水平不断提升，县域节庆活动的影响力和经济推动力逐步扩大。桂林国际马拉松赛，中国国际商标品牌节，世界顶级、中国唯一的公路自行车世界巡回赛相继在桂林举办，桂林在会展业界知名度和影响力进一步扩大。

【2017中国—东盟博览会旅游展】 2017年10月11日—15日，中国—东盟博览会旅游展在桂林举办，旅游展由国家旅游局、自治区人民政府主办，由自治区旅游发展委员会、中国—东盟博览会秘书处、桂林市人民政府共同承办。旅游展共有64个境外国家和地区，国内18个省（自治区、直辖市）及广西14个市组团参展参会。展会邀请专业境外及中国港澳台地区买家213名，国内买家100名。专业参展商近800家，专业观众6000人，参观公众15万余人次。展览总面积2.5万平方米，实现贸易洽谈次数超过3000场。有61家媒体共178名记者参加采访报道及直播。该届旅游展获评“2017年度中国十佳品牌展览会”称号。

【统筹桂林市会展行业发展】 2017年，市博览局培育壮大会展业，打造桂林会展品牌，促进全市会展行业发展。修改完善《桂林市人民政府关于加快桂林市会展业发展的意见》《桂林市会展业发展资金管理办法》等会展扶持政策，发挥会展专项扶持资金效用，鼓励桂林市相关单位和企业对外引展办会。抓好桂林会展人才培训会，对桂林市各县（区）、市会展经济工作领导小组成员单位相关负责人、桂林会展业相关企业负责人进行培训。

【筹办大型会展活动】 2017年，市博览局筹备杭州休闲博览会桂林展区城市展示工作、第12届广西名特优农产品交易会等相关大型会展活动筹办工作，指导县域相关节庆活动，提升桂林各相关展会活动国际化、专业化、品牌化水平。6月，在海口市举办桂林市会展业专场推介会，搭建与海口大型会展相关企业、主流媒体以及中国会展业联盟合作交流的高端平台，同时利用宣传片、宣传册、旅游展网站及微信公众号平台等方式促进桂林市会展营销。中国—东盟博览会旅游展、联合国世界旅游组织/亚太旅游协会旅游趋势与展望国际论坛、桂林山水文化旅游节、中国（桂林）国际健康旅游高端论坛、广西名特优农产品交易会、桂林房车节等一批大型会展活动的品牌知名度和影响力得到提升，桂林获“2017年度中国优秀会展城市奖”和“中国最具魅力会议目的地”称号。

（市博览局）

对外经济贸易·非公有制经济

招商引资

【概况】 桂林市投资促进局(挂桂林市非公有制经济发展服务中心牌子)办公地址在临桂区西城中路69号,内设办公室、内资促进科、外资促进科、项目综合科、区域合作科、重大项目督办科、非公经济服务科。人员编制32名(含后勤服务人员控制数编制5名),在职人员39人。年内,桂林市投资促进局实施对外开放"十三五"发展规划和招商引资三年行动计划,贯彻"狠抓招商引资,增强发展后劲"部署,招商引资工作取得显著成效。全年全市内资、外资到位资金712.36亿元,(比上年,下同)增长15.49%。其中,内资自治区外到位资金676.78亿元,增长16.36%;外资实际到位5.23亿美元。新签并实施的1亿元以上项目129个,其中总投资10亿元以上项目24个,5亿—10亿元项目25个,1亿—5亿元项目80个。实施项目387个,其中第一产业项目22个,占总实施项目数5.68%;第二产业项目165个,占总实施项目数42.63%;第三产业项目200个,占总实施项目数51.68%。第二产业招商取得新突破,华为技术有限公司、比亚迪股份有限公司、美亚迪光电科技有限公司等一批有较强带动效应项目的实施,在优化产业结构的同时助推全市工业再次崛起,为桂林国际旅游胜地建设注入强劲动力。

【招商引资实现新突破】 2017年,市、县(区)领导重视招商引资工作,促成一大批知名度高、关联度强、产业辐射作用明显的项目落地。市领导率队到深圳考察华为技术有限公司和比亚迪股份有限公司,加强双方交流与合作;考察深圳烯旺新材料科技股份有限公司,促成该公司成功入驻奥创园;赴上海张江高新区学习考察,参观上海德力西、英特尔(中国)有限公司、张江创业工坊等企业,并与上海张江高新区签署战略合作框架协议。市人民政府分别与华为技术有限公司签约桂林华为信息生态产业合作区项目,与中兴通讯股份有限公司签约桂林中兴通讯产业园、中兴(桂林)研究院、中兴智慧小镇等项目,与比亚迪股份有限公司签署投资合作协议和单轨交通及纯电动汽车公共服务项目合作协议,与碧桂园集团、上海复星高科技(集团)有限公司签订战略合作框架协议。桂林国家高新技术开发区、叠彩区万达广场开业,雁山区、桂林国家高新技术开发区万达文化旅游项目快速推进,华为山水双创园动工,华为信息生态产业合作区招商大会签约仪式7月举行,10家企业现场签约落户,投资额31.64亿元,浪潮大数据创新展示中心完成装修。

【招商引资创建新模式】 2017年,桂林市创新招商方式,拓宽招商渠道,全方位、多层次、宽领域地开展招商引资活动。点对点招商成效明显,市本级及各县(区)开展各项招商活动380多次,洽谈项目860余个,新签内资项目191个,总投资841.01亿元。利用区域合作平台,组织参加广州博览会、中国·天津贸易洽谈会、粤桂黔高铁经济带合作联席会议等大型区域性经贸活动30余场,举行投资商机对接会、项目推介会3场,走访对接企业40多家,达成意向投资项目3个。编制《桂林农业项目招商投资指南》,建立桂林农业招商引资项目库,推出农业招商引资重点项目35个,总投资82.43亿元。开展大规模、高密度的"请进来"活动,邀请中国中药控股有限公司、北京首都创业集团有限公司、中

2017年9月19日,桂林溢达纺织公司被授予"一带一路"桂港合作论坛广西第一批CEPA先行先试示范基地 (雷国强 摄)

国太平保险(集团)股份有限公司等近200家企业相关负责人到桂林市考察。探索开展“重资产”招商新模式，抓重点园区，新建标准厂房22.7万平方米、人才公寓(孵化器)16万平方米，园区承载能力提升。桂林经济技术开发区新开工工业项目27个，完成投资21.3亿元，快速环路等10个基础设施项目加快推进。桂林国家高新技术产业开发区扩容提质取得成效，新建成的桂林电子科技大学校友产业基地入驻高科技企业23家。高铁经济产业园总体规划基本完成，征地拆迁600多公顷，引进重点项目6个，总投资25亿元。全市三大园区“齐头并进”、各县工业集中区“多点支撑”的工业发展新格局初步形成。

2017年9月12日，第14届中国—东盟博览会桂林市投资企业代表座谈会在南宁桂景大酒店举行
(雷国强　摄)

【专题招商】 2017年，桂林市在第14届中国—东盟博览会上签约项目57个，签约总额965.99亿元，增长132%。其中，外资项目5个，签约金额6.41亿美元，增长119%；内资项目52个，签约金额923.69亿元，增长139%。年内，桂林市政府先后到北京、天津、上海等地，召开专题推介会、交流座谈会8场，走访对接企业130余家，签约项目6个，签约金额9亿元。密切与中国香港、澳门、台湾地区客商的联系，在深圳举办的“桂林市人民政府与深港澳客商经贸交流座谈会”，邀请深圳、珠海、香港等地近90家企业代表出席。在东莞举行“秀美桂林、活力桂林”大型投资推介会，近700家企业代表参加，并与东莞桂林商会签订委托招商协议。组织招商小分队赴日本、中国香港地区开展电子信息、生物医药、食品加工等重点领域招商，召开专题座谈会10场；到德国、比利时召开招商推介会，介绍桂林投资环境、政策及招商项目，并访问德国梅伦贝格、维勒布鲁克市政府及欧盟经济委员会、欧洲议会中心，推动欧盟外交官小镇健康养生项目、桂林(欧盟)议会中心办事处项目落地，改善了桂林市外资多是中国香港、澳门、台湾地区进资，欧美市场进资过少的现状。

【招商策划包装】 2017年，桂林市制作《桂林市重点招商项目(2017—2018)》《桂林市投资指南》，受到客商欢迎。联系11个县和6个城区，开展项目存量调研，并编制成项目跟踪表，对项目逐个进行联系跟踪，确保项目管理精细化。做好联合包装产业及项目工作，共收集并推出项目12个，灵川县桂林公路港、秀峰区芦笛旅游休闲度假中心、灌阳县红豆杉国际休闲养生旅游开发等项目获自治区招商引资项目工作专项经费10万元；策划的广西科伦制药有限公司硫酸头孢匹罗等原料药粉针剂生产项目(二期)、广西桂林荔浦“中国衣架之都”衣架产品研发展示中心项目等49个项目被列入自治区层面统筹推进重大项目，项目年度计划投资132.9亿元。年内，万达文化旅游城、福达重型汽车离合器和乘用车离合器产品升级改造项目、福达·桂林义江湾文化旅游度假区项目等96个项目列入桂林市《2016年新签项目跟踪服务推进表》。

【投资环境得到新优化】 2017年，桂林市制定出台《桂林市关于切实做好招商引资工作的意见》《关于实施创新驱动发展战略的决定》《实施开放带动战略全面提升桂林开放发展水平的决定》等重要文件，行政审批制度改革向纵深推进，市、县两级行政审批事项精简率55%。深化商事制度改革，在全自治区率先实现企业登记全程电子化覆盖，新增市场主体4.6万户，增长16.2%。年内，原市级投融资公司

2017年9月12日，第14届中国—东盟博览会桂林市签约项目专场签约仪式在南宁桂景大酒店举行
(雷国强　摄)

和22家相关企业重组为8家投融资公司;新增“新三板”挂牌企业2家;桂林国家农业科技园区通过验收;高新技术企业保有量突破150家。

(邱景)

对外贸易

【概况】 2017年,桂林市外贸进出口总额实现70.4亿元,增长19.2%。其中,出口59.34亿元,增长14.2%;进口11.06亿元,增长55.5%。加工贸易进出口总额实现9.69亿元,增长6.43%。

【外贸结构】 2017年,桂林市一般贸易实现55.51亿元,占进出口贸易总额79.3%,增长11.9%;加工贸易实现9.69亿元,占进出口贸易总额13.8%,增长6.4%;其他贸易实现4.81亿元。运输方式主要以水路、铁路、公路和航空运输为主,分别增长10.2%、138.4%、52.7%和40.3%,其中,邮件类下降40.7%。国有企业贸易额实现9.02亿元,增长2.8%;外商投资企业贸易额实现24.04亿元,增长0.6%;民营企业贸易额实现36.95亿元,增长40.1%。对亚洲国家或地区贸易额22.34亿元,增长5.1%;非洲国家6.27亿元,增长25.4%;欧洲国家17.63亿元,增长58.8%;拉丁美洲国家1.71亿元,下降6.7%;北美洲国家12.06亿元,下降7.2%;大洋洲国家9.98亿元,增长45.7%。对世界主要贸易组织贸易额,东盟组织8.17亿元,增长20.4%;欧盟组织16.03亿元,增长64.1%;亚太经合组织41.22亿元,增长10.3%。具有品牌、技术、质量优势的生物医药机电等产品(青蒿琥酯、植物液汁及浸膏、橡胶机械、客车等)出口增长快,皮革、锰砂矿、科研分析仪器等进口产品大幅增长。

【企业进出口】 2017年,桂林市部分企业进出口增幅较好,回暖现象明显。桂林国际电线电缆集团有限公司、桂林南药股份有限公司、桂林溢达纺织有限公司、桂林漓佳金属有限公司、桂林大宇客车有限公司、桂林啄木鸟医疗机械有限公司等龙头企业进出口总额分别实现7.67亿元、6.01亿元、3.74亿元、3.15亿元、1.41亿元和1.19亿元,分别增长43.16%、19.56%、50.23%、38.67%、21.87%和15.41%。全州县方大进出口贸易有限公司、燎原科技有限责任公司进出口继续保持强势增长,分别为407.4%和60.19%。外贸特色明显。机电产品和高新技术产品出口增长,具有自主技术、品牌、标准和服务优势的企业增幅较好。部分大中型企业进出口下降幅度较大,分别是桂林优利特医疗电子有限公司、桂林思奇通信设备有限公司、桂林桂广滑石开发有限公司、广西龙广滑石开发有限公司、桂林吉福思生物技术有限公司、桂林莱茵生物科技股份有限公司以及部分木衣架企业。

【外贸竞争优势增强】 2017年,桂林市狠抓品牌建设,培育技术、品牌及标准等竞争新优势。2013年,自治区商务厅启动“广西出口名牌”评选工作,截至2017年年末,桂林市获“广西出口名牌”外贸企业15家,分别为桂林莱茵生物科技股份有限公司(莱茵Layn)、桂林橡胶机械有限公司(GRM)、桂林国际电线电缆集团有限公司(ELECTRA CABLES)、桂林漓佳金属有限公司(漓佳LIJIA)、桂林裕祥家居用品有限公司(裕祥USHINE)、桂林优利特医疗电子有限公司(URIT)、桂林南药股份有限公司(ARTECOSPE、ARSUAMOON)、桂林市啄木鸟医疗器械有限公司(WOODPECKER)、桂林吉福思生物技术有限公司(PURELO)、桂林毛嘉工艺品有限公司(毛嘉Maos)、桂林广陆数字测控股份有限公司(GuangLu)、桂林俏天下家居用品集团有限公司(俏天下)、桂林市光隆光电科技有限公司(光隆科技GLSUN)、广西桂林华海家居用品有限公司(华海HuaHai)和桂林飞宇电子科技有限公司(FeiyuTech)。

【利用外资和对外投资】 2017年,桂林市树立“引资强贸”理念,加大对新建、在建外资重大项目服务和跟踪力度。年内,全市实际利用外资4179万美元,新备案企业19家。“走出去”企业4家,总投资6345万美元。

(罗晖)

个体私营经济

【概况】 2017年,桂林市工商行政管理局(简称市工商局)深化商事制度改革,实施个体工商户营业执照和税务登记证“两证整合”,推进个体工商户、农民专业合作社登记全程电子化试点工作,推动工商注册登记制度便利化,降低市场准入门槛,激发市场主体活力。至年末,全市私营企业6.11万家,注册资本2477.28亿元;个体工商户17.69万户,从业人员31.31万人,资金数额119.12亿元;农民专业合作社5929户,出资总额70.27亿元,成员总数6.45万个。

2017年1月12日,桂林市举行商事登记制度改革调研座谈会 (林千树 摄)

表 16

2017 年桂林市个体工商户分类统计表

行业分类	数量(户)	从业人员(人)	注册资本(万元)
农、林、牧、渔业	3344	9111	141052.90
采矿业	98	471	4108.62
制造业	7760	24529	94185.32
电力、热力、燃气及水生产和供应业	70	220	5752.43
建筑业	1096	2480	11203.88
批发和零售业	115867	169203	532905.78
交通运输、仓储和邮政业	2978	4178	26983.92
住宿和餐饮业	24561	60494	239385.18
信息传输、软件和信息技术服务业	504	909	3730.29
金融业	17	24	67.60
房地产业	107	162	458.20
租赁和商务服务业	3253	6225	26427.90
科学研究和技术服务业	475	1010	2935.53
水利、环境和公共设施管理业	11	82	1144.63
居民服务、修理和其他服务业	15004	29311	77312.39
教育	23	62	168.50
卫生和社会工作	328	908	4845.30
文化、体育和娱乐业	568	1997	14307.54
其他	824	1680	4212.57
合计	176888	313066	1191188.48

表 17

2017 年桂林市私营企业分类统计表

行业分类	数量(家)	从业人员(人)	注册资本(万元)
农、林、牧、渔业	5381	26364	1233119.82
采矿业	458	3142	107036.17
制造业	5102	39007	1699036.08
电力、热力、燃气及水生产和供应业	750	8196	1466371.65
建筑业	4054	20437	1287570.58
批发和零售业	21001	86300	3065623.35
交通运输、仓储和邮政业	1137	6373	249188.97
住宿和餐饮业	1230	7089	212313.38
信息传输、软件和信息技术服务业	2524	13031	536696.89
金融业	270	1409	232060.27
房地产业	2005	9958	1309530.91
租赁和商务服务业	11073	54008	6613225.79
科学研究和技术服务业	2905	15664	6073648.60
水利、环境和公共设施管理业	308	2116	138746.70
居民服务、修理和其他服务业	1582	8023	14587.94
教育	107	911	19558.30
卫生和社会工作	69	974	68371.00
文化、体育和娱乐业	770	4140	167355.31
其他	359	2290	145783.59
合计	61112	309232	24772825.30

【“小个专”党建工作】2017年，市工商局继续开展小微企业、个体工商户和专业市场非公有制经济党建（简称“小个专”党建）工作，印发《关于加强桂林市“小个专”党建工作的实施意见》《桂林市“小个专”党组织“五亮三岗双争”活动方案》《关于开展全市旅游行业企业党建工作规范化建设的通知》《全市“小个专”基层党组织规范化建设实施方案》等文件，统一“小个专”党建标准。6月，全市组织系统和工商系统联合召开桂林市党旗领航·助力旅游胜地建设暨“小个专”党建工作现场会。8月，市工商局联合市两新组织党工委在汇东果菜批发市场举行“桂林旅游行业企业党建工作规范化（试点）建设”启动仪式。11月，自治区“小个专”党建工作经验交流会在桂林召开，总结推广桂林市“小个专”党建工作经验。年内，桂林市“小个专”党建覆盖旅游行业“吃、住、行、游、购”五大领域，成为桂林旅游业发展的新驱动力量。全市共成立“小个专”党组织130个，各级工商部门建立党建工作指导站51个，设立党建“结对帮扶”工作联系点118个，培育党建示范点1个。

2017年11月9日，自治区“小个专”党建工作经验交流会在桂林举行

（王建明　摄）

【推进“个转企”工作】2017年，市工商局引导帮扶注册的个体工商户（不含中国香港、澳门、台湾地区居民申办的个体工商户）升级为企业（包括个人独资企业、合伙企业、公司制企业）（简称“个转企”）。强化服务效能，通过政策引导、主动服务、规范指导等方式，引导具备一定规模和条件的个体户向企业转型。全年全市有54户个体工商户转型升级为企业。

【启动农民专业合作社电子化登记】2017年7月1日，市工商局启动农民专业合作社全程电子化登记。至年末，全市农民专业合作社注册登记5929户，增长20.29%；出资总额70.27亿元，增长44.35%；成员总数6.45万人，增长14.57%。

表18　2017年桂林市外商与中国港澳台地区投资企业行业分类统计表

行业分类	户数（户）	投资总额（万美元）
农、林、牧、渔业	22	6180.38
采矿业	10	3970
制造业	102	82910.05
电力、热力、燃气及水生产和供应业	30	3970
建筑业	7	760.55
批发和零售业	77	31349.83
交通运输、仓储和邮政业	8	0
住宿和餐饮业	61	28900.12
信息传输、软件和信息技术服务业	42	19.31
金融业	23	0
房地产业	30	47885.5
租赁和商务服务业	58	275711.07
科学研究和技术服务业	29	46938.83
水利、环境和公共设施管理业	10	14982.98
居民服务、修理和其他服务业	6	793.12
教育	1	10
卫生和社会工作	0	0
文化、体育和娱乐业	17	15308
其他	2	1997
合计	535	561866.74

外商与中国港澳台地区投资企业

【概况】2017年，全市新登记外商与中国香港、澳门、台湾地区投资企业70家，新增投资总额11.61亿美元，新增注册资本6.89亿美元，外方认缴出资金额6.61亿美元。至年末，全市有外商与中国香港、澳门、台湾地区投资企业535家，累计投资总额56.17亿美元，注册资本29.74亿美元，其中外方认缴27.55亿美元。

【外商与中国港澳台地区投资企业监管】2017年，市工商局加大外商与中国香港、澳门、台湾地区投资企业监管力度，督促外国及中国香港、澳门、台湾地区常驻代表机构做好年度报告，全市应参加年报的外国及中国香港、澳门、台湾地区企业常驻代表机构17家，年内参加年报的常驻代表机构10家，注销1家，年报率58.82%。

（林千树）

财政·税务

财　　政

【概况】 2017年，桂林市财政局(简称市财政局)办公地址在桂林市崇善路10号，内设21个科室和机关党组织，下设事业单位9个，其中参照公务员管理事业单位6个。人员编制265名，在职人员232人。年内，市财政局坚持稳中求进工作总基调，全市财政保持平稳良好运行态势。

全年全市组织财政收入239.54亿元，(比上年，下同)增长7%。上划中央税收收入74.04亿元，增长23.6%；上划自治区税收收入21.34亿元，增长15.2%。全市财政总收入503.45亿元，增长5.8%。其中，一般公共预算收入144.16亿元，下降0.8%；转移性收入359.29亿元，增长8.7%。全市财政总支出485.63亿元，增长7.0%。其中，一般公共预算支出434.07亿元，增长8.8%；上解上级支出4.16亿元；地方政府债务还本支出42.57亿元；安排预算稳定调节基金5.03亿元；预算周转金调出(少支出)0.2亿元。全年全市财政收入和支出相抵，年终结余17.82亿元，扣除结转下年度继续使用的专款17.82亿元，净结余为零(2017年实际净结余5.03亿元。根据预算法“各级一般公共预算的结余资金，应当补充预算稳定调节基金”的规定，全市净结余5.03亿元已补充预算稳定调节基金)。

【财政收入特点】 2017年，市财政局针对经济下行和结构性减税政策力度加大等不利因素，从年初开始抓收入执行，在合理分解财政收入目标、落实各部门组织财政收入责任的基础上，支持协调税务部门加强税收征管，加强非税收入管理。全年全市财政收入增长7%，各月财政收入累计增速保持在6%以上。实现非税收入71.87亿元，下降3.8%，非税收入占一般公共预算收入比重49.9%，回落1.5个百分点。

【支持重点项目建设】 2017年，桂林市财政局筹措资金41亿元用于基础设施建设，推进香江饭店立交桥、漓江桥改扩建、桂林市防洪及漓江补水枢纽工程等项目建设。筹措资金12.87亿元用于市区13座人行天桥建设工程、城市道路水泥路面加铺沥青路(白改黑)工程、漓江(城市段)排污综合治理项目工程。筹措旅游发展专项资金2.32亿元，用于重点旅游项目建设、旅游发展规划和公共服务设施项目、旅游整体形象宣传和促销、旅游新业态项目、旅游商品研发和旅游人才培育和信息化建设。筹措资金1.03亿元用于支持2017年中央电视台春节联欢晚会桂林分会场演出、环广西自行车世界巡回赛、2017年中国—东盟博览会旅游展、第七届桂林国际山水文化旅游节、第十一届联合国世界旅游组织/亚洲旅游协会旅游趋势与展望国际论坛等活动的举办。

【扶持企业发展】 2017年，桂林市筹措工业和信息化发展专项资金3.81亿元，重点投向重大产业项目招商引资政策落实，企业搬迁改造，企业技术改造升级，工业和信息化深度融合，节能降耗及推进循环经济建设，软件和信息类产业发展。筹措特色园区建设资金1.05亿元，促进园区经济产业结构调整。自治区、市、县三级财政投入的“惠企贷”信贷引导资金总规模1.52亿元，累计贷款10.12亿元，在贷额6.03亿元，解决了中小工业企业融

2017年，桂林机场路香江饭店路口立交新建工程项目全面建成通车

(市政工程管理处　供图)

表 19

2017 年桂林市财政收支执行情况表

单位:万元

科目	全市	市级			县级
		合计	市本级	城区	
组织财政收入	2395369	1582188	794692	787496	813181
公共财政预算收入	1441597	884497	392121	492376	557100
税收收入	722941	459586	214204	245382	263355
增值税	215826	138379	58360	80019	77447
营业税	669	606	171	435	63
企业所得税	101859	81538	46373	35165	20321
个人所得税	35249	26807	15327	11480	8442
其他各项税收	369338	212256	93973	118283	157082
非税收入	718656	424911	177917	246994	293745
专项收入	71954	51381	44198	7183	20573
行政事业性收费收入	70932	42562	31777	10785	28370
罚没收入	47630	22070	17754	4316	25560
国有资本经营收入	61919	12481	10029	2452	49438
国有资源(资产)有偿使用收入	267407	174863	29120	145743	92544
其他收入	198814	121554	45039	76515	77260
上划自治区收入	213356	149822	82324	67498	63534
增值税	157082	105432	56853	48579	51650
营业税	1170	1125	817	308	45
企业所得税	33953	27179	15457	11722	6774
个人所得税	21151	16086	9197	6889	5065
上划中央收入	740416	547869	320247	227622	192547
增值税	374747	245540	116201	129339	129207
消费税	70101	67833	67753	80	2268
企业所得税	210970	170156	99508	70648	40814
个人所得税	84598	64340	36785	27555	20258
公共财政预算支出	4340692	1678846	892551	786295	2661846
一般公共服务支出	525497	201564	80831	120733	323933
国防支出	5693	3664	2368	1296	2029
公共安全支出	248028	132146	100846	31300	115882
教育支出	772764	305611	173319	132292	467153
科学技术支出	25574	17086	11601	5485	8488
文化体育与传媒支出	63392	30136	25264	4872	33256
社会保障和就业支出	560228	203741	131407	72334	356487
医疗卫生与计划生育支出	533687	154197	92000	62197	379490
节能环保支出	72640	21050	15322	5728	51590
城乡社区支出	588682	353948	131212	222736	234734
农林水支出	530080	91470	29874	61596	438610
交通运输支出	89368	20889	12072	8817	68479
资源勘探信息等支出	52218	28936	9936	19000	23282
商业服务业等支出	35062	17309	14542	2767	17753
金融支出	1902	586	586	0	1316
国土海洋气象等支出	31492	10937	6775	4162	20555
住房保障支出	140537	43922	23835	20087	96615
粮油物资储备支出	7322	1890	1293	597	5432
债务付息支出	54610	39261	29076	10185	15349
其他支出	1264	78	63	15	1186
债务发行费用支出	652	425	329	96	227

资难、融资贵等问题。安排桂林市小微企业融资担保有限公司注册资本金1.98亿元，拓宽小微企业融资渠道，支持大众创业、万众创新。筹措信息化建设资金0.48亿元，提升政府治理能力和政府信息化能力。探索财政支持工业发展创新模式，推动设立政府投资引导基金，首期基金由市财政出资2亿元。

【投资评审管理】 2017年，桂林市累计完成项目评审5204个，送审金额192.23亿元，审定金额174.35亿元，审减不合理资金17.88亿元，综合审减率9.30%。其中，市本级完成项目评审1669个，送审造价82.23亿元，审定造价73.59亿元，核减额8.64亿元，综合核减率10.50%。

【财政改革】 2017年，桂林市建立跨年度预算平衡机制，将上年度超收资金以及结余资金调入2017年预算稳定调节基金，对跨年度项目实行按年度实际进展情况科学合理安排预算资金，避免财政资金沉淀。推进财政发展"十三五"规划编制工作，制订《桂林市财政发展第十三个五年规划(2016—2020年)》《市本级部门2017—2019年中期财政规划》。盘活财政存量资金，全市共盘活使用财政存量资金61.66亿元，其中收回的各类财政存量资金8.32亿元全部完成支出，统筹用于民生项目、重点领域和关键环节。推进财政信息公开，全市各级财政部门均在同级政府或财政局门户网站上设立预决算公开统一平台，将市、县(区)本级2017年政府财政总预算，2016年政府财政总决算，各部门2017年部门预算及2016年部门决算在统一平台上集中公开。完善市辖区财政管理体制，制订出台《桂林市调整完善市辖区财政管理体制的实施方案》。启动市与县(区)财政事权与支出责任划分工作，制订出台《桂林市市以下财政事权和支出责任划分改革工作方案》，逐步构建科学合理、依法规范、权责明确、运转高效的政府分工体系。

【严格落实积极财税政策】 2017年，桂林市落实好减税清费政策，全市各级财税部门为企业和社会累计减税清费27.59亿元，确保企业税负减、活力增、后劲足。拓宽小微企业融资渠道，安排桂林市小微企业融资担保有限公司注册资本金1.98亿元，支持大众创业、万众创新。落实停免征部分政府性基金政策，扩大免征教育费附加、地方教育附加和水利建设基金的范围，将新菜地开发建设基金和育林基金征收标准降为零，停征价格调节基金和散装水泥专项资金，降低企业成本。

【政府债务管理】 2017年，桂林市健全完善政府性债务管理长效机制，成立桂林市政府性债务管理领导小组(债务应急领导小组)，制订出台《桂林市本级政府债务风险化解规划(2017—2021年)》《桂林市政府性债务风险应急处置预案》等文件，健全政府性债务管理制度，明确全市政府性债务风险应急处置工作职责，防范债务风险。加强政府性债务规模控制，按照自治区确定的额度对全市各级政府债务实行限额控制，分类纳入预算管理。争取自治区政府债券资金支持，全年获债券额度147.85亿元，其中置换债券114.90亿元，新增债券32.95亿元。强化政府债务监管，健全完善债务风险预警机制，将政府债务风险控制纳入对县(区)党政领导班子和党政正职绩效考评范围，强化政府债务监管。 (王林海)

国家税务

【概况】 2017年，桂林市国家税务局(简称市国税局)办公地址在桂林市穿山东路40号，内设14个科室、4个直属机构和3个事业单位，下辖11个县国税局和7个城区国税局(其中高新技术产业开发区和七星区国税局合署办公)。市国税局人员编制232名，在职人员232人。国税部门管辖全市纳税登记户14.02万户(家)，其中一般纳税人1.21万户，小规模企业3.94万家，个体户7.96万户，其他纳税人9165户。年内，市国税局完成税务总局口径税收(不含进口货物增值税)111.17亿元，增长29.61%。全年全市增值税、企业所得税、车辆购置税、消费税呈"三增一减"趋势，增值税主体地位巩固。其中，组织增值税74.3亿元，增长39.7%；企业所得税22.43亿元，增长14.05%；车辆购置税6.78亿元，增长27.41%；消费税7.01亿元，下降2.66%。

【国家税收收入态势良好】 2017年，桂林市税务总局口径税收突破110亿元大关，创历史新高；国税收入占桂林市财政收入比重的43.3%，提升9.2个百分点；剔除四大行业"营改增"净增后，税务总局口径税收增长13.23%，

2017年12月22日，广西首家国地税合作指挥中心启动仪式在市国税局举行
(寄端端 摄)

快于全市财政收入增速和桂林市经济增速。县域税收有所加快，剔除四大行业“营改增”净增后，6城区国税局税收收入增长12.96%，11县国税局税收收入增长13.88%，区域税收发展的不平衡有减小趋势。制造业税收改变下行态势，入库25.39亿元，增长14.33%。电力、热力生产和供应业下降23.6%，拉低了第二产业税收增幅3.23个百分点。传统税源行业批零业保持两位数增长，入库18.14亿元，增长13.33%。新兴服务业中，租赁和商务服务业增长较快，企业所得税入库1.01亿元，增长491.87%。“营改增”保持增长，各行业增减不一，建筑业、房地产业增值税入库均超过10亿元，分别入库13.07亿元、10.88亿元。四大行业以外的各行业税收增长较为缓慢，其中交通运输业入库0.63亿元，增长2.57%；电信业入库0.11亿元，下降68.27%。

【落实减税政策】 2017年，市国税局落实国务院新出台的6项减税政策和各项结构性减税政策，重点加大对结构调整、小微企业、科技创新、保障民生等方面企业扶持力度，共减免退税41.12亿元，增长87.49%。其中，出口退税3.68亿元，为促进小微企业发展减免税额4.87亿元，为促进西部开发减免税额2.33亿元，为支持资本市场发展减免税额5.34亿元，为支持金融市场发展减免税额8.72亿元，为支持“三农”发展减免税额3.79亿元。

【推进“银税互动”】 2017年6月6日，市国税局联合桂林银监分局等单位举办“银税互动”合作签约仪式，分别与全市31家银行金融机构签订《银税服务战略合作框架协议》，全市范围内的各银行业金融机构全部参与“银税互动”合作项目，“税贷通”业务实现市、县两级全覆盖。年内，与桂林国税开展银税互动的银行共为130户纳税信用评价A、B级纳税人提供信用贷款，贷款总额突破1亿元，帮助解决小微企业融资难问题。

【强化国税、地税合作】 2017年，市国税局全面深化与地税部门合作，健全税收机制，国税、地税共搭数据信息平台，共建办税服务大厅，共防重点税收风险。国税、地税储存共享涉税数据16.5万条，相互授权开通IP计算机终端地址244个，实现4类涉税资料一次采集国地税共享，全年共采共享涉税资料5.7万条。全年联合开展税收定额核定纳税户7.4万户，专项纳税评估大企业12家，帮助50家“走出去”企业排查税收风险，对全市1.7万户纳税人进行纳税信用等级联合评价，联合公告欠税“黑名单”96户。全市共建共驻国税、地税联合办税服务厅11个，国税、地税互设窗口

表20　**2017年桂林市国家税收收入分经济类型统计表**

单位：万元

项　目	全市	国有企业	集体企业	股份合作企业	联营企业	有限责任公司	股份公司	私营企业	其他企业	港澳台投资企业	外商投资企业	个体经营	其他
税收合计	1111695	141270	8527	29729	980	355455	195591	162802	16940	68299	30570	28905	72627
国内增值税	742980	77526	8393	12391	980	301776	112361	140259	8134	33784	18588	28788	
国内消费税	70100	50832	10	3		3636	14530	972				117	
企业所得税	224255	12900	117	17331		49360	68700	20602	8791	34472	11982		
个人所得税	5433												5433
城市维护建设税	1155		2			142		103	15				893
车辆购置税	67772	12	5	4		541		866		43			66301
出口退税	-63811	-528		-19744				-16609		-7432	-19482	-6	
进口货物增值税	6158					2564		2877		57		660	

注：税收合计不包含出口退税和进口货物增值税。

表21　**2017年桂林市国家税收收入分征收单位统计表**

单位：万元

项　目	全市	市区	阳朔县	灵川县	全州县	兴安县	永福县	灌阳县	龙胜各族自治县	资源县	平乐县	荔浦县	恭城瑶族自治县
税收合计	1111695	786019	20972	62334	34501	41071	27968	15104	28143	16068	17932	41047	20536
国内增值税	742980	489521	16619	52111	29001	26080	22058	11747	21627	12732	13638	33270	14576
国内消费税	70100	67561	19	75	821	300	1245	6	4	3	16	40	10
企业所得税	224255	175393	2658	7482	2011	12633	2952	1941	5842	2403	2217	4448	4275
个人所得税	5433	1972	310	407	603	434	303	366		275	184	384	195
城市维护建设税	1155	688	39	83	76	57	41	42		31	27	47	24
车辆购置税	67772	50884	1327	2176	1989	1567	1369	1002	670	624	1850	2858	1456
出口退税	-63811	-54878		-727	-15	-788	-1086		-6		-136	-6165	-10
进口货物增值税	6158	6158											

注：税收合计不包含出口退税和进口货物增值税。

32个。共建联合办税服务厅实行“一人一机一窗”双系统模式，实现“到一个窗，办两家事”，纳税人办税次数下降55%。12月22日，广西首家国地税合作指挥中心在市国税局挂牌成立，由桂林市国税局、地税局、自治区地税局桂林稽查局三方主要领导担任主任，进行实体化运作，指挥、统筹、协调国地税合作所有事项。

【改革国税征管模式】 2017年，市国税局围绕“管理强税”思路，构建“智能+数据+联动”立体风险防控模式，提升税源管理有效性，全年处理风险企业3741家次，取得风险管理成效6.49亿元。加强税源精细化管理，打造“规模+行业+特定事项”的税源分类分级管理模式。推进跨区域风险管理协作，联合成立跨桂林、梧州、贵港、玉林4个区域的税收重大项目协作管理团队。建立“管理、调查、服务”三位一体的非居民税收管理体系，对3家非居民企业开展反避税调查，其中1件案件成为广西首例批复结案的反避税案件；1件案件经约谈、解读税收政策，企业自主申报入库税款8085万元。全年共组织入库非居民企业所得税1.09亿元，增长650%。

【推进“营改增”试点】 2017年，市国税局做好“营改增”政策辅导、纳税服务、税负分析、风险防控等工作，全市共辅导试点纳税人11.47万户次，试点行业减税1.63亿元。

【市国税局优化纳税服务】 2017年，市国税局增设办税服务窗口35个，增加自助设备70台，自助售票占领票总量的74.19%。提高咨询服务和快速处置功能，共处理即办事项7.38万件，窗口涉税事项即办率95%；推行“一次办税，延时服务”，为纳税人提供延时服务1.37万户次。开展“送政策、问需求、解疑难”活动，走访纳税人3万多户次。增设发票“网上申领线下配送”服务，信用等级为A、B级的纳税人可通过网上办税平台，提出发票购买申请，由办税服务大厅受理人员审核通过后，可在办税服务厅现场领取或通过邮政速递方式领取发票。

（陈菊香）

地方税务

【概况】 2017年，桂林市地方税务局（简称市地税局）办公地址在桂林市五美路15号，内设13个科室。市地税局人员编制97名（含事业编4名），在职人员92人。下设直属机构2个，下辖11个县和6个城区地方税务局。全市地税系统共有税务分局、税务所等派出机构124个，在职人员1140人。全年全市地税部门管理登记纳税户10.24万户（家），其中企业5.12万家，个体工商户4.66万户，非企业单位4594户。年内，市地税部门组织公共财政预算税收收入67.41亿元，下降14.86%，剔除“营改增”因素同口径增长10.02%。其中，市区征收单位组织财政收入45亿元，下降10.55%，同口径增长16.99%；县域征收单位组织财政收入22.41亿元，下降22.37%，同口径下降1.74%。

【地方税收收入新特点】 2017年，全市个人所得税入库13.56亿元，增长27.9%。个人所得税成为“营改增”后全市地方税收第一大税种，其中工资薪金类收入个人所得税入库8.23亿元，增长35.2%。企业所得税12.5亿元，增长13.1%，其中工业企业缴纳所得税3.91亿元，增长39.7%。契税入库8.54亿元，增长20.8%。车船使用税入库1.84亿元，增长16.7%。耕地占用税入库8.37亿元，下降17%。资源税入库0.48亿元，下降22%。从各县（区）地税收入来看，临桂区地税局、全州县地税局、灵川县地税局、兴安县地税局和龙胜各族自治县地税局同口径负增长；另外13个单位同口径正增长，其中秀峰区地税局、七星区地税局和荔浦县地税局绝对值实现正增长。

【地税部门服务经济发展】 2017年，市地税局贯彻落实各项税收优惠政策，调低各城区、县域城镇土地使用税单位税额，全年减免税收12亿元。与桂林市国税部门，柳州市国税、地税部门联合开展桂林、柳州房地产行业运行和税收比对分析。代征教育附加、工会经费等6项政府性基金、行政收费6.34亿元，增长5.32%。深化“放管服”（“放”即简政放权，降低准入门槛；“管”即公正监管，促进公平竞争；“服”即高效服务，营造便利环境）改革，取消税务行政许可事项4项，全面实现企业“六证合一”和个体工商户“两证整合”登记。

【地税部门优化纳税服务】 2017年，市地税局组织开展“便民办税春风行动”，落实5大类20项41条便民办税举措，精简涉税事项198项、资料176项、环节181个。深化“纳税信用+”建设，通过“银税贷”项目帮助84家诚信纳税企业获贷款5488万元。

【实现残疾人就业保障金全职能征管】 2017年，市地税局贯彻《广西壮族自治区残疾人就业保障金征收使用管理办法》，残疾人就业保障金管理由过去残联部门管理、地税部门代征的模式转变为地税部门全职能征管、残联部门使用。依托地税部门完善的纳税服务体系，实现“税费”一体化核定、申报、缴纳，方便用人单位申报缴纳残疾人就业保障金，提高全社会支持残疾人保障事业的意识。全年全市征收入库残疾人就业保障金7955万元，增长91.8%。

【转变税收征管方式】 2017年，桂林市、县（区）地税局成为自治区地税第二批转方式试点单位。成立市、县（区）两级税收风险控制数据分析中心，实施税收风险综合分析、一户式归集、扎口管理、统一推送、监控评价，全年推送应对风险16批次7334户，通过风险应对、集中纳税评估分别入库税款1.89亿元和1.2亿元，风险应对率99.97%、识别率91.86%、贡献率3.05%。企业所得税汇算清缴率100%，12万元以上个人所得税自行申报1.33万人。2017年市、县（区）地税局征管数据完整率、一致率和标准率100%，利用第三方数据组织入库税款1.16亿元。

表 22

2017 年桂林市地方税收收入统计表

单位:万元

地区别	合计	增值税收入	营业税	企业所得税	个人所得税	资源税	城市维护建设税	房产税	印花税	城镇土地使用税	土地增值税	车船税	耕地占用税	契税
桂林市	642718	7294	6712	124956	135570	4819	48752	38299	12477	22292	54072	18364	83733	85378
市局直属税务分局	117782	256	4753	11003	34082	0	9370	7434	3427	1204	7324	10155	0	28774
秀峰区	62021	1065	-2	20432	16991	0	3050	2931	613	504	3126	79	425	12807
叠彩区	25286	114	346	8874	8257	0	1995	1621	567	486	2986	40	0	0
象山区	30006	64	9	13082	7358	0	4135	2143	452	513	2219	31	0	0
高新区	20898	154	18	8065	3926	0	2720	1864	477	713	1176	2	1783	0
七星区	59225	134	373	23031	15881	0	7298	3518	1369	782	4064	20	2755	0
雁山区	33264	187	532	8226	10058	9	3344	1763	751	770	1594	13	6017	0
临桂区	82049	475	743	11764	8710	214	4903	7929	1851	5731	16384	1106	1467	20772
阳朔县	25091	1424	80	5324	3460	5	835	1403	214	2494	2694	655	3460	3043
灵川县	41167	383	36	2317	4752	319	2439	1258	776	2627	3895	1134	14046	7185
全州县	23020	411	-736	1803	2947	134	1343	805	327	650	1042	738	10868	2688
兴安县	25114	420	56	1030	2411	1477	1605	1740	234	2822	614	832	10812	1061
永福县	14275	186	434	1391	3023	98	1213	1305	374	1297	599	399	2655	1301
灌阳县	10882	411	-19	1296	1538	20	522	267	90	348	751	275	4199	1184
龙胜各族自治县	9142	531	-5	1933	2654	787	791	448	116	138	91	314	711	633
资源县	6401	66	58	701	1448	147	564	164	225	71	356	236	1617	748
平乐县	19370	496	-8	653	2342	320	551	443	133	309	2447	596	9421	1667
荔浦县	24334	448	40	2937	4191	582	1577	895	319	680	2008	1070	7299	2288
恭城瑶族自治县	13391	69	4	1094	1541	707	497	368	162	153	702	669	6198	1227

表 23

2017 年桂林市地方非税收入统计表

单位:万元

地区别	合计	教育费附加收入	地方教育附加	文化事业建设费收入	税务部门罚没收入	残疾人就业保障基金	工会经费收入	其他非税收入
桂林市	63468	24077	15292	4	248	7960	15713	174
市局直属税务分局	14426	3976	2484	0	0	1835	6080	51
秀峰区	3856	1290	801	0	4	812	944	5
叠彩区	2209	836	556	0	7	412	395	3
象山区	4513	1754	1169	0	5	500	1085	0
高新区	2591	1159	501	0	3	205	723	0
七星区	7925	3091	1992	0	10	1515	1298	19
雁山区	3699	1444	951	0	1	414	875	14
临桂区	6285	3005	1930	4	1	600	710	35
阳朔县	1616	487	325	0	215	167	398	24
灵川县	3244	1468	978	0	0	358	436	4
全州县	1705	816	544	0	0	54	289	2
兴安县	2199	919	608	0	2	253	416	1
永福县	1975	745	495	0	0	232	492	11
灌阳县	725	316	210	0	0	45	154	0
龙胜各族自治县	1639	643	429	0	0	171	396	0
资源县	848	377	251	0	0	64	156	0
平乐县	923	380	254	0	0	40	245	4
荔浦县	1944	961	541	0	0	78	363	1
恭城瑶族自治县	1146	410	273	0	0	205	258	0

（周圣果）

金　融

综　述

【概况】 2017年，桂林市金融业实施中央银行稳健的货币政策，密切关注流动性形势和市场预期变化，为稳增长、调结构、惠民生、去杠杆、抑泡沫、防风险营造适宜桂林辖区的货币金融环境。保持银行体系流动性合理充裕，对普惠金融实施定向降准政策；运用支农支小微企业再贷款、扶贫再贷款和抵押补充贷款等工具，支持经济结构调整和转型升级，将更多金融资源配置到国民经济发展重点和薄弱环节；完善宏观审慎政策，加强风险监测和预警，防范化解各类金融风险，提升金融服务和管理水平。年末，桂林市金融管理机构有桂林市金融工作办公室、中国人民银行桂林市中心支行（简称人行桂林市中支）和中国银行业监督管理委员会桂林监管分局。行业管理组织有自治区农村信用社联合社桂林办事处，行业自律组织有桂林市银行业协会、桂林保险行业协会。

银行业　2017年，桂林辖区有银行业金融机构32家，其中政策性银行1家，商业银行14家、农村商业银行6家，农村合作银行8家，村镇银行3家，其他金融机构小额贷款公司35家。金融机构网点788个，从业人员1.22万人。至年末，桂林辖区银行业金融机构本外币存款余额3284.51亿元，（比年初，下同）增加304.71亿元，增长10.23%。其中，人民币存款余额3265.31亿元，增加304.28亿元，增长10.28%；外汇存款余额2.94亿美元，增加0.23亿美元。本外币贷款余额2149.77亿元，增加287.63亿元，增长15.45%。其中，人民币贷款余额2145.76亿元，增加286.18亿元，增长15.39%；外汇贷款余额6137.88万美元，增加2452.45万美元，增长66.54%。桂林市辖区银行业金融机构在经营效益方面，累计实现税后本外币净利润39.02亿元。在资产质量方面，辖区金融机构年末不良贷款余额39.98亿元，增加3.98亿元；不良贷款率1.86%，下降0.07个百分点。

2017年3月10日，桂林辖区金融管理与服务工作会议召开　（黄卫东　摄）

证券期货业　2017年，桂林辖区共有证券公司13家，证券公司资产总额15.49亿元，负债总额14.27亿元，从业人员454人。至年末，证券投资者开户数27.45万户，其中机构198户，个人27.43万户。境内证券市场交易额3867.44亿元。桂林辖区期货营业部2家，从业人员15人，期货公司资产总额0.32亿元，负债总额0.35亿元，期货交易总额548.98亿元。

保险业　2017年，桂林市保险经营主体32家，其中，财产险公司18家，寿险公司14家；保险从业人员2.92万人。全年全市保险业累计向企业和全体居民提供财产和人身意外风险保障23.61亿元。全年实现保费收入65.38亿元，其中，人身险保费收入44.06亿元，财产险保费收入21.32亿元。累计保费赔款和给付支出23.61亿元，其中人身险赔款和给付支出12.53亿元，财产险赔款支出11.08亿元；保险深度2.94%，保险密度每人1305.09元。

【外汇收支业务】 2017年，桂林辖区跨境资金流动下降，国际收支顺差规模增长。全年桂林辖区跨境资金流动15.12亿美元，其中跨境流入10.49亿美元，跨境流出4.63亿美元，顺差5.86亿美元。银行结售汇及顺差规模均上升，结售汇总计12.54亿美元，其中结汇8.31亿美元，售汇4.22亿美元，顺差规模为4.09亿美元。货物贸易进出口大幅增长，收付汇小幅上扬。进出口总额12.19亿美元，其中进口总额2.99亿美元，出口总额9.20亿美元；货物贸易收付汇总额10.15亿美元，其中进口付汇1.44亿美元，出口

表 24　　2017年年末桂林金融机构本外币存贷款情况表

单位：亿元

项目	余额
各项存款	3284.51
境内存款	3279.12
住户存款	1820.68
非金融企业存款	677.83
广义政府存款	524.11
非银行业金融机构存款	256.5
境外存款	5.39
金融债券	16.93
各项贷款	2149.77
境内贷款	2149.65
住户贷款	984.42
非金融企业及机关团体贷款	1165.23
非银行业金融机构贷款	0
境外贷款	0.12

注："各项存款"含非银行业金融机构存放款项，"各项贷款"包含拆放给非银行业金融机构款项。

收汇8.71亿美元。资本项目跨境资金流出入反向变动，跨境收支顺差规模扩大。资本项目外汇资金累计流入4.47亿美元，资本项目外汇资金累计流出0.40亿美元，跨境收支由去年的逆差1.26亿美元转为顺差4.07亿美元。外债成为影响辖区资本项目流入流出变化的主要因素，在流入资金中，直接投资资本金累计流入4220.56万美元，外债提款4.05亿美元；在流出资金中，直接投资外资企业清算、转股汇出1231.83万美元，外债还本付息流出367.1万美元，境外投资流出310.31万美元，境外放款230万美元。个人结售汇规模有所减少，逆差缩减。个人结售汇总额2.7亿美元，其中个人结汇0.72亿美元，个人购汇1.98亿美元。个人结售汇逆差1.26亿美元。服务贸易跨境收支明显增长，逆差规模扩大。服务贸易跨境收支总额3.12亿美元，其中服务贸易收入0.77亿美元，服务贸易支出2.35亿美元。跨境收支逆差1.58亿美元。跨境人民币结算总额12.34亿元，其中货物贸易结算7.36亿元，服务贸易1.43亿元，收益和经常性转移1.26亿元，直接投资2.15亿元，其他投资0.02亿元，小额批量业务0.12亿元。

【信贷投放能力提升】 2017年，人行桂林市中支合理运用货币政策工具，引导支持小微企业和涉农金融，桂林辖区金融机构信贷投放能力增强。全年再贷款限额57亿元，余额34.59亿元。支小再贷款限额43亿元，余额28亿元。重点支持桂林银行对小微企业信贷投放，全年累计向桂林银行发放支小再贷款3笔、金额28亿元。再贴现限额2亿元，余额1.99亿元，有效支持小微企业利用票据融资，优先、重点办理涉农和中小微企业的票据，全年累计办理再贴现28笔、金额2.95亿元。支农再贷款（含扶贫再贷款）限额12亿元，余额4.6亿元，主要用于支持辖区涉农金融机构发放涉农、扶贫贷款，全年累计发放支农再贷款4.6亿元，其中直接支持贫困户457户0.17亿元。成功操作首笔DVP（券款对付）结算常备借贷便利业务，向桂林银行操作1笔金额5亿元、期限7天、利率3.45%的常备借贷便利。加强存款准备金管理，发挥差别化调控功能，全年通过存款准备金率调整共释放可用资金16.5亿元，确保贷款稳步增长。加强信贷政策管理，结合桂林实际率先在全自治区出台《桂林银行业金融机构支持实体经济发展信贷指导意见》。推进薄弱环节金融服务工作，加快农村金融产品和服务方式创新。全年辖区各类创业就业小额担保贷款担保资金4084万元，贷款余额1.54亿元，林权、农民住房财产权、土地承包经营权抵押贷款的贷款余额分别为3.71亿元、0.31亿元和0.05亿元。

【农村信用体系建设】 2017年，桂林辖区全部完成农户信用信息数据库搭建。"信用户、信用村、信用乡（镇）、信用县"四级联创工作持续推动，扶贫对象信用意识、信用等级不断提升，贫困农户获贷能力提高。至年末，桂林辖区共建成"三农金融服务室"1334个，创建信用县1个，信用乡（镇）59个，信用村691个，信用户57万户。新增信用户10万户、信用村294个、信用乡（镇）28个，分别增长20%、74%和90%。金融机构已向39万户建立信用档案农户发放贷款，累计发生额753亿元，贷款余额237亿元。

【完善农村支付环境】 2017年，桂林辖区推进农村金融综合服务站建设，将原来分散管理的三农建设、征信、金融消保、金融普惠等金融服务功能集中归口，叠加京东金融、农村淘宝、湘源惠农、通讯运营商等第三方合作机构，为农村金融普惠和农村支付需求提供"一站式"服务，服务更加便民化、综合化，支付服务质量和效率得到提升，农村居民金融消费项目和农副产品销售渠道不断拓展。至年末，桂林辖区共创建助农取款服务点1895个，并全部升级为惠农支付服务点，其中综合服务站136个，具有电商功能的服务点95个，申报"广西农村金融服务进村专项活动示范点"22个；助农取款业务笔数87.05万笔，金额14.08亿元，农村地区电商业务量2.23万笔，金额1.36亿元。 （刘丽兰）

中国人民银行桂林市中心支行

【概况】 2017年，人行桂林市中支办公地址在桂林市七星路28号。内设外汇管理科、反洗钱科、后勤服务中心、科技科、货币信贷管理科、人事科、纪委监察室（内审科）、办公室、会计财务科、国库科、货币金银科、保卫科、宣传群工部、支付结算科（营业室）、征信管理科、调查统计科、金融稳定科，在职人员179人。下辖12个支行，在职人员225人。年内，人行桂林市中支贯彻执行中国人民银行稳健中性货币政策，加强窗口指导和信贷政策的信号和结构引导作用，降低社会融资成本，加大对辖区中小微及涉农企业扶持力度，推进农村金融改革，维护辖区金融稳定，提升金融服务水平，支持桂林国际旅游胜地建设。

【发行基金调拨和现金投放回笼】 2017年，人行桂林市中支做好发行基金调拨和现金投放回笼工作。库存发行基金总量充足，券别结构合理，能满足市场现金流通需求。至年末，全辖发行基金调拨64笔，金额173.63亿元。全辖现金投放191.38亿元，20元以下小面额现金投放5.77亿元。现金回笼263.79亿元，净现金回笼72.42亿元。其中残损回笼券95.06亿元，20元以下小面额残损现金回笼4.81亿元。全辖共收缴假人民币4.44万张，面额355.46万元；假外币154张：港币20张，面额2万港元，美元104张，面额1.03万美元，欧元30张，面额1.5万欧元。

【宏观审慎评估体系建设】 2017年，人行桂林市中支严格执行“货币政策+MPA（宏观审慎评估）政策”双支柱金融调控政策，细化贷款新增管理，做好事前引导、细化监测相关主要指标，做好事中监测、细化考核对象，做好事后评估。引导各金融机构树立以资本束缚为核心的经营理念，持续加大增资扩股力度。至年末，桂林银行拟增资扩股30亿元全部到位。辖区内16家法人机构（不含桂林银行）完成新增贷款84.51亿元，按照3322（季度投放占比）投放节奏，实现贷款合理平稳增长。全年3次MPA季度考核，辖区17家法人机构中，评级结果为B级及以上有14家。

【加强个人银行结算账户管理】 2017年，人行桂林市中支防范支付市场风险，加强对银行和支付机构的监督管理，加强对个人银行结算账户特别是实名制和非柜面转账的管理。桂林辖区全年新增个人Ⅰ、Ⅱ、Ⅲ类银行账户分别为76万户、23万户、40户，已核实个人大量开立银行账户数42万户，撤销账户数4.1万户，降低账户类别账户数1299户，向公安机关移交被冒用身份证件21张，拒绝异常开户数1706人次，暂停开户之日起6个月内无交易记录的账户3.73万户，暂停非柜面业务银行账户4184户，向公安机关报告涉嫌违法犯罪的账户2户。

【防范跨境资本流动风险】 2017年，人行桂林市中支严格管理企业货物贸易分类，将辖内B类企业由去年的2家增至30家，并对近2年未发生收支业务的191家企业进行注销名录登记。加强个人购付汇及外币现钞管理，全年共开展个人购付汇专项核查5次，个人结售汇逆差下降26.27%。严密管控银行卡境外大额异常提现现象，1月—5月，某银行人民币银联银行卡境外大额提现规模高居全国第3位，针对该异常情况，人行桂林市中支多次约谈该银行，并采取严格管控措施，全年境外单月提现笔数和金额均下降，分别下降90.9%、95.5%。

（刘丽兰）

2017年8月22日，2017年上半年桂林货币信贷窗口指导暨经济金融形势分析会议召开

（黄卫东　摄）

银行业监管

【概况】 2017年，中国银行业监督管理委员会桂林监管分局（简称桂林银监分局）办公地址在桂林市育才路10号。内设办公室（党委办公室）、监察科（纪委办）、人事科（组织部）、统计信息科、银行监管一科、银行监管二科、合作金融机构监管科、财务会计科，辖内监管办事处12个。人员编制90人，在职人数88人，其中分局机关50人，县监管办38人，灵川、临桂监管办无人员编制。2017年，桂林银监分局履行属地监管责任，指导银行业机构加大金融服务、改革创新和风险防控力度，各项工作成效明显。至年末，桂林银行业资产、负债总额分别为4410亿元、4158.66亿元，分别增长12.91%、12.19%；各项存款余额3284.51亿元，增长10.23%；各项贷款余额2149.77亿元，增长15.45%。

【服务实体经济】 2017年，桂林银监分局加强对银行业金融机构监管引领，促进银行业机构回归服务实体经济本源，增加信贷供给总量，通过银团贷款、联合授信、PPP（政府与私人组织合作建设城市基础设施项目）融资服务、资产证券化、创新“供应链＋边贸”等金融服务方式，加强对重点领域、重点项目、重点企业的信贷倾斜。全年银行业机构增加贷款287.71亿元，增长15.45%，增速高于全自治区贷款增速2.92个百分点。

【推进普惠金融服务】 2017年，桂林银监分局改进小微企业、“三农”、精准扶贫等普惠金融领域服务，升级“银税互动”服务小微企业，组织31家银行机构与桂林市税务部门签订协议，实现银税合作市、县全覆盖。引导银行支持专业大户、家庭农场、农民专业合作社等新型农业经营主体发展，支

2017 年 6 月 6 日，桂林银监分局举办"银税互动"签约暨宣传月启动仪式（黄燕 摄）

持农业供给侧结构性改革。落实金融精准扶贫政策，加大金融精准扶贫力度，确保小额扶贫信贷投放进度。至年末，桂林辖内银行业小微企业贷款余额为850.38亿元，增加106.17亿元，增长 14.27%；涉农贷款余额 1034.26亿元，增加 134.44 亿元，增长 14.94%；产业扶贫贷款余额 1.44 亿元，易地扶贫搬迁贷款余额 7.5 亿元，小额扶贫贷款余额 13.49 亿元，惠及贫困人口 2万多人。

【推进债权人委员会工作】 2017 年，桂林银监分局推进债权人委员会工作，发挥其在推动银行业支持供给侧结构性改革、服务实体经济中的作用。年内，到银行机构、企业对债权人委员会组建运行工作调研 4 次，组织各债权银行召开债权人委员会工作会议 6 次；动态调整债权人委员会成员，提出指导意见，帮扶困难企业解决难题。至年末，全辖已组建债权人委员会 50 家，覆盖率 100%，涉及融资总额 167.00 亿元，增加 3.32 亿元，其中不良余额 1.88 亿元，减少 1.24 亿元。

【消费者权益保护和金融知识普及】 2017 年，桂林银监分局完善专线、专人、专门场所接待信访投诉，建立与银行机构人员联合处理消费者投诉工作机制，全年共处理来信来访 59 件，减少 44 件。指导银行业协会与桂林市消费者协会签订《桂林市金融消费者权益保护服务对接工作合作协议》，实现投诉维权快速处理。组织对 28 家银行 57 个营业网点开展"双录"（对自有理财产品及代销产品销售过程同步录音录像）实施情况专项评估检查，发现问题 15 个，提出整改意见 14 条。联合桂林市金融办、工信委、科技局等部门及 17 家银行机构对接桂林高新区高新技术企业、12 所大学开展"金融知识进园区""送金融知识进校园"集中宣传教育活动，宣传普及金融知识。

【风险防控】 2017 年，桂林银监分局推进渐进式监管，强化风险监管和风险防控两大主体责任，加强监管约谈和风险提示，全年开展监管约谈 25 次，下发风险提示书 33 份。年末，银行业机构不良贷款率 1.86%，下降 0.07 个百分点，不良贷款率处于全自治区较低水平。开展"三三四"（三违反：违法、违规、违章；三套利：监管套利、空转套利、关联套利；四不当：不当创新、不当交易、不当激励、不当收费）专项治理和市场乱象整治工作，开展银行机构自查自纠，加强监管检查问责，银行机构自查发现问题 716 个，整改 634 个，内部问责 801 人。分局现场检查发现问题 209 个，提出整改意见 56 条，处罚机构 2 家共 120 万元。加强信用风险防控，组织银行机构开展全面信用风险专项排查，组成 11 个督查组分别对 17 家银行机构进行督查，运用访谈、EAST 系统、现场调阅资料等方式抽查贷款 16.92 万笔、余额 659.8 亿元，掌握银行机构信用风险情况。

【增强银行业改革发展活力】 2017 年，桂林银监分局推进银行业改革发展，引进民生银行设立桂林分行，丰富银行业结构体系。指导桂林银行引进战略投资者和执行董事，完善公司治理架构。推动桂林银行与北部湾银行、柳州银行成立"八桂金融互助平台"，建立城商行流动性互助机制。研究制订农村中小银行机构"一行一策"监管方案，推动银行机构转型发展，综合竞争力不断增强。至年末，银行业机构净利润（税后）38.46 亿元，增长 31.85%。（王谞 毛祖亮）

主要银行业金融机构

【中国农业发展银行桂林分行】 中国农业发展银行桂林分行（简称农发行桂林分行）办公地址在桂林市中山北路 149–1 号。内设行长室、办公室、政策性业务部、创新与投资业务部、信贷与风险管理部、财务会计部、内部审计部、信息科技部、人力资源部、监察部、机关服务中心，在全州、灵川、荔浦、永福、兴安、临桂 6 个县（区）设有分支营业机构，在职人员 139 人。2017 年，农发行桂林分行抓好存贷款、支持政策性粮食收购等主业务，采用立体式的营销策略，推进基金投资等其他业务，全面防控风险，各项工作呈良好态势。年末，存款余额 30.1 亿元，增加 4.5 亿元，增长 17.58%；贷款余额 110.1 亿元，增加 23.4 亿元，增长 26.99 %。全年实现账面利润 1.22 亿元。

确保政策性粮食收购 2017 年，农发行桂林分行支持粮食收储，保证资金供应。年内，在夏秋粮收购旺季提前发放粮食收购铺底资金，做到"钱等粮"，避免出现打白条等情况，保护农民利益。全年全市订单粮任务 15 万吨，需贷款 4 亿元，农发行桂林分行及时全额投放到位。全年累计投放政策性粮食收储贷款 7.1 亿元，支持收购粮食 29 万吨，确保粮食收储资金供应和管理稳定推进。

各项业务有效发展　2017年，农发行桂林分行围绕桂林旅游胜地建设、扶贫攻坚、农村人居环境、棚户区改造重点领域，推动各项业务发展。年内，加强与政府、企业沟通协调，协助落实项目贷款投放条件，推动企业信贷需求，全年累计投放各项贷款46.2亿元。采取非常规、立体式的营销方式，与政府、企业高层对接，指导和帮助业主按照国家和该行信贷制度要求合法、合规、合理包装项目。实行项目清单制管理，推进政府重点项目，主推棚改贷款。全年全行筛选项目40多个，获批项目20个，金额59.7亿元，涉及棚户区改造、改善农村人居环境、农村水利等领域。辖内灵川县支行成功营销县政府土地征收办公室3笔共4亿元存款。推进基金投资业务，至年末，完成基金项目8个，投资金额4.21亿元。

全面防控化解风险　2017年，在经济下行、风险防控压力加大的背景下，农发行桂林分行采取多种措施全面防控风险，风险化解成效突出。一是全力清收不良贷款。全额收回金煌阁公司不良贷款本息3295万元，清收思源公司等客户风险贷款6850万元，年末不良贷款继续保持为零，风险贷款全部清零。二是持续化解重点客户风险。针对贷款出现逾期或问题的客户，加强贷后监管，全面清查掌握客户真实情况，并争取地方政府支持，与利益相关各方协调，最终全额收回风险贷款6850万元。三是逐步退出散小弱企业。对风险大的散小弱企业客户，制订退出方案，综合运用贷款定价、介绍到他行融资等办法，有计划、有策略地压缩贷款规模直至完全退出。全年成功全额退出企业3家。四是开展风险排查。对粮食企业、民营企业、政府平台公司进行分类检查，粮食企业查库存、台账，民营企业查信用风险、合规风险、道德风险，政府融资平台查办贷款合规性、贷后管理是否到位等，及时掌握详细情况，抓住有利时机化解风险。　（蒋柳兵）

2017年3月15日，农发行桂林分行2017年年初支行行长工作会议召开

（蒋柳兵　摄）

【中国工商银行股份有限公司桂林分行】　2017年，中国工商银行股份有限公司桂林分行（简称工行桂林分行）办公地址在桂林市中山中路16号。下设13个内设机构、5个直属机构，内设机构划分为营销管理、风险管理、综合管理、支持保障四大板块，直属中心划分为经营类、运营类。年末，全行人员总数2037人。年内，工行桂林分行服务实体经济，服务社会民生，为桂林经济平稳发展和产业结构优化升级提供金融支持。年末，各项存款余额307.41亿元，各项贷款余额158.91亿元。全年累计发放各类贷款57亿元，其中累计发放重大项目贷款19.9亿元，发放个人贷款（含住房按揭贷款）22.3亿元，累计办理汇票直贴3.07亿元。年内，工行桂林分行获“全国文明单位”称号。

支持实体经济发展　2017年，工行桂林分行依据桂林区域经济发展特点，重点支持和服务桂林“十三五”规划中的重点领域和行业。年内，实现全自治区县域政府购买服务第一单成功落地，投放政府购买公共设施领域类“灵川大圩段生态环境整治项目”2.5亿元；投放房地产开发项目贷款2亿元；支持文化旅游产业2亿元；在交通、能源、城建等领域投放18亿元，支持“湘桂铁路”“贵阳至广州高速铁路”“桂阳、桂兴、阳平、资兴高速公路”等一批在桂林辖内具有重大影响力的项目建设；支持国家电投集团在兴安县、灵川县、资源县等10个风电项目，华能桂林燃气“世界旅游城分布式能源”项目，广西电网公司电网改造项目贷款。助力“一带一路”和桂林开放带动战略，服务桂林“走出去、引进来”企业，国际结算业务量3.88亿美元。

小微企业信贷支持　2017年，工行桂林分行围绕桂林市“抓大壮小扶微”工程，实行灵活信贷政策，累计发放小企业贷款5亿元。年内，利用税务贷、网贷通、新三板、银担合作、网上小额贷款、网上票据池质押业务等特色产品，满足客户日常经营中小额、快捷融资需求。提供随借、随还网络融资服务，推出满足客户连续使用资金需求的“续贷”服务和循环贷款等产品，多管齐下帮助小微企业降低资金占用成本，提高资金周转效益。合理降低小微企业贷款利率上浮幅度，为小微企业节省利息支出。对小企业票据贴现业务实行贴现率优惠，减轻实体企业贴现率负担。

推进金融精准扶贫　2017年，工行桂林分行创新扶贫方式，确保精准扶贫和高效扶贫。年内，通过“产业链龙头+农户小额信贷+资金封闭管理”等新型业务模式对接“三农”信贷需求，累计发放精准扶贫贷款299.8万元。依托工行“融e购”电商平台，带动微小农户和缺少电商经验的农户创业发展。

服务民生领域　2017年，工行桂林分行围绕市民融资需求，构筑住房、消费、经营产品和服务体系，引领新时代百姓消费观念。年内，加大个贷支持，累计发放个人贷款22.3亿元。围绕房地产“去库存”，以工行个人住房

2017 年 8 月 23 日，工行桂林分行与荔浦县进出口企业银企对接会在荔浦县召开（李铁英 摄）

"利率优惠、期限灵活"产品优势和业务亮点，投放个人住房贷款 18.8 亿元。推进信用卡购车分期业务，通过费率优惠、厂商贴息等多种方式降低成本，支持汽车消费金融需求。以"网点 + 上门、本地 + 异地、金融 + 社保"的创新服务方式，解决人力和社会保障部门与企业的迫切需求。

创新特色服务 2017 年，工行桂林分行创新发展工行"融 e 行"地方特色服务，推出"桂林慧生活"公众号，将水电缴费、购电影票、医院预约挂号等功能与手机银行对接。推出工银 E 缴费业务，覆盖教育、党团工会费、水电燃气费、话费、房产物业、交通旅游、政府非税等多个行业，全年缴费 30.51 万笔，总交易金额 1.55 亿元。年内，在辖区内率先实现桂林市财政非税收入电子化渠道缴费项目上线投产。（邓小凤）

【中国农业银行股份有限公司桂林分行】 2017 年，中国农业银行股份有限公司桂林分行（简称农行桂林分行）办公地址在桂林市中山中路 56 号，内设综合管理部、人力资源部、财务会计部、监察室、内控与法律合规部、运营管理部、科技与产品管理部、风险管理部、公司业务部、机构业务部、三农金融部、零售银行业务部、信用卡与电子银行部、特殊资产处置部、安全保卫部，下设一级支行 16 个，营业网点 102 个，在职人员 1817 人。年内，农行桂林分行深化体制机制改革，推进"城市主流银行""县域领军银行""最强最大零售银行"体系建设。年末，各项存款余额 410 亿元，各项贷款余额 248.32 亿元，实现营业收入 11.22 亿元，实现拨备前利润为 6.34 亿元，拨备后利润 5.1 亿元，不良贷款及不良贷款率均实现下降。年内，获"全国文明单位"称号。

服务重大项目 2017 年，农行桂林分行围绕"大行业、大项目、大客户"，加大对国家战略规划和桂林市"十三五"规划重点推进项目营销力度。年内，服务棚户区改造、桂柳高速、灌平高速、兴安及灵川风电、临桂新区国际会展中心等重大项目。全年累计营销重大项目 41 个，金额 116.05 亿元；已审批项目 33 个，金额 76.26 亿元；已投放项目 17 个，金额 18.41 亿元。

精准服务"三农" 2017 年，农行桂林分行服务"三农"工作由"小散差"粗放式向"大特新"精致式转型，由规模速度型向质量效益型转化。年内，推进政府购买服务项目融资事项，全年累计发放政府采购项目贷款 10 个，金额 11.38 亿元。拓展"三农"新主体和新业态金融服务，年末，农业产业化龙头企业贷款余额 5.69 亿元，全年累计投放 4.92 亿元；累计投放专业大户贷款 1142 笔，1.53 亿元。加强特色农业和特色资源开发金融服务，支持景区及旅游基础设施建设，对龙胜各族自治县、恭城瑶族自治县的 4 个建制村以信用方式投放农家乐经营贷款 313 万元。年末，涉农贷款余额 122.66 亿元，增加 21.63 亿元，增长 21.41%；县域增量贷存比 55.2%。龙胜各族自治县、资源县、灌阳县 3 个贫困县精准扶贫贷款余额 9.88 亿元，增加 2.37 亿元，支持和带动建档立卡贫困人数 1.90 万人。

创新金融服务 2017 年，农行桂林分行创新开发各种系统平台，金融服务水平提升。年内，运用高校类客户上线的银校通系统，提升缴费效率，年内秋季代收学费中，共代发高校校园卡 2.5 万张，代收学费 3.44 亿元。升级医银通系统，实现医院内自助挂号、查询、打印检验单据、自助服务一体机扫码支付、微信手机支付、诊间缴

2017 年 3 月 23 日，工行桂林分行组织参加桂林市银行业 2017 年"金融知识进园区"宣讲活动（李铁英 摄）

费等功能。开发社保微信缴费、社保网页缴费、柜台代扣代缴等系统和上线住房维修基金系统。12月，在辖区16个支行营业室开通刷脸取款服务，成为桂林市第一家刷脸取款的金融机构。结合电商扶贫工作，开展农村综合金融服务，年内，在县域发展掌上银行客户7万多户，消息服务客户9万多户，支持发展电子商务商户1469户，惠农e通平台商户1400多户。推广"数据网贷""农户网贷""网捷贷"等新型融资产品，实现该类业务零的突破。（伍文悄）

2017年5月25日，中行桂林分行营业部智能柜台投入运用

（中行桂林分行　供图）

【中国银行股份有限公司桂林分行】2017年，中国银行股份有限公司桂林分行（简称中行桂林分行）办公地址在桂林市中山中路2号，内设办公室、人力资源部、财务管理部、风险内控部、公司金融部、个人金融部、贸易金融部、监察保卫部。市区共有19家营业网点，全州县、兴安县、阳朔县、荔浦县、灵川县共设置7家营业网点，在职人员554人。年内，中行桂林分行服务实体经济，创新"一带一路"金融服务，业务稳中有进。年末，本外币各项存款余额141.34亿元；本外币各项贷款余额70.42亿元；国际结算业务量为5.4亿美元，市场份额为46.56%；全年实现净利润1.37亿元。

助力实体经济　2017年，中行桂林分行促进实体经济发展。年内，加大对基础设施建设支持力度，重点支持桂林两江机场项目建设，跟进桂林两江机场航站楼改扩建项目，为广西机场管理集团有限责任公司核定11亿元授信总量。支持桂林至三江高速公路建设，向广西桂三高速公路有限公司发放贷款8000万元。支持桂林市本土企业，为桂林市三金药业股份有限公司、桂林溢达纺织有限公司等企业核定授信总量。

创新外汇业务　2017年，中行桂林分行巩固外汇业务优势，创新外汇业务。4月，上线投产GPI（全球支付创新平台）项目，推出中银智汇产品，提高跨境付款的速度、透明度和可预见性，提升客户跨境收付体验。5月，在外汇价格波动频繁的国际背景下，该行完成全辖首笔买入美元结汇期权业务，为向企业提供更丰富的债务、资产保值产品，降低资产保值风险打下坚实基础。

完善风险管控　2017年，中行桂林分行完善风险管控体系建设，推进反洗钱工作。年内，召开反洗钱领导小组会议4期，专题部署年度反洗钱工作、审议重点可疑案例及推进工作。2014年报送的涉恐融资重点可疑交易报告在2017年被中国银行股份有限公司选用为教学培训案例及管理参考资料。在人行桂林分行对辖区金融机构反洗钱分类年度评级中，中行桂林分行获评A级。

提升网点服务　2017年，中行桂林分行顺应金融行业信息技术发展形势，以"互联网+"思维推进智能化网点建设，强化网点服务管理，促进网点转型。5月，中行桂林分行营业部在智能柜台为客户开立首张借记卡。智能柜台流程简化，方便快捷，为客户提供"一站式、自助化、智能化"服务。（蒋俊熠）

【中国建设银行股份有限公司桂林分行】2017年，中国建设银行股份有限公司桂林分行（简称建行桂林分行）办公地址在桂林市中山中路24-1号，内设办公室、人力资源部、财务会计部、个人金融部、区分行信用卡桂林中心、公司业务部、住房金融业务部、机构业务部、信用卡业务部、风险管理部、安全保卫部、营运管理部、纪检监察部、工会，开设营业网点46个，在职人员758人。年内，建行桂林分行强化基础管理、风险管控，提升精细化管理水平，转型发展步伐加快。年末，各项存款余额283.39亿元；一般性存款日均余额287亿元，增加52.29亿元；各项贷款余额207.11亿元；对公非贴贷款97.1亿元，增加15.39亿元；个人贷款余额93.8亿元，增加34亿元；实现中间业务收入1.64亿元。年内，建行桂林分行、临桂支行获自治区"文明单位"称号。

支持地方实体经济　2017年，建行桂林分行支持实体经济发展。年内，满足国家或省级重大实体经济项目合理资金需求，加强对旅游、医药、汽车零部件、先进制造业、清洁能源等优质行业支持。合理把控信贷支持力度，压缩不符合国家产业政策规定的落后产能企业、安全技术不达标且整改无望的企业、失去清偿能力的"僵尸企业"、有恶意逃废债行为的企业，加大其贷款退出力度。整合优势资源，为重点项目、桂林市人民政府重点平台客户量身打造综合金融服务方案。年内，向水利、环境和公共设施管理业投放贷款15.75亿元，向租赁和商业服务业投放贷款12.72亿元，向制造业投放贷款5.12亿元，向交通运输、仓储和邮政业投放贷款4.94亿元，向卫生和社会工作行业投放贷款2.92亿元，向电力、热力、燃气及水生产和供应业投放贷款2.05亿元。

推进普惠金融工作　2017年，建

行桂林分行成立普惠金融发展委员会及普惠金融事业部，推进普惠金融工作。年内，通过“信贷工厂”、大数据产品、小微快贷等创新模式为小微企业提供金融服务。至年末，小微企业贷款13.42亿元；企业贷款户数602家，增加319家，小微企业申贷获得率92.45%。新设普惠金融特色服务点，推出建行村口金融服务——“裕农通”业务，农村地区居民不需进城即可享受“现金汇款、取现、转账汇款、缴费、定期理财、查询”惠民服务，年内，共在8个县建设“裕农通”服务点80个。

移动金融业务发展　2017年，建行桂林分行依托建设银行总行“移动优先”战略，推进移动支付等移动金融业务发展。年内，开展建行移动支付自有品牌“龙支付”手机扫码促销活动，联合桂林商户开展“龙支付”情人节、女生节、米粉节活动及进校园活动，为民众提供便捷、安全的支付环境。推出移动支付新产品“慧兜圈”，兼容微信、支付宝、龙支付二维码及传统银行卡支付，为商户提供全渠道支付结算及多渠道复合账单管理。联合桂林市住房和城乡建设委员会推出“桂林存量房交易资金结算监管系统”，以银行信用为二手房买卖交易资金提供安全保障。突破传统线下融资模式，运用互联网技术和大数据系统，创新推出“小微快贷”产品，为小微企业提供“网上贷款申请、网上贷款审批、网上签约支用”的全流程网上融资服务，破解小微企业“融资难、融资贵、融资慢”难题。（秦南茜）

【交通银行股份有限公司桂林分行】

2017年，交通银行股份有限公司桂林分行（简称交行桂林分行）办公地址在桂林市南环路8号。内设综合管理部、预算财务部、公司（国际）部、个人金融业务部、营运管理部、授信与风险管理部、信息技术管理部、安全保卫（工会）部。下辖营业网点15家，自助银行服务区59个，在职人员341人。年内，交行桂林分行应对新时代经济金融发展新形势，以“抓客户、控风险、促增长”为主题，提升面向市场、面向客户的经营管理能力，各项业务取得新进步。年末，全行本外币资产总额123.24亿元，本外币各项存款平均余额111.44亿元，本外币各项贷款平均余额62.66亿元。

创新拓展业务渠道　2017年，交行桂林分行重点推进“系统掘金”专项行动，创新搭建分行特色平台，通过系统、平台带动存款、客户稳步提升，形成良好效益。以搭建政府、学校、医院、大型集团客户系统为契机，批量营销客户。开展“迎新季”“回馈季”“沃德杯”广场舞大赛等大型推广活动，针对重点代发单位开展企业行活动，做好中高端优质代发客户维护，提升手机银行签约率、风险测评率。开创“聚合支付”辅助校园卡开卡激活新模式，利用“开学第一课”“实习生招募讲座”等新形式，拓展校园卡业务。

服务实体经济　2017年，交行桂林分行满足企业融资需求，重点支持教育事业、基础医疗业、先进制造业、战略性新兴产业、现代服务业等信贷需求。至年末，实质性贷款时点余额55.34亿元。年内，适时跟进桂林市国际旅游胜地建设、“一核双驱、多点支持”工业布局等建设规划，做好重点项目储备，全年储备重点项目34个，获得审批额度近70亿元。成立普惠金融事业部，完善普惠金融服务体系，减费让利服务普惠金融，提升专业化服务普惠金融能力。加大“三农”领域金融支持，通过差异化制订客户群准入策略，引导信贷资源向“三农”领域倾斜。针对农业产业化的小企业客户群，加大农业信贷担保合作、“两权”（农村承包土地经营权、农民住房财产权）抵押贷款等业务力度，提升“三农”金融服务质效。开展金融精准扶贫工作，为贫困人口建档立卡，精准对接特色产业客户的金融服务需求，通过银政合作、电商扶贫等多种形式开展金融扶贫业务。

2017年9月9日，交通银行“沃德杯”广场舞大赛（桂林赛区）举行

（诸葛茜　摄）

加强风险管控　2017年，交行桂林分行构建高效风险防控机制，做好资产质量管控工作，提升各类风险管理能力。年内，加强金融风险防范和案件防控，做到早识别、早预警、早发现、早处置。管控九大产能过剩行业，退出“僵尸企业”（已停产、半停产、连年亏损、资不抵债，主要靠政府补贴和银行续贷维持经营的企业），防范集团客户风险，加强流动性和市场风险管理。开展“内控文化建设”系列活动，增强员工依法合规和遵章守纪意识，提高案件防控能力，打造内控合规长效机制。

提高服务水平　2017年，交行桂林分行树立服务质量标杆，以优质服务推动业务发展。年内，构筑以客户为中心的“大服务”体系，强化“后台服务前台，前台服务一线，全行服务客户”服务理念。将服务提升与零售业务转型发展结合起来，将网点转型与智能化结合起来，网点服务新模式不断优化。通过手机预约等服务模式提高客户业务办理效率，通过布设智能机具缩短客户业务办理等待时长，厅堂服务效率及客户体验得到提升。年内，交通银行桂林中山南路支行被中国银行业协会评为“五星级网点”。

（诸葛茜）

【中国邮政储蓄银行桂林市分行】

2017年，中国邮政储蓄银行桂林市分

行(简称邮储银行桂林市分行)办公地址在桂林市中山中路57号,内设办公室、计划财务部、人力资源部、会计与营运部、个人金融部、三农金融部、消费信贷部、授信管理部、公司业务部、风险管理部、法律与合规部、信息科技部、纪检监察部,在职人员533人。年内,邮储银行桂林市分行坚守大型零售商业银行战略,深化改革,加快转型,资产规模不断扩大,经营指标有所提升。年末,全行资产总额、各项存款余额均突破160亿元,各项贷款、投资余额突破71亿元,信贷资产不良率1.40%,资产质量优良。

支持地方经济建设　2017年,邮储银行桂林市分行发挥资金优势,加大对辖内生态旅游、清洁能源、重点产业等项目金融支持力度。年内,推动邮储银行广西分行与桂林市人民政府签订战略合作框架协议,向桂林辖区内重点地区、重点行业、重点企业、重点项目以及"三农"、民生等重要领域,提供意向性融资200亿元。参与基础设施建设,实现风电行业授信近45亿元,贷款投放16.38亿元。与桂林力源粮油食品集团有限公司、桂林国际电线电缆集团有限责任公司、桂林三金集团股份有限公司、燕京啤酒(桂林漓泉)股份有限公司等企业合作,发放贷款6亿元。与中国电信、中国石化、桂林银行、光大银行、民生银行建立合作关系,发放贷款126.69亿元。与桂林银行及桂林市交通投资控股集团有限公司、桂林经济建设投资总公司建立多渠道金融业务往来机制,购买桂林银行同业存单15.5亿元,投资及承销桂林市交通投资控股集团有限公司、桂林经济建设投资总公司的中期票据、企业债共1.3亿元。

践行普惠金融　2017年,邮储银行桂林市分行以便民服务为基础,提高金融服务的覆盖率和满意度。年内,发挥网络优势,加大农村金融生态圈建设,满足农村客户更多金融和非金融需求。年末,邮储银行桂林市分行下辖县支行12个,营业网点101个,其中农村网点49个;布放自助设备278台,POS机具209台,商易通、助农通等其他自助设备1078台;设置简易便民服务点258个。减免各项费用,免除小额账户管理费、银行卡账户管理费、行内汇款手续费、手机银行转账汇款手续费等。针对务工人员发放"乡情卡"22万张,惠及务工人群20多万人。与桂林社会保险事业局合作发行金融社保卡,完成制卡15万张,获1654台村医手持终端一体机投放资格。加大对住房贷款、综合消费贷款、信用消费贷款、汽车消费贷款、旅游贷款等支持力度,累计发放消费类贷款32.28亿元。借助互联网和数字化手段推动金融服务,通过手机银行APP、微信等移动金融应用平台,为客户提供电子商务、行业应用、生活缴费、在线理财、网贷等多项互联网特色服务。

金融精准扶贫　2017年,邮储银行桂林市分行创新扶贫服务模式及产品,推进金融精准扶贫。年内,发展农民工创业担保贷款,推进"政府+银行+公司+农户"四位一体的农业产业链贷款模式,累计发放"三农"贷款47.29亿元。针对新型农业经营主体,推出农庭农场贷款等创新产品,对新型农业经营主体发放贷款累计2.8亿元。按照"一县一业、一行一品"的区域创新思路,因地制宜创新扶贫金融产品,以地方特色产业发展带动减贫增收。加大对深度贫困地区授信政策的倾斜力度,对扶贫项目、扶贫小额信贷、贫困地区小微企业贷款等,通过优化审批流程,开辟绿色通道,加大平行作业等措施,实现快速放款。对建档立卡贫困户扶贫小额信贷,执行人民银行同档期贷款基准利率;对建档立卡贫困户有带动作用的新型农业经营主体、企业及扶贫项目,在贷款产品要素上给予优惠政策。

助力中小微企业　2017年,邮储银行桂林市分行助力中小微企业成长,提供快捷贷、排污贷、小水电贷、供水贷、燃气贷、担保贷等优质产品,解决中小微企业融资难、融资贵问题,累计发放小微企业贷款51亿元。开展业务转型,拓宽产品体系,推动业务由传统抵押类向政府金融、民生金融类转型。至年末,给排污供水、快捷贷、小水电贷等小企业转型业务投放1.75亿元,结余1.72亿元。　(王蜜蜜)

【桂林银行股份有限公司】2017年,桂林银行股份有限公司(简称桂林银行)办公地址在桂林市中山南路76号,内设办公室、董事会办公室、监事会办公室(监察室)、人力资源部、党群部、公司金融部、贸易金融部、零售业务部、渠道管理部、网络金融部、社区旅游金融部、授信管理部、风险管理部、法律合规部、资产保全部、计划财务部、会计运营部、信息技术部、审计部、行政保卫部、村镇银行管理部、金融市场部、理财业务部、小企业金融服务中心。辖区有支行36家,社区支行(含小微支行)42家。自治区内设立分支机构80家,社区支行156家(含小微支行25家)。在广西和广东深圳发起设立村镇银行7家,在职员工4216人。年末,桂林银行及控股村镇银行资产总额2272.08亿元,各项存款余额1521.03亿元,各项贷款余额965.01亿元;实现利润总额18.21

2017年12月21日,桂林银行沿边金融发布会在南宁市召开　(杨淼　摄)

亿元，上缴各项税金11.27亿元。桂林银行总资产2122.31亿元，各项存款余额1360.61亿元，各项贷款余额852.58亿元；总收入105.60亿元，实现利润总额16.50亿元。资本充足率11.76%，拨备覆盖率187.67%，流动性比例62.39%，存贷比60.81%。年内，桂林银行在全球权威金融媒体英国《银行家》发布的“2017全球银行1000强”中排第545位，提升32位，列广西企业100强第31位，列广西服务业企业50强第13位；大公国际资信评估有限公司和中诚信国际信用评级有限责任公司上调桂林银行主体信用等级到AA+。

支持企业信贷　2017年，桂林银行围绕广西产业体系探索新型融资模式、服务手段，通过资产证券化、债券投资、贸易融资等多种创新方式满足实体企业信贷需求。全年增加信贷投放644.22亿元，在桂林辖区贷款增量87.49亿元，全部投向实体企业信贷需求。年内，与广西100强企业中75家建立合作关系，支持“一带一路”“四个一百”（实施新兴产业培育项目100项，实施传统产业改造项目100项，实施产品升级与工业强基项目100项，实施智能制造与智能工厂项目100项）产业转型升级等自治区重大项目建设87个，累计提供融资230亿元。响应自治区人民政府关于糖业、铝业二次创业号召，累计提供糖业关联客户融资36.29亿元。

供应链金融质效提升　2017年，桂林银行围绕广西核心骨干企业，在糖业、铝业、汽车、医药、物流等产业中推广供应链金融服务。在产业链条中融入科技手段和金融产品，创新企业资产证券化，推广电子银票、商票、商票保贴、保理、信用证等贸融产品，有效整合信息流、物流、资金流，形成生态闭环圈，推动行业链条内实体企业发展。年末，桂林银行供应链金融业务合计发生额433.22亿元，带动链属企业575家。

增强社区、旅游金融影响力　2017年，桂林银行提升社区金融服务能力，加大旅游金融业务力度。年内，新开业社区支行32家；社区支行存款合计217亿元，存贷款超2亿元的社区支行有61家，其中超3亿元的有27家。小能人生活服务平台商户入驻1.3万户，平台销售金额2亿元。加大旅游资源整合，召开城商行旅游金融联盟成员大会，吸纳联盟成员16家。八桂旅游卡发行量187万张，旅游联盟商户355家，旅游联盟商户消费2519万元。

发展普惠金融　2017年，桂林银行加强银行税务互动，满足小微企业金融需求，全面完成小微企业“三个不低于”（小微企业贷款增速不低于各项贷款平均增速、贷款户数不低于上年同期户数、申贷获得率不低于上年同期水平）目标。成为广西首家与国税系统建立信息对接渠道的金融机构，创新推出广西首款线上“以税定贷、秒批秒放”税贷产品“乐意贷”，将企业信用兑换成银行贷款，解决中小企业和个体经营户因担保薄弱而难以获银行融资问题。年末，“乐意贷”放款195笔，放款金额6291万元。探索农村金融体系建设，加快县域支行网络布局，在乡（镇）、建制村打造农村金融服务站，已运营合作式农村金融服务站5家。11月，在自治区内与蚂蚁金服独家合作，以“大数据风控＋定向支付”模式，推出国内首款互联网助农贷款产品“桂农贷”，惠及农户1.2万户，贷款余额1.72亿元。

2017年6月8日，桂林银行牵头设立的城商行旅游金融联盟大会召开

（桂林银行　供图）

沿边金融效益显现　2017年，桂林银行以链式思维构筑“互助组＋边民＋企业＋金融”边贸生态圈，创新推出“互市贷”“惠边贷”等边贸专项融资产品。支持友谊大道、互市贸易区码头等沿边基础设施建设，成为广西首个获越南盾现钞跨境调运资格的城商行。与中国—东盟信息港联手建设跨境金融信息服务平台。年末，跨境收支累计32.11亿美元，增长567%；国际业务收入4302万元，增长548%；跨境人民币结算量151.03亿元，增长677%；边贸结算量131.81亿元，增长1113%，为沿边金融综合改革试验区建设提供信贷支持500亿元。

推进互联网金融　2017年，桂林银行借力互联网技术，做大直销银行整体规模，与前海微众银行、京东金融、蚂蚁金服等联合推出“微粒贷”“微车贷”“京东金条”“蚂蚁借呗”等网贷产品。年末，直销银行整体规模149亿元，增加134亿元，增长893%。创新消费信贷产品，推出“速贷”“微链贷”“企业员工贷”“桂荷包”等产品，互联网联合贷款累计放款219亿元，客户114万人。

加强风险防控　2017年，桂林银行完善监督体系，加强内部合规和风险管理，严格实施案件风险排查机制，年内开展排查项目261个，发出合规风险提示函7份，全年实现零发案。强化审计检查和问责，开展审计项目50个。实施流程银行建设，优化业务流程，年内共减少、分流网点后台人员128人。健全全面风险管理体系，持续推进金融去杠杆，强化信贷管理，加快风险资产管理和处置，防控金融风险能力不断增强。年末，不良贷款率1.49%，下降0.02个百分点。

智能服务提升　2017年，桂林银行开通手机银行、微信银行、小能人生活服务平台和个人网上银行统一用户认证平台，创新支付应用场景，开发智能柜台，实现多项非现金个人业务和对公业务在智能柜台的全流程自助办理，便捷智能服务不断提升。年内，布放智能柜台125台，覆盖90%网点，智能柜台获“区域性商业银行最佳智能化应用创新奖”。开展桂林居民健康卡项目，打造“医疗+互联网+金融”服务体系，开办线上代缴水费、燃气、城乡医保等各项民生代理缴费业务。强化6S精益化服务管理，优化“漓水春风”服务品牌建设，8家网点获“2017年度中国银行业文明规范服务星级营业网点”称号。（秦婷）

【广西壮族自治区农村信用社联合社桂林办事处】 2017年，广西壮族自治区农村信用社联合社桂林办事处（简称农信社桂林办事处）办公地址在桂林市漓江路49号，内设综合科、财务管理科、业务管理科、稽察保卫科、后勤管理科和科技管理科。辖内共有农合机构13家，其中农村商业银行股份有限公司5家，农村合作银行8家，机构网点279个，在职人员3187人。年内，农信社桂林办事处推进对实体经济的服务，加大金融普惠，改善农村整体社会信用环境，业务实现平稳较快发展。年末，桂林辖区农合机构各项存款余额851.37亿元，增加86.86亿元，增长11.36%；各项贷款余额680.63亿元，增加77.88亿元，增长12.92%，存贷比79.95%；实现财务总收入48.54亿元，实现利润21.17亿元，缴纳各类税金4.33亿元。年内，临桂农村商业银行被评为全国农村商业银行标杆银行；恭城农村商业银行和全州农村合作银行被评为全国农合机构支农支小服务示范单位。

服务实体经济　2017年，农信社桂林办事处根据政府发展项目、企业、农户的特有属性和具体困难，开发新产品，服务实体经济。年内，围绕市、县（区）政府的发展重点，主动与相关职能部门对接，做到贷款快立、快审、快贷。加大对工业产业园区、新型城镇化、生态保护开发项目建设支持力度，全年支持项目16个，授信47.30亿元，贷款余额25.37亿元。围绕企业各类资金需求，制订以企业户数、贷款增长额、申贷获得率为主要内容的金融服务方案，建立企业信息档案，为企业提供有针对性的服务。年末，企业类贷款3.98万家，增加4929家，贷款余额438.10亿元，增加46.91亿元。针对“三农”资金需求，推出一次核定、周转使用、全额取现、随用随还的易农宝信用卡农贷新产品，将农户小额信用贷款授信最高额从5万元调至10万元，对种养大户最高授信额提高到150万元。为砂糖橘、葡萄、金橘、罗汉果等特色农产品提供贷款支持。加大集约化、机械化程度高的特色农业产业及农民专业合作社新型农业经营主体金融服务力度。年末，涉农贷款余额562.05亿元，增加55.18亿元。

金融精准扶贫　2017年，农信社桂林办事处推进金融精准扶贫工作，联系对接当地品质有保障、产品有特色、效益辐射贫困户的土、特、优农产品，上架到利农商城销售，打造“金融扶贫+电商扶贫”新模式。利用政府风险补偿金，加大对建档立卡贫困户自主经营发展生产的支持，对有发展项目、有还款能力的贫困户贷款申请优先发放、优先支持，满足贫困户发展生产资金需求。年末，向3.54万户贫困户发放扶贫小额贷款，贷款余额15.37亿元。

加大金融普惠　2017年，农信社桂林办事处加快推进金融服务与生活消费的深度融合，为客户提供个性化、实时化、便捷化、智能化的金融服务。年内，继续推进涉及民生、影响面广的公共服务行业的“一卡通”共享平台应用和推广，拓展桂盛借记卡的服务功能。年末，已投产“一卡通”项目21个，发行“一卡通”桂盛借记卡23.35万张，实现桂盛借记卡多领域应用。丰富金融产品，加快推进公务卡、易系列卡、桂盛信用卡等具有贷记功能的银行卡推广，共发行贷记功能银行卡13.62万张，授信89.81亿元，用信26.43亿元。加快推进农村便民服务点和综合服务站建设，建立城乡居民“家门口的银行”，共设立营业网点279个，安放ATM（自动取款机）、CRS（存取款一体机）等自助设备1227台，桂盛通POS机（销售点多功能终端机）9497台，创建便民服务点1551个，创建“三农”金融服务室1164个，“三农”金融综合服务站181个。主动与市人社部门对接，做好城乡居民社保和医保代收代缴及养老金发放工作，发放城乡居民社保卡124.77万张。

推进农村信用体系建设　2017年，农信社桂林办事处改善农村金融生态环境，推进农村信用体系建设。组织辖区农合机构信贷人员逐村逐户建立、完善农户信息电子档案，全面收录农户基本情况、家庭收入及财产情况、就业等信息，推进“信用户”“信用村（组）”“信用乡（镇）”创建，对评定出的信用户、信用村（组）给予了贷款优先、利率优惠、服务配套等多项

2017年6月29日，广西灵川农村合作银行桂盛信用卡·易农宝首发仪式举行（陆勇华　摄）

优惠政策。年末,共创建信用户56.81万户,创建信用村683个,创建信用乡(镇)56个。(蒋群清)

证 券

【国海证券股份有限公司桂林分公司】 2017年,国海证券股份有限公司桂林分公司办公地址在桂林市中山中路46号,在编人员99人。统筹管理下辖的桂林中山中路营业部、桂林辅星路营业部、临桂区人民路营业部、兴安县三台路营业部、全州县中心北路营业部、阳朔县蟠桃路营业部、荔浦县荔柳路营业部、恭城瑶族自治县迎宾路营业部。2017年4月13日,该公司申请办理营业执照。公司按照国海证券股份有限公司的管理制度和授权开展各项经营管理活动。至年末,公司托管市值105.84亿元,股基债成交金额1879.99亿元,实现营业收入6233.21万元,利润总额3246.69万元。年内,加强合规建设,做好风险防范。通过合规审查、监督、检查,对所有业务和管理活动进行合规性控制;通过实施合规培训和合规文化建设,树立合规经营、全员合规、合规无小事的合规理念;保持激励约束机制与公司合规文化的一致性,实现内部自律和外部监管的有效结合。协助中国证券业协会、广西证券期货业协会在桂林成功举办"'远离非法证券,传递正能量'健康跑活动";组织辖区内营业部在资源县等地开展"远离非法证券"投资者教育宣传活动,促使广大中小投资者树立正确投资理念。(唐倡梅)

【东方证券股份有限公司桂林中山中路证券营业部】 2017年,该营业部办公地址在桂林市中山中路16号。内设开户区、VIP开户区、交易大厅、中户区、大户区、VIP贵宾区和办公区,在职员工80人。年内,在证券市场处于震荡行情,监管力度日趋加大的背景下,该营业部利用互联网平台,提升咨询服务质量,扩大服务覆盖,各项业务稳定发展。至年末,新增客户数2327户,交易金额482亿元。年内,该营业部引进优秀人才,组建年轻、高素质、高效的团队,通过不同层次结构的产品开发和服务客户,团队创收大幅提高。注重营销人员的专业知识培训,加强风险意识防范,提高员工咨询能力,至年末,获证券投资咨询执业资格39人。推出"东方赢家圈"咨询平台,为客户提供"一对一"全天不少于16小时的咨询服务,为客户解答各类疑问和提供市场动态分析。建立微信公众号,及时宣传最新的投资者教育内容。加入广西证券期货业协会推出的投资者教育平台,采用多种形式开展投资者教育活动。(赵艳)

【申万宏源证券有限公司桂林漓江路证券营业部】 2017年,该营业部办公地址在桂林市漓江路28号,内设总经理室、综合部、市场营销部、客户服务部、存管部、风控部、工程信息部,在职人员18人。年内,该营业部加强风险防范和合规建设,做好合规检查、合规审核、合规宣传培训等工作,对营业部客户管理及投资咨询业务、柜台业务、IB业务等进行合规检查,通过公司风险监控管理平台加强日常风险监控,发现普通证券异常交易、融资融券异常交易、经纪人的异常行为,做好合规教育和投资者教育工作,消除风险隐患。做好客户服务和流失客户管理,通过电话、微信、QQ、短信等方式,与客户联系,密切关注客户需求。开展融资融券客户开发和服务工作,建立工作台账,及时将相关信息发送给客户。对融资金额较大的高净值客户,由营业部负责人牵头,进行点对点服务,全年融资融券业务稳步提升。开展形式多样的营销活动,推进县域营销服务和渠道开发工作。参与桂林市地方融资服务,参加市金融办举办的IPO、新三板推广宣传活动。

(申捷)

保 险

【概况】 2017年,桂林保险行业协会有团体会员48家,其中保险公司32家,中介公司16家。桂林保险业全年共实现原保费收入65.38亿元,增长17.1%,保险深度3.2%,保险密度1376.94元。其中,财产险公司保费收入21.32亿元,增长13.7%;人身险公司保费收入44.06亿元,增长18.8%。保险风险保障进一步增强,全年桂林保险业累计赔款支出23.61亿元,增长25.8%,其中财产险赔款支出11.08亿元,增长29.1%;人身险赔款支出12.53亿元,增长23.0%。

年内,桂林保险行业协会联合桂林市消费者协会、桂林市银行业协会举办保险消费教育大讲堂系列活动,共同签订《桂林市金融消费者权益保护服务对接工作合作协议》。开展矛盾纠纷排查化解工作和信访投诉处理工作,妥善解决信访人的合理诉求,维护保险消费者及保险公司的合法权益。全年共接受信访投诉16件,调处13件,对不属于投诉立案受理范围的22件保险咨询,均通过合理引导、解释说明给予答复。组织开展车险理赔服务现场测评,通过与其他协会交叉测评,组织寿险公司员工集中测评,邀请桂林市消费者协会、交警支队及新闻媒体参与测评监督等方式,全年共开展机动车辆保险理赔服务质量现场测评及快处快赔非现场测评工作4次。建立健全道路交通事故快处快赔机制,联合桂林市交警支队,在桂林辖内建成快处快赔网点17个,其中城区6个、县域11个,全年共处理事故案件9743件,事故车辆18396辆,估损金额2731.23万元。推进"三反"工作开展,加强对行业反保险欺诈、反非法集资、反洗钱活动的打击宣传力度。利用报刊媒体强化保险业的正面宣传,开展保险消费提示。组织开展"三一五"保险消费者权益保护、"五一二"防灾减灾及"七八"全国保险公众宣传日等系列保险教育宣传活动,深入地普及保险知识。组织开展保险走进高校巡讲活动,加强宣传、普及商业保险知识。成立广西保险志愿者桂林支队,多次组织开展保险志愿者活动。(廖小英)

【中国人民财产保险股份有限公司桂林市分公司】 2017年,该公司办公地址在桂林市中山中路59号。内设10个职能管理部门,在职人员450人。下辖支公司20个、营销服务部37个和业务代理机构网点85个,"三农"

保险服务站54个、“三农”保险服务点108个。至年末，该公司累计实现保费收入8.79亿元，增加1.39亿元，增长18.78%。其中，车险保费收入6.62亿元，增长20.82%；商业非车险保费收入1.31亿元，增长1.47%；农险业务保费收入0.86亿元，增长36.46%。年内，该公司加快自身发展和保障能力，支持当地社会经济发展。全年累计支付赔款5.36亿元，缴纳税收1.28亿元，代收车船税7018.64万元。在“七一”特大水灾期间，该公司共处理案件6200余件，支付赔款1.2亿元，其中农房保险赔款2176万元，农业保险赔款876.8万元。（李增娣）

【中国人寿保险股份有限公司桂林分公司】 2017年3月，该公司办公地址搬迁至桂林市栖霞路24号。内设个险销售部、团体业务部、银行保险部、综合管理部、人力资源部、财物会计部、教培部、监察审计部及客户服务中心，下辖县支公司12个，全辖有城区营销服务部19个，农村营销服务部59个。在职人员345人，三大渠道销售人员(个险营销员、银保渠道客户经理、团险渠道销售人员)6000多人。年内，该公司坚持转型升级，推进中长期期交业务，核心业务保费规模及队伍建设保持平稳发展。全年累计实现总保费18.15亿元，增长14.95%。长期险首年保费完成5.92亿元，首年期交保费完成3.4亿元，十年期及以上期交保费完成2.22亿元，长期险保费完成1.59亿元，短期险保费完成1.06亿元，累计缴纳税金2484.79万元。总保费超1亿元的县域单位有兴安县支公司、全州县支公司、灵川县支公司、恭城瑶族自治县支公司4家，增加1家。首年期交总量超1000万元的县域单位9家，十年期交总量超1000万元的单位7家。年内，该公司以服务当地经济和民生为重点，全年实现民政业务保费收入75.2万元，保障低保、五保户类人群3.76万人次；针对农村人群，累计实现农村小额保险业务保费86.6万元；针对建档立卡贫困人群，累计实现康福保险保费137.5万元，覆盖人群5.5万人次；针对病员及医护人员，实现病员安康保险保费129万元；针对老年人、残疾人、村干部等其他保障人群，实现意外险保费40.2万元；实现计划生育系列保险保费530.4万元，覆盖计生人群22.3万人次，计生保费收入列自治区第一位；实现学生险保费2862.4万元。推进高危行业安全生产责任保险建工险，保费收入656.2万元，理赔金额430万元。创新推出客户服务项目，拓展服务新渠道。以e宝账、移动服务、微信服务平台，推进服务模式转型升级。全年共处理理赔案件2.6万件，赔付金额9727万元，案件平均处理时效控制在1.7天以内。加强舆情监测，重点关注客户投诉考核指标，及时跟进并妥善处理客户投诉，有效化解各类纠纷，避免发生区域性、系统性风险和群体性事件。抓好依法合规教育，加强与保险行业协会、报社、电视台的沟通联系，关注媒体信息，主动应对舆情。全年无重大违规事件发生。（熊小群）

【中国太平洋财产保险股份有限公司桂林中心支公司】 2017年，该公司办公地址在桂林市安新北路10号，内设综合管理部、财务部、销售管理部、客服部、理赔部、各业务销售团队等，下辖县支公司11个，城区支公司4个，在职人员198人。年内，多渠道拓展业务，优化服务系统，实现各项业务稳步发展。至年末，实现保费收入3.04亿元，赔款支出1.3亿元。做好桂林市政重点项目服务工作，为市环保局、市工信委、市招标中心等单位提供“环污险”“政采贷”“工程投标保证金保险”等保险保障。承保2017年桂林市国际马拉松赛事保险，为近4万名参赛者及相关工作人员提供保额达20亿元的公众责任险和人身意外险保障。通过新技术优化，优化承保、理赔流程，提升客户服务能力。利用领先于行业的“太好续、太好赔、理赔金钥匙”等系统，为客户提供简便、高效极致服务体验。7月，桂林市区及部分县域遭遇特大暴雨袭击，该公司接到车险报案157件，非车险报案21件，在第一时间启动应急预案，开通绿色通道，简化流程，实行免“现场查勘”和免“事故证明”，同时快速查勘、快速定损，赔付金额1200多万元。（毛志波）

【中国太平洋人寿保险股份有限公司桂林中心支公司】 2017年，该公司办公地址在桂林市安新北路10号，内设业务部门4个，后援部门3个，下辖分支机构10个，分别设在七星区、象山区、秀峰区、灵川县、阳朔县、荔浦县、全州县、平乐县、恭城瑶族自治县、兴安县。在职人员128人，营销人员5088人。至年末，该公司实现保费收入5.36亿元，赔付总额9074.84万元，增长50.3%。年内，该公司探索创新基于新技术应用模式和流程，加快布局企业级移动应用，形成以“神行太保”“太平洋寿险”APP、“太平洋寿险”官方微博及“科技个险”四大应用平台为主要构成的企业级移动应用体系，推动销售和服务模式在业内率先转型。3月，太平洋寿险全州支公司开业。（陈媛）

2017年3月25日，中国人寿桂林分公司新大楼落成仪式举行（吕毅林 摄）

新区·开发区

临桂新区

【概况】 2017年,临桂新区管理委员会办公地址在桂林市临桂区世纪东路48号,内设办公室、组织人事部、规划建设环保部、计划投融资部、招商引资部、土地利用管理部、综合管理服务部。人员编制57名,在职人员51人。下设临桂新区管理委员会信息中心。年内,临桂新区实施项目126个,其中续建项目57个,新开工项目20个,竣工项目11个,项目前期工作启动38个。全年实现固定资产投资57.49亿元。临桂新区已建成面积30平方千米,常住人口超过20万人。西城大道、创业大厦、市民公园、山水公园、景观水系建设基本完成,其中以创业大厦为中心的行政区域全面投入使用,市民公园、山水公园向市民开放,核心区景观水系全线基本贯通,北区水系连通工程开工建设。桂林新国际会展中心项目启动前期工作,完成方案设计征集招标。

【临桂新区城市配套功能日臻完善】 2017年,临桂新区继续完善城市配套功能。全面推进学校、医院、市场等功能配套项目建设。复兴小学、汇荣小学建成招生;桂林中学临桂校区二期工程竣工,三期工程开工建设;宝湖书院开工建设;桂林师范高等专科学校临桂新校区一期工程建成使用,完成部分搬迁及秋季开学任务;桂林旅游综合医院项目完成一期主体施工及内部装修工程;福济医院完成设计、立项等前期工作;枫林农贸(临时)市场投入使用;翻山底农贸市场、宏谋市场进行前期工作;新城商务酒店项目建设加快装修,已部分投入使用。完善行政中心功能,提升区域品质。抓好建设大厦、投资发展大厦、金融大厦等项目建设的水、电等配给协调服务,强化行政中心带动效应;兴桂园第二办公区项目已完成用地调整和方案设计。推进基础设施建设。加快大皇山桥、万福大桥、新龙桥、凤凰桥、吉星大桥、世纪大道桥6座重要桥梁建设;推进山水大道、沙塘大道、国奥路、三元路等主要道路建设,涉及水系通航的桥梁全部完成拱跨结构;临桂新区给水管网二期工程、配电工程有序推进;对外交通枢纽重大项目桂林市临桂新区旅游专线试验线(“云轨”项目)快速推进。

【临桂新区规划引领作用显现】 2017年,临桂新区以规划引领新区建设,推进南、北两个片区规划。抓好重要节点和片区的城市设计、控制性详细规划(简称控规)修编。完成临桂新区核心区域节点城市设计、西城大道提升改造工程设计,机场路以北片区控规修编通过市人民政府审批,兰塘河以南片区控规修编编制工作进展顺利。开展《桂林市临桂新区市政道路技术导则》《桂林市临桂新区城市规划管理技术规定》等各类专项规划的编制工作。完成绿色生态城的规划编制,引导临桂新区向绿色、生态方向发展。临桂新区城市规划展示馆建成并对外开馆。

【临桂新区招商取得成效】 2017年,临桂新区通过电视、网站、报纸等平台对外宣传临桂新区区位优势,参加第14届中国—东盟博览会和在广东省开展的“秀美桂林·活力桂林”投资推介会等活动。全年招商引资自治区外实际到位资金9.23亿元,成功引进碧桂园集团、新城控股集团等企业进驻临桂新区,其中碧桂园房地产实现一期销售;大型商业综合体新城吾悦广场项目前期工作基本完成,并实现开工建设。

【临桂新区融资工作稳健有效】 2017年,临桂新区通过争取项目贷款,发行

2017年8月,临桂新区核心区水系景观全线贯通 (临桂新区管理委员会 供图)

超短融资券、中期票据等融资方式,保障项目资金及时到位。全年计划融资25亿元,完成融资29.12亿元,完成率116.48%,实际到位资金15.50亿元。做好政府一类债务置换工作,全年临桂新区纳入政府一类债务45.57亿元(其中代市人民政府置换7亿元),一类债务全部置换完毕。

【临桂新区土地管理】 2017年,临桂新区加强土地管理,抓好项目用地审批。组织项目用地报批工作,报批土地40.45公顷,获新增建设用地指标90公顷。合理做好土地保障,全年完成出让土地10宗,出让总面积43.2公顷,出让总收入10.09亿元。严格控制土地供给时序,确保房地产库存在合理区间。全年临桂房地产销售215万平方米,总销售金额109亿元,均价4850元每平方米,至年末库存130万平方米。 (童杰)

桂林国家高新技术产业开发区

【概况】 2017年,桂林国家高新技术产业开发区(简称桂林高新区)办公地址位于桂林市七里店路创意大厦,内设办公室(与工委办公室合署办公)、发展和改革局、工业和信息化局、投资促进局、财政局、科学技术局、工业园区建设局(与住房和城乡建设局合署办公)、社会发展局、城市管理局、农村工作局、国土资源局、环境保护局、规划局、工商局。人员编制164名,在职人员156人。年内,桂林高新区推动产业转型升级、优化提质、扩容增产,增强发展活力,产业发展走出低谷,经济运行企稳回升。全年完成工业总产值1002.49亿元,(比上年,下同)增长16.9%;出口创汇39.46亿元;实际上缴利税41.24亿元,增长4.66%;净利润73.70亿元,增长7.96%;引进外资到位1.1亿美元,内资67.24亿元。年内,桂林高新区被科技部火炬高技术产业开发中心评为2016年度火炬统计先进单位。

【桂林高新区科技创新】 2017年,桂林高新区申请专利4170件,获专利授权1572件,新增发明专利638件,有效发明2477件。打造桂林电子科技大学校友创业基地和桂林电子科技大学校友产业园,投入资金115万元,完成6325平方米场地的装修隔断及配电改造工作,发放启动资金400多万元,吸纳20家具有自主知识产权的创新型和科技型企业入驻。投入资金103万元,完成创意园3处面积共3600平方米的孵化场地改造,新增孵化单元32套,向11家企业发放930万元孵化资金。完成桂林大学生创业者联盟成员更新工作,新引入会员133人。新增桂林创源金刚石有限公司、桂林市迈特光学仪器有限公司等7家规模以上工业企业。桂林君泰福电气有限公司获"第四届桂林市市长质量奖"称号;桂林海威科技股份有限公司LED显示屏、广陆数控电子数显卡尺、特邦金刚石绳锯3项产品被评为"广西名牌产品";桂林三金药业在2017年中国最具价值品牌500强中排第355位,并获2017年"中华品牌博览会金奖"称号,是广西唯一列入第三届中国质量奖提名奖候选名单的企业,为全国52家上榜制造业企业之一;桂林电子科技大学信息科技学院获中国机械工业科学技术二等奖;桂林市啄木鸟医疗器械有限公司、桂林君泰福电气有限公司获工业和信息化部"两化"融合管理体系贯标试点企业。

【桂林高新区园区建设】 2017年,桂林高新区完成道路建设6219米,平整土地6.67公顷,铺设雨污管网1.43万米,铺设供电线路5500米。年内,完成基础设施投资1.32亿元,完成固定资产投资13.64亿元。铁山一路连接铁山园7号地块道路完成至水稳层;医药城道路配套建设完成1千米道路建设、村庄排水工程,完成投资约750万元;10千伏中国电子科技集团公司光通信产业园配电工程完成1300米,大学科技园二期配电工程完成160米;铁山三路西段DN400给水、通信工程完成980米,完成投资140万元;大学科技园三期项目4.34万平方米标准厂房的建设通过竣工验收;白云电气项目完成一期、二期沿铁山三路部分永久性围墙建设。

【桂林高新区项目建设】 2017年,桂林高新区统筹实施4个自治区级重大项目、3个市级重中之重项目、4个市领导跟踪服务推进项目。推进棚户区改造项目,和平万达城项目完成征地146.8公顷,安置房和周转房动工建设;塔山片区完成146.2公顷征地工作;福隆园完成征地50.67公顷,上关村240栋安置房全部完工并入住190户,三联小村一期60套安置房封顶;桂林无线电一厂安置房开工建设;新生街项目策划、入户调查、房屋征收及拆除等工作快速推进,拆除5580平方米;完成訾洲公园二期征地拆迁工作。产业项目进展顺利,桂林电科院电工电子新材料产业基地竣工投产;中国电子科技集团公司光电子光通信产业园项目一期竣工,并进行设备安装调试;白云电气桂林电力电子产业基地、花江生态科技园、漓东CBD、七星体育休闲生态度假区建设等项目顺利推进。年内,桂林高新区重大项目完成投资64.5亿元。完成新增建设用地报批174.8公顷,招拍挂出让8宗土地99.66公顷。启动英才园四期、新生街片区等10个控制性规划修编工作和长山片区桂林南药股份有限公司地块、信息产业园三期等5个控制性规划调整工作,在编控制性规划面积19.08平方千米。

【桂林高新区招商引资】 2017年,桂林高新区入驻企业395家。桂林市银都电力建设开发有限公司、广西释码智能信息技术有限公司等一批企业入驻湖塘总部园,中安智汇"互联网+"智慧能源示范项目、启迪控股合作开发系列项目落户桂林高新区。七星体育休闲生态度假区、汽车智能网联开发项目、华康鸿基桂林山水养生养老合作开发项目等5个项目在第14届中国—东盟博览会上成功签约,金额242.6亿元。全年内资实际到位资金79.98亿元,外资实际到位资金1.21亿美元。

【桂林高新区商业发展迅猛】 2017年,以桂林高新区为依托的桂林电商谷新入驻企业80家,实现产值30亿元。桂林千烨集团、三姑的菜等电商企业持续发力,慧聪网"互联网+产

2017年6月8日，桂林高新区管理委员会与启迪控股股份有限公司签订合作框架协议
（桂林高新区管理委员会　供图）

业升级与孵化基地”正式落户，电商产业集聚效应凸显。成功举办广西“壮族三月三”电商节桂林分会场活动和2017广西电子商务高峰论坛暨第三届桂林网购节活动，成交金额9000多万元。万达广场、南城百货等大型商业综合体迅速发展，成为桂林市商业新中心。创意产业园成为自治区首批现代服务业集聚区。万禾跨境保税仓落户桂林高新区，开创桂林保税仓先例。桂林高新区三次产业增加值占地区生产总值的比重分别为0.82%、47.36%、51.82%，服务业增加值完成99.87亿元，对经济增长贡献率147.2%。（钟婷）

桂林经济技术开发区

【概况】 2017年，桂林经济技术开发区（简称桂林经开区）办公地址在桂林市永福县苏桥镇土榕大道1号。人员编制28名（含后勤服务聘用人员控制数3名），在职人员26人。年内，桂林经开区改善园区投资营商环境和基础设施建设，促进产业招商，推进重大项目建设和科技成果转化，经济建设项目迈上新台阶。全年完成工业总产值420亿元，完成固定资产投资79.3亿元，增长29.4%，其中永福片区完成49.2亿元，临桂片区完成30.1亿元。完成工业投资59.2亿元，增长15.4%，其中永福片区完成32.9亿元，临桂片区完成26.3亿元。至年末，桂林经开区管辖范围内累计注册各类企业2776家，增加730家；工业企业445家，增加116家；高新技术企业17家，增加6家；上市企业18家，增加3家；建成市级以上孵化器、众创空间2个；建成省级及以上研发机构44个，增加1个。

【桂林经开区产业集聚效应凸显】 2017年，桂林经开区电子信息、先进装备制造、生物医药、食品四大主导产业集聚效应逐步显现，完成规模以上工业总产值267.6亿元，占开发区规模以上工业总产值的71.7%。其中，先进装备制造业完成规模以上工业总产值159.8亿元，占开发区规模以上工业总产值的42.8%；生物医药产业完成规模以上工业总产值73.5亿元，增长22.8%，占开发区规模以上工业总产值的19.7%；电子信息产业实现规模以上工业总产值14.2亿元，占开发区规模以上工业总产值的3.8%；食品产业完成规模以上工业总产值20.1亿元，占开发区规模以上工业总产值的5.4%。辅助产业方面，橡胶制品和新材料产业完成规模以上工业总产值28.8亿元，占开发区规模以上工业总产值的7.7%；包装与竹木加工、建材等其他产业完成规模以上工业总产值76.8亿元，占开发区规模以上工业总产值的20.6%。

【桂林经开区重大项目强力推进】 2017年，桂林经开区强力推进各类重大项目，共实施项目109个，总投资676亿元。其中，产业项目56个，总投资486.83亿元，增长116%；基础及配套设施项目53个，总投资189.17亿元，增长44.5%。全年投资1亿元—10亿元以内在建产业项目32个；10亿元以上在建产业项目6个。年内，比亚迪新能源汽车基地项目、豪文国际学校、桂林电商谷、华源科技等27个新项目开工建设，全年累计完成投资34.74亿元。桂林华为合作区、桂林工人疗养院等45个项目续建，全年累计完成投资25.42亿元。桂林比亚迪跨座式单轨轨道梁厂、华能桂林燃气分布式能源、永福百泓源罗汉果深加工项目、三棱生物提取、莱茵生物新基地等16个项目竣工投产，全年累计完成投资11.68亿元。

2017年7月27日，桂林华为合作区“千企”招商大会在桂林香格里拉大酒店举行
（桂林经开区管理委员会　供图）

【桂林经开区招商取得新突破】 2017年，桂林经开区促进产业招商，依托华为科技有限公司企业效应，推进华为生态合作区建设。举办桂林华为合作区“千企”招商大会，签订协议项目10个，协议投资总金额31.64亿元。开展重资产招商模式创新，以桂林经开区重资产投入为主，根据投资者需求，定制厂房，鼓励企业轻资产入园发展，并在华为生态合作区项目完成试点，促成华谊智测、东华软件、未来国际等项目签约入驻园区。发挥产业聚集效应，吸引比亚迪新能源汽车、大宇客车、广西汽车集团等新能源客车企业入驻园区，逐步形成以新能源汽车为重点的机械装备产业链。全年完成内资到位资金83.17亿元，外资到位资金6979.66万美元。新入园签约华为、比亚迪等31家企业，协议投资金额301.8亿元。

2017年8月25日，比亚迪新能源客车下线仪式在桂林经开区举行

（桂林经开区管理委员会　供图）

【桂林经开区强化土地管理】 2017年，桂林经开区强化土地管理。加大项目用地保障力度。获批使用新增建设用地指标76.2公顷，增长130%；获批农用地转用和土地征收面积98.73公顷，增长133%；实现供地90.06公顷，增长80%。盘活处置和利用存量建设用地81.93公顷，增长65%；征地拆迁建筑面积5.76万平方米。推进桂林经开区国土资源管理权限委托授权工作，完成桂林经开区与市国土资源局、永福县国土资源局的职能授权委托，组建桂林经开区土储中心。制订《桂林经济技术开发区征收农村集体土地暂行管理办法》，对已征收的116.57公顷土地进行统一管理。试点建设农民新村，在解决征地问题的同时保障农民长远利益。

【桂林经开区项目跟踪】 2017年，桂林经开区深化领导跟踪服务重点项目制度，每月定期召开项目协调会，全年召开项目推进会30余次，解决问题95个。华为生态合作区项目进展顺利，累计完成投资3.35亿元，7月，华为展示和招商中心建成并投入使用。比亚迪项目累计完成投资4.8亿元。推进桂林米粉、罗汉果等本地特色产业项目，成立桂林市罗汉果产业生态创新联盟。加大对原有项目服务力度，促进桂林速丰木业有限公司恢复生产。建立重点企业跟踪联系制度，编制中央到地方相关政策材料汇编资料，到企业和项目现场进行调研，对企业进行国家政策宣传，指导广西科伦制药有限公司、桂林福达曲轴有限公司等66家企业开展自治区节能、技术改造等14类专项资金申报工作。出台桂林经开区标准厂房补助奖励、支持科技成果转化等政策措施，并针对重点行业龙头企业出台优惠政策，实现“一企一策”，促进产业做大做强。

【桂林经开区提升园区环境】 2017年，桂林经开区实施推进改善园区投资营商环境规划31项，其中城市设计类5项，总体规划(控规)类6项，村镇改造规划6项，道路规划4项，专项规划10项。完成项目规划审批76项。苏桥无水港、罗汉果研发楼、豪文国际学校等一批项目开工建设；申通物流、标准厂房、人才公寓等在建项目加快推进，标准厂房完成7万平方米，人才公寓完成3.55万平方米；公租房、苏桥新水厂、华能分布式能源等一批项目竣工投入使用。协调推进110千伏康定变电站建设，苏桥新水厂10千伏主备供电专线等园区电网升级，改造供电线路17.76千米。加强园区供水、供热、排污管网的梳理建设工作，铺设雨污管网约8千米。完善园区路网，开工建设杭州街、厦门街、南北大道延长线、华源路、华能项目临时道路、秧十七路等14条道路13.89千米。完善永福到苏桥、临桂到苏桥公共交通，公交班次由原来的每天4趟调整增加到半小时1趟，并完成公交站台的增设。

【桂林经开区提升创新孵化能力】 2017年，桂林经开区成立创新服务中心和孵化器公司，促进经开区孵化器通过市级孵化器认定，并进入自治区级孵化器培育名单。年内，孵化器公司入驻各类企业40多家；“桂林科技成果交易服务平台”正式上线运行，并出台《桂林经开区科技成果转化奖励暂行办法》，推进科技成果转化。至年末，创新服务中心和孵化器公司共引进落地技术项目14个，实现技术交易金额2492.48万元，服务桂林企业623家，累计服务次数2343次，挖掘技术需求51项，撮合技术需求50项，撮合对接次数762次，为企业提供咨询服务669次，组织校企对接会8场，发展科技专员80人，组织成果转化及政策培训会2场。与市科技局、项目业主就立项的科技项目签订三方委托管理协议，指导园区企业共申报自治区、桂林市科技项目50多个，其中桂林三金药业获2017年第一批广西创新驱动发展专项(科技重大专项)立项。

（文衍坤）

经济行政管理与监督

宏观经济管理

【概况】 2017年，桂林市面对困难增多、挑战严峻的宏观经济环境，坚持稳中求进工作总基调，坚持桂林国际旅游胜地建设"一本蓝图绘到底"策略，以提高发展质量和效益为中心，以推进供给侧结构性改革为主线，全面做好稳增长、促改革、调结构、惠民生、防风险各项工作，促进全市经济平稳健康发展及社会和谐稳定。全年全市地区生产总值2045.18亿元，其中第一产业增加值381.83亿元，第二产业增加值791.94亿元，第三产业增加值871.41亿元。三次产业结构由2016年的18.8∶40.9∶40.3调整为18.7∶38.7∶42.6，第三产业所占比重提高2.3个百分点。组织财政收入239.54亿元，增长(比上年，下同)7.0%。固定资产投资2234.24亿元，增长4.8%。社会消费品零售总额928.12亿元，增长11.0%。城镇居民人均可支配收入32534元，增长8.0%；农村居民人均可支配收入13345元，增长9.6%。居民消费价格上涨1.6%，商品零售价格上涨1.1%。

【筹资融资取得实效】 2017年，桂林市持续创新融资渠道。建立市级三年滚动计划项目库，入库项目5000多个。全年争取中央预算内资金11亿元，增长7.8%。2016年、2017年中央预算内投资项目完成进度均超过自治区绩效目标考核要求。发挥政策性金融机构作用，推动一批棚户区贷款项目、国家专项建设基金项目落地建设，多渠道新增项目融资近200亿元。谋划储备传统基础设施领域PPP(Public-Private Partnership)项目56个，计划总投资额458亿元，年内实现开工项目8个。筛选发布第6批引入民间资本项目26个，引入民间资本9.52亿元。至年末，全市共到位资金2370.5亿元，增长5%。

【项目建设成效显著】 2017年，桂林市贯彻落实"项目带动"发展战略，完善市领导跟踪联系重大项目等工作机制，一批项目瓶颈问题得到解决。全年统筹推进重大项目889个，完成年度投资848.23亿元，其中55个自治区层面重大项目完成投资168.39亿元。年内，桂林两江国际机场改建、扩建工程进展顺利，兴安、恭城、荔浦等县(自治县)通用机场项目前期工作实施。桂林动车所、桂林西货运站竣工并投入使用。桂林至三江、资源至兴安高速公路建成通车，桂林至柳城、灌阳至平乐高速公路开工建设。兴安殿堂等5个风电项目相继建成投产，新增风电装机容量40万千瓦。全州天湖水电站二期、新一轮农村电网升级改造、县县通天然气等工程持续推进。湘桂运河前期战略规划研究启动，桂林市防洪及漓江补水枢纽工程斧子口水利枢纽下闸蓄水，两江四湖(二期)连通水系等工程相继建成。

【重点改革稳步推进】 2017年，桂林市抓住重点领域和关键环节实现改革突破。全面完成权力清单和责任清单"两单融合"工作，公布新的《桂林市人民政府部门权责清单》，明确43个部门权力事项3033项、共性权力事项10项。推进"互联网+政务服务"步伐，制订实施《加快推进网上政府服务工作实施方案》，9月启动桂林市"互联网+政务服务"平台试运行。乡(镇)"四所合一"改革(乡镇国土资源、村镇规划建设和环境卫生、环境保护、安全生产监管等机构和职能整合为一个机构)通过自治区的评估验收。出台并实施《桂林市加快推进供给侧结构性改革实施意见》，推进"三去一降一补"(去产能、去库存、去杠杆，降成本，补短板)。召开全市工业发展大会，出台实施《关于加快桂林新型工业发展的若干意见》和《关于印发加快桂林新型工业发展的若干政策》，启动"重振桂林工业"工作。实施商事制度改革，企业登记全程电子化全覆盖，电子化业务总量占全自治区的83.4%。医药卫生体制改革工作居广西前列，"灌

2017年10月26日，桂林至三江高速公路建成通车 (市发改委 供图)

阳经验”得到国家卫生和计划生育委员会肯定并在全自治区推广。率先开展以市为单位的药品集中带量采购，区域医疗联合体建设和家庭医生签约服务取得明显成效。

【开放合作持续深化】 2017年，桂林市融入“一带一路”建设，一批项目列入自治区统筹推进的重点项目和珠江—西江经济带（广西）投资合作项目库。年内，桂林市成功举办第十一届联合国世界旅游组织/亚太旅游协会旅游趋势与展望国际论坛、中国—东盟博览会旅游展、中国（桂林）国际健康旅游高端论坛等论坛和展会，以及环广西公路自行车世界巡回赛（桂林段）、“2017漂流世界杯”大赛（中国站）等国际品牌赛事。依托高铁经济带，加快推进粤桂黔高铁经济带合作试验区（桂林）广西园建设。开展桂林市贯彻落实《珠江—西江经济带发展规划》实施三年中期评估，梳理桂林市2017年珠江—西江经济带（广西）投资合作项目共83个，申请列入珠江—西江经济带（广西）投资合作项目手册。招商引资成果丰硕，成功引进比亚迪、碧桂园、释码大华等一批企业。全年全市实际利用外资5.23亿美元，外贸进出口总额70.01亿元，增长18.6%。

【节能降碳减排扎实开展】 2017年，桂林市加快生态文明先行示范区建设，印发《桂林市创建国家生态文明先行示范区实施方案》《桂林市2017年生态文明先行示范区建设工作要点》，确保试点建设工作有效推进。可再生能源占全市能源消费总量比重处于自治区领先水平，能源消费结构不断优化，风电发电量增长104.2%。推动绿色交通项目建设，加大新技术、新能源应用力度。全年绿色交通项目投资6.31亿元，年节约标准煤8400余吨。全市投入公共自行车7000辆，有效降低机动车出行比重。推广运用新能源和清洁能源车辆，淘汰营运黄标车超500辆。推进绿色交通示范项目，“Gofun出行”共享纯电动汽车入驻桂林。城市道路绿色照明示范工程顺利完工，绿色客运场站示范工程稳步推进。加快船舶改造，引导社会投资6750万元，更新游船14艘。

【强化宏观调控】 2017年，桂林市全面贯彻落实国家和自治区关于稳增长、促改革、调结构、惠民生、防风险各项政策，宏观调控不断强化。健全“十三五”规划体系，重点专项规划全部完成会审和上报。完成《桂林国际旅游胜地建设规划纲要》中期评估工作，桂林国际旅游胜地建设成果向社会发布。制订《桂林市参与建设“一带一路”实施方案》，初步明确实施“路线图”。《粤桂黔高铁经济带合作试验区（桂林）广西园发展总体规划（2016—2030年）》编制完成，推进试验区前期工作。启动“多规合一”（将国民经济和社会发展规划、城乡规划、土地利用规划、生态环境保护规划等多个规划融合到一个区域上）前期研究，推进主体功能区建设。针对国家和自治区各项督查督导发现的问题，开展自查和整改工作，推动各项政策落地生效。坚持经济运行监测、预测和预警制度，加强目标管理、阶段调控和统筹协调力度，强化预测、预报、预警能力，研究解决经济运行中存在困难和问题，促进经济平稳健康发展。

（刘继美）

国有资产管理

【概况】 2017年，桂林市人民政府国有资产监督管理委员会（简称市国资委）办公地址在桂林市榕湖北路2号，内设机构13个，在职人员48人。年内，市国资委重点监控的国有及国有控股企业28家，市属国有企业整体经济运行质量稳中有升，其中资产总额2954.11亿元，所有者权益总额482.02亿元，工业总产值12.30亿元，工业销售产值9.64亿元，固定资产投资额21.05亿元，营业收入151.06亿元，应交税费23.74亿元，利润总额23.38亿元。

【推进企业转型升级】 2017年，市国资委推进市级旅游资源整合，组织编制《桂林市旅游景区资源整合方案》《桂林市景区旅游经营管理有限公司组建方案》《桂林市榕湖酒店管理集团有限公司组建方案》等文本。理顺桂林旅游发展总公司（简称旅发展）、桂林旅游股份有限公司（简称旅股份）领导体制，组建桂林景区旅游经营管理有限公司（简称景区旅游公司）和桂林榕湖酒店管理集团有限公司（简称榕湖酒店集团）。妥善处理旅发展与榕湖酒店集团相关债务，明确旅发展所属象山、芦笛、七星、滨江4个景区管理处为公益二类事业单位的性质，落实旅发展对旅股份的出资收益权。推进企业改革改制。完成桂林物资协作开发总公司、桂林肉类联合加工厂、桂林新凯悦酒店有限公司国有产权挂牌转让。桂林市金豹保安押运有限公司、桂林市金铠民用爆炸物

2017年3月12日，桂林交通投资控股集团有限公司下属广西平乐弘润投资建设有限公司与温德姆酒店管理（北京）有限公司签署合作协议，成立桂林平乐温德姆酒店

（市国资委 供图）

品配送服务有限公司国有股权脱钩移交。桂林伏波山大酒店有限责任公司100%股权及债权转让项目进入预公告。桂林漓江国营无线电厂改制和职工安置工作,桂林计算机厂、桂林顺达路桥建设有限公司的改制工作,桂林化工建材总公司借资安置职工等工作稳步推进。抓好集团公司组建,将原13家市级投融资公司和22家相关企业整合重组为8家集团公司,保留充实桂林市经济建设投资总公司、桂林市交通投资控股集团公司(简称交投控股集团公司)和桂林新城投资开发集团有限公司,合并重组桂林经济开发投资控股有限责任公司、桂林国投产业发展集团有限公司(简称国投集团)、桂林市城市建设投资发展有限公司,新组建桂林市文化体育产业投资发展集团有限公司(简称文体投集团)和桂林漓江旅游投资运营有限公司。实现市级国有企业在资本市场直接融资目标。完成桂林市国有资产投资经营有限公司变更设立国投集团,将桂林民爆物品专营中心等14家国有及国有控股、参股企业划入国投集团,扶持企业做大做强。引入第三方参与桂林客车集团有限公司(简称桂客集团)股权重组,协调各方股东理顺股权关系。桂客集团各项工作按照股东会、董事会和监事会部署稳步推进。桂林银行完成第5轮增资扩股,总股本增至50亿股,并协调市财政、金融部门及市属国有企业股东就该行增资扩股事项进行磋商,完成市属企业国有股东1.52亿元股增持工作。旅发展争取财政资金1300万元,申请公益性资金补贴1200万元,拓宽企业融资渠道。交投控股集团公司投资510万元成立桂林山水运营公司,并组建桂林交投控股集团路桥管理、一卡通及绿道运营全资子公司,拓宽县域交通业务发展空间和国道321线阳朔至桂林段的管理、维护及运营保障。推进混合所有制经济发展。出台《桂林市推进国有企业发展混合所有制经济实施方案》,完善和推进国有企业发展混合所有制经济的顶层设计。

【优化国有资产监管】 2017年,市国资委出台《履行出资人职责企业负责人薪酬管理暂行办法》《履行出资人职责企业负责人履职待遇、业务支出管理暂行办法》等管理制度,对市属国有企业负责人薪酬不合理或过高(偏高)现象进行调整,统一规范的国有企业负责人薪酬制度基本建立。制订《监管企业功能界定与分类的实施意见》,完善出资人监管权力和责任清单,明确监管边界和监管重点。完成全市国资系统205家企业决算报表汇编,对32家非工业企业财务预算进行审批和23家无主营业务企业财务预算执行情况进行检查。推进国有资本经营预算执行,全年编报范围企业国有资本收益收缴6790.18万元,安排国有资本支出8659.26万元。对71家监管企业在重大投资、资产租赁、产权股权、重大资产转让和对外担保等方面进行检查,审查36家企业自查报告。组织对5家企业领导人经济责任审计,与45家监管企业签订《党风廉政建设和反腐败工作责任书》。开展对落实巡视"回头看"整改和中央八项规定精神进行大督查,组织对46家市属国有企业党组织班子和经营班子年度进行考核。年内,市国资委机关自查自纠问题10个,45家监管企业自查自纠问题109个。全市国资系统开展提醒谈话19人,约谈1人,函询4人,立案1件,向市纪委移送线索2条。

【帮助困难企业解决问题】 2017年,市国资委推进市属国有非工业困难企业(俗称僵尸企业)职工安置进度,完成桂林市漓江国际旅行社等12家企业职工安置。5年间,市国资委累计安置市属困难企业67家、职工1324人,清退僵尸企业67家。印发《桂林市市属破产改制企业住房困难及需要棚户区改造情况的通知》。全年完成市属国有企业棚户区改造项目3个,建设规模8855平方米。申报限价房项目4个,出售公有住房50套。申请减免交投控股集团公司残疾人财政调剂资金5000万元,协助旅发展、城投集团、桂林嘉信国际集团公司等企业向银行抵押贷款5000多万元,向财政借款2亿元,化解市属国有企业投资周转资金压力。协助完成桂林嘉信国际集团公司申请公益性财政补贴资金130万元、文体投集团贷款9000万元投资临桂新区土地商业开发等项目。解决桂林机床股份有限公司退休人员医疗保险个人账户问题,以及职工生活区用水"一户一表"改造。 (陈启平)

价格管理

【概况】 2017年,桂林市物价局办公地址在桂林市民主路29号,内设价格综合科(桂林市价格调节基金管理办公室),收费管理科,商品价格管理科,医药、房地产价格管理科,旅游价格管理科,在职人员20人。下辖市价格监督检查分局、市价格成本调查分局、市价格监测分局、市价格认证中心和市公物处理拍卖中心。年内,全市居民消费价格总水平保持稳定,走势平稳。全市居民消费价格指数(CPI)涨幅1.6%,实现自治区下达CPI涨幅控制在3%以内的调控目标,与全国和全自治区价格指数持平。

【落实企业减负价格政策】 2017年,桂林市价格主管部门落实国家、自治区和桂林市关于降低实体经济企业成本的政策措施,全年减轻企业负担1.05亿元。

降低企业生产成本 2017年,桂林市按要求调整非居民用水户超计划(定额)用水量设定标准,对新开工工业项目,在接水时予以接管费用减半优惠。全年为企业减轻用水负担约127万元。降低企业用电成本,全市一般工商业销售电价每千瓦小时降低0.0174元,大工业用电价格每千瓦小时降低0.0024元。继续免收新增电力用户临时接电费用和执行改进企业减产停产期间基本电费计费方式政策措施。对新投产大工业用户,在达到设计生产能力的产量以前基本电费按实际运行容量收取;对用户自建的两路及以上多回路线供电(含备用电源、保安电源)用电户,按原有高可靠性供电费用标准的70%执行。全年为企业减轻用电负担8088万元。降低企业用气成本,从9月1日开始在实际销售价格基础上,按每立方米0.10元同步等额降低非居民用气销售价格,全年为企业减轻用气负担72万余元。

涉企收费清查 2017年，桂林市开展涉企收费清理工作，持续跟进"降本减负"（降低企业成本、减轻企业负担）政策措施落实情况。全年为24.36万家企业减免费用2165万元。

口岸收费清查 2017年，桂林市完善口岸收费目录清单。协助自治区督察组开展桂林口岸收费专项督查，实地检查口岸收费目录清单及口岸收费公示制度执行情况，未发现自立收费名目和隐瞒不上报的现象。全年为企业降低物流成本24万元。

【创新价格改革试点】 2017年，桂林市价格主管部门在重点价格领域开展改革试点。年内，桂林罗山湖水上乐园、阳朔县漓水古越山水实景剧场被列为市、县两级分类推进旅游景区门票价格改革试验点，按照市场调节价管理，强化事中、事后监管，合理确定门票价格，并保持相对稳定。6月，桂林市在自治区范围内率先对民办学校收费管理进行改革，选取广西师范大学附属外国语学校（中学类）和桂林中美实验学校（小学类）作为民办学校收费管理改革试点单位，其收费管理方式自2017年秋季学期起由政府定价改为政府指导价，试行2年。7月，确定"平山公交车场至阳朔公园"公交专线按照非市民基本需求的公交类型进行管理，专线票价由桂林市公共交通集团有限公司根据投资规模、运营成本及客源等市场供需情况自主合理确定，实现公交客运价格差异化发展。

【深化价格改革】 2017年，桂林市启动系列价格改革。4月，印发《关于进一步完善社会救助和保障标准与物价上涨挂钩联动机制的通知》，放宽社会救助启动条件，扩大保障对象范围，提高补贴的最低标准和发放时效性，减少和缓解物价上涨对困难群众基本生活的影响。5月，调整并制定全市污水处理收费标准。6月，印发《桂林物价局关于明确景区价格管理方式及门票价格管理权限的通知》，明确市、县（区）两级价格主管部门制定的景区政府指导价为最高限价，分步推进旅游景区门票及相关服务价格分类改革工作。11月，完成第二次城市公立医院医疗服务价格调整，调整医疗服务价格398项，其中降低29项，提高369项；调整按病种收付费项目124个，其中25个项目执行降幅，最高降幅67%。12月，完成行政事业性和经营服务性收费项目目录清单的整理和公示工作，实现动态管理。推进价格机制改革工作，印发《桂林市推进价格机制改革实施方案》，起草《桂林市农业水价综合改革实施方案》。年内，加强对保障性住房的价格管理，做好物业服务收费有关矛盾纠纷调解和政策解释工作，会同市住房和城乡建设委员会（简称市住建委）联合召开桂林市制定普通住宅小区物业服务收费标准（试行）征求意见会。推进农副产品平价商店提档升级工作，建立、完善平价商店准入、退出、扶持、运营和管理体系，全年让利惠民187.5万元。

【价格监督检查】 2017年，桂林市价格主管部门推进公平竞争审查工作，牵头建立联席会议制度，制订《桂林市推进落实公平竞争审查制度2017年工作重点》《2017—2018年桂林市清理现行排除限制竞争政策措施的工作方案》。加强市场价格监管。开展网格内市场价格巡查，检查商店9003个，走访社区725个，检查标价2135件，提醒告诫及责令改正972件；开展餐饮服务业价格检查，责令整改286件；开展价格收费检查、涉企收费检查，查处违法案件10件，涉嫌违规收费约453万元；开展全市电力价格检查，查处违法案件8件，涉嫌违规收费236万元，并立案办理；开展"不合理低价游"专项整治；开展全市商品房销售价格联合检查，对19家房地产企业的在售楼盘和中介机构实施重点检查；开展城市供水、供气、供暖以及电信领域价格重点检查。落实"双随机一公开"（在监管过程中随机抽取检查对象，随机选派执法检查人员，抽查情况及查处结果及时向社会公开）监管模式，规范行政执法行为。

【价格服务】 2017年，全市完成价格认定业务1254件，认定金额2.57亿元。其中，涉纪检、监察案件价格认定3件，认定金额38.99万元；涉刑事案件价格认定934件，认定金额1221.18万元；涉税财务价格认定44件，认定金额6062.28万元；涉行政事项价格认定7件，认定金额181.13万元；价格争议调解价格认定266件，认定金额1.82亿元。发挥"12358"价格监管平台优势，通过现场调解、主动服务、协调退还多收价款等方式，化解价格纠纷和矛盾，全年受理各类价格举报2803件，办结2799件，办结率99.86%，退还多收价款58.03万元。完成成本监审项目26个，监审成本总额2.44亿元，核定成本总额1.75亿元，核减6972万元，核减成本比率28.5%。推进价格信用建设，评定企业价格信用等级，开通桂林价格信用信息系统。建立"桂林物价"微信公众号(glwujia)，有效处置新闻媒体（互联网）价格舆情，加强价格政策宣传力度。 （黎鉴熠）

2017年4月18日，市物价局、市住建委在榕湖饭店联合召开桂林市制定普通住宅小区物业服务收费标准（试行）征求意见会 （市物价局 供图）

工商行政管理

【概况】 2017年,桂林市工商行政管理局(简称市工商局)办公地址在桂林市三多路42号。内设办公室(信息化管理科)、法制科、反不正当竞争科(直销监督管理科)、消费者权益保护科、市场规范管理科、企业注册管理科企注科(外商投资企业注册管理科)、企业监督管理科、商标与广告监督管理科、个体私营经济监督管理科、非公有制经济组织党建工作科、行政审批办公室(企业登记注册分局)、人事科、财务科、离退休人员工作科、监察室、12315消费者申诉举报中心,下设直属分局2个(生产资料与生产要素管理分局、旅游市场管理分局),派出分局1个(苏桥经济开发区分局),经济检查支队1个,工商行政管理所10个,在职人员224人。代管桂林市消费者协会(简称市消协)并负责日常工作。

2017年,桂林市推进商事制度改革,创新实现"多证合一、一照一码"(将营业执照、组织机构代码证、税务登记证、社会保险登记证、统计登记证和企业印章准刻证合为一证,核发有统一社会信用代码的营业执照)工作模式,通过网上登记业务系统办理广西第一起企业变更登记业务。增强工商行政执法能力,做好"双随机一公开"工作。结合桂林市"创建国家文明城市"活动,开展广告专项整治行动。组织集贸市场开展禽流感防疫工作,未发生活禽市场疫情爆发事件。年内,市工商局被国家工商行政管理总局评为非公有制经济党建先进基层党组织,被自治区工商行政管理局和自治区人力资源和社会保障厅联合授予集体二等功。唐燕凌被国家工商行政管理总局表彰为2017年度全国工商、市场监管系统政务信息工作先进个人,张玉保被中国消费者协会表彰为2016—2017年度全国消协组织先进个人。

【企业注册登记】 2017年,桂林市内资企业(不含私营企业,下同)8667家(含分支机构,下同),增长2.43%;注册资本(金)923.75亿元,增长14.04%。其中,新增内资企业716家,下降3.11%;新增注册资本(金)68.99亿元,增长64.84%。全市外商与中国港澳台地区投资企业535家(含分支机构,下同),增长10.31%;注册资本29.74亿美元,增长31.53%;投资总金额56.17亿美元,增长26.99%。其中,新增外商投资企业70家,增长288.89%;新增注册资本6.89亿美元,增长224.66%;新增投资总金额11.61亿美元,增长254.14%。

【商事制度改革】 2017年3月1日,桂林市全面执行企业简易注销登记。9月1日开始在全面实施"六证合一、一照一码"基础上,将《保安服务公司设立分公司备案》等29个登记、备案事项进一步整合到营业执照上,实现"多证合一、一照一码"。公安、住建、交通运输、商务、文化、旅游、出入境检验检疫等行政管理部门按照改革要求,9月1日开始不再发放被整合的证照,各部门间实现相同信息"一次采集、部门流转、一档管理",实行"一套材料、一表登记、一窗受理"工作模式。全面推行电子营业执照和全程电子化登记管理,实现"网上申请、网上受理、网上核准、网上发照、网上公示"的登记服务新模式。10月27日,市工商局通过网上登记业务系统办理广西第一起企业变更登记业务。至年末,全市有1370家企业通过国家企业信用信息公示系统申请简易注销,完成简易注销登记企业775家。

【加强工商管理事中事后监管】 2017年,市工商局牵头做好全市"双随机一公开"工作,并对各县(区)"双随机一公开"监管工作进行实地督查。全年,市工商局行政处罚案件公示率100%,准确率100%。开展市场主体年报和企业公示信息抽查工作,完成对2371家企业公示信息检查。探索建立"僵尸企业"退出机制,依法吊销"僵尸企业"1022家。协助市工信委、市环保局等13个部门归集并公示行政许可信息2907条、行政处罚信息312条、抽查检查结果信息253条,初步实现政府部门涉企业信息统一归集公示。年内,市工商局为市中级人民法院、市物价局、市质监局等35个部

表25 2017年桂林市内资企业行业分类统计表

行业分类	企业总数(户)	注册资本(万元)
农、林、牧、渔业	186	149115.38
采矿业	62	72865.47
制造业	649	924559.97
电力、热力、燃气及水生产和供应业	279	425395.45
建筑业	340	503919.45
批发和零售业	2551	1415897.41
交通运输、仓储和邮政业	423	505792.71
住宿和餐饮业	214	118846.51
信息传输、软件和信息技术服务业	421	46319.39
金融业	1002	1910662.14
房地产业	387	665267.44
租赁和商务服务业	1304	2002716.81
科学研究和技术服务业	375	183858.09
水利、环境和公共设施管理业	70	100248.8
居民服务、修理和其他服务业	166	14776.18
教育	7	3011
卫生和社会工作	7	16548.5
文化、体育和娱乐业	87	92212.56
其他	137	85486.2
合计	8667	9237499.46

2017 年 9 月 2 日，中国国际商标品牌节在桂林国际会展中心开幕　（王建明　摄）

门以及各县（区）部分政府部门开通广西协同监管平台账户 416 个；负责搭建“双随机一公开”综合监管系统，牵头协调组织全市各行政执法部门开展跨部门跨行业的联合抽查。

【商标品牌战略】 2017 年，桂林市落实商标品牌强市战略，逐步形成驰名（著名）商标、旅游服务业、农业、高新产业四大商标集群。全市注册商标拥有量、驰名（著名）商标、地理标志证明商标等数量居广西前列。9 月，桂林市承办“2017 中国国际商标品牌节暨中华品牌博览会”，桂林市被认定为广西品牌创业创新基地；“荔浦芋”“永福罗汉果”行业协会被认定为广西地理标志证明商标使用示范单位。全年全市申请商标 6092 件，增长 57.41%；核准注册商标 2996 件，增长 27.76%；有效注册商标 1.60 万件，增长 19.6%。全市有服务商标 2840 多件（其中旅游服务商标约 510 件），有马德里商标国际注册 38 件。挖掘利用特色、优质农产品地理资源，加强农产品商标和地理标志证明商标注册。全市提交鲜活农产品商标注册申请 267 件，拥有农产品注册商标 870 多件，新增“荔浦砂糖橘”地理标志证明商标 1 件。至年末，全市拥有中国驰名商标 6 件，广西著名商标 105 件。开展打击侵犯知识产权和制售假冒伪劣商品专项行动，全年全市查处结案侵权假冒注册商标专用权案件 104 件，案值 93 万元，罚没款 67.18 万元。

【集贸市场监管】 2017 年，市工商局加强集贸市场管理工作。3 月，市工商局开展 H7N9 禽流感防控工作，制订印发《桂林市活禽交易市场（区域）实行休市清洁消杀防疫工作的方案》，加强对活禽市场的检查，监督市场主办单位和经营户做好日常消毒工作。全年检查市场 353 个，检查禽类经营户 1897 户。

【合同监管】 2017 年，市工商局加强对餐饮服务、旅游中介、大型商场超市等重点行业的监督管理，强化实行合同监管模式，全市近 100 家企业上传格式合同文本 200 余份到广西合同格式条款公开查阅系统。推进诚信体系建设，全年全市有 71 家企业提交“守合同、重信用”企业公示申请，涉及建筑、零售、制造、拍卖、医药、通信设备等行业。桂林紫竹乳胶制品有限公司、桂林三金药业股份有限公司等 64 家企业获“2016 年度自治区‘守合同、重信用’公示企业”称号，增加 33 家。提升合同监管服务能力，全年受理拍卖备案 352 期（11 月 1 日起取消拍卖备案），委托金额 29.23 亿元，成交确认书 512 份，成交金额 11.04 亿元；办理动产抵押登记 342 件，协助企业融资 22.4 亿元。

【优化旅游市场】 2017 年，市工商局开展“诚信经营、放心消费”活动，持续优化全市旅游环境。年内，桂林市创建王城景区、东西巷休闲街、红街商业街 3 条“诚信经营、放心消费”示范街区，以及桂林百货大楼、桂林宾馆等 14 家示范店，以王城景区为中心，辐射周围景区景点及宾馆饭店，推动旅游诚信示范区建立。完善全市旅游服务行业企业诚信等级评定活动机制，规范细化评定流程，培育 6 家企业为桂林市旅游服务行业消费诚信 A 级企业，评定 105 家企业为桂林市消费诚信单位。

【网络商品交易市场监管】 2017 年，市工商局探索大数据市场监管机制，提高市场监管中的数据筛查、分析、应用的能力，提升全市网络商品交易市场监管大数据运用水平。年内，指导各级工商部门开展网站、网店网上检查 2276 个次，实地检查 416 个次；删除违法商品信息 128 条，责令整改网店 22 家；立案查处网络案件 18 件，处罚金额 12.26 万元。

【工商行政执法】 2017 年，桂林市工商行政管理部门共查办案件 1961 件（含僵尸企业案件），增加 361 件，增长 18.41%。开展反不正当竞争工作，全年查处不正当竞争案件 54 件，案值 53.4 万元，罚没款 79.61 万元。加大打击传销力度，巩固治理成果。全年全市组织打击传销专项行动 139 次，教育劝散传销人员 2.40 万人次，遣返 200 人，取缔传销窝点 384 个，行政立案查处传销案件 484 件，罚没款 85 万元。新增市级“无传销社区（村）”示范点 8 个，市级示范点达 40 个。开展直销企业初审 34 次，走访、指导直销企业 220 家（次），发放规范直销经营行为行政建议书 49 份，组织直销企业报备 122 次。

【红盾护农】 2017 年，市工商局按照《桂林市工商局 2017 年农村党员经纪人培训工作实施方案》，组织 11 个县（自治县）和雁山区、临桂区开展农村党员经纪人培训工作，共开展培训 25 期，培训 960 人。强化农资市场监管，实施以流通领域农资市场产品质量抽检为重点的执法检查，依法查处坑农害农、销售假冒伪劣种子等违法行为。全年检查农资经营户 2865 户次；抽检农资商品 125 个批次，合格 111 个批次，合格率 88.8%；办结案件 3 件，案值 0.77 万元，罚没款 0.76 万元。

【消费维权】 2017 年，市消协加大对通信服务、百货和家电类等消费者投诉热点调解力度。5 月，市消协给桂林榕湖国际旅游有限责任公司发出广西首份劝谕书，指出其旗下的中银山水会酒店分公司单方面停止营业，造成持卡会员不能正常消费，侵犯了消费者的知情权和求偿权。经调解，为消费者挽回经济损失 21.31 万元。继续推进消费维权服务工作。市消协与律师事务所签订合作协议，推行维权律师值班制度；推出系列消费维权宣传专栏；联合雁山区食品药品监督管理局开展大学生网络消费问卷调查活动；与桂林保险行业协会和桂林银行业协会签订《桂林市金融消费者权益保护服务对接工作合作协议》，建立健全金融消费者权益保护组织机制。至年末，全市在景区、饭店、学校、商场和市场建立"消费维权服务站" 855 个，培育"12315 消费争议企业直通车"企业 23 家。发挥 12315 消费者申诉举报网络作用，全年全市处理消费者诉求 21028 件，增长 4.45%。其中，咨询 18557 件，占诉求总量的 88.25%；受理消费者投诉 1004 件。（林千树）

审　计

【概况】 2017 年，桂林市审计局（简称市审计局）办公地址在桂林市文明路 14 号。内设办公室、法规科、财政金融审计科、行政事业审计科、经贸审计科、农业与资源环保审计科、社会保障审计科、固定资产投资审计一科、固定资产投资审计二科、旅游外资审计科、经济责任审计办公室、人事教育科、综合信息科、机关党委办公室；下设市公共投资项目审计中心、市审计干部培训中心 2 个直属事业单位。在职人员 96 人。全年全市审计机关共完成审计项目 180 个，查出主要问题金额 101.17 亿元，管理不规范资金 89.75 亿元，为全市财政增收节支 1.51 亿元；移送违纪违法问题线索 6 条；提交审计工作报告、信息 216 篇。

【重大政策落实情况审计】 2017 年，桂林市审计机关加大对精准扶贫精准脱贫政策落实、"放管服"（简政放权、放管结合、优化服务的简称）改革、"营改增"（营业税改征增值税）试点效果的审计力度。共出具审计结果报告 4 篇，查出精准扶贫政策落实、房地产去库存措施落实、重大项目建设等 8 个方面存在的 23 个不同类型的问题，涉及问题金额 2.94 亿元。相关责任单位根据审计建议逐项整改，促进新开工和完工项目 6 个，加快项目实施进度 13 个，推进保障性住房合理分配使用 327 套，保障 180 户低收入家庭依法享受住房补贴。

【财政审计】 2017 年，桂林市审计机关围绕"发展、改革、安全、绩效"目标，通过审计促进财政公共资金整合专项、盘活存量、用好增量、优化结构、深化改革、提高绩效。提出提高财政收入质量、加强政府债务管理和社保基金管理、推进预算绩效管理改革等审计建议。全年全市各级审计机关共审计（调查）单位预算执行情况项目 52 个，查出问题金额 79.12 亿元，出具审计报告 52 篇；审计（调查）单位财政决算情况项目 7 个，查出问题金额 7.29 亿元，出具审计报告 7 篇。

【行政事业审计】 2017 年，桂林市审计机关围绕财政资金管理、国有资产处置、重大项目投资决策等重点环节和事项，严肃查处财政资金损失浪费、国有资产严重流失等问题。全年全市共审计单位 60 个，查出问题金额 8.90 亿元，出具审计报告 60 份，其中市审计局审计单位 24 个，查出问题金额 3.61 亿元，出具审计报告 24 份。

【农业与资源环保审计】 2017 年，桂林市审计机关完成农业与资源环保审计 4 个。通过审计，发现违规占用基本农田、非法采矿破坏公益林、部门制订的规划没有相互衔接等问题 20 多个。提出审计建议 12 条，促进被审计单位建立健全规章制度 4 项；涉及刑事立案 3 件，刑事逮捕 4 人。年内，市审计局将传统财务审计与地理信息技术相融合，首次应用地理信息技术（GeoSurveyPad）软件，创新审计实地延伸技术方法，提高了审计取证的科学性和可靠性。

【固定资产投资审计】 2017 年，桂林市各级审计机关开展政府投资项目审计 27 个，项目投资额 38.77 亿元，核减工程价款 1284 万元。年内，市审计局坚持跟踪审计重大项目的重要环节、关键时点和重点事项，对重点项目的前期设计、工程招投标、项目管理、资金使用进行监督，纠正项目执行建设程序、招标投标、质量管理等方面存在的问题。针对投资审计工作特点，对中介协审机构推行初审结果报告制，防范审计廉政风险；要求施工单位签订工程结算承诺书，将工程结算审计核减金额，超过施工单位编制送审金额 5% 以外的部分，作为中介机构的审计费用，有效抑制施工单位随意

2017 年 11 月 22 日，市审计局向市人大财经委汇报市本级预算执行审计发现问题整改情况
（市审计局　供图）

编制工程结算、高估冒算的行为。

【社会保障审计】 2017年,桂林市各级审计机关围绕促进脱贫攻坚政策落实,加大对“三农”(农村、农业、农民),以及教育、医疗、社保、扶贫等资金和项目的审计力度,开展城镇保障性安居工程跟踪审计、易地扶贫搬迁政策执行情况审计、新型农村合作医疗基金审计等项目。共审计(调查)单位11个,延伸审计(调查)单位47个,查出主要问题金额1.26亿元,移送案件线索4件。

【企业审计】 2017年,桂林市审计机关对国有企业进行审计,重点检查企业在国有资本及国有资本收益管理方面、执行“三重一大”(重大问题决策、重要干部任免、重大项目投资决策、大额资金使用)决策方面、国有资产管理等方面的问题,并追踪落实整改。全年全市完成企业金融审计项目3个,查出问题金额615万元。

【经济责任审计】 2017年,桂林市审计机关把加强经济责任审计作为规范领导干部从政行为、强化对权力的监督制约、预防和惩治腐败的重要手段,加大任中审计比重,将绩效审计理念贯穿审计全过程,坚持党政同责、同责同审,严格依法规范审计内容和审计评价,监督检查领导干部履行发展、环保、民生、安全、绩效、廉政等责任情况,促进领导干部依法行政、履职尽责。全年全市共审计领导干部73人,查出违规金额1.39亿元,管理不规范资金14.80亿元,其中市审计局审计领导干部32人,查出违规金额1.37亿元,管理不规范资金8.83亿元。

【专项资金审计】 2017年,桂林市审计机关对阳朔等4个县的2016年易地扶贫搬迁资金开展专项审计调查,查出扩大建档立卡搬迁对象范围、未经批准违规用地、重复享受政策补贴、挪用易地搬迁融资资金、将原址新(翻)建对象给予补贴、超标准融资、未严格执行“一户一宅”政策等问题,涉及金额6194.8万元。督促相关县人民政府归还长期闲置贷款资金1.5亿元,建立完善规章制度2个,推动全市易地扶贫搬迁工作顺利实施。在市本级2016年度部分科技专项经费审计调查中,市审计局实地调查单位33个、科技项目89个,审计发现在科技经费立项、分配、管理、使用和效益等方面存在问题。全年全市审计机关完成专项资金审计(调查)项目20个,审计专项资金总额16.17亿元,审计查出问题金额4.21亿元。

【审计学会工作】 2017年,桂林市审计学会创新理论研究方式,将研究方向围绕重大政策落实审计研究、环境资源审计研究、计算机审计技术研究等国家级、自治区级、市级重点关注的方面,以研究成果促进审计职能履行、审计质量提高、审计成果转化。安排骨干参加审计署、审计厅举办的各项理论研讨,调动审计人员理论研究的积极性。及时总结工作成果,提炼升华,形成信息专报及建设性的意见,促进被审计部门加强内部管理,改善制度建设。将理论研究与绩效考核挂钩,下达课题计划,组织开展理论研究。年内,提供审计法律法规咨询,协助内审人员做好内审业务教育培训,组织专家授课5期。全年承担自治区审计厅2017年度重点研究课题1项。在广西审计管理专题研讨会上,4篇论文获得优秀表彰。

【审计成果评选】 2017年,桂林市审计机关有3篇案例入选审计署审计案例课件,分别为财政金融审计科的《巧用AO平台,助力财政大数据审计!——某县2014年度的财政决算审计项目AO实例》,灌阳县审计局的《拓展思维合理关联层层深入锁定证据》,兴安县审计局的《揪出混入革命老区的“硕鼠”》。在2017年度广西优秀审计项目评选中,市审计局的《桂林市电视台原台长经济责任审计》获一等奖,灌阳县审计局的《2014—2015年财政扶贫资金管理和使用情况审计》获二等奖,资源县审计局的《2014—2015年财政扶贫资金管理和使用情况审计》获三等奖,主审黄艳霞、赵燕、苏刚分别获2017年市县优秀审计项目组长(副组长或主审)一、二、三等奖。在2016年全自治区计算机审计成果演示会上,市审计局演示的《揭资金消失之谜,斩攫取利益黑手》获自治区审计厅级和市级审计局组一等奖,灌阳县审计局演示的《计算机审计精准发力,低保违规问题水落石出》获县级审计局组二等奖。

【审计信息化建设】 2017年,桂林市审计局加强审计信息化建设,提高工作效率。完善数字化审计平台建设,启动财政审计大数据平台的数据采集与分析,将全市119个一级预算单位和481个二级预算单位全部采集至平台,探索构建预算编制、预算执行、存量资金、公务卡和“三公”经费(政府部门公务出国经费、公务用车购置及运行费、公务接待费用三项)支出等常用分析模型,精准、迅速确定审计疑点。 (何静)

统　　计

【概况】 2017年,桂林市统计局(简称市统计局)办公地址在桂林市临桂区西城中路69号。内设办公室、人事科、政策法规科、国民经济综合统计科、国民经济核算科、工业统计科、固定资产投资统计科、贸易外经统计科、农村统计科、社会科技与人口统计科、能源与资源环境评价统计科、服务业统计科、住户调查科、统计信息自动化中心、普查中心15个机构(含2个二层机构),人员编制60名,在职人员52人。下辖11个县(自治县)统计局和6个城区统计局。9月,市编制委员会办公室批复市统计局在政策法规科基础上增挂桂林市统计执法支队牌子,增加参照公务员人员管理编制4名,成为自治区第一个设立该机构的地级市。年内,市统计局提高统计服务水平,推进重点领域统计改革。增强领导干部统计法治理念,组织全市领导干部开展统计知识千人大培训。强化部门合作机制,逐步形成大统计工作格局。

【提高统计服务水平】 2017年,市统计局加强统计监测分析和数据解读工作,深入基层企业调研,了解和指导企业解决经济运行中遇到的困难和问题,形成可行性调研报告。强化统计分析和预测预判，深度挖掘宏观经济数据、结构数据、产业数据以及生产经营单位数据，开展综合分析研究，及时预测预报全市地区生产总值走势及完成年度工作目标进展情况，每月定期或不定期报送专题报告和统计分析，为市委、市人民政府科学决策提供依据。全年报送统计分析41篇，统计专报15篇，各类信息70余篇，其中《"央视春晚桂林最美"，5300多万游客慕名前往——自然之美人文之秀的背后》一文，被国家统计局网站和《中国信息报》采用。全年编印统计专报、统计分析、信息月报、要情手册、统计年鉴、统计法律法规宣传手册等资料1万多册。编印发行《新常态、新思维、新战略、新成就》刊物，多维度展示党的十八大以来桂林市经济社会发展取得的成就。在主要媒体上发布桂林市经济运行情况公报，就新常态下经济发展特点、人口就业状况、国计民生等经济社会指标数据进行多方位详尽解读，每月及时发布全市主要经济指标数据。充实"四上"企业（指规模以上工业企业、资质等级建筑业企业、限额以上批发零售住餐企业、规模以上服务业企业）名录库建设，指导企业申报工作，全年全市新进"四上"企业249家。

【推进重点领域统计改革】 2017年，市统计局做好统一核算工作，加大对县（区）数据质量审核评估力度，全面把控统一核算基础资料来源质量。推进工业统计业务基础规范化建设，组织开展全市战略性新兴产业统计试点工作。深化投资统计改革，对500万元—5000万元投资项目，严格项目和法人入库管理。强化数据质量控制，开展数据质量核查工作。深化服务业统计改革，完善服务业统计工作机制，推进服务业统计改革综合试点工作。重点做好规模以上服务业企业培育入库，扩大规模以上服务业统计调查的行业覆盖面，拓展服务业统计数据收集渠道，利用部门行政记录、行业数据、大数据以及有关专业数据，改进服务业增加值核算质量。抓好电子商务统计改革，完善批发、零售、住宿、餐饮财务状况统计调查和转型升级统计监测。完成试点资料汇编工作和全市1770户住户调查样本轮换，推行电子记账试点。

【完成第三次全国农业普查】 2017年1月1日，桂林市与全国同步启动第三次全国农业普查入户登记工作，1.5万名普查人员入户登记。至3月中旬，全市基本完成入户登记工作，并完成PDA数据采集和上报同步，共上报农户（单位）101.15万户，完成率100%。年内，市统计局组织对各县（区）查遗补漏和数据质量审核工作，确保普查数据的真实性和完整性。开展农业普查事后质量抽查。市统计局分别对34个乡（镇）、68个普查小区进行现场随机抽查；自治区农业普查事后质量抽查组分别对临桂区两江镇、四塘镇和灵川县潭下镇、大圩镇进行现场随机抽查，均未发现重大问题。至年末，全市未出现任何关于第三次农业普查的举报和其他遗留问题，普查数据基本符合国家农业普查方案要求。 （金学军）

国土资源管理

【概况】 2017年，桂林市国土资源局（简称市国土局）办公地址在桂林市崇善路6号，内设办公室、政策法规科、财务科、土地利用管理科、耕地保护科、规划和调控科、地籍和测绘管理科、执法监察科、矿产开发管理科、地质环境管理科、人事科、行政审批办公室、不动产登记局。下辖象山、秀峰、叠彩、七星高新、雁山和经济技术开发区6个国土资源分局（派出机构），市国土资源执法监察支队、市土地储备中心、市不动产登记中心、市土地整治中心、市国土资源规划测绘院、市国土资源信息中心、市国土资源档案馆7个直属事业单位。在职人员220人。年内，桂林市新增建设用地指标1107.41公顷，获批用地面积1029.66公顷，保障项目115个。完成国有建设用地供应970宗，落实用地面积1515.2公顷，价款63.24亿元。新增耕地面积935公顷（其中水田252公顷）。开展土地批征供用专项清理和市本级征供地大会战。深化桂林旅游产业用地改革，初步构建具有桂林特色的旅游产业用地政策框架。全面完成采石场环境破坏问题整改。推进不动产登记制度改革，建立完善管理机制。

【桂林旅游产业用地改革取得重大突破】 2017年，桂林市细化旅游产业用地配套政策，制定小型旅游设施用地审批政策、利用农村集体用地和未利用地发展旅游的政策、宅基地用于旅游经营的审批办法、城中村改造用地管理办法、桂林旅游产业用地管理办法等拓展型政策。初步构建起具有桂林特色的旅游产业用地政策框架，尤其是旅游项目规划修改调整、旅游用地分类管理、旅游用地基准地价评估、旅游项目用地多用途出让、旅游地产配套旅游项目出让、出让国有农用地开发旅游6项创新成果，填补了国家旅游产业用地政策空白，被国家旅

2017年12月，桂林市塔山片区城中村改造项目完成土地征收工作，开工建设
（市国土局 供图）

游局、国土资源部称为"桂林模式"，获国家层面重点推介。试点政策率先在广西旅游名县及其创建县、贫困县和边境县中推广运用，促进了广西旅游业提档升级。

【建设项目用地统筹保障】 2017年，桂林市全面完成市、县两级土地利用总体规划的调整完善，从拓展空间规模、优化用地布局上保障项目用地。其中，市级成果率先获自治区人民政府批复，确保塔山片区城中村改造、桂林北综合客运枢纽建设、万达文化旅游城建设等重大项目落地实施。全年争取新增建设用地指标1107.41公顷，使用率100%。修改完善《桂林市建设用地预审管理实施办法》，建立桂林市土地报批与供应联席会议制度，初步形成土地资源利用要素部门联动机制，有效解决建设用地报批前置各类问题。全年获批用地面积1029.66公顷，保障项目115个，实现具备用地条件的项目应保尽保。加大土地供应和收储力度，全市完成国有建设用地供应970宗，落实用地面积1515.2公顷，价款63.24亿元；完成收储土地面积328.21公顷。其中市本级完成招拍挂土地出让15宗，落实用地面积228.64公顷，价款39.56亿元；完成收储土地面积32.21公顷。

【耕地综合管护】 2017年，桂林市新增耕地面积935公顷(其中水田252公顷)，超额完成自治区下达的任务指标。异地购买旱地指标1500公顷，为保障重大项目解决耕地占补平衡奠定基础。建立耕地占补指标收储制度，从县级新增耕地指标中有偿收储403公顷(其中水田91公顷)，作为市级统筹调剂指标保障重点项目建设用地。实施耕地耕作层剥离利用项目20个，剥离面积145.73公顷，再利用面积34.76公顷。

【土地供应和盘活】 2017年，桂林市开展全市土地批征供用专项清理和市本级征供地大会战。全市2012—2016年5年平均供地率由55%提升至64.10%，超过自治区规定的60%的基本目标。成立市本级划拨土地供应专项工作协调小组，推动中心城区约520公顷划拨土地供应，供地率由39%提升至60%以上，避免国家、自治区限批或核减桂林市中心城区用地指标。加大存量用地盘活和闲置土地清理力度，全市盘活存量土地1428.03公顷，完成闲置土地整改39宗，面积208.07公顷。年末，桂林市待认定的闲置土地由1511公顷减少至268.75公顷。

【漓江流域采石场生态环境改造】 2017年，桂林市全面完成中央环境保护督察反馈的采石场破坏环境问题整改工作。漓江风景名胜区范围内18家采石场和灵川县3家采石场均完成石场关停、证照注销、厂房设备拆除工作，并按照"一场一策"开展生态修复工作，共计投入资金2.58亿元，完成生态修复面积约136万平方米。加强规划管控，全面完成第三轮矿产资源总体规划修编工作。全市新规划设立有采矿权矿场从574个压缩至400个，各类自然保护区、风景名胜区、重要水源地等区域全部划为禁采区，低产能、低效益、小规模、高污染的矿山被逐步关停。年内，4家采石场率先完成标准化试点建设，全市规划构建的"三化"(基地化、规模化、规范化)要求和"五化"(建设标准化、生产工厂化、开采阶梯化、经营规模化、管理现代化)标准的矿产资源开发建设格局逐步形成。制定出台《桂林市建筑石料用采石场建设和生产运营管理暂行规定》《桂林市露天开采矿山(砂石土)采矿权出让管理规定》等政策措施，进一步收紧矿业权管理。

2017年5月，灵川县鲤山采石场完成生态复绿工作　　(市国土局　供图)

【推进不动产统一登记改革】 2017年，桂林市建立完善市、县一体化管理模式、"三级会审"机制、违法违规用地嵌入查处机制，出台解决不动产登记历史疑难问题的意见，逐步解决关系群众切身利益的问题。加强不动产登记信息平台建设，市、县两级房屋登记纸质档案均按计划移交，数据整合加快推进。开展不动产登记服务质量提升活动，推出加密窗口、简化手续、压缩时限等程序，开辟绿色通道、开通微信公众号和电话提醒取证等服务举措，方便群众。全年全市受理各项登记业务9.75万户，颁发不动产权证书2.45万本，证明4.33万份，为46家企业办理土地抵押登记，融资金额30.64亿元。

【土地执法监察】 2017年，桂林市卫星遥感图片执法检查通过自治区级验收，实现连续2年"零约谈、零问责"目标，全市未发生严重违法用地用矿行为。年内，恭城瑶族自治县国土资源执法监察大队获"全国国土资源执法监察工作先进集体"称号。秀峰区国土资源执法监察大队办理的桂林大龙投资有限公司非法占地执法卷宗成为国土资源部评选的全国9宗优秀案卷之一，是广西首宗获部级评选的优秀案卷。

【数字桂林地理空间框架建设项目正式启用】 2017年，桂林市数字桂林地理空间框架建设项目(简称"数字桂林”)通过自治区测绘地理信息局专家组验收,进入推广使用阶段。“数字桂林”于2012年11月立项,由自治区测绘地理信息局与桂林市人民政府合作建设,市国土局牵头组织实施,自治区地理国情监测院承建。项目按照“一库、一平台、一环境、一机制和多应用”的建设任务,建成统一的基础地理空间信息数据库和地理信息公共平台,满足项目运行的软硬件支撑环境,项目使用管理办法和地理信息公共平台管理制度等机制,完成与国土、城管、旅游、教育、民政、农业以及桂林市临桂新区管理委员会7个部门的示范应用建设,实现了地理信息资源的开发利用与共建共享。“数字桂林”是桂林市权威的、唯一的地理信息公共平台,公众可登录“地图桂林”(www.mapguilin.com)进行查询、浏览、获取服务。（罗宇韬）

质量技术监督

【概况】 2017年,桂林市质量技术监督局(简称市质监局)办公地址在桂林市七星路79号,7月撤销原监察室;10月,市质量技术监督稽查执法局由市质监局直属行政机构调整为市质监局内设机构,更名为稽查科。调整后,局机关内设办公室、政策法规科、行政审批办公室、质量发展科、标准化科、计量科、特种设备安全监察科、科技认证科、人事科、稽查科,另设机关党委、市质监局桂林国家高新技术产业开发区分局(派出机构)。人员编制52名,在职人员51人。直属事业单位有市计量测试研究所和市产品质量检验所,在职人员132人。年内,桂林市推进“质量强市”工作,桂林三金药业股份有限公司获第三届中国质量奖,成为首个桂林市中国质量奖获奖企业。创新标准化示范创建,阳朔县成为全国首个基层标准化改革创新先行区。新增资源车田西红柿、车田辣椒,全州石塘生姜3个地理标志保护产品,全市地理标志保护产品增至7个,资源县成为全市首个国家有机产品认证示范创建区。推进行政审批制度改革,提高行政执法能力。全年全市完成各类计量器具检定、校准9.74万台(件),检验产品1.76万批次,未发现重特大食品相关产品及特种设备安全事故。

【推进“质量强市”战略】 2017年,市质监局落实“双随机”监督检查工作机制,更新完善5个城区193家生产企业基本信息及受检企业和执法人员数据库。全年全市共抽检产品353批次,合格产品335批次,合格率94.9%。开展电暖器产品专项执法检查,检查生产企业、销售经营单位32家。开展液化石油气产品质量安全综合执法检查,检查企业10家、抽查样品9批次,检验合格率100%。开展春季农资打假“质检利剑”行动,以肥料、农膜为检查的重点产品,检查农资生产企业12家,抽取检验产品全部合格。开展建筑检验实验室(5家)、食品相关产品、儿童服装专项检查(6家),检查企业15家、抽取样品25批次、计量检定检验设备6台,对1家实验室违法企业、1家食品相关产品企业进行行政处罚,责令3家儿童服装企业进行缺陷产品召回。全年全市共出动执法人员960人次,检查单位290家,立案16件,移送司法机关1件,涉案货值129.57万元。处理“12365”投诉举报28件。年内,桂林三金药业股份有限公司获第三届中国质量奖。桂林君泰福电气有限公司和桂林升辉旅游景区投资管理有限责任公司被评为第四届“市长质量奖”,广西桂林地建建设有限公司和桂林两江四湖旅游有限责任公司被评为第四届“市长质量奖”提名奖。

【加强标准化示范建设】 2017年,桂林市标准化建设延续良好发展势头。阳朔县获批成为第9批国家综合农业标准化示范县,同时被国家标准委员会批准成为全国首个基层标准化改革创新先行区。确定20家单位为第3批市级服务业标准化试点单位,阳朔县大师傅啤酒鱼形象店、桂林市洁安物业服务有限责任公司、桂林夕阳红养老中心、桂林安生鸡血玉文化艺术开发有限公司通过自治区级服务业标准化试点评估验收。桂林升辉旅游景区投资管理有限责任公司、桂林安生鸡血玉文化艺术开发有限公司、桂林两江四湖旅游有限责任公司、资源县通过由自治区旅发委和自治区质监局联合组织的广西旅游标准化示范单位验收。桂林升辉旅游景区投资管理有限责任公司获批成为国家级服务业标准化试点创建单位;桂林市民间国际旅行社有限责任公司、桂林市台联国际旅行社、桂林市象山景区管理处、阳朔七仙峰茶业发展有限公司、桂林市鼎翔旅游运输有限责任公司、桂林市铭人仙指酒店管理有限公司和桂林大地公关会展有限公司获批成为自治区级服务业标准化试点创建单位。恭城瑶族自治县生态农业综合标准化示范区、临桂区柑橘农业综合标准化示范区获批成为自治区级农业标准化示范项目。年内,恭城瑶族自治县启动莲花镇红岩村、矮寨村,平安乡黄岭村3个国家级美丽乡村标准化试点创建工作。《小儿推拿师服务质量等级划分与评定》等28项广西地方标准获立项;《阳朔啤酒鱼制作技术规范》《观光采摘服务规范》《恭城油茶制作技术要求》等9项广西地方标准获发布。7月31日,《石英质玉分类与定名》(GB/T 34098-2017)国家标准正式发布,鸡血玉被列为石英质玉商品名。12月29日,《罗汉果质量等级》(GB/T 35476-2017)国家标准发布。实施2015年度桂林市重要技术标准研制奖励,中国有色桂林矿产地质研究院有限公司等9家单位获奖励。开展2016年度桂林市重要技术标准研制奖励申报工作,确定13家单位的19个标准获奖励,奖励总金额177万元。推荐桂林莱茵生物科技股份有限公司参与《罗汉果等级划分》国家标准制定。桂林裕祥家居用品有限公司通过标准化良好行为企业AA级确认验收,成为桂林市第2家通过标准化良好行为企业验收的衣架制作企业。推进实施企业产品标准网上自我声明公开与社会监督,全年全市共有1000余项产品标准实现网上公开。

【特种设备安全监管】 2017年,桂林市加强对游乐设施、气瓶充装(检测)站、锅炉、压力容器、起重机械、场(厂)内机动车辆等特种设备安全的检查力度。年内,出动执法人员1072人次，检查市区364家（次）使用单位的3351台（套）特种设备；下达《责令改正指令书》160份，完成整改158份；立案查处14件。对尧山索道停电造成游客滞留事件，桂林天籁巨幕影城、桂林爱情湾畔小区、桂林胜利嘉园小区、桂林东源大厦4家电梯使用单位发生电梯困人事件进行现场调查；查处13家酒店使用超期未检电梯的违法行为；检查获证的电梯安装维保公司7家，对未报检、违法安装电梯的5家公司进行约谈教育并公开曝光。

【计量监管服务】 2017年，市质监局探索市场公平秤管理新模式，与秀峰工商局、乐群市场和信义市场2个市场开办方（管理者）签订责任书，创新由市场开办方（管理者）负责公平秤直接管理、主要监督，工商部门负责消费者投诉处理，质监部门为公平秤检定提供技术服务的管理模式。规范液化气瓶包装、液化气计量，实施新瓶标注空瓶重、流通气瓶标注净含量、到期送检气瓶统一标注空瓶重，行业协会直属换气点配备使用检定合格的标准秤计量。关于液化气计量不准、定量包装标志不明的投诉由2016年下半年20余件下降至2017年1件。开展节庆期间计量专项监督抽查，抽查市区集贸市场、超市及加油站等在用计量器具1312台、燃油加油机195台、水表1528个、电表1528个、燃气表2196个。抽查定量包装商品123批次，查出不合格商品6个批次，收缴作弊秤3台。开展加油机、眼镜行业、动态汽车衡、机动车测速仪、“民用三表”（居民用水表、电表、煤气表）专项监督检查，检查加油机912台，眼镜店37家，动态汽车衡20台，在用雷达测速仪29台（件）及“民用三表”检定机构15家、小区5个。规范医用计量器具管理，检定医用计量器具4042台件。开展法制量值传递检查，检查企事业单位52个，下达责令整改通知书3份。4月1日，在全市范围停征计量器具强制检定费。至年末，共免费检定计量器具6.22万台件，停征强制检定费812.8万元。

【质监行政审批改革】 2017年，市质监局推进简政放权，将“特种设备使用登记”行政审批事项下放至各县（区）局，调整5项行政审批事项名称，取消1项审批事项，修订1项实施依据。开展广西质监行政审批系统应用试点，5项行政审批事项可以网上办理，全年受理网上申请60件，同时施行“网上申请+证件邮寄到家”便民服务。全年全市质监部门受理行政许可事项7477件（其中特种设备使用登记3928台件；特种设备作业人员资格认定3465人次；计量标准器具核准36项；制造、修理计量器具许可证核发3件；重要工业产品生产许可证核发20件；机动车检验机构资质认定、计量认证25件），组织技术审查65次，审批发放许可证件5556份，复审1905个。审批服务事项提速69.69%。厘清行政权力与责任承担的对应关系，实现权责清晰，共梳理出权力清单74项（其中行政许可7项，行政处罚37项，行政强制1项，行政检查14项，行政确认1项，行政奖励4项，行政裁决1项，其他行政权力9项）。组织编制优化市本级10类行政权力运行流程，指导各县（区）质监部门完成县级行政权力运行流程的编制与优化，确保全市质监部门执行“同一事项、同一标准、同一编码、上下对应、有效衔接”的行政权力标准。（刘晓）

食品药品监管

【概况】 2017年，桂林市食品药品监督管理局（简称市食药监管局）办公地址在桂林市北和路17号，内设办公室、综合协调科、政策法规科、食品生产监管科、食品流通监管科、食品餐饮监管科、药品生产监管科、药品流通监管科（行政审批办公室）、保健食品化妆品监管科、医疗器械监管科、稽查科、人事科、财务科，在职人员53人。下设市食品药品稽查支队、市食品药品检验所、市食品药品安全信息监控与不良反应监测中心、市食品药品审评查验中心4个直属单位。年内，桂林市强化行政效能建设，先后出台《桂林市本级与城区食品药品监督管理事权划分实施方案》《桂林市食品安全考核评议办法》《食品安全应急预案》，接管由自治区下放的桂林市食品药品检验所。开展广西食品安全城市创建活动，加大“四品一械”（食品、药品、保健食品、化妆品和医疗器械）专项整治，创新农村集体聚餐监管模式，全市连续6年未发生重大食品药品安全事件。

【食品药品执法检查】 2017年，市食药监管局强化监管，做到执法过程规范化、合法化、痕迹化。全年检查食品生产企业720家次，食品流通经营户5.99万家次，药品生产企业78家次，药品医疗器械经营单位1956家次，保健食品经营企业5910家次，化妆品经营使用单位2000家次。组织食品（含农产品、畜产品、食用农产品、食品添加剂、保健食品）安全抽检监测13.9万批次，合格率93%，抽检药品、医疗器械、化妆品481批次，依法核查处置全部抽检不合格“四品一械”。全年公示食品监督抽检信息30期、1.3万批次，抽检信息公示率和不合格产品核查处置情况公开率均为100%。

【推进行政效能建设】 2017年，桂林市出台《桂林市本级与城区食品药品监督管理事权划分实施方案》，对市食品药品监管局与各城区食品药品监管局的监督管理事权进行划分，做到主体明确、责权一致。推进简政放权，打造市、县（区）、乡（镇、街道）三级食品药品监管政务服务体系，把市级层面的食品、药品、医疗器械经营许可证变更、注销等8项办件量大、操作简单易行的审批项目下放到县（区）、乡（镇、街道）政务服务窗口办理，解决企业和群众“办证难”问题。全年共办理“四品一械”审批和公共服务事项2770件，审批工作零投诉，群众满意率100%。

【食品安全示范城市创建】 2017年，桂林市召开全市食品安全工作会议和桂林市创建广西食品安全城市动员会，部署创建任务，并结合重要节日对各县（区）开展督导检查。各县（区）以创建广西食品安全城市为契机，实施“食安桂林”品牌创建行动，开展食品销售质量安全“十百千万”示范工程、餐饮“明厨亮灶”等工程建设，重点打造从田间到餐桌的食品和食用农产品经营示范点100多个。全年全市累计创建食品安全批发市场1家、食品安全农贸市场3家、自治区示范建设食品店450家、餐饮服务示范单位2700余家。完善食品药品监管所硬件条件，增加快检实验室和配备快检设备，执法人员总到位率85%以上。加快建设灌阳县、全州县、龙胜各族自治县食品检验中心，全市食品药品检验检测能力覆盖食品检测项目97%。年末，桂林市对照食品安全城市79条指标开展自查，完成41条指标，完成率50%以上。

2017年11月15日，自治区提升农村餐饮业质量安全水平工作现场会在兴安县召开（韦成阳　摄）

【惩治食品药品违法行为】2017年，桂林市以“守护舌尖安全”专项行动为抓手，组织开展畜禽水产品抗生素、禁用化合物及兽药残留超标专项整治，鲜湿米粉专项整治“回头看”行动，农村地区药店诊所药品质量安全和药源性兴奋剂等违法经营行为集中整治行动，化妆品颜色行动，以及春秋学校开学、重大节假日、旅游景区监管等专项整治20多个。严守“从农田到餐桌”防线。全年全市共立案查处违法“四品一械”案件1211件（含2016年立案2017年结案），增长116.64%，罚没款金额873.2万元。加强多部门协调配合和执法联动。与公安机关联合开展检查10次，移送制售假劣食品药品案件10件（立案5件），与桂林市检察部门召开联席会议4次。

【食品药品安全宣传教育】2017年4月17日，由自治区食品药品监管局和桂林旅游学院联合组建的“广西食品药品监管桂林培训基地”在桂林旅游学院挂牌成立，为全自治区食品药品监管队伍的教育培训提供教学保障。年内，桂林市建成2个科普宣传基地和3个科普宣传站（桂林南药股份有限公司科普宣传培训基地、恭城瑶族自治县平安乡北洞源村科普宣传培训基地以及恭城瑶族自治县莲花镇红岩村科普宣传站、永福县罗锦镇金钟山景区食品药品安全科普宣传站、龙胜各族自治县龙脊镇黄洛瑶寨科普宣传站）。传统手段与新兴手段相结合，全年集中开展系列宣传活动200多场次。

【探索新型农村集体聚餐监管模式】2017年，桂林市在全自治区率先出台《农村集体聚餐食品安全管理办法》。兴安县探索农村集体聚餐监管新模式，确立“六个一”管理法（一户一个档案、一户配一台留样冰箱、一户配一本餐饮操作指南、每人一次从业培训、一年一次体检、每人配一套工作服装），把监管的重心由宴席的举办者向承办者转变，消除和减少由“一条龙”餐饮形式（由集体聚餐承办者带桌椅板凳、餐具等设备提供餐饮服务的形式）带来的食物中毒隐患，有效防止群体性食品安全事件发生。11月15日，自治区提升农村餐饮业质量安全水平工作现场会在兴安县召开，兴安餐饮监管模式向全自治区推广。

【桂湘粤十二市食品药品稽查打假区域协作联席会议】2017年10月12日，由自治区食品药品监管局主办、桂林市食品药品监管局承办的“桂湘粤十二市食品药品稽查打假区域协作联席会议”在桂林市召开，国家食药监管总局，广东省、湖南省、广西食药监管局及公安厅，广东省广州市、肇庆市、清远市、韶关市，湖南省长沙市、衡阳市、郴州市、永州市，广西南宁市、桂林市、梧州市、贺州市的食药监管局及公安局相关领导150余人参加会议。会议总结和交流食品药品稽查打假工作的经验和做法，探讨建立全方位、多层次、立体互联的食品药品稽查区域协作机制，保障人民群众的食品药品安全。

【食品药品企业信用等级分类】2017年，桂林市出台《桂林市推进食品药品安全信用体系建设实施方案》，对企业实施信用分级分类管理。年内，共评定食品药品企业7416家，其中A级1259家，B级3949家，C级2208家，全面规范食品、药品、医疗器械、保健食品、化妆品生产经营行为。

【食品药品安全风险管控】2017年，桂林市召开3次食品安全风险会商会议，对食品安全风险进行专题研究。开展食品安全应急演练，排查风险点12个，制订各县（区）、各部门共同防控措施18个，有效应对和处置“脚臭盐”等舆情事件，舆情监测、处置率100%。受理、处置群众各类诉求2906件，按时回复率100%。年内，在桂林市少年宫春天剧场举行“2017年国家药品安全示范性应急演练”活动，为制订完善药品安全突发事件应急预案及应对处置类似突发事件积累经验。

【创新电子化监管模式】2017年，市食药监管局投入资金近400万元进行信息化建设，对监管的重点环节（部位）实现远程动态监控，探索电子化监管新模式。年末，全市全部食品生产企业和30%的食品流通单位实现电子化监管，学校食堂（市区20家、全州县40家）及大中型餐饮单位的厨房实现远程动态监控。同时，监管信息化系统相关数据与自治区食品药品监管局信息化监管平台实现资源共享，并通过公共服务平台和客户端接受社会监督。（蒋丽娟）

安全生产监管

【概况】 2017年，桂林市安全生产监督管理局（简称市安监局）办公地址在桂林市临桂区西城中路69号。12月，桂林市人民政府批复同意市、县（区）两级安全生产监督管理部门为执法单位。年末，市安监局内设办公室、综合科、安全监管一科、安全监管二科、安全监管三科、烟花爆竹科、职业健康科、应急救援科，人员编制24名，在职人员35人。年内，桂林市安全生产形势呈现总体平稳态势，实现生产安全事故起数和死亡人数"双下降"目标。规范行政审批，全市共办理行政审批1.42万件。开展安全生产大检查活动，迎接国务院安全委员会的安全生产督查验收。推动烟花爆竹产业结构调整，关停最后11家烟花爆竹生产企业，注销企业的烟花爆竹安全生产许可，成为自治区第一个实现无烟花爆竹生产企业的设区市。

【安全生产形势呈现总体平稳】 2017年，桂林市发生各类生产安全事故84件，下降23.6%；死亡90人，下降12.6%；受伤47人，增长20.5%；直接经济损失582.61万元，下降48%。其中，道路交通事故50件，死亡59人，受伤36人；工矿商贸事故27件，死亡27人，受伤8人；铁路路外事故4件，死亡1人，受伤3人；其他事故3件，死亡3人。生产经营性火灾事故146件，水上交通、化工、烟花爆竹、农业机械、民航飞机、渔业船舶全年无事故。全市连续14年未发生一次死亡10人以上的重大、特大安全生产事故。

【安全生产监管水平持续上升】 2017年，桂林市安全监管工作以"失职追责"为重点，全面推行"党政同责、一岗双责、失职追责"责任体系建设，落实各级党委、人民政府在安全生产工作中的领导责任和监管责任。制订印发《桂林市安全生产领域改革发展意见实施办法》，全市17个县（区）和134个乡（镇）全部制订考核制度和实施办法，163家矿山、35家尾矿库、1200家危险化学品生产企业实行市人民政府、市行业主管部门、县（区）人民政府、县（区）行业主管部门四级挂牌责任制。与163家非煤矿山、35家尾矿库、299家危险化学品生产企业、1200家烟花爆竹批发零售企业、66家建筑施工企业、41家"两客一危"运输（指从事旅游的包车、三类以上班线客车和运输危险化学品、烟花爆竹、民用爆炸物品的道路专用车辆）企业、44家冶金工贸企业、89家旅游企业、1377家重点消防单位、640家规模以上企业签立安全生产责任书，督促企业依法建立安全生产管理机构、岗位安全生产责任清单和职业卫生管理制度。开展拉网式、全覆盖的安全生产大检查活动，全市共排查事故隐患2016个，行政处罚罚款73.58万元。提升应急救灾能力，组建矿山救护队4支，开展应急演练3次，投入经费84万元。12月11日—14日，自治区安全监管局在桂林市举办《2017年广西区安全生产执法监察业务培训会》，市安全监管局在会上做"强队伍严执法，守红线保平安"的执法经验交流发言。

【尾矿库闭库整治】 2017年，桂林市针对尾矿库多、小、散、差的情况，安全问题突出的特点，由市安全监管局和市国土资源管理局联合开展标准化采石场试点推广活动，出台《桂林市建筑石料用采石场建设和生产运营管理暂行规定》，对采石场规模、规范开采、人员管理、生产运营等方面进行规范。争取自治区资金515万元，对平乐县6座尾矿库进行闭库治理，整合小型企业规模化经营。至年末，共注销无主库和废弃库96座，全市尾矿库数量下降至26座（含3座无主库）。

【安全法规宣传培训】 2017年4月，国务院安全生产委员会办公室到桂林市进行《中共中央、国务院关于推进安全生产领域改革发展的意见》的专题宣讲。6月，开展"安全生产月"活动，接受民众咨询。年内，先后4次邀请自治区安全监管局领导和专家到桂林市进行安全生产监管业务和执法培训，组织市、县（区）执法人员参加集中轮训。全年全市共开办各类安全管理培训班22期，培训安全管理人员、安全员2690人次。（王全中）

口　岸

【概况】 2017年，桂林海关共监管进出口货物5万吨，下降55.3%；进出口货物货值1.2亿美元，增长20.4%。共检验检疫出入境货物及包装1.40万批次，增长6.3%；货值2.88亿美元，下降9.7%。保障运输航班起降6.24万架次（国际及地区航班3643架次），增长12.90%；完成旅客吞吐量786.20万人次（国际及地区出入境旅客38.78万人次），增长18.58%。年内，桂林两江国际机场共执行飞行航线112条（国内航线102条，国际航线8条，地区航线2条），其中开通国际和地区航线10条，通达目的地（航点）10个，分别为：桂林—韩国首尔，桂林—泰国曼谷、廊曼，桂林—新加坡，桂林—马来西亚吉隆坡，桂林—印度尼西亚雅加达，桂林—柬埔寨暹粒，桂林—越南芽庄，桂林—中国香港、台北。新增新加坡胜安航空、印度尼西亚巴迪航空、柬埔寨吴哥天空航空、广西北部湾航空、深圳东海航空、大连航空6家航空公司飞行桂林航线，共有38家航空公司执行飞行任务。通航城市76个（国内城市66个、国际城市8个、地区城市2个），新增恢复航点14个，分别为印度尼西亚雅加达、柬埔寨暹粒（国际），以及绵阳、丽江、遵义、运城、唐山、无锡、泉州、黄山、鄂尔多斯、包头、宜昌、珠海（国内）。（张艳）

【海关】 2017年，桂林海关办公地址在桂林市骖鸾路21号。内设12个处、科级机构，分别是驻机场办事处（副处级机构，下设综合科、旅检一科、旅检二科）、办公室、人政监审科、通关管理科、加工贸易管理科、稽查科、关务保障科、财务科、技术科、后勤管理分中心，在职人员 82 人（其中海关关员 76 人）。桂林海关缉私分局内设科室 4 个，缉私警察 19 人。年内，桂林海关监管进出口货物量 5 万吨，下降 55.3%；货值 1.2 亿美元，增长 20.4%。全年入库税款 8273.41 万元，增长 44.08%，其中关税入库 2115.2 万元，增长 4.03%；进口环节税入库 6158.21 万元，增长 66.02%。监管进出境航班 3575 架次，下降 7.93%；监管进出境人员 41.64 万人次，下降 9.28%。征收行邮税款 44.46 万元。实现全市外贸进出口总值 70.4 亿元，增长 19.28%。

税收征管　2017 年，桂林海关做好全国税收征管改革工作，开展辖区归类补充材料无纸化试点工作，引导企业主动参与海关业务改革，全年通过桂林海关“自报自缴”报关单量占应税报关单比重的 35.5%，征收税款 833.3 万元。年内，桂林海关加强对辖区税收形势的科学研判和税收进度跟踪监控，强化对应税商品、保证金、税款入库及时性等方面监控，确保应收尽收。全年监管加工贸易合同手册 37 份，其中审核设立手册 18 份，备案金额 6482.3 万美元。制发保税核查指令 8 份，核销手册 19 份，核销电子账册 5 周期，及时结案率 100%。

打击走私　2017 年，桂林海关开展“国门利剑 2017”等系列专项行动，落实对旅客行李物品监管的各项规定，执行过机查验制度，提高监管、缉私整体效能。年内，桂林海关刑事立案 7 件，案值 1.62 亿元；刑事拘留 14 人，执行逮捕 6 人，取保候审 5 人，监视居住 1 人；移送审查起诉案件 3 件 7 人，法院判决 1 件 1 人；行政立案 14 件，案值 527.88 万元。查获路虎揽胜汽车 1 辆、毒品大麻 2831.64 克；查获违禁印刷品 67 份，移交检验检疫部门动植物产品 658.46 千克。

服务地方经济　2017 年，桂林海关推进通关一体化改革，促进电子支付税款模式、无纸化通关模式、关检合作一次申报等海关政策措施常态化。参与桂林两江国际机场 T2 航站楼海关监管设施规划建设，引导各航空公司有序、规范开拓业务，有 8 家航空公司在桂林航空口岸开设国际业务，共开通国际航线 10 条。落实国家税收优惠政策以及便利化措施，全年制发征免税证明 198 份，减、免税总货值 3464.5 万美元，审批减、免两税 3581.4 万元。推动桂林市加工贸易转型升级。9 月 22 日，桂林万禾电子商务有限公司公共保税仓库揭牌成立，标志着桂林市首个公用型保税仓库投入使用。做好海关监管服务，为“中国—东盟博览会旅游展”“第 11 届联合国世界旅游组织 / 亚太旅游协会旅游趋势与展望国际论坛”“环广西公路自行车世界巡回赛”等系列品牌展会提供快捷通关验放服务。　（毕晓帆）

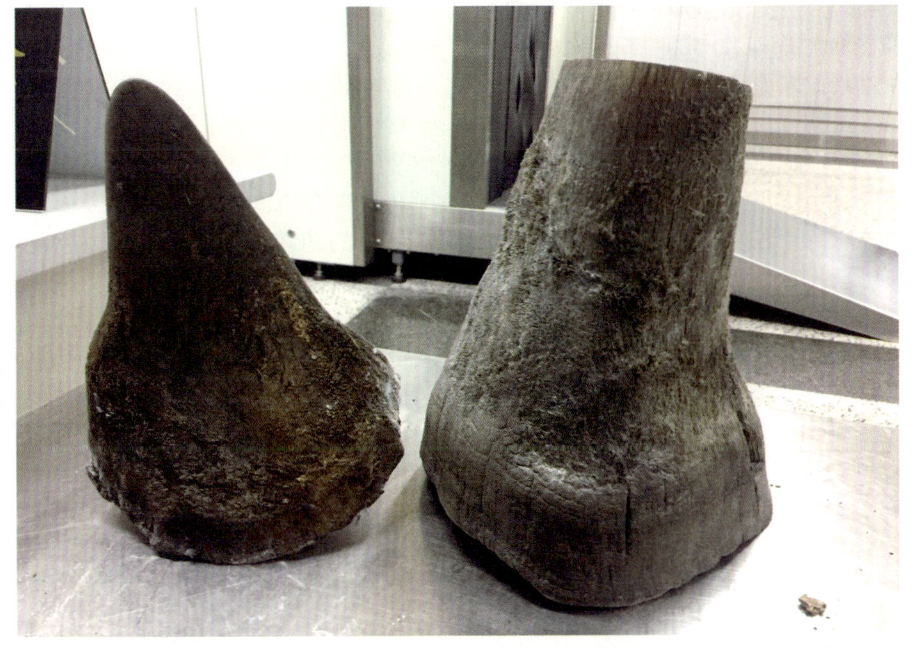

2017 年 11 月 30 日，桂林海关首次在旅检现场查获禁止入境物品——犀牛角

（刘绍文　摄）

【边防检查】 2017 年，桂林边防检查站共检查出入境人员 38.84 万人次，下降 8.8%；验放出入境航班 2811 架次，增长 0.4%。验放 72 小时入境免办签证旅客 26 人次，144 小时入境免办签证旅客 1.93 万人次。全年累计查获违法、违规案件共 44 件 43 人，查获在控人员 3 人，在逃人员 5 人。圆满完成“2017 中国—东盟博览会旅游展”、第七届桂林国际山水文化旅游节、第十一届联合国世界旅游组织 / 亚太旅游协会旅游趋势与展望国际论坛、环广西公路自行车世界巡回赛颁奖仪式等重大会议和活动的口岸安全保卫任务。年内，4 名官兵参加中国第 5 支驻利比里亚维和警察防暴队，完成维和任务，并获联合国“和平勋章”称号。

执勤训练　2017 年，桂林边防检查站以口岸反恐“防回流”工作为突破口，投入 280 万元对站部指挥中心、勤务指挥中心进行升级改造，搭建勤务指挥、现场监控、风险预警、警情处置和舆情监控等 6 大辅助决策指挥库。建成启用 2 条入境旅客自助查验通道，满足口岸通关新需求。全面运用 API 数据平台、公安信息综合查询平台等共享平台系统，对入境旅客情况进行提前分析研判，实现重点人员提前核查，易犯错误尽早提醒，促进查缉效能、录入质量双提升。按照“小单元协作”的思路，实行业务科“拆科化组”勤务模式，强化出入境警力联动支援、机关人员日常协勤和重大勤务全员备勤等警力增援机制，保障一线警力充足。推出“订单式服务”、航空公司“零延时通报”“蛇形候检模式”等 20 余项人性化便民利民措施。实施边检业务“大练兵”，邀请反恐支队、上海机场站专家开展专题授课 5 次，组织各类培训 40 余场次，受训人员 600 余人次。年内，完成柬埔寨暹粒、印尼雅加达等首飞边检勤务，为中国香港警务处代表团、中国国民党原副主席蒋孝正、澳大利亚陆军司令坎贝尔、环广西公路自行车世界巡回赛选手等人员提供通关服务 53 次，开通“紧急救助通道”28 次，服务急救包机、公务包机 26 架次。

拥政爱民　2017 年，桂林边防检查站联合市妇联、团市委、国税局等单位，开展“青春相约·缘聚漓江”警地联谊活动。与建设银行桂林分行举行“深化警民融合发展暨党建信息化战略伙伴签约仪式”。全年到敬老院开展慰问 6 次，开展警营开放日 8 次，走访群众 200 余人次，口岸服务对象 700 人次。　（陈浩）

2017 年 7 月 7 日，桂林市乾顺投资管理股份有限公司通过简化备案手续拿到广西首份检商“三证合一”进出口企业备案表　（桂林检验检疫局　供图）

【出入境检验检疫】 2017 年，桂林出入境检验检疫局（简称桂林检验检疫局）办公地址在桂林市漓江路 25 号。内设办公室、综合业务科、动植物检疫科、食品检验科、工业品检验科、检务科、财务科、政工科、技术检测科。有桂林机场办事处（副处级）分支机构 1 个（内设旅检一科、旅检二科、卫生监督科），有综合技术服务中心直属事业单位 1 个，有检验检疫专业实验室 2 个（检验检疫综合实验室和机场办口岸现场实验室）。行政编制 51 名，在职人员 49 人，事业编制 17 名，在职人员 18 人。年内，桂林检验检疫局共检验检疫出入境货物 1.40 万批次，增长 6.3%；货值 2.88 亿美元，下降 9.72%。其中，检出不合格出境货物 134 批次，货值 240 万美元；检出不合格入境货物 3 批次，货值 52 万美元。签发出入境货物证单 1.70 万份，增长 8.97%。签发原产地证书 5255 份，金额 3.16 亿美元，分别增长 36.28% 和 36.21%。检疫出入境飞机 2890 架次，查验出入境人员 39.5 万人次，发现体征异常病人 90 例，确诊病例 12 例。进行传染病监测和健康体检 2816 人次，检出传染病及病毒携带者 103 例。

服务地方外贸经济发展　2017 年 7 月 1 日，桂林市启动广西检商“三证合一”（商务部门的“对外贸易经营者备案登记表”与检验检疫部门的“出入境检验检疫报检企业备案表”“原产地证申报企业备案登记证”合并为一证）改革试点工作。桂林检验检疫局与桂林市商务局加强对接，建立信息联络机制，梳理办证流程，以“流程衔接再造、信息共享互换”为基础，推进“互联网 +”办证，确保“三证合一”改革落地实施。企业办理“三证合一”实现网上申请、网上审核、备案结果网上反馈，“三证”办结时限由原 3 天压缩为 2 小时，有效帮助企业节约办事成本，提高外贸企业的国际竞争力。采取加大宣传力度、简化申领手续、精准帮扶企业等措施，加强原产地证书工作，助力企业拓展“一带一路”（丝绸之路经济带和 21 世纪海上丝绸之路）沿线国际市场，帮助 15 家企业实现自贸协定原产地证签证量“零突破”，新增原产地证签证备案企业 34 家，年签证量增长 36.28%，签证金额增长 36.33%，企业享受进口国关税减免 1579.20 万美元。开展以“认证 +”为核心的出口食品企业“逐一帮扶”行动计划，鼓励辖区企业获认证，指导 8 家企业上“三同”（同线、同标、同质）平台。利用进口商品风险预警体系，加强对进出口商品安全质量监管。年内，完成进口大型成套设备、医疗器械、棉花等商品的检验监管 190 批次，检出不合格进口工业品 4 批；开展目录外进出口商品监督抽查，完成目录外进出口商品监督抽查 7 个批次，检出不合格进口商品 1 批；强化进出口危险化学品检验监管，检出不合格出口危险货物包装 5 批。

推进通关便利化　2017 年，桂林检验检疫局全面推行无纸化报检，辖区企业无纸化报检覆盖率 96% 以上。节约企业报检时间和经济成本，梳理出受理报检、施检、送样、实验室检测、签证、放行、归档 7 个关键环节，实现各环节无缝衔接。加强对企业的诚信管理、风险管理和分类管理，推进监管模式改革。出境商品全流程时长 1.74 天，入境商品全流程时长 35.19 天，出境全流程通关时长全自治区最短。做好重大国际会议和国际赛事服务保障工作，开展出入境疫情风险评估，保障进境口岸食品卫生安全，实施便利通关措施，有效监管实现快速通关。

加强口岸疫病疫情防控　2017 年，桂林检验检疫局实施卫生检疫查验、采样检验防控措施，严防 H7N9、寨卡病毒病疫情传入传出。加强口岸核生物化学工作，发现核辐射超标 18 例。组织开展口岸核心能力巩固提高自查自纠，增强口岸突发公共卫生事件的防控和应急处置能力。严把进口动植物及其产品检疫关，细查检疫性有害生物，加强进口粮食后续监管，提高有害生物的检出率。年内，从进口动植检货物中共检出有害生物 31 批次、241 种次。从进境旅客携带物中截获禁止携带进境的动植物及其产品 1770 批次，发现有害生物 58 批次、64 种次。开展有害生物监测，完成 40 个实蝇监测点、6 个进口杂草监测点，以及 4 个水果和 6 个水生动物样品的监测。

（黄菲菲　刘琼）

教育

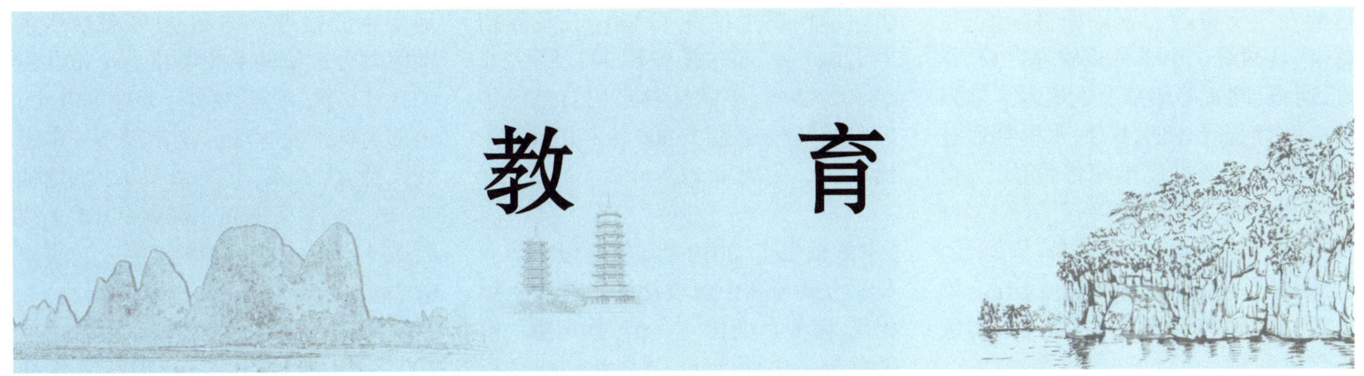

基础教育

【概况】 2017年，桂林市教育局（简称市教育局）办公地址在桂林市秀峰区解放东路19号，内设办公室（行政审批办公室）、政策法规规划科、人事教育科、财务基建科、基础教育科、职业教育与成人教育科、教育督导科（桂林市人民政府教育督导团办公室）、体育卫生艺术教育科、德育与汉语言文字工作科、党委办公室、纪检监察室、安全稳定工作科，人员编制39名，在职人员41人。二层机构有桂林市招生考试院、桂林市教育科学研究所、桂林市电教仪器站、桂林市勤工俭学办公室、桂林市学生资助管理中心、桂林市教师培训中心。直属学校33所，其中，桂林市广播电视大学1所，独立高中4所，完全中学7所，初中6所，九年一贯制学校1所，中等职业学校10所，小学1所，特殊教育学校2所，工读学校1所。直属企业2个（桂林市教育实业总公司、桂林市本源教育有限公司）。市教育局下属单位共有人员编制3533名，在职人员3195人。年内，市教育局做好学前教育普惠发展、义务教育均衡发展、教师队伍建设、公办初中质量提升、恢复校内午托等工作；全市学前三年毛入学率、九年义务教育巩固率、高中阶段毛入学率分别为86.2%、97.5%、91.3%，均居自治区前列。

2017年，全市普通中小学共有专任教师37735人，其中35岁以下青年专任教师10365人，占教师总数的27.47%。专任教师中，小学教师21624人，专科以上学历占93%，学历合格率99.78%；初中教师10828人，本科以上学历占84.42%，学历合格率99.78%；高中教师5283人，研究生同等学力占8.7%。幼儿园专任教师7625人；特殊教育学校专任教师166人；工读学校专任教师13人。全市有小学高级专业技术职称专任教师12988人，中学高级专业技术职称专任教师3768人。年内，市教育局抓好各专项督导工作，重点做好县（区）中心校截留经费问题、国家教育信息化工作等群众关注的教育热点、难点问题的专项督查工作；开展中小学校园欺凌专项治理、中小学有偿补课治理情况专项督导、普通中小学开齐开足国家课程专项行动。桂林市第一中学通过自治区星级特色普通高中评估验收，桂林市自治区星级特色普通高中增至3所。桂林市逸仙中学、田家炳中学、第八中学、第十九中学及全州县第二中学获批成为自治区立项特色高中。

【学前教育】 2017年，全市有自治区多元普惠幼儿园339所，普惠幼儿园覆盖率67%。115个乡（镇）完成公办中心幼儿园建设任务，完成率85.8%。年内，桂林市加强公办幼儿园及多元普惠幼儿园建设，对2014年认定的65所自治区多元普惠幼儿园进行重新核查认定，对2016年度获自治区多元普惠幼儿园的27所城区幼儿园进行奖补，共发放奖补资金54万元；举办第1期园长管理论坛，重点讨论“幼儿园办园理念与特色”问题；6月，在恭城瑶族自治县举行全市乡（镇）中心幼儿园标准化建设工作研讨活动，交流乡（镇）中心幼儿园管理经验；研究制定订桂林市第三期学前教育行动计划。临桂区城区第一幼儿园获“桂林市示范幼儿园”称号。

【义务教育】 2017年，全市有义务教育学校728所，其中初中159所，小学559所（教学点1120个），特殊教育学校9所，工读学校1所。义务教育学校在校学生53.46万人，其中初中学生15.46万人，小学生37.92万人，特教学校学生882人、工读学校学生13人。义务教育学校专任教师32631人，其中初中专任教师10828人，小学专任教师21624人，特教学校专任教师166人，工读专任教师13人。年内，桂林市继续实施义务教育均衡发展工程，强化控辍保学工作，完成自治区下

表26　2017年桂林市基础教育学校及学生情况

<table>
<tr><th>类别</th><th>数量
（所、个）</th><th>在校生
（人）</th><th>学前三年毛入学率／九年义务教育巩固率／高中阶段毛入学率</th></tr>
<tr><td>幼儿园</td><td>944</td><td>171671</td><td>86.2%</td></tr>
<tr><td>小学</td><td>559</td><td rowspan="3">379159</td><td rowspan="4">97.5%</td></tr>
<tr><td>小学教学点</td><td>1120</td></tr>
<tr><td>九年一贯制学校</td><td>20</td></tr>
<tr><td>普通初中</td><td>159</td><td>154552</td></tr>
<tr><td>普通高中（含高完中）</td><td>55</td><td>76689</td><td>91.3%</td></tr>
<tr><td>特殊教育学校</td><td>9</td><td>882</td><td>—</td></tr>
<tr><td>工读学校</td><td>1</td><td>13</td><td>—</td></tr>
</table>

注：数据中的学校包括民办学校。

达的九年义务教育巩固率目标值；完善市、县两级中小学常规管理自查、督查、通报、问责等相结合的机制。加强义务教育督导评估，1月，永福县通过义务教育均衡发展国家评估认定，全市通过国家认定的县（区）6个。11月，兴安县、阳朔县、灌阳县、资源县、荔浦县、恭城瑶族自治县、临桂区、象山区、叠彩区9个县（区）通过自治区级督导评估。

【特殊教育】 2017年，桂林市共有特殊教育学校9所，特殊教育班级89个，其中视力残疾班3个、听力残疾班21个、智力残疾班54个；在校学生2465人，其中特殊学校在校学生882人，小学随班就读学生1094人，初中随班就读学生306人，另有送教上门学生394人。全市残疾儿童少年入学率90.82%。特教学校在职教职工191人，其中专任教师166人。全市30万人口以上的县（区）均开办特殊教育学校，30万人口以下的恭城瑶族自治县建有特殊教育资源中心。残疾儿童少年义务教育普及水平明显提高，初步形成“以特殊教育学校为骨干，随班就读和特教班为主体，送教上门为辅助的残疾儿童少年义务教育体系”。全市17个县（区）均开展“送教上门”工作，惠及重度残疾儿童少年300多名。年内，桂林市通过举办基本功大赛，业务培训，组织参加国家级、自治区级培训计划等形式提高教师专业水平。开展“区域特殊教育发展策略研究与实践（以桂林市为例）”“桂林市特殊教育职业教育发展现状及对策研究”课题研究，探索适合桂林的特殊教育发展道路。

【普及高中阶段教育】 2017年，市教育局制订《桂林市高中阶段教育普及攻坚计划实施方案（2017—2020年）》，统筹实施普通高中基础能力项目建设，扩大普通高中办学规模，继续推进资源、龙胜、临桂、阳朔、灵川县（自治县）区实施普通高中免费教育。指导全市中等职业学校制订一校一册发展方案。2017年自治区下达桂林市普通高中招生任务数26200人，实际招生26976人，超过任务数776人，完成率102.96%。自治区下达桂林市中等职业学校招生任务12300人，实际招生12647人，超过任务数347人，完成率102.82%。下达桂林市向自治区中等职业学校送生16500人，实际送生18718人，完成率113.44%。

【中考招生】 2017年，全市初中毕业升学考试与高中阶段招生工作与上年相比，有6点变化。一是“县招生”（市区部分高中面向11个县及临桂区招生，这部分学生简称为“县招生”）统一实行网上报名录取。二是市区普通高中招生方便学生、家长选择学校，2017年在第三时段再增加阳光、任远两所学校延迟30分钟结束报名措施，利于临界学生调整志愿，便于民办学校完成招生计划。三是学区生资格审查、公示提前至4月下旬完成，招生报名结束后不再进行复核。四是2017年体育中考抽考项目改为选考，体育考试成绩从45分增加到60分并计入中考总成绩。五是从2017年起，特长生比例从招生计划的2%增至3%，符合市区中考报考条件的应届外来务工人员随迁子女也具备特长生申报资格，与市民同等待遇。六是考生户籍迁入认定时间延后至中考结束当日（6月26日）。

2017年，全市共有初中应届毕业学生44883人，中考报名37217人，（比上年，下同）增加344人，其中市区（不含临桂区）报名9014人，减少407人。全市符合条件的外来务工人员随迁子女和外省户籍学籍迁入人员共计3558人，减少5人，其中市区（不含临桂区）2152人，增加8人。全市共设考区13个，考点118个，考场1293个，其中市区（不含临桂区）设考点11个，考场307个；市区（不含临桂区）共完成普通高中招收学生6138人。

【普通高考】 2017年，桂林市普通高考报名28184人，增加1561人，实际参加统考25364人（增加849人），其中报考文科综合8967人（减少3人），理科综合16397人（增加852人）。市辖区（不含临桂区）报名8223人（增加721人），实际参加统考6120人（增加395人），其中报考文科综合1739人（增加71人），理科综合4381人（增加324人）。全市共审核1965名异地考生的报考资格和9975名享受各项照顾分政策的考生资格。全市共设考区13个，考点23个，考场860个，全部为标准化考场。全市高考一本上线人数4376人，上线率18.62%，增加491人，一本率提高1.96%；二本上线人数14636人（不含体艺生），上线率62.28%。

2017年，文科考生在自治区前100名中，桂林占13名；理科考生在自治区前300名中，桂林占60名。桂林市高考总分进入自治区文理科前十名的学生共2人。其中，文科600分以上130人，占自治区文科600分以上考生的13.89%；630分以上23人，占自治区同段考生14.56%；最高分670分（桂林第十八中学许圣极），居广西总分第7名。理科600分以上277人，占自治区理科600分以上考生中的20.30%；理科630分以上66人，占自治区同段考生的18.9%；理科650分以上16人，占自治区同段考生16.3%；最高分680分（全州县高中唐俊甜），并列广西总分第10名。按文化总分计（不含加分），桂林市文、理科总分超过600分的共335人（文科93人、理科242人），居自治区第二。全市考生被北京大学、清华大学录取共19人。

【教育经费保障机制】 2017年，市教育局落实《桂林市人民政府关于进一步完善城乡义务教育经费保障机制实施方案》，印发《桂林市教育局关于进一步规范民办义务教育学校生均公用经费补助工作的通知》，除落实中央、自治区城乡义务教育阶段学校补助公用经费基准定额（年生均：小学600元、初中800元）外，市本级按年生均小学400元、初中600元的标准预算公用经费。市本级城市公办义务教育阶段学校的公用经费由市财政局直接下拨到各学校，城市民办义务教育阶段学校的补助公用经费由市教育局统一拨付到各学校，再由各学校对学生予以减免。公办普通高中生均公用经费财政拨款基本标准为每生每年400元，其中市本级预算公办普通高中生均公用经费460元，其他县（区）每生每年均按标准预算400元。

【学生资助】 2017年，全市共资助学前至高中阶段家庭经济困难学生35.67万人次，发放资助资金合计3.78亿元，其中资助农村建档立卡贫困户子女7.01万人次，补助资金7980万元。学前教育阶段建档立卡户在园幼儿免除保教费项目，资助学前在园幼儿1.01万人次，发放补助资金769万元；义务教育阶段家庭经济困难寄宿生生活费补助项目，21.9万人次获补助资金1.12亿元；普通高中库区移民子女和在国家级贫困县就读的普通高中学生免学费项目，5715人次特定高中学生获免学费资助，拨付补助资金294万元；普通高中国家助学金项目，受助学金资助的普通高中学生3.35万人次，发放助学金3367万元；普通高中免学杂费项目，获免学杂费资助的家庭经济困难高中学生1.21万人次，拨付补助资金987万元；中等职业教育免学费项目，中等职业学生获免除学费3.76万人次，拨付补助资金3537万元；中等职业教育国家助学金项目，中等职业教育学生7261人次获助学金715万元；家庭经济困难大学新生入学补助项目，家庭经济困难大学新生7830人获入学补助金699万元；生源地信用助学贷款项目，签订信用助学贷款合同家庭经济困难大学生2.31万人，合同金额1.59亿元；泛海助学行动，资助建档立卡贫困户家庭大学新生533人，发放补助277万元。

【教育信息化建设】 2017年，桂林市投入1480.6万元完善教育信息化基础环境建设，完成市中考体育器材、中小学竞赛机器人设备、校园网、广播网及监控系统、多媒体教学设备、学生机房、精品课录播教室设备、班班通资源服务等17个项目的采购工作。全年通过“乡（镇）及以上义务教育阶段学校宽带网络校校通”项目学校70所，“中小学教育信息化建设与应用达标”示范及达标学校31所。年内，启动“人人通”试点工作，桂林市第五中学、第十四中学、中山中学、第十三中学、清风实验学校被确定为试点学校，并组织优秀教师以翻转课堂、线上线下交流、发布课前导学案等形式进行教学，尝试新的教学模式和教学过程。举办第12届现代教育技术与学科深度融合观摩比赛活动，5个赛场全部进行网络直播并组织各学校教师收看。抓好教育区域资源库建设和资源应用，通过获奖作品、实录课堂、上传资源等途径充实教育资源库内容，并召开市直属学校资源应用专题研讨会推进“班班通”应用。加强现代教育技术骨干团队建设和信息化教学教研工作，现代教育技术骨干团队从2015年建立至2017年有160人，其中教研人员7人，教学人员111人，技术人员52人，90%的骨干成员在教学教研方面取得优异成果。开展“一师一优课、一课一名师”活动，参加晒课教师4810人，获市级优课481节，省级优课223节，部级优课72节。开展“优课”成果推广活动，录制优课38节，并从部级优课中挑选合适的学科和教师以支教的形式开展送教下乡活动。10月—11月，分别在清风实验学校、芦笛小学、市职教中心、榕湖小学、市奎光中学举办桂林市首届“悦动校园、创响未来”创客教育进校园活动，活动内容包括创客教育知识讲座、创客作品展示、创客体验等，培养青少年探究性学习能力和动手能力。组织开展中小学电脑作品评选活动，共有900件作品参加评选，推荐100件优秀作品参加自治区评选，其中1件作品获全国面试资格，5所学校选手入围参加中央电化教育馆举办的第18届全国中小学电脑制作活动。开展中小学机器人竞赛，共有50所学校450名选手参加市级竞赛，选拔参加2017年广西中小学机器人竞赛，获冠军5个；组织参加2017年广西北部湾创客教育大赛、第23届全国青少年信息学奥林匹克联赛(CCF OIP2016)等比赛。

【教育教学科研】 2017年，桂林市教科所完成广西教育科学“十三五”规划2017年度课题的上报工作，桂林市共立项课题40项，其中A类课题5项，B类课题10项，C类课题25项。组织2017年广西基础教育教学成果奖评定工作，桂林市共评审上报参评广西教育教学优秀成果21项。组织桂林市教育科学“十三五”规划2017年个人课题申报、评审工作，并下发桂林市教育科学“十三五”规划2017年课题立项文件，共立项教师个人课题200项。组织2016年教师个人课题结题鉴定工作，182项教师个人课题通过结题鉴定。完成2017年普通高中课程改革专项课题立项课题评审工作，共立项高中课程改革专项课题35项。完成桂林市教育科学集体课题结题鉴定42项，获A等的课题5项，结题通过率100%。组织参加2017年自治区级、市级中等职业教学改革立项项目申报评审，全市共有11项获自治区教学改革立项项目，12项获桂林市中等职业教学改革立项项目。

年内，桂林市教科所启动对龙胜各族自治县中学、资源县中学的对口教育扶贫工作，制订《关于实施教育精准扶贫，针对资源中学开展高中尖子生培养项目的工作方案》，并于

2017年9月，桂林市中学生李凤丹获第13届全国学生运动会中学组女子400米冠军

（市教育局 供图）

2017年秋季学期推进实施。配合上级教育行政部门开展“提升桂林市公办初中质量调研”相关工作，完成《桂林市公办初中教育现状调研报告》，确定市民族中学、第十四中学为教科所实验学校，各学科制订学科蹲点扶助方案并按计划实施。组织修订《桂林市2017年初中毕业升学考试学科考试说明》。年内，市教科所推行全员下县、下校的教研视导常态化制度，到市直属及各县（区）中小学、中等职业学校、幼儿园开展教学调研，听课、评课2600余节。评选、表彰桂林市2016—2017年度初中教育教学质量管理先进单位33个，先进个人138名，优秀班主任94名。评选、表彰桂林市2017年市区公办初中教育教学质量提升先进单位8个，校长（书记）15名。组织教师参与课程教学资源建设，向广西教研院上送教学资源469项。

年内，市教科所完成桂林市“新课程改革背景下的中小学整体课堂管理教师能力提升”合作研训项目第二年的启动工作，组织开展“整体课堂”学员（占学员总数30%）分学段、分学科公开课展示及观摩研训活动。全年共组织公开课展示700节，幼儿园、小学、初中、高中四个学段25个学科2500多人参加活动。

【学生体育运动】 2017年，市教育局在中小学校开展“学生阳光体育运动”，举行中小学生乒乓球、篮球、排球、羽毛球、足球、围棋、象棋、游泳等各项比赛活动。举办2017年桂林市中小学生田径运动会。参加第三届广西“千里杯”中学生足球联赛，桂林市中学生男女足球队分别获第5名。受广西教育厅委托由桂林市组建广西中学生田径队，并参加9月在杭州举行的第13届全国学生运动会，获金牌2枚，银牌1枚，铜牌1枚。组织实施《国家学生体质健康标准》测试，全市所有中小学校测试率和数据上报率均达100%。

【开展学生营养改善计划试点】 2017年，桂林市落实列入国家试点县的龙胜各族自治县和资源县，自治区试点县恭城瑶族自治县和市级试点雁山区的寄宿制学校学生营养改善计划试点工作，灌阳县获奖补资金进行试点。其中，龙胜各族自治县获中央补助资金652万元，资源县获中央补助资金845万元，恭城瑶族自治县获自治区试点补助资金1793万元，雁山区获市财政补助资金307万元，雁山区配套资金76.8万元，灌阳县获自治区试点补助资金1051万元。全年4个县、1个城区受益学校469所，受益学生6.97万人，总投资金额5399.78万元。4月11日—12日，联合国世界粮食计划署项目政策官员对恭城瑶族自治县、龙胜各族自治县的农村义务教育学生营养改善计划实施工作进行现场考察。6月15日—16日，龙胜各族自治县进行农村义务教育学生营养改善计划知识培训。

【市区中考体育全面采用电子设备测试】 2017年，市教育局投入80多万元，购置和完善考试及监控的专用设备，学生考试成绩可同步实时公布。首次将初中毕业升学考试体育考试的权重提高到60分并计入总分；首次在全市范围内实现“三个统一”（全市11个县及临桂区统一考试项目、统一集中场地进行考试、统一使用电子测试设备进行考试）；将抽考改革为选考，激励学生热爱体育锻炼。

【学校德育工作】 2017年，桂林市推进社会主义核心价值观进课堂活动，将社会主义核心价值体系教育融入中小学德育课堂教学全过程。开展寻找“四有教师”（有理想信念、有道德情操、有扎实学识、有仁爱之心）活动，将“四有教师”的先进事迹在学校和电视上宣传。开展师德、师风大讲堂活动，各县（区）教育局及市直属学校共2400余人次听讲座。开展“修师德、铸师魂，做四有好老师”师德、师风演讲比赛。市教育系统围绕桂林市创建全国文明城市，开展创建全国、自治区、桂林市“文明校园”活动，桂林市芦笛小学、全州县高中2所学校被评为“全国文明校园”，桂林中学等21所学校被评为“自治区文明校园”。年内，市教育局开展中小学德育工作评优评先活动，评选出桂林市优秀学生59名、三好学生6103名、优秀学生干部3015名、先进班集体1206个。

【语言文字工作】 2017年，桂林市语言文字工作委员会办公室（简称市语委办）组织开展普通话水平测试4批次，共测试5873人次。组织校长、教师参加各级语言文字培训共260多人次。开展全市普通话普及情况调查，推进“中国语言资源保护工程”，配合专家团队按时完成平乐县城官话声像采集工作。完成对平乐、荔浦、全州、灌阳等县的国家三类城市语言文字工作复查评估暨整改“回头看”任务。组织开展全市中华经典诵读大赛，选拔人员参加自治区诵读大赛，获一等奖2个、二等奖5个、三等奖4个。组织开展全市中学生汉字听写大赛，并组队参加自治区汉字听写大赛，获自治区三等奖。组织开展桂林市第20届全国推广普通话宣传周活动。

2017年4月，联合国世界粮食计划署项目政策官员斯凡特·赫尔姆斯（后排中）在恭城瑶族自治县考察农村义务教育学生营养改善计划实施情况 （莫珏 摄）

【教师队伍建设】 2017年,桂林各县(区)全面推进县(区)域内义务教育学校校长教师交流轮岗工作,交流教师占全体教师的10%,促进义务教育均衡发展。与广西师范大学、桂林师范高等专科学校联合举办中小学校长培训班,共培训中学校长54人、小学校长52人。两次组织公开选拔直属学校校长4人、副校长11人,调整交流校长5人。实施桂林市基础教育名校长培养工程,与市教科所开展桂林市"基础教育名校长工程"学员集中研修活动。组织名校长班赴成都进行研讨信息技术对教育的影响专题培训。委托北京继教网、上海铭师培训中心和北京教培师训网络科技股份有限公司等培训机构对全市督导督学管理者,100名校长,1000名青年骨干教师、教研员、优秀班主任、公办初中骨干教师及乡村学校教学管理者等中小学(含中等职业、幼儿园)教师进行访名校跟岗研修、集中培训。组织特级教师讲学团到恭城瑶族自治县开展送教下乡活动。年内,组织桂林市特级教师、优秀教师到市第十四中学、市民族中学开展讲学助教活动,受益教师700多人次。全力做好国家级、自治区级、市级教育培训计划,完成信息技术应用能力提升工程培训1.07万人,国家和自治区级培训人数6694人,市本级培训各类人员2660人。全年全市中小学教师参加各级各类培训共计2.01万人次。

【中小学教师职称改革】 2017年,桂林市继续实施评聘结合制度,并向长期工作在农村学校满20年的教师倾斜,允许超岗申报。全市共评定中小学一级教师540人、讲师职称33人、实验师2人。全市通过评审取得中小学系列高级教师职称280人,中等职业系列高级专业技术职称28人。向自治区推荐符合评审条件的11名教师参评正高级专业技术职称评审,其中4人获正高级专业技术职称。

【教师招聘与资格认定】 2017年,桂林市共招聘中小学教师1765人。其中,参加自治区教育厅公开招聘中小学教师1236人,赴自治区外招聘高层次人才55人,实施特岗教师计划招聘特岗教师474人。实施农村小学全科教师定向培养计划,定向培养农村小学学校全科教师220人。推荐19所中等职业学校349名教师参加"双师型"(具有工程师及其以上专业技术职称,同时又具有讲师及其以上专业技术职称的在校任教人员)教师认定,认定"双师型"教师261人。全市通过认定取得中小学教师资格6524人。

【中小学安全工作】 2017年,桂林市开展发放给家长的一封信、专题讲座、网络知识竞赛、悬挂宣传横幅等安全教育活动。组织全市中小学开展系列禁毒宣传教育活动,全市各学校悬挂禁毒宣传教育图片5000余张;动员师生翻阅禁毒教育书籍25.6万册;组织师生观看禁毒影片2300多场次。联合市公安部门在全市中小学安装一键式报警装置。年内,市教育局开展学校安全大检查,先后6次开展日常和夜间突击检查督查,会同市人民政府督查办及相关职能部门,到全市各县(区)开展学生上下学交通安全、涉校涉生安全和校园及校外托管场所安全等专项督查3次,共派出督查组29个,检查督查中小学幼儿园及校外托管场所127所(家),排查隐患215个;开展联合行动,进行集中专项治理,共出动人员5800多人次,整治隐患问题496个;结合高考、中考督查巡查工作,派出6个督查组对各县(区)学校防溺水、消防及交通等安全工作进行督查。

2017年5月26日,桂林市举行中小学"修师德、铸师魂,做四有好老师"师德师风演讲比赛 (莫珏 摄)

【推进教育督导工作】 2017年1月,永福县通过国家义务教育发展基本均衡县认定。3月,在永福县举办教育督导及义务教育均衡发展现场培训班。6月—9月,市人民政府教育督导委员会办公室先后组织对叠彩、象山、临桂、阳朔、兴安、荔浦、恭城、资源、灌阳9个县(自治县、区)义务教育均衡发展工作进行市级复核,11月通过自治区评估。10月,组织有关县(区)举办迎接自治区义务教育均衡发展督导评估工作培训班。灵川县、恭城瑶族自治县被确定为国家义务教育质量监测样本县。

【公办初中质量提升】 2017年,市教育局启动公办初中质量提升计划,采取八大措施推进公办初中质量提升。一是深化市区小学升入初中招生改革,优化公办初中生源结构。二是全面实施学区制管理改革,探索由1所优质高中托管2所公办初中,带动3所薄弱公办初中发展的"一托二带三"模式。三是恢复自治区示范性普通高中初中部办学,发挥优质公办初中品牌效应。四是强化公办初中常规管理,提高教育教学质量和办学效益。五是加强教师队伍建设,完善教师资源合理配置和激励机制。六是深化教育教学改革。七是设立奖教助学基金。八是建立健全办学质量监控和评价机制,激发公办初中质量提升的内生动力。2017年秋季学期，桂林市恢复桂林中学初中部办学，因办学场地限制，桂林中学初中部先行招收初一年级6个班共300名新生就读。

【小升初采取多校划片试点】 2017年，桂林市首次在桂林中学初中部和第十三中学采取多校划片形式招生试点，将秀峰区榕湖小学、乐群小学、中华路小学的毕业生作为桂林中学初中部和第十三中学的生源对象，上述三所小学毕业生可选择桂林中学初中部或第十三中学的其中一所报名，如出现某校报名人数大于招生计划人数时，则通过摇号（电脑随机派位）的形式进行招生录取，摇号未中的小学毕业生则安排到另一所学校就读。

【复兴小学投入使用】 2017年9月1日，桂林市复兴小学恢复投入使用，9月4日揭牌。复兴小学始建于1937年，前身为凤北镇中心校。先后经历几次合并与更名，由最初的北外街国民学校，到第三初级小学、北极路小学、中山北路第一小学、群建小学、东镇路小学、东镇小学。1998年，地市合并前选址复兴里，拟迁东镇小学于此，故改名复兴小学，后两江四湖建设无偿拆除停办。为完善新区教育配套设施，市委、市人民政府决定在临桂新区恢复重建桂林市复兴小学。重建后的复兴小学定位为全日制公办小学，属市教育局直管，地址位于临桂区四通路。该校建设投资7818万元，规划占地面积3.92公顷，总建筑面积1.9万平方米，办学规模36个班，建有教学楼、艺术活动综合楼、实验楼、食堂和学生午休房、运动场等。 （何晖）

【桂林基础教育发展联盟成立】 2017年12月12日，桂林基础教育发展联盟成立。该联盟以桂林师范高等专科学校为主体，桂林各县（区）教育局和相关中小学（幼儿园）、教育研究部门、教育培训机构共同参与，共建共享优质教育资源，开展基础教育协同创新的共同体。该联盟将共建教师教育专业、共建教学实践基地、共同开展教学研究、共同实施教育培训、共享教育合作资源。年末，桂林市教育科学研究所、桂林市教师培训中心、桂林师范高等专科学校及48所中小学和幼儿园等加入该联盟。

【桂林市城市义务教育阶段学生免交课本费】 2017年春季学期，桂林市执行自治区城乡义务教育“两免一补”（免除学杂费、免费提供教科书、对家庭经济困难寄宿生补助生活费）政策，桂林市城市义务教育阶段学生和农村学生一样，免交课本费，城市家庭经济困难寄宿生可享受生活费补助。新政策规定，对在公办学校和民办学校就读的在籍学生一视同仁，都可享受“两免一补”政策。按照城乡义务教育经费保障机制实施方案要求，城乡义务教育公办学校必须严格落实城乡义务教育保障机制相关要求，不得向学生收取其他任何费用。城市义务教育学校要严格执行免借读费等收费政策。城乡义务教育民办学校要在物价部门批准的学杂费收费标准中免除公用经费补助（普通小学每生每学期300元，普通初中每生每学期400元），同时免费提供的国家规定的课程教科书和地方教材。（陈娟）

2017年9月，桂林市复兴小学举行秋季开学典礼及揭牌仪式 （莫珏 摄）

中等职业教育和成人教育

【概况】 2017年，全市有各类中等职业学校36所，其中自治区直属中等专业学校4所，自治区直属技工学校1所，市人力资源和社会保障部门办技工学校4所，教育部门办学校22所，民办中等职业学校5所。拥有国家中等职业教育改革发展示范校2所，全国重点学校6所，自治区级重点学校12所，自治区示范性学校10所，开设有15大类100个专业，基本覆盖全市主要行业和产业。市属中等职业学校招收学生15013人（含非全日制学历生），毕业学生9588人，中等职业学历教育在校学生36871人（含非全日制学历生），毕业学生就业率95%。另有成人文化学校［含全市各县（区）乡（镇）］139所，全年共培训城镇人员30万人次。

【县级中等专业学校综合改革】 2017年，市教育局继续推进县级中等专业学校综合改革，指导各县有序实施扩大办学规模、改善办学条件、提升教育扶贫能力及深化办学体制机制改革等各项工作。2017年，在自治区县级中等专业综合改革奖补评先工作中，桂林市1县入选优秀奖，3县入选进步县，7县共获单项奖19个。

【职业教育资源整合】 2017年，桂林市加强各县职业教育资源整合，将人力资源和社会保障、扶贫、农业、民政等部门的培训以项目承接方式统筹到县级中等专业学校。各县级中等专业学校承接各级各类培训，开展各级各类培训7万多人次。推动中等职业教育向特色和品牌方向发展，完成恭城瑶族自治县职业教育中心学校计算机应用示范特色专业及实训基地建设任务。年内,桂林市中等职业学校有5个新专业获自治区教育厅批准招生。

【职业教育内涵建设】 2017年,市教育局组织实施全市中等职业学校常规管理工作检查,统一组织学业水平测试(包括专业基础课程和专业技能测试),发布专业教学质量报告。组织开展2017年全市中等职业学校学生技能大赛及广西选拔赛,桂林市中等职业学校学生参加2017年广西中等职业教育技能比赛暨全国赛选拔赛,获一等奖12项、二等奖24项、三等奖40项。参加全国中等职业教育技能大赛,获二等奖1项、三等奖1项。6月,桂林市职业教育中心学校开展“职教之星”评选活动。

【职业教育扶贫】 2017年,市教育局接收建档立卡贫困生到中等职业学校就读,通过提升贫困县级中等职业学校办学水平、安排城市优质中等职业学校扩大对贫困地区的招生数量、鼓励县级职业学校与城市职业学校合作办学等方式,扩大对贫困地区的招生。全年全市中等职业学校(含技工学校)共招收农村地区学生8000名,组建“教育圆梦班”21个。建档立卡贫困生623名进入“教育圆梦班级”,除享受国家资助优惠政策外,还享受学校的免除书费、住宿费及各项杂费等优惠政策。对建档立卡的未就业初中、高中毕业生全面开放免费培训,全市接受职业培训2000人次。实时跟踪落实学生就业情况,为有就业困难的学生提供就业指导,毕业的建档立卡贫困生就业率实现100%。

【社区教育建设】 2017年,市教育局依据《关于加快发展社区教育,促进学习型城市建设实施方案》工作部署,推进桂林市社区教育工作。继续办好开放性大学,推动桂林市广播电视大学转型升级。发挥社区教育中心作用,开发、利用社区教育资源,开展社区教育和职业教育进社区活动。七星区、龙胜各族自治县成为自治区级社区教育示范区。

【自学考试】 2017年,全市自学考试分别在4月、10月开考。全年考生报考人数1464人,报考科次3149科次。全年办理毕业51人,其中本科毕业40人,专科毕业11人。办理论文答辩申请材料23人。全市发现违纪考生个案8件,全年没有发现试卷雷同、考卷泄密等不良事件。 (何晖)

【桂林市职工大学】 桂林市职工大学创办于1979年,是经自治区人民政府批准、教育部备案的独立设置的综合性成人高等学校。该校履行公益性教育职能,承担成人高等学历教育和职工文化技能培训等教育培训任务。2017年,该校办公地址在桂林市环城西二路67号,占地面积2.45公顷,校舍建筑面积1.69万平方米,藏书5.64万册。有教职工33人,其中教师27人,副高级(含副高级)以上专业技术职称9人,聘请校外教师40人。开设大专、本科2个层次的学历教育,其中大专学历教育有文秘、计算机信息管理、建筑工程技术、经济管理、法律事务、机电一体化、工商管理、财务管理、市场营销、旅游管理10个专业,本科学历有土木工程、工商管理、人力管理、行政管理、法学、会计学、机械设计制造及其自动化、工程造价8个专业。年内,该校新生录取186人,毕业学员176人,其中大专93人、本科83人。年末,在校学生203人,其中专科109人、本科94人。年内,该校组织583人次共计100多门课程的教学,给176名学生发放市总工会“惠工助学”学费补贴金额7万余元。连续6年被评为“中华全国总工会办学先进单位”。

2017年秋季学期,该校改变传统学历教育教学模式,设立教学点引进和利用社会资源,搭建网络学习平台。大专教学形式由课堂教学向网络教学转型,学生可根据自身工作、生活情况,制订学习计划,自主选择学习时间,教师通过学习网在线答疑回答学生在学习中遇到问题和困难,同时开设精品课程和实践性课程,为学生提供线下学习实用技能,突出职业教育特色。学生角色由“要我学”转变为“我要学”,学习由“被动接受”转变成“主动探索”,有利于学生自主学习能力和动手能力的提高。年内,该校组织开展针对企业职工、困难职工、农民工和下岗失业人员免费职业技能培训,同时举办工会干部培训班。以下岗失业人员、农民工和困难职工家庭高校毕业生等为重点,以“电子商务培训促就业行动”为载体,发挥工会培训教育的阵地作用,整合社会资源,开展具有工会特色、符合国家经济发展的电子商务培训。年内,该校完成育婴师、电子商务网店运营培训班共11期,培训农民工、下岗失业人员和困难职工家庭子女457人。全年该校职工大学工会干部学校承办市总工会组织的工会干部培训班6期,培训工会干部779人。 (宋莹滢)

【桂林市广播电视大学】 桂林市广播电视大学(简称桂林市电大)创办于1979年,是经自治区教育厅批准,桂林市人民政府主办的一所运用现代信息技术开展远程开放教育的综合性成

2017年6月,桂林市开展职教之星评选活动 (桂林市职业教育中心学校 供图)

人高等学校。前身为广西广播电视大学桂林市分校、广西广播电视大学桂林地区分校，1998 年 9 月，两校合并成立桂林市广播电视大学。2017 年，该校有翠竹路北巷 7 号、环城北一路 16 号两个校区，总占地面积 1.31 公顷，建筑面积 1.09 万平方米，固定资产 144.14 万元；有现代化多功能会议厅、多功能阅览室、云教室、智能教室及普通话测试中心；有学前教育基地、保育员基地、社区教育培训基地。内设党政办、教学处、教务处、现代教育技术中心、总务处、招生办、社区教育中心。有教职工 43 人，其中专任教师 35 人；教职工中具有高级专业技术职称 8 人、中级专业技术职称 14 人；聘请专家、学者 45 人，组成兼职教师队伍。该校主要通过网络系统为社会成员提供开放远程教育、社区教育、职业培训。全年该校教师在各级刊物公开发表论文 14 篇，其中核心刊物 1 篇。2017 年，该校开放教育开设本科有学前教育、汉语言文学、英语等专业 21 个，专科有汉语言文学、小学教育、学前教育等专业 18 个；网络学院开设有交通运输(民航管理工程)、电子商务、经济管理等专业 31 个。

2017 年，该校招收学生 440 人，其中开放教育本科招生 120 人，开放教育专科招生 297 人，网络学院招生 23 人。各类毕业学生 472 人，年末有各类在校学生 958 人。年内，该校组织社会人员参加各项培训工作，协助桂林市语言文字工作委员会办公室开展面向全社会人员的普通话培训、测试工作；全年分 4 次，组织社会人员 5000 余人次参加普通话测试。7 月，该校第二期公益培训开设少儿播音主持与口才、围棋入门、钢琴、绘画、舞蹈、老年声乐等公益类专业课程 14 个，有 1039 名学员参加培训。12 月 5 日，广西首届优秀村干部中专学历函授教育(桂林教学点)开班典礼在桂林市电大举行，138 名被录取的桂林市辖区内学员进入该校进行为期 2 年的专业课程学习。年内，该校进行组织教职工开展师德师风、教学、班主任工作与管理、办公技巧、学生支持服务技巧等各类业务培训活动 18 次。　　(彭素艳)

2017 年 12 月 5 日，广西第一届优秀村干部中专学历函授教育(桂林教育学点)开班　　(桂林市广播电视大学　供图)

2017 年 7 月，桂林市广播电视大学第二期公益培训开设少儿播音主持与口才专业课程　　(桂林市广播电视大学　供图)

民办教育

【概况】 2017 年年末，经市教育部门审批的民办幼儿园 756 所，在园幼儿 11.08 万人；民办中小学校 53 所，在校学生 4.49 万人。其中民办普通高中 5 所，在校学生 5280 人；民办普通初中 8 所，在校学生 1.59 万人；民办小学 40 所，在校学生 2.36 万人。有经市教育局审批的民办中等职业学校 7 所，民办各类培训机构 68 个。6 月 30 日，桂林市教育学会民办学前教育分会成立。年内，桂林市规范民办学校招生及办学行为，推进市区民办初中招生改革工作。

【市区民办初中招生】 2017 年，桂林市区民办初中招生继续采取“摇号 + 面谈”方式进行，并对民办初中招生方案进行调整。改进市区民办初中的招生方式，由原“面谈 + 摇号”调整为“摇号 + 面谈”方式进行。完善学生报名入围方式，学生按规定报名时间，统一在小升初网上报名系统报名后，由过去的民办初中自主划定入围学生，调整为各民办初中结合自身办学特色和要求，依据学生德、智、体发展情况(即小学毕业生综合素质评价结果、小学五年级下册期末质量检查和六年级上册学科素养检测结果及小学

2017 年 6 月 30 日，桂林市教育学会民办学前教育分会成立揭牌仪式举行

（熊瑛珏 摄）

生体质监测成绩），由网上报名系统自动划定各校市区招生入围 3 倍名单。调整摇号和面谈录取的比例，2016 年面谈录取比例 75%、摇号录取比例 25%，2017 年调整为在入围名单中摇号录取不低于 25% 的招生计划数，然后由各民办初中通过面谈形式确定不高于市区招生计划数 75% 的面谈预录取名单（其中，不高于 50% 的招生计划数在面谈时以入围学生德、智、体发展情况为依据优先预录，25% 的招生计划数由各民办初中在入围学生中自主确定并预录）。

（何晖）

普通高等教育

【概况】 2017 年，驻桂林市的公办普通高等教育学校有广西师范大学、桂林电子科技大学、桂林理工大学、桂林医学院、桂林航天工业学院、桂林旅游学院和桂林师范高等专科学校 7 所，共有专任教师 5462 人。年内共毕业学生 63962 人、招收学生 91675 人，年末在校学生 229137 人。民办的全日制普通高等专科学校有桂林山水职业学院，位于临桂区，招收三年或五年一贯制大学专科学生。广西艺术学院在桂林市雁山区设有分院。此外，桂林市有军事院校 1 所，即位于市崇信路的陆军特种作战学院。学院由原特种作战学院和桂林综合训练基地合并组建，属高等教育院校。原市凯风路的中国人民解放军空军空降兵学院（前身为桂林空军学院），因军队机构改革撤销。1 月，中国—东盟创新创业学院在广西师范大学揭牌成立。2 月，桂林电子科技大学获评全国首批深化创新创业教育改革示范高校。6 月，桂林医学院附属医院 14 个新增药物临床试验专业通过国家资格认定，桂林旅游学院第十届国际文化周开幕。11 月 10 日，位于临桂新区的桂林师范高等专科学校新校区正式启用。11 月，市人民政府与广西师范大学开展“健康桂林”建设战略合作，推动桂林市医疗旅游发展。12 月 18 日，桂林航天工业学院举办第三届“航天日”系列活动，该校与新华网股份有限公司无人机事业部签订合作协议，成立广西首个无人机学院。

（覃帆）

表 27　**2017 年桂林市主要普通高等教育学校学生情况表**

单位：人

类别		学校	广西师范大学	桂林电子科技大学	桂林理工大学	桂林医学院	桂林航天工业学院	桂林旅游学院	桂林师范高等专科学校
普通高等教育	博士生	毕业	31	2	1	0			
		招生	47	30	26	0			
		年末在校	171	75	68	0			
	硕士生	毕业	1711	789	704	172			
		招生	2367	1063	966	226			
		年末在校	5343	2794	2226	606			
	攻读硕士学位	毕业	0	84	47	0			
		招生	0	0	0	0			
		年末在校	0	587	199	0			
	本科生	毕业	5671	3522	4852	1784	1439	0	
		招生	7479	7505	6063	2470	3485	2050	
		年末在校	26831	26896	21586	10081	11615	4277	
	高职高专	毕业	0	2801	3440	982	1855	2407	2151
		招生	0	4104	2958	667	690	2762	3360
		年末在校	0	9095	9640	2215	3242	7619	8370

续表

类别＼学校		广西师范大学	桂林电子科技大学	桂林理工大学	桂林医学院	桂林航天工业学院	桂林旅游学院	桂林师范高等专科学校
留学生	毕业	111	675	27	28	146	7	0
	招生	227	617	474	122	150	115	0
	年末在校	317	613	333	341	306	102	0
成人高等学历教育	毕业	6900	6934	9465	4151	970	103	0
	招生	9405	19417	6794	4598	1139	299	0
	年末在校	16570	20196	16475	16543	3307	498	0
合计	毕业	14424	14807	18536	7117	4410	2517	2151
	招生	19525	32736	17281	8083	5464	5226	3360
	年末在校	49232	60256	50527	29786	18470	12496	8370

注：广西师范大学学生人数源自年度高校基础建设报表，统计时间为 2017 年 10 月，留学生仅统计学历留学生；桂林航天工业学院学生人数源自年度高校基础建设报表，统计时间为 2017 年 10 月。

（覃丰展）

【广西师范大学】 2017 年，该校有王城、育才、雁山 3 个校区，其中王城校区是国家 5A 级旅游景区。校园占地面积 277.26 公顷，总建筑面积 101.31 万平方米，教学及行政办公用房 44.51 万平方米，学生宿舍面积 36.31 万平方米。年末，教学科研仪器设备总值 5.63 亿元，拥有教学科研用计算机 1.02 万台，多媒体教室座位数 3.76 万个，公共机房座位数 1290 个，语音室座位 1908 个。图书馆藏纸质图书 332.69 万册，中外文期刊 59.68 万册，电子图书 222.48 万册。设有文学院、新闻与传播学院等教学学院（部）20 个及独立学院 1 个（漓江学院），有中国语言文学研究所等校属研究机构 41 个。设有党委办公室、督查督办办公室、统战部、校长办公室、发展规划办公室等党群机构 23 个，有图书馆等业务单位 9 个，有附属中学 2 所，有广西师范大学出版社集团有限公司、桂林王城旅游发展责任公司等企业。有本科专业 78 个，一级学科硕士学位授权点 23 个、专业硕士学位授权点 15 个、博士学位授权点 3 个，博士后科研流动站 3 个；学位授权点涵盖学科门类 11 个。有国家级和省（部）级重点实验室 9 个、广西高校重点实验室 16 个、国家级和省（部）级实验教学中心 13 个，自治区级虚拟仿真实验教学中心 4 个、自治区人才培养模式创新实验区 3 个、校级实习实训基地 456 个，有国家文科基础学科人才培养与研究基地（汉语言文学）、中小学骨干教师国家级培训基地等一批国家级和省级人才培养与研究基地。

2017 年，该校有教职工 2355 人，其中专任教师 1699 人。教职工中有正高级专业技术职称 376 人，副高级专业技术职称 613 人，其中有硕士研究生导师 826 人，博士研究生导师 56 人。专任教师中有教授 356 人、副教授 532 人，教授和副教授占专任教师人数的 52.3%。有博士学位 526 人，有硕士学位 981 人，硕士以上学位教师人数占总数的 88.7%。年内共招收学生 1.95 万人，毕业学生 1.44 万人；年末有在校生 4.92 万人。截止 8 月 31 日，2017 届毕业生就业率 93.62%。

2017 年，该校抓好学科和学位点建设，学科建设成效明显。以提升质量和服务需求为导向，结合学位点合格评估、学科水平评估和专业学位水平评估，强化学位点内涵建设，中国语言文学、教育学、体育学、软件工程、物理学、统计学、世界史等一级学科博士点 7 个，教育博士等 1 个专业博士授权点及一级硕士授权点 3 个和硕士专业学位授权点 4 个通过自治区学位委员会评审，被推荐到国务院学位办。在全国第四轮学科评估中，该校 6 个学科跻身全国前 40%，其中马克思主义理论获 B+ 档，排名进入全国前 20%，为广西最好排名。积极向自治区推荐广西一流学科建设项目和一流学科培育项目 17 个。统筹做好学位授权点调整工作，撤销硕士二级学科 7 个，增列硕士一级学科 1 个。《广西师范大学学报》（哲学社会科学版）和（自然科学版）双双荣获“广西高校十佳学报”。

2017 年，该校持续推动科研创新发展，社会服务能力进一步增强。获自然科学类和人文社科类科研项目 334 项，科研经费总额 1.09 亿元。其中，国家自然科学基金项目 35 项，广西自然科学基金项目 39 项，成为全自治区唯一实现所有基金类型全覆盖的高校。国家社科基金 31 项，立项数居广西高校之首，连续六年入围国家社科基金年度项目百强单位。该校 4 项科技成果获 2017 年度广西科学技术奖评审奖励。其中科学技术特别贡献奖 1 项，自然科学奖一等奖、二等奖和三等奖各 1 项。广西人文社会科学发展研究中心评为首批“广西特色新型智库联盟重点智库”，4 个研究机构获批为广西特色新型智库联盟成员，越南研究中心获批教育部国别和区域研究中心。投入 230.10 万元，设立“科学研究工程 · 重大项目培育基金项目”“人文强桂”社会服务行动工程项目、“珠江—西江经济带乡村振兴专项项目”等项目或课题 79 项。发挥教师教育传统优势，培训国家级培训计划、自治区级培训计划学员 1 万余人。

年内，该校内部治理更加规范。紧扣高水平大学建设目标，制订“双一流”（一流大学、一流学科）建设总体方案。组织改革项目开展全面自查，试点成果在自治区高等教育综合改革推进会现场展示。该校与 17 所省部共建师范类高校建立“协作联盟”，以联盟章程为统领开启校校合作模式。

推进规章制度立改废释工作，将 220 多个规章制度汇编成册。修订完善《合同管理办法》，优化合同审签流程，明晰归口管理部门职责，全年完成以学校名义对外签订的合同 2000 多份。召开依法治校工作会议，制订《关于进一步加强依法治校的实施意见》和法律专家咨询委员会成立方案。完善师生权益保护机制，成立教职工申诉委员会，调整学生申诉委员会机构。

年内，该校推进教育教学改革，开展教育部本科教学工作审核评估整改工作，健全完善全方位、全过程和立体式的本科教学质量内部监控保障体系，全年获自治区级教学成果奖 37 项。推进师范专业认证工作，启动师范专业实践能力培养模式改革试点项目；继续实施大类招生，开展“本硕培养”专业招生试点；抓精品、网络课程建设，4 门课程被教育部确定为第二批“国家级精品资源共享课”。组织学生参加各级学科及体育竞赛，共获全国性奖励 146 项，省级奖励 688 项。该校重视创新创业工作，入选“全国第二批深化创新创业教育改革示范高校”，获“全国深化创新创业教育改革特色典型经验高校”称号。参加第三届中国“互联网 +”大学生创新创业大赛，获银奖 2 项、铜奖 1 项。

2017 年，该校推进人才强校战略，师资队伍实现强质增量。建立“校—院—学科”三级人才工作责任制，实施创新人才培养“四大工程”，采取全职引进、兼职聘请、合作研究等模式引才聚才，年内引进专任教师 80 人，其中博士 61 人、高级职称人员 12 人；柔性引进包括长江学者、千人计划等国家级人才称号的兼职教授 13 人；入选省部级以上人才称号 6 人，入选第九批自治区优秀专家首轮公示名单 6 人；制订岗位设置与聘用管理实施方案及专业技术、管理、工勤三类岗位管理办法，完成在职人员的岗位聘用 192 人。

2017 年 10 月 12 日，广西师范大学建校 85 周年庆典活动大型原创校史话剧《杨东莼》在王城校区国学堂首次演出　（广西师范大学　供图）

2017 年，该校拓展对外合作交流，彰显国际化办学优势。全年有来自 25 个国家和地区的 70 个团组到访，与 10 个国家和地区的 15 所高校、教育机构签署 17 份合作交流协议和 2 份招生代理协议，派出学生 350 人次到 19 个国家和地区开展交流学习。成立广西唯一的国侨办华文教育基地，承办中国—东盟中心“东盟和中国大使系列演讲活动”“越南外交部代表团广西师范大学联谊”等大型外事活动。

2017 年 9 月 7 日，广西师范大学学生黄明淇代表广西参加第十三届全国运动会获男子跳马冠军　（广西师范大学　供图）

2017 年，该校加强校园文化建设，师生员工文化自信持续增强。优化校园文化环境，启动雁山校区文化景观规划，实施社会主义核心价值观、校史文化、阅读文化及校园文化氛围营造计划，越南学校纪念馆、王城博物馆加入全国高校博物馆联盟。开展建校 85 周年系列纪念活动，推出原创校史话剧《杨东莼》和精品校园话剧《花桥荣记》。承办“2017·看中国·外国青年影像计划·广西行”项目，荣获“金目奖”二等奖。校歌 MV 入选中国高校十大最美校歌，“广西师大独秀青年”官方微信连续 8 个月进入共青团中央学校部月份百强微信排行榜，获全国高校新媒体十佳运营创新奖。　（谢凌香　谢婷婷）

【桂林电子科技大学】 2017 年，该校有六合路、金鸡岭、花江、北海 4 个校区。占地面积 276.9 公顷，校舍建筑面积 119.4 万平方米，教学科研仪器设备总值 6.4 亿元。图书馆藏纸质图书 282 万册，电子图书 694.8 万种，中外文期刊（含电子期刊）2.84 万种。设有教学单位 19 个，研究生院 1 个，独立学院 1 个（信息科技学院），附属

2017 年 10 月 30 日，广西师范大学习近平新时代中国特色社会主义思想研究中心揭牌成立
（广西师范大学　供图）

中学 1 个（桂电中学）；有图书馆、现代教育技术中心、档案馆、校医院等教辅机构。有广西重点学科 16 个，其中广西优势特色学科 5 个；一级学科博士学位授权点 4 个，博士后科研流动站 1 个；一级学科硕士学位授权点 18 个；硕士专业学位授权点 7 个，其中工程硕士有授权领域 10 个，涵盖经济学、法学、文学、理学、工学、管理学等学科门类。有普通高等教育本科专业 65 个，其中国家综合改革试点专业 1 个，国家级特色专业 5 个，广西高等学校优势特色专业建设点 16 个。有国家级精品课程 3 门，国家级双语教学示范课程 1 门，国家级精品资源共享课 2 门，自治区级精品课程 25 门，自治区级精品视频公开课 5 门，在线建设课程 8 门。有卫星导航定位与位置服务国家地方联合工程研究中心，国家软件与集成电路公共服务平台广西平台，教育部重点实验室 1 个，广西重点实验室（含培育）9 个，广西工程实验室 1 个，广西 2011 协同创新中心及培育基地 3 个，广西工程技术研究中心 7 个，广西信息科学实验中心 1 个，广西人文社会科学研究基地 3 个。有国家级人才培养模式创新实验区 1 个，国家级实验教学示范中心 5 个，国家级工程实践教育中心 2 个，国家级大学生校外实践教育基地 1 个，自治区级人才培养模式创新实验区 3 个，自治区级实验教学示范中心 5 个，自治区级虚拟仿真实验教学示范中心 5 个，校级实习实训基地 228 个。

2017 年，该校有教职工 2936 人，其中专任教师 1333 人，教职工中，有正高级专业技术职称 261 人，副高级专业技术职称 501 人，有博士学位教师 390 人，研究生学位教师 1093 人；博士生导师 84 人，硕士生导师 565 人。有高层次人才 140 余人，其中中组部“千人计划”2 人，“长江学者”特聘教授 3 人，“长江学者”讲座教授 2 人，国家杰出青年基金获得者 7 人，“国家百千万人才工程”人选 5 人，全国杰出专业技术人才 1 人，享受国务院特殊津贴专家 33 人，中科院“百人计划”人选 4 人，教育部“新世纪优秀人才支持计划”人选 3 人，广西“八桂学者”8 人，广西特聘专家 5 人，广西优秀专家 11 人，广西教学名师 10 人，广西十百千人才工程第二层次人选 17 人，广西高校卓越学者 5 人，广西高校“百人计划”人选 8 人。教育部“全国高校黄大年式教师团队”1 个，广西人才小高地 3 个，广西高校创新团队 5 个。2017 年，招收各类学生 32736 人，毕业学生 14807 人，年末有各类学生 60256 人。2017 届本科毕业生一次就业率 94.75%，获广西高校毕业生就业创业工作突出单位。

2017 年，该校 8 个学科在全国第四轮学科评估中上榜，其中机械工程、仪器科学与技术、信息与通信工程、计算机科学与技术 4 个学科评估结果为 B-（位次百分位 30%—40%），软件工程学科评估结果为 C+（位次 40%—50%），数学、材料科学与工程、电子科学与技术 3 个学科评估结果为 C（位次 50%—60%）。组织机械工程、仪器科学与技术、信息与通信工程 3 个博士学位授权点完成专项评估。组织 10 个硕士学位授权点和 8 个工程硕士授权领域开展学位授权点合格评估自评工作，自评结果均为合格。开展学位授权点动态调整工作，拟撤销产业经济学硕士学位授权二级学科点，拟增列理论经济学硕士学位授权一级学科点。学校机械工程、信息与通信工程、仪器科学与技术、微电子与固体电子学 4 个广西高校优势特色学科被列为 2017 年广西高校高水平学科建设项目。

2017 年，该校机械设计制造及其自动化、通信工程、电子科学与技术、材料科学与工程和交通工程 5 个本科专业获准通过工程教育专业认证预审；机械类、电子信息类、计算机类等 11 类共 38 个专业试点大类招生。获广西高等教育教学成果特等奖 2 项、一等奖 7 项、二等奖 15 项、三等奖 5 项；获高等教育创新创业教育教学成果奖 8 项，其中特等奖 1 项、一等奖 1 项。教师共出版教材 24 部。全年有 144 个项目获自治区级大学生创新创业训练计划立项，51 个项目获国家级大学生创新创业训练计划立项。组织学生参加各级各类学科（技能）竞赛，获国家级以上奖励 263 项，省部级奖励 2079 项。其中全国大学生电子设计竞赛，获全国一等奖 9 项、二等奖 8 项。在第三届中国“互联网 +”大学生创新创业大赛广西选拔赛中获金奖 7 项，金奖数量位列参赛高校第二，并获优秀集体奖；参加全国研究生数学建模大赛获二等奖 6 项。参加中国研究生电子设计竞赛获一等奖（广西唯一）1 项、二等奖 1 项。参加中国研究生电子设计大赛华南赛区竞赛获 1 等奖 3 个、二等奖 7 项。在“2017 年全国普通高校学科竞赛评估结果（本科）”中，该校名列全国第 34 位，居广西第一。

2017 年，该校全年到位科研总经费（含平台）1.53 亿元。新增国家自然基金 55 项，首次获批国家重大专项（02 专项）子课题 1 项，获批国家重点研发计划课题1项。新签订“十三五”国防军工合同35项，首次获战略支援部队预先研究项目、装备发展部领域基金重点项目、军委科技委创新项目和火箭军预研项目。新增国家社科基金4项，教育部人文社科类项目3项，新增广西创新驱动科技重大专项10项，其中超过1000万元的项目有3项；新增广西软科学研究课题7项，新增广西科技计划项目81项。新增授权专利及软件著作权591件，其中发明专利153件、实用新型196件、外观设计6件、软件著作权236件。获广西科学技术奖8项。获桂林市科学技术奖2项，其中获一等奖1项；获第十四届广西青年科技奖1项。桂林电子科技大学学报获评广西十佳科技期刊、广西高校优秀学报一等奖。该校大学科技园是国家级大学科技园，被认定为自治区内高校首批自治区级小型微型企业创业创新示范基地；校企科技合作项目“超细间距集成电路连接器及其联接技术”在第六届中国创新创业大赛电子信息行业总决赛中获“优秀企业奖”(广西高校唯一)。

2017年，该校服务“一带一路”建设，发起并成立中国—东盟卫星导航国际合作联盟，建立常态化合作机制，推动成员间人才、技术和成果交流，共商产业技术标准，共建研究机构和产业基地，形成卫星导航发展产业链。与马来西亚“马华一带一路中心”进行合作研究，推介中国主流价值观和优秀传统文化，为创建良好的“一带一路”建设环境提出意见和建议。与东盟及柬埔寨成立桂电—东盟职业教育中心(北海)、桂电—柬埔寨职业教育培训基地、柬埔寨劳工与职业培训部—桂电职业技术培训中心(金边)。与自治区工业和信息化委员会举办科技成果产业化校企对接会，该校共与10家企业签订科技成果产业化合作协议；以服务“农村电商”为切入点，推进东兴、大化、恭城、灌阳等广西县域农业供给侧结构改革；与中国电科集团34所、桂林长海发展有限责任公司、桂林啄木鸟医疗器械有限公司、广西瀚特信息产业股份有限公司开展产学研协同，在技术攻关、创新创业、平台建设等方面开展深度合作，服务广西经济社会发展。与自治区公安厅、苏州橡木盾信息科技有限公司、桂林能创信息科技有限公司、广东风华高科、广西机械工业研究院等单位联合共建实验室和研发创新中心。与惠州高新区、北海市、贵港市等签订合作框架协议，并开展实质性的政产学研合作，承办广西高校科技服务北海新发展活动。年内，该校大学科技园总入驻企业54家，产学研基地及公共服务平台8家，其中毕业企业5家，新引进科技企业5家，入园企业职工总数880余人。在孵企业拥有各类国家授权专利、软著等知识产权超过120项，申报知识产权超过30项，在孵企业营业收入超过5000万元，招聘应届大学毕业生15人。

2017年7月24日，由桂林电子科技大学发起的中国—东盟卫星导航国际合作联盟在南宁成立

(桂林电子科技大学　供图)

2017年，该校加大高层次人才培养力度，构建起人才队伍“金字塔”式培养体系，首次遴选出大师计划人选1人，拔尖计划人选2人，英才计划人选11人。引进“长江学者”1人，引进耶鲁大学等海(境)外博士10人，引进和培养回校博士84人。31人获自治区博士生导师津贴，新增享受政府特殊津贴专家1人，广西特聘专家2人，广西“十百千”第二层次人选1人，广西高校“百人计划”6人，广西高校创新团队及卓越学者2个(人)，桂林市漓江学者1人。5人获批西部地区人才特别项目资助，7人获批“广西高校优秀教师出国留学”资助，2人获批“国内骨干教师访问学者”。

2017年，该校有国际学生(含短期生)1301人次，获中国政府奖学金及广西政府东盟国家奖学金名额124个。全年接待来访团组25批次共96人，邀请境外、中国港澳台人员到校交流，举办论坛、讲座等18场次。签署国际交流与合作谅解备忘录、国外相关院校交流与合作协议17份。全年派出学生100人次。举办“第八届计算方法国际学术会议”“第12届国际光信息处理及光交换会议”“第18届智能数据工程与自动学习会议”。

(刘堂宇　王再新　杨青山)

【桂林理工大学】 该校是中央与地方共建、日常管理以广西为主的高校。2017年，该校有桂林屏风、桂林雁山、南宁安吉和南宁空港4个校区，占地面积183.93公顷，校舍建筑面积113.8万平方米，有固定资产23.84亿元。其中，教学科研设备总价值5.64亿元。图书馆纸质藏书180.4万册，电子图书(期刊)85.1万册。设学院18个，二级学院(珠宝学院)1个，独立学院1个，有校级研究所36个，附属小学1所。有博士后科研流动站2个，一级学科博士学位授权点3个，一级学科硕士学位授权点16个；有工商管理硕士(MBA)、旅游管理硕士(MTA)、公共管理硕士(MPA)、会计硕士(MPAcc)专业学位授权点4个和工程硕士授权领域11个；设置普通高等教育本科专业74个，专科(高职)专业50个。该校是教育部卓越工程师培养试点高校，有7个学科领域列入教育部研究生层次卓越工程师培养计划,5个专业列入本科专业卓越工程师教育培养计划。有省部级重点学科24个(其中广西优势特色重点学科5个),国家重点实验室培育基地1个,教育部重点实验室1个,教育部工程研究中心1个,广西重点实验室7个,广西人文社科重点研究基地2个,广西工程技术研究中心(建设)1个,广西政府院士工作站2个,广西国际科技合作基地1个,广西高校协同创新中心3个(培育2个)。国家级教学团队2个,精品课程4门,双语教学示范课程1门,精品视频公开课程3门,人才培养模式创新实验区1个,特色专业5个,专业综合改革试点项目1个,精品资源共享课4门,实验教学示范中心2个,虚拟仿真实验教学中心2个,大学生校外实践教育基地1个。

2017年,该校有教职工2346人,其中专任教师1700人。教师中正高级专业技术职称219人,副高级专业技术职称514人,博士学位450人,硕士学位886人,国务院政府特殊津贴18人(退休10人),博士生导师64人。有国家"千人计划"1人,国家"百千万人才工程"人选3人,万人计划1人,中科院"百人计划"1人,国家"十二五"863计划主题专家组成员1人,国家"百千万知识产权人才工程"百名高层次人才培养人选1人,以及全国优秀教师、八桂学者、八桂名师、漓江学者等各类高层次人才140多人。年内,招收各类学生1.73万人,毕(结)业学生1.85万人。年末有各类在校学生5.05万人。毕业生初次就业率95.69%,该校被评为广西普通高校毕业生就业创业工作突出单位。

2017年,该校获国家自然科学基金项目49项,国家哲学社会科学基金项目6项,其他省部级项目74项。全年到位科研经费1.3亿元。获广西创新驱动重大专项1项,经费1500万元;获广西重大科技创新基地建设项目1项,经费550万元。完成广西协同创新中心和广西重点实验室的绩效评价工作,获科研创新平台经费4450万元。申报广西科学技术奖14项,获奖10项。申请专利624件,授权专利143件。先后与广西地质环境监测总站、南京回归建筑环境设计研究院、百色百矿集团等多家科研院所及企事业单位签订合作框架协议;签订各类社会服务项目166项,合同金额1810万元;转让、实施专利及成果23项。参加广西科技活动周及广西高校科技服务北海新发展活动,现场签订合作协议2项。该校大学科技园2017年共引进科技型小微企业13家;成功培育园区企业桂林金铱星科技发展有限公司为国家高新技术企业。大学科技园获"自治区级技术转移示范机构"称号,"桂林理工大学众创空间"成为国家级众创空间。该校与桂林市共建的地质博物馆全年接待参观人数3万余人次,获批广西科普教育基地。

2017年,该校共有37项成果获广西教学成果奖,并入选全国创新创业教育改革示范高校。该校基础地质虚拟仿真实验教学中心、艺术设计虚拟仿真实验教学中心、冶金化工虚拟仿真实验教学中心获批为广西虚拟仿真实验教学中心,智能制造虚拟仿真实验教学中心获批为广西虚拟仿真实验教学中心(培育项目)。环境工程专业通过工程教育认证,土木工程专业通过住房和城乡建设部土木工程专业评估,资源勘查工程专业完成工程教育认证专家进校考查工作,无机非金属材料工程等6个专业获专业认证(评估)受理。启动实施拔尖创新人才培养计划,制订《拔尖创新人才培养实验班实施方案》,共遴选首届实验班学生99名。完成56个本科专业教学质量标准、3042门课程的教学大纲的制(修)订工作。该校学生获中国教育机器人大赛总决赛特等奖、中国智能制造挑战赛总决赛特等奖、全国大学生化工设计竞赛总决赛一等奖等省级以上学科竞赛奖励2100多项。年内,共有大类招生专业36个,21个专业实现自治区内一本招生。

2017年,该校地质资源与地质工程、材料科学与工程、环境科学与工程3个一级学科博士点顺利通过博士点专项评估。新增博士研究生指导教师21人,硕士研究生指导教师89人。将硕士生导师上岗资格审核、聘任权下放到各二级学院。首次有3名博士研究生获国家公派研究生出国留学资格,共有65名研究生出国学习交流。成功入围首届"中国研究生公共管理案例大赛"全国100强,荣获全国冶金院校2017年研究生学术论坛特等奖。毕业研究生考取博士研究生52人。新增中科院国家海洋局(青岛)、国家纳米中心(北京)2所自治区级研究生联合培养示范基地。

2017年,该校新增国家杰出青年科学基金1人,省部级人才2人;全职引进高端外专2人,柔性引进高端外专2人;新进博士(教授)67人,全职引进优秀博士进站工作4人。新增自治区级人才及团队1个,厅级人才及团队6个。首次开辟国外(新加坡)招聘渠道,完成与10名高端人才"年薪制"合同签订工作。选送国内外进修培训91人,其中出国留学各项目录取29人。年内,该校推进综合改革,

2017年11月11日,桂林理工大学举行"校园开放日"活动启动暨"桂林市青少年科普教育活动中心"揭牌仪式

(王英强　摄)

推进7大专项、33个领域改革。完成人文社会科学学院(更名为公共管理与传媒学院)、管理学院(更名为商学院)、旅游学院(更名为旅游与风景园林学院)更名。落实“双一流”(一流大学、一流学科)建设实施方案,加强广西一流学科申报建设,参加全国第四轮学科评估,9个学科榜上有名。

2017年,该校与澳大利亚、德国等高校签署校际合作办学项目2个,共组织22个团组311名学生到19个国家的高水平大学开展长短期学习。组织马来西亚、泰国、越南等国高校共6个青年文化交流团组开展“游学中国、寻访广西、体验桂工”访学交流和文化体验活动。拓展“一带一路”国际教育,打造留学桂工基地,全年到校留学生676人次,其中“一带一路”国家到校留学生518人次,占总人数的76.6%。留学生参加中国—东盟教育周汉字听写大赛获团体二等奖和个人二等奖各1项。

2017年,该校南宁分校与上海润品控股集团联合研制建设广西首个智能制造工业级实训教学平台。全年新增本科招生专业2个,本科招生专业数12个。 (雷绍湖)

【桂林医学院】 2017年,该校有乐群、东城、临桂3个校区,校园占地总面积85万余平方米,教学科研及辅助用房面积24.5万平方米,学生宿舍面积15.2万平方米。年末,有教学科研仪器设备总值2.5亿元,教学用计算机3739台,多媒体教室座位21370个。图书馆馆藏纸质图书112.98万册,中外文期刊1049种,电子图书471万册。三校区教学、办公及学生宿舍区实现无线网络信号全覆盖。2017年,该校有教职员工4757人(校本部870人、附属医院2606人,第二附属医院1281人),其中专任教师932人。专任教师中,有教授及正高级专业技术职称人员194人,副教授及副高级专业技术职称人员437人,具有博士学位教师215人。设有二级学院(系、部)20个,直属附属医院2所,非直属附属医院5所,临床教学医院22所,实践教学基地110家。拥有一级学科硕士学位授权点6个,专业学位硕士点3个,二级学科硕士学位授权点25个,全日制普通高等本科专业20个,高等职业教育专业5个。有博士后科研工作站1个,有国家级特色专业建设点、自治区级重点专业、自治区级优质专业、自治区级特色专业、自治区级创新创业教育改革示范专业、自治区级优势特色专业建设点等国家和自治区级专业建设项目14个;有自治区级重点学科7个,国家中医药科研三级实验室、自治区级重点实验室、广西高校重点实验室等国家和自治区实验室建设项目10个;有广西高校协同创新中心、中药固体制剂制造技术国家工程研究中心广西中心、广西高校人文社会科学重点研究基地,有自治区级实验教学示范中心、自治区级人才培养模式创新实验区、自治区级协同育人平台等自治区级育人平台9个;有自治区级教学团队、自治区级创新创业教学团队6个;有自治区级精品课程18门,建有自治区级大学生校外实践教育基地、医师人文医学执业技能培训基地。年内,该校共招收各类学生8083人,毕业学生7117人。年末有各级各类学生2.98万人。2017届毕业生总体就业率92.2%,连续12年获评自治区普通高校毕业生就业创业工作突出单位。

2017年,该校实施“人才强校”战略,修订《桂林医学院人才引进实施办法(试行)》,出台《桂林医学院教师队伍博士化工程实施办法(试行)》《桂林医学院杰出青年人才培养计划实施办法(试行)》。年内,引进博士17人,其中正高级专业技术职称2人,副高级技术专业职称5人,柔性引进中组部“千人计划”专家、八桂学者、客座教授、特聘教授共5人。新增广西高等学校高水平创新团队1个、“漓江学者”“卓越学者”1人,入选广西高校引进海外高层次人才“百人计划”1人。年内,该校获批2017—2020年广西立项建设博士学位授予单位,新增药学、公共卫生与预防医学、生物医学工程、医学技术4个一级学科硕士学位授权点和公共卫生硕士专业学位授权点,临床医学、药学入选广西一流学科(培育)。

2017年,该校全年科研经费4468.37万元,获国家级科研项目34项,直接经费1190万元;发表学术论文335篇,其中SCI收录98篇;获国家专利授权28件,其中发明专利9件。获各级各类科技成果奖19项,其中广西自然科学奖三等奖2项,广西科技进步奖三等奖2项,广西医药卫生适宜技术推广奖二等奖3项、三等奖5项,桂林市科技进步奖二等奖3项、三等奖2项,中国民族医药学会科学技术奖三等奖1项,广西青年科技奖1项。学术期刊《华夏医学》获2016—2017年度广西优秀学报一等奖,影响因子0.58。11月,该校承办中国高等教育学会医学教育专业委员会2017年教学管理学术研讨会及广西医学会医学教育分会2017年学术年会。

年内,该校完成2017版人才培养方案修订工作。开展专业课程教学改

2017年11月,中国高等教育学会医学教育专业委员会2017年教学管理学术研讨会在桂林召开 (桂林医学院 供图)

革试点，医学类专业以培养更强岗位胜任力，非医学专业以培养更强的综合素质为目标，改革课堂教学和学生评价方式，确定 16 项课程教学改革项目。"互联网 + 教学改革" 深度融合，30 门数字课程、59 门通识教育数字课程开放使用。教学改革项目获批广西高等教育本科教学改革工程项目 21 项，其中重点资助项目 3 项；获广西教育科学"十三五" 规划 2017 年度课题 8 项，其中重点项目 1 项。年内，该校教师主编、副主编及参编教材 34 部，参加全国、自治区各类教学竞赛获三等奖以上奖项 13 项，获自治区级教学成果奖 7 项，其中特等奖 1 项、一等奖 1 项。全年该校学生获各类技能竞赛奖 213 项，其中参加全国医药卫生管理专业本科生毕业论文（设计）竞赛获一等奖、二等奖各 1 项，参加全国大学生英语竞赛获一等奖 4 项、二等奖 19 项、三等奖 32 项，参加全国大学生基础医学创新论坛暨实验设计大赛获三等奖，参加全国高等医学院校大学生临床技能竞赛获华南赛区二等奖，参加"挑战杯" 广西大学生课外学术科技作品竞赛获一等奖 1 项、二等奖 3 项、三等奖 17 项。获国家级、自治区级大学生创新创业项目 121 项，其中国家级项目 36 项。临床医学执业医师资格考试通过率 85.35%。

2017 年，该校设各类奖助学金项目 14 项，全年发放各类奖助学金 2213.74 万元，4267 名建档立卡贫困户学生全部获一等国家助学金资助，1482 名新生通过"绿色通道"，缓交费用 1083 万元。

2017 年，该校完成临桂校区投资 8600 万元，竣工建筑面积 3550 平方米，新开工项目 1.25 万平方米。建成校园应急报警监控系统，安设"校园紧急求助点" 52 处。年内，该校建设科技文化艺术节、读书活动月等一批校园文化项目品牌，获全国高校校园文化建设优秀成果二等奖、全国高校学生公寓工作创新成果三等奖、广西高校大学生英语戏剧节微电影比赛一等奖、广西第五届大学生艺术展演优秀组织奖。

2017 年，桂林医学院附属医院开设广西首家抗凝门诊，成立桂北地区 PICC（中国人民财产保险股份有限公司）维护联盟、国家药物临床试验机构 I 期临床研究中心，成为国家级胸痛中心单位、桂林市肿瘤化疗质量控制中心，成功开展 14 项新型医疗技术，其中 5 项为广西或桂北地区首例，门诊、急诊人数 175.8 万人次，出院人数 6.7 万人次，手术台次 2.7 万台，平均住院日 7.84 天。年内，第二附属医院晋级为国家三级综合医院，启动医技病房综合楼二期项目和 20 层病房综合楼项目，创建桂北地区首家无痛外科病房，取得临床分子诊断室（PCR 室）技术准入资格，成为中国肺癌防治联盟桂北肺结节诊治联盟和国家心脑血管病联盟成员单位，成功开展新型医疗技术 10 项。全年门诊、急诊人数 56.7 万人次、出院病人 3.6 万人次、手术台次 1.3 万台。年内，启动漓东新院区建设。（孔铎蓉）

【桂林航天工业学院】 桂林航天工业学院是中央与自治区共建高校。2017 年，该校有尧山南校区、北校区及来宾市校区，占地面积 77.33 公顷，校舍总建筑面积 35 万平方米，其中教学科研行政用房面积 24 万平方米，学生宿舍面积 9.75 万平方米。年末拥有固定总资产 4.52 亿元，其中教学科研仪器设备总值 1.56 亿元；拥有纸质图书 120 万余册，数字资源 24.35TB。校园网络系统完善，布设超过 1.35 万个信息点，全面覆盖教学区、办公区和生活区。该校设有管理学院、航空旅游学院、机械工程学院、电子信息与自动化学院、汽车与交通工程学院、能源与建筑环境学院、计算机科学与工程学院、外语外贸学院、传媒与艺术设计学院、马克思主义学院、理学部、体育部、实践教学部、人文素质与创新创业学院、国际教育学院、继续教育学院、来宾校区教学单位 17 个；设有党委办公室、党委组织部、党委宣传部、党委学生工作部等部门 16 个。有各类实验室和实训基地 95 个，其中广西高校重点实验室培育基地 2 个，广西高校人文社会科学重点研究培育基地 2 个，教育部产教融合创新基地 1 个，教育部"产学合作协同育人项目" 9 个，自治区实验教学示范中心 1 个，自治区级协同育人平台 1 个，自治区中央财政支持地方高校发展专项资金实验室 21 个，中央与地方共建高校专项资金特色优势学科实验室 10 个，中央与地方共建高校专项资金基础实验室 12 个。有检测技术与自动化装置、管理科学与工程学科 2 个自治区重点培育学科，广西高等学校优势特色专业（群）7 个，普通本科应用型人才培养模式改革试点专业 3 个，广西区级新建本科学校转型发展首期试点专业群 2 个，广西高等学校"特色专业及课程一体化建设项目" 7 个，国家级精品课程 1 门，省级精品课程 10 门，特色课程 14 门。

2017 年，该校有教职工 1076 人，其中专任教师 711 人，正高级专业技术职称人员 51 人，副高级专业技术职称人员 160 人，硕士以上学位教师

2017 年 10 月，桂林医学院第二附属医院晋级为国家三级综合医院

（桂林医学院　供图）

523人；国务院政府特殊津贴专家2人，全国优秀教师1人，八桂名师1人，广西高等学校教学名师1人，国家旅游局“万名旅游英才计划”1人；桂林市“五一”劳动奖章、劳动模范称号1人、“广西高校优秀人才计划”2人，广西高校思想政治工作先进个人2人、广西高校辅导员管理工作先进个人2人；有广西高等学校自治区级教学团队2个，广西创新人才培养教学团队1个。年内，该校面向全国23个省（自治区、直辖市）招收各类学生5464人，毕业学生4410人。年末有各类在校学生1.85万人。

2017年，该校新增机械电子工程、数字媒体技术、国际商务、工业工程等本科专业4个，共有本科专业27个、专科（高职）专业26个，是广西高等学校中唯一布局有航空航天类本科专业的院校。开展“办学定位与应用型人才培养教育思想观念大讨论”活动，全面修订人才培养方案。普通本科专业27个、专科专业12个、中外合作办学专业4个，构建由理论教学、实践教学、选修课和第二课堂四大子系统组成的应用型人才培养系统。该校电子信息与自动化学院和计算机科学与工程学院组织实施工程教育认证试点工作，启动特色品牌专业立项建设，全年有6个专业进入全国三星级学科专业行列，飞行器制造工程等6个本科专业通过自治区学士学位授权评估；开展“本科教学规范管理年”活动，修订完善《教学质量管理工作规程》等教学管理制度100余项。该校与中国航天科技国际交流中心、神舟学院、512所等单位共建人才培养基地，构建“校、政、企、人”一体的“双创”教育协同机制。全年该校获批教育部产学合作协同育人项目5个，新增校外实践教育基地18个，总数95个，其中自治区级工程实践教育中心1个。

2017年，该校完成大学生创新创业项目立项94项，获批国家级创新创业项目24项，自治区级项目59项，设立校级项目11项。该校大学生创新创业基地成为“广西青年创业创新孵化基地”，累计入驻基地项目55项，7个创新项目完成专利申报工作，29个创业项目完成工商注册。该校与上海北清通用航空有限公司合作共建航空航天类创新创业子基地，设立北清通航—云码创咖创新创业基金50万元。

年内，该校参加中国国际飞行器设计挑战赛、科研类全国航空航天模型锦标赛、全国大学生数学建模竞赛、全国大学生电子设计竞赛、中国大学生方程式汽车大赛（FSC）、全国大学生机械创新设计大赛、全国大学生工程训练综合能力竞赛等学科竞赛，共获国家级奖项20项、省部级奖项143项。其中国家级奖励一等奖7项、二等奖6项、三等奖5项；自治区级奖励特等奖3项、一等奖32项、二等奖65项。2名导师入选教育部“全国万名优秀创新创业导师人才库”。

2017年，该校制订、修订《外聘兼职教师管理办法》《“双师双能型”教师资格认定暂行办法》等人事管理制度7项。全年新引聘教职员工109人，其中新增专任教师72人，引进教授、博士等高层次人才15人，新增高级专业技术职称教师16人（其中正高级专业技术职称人员3人），新聘58名校外优秀专业技术人才、管理人才和高技能人才担任兼职教师。新增在职教师攻读博士研究生23人，选派21名教师参加广西高等学校师资培训中心组织的教学业务能力提升项目，全年共选送65名教师参加各类业务培训，选派3名教师赴台湾中华科技大学进修，遴选出2名青年教师参加2017年中西部高等学校师资培训，选聘66名教师为青年教师导师等。年内，该校教师参加各类教学比赛，获各类教学奖励100项，其中获自治区级教学成果奖4项，获第四届自治区高校青年教师教学竞赛一等奖1项、二等奖1项、三等奖1项；获第21届全国教育教学信息化大奖赛二等奖1项、三等奖4项；获第17届广西高校教育教学软件应用大赛三等奖1项、优秀奖17项等。

2017年，该校出台《纵向科研项目管理办法》《科研项目预算管理办法》《横向科研项目管理办法》等科研管理制度11项，完善科研管理体系，加强平台内涵建设。该校“无人机技术应用院士工作站”被认定为第三批广西院士工作站，“桂林市汽车悬架系统重点实验室”被认定为桂林市重点实验室（培育）。该校通过加大广西高校重点实验室培育基地、广西高校人文社科重点培育基地等4个科研平台建设，带动8个校级科研平台发展，全年共获国家社科基金1项、国家自然科学基金5项，全口径科研到位经费917.36万元；教师在核心期刊发表论文87篇，被SCI（科学引文索引）、EI（工程索引）、ISTP（科技会议录索引）等权威检索机构收录学术论文44篇，出版学术著作7部，获广西科技进步三等奖1项、广西社会科学优秀成果三等奖1项；授权知识产权121件，其中发明专利14件，实用新型专利53件，计算机软件著作权34件，外观设计专利20件。12月，该校举办第一届理事会第二次会议，市政府、高校代表、航天系统代表、企业代表及校友代表等50余人参会。

2017年，该校设立国际教育学院，开展国际交流合作，新增国（境）外合作院校6所。全年接待来自美国、英国、新加坡等9个国家（地区）的访问团16个。年内，推荐1名厅级领导干部参加“中西部大学校长海外研修”项目，选派5批17人到海外参加访问、4名教师出国短期留学，完成人力资源管理、市场营销、商务英语（国际乘务）等专业109名学生到海外合作院校学习交流工作。年末，该校有来自36个国家的501名各类留学生，其中本科生数突破300人。

2017年，该校通过绿色通道入学新生1741人，其中生源地贷款学生1730人。全年共评定家庭经济困难学生4904人，其中建档立卡1747人。评选国家奖学金、国家励志奖学金、自治区人民政府奖学金、航天CSCA奖学金、里昂奖学金和校内优秀学生奖学金2855人。全年该校提供勤工俭学岗位750个，其中面向家庭经济困难学生以资助为目的的“勤工助学”岗位占90%，发放补助126万元。年内，该校实施“航天精神铸魂工程”，举办第三届“航天日”活动，中国运载火箭技术专家、研究员、中国工程院院士龙乐豪及国际宇航副主席、中国航天科技集团公司科技委副主任、中国探月工程副总师于登云受邀参加并为师生作专题报告。继续抓好《筑梦蓝天》系列丛书的编撰和推广使用工作，举办广西第四届“桂航杯”航天知识竞赛、“空乘之星”评选大赛等活动，被新华网、人民网、《广西日报》等国内主流媒体广泛报道。该校投入资金200余万元进行航天博物馆旧馆修缮和新馆规划设计。实施大学生志愿者“启明星”公益计划，建成“‘红领巾’科普活动室”2个和“‘红领巾’科普图书室”4个，开展“启明星夏令营”活动3次。年内，该校完成征地面积33.23公顷，完成新校区扩建项目审批事项。投资2800万元建设2号楼学生公寓，8月20日竣工并交付使用。

（刘新良　苑艳芳）

2017年5月24日，广西首家无人机技术应用院士工作站在桂林航天工业学院启动

（刘梓汐　摄）

【桂林旅游学院】 2017年，该校有雁山、骖鸾两个校区，校园占地总面积125.67公顷，校舍建筑总面积30.37万平方米，其中教学行政用房面积15.24万平方米，学生宿舍面积11.75万平方米。该校教学科研仪器设备总值9492.34万元，拥有教学用计算机2061台、图书120.85万册、电子图书35.50万册。设党委(学校)办公室、党委组织部(统战部)、宣传部、学生工作部(处)等管理机构16个，设群团组织2个(工会、团委)；设旅游休闲与管理学院、酒店管理学院、国际商学院、艺术设计学院、外国语学院、文化与传播学院、交通运营与服务学院、国际酒店管理学院、国际教育交流学院、马克思主义学院、一带一路国际学院、基础教学部、大学外语部、图书馆、现代教育技术中心、继续教育培训中心(继续教育学院)、广西旅游科学研究所、广西旅游数据中心教学、教辅、科研机构18个。有校办企业2个(桂林桂旅旅游规划设计研究院、桂林天地人旅游商品研究所)。有旅游管理、设计学2个广西重点学科(培育)。确定旅游管理等校级重点学科7个，其中校级重点学科建设4个、校级重点学科培育3个。新增旅游管理、法语、视觉传达设计、网络与新媒体、烹饪与营养教育等本科专业5个，获批成人高等教育本科专业5个。年末该校有本科专业14个，专科(高职)专业36个。拥有国家教改试点专业1个，自治区精品专业1个，自治区教改试点专业2个，自治区优质专业12个，世界旅游组织旅游教育质量认证专业8个。有国家级精品课程2门，国家级精品资源共享课1门，自治区级精品课程13门。有中央财政支持的实训基地2个，自治区级示范性职业教育实训基地8个。高速铁路动车乘务、酒店管理等6个专业获广西高等学校优势特色专业建设点。“食品功能成分分析与检测实验平台建设”成为广西本科专业(群)及实验实训教学基地(中心)一体化建设重点项目。全年，该校教师发表论文200多篇，其中一篇被SCI(科学引文索引)收录，出版各类学术著作18部。学报《旅游论坛》被评为“广西高校学报十佳学报”。

2017年，该校有教职工759人，其中专任教师601人。专任教师中有正高级专业技术职称42人，有副高级专业技术职称162人。博士25人、硕士441人。“千人计划”1人，“自治区特聘专家”1人，国家旅游局旅游业青年专家3人，广西卓越学者1人，“广西高等学校千名中青年骨干教师培育计划”2人，2017广西“十百千”拔尖会计人才培养计划2人，青年教师教学能力提升计划81人。有国家旅游局万名旅游英才计划项目47项。年内，共招收各类学生5226人，毕业学生2517人。年末有各类在校学生12496人，毕业生就业率95.79%，该校被评为2017年度自治区普通高校毕业生就业创业工作突出单位。

2017年，该校获国家社科基金项目4项、广西哲学社会科学规划专题重点课题1项、广西哲学社会科学规划课题4项、西南地区旅游和健康教育扶贫实验项目1项、广西教育科学规划课题10项(其中学生资助类1项)、广西教育厅高等学校中青年基础能力提升项目25项、桂林市科技计划项目1项、桂林市社科规划项目1项等各类项目54项，共获纵向科研经费171.4万元。全年，该校共获知识产权19项，其中实用型专利2项、外观设计专利14项、软件著作权3项。依托科研平台，旅游科学研究和旅游行业服务，委托立项科研项目30余项。年内，该校完成横向服务项目31项，社会服务到账经费578.9万元。该校获广西高等教育本科教学改革工程项目立项14个、广西高等教育教学改革工程项目结题8项、广西职业教育教学改革项目结题1项。

2017年，该校设桂林旅游学院西江旅游研究中心、桂林旅游学院海上丝绸之路邮轮旅游研究中心等校级科研平台6个。重新认定桂林旅游学院旅行社与导游文化研究中心等原有校级科研机构3个。推进落实休闲养生旅游研究中心、民族特色旅游工艺品研究中心2个广西人文社科重点培育基地及东盟旅游研究基地年度建设任务。2017年，广西旅游数据中心在该校挂牌成立。该校牵头组建中国—东盟旅游教育联盟和广西旅游职业教育集团，与印度尼西亚特里沙克蒂旅游学院合作在雅加达设立中印尼旅游商学院、中印尼旅游研究院。该校成为

2017年11月，桂林旅游学院与新西兰商学院举行合作备忘录签字暨中国（桂林）新西兰创新创业国际学院揭牌仪式 （黄芸 摄）

港澳台青少年游学基地，被评为全国群众体育先进单位、全国餐饮职业教育优秀院校和最佳东方第四届旅游服务业"优秀人才培养院校"。

2017年，该校选派278人次到国（境）内外参加培训、访学，推荐18名教师参加教师教学能力提升项目，2人入选海外高层次人才百人计划。选拔博士培养对象、教授培养对象各15人，评选校级教学名师5人。制订《桂林旅游学院引进人才聘期考核及责任目标实施细则》等人才配套文件。加大人才引进力度，优化师资结构，引进56名教师和4名高层次人才（博士3人、教授1人）。柔性引进"自治区第六批特聘专家"2人。"民族地区全域旅游与区域可持续发展创新团队"获2017年自治区"高水平创新团队"称号。广西旅游产业人才小高地获自治区重点建设小高地，获批项目资金250万元。

2017年，该校承办"巴马寿乡"杯第三届全国大学生创新策划大赛。年内，组织师生参加各类专业技能大赛，教师获全国旅游院校第一届说课教学大赛一等奖1项、二等奖1项、三等奖2项，获第四届自治区高校青年教师教学竞赛一等奖1项、三等奖1项。学生参加首届国际青年学生烹饪艺术节暨烹饪技能大赛、艺术展台设计大赛获金奖1项、团体铜奖1项、热菜铜奖1项；2017年中国—东盟职业院校烹饪技能大赛获团体铜牌1项、个人铜牌6项。全年该校师生共获全国和自治区级比赛奖100多项。

2017年，该校出台《桂林旅游学院学生综合素质考评办法（试行）》，引入数字迎新及公寓管理系统，提升学生工作信息化水平。建立校级易班发展中心。以"友善文化"工作为抓手，推动公寓文化创新发展。加强学工队伍建设，举办首届辅导员职业能力大赛。落实国家各项资助政策，给2981名家庭经济困难学生建立贫困生档案，确定1073名建档立卡贫困户家庭学生并落实相应资助；给3664名学生办理生源地助学贷款，放款金额2581.65万元；发放国家奖学金、国家助学金、自治区人民政府奖学金共761.2万元，获助2374人次。做好大学生入伍代偿或退役士兵学费资助，中职升高职家庭经济困难学生补贴、物价补贴发放工作。全年给3439人次发放勤工助学工资共75.53万元。

2017年，该校共接纳各类海外留学生、交换生、培训生145人，其中长期留学生115人。学生来自哈萨克斯坦、印度尼西亚、韩国、西班牙、泰国、巴拿马、津巴布韦等32个国家。针对留学生开办全英授课酒店管理本科专业和国际汉语教育本科专业。全年共选派交换生121人，分别到美国、西班牙、泰国、韩国、马来西亚等国家和中国台湾等地区进行交流学习。年内，接待来自新西兰、加拿大、澳大利亚、泰国、中国台湾等18个国家和地区的高校（机构）共41批次283人来访；共派出各类团组9个共28人次（含出境团组）到瑞士、美国、加拿大、墨西哥、印度尼西亚和中国台湾、香港等地区调研、访问、培训。年内，该校新签12份院校间合作备忘录（或协议），成功获批"港澳青少年游学基地"称号。年末，该校有中外合作办学项目（专科、本科）2个。

2017年，该校面向自治区内外举办旅游人才培训班26期，培训人数1514人。该校与亚洲开发银行合作举办第7届"东盟高端旅游管理人才培训班"，举办中国—东盟旅游人才教育培训基地第17期暨老挝旅游景区标准化培训班。受中国—东盟中心委托，派出教师到越南和柬埔寨开展援外旅游培训，受训人数600人次。该校成为全国旅游扶贫培训基地。开展旅游扶贫培训6期，培训300多人。年内，该校完成学生宿舍工程3栋，新增学生宿舍面积1.35万平方米。改造多媒体教室31间、标准化考场41间，完成陶瓷工艺品烧造基地、西餐实训室、国际酒店管理学院洗衣房等实训场地建设；完成学生宿舍的电力改造和空调安装；改造校园网络，推进智慧校园建设。 （张奇彪）

【桂林师范高等专科学校】 桂林师范高等专科学校是桂林市市属普通高校。2017年，该校有临桂、甲山、信义3个校区。总占地面积为72.65公顷，其中行政办公用房4.15万平方米，教学科研及辅助用房16.24万平方米。该校有馆藏纸质图书83.9万册，电子图书63.5万册，中外文报刊841种；教学用计算机3951台，多媒体教室及语音室座位14994个，教学科研仪器设备总值1.23亿元。设有政治经济与管理、中文、外语与旅游、数学与计算机技术、物理与工程技术、化学与药学、音乐、美术、教育9个教学系和思想政治理论课教学部、体育教学部，涵盖文化艺术、教育与体育、农林牧渔、财经商贸、旅游、公安与司法、公共管理与服务、医药卫生、食品药品与粮食、生物与化工、电子信息、土木建筑15个专业大类51个专业（方向），是"中小学、幼儿教师国家级培训计划"项目实施学校、广西小学校长和幼儿园园长培训基地、广西重点培育教师教育基地、广西基础教育教学法研究基地，是广西中小学教师资格证考试考点。有校内实验实训室和实训基地173个，校外实训基地118个，建有中央财政支持的职业教育实训基地1个，自治区级示范性高等职业教育实训基地3个。

2017年，该校有教职工629人，其中专任教师486人；专任教师中具有正高级专业技术职称46人，副高级专业技术职称157人；具有研究生学历或硕士以上学位教师320人，其中博士学位教师18人；有专兼结合“双师型”教师210人；有自治区级教学名师1人、自治区级教学团队3个、广西高校优秀中青年骨干教师培养对象23人；获批广西高等学校高水平创新团队1个，广西“十百千人才”工程第二层次人选和广西高校卓越学者1人。2017年，该校共招收学生3360人，其中招收初中和高中起点全科免费师范生365人；毕业学生2151人；年末有全日制在校学生8370人。2017届毕业生年终就业率96.51%。

2017年，该校深化教师教育和艺术教育教学改革，逐步构建以师能培养为本位的“一三五”[“一个全程”（全程培养教师职业能力：第一学年培养师德规范，树立专业意识；第二学年感知教学案例，训练专业技能；第三学年开展实习实践，提升教学能力）；“三维模式”（通过“专业教育+艺术教育+协同育人”的模式培养）；“五能模块”（围绕师能培养设置教学模块：通识教育能力、专业基础能力、专业核心能力、教师教学技能、艺术实践能力）]人才培养模式，坚持将艺术教育融入人才培养全过程，形成“走艺术兴学路，创特色师范牌”的办学特色。该校加强教学管理，强化教学质量有效监控，加大实验实训室建设，全年投入6197万元用于采购实验实训设备，新增实验实训室建设项目42个。构建协同育人平台，获批自治区教师教育协同创新中心。广西基础教育教学法研究基地建设成效显著，4月，全国高质高效语文单元教学精品课堂观摩研讨会在桂林师范高等专科学校召开。年内，该校被确定为“自治区示范性教师教育基地”，小学教育专业获批首批自治区级教师教育优势特色专业。获2017年广西基础教育自治区级教学成果奖特等奖1项，2017年广西职业教育自治区级教学成果奖一等奖、二等奖各1项。师生参加各类学科专业技能竞赛共获国家级一等奖1项、三等奖2项，自治区级一等奖6项、二等奖27项、三等奖25项。

2017年4月，全国高质高效语文单元教学精品课堂观摩研讨会在桂林师范高等专科学校举行

（张旭杨　摄）

2017年，该校支持校内研究平台建设，推进桂北校园红色文化研究中心和桂北特色药资源研究中心的建设。年内，该校教师共承担各级各类项目43项，其中国家社科基金项目1项、教育部人文社会科学研究项目1项、广西自然科学基金项目1项、广西哲学社会科学规划研究课题3项。桂北特色药资源研究中心成员获广西科学技术三等奖1项、桂林市科技进步二等奖1项。专利申请155件，专利授权46件，在全自治区74所高校中排名第12位。共有97份咨询报告被中小学、幼儿园、企业等单位采纳使用。该校学报荣获2016—2017年度广西高校优秀学报一等奖。

2017年，该校优化教师队伍结构，引进副高级专业技术职称人员24人。新增获评定正高级专业技术职称8人，副高级专业技术职称14人。新认定校级“双师型”教师73人，通过广西高等职业院校“双师型”教师认定52人。搭建“政府+高校+中小学”共建共享优质教育资源的协作共同体，建立与地方政府部门、中小学（幼儿园）、教育研究部门协同创新机制，与地方基础教育深度融合。年内，该校获2017—2019年广西中小学教师培训项目承担机构资质，组织开展国家级培训、自治区级培训、市级培训及县级培训等各级教师培训工作，共培训中小学幼儿园教师2226人，培训经费总额655.80万元。

2017年，该校完善就业创业服务体系，成立大学生创新创业中心，加强就业创业指导，该校获评为“2017年广西普通高校毕业生就业创业工作突出单位”。年内，该校派出志愿者参与各类社会服务2000多人次，审核发放各类奖、助学金共986.2万元，补助、补贴448.3万元，安排勤工助学岗位793个，发放勤工助学工资61.50万元。年内，该校申办桂林师范学院，申请本科工作列入《广西壮族自治区高等学校设置“十三五”规划》，并接受广西高等学校设置评议委员会专家组到校考察指导，申请本科材料经自治区人民政府报送教育部。年内，该校临桂校区启用，一期搬迁平稳顺利。临桂校区一期工程如期竣工，配套设施同步启用。年内，行政部门、教学辅助单位和政治经济与管理、数学与计算机技术、化学与药学、音乐、美术5个系4000多名师生完成一期搬迁任务。（周巳琦）

科　学

科研机构

【概况】 2017年，中央、自治区直属驻桂林的科研机构主要有中国地质科学院岩溶地质研究所、桂林电器科学研究院有限公司、中国电子科技集团公司第三十四研究所、广西壮族自治区中国科学院广西植物研究所、中国化工集团曙光橡胶工业研究设计院有限公司、中国有色桂林矿产地质研究院有限公司6家，共有专业技术人员1810人，其中具有高级专业技术职称534人、中级技术职称931人，享受国务院政府特殊津贴42人。驻桂林的科研单位，以科学技术助力桂林经济发展。（覃帆）

【中国地质科学院岩溶地质研究所】 2017年，该所在职人员225人，有专业技术人员185人。其中，中科院院士1人，研究员及教授级高级工程师34人，副研究员及高级工程师51人，中级技术职称92人；博士生导师7人，博士35人，硕士135人；享受国务院政府特殊津贴9人。在研项目141个，发表论文100篇，其中SCI（科学引文索引）20篇，EI（工程索引）5篇；发表《中国地质调查成果快讯》岩溶专刊1期。获专利3件，其中发明专利2件，实用专利1件。获批行业标准8个。获联合国教科文组织IGCP（国际地质学相关方案）项目1个，获国家基金项目9个，参与申报获批国家重点研发计划项目1个，广西科技项目8个。获国土资源科学技术奖一等奖1个，广西科学技术奖自然科学奖一等奖1个。获“国土资源杰出青年科技人才”称号2人，获中国地质调查局“优秀地质人才”称号1人，获广西自然科学基金杰出青年科学基金1人。岩溶动力学重点实验室获“国土资源部科技创新团队”称号。《中国岩溶》获自治区十佳科技期刊。

年内，该所完成科研项目。“红水河上游岩溶流域1∶5万水文地质环境地质调查”完成探采结合井2口，满足当地5000人和1500头大牲畜饮用，解决当地群众饮水困难问题。“乌蒙山连片贫困缺水区1∶5万水文地质调查”在工作区完成探采结合井8口，总涌水量每天1642.55吨，解决当地9300余人饮用水问题。“武夷山成矿带龙泉—上杭地区地质矿产调查”项目圈定出兴国县范围内的富硒区带114平方千米、足硒区带277平方千米，给当地发展富硒特色农业提供科技支持。“全国重要地质遗迹调查项目评估”确定世界级地质遗迹2个（九洞天洞、仙人洞）、国家级地质遗迹6个、省级及以下地质遗迹资源45个，有效服务当地申报省级、国家级、世界地质遗址，为当地脱贫致富提供技术支撑。“湘西鄂东皖北地区岩溶塌陷1∶5万环境地质调查”，服务当地政府地质灾害防治工作。“西江中下游岩溶峰林区1∶5万水文地质环境地质调查”完成水文地质探采结合井2孔，涌水量每天408立方米，解决0.12万人生活饮用缺水问题。“湘江上游岩溶流域1∶5万水文地质环境地质调查”在湖南省新田县新圩镇、大坪塘乡等地发现富碘地下水，单机井涌水量每天60吨—350吨，机井总涌水量每天1600吨。

年内，该所发挥专业优势，服务地方经济社会发展。加强广西果化石漠化综合治理技术的示范推广，富硒火龙果产业实现跨越式发展。承担湖南湘西、贵州兴义、贵州绥阳双河洞、重庆奉节4家世界地质公园以及靖西、宣威等国家级和省级地质公园的申报工作。在湖南新田圈定5处富锶地下水勘探靶区，为当地发展矿泉水

2017年4月，中国地质科学院岩溶地质研究所在百色市平果县太平镇贫困村开展农村实用技术培训活动　（中国地质科学院岩溶地质研究所　供图）

产业提供技术支撑。开展深圳城市地下空间探测与开发利用评价等工作，服务国土资源“三深一土”（深地探测、深海探测、深空对地观测和土地工程科技）科技创新战略和城市地质工作。组织编制《洞穴奥秘》图册初稿。发表科普文章14篇。参加全国国土资源科普讲解大赛，获二等奖1个。依托国土资源部科普基地和广西青少年科普基地——中国岩溶地质馆，举办“世界地球日”等系列科普教育宣传活动，为国内外领导、专家、大中小学学生及社会群众1000余人次提供岩溶科普服务。（赵和平）

【桂林电器科学研究院有限公司】2017年，该公司占地面积30.70万平方米，建筑面积13.20万平方米，总资产8.77亿元。在职人员685人，其中专业技术人员359人。有教授级高级工程师11人，高级工程师54人，中级技术职称191人；国家第十三批“千人计划”创新长期项目1人，享受国务院政府特殊津贴3人，国家知识产权专家库专家1人，自治区优秀专家1人，科技部国家科技专家库专家3人。全年完成营业收入7.23亿元，实现利润总额0.05亿元。公开发表论文28篇，其中中文核心期刊6篇。组织申报纵向项目19个，下达科研项目11个，组织验收科研项目12个。主持或参加制修订标准32个，其中国际标准3个、国家标准12个、行业标准17个，其中的“ISO/NP 21223冲模术语”国际标准是该公司代表中国首次主持制定模具领域ISO国际标准。提交专利申请56件，其中发明专利53件、实用新型专利3件；获授权专利17件，其中发明专利12件、实用新型专利5件。至年末，公司共拥有有效专利144件，其中发明专利94件、实用新型专利50件。年内，该公司的“高性能环保银氧化锡触头材料研究及产业化”项目获广西科学技术进步奖一等奖，“高弥散性银镍电触头发及产业化”项目获中国机械工业科学技术奖二等奖，参与制定的国家标准《精冲模技术条件》获中国机械工业科学技术奖三等奖，专利《防薄膜横向收缩的纵向拉伸生产线》获第六届广西壮族自治区发明创造成果展金奖，国家标准《银基电触头基本形状、尺寸、符号及标注》获广西壮族自治区重要技术标准；组织制修订的《成型模注射模订货技术规范》等4个标准获桂林市2016年度重要技术标准研制奖励。

2017年，该公司被认定为国家知识产权优势企业、全国专利文献服务网点、广西高价值专利培育中心。年内，全面提升动力电池重点实验室的电池材料研究、电池工艺研究、电池控制系统研究和常规分析检测能力，多项技术取得突破性进展。完成薄膜二号线工艺和控制准备，完成生产线控制的可行性验证；成功承办国际标准化组织ISO/TC29/SC8第31届年会。“桂林电器科学研究院薄膜成型装备工业设计中心”通过自治区工业和信息化委员认定，成为广西首批企业工业设计中心。该公司取得GB/T24001-2016环境管理体系和GB/T28001-2011职业健康安全管理体系认证证书，通过质量管理、军工产品质量管理、知识产权管理、环境管理体系和职业健康安全管理五大管理体系认证。公司副总经理朱凌云入选国家第十三批“千人计划”创新长期项目。（全啸林）

2017年3月，国务院驻中国机械工业集团有限公司监事会主席寻寰中（前排左二）一行到桂林电器科学研究院有限公司调研（全啸林 摄）

【中国电子科技集团公司第三十四研究所】2017年，该所占地面积18.87万平方米，有在职人员958人，其中专业技术人员639人。有副高级以上（含副高级）专业技术职称159人，中级专业技术职称276人；享受国务院政府特殊津贴专家7人，部级优秀专家和优秀科技青年专家9人，自治区优秀专家3人。2017年，该所共承担科研类项目379个，合同金额4.97亿元；全年专利申请57件，其中申请发明专利36件、实用新型专利21件；完成专利授权39件，其中发明专利授权11件、国防专利授权3件、实用新型专利25件。

年内，该所桂林光电子光通信（英才）产业基地项目一期主体建筑完成封顶，项目一期建设用地面积4.33公顷，新增建筑面积2.86万平方米。研发的产品“导航定位激光信息源”成功保障天舟一号货运飞船与天宫二号空间实验室顺利完成自动交会对接。该所的无人机机载激光通信项目，可实现无人机平台上搭载激光通信设备，具有抗干扰能力强、传输容量大、安全保密、通信时延小、功耗低、不需频率许可等优点，服务于空中侦察信息回传，多节点信息空中中继等。某型光转换组件项目，项目研制的两种型号光转换组件具有带宽大、覆盖波段范围宽、体积小、重量轻、可靠性高等优点，可应用于天线、雷达以及航空、航天等领域。某前端系统项目，是基于国家重大科技专项工程，采用该技术的模块安装于XX前端系统中，实现快速检测，响应时间大幅缩短，装置整体运行安全性及可靠性大幅提高。光纤稳相传输技术项目，使雷达组网规模和范围大大提高，有助于推

2017 年 5 月 20 日，自治区党委副书记侯建国（前排右三）一行到中国电子科技集团公司第三十四研究所考察调研 （秦实 摄）

广 5G 移动通信超宽带毫米波基站的应用。 （谢明民）

【广西壮族自治区中国科学院广西植物研究所】 2017 年，广西壮族自治区中国科学院广西植物研究所（简称广西植物研究所）拥有大型仪器 60 余台套，仪器设备价值 5000 万元。在职人员 218 人，其中专业技术人员 175 人。有研究员 28 人，副研究员 54 人；具有博士学位人员 43 人，硕士学位 69 人。有八桂学者 1 名，广西特聘专家 1 名，享受国务院政府特殊津贴人员 10 人，自治区有突出贡献科技人员 1 人、自治区优秀专家 1 人、广西“新世纪十百千人才工程”人选 6 人、广西青年科技奖 1 人、桂林市拔尖人才 1 人。聘任院士 2 人及国内外研究所、高校的知名专家、教授 25 人为客座研究员。该所有自治区重点实验室 2 个（广西植物功能物质研究与利用重点实验室、广西喀斯特植物保育与恢复生态学重点实验室），有广西木质纤维素生物炼制工程技术研究中心、广西喀斯特生物多样性保育与恢复生态学国际科技合作基地、自治区“广西岩溶生态建设与植物资源持续利用人才小高地”、与世界苦苣苔科植物学会 The Gesneriad Society 合作“中国苦苣苔科植物保育中心”。该所设立的广西院士工作站、广西博士后创新实践基地，可申请与已设博士后科研流动站的高校和科研院所联合培养博士后。设址于该所的由桂林植物园与世界苦苣苔协会（总部设在美国西雅图）合作建立的“中国苦苣苔科植物保育中心”分别在贵州省植物园、安徽大学和深圳市中国科学院仙湖植物园成立分中心。该所与 BGCI、桂林市中医药管理局在其“喀斯特药用植物种质库”内建成“广西珍稀濒危植物保育及技术培训基地”和“特色珍稀中药材种源储备基地”。与中国地质科学院岩溶地质研究所合作建立的广西平果石漠化治理示范基地成为国土资源部野外试验示范基地。该所的广西植物标本馆（国际代码：IBK）馆藏 50 万份标本，其中 50% 为石灰岩地区植物标本，模式标本 4000 余份，是华南第二大标本馆，跻身全国十大植物标本馆之列。年内，广西植物标本馆利用国家及广西重点保护植物 DNA 条形码数据库的建设，建成综合物种形态 +DNA 条形码数据的物种鉴定平台。该所的桂林植物园占地面积 73 公顷，内有珍稀濒危植物园、广西特有植物园、喀斯特岩溶植物专类园等 13 个专类园区，引种保存植物 5100 多种，其中包括迁地保护的国家珍稀濒危植物 400 多种。并利用植物园优势，向学生开展“爱鸟周”“播种绿色希望，收获美好未来”“植物与我们的生活”“植物克隆的奥秘”“有趣的食虫植物”“改变味蕾的神秘果”“DIY 多肉植物种植”等形式主题科普活动。

2017 年，该所共获准立项项目 114 个，获科技经费 4087.62 万元。共申报结题、验收项目 148 个，其中通过 140 个，完成成果登记 104 个，获发明专利授权 5 件、实用新型专利授权 3 件。全年该所共获各类科技奖项 12 个，其中省部级科技成果奖 2 个（猕猴桃优良品种选育与推广应用获 2017 广西科学技术进步奖二等奖、华南苦苣苔科植物保育与种质资源创新合作研究获 2017 广西自然科学奖三等奖）、厅局级科技成果奖 10 个（桂林市科学技术奖励 3 个，分别为猕猴桃优良品种选育与推广应用、岩溶石山区火龙果优质种植关键技术创新及集成应用获 2017 年度桂林市科学技术进步奖二等奖，华南苦苣苔科植物保育与种质资源创新获 2017 年度桂林市科学技术进步奖三等奖）。由该所科

2017 年 5 月 12 日，广西植物研究所与雁山区人民政府签订战略合作框架协议 （广西植物研究所 供图）

技人员参与编制的国家标准《食品添加剂罗汉果甜苷》实施并获桂林市重要技术标准研制奖一等奖，为罗汉果产业带来社会及经济效益。共发表科技论文 121 篇，其中 SCI（科学引文索引）收录 35 篇、EI（工程索引）收录 1 篇；参与出版专著 4 部，分别为《中国生物物种名录（种子植物第Ⅷ卷）》《滇黔桂喀斯特地区种子植物名录》《中国迁地栽培植物志（紫金牛科）》《野生秋海棠的引种栽培与鉴赏》。

年内，该所完成行业标准 3 个，分别是地枫皮生产技术规程、短序十大功劳生产技术规程、红根草生产技术规程。完成新品种权保护登录 2 项，分别是金槐 J2、金槐 J3。该所与桂林理工大学签订教学科研综合实践基地协议、与桂林旅游学院签订战略合作框架协议、与桂林市雁山区人民政府签订战略合作框架协议，与日本德岛大学、肯尼亚奥廷加科技大学、英国皇家植物园林（邱园）、世界苦苣苔协会签署科研项目及人才培养相关国际合作协议，在科研院所与国内外高校、政府之间的合作取得进展。与广东省罗定市龙湾镇人民政府和罗定市百草园种养专业合作社分别签订战略合作框架协议及金花茶技术转让合同。该所研究品种优质红阳、红心猕猴桃新品种在自治区内乐业、南丹、资源、龙胜、临桂、永福、兴安、全州、灵川、荔浦、平乐、德保、罗城、都安、靖西、武鸣等 15 个县（自治县）的山区推广种植，新增猕猴桃种植面积 4400 公顷。

2017 年，该所有 22 名科技人员获聘广西“十三五”贫困村科技特派员，分别服务龙胜、资源、南丹、灵川、荔浦、富川、平果等县（自治县）的贫困村，指导猕猴桃、大果锥栗、金槐、罗汉果、甜茶、黄花倒水莲、大钻、火龙果等水果和中药材的种植生产。该所与国际植物园保护联盟（BGCI）等在恭城瑶族自治县栗木镇共同建立的科研成果转化及扶贫示范基地，采用中药材立体生态种植模式，在当地喀斯特生态脆弱区引导当地企业和农户科学种植中药材，全年有 300 多人次到示范基地进行现场指导和观摩。年内，该所与桂林市八加一药业股份有限公司签订“毛郁金种质评价与规范化种植研究”项目技术服务协议，技术服务费 80 万元；与柳州市园林科学研究所签订“利用植物修复城市生态环境技术研究与示范”项目技术服务协议，技术服务费 30 万元。该所人才小高地平台及外国专家引智项目，共邀请国内外专家到所开展学术交流、学术报告 60 余次，主办学术会议 4 次。

（高丽梅）

【中国化工集团曙光橡胶工业研究设计院有限公司】 2017 年，该公司有职工 472 人，其中工程技术人员 112 人，具有高级工程技术人员 31 人，教授级高级工程师 7 人，享受国务院政府特殊津贴人员 8 人。全年完成营业收入 1.36 亿元，实现利润总额 2012 万元。年内，发表论文 20 篇，出版内部交流性专业技术刊物《现代橡胶技术》6 期。全年开展课题研究 51 个（新立课题 25 个、结转在研课题 26 个），其中省部级以上课题 10 个、横向委托课题 16 个、自立基础研究及市场开拓课题 25 个。完成科技投入 2210 万元，其中研发投入 1800 万元。完成专利申请 19 件，其中发明专利 12 件、实用新型 7 件，新申请发明专利占比 63%。获省级《专利微导航研究项目》项目支持。获专利授权 11 件，其中发明专利 6 件、实用新型专利 5 件。该公司连续两年获中国化工集团公司授予的“中国化工专利优秀奖”。

2017 年，该公司在军品科研项目申报方面，联合主机单位、高校院所成功取得“国防科工局科研一条龙”项目立项，获支持科研经费 3595 万元。民口项目申报方面，全年共申报民口项目 18 个，其中广西科技项目 11 个、桂林市级科技项目 7 个，所有申报项目均通过初审并予以受理，获广西重大科技专项立项，获批专项经费 2184.5 万元。新产品开发方面，公司加大新产品开发力度，全年开发新产品 21 项，其中军用航空轮胎 11 项、民用及外贸航空轮胎 6 项、特种轨道车辆轮胎 2 项、新型防护装备 2 项；俄罗斯依柳辛设计局新型号成功通过模拟试验，完成重点型号鉴定 9 项。

2017 年，该公司新产品科研成果转化实现销售收入 1986 万元，“四技收入”960 万元（单位和个人从事技术转让、技术开发业务和与之相关的技术咨询、技术服务取得的收入）。其中，两个重点型号项目子午线轮胎销售实现 1726 万元，其余新规格斜交胎实现销售 230 万元。科研平台建设方面，依托公司航空轮胎研发技术，申报成立广西航空轮胎工程研究中心。该院已有的广西航空轮胎结构与材料重点实验室获自治区科技厅 100 万元经费支持，重点开展石墨烯新材料研究工作；广西航空轮胎工程技术研究中心获桂林市平台建设项目支持；空军航空橡胶科研生产中心在国产高性能天然橡胶新工艺研究方面取得新突破。

2017 年，该公司开展 8 个重点机

2017 年 12 月 24 日，中国化工集团曙光橡胶工业研究设计院有限公司“三环”牌航空轮胎助力中国自主研制的大型水陆两栖飞机“鲲龙”AG600 成功首飞

（中国化工集团曙光橡胶工业研究设计院有限公司　供图）

型16个规格轮胎的研制和保障。完成某型舰载机轮胎外场试验保障并通过鉴定；某型运输机轮胎开展寿命研究和翻新工作研究；针对部队使用某型歼击机子午线轮胎暴露出的问题，重点从设计、工艺、装备方面开展集中攻关，取得重大进展；完成新型预警机轮胎方案设计和详细设计方案评审；某型轰炸机及运输机轮胎研制成功攻关，已装机试飞；海军两型号直升机轮胎研制通过方案评审；某型无人机轮胎项目完成空天环境试验及超长气密性试验；新型防护服项目开展新迷彩膜样品加工、测试等工作，并通过设计定型。年内，该公司与清华大学、河南神马集团、中国热带作物研究院、海南大学、海胶集团、中南大学、哈尔滨工业大学等国内知名集团、院校进行新材料研究合作；与中南大学、清华大学共同进行航空轮胎基础理论、制造及试验装备研究，提升航空轮胎设计和制造水平。 （姚江雄）

【中国有色桂林矿产地质研究院有限公司】 2017年，该公司通过整合，下设矿产地质研究所、资源环境研究所、资源综合利用所、有色金属矿产地质测试中心、国家特种矿物材料工程技术研究中心5个研究开发机构，拥有地质勘查、矿权经营与矿业开发、超硬材料研发及制品、资源环境工程公司、矿产品贸易等地质、新材料、工程与环保三大业务板块等10余家海内外全资子公司和控股（参股）公司。年末，该公司有从业人员732人，其中专业技术人员310人。专业技术人员中，工程师140人，高级工程师72人，教授级高级工程师33人；享受国务院政府特殊津贴5人，国家级中青年有突出贡献专家1人，国家级百千万人才工程人选1人，获广西优秀专家称号4人，获中国有色金属系统跨世纪学术和技术带头人称号6人，广西“十百千”拔尖人才第二层次人才6人，广西“八桂学者”1人，“特聘专家”2人，桂林“漓江学者”1人。年内，该公司获省部级以上科技成果奖5项，其中二等奖以上3项。公司高级工程师王立惠博士受聘成为桂林市第二批“漓江学者”。

2017年，该公司中标的非洲Deziwa铜钴矿项目完成可研阶段测量、压覆矿产评价和钻探验证及采样工作，为后续转入基建期地质工作的开展打下基础，年内完成项目资金1200多万元。自治区国土资源厅组织的验收专家组对该公司资源综合利用所承担的“恭城县栗木钽铌锡多金属矿产资源综合利用示范工程”项目进行现场验收，专家组肯定项目研发的工艺技术对栗木矿的资源综合利用具有较强实用价值，认为项目的实施对中国细粒、低品位金属矿山资源综合利用、绿色矿山建设具有良好示范作用。“恭城县栗木钽铌锡多金属矿产资源综合利用示范工程”是该公司2010年配合栗木矿复产申报的国土资源部“矿产资源节约与综合利用示范工程”项目，国家财政支持经费1000万元，广西有色金属集团桂北投资有限公司自筹资金2亿元。 （李珊）

2017年3月20日，中科院工程研究所院士张懿（左一）到桂林矿地院研讨人造金刚石高端制品研发工艺 （桂林矿地院 供图）

科技管理与科技活动

【概况】 2017年，桂林市科学技术局（简称市科技局）办公地址在桂林市文明路2号。内设办公室、发展规划科、高新技术发展与产业化科等科室8个，人员编制35名，在职人员37人。下设事业单位2个。全年全市以提高自主创新能力为核心，实施创新驱动发展战略，开展创建国家可持续发展议程创新示范区等活动，科技创新支撑桂林经济社会发展得到增强。2017年，市科技局被国家人力资源和社会保障部、国家科学技术部评为“全国科技管理系统先进集体”。

【创建国家可持续发展议程创新示范区】 2017年，桂林市整合项目、资金、平台、人才等资源，推进创新功能区建设，创建国家可持续发展议程创新示范区工作有序进行。年初，桂林市创建国家可持续发展议程创新示范区工作领导小组成立，建立创建创新示范区工作联席会议制度。市科技局组织各级部门和高校、科研院所编制《桂林市可持续发展规划》《桂林市国家可持续发展议程创新示范区建设方案》，通过了国家可持续发展议程创新示范区专家咨询论证会和可持续发展实验区部际联席会评审；12月，桂林市入围全国首批3个创建国家可持续发展议程创新示范区备选地区。年内，桂林国家农业科技园区通过科技部验收，桂林自治区级自主创新示范区获批建设，新增灵川县、全州县2个自治区可持续发展实验区创建单位及兴安县、荔浦县、恭城瑶族自治县3个自治区农业科技园区。

【科技体制改革实现新突破】 2017年，市科技局牵头草拟《关于实施创新驱动发展战略的决定》及《桂林市促进科技创新发展实施办法》等“1+4”（“1”即《中共桂林市委员会、

2017年3月6日，科技部领导一行到桂林进行创建国家可持续发展创新示范区调研 （魏楚书 摄）

桂林市人民政府关于实施创新驱动发展战略的决定》，“4”即《桂林市促进科技创新发展实施办法》《中共桂林市委员会、桂林市人民政府关于加快桂林新型工业发展的若干意见》《桂林市高层次人才引进和培养暂行办法》《桂林市战略性新兴产业创新发展实施方案》）系列创新政策。按照“集中财力办大事”和“抓大扶微”思路，优化财政科技经费投入结构，财政科技资金重点投向重大科技攻关、重大新产品研发、重大科技成果转化和高水平创新平台建设；出台科技企业孵化器、众创空间的认定和备案办法，支持孵化平台建设。修订科技计划项目和经费全过程管理办法，规范科技管理，提高财政资金效益，激发全社会创新活力。

【重大科技项目迈出新步伐】 2017年，桂林市围绕自治区打造的产业创新发展“九张名片”领域和桂林市产业创新发展七大优先领域，组织实施一大批重大科技计划项目。共争取国家、自治区科技项目立项678个，资金5.22亿元，项目和资金数量位居广西第二，其中市本级科技项目立项127个，下达资金5315万元。通过项目实施，形成一批具有自主知识产权的新技术、新产品。

【平台人才建设迈上新台阶】 2017年，桂林市4家科研平台被认定广西重大科技创新基地；新增广西工程技术研究中心2家，总数46家；新培育认定光传感与光测量等5家桂林市重点实验室及培育基地。入选国家“千人计划”1人，总数4人；新增“八桂学者”7人、广西特聘专家4人，总数分别为31人、27人；新建成广西院士工作站7家、入站院士9人，总数分别为21家、26人；选聘第二批漓江学者8人。

【全民创新创业释放新活力】 2017年，桂林科技企业发展中心连续3年成为广西唯一一家获A类评级的国家级孵化器。桂林国家高新区、桂林电子科技大学、桂林理工大学3家众创空间备案为国家级众创空间。7家“星创天地”获批建设，其中2家获科技部认定。桂林企业分获第六届中国创新创业大赛广西赛区决赛成长组企业和初创组企业第一名及全国电子信息行业总决赛优秀企业奖。年内，组织申报高新技术企业认定89家，通过认定81家，保有量158家；9家企业评为广西首批“瞪羚企业”。

【科技精准扶贫取得新进展】 2017年，桂林市实施“科技特派员创新创业服务行动”，开展贫困村创业致富带头人及以贫困群众为对象的科技培训，帮助贫困村建设科技示范基地，开展产业扶贫，发展优势特色产业，实现全市499个贫困村科技特派员全覆盖。依照“产业到村、扶持到户”原则，加大对帮扶贫困村特色产业发展支持力度，下达“集装箱工厂化循环水鱼类养殖产业扶贫示范”等市本级科技计划项目18个，科技经费740万元，示范带动贫困户通过产业发展尽快脱贫致富。

（魏楚书）

【桂林科技助力春晚桂林分会场立体式传播】 2017年1月27日，中央电视台春节联欢晚会桂林分会场举行。桂林智神信息技术有限公司为春晚桂林分会场的筹建工作赞助专业摄影稳定设备，价值数百万元。其中，“智云”电子三轴稳定器设备可将手机、单反相机、运动相机等摄影器材固定在上面，用于直播拍摄各种视频镜头；航向轴360度拍摄，全方位记录央视春晚桂林分会场的实时动态，可呈现出不同角度的桂林美景，方便媒体记者和工作人员通过镜头全方位、多角度地展示他们眼中最美的桂林。 （孙敏）

科技成果

【概况】 2017年，国家级技术转移示范机构——科易网落户桂林，桂林民华科技发展有限公司、桂林理工大学科技园被认定为自治区级技术转移示范机构。桂林市科学技术成果获国家科技进步奖特等奖1项(桂林电力电容器有限责任公司作为主要完成单位参加的“特高压±800kV直流输电工程”获2017年国家科技进步奖特等奖)，获自治区科学技术奖36项。评选表彰桂林市科学技术奖26项，实施科技成果转化大行动项目61个。完成技术合同认定登记174个，合同交易金额3676.75万元，其中技术开发63个、转让合同66个，合同交易金额分别为2718.32万元、868.43万元。年内，科技精准招商成效凸显，促成陕西3家公司落户桂林，促成释码大华“虹膜安全识别技术”等优质科技成果落地转化。

【基于DNA、蛋白质靶标新型抗肿瘤活性化合物的发现】 该项目主要由广西师范大学完成。项目属于化学、生命科学、药学和纳米科学的交叉研究领域。针对DNA、蛋白质为靶点的新型抗肿瘤活性化合物的发现及其成药性的关键科学问题，在该项目前期两个广西科技进步奖一等奖的研究基础上，通过引入中药活性成分配体和构建白蛋白载运体系，进行多学科交叉研究，取得两大学术贡献。首次提出和实现“中药活性成分＋金属活性中心”的设计思想，为金属抗肿瘤药物研究提供新模式；首次提出和实现基于血清白蛋白特定氨基酸设计抗肿瘤金属前药设计思想，为提高金属抗肿瘤药物的靶向性和成药性提供新思路。该项目研究成果拓展和引领国际药物无机化学和蛋白质生物无机化学相关领域的研究创新，得到国际学术界的高度评价并产生较大的国际学术影响，达到国际领先水平。该项目被评为2017年度广西科学技术特别贡献奖。

【国家级茶树良种桂绿1号、尧山秀绿选育及关键配套技术研究与应用】

该项目属农业科学技术领域，主要由广西壮族自治区桂林茶叶科学研究所、鹿寨县大乐岭茶业有限公司、广西顾式有机农业集团有限公司、桂林市怡园茶业有限责任公司等单位完成。项目水平：2个品种通过全国区域试验，在各项指标上均超过国家级对照种，鉴定为国家级良种，国内领先；《桂绿1号茶树品种栽培技术规程》首创“深种低覆盖”山地栽培技术，保水、保肥，提高成活率；首创“低位压枝”栽培技术，成园快、投产快，国内首创；《桂绿1号茶树品种制茶技术规程》根据茶芽色泽变化加工不同名优茶，国内首创；《茶树长侧枝扦插繁育技术规程》配套技术达到发根快、出圃快，国内首创；《茶叶实用综合配套技术》技术全面，国内先进。项目创新点：选育2个国家级绿茶良种，填补广西国家无性系茶树品种空白；制定广西地方标准3项（育苗、栽培、加工配套技术）；编著茶叶实用技术著作1部；总结从品种、育苗、栽培、加工、品牌为一体化的技术创新。项目难易复杂程度：含早期鉴定3年、品比试验6年、全国区域试验6年、繁育推广3年，育种周期长18年；调查鉴定内容多，形态特征特性指标100多项，物候期、适应性、产量、品质、抗性设小区重复，以鉴定其特性和稳定性，人力、物力、财力耗费大；茶树是多年生植物，4—5年达到丰产期，比一年生作物推广难度大。经济效益：繁育良种苗木1901万株，2015—2017年，应用本项目品种和配套技术生产各类名优茶共530多吨，新增销售金额1.43亿元，新增利润5579万元，新增税收1547万元，节约支出7127万元。社会效益：推广种植面积3700多公顷，培训技术骨干和茶农8668人次。发展前景及潜在效益：2个良种都是特早芽种，比江浙地区提早1个月开采，发挥早春茶优势，卖价高，竞争力强；投产快，高产、优质，亩产效益超1万元；桂绿1号适制性广，可随市场消费变化制作不同茶类，易推广。技术成熟度：通过国家级、省级、市级多个项目研究实施并成果转化，育苗、栽培、加工配套技术已形成广西地方标准并发布实施，技术成熟度高。推动技术进步程度：将种苗快速繁育、茶树种植栽培、茶叶加工为一体的良种良法配套技术在广西大部分茶区和区外部分地区推广应用，并制定了相关地方标准，获广西人民政府颁发的“广西重要技术标准奖”1项，桂林市重要技术标准奖三等奖2项。转化应用程度：在广西大部分主要茶区和区外部分地区产业化转化应用。协作程度或享誉程度：与自治区内3个企业合作，2个品种制作的产品在国内外多个名优茶评比中获奖30多项。该项目获2017年度桂林市科学技术奖一等奖。

【智能配电网关键技术创新与应用】

该项目主要由桂林电子科技大学、广西电网有限责任公司桂林供电局、南宁广开电气有限责任公司、桂林君泰福电气有限公司、桂林市万进电子技术有限责任公司完成。该项目涉及电气工程、专用机械工程、信息处理技术多个科学技术领域，从配电网运行状态特征参数测量和电力测量节点网络部署的拓扑控制方法两个方面，研究智能配电网的主要组件（变压器、断路器、电能质量调节装置、电力电容器、电力电缆、计量与保护装置）的生产和运维各环节并进行系列技术创新。该项目获广西科技攻关项目立项资助，主要应用于电力行业。项目水平：项目技术处于国际同类领先水平、国内领先水平，项目共获知识产权30项，发表论文24篇。项目创新点：发明一种基于模糊理论的配电网状态估计方法；发明一种电力电容器在线检测方法及装置；发明一种新型负荷分界开关的分合闸装置；发明一种快速准确检测指令信号的电能质量调节方法、静止无功发生器的功率单元的旁路装置和测试的平台装置；发明三相四线制电网部分调压调容无功补偿装置及方法；发明一种新型10千伏开关装置的控制方法；发明一种感应电动机软启动的控制方法及控制装置；发明一种大规模M2M部署中异构网络的拓扑控制方法；研发无线传感器网络节点信任管理系统，构造变电站传感器网络的安全通信框架；开发与项目技术有关的软件，为成果转化提供配套的软件技术实现方法。项目难易复杂程度：项目涉及电气工程、专用机械工程、信息处理技术多个科学技术领域，内容广泛复杂，跨学科性强。项目中多项发明使用先进而难度高的算法和技术。经济效益：2015—2017年共新增销售4.93亿元、新增利润2822.47万元、新增税收3201.98万元，节约支出1801.2万元。社会效益：项目技术、产品的开发都是在广泛收集国内外先进技术信息，对现有产品和技术存在不足进行充分调研的前提下进行，产品创新性强、技术性能更优越。发展前景及潜在效益：项目成果符合国家智能电网的“十三五”规划的智能化技术发展方向，提高生产企业的产品技术竞争力，前景广阔。技术成熟度：项目成果已由电力设备生产企业产业化，并在电网公司投入运行。推动技术进步程度：项目成果为电网公司建设信息化、自动化为特征的自主创新、国际领先的智能电网提供有力的技术支撑，对提高国家电网建设智能化水平具有重要意义。转化应用程度：项目成果已由电力设备生产企业产业化，并投入电网使用。用户遍及广西、广东、湖南、海南、湖北等省区。（魏楚书）

表 28

2017 年桂林市获广西自然科学奖项目一览表

项目名称	获奖等级	主要完成单位
微孔金属—有机框架材料的定向构筑、结构转换、后合成修饰与功能调控	一等奖	广西师范大学
岩溶动力学与全球变化研究	一等奖	中国地质科学院岩溶地质研究所
电催化剂的表面与载体结构设计、制备及其在燃料电池和电化学传感中的应用	二等奖	广西师范大学、厦门大学
低维功能材料设计及其储氢和生物传感特性研究	二等奖	桂林电子科技大学、中国科学院大连化学物理研究所
钙钛矿铌钛酸盐的介电响应与调控机制	二等奖	桂林理工大学、西北工业大学
化合物半导体微纳器件与集成电路研究	二等奖	桂林电子科技大学、中国科学院苏州纳米技术与纳米仿生研究所
微纳结构的光频与太赫兹响应特性及功能器件	二等奖	桂林电子科技大学、西北大学
Ca-41 核示踪技术监测癌细胞骨转移研究	三等奖	广西师范大学、中国原子能科学研究院、桂林医学院
广义网络上的聚类同步与传播动力学	三等奖	桂林电子科技大学
磁调制半导体纳米结构中新奇量子效应及其调控	三等奖	桂林理工大学
华南苦苣苔科植物保育与种质资源创新合作研究	三等奖	广西壮族自治区中国科学院广西植物研究所
重磁电高精度正演和快速精细反演成像方法	三等奖	桂林理工大学、中南大学
异黄酮类植物雌激素对乳腺癌的作用及机制研究	三等奖	桂林医学院、四川大学

表 29

2017 年桂林市获广西技术发明奖项目一览表

项目名称	获奖等级	完成单位
多功能复合木薯淀粉系列衍生物的制备与产业化开发	二等奖	桂林理工大学、桂林新宇葛业有限公司
岩土体预应力锚索施工控制及其配套锚索关键技术	二等奖	桂林理工大学、山东科技大学、柳州欧维姆机械股份有限公司、广西地矿建设集团有限公司
配电网高效供电关键技术创新与应用	三等奖	桂林电子科技大学、广西电网有限责任公司桂林供电局、桂林君泰福电气有限公司、南宁广开电气有限责任公司、桂林市万进电子技术有限责任公司
木塑制品及其母粒用超分散剂技术创新与应用	三等奖	桂林理工大学、桂林舒康建材有限公司、启仲化工(广西)有限公司
轻金属表面微弧氧化陶瓷化防护的关键技术及应用	三等奖	桂林电子科技大学、长安大学

表 30

2017 年度桂林市获广西科学技术进步奖项目一览表

项目名称	获奖等级	完成单位
猕猴桃优良品种选育与推广应用	二等奖	广西壮族自治区中国科学院广西植物研究所、资源县生产力促进中心、资源县高山红生态农业有限公司、桂林市旭昇农业发展有限公司
国家级茶树良种桂绿 1 号、尧山秀绿选育及关键配套技术研究与应用	二等奖	广西壮族自治区桂林茶叶科学研究所、鹿寨县大乐岭茶业有限公司、广西顾式有机农业集团有限公司、桂林市怡园茶业有限责任公司
广西水稻两迁害虫防控策略与关键技术应用	二等奖	广西壮族自治区农业科学院植物保护研究所、广西田园生化股份有限公司、田阳县农作物病虫测报站、恭城瑶族自治县植物保护工作站
基于可信计算的电网网络安全自适应防护关键技术及应用	二等奖	广西电网有限责任公司、桂林电子科技大学
广西百万亩糖料蔗高效节水灌溉关键技术创新集成与应用	二等奖	广西壮族自治区水利科学研究院、桂林市农田灌溉试验中心站、中国水利水电科学研究院、上海市环境科学研究院、广西捷佳润科技股份有限公司、大禹节水集团股份有限公司、北京绿园大成节水技术有限公司
典型城市水系生态环境评价与修复关键技术研究与应用	二等奖	桂林理工大学
复杂陆海综合体动态监管关键技术与规模化应用	二等奖	广西壮族自治区海洋研究院、国家海洋环境监测中心、北京大学、桂林电子科技大学、广西财经学院、广西师范学院
计算机辅助机械产品智能变形设计系统	三等奖	桂林理工大学、桂林桂北机器有限责任公司、钦州学院、桂林景隆机械制造有限公司
系列辣椒品种选育及产业化	三等奖	桂林市蔬菜研究所
光纤相位补偿控制光转换组件	三等奖	中国电子科技集团公司第三十四研究所、中国工程物理研究院激光聚变研究中心、桂林航天工业学院

续表

项目名称	获奖等级	完成单位
桂东中生代花岗岩体侵位机制地质理论创新与找矿突破	三等奖	桂林理工大学、广西壮族自治区地质矿产勘查开发局、广西壮族自治区二七一地质队、广西壮族自治区区域地质调查研究院
广西珊瑚钨锡矿成矿规律、找矿技术方法研究及应用	三等奖	中国有色桂林矿产地质研究院有限公司、广西桂华成有限责任公司
吴茱萸、板蓝根等特色壮药研发、关键技术及应用	三等奖	玉林师范学院、桂林电子科技大学、桂林中族中药股份有限公司
BMP2 和 NGF 双基因转染骨髓基质干细胞移植治疗骨折的研究及临床应用	三等奖	桂林医学院
鼻咽癌精准治疗的研究及应用	三等奖	桂林医学院附属医院
基于效应生物组学的疾病诊断模型的建立及应用	三等奖	中国人民解放军第一八一医院、深圳市人民医院

表 31　**2017 年获桂林市科学技术进步奖成果一览表**

成果名称	获奖等级	主要完成单位
国家级茶树良种桂绿 1 号、尧山秀绿选育及关键配套技术研究与应用	一等奖	广西壮族自治区桂林茶叶科学研究所、鹿寨县大乐岭茶业有限公司、广西顾式有机农业集团有限公司、桂林市怡园茶业有限责任公司
智能配电网关键技术创新与应用	一等奖	桂林电子科技大学、广西电网有限责任公司桂林供电局、南宁广开电气有限责任公司、桂林君泰福电气有限公司、桂林市万迸电子技术有限责任公司
广西珊瑚钨锡矿成矿规律及其预测研究	一等奖	中国有色桂林矿产地质研究院有限公司、广西桂华成有限责任公司
光纤相位补偿控制光转换组件	二等奖	中国电子科技集团公司第三十四研究所、中国工程物理研究院激光聚变研究中心、桂林航天工业学院
6×42000 千牛（ϕ700mm 缸径）超硬材料六面顶液压机	二等奖	桂林桂冶实业有限公司
猕猴桃优良品种选育与推广应用	二等奖	广西壮族自治区中国科学院广西植物研究所、资源县生产力促进中心
鼻咽癌精准治疗的研究及应用	二等奖	桂林医学院附属医院
原钙粘蛋白 10 在子宫内膜腺样癌诊断及疗效判断中的应用	二等奖	桂林医学院
高频信号转发系统	二等奖	中国电子科技集团公司第三十四研究所
高光效节能照明技术的研究与应用	二等奖	桂林海威科技股份有限公司
岩溶石山区火龙果优质种植关键技术创新及集成应用	二等奖	广西壮族自治区中国科学院广西植物研究所、平果县农业局
BMP2 和 NGF 双基因转染骨髓基质干细胞移植治疗骨折的研究及临床应用	二等奖	桂林医学院
罗汉果扦插苗规范化栽培技术研究示范与推广应用	二等奖	桂林市经济作物技术推广站
磨床再制造工艺与设备及其应用示范	二等奖	桂林桂北机器有限责任公司
桂林市食用菌周年栽培技术成果集成与应用	二等奖	桂林健成生物科技开发有限公司（广西食用菌创新团队桂林综合试验站）、桂林市农业技术推广站
难处理金矿绿色高效冶金关键技术开发研究	三等奖	中国有色桂林矿产地质研究院有限公司
漓江流域面源污染控制和水土流失治理技术研究和示范	三等奖	桂林理工大学、桂林桂漓生态科技发展有限公司、中国地质科学院岩溶地质研究所
瀚特智慧综合管理平台软件	三等奖	广西瀚特信息产业股份有限公司
双低早熟油菜“中双 10 号”高产栽培示范与推广	三等奖	桂林市农业科学院
华南苦苣苔科植物保育与种质资源创新	三等奖	广西壮族自治区中国科学院广西植物研究所
适合桂北高山地区种植的高抗番茄品种筛选试验	三等奖	桂林市科学技术情报研究所
HDL 抗炎的细胞和分子机制	三等奖	桂林医学院
油茶优质高效栽培技术集成应用示范	三等奖	桂林市林业科学研究所
南方梨整形修剪与稳产关键技术研究与示范	三等奖	桂林市农业科学院
草莓新品种引进与高产栽培技术研究	三等奖	桂林市蔬菜研究所
绞股蓝皂甙对原代肾小球系膜细胞增殖防治作用的研究	三等奖	桂林医学院附属医院

表 32

2017 年桂林市科学技术成果登记一览表

项目名称	完成单位	项目来源	鉴定 / 验收单位	鉴定 / 验收日期
广西优良茶树新品种快速繁育与示范	广西壮族自治区桂林茶叶科学研究所	广西壮族自治区科学技术厅	广西壮族自治区科学技术厅	2016.9.9
双低早熟油菜“中双 10 号”高产栽培示范与推广	桂林市农业科学院	广西壮族自治区科学技术厅	广西壮族自治区科学技术厅	2016.9.23
罗汉果种植体系的优化与示范	广西壮族自治区中国科学院广西植物研究所	广西壮族自治区科学技术厅	广西壮族自治区科学技术厅	2016.8.29
漓江上游水源涵养和水土保持防护林体系配置技术研究	广西壮族自治区中国科学院广西植物研究所	广西壮族自治区科学技术厅	广西壮族自治区科学技术厅	2016.11.11
猕猴桃优良新品种培育与繁育技术示范	广西壮族自治区中国科学院广西植物研究所	广西壮族自治区科学技术厅	广西壮族自治区科学技术厅	2016.9.9
铁皮石斛组培苗规范化栽培技术研究与示范	广西壮族自治区中国科学院广西植物研究所	广西壮族自治区科学技术厅	广西壮族自治区科学技术厅	2016.7.15
铁皮石斛种质创新及产业化快繁关键技术研究	广西壮族自治区中国科学院广西植物研究所	广西壮族自治区科学技术厅	广西壮族自治区科学技术厅	2016.7.15
壮药半枫荷良种选育及繁育技术研究	广西壮族自治区中国科学院广西植物研究所	广西壮族自治区科学技术厅	广西壮族自治区科学技术厅	2016.8.29
华南苦苣苔科植物保育与种质资源创新合作研究	广西壮族自治区中国科学院广西植物研究所	广西壮族自治区科学技术厅	广西壮族自治区科学技术厅	2016.9.26
基于植物资源经济学谱带理论的漓江流域退化生态系统植被修复技术研究	广西壮族自治区中国科学院广西植物研究所	广西壮族自治区科学技术厅	广西壮族自治区科学技术厅	2016.11.11
岩溶石山区火龙果优质种植关键技术研究与示范	广西壮族自治区中国科学院广西植物研究所	广西壮族自治区科学技术厅	广西壮族自治区科学技术厅	2016.8.29
广西特色药用植物高效种植技术在石山生态恢复中示范	广西壮族自治区中国科学院广西植物研究所	广西壮族自治区科学技术厅	广西壮族自治区科学技术厅	2016.9.30
丛枝菌根真菌对石漠化地区造林树种耐旱性的影响与作用机制	广西壮族自治区中国科学院广西植物研究所	广西壮族自治区科学技术厅	广西壮族自治区科学技术厅	2016.7.8
广西猫儿山森林不同演替阶段优势树种的碳固定和水分运输策略	广西壮族自治区中国科学院广西植物研究所	广西壮族自治区科学技术厅	广西壮族自治区科学技术厅	2016.10.10
桂北特色观赏药用植物的筛选及繁育技术研究	广西壮族自治区中国科学院广西植物研究所	桂林市科学技术局	桂林市科学技术局	2016.7.15
建兰种质创新与种苗繁育技术研究及产业化示范	广西壮族自治区中国科学院广西植物研究所	广西壮族自治区科学技术厅	广西壮族自治区科学技术厅	2016.10.10
华南苦苣苔科植物保育与种质资源创新	广西壮族自治区中国科学院广西植物研究所	桂林市科学技术局	桂林市科学技术局	2016.7.25
桂林“三金片”重要原料羊开口种质资源评价及繁育关键技术研究	广西壮族自治区中国科学院广西植物研究所	桂林市科学技术局	桂林市科学技术局	2016.7.14
漓江流域典型丘陵区生态重建的关键技术示范研究	广西壮族自治区中国科学院广西植物研究所	桂林市科学技术局	桂林市科学技术局	2016.10.31
桂北地区珍贵乡土树种良种选育及其在漓江流域退化生态系统	广西壮族自治区中国科学院广西植物研究所	桂林市科学技术局	桂林市科学技术局	2016.7.14
荔浦县柑橘水肥一体化高效生产集成技术示范	荔浦县科学技术局	广西壮族自治区科学技术厅	广西壮族自治区科学技术厅	2016.11.15
石刻三维数字成像仿真拓片技术研究	桂林大容文化科技有限公司	广西壮族自治区科学技术厅	广西壮族自治区科学技术厅	2016.9.8
淮山标准化生产技术示范基地建设示范	桂林平乐鑫旺农业有限公司	广西壮族自治区科学技术厅	广西壮族自治区科学技术厅	2016.10.20
适合桂北高山地区种植的高抗番茄品种筛选试验	桂林市科学技术情报研究所	桂林市科学技术局	桂林市科学技术局	2017.1.13
生长激素释放肽与瘦素在进展期胃癌低蛋白血症血清中水平变化和意义	桂林医学院附属医院	桂林市科学技术局	桂林市科学技术局	2016.7.18
经胸小切口封堵治疗先天性心脏病临床研究	桂林医学院附属医院	桂林市科学技术局	桂林市科学技术局	2016.7.18
桂林市适栽草莓新品种的引进与示范推广	桂林市蔬菜研究所	桂林市科学技术局	桂林市科学技术局	2016.8.8

续表 1

项目名称	完成单位	项目来源	鉴定 / 验收单位	鉴定 / 验收日期
桂林市游泳场所卫生状况调查研究	桂林市疾病预防控制中心	桂林市科学技术局	桂林市科学技术局	2016.12.5
抗 MIF 单抗对结肠炎小鼠结肠 NF-κB 通路过度激活和 MIF 表达的干预效应	广西壮族自治区南溪山医院	广西壮族自治区科学技术厅	桂林市科学技术局	2017.1.17
血清循环 LncRNA 表达谱的构建及其在肝癌诊断和复发监测中的应用研究	桂林医学院	广西壮族自治区科学技术厅	广西壮族自治区科学技术厅	2016.8.29
三养胶麦辅助治疗 2 型糖尿病规范化方案研究	桂林三养胶麦生态食疗产业有限责任公司	广西壮族自治区科学技术厅	广西壮族自治区科学技术厅	2016.8.30
加铬的功能性裸燕麦米的研制	桂林三养胶麦生态食疗产业有限责任公司	桂林市科学技术局	桂林市科学技术局	2016.8.18
新功能食物杞沙胶麦的研制与开发	桂林三养胶麦生态食疗产业有限责任公司	桂林市科学技术局	桂林市科学技术局	2016.8.18
基于 FPGA 的高速网络数据流负载均衡调度方法	桂林电子科技大学		发明专利	2016.1.27
基于 FPGA 的分级并行高速网络 TCP 流重组方法	桂林电子科技大学		发明专利	2016.4.26
荔浦芋平衡施肥技术研究与应用	桂林市土壤肥料工作站	桂林市科学技术局	桂林市科学技术局	2017.1.19
中轴系统的整脊调节对改善中风后肌肉痉挛及相关性研究	桂林市中医医院	桂林市科学技术局	桂林市科学技术局	2016.12.9
桂林市社区卫生服务标准化基线调查与社区卫生诊断研究	桂林市疾病预防控制中心	桂林市科学技术局	桂林市科学技术局	2016.10.18
黄瓜新品种引进及枯萎病绿色防控技术研究	桂林市蔬菜研究所	桂林市科学技术局	桂林市科学技术局	2016.8.8
miR146a/TRAF6、IRAK1：原发性干燥综合征并肺间质病变的潜在治疗靶点?	桂林医学院	广西壮族自治区科学技术厅	广西壮族自治区科学技术厅	2016.10.10
miRNA-375/ERα 正反馈环路在 ERα(+) 乳腺癌的作用及毛蕊异黄酮干预机制的研究	桂林医学院	广西壮族自治区科学技术厅	广西壮族自治区科学技术厅	2016.10.10
罗汉果扦插苗规范化栽培技术研究示范与推广应用	桂林市经济作物技术推广站	广西壮族自治区农业厅	广西壮族自治区农业厅	2017.1.20
瀚特智慧综合管理平台软件 [简称：智慧综合管理平台]V1.0	广西瀚特信息产业股份有限公司		软著	2016.2.29
富硒黑木耳产品开发试验示范	灵川县农业局	广西壮族自治区农业厅	广西壮族自治区农业厅	2017.1.20
难处理金矿绿色高效冶金关键技术开发研究	中国有色桂林矿产地质研究院有限公司		中国有色金属工业协会	2016.9.26
磨床再制造工艺与设备及其应用示范	桂林桂北机器有限责任公司	广西壮族自治区科学技术厅	广西壮族自治区科学技术厅	2016.9.8
数控龙门直线导轨成形磨床研制	桂林桂北机器有限责任公司	广西壮族自治区科学技术厅	广西壮族自治区科学技术厅	2016.9.28
高速精密平面磨床液体悬浮电主轴成套技术推广及产业化	桂林桂北机器有限责任公司	广西壮族自治区科学技术厅	广西壮族自治区科学技术厅	2016.9.8
具有砂轮半径磨损动态补偿功能的高端专用数控平面磨床研制	桂林桂北机器有限责任公司	广西壮族自治区科学技术厅	广西壮族自治区科学技术厅	2016.9.8
基于物联网的智能配电监控系统研究与开发	桂林电子科技大学	广西壮族自治区科学技术厅	广西壮族自治区科学技术厅	2016.9.22
快速准确检测指令信号的电能质量调节方法	桂林电子科技大学		发明专利	2016.6.1
光纤相位补偿器及其使用方法	中国电子科技集团公司第三十四研究所		发明专利	2016.8.24
一种具有热备份的模拟信号光纤通信系统	中国电子科技集团公司第三十四研究所		实用新型	2017.1.4
基于 RFID 及北斗技术的可穿戴式智能监护终端	广西瀚特信息产业股份有限公司	广西壮族自治区科学技术厅	广西壮族自治区科学技术厅	2016.9.8

续表 2

项目名称	完成单位	项目来源	鉴定 / 验收单位	鉴定 / 验收日期
基于物联网技术的制造业物流管理系统	广西瀚特信息产业股份有限公司	广西壮族自治区科学技术厅	广西壮族自治区科学技术厅	2016.9.8
同理心在人流术过程中的研究与应用	广西壮族自治区南溪山医院	桂林市科学技术局	桂林市科学技术局	2016.9.6
一种紧凑型集合式高电压电力电容器	桂林电力电容器有限责任公司		发明专利	2016.3.16
TDL1412-0.8-W 滤波器及其装置研制	桂林电力电容器有限责任公司	广西壮族自治区科学技术厅	广西壮族自治区科学技术厅	2016.9.30
变压器中性点电容隔直装置	桂林电力电容器有限责任公司		实用新型	2016.8.31
一种双桥差高压交流滤波电容器装置	桂林电力电容器有限责任公司		实用新型	2016.4.20
新型罗汉果果囊干品生产技术中试与示范	永福科源罗汉果有限责任公司	广西壮族自治区科学技术厅	广西壮族自治区科学技术厅	2016.9.30
尿毒症外周血单个核细胞超保守区域转录表达基因模型的构建方法与应用	眭维国		发明专利	2016.5.11
甜木薯华南 9 号高效栽培关键技术及加工技术研究与示范	桂林市农业科学院	广西壮族自治区农业厅	广西壮族自治区农业厅	2016.12.1
高速双龙门移动五轴联动加工中心开发	桂林机床股份有限公司	广西壮族自治区科学技术厅	广西壮族自治区科学技术厅	2016.9.22
数控滑枕床身式双面铣床开发	桂林机床股份有限公司	广西壮族自治区科学技术厅	广西壮族自治区科学技术厅	2016.9.22
轻型五轴联动铣头配套中小型铣床技术开发	桂林机床股份有限公司	广西壮族自治区科学技术厅	广西壮族自治区科学技术厅	2016.9.22
桂林市高考学生血压相关性研究	桂林市第二人民医院	桂林市科学技术局	桂林市科学技术局	2017.3.3
多功能钣金加工中心产品产业化示范	桂林广陆数字测控有限公司	广西壮族自治区科学技术厅	广西壮族自治区科学技术厅	2017.2.10
无光折变 BSO 晶体的水热法生长技术研究	中国有色桂林矿产地质研究院有限公司	桂林市科学技术局	桂林市科学技术局	2017.1.13
一种充气式 PICC 弹力止血压迫带	桂林医学院第二附属医院		实用新型	2016.4.20
一种便于携带 PICC 手册收纳袋	桂林医学院第二附属医院		实用新型	2016.4.20
一种 PICC 置管携带防水保护袖套	桂林医学院第二附属医院		实用新型	2016.4.27
HL650H 半自动换杆凿岩钻机研发	桂林市华力重工机械有限责任公司	广西壮族自治区科学技术厅	广西壮族自治区科学技术厅	2017.2.6
代用茶金花茶干花加工技术规程	广西壮族自治区桂林茶叶科学研究所	广西质量技术监督局	广西质量技术监督局	2016.11.25
一种高含量 EGCG 的提纯方法	桂林莱茵生物科技股份有限公司		发明专利	2016.5.25
脂溶性二氢槲皮素及其制备方法和应用	桂林莱茵生物科技股份有限公司		发明专利	2016.5.25
提高醇基燃料分解燃烧的热反应盖	桂林市淦隆环保科技有限公司		发明专利	2016.5.4
蒸汽发生器及蒸汽生成方法	桂林市淦隆环保科技有限公司		发明专利	2016.9.7
一种净化油烟的酯化液及其制备方法	桂林市淦隆环保科技有限公司		发明专利	2016.6.1
一种油烟回收净化器	桂林市淦隆环保科技有限公司		发明专利	2017.2.8
一种净化率高的油烟净化器	桂林市淦隆环保科技有限公司		发明专利	2017.2.8
渐进式自由烧结金刚石串珠的研制	桂林特邦新材料有限公司	广西壮族自治区科学技术厅	广西壮族自治区科学技术厅	2017.4.24
广西对叶百部良种选育、种苗繁育技术研究	桂林亦元生现代生物技术有限公司	桂林市科学技术局	桂林市科学技术局	2017.5.3
桂北特色优势药材五指毛桃种苗繁育技术研究与示范	桂林亦元生现代生物技术有限公司	桂林市科学技术局	桂林市科学技术局	2017.5.3
杉木优树选择及组培育苗技术研究	桂林市林业科学研究所	桂林市科学技术局	桂林市科学技术局	2017.1.18
高可靠大容量集合式电容器装置研制	桂林电力电容器有限责任公司	广西壮族自治区科学技术厅	广西壮族自治区科学技术厅	2017.4.24

续表 3

项目名称	完成单位	项目来源	鉴定 / 验收单位	鉴定 / 验收日期
层叠组合式金刚石铣刀	桂林创源金刚石有限公司		发明专利	2016.11.9
一种通齿与外齿结合的金刚石杯形磨边砂轮	桂林创源金刚石有限公司		实用新型	2016.11.9
一种具备通齿、内齿和外齿的金刚石杯形磨边砂轮	桂林创源金刚石有限公司		实用新型	2016.9.14
一种通齿与内齿结合的金刚石杯形磨边砂轮	桂林创源金刚石有限公司		实用新型	2016.9.21
一种降低玻璃打孔加工应力集中的钻头	桂林创源金刚石有限公司		实用新型	2016.12.28
一种陶瓷结合剂金刚石砂轮	桂林创源金刚石有限公司		发明专利	2017.2.1
一种树脂陶瓷结合剂金刚石砂轮	桂林创源金刚石有限公司		发明专利	2016.10.12
甲天下桂林美食与名优土特产鉴赏	桂林靖城文化传播有限公司	桂林市科学技术局	桂林市科学技术局	2016.12.30
棉纤维增强注射型酚醛模塑料的制备方法	桂林电器科学研究院有限公司		发明专利	2016.8.17
便携式可移动温控输液架	桂林医学院		实用新型	2017.5.13
氧化异阿扑菲衍生物对 AD 症转 Aβ42 基因果蝇模型的神经保护作用及其机制研究	桂林医学院	国家自然科学基金	国家自然科学基金委员会医学科学部	2017.3.20
hTGF-β1 转染 MSCs 与 hBMP-2 转染髓核细胞共植入重建椎间盘髓核	桂林医学院	国家自然科学基金	国家自然基金委员会生命科学部	2017.3.15
非酒精性脂肪肝小鼠 TLR4 的 MyD88 和 TRIF 信号通路和胰岛素抵抗的相关研究	桂林医学院	国家自然科学基金	国家自然科学基金委员会医学科学部	2017.3.13
高糖环境下内皮素 -1 在内皮细胞与足细胞相互关系中的作用研究	桂林医学院	国家自然科学基金	国家自然科学基金委员会医学科学部	2017.3.21
原发性肝细胞癌复发转移基因的鉴定及研究	桂林医学院	国家自然科学基金	国家自然科学基金委员会医学科学部	2017.3.10
PI3K/Akt 和 Nrf2/ARE 信号通路在氢气抗脑缺血 / 再灌注损伤中的作用及机制研究	桂林医学院	国家自然科学基金	国家自然科学基金委员会医学科学部	2017.3.10
HBV 感染不同免疫状态证候要素与外周血淋巴细胞亚群的关系	桂林医学院	国家自然科学基金	国家自然科学基金委员会医学科学部	2017.3.10
CXCR4/CXCR7 在 SDF-1 诱导平滑肌祖细胞参与哮喘气道重塑的作用机制研究	桂林医学院	国家自然科学基金	国家自然科学基金委员会医学科学部	2017.3.16
番茄(西红柿)优良新品种选育与试验示范——番茄嫁接砧木杂交组合的配制	桂林市蔬菜研究所	广西壮族自治区科学技术厅	广西壮族自治区科学技术厅	2017.5.2
综合找矿技术在非洲赞比亚的推广示范及应用研究	中国有色桂林矿产地质研究院有限公司	桂林市科学技术局	桂林市科学技术局	2017.1.7
一种醇基车用燃料	广西东奇能源技术有限公司		发明专利	2016.8.17
BTLA 联合 CCR7 基因共转染未成熟树突状细胞诱导皮肤移植免疫耐受的研究	中国人民解放军第一八一医院	国家自然科学基金	国家自然科学基金委员会医学科学部	2017.3.15
富硒茶栽培技术规程	广西壮族自治区桂林茶叶科学研究所	广西壮族自治区质量技术监督局	广西壮族自治区质量技术监督局	2016.9.30
一种设置有光纤电磁夹紧装置的光纤熔融拉锥机	桂林电子科技大学		发明专利	2017.2.8
高分辨 DFT 调制滤波器组的设计及其在通信信号处理中的应用	桂林电子科技大学	国家自然科学基金	国家自然科学基金委员会	2017.3.23
基于两步法的图滤波器组优化设计方法	桂林电子科技大学		发明专利	2017.4.12
总装厂实验管理系统 V1.0	桂林电子科技大学		软件著作权	2016.9.1

续表 4

项目名称	完成单位	项目来源	鉴定 / 验收单位	鉴定 / 验收日期
企业信息申报系统 V1.0	桂林电子科技大学		软件著作权	2016.9.1
虚拟衣装效果系统 V1.0	桂林电子科技大学		软件著作权	2016.9.1
孔位资讯生成系统 V1.0	桂林电子科技大学		软件著作权	2016.9.1
多平台订房系统 V1.0	桂林电子科技大学		软件著作权	2016.9.1
小型公司信息化系统 V1.0	桂林电子科技大学		软件著作权	2016.9.1
编辑部管理系统 V1.0	桂林电子科技大学		软件著作权	2016.9.1
工资考勤管理系统 V1.0	桂林电子科技大学		软件著作权	2016.9.1
火情预警系统 v1.0	桂林电子科技大学		软件著作权	2016.9.1
超硬材料及制品制备技术－高抗冲击聚晶金刚石截齿的研制	桂林星钻超硬材料有限公司	桂林市科学技术局	桂林市科学技术局	2017.7.20
高速钻进锚杆钻头专用聚晶金刚石复合片	桂林星钻超硬材料有限公司		发明专利	2017.5.17
鬼针草黄酮对胰岛素抵抗 HepG2 细胞中胰岛素信号转导的干预机制探讨	桂林医学院	国家自然科学基金	国家自然科学基金委员会	2017.3.10
成人活体小肠长度测量及其相关因素研究	桂林市人民医院	桂林市科学技术局	桂林市科学技术局	2017.6.24
PCI 术后夜间非勺型心率与预后关系的前瞻性研究	桂林市人民医院	桂林市科学技术局	桂林市科学技术局	2017.6.16
应用中国商环对成年男性进行包皮环切术的临床研究	桂林市人民医院	桂林市科学技术局	桂林市科学技术局	2017.6.16
同型半胱氨酸及 C 反应蛋白与急性脑梗死的相关研究	桂林市人民医院	桂林市科学技术局	桂林市科学技术局	2017.6.19
血清 HE4 检测在预测卵巢上皮癌手术结局及诊断复发中的应用价值	桂林市人民医院	桂林市科学技术局	桂林市科学技术局	2017.6.16
DNA 去甲基化增加鼻咽癌细胞放射性敏感性的机制研究	桂林医学院	广西壮族自治区科学技术厅	广西壮族自治区科学技术厅	2017.4.5
血清前白蛋白对重症患儿早期营养评价和支持的影响	桂林医学院	广西壮族自治区科学技术厅	广西壮族自治区科学技术厅	2017.4.5
帕金森病临床前期老年猴模型的建立与生物学标记物的评估机制	桂林医学院	广西壮族自治区科学技术厅	广西壮族自治区科学技术厅	2017.4.5
壮药狗肝菜多糖保肝护肝无糖颗粒剂的研发	桂林医学院	广西壮族自治区科学技术厅	广西壮族自治区科学技术厅	2017.4.5
避孕套检测装备的改进	桂林紫竹乳胶制品有限公司	桂林市科学技术局	桂林市科学技术局	2017.4.25
IGF-1R/VEGF 轴在鼻咽癌细胞增殖凋亡中的影响及莪术醇的干预作用	桂林医学院	桂林市科学技术局	桂林市科学技术局	2017.7.26
山地茶园顺坡栽培技术规程	广西绿异茶树良种研究院	广西壮族自治区质量技术监督局	广西壮族自治区质量技术监督局	2016.9.30
蛋白磷酸酶 1 对桩蛋白在粘附斑中定位的影响对恶性黑色素瘤转移作用机制研究	桂林医学院	国家自然科学基金	国家自然科学基金委员会	2007.3.10
葡萄提质增效技术应用示范推广	桂林市农业科学院	桂林市科学技术局	桂林市科学技术局	2017.4.17
石崖茶栽培技术规程	广西壮族自治区桂林茶叶科学研究所	广西壮族自治区质量技术监督局	广西壮族自治区质量技术监督局	2016.11.25
桂林毛尖茶栽培技术规程	广西壮族自治区桂林茶叶科学研究所	广西壮族自治区质量技术监督局	广西壮族自治区质量技术监督局	2016.11.25
桂北食用菌栽培料常压灭菌技术与示范	桂林健成生物科技开发有限公司	桂林市科学技术局	桂林市科学技术局	2017.8.28
适用于山水文化实景演出的园林场景 LED 高显灯具研发与应用示范	桂林海威科技股份有限公司	桂林市科学技术局	桂林市科学技术局	2017.8.30
山水文化实景半导体照明集成系统研发与应用示范	桂林海威科技股份有限公司	桂林市科学技术局	桂林市科学技术局	2017.10.9

续表 5

项目名称	完成单位	项目来源	鉴定 / 验收单位	鉴定 / 验收日期
S1P 在靶向干预 ARL 影响肝癌细胞生长、死亡的作用及机制	桂林医学院	广西壮族自治区科学技术厅	广西壮族自治区科学技术厅	2017.6.27
多运营商 PPPOE 服务接入系统 V1.0[简称：PPPOE]	桂林高德科技有限责任公司		软件著作权	2017.9.11
PPPOE 协议多运营商接入共用链路方法	桂林高德科技有限责任公司		软件著作权	2017.9.1
一种木塑衣架及其制备工艺	桂林舒康建材有限公司		发明专利	2017.9.19
高速抗变形金刚石砂轮新产品产业化开发项目	桂林创源金刚石有限公司	广西壮族自治区工业和信息化委员会	广西壮族自治区工业和信息化委员会	2017.6.19
一种降低玻璃孔加工应力集中的方法	桂林创源金刚石有限公司		发明专利	2017.9.22
一种复配结晶甜味剂及其制备方法	桂林莱茵生物科技股份有限公司		发明专利	2017.10.31
一种降低罗汉果提取物中多菌灵的方法	桂林莱茵生物科技股份有限公司		发明专利	2017.9.19
一种提取甜茶苷的新方法	桂林莱茵生物科技股份有限公司		发明专利	2017.4.5
一种提取黑芥子苷的方法	桂林莱茵生物科技股份有限公司		发明专利	2017.3.15
一种从山竹皮中提取高含量 a- 倒捻子素的方法	桂林莱茵生物科技股份有限公司		发明专利	2017.6.16

（魏楚书）

科学普及

【概况】 2017 年，桂林市科学技术协会（简称市科协）办公地址在桂林市依仁路 3 号。内设办公室、组织人事部、学会部、科普部、国际部，人员编制 14 名，在职人员 15 人。下设桂林市科技进修学院、《桂林科技报》编辑部、桂林市科普宣传站、桂林市青少年科技器材服务部、桂林科学技术活动中心。年末，全市共有市级自然科学学会（协会、研究会）25 个，科研院所 3 个，园区、企业、院校科协 40 个；县（区）科协 17 个，乡（镇、街道）科协 146 个，农村专业技术协会 432 个。

【科协系统改革启动】 2017 年，市科协启动科协系统深化改革各项工作。9 月 30 日，市委办公室印发《桂林市科协系统深化改革实施方案》。年内，市科协联合市工信委联合印发《关于在企业（园区）中成立科协组织的通知》，动员全市范围内的企业（园区）成立科协组织，扩大基层科协组织覆盖面。至年末，桂林市新建园区科协 4 个、企业科协 10 个、农村专业技术协会 31 个，成立研究院 2 个。

【实施基层科普行动计划】 2017 年，市科协组织实施基层科普行动计划。全市有基层农村专业技术协会 36 个、扶贫产业科普示范基地 2 个、科普示范村 3 个、科普示范社区 3 个、科普示范学校 3 个，获国家“基层科普行动计划”建设资金 195 万元。有农村专业技术协会 5 个、农村科普示范基地 5 个、农村科普带头人 1 名，获广西“科普惠农兴村计划”奖补资金 82 万元。

【开展主题科普活动】 2017 年 4 月，第 8 届桂林市“科技活动周”特色品牌——“漓江生态环境保护我行动”在解放桥启动，市科协联合桂林漓江风景名胜区管委会、市教育局等单位，组织单位干部职工、保护漓江志愿者、学生等社会各界人士共同参与。该活动共向漓江投放补充各类鱼苗超过 80 万尾，组织志愿者清理漓江沿岸卫生数十次。10 月，市科协联合市委组织部、市委宣传部、市文明办及市科技局在市中心广场共同举办 2017 年全国科普日活动暨桂林市“十月科普大行动”启动仪式。活动当天以播放“科

2017 年 10 月 12 日，2017 年全国科普日活动暨桂林市“十月科普大行动”在市中心广场启动（费敬　摄）

2017 年 5 月 11 日，桂林市"2017 年保护漓江生态环境我行动"启动

（费敬 摄）

普礼赞——桂林市'十月科普大行动'活动纪实"专题片的方式，开展科普文艺演出、科普广场活动。年内，市科协参与举办"低碳生活，时尚生活"主题活动、"节能减排家庭和示范区创建活动""世界湿地日""爱鸟周和爱护野生动物宣传月""防灾减灾日"等主题科普活动。

【青少年科技教育活动】 2017 年 3 月，市科协联合市教育局组织参加第 32 届广西青少年科技创新大赛决赛，获一等奖 16 项、二等奖 26 项、三等奖 26 项。广西师范大学附属外国语学校获"科技教育创新优秀学校"称号。5 月，市科协、市教育局组织部分中小学校参加在柳州市举行的 2017 年广西青少年机器人竞赛，获冠军 2 个、一等奖 10 个、二等奖 5 个、三等奖 15 个。8 月，参加浙江杭州举行的第 32 届全国青少年科技创新大赛，桂林市宝贤中学教师严俊的《仰卧起坐辅助训练及测试仪》获科技辅导员创新成果科教类三等奖。年内，市科协推荐桂林市 9 所学校参加 2017 年青少年科学调查体验活动推广试验单位创建工作。桂林市大河初级中学获"全国优秀活动示范学校""广西优秀活动示范学校"称号。龙胜各族自治县实验中学获"广西优秀活动示范学校"称号。组织开展"中国流动科技馆"广西巡展活动，平乐、全州、永福、恭城、阳朔、灌阳 6 个县（自治县）承办当年的巡展活动，受益人数 10 万余人次。开展"科普大篷车"进学校活动 14 次，重点惠及偏远山区的中小学校，受益学生 1.83 万人次。

【服务科技人才】 2017 年，市科协组织开展桂林籍科学家和科技专家信息收集工作，共收集各行业专家信息 1773 条。依托人才库优势，市科协推荐桂林优秀科技人员参加全国创新争先奖、第 14 届广西青年科技奖评选和自治区人大、自治区政协科协界别人大代表、政协委员推荐提名，其中桂林市物理学会会员、广西师范大学沈洪涛教授获第 14 届广西青年科技奖。加强与桂林籍科学家的沟通联系，利用桂林籍海外科技专家、美国罗莱州立大学教授向秋云回国探亲之机，举办专题学术交流活动，促进海外科技专家与桂林科技工作者的交流互动。5 月 31 日，市科协首次在《桂林日报》以"关注首个全国科技工作者日——让科技走进每一个人"为题专版宣传科技工作者日及开展服务科技工作者工作情况。

【开展学术活动】 2017 年，市科协制订《桂林市科协所属学会工作评价细则》，所属学会相继承办"世界睡眠日桂林高峰论坛""2017 年第十四届国际手法医学与传统疗法学术会议""2017 年全国通信理论与技术学术会议暨通信产业创新发展论坛""2017 年全国工程地质学术年会""生物多样性、遗传变异学术交流活动""首届灌江生态论坛"等全国性的学术活动，引进国医大师、世界医学联合主席韦贵康进驻崇华中医街。9 月，市科协联合自治区科协、自治区科技馆、桂林电子科技大学、桂林理工大学等单位组团到新加坡申办"2018 石墨烯研究最新进展国际会议"（简称 RPGR 会议），桂林市获"2018 石墨烯研究最新进展国际会议"举办权。

（石峰）

【组织参加科技活动周活动】 2017 年，市科技局围绕"科技创新、共享发展"主题，组织 28 个企业、高校和科研院所 31 个系列 60 多个科技产品共 153 人的代表团，参加 2017 年全国科技活动周广西活动暨第 26 届广西科技活动周广西创新驱动成就展，展示桂林在技术成果研发转化、科技成果惠及民生等方面取得的成就。活动洽谈成交金额 850 万元。

【开展科普进校园、进农村等活动】 2017 年，市科技局联合广西植物研究

2017 年 12 月 12 日，"中国流动科技馆"平乐站启动　（平乐县科协 供图）

所和国际植物园保护联盟(BGCI)在荔浦县新坪镇清江村开展“科普进校园”活动。联合市地震局、资源县等单位对桂林偏远山区和边境少数民族地区进行防震减灾科普宣传，在资源河口乡开展“十月科普防震减灾进瑶乡、精准扶贫精准脱贫暖人心”为主题的科普宣传和地震应急疏散演练活动。

（魏楚书）

知识产权工作

【概况】 2017年，桂林市共获受理专利申请9750件，其中发明专利6562件；获授权专利2421件，其中发明专利授权量为785件。全市拥有有效发明专利3936件，每万人口发明专利拥有量为7.93件，增长24.59%。

【优化发明创造环境】 2017年，桂林出台《桂林市促进科技创新发展实施办法》及其操作指南，印发《桂林市发明专利双倍增计划(2016—2020年)》，与各县(区)签订《桂林市发明专利双倍增计划(2016—2020年)目标任务责任状》。支持金融机构、企业等开展专利质押融资工作，将专利质押融资相关政策列入《桂林市促进科技创新发展实施办法》，落实《专利申请资助及奖励暂行办法》。全年市本级投入专利资助奖励及全市发明创造财政资金共740多万元。

【加大知识产权宣传和培训力度】 2017年，桂林市围绕“四·二六”知识产权宣传周、专利周开展各类知识产权宣传教育培训活动。利用桂林电视台、桂林日报、桂林市知识产权局网站等平台进行知识产权宣传，普及知识产权知识，扩大影响力。开展专利“清零”、专利“提升”工程，组织企业开展专利运用与保护培训班、专利代理人考试培训班、中小学生发明创造比赛等活动。推进桂林理工大学、桂林电子科技大学、广西师范大学3家自治区知识产权培训基地建设工作。发挥专利信息服务站功能，设立知识产权专席服务窗口，开展咨询、培训服务。

2017年3月24日，桂林市科技局组织召开全市高校、科研院所科技创新工作座谈会

（魏楚书 摄）

【提高发明创造能力】 2017年，荔浦县获广西首个“国家知识产权强县工程示范县”称号。年内，新增兴安县为国家知识产权强县工程试点县，全市总数达6个；新增雁山区、全州县、灌阳县为广西知识产权试点县，全市总数15个；新增桂林电器科学研究院等2家国家知识产权优势企业；新增哲云电子等7家企业为自治区级知识产权优势(培育)企业，全市总数35家。15家企业通过《企业知识产权管理规范》认证工作，累计20家。组团参加第7届广西发明创造成果展览交易会，达成项目意向协议6个，总金额215万元；有3个项目获金奖，16个项目获银奖，桂林市获最佳组织奖。

【推进知识产权保护工作】 2017年，桂林市开展知识产权联合执法，对市内大型商场、超市、大型展会等进行知识产权联合执法检查；与广东东莞市开展执法协作对接，提升执法业务能力；推进广西知识产权维权援助中心桂林分中心建设工作，组织人员参加相关培训班，为专利权人提供维权援助咨询等服务。加大对县(区)知识产权管理人员执法培训，全市新增专利执法资格人员14人。全年共开展检查6次，出动执法人员30余人次，查处涉嫌假冒专利46件。

（魏楚书）

【桂林知识产权优势企业培育工作取得新进展】 2017年12月，自治区知识产权局发布“关于确定2017年度第二批自治区知识产权优势企业培育单位的通知”，桂林市哲云电子科技有限公司、桂林实力科技有限公司等4家企业列入名单。至此，桂林市共有7家企业被列入自治区级知识产权优势企业培育单位。年内，桂林市知识产权局指导企业开展知识产权管理体系建设，培育企业自有知识产权专业人才，完善企业知识产权管理制度，加强知识产权优势企业培育工作，推动全市知识产权创造、运用和保护工作。至年末，桂林市自治区级知识产权优势(培育)企业有35家，国家级知识产权优势企业实现零的突破，达到4家。

（施凤莲）

防震减灾

【概况】 2017年，桂林市地震局内设办公室、震害防御与应急救援科、监测与法规科，人员编制10名，在职人员13人。年内，广西地震烈度速报与预警系统桂林分项目34个台站土建工作按期完成，防震减灾专业技术楼项目顺利推进，第五代《中国地震动参数区划图》有效实施；地震应急演练、防震减灾宣传教育“六进”(进机关、进企业、进社区、进学校、进医院、进农村)工作和“防震减灾宣传月月行”活动扎实有效。全年，桂林市完成新建Ⅱ类地震应急避难场所6个，创建自治区级防震减灾科普示范学校5所。

【地震监测预报】 2017年，广西地震烈度速报与预警系统桂林项目34个台站土建工程全部竣工，并通过自治区地震局专家组评审验收。更新升级桂林市数字地震指挥中心服务器和软件系统，并在临桂新区创业大厦地震局机关办公区建成地震监测台分网和监控室。继续配合自治区地震局维护管理全州县、兴安县、龙胜各族自治县3个国家数字地震背景场台站正常运行。年内，对全市84个地震宏观观测点、各村灾情速报员和宣传员、各乡（镇）防震减灾助理员进行更新调整，落实“三网一员”（地震宏观测报网、地震灾情速报网、地震科普宣传网和防震减灾助理员）业务培训，地震群测群防“三网一员”体系得到完善。

【地震灾害防御】 2017年，桂林市执行第五代《中国地震动参数区划图》，市地震局与市住房和城乡建设委员会等部门沟通协调，抓好原设防区建设工程抗震设防工作，督促指导灌阳、龙胜、阳朔县（自治县）等新列入抗震设防区域的7个县开展建设工程抗震设防工作，全市完成建设工程抗震设防要求确定441项，其中市本级74项、县（区）367项。5月23日，桂林经济技术开发区管理委员会召开会议就《桂林经济技术开发区断裂活动性鉴定专题研究技术工作方案》进行专题研究，桂林经济技术开发区断裂活动性鉴定工作取得进展。

2017年12月29日，广西地震烈度速报与预警系统（桂林项目）土建工程竣工验收评审会在桂林市粮贸大酒店召开 （胡池养 摄）

【地震应急设施】 2017年2月7日，市地震局与桂林地震台签署局台合作备忘录，加强防震减灾工作合作、信息互通、资源共享。2月14日，桂林市防震减灾专业技术楼建设项目获桂林市第五届政府第4次常务会议通过，该项目拟投资1760万元，建筑面积2100平方米，集地震应急指挥中心、抗震设防数据中心、地震台网中心、科普宣传教育中心功能于一体。年内，市地震局加大地震应急物资储备室投入，实现应急装备标签化管理，做到定人、定物、定位，并补充应急物资器材。临桂新区中心公园Ⅰ类地震应急避难场所新建工作获市人民政府批复。完成新建临桂一中、市民广场、市中心广场、市体育中心、甲天下广场、叠彩区文化广场等6个Ⅱ类地震应急避难场所（2013年建成的园林植物园Ⅱ类地震应急避难场所），至年末，全市共有Ⅱ类地震应急避难场所7个。

2017年3月24日，桂林市防震减灾工作领导小组全体成员（扩大）会议在“一院两馆”会议室召开 （胡池养 摄）

【地震应急演练】 2017年，桂林市推进地震应急演练常态化，把中小学校地震应急演练纳入年度绩效考评，各中小学校每学期至少开展1次地震应急演练，并通过自治区、市防震减灾绩效考评组的实地核验。11月23日，市地震局、各县（区）地震部门、平乐县防震减灾成员单位、同安镇人民政府、同安镇各村（屯）四级联动地震应急演练在平乐县同安镇举行，该次演练模拟同安镇发生4.5级地震，突出乡（村）干部、“三网一员”的应急处置、自救互救及各成员单位的协同。年内，各城区社区利用“五·一二”防灾减灾日、“七·二八”唐山大地震纪念日开展地震应急演练。

【防震减灾宣传教育】 2017年，桂林市利用“五·一二”防灾减灾日、科技宣传周、安全生产咨询日、“七·二八”唐山大地震纪念日、“十月科普大行动”开展防震减灾宣传教育“六进”活动。5月—6月，自治区地震局、桂林市地震局联合对应的县地震部门到临桂区六塘镇、临桂区五通镇、资源县车田苗族乡、资源县河口瑶族乡开展“防震减灾宣传月月行”活动。7月28日，市地震局与荔浦县防震减灾领导小组成员单位在荔浦县城联合开展“七·二八”唐山大地震纪念日防震减灾宣传活动，举办文艺演出，举行防震减灾知识有奖竞答，各县（区）举办具有当地特色的防震减灾文艺晚会、播放防震减灾宣传电影等。10月17日，市地震局与资源县防震减灾领导小组成员单位、扶贫联系点资源县河口瑶族乡，以文艺演出、有奖竞猜、报告宣传等形式，开展“防震减灾宣传进瑶乡”纪念中国第四个扶贫日宣传活动。年内，开展示范创建工作，临桂区第一中学、平乐县第一小学、永福县实验中学、资源县第二小学、兴安县第二中学5所学校申报并获认定为自治区级防震减灾科普示范学校。（胡池养）

2017年5月30日，桂林市社科联、广西桂林图书馆到全州县枧塘镇中心小学开展“社科知识进乡村”暨图书捐赠活动（蒙启恒 摄）

社科活动

【概况】 2017年，桂林市社会科学界联合会（简称市社科联）办公地址在桂林市西山路6号。内设办公室、学会部、科研科普部，人员编制10名，在职人员14人。下辖《社会科学家》杂志社。年末，市社科联所属团体会员61个，会员总数1.14万人。在职在岗从事社会科学研究340多人，其中具有高级专业技术职称49人、中级专业技术职称290多人。年内，桂林市社会科学界共发表论文230余篇，完成研究课题30余项，市级重点社科规划研究课题结集成书《一个城市的发展探索（2015—2016）》公开出版。6月27日，市社科联和桂林甑皮岩遗址博物馆共建的“桂林市社会科学普及基地”在甑皮岩遗址博物馆挂牌。市社科联、叠彩区社科联、桂林图书读者协会被评为“全国先进单位”。

【社科学会活动】 2017年，桂林市、县（区）社科联以及市社科联各团体会员开展形式多样的活动。一是课题研究成果丰硕。灵川县社科联完成“灵川县工业园区提质扩容增效发展研究”课题；兴安县社科联完成自治区社科联县域应用对策研究立项课题“新常态下农村经济结构现状和发展对策研究——以兴安县为例”；全州县社科联完成“全州思源民俗博物馆古民居传承保护探究”；平乐县社科联完成“平乐县城老街旅游开发研究”课题；荔浦县社科联完成“荔浦县农业供给侧结构改革的分析与思考”调研报告；阳朔县社科联完成“弘扬阳朔历史文化 提升阳朔旅游竞争力”调研报告；灌阳县社科联完成“灌阳‘五个到位’强力推进县域公立医院集团建设”调研报告；永福县社科联完成自治区社科联县域应用对策研究立项课题“现代生态休闲旅游发展模式对策研究”；恭城瑶族自治县社科联完成“恭城长寿文化及其产业发展研究”调研报告；叠彩区社科联完成“顾客感知风险对网络零售商惠顾意愿影响实证研究”“新型城镇化背景下桂林地区民宿品牌经济发展模式研究报告”；雁山区社科联完成自治区社科联县域应用对策研究立项课题“桂林市‘五崴一家’古道堡寨传统村落群旅游资源发掘利用调查研究”；经济学学会完成市级社科规划重点课题“桂林全域旅游提升战略研究”；市工商学会完成“我市商标品牌发展情况、存在的问题和建议”“桂林市商事登记全程电子化改革探析”调研报告；市旅游学会完成“漓江5A级游船服务标准”“桂林以旅游为龙头的现代服务业发展报告”；市教育学会完成自治区教育厅A类课题“中学语文高质高效教学模式研究”；市金融学会完成“我国金融监管框架改革研究”等。二是学术交流氛围深厚。兴安县社科联召开“灵渠文化研讨会”；古村文化研究会进行“桂林古村文化传承与研究”等学术活动；市经济学学会召开“古桂柳运河与当今旅游研讨会”；市教育学会召开“全国高质高效语文单元教学精品课堂观摩研讨会”；市旅游学会举办“‘一带一路’与全域旅游：新阶段·新挑战”研讨会，协办“‘一带一路’大健康产业发展与教育国际高峰论坛”“第二届柬埔寨旅游业拓展中国客源市场研讨会”“2017中国—东盟汽车房车露营旅游产业发展高峰论坛”。三是科普宣传成效明显。灌阳县社科联利用春节、“二月八”农具文化节、世界读书日、“五月科技活动周”“十月科普大行动”到各乡（镇）开展社科知识下乡宣传普及活动。恭城瑶族自治县社科联与县科协、科技局等单位开展“五月科技活动周”“十月科普大行动”等大型科普宣传活动，推动社科知识普及宣传活动及社会科学走进新农村；市旗袍文化研究会以“弘扬中华传统文化，展现旗袍风采，彰显东方女性魅力”为主题开展桂林首届“十雅艺术”大赛；师古书院举办首届广西“漆画艺术”成果展；叠彩区社科联举办“学习宣传党的十九大精神，加快构建中国特色哲学社会科学”社会科学普及宣传活动。

【社科规划研究课题结集出版】 2017年，市社科联对通过评审的2015—2016年度9项桂林市哲学社会科学规划研究重点课题进行整理，结集为《一个城市的发展探索——桂林哲学社会科学规划研究重点课题文集(2015—2016)》。该文集由隆斌主编,沈阳出版社出版。文集内容从产业发展、基层组织建设、新型城镇化建设、桂林生态城市建议、会展经济、灵渠保护与利用、桂剧传承与发展等方面展开具有前沿性和应用价值的探讨。

【征集2017—2018年度规划研究课题选题】 2017年,桂林市哲学社会科学发展规划领导小组办公室向社会公开征集桂林市哲学社会科学2017—2018年度规划研究课题选题。课题围绕贯彻落实市委五届三次全会和桂林市"十三五"发展规划纲要精神,围绕加快推进桂林"两个建成"目标中选取具有前瞻性、针对性和操作性并对促进桂林经济社会发展具有理论参考和对策应用价值的选题。年内,共征集到课题28个,确定"'一带一路'建设新布局中的桂林定位研究""桂林现代农业产业体系研究""桂林推进工业发展战略研究""全域旅游背景下桂林旅游发展创新研究""湘桂古道文化研究""黄埔军校六分校历史研究""国际旅游胜地建设背景下桂林高端外语人才培养模式改革创新研究""桂林文化事业与文化产业协同发展研究""新时代加强意识形态工作研究——以桂林为例""体育产业与桂林旅游融合发展研究"等10个课题成为桂林市2017—2018年度哲学社会科学规划研究重点课题选题。

【21世纪"海上丝绸之路"中国—东盟旅游共同体研讨会在桂林举行】 2017年11月30日,由市社科联承办的2017中国—东盟博览会旅游展21世纪"海上丝绸之路"中国—东盟旅游共同体研讨会在市榕湖饭店举行。来自国务院发展研究中心、市旅游发展委员会、广西大学、广西师范大学、桂林电子科技大学、桂林旅游学院、桂林航天工业学院等自治区内外的专家、学者,围绕会议主题进行研究和探讨,提出许多富有前瞻性、操作性强的意见,为加强中国—东盟旅游合作,为21世纪"海上丝绸之路"建设夯实民意基础提供理论支撑和智力支持。

【2017桂林市社会科学学术年会召开】 2017年12月27日,2017桂林市社会科学学术年会在桂林榕湖饭店召开。来自各县(区)社科联、市属各社科学会、协会、研究会,驻桂林各高等院校、科研院所及有关单位的90余名社科学者参加年会。广西大学原党委书记、广西大学区域发展研究院院长阳国亮等8名学者代表联系桂林经济社会发展实际,从经济、法律、教育、党建、旅游、历史、管理等各个方面展开研讨。45篇优秀论文编辑成《社科文萃——2017年桂林市社科学术年会论文集》,由广西师范大学出版社公开出版。 (蒙启恒)

社科成果

【"加快桂林经济技术开发区建设研究"课题】 该课题是桂林市哲学社会科学规划研究重点课题,由桂林市政协郑毅等完成,2017年12月通过专家组评审。该课题在阐述中国经济技术区的发展背景、主要特点和当前趋势的基础上,对桂林经济技术开发区建设的基本现状及存在问题进行分析,提出用活老工业基地调整改造政策、试点企业投资项目承诺制来降低制度性交易成本、厘清高新区与经济技术开发区的区别来做好分工协作、布局发展软件及信息服务业、政府应当做"孵化器"的"孵化器"、设立经济技术开发区产业投资基金、加快产城融合来吸引劳动力回流进而承接产业转移等新观点和建议,为加快桂林经济技术开发区建设及相关领域研究开创了新视角。该课题结合桂林市当前建设经济技术开发区的相关工作实际,对问题分析深入、针对性强,所提出对策建议具有较强的现实指导意义和应用价值。

【"桂林大众创业万众创新研究"课题】 该课题是桂林市哲学社会科学规划研究重点课题,由桂林市经济学学会研究员王清荣等完成,2017年12月通过专家组评审。该课题回顾总结桂林推进创新创业的做法与成效,分析桂林推进大众创业万众创新存在的主要问题,在借鉴先进国家和地区经验的基础上,提出桂林推进大众创业万众创新、打造经济发展新引擎的思路与对策建议。

【"桂林城市立体交通网络战略研究"课题】 该课题是桂林市哲学社会科学规划研究重点课题,由桂林理工大学教授连漪等完成,2017年12月通过专家组评审。该课题结合桂林国际旅游胜地建设的背景,通过文献梳理界定城市"立体交通网络",并对国内主要城市"立体交通网络"和桂林市当前的交通现状进行分析,在立足桂林市实际情况的基础上,提炼了发达城市在"立体交通网络"构建的经验,确立桂林市构建立体交通网络的总体目标并提出了具体的对策。该课题结合桂林市当前城市交通的实际,对问题分析深入、针对性强,所提对策建议具有较强的现实指导意义和应用价值。

【"城乡统筹视角下桂林小城镇发展研究"课题】 该课题是桂林市哲学社会科学规划研究重点课题,由广西师范大学教授刘俊杰等完成,2017年11月通过专家组评审。该课题在对桂林城乡统筹及小城镇发展调查现状基础上,提出桂林城乡统筹发展的评价体系,对城乡关系及小城镇发展存在问题进行相关分析。课题的研究思路清晰,框架结构合理,研究方法比较科学,调研比较深入,资料比较翔实,提出的对策建议有一定参考价值。

【"'一带一路'背景下桂林加快推进跨境电商合作机制研究"课题】 该课题是桂林市哲学社会科学规划研究重点课题,由桂林电子科技大学副教授隋智勇等完成,2017年12月通过专家组评审。该课题研究结合桂林发展实际,针对桂林国际旅游胜地建设实际需要,提出了"一带一路"背景下适合桂林需要的跨境电商的合作内容、模式和相应发展建议。研究成果思路清晰,逻辑合理,具有一定的学术价值和社会应用价值。

【"互联网 + 桂林农村商贸服务业发展研究"课题】 该课题是桂林市哲学社会科学规划研究重点课题，由桂林理工大学副研究员张兴旺等完成，2017 年 11 月通过专家组评审。该课题以互联网 + 桂林农村商贸服务业发展为研究对象，综合运用管理学、经济学、信息科学等多学科理论作为理论基础，通过文献研究、实地调查和网络调查等方法，对桂林市农业发展现状、农村商贸服务业发展历程、发展现状、已取得成绩、存在问题等进行分析，并构建连锁超市推动、电商推动、农贸市场推动、第三方物流企业推动四种互联网 + 桂林农村商贸服务体系，提出相应的对策建议。

【"桂林全域旅游提升战略研究"课题】 该课题是桂林市哲学社会科学规划研究重点课题，由广西师范大学教授陆奇岸等完成，2017 年 12 月通过专家组评审。该课题在阐述国内外全域旅游研究现状的基础上，运用全域旅游相关理论，分析国内外全域旅游发展现状以及桂林全域旅游发展现状与存在的问题，对桂林全域旅游发展进行 SWOT（优势、劣势、机会、威胁的简称）分析，研究桂林全域旅游发展优劣势、机会与威胁，提出桂林全域旅游发展的指导思想与战略目标，以及坚持"共建共享，突出特色，以人为本，保护优先、合理利用，改革创新"的指导性原则，构建"全域共创—全域共享—全域共融—全域共建—全域共育"的桂林全域旅游发展的战略机制体系，探索提升桂林全域旅游发展的战略路径，即创新发展理念，改革管理体制机制；做好"旅游 +"和"+ 旅游"大文章，创新旅游新业态以及创新旅游服务，构建全域旅游导向下高质量的公共设施和服务体系。从资金、土地、考核监督、人才等方面提出桂林全域旅游发展提升战略的保障措施。

【"桂林健康产业发展研究"课题】 该课题是桂林市哲学社会科学规划研究重点课题，由桂林理工大学教授陈亮等完成，2017 年 12 月通过专家组评审。该课题通过 SWOT 分析法对桂林健康产业发展现状、存在问题、发展的优劣势、机遇与威胁进行全面分析，针对发现的问题并结合桂林信和信・大中华养生谷、桂林仙源健康产业园等典型健康产业进行详细阐述，提出桂林健康产业发展的战略方向与原则，系统性地阐述促进桂林健康产业发展的对策建议。

【"桂林彩调艺术传承与发展研究"课题】 该课题是桂林市哲学社会科学规划研究重点课题，由桂林市艺术研究所副研究员周丹等完成，2017 年 12 月通过专家组评审。该课题对彩调发展沿革、艺术特色、生存状况，以及新时期彩调艺术的创作、生产情况进行一定程度的归纳和分析，提出让这一地方艺术走出困境的办法和对策，具有现实意义和针对性。

（蒙启恒）

社科期刊

【《社会科学家》】《社会科学家》为月刊，由桂林市社科联主管、主办，是全国中文核心期刊、中国人文社会科学核心期刊、《中文社会学引文索引》(CSSCI)来源期刊。主要栏目有：《名家访谈》《名家特稿》《博导新论》《哲学与当今世界》《文史论丛》《历史纵横》《法学与法制建设》《旅游理论与实践》《政治文明与构建和谐社会》《经济新视野》《管理学与企业发展》《教育新探索》《语言与文化》等。2017 年出版 12 期，发表论文 340 余篇，有 20 多篇文章被有关机构转载。刊发的国际国内知名博士生导师、学者文章主要有：《名家访谈》栏目推出的教授黄玉顺的《生活儒学与"古今中西"问题》、教授潘懋元《关于高等教育若干问题的思考》、教授蒙培元《情感与自由》、教授邓晓芒《黑格尔〈精神现象学〉句读》、教授陈成文《精准扶贫研究要根植于实践沃土》、教授陆建德《现代化进程中的文学话语思考》等；《名家特稿》和《博导新论》推出的教授黄玉顺《亚洲和平繁荣之道：生活儒学价值共享》、教授郑兴山《幸福感：一个基于自我比较和人际比较的视角》、教授徐奉臻《"文化自信"的定位内涵及功能路径》、教授贺雪峰《论摊大饼式的城市化》等文章。组织专题 8 期，包括《全面两孩政策的实践探讨》《习近平马克思主义中国化理论研究》《马克思主义与空间理论》《全面从严治党》《丝绸之路》等。

（蒙启恒）

【《广西师范大学学报》(哲学社会科学版)】 该学报为双月刊，由广西师范大学主办，是全国中文核心期刊、中国人文社科学报核心期刊、全国百强社科学报、广西十佳社科期刊、中国学术期刊综合评价数据库来源期刊，中国学术期刊(光盘版)全文收录期刊。2017 年出版 6 期，发表论文 116 篇。2017 年度刊物的影响因子为 0.49，刊物全年发文量较上年大幅度减少，主要原因是遵从"宁缺毋滥"原则。所发哲学、政治学、经济学、法学、文学、语言学、教育学・心理学等专题研究专栏论文，代表该学科的前沿研究成果，反映学术界的研究动态和热点，对相应学科的研究起到促进作用。其中，哲学研究方面专栏论文有：张云涛《简论德国早期浪漫主义对费希特哲学的批判和超越》(第 1 期)，谢江平《从四组劳动范畴看马克思的异化劳动概念》(第 2 期)，胡金旺《唐君毅九境中的辩证法及其与黑格尔的差异》(第 3 期)，何广寿《习近平"全面从严治党"思想的哲学意蕴》(第 3 期)，张兴娟《海德格尔：哲学作为生命对历史的倾听》(第 4 期)，李西祥《阿多诺与后马克思主义：否定的辩证法之历史回响》(第 5 期)，冯旺舟《论西方左派理论家对历史唯物主义的重建与反思——基于佩里・安德森、大卫・哈维和安东尼・吉登斯的分析》(第 6 期)，玉素萍、林春逸《共享发展的发展伦理意蕴及实践》(第 6 期)。政治学研究方面专栏论文有：周超《转型期政商关系的治理探析》(第 2 期)，陈建光《修昔底德陷阱的迷思：中美新型大国关系的一种解读》(第 3 期)，辉明、徐海波《香港和新加坡国家认同的建构及其思考》(第 3 期)，黄惠运、潘瑾菁、周永根《中央苏区时期刘少奇的社会保障思想与实践》(第 3 期)，张才圣、陈友庚《中国对外援助理念的解析》(第 6 期),王芸《中国传统文化资源的国家治理价值举要》(第 6 期)。经济学研究方面栏目论文有:赵霞、叶存军、蒙永亨《城乡收入差距、人口流动与中国经济城镇化》(第 2 期),黄启新《金融发展、市场化水平与产业结构升级——基于中国省际面板数据的实证分析》(第 2 期),岳雪莲、刘冬媛《西南民族地区人口职业素质与城镇就业的相关性分析——来自桂滇黔的省际面板数据检验》(第 3 期),谢廷宇、叶存军《金融创新与中国经济增长质量的耦合性研究》(第 5 期),于世海、刘宏楠、彭健《FDI 对中国与东盟产业内贸易影响的实证研究》(第 5 期)。法学研究方面专栏论文有:韩克芳《论法治建设对践行五大发展理念的价值和功能》(第 1 期),黄丽娟、杨士民《论流质契约的禁止》(第 1 期),李燕《行政裁量基准制度的完善》(第 1 期),黄竹胜、陈国华《论中国宗教事务治理法治化》(第 2 期),宋才发、彭振《民族地区精准扶贫的路径抉择及法治保障探讨》(第 4 期),杨瑗华《证券内幕交易罪犯罪主体的证明方式探析》(第 4 期)。文学研究方面专栏论文有:吴增辉《平淡自然与有味其言——论黄庭坚晚年诗作的创变》(第 1 期),杨四平《现代汉诗听觉段位的隐喻性叙事》(第 2 期),陈卫《自媒体时代的中国诗歌发展、走向及问题》(第 2 期),罗小凤《论新媒体语境下诗与公众世界的关系新变》(第 2 期),王瑜《文学史传统与穿越小说的青春想象——网络小说的青春主题研究之五》(第 3 期),熊礼汇《试论李白骈文的美感特质》((第 5 期),张明强《论清初骈文家地理分布与地域骈文流派》(第 5 期)。语言学研究方面专栏论文有:杨绪明《类义词群的语义、形式关联及语用特征——兼谈类义关系研究的词汇学价值》(第 1 期),殷晓云《关于计算机辅助普通话水平测试偏差复审问题》(第 1 期),樊中元《通用量词跨类组合的强弱等级及其语义泛化层次的类型学研究》(第 4 期),张寒冰、林刘巍《论汉语同语式的类型、语义共性与呈现机制——一种非构式的解读思路》(第 5 期)。教育学·心理学研究方面专栏论文有:肖前国、余嘉元《论“大数据”、“云计算”时代背景下的心理学研究变革》(第 1 期),蔡文伯、王玲《大学生学习投入与专业承诺、学习策略的相关研究》(第 1 期),潘芳、张会兵《学分制背景下学生专业课程选择与培养目标的达成度研究》(第 1 期),蒲雯、刘妍《论民族地区教师的跨文化教育使命及其核心素养》(第 2 期),王彦《“教育之形”与“教育之意”——教师专业发展过程中的“形”“意”之变》(第 3 期),郑振锋《民族地区高校教师专业发展多元支持体系的构建——基于利益相关者理论》(第 3 期),韦义平、庞惠支、裴娜、刘永华、韩英、赵帅《事件前瞻记忆优先加工缓存效应》(第 4 期),林铭《信息化视域下农村留守儿童核心素养培养研究》(第 5 期),徐莉、牛琴琴《“因性施教”辨析》(第 5 期),苏良亿《场域视域下农民工随迁子女教育冲突与融合探析》(第 6 期)。

2017 年,《广西师范大学学报(哲学社会科学版)》继续开办《中国南疆研究》栏目,旨在配合国家发展战略的实施,组织广东、广西、海南、云南三省一区的学术界开展区域社会经济、历史文化等方面的研究。该栏目发表的论文有:郑维宽《明清之际北部湾地区的“海寇”与海疆经略》(第 2 期),秦爱玲《对越南“黄沙、长沙”主权要求及历史依据的评析》(第 2 期),罗彩娟《从“归顺”到“靖西”:边疆地区壮族的国家认同研究》(第 3 期),周艳鲜《从古代礼器看骆越民族的审美意趣》(第 6 期)。 (刘文俊)

【《桂林发展研究》】《桂林发展研究》为双月刊内部刊物,由桂林市人民政府发展研究中心主办。该刊是桂林市人民政府的机关刊物,为市委、市人民政府决策服务。主要栏目有:《领导讲话》《重大课题研究》《工作研究》《市情民意》《漓江论坛》《名城文化》《他山之石》等。2017 年刊发 6 期,刊登各类理论研究、调研报告、工作研究、市情民意、重大课题研究和领导讲话等文章 90 余篇约 50 万字。刊登的主要文章有:《政府工作报告》,桂林市发展研究中心课题组《桂林优化学前教育对策研究》《加快桂林旅游 + 互联网发展对策研究》《桂林市现代特色农业(核心)示范区建设研究》,桂林市政协专题调研组《整合桂林优势旅游资源打造旅游旗舰品牌》,民建桂林市委会课题组《基于桂林国际旅游胜地建设背景重振桂林工业雄风的问题研究》,民进桂林市委会《深入挖掘、利用桂林地方戏曲,提升桂林文化自信》,桂林市政协港澳台侨外事委员会、致公党桂林市委会《关于加快桂台现代农业合作发展的建议》,周家斌《用创新培育绿色工业发展新动能》,欧阳友根《2016 年桂林市农业农村经济实现“十三五”开门红》,朱文惠《央视春晚对 2017 年春节黄金周桂林旅游的影响分析》,秦雨初、方中州《经济运行稳中向好 稳增长基础仍待夯实》,李秀梅《2016 年末桂林市城乡居民人均收入缓速稳增》,赵晨彦、周成晖《关于桂林市实体经济发展问题的调研报告》,陈捷、陈中春《桂林市电子信息产业发展调研报告》,张建祥、陈旺有、曾姬华《桂林社区建设调研报告》,秦雨初、方中州、罗威《把握新理念 适应新常态 综合实力显著增强——党的十八大以来桂林市经济社会发展成就辉煌》,欧阳友根《创新发展 优化结构 桂林农业经济平稳发展——十八大以来桂林农业经济发展概况》,蒋泰《桂林智慧城市产业发展情况及建议》,华雪《关于对桂林石刻旅游资源进行深度开发的建议》,莫曾南、邓小强、宾建才、温启军《以健康为中心,创建恭城 4P 医学模式支撑的全民健康样板示范县》,杨迪忠《湘桂古道与古严关初探》等。 (侯湘玲)

文　化

综　述

【概况】 2017年，桂林市文化新闻出版广电局（简称市文新广局）办公地址在桂林市安新北路1号和滨江路13号，内设办公室、人事科、财务科、政策法规科（体制改革办公室）、行政审批科、艺术科、公共文化科、非物质文化遗产科、文化保护与考古科、博物馆与文物安全督查科、文化产业科、市场管理科、宣传管理科、传媒机构和网络视听节目管理科、科技与出版管理科、版权管理科、印刷发行科、反非法与违禁出版物科（桂林市"扫黄打非"领导小组办公室）、规划建设科、后勤保卫科，人员编制72名，在职人员98人。下辖单位28个，其中参照公务员法管理单位3个，全额拨款事业单位15个（正处级2个，副处级9个，正科级4个），自收自支单位6个，企业4个。全部门在职人员989人。全市有不可移动文物1876处，其中新发现994处。各级文物保护单位418处，其中全国重点文物保护单位15处，自治区文物保护单位68处，市、县文物保护单位335处。各类博物馆21家，其中市区各级博物馆6家，馆藏文物5万余件，一级文物42件、二级文物937件、三级文物4297件，全国爱国主义教育基地2家。各级非物质文化遗产名录项目617项，其中国家级名录4项，自治区级名录65项，市级名录项目93项，县级名录453项。各级非物质文化遗产项目代表性传承人296人，其中国家级非物质文化遗产项目代表性传承人4人，自治区级代表性传承人45人，市级代表性传承人95人，县级代表性传承人152人。电影院33家，共174厅2.16万个座位，总票房收入1.30亿元，（比上年，下同）增加0.12亿元。全年放映农村公益性电影2.05万场。全市171家图书馆、文化站、博物馆全方位免费开放，公共文化设施场所全部免费开放，"百姓大舞台""百姓大讲坛""漓江之声""周末大家乐""精品书画月月展"等公益文化品牌影响力持续提升，一批文化精品创作获自治区和国家级奖项。

【央视春晚及"大美桂林"播出】 2017年1月27日，2017年中央电视台春节联欢晚会桂林分会场举行，自治区、桂林市有关领导及2000多名观众在现场观看演出。21时30分左右，随着第一代"刘三姐"黄婉秋悠扬清冽的山歌，桂林分会场演出正式登场。桂林分会场整体舞美造型与四周的山水实景浑然天成，水舞台与漓江融为一体，漓江两岸灯光变幻出四季景色。参与演出的有专业演员及大学生演员618人、船工110人。桂林分会场收视率在中央电视台春节联欢晚会4个分会场中排名第一，真正实现"央视春晚，桂林最美"。2月7日21时，"大美桂林"中央电视台春节特别节目在中央电视台三套综艺频道播出。节目镜头中展现漓江风光、龙胜龙脊、"两江四湖"、资源天门山等自然风貌，以及正阳东巷历史文化街区、桂林逍遥楼、阳朔西街、摩崖石刻、"一院两馆"等桂林国际旅游胜地人文新地标、新成就，节目介绍了桂林舞狮、油炸米花、送门神等民俗活动。（王善库）

【开展文艺主题活动】 2017年，桂林市文学艺术界联合会（简称市文联）开展系列"深入基层，扎根人民"主题实践活动。年初，在文化、科技、卫生"三下乡"活动期间，组织桂林市书法家到各县（区）义务为群众写春联9000余幅。5月，组织桂林市戏曲、书画名家分别到龙胜各族自治县、灵川县和叠彩区开展"结对子、种文

2017年8月23日，中国民主同盟传统教育基地挂牌仪式在八路军桂林办事处纪念馆举行
（市文新广局　供图）

化”——文艺进校园活动,受到学校师生好评。年内,市文联参与组织开展为期5天的“传播地方优秀特色文化,倡导匠人精神——桂林市本土协会进高校系列活动”,在广西师范大学、桂林旅游学院、桂林电子科技大学、桂林航天工业学院和桂林理工大学等5所高校,开展中国传统文化学习传播活动。年内,开展“千村万户文艺惠民工程”活动,加大文艺村(户)创建力度,2017年命名文艺村、户50个。组织文艺志愿者到各县(区)开展文艺辅导3000人次,推动基层文艺繁荣发展。

【对外文艺交流】 2017年3月20日,市文联与辽宁省丹东市文联的文艺交流活动在桂林穿山书画院举行,活动内容有共议文艺发展思路、现场切磋书画技艺、畅谈文艺创作体会、互赠作品等。4月29日,“桂林中青年书画作品邀请展”在深圳市宝安区群众文化艺术馆二楼展厅开展。5月4日—15日,由上海市普陀区文联、市文联、桂林市文学艺术研究室主办的“翰墨漓江——桂林中国画院美术作品展”在刘海粟美术馆分馆(上海市普陀区美术馆)开展,共展出作品80余幅。6月3日,桂林市文艺志愿者服务队参加在湖南省江永县兰溪瑶族乡勾蓝瑶寨举行的“笑满三湘——我爱我们的新湖南”两岸六地文艺志愿者走进勾蓝瑶寨暨“洗泥节”开幕式专场文艺惠民演出。 (何志琏)

文　学

【概况】 2017年,市文联办公地址在桂林市临桂区西城中路69号,内设办公室、组织联络部和文艺发展部,人员编制7名,在职人员12人。下辖桂林文学院、南方文学杂志社、桂林市文学艺术研究室(挂“桂林中国画院”牌子)。所属文艺家协会共12个。

【文学创作活动】 2017年5月,桂林文学院签约作家《草垛》同题创作改稿交流会在平乐县召开,10余名签约作家参加会议。改稿会共收到同题作品18篇,采取事先匿名编号、全员提前通读的方式,回归文学批评本质,畅谈每篇作品的成败得失。改稿会邀请了广西师范大学出版社集团有限公司编辑邹湘侨作嘉宾,对同题作品作点评。6月,桂林文学院组织桂林市作家到南京市、苏州市开展采风学习。11月18日—19日,桂林市作家协会诗歌委员会举办第八届桂林诗会,来自北京、河北、湖北、湖南、江西、福建、广东以及广西各地的80多名诗人参加会议。

【文学创作成果】 2017年,桂林市作家盘文波的中短篇小说在《当代》《十月》等全国刊物上发表,并获《小说选刊》《中篇小说选刊》转载。唐沁的短篇小说在《广西文学》《红豆》等刊物发表。唐女的中短篇小说在《青年文学》《海外文摘》等刊物发表。沈东子在《晶报》《桂林日报》等报刊开设散文专栏。刘玉的长篇纪实文学作品《抗战老兵口述历史》由广西师范大学出版社出版。周昱麟的长篇纪实文学作品《恭城一・二五保卫战》由漓江出版社出版。刘春的诗歌研究专著《一个人的诗歌史》(新版合集)、随笔集《文坛边》由海豚出版社出版。黄芳在《人民文学》《长江文艺》等刊物发表诗歌50余首。 (何志琏)

艺　术

【概况】 2017年,桂林市文化系统共组织各类文艺演出458场,观众29.7万人;举办各类培训累计2636课时,培训人数4.8万人次。在第五届自治区基层群众文艺汇演中,桂林市代表队获优秀组织奖,参赛节目获二等奖2个,三等奖5个,优秀奖7个。参加“‘灿烂广西’2016美术舞台艺术摄影展”评选,选送的41幅作品入选23幅,获得优秀奖(最高奖)12个。在第九届“魅力北部湾”系列群众文化活动中,广场舞《火红的壮乡》获优秀创作奖及表演奖,选送的论文获一等奖。《桂林公共文化》参加全国文化(群艺)馆期刊、群众文学期刊评选,获优秀编辑奖。 (王善库)

【书画摄影展览】 2017年6月10日—15日,市文新广局和市文联在桂林美术馆主办“‘桂林山水传说’美术、书法、摄影作品展”,共展出作品241幅。9月8日—18日,市文联在桂林品艺堂主办2017“‘漓江青年画’美术作品展”,共展出青年画家作品40幅。10月11日—17日,中共桂林市委、桂林市人民政府在桂林美术馆主办第七届桂林国际山水文化旅游节“‘大美桂林’桂林国际书法美术摄影展”,共展出书法、美术、摄影作品200余幅。10月19日—25日,中共桂林市委宣传部、市文联、南宁市文联、柳州市文联在桂林美术馆共同主办“‘喜迎十九大・共筑中国梦’桂林・南宁・柳州美术书法作品交流展”,共展出作品180余幅。11月4日,市文联、雁山区人民政府在桂林美术馆共同主办“2017发现雁山——桂林美术作品展”,共展出作品110余幅。11月12日—19日,市文新广局、市文联、广西师范大学美术学院在桂林美术馆主办“江山行旅——李项鸿山水画艺术巡回展”,共展出作品143幅,同时举行李项鸿山水画艺术研讨会。12月29日,市文联会同桂林市凤集小学开展“书画名家进校园”暨第九届百人亲子书画大赛活动,桂林市书法家协会和美术家协会的6名书画家老师到现场进行艺术指导。12月29日,市文新广局、市文联在桂林美术馆主办的“黑沙骆——李骆公先生诞辰百年纪念展”,共展出李骆公书法、拓片作品57幅,印石原件12幅。

【多件美术作品被评为中国美术家协会入会资格作品】 2017年6月28日,中国美术家协会主办“悲鸿精神・第二届全国中国画作品展”,李富强的《松声禅影》被评为入会资格作品。8月16日,中国美术家协会、中共定西市委、定西市人民政府共同主办“‘丝绸之路・翰墨通渭’第二届全国中国画、油画作品展”,卫长林的中国画《匠心・筑梦》被评为入会资格作品。8月17日,中国美术家协会、中国文学艺术基金会、中共内蒙古自治区委员会宣传部、内蒙古自治区文化厅、内蒙古自治区文学艺术界联合会共同主办“中国梦・2017艺术草原全国中国画、油画作品展”，莫立钦的中国画《梦园雅集图》被评为入会资格作品。9月21日，中国美术家协会、中共甘肃省委宣传部、甘肃省文学艺术界联合会共同主办“第三届《朝圣敦煌》全国美术作品展览”，陈燕英的中国画《生生不息》被评为入会资格作品。9月23日，中国美术家协会、青浦区人民政府主办“2017年全国中国画作品展——当代中国画的创作生态与时代走向”，陈燕英的《古韵·今吟》、龙志军的《山花笑迎远方客》、韦国生的《梦幻家园》被评为入会资格作品。9月29日，中国美术家协会主办“翰墨青州·2017全国中国画作品展”，曾逸云的《氤氲清凉图》被评为入会资格作品。10月16日，中国美术家协会、辽宁省文学艺术界联合会、营口市人民政府主办“写意中国·大美辽宁——第二届中国画水墨大展”，胡秀珠的《林泉高致》、周银志的《翠岭栖隐图》被评为入会资格作品。10月20日，中国美术家协会、中共太仓市委宣传部主办“‘重温经典’第三届娄东(太仓)全国山水画作品双年展”，黄丽云的《蓝图·呼唤》、李富强的《丹崖幽隐》评为入会资格作品。11月9日，中国美术家协会、山东省文学艺术界联合会与菏泽市人民政府共同主办“乡风墨韵·全国中国画作品展”，管旺林的《守望家山》、黄馨胜的《劲松弄清影》、吕生德的《静翠林语圆金梦》被评为入会资格作品。11月12日，中国美术家协会主办纪念叶浅予诞辰110周年“‘潇洒桐庐’全国中国画作品展”，陈燕英的作品《燕语呢喃系列一》、管旺林的作品《笙夜》被评为入会资格作品。11月22日，中国美术家协会、东营市委宣传部共同主办“尚意·2017全国中国画(写意)作品展”，管旺林的作品《夕阳新语暖太行》被评为入会资格作品。12月9日，中国美术家协会、安徽省文联主办“泾上丹青·全国中国画作品展”，莫立钦的《曲园春梦》被评为入会资格作品。

【书画摄影作品创作成果】 2017年3月28日，中国书法家协会主办首届怀素草书学术论坛，市书法家协会会员唐运勇的论文《台北故宫墨迹本〈怀素自叙帖〉与流日残卷的考析——兼及契兰堂刻本》入选。4月，中国书法家协会主办“全国第四届草书作品展”，石云端、廖红兵的作品入展。9月，中国书法家协会主办“全国第八届楹联书法作品展”，唐明的作品入展；自治区人民政府主办“第五届广西艺术作品展”，唐明、廖红兵的书法作品获优秀奖，尹高飞、李鹏飞、李枝有、陈燕、姚玉华、赵仰新、唐果、唐世民、彭维标、蒋志宏、蒋家红、廖俊娥的作品入展，石云端的篆刻作品入展。10月，中国书法家协会、福建省文学艺术界联合会、漳州市人民政府联合主办“全国第四届青年书法篆刻作品展”，廖红兵、唐明、朱继恩的作品入展。11月，中国书法家协会和江西省文联联合主办“全国第四届隶书作品展”，石云端、赵仰新、唐明的作品入展。年内，中国摄影家协会主办“‘中国梦’影像公益广告主题摄影展”，市摄影家协会会员滕彬的摄影作品《装点此关山，今朝更好看》、蒋毅的摄影作品《和谐家庭，放飞希望》、何绍连的摄影作品《烟雨奇峰，园畦入梦》入选展出。中国文学艺术界联合会、中国摄影家协会主办第26届全国摄影艺术展，欧元福的作品《孤舟会双峰》、周俊健的作品《神秘仙境》入选艺术类单幅。欧元福创作的《世界自然遗产——中国南方喀斯特地貌延时摄影及航拍VR全景图片项目》入选中国文联2017年青年文艺创作基金扶持计划，该项目为年度摄影领域唯一入选项目。

【艺术创作成果丰硕】 2017年，市文联所属文艺家协会开展形式多样的文艺活动，促进全市文艺事业发展。2月22日，市文联主办的“国乐娇子”中国音乐学院张尊连教授新春二胡演奏会在漓江剧院上演。6月，自治区文化厅、北海市人民政府主办第九届“魅力北海”“欢跃四季·桂风壮韵”广西原创广场舞展演，市舞蹈家协会创作节目民族广场舞《火红的壮乡》参加演出。9月15日—17日，桂林市戏剧创作研究院主办的“全区第三届广西文场展演暨保护与发展论坛”在省立艺术馆举办，与会人员有来自广西各地的文场爱好者及自治区内外曲艺专家、学者共计400余人。年内，市戏剧家协会打造《桂林有戏》《红灯记》《五子图》等舞台艺术精品剧目。市音乐家协会举办2017年桂林市新春合唱音乐会、“笛韵飞扬”走进高校系列活动、第四届香港国际音乐节桂林地区选拔赛、“桂林崇华杯”合唱比赛。市曲艺家协会会员李侃创作的曲艺节目剧本《拥抱新时代，歌唱新农村》在《田林文艺》发表。荔浦县群众艺术馆演出的广西文场《壮家五更郎》参加第二届中国西部优秀曲艺节目展演和第四届“岳池杯”中国曲艺之乡曲艺展演。市杂技家协会创作的大型杂技剧《漓江神韵》获自治区文化精品重点扶植项目。市民间文艺家协会组织山歌歌手创作宣传党的十九大山歌300余首，并与资源县文化馆编印《宣传党的十九大山歌集》200余本。市文艺理论家协会推进大型文化创新活动“新西南剧展”，推出新剧目《花桥荣记》。黄伟林、刘铁群等主持的“地域资源开发与经典文学活化”的项目获自治区级教学成果奖一等奖，并被推荐申报国家级教学成果奖。《新西南剧展》《历史的静脉》等专著由广西师范大学出版社出版。

（何志琏）

【歌剧《歌仙刘三姐》获国家艺术基金资助】 2017年7月，国家艺术基金发布2017年国家艺术基金资助剧目名单，桂林市申报的歌剧《歌仙刘三姐》榜上有名。《歌仙刘三姐》获项目资助340万元，是桂林市首个获资助的大型剧目。

【桂林市曲艺节目展风采】 2017年11月30日，桂林市群众艺术馆选送的桂林渔鼓《雷锋送钱》和阳朔县文新广体局选送的零零落《漓江渔歌》曲艺节目，参加由天津市文化广播影视局、天津市文联、天津市和平区人民政府、天津广播电视台主办的第三届“和平杯”曲艺票友邀请赛决赛，获“双十佳票友节目奖”。该届邀请赛有来自全国27个省(直辖市、自治区)和美国、德国的参赛作品近200个。

【举办“桂林话歌曲大赛”】 2017年，桂林市“桂林话歌曲大赛”活动历时6个月，征集到近100首歌曲作品，遴选出具有代表性的30首进入决赛。

大赛作品内容形式多样,有民族、流行音乐元素,有文场、渔鼓、零零落、彩调等戏曲元素,凸显桂林地方文化特色,集中反映了桂林人的情感、生活。

（王善库）

公共文化

【概况】 2017年,桂林市新建村级公共文化服务中心172个,全市68.6%的建制村建立了村级公共文化服务中心,其中龙胜各族自治县实现建制村公共文化服务中心全覆盖。有乡(镇)无线发射台(站)86个,广播、电视综合人口覆盖率分别为97%、98.5%。年内,全市完成农家书屋补充更新418家,实现"村村有书屋"目标。共放映农村公益性电影2.05万场。桂林市171家图书馆、文化馆(站)、博物馆全方位免费开放。

【开展群众文化活动】 2017年,市群众艺术馆开展丰富多彩的广场文化活动,先后举办2017年桂林市新春合唱音乐会、庆祝"壮族三月三・八桂嘉年华"文化活动、2017年全国文化科技卫生"三下乡"集中示范活动桂林启动仪式文艺演出、"唱吧——八桂好声音"广西百姓歌手网络展演桂林赛区活动等。桂林图书馆策划"我与桂图过大年""我们的节日·三月三""悦读,在路上""桂海讲坛・公益课堂""'快乐六一儿童节'民俗文化游园活动""大美桂林"航拍视频征集大赛等系列阅读推广活动,定期开展新馆创意空间3D打印、VR体验活动,引导读者了解图书馆,走进图书馆。

【群众文化品牌活动】 2017年,桂林市群众文化品牌活动主要有"漓江之声""周末大家乐""百姓大舞台""百姓大讲坛"等。第38届"漓江之声"以"山水桂林,故乡情怀"为主题,由"歌从山水来"音乐创作节目,"舞动山水间"舞蹈创作节目,"曲萦山水中"戏剧、曲艺创作节目,"桂林小把爷"少儿才艺节目4个板块组成,共举办预赛90多场,参与演员1.2万人,参加决赛节目104个。全年"周末大家乐"广场文艺演出活动25场。"百姓大舞台"举办13场,观众2.3万人次。"百姓大讲坛"举办讲座16场,听众1万余人次。

【第七届桂林国际山水文化旅游节开幕式文艺演出】 2017年10月10日,第七届桂林国际山水文化旅游节开幕式文艺演出在桂林大剧院举行。该文艺演出以"旅游胜地,大美桂林"为主题,展示桂林发展新气象,宣传桂林旅游文化品牌,促进桂林社会经济发展。整台演出以"大美桂林"为主基调,集歌舞、音乐、戏曲、杂技及民间艺术等多种艺术元素于一身,运用大型LED屏幕投影、流动平台、魔幻灯阵、编组焰火、特技效果、环绕音响等多种现代手法,将桂林的山水文化、历史文化、民族文化、民俗风情以及现代化成就综合展现在观众面前。（王善库）

文化产业

【概况】 2017年,桂林市发展重点文化项目和特色文化产业,培育扶持希宇文化创意产业园、桂林五通农民画旅游休闲产业园、桂林袭汇国际文化世界、漓江"千古情"、漓江古韵博览园等重大文化产业项目建设,形成地域特色鲜明、主导产业突出、创新能力较强、市场繁荣有序的文化产业发展新格局。年内,桂林文化企业申报自治区文化产业发展专项资金并获资金支持350万元,其中桂林市坤鹤文化传播有限公司、桂林力港网络科技有限公司、东方时代网络传媒股份有限公司各获80万元,桂林润海文化发展有限公司获10万元,桂林文艺演出有限责任公司获100万元。桂林市重点文化产业项目申报自治区文化厅特色文化产业发展项目,3家文化企业项目获2017年度文化产业发展重点项目,每家企业获项目前期补助5万元。桂林力港网络科技股份有限公司动漫游戏《捕鱼来了》参加自治区文化厅优秀原创动漫作品评选,被评为2017年度优秀原创动漫作品。阳朔县千漓缘旅游文化有限公司获"自治区第七批文化产业示范基地"称号。桂林喀斯特服饰有限公司、桂林力港网络科技有限公司、桂林集扇文化创意有限公司等3家文化企业获"首批自治区级文化创意产品开发示范基地"称号。开展市级第三批文化产业示范基地评选命名工作,13家企业获"市级文化产业示范基地"称号。

【桂林文化产品参展】 2017年,桂林市组织参加各类文化展,扩大市场,打造文化产业发展新格局。5月11日—15日,组织企业赴深圳市会展中心参加第十三届中国(深圳)国际文化产业博览交易会,桂林展团围绕第十三届中国(深圳)国际文化产业博览交易会"文牵一带,博汇丝路"主题,重点推出展示桂林润海文化发展有限公司漓江石创意产品、坤鹤动画产品、愚自乐园艺术品、桂林鸡血玉等具有桂林特色的文化创意产品。5月28日—30日,组织企业到南宁国际会展中心参加"2017年中国—东盟博览会动漫游戏展(CAGE)",桂林力港网络科技股份有限公司和广西临届动漫设计有限公司参展,其中桂林力港网络科技股份有限公司参展大型3D手游《捕鱼来了》,得到国内外同行、媒体高度关注。

【文化市场管理】 2017年,桂林市文化综合管理部门开展文化市场各项专项整治活动,全年共出动检查人员2.87万人次,检查经营单位9956家次,办结案件206件,对违规经营场所警告131家次,责令改正33家次,责令停业整顿9家次,吊销经营许可1家。

（王善库）

非物质文化遗产

【概况】 2017年,桂林市推进非物质文化遗产保护工作,逐步构建非物质文化遗产整体性保护建设体系,全面整理记录桂林市市级以上非物质文化遗产项目,组织编写《桂林市非物质文化遗产丛书》。出版《桂林百姓傩》《桂林龙舟》等桂林民族民间文化保护丛书,《桂林市非物质文化遗产概览》《桂林方言板路》等非物质文化遗产丛书。建设非物质文化遗产展示馆,全面展示桂林非物质文化遗产。开展非物质文化遗产项目名录和代表性传承人保护工作，评选出第五批市级非物质文化遗产项目代表性传承人15人。至年末，桂林市有市级以上非物质文化遗产项目代表性传承人144人，其中国家级项目代表性传承人4人，自治区级项目代表性传承人45人，市级项目代表性传承人95人；桂林市列入各级非物质文化遗产名录共617项，其中列入国家级名录4项，自治区级名录65项，市级名录93项。“桂林渔鼓”列入国家“十三五”非物质文化遗产保护利用设施建设储备项目库，并获资金支持960万元。国家级非物质文化遗产项目“广西文场”获文化部2017年保护建设资金40万元。年内，桂林市本级财政对市级及以上代表性传承人和基地分别给予每人1000元和每家5000元的传承、传习资金补助。

【“文化和自然遗产日”系列活动】 2017年6月，“文化和自然遗产日”主题日宣传展示、展演活动在“两江四湖”景区古南门开展。展演演出桂剧、彩调、文场、大鼓、渔鼓等戏曲、曲艺节目12个，节目吸引大量市民及游客驻足观看。同时，举办“桂林工匠”手工技艺展示活动，邀请列入各级非物质文化遗产项目代表性传统手工技艺类项目进行集中展示。6月9日，桂林市戏剧创作研究院推出“桂林有戏”首场演出，演出剧目集桂剧、彩调、文场、大鼓、弹词等地方戏曲精华于一体，展现桂林地方戏曲独特魅力。各县(区)举办系列宣传活动；龙胜各族自治县举办非物质文化遗产专题展演，节目民族特色突出；资源县举办非物质文化遗产活态展示活动，展示瑶族、苗族山歌，瑶族服饰，河灯制作等项目；阳朔县举办非物质文化遗产(彩调)进校园讲座，制作展板宣传非物质文化遗产知识；恭城瑶族自治县举办非物质文化遗产文艺展演活动，开展桂剧、渔鼓、文场和彩调演出，吸引了众多观众。桂林电视台《板路》栏目推出“关注桂林非遗”系列报道，播出国家级、自治区级和市级等各级非物质文化遗产名录项目和采访报道市级及以上非物质文化遗产项目代表性传承人。

（王善库）

文物·博物

【概况】 2017年，桂林市持续推进文物保护与利用项目建设。桂林博物馆新馆对外开放，靖江王府维修工程完成，甑皮岩国家考古遗址公园新博物馆建成开放，靖江王陵考古遗址公园完成11座王陵考古发掘清理和7座遗址本体保护与环境整治工作，桂海碑林“桂城遗痕——桂林古代大型石刻展”建设完工。完成19处抗战文化标识、7处历史文化名人标识的实地安装和10处名人故居的基本修缮工作，加快推进中国传统村落示范村建设，持续推进灵渠申报世界文化遗产工作。全年桂林博物馆共征集藏品包括文物2600余件(套)。

【桂林博物馆新馆对外开放】 2017年2月，桂林博物馆新馆对外开放。新馆展厅面积1.2万平方米，设有“漓水春秋——桂林历史文化陈列”“画里人家——桂林民俗文化陈列”“靖江遗韵——桂林出土明代梅瓶陈列”“友谊桂林——馆藏外宾赠送礼品陈列”4个基本陈列，设“翰墨华章——馆藏明清书画精品展”“情系桂林——李培庚宋克君叶侣梅捐赠作品展”2个专题陈列及桂林城市规划馆。新馆还设有多功能厅、贵宾厅、游客互动中心、智慧化博物馆、3D数字博物馆、儿童游乐中心、文创产品展示中心等服务项目。桂林博物馆新馆达国家一级博物馆标准，为广西规模最大的博物馆。年内，新馆日均接待量约3000人，年接待参观人数突破100万人。

【挖掘桂林历史文化价值】 2017年，桂林博物馆开展形式多样的社会主义教育活动，宣传挖掘桂林历史文化价值。开展“五彩缤纷民俗乐”“最炫梅瓶风”“与爱同行、与你同行”“关爱农民工子弟”“缤纷蝴蝶显巧手活动”等20余个主题系列活动；结合各种传统节日、节庆举办教育活动10余场；开展“流动博物馆——文化进校园，走乡间”系列活动20余场，参与的未成年人达数万人次。年内，桂林博物馆编辑出版系列本土文化特色丛书，编辑出版《桂林博物馆文集》第四辑。拍摄电视专题片5部，在《桂林日报》刊登宣传博物馆文物藏品，中央电视台、广西电视台、桂林电视台对桂林博物馆文物藏品进行电视报道，社会反响强烈。

【加强数字化博物馆建设】 2017年，桂林市推进桂林博物馆新馆智慧服务平台及基础设施项目建设，完成整体建筑的空中取景，展厅、文物三维图像等信息采集和发布工作，使观众足不出户就能参观桂林博物馆。年内，桂林博物馆官网、微信完成升级改版，中文、英文版，青少年版等均上线。全年

2017年6月5日，全国政协常委、民族和宗教委员会主任朱维群(右六)率全国政协民宗委调研组到桂林博物馆调研 （王善库 摄）

共发布信息 200 余条，观众点击量突破 9 万人次。

【靖江王府保护修缮】 2017 年，靖江王府一期维修工程全部完成。承运殿、礼堂、仰止亭 3 栋建筑内外修缮，端礼门至体仁门 300 米城墙维修，靖江王府历史文化陈列布展完成。二期维修工程于 2016 年 10 月开工建设，项目总投资 3924 万元，修缮面积 2.39 万平方米，包含承运门、中山纪念碑、月牙池及湖心亭、广智门、遵义门等 12 栋建筑及靖江王城城墙的修缮，2017 年完成工程量 70%。

【桂海碑林博物馆石刻长廊建设完成】 2017 年，桂海碑林博物馆石刻长廊建设完成，投资额 141.84 万元。古代大型石刻展示长廊约 180 米，包括清代牌坊 3 组、明清石像 4 组(25 件)、明清碑刻 37 件、清及民国石狮 11 尊、唐至清代柱础 74 件、清代石作 5 件、清及民国井圈 8 件、清代棋盘 3 件、赑屃碑趺 3 件。

【"万年智慧圣地"在桂林揭牌】 2017 年 6 月 22 日，"万年智慧圣地"在桂林揭牌，国家文物局和中国社会科学院考古研究所、自治区文化厅等来自全国的 110 名考古专家参加揭牌仪式。2001 年，中国社会科学院考古研究所与桂林甑皮岩遗址博物馆等单位开始联合开展甑皮岩首期陶研究工作，形成"陶雏器""双料混炼"等研究成果，并形成桂林是"万年人类智慧圣地"成果。桂林是世界唯一拥有 3 处万年古陶出土遗址的城市，桂林发现的史前陶器从无到有，制作工艺发展演化脉络清晰，体现了桂林是孕育万年智慧的人类圣地。

【甑皮岩国家考古遗址公园实施二期工程】 2017 年，甑皮岩国家考古遗址公园建设累计投资 2100 万元。年内，实施完成保护利用设施项目(综合服务中心、万年智慧体验中心、考古文化长廊)和时光隧道主体工程；修缮完成"小平足迹馆"，并举办"邓小平与甑皮岩"历史图片陈列；完成甑皮岩遗址保护展示工程(雕塑景观、环境景观、考古资料整理展示项目)，举办临时展览"甑皮岩大遗址考古工作成果展"；完成甑皮岩遗址洞顶滴水防渗二期、危岩治理二期等保护工程；完成甑皮岩国家考古遗址公园信息化一期工程——公益性宣传彩色 LED 屏项目。12 月，父子岩被确定为自治区级文物保护单位。（王善库）

地　方　志

【概况】 2017 年，桂林市地方志编纂委员会办公室(简称市志办)办公地址于 1 月由桂林市凤北路 7 号搬迁至桂林市临桂区西城中路 69 号，内设秘书科、地方志科、年鉴科和资料科，人员编制 20 名，在职人员 20 人。年内，桂林市第二轮修志工作，地方志书全部完成终审验收修改任务，《桂林年鉴(2017)》被确定为广西年鉴精品工程项目，县(区)地方综合年鉴全面实现一年一鉴编纂出版，"志说桂林"微信公众号开通并试运行，《桂林图志》完成统稿，成功举办 2017 年桂林市地方志理论研讨会。桂林市地方志工作在自治区地方志工作会议上作典型发言。

【县(区)志书编修】 2017 年，桂林市加快推进县(区)志书编修。3 月，市人民政府和未出版县(区)志的 10 个县(区)人民政府签订责任状，强化工作职责，明确出版时间。年内，市志办到恭城、灌阳、全州、永福、资源等县(自治县)了解志书验收后的修改情况，帮助解决修改过程中遇到的业务问题。12 月，市地方志编纂委员会组织 3 个督查组，对全市 17 个县(区)地方志工作进行督查。至年末，桂林市第二轮市县(区)志书修志任务共 18 部，已经出版 8 部，剩余的 10 部志书全面完成终审验收后修改，有 7 部志书进入出版流程。

【《桂林年鉴(2017)》出版】 2017 年 12 月，中共桂林市委、市人民政府主办，市志办编纂的《桂林年鉴(2017)》由广西师范大学出版社出版发行。该卷年鉴着重记载 2016 年桂林市经济和社会发展的基本情况及大事、要事、新事。总篇幅 27.75 印张，版面总字数 110 万字，共有 38 个类目，233 个分目，彩色插页 88 页，内文插图 248 幅，印数 1500 册，配备随书光盘。《桂林年鉴(2017)》被自治区地方志办公室确定为 2017 年广西年鉴精品工程项目。

【地情资源开发利用】 2017 年，市志办继续开展《桂林图志》编修工作，完成《桂林图志》初步统稿，各编辑按统稿意见进行文字资料核实。加强桂林地情网运行管理，上传《桂林年鉴 2016》《桂林市志(1991—2005)》，发布地方志动态信息 52 条，上传桂林时政新闻 40 余条。开通"志说桂林"微信公众号，发布图文消息 34 期。开展地情资料年报工作并进行归档整理。

2017 年 11 月 9 日—10 日，2017 年桂林市地方志理论研讨会在桂林杉湖大酒店召开

（市志办　供图）

年内，各县（区）地方办公室及相关单位有序开发地情资源，临桂区影印出版发行《义宁县志》，永福县启动编撰《永福史话》，桂林市国税局出版发行《桂林市国税志(1994—2014)》。

【召开2017年桂林市地方志理论研讨会】 2017年11月9日—10日，2017年桂林市地方志理论研讨会在桂林杉湖大酒店召开，地方志工作者及特邀专家60多人参加会议。该届研讨会的主题为“古村落开发与保护”，旨在发挥地方志资源优势，为桂林传统村落保护提供智力支持。与会代表实地调研灵川县灵田镇长岗岭村，并听取专家“关于古村落保护与开发”讲座。与会代表就桂林古村落开发与保护中应注意的问题，地方志在古村落开发保护中如何发挥作用及桂林古村落旅游开发价值评估、地位及效益分析等问题进行了讨论。

（游宇琳）

档 案

【概况】 2017年，桂林市档案局（简称市档案局）与桂林市档案馆为两块牌子一套人员，办公地址在桂林市翊武路4号，内设办公室、档案管理科、法规宣教科、业务指导科、编研征集科，人员编制23名，在职人员23人。全市有档案馆21个。其中市本级和17个县（区）各有档案馆1个，均为局（馆）合一的国家综合档案馆；专业馆3个，分别是桂林市房产管理局档案馆、桂林国土资源档案馆、桂林市城市建设档案馆。市档案馆、七星区档案馆、恭城瑶族自治县档案馆、兴安县档案馆为国家二级档案馆。全市机关、事业单位档案室中，有特级档案室3个，分别为市人民检察院档案室、市国税局档案室、市中级人民法院档案室；有一级档案室52个，二级档案室23个，三级档案室22个。年内，桂林市档案基础业务建设、档案信息化建设、档案馆建设、档案文化建设和档案服务创新等工作取得新成绩，档案关注度不断提高，各级人民政府对档案事业经费投入有所提高。全年全市档案事业经费投入400多万元，其中市档案局投入79.97万元。

【档案馆库建设】 2017年，市档案局加强对县（区）档案馆新馆建设督促指导工作，新馆建设工作取得新进展。年初，市档案局多次到县（区）档案部门调研，协调解决新馆建设前期准备中遇到的问题。至年末，临桂区、阳朔县、全州县档案馆新馆完成选址、勘探、档案馆设计等工作。

【举办桂林抗战文化城展览】 2017年，市档案局向国家档案局申报国家级重点档案保护与开发项目，《桂林抗战文化城展览》入选“2017年度国家重点档案保护与开发项目”，成为广西唯一承担国家级展览任务的地市级档案馆。展览以“传承抗战精神，弘扬抗战文化”为主题，突出桂林“抗战文化城”和“历史文化名城”，在发掘市、县档案馆馆藏档案基础上，向社会各界征集大量珍贵历史资料、照片、实物等，制作完成抗战老兵口述历史专题片《民族脊梁——2017桂林抗战老兵访谈》。展览分“国耻之殇，共纾国难”“文化抗战，同仇敌忾”“紧急疏散，乱世流离”“不忘初心，砥砺前行”四部分，通过800余幅珍贵历史照片和档案史料，再现抗日战争时期，桂林作为中国抗战文化中心的繁荣景象和精神风貌。12月，展览对外开放。

【推进全市农村土地确权登记颁证工作】 2017年，市档案局开展土地确权登记颁证工作。市档案局对全市17个县（区）的41个乡（镇）农村土地承包经营权确权登记颁证工作与材料归档工作实行同步跟踪监督指导。年内，市档案局派人到各县（区）帮助制订整理细则，规范建档。与市农业局联合举办2期全市农村土地承包经营权确权登记颁证工作现场培训班，培训各县（区）农业局经管站站长、档案局业务骨干、技术服务公司归档人员208人。

【规范精准扶贫档案】 2017年，市档案局确定全市13个乡（镇）、村为精准扶贫档案规范化建设试点单位。年内，市档案局到试点乡（镇）、村进行现场指导，帮助其制订分类方案，建立健全档案各项管理制度。年内，举办全市精准扶贫档案业务培训班共8期，培训业务人员900多人。

【加强档案基础工作】 2017年，市档案局全面开展机关档案年度归档年检工作，对全市101个单位进行年检。以七星区桂大社区为试点，推进全市城市社区档案规范化开展。做好年度馆藏资料、图书、照片档案接收、整理工作，全年共接收档案5个全宗，159卷7762件，接收图书资料259册。加强对重点档案的抢救工作。至年末，市档案馆完成馆藏重点、珍贵档案抢救3329卷，录入条目14.25万条，扫描35.36万张。开展到期档案鉴定和开放工作。市档案局成立开放档案领导小组，编制《拟开放档案汇总表》，对满30年到期所有档案进行鉴定审核，共鉴定拟开放档案54个全宗714卷。做好政府信息公开接收、管理、利用工作。全年共接收87个单位3533份公开信息，制作目录87本，电子信息公开目录3507条。全年共接待查档者3750人，网站预约查档回复78例，外地信函查阅57起，跨馆查阅47例，调卷5891卷，编写《2017年档案利用效果实例》117篇。

【重大项目档案管理】 2017年，市档案局做好重大项目档案管理工作。举办全市重大项目档案管理业务培训班，抓好自治区层面统筹推进新开工重大项目（桂林市10项）建设档案的登记和报送工作。加强对重大项目档案工作监管，重点跟进斧子口水利枢纽、桂阳公路扩建工程等7个项目监督指导。加强与项目建设单位沟通联系，实施全程监管，全年共对重大建设项目进行巡查指导12次。

【档案数字化工作】 2017年，市档案局召开全市档案系统档案数字化工作专题会议，督促、指导11个县、6个城区档案数据的组织、汇总、上报工作，对全市2016年度档案数字化报送工作考评情况进行通报。全年全市共完成纸质档案数字化653.88万页，数据容量5578GB，其中市档案馆完成数字化扫描档案11个全宗6041卷100多万页989GB，新增档案目录数据6145条。

（柳志刚）

新闻出版·广播电视

新闻出版

【概况】 2017年,桂林市版权局在桂林市文化新闻出版广电局(简称市文新广局)挂牌。全市有广西师范大学出版集团有限公司、漓江出版社有限公司、桂林日报社、漓江周刊、南方文学、社会科学家6家出版单位,各类印刷复制企业320家,出版物发行单位430家。年内,桂林市版权局查办网络侵权案件1件、违法经营非法出版物案件3件、图书市场零售店及高校教辅材料涉嫌侵权案件3件,其中网络侵权案已移送司法机关处理;集中销毁非法盗版出版物5.9万册(件);受自治区版权局委托授权,设立版权登记工作站,开展受理桂林辖区作品登记试点工作,全年登记文字、音乐、戏剧、图形等作品65件。

【政府机关使用软件正版工作专项督查】 2017年,桂林市持续推进政府机关使用正版软件工作,7月17日—21日,桂林市使用正版软件工作领导小组办公室派出2个督查组,对11个县、6个城区使用正版软件情况和长效机制建设情况进行专项督察。共检查政府工作部门71个、部门管理单位2个、直属事业单位12个,计算机共411台。

【"创新发展与版权保护"论坛】 2017年4月28日,桂林市版权局主办的"创新发展与版权保护"论坛在广西师范大学育才校区图书馆一楼报告厅举行。该论坛对当前桂林市版权产业现状、版权保护和商业模式进行梳理和分析,旨在通过建立和提供一个包括高校版权学术研究、政府版权行政主管部门、版权社会自治团体、版权法律服务组织在内的平台,促进桂林市版权保护领域的经验交流和问题研讨。

【版权知识宣传培训】 2017年4月10日—16日,桂林市版权局联合桂林版权协会分别到桂林理工大学等4所高校开展版权知识进校园小讲座、"创新发展与版权保护"学术研讨会等活动,听课人数2000多人次。4月24日—26日组织人员在甲天下广场、永福县文化广场宣传版权知识,现场接受群众关于版权登记、侵权盗版投诉等方面咨询。5月15日,参加在市中心广场举行的"五一五"预防和打击经济犯罪宣传日活动。6月15日—16日,组织全市11个县、6个城区使用正版软件工作领导小组办公室的负责人和相关工作人员及市直属部门的有关工作人员共200多人进行软件正版化工作业务培训,并邀请金山、微软、一铭3家软件公司分别介绍各自产品性能、服务方式、正盗版产品识别方法等。

【《漓江周刊》出版发行】 2017年7月28日,《桂林广播电视报》正式升级改版为《漓江周刊》,该周刊以"坚持新闻立报、开放办报、策划兴报、文化强报"为办报理念。市文新广局与读者生活馆沟通协调,到各城区的40多个社区,开展服务活动,提升《漓江周刊》社会影响力。

【《桂林龙舟》出版发行】 2017年8月16日,桂林市群众艺术馆编撰的《桂林龙舟》出版发行。《桂林龙舟》作为《桂林民族民间文化保护丛书》系列之一,全景式叙述桂林龙舟的起源、流布、制作、礼仪、规矩以及传承等,全面地展现桂林地域龙舟的发展特点及现状,将桂林山水风光与龙舟习俗结合起来,表现了独特的桂林龙舟民俗文化。该书的出版对抢救和保护桂林龙舟习俗文化,开发和挖掘桂林的历史人文资源具有较高的研究价值。

【"扫黄打非"专项行动】 2017年,桂林市加大对非法出版物、涉黄光碟、低俗信息打击力度,堵住低级趣味及不健康源头。组织开展"清源2017""净网2017""护苗2017""秋风2017""固边2017"等专项行动。检查各类文化经营场所1052家次,共出动人员3588人次;在创建全国文明城市攻坚阶段的4个月期间,共派出督察组212组次,出动执法人员3822人次,检查各类文化经营企业1895家次,发现问题隐患218个,责令改正95家次。

【图书发行】 2017年4月22日—24日,广西新华书店集团主办的广西书展活动在桂林新华书店及11个县和临桂区新华书店各门店开设分会场,全场出版物8折,优惠3天。桂林书城开设"最美广西作品"广西本土作家作品展"最美广西出版广西各出版社精品图书展""最美广西山水广西旅游图书展",相关出版物集中展示,突出广西地域特色。11个县和临桂区新华书店分别组织优秀图书进村(屯)、进公园、进社区展销活动。加强图书"售前送审",全年审查各类出版物1.5万个品种(次)、145万册,共计2030万码洋。 (王善库)

【桂林日报社】 2017年,桂林日报社办公地址在桂林市榕湖北路1号,内设部门28个,主办有《桂林日报》《桂林晚报》《体坛导报》、桂林生活网、新闻资讯客户端(APP)“第一时间”、微信公众号“微报桂林”和“桂林晚报的微博”,另有控股公司5家。年内,桂林日报社在职职工251人,其中正高级专业技术职称4人、副高级专业技术职称22人、中级专业技术职称105人。

年内,该社在《桂林日报》《桂林晚报》、桂林生活网和新媒体上开设专栏、专版和专题,精心组织,浓墨重彩地做好党的十九大主题宣传、“两会”报道、中央电视台春节联欢晚会桂林分会场报道、创建全国文明城市宣传、“两会一节”(即第十一届联合国世界旅游组织/亚太旅游协会旅游趋势与展望国际论坛、2017年中国—东盟博览会旅游展、第七届桂林国际山水文化旅游节)宣传报道;策划推出《桂林这五年》、“十三五”开局、“寻找桂林文化的力量,挖掘桂林文化的价值”、关注民意民生等重要系列报道,为桂林市改革发展稳定、实现“两个建成”目标提供舆论支持,聚集了正能量。

年内,该社围绕民生热点、焦点,推出“关注漓江城市段保护利用开发”“关注漓江保护发展”系列报道和“三一五消费者权益保护日”特别报道,根据不同时期、阶段的关注热点,推出“深化改革中的桂林”“创城金点子”“生命的时态”“云轨畅想曲”“毕业季”等专题策划报道,如《价好的西红柿为何却越种越少》《芳香路最后500米即将打通的背后》等深度报道。

2017年,该社加快新媒体建设、推动媒体融合发展,在人员、资金方面给予新媒体中心支持,筹集资金近100万元,发放新媒体采访包、建设“中央厨房”和新媒体直播间,微信公众号“微报桂林”和桂林晚报微博用户有较大幅度增加。12月8日,新闻资讯客户端(APP)“第一时间”正式上线。

年内,该社应对全国纸媒广告经营断崖式下跌形势,调整经营思路,创新经营模式,加强活动策划,在“三月三”小长假期间策划推出“千车万人游永州”活动,在“十一”黄金周期间承办“桂林房·车节”活动等,推动广告经营工作开展。“2017桂林房·车节”期间,参展企业60多家,观展人数超过8万人次,汽车成交量1628辆,销售总额1.94亿元,家装企业成交金额850多万元。该社利用资源优势,盘活自身存量资产,处置广告冲抵房产,回笼资金800多万元。

2017年,该社获第二届全国“敬老文明号”称号,《桂林日报》获2016—2017中国报刊经营价值百强榜“融合创新经营三十佳报刊”称号,《桂林晚报》获2016—2017中国报刊经营价值百强榜“全国晚报二十强”称号,桂林生活网获“全国地市网络媒体综合实力十强品牌”称号,《桂林晚报》在“全国百家媒体看水城”活动“好版面”评选中获“一等奖”。

(吴文)

【桂林生活网】 2017年,桂林生活网(Guilinlife.com)为桂林日报社控股的三新网络传媒有限责任公司旗下网站,为桂林门户网站。桂林生活网致力于移动互联网应用和网络直播平台开发与推广,网站移动端产品桂林生活网、桂林人论坛手机版、网站分类信息手机版、新闻资讯客户端(APP)“掌上桂林”和桂林生活网直播平台拥有大量用户。网站自主研发的图文短视频直播平台全年累计点击量440万人次,其中2017年桂林抗洪救灾直播点击量超过155万人次。网站专题《丰碑永恒——纪念红军长征胜利80周年》获广西新闻奖一等奖,《留住乡愁——桂林古村落》获广西新闻奖二等奖。

(费志刚)

【广西师范大学出版社集团有限公司】 2017年10月24日,广西师范大学出版社集团有限公司搬迁到桂林市五里店路9号的出版社集团总部大楼。全年共出版图书4012种,实现造货码洋15.27亿元,发行码洋10.66亿元,销售收入7.58亿元。

2017年,该公司在省级以上各类图书评选活动有85种图书上榜,获奖186项次,其中,《大学之魂:中国大学校训故事》《冰心的故事》2种图书获广西“五个一”工程奖;《穿过圩场》《铁血八桂——广西抗战地寻访实录》《“吟诗”与“暖”——广西德靖一带壮族聚会对歌习俗的民族志考察》三种图书获广西文艺创作铜鼓奖;《虫子书》获“世界最美的书”;《错了?》获“中国最美的书”;《中国特色社会主义文化自信论》一书获全军第四届全军政治理论研究优秀成果奖一等奖;《飞行家》入选南方都市报2017年度十大好书;《奥斯曼帝国的衰亡》入选《出版人》2017年度评选“年度图书”;《奇妙的书》获评2017年度桂冠图书;《甲马》入选新浪好书榜2017年度十大好书;《回望》入选中华读书报2017年度十大好书;《当代中国文人印谱》获全国第26届“金牛杯”优秀美术图书评奖银奖、《信天而游——台湾女孩在陕北下乡写生的日子》《旁顾左右——中国艺术版图考察笔记》获铜奖。

2017年,该公司响应国家文化“走出去”战略要求,整合澳大利亚视觉出版集团和英国ACC出版集团资源、品牌、渠道资源,以“一体化”+“双本土化”的管理模式,优化完整出版

2017年10月24日,广西师范大学出版社集团总部大楼启用　(李显杨　摄)

产业链的全球业务拓展格局，海外的IMAGES和ACC双出版品牌和广西师范大学出版社品牌形成海内外的品牌拓展合力。注重海内外资源的重组与产业化再造，推动“艺术之桥”建设工程，推出“年度艺术家”项目，引起业界关注。国际组稿、全球发行的代表作品《民宿之美》系列成为专业领域的畅销书。

2017年，该公司响应国家“一带一路”倡议，依托童书公司魔法象在克罗地亚的子公司，建设童书版权贸易中心，尝试全球代理模式，促进优秀文化创意的全球流通，推动中国童书版权走出去。申报的“‘一带一路’文化交流——克罗地亚童书版权贸易中心建设”项目获2017年自治区文化产业发展专项资金资助。年内，完成薛蓝等一些知名作者的签约，可代理83种图书的全球或亚洲版权。

2017年，该公司品牌建设成效明显。北京贝贝特公司全年累计发行龙应台作品200多万册，发行木心作品30多万册，新书《白先勇细说红楼梦》发行10万多册，《现代艺术150年》《鱼王》《文章自在》等新书获业界好评。“新民说”品牌进入稳定发展期，全年品牌发行码洋（比上年，下同）增长95%，回款增长41%；薯片装《鲍勃·迪伦诗歌集》成为业界关注话题，多种“新民说”品牌图书获奖上榜，社会影响力得到上升。广西师范大学出版社（上海）有限公司以“亲近母语”品牌文教产品为龙头，确立各具特色的几大产品线，“艺术之桥”品牌渐具影响。

2017年，在儿童青少板块，“魔法象”品牌图书全年加印量大幅增长，举办线下活动163场，品牌及图书上榜获奖47项次。“神秘岛”品牌图书回款增长280%。全年发布书讯、书评等356篇。《给孩子的童年书》获选中国教育报“2017年度教师喜爱的100本书”“2017影响教师的100本书”，刘慈欣《孤独的进化者》入围“第十二届文津图书奖最受读者喜爱的图书”；3种图书入选2017年全国农家书屋名单，2种图书入选“全国中小学图书馆（室）推荐书目”。

2017年，该公司微信公众号“广西师大出版社”的运营日趋成熟，发起的“加油！书店”提升广西师大社品牌形象活动获评2016—2017品牌传媒金案金奖；结合“四二三”世界读书日策划的“24小时校园阅读空间”阅读推广活动，荣获《中国出版传媒商报》颁发的“年度营销金案”。“观文馆”品牌开始正式进行实际运营，观文馆与独秀书房联合策划的“基于实体书店的O+O校园阅读推广”项目入选新闻出版改革发展项目库，得到国家层面的认可。知更社区全面进入知识付费领域，累计推出知识付费产品近60个品种，先后获深圳读书月华文领读者阅读项目、中国新闻出版研究院年度创新奖项提名。

（李植宇）

【漓江出版社有限公司】 2017年，漓江出版社有限公司共出版图书508种，其中新书323种，再版185种，总册数407.8万册，生产总码洋1.19亿元；图书发货册数600.15万册，发货码洋1.65亿元，净发货码洋1.46亿元；全年动销品种2614种；图书销售收入3137万元。

年内，该社合理规划布局，以文艺类图书为核心竞争力，实践从“漓江出版”向“漓江文化”发展转型，打造新漓江新文艺。该公司全年有多种图书获奖或上榜。其中，《水墨戏剧》获2016年度“中国最美的书”称号，被评为“2016中国好书”，并获广西第十四届精神文明建设“五个一工程”优秀作品奖；《极简黄河史》入围“中国好书”终选名单；《水墨戏剧》《好奇者的经济学》《像爱奢侈品一样爱自己》获“2016桂版好书”称号；《科克托戏剧选》入围2017《新京报》年度好书；《只有一天》获2017年深圳读书月十大童书儿童文学类入围奖；《是我——一个书法主义者的无言之诗》获2017“中国最美的书”称号。

年内，该公司一批项目获自治区及国家相关部门扶持，扶持资金总金额2000多万元，其中国企党建书院项目完成建设。完成22个图书品种版权输出，分别和美国、加拿大、意大利和法国的出版社签订版权协议。11个图书版权输出项目获广西新闻出版广电“走出去”资金扶持，其中《水墨戏剧》获经典中国国际出版工程专项资助。

（秦瑜蔓）

广播电视

【概况】 2017年，桂林广播电视安全播出时间528105小时。其中，尧山站电视安全播出时间25915小时，广播安全播出时间36135小时，传输部广播、电视累计传输尧山信号、传输10个县信号、发射10个县信号共计466055小时。实现全年安全播出“零”事故。年内，桂林电视台上中央电视台和广西电视台的新闻在自治区14个设区市继续保持前列，中央电视台采用45条，其中《新闻联播》9条；广西电视台采用583条，其中《广西新闻》栏目采用190条。桂林人民广播电台播发稿件3600篇，在中央人民广播电台播出稿件50篇，在广西人民广播电台播出稿件109篇。桂林电视台获国家新闻出版广电总局授予的“公益广告优秀播出机构”称号。

【宣传报道党的十九大精神】 2017年，桂林电视台各新闻栏目开设专栏喜迎党的十九大精神，以系列深度报道形式，对桂林市2012—2017年经济发展和社会事业取得的成就进行集中报道。《桂林新闻》开设“砥砺奋进的五年”专栏；《身边》开设“厉害了，我的桂林”和“喜迎十九大，说说心里话”专栏；《希望的田野》开设“喜迎十九大·田野新希望”专栏；《法治与文明》开设“喜迎十九大·法治新力量”专栏；《板路》推出7集“桂林有文化”系列报道；《开扯了啵》密切关注《桂林新闻》和《身边》栏目党的十九大精神宣传报道。各栏目还推出《十九大代表风采》《十九大时光》。党的十九大召开期间，《桂林新闻》《开扯了啵》等栏目开设《基层代表日记》。党的十九大闭幕后，《桂林新闻》立即开设“贯彻落实党的十九大精神”专栏，转载中央权威媒体对党的十九大精神解读。

【电视栏目创新改版】 2017年，桂林电视台对各栏目进行改版。《身边》栏目分别以新闻专题和新闻评论形式做好周播固定版块《身边故事》和《身边评谈》,同时新增固定版块《关注健康》。50分钟的《板路》栏目拆分为《板路》和《开扯了啵》两档方言节目,新的《板路》栏目更加注重以系列报道的形式推出以桂林本土文化为主题的深度报道。新开设的《开扯了啵》设立“晒晒朋友圈”版块,让节目本土化、贴近观众,成为桂林电视向融媒体发展的有益探索。周播全新母婴栏目《超级妈咪》,每期15分钟,以访谈形式,打造桂林权威、全面、时尚的母婴类节目。《叮叮糖》栏目推出全新版块《国学堂》,是面向少年儿童介绍和解读国学经典的子栏目。时政新闻部和市纪委合办党风廉政教育栏目《爱廉说》,是桂林以廉政为主题的电视栏目。年内,与市工业和信息化委员会合作推出《点经桂林》,是桂林电视台第一档专门关注工业经济的栏目。

(王善库)

【影视精品创作】 2017年,桂林电视台与桂林图书馆合作拍摄的29集系列专题片《桂林古村落》,作为图书馆文化共享工程项目正式登陆国家文化部官网。微电影《暑假》入围广西“德行天下·微影故事”优秀节目。年内,桂林市制作节目共获自治区级及以上奖项45个,其中:市电视艺术家协会会员创作的《文教书的种田梦》在由中国电视艺术家协会与中国农业电影电视中心(CCTV-7农业节目)联合举办的全国第九届新农村电视艺术节中获专题片二等奖。桂林旅游宣传片《到桂林,邂逅乡愁》获“大美桂林”微视频比赛金奖。《湘江1934》获广西广播电视奖社教类二等奖、广西新闻二等奖;《文教书的种田梦》获广西广播奖电视社教类二等奖、广西新闻三等奖;《古韵悠悠话文桥》获广西广播电视奖艺术类二等奖;《歌从漓江来》获广西广播电视奖艺术类三等奖;纪录片《结对榕洞村》获广西广播电视奖优秀作品(电视纪录片类)三等奖。桂林电视台制作的电视公益广告《不忘初心,继续前进》《志愿精神,薪火相传》获2016年度广西广播电视奖。桂林电视台参加广西广电系统电视节目录制技术质量奖评比获高清短片类一等奖1个、高清综艺类二等奖1个、标清新闻类三等奖1个,播出技术质量奖评比三等奖1个。

(王善库　何志琏)

【新媒体稳步发展】 2017年,桂林电视台搭建全媒体播出平台,全市重大活动实现电视与网络、微信、微博各平台同步现场直播。年内,成功对灌阳“二月八”农具节、龙胜第六届龙脊梯田文化节、兴安动车首发仪式、桂林“三月三”全天全景大直播等重大活动进行新闻直播。全年共完成直播录播《百姓大舞台》等各类节目15场。桂视网全年点击量822.50万次,增长9%;网站访问量444.83万次,增长47.47%;独立访客158.69万人次,增长53.63%。“桂视网”网页端的浏览次数与人数实现快速增长,全年共推出专题页面26个。微信公众号“桂林头条”“桂视网”按网络思维对微信内容和推送结构进行重新搭建,每天推送内容实现双号有效区别推送,形成小专栏,培养粉丝的阅读习惯。微信公众号“桂林头条”阅读量719.42万次,增长13%;朋友圈转发次数29.63万次,增长90.77%。微信公众号“桂视网”阅读量110.81万次,增长1.93%;朋友圈转发次数4.53万次,增长29.05%。

【广播电视公益广告】 2017年,桂林电视台作为桂林市主流媒体,创作播出一批电视公益广告,每天在所属的3个频道(新闻综合频道、公共频道、科教旅游频道)、“桂视网”以及桂林电视台微信公众号等播出公益广告,播出时间不少于商业广告时长的20%。桂林电视台通过滚动游走,片尾字幕和栏目片花多种形式进行创全国文明城市宣传。全年共播发各种创城宣传标语、游走字幕超过1万条次,公益广告600多条次。8月24日,桂林电视台和桂林坤鹤文化传播有限公司获国家新闻出版广电总局2016年度广播电视公益广告专项资金扶持(传播机构类)。年内,桂林电视台2016年拍摄制作电视公益广告《志愿精神,薪火相传》获2016年度广西广播电视奖公益广告(电视类)二等奖,《不忘初心,继续前进》获2016年度广西广播电视奖公益广告(电视类)三等奖。

【策划广播节目】 2017年,桂林市人民广播电台广播节目颇具特色。977频率全年播出《早安桂林》256期,《桂林新闻》365期,977城市快报3108期,现场报道30多次。品牌节目《政风行风热线》接听众投诉2000余条,回复率98%。“三月三”特别节目《唱给春天的歌》,展示“壮族三月三,八桂嘉年华”系列民族节庆活动;策划并播出清明节的“《相约春天》诗会”,由频率主持人朗诵,分享吟咏春天、追思故人、眷恋故乡等内容;“国庆”特别节目《十月的欢歌》,设置记者连线国庆过节情况、“迎接十九大爱国电影展播”“祝福祖国诗会”等专栏,彰显家国情怀。承办中央人民广播电台第五届“夏青杯”朗诵大赛广西分赛区桂林选拔赛,发掘出一批本土朗诵人才,宣传和普及了优秀传统文化。

【打造特色特点鲜明的广播节目】 2017年,桂林市人民广播电台生活广播坚持“教育、亲子、娱乐”的频率定位和“年轻快乐”的频率风格,挖掘本土资源,关注教育、扎根生活,打造富有竞争力的优质节目,同时与新媒体紧密结合,制作“创城喊红包”等多种形式的互动节目,品牌知名度初显锋芒。策划早、中、晚拳头节目,《欢乐早高峰》吸引粉丝9600余人次,话题及各类参与性互动220余次,《阳光好少年》建立小主持人队伍300余人,校园记者站24所。年内,新的节目版面增加半点报时,重新规整节目时段类别和线性插播点位,整体节目更完整,适合车载收听。精品节目《勇敢长大》广播剧,激励青少年健康、快乐成长;文化讲堂项目通过《品读经典》《桂林百姓文化讲堂》等栏目,邀请桂林本土的权威专家学者作为主讲嘉宾,展示桂林人文魅力,完成8期《桂林百姓文化讲堂》录制和播出工作。完成桂林首届民办教育节活动,整合约50家民办教育机构参加,举行了“网络十佳人气教育机构评选”“优秀参展机构评选”、特色课程网络售卖等,民办教育节公众号商城44家机构共99件课程商品上架,线上销售成交逾20单。

(王善库)

卫生·计划生育·体育

卫生和计划生育

【概况】 2017年，桂林市卫生和计划生育委员会（简称市卫生计生委）办公地址在桂林市临桂路23号。机关人员编制56名，在职人员76人。内设办公室、人事科、规划信息科、财务科、法制科、体制改革科、卫生应急办公室、疾病预防控制科、医政医管科、基层卫生科、妇幼健康服务科、综合监督科（行政审批办公室）、计划生育基层指导科、考核督查科、计划生育家庭发展科、流动人口计划生育服务管理科、科教宣传科、中医药民族医药管理科、保健科、机关党组织、桂林市防治艾滋病工作委员会办公室，有各级各类医疗卫生机构1760个（家）（不含村卫生室3282家）。其中，医院66家（综合医院40家、中医医院11家、中西医结合医院3家、专科医院12家），疗养院3家，乡（镇）卫生院144家（其中中心卫生院46家，乡卫生院98家），采供血机构1个，妇幼保健院（站）13家，疾病预防控制中心13个，卫生监督所15个，诊所、卫生所、医务室、门诊部共1325个（家）（其中门诊部29个），社区卫生服务机构43个（中心11个，站32个）。全市有卫生在岗职工4.43万人，其中卫生技术人员3.29万人（执业医师0.96万人、执业助理医师0.2万人、注册护士1.41万人）。农村有乡村医生和卫生员0.45万人。全市医疗卫生机构有床位2.22万张，其中医院床位1.57万张，妇幼保健床位0.15万张，卫生院0.46万张。年内，医疗机构完成诊疗总数3049.77万人次，其中门、急诊2943.99万人次（门诊2683.53万人次、急诊260.46万人次）。病人出入院79.18万人次；病床周转次数37.2次，病床使用率81.33%（医院病床使用率90.98%，妇幼保健院病床使用率82.19%），出院者平均住院7.8日。

【健康桂林建设规划出台】 2017年，健康桂林建设有序推进。9月6日，全市卫生与健康大会召开，出台《关于推进健康桂林建设的决定》《“健康桂林2030”规划》等7个文件，健康桂林建设规划基本形成。健康桂林建设规划显示：到2020年，桂林市建立覆盖城乡居民的中国特色基本医疗卫生制度，健康素养水平持续提高，健康服务体系完善高效，人人享有基本医疗卫生服务和基本体育健身服务，基本形成内涵丰富、结构合理的健康产业体系，主要健康指标保持广西领先、优于全国平均水平；到2030年，桂林市实现人民健康水平持续提升，主要健康危险因素得到有效控制，健康服务能力大幅提升，人居环境更加健康，健康产业规模显著扩大，促进健康的制度体系更加完善。

【医药卫生体制改革实施】 2017年，桂林市确立“1252”医改工作思路，“以健康为中心”工作理念贯穿始终，抓好医联体建设和家庭医生签约服务，致力于合理的分级诊疗制度、有效的现代医院管理制度、高效的全民医疗保障制度、规范有序的药品供应保障制度、严格规范的综合监管制度“五项制度”工作，通过落实绩效考核制度和推动智慧医疗建设“两个支撑”确保任务落地。出台城市公立医院综合改革1+26个配套政策文件，推进“三二医联体、医共体、专科联盟、远程医疗协作网”等医联体建设。广西壮族自治区南溪山医院与龙胜各族自治县人民医院建立紧密型医联体、市人民医院与11家县级医院签订联盟协议。年内，桂林市率先在自治区开展药品带量采购，全面推行公立医疗机构药品采购“两票制”，药品生产企业到流通企业开一次发票，流通企

2017年9月6日，桂林市卫生与健康大会召开 （师顺虎 摄）

2017年11月9日—10日,全国卫生、计生行政执法培训班在桂林市举办

(师顺虎 摄)

业到医疗机构开一次发票,减少流通环节层层盘剥,达到降低药品价格。灌阳县整合3家县级公立医院、9家乡(镇)卫生院、138个村卫生室组建成立广西首家统一法人的灌阳县公立医院集团,打造"管理、服务、责任、利益"四个共同体,实行人、财、物统一调配、使用和管理,成立医学检验、心电诊断、影像诊断、消毒供应、卫生信息、财务结算等资源共享中心,通过信息网络传输实现互联互通、资源共享,让老百姓不出乡(镇)就能享受优质的县级医疗卫生服务。

【卫生和计划生育执法】 2017年,桂林市完成17个县(区)卫生、计生执法资源整合,居自治区前列。市、县(区)级卫生、计生监督机构增至18家,其中市级1家,各县(区)17家。新成立挂牌乡(镇)监督站146个,增加人员编制109名(全市编制总数388名),新增乡(镇)卫生、计生执法人员530人。11月9日—10日,全国卫生、计生行政执法培训班在桂林市举办。

【桂林市被列为国家社会办中医试点城市】 2017年,桂林市被列为国家社会办中医试点城市。年内,桂林市探索社会办中医模式,恭城瑶族自治县结合生态养生建设需要,提出建设瑶医药特色小镇规划构想,突出中医特色和瑶医药文化普及;灵川县全面实施新中医诊疗体系的临床运用,开展新中医诊疗体系义诊活动,探索新中医在痛症、疑难杂症等方面的治疗路径。年内,桂林市中医医院纳入全国中医药传承创新工作建设项目,获国家、自治区项目资金1.2亿元。加强中医药重点专科建设,全市有国家级重点专科3个、自治区级重点专科22个、市级重点专科15个。抓好21个中央、自治区补助中医馆建设项目建设,提升中医药服务水平。组织实施"基层中医药民族医药适宜技术培训项目",全市各乡(镇)卫生院、社区卫生服务中心中医药适宜技术推广覆盖率100%。推动崇华中医街建设,开展国学文化与中医药文化讲座培训87场,参加人员9500多人次。

【基层医疗卫生服务】 2017年,桂林市基层医疗卫生机构服务能力增强。北门、平山社区卫生服务中心获"2017年全国百强社区卫生服务中心"称号,北门、平山、叠彩、秀峰、象山、东江社区卫生服务中心获全国"2017年优质服务示范社区卫生服务中心"称号,秀峰社区卫生服务中心获"全国卫生计生系统先进集体"称号。加强基层医疗卫生机构能力建设,全年全市卫生、计生系统获基层医疗卫生机构能力建设项目191个(基建项目44个、设备购置项目147个)。桂林旅游综合医院、市疾控中心检验业务综合大楼和第二人民医院城北医院建设项目加快推进。出台《桂林市医疗机构设置规划》,鼓励引导社会办医,促进医疗资源优化发展。加强医疗服务质量管理,提高医院管理水平和服务质量。开展"进一步改善医疗服务行动""优质护理"服务,改善人民群众就医体验。推进科技创新,全市获自治区卫生计生委、桂林市科技局医学科研项目立项31个。

【人口和计划生育管理】 2017年,桂林市生育登记52122例,其中一孩登记19599例,二孩登记32050例,三孩及以上473例;再生育审批受理1233例,经审核审批1231例。全市出生人口6.58万人,其中一孩2.41万人,二孩3.86万人,三孩及以上0.31万人。年内,诚信计生巩固提质工作成效明显,全市1874个建制村(社区)全部开展诚信计生,至年末共有诚信计生小组6.52万个,参加诚信小组的育龄妇女78.74万人,其中新增2.14万人。开展创建幸福家庭活动,象山、秀峰、叠彩区成为桂林市第二批幸福家庭活动示范县(区)。

2017年,桂林市全员流动人口51.78万人(男性26.42万人,女性25.36万人),其中流出人口32.77万人,流入人口19.01万人。全年全市农村孕产妇住院分娩率99.99%,孕产妇死亡率16.39/10万,婴儿死亡率3.43‰,5岁以下儿童死亡率4.78‰。全市婚前婚检率98.95%,产前筛查率85.67%,新生儿疾病筛查率94.76%,新生儿听力筛查率96.05%。年内,桂林市组织实施《广西母子健康手册》推广使用工作,促进孕前保健、围产保健与儿童保健工作系统化、规范化。

【健康旅游示范基地建设】 2017年,桂林市获批准开展全国首批健康旅游示范基地创建工作,是广西唯一获批准的城市。9月13日,市委书记、市人大常委会主任赵乐秦在国家推进健康旅游示范基地建设工作座谈会上介绍桂林经验。年内,桂林市制订《桂林市健康旅游产业发展规划(2017—2025年)》《桂林国家健康旅游示范基地建设实施方案》等文件,确定一批重大项目,根据"三个一批"(示范带动一批、推进建设一批、储备一批)

2017 年 12 月 16 日，桂林市人民政府与中国医疗保健国际交流促进会签订战略合作协议（师顺虎 摄）

原则，推进健康旅游产业项目建设，集聚态势初步形成。桂林市与中国医疗保健国际交流促进会、广西师范大学签订战略合作框架协议，吸纳中国工程院院士韩德民、国家健康旅游示范基地评审专家组组长刘庭芳等一批知名专家成为专家咨询委员会成员，为桂林健康医疗旅游产业发展提供智力支撑。12 月，崇华中医街被评为国家 3A 级旅游景区。开展医养结合工作，全市有 30 家养老机构与周边基层卫生医疗机构开展签约合作。

【公共卫生服务】 2017 年，桂林市人均基本公共卫生服务经费标准由 45 元提高至 50 元。桂林市居民健康档案规范化电子建档率 81.13%，高血压病患者、Ⅱ型糖尿病患者和登记在册严重精神障碍患者规范管理率分别为 87.56%、85.45% 和 85.71%，0—6 岁儿童健康管理率 86.64%，家庭医生签约覆盖率 41.92%，重点人群签约覆盖率 71.24%，建档立卡贫困人口家庭医生签约率 100%。年内，全市法定传染病发病率 812.68/10 万，累计新建预防接种 7.97 万人，免疫规划疫苗报告接种率均在 90% 以上。继续以叠彩区创建国家级慢病综合防控示范区为重点，巩固 21 个示范点。桂林市肿瘤登记处获国家癌症中心 2017 年全国肿瘤登记工作进步奖。全年全市全血采集 42249 人次 69163u，(比上年，下同）分别增长 1.17% 和 4.37%。单采血小板采集 3213 人份，增长 11.33%。执行国家和自治区艾滋病防治策略，拓展微信、短信、网络平台等多种渠道，开展预防艾滋病宣传教育。

【医疗卫生信息化建设】 2017 年，桂林市全面推进区域医疗协同服务信息平台建设，市级区域卫生健康平台实现与自治区平台的互联互通。3 月，桂林市在自治区率先发行居民健康卡。龙胜各族自治县成为自治区第一个发放居民健康卡的县，发卡范围覆盖全县所有建档立卡贫困人口，为建档立卡贫困群众建立电子健康档案。推进基层医疗卫生机构信息平台建设，在社区卫生服务中心和乡（镇）卫生院建立信息管理系统，完成 97 个乡（镇）卫生院基层信息平台建设项目，为双向转诊和规范服务提供支撑。9 月，“桂林健康”微信公众号正式上线运行。年内，市级远程会诊中心投入使用。

【健康扶贫】 2017 年，桂林市以创建国家健康扶贫工程示范点为契机，推动全市健康扶贫工作全面开展。创新“五级四员”互帮互助联动机制，即村两委支部书记（村计生协会会长）或主任为健康扶贫总责管理员，计生专干（村计生协会秘书长）为健康扶贫宣传联系员，村医为健康扶贫医疗服务员，3 名—5 名计生协会会员为生产生活帮扶员，形成了从总责管理员，到宣传联系员、医疗服务员、生产生活帮扶员，最后到贫困户的五级工作制，共同帮扶因病致贫、因病返贫家庭，形成网格化服务。年内，在全市建制村（社区）建立健康扶贫“五级四员”互帮互助服务团队 1671 个，动员计生协会会员与 2.6 万户因病致贫、因病返贫户建立结对帮扶。实施健康扶贫“四个一批”（开展集中救治一批、抓好源头预防一批、实施签约服务管理一批、兜底保障一批）、“健康快车”、光明行动医疗扶贫计划，实施贫困患者免费白内障手术 1547 例。全市全面启动先诊疗后付费服务模式，方便农村贫困群众就医。建档立卡贫困人口参合人员大病保险补偿起付线降至 3500 元。专题部署大病分类救治工作，对全市患白血病、儿童先天性心脏病、食管癌等 9 种大病的 1157 名儿童实行集中

2017 年 2 月 28 日，广西居民健康卡首发仪式在桂林市举行（王龙飞 摄）

救治，进展率97%，救治率99%。贫困人口住院报销从大病兜底前的68%提高到90.37%。（蒙旭红）

爱国卫生

【概况】2017年，桂林市爱国卫生运动委员会办公室（简称市爱卫办）办公地址在桂林市正阳路33号。内设综合科、业务科，人员编制6名，在职人员5人，下设桂林市卫生消杀站。年内，市爱卫办以巩固国家卫生城市成果、创建全国文明城市为契机，开展爱国卫生运动，卫生创建、健康城市建设、农村改厕、除“四害”、健康素养促进、控烟等工作。

【卫生单位创建】2017年，桂林市获自治区卫生乡（镇）3个，卫生村24个；完成自治区卫生乡（镇）复审2个、卫生村复审149个、卫生先进单位复审9个；兴安县、灵川县、全州县通过自治区卫生县城复审。开展卫生基础设施建设工作，市财政投入48万元及各县（区）配套补助资金，完成创建桂林市文明卫生示范村镇28个。至年末，全市累计有自治区卫生县城4个，自治区卫生乡（镇）22个，自治区卫生村557个，自治区爱国卫生先进单位192个。

【健康城市建设】2017年，桂林市被列为广西健康城市建设试点城市。年内，桂林市成立建设健康城市工作领导小组，制订印发《桂林市全民健康素养促进行动计划（2017—2020年）》《桂林市建设健康城市（2017—2020年）行动方案》，通过健康知识宣传、健康讲座、全民健身等活动，传播健康理念，营造健康文化氛围。深化健康促进医院创建工作，市直属、自治区直属医院全部通过自治区健康促进医院考核评估。

【农村改厕】2017年，桂林市农村改厕工作结合“美丽桂林·宜居乡村”基础惠民工程的改厨改厕同时开展，全年完成农村改厕18.25万座。至年末，全市卫生厕所普及率93.6%、无害化卫生厕所普及率85.7%。

【除“四害”工作】2017年，桂林市市本级共投入除“四害”资金60万元，组织开展春、夏、秋季除“四害”活动，对市区19个农贸市场安装灭蚊灯200盏，定期对每个市场进行除“四害”消杀，做好H7N9的防控，对全市6个城区下水道6.5万个井口投放灭蟑药弹3.50万枚，市区施布鼠药35吨。针对洪涝灾害，开展预防寨卡病毒病及登革热病工作，对全市积水进行统一投药灭幼蚊行动，投放药品300千克。

【控烟工作】2017年5月31日，桂林市第30个世界无烟日宣传活动在市中心广场举行，活动以“被吸烟，我不干”戒烟健步走为主题。市政协、市卫计委、团市委青年志愿者、市直属医疗卫生系统等350多人参加活动。年内，继续推进各项无烟创建活动。至年末，全市获自治区“无烟单位”称号10个，获桂林市“无烟校园”称号26所，获桂林市“无烟卫计单位”称号69个。加快控烟法制化进程，向市人民政府提请申报《桂林市控制吸烟规定》被列入2018年地方法规制定计划项目。（刘艳兰）

2017年6月，荔浦县双江镇江埠村广福村（屯）村民开展绿化美化建设

（市爱卫办　供图）

体　育

【概况】2017年，市体育局办公地址在桂林市依仁路11号，内设科室6个，人员编制26名，在职人员30人。下设直属事业单位9个，其中全额拨款事业单位6个，差额拨款事业单位2个，自收自支事业单位1个。全年全市拥有各类体育场地9165个，其中新增乡（镇）农民体育健身工程带看台灯光篮球场3个，村级篮球场32个。有业余体校11所，专职教练91人，在训学生1856人。全年向自治区以上运动队输送运动员36人，新增二级运动员36人，二级社会体育指导员360人，三级社会体育指导员1700人。桂林市籍运动员参加世界、亚洲及境外区域性各类赛事共获名次16项，其中第一名2项，第二名5项，第三名4项，第四至八名5项。参加全国大赛获奖牌48枚，其中金牌16枚，银牌11枚，铜牌21枚；参加全国青少年赛获奖牌40枚，其中金牌7枚，银牌12枚，铜牌21枚。年内，市体育局被国家体育总局授予“全国群众体育先进单位”称号。

【群众体育赛事】2017年，桂林市、县（区）共开展群众体育赛事300多项，形成了以政府为主导、全社会参与的全民健身热潮。3月19日，2017年全国象棋业余棋王赛“碧桂园”杯广西赛区暨广西象棋棋王争霸赛（桂林赛区）在荔浦县山河郡开赛，比赛联动自治区14个设区市参与，中国象棋特级国际大师世界冠军许银川到现场助阵。3月25日，由桂林市体育总会、团市委主办的“彩虹廊桥”2017年桂林市公益越野跑在阳朔县遇龙河景区举行，来自美国、新加坡等国家和中国北京、安徽、湖北、湖南、广东和广西等地的马拉松、长跑爱好者240余人参加比赛。3月25日—30日，桂林市启动2017年广西壮族“三月三”民族体育炫系列活动，参与活动人数3万多人次。3月—11月，市体育局、市教育局联合举办全市中小学生系列体育比赛，比赛包括中小学生足球、篮球、排球、羽毛球、乒乓球等多个项目，参赛学生1万余人次。4月15日，由自治区体育局主办、各市体育局承办的“我是球王、我要上全运”2017年广西气排球桂林市选拔赛在市体育馆结束。5月8日—14日，由全国老年保龄球联谊会主办，桂林市体育总会办公室、桂林市保龄球协会承办的2017年第十五届全国老年保龄球联谊赛在桂林嘉运保龄球馆举行，来自全国18个省、直辖市、自治区的27支代表队、289名选手参赛，湖南队获男子甲组团体冠军，北京队获男子乙组团体冠军，广州队获女子组团体冠军。6月3日—11日，由桂林市体育局主办、桂林市排球协会承办的桂林市第十二届气排球大赛，有95支队伍、1000多名选手参赛。6月16日，桂林市第十届体育舞蹈锦标赛在市第二体育馆举行，来自北京市，广西河池市、蒙山县及桂林市各县(区)共500多名选手参加角逐。6月25日—28日，由桂林市体育局主办、市羽毛球协会承办的第十九届羽毛球赛在市第二体育馆举行，45支队伍、320余名选手参赛。6月—11月，由桂林市足协主办的桂林市首届七人制足球联赛在七星区英华足球训练场举行，共有16支球队、300多名运动员参赛。7月22日，由桂林市委宣传部主办、桂林市体育局承办主题为“周末大家乐”暨“全民健身日”的文艺演出在市中心广场举办。7月23日，由广西游泳协会、桂林市体育局主办、桂林市冬泳协会承办的2017年第21届漓江漂游活动在桂林市举行，来自广东、湖南、湖北、重庆、贵州、山西、浙江以及广西各城市共41个游泳协会的游泳爱好者1500余人参加活动。8月8日，以“喜迎十九大，健身助健康”为主题的第九届全国“全民健身日”暨广西体育节开幕式桂林分会场活动在桂林市中心广场举行，3000余名市民参加活动。8月8日，由桂林市体育局主办、桂林市户外运动协会承办的桂林首届城市定向赛在桂林市中心广场举行，有300多名选手参赛。8月19日—20日，2017全国青少年宫系统武术套路比赛总决赛在市体育中心体育一馆举行，来自全国11个省(自治区、直辖市)的21家青少年宫、俱乐部、武术团队共400余名武术好手参赛。10月23日，由桂林市体育局主办、桂林市围棋协会承办的2017年“广陆杯”桂林业余围棋棋王争霸大奖赛在桂林棋院落幕，来自全市不同年龄层的58名业余围棋高手参加比赛，经预选赛、交叉赛、决赛三个阶段，青少年棋手邓启鸣力克中年著名棋手唐韬勇夺桂林业余围棋棋王。11月10日，由桂林市体育局和桂林日报社主办、体坛导报和桂林市足球协会承办的2017年“信昌集团杯”第19届体育彩票桂林五人制足球赛暨“我爱足球”中国足球民间争霸赛桂林赛区比赛在市体育馆闭幕。11月22日，由市委宣传部主办，叠彩区人民政府、市体育局承办的第二十四届“叠彩—解放杯”长跑赛在叠彩区万达广场举行，赛事分竞赛组和千人健步走组，来自学校、市直机关、总工会等单位近2000名长跑爱好者参赛。12月2日—3日，由桂林市体育局主办的2017年桂林市象棋六项全能公开赛暨2017年第八届桂林市象棋季度公开赛年终总决赛在桂林棋院落下帷幕。12月3日，由中国登山协会、广西壮族自治区体育局、桂林市人民政府主办，桂林市体育局、灌阳县人民政府、桂林日报社承办的2017“千家洞矿泉杯”中国·灌阳全国山地自行车户外挑战赛在广西灌阳闭幕，来自北京、天津、深圳、贵州、山东和广西等各地的30支队伍100多名选手参赛。12月8日，由桂林市体育局、桂林日报社主办、体坛导报社承办、灌阳县文化新闻广播电视体育局协办的第八届桂林市大众篮球赛在市体育馆闭幕，比赛共有76支队伍参加。12月12日，由桂林市体育局主办、桂林市老年人体育协会承办的桂林市中老年迎新春健身展示活动在市体育馆举行，来自秀峰区、叠彩区、象山区、七星区、雁山区、市直老年体协和市老年体协柔力球部的近千名中老年健身爱好者参加展示。12月23日，由桂林市体育局、桂林日报社共同主办的广陆杯第八届桂林市围棋联赛在市体育中心棋院落下帷幕。

2017年8月8日，桂林首届城市定向赛在桂林市中心广场举行

（市体育局　供图）

【竞技体育】 2017年，桂林市籍运动员在国内外各级比赛中取得优异成绩。4月3日，苏联在泰国曼谷参加世界少年举重锦标赛，获男子69kg级抓举第3名、总成绩第6名。4月5日—9日，骆建林在英国伦敦参加2017年体操世界杯挑战赛，获男子全能第7名。5月21日—23日，廖羽在泰国曼谷亚洲少年田径锦标赛上，

获女子标枪第1名，梁义娜获女子400米栏第1名。8月18日—20日，由国际漂流联合会(IRF)主办的国际性A级漂流赛事2017中国资源漂流世界杯在资源县五排河举行，来自10个国家的14支队伍参赛，赛事吸引国内400多家媒体关注。8月25日，梁义娜在日本茨城参加第25届中日韩青少年运动会，获女子400米第2名。8月27日—9月8日，第十三届全国运动会在天津市举行，26名桂林籍参赛运动员在10个竞技体育项目进入决赛，获铜牌1枚；在群众体育项目获金牌1枚、银牌1枚、铜牌1枚。9月14日—20日，谢展鹏、刘依倩在哈萨克斯坦参加第十届亚洲技巧锦标赛，获混合双人12岁—18岁年龄组全能第2名、团体第3名。9月18日—21日，梁义娜在土库曼斯坦参加第5届亚洲室内与武道运动会，获女子400米第5名。9月23日，首届龙脊梯田国际越野挑战赛在龙胜各族自治县龙脊梯田举行，赛事分50千米个人组、50千米混双组、28千米个人组、5千米体验组，来自22个省(自治区、直辖市)，中国香港、澳门、台湾地区，澳大利亚、墨西哥等7个国家和地区的近1000名运动员参加比赛。10月23日—24日，首届环广西公路自行车世界巡回赛桂林赛段在桂林举行。10月24日，2017环广西世界女子精英挑战赛在桂林举行，来自世界各地的16支女子公路自行车顶级强队参赛，赛段总长110千米，属城市平路绕圈赛，意大利粉红女子自行车队的玛丽亚·维多利亚·斯佩洛托赢得冠军。11月19日，由中国田径协会、自治区体育局和桂林市人民政府主办的2017桂林国际马拉松赛在桂林举行，赛事设马拉松(42.195千米)、半程马拉松(21.0975千米)、10千米马拉松(10千米)、迷你马拉松(约5千米)四个项目，其中10千米马拉松是新增项目，参赛人数2万人。经过角逐，来自肯尼亚的ZEBEDEE KIPRONO CHEPKWONY以2小时22分26秒夺得全程男子组冠军，中国选手侯艳民以2小时25分48秒获亚军，埃塞俄比亚的BEGNA CHALA BEKELE以2小时27分25秒获季军。来自埃塞俄比亚的LEKELESH FEYSA DERA以2小时45分获全程女子组冠军，肯尼亚的ESTHER ADEWA ENYAMAN以2小时55分24秒获亚军，中国选手房广霞以2小时55分53秒获季军。半程男子冠军为肯尼亚选手SIMON MAINA MWANGI，成绩为1小时4分11秒，来自埃塞俄比亚KORICHO KETEMA DABA获亚军，中国选手曹少波获季军；半程女子组冠军为中国选手殷晓雨，成绩为1小时19分10秒，周清兰获亚军，吴新花获季军。11月25日，由自治区体育局、桂林市人民政府、法国老阿讷西市政府主办的2017中国阳朔MaXi-Race国际山地越野赛在阳朔举行。该赛事是山地越野世界巡回赛在亚洲的唯一分站赛，来自法国、日本、西班牙、墨西哥等18个国家和地区的2500多名选手参加角逐，比赛设115千米、50千米、25千米、10千米4个组，115千米和50千米组为专业组，25千米、10千米组分别为大众组和体验组。在115千米男子组比赛中，来自厄瓜多尔的埃斯皮诺萨以14小时11分42秒的成绩获冠军，中国的刘斯韵以14小时57分51秒获得亚军，钟朝松以15小时28分11秒获得季军。115千米女子组，法国选手塞·克莱以15小时42分12秒的成绩夺得冠军，中国选手常颖和曲连杰名列第二、第三名。乌克兰选手梅尔尼克、中国选手刘金彪、喻丁分获得50千米男子组前三名，法国选手勒孔特、特拉莫尼和中国选手孙小平分获50千米女子组前三名。12月9日—12日，方慧田在山东烟台参加2017年亚洲青年蹼泳锦标赛，获女子青年组100米蹼泳第4名、男女青年组4×50米蹼泳接力第3名、女子青年组50米蹼泳第4名、女子青年组4×100米蹼泳接力第2名、女子青年组50米屏气潜泳第2名。

【体育产业】2017年，桂林市体育产业发展势头良好，体育市场不断繁荣。全市纳入统计从事体育及相关产业法人单位715家，其中500万元以上规模企业10余家，全市体育及相关产业实现总产出16.78亿元，创造增加值7.56亿元，总产出在自治区排名第三。销售中国体育彩票2.18亿元，拥有销售网点410个，筹备成立桂林市体育产业协会，体育产业固定资产投资9.59亿元。年内，桂林市体育产业初步形成以竞赛表演和健身休闲为驱动，体育用品为支撑，体育场馆、体育培训、体育中介、体育传媒等业态快速发展的态势。涌现出高山滑雪、低空飞行、户外徒步、攀岩漂流、绿道骑行等大型体育产业项目，其中五排河漂流度假区、罗山湖水上乐园获2017年度广西体育产业示范项目，阳朔燕莎航空运动营地获2017年广西体育产业示范基地及2017中国体育旅游精品景区。全市13个大型体育场馆落实《大型体育场馆免费低收费开放补助资金管理办法》，面向群众免费举办公益性体育赛事活动、体育讲座、展览、体育健身技能培训和国民体质测试，全年开放

2017年10月23日—24日，首届环广西公路自行车世界巡回赛桂林赛段赛事举行
（市体育局　供图）

4290 天，免费举办公益性体育赛事活动 52 次，举办体育讲座和展览 52 次，开展体育健身技能等培训 1.30 万人，进行国民体质测试 4.27 万人次。

【第四届中国—东盟武术节在桂林举行】 2017 年 11 月 26 日—28 日，由国家体育总局武术运动管理中心、中国武术协会、自治区体育局主办，广西体操武术运动发展中心、桂林市体育局、广西武术协会、中国—东盟武术交流基地承办的第四届中国—东盟武术节在市体育馆举行。赛事分传统拳术和传统器械两大类，来自全球 13 个国家和地区的 79 支代表队 600 多名运动员参赛。武术运动员通过同场竞技、以武会友、弘扬武道，促进武术运动的发展。（罗成斌）

表 33

2017 年桂林市籍运动员参加世界、亚洲及境外区域性各类比赛成绩表

姓名	性别	比赛时间	地点	比赛名称	比赛项目	名次
苏　联	男	4 月 3 日	泰国曼谷	世界少年举重锦标赛	69kg 级抓举	3
廖　羽	女	5 月 21 日—23 日	泰国曼谷	亚洲少年田径锦标赛	女子标枪	1
梁义娜	女	5 月 21 日—23 日	泰国曼谷	亚洲少年田径锦标赛	女子 400 米栏	1
梁义娜	女	8 月 25 日	日本茨城	第二十五届中日韩青少年运动会	女子 400 米	2
谢展鹏	男	9 月 14 日—20 日	哈萨克斯坦	第十届亚洲技巧锦标赛	混合双人 12—18 年龄组全能	2
刘依倩	女	9 月 14 日—20 日	哈萨克斯坦	第十届亚洲技巧锦标赛	混合双人 12—18 年龄组全能	2
谢展鹏	男	9 月 14 日—20 日	哈萨克斯坦	第十届亚洲技巧锦标赛	团体	3
刘依倩	女	9 月 14 日—20 日	哈萨克斯坦	第十届亚洲技巧锦标赛	团体	3
方慧田	女	12 月 10 日	山东烟台	2017 年亚洲青年蹼泳锦标赛	男女青年组 4 × 50 米蹼泳接力	3
方慧田	女	12 月 12 日	山东烟台	2017 年亚洲青年蹼泳锦标赛	女子青年组 4 × 100 米蹼泳接力	2
方慧田	女	12 月 12 日	山东烟台	2017 年亚洲青年蹼泳锦标赛	女子青年组 50 米屏气潜泳	2

表 34

2017 年桂林市籍运动员参加全国大赛成绩表

姓名	性别	比赛时间	地点	比赛名称	比赛项目	名次
李荣艳	女	4 月 11 日	广东惠州	2017 年全国举重锦标赛	75kg 抓举	1
李荣艳	女	4 月 11 日	广东惠州	2017 年全国举重锦标赛	75kg 挺举	1
李荣艳	女	4 月 11 日	广东惠州	2017 年全国举重锦标赛	75kg 总成绩	1
米忠礼	男	4 月 16 日—23 日	四川成都	2017 年全国男子保龄球锦标赛	男子单人赛	2
容　海	男	4 月 16 日—23 日	四川成都	2017 年全国男子保龄球锦标赛	男子双人赛	3
米忠礼	男	4 月 16 日—23 日	四川成都	2017 年全国男子保龄球锦标赛	男子三人赛	2
马孝然	男	4 月 16 日—23 日	四川成都	2017 年全国男子保龄球锦标赛	男子三人赛	
米忠礼	男	4 月 16 日—23 日	四川成都	2017 年全国男子保龄球锦标赛	男子全能赛	2
米忠礼	男	4 月 16 日—23 日	四川成都	2017 年全国男子保龄球锦标赛	男子精英赛	3
米忠礼	男	4 月 16 日—23 日	四川成都	2017 年全国男子保龄球锦标赛	男子五人贝克赛	3
杜建超	男	4 月 16 日—23 日	四川成都	2017 年全国男子保龄球锦标赛	男子五人贝克赛	
马孝然	男	4 月 16 日—23 日	四川成都	2017 年全国男子保龄球锦标赛	男子五人贝克赛	
容　海	男	4 月 16 日—23 日	四川成都	2017 年全国男子保龄球锦标赛	男子五人贝克赛	
米忠礼	男	4 月 16 日—23 日	四川成都	2017 年全国男子保龄球锦标赛	男子团体	1
杜建超	男	4 月 16 日—23 日	四川成都	2017 年全国男子保龄球锦标赛	男子团体	
马孝然	男	4 月 16 日—23 日	四川成都	2017 年全国男子保龄球锦标赛	男子团体	
容　海	男	4 月 16 日—23 日	四川成都	2017 年全国男子保龄球锦标赛	男子团体	
龙超跃	男	4 月 16 日—23 日	四川成都	2017 年全国男子保龄球锦标赛	男子团体	
李　兵	男	4 月 17 日	浙江江山	2017 年全国举重锦标赛	94kg 挺举	1
李　兵	男	4 月 17 日	浙江江山	2017 年全国举重锦标赛	94kg 总成绩	1
方慧田	女	4 月 17 日—19 日	福建将乐	2017 年全国春季蹼泳锦标赛	女子 4 × 100 米蹼泳接力	1
方慧田	女	4 月 17 日—19 日	福建将乐	2017 年全国春季蹼泳锦标赛	女子 4 × 200 米蹼泳接力	1

续表

姓名	性别	比赛时间	地点	比赛名称	比赛项目	名次
骆建林	男	5月1日—9日	湖北武汉	2017年全国体操锦标赛	男子团体	3
黎韦福	男	5月5日—8日	广西合浦	全国射箭重点城市锦标赛	男子团体60米轮赛	1
黎韦福	男	5月5日—8日	广西合浦	全国射箭重点城市锦标赛	男子团体决赛	3
刘依倩	女	5月6日—13日	四川汉源	2017年全国技巧锦标赛	混合双人第一套	3
谢展鹏	男	5月6日—13日	四川汉源	2017年全国技巧锦标赛	混合双人第一套	
何宏全	男	5月6日—13日	四川汉源	2017年全国技巧锦标赛	集体项目	
刘依倩	女	5月6日—13日	四川汉源	2017年全国技巧锦标赛	集体项目	3
谢展鹏	男	5月6日—13日	四川汉源	2017年全国技巧锦标赛	集体项目	
何宏全	男	5月6日—13日	四川汉源	2017年全国技巧锦标赛	团体	
刘依倩	女	5月6日—13日	四川汉源	2017年全国技巧锦标赛	团体	3
谢展鹏	男	5月6日—13日	四川汉源	2017年全国技巧锦标赛	团体	
江桥坤	男	7月4日—10日	山西太原	2017年全国蹦床冠军赛	男子单跳团体	3
方慧田	女	8月3日—6日	广西南宁	2017年全国蹼泳锦标赛	女子4×100米蹼泳接力	1
马欢欢	女	8月30日	天津	第十三届全国运动会	女子水球	
田佳宁	女	8月30日	天津	第十三届全国运动会	女子水球	3
牛冠男	女	8月30日	天津	第十三届全国运动会	女子水球	
周琳海	男	9月19日—22日	重庆	2017年全国武术套路冠军赛	男子42式太极剑	2
陈桂真	女	9月19日—22日	重庆	2017年全国武术套路冠军赛	混合双人太极拳	3
孙　元	女	9月19日—22日	重庆	2017年全国武术套路冠军赛	女子双钩	3
孙　元	女	9月19日—22日	重庆	2017年全国武术套路冠军赛	集体项目全能	2
郑良润	男	10月21日	陕西宝鸡	2017年全国举重冠军赛	56kg挺举	3
黄世平	男	10月22日	陕西宝鸡	2017年全国举重冠军赛	69kg挺举	1
黄世平	男	10月22日	陕西宝鸡	2017年全国举重冠军赛	69kg总成绩	1
李　兵	男	10月23日	陕西宝鸡	2017年全国举重冠军赛	105kg挺举	2
李　兵	男	10月23日	陕西宝鸡	2017年全国举重冠军赛	105kg总成绩	2
梁敏华	男	10月24日	陕西宝鸡	2017年全国举重冠军赛	105kg抓举	1
梁敏华	男	10月24日	陕西宝鸡	2017年全国举重冠军赛	105kg挺举	3
梁敏华	男	10月24日	陕西宝鸡	2017年全国举重冠军赛	105kg总成绩	3
张玉娟	女	10月27日	陕西宝鸡	2017年全国女子举重冠军赛	58kg挺举	3
李荣艳	女	10月28日	陕西宝鸡	2017年全国女子举重冠军赛	75kg挺举	1
李荣艳	女	10月28日	陕西宝鸡	2017年全国女子举重冠军赛	75kg总成绩	2
周琳海	男	11月2日—5日	浙江舟山	2017年全国武术套路太极拳锦标赛	男子吴式太极拳	1
周琳海	男	11月2日—5日	浙江舟山	2017年全国武术套路太极拳锦标赛	男子杨式太极拳	3
周琳海	男	11月2日—5日	浙江舟山	2017年全国武术套路太极拳锦标赛	男子双人吴式太极拳	2
陈桂真	女	11月2日—5日	浙江舟山	2017年全国武术套路太极拳锦标赛	女子42式太极拳	2
兰友生	男	11月13日—19日	江苏扬州	2017年全国武术散打冠军赛	60kg武术散打	1
刘依倩	女	11月18日—25日	江苏沛县	2017年全国技巧冠军赛	混合双人全能	3
谢展鹏	男	11月18日—25日	江苏沛县	2017年全国技巧冠军赛	混合双人全能	
刘依倩	女	11月18日—25日	江苏沛县	2017年全国技巧冠军赛	混合双人动力套	3
谢展鹏	男	11月18日—25日	江苏沛县	2017年全国技巧冠军赛	混合双人动力套	
何宏全	男	11月18日—25日	江苏沛县	2017年全国技巧冠军赛	男子四人静力套	3
何宏全	男	11月18日—25日	江苏沛县	2017年全国技巧冠军赛	集体项目	
刘依倩	女	11月18日—25日	江苏沛县	2017年全国技巧冠军赛	集体项目	3
谢展鹏	男	11月18日—25日	江苏沛县	2017年全国技巧冠军赛	集体项目	

表 35

2017 年桂林市籍运动员参加全国青少年赛成绩表

姓名	性别	比赛时间	地点	比赛名称	比赛项目	名次
苏　联	男	3 月 16 日	浙江海宁	全国青年举重锦标赛	69kg 级 20 岁以下组抓举	2
梁义娜	女	4 月 18 日—20 日	江西南昌	全国少年(U18)田径锦标赛	女子 400 米	1
梁义娜	女	4 月 18 日—20 日	江西南昌	全国少年(U18)田径锦标赛	女子 400 米栏	2
高悦芹	女	6 月 13 日—20 日	陕西渭南	2017 年全国青年体操锦标赛	乙组女子自由操	3
王泽平	男	6 月 27 日—7 月 2 日	浙江宁海	2017 年全国青年男子拳击锦标赛	52kg 级	3
秦曾子权	男	7 月 12 日—16 日	四川成都	2017 年全国少年体操分区赛	男子 11 岁组团体	2
杨志雄	男	7 月 12 日—16 日	四川成都	2017 年全国少年体操分区赛	男子 11 岁组团体	2
余钰萱	女	7 月 12 日—16 日	四川成都	2017 年全国少年体操分区赛	女子 9 岁组团体	3
陈柳静	女	7 月 12 日—16 日	四川成都	2017 年全国少年体操分区赛	女子 10 岁组团体	2
宾胜男	女	7 月 12 日—16 日	四川成都	2017 年全国少年体操分区赛	女子 10 岁组团体	
刘丹琳	女	7 月 12 日—16 日	四川成都	2017 年全国少年体操分区赛	女子 10 岁组团体	
宾胜男	女	7 月 12 日—16 日	四川成都	2017 年全国少年体操分区赛	女子 10 岁组全能	3
宾胜男	女	7 月 12 日—16 日	四川成都	2017 年全国少年体操分区赛	女子 10 岁组高低杠	2
廖新宇	女	7 月 12 日—16 日	四川成都	2017 年全国少年体操分区赛	女子 11 岁组团体	2
王述柳	女	7 月 12 日—16 日	四川成都	2017 年全国少年体操分区赛	女子 11 岁组团体	
方慧田	女	8 月 3 日—6 日	广西南宁	2017 年全国蹼泳锦标赛	女子青年组 1500 米蹼泳	1
方慧田	女	8 月 3 日—6 日	广西南宁	2017 年全国蹼泳锦标赛	女子青年组 400 米蹼泳	1
方慧田	女	8 月 3 日—6 日	广西南宁	2017 年全国蹼泳锦标赛	女子青年组 800 米蹼泳	1
方慧田	女	8 月 3 日—6 日	广西南宁	2017 年全国蹼泳锦标赛	女子青年组 100 米蹼泳	2
方慧田	女	8 月 3 日—6 日	广西南宁	2017 年全国蹼泳锦标赛	女子青年组 100 米器泳	2
方慧田	女	8 月 3 日—6 日	广西南宁	2017 年全国蹼泳锦标赛	女子青年组 200 米蹼泳	2
方慧田	女	8 月 3 日—6 日	广西南宁	2017 年全国蹼泳锦标赛	女子青年组 50 米蹼泳	2
方慧田	女	8 月 3 日—6 日	广西南宁	2017 年全国蹼泳锦标赛	女子青年组 400 米器泳	3
方慧田	女	8 月 3 日—6 日	广西南宁	2017 年全国蹼泳锦标赛	女子青年组 50 米屏气潜泳	3
方慧田	女	8 月 3 日—6 日	广西南宁	2017 年全国蹼泳锦标赛	女子青年组 50 米双蹼	3
方慧田	女	8 月 3 日—6 日	广西南宁	2017 年全国蹼泳锦标赛	女子青年组 4×100 米蹼泳接力	1
方慧田	女	8 月 3 日—6 日	广西南宁	2017 年全国蹼泳锦标赛	女子青年组 4×200 米蹼泳接力	1
唐米阳	女	8 月 10 日—20 日	江苏宜兴	2017 年全国青少年艺术体操锦标赛	少年 B 组个人团体总分	3
陆曈彤	女	8 月 10 日—20 日	江苏宜兴	2017 年全国青少年艺术体操锦标赛	少年 B 组个人团体总分	
唐米阳	女	8 月 10 日—20 日	江苏宜兴	2017 年全国青少年艺术体操锦标赛	少年 B 组个人全能	3
唐米阳	女	8 月 10 日—20 日	江苏宜兴	2017 年全国青少年艺术体操锦标赛	少年 B 组个人球操	3
唐米阳	女	8 月 10 日—20 日	江苏宜兴	2017 年全国青少年艺术体操锦标赛	少年 B 组个人带操	2
唐米阳	女	8 月 10 日—20 日	江苏宜兴	2017 年全国青少年艺术体操锦标赛	少年 B 组个人徒手	3
黄瑞怡	女	8 月 10 日—20 日	江苏宜兴	2017 年全国青少年艺术体操锦标赛	少年 C 组个人带操	3
汪爹娜	女	8 月 10 日—20 日	江苏宜兴	2017 年全国青少年艺术体操锦标赛	少年 A 组集体全能	3
谢新慧	女	8 月 10 日—20 日	江苏宜兴	2017 年全国青少年艺术体操锦标赛	少年 A 组集体全能	3
汪爹娜	女	8 月 10 日—20 日	江苏宜兴	2017 年全国青少年艺术体操锦标赛	少年 A 组集体 10 棒	3
谢新慧	女	8 月 10 日—20 日	江苏宜兴	2017 年全国青少年艺术体操锦标赛	少年 A 组集体 10 棒	
汪爹娜	女	8 月 10 日—20 日	江苏宜兴	2017 年全国青少年艺术体操锦标赛	少年 A 组集体 5 绳	3
谢新慧	女	8 月 10 日—20 日	江苏宜兴	2017 年全国青少年艺术体操锦标赛	少年 A 组集体 5 绳	3
宾胜男	女	8 月 19 日—25 日	江苏苏州	2017 年全国少年体操总决赛	女子 10 岁组高低杠	3
彭　博	男	10 月 11 日—15 日	河北正定	2017 年全国俱乐部甲 B 比赛	男子团体	3
赵　琳	女	10 月 11 日—15 日	河北正定	2017 年全国俱乐部甲 B 比赛	女子团体	3
申思涵	女	10 月 12 日—18 日	安徽合肥	2017 年全国青少年蹦床锦标赛	13—14 岁组女子网上个人	3
王凯博	男	10 月 18 日—22 日	甘肃白银	2017 年全国乒乓球俱乐部(乙 A)联赛	团体	2
杨紫嫣	女	11 月 18 日—25 日	江苏沛县	2017 年全国技巧冠军赛	少年组 3 级女子三人全能	1
刘秋何	女	11 月 18 日—25 日	江苏沛县	2017 年全国技巧冠军赛	少年组 3 级女子三人全能	
朱晓姗	女	11 月 18 日—25 日	江苏沛县	2017 年全国技巧冠军赛	少年组 3 级女子三人全能	

（罗成斌）

人力资源和社会保障

综　述

【概况】 2017年年末，桂林市有县级以上人力资源和社会保障管理机构18个，其中桂林市本级1个、县(区)17个。桂林市人力资源和社会保障局(简称市人社局)办公地址在桂林市环城西二路71号。内设办公室、政策法规科(行政审批办公室)、规划财务科、就业促进科、人力资源市场科、军官转业安置科(桂林市军队转业干部安置工作领导小组办公室)、职业能力建设科、专业技术人员管理科(桂林市职称改革领导小组办公室)、事业单位管理科、劳动关系科、工资福利科、养老保险科、失业保险科、医疗保险科、工伤保险科、社会保险基金监督科、调解仲裁管理科、劳动监察科、引进国外智力科、公务员考录科、公务员管理科、人事科22个科室。人员编制88名，在职人员78人。下辖公益一类事业单位9个，分别为桂林市社会保险事业局、桂林市人才服务管理办公室、桂林市劳动和社会保障监察支队、桂林市就业局、桂林市劳动人事争议仲裁院、桂林市干部培训管理办公室、桂林市人事考试管理办公室、桂林市社会保障卡管理办公室、桂林市工人技术教研室(桂林市职业技能鉴定指导中心)；公益二类事业单位4个，分别为桂林技师学院(桂林高级技工学校)、桂林市交通技工学校、桂林市第二技工学校、桂林市劳动就业培训中心学校。全年全市县以上政府部门设立公共就业和人才服务等各类服务机构36个，其中就业服务中心18个；民办培训机构46个；职业技能鉴定机构26个，职业技能鉴定考评人员542人；劳动保障监察机构29个，专职劳动保障监察员97人。全市享受国务院政府特殊津贴68人，广西“十百千人才工程”人选13人；引进国家“千人计划”专家4人，博士后科研工作站4个，招收博士后研究人员8人；市级人才小高地8个。年内，市人社局被国务院军转办、中国人事报刊社评为2017年度《中国退役军人》杂志宣传工作成绩突出的单位，被人力资源和社会保障部评为2017年度《中国劳动保障报》宣传工作做得好单位。

【就业形势稳中向好】 2017年，市人社局组织开展各项专项公共就业服务活动和就业创业培训，升级打造创业创新平台，以就业创业助力精准扶贫，全市就业状况持续改善，就业结构得到优化，就业形势稳中向好。至年末，全市城镇新增就业5.95万人，城镇失业人员再就业1.79万人，就业困难人员实现就业0.67万人，农村劳动力转移就业新增8.11万人次，全市城镇登记失业率2.4%，比2016年降低1.16个百分点。全年市本级人力资源市场举办招聘会80场，进场单位541个次，提供岗位4.48万个，进场人数4.3万人次，应聘报名3.74万人次，意向就业1.2万人。

【社会保险覆盖范围持续扩大】 2017年，全市社会保险制度建设加快推进，参保人数持续增加，社会保险基金运行总体平稳。全年全市城镇职工养老保险、医疗保险、失业保险、工伤保险、生育保险参保人数分别为91.25万人(其中企业职工养老保险74.82万人、机关事业单位养老保险16.43万人)、502.61万人(其中职工医保70.22万人、城乡居民医保432.39万人)、36.53万人、46.18万人、39.40万人，基金征缴收入分别为39.67亿元、22.66亿元、1.55亿元、0.98亿元、0.93亿元。市人社局被自治区人力资源和社会保障厅评为2017年度全自治区社会保险经办管理服务创新单位。

【人事管理规范有序】 2017年，全市考试录用公务员(含参照公务员法管理单位工作人员)实际招录658人，事业单位公开考试招聘工作人员792人；协同教育部门完成2017年度桂林市中小学教师招聘工作，共招聘中小学教师633人。做好公务员网络在线培训组织工作，全市科级以下公务员和参照公务员法管理单位工作人员3万多人参加培训。全年完成市直属单位1000多人的岗位聘用工作，核定121个事业单位岗位设置方案，办理事业单位人员流动手续179人，办理人员调出手续18人。

【劳动关系和谐稳定】 2017年，市人社局加大劳动人事争议调解仲裁、劳动保障监察工作力度，实施劳动用工备案制度与“两网化”(网络化、网格化)管理，构建和谐劳动关系联动机制成效明显。全市进行劳动用工备案单位3.95万个，用工备案人数39.1万人，劳动合同签订率95%。全年全市经审查立案处理劳动人事争议案件1563件，结案率96.95%，终局裁决率37.67%。全市各级仲裁机构和调解组织共调解劳动人事争议案件1248件，调解率61.94%。加强劳动监察执法，全年受理群众举报投诉638件，立案625件，结案619件，结案率99%，为5023名劳动者追回被克扣、拖欠的工资5111.19万元。

【落实人社扶贫政策】 2017年,市人社局落实人社扶贫政策,脱贫攻坚工作取得新成效。做好农村劳动力转移就业。落实农民工创业担保贷款政策,采取“公司+贫困户”模式,引导有创业意愿的贫困户创业脱贫,全市发放农民工创业担保贷款1.69亿元,扶持1933人成功创业,带动1.1万人就业,其中建档立卡贫困户2015人。开展各类针对性职业技能培训,以“就业—鉴定—就业”三位一体和“互联网+培训就业”模式,通过优秀劳务品牌项目“漓江家政”,实现推荐就业。开展离校未就业大学毕业生帮扶活动,通过“百十一”帮扶方式,完成632名2017届建档立卡户未就业高校毕业生实名登记,完成就业率99.84%(含特殊去向)。通过“就业援助月”“两后生”(贫困家庭中年龄在15周岁—22周岁的未继续升学,未婚的初、高中毕业生)推荐就业现场招聘会等活动,帮助就业困难人员享受政策2092人,建档立卡贫困人员143人就业,首批638名“两后生”全部实现就业。做好医疗救助扶贫工作。对建档立卡参加新型农村合作医疗贫困人员的普通住院费用补偿提高5个百分点;参加城乡居民基本医疗保险大病保险补偿起付线从8000元降至3500元,各分段补偿比例分别提高10个百分点。龙胜、资源、灌阳3个贫困县(自治县)共建有26所乡(镇)卫生院和328所政府投资建设的村卫生室,覆盖率100%。做好农村居民最低生活保障政策兜底工作。全市享受农村居民最低生活保障21.9万人,其中属于建档立卡的贫困对象9.7万人,农村居民最低生活保障对象与建档立卡贫困人口的重合率44.3%。农村居民最低生活保障标准由2016年的年人均3000元提高到2017年人均3420元。

(刘强)

人事管理

【公务员管理】 2017年,市人社局做好行政机关科级领导职务和非领导职务的选拔任用备案工作,全年经民主推荐和竞争上岗走上科级领导职务岗位的公务员154人。规范公务员和参照公务员法管理单位工作人员的调任、调动等交流工作和辞职、辞退、退休备案工作,全年办理公务员流动276人次,公务员退出备案71人,公务员辞职4人。年内,市人社局按照职务层次对市直行政机关、参照公务员法管理单位科级及以下人员进行考核,经考核,优秀等次4050人、称职等次2.11万人、基本称职等次1人、不定等次104人,批办三等功183人。做好新录用公务员和参照公务员法管理单位工作人员首次任职定级登记,军队转业干部安置进机关登记,选任和调任人员登记工作,共登记1017人次。

【公务员考录与遴选】 2017年,桂林市行政机关计划录用公务员(含参照公务员法管理单位工作人员)职位628个共714人。报名人数2万余人,参加笔试1.9万人,参加面试2057人,录用658人,其中男性262人、女性396人,女性占录用人数的60.18%。开展基层公务员培养选拔工作,年内经过笔试、面试、体检、考察等程序,全市公开遴选录用11名优秀基层公务员到市直属党政机关工作。

【事业单位公开招聘】 2017年,市人社局严格把关,规范程序,科学组织事业单位公开考试招聘工作,共组织考试30余次,面向社会公开考试招聘事业单位工作人员792人。直接面试公开招聘乡(镇)及驻乡(镇)事业单位和需要常年野外作业的本科学士学位以上专业技术岗位人员26人,招聘“三支一扶”(指大学生在毕业后到农村基层从事支农、支教、支医和扶贫工作)期满人员7人,非实名制编制人员23人,聘用人员控制数人员30人,后勤服务聘用人员控制数人员23人。协同教育部门招聘中小学教师633人。赴自治区外为用人单位招聘重点领域急需紧缺专业人才81人。

【机关和事业单位工作人员培训】 2017年,市人社局推进机关和事业单位工作人员培训,提高工作人员履职能力和业务素质。加强机关公务员培训:6月,举办市直属机关新任科级领导干部任职培训,参加培训154人;11月,举办新录用公务员初任培训,参加培训97人;开展公务员和参照公务员法管理单位工作人员网络全员培训,参加培训3万多人。加强事业单位工作人员培训:4月,举办2期事业单位人事管理工作业务培训班,参加培训317人;5月,在厦门市举办桂林市事业单位人事管理人员综合能力提升培训班1期,参加培训85人;7月,举办2期事业单位面试考官培训,参加培训355人。年内,组织开展全市专业技术人员继续教育公需科目网络平

2017年7月6日,桂林市人事考试面试考官培训班开班典礼在桂湖饭店举行

(周俊旭 摄)

台培训考试工作，参加培训 7.24 万人；组织机关和事业单位工人职业技能培训和鉴定工作，参加培训 223 人，鉴定合格率 99.7%。

【专业技术人员职称评审】 2017 年，桂林市有 726 人申报中学高级教师，评审通过 283 人，通过率 38.98%；314 人申报高级工程师，评审通过 175 人，通过率 55.73%；671 人申报卫生副高级专业技术资格，评审通过 396 人，通过率 59.02%。市人社局审核推荐 598 人到自治区各高级系列评审会评审高级专业技术资格。全市申报中级专业技术资格 2721 人，评审通过 1563 人，通过率 57.44%；申报初级专业技术资格 1818 人，评审通过 1764 人，通过率 97.03%。

【机关和事业单位工资审核办理】 2017 年，市人社局完成机关和事业单位工作人员的正常晋升、行政职务变动、岗位（技术等级）变动、新进、调入人员及奖励性绩效工资审核工作，共审核办理 1.5 万人次。全年审核办理 593 名机关（含参公）事业单位工作人员的退休手续，80 多名 2016 年军队转业干部的档案核定和新增工资，2016 年、2017 年市直属招录公务员、招聘事业单位工作人员以及机关事业单位工作人员流动人员共计 500 多人的人事档案及工资核定。

【军队转业干部安置服务】 2017 年，市人社局完成 293 名军队转业干部培训任务。安置军队转业干部 138 人（其中计划分配营级以下及专业技术军队转业干部 114 人），自主择业军队转业干部 155 人；安置随迁随调家属 3 人。年内，市人社局组织召开自主择业军队转业干部春节座谈会、创业就业暨庆“八一”座谈会，开展全员慰问和家庭困难的自主择业军转干部个别慰问；完成市本级直接管理的 677 名自主择业军转干部的医疗保险、退役金的发放，新增 155 名自主择业军转干部的档案审核和接收工作。为 1047 名困难企业军队转业干部发放困难补助 1561.76 万元，为 39 名下岗失业企业军队转业干部报销养老保险费 25 万元。（刘强）

人才开发

【高层次人才队伍建设】 2017 年，桂林市出台《桂林市高层次人才引进和培养暂行办法》及配套的实施细则，共引进 6 类高层次人才（含国家“千人计划”专家、自治区特聘专家、重点产业急需紧缺技术人员等）41 人，与往年比，高层次人才引进数量大幅增加。其中，68% 的高层次人才为桂林市“十三五”规划重点扶持产业的急需紧缺人才；引进国家“千人计划”专家 3 名，助推 2 名专家与桂林电子科技大学、桂林理工大学开展学术交流及项目对接，支持桂林市产学研合作发展；促成专家王晓鹏的虹膜技术应用、专家邹学明的核磁共振大型医疗设备 2 个高科技项目落地投产，填补了桂林市在该两大产业领域的空白。借力专业运营团队，建立高层次人才信息储备库，储备各领域高层次人才 1 万多人（其中国家“千人计划”专家 4000 多人）。

【外国专家人才和项目引进】 2017 年，桂林市执行国家及自治区级引进国外技术、管理人才项目 19 个，其中国家重点项目 2 个，国家示范推广项目 1 个，文卫重点外国专家项目 1 个，外国专家组织项目 2 个，自治区外国专家项目 13 个。为桂林市企事业单位引进外国专家 71 人次，使用引智专项经费 170 万元。

【人才服务管理】 2017 年，市人社局共为 5239 家企业聚集、匹配人才 92928 人次，桂林市人才网线上浏览次数 1000 万次，独立访客 103.9 万个。完成 6737 名 2017 年桂林市离校未就业高校毕业实名登记工作，5807 名 2017 届离校未就业高校毕业生实现就业（含特殊去向人员），2017 届离校未就业高校毕业生登记就业率 96.88%。全年人才服务量 8.28 万人次，服务满意度 98.3%，市人才服务管理办公室获 2017 年“广西工人先锋号”称号。

【第五届全国大中城市联合招聘高校毕业生会（桂林站）举行】 2017 年 10 月 28 日，由市人社局、桂林旅游学院、中国桂林旅游人才市场联合承办的第五届全国大中城市联合招聘高校毕业生秋季巡回招聘会（桂林站）暨第二届桂林旅游专场招聘会在桂林旅游学院举行。招聘会发挥桂林市旅游教育资源优势，开辟旅游创业项目、旅游特色专业展示区，多角度呈现旅游产业发展方向和旅游专业水准；优化线上、线下精准对接招聘新举措，开辟现场 Boss 在线面试区，同期启动网络招聘大会，实现实时多地旅游类企业和人才的交流。招聘会共吸引 17 个省市公共人才就业服务机构和 20 个省、直辖市 1407 个用人单位参会，为 1 万多名毕业生提供岗位 1.4 万个，4000 多名求职者达成就业意向，推动广西离校未就业旅游专业毕业生及全国旅游行业人才优化配置。

2017 年 10 月 28 日，第五届全国大中城市联合招聘高校毕业生秋季巡回招聘会（桂林站）暨第二届桂林旅游专场招聘会在桂林旅游学院举行　（宋晓娟　摄）

【桂林市第七届公益性人才交流大会暨大中专技校毕业生“双向选择”洽谈会】 2017年2月25日，该会议在桂林国际会展中心举行，共组织512个用人单位进场，为9000多名求职者提供岗位1万多个，帮助实现就业5000多人。该会议线上求职人数大于进场人数，当天桂林人才网访问量19718人次，中国旅游人才网微信端扫码3875个，简历注册864份，实现了线上求职的新常态。 （刘强）

2017年4月20日，广西民营企业招聘周启动仪式暨技工院校结对帮扶贫困家庭“两后生”推荐就业桂林现场招聘会在中心广场举行 （叶滴翠 摄）

劳动就业与培训

【公共就业服务专项活动】 2017年，市人社局组织开展各项专项公共就业服务活动，促进各类群体就业再就业。开展以“就业帮扶，真情相助”为主题的“就业援助月”活动。活动期间，全市共组织专场招聘会23场，帮助就业困难人员实现就业1387人，其中残疾就业困难人员实现就业77人，去产能职工人数281人；帮助就业困难人员享受政策2092人。开展以“促进转移就业，助力脱贫攻坚”为主题的“春风行动”。活动期间，全市共组织大型农村劳动力转移就业专场招聘会32场，累计提供就业岗位5.4万个，跨地区有组织的劳务输出人数6033人，其中建档立卡农村贫困人员711人；农村劳动者就近就地转移就业人数6553人，其中建档立卡农村贫困人员868人。开展以“促进供需精准对接，助力创新驱动发展”为主题的民营企业招聘周活动，帮助高校毕业生就业，促进民营企业发展。活动期间，全市共组织现场招聘会18场，参与招聘民营企业737家，提供岗位2.38万个，其中适合高校毕业生岗位3903个，达成就业意向5309人，签订职业技能培训意向614人。

【创业就业扶持】 2017年，市人社局落实和完善各项创业就业优惠政策，推进企业新增就业岗位社会保险补贴落实发放。新认定主导产业企业21家，开发企业新增岗位820个，审核发放企业新增岗位社会保险补贴54.16万元。重点扶持创业孵化基地和孵化企业创新创业工作，全市共建创业孵化基地4个，其中众创空间型创业孵化基地2个，投入建设扶持资金200余万元，建成孵化器面积9000多平方米，可容纳企业（团队）300余家。已完成入驻企业（团队）261家，其中毕业5年内高校毕业生创办企业49家，进城务工人员企业29家，直接扶持创业555人，带动就业2795人。

2017年6月28日，市人社局在桂林技师学院组织开展汽车维修培训鉴定 （李斌 摄）

【就业技能培训与鉴定】 2017年，市人社局加强职业技能培训，实行政府采购招标方式，创新培训管理和培训方式，加强企校合作，拓展企业在岗培训，开展企校学徒制培训试点，实施乡村振兴人才培训计划，全年共开展职业培训4.28万人，进行职业技能鉴定2.02万人次，核发职业资格证书1.95万本。组织培养和评价高技能人才1083人，其中高级工974人，技师109人。

【“互联网+就业”服务平台应用】 2017年，市人社局依托“桂林就业网”“就业桂林”公众微信号，促进各类求职人员就业再就业。全年累计推送招聘信息36期，将2305家企业共4.56万条空岗信息推送到求职者手中，阅读量累计9.87万人次，朋友圈分享累计1.8万次。推进自治区统一的“劳动就业多媒体屏幕管理系统”在全市各县（区）上线应用，拟定系统操作指南，提供在线咨询和远程指导，确保全市各县（区）均能应用“劳动就业多媒体屏幕管理系统”对外发布实时有效招聘信息。

【进城务工人员返乡就业创业】2017年，市人社局为进城务工人员营造创业良好环境，形成“创业培训＋项目推荐＋创业担保贷款＋跟踪服务”机制和“公司＋农户”新模式，全年全市累计发放贷款金额2.94亿元，直接扶持自主创业3183人，带动就业1.51万人。推进3个县进城务工人员创业园、自治区级返乡创业试点、3个进城务工人员培训实训基地和4个广西优秀劳务品牌的建设。

【桂林市开展首届寻找身边“最美月嫂”活动】2017年8月，市人社局、市商务局、市妇联联合开展桂林市“桂嫂·漓江家政”杯首届寻找身边“最美月嫂”活动。该活动依托互联网平台开展，有207人报名参加，投票4.39万张，粉丝2.61万人，共产生最美奖5名、先锋奖10名、优胜奖35名。该活动被评为2017年中国就业十大地方性创新事件之一。

【农民工技能大赛】2017年9月29日，“广西第四届农民工技能大赛”桂林赛区复赛暨“桂林市第四届农民工技能大赛”在桂林技师学院举办。大赛设育婴师、养老护理员、装配钳工、焊工、砌筑工、钢筋工、中式面点师、汽车维修电工8个技能竞赛项目，2049人参与初赛、复赛，培训2046人，现场发证1692人，评选出一等奖8名、二等奖16名、三等奖24名。赛后组织获一、二等奖的24名优秀选手参加自治区决赛，获二等奖2个、三等奖12个。

（刘强）

社会保险

【社会保险待遇发放】2017年，全市发放职工养老保险待遇91.83亿元。其中，企业退休职工待遇24.89万人，待遇支付70.73亿元；市机关事业单位6.26万名退休人员完成社会化发放5.96万人，待遇支付21.10亿元。发放医疗保险待遇34.97亿元。其中，职工医疗保险待遇59.86万人，待遇支付16.47亿元；居民医疗保险待遇149.07万人，待遇支付18.50亿元。发放工伤保险待遇1874人，待遇支付0.62亿元。发放生育保险待遇2.13万人次，待遇支付1.01亿元。发放失业待遇保险1.47万人，待遇支付1.43亿元。城乡居民养老保险待遇66.86万人，待遇支付7.26亿元。年内，市人社局对足额缴纳失业保险费并采取措施稳定就业岗位的企业，按企业及其职工上年度足额缴纳失业保险费总额的50%给予稳岗补贴，共审核发放461家企业稳岗补贴1942万元。

【桂林降低社会保险费率】2017年，市人社局按照自治区规定降低社会保险费率，减轻企业负担，阶段性降低企业职工基本养老保险费费率，全年为9463家企业减负1.61亿元。继续执行降低生育保险和工伤保险费率，工伤保险费率由3档费率改为8档费率进行收缴，生育保险费率由0.6%降至0.5%，全年1.55万家企业少缴工伤保险基金9014万元，1.52万家企业少缴生育保险基金1896万元。降低失业保险费率，桂林市失业保险费率由2%降至1%，全年为1.4万家企业减负1.52亿元。

【城乡居民养老保险】2017年，市人社局开展城乡居民养老保险统一咨询日、集中宣传月活动，持续推进代扣、代缴工作。至年末，全市城乡居民养老保险参保人数199.89万人，参保率96.62%，其中特殊困难群体全部参保。缴纳2017年保费人数122.05万人，续保率91.75%。签订“三方”代扣、代缴协议人数123.08万人，代扣代缴1.56亿元，占全年收取保费总额的97.12%。年内，市人社局在自治区率先推行以手机APP认证或网站信息化认证方式为主、参保人签字手工认证为辅的认证方式开展城乡居民养老保险认证工作。全市已认证人数65.23万人，其中通过信息化方式认证48.81万人。

【机关和事业单位退休人员养老金发放】2017年，市本级实现机关事业单位退休人员养老金纳入社会保险经办机构社会化发放，市机关事业单位6.26万名退休人员完成社会化发放5.96万人。合理调整机关事业单位退休人员基本养老金水平，全年调整6.2万人，每月人均增加191元。

【城乡居民基本医疗保险】2017年，全市城乡居民基本医疗保险整合完成。上半年完成原新农合机构编制整合、人员移交和接收、档案整理、基金审计、固定资产清理等工作。7月末，全市城乡居民信息系统全部接入桂林市“智慧人社”系统，实现“六统一”（覆盖范围、筹资政策、医保目录、保障待遇、定点管理和基金管理统一）。年内，市人社局制订《桂林市城乡居民基本医疗保险操作规程》，大幅提高慢性肾功能不全的肾透析、各种恶性肿瘤、器官移植后抗排斥免疫调节剂治疗、重型和中间型地中海贫血、血友病的报

2017年9月8日，广西社会保险宣传活动周桂林专场在秀峰区鲁家村举行

（李勤 摄）

销比例，调整后报销率为75%—90%。

【基本医疗保险实现跨省异地就医直接结算】 2017年，市人社局在实现自治区内异地就医直接结算基础上，加快推进医疗机构接入国家异地就医结算系统工作。完成桂林市社保业务系统、跨省异地定点医疗机构社会保障卡读写终端的升级改造，通过人力资源和社会保障部验收，全部接入国家异地就医结算系统，并成功联网运行。7月，全市上报医疗机构全部接入跨省异地就医结算平台。至年末，全市32家定点医院(其中市本级8家三级甲等医院、3家二级甲等医院，县21家二级甲等医院)实现跨省异地就医结算。

2017年3月，桂林市劳动和社会保障监察支队为全州县进城务工人员追回工资
（钟世超　摄）

【社会保障"一卡通"推广使用】 2017年，市人社局加快推进全市社会保障卡发放使用工作，制订社会保障卡管理制度及业务操作规程，把银行窗口作为社会保障卡服务网点，提升社会保障卡服务能力，为广大参保人员提供便捷服务。至年末，全市申请制作社会保障卡399.79万张，其中职工、居民社会保障卡74万张，新型农村社会养老保险社会保障卡117万张。参保单位及个人从合作银行领取社会保障卡199万张，激活138万张。不断拓展社会保障卡的应用功能，8月末实现城乡居民医疗保险跨省异地就医直接结算，开通社会保障卡6类功能及发放新型农村社会养老保险养老金、各项惠民待遇等应用102项，推广社会保障卡替代定点医疗机构就诊卡，实现社会保障卡在社会保险费缴纳、待遇领取等业务环节的应用，全市启用社会保障卡金融区领取社会保障待遇3.5万人。

【"智慧人社"信息系统建设】 2017年，市人社局推进"智慧人社"信息系统建设，实现业务一体化。7月中旬完成全市12个县(区)"智慧人社"信息系统的实施推广，实现全市社会保险全险种、全对象、全业务、全流程的电子化管理。年内，完成社会保险基础数据和业务数据集中管理，实现全市90万城镇职工和440万城乡居民社会保险业务数据"同人、同城、同库"。搭建社会保险与银行在线交易平台，通过连接7家银行800多家银行网点，支持单位托收、个人代扣、代收、代征、发票打印，支持各险种待遇发放，支持个人基础信息网点采集、社会保障卡管理，实现社会保险与银行一体化。开通"桂林社保"微信公众号和社保通APP，提供办事指南、政策资讯、信息查询、社会保障卡管理、在线缴费、办事提醒、进度跟踪等多项便民服务，全年有7.53万名参保人通过微信平台完成在线缴费。开通网上服务工作网站，实现社会保险信息网上自助查询、打印功能，全年参保单位和个人通过市人社局门户网站打印缴费证明2.5万次。　（刘强）

劳动关系协调

【企业劳动用工管理】 2017年，全市进行劳动用工备案单位3.95万个，用工备案人数39.1万人。劳动合同签订率95%，企业签订集体合同3285份，集体合同签订率90.3%，涉及职工22.87万人。签订区域性行业性集体合同923份，涉及职工34.15万人。世界500强在桂林市区的20家企业工资集体协商建制率100%。

【劳动人事争议调解处理】 2017年，市人社局构建和谐劳动关系，提高劳动人事争议仲裁效能，完善劳动人事争议仲裁调解程序，开展劳动仲裁"清案行动"，提高结案率、调解率、终局裁决率。全年全市经审查立案处理的劳动人事争议案件1563件，结案率96.95%，终局裁决率37.67%。全市各级仲裁机构和调解组织共调解劳动人事争议案件1248件，调解率61.94%。

【进城务工人员权益保障】 2017年，市人社局联合市发展和改革委员会、市公安局等11个部门，在全市范围内组织开展进城务工人员工资支付情况专项检查活动。全年累计追加发放进城务工人员工资待遇4741.28万元，涉及进城务工人员4026人。桂林市相关部门和执法机构对进城务工人员的投诉案件，均启动"绿色通道"快接快办，积案基本办结，维护了进城务工人员劳动报酬权益。

【劳动保障监察执法"百日行动"】 2017年6月—10月，市人社局在全市开展劳动保障监察执法"百日行动"，成立3个执法检查小组，分时间段对交通运输、旅游、餐饮服务、工程建设、金融、零售、医药、汽车等8个重点行业的135个用人单位进行检查，整改存在用工问题的用人单位11个。责令补签劳动合同239份，补发劳动者工资和退还用工押金等117.5万元，涉及劳动者82人；督促3个用人单位申报或补缴社会保险费53.26万元，涉及劳动者86人。　（刘强）

社会生活

居民收入

【概况】 2017年,桂林市继续深化全面建成小康社会,各级政府及各部门发展经济,扶贫攻坚,为城乡居民增收奠定基础。实施一系列促增收、保民生政策措施,为促进人民生活持续改善提供保障。年内,桂林市城乡住户调查一体化改革工作领导小组办公室对1770户城乡居民家庭抽样调查结果显示,2017年桂林市全体居民人均可支配收入22480元,(比上年,下同)增加1937元,增长9.4%,增速较上年提升0.4个百分点;比广西平均水平多2575元、全国平均水平少3493元,增速分别提升0.7个百分点、0.4个百分点。城乡居民收入差距缩小,城乡居民收入倍差为2.4,缩小0.03个百分点,缩小的速度小于广西平均水平,大于全国平均水平。

【城镇居民可支配收入平稳增长】 2017年,桂林市城镇居民人均可支配收入32534元,比广西平均水平多2032元,比全国平均水平少3862元;名义增长8.0%,高于广西平均增速0.3个百分点,低于全国平均增速0.3个百分点。4个季度同比增速分别为7.4%、8.0%、7.8%、8.0%,呈平缓的波浪型走向。从收入结构看,工资性收入和转移性收入仍是拉动城镇居民增收主体。工资性收入对城镇居民收入增长的贡献率51.8%,拉动收入增长4.1个百分点,其增速逐季小幅下调,4个季度的同比增速分别为9.5%、6.8%、6.2%、7.7%,全年增长基本平稳。经营性收入增速上半年较快提升,下半年呈逐季下滑之势,4个季度同比增速分别为6.5%、9.3%、8.9%、6.9%。财产性净收入快速提高,年底增速高出年初75%。城镇居民的入股分红、房屋租金、金融理财等增长较快,增加城镇居民的财产性收入。转移性净收入逐季提高,年底增速是年初的3倍多,对城镇居民收入增长贡献率27.0%,拉动收入增长2.2个百分点,是城镇居民收入第二大来源。

【农村居民人均可支配收入回调性增长】 2017年,桂林市农村居民人均可支配收入13345元,比广西平均水平多2020元,比全国平均值少87元;名义增长9.6%,高出广西平均增速0.3个百分点,高出全国平均增速1.0个百分点。4个季度同比增速分别为15.1%、11.1%、10.0%、9.6%,呈逐季下行走向。从收入结构看,经营性净收入和工资性收入是农村居民收入的两大来源。经营性净收入增速逐季回落,4个季度同比增速分别为16.3%、12.4%、10.4%、9.7%,呈逐季下行走向。工资性收入增速亦逐季回落,4个季度同比增速分别为12.9%、8.8%、8.7%、7.0%,呈逐季下行的走势。财产性收入大幅度增长,增长17.8%。转移性收入快速增长,增长14.5%。

居民生活消费支出

【概况】 2017年,桂林市城镇居民人均消费支出19005元,名义增长7.7%,扣除价格因素,实际增长6.0%;农村居民人均生活消费支出8620元,名义增长8.2%,扣除价格因素,实际增长6.5%。城镇居民人均消费支出仍高出农村居民2.2倍。

【居民交通、通信开支攀升】 2017年,桂林市随着城乡居民收入水平的不断提高,生活理念和方式发生转化,城乡居民生活信息化程度大大提升,互联网特别是移动互联网的迅猛发展,改变了人们的生活习惯和消费方式。全年全市居民人均交通通信类消费支出1403元,增长10.5%;百户拥有汽车21辆,增长20.6%;百户拥有手机250部,与上年持平。

【居民教育、文化、娱乐支出提高】 2017年,桂林市随着知识经济的不断扩展,教育和学习向多样化和技能化方向发展。家长对子女的教育更加宽泛,已经从课堂走向培训班,满足多样化、多层次的学习需求。经济发展、就业要求使得学历教育、技能培训等成人教育逐渐增多。同时,随着电视、网络等传播媒体的快速发展城乡居民的文教娱乐生活更加丰富多彩,文化、娱乐类支出快速增加。年内,居民人均教育、文化、娱乐类支出1173元,增长16.4%。

【居民医疗保健支出快速增加】 2017年,桂林市城乡居民健康投资意识不断增强,越来越多的居民由被动就医变为主动预防,医疗保健支出持续增长。年内,居民人均医疗保健支出1531元,增长9.0%。

【居民基本生活消费是消费支出主体】 2017年,桂林市居民八大类生活消费支出中,基本生活消费仍是居民消费主要构成。食品烟酒、衣着和居住支出三项合计人均8599元，增长7.9%，占居民生活消费支出63%，与上年基本持平，仍然是构成居民生活消费支出的主体。全市居民家庭的恩格尔系数为37.4%，下降0.4个百分点，变化微弱。按恩格尔系数国际标准桂林市处于30%—40%，属于相对富裕状态。

（李秀梅）

居民消费物价

【概况】 2017年，桂林市居民消费价格(CPI)上涨1.6%，与全国、全自治区涨幅一致，涨幅较上年同期回落0.7个百分点，在全自治区14个地级市中排名第7位。各月CPI同比涨幅分别为3.3%、1.1%、1.2%、0.9%、1.4%、1.6%、1.6%、1.6%、1.8%、1.8%、1.6%、1.5%，其中受春节错月影响，2月同比涨幅较1月大幅回落2.2个百分点，3月后涨幅逐渐平稳。八大类商品及服务价格同比呈“六升一降一平”格局。其中，医疗保健类、教育文化和娱乐类、居住类、交通和通信类、其他用品和服务类、生活用品及服务类价格分别上涨6.9%、3.2%、2.4%、2.4%、1.6%、1.2%；衣着类价格下降2.0%；食品烟酒类价格整体持平。

【食品类价格8年来首次出现下降】 2017年，桂林市食品类价格下降1.1%，涨幅下降6.2个百分点。食品类中14个分类呈“六降八升”态势，降幅较大的有畜肉类、菜类、食用油类、蛋类，价格分别下降6.4%、2.6%、2.4%、2.1%；涨幅较大的有薯类、水产品类、调味品类、干鲜瓜果类，价格分别上涨7.8%、6.6%、4.1%、2.2%。

【服务项目价格上涨成为影响CPI上涨的首要因素】 2017年，桂林市服务项目价格上涨3.9%，涨幅增加0.5个百分点，拉动总指数上涨1.28个百分点，成为影响CPI上涨的首要因素。一是医疗服务项目改革影响明显。2017年桂林市调整公立医疗机构医疗服务项目价格，护理、一般治疗操作、其他综合医疗服务、一般医疗服务、中医治疗、康复医疗价格分别上涨150.5%、62.3%、41.6%、33.7%、22.0%、21.3%。二是地方政策红利推动旅游价格上涨。随着桂林市全力建设国际旅游胜地，中国—东盟博览会旅游展永久落户桂林，中央电视台2016年端午特别节目“歌从漓江来”、2017年中央电视台春节联欢晚会桂林分会场播出，海内外人士进一步认识桂林，到桂林旅游人数明显增多，受此影响，飞机票、旅行社收费、宾馆住宿、其他交通费价格分别上涨30.7%、19.8%、14.5%、13.6%。三是用工成本上涨推动服务项目价格上涨。2017年桂林最低工资标准提高，由原1200元每月上涨到1400元每月，相对人员流动较大的服务行业，企业需要提供更高工资才能留住人才，企业用工成本增加传导至服务价格，受此影响，健身活动、养老服务、课外教育、电影票、装潢维修费、衣着加工价格同比分别上涨12.7%、10.9%、9.8%、9.7%、9.1%、8.4%。

表36　**2017年桂林市居民消费价格指数表**

项目名称	指数(上年=100)
居民消费价格总指数	101.6
食品烟酒	100.0
食品	98.9
茶及饮料	100.5
烟酒	101.8
在外餐饮	102.6
衣着	98.1
服装	99.4
服装材料	102.9
其他衣着及配件	98.6
衣着加工服务费	102.2
鞋类	92.9
居住	102.4
租赁房房租	101.8
住房保养维修及管理	104.8
生活用品及服务	101.2
交通和通信	102.4
交通	102.3
通信	102.7
教育文化和娱乐	103.2
教育	101.1
文化娱乐	106.2
医疗保健	106.9
其他用品和服务	101.6

【工业品价格低迷现象得到改善】 2017年，桂林市工业消费品价格上涨0.9%，涨幅增加1.0个百分点，拉动总指数上涨0.33个百分点。一是国际市场影响汽柴油、液化石油气价格。2017年1月1日，欧佩克与非欧佩克国家达成石油减产协议生效，国际原油价格不断上涨，加上国内油品质量的提高，柴油、汽油价格分别上涨12.7%、11.5%。二是成本上涨推动部分工业品价格上涨。在国家“三去一降一补”（去产能、去库存、去杠杆、降成本、补短板）背景下，“限载令”、环保核查、“营改增”等各项政策落地实施，国内原材料价格不断上涨，通信工具、酒类、调味品、化妆品价格分别上涨8.3%、4.6%、4.1%、1.7%。《超限运输车辆行驶公路管理规定》实施，商品物流成本不断上涨，住房装潢材料、家具价格分别上涨5.1%、1.9%。三是政策影响部分工业品价格变动。受2016年药品指导价格市场化改革影响，部分药厂上调药品的出厂价格，西药、滋补保健品价格分别上涨2.7%、

1.1%；受桂林市提高污水处理费影响，自来水水费价格上涨2.6%。

（张君正）

民族宗教事务

【概况】 2017年，桂林市民族宗教事务委员会（简称市民宗委）办公地点在桂林市临桂区西城中路69号。内设办公室、民族一科、民族二科、宗教科，人员编制18名（含后勤服务人员编制控制数2名），在职人员18人。年内，市民宗委加强民族宗教事务服务管理，推动民族团结进步事业发展，发挥少数民族同胞、宗教界人士、信教群众在党和国家建设中的积极作用，维护市民族团结与宗教和谐局面。年内，恭城瑶族自治县获“全国民族团结进步示范县（区）”称号；龙胜各族自治县、恭城瑶族自治县、雁山区草坪回族乡、象山区银锭社区、七星区辰山社区、桂林橡胶机械有限公司、龙胜实验中学、市回民小学、崇善清真寺9个单位获“自治区第二批民族团结进步创建活动示范单位”称号。

【民族团结进步创建“六进”工程】 2017年，桂林市开展民族团结进步创建“六进”（进机关、进企业、进社区、进乡镇、进学校、进宗教场所）工程。年初，市民宗委制订民族团结进步创建活动项目计划，以创建工作“六进”活动为载体，推动恭城瑶族自治县、雁山区的中华优秀传统文化传承与发展工程开展。2月，象山区被确定为自治区民族团结进步示范区。11月6日—8日，召开全市民族团结进校园活动现场会，龙胜民族中学、恭城民族中学、崇善小学、回民小学4所学校开展中华优秀传统文化和少数民族特色文化相互融合的经验交流，增强各民族师生民族共同体意识。年内，指导象山区做好民族团结进步创建示范区经验总结及深化推广工作，巩固崇善小学、回民小学校园民族文化阵地，完善西城社区、同心社区等5处少数民族活动中心、社区少数民族之家的设施，在象山区城管局设立少数民族流动人员服务站等。

【开展民族团结宣传月活动】 2017年4月，桂林市开展民族团结宣传月活动。利用各级媒体加强宣传，形成强大的宣传合力。市民宗委与桂林日报社、桂林电视台联合推出“民族团结一家亲”专题系列报道。利用“壮族三月三·八桂嘉年华”节日活动平台，开展系列民族文化活动。秀峰区举办第七届“三月三”民族歌圩节，象山区街道社区组织“邻里节”“百家宴”“民族美食节”“民族趣味体育竞赛”等活动。龙胜各族自治县组织开展“苗瑶侗壮汉·欢乐三月三”各族团结一家亲山歌赛。恭城瑶族自治县举办“弘扬传统文化，共创民族团结”非物质文化遗产保护名录宣传展示活动。

【民族成分审批管理】 2017年，市民宗委加强民族成分审批管理工作。加大公民民族成分登记管理办法普法宣传力度。通过设立宣传栏、发放宣传资料等方式，让广大群众了解熟悉《中国公民民族成分登记管理办法》及更改程序。严格把好审批关。4月对各县（区）工作人员进行授课培训，提高县（区）初审质量。严格责任制度。按照“谁经办、谁审批、谁负责”的原则，实行责任制和责任追究制度，杜绝违反规定更改民族成分情况的发生。全年全市民族成分变更审批82件，全部符合政策规定。

【加强少数民族发展资金项目监督管理】 2017年，市民宗委加强少数民族发展资金项目监督管理。年初，制订印发《关于进一步加强少数民族发展资金监督检查办法》，对少数民族发展资金使用管理方面的规定进行梳理，使审查内容、检查内容、检查方法、责任追究更明确具体。全年全市获国家民族事务委员会、自治区民宗委、市本级少数民族发展资金3129万元，项目234个，帮助少数民族和民族地区群众，完成道路硬化、村貌建设、人畜饮水等一批工程项目。年内，对2016年、2017年全市少数民族发展资金项目进行检查，项目现场检查率超过60%，档案资料检查率100%。

【规范宗教行政权力运行】 2017年，市民宗委推进宗教事务行政权力和行政责任“两单融合”，结合市、县两级宗教部门行政权责“两单融合”，推进行政权力“放管服”“双随机一公开”等改革，并在政务网站公示。优化市、县（区）宗教行政权力运行流程。明确法定职责，减少办事环节，简化办事程序，缩短办事时间，方便群众办事，实现全市民族宗教工作系统行政权责“同一事项、同一标准、同一编码、上下对应、有效衔接”。

【宗教场所整治】 2017年，市民宗委按照“疏堵结合、分类处理”的工作思路，指导有关县（区）取缔非法聚会点3处、教育转化聚会点1个，实施

2017年3月30日，秀峰区举办第七届“三月三”民族歌圩节

（市民宗委　供图）

专案联合管控非法聚会点 10 余处。指导阳朔、临桂等县(区)依法对乱建宗教活动场所进行联合整治。

(盘进庆)

民政综述

2017 年,桂林市民政局办公地址在桂林市叠彩区凤北路 8 号,内设办公室(政策法规科)、民间组织管理科(行政审批办公室)、优抚科(信访室)、安置科、救灾科、社会救助科、基层政权和社区建设科、区划地名科、社会事务科、社会福利与慈善事业促进科、人事教育科、计划财务科和市双拥工作领导小组办公室、局机关党委办公室 2 个常设机构。人员编制 58 名,在职人员 54 人。下设 6 个军队离退休干部休养所、1 个军休服务中心和市社会福利院、市社会福利医院、市救助管理站、市军用饮食供应站、市殡葬管理处、市公墓管理所、市殡仪馆、市募捐办、市低收入家庭经济核对中心共 16 个二层单位,其中 5 个副处级单位。年内,全市发放城乡最低生活保障资金 6.05 亿元,保障城乡低保对象 24.78 万人。推进养老服务业综合改革试验区建设,探索医养游融合发展新模式,推动养老服务市场化、产业化发展,优化养老服务发展环境。全面开展"健康养老养生小镇"创建活动,龙胜各族自治县龙脊镇、秀峰区鲁家村入选首批"广西养生养老小镇"。有效应对"七一"特大自然洪涝灾害,年内获上级资金支持 0.99 亿元。完成全国第二次地名普查工作,编制出版《桂林市行政区划图集》。民政标准化建设成效明显,市军供站被评为南部战区重点军供站,市福利医院被评为"三级医院"。

(覃志强)

社会救助

【概况】 2017 年,桂林市共投入社会救助资金 9.72 亿元,救助困难群众 44.62 万人次。划拨资金 1184.36 万元,为全市 104.8 万户农户购买住房保险(其中自治区财政 896.79 万元、市本级财政 287.57 万元),全年 5043 户农户灾后获保险理赔 2848 万元。年内,有 6 个社区获"全国综合减灾示范社区"称号,10 个社区获"自治区综合减灾示范社区"称号。

【加强抗灾救灾工作】 2017 年,桂林市各县(区)不同程度遭受雪灾、风雹、洪涝、山体崩塌等自然灾害,其中以 7 月 1 日特大洪涝灾害最为严重。截止 12 月 10 日,全市受灾人口 131.49 万人,因灾死亡 28 人,失踪 3 人,紧急转移安置 13.8 万人,需紧急生活救助 7.9 万人,农作物受灾面积 7.65 万公顷,农房倒塌 1140 户 4809 间,严重损坏房屋间数 4543 间,一般损坏房屋间数 1.52 万间,直接经济损失 72.8 亿元。全年争取上级救灾补助资金 9940 万元,其中市本级财政下拨救灾补助资金 1400 万元。全市民政部门发放现金 5000 多万元,发放大米 34 吨,衣被 10811 件(床),发放矿泉水、方便面、面包等食品 4.85 万件(箱),发放食用油 228 桶,搭建帐篷 300 余顶,累计救助灾民 21.05 万人。冬令春荒期间,全市发放现金 482.77 万元救助 5.50 万人,发放粮食 1457.34 吨救助 5.38 万人,发放衣被 8.69 万件(套)救助 8.01 万人。投入冬春救助资金 1877.7 万元,其中中央和自治区投入资金 1724.97 万元,地方配套资金 152.73 万元(县级财政配套 132 万元,捐赠或其他 20.73 万元),累计救助 14.44 万人。5 月 12 日,桂林市开展防灾减灾宣传周活动,各县(区)、市直各部门分别举办应急演练、主题展览和宣讲教育等活动,举办防灾减灾宣传科普教育活动近 60 场(次),组织各类紧急疏散演练近 50 次,开展紧急救护专业和普及培训 5000 多人次,近 200 所中小学校开展防灾减灾主题教育,参与民众近 20 万人。

(蒋志海)

【城乡低保补助水平提高】 2017 年,桂林市保障城市低保对象 24.78 万人,保障农村低保对象 21.66 万人。全年累计发放城乡低保资金 6.05 亿元,城市和农村低保补助水平分别达 520 元每月和 3420 元每年,分别比上年增加 40 元每月和 420 元每年。

【农村五保供养】 2017 年,桂林市出台《桂林市特困人员救助供养工作实施细则》,全市农村五保供养对象按不低于 370.5 元每月标准发放。全年共保障五保供养对象 35.62 万人次,发放供养资金 1.31 亿元。

【完善医疗救助】 2017 年,桂林市完善城乡医疗救助制度,救助力度加大。年内,以城乡基本医疗保险、日常医疗救助、大病医疗救助为主,临时医疗救助、慈善医疗救助为补充的"五位一体"医疗救助体系得到完善,全年累

2017 年 7 月 1 日,阳朔县城发生内涝　　(市民政局　供图)

计发放城乡医疗救助资金 7671.11 万元，救助困难群众 21.16 万人次，资助 18.45 万人参加新型农村合作医疗及城市居民医疗保险。城乡医疗救助工作基本实现救助制度与基本医疗保险政策、大病保险制度的有效衔接，解决城乡生活困难群众看不起病的问题。

（隗于启）

社会福利

【老年福利事业】 2017 年，全市建有各类养老服务机构 1273 个，居家养老服务中心和服务站 72 个（含日间照料中心），老年协会 1571 个。养老机构的床位数 2.4 万张，每千名老人拥有床位 24.87 张。养老机构年服务老人约 2 万人，社区服务（临时性）老人近 20 万人，老年协会会员发展到近 32 万人。年内，市民政局组织开展养老机构专项整治行动，对全市 162 家养老机构的 115 项指标进行整治，全市养老机构的管理、服务质量水平大幅度提高。完成养老院星级等级评定工作。评定三星级养老机构 9 个，二星级养老机构 28 个，一星级养老机构 12 个，市夕阳红养老中心被自治区评为五星级养老机构。加快居家养老互联网＋平台项目建设，投入资金 300 万元，建成桂林市居家养老服务信息管理中心，并引进三胞集团安康通居家养老服务团队入驻桂林市。做好高龄津贴发放工作。为全市 80 岁以上高龄老人发放资金 5650 万元，其中 80 岁—89 岁 10.77 万人，90 岁—99 岁 1.45 万人，100 岁以上 487 人。共惠及老年人 12.27 万人。

【养生养老产业发展】 2017 年，桂林市推进养生养老产业发展。做好民办养老机构一次性建设补贴、运营补贴和居家养老服务中心运营补贴发放工作。市本级财政发放民办养老机构建设补贴 139 万元、运营补贴 93 万元，社区居家养老机构运营补贴 2.5 万元。加快“1521”老年综合福利设施项目建设。荔浦县福利中心养护楼、平乐县社会福利院老年养护楼、灌阳县福利中心老年护慰楼、灵川县社会福利综合服务中心项目（一期）、市福利院养护楼项目开工建设。以龙头产业带动养老服务业发展。信和信·桂林国际智慧健康旅游产业园项目占地 180 公顷，总投资 102 亿元，2017 年完成投资 33 亿元，建设项目包括崇华中医街、广西生命与健康国际职业学院、桂林中老年康复医院、国际养生旅游小镇等。桂林夕阳红养老中心有养老床位 800 张，占地面积 18.67 公顷，年平均入住率 90% 以上，被评为自治区第一批五星级养老服务机构。创建养生养老小镇，秀峰区鲁家村、龙胜各族自治县龙脊镇、阳朔县兴坪镇获批准为自治区首批养生养老小镇。

【残疾人福利】 2017 年，桂林市各县（区）建立残疾人两项补贴发放复核机制，对户籍在桂林的最低生活保障家庭中的残疾人及残疾等级被评定为一级、二级，且需要长期照护的重度残疾人按每人每月 50 元的标准发放补贴。全年累计发放困难残疾人生活补贴 35.62 万人次，资金 1899.50 万元；重度残疾人护理补贴累计发放 49.06 万人次，资金 2453.12 万元。

【公益性福利事业】 2017 年，市民政部门安排福利彩票公益金 50 万元，开展精神疾病患者免费门诊就医慈善活动，2030 名患者参加义诊治疗。安排福利彩票公益金 45 万元，与市关心下一代工作委员会共同组织并资助困难儿童庆“六一”暨“3 元计划·爱心工程”活动，为全市 500 名困境儿童每人发放资助金 1000 元。开展“七一”特大洪涝灾害因灾死亡、因灾倒房群众慰问活动，由市慈善事业会出资 60 万元，对部分受灾严重的群众进行慰问和救助，对因灾死亡家属慰问 4000 元，因灾倒房户慰问 2000 元。开展“杏林春雨”脑瘫儿童救助行动，组织全市脑瘫患儿 540 人参加义诊筛查，符合手术条件的 18 名儿童全额资助送到北京进行手术治疗；对非贫困家庭的儿童予以 3000 元—8000 元的手术治疗补助；安排福彩公益金 100 万元，由市福利院开展残障儿童康复训练项目。全年康复训练脑瘫、智障、自闭症等残疾儿童 133 名。 （李艳）

【福利彩票发行】 2017 年，桂林市完成中国电脑福利彩票在线销售厅整改工作，经司法程序，成功解决多年来中福在线销售厅遗留的历史问题。5 月—8 月，丽君路、中山中路、银锭路、骖鸾路的 4 家中福在线销售厅陆续恢复营业，由市募捐办完全主导运营。全年全市刮刮乐彩票销售量 2805.37 万元，增长 8.6%；中福在线大厅累计销量 5319.02 万元；两项合计销售福利彩票 8124.39 万元。 （王英）

社会事务管理

【殡葬管理】 2017 年，全市殡葬事业取得新成绩。全年火化遗体 8412 具，营业收入 2633.92 万元，其中市殡仪馆火化 5560 具，收入 1950 万元。全市公墓销售墓位 1777 座，收入 5065.93 万元，其中市公墓管理所销售墓位 598 座，收入 2686.47 万元。公益生态安葬社会影响力进一步扩大。2017 年桂林市第四届公益生态花坛集体安葬仪式在桂林官帽山举办，1000 多人参加和观摩仪式，花坛入土安葬逝者人数 113 人，增长 98%。平乐县实施惠民殡葬政策，减轻困难群众丧葬负担，推行节地生态殡葬社会化，建立健全基本殡葬公共服务体系，主动申报并成功列入全国殡葬综合改革试点。一批新的殡葬设施建设获得新进展。桂林市级公益性公墓完成初步选址定点工作，规划面积 13.33 公顷，其中用于公益性公墓建设 6.67 公顷；永福县殡仪馆主体建筑及主要设备安装完成。参与靖江王陵保护区乱埋散葬治理，在天赐园落实土地，对靖江王陵保护区内端懿王墓附近影响特别大的 700 多座私坟进行迁移，安置迁坟前期各项工作完成。年内，天源花园公墓获营业许可，恭城瑶族自治县殡仪馆获批准，平乐县被民政部评为全国殡葬工作先进单位。

【婚姻登记】 2017 年，桂林市民政部门共办理婚姻登记 5.3 万对。办理涉外婚姻 183 对，其中结婚登记 157 对，离婚登记 20 对，补发结婚证 6 对，补发离婚证 1 对。8 月，市民政局组队代表自治区民政厅参加全国各省、自治区婚姻登记辩论赛获二等奖；秀峰区、七星区、临桂县、荔浦县、龙胜各族自治县在自治区率先完成1990年以来婚姻登记数据的补录工作。

【社会收养】 2017年，全市各县(区)办理收养384例，其中涉外、涉港澳台收养登记办理1对。以全州县为试点，将收养评估工作纳入未成年人保护工作购买服务引入第三方评估方式，得到自治区民政厅肯定。

【孤儿保障】 2017年，桂林市共有孤儿853人，其中福利机构供养孤儿154人，散居孤儿699人。保障标准为机构内孤儿每人每月1000元，散居孤儿每人每月600元。全年共发放孤儿生活保障资金664.08万元。

【开展"寒冬送温暖"专项行动】 2017年，桂林市民政局救助管理站开展"寒冬送温暖"专项行动，实行24小时工作制度，对发现的流乞人员，耐心劝导进站救助。对不愿入站的，现场发放棉被、棉袄、面包等御寒衣物和食品，同时告知救助热线，以便随时进站接受救助。对暂无法核实人员来历，运用全国救助管理信息系统和全国救助寻亲网、"今日头条"APP等媒体发布受助人员寻亲公告。11月—12月，全市共开展街面巡查237次，出动车辆130台次，出动工作人员626人次，发放棉衣142件、棉裤148条、棉被57床、棉鞋93双、救助联系卡260份，发放水和食品349份，站内救助51人，现场救助、劝导265人，送医疗机构救治28人。 （贺凯）

【开展撤县设市、撤乡建镇工作】 2017年，桂林市加大撤县设市、撤乡建镇工作力度。荔浦县撤县设市申报材料报送至自治区人民政府；全州县永岁乡、临桂区茶洞乡、灌阳县水车乡撤乡建镇行政区划调整方案通过自治区人民政府审批；龙胜各族自治县乐江乡、恭城瑶族自治县平安乡撤乡建镇申报材料通过市人民政府审核并报送至自治区人民政府审批。全市134个乡(镇)，形成建镇制86个，占64.2%。

【开展毗邻县界线联检】 2017年，全市平安边界创建活动完成。完成市内7条毗邻县界线联检检查，即秀峰区/灵川县、阳朔县/灵川县、阳朔县/恭城瑶族自治县、灵川县/龙胜各族自治县、全州县/资源县、象山区/七星区、永福县/荔浦县毗邻县界线，界线总长198.46千米，界桩10个，并形成联检成果档案上报自治区民政厅。

【地名普查和命名】 2017年，桂林市第二次全国地名普查工作成果基本制作完成，并于4月报送到国家地名普查办验收，9月代表自治区接受民政部工作核验。编制出版《桂林市行政区划图集》，全市地名实现数字化管理，建立地名空间信息数据库和桂林市地名信息管理系统，制作地名信息管理手机APP，为社会各界提供标准规范的地名信息。

（邓丕旺　张璎璎）

【社会组织管理】 2017年，全市新登记成立社会组织43家，其中社会团体24家，民办非企业单位18家，基金会1家。社会组织变更登记39家，其中社会团体20家，民办非企业单位19家。首次实行网上年检工作，完成第一批行业协会与行政机关脱钩试点工作。加强社会组织党建工作，打造桂林三农服务协会等党建工作示范点，社会组织活力得到增强。 （宁辉）

【基层政权建设】 2017年，桂林市完成全市1891个建制村(社区)"两委"和村务监督委员会集中换届选举以及新任建制村(社区)"两委"干部培训。推进农村社区建设试点工作，在14个县(区)确认15个乡(镇)、71个村(屯)为第二批市级农村社区建设试点乡(镇)和试点社区，完成6个乡(镇)、32个村(屯)申报自治区级试点单位工作。年内，《桂林市关于加强城乡社区协商的实施意见》出台，资源、全州、阳朔、象山、叠彩等县(区)推广"党群理事会""村(居民)理事会""圆桌会议"等协商民主平台。推进社区信息化平台建设，七星区、秀峰区完成"社区+"和"互联网+"的社区公共服务综合信息平台和智慧社区建设试点，城乡社区信息化水平进一步提升。 （陈传才）

双拥优抚安置

【双拥工作】 2017年，桂林市双拥工作扎实开展。7月，驻桂林部队全面停止有偿服务工作军地协调领导小组成立。8月，桂林市《桂林市军民融合深度发展规划》形成。年内，驻桂林部队参与驻地扶贫工作，共建立结对帮扶贫困村34个。驻桂林部队参与地方抢险救灾工作，7月抗洪救灾中，出动官兵近1000名，冲锋舟4艘、各型车辆26台，安全转移求助被困群众2900余人，转运资金5亿多元，转送物资1800余件，清理淤泥200余吨，疏散滞留旅客6000余人。参加地方安保工作，全年武警、消防部队出动兵力1800余人次，车辆20台次，完成中央电视台春节联欢晚会桂林分会场、城市武装巡逻等各类重大安全保卫任务40余次。 （胡光灿）

【优抚工作】 2017年，桂林市为3.09万名重点优抚对象发放抚恤金1.69亿元，用于优抚对象医疗保障补助资金1389万元，发放义务兵家庭优待金4377万元，为948名服义务兵役大学生发放鼓励金427.8万元。在全市民政系统开展军队退役人员"大走访、送温暖"活动，发放290.42万元帮助883名特困优抚对象解决实际困难。全市共走访优抚对象1000人，发放慰问金50万元。2017年春节、"八一"建军节期间，走访慰问部队和重点优抚对象经费3800余万元。

（周荣华　蔡桂松）

【安置工作】 2017年，桂林市以"核定岗位、组织考试、量化计分、计分排名、自主选岗"方式确定安置退役士兵岗位。全年接收退役士兵1618人，其中选择自主就业退役士兵1499人，随年度退役选择老政策1人，集中移交115人，伤残移交3人。符合政府安排工作条件退役士兵应安置116人，选择自谋职业方式安置1人。全年全市退役士兵接收安置率100%。接收安置军队转业干部293人，其中计划分配军转干部138人，自主择业军转干部155人。计划分配138名军转干部中,团职干部24人,营职以下和专业技术军转干部114人。

（周荣华 蔡桂松）

老龄工作

【概况】 2017年,桂林市老龄工作委员会办公室(简称市老龄办)办公地址在桂林市临桂区西城中路69号。内设秘书科、宣传科、维权科,人员编制8名,在职人员13人,下辖桂林市老年宫管理处。至年末,桂林市60周岁以上老年人口99.22万人,占户籍总人口数18.58%,其中80周岁及以上老年人13.21万人,100周岁及以上老年人500人,老年人口比重高出广西和全国平均水平,老龄化趋势日益严重,老龄问题更加凸显。年内,制订出台《"十三五"桂林市老龄事业发展和养老体系建设规划》,推动老龄事业发展。全市建有各类养老服务机构1273家,养老机构床位2.47万张。全市共办理老年人优待证2.58万张,其中绿卡8672张,红卡1.71万张。全市解答老年人电话和咨询3000余次,回复老年人信访事件352件,为老人维权、调解矛盾400余件,实施法律援助280次。全市共发放高龄津贴6489万元。全市获自治区基层示范性老年协会指标18个,扶持资金54万元,累计获自治区基层示范性老年协会指标409个,扶持资金1227万元。秀峰区老龄工作委员会获"全国老龄系统先进集体"称号,全州县龙水镇亭子江老年协会会长蒋英秀被评为全国"老有所为楷模",桂林市象山景区管理处、桂林日报社、桂林市夕阳红养老中心、桂林市芦笛景区管理处、桂林市秀峰区丽君社区居家养老服务站、大学生志愿服务西部计划恭城瑶族自治县服务队6个单位被评为第二届全国"敬老文明号",阳明珍、黄华雄、冯坚、唐登国、陆增球、唐春潮、欧阳荣寿、杨颂春、蒙明娥、易秀珍、袁继祺等11人被评为"全国敬老爱老助老模范人物"。

2017年5月24日,市老龄办在灌阳县举行"送文艺、法律"下乡活动

（唐行美 摄）

【老年人文娱活动】 2017年1月14日,市老龄办组织市老年书画研究会、市女子书画研究会20多名书画家走进奇峰镇军营,开展"书画进军营·共叙鱼水情"慰问活动。2月10日,在广西师范大学王城校区国学堂举办2017年老年人迎新春文艺演出。5月24日,在灌阳县新街镇江口村举办"送文艺、法律"下乡活动。7月21日,在广西师大王城校区国学堂举办桂林市第十五届老年人文艺汇演,来自全市23个代表队以"创建全国文明城市"为主题,表演了民族管弦合奏、桂林渔鼓、音乐快板、苗族舞蹈等23个节目。10月25日—26日,分别在灵川县、永福县开展"送法下乡"活动,宣传《中华人民共和国老年人权益保障法》《广西壮族自治区实施〈中华人民共和国老年人权益保障法〉办法》。10月28日,市老龄委在市中心广场举办桂林市欢庆老年节文艺演出。11月28日,市老龄办在五美路机关小礼堂举办第二期"百年好活·健康讲坛",来自各城区、市直老年文艺群团和保健养生产业协会的500多名老人聆听讲座。

【庆祝香港回归20周年桂林—香港两地老少书画精品展】 2017年7月1日,市老龄办、桂林市关心下一代工作委员会办公室、桂林市老年书画研究会、香港老年书画研究会联合在桂林市花桥美术馆举办庆祝香港回归20周年桂林—香港两地老少书画精品展。桂林、香港两地代表300多人出席开幕式并观看书画展。书画展共征集到桂林、香港两地书画作品500幅,经专家组评审确定参加展出作品154幅,其中香港中国老年书画研究会作品38幅,桂林市老年书画研究会作品71幅,桂林市少年作品40幅,特邀作品5幅。

【桂林市首届"百对金婚银婚鉴真情"大型公益活动】 2017年9月9日,桂林市老龄工作委员会联合桂林市精神文明建设指导委员会办公室、象山景区管理处、桂林市保健养生产业协会在象山景区举办桂林市首届"百对金婚银婚鉴真情"大型公益活动。活动为100对金婚、银婚老人举行集体婚礼和婚宴,颁发金婚银婚证书,来自全市各县(区)的100对老人以及家属代表、志愿者服务队、主办协办和承办方代表、媒体代表等共600余人参加活动。

【"敬老月"活动】 2017年10月,桂林市开展以"关爱老年人、欢庆十九大"为主题的"敬老月"系列活动。"敬老月"期间,全市共慰问老人2.1万人次,送去慰问品和慰问金价值270多万元;举办各类比赛、晚会、游园等活动450余场,参加活动老人15.6万人;组织志愿者服务160余次,参与志愿者3800余人,服务老人6200人次。

（唐行美）

区县简介

秀峰区

【概况】 秀峰区位于桂林市区中西部，辖秀峰、丽君、甲山3个街道，下设社区20个，建制村7个。区人民政府驻中隐路31号。行政区域面积43平方千米。2017年年末，户籍人口11.13万人。

经济总指标　全年地区生产总值101.74亿元，其中第一产业增加值0.64亿元，第二产业增加值11.75亿元，第三产业增加值89.35亿元。固定资产投资完成额84.49亿元。社会消费品零售总额145.16亿元。

财政　全年组织财政收入9.62亿元，其中公共财政预算收入6.32亿元。公共财政预算支出7.73亿元。

农业　全年农林牧渔业总产值1.27亿元，其中农业产值0.72亿元，牧业产值0.27亿元，渔业产值0.14亿元，服务业产值0.14亿元。粮食播种面积316公顷，总产量1997吨。

工业　全年工业总产值19.65亿元，工业增加值6.08亿元，工业增加值占地区生产总值比重6.0%。规模以上工业实现工业总产值18.08亿元，实现规模工业增加值5.49亿元。全区规模以上工业企业10家，其中年产值超1亿元企业7家。

文化·科技　年末辖区共有文化艺术团体9个，会员120人，创作完成的文化艺术作品10个。各类艺术表演团体12个，演职人员200人。文化馆(站)1个。全年获科技项目109个，获项目资金1090.4万元，其中获国家科技项目16个，自治区科技项目10个，桂林市科技项目83个。全年桂林市完成发明专利514件。

教育　全区有公办中小学9所，其中小学7所，九年一贯制学校2所。在校初中生1030人，专任教师82人；在校小学生9352人，专任教师529人。小学适龄儿童入学率100%。

卫生·体育　全区各级基层医疗卫生机构有床位39张，卫生技术人员138人，其中执业医师55人，执业助理医师5人，注册护士58人，药师(士)12人，检验技师(士)5人，影像技师(士)2人，其他卫生技术人员1人。全年投入21.4万元，建设体育健身路径114处，共700件健身器材。全年秀峰籍运动员获国家级、国际体育赛事金牌5枚，银牌1枚，铜牌1枚。

计划生育　全年全区出生人数1158人，符合政策生育率99.6%，其中二孩符合政策生育率100%，政策外多孩率0.26%。出生男女性别比为114。人口自然增长率4.84‰。

固定资产投资　全年固定资产投资84.49亿元，增长16.9%，其中项目投资60.83亿元，房地产业投资23.66亿元。

招商引资　全年区外境内到位资金17.52亿元，实际利用外资完成9054万美元。

居民生活　城镇居民人均可支配收入32888元，增长7.6%。农村居民人均可支配收入15483元，增长9.9%。

旅游　全区有旅游营业景区6个，其中国家5A级旅游景区2个，国家4A级旅游景区3个，国家3A级旅游景区1个。全年接待游客495.82万人次，旅游总消费69.92亿元。

【重点项目建设推进顺利】 2017年，秀峰区实施31个市级层面推进的重大项目，完成投资42.53亿元。甲山铁路涵洞通车，桃花湾旅游休闲度假区基础设施一期工程部分标段完工。台湾街旅游度假区项目笙塘新村建设初具雏形，靖江王府片区历史文化旅游休闲街区改造一期工程基本完成，

2017年3月31日，中央电视台《乡约》相亲栏目在王城景区录制

（秀峰区档案局　供图）

二期完成工程量的50%。燕京(漓泉)100万吨产能填平补齐项目已完成2万瓶每小时柔性生产线升级改造,7.2万罐每小时易拉罐生产线在建。华润项目一期开盘销售,荣和林溪府、广汇清华园组织交房。琴潭"大龙湾·栖息式"社会化养老服务创新示范项目、正阳西巷历史文化地段保护修缮及旧城改造项目、中隐路商贸广场主体工程加快建设。琴潭"千亩"荷塘湿地项目完成沿荷塘村庄风貌设计,进村临时道路开工。阳江北路(大龙段)开工建设。

【高科技产业发展势头强劲】 2017年,桂林力港网络科技有限公司先后承担各级科技项目20余个,已研发的100多款游戏软件产品中,获计算机软件著作权189个。鼎恒工程质量检测有限公司、创美信息技术有限公司、恒保健康用品有限公司3家高新技术企业成功入驻。桂林医学院附属医院、桂林长海发展有限责任公司等15家单位(企业)105个项目共获创新基金支持1892万元,全年实现专利申请353件,2人被列入桂林市第二批"漓江学者"。

【工业品牌建设成绩明显】 2017年,秀峰区协助各工业企业开展品牌建设申报工作。全年注册商标744件,其中广西著名商标11件。桂林桂北机器有限公司的平面磨床、桂林市独秀纸品有限公司的安睡宝宝纸尿裤、广西鹏锦床上用品有限公司的三花牌棉获"广西名牌产品"称号。

【厚植地方特色文化根脉】 2017年,秀峰区注重把历史文化元素注入旅游产业开发全过程,推动历史文化与名人、名山、名城融为一体,形成鲁家村豆腐美食、庙门前村书画、张家村傩舞、合家村状元等各具特色的人文风情亮点。年内,组织开展"逍遥楼迎新春书画展""桂林秀峰第七届'三月三'民族歌圩节""舞甲天下·秀峰独秀——第八届国际街舞大赛""桂林秀峰第二届龙狮文化节"等活动,向外界传播秀峰文化,助推旅游发展。"历史文化街区情景剧"和"讲古堂"的桂剧、彩调等非物质文化遗产驻场表演500多场,受到中外游客好评。浓厚的地方特色文化吸引中央电视台持续、多角度、多方位聚焦秀峰,《大美桂林》《乡约》《大手拉小手》等专题节目在中央电视台滚动播出,提升了秀峰的文化软实力。

【城乡基础建设加快】 2017年,秀峰区投入1.2亿元加强城市基础建设,全面清理规范乐群、信义、东莲菜市和翠竹路市场等农贸市场10个。美化区域环境,修补小街、小巷36条,11个社区600多个雨污井箅得到疏通,7个无物业小区、6个城中村改造任务基本完成。

【文体事业健康发展】 2017年,《秀峰年鉴(2015)》获全国地方志优秀成果(年鉴类)一等奖。年内,秀峰区推进文化经营场所转型升级,3家网吧被自治区评为"五星级网吧"。在13个自然村开设"农家书屋",举行公益文艺演出95场,安装户外健身设施66套。秀峰区足球代表队在广西首届百县青少年五人制足球赛中夺冠。残疾人运动员吴国山在国际体育赛事中获金牌2枚、银牌1枚、铜牌1枚。区文体系统获"全国群众体育先进单位"称号。 (李雪)

叠彩区

【概况】 叠彩区位于桂林市北部,辖叠彩、北门2个街道和大河乡,下设社区21个,建制村15个。区人民政府驻中山北路147号。行政区域面积52平方千米。2017年年末,户籍人口15.06万人。

经济总指标 全年地区生产总值86.18亿元,其中第一产业增加值1.44亿元,第二产业增加值17.36亿元,第三产业增加值67.38亿元。人均地区生产总值5.72万元。全社会固定资产投资完成额83.55亿元,增长17.6%。社会消费品零售总额122.12亿元,增长10.6%。

财政 全年组织财政收入5.82亿元,财政支出4.94亿元。

农业 全年农林牧渔业总产值2.42亿元,其中农业产值1.61亿元,林业产值0.02亿元,牧业产值0.59亿元,渔业产值0.03亿元,服务业产值0.17亿元。粮食播种面积0.06万公顷,总产量0.37万吨。森林覆盖率22.86%。农业机械总动力7996千瓦。

工业 全年工业总产值43.63亿元,工业增加值8.3亿元,工业增加值占地区生产总值的9.63%,工业对全区经济增长的贡献率7.9%。规模以上工业实现总产值41.14亿元。新增规模以上企业1家,全区规模以上工业企业10家,年产值超1000万元企业8家,超1亿元企业6家。

文化·科技 年末拥有专业艺术表演团体36个,演出场次157场;公共图书馆(室)36个,图书藏量2.41万册;文化站1个;电影放映单位3个,放映电影60场,观众4537人。全年申报自治区级科技项目1个,市级科技项目5个,总投资5468万元,共举办种植业、养殖业等科技培训班、科普讲座9期(场次),培训2987人次。建立各类科技示范基地3个。年内共申请专利458件。

教育 全区区属初级中学1所,专任教师66人,在校初中生680人。小学9所,专任教师504人,在校小学生8567人。小学适龄儿童入学率100%。

卫生·体育 全区各级各类医疗机构有床位1284张,其中医院床位676张,妇幼保健院床位608张。卫生技术人员2058人,其中执业医师596人,注册护士968人。全区参加新型农村合作医疗农民2.63万人,参合率99.01%。获市级体育奖牌2枚,其中银牌1枚,铜牌1枚。

计划生育 全年全区出生人数2144人,符合政策生育率98.01%,其中二孩符合政策生育率99.5%,政策外多孩率1.03%。出生男女性别比为112。人口自然增长率6.5‰。

固定资产投资 全年完成固定资产投资83.55亿元,增长17.6%,其中基本建设投资33.51亿元,房地产业投资50.04亿元。

招商引资 全年全区在建项目8个,续建项目7个,合同总额70亿元,其中市外建设项目资金64亿元,自治区外建设项目资金27.5亿元,引进外资项目到位资金2700万美元。

居民生活　城镇居民人均可支配收入32993元，增长8.5%。农民人均纯收入13704元，增长10%。全年共发放城镇居民低保金688.5万元，发放农村低收入人口低保金382.4万元。城镇新增就业人数2333人，城镇失业人员再就业人数4人，城镇登记失业率控制在4.5%以内。开发公益性岗位64个。

旅游　全区有5个自然景点和人文景观，营业景区3个（国家4A级旅游景区3个）。全年接待游客844万人次，增长86.6%，接待境外游客2.01万人次。旅游总消费87.82亿元，增长48.5%。

2017年11月24日，叠彩万达广场开业　（崔帆　供图）

【基础设施更加完善】　2017年，滨江北路、站前路、芳华路、春江北路主体及附属工程全部完工。投入1161万元，完成凤北路路段、和平巷路段特色街区改造。投入1100万元，对辖区无物业小区及城中村进行改造。投入1900万元，完成清秀、芦笛、燕湖等社区服务用房提升改造工程。投入5000多万元，改善城乡公共基础设施、环卫设施。

【城乡清洁效果明显】　2017年，叠彩区开展城乡环境综合整治，拆除主次干道各类广告牌1640块；拆除挤占公用空间和盲道的违建亭棚119个，共2000多平方米；拆除市场内及周边私搭乱建150多处，共4000多平方米；拆除违法建筑217处，共41.3万平方米。投入400多万元，加大漓江下梁江村段排污综合治理，维修、硬化村道7.2千米；建设无害化卫生厕所300个；9个自然村完成污水处理设备安装调试；投入198万元建设白竹干村饮水安全工程，1949名村民用上放心水。灵剑溪流域养殖污染整治工作顺利推进，周边环境明显改观。

【第三产业效益日益凸显】　2017年，叠彩区依托桂林高铁站和叠彩交通区位优势，实施服务业和旅游业发展规划编制，发展楼宇经济和总部经济，推进11个专业市场的提升改造。叠彩万达广场投入运营，年吸引客流量1700万人次，年税收2600多万元。全区重点服务业和营利性服务业增幅分别为17.5%和34%，第三产业成为拉动经济的主要动力。

2017年10月，在建的叠彩区大河圩城中村改造项目　（崔帆　供图）

【现代特色生态农业成效显著】　2017年，叠彩区依托面积650公顷花卉、无公害蔬菜和特色水果种植三大农业产业基地，发展以农家乐、休闲旅游、花卉展销为一体的城郊特色农业，推动旅游转型升级，实现农业和旅游的融合发展。推进“菜篮子”工程，蔬菜基地面积保持120公顷，全年蔬菜复种面积1500公顷。推进潘家、蒙正等农村小型水利设施建设，培育扶持蒙正村竹鼠试点养殖基地，全年完成村级集体经济项目7个，打造现代农业生产示范基地15个，培育新型农业经营主体11个，2家农庄获“桂林市四星级农家乐”称号。

【智能门禁系统初显成效】　2017年，叠彩区建成智能门禁系统的居民小区46个，安装智能门禁系统的出租楼房22栋，直接惠及2.92万户5.62万人。辖区300余家单位和行业场所的2600多个社会监控探头全部联网，指挥中心可随时调取，实时查看，实时报警对讲，全面筑牢辖区社会治安防控新体系。

【全国卫生计生行政执法现场会在叠彩区召开】　2017年11月9日，全国卫生计生行政执法现场会在叠彩区召开，来自各省（直辖市、自治区）卫生计生监督工作人员120多人参加会议，现场会听取了关于基层乡（镇）卫生计生执法资源整合相关工作情况汇报，并就基层卫生计生机构整合、人员队伍组成、工作网络建设、业务经费保障、执法监督工作开展等方面情况予以调研。（崔帆）

象山区

【概况】 象山区位于桂林市中南部，辖南门、象山、平山3个街道和二塘乡，下设社区34个，建制村8个。区人民政府驻环城西二路6号。行政区域面积90平方千米。2017年年末，户籍人口24.24万人。

经济总指标 全年地区生产总值225.77亿元，其中第一产业增加值1.21亿元，第二产业增加值71.21亿元，第三产业增加值153.35亿元。人均地区生产总值9.31万元。全社会固定资产投资完成额164.68亿元，增长16.2%。社会消费品零售总额162.28亿元，增长10.9%。

财政 全年组织财政收入12.09亿元，其中一般公共预算收入7.68亿元。一般公共预算支出9.90亿元。

农业 全年农林牧渔业总产值2.23亿元，其中农业产值0.91亿元，牧业产值0.99亿元，渔业产值0.2亿元，服务业产值0.13亿元。粮食播种面积1308公顷，总产量6540吨。全年完成各类人工造林面积6公顷，森林覆盖率28.33%。农业机械总动力2.82万千瓦。

工业 全年工业总产值157.60亿元，工业增加值52.50亿元，工业增加值占地区生产总值23.3%，工业对全区经济增长的贡献率27.5%。规模以上工业实现总产值151.93亿元，实现利税11.57亿元。新增规模以上企业1家，全区规模以上工业企业26家，其中年产值超1000万元企业26家，超1亿元企业13家。

文化·科技 年末拥有专业艺术表演团体1个，业余表演团体56个，演出场次27场，观众1.89万人次；公共图书馆1个，图书藏量50万册；剧场1个，文化站3个；电影放映单位5个，放映电影5.5万场次，观众156万人次。全年申报自治区级科技项目6个，市级科技项目11个，自治区、桂林市补助科研经费591万元。共举办种植业、养殖业等科技培训班、科普讲座14期（场次），培训0.23万人次。年内共申请专利653件。

教育 全区有自治区示范性普遍高中1所，专任教师110人，在校高中生1443人。普通高中2所（含初中部），专任教师261人，在校高中生1776人、初中生1931人。初级中学6所，专任教师390人，在校初中生5274人。小学23所，专任教师1244人，在校小学生22486人。小学适龄儿童入学率100%。

卫生 全区各级各类医疗机构有床位3305张，其中医院床位3054张，疗养院床位251张。卫生技术人员4531人，其中执业医师1482人，注册护士2227人。全区参加新型农村合作医疗农民2.35万人，参合率97.6%。

计划生育 全年全区出生人数2916人，符合政策生育率99.9%，其中二孩符合政策生育率100%，政策外多孩率0.1%。出生男女性别比120.24。人口自然增长率7.85‰。

固定资产投资 全区固定资产投资164.68亿元，增长16.2%，其中计划总投资5000万元及以上项目投资79.65亿元，房地产投资27.88亿元。

招商引资 全年全区在建项目9个，续建项目9个，合同总额27.18亿元，其中自治区外建设项目资金27.18亿元，引进外资项目到位资金4528万美元。

居民生活 全区在岗职工年平均工资71035元，增长11.5%。城镇居民人均可支配收入33214元。农村居民人均可支配收入13463元，增长9%。全年发放农村低收入人口低保金123.55万元，发放城镇居民低保金1084.23万元。城镇新增就业人数3280人；领取再就业优惠证的下岗失业人员再就业人数1185人，城镇登记失业率4.5%。农村劳动力转移187人，开发公益性岗位21个。

旅游 全区有5个自然景点，11个人文景观，营业景区5个（国家5A级旅游景区1个，国家4A级旅游景区1个，国家3A级旅游景区1个）。全年接待国内外游客522.42万人次，旅游总收入61.51亿元。

【推进“三区”建设】 2017年，象山区提出构建“三区”（桂阳公路休闲观光示范区、万福路康体养生先行区、平山瓦窑片特色文化展示区）建设发展新格局。加快龙船坪片区、环城南二路、大风山周边等控规修编，规划覆盖率超过90%。拍摄象山形象宣传片，制作招商手册，利用各种招商推介会，宣传“三区”产业、政策、资源、区位等各方面优势，邀请客商到象山区考察、洽谈项目50多批次。列入“三区”建设内的北芬旅游名村、九美桥时尚园、凯风创业广场、瓦窑小镇等重大项目58个，计划投资295.44亿元，年内完成投资26.08亿元。

【重大项目攻坚取得新进展】 2017

2017年5月1日，漓江桥扩建工程正式通车（象山区委宣传部　供图）

年，象山区统筹推进的重大项目101个（列入市级层面重大项目69个），完成投资59.12亿元，其中5000万元及以上的项目固定资产投资列入自治区21个主城区红榜。年内，新开工项目有华夏艺术大观园、龙船坪特色街区、象山区万福庄园等29个。加速推进的续建项目有万福东路（象山段）、瓦窑小镇、九美桥时尚园等22个。如期竣工的重大项目有漓江桥扩建工程，香江立交桥、森港家居等21个。筹措资金3亿元，征收土地212.2公顷，其中79.67公顷土地移交给中共桂林市委党校改扩建、万福东路置换地等项目业主进行施工，向市土地储备中心移交汽车南站、溢达会议中心两宗土地，为新项目落地提供坚强保障。加大招商引资力度，与深圳威逊体育产业集团、龙光地产控股有限公司、碧桂园控股有限公司、杭州颐高集团有限公司、厦门万绿城集团5家企业签订意向协议，总投资180亿元。全年自治区外到位资金27.18亿元，实际利用外资4528万美元。

【工业发展后劲增强】 2017年，象山区辖区规模工业企业实现增长，其中桂林市供电局、桂林机床电器有限公司、桂林立白日化有限公司、桂林三花股份有限公司等1亿元以上企业全年保持稳定增长。燕京啤酒1998棕瓶技术改造生产线建成投产，溢达九美桥棉纺展示中心、成衣仓库和动力站陆续封顶。桂林三花股份有限公司、国营长虹机械厂获自治区企业技术中心认定，辖区工业市场竞争力得到提高。桂林建筑安装工程有限公司的实用新型专利获得国家知识产权认定，桂林市“广西木根雕名城”获“自治区二轻行业特色产业区域”称号，溢达纺织被评为广西CEPA先行示范基地，桂林橡胶GRM产品被评为第四批广西出口名牌。

【第三产业提质增效】 2017年，象山区第三产业增加值完成153.86亿元，增长8.2%。成功培育振益建筑劳务等14家企业和小香槟食府等9家大个体户，并纳入服务业规模以上单位。以万福广场为引领，带动城南片区商业圈升级改造，提升整体吸金能力。万福广场获国家3A级旅游景区挂牌，举办第三届啤酒嘉年华活动，商圈业态不断丰富。桂林百货大楼股份有限公司、桂林市人人乐商业有限公司、桂林市宝路通商贸有限责任公司、桂林市椿记餐饮有限公司及9家企业获政策资金扶持。瓦窑小镇入选2017年全国优选旅游项目名录，并获广西现代特色农业县级示范区——木艺产业示范区。

【城乡面貌不断改观】 2017年，象山区投入1200万元，重点整治西门市场、黑山农贸市场、瓦窑市场、大风山市场、铁西片区、瓦窑小游园等区域市容乱象。投入1300多万元，办结“金点子”911件，修补道路150多处，实施城市路面硬化、街巷亮化工程，修复瓦窑一巷、天鹅巷等破损道路50多段（处）。查处违法建筑223起，拆除违法建筑面积45.5万平方米。完成桂阳公路两侧房屋风貌改造，城市主干道实现白改黑。投入6600多万元完成城中村、无物业小区改造56个，龙船坪特色街区一期开工建设。继续实施普惠制新农村建设，投入850万元，推进北芬大村、上沙河村的道路硬化、排水改造、村（屯）绿化、房屋风貌改造工程。投入47万元完成200户农村改厨改厕，投入193.14万元完善农村垃圾处理设施，建成垃圾池38座，农村垃圾收运处理率达90%以上。

2017年，桂林市“广西木根雕名城”的根雕作品　（象山区委宣传部　供图）

【社会事业协调发展】 2017年，象山区城乡居民医保参保率98%。城乡居民基本养老保险参保率96.24%。全年累计发放低保金1207万元，惠及城乡困难群众3.5万人次。发放特困人员供养金、城乡居民临时生活救助金、城乡特困群众医疗救助金等380多万元，覆盖2700多人次，实现每1000名60岁以上老人拥有养老床位40张。教育基础设施建设，累计投入1.5亿元，新建崇善龙光小学并投入使用，改扩建将军桥小学、南溪山小学以及南溪山小学环西分校，完成翠竹小学的并购和置换。打造“象山水月”群众文化品牌，开展“周末大家乐”“壮族三月三”等大型群众文艺演出活动10多项。新建成村级公共服务中心3个，篮球场12个，乒乓球场15个。银锭社区、回民小学等5个单位被命名为“自治区民族团结进步创建活动示范单位”。平山社区卫生服务中心获全国“百强中心”称号。全区34个社区全部建成面积达到300平方米以上的“一站式”服务大厅并投入运行，累计投入资金900万元。完成村（社区）两委换届工作。

【生态环境明显改善】 2017年，象山区漓江（象山段）风景名胜区综合执法大队成立。实施漓江排污环境综合治理，开展畜禽养殖污染整治行动，清理搬迁畜禽养殖场129家，规模养殖场通过现代生态养殖场认证2家。依法拆除漓江沿岸鱼餐馆25家，取缔清理养鱼网箱38个，收缴渔网地笼453条。开展渣土联合执法整治行动60余次，取缔清理八中环境监测点2.5千米范围内的露天卖沙场17个，关闭沙河采石场、红光神湾采石场和西村采石场，取缔平山大村煤场，整治淘汰燃煤小锅炉38台。全年优良天气308天，PM10和PM2.5分别下降6%和8.5%。

【漓江桥扩建工程通车】 2017年5月1日，漓江桥扩建工程通车。新漓江桥全长521.08米，其中桥长264.46米，引桥长256.62米。扩建工程对引桥两侧辅道进行改造，两侧新建4米宽辅道及2.5米宽人行道，改造后引桥断面宽51.5米。桥梁及引桥均为双向六车道，机动车道与非机动车道分离，道路等级为城市主干道。

【香江立交桥全面建成通车】 2017年10月31日，翠竹路香江饭店路口立交桥全面建成通车。项目总投资2.69亿元，为三层立交方案，翠竹路直行交通下穿，环城西路直行交通上跨；东西向与南北向转向车流交通、非机动车交通及行人交通在第二层地面层。环城西路段路线总长618.17米，跨线桥长375米。翠竹路段路线总长566.28米，下穿段长353.79米，均为双向四车道。翠竹路与环城西路均为城市主干路，设计速度为40千米每小时。

（曾志明）

七　星　区

【概况】 七星区位于桂林市东部，辖东江、七星、穿山、漓东4个街道和朝阳乡、华侨旅游经济区，下设社区29个，建制村16个（不含托管灵川县大圩镇的敢兴村、雁山区柘木镇的龙门村和卫家渡村）。区人民政府驻骖鸾路26号。行政区域面积71平方千米（不含桂林华侨旅游经济区）。2017年年末，户籍人口21.69万人。

经济总指标　全年实现地区生产总值194.43亿元，其中第一产业增加值1.59亿元，第二产业增加值92.71亿元，第三产业增加值100.13亿元。人均地区生产总值8.97万元。全社会固定资产投资完成额125.11亿元，下降19.4%。社会消费品零售额92.9亿元，增长10.7%。

财政　全年财政收入18.91亿元，其中地方财政收入10.72亿元。财政支出14.32亿元。

农业　全年农林牧渔业总产值2.80亿元，其中农业产值1.56亿元，牧业产值0.91亿元，渔业产值0.10亿元，服务业产值0.23亿元。粮食播种面积0.05万公顷，总产量0.25万吨。森林覆盖率23.17%。农业机械总动力2.26万千瓦。

工业　全年工业总产值321.29亿元，工业增加值84.23亿元，工业增加值占地区生产总值的43.36%，工业对全区经济增长的贡献率32.72%。规模以上工业实现总产值315.93亿元，实现利税12.01亿元。新增规模以上企业7家，全区规模以上工业企业66家，其中年产值超1亿元企业39家。

文化·科技　年末拥有剧场2个，文化站2个。澳群彩印公司投资拍摄的《一纸婚约》获金鸡百花电影节提名奖。《舞动奇迹》获自治区基层群众文艺汇演优秀奖。全年瞪羚计划项目（区级科技项目）共立项13个，支持企业13家，总投资1610万元，其中技术研究与开发经费330万元。共举办种植业、养殖业等科技培训班、科普讲座20期（场次），培训0.28万人次。建立各类科技示范基地2个。年内共申请专利4170件，全年共完成技术成果转化15项，项目总投资2818.7万元。

教育　全区有初级中学3所，专任教师156人，在校初中生1910人。小学28所，专任教师822人，在校小学生2.29万人。小学适龄儿童入学率100%。

卫生·体育　全区各级各类医疗机构有床位884张，卫生技术人员1888人，其中执业医师809人，注册护士830人。全区参加新型农村合作医疗农民8.15万人，参合率99%。全年向上级输送各类优秀运动员27人。获市级奖牌2枚，其中金牌1枚，铜牌1枚。

计划生育　全年全区出生人数3339人，符合政策生育率99.22%，其中二孩符合政策生育率99.84%，政策外多孩率0.45%。出生男女性别比为102。人口自然增长率7.79‰。

固定资产投资　全区固定资产投资125.11亿元，下降19.37%。

招商引资　全年全区在建项目15个，续建项目9个，合同总额678.11亿元，其中市外建设项目资金73.17亿元，自治区外建设项目资金73.17亿元，引进外资项目到位资金1.21亿美元。全年入驻企业395家。桂林市银都电力建设开发有限公司、广西释码智能信息技术有限公司等一批企业入驻湖塘总部园，中安智汇"互联网+"智慧能源示范项目、启迪控股合作开发系列项目顺利落户。

居民生活　全区城镇居民人均可支配收入34785元，农民人均纯收入16329元，增长9.4%。城镇新增就业人数3543人，领取再就业优惠证的下岗失业人员再就业人数1503人，城镇登记失业率4.5%。新增劳务输出423人，农村劳动力转移就业职业培

2017年8月7日，桂林市七星区和平万达城安置房项目开工奠基仪式举行

（王亚东　摄）

训 90 人，开发公益性岗位 20 个。

旅游　全区有营业景区 7 个(其中国家 4A 级旅游景区 3 个)。全年接待国内外游客 613.2 万人次，旅游总收入 48.83 亿元。

【项目建设】 2017 年，七星区实施 4 个自治区级重大项目、3 个市重中之重项目、4 个市领导跟踪服务推进项目，重大项目完成投资 64.5 亿元。和平万达完成征地 146.8 公顷，塔山片区完成征地 146.2 公顷，鱼餐馆和谐拆除，福隆园完成征地 50.67 公顷，完成訾洲公园二期征地拆迁工作。A-03 商业安置主体完工，B-04 和 B-06 地块开始基础施工，D-03 樟木安置房施工顺利。上关村 240 栋安置房全部完成并入住 190 户，三联小村一期 60 套安置房封顶，无线电一厂安置房开工建设，新生街项目累计拆除 5580 平方米。

【民生工程】 2017 年，七星区民生投入逐年增加，占一般公共预算支出的 75.62%。全年城镇新增就业 3543 人，失业人员再就业 1503 人，城镇职工养老扩面 2300 人。完成新型农村合作医疗与城镇居民医保合并，发放社会救助金 1044 万元，优抚资金 985 万元。500 套公共租赁住房入住 380 套，120 套人才公寓入住 109 套。完成 20 项为民办实事项目，华侨敢兴村自来水改造项目主体工程完工，解决安全饮水问题人员 4110 人。推进辰山社区和空明社区智慧社区试点建设。五通、社山桥社区服务站改扩建项目完工。完成农村“改厨改厕”工程任务。

【创业创新工作不断提升】 2017 年，七星区完成技术成果转化 15 项，成交额 2818.7 万元。新入驻具有自主知识产权的科技型企业 23 家。通过国家级高新技术企业认定企业 52 家，占全市的 64.2%。新登记市场主体 6376 户，增长 5.62%。创业中心累计建成众创空间 4 个，孵化面积 16.4 万平方米，在园企业 264 家，总收入超 8 亿元。桂林科技企业发展中心成为国家小型微型企业创业创新示范基地，民华科技获评国家中小企业公共服务示范平台。全年新入园企业 96 家，孵化面积 16.4 万平方米，在园企业总数 264 家，在孵企业 320 家。打造桂林电子科技大学校友创业基地和校友产业园，投入资金 115 万元，完成 6325 平方米场地的装修隔断及配电改造工作；发放启动资金 400 多万元，吸纳桂林电子科技大学校友创办的 20 家具有自主知识产权的创新型和科技型企业。向 11 家企业发放共计 930 万元孵化资金。完成桂林大学生创业者联盟成员更新工作，新引入会员 133 人。

【电商产业集聚效应凸显】 2017 年，七星区电商谷累计入驻企业 80 家，实现产值 30 亿元。桂林千烨农产品有限公司、广西三姑的菜网络科技有限公司等电商企业持续发力，慧聪网“互联网 + 产业升级与孵化基地”落户，电商产业集聚效应凸显。举办广西“壮族三月三”电商节桂林分会场活动和 2017 广西电子商务高峰论坛暨第三届桂林网购节活动，累计成交金额 9000 多万元。万达广场、南城百货等大型商业综合体迅速发展，成为桂林市商业新中心。创意产业园成为自治区首批现代服务业集聚区。万禾跨境保税仓落户七星区，开创桂林保税仓先例。　（黄健　钟婷）

2017 年 8 月 24 日，七星区塔山片区城中村·棚户区改造项目安置房开工仪式举行
（王亚东　摄）

雁山区

【概况】 雁山区位于桂林市南部，辖雁山、柘木 2 个镇和大埠乡、草坪回族乡，下设社区 3 个，建制村 37 个。区人民政府驻雁山区雁中路 18 号。行政区域面积 302 平方千米。2017 年年末，户籍人口 6.93 万人。

经济总指标　全年地区生产总值 25.77 亿元，其中第一产业增加值 5.30 亿元，第二产业增加值 4.72 亿元，第三产业增加值 15.75 亿元。全社会固定资产投资完成额 44.72 亿元，增长 0.9%。社会消费品零售总额 3.91 亿元，增长 11%。

财政　全年组织财政收入 1.52 亿元，其中一般公共预算收入 1.16 亿元。一般公共预算支出 6.30 亿元。

农业　全年农林牧渔业总产值 9.35 亿元，其中农业产值 4.38 亿元，林业产值 0.09 亿元，牧业产值 4.33 亿元，渔业产值 0.32 亿元，服务业产值 0.23 亿元。粮食播种面积 0.39 万公顷，总产量 1.88 万吨。农业机械总动力 11.60 万千瓦。

工业　全年工业总产值 11.04 亿元，工业增加值 2.76 亿元，工业增加值占地区生产总值的 10.72%；工业对全区经济增长的贡献率 4.2%。规模以上工业实现总产值 9.20 亿元，实现利税 0.81 亿元。全区规模以上工业企业 8 家，其中年产值超 1000 万元企业 2 家，超 1 亿元企业 5 家。

文化·科技　年末拥有业余艺术表演团体 24 个，演出场次 42 场；公共图书馆 1 个，图书藏量 3.1 万册；文化站 4 个；放映电影 414 场次，观众 1.50 万人次。全年申报自治区级科技项目 3 个，市级科技项目 10 个，总投资 685

万元。共举办种植业、养殖业等科技培训班、科普讲座6期(场次),培训0.9万人次。建立各类科技示范基地4个。年内申请专利247件。

教育　全区有初级中学2所,专任教师178人,在校初中生2018人。小学9所,专任教师374人,在校小学生5202人。小学适龄儿童入学率100%。

卫生·体育　全区各级各类医疗机构有床位107张,其中医院床位107张。卫生技术人员124人,其中执业医师42人,注册护士57人。全区参加城乡居民医疗保险5.55万人,参保率98.9%。全年向上级输送各类优秀运动员1人。获市级体育奖牌8枚,其中银牌6枚,铜牌2枚。

计划生育　全年全区出生人数816人,符合政策生育率95.34%,其中二孩符合政策生育率99.4%,政策外多孩率2.45%。出生男女性别比为95.22。人口自然增长率6.97‰。

固定资产投资　全区固定资产投资44.72亿元,增长0.9%,其中基本建设投资39.33亿元,更新改造投资1.45亿元,房地产业投资3.94亿元。

招商引资　全年全区在建续建项目6个,合同总额181.33亿元,其中自治区外建设项目资金17.51亿元,引进外资项目到位资金3681.88万美元。

居民生活　城镇居民人均可支配收入30614元,增长7.5%。农民人均纯收入12449元,增长8.6%。全年发放农村低收入人口低保金540.3万元,发放城镇居民低保金40.5万元。城镇新增就业人数1083人,新增劳务输出453人。

旅游　全区有15个自然景点和人文景观,营业景区6个(国家5A级旅游景区1个,国家4A级旅游景区3个,国家3A级旅游景区2个)。全年接待国内外游客571.4万人次,其中境外游客4.97万人次,旅游总收入61.98亿元。

【重点项目攻坚成果丰硕】 2017年,雁山区争取项目建设资金6.7亿元,完成土地报批8宗89.33公顷,征收土地92.73公顷,推进5个重中之重项目和30个重大项目。国道321扩建工程完成大埠扩建段16户房屋、4.67公顷土地征收,雁山段道路全线建成。桂林万达文化旅游城项目红线范围内260.47公顷征地协议全部签订,清表面积200.67公顷,供地118.8公顷,展示中心如期建成。桂阳公路绿道一、二期6千米建设全面完成。大学集中区建设落实基础设施专项资金4亿元,万福东路雁山段、龙门大桥全线通车,兰口至大田公路3.3千米全面完工。投资35亿元的禄坊生态城项目成功签约,完成19.27公顷土地征收协议签订工作。完成八恺土地开垦项目21.8公顷。

【农业产业提质增效】 2017年,雁山区推进现代特色农业(核心)示范区创建,“柿里回乡”示范区获“自治区特色农业(核心)示范区(四星级)”称号,形成大埠“荷美陶家”、柘木白竹境草莓、柘木大桥小龙虾、雁山珠山砂糖橘、三立新村蔬菜等示范园。特色效益农业稳步发展,建立20公顷富硒水稻种植示范基地、33.33公顷新技术推广基地、2个133.33公顷绿色防控示范点和“万亩”无公害蔬菜基地。养殖业增收开创新亮点,建立黄鳝骨、观赏鱼和淡水小龙虾等特色水产养殖示范点,创建了稻渔综合种养、池塘内循环养殖、种业示范基地等水产养殖示范基地。

【文化价值不断彰显】 2017年,雁山区坚持“寻找雁山文化的力量,挖掘雁山文化的价值”,主办中国南方史前考古暨父子岩遗址发掘学术研讨会,父子岩、古桂柳运河列为第七批自治区文物保护单位。《桂林雁山园》完成出版,桂林理工大学地质博物馆完成提档升级,成为桂林市青少年科普教育活动中心。推进乡土建设,实施古树、古村落、古文物保护工作,禄坊村、大岗埠村被评为中国第四批传统村落。草坪潜经村被评为中国少数民族特色村寨,草坪回族乡获“广西民族团结进步示范乡”称号。

【雁山生态建设】 2017年,雁山区投入100余万元保护漓江岸边生态竹林,八恺采石场生态复绿工程通过上级核验,漓江、相思江流域60户规模养殖场、30家网箱养鱼全部清理拆除。绿化工程成效显著,投入1250万元,完成桂阳公路沿线、兰口至大田公路沿线、中心环线C段以及广西师范大学雁山校区路口等重要节点绿化工程。开展以“种好树、惠民生”为主题的义务植树活动,新增绿化面积16.67公顷,完成雁山镇留田至司马田两侧绿化行道5千米。全面落实封山育林和生态补偿机制,完成石漠化综合治理新造林抚育29.4公顷,封山育林2713公顷。完成生态公益林补助面积1.11万公顷,补偿资金234.47万元。投入2000万元,完成24个自然村环境综合整治。投入308万元完成碧岩阁等4个生态乡村示范村建设。开展自治区级生态县

2017年1月9日,桂林市父子岩遗址现场保护工作座谈会召开

(雁山区委宣传部　供图)

创建工作,3个乡(镇)获“自治区生态乡(镇)”称号,29个建制村获“市级生态村”称号。

(方年喜　秦小娟　周健　谭琳)

临　桂　区

【概况】临桂区位于桂林市西南部,辖临桂、南边山、六塘、会仙、四塘、两江、五通、中庸、茶洞9个镇和宛田(瑶族乡)、黄沙(瑶族乡)2个乡,下设社区10个,建制村161个。区人民政府驻临桂镇。行政区域面积2247平方千米。2017年年末,户籍人口51.34万人。

经济总指标　全年地区生产总值178.04亿元,其中第一产业增加值40.59亿元,第二产业增加值78.95亿元,第三产业增加值58.5亿元。全社会固定资产投资250.01亿元,下降19.8%。社会消费品零售总额45.72亿元,增长11.6%。

财政　全年组织财政收入30.79亿元。公共财政预算支出合计35.40亿元。

农业　全年完成农林牧渔业总产值68.18亿元,其中农林增加值40.59亿元,水产畜牧业生产总值27.59亿元。粮食收获面积4.69万公顷,下降3.3%,粮食产量24.68万吨,下降5.7%。全年完成新造林面积563.5公顷,森林覆盖率61.03%。农业机械总动力36.41万千瓦。

工业　全年规模以上工业总产值201.33亿元,规模以上工业增加值49.81亿元。完成工业固定资产投资61亿元,技术改造投资52亿元。全区规模以上工业企业80家,其中年产值超1亿元企业27家。

文化·科技　年内拥有专业表演团体1个,全年演出场次350次。县(区)级公共图书馆1个,新建少儿部和创客空间(3D打印体验馆),新增少儿图书2万册,新建村级农家书屋40个,图书流通量3.26万册。全年放映公益电影2207场,观众18.5万人次。全年获自治区、桂林市科技项目立项18个,获科技经费988.5万元。全年完成专利申请518件,核定批准专利资助与奖励项目525件,奖励金额94.22万元。

教育　全区有高中4所(自治区示范性普通高中1所,普通高中3所),专任教师608人,在校高中生7224人。初级中学16所,专任教师2288人,在校初中生1.77万人。小学67所,专任教师2288人,在校小学生3.79万人。小学适龄儿童入学率100%。

卫生·体育　全区有各级各类医疗机构423家(包含卫生所),床位1261张。卫生技术人员2625人,其中执业医师955人(含助理执业医师),注册护士1075人。全年建成3个全民健身工程以及30个村级篮球场,临桂籍运动员参加2017年全自治区青少年竞标赛获金牌15枚。

计划生育　全年出生人数4677人,二孩出生3527人,二孩率58.33%。出生男女性别比113.48。人口自然增长率9.28‰。

固定资产投资　全区固定资产投资250.01亿元,下降19.8%,其中重大项目投资60.52亿元,房地产投资84.80亿元。

招商引资　全年内资新录入系统项目16个,区外实际到位资金78.47亿元,,实际利用外资4366.66万美元。在第14届中国—东盟博览会桂林市经济合作项目专场签约仪式上,有4个重大项目落户临桂区,总投资165亿元。

居民生活　城乡居民可支配收入22597元,增长9.5%。其中,城镇居民人均可支配收入36003元,增长7.5%;农村居民人均可支配收入15907元,增长9.8%。城镇企业职工基本养老保险参保人数2.31万人,城乡居民基本养老保险参保人数21.93万人,城乡居民基本医疗保险参保人数46.61万人。城镇新增就业5182人,下岗失业人员再就业1257人,就业困难人员再就业528人,城镇登记失业率2.3%。农村劳动力转移就业新增6759人。

旅游　全区有国家4A级旅游景区2个,国家3A级旅游景区2个。全年接待国内外游客194.27万人次,增长53.17%,旅游总收入16.98亿元。

【新区建设全面提速】2017年,临桂新区西城大道提升整治工程完工,以创业大厦为中心的行政区域建成投入使用,市民公园、山水公园建成开放。年内,重点推进人民路二号桥、万福路二号桥、新龙路桥等15个桥梁道路市政项目建设。21千米的中心区景观水系部分贯通,学校、医院、市场、停车场及水电气等配套项目加快建设,复兴小学、汇荣小学建成使用,桂林师范高等专科学校临桂校区完成部分搬迁工作,桂林中学临桂校区、桂林旅游综合医院、枫林农贸市场、新城商务酒店等项目进展顺利。完成新区建设农房先行拆迁2.68万平方米,拆除各类违法违章建筑16万平方米。

【临桂老城区改造】2017年,临桂区开展创城“金点子”活动,解决城区建设管理、基础设施、环境卫生、交通出行等方面问题232个。城区8条主干道两侧私人住房联合改造取得成效,

临桂新区市民广场　(陶树青　2017年摄)

天下桂林步行街特色街区立面和灯光亮化改造工程基本完成。年内，推进市政配套设施等25个。改造、修复路面和巷道4.6万平方米，清理整治露天沙石场36家，拆除公共区域乱搭乱建17.6万平方米。建成人民路延长线早市疏导点、世纪大道跳蚤市场。投资800多万元改造、新建公厕20个。

【城镇化和宜居乡村建设】 2017年，临桂区推进第3批四塘镇、中庸镇、南边山镇示范镇建设，四塘镇、中庸镇示范镇建设基本成型。两江镇、五通镇2个高标准中心城镇建设稳步推进。开展宜居乡村建设，创建生态宜居示范村19个，打造会仙毛家、六塘峦山底、四塘田心、茶洞褚村、宛田东宅江5个乡土特色示范村。加强传统村落保护开发工作，宛田东宅江村被自治区住建厅列为“2018年拟列入中央财政支持范围中国传统村落”。全年投入1390万元完成830户房屋的立面改造和屋顶绿化工作，投入2000多万元建成132个农村休闲小广场、163个自然村安装太阳能路灯，投入2100万元完成改厕改厨各1万户、改圈178户，农村“三改”完成率均达100%。投入7000万元完成六塘、会仙、四塘、南边山、中庸等镇污水处理厂建设。建成五通镇保宁街垃圾转运站，农村垃圾专项治理2年攻坚工作通过国家第三方考核验收，基本实现垃圾处理全覆盖。

【项目建设有序推进】 2017年，全区对74个重大项目和14个重中之重项目全程跟踪服务推进。9个自治区统筹推进重大项目、49个桂林市级层面重大项目、74个临桂区跟踪服务重大项目分别完成投资14.92亿元、79.93亿元、112.09亿元。五通高铁站、桂林至三江高速、莱茵生物植物资源产业化工程等一批项目竣工。桂林至柳城高速、桂林旅游专线试验线临桂段等项目相继开工建设。

【生态环境治理】 2017年，临桂区完成中央环保督察反馈问题整改工作，查处严重环境违法行为企业22家。查处非法制砂和非法运输砂石案件8件。完成对燃煤小锅炉整治工作，对13家砖厂、10家采石场和11家混凝土搅拌企业进行约谈和现场检查。加强对义江、太平河、古桂柳运河、桃花江临桂段、大江水库、金陵水库和新区水系水质监测。加强饮用水水源地保护工作，划定农村集中式饮用水水源地保护区29处。68座农村污水处理站实行第三方运行管理。强化养殖污染治理，搬迁、拆除、关停中心城区禁养区养殖场20个。年内，临桂区获首批“自治区级生态县（市、区）”称号，会仙喀斯特国家湿地公园试点建设通过国家评估验收，茶洞褚村获“全国生态文化村”称号。

【脱贫攻坚成效明显】 2017年，临桂区整合投入各类扶贫资金3亿多元，完成年度脱贫攻坚任务。区财政投入1620万元扶持30个贫困村发展产业，增加集体经济收入。完成贫困村基础设施建设项目47个，惠及4055户1.5万人。产业奖补4252户，补助资金850万元。“雨露计划”补助1094人，补助资金161万元。发放小额贷款8561万元，贴息399万元，2167户贫困户受益。加强贫困人口动态调整，纳入“应纳尽纳”贫困户322户1235人，认定返贫退出户数122户468人。

【社会保障水平全面提高】 2017年，临桂区发放社会保险6.15亿元，养老金3.52亿元，城镇和农村最低生活保障资金4652万元，五保供养资金1609万元，重点优抚对象抚恤定补和生活补助资金1760万元，医疗救助和临时救助资金948万元，基本实现应保尽保和分类施保。年内，完成“五险合一”社保工作，新型农村合作医疗与城镇居民医疗保险实现“双制度并轨”，全区47万多参保人员跨省异地就医可即时结算，第一批社保卡发放率81%。持续推进安居工程，城镇保障性住房建成54套，完成棚户区改造住房618套，农村危房改造1600户，倒房重建142户，保障居民合理住房需求。

【交通水利基础设施巩固完善】 2017年，临桂区投入4.14亿元实施农村公路新建、续建项目20个，建成农村公路9条79千米，改造农村桥梁8座。建制村通水泥路实现率、自然村巷道硬化率和农村公路列养率均达100%。水利、饮水安全、中小河流治理等基础设施建设扎实推进，全年实施农村饮水安全巩固提升工程9个。

（林华　张凯）

2017年1月12日，茶洞镇定安贫困村红薯粉晾晒场　（肖辉龙　摄）

阳朔县

【概况】 阳朔县位于桂林市南部，辖阳朔、白沙、福利、兴坪、葡萄、高田6个镇和金宝、普益、杨堤3个乡，下设社区15个、建制村99个。县人民政府驻阳朔镇。行政区域面积1436平方千米。2017年年末，户籍人口32.86万人。

经济总指标　全年地区生产总

值128.23亿元，其中第一产业增加值27.07亿元，第二产业增加值44.78亿元，第三产业增加值56.38亿元。全社会固定资产完成投资金额150.81亿元，增长17.3%。社会消费品零售总额29.50亿元，增长11.4%。

财政·金融　全年财政收入6.87亿元，其中地方财政收入4.72亿元。财政支出19.95亿元。年末，金融机构各项存款余额107.93亿元，增长7.2%，其中城乡居民存款余额82.85亿元，增长8.6%。各项贷款余额63.95亿元，增长11.3%。

农业　全年实现农林牧渔业总产值42.72亿元，其中农业产值32.04亿元，林业产值0.91亿元，畜牧业产值7.28亿元，渔业产值1.34亿元，服务业产值1.15亿元。粮食播种面积2.32万公顷，下降0.6%；总产量11.40万吨，下降3.0%。森林覆盖率64.7%。农业机械总动力30.2万千瓦。

工业　全年工业总产值65.26亿元，完成工业增加值22.8.亿元，规模以上工业实现产品销售收入54.13亿元。全部工业实现利润1.35亿元。

交通·邮电　全年交通运输、仓储和邮政业完成增加值1.84亿元，增长4.2%。全县公路里程658.73千米。全年公路水运货物周转量7.17亿吨千米，增长9.1%。全年邮电业务总量3.79亿元，增长68.6%，其中邮政业务总量0.61亿元，电信业务总量3.18亿元。年末，固定电话用户1.45万户，移动电话用户18.95万户，互联网宽带接入用户3.51万户。

文化·科技　年末拥有文艺表演团体8个，公共图书馆1个。文化馆培训文艺骨干320人次，培训各类学员1700人次。有电影放映单位1个，全年放映电影1192场次，观众22万人次。全年向科技部和自治区科技厅申报科技项目1个。县级科技项目5个，总共投资205万元。建立各类科学技术示范基地9个。年内，全县完成专利申请95件，其中发明专利56件，实用新型19件，外观设计20件。专利授权24件，其中发明专利授权4件，有效发明专利拥有量28件，实现科技成果转化交易1件。

教育　全县有各级各类学校150所，其中幼儿园48所；县直属小学1所，乡（镇）中心小学9所，村级完全小学40所，村级小学教学点38所；独立初级中学7所，九年一贯制学校2所；完全中学1所，自治区示范高中1所；中等职业技术学校1所；特殊教育学校1所；民办学校1所。全县教职工3218人，在校学生总数4.25万人。小学学龄儿童入学率100%。

卫生·体育　全县有各级各类医疗机构421家，疾病预防控制中心（防疫站）1个。医疗卫生机构有床位数773张，技术人员1325人，其中执业（助理）医师466人。全县参加新型农村合作医疗28.19万人。阳朔籍运动员参加自治区青少年田径锦标赛，获金牌1枚、银牌2枚。

计划生育　全年全县新生儿出生5011人，符合政策生育率97.25%，其中二孩符合政策生育率99.9%，政策外多生孩率2.35%。出生男女性别比109.4。人口自然增长率8.77‰。

固定资产投资　全县固定资产投资150.81亿元，增长17.3%。桂林市级层面重大项目4个，自治区统筹推进项目3个。全年实际完成投资72.28亿元。

招商引资　新签亿元以上项目4个，总投资25.5亿元。招商引资项目8个，其中内资6个，外资项目2个。全年内资实际到位资金18.5亿元，实际利用外资3350万美元。

居民生活　城镇居民人均可支配收入35286元，增长8.6%；农村居民可支配收入15045元，增长10.0%。全县获政府最低生活保障城镇居民338人，获政府最低生活保障农村居民7246人。完成4个贫困村712户2609名贫困人口脱贫摘帽。

旅游　全县有国家4A级及以上旅游景区（点）6家。年内，西街景区通过国家4A级旅游景区评审。全年接待国内外游客1550万人次，旅游总消费132.5亿元。

【城乡建设展现新面貌】 2017年，阳朔县新城区实施项目51个，完成投资12亿元。山水大道（南段）、金桂路、兴福路、林溪路、临月路等9条主干道全面施工，阳朔南旅游集散与公交枢纽、阳朔北公交场站、元宝山公交中心场站、阳朔公交调度中心等“三场站一中心”建设步伐加快。阳朔镇第二小学、阳朔镇第一幼儿园、阳朔镇第二幼儿园启用，阳朔县综合应急指挥中心、县中医院等项目完成主体建设。老城区完成迎宾路、蟠桃路、抗战路、叠翠路、神山路、桑园路、城北路、清泉路、凤鸣南一路、规划十七路以及背街小巷的改造提升工作。完成老城区特色夜景灯光、建筑风貌、孙中山纪念馆、徐悲鸿故居、阳朔公园以及西街水系的综合改造工作。

【项目建设取得新进展】 2017年，阳朔县新签环保、文化、旅游、商贸等重大项目4个，总投资25.5亿元。桂林文化旅游大道建成通车，兴安至阳朔公路阳朔段、阳朔高铁站连接线顺利

2017年11月17日，骑行爱好者在桂阳公路阳朔段旅游慢行绿道上骑行

（阳朔县白沙镇政府　供图）

完工。阿丽拉阳朔度假酒店、阳朔益田阿玛瑞等高端国际品牌酒店建成营业，益田·西街特色商业街区形成，阳朔·戏楼旅游商贸综合体完工并投入使用，洲际酒店、河畔酒店二期、兴坪休闲养生度假区一期等项目快速推进。

【现代特色农业提质增效】 2017年，阳朔县启动第九批全国农业综合标准化示范县提升工程，实施现代农业三年行动计划。推进现代特色农业示范区建设，创建9个自治区、市、县、乡级现代特色农业(核心)示范区。年内，百里新村金橘产业和遇龙河休闲农业2个(核心)示范区分别被评定为自治区级五星、三星级示范区。阳朔金橘申报2017年中国百强农产品区域公用品牌、中国果品区域公用品牌，九龙藤蜂蜜申报国家地理标志商标。

【全域旅游稳步推进】 2017年，阳朔县实施“旅游+”发展战略，成立阳朔县旅游发展委员会，将旅游部门从单一行业管理向全域综合治理转变，成立广西首个景区一线旅游投诉统一受理中心。遇龙河国家级旅游度假区工作有序推进，自驾游、体验游、骑行慢游、滑翔运动等旅游新业态蓬勃发展。完成西街及景区旅游导览图更新、7座A级旅游厕所建设工作，漓江西岸桂阳公路慢行绿道一期、杨堤驿站和葡萄北驿站工程建成并投入运营，桂阳公路旅游观光巴士开通，实施十里画廊遇龙河景区交通分级和接驳常态化管理，建成凤鸣、月亮山、骥马、旧县4个交通接驳游客服务中心，推动景区向秩序化、品质化、规范化转型升级。12月，阳朔县西街景区被批准成为国家4A级旅游景区。

（戴雪梅　陈文格）

灵　川　县

【概况】 灵川县位于桂林市东北部，辖灵川、定江、三街、大圩、潭下、九屋、灵田7个镇和海洋、潮田、公平、大境(瑶族乡)、兰田(瑶族乡)5个乡，下设社区19个，建制村128个。县人民政府驻灵川镇。行政区域面积2302平方千米。2017年年末，户籍人口39.09万人。

经济总指标　全年地区生产总值132.41亿元，其中第一产业增加值38.13亿元，第二产业增加值46.62亿元，第三产业增加值47.66亿元。人均地区生产总值3.58万元。固定资产投资完成额149.98亿元，下降26.3%。社会消费品零售总额54.35亿元，增长11%。

财政·金融　全年组织财政收入15.52亿元，其中地方财政收入10.75亿元。财政支出31.30亿元。年末，金融机构各项存款余额192.10亿元，增长14.60%，其中城乡住户存款余额136.90亿元，增长10.50%。各项贷款余额156.40亿元，增长15.7%。

农业　全年农林牧渔业总产值59.82亿元，其中农业产值40.71亿元，林业产值3亿元，牧业产值13.24亿元，渔业产值1.22亿元，服务业产值1.65亿元。粮食播种面积3.27万公顷，总产量16.58万吨。全年完成各类人工造林面积642公顷，森林覆盖率70.88%。农业机械总动力49.23万千瓦。

工业　全年工业总产值147.23亿元，工业增加值36.22亿元，工业增加值占地区生产总值27.40%，工业对全县经济增长的贡献率下降35.80%。规模以上工业实现总产值139.08亿元，实现利税132.85亿元。新增规模以上企业14家，全县规模以上工业企业68家，其中年产值超1000万元企业68家，超1亿元企业40家。

交通·邮电　2017年，全县农村通达公路完成100%，完成农村公路建设投资及固定资产3.27亿元，完成通建制村公路硬化3条29.8千米，通建制村公路硬化投资4496万元。完成客运量345万人次，客运周转量2.1亿人千米；完成货运量1653万吨，货运周转量32.08亿吨千米。邮路总长670千米，完成邮政业务运营收入1655.96万元，电信业务(含电信、移动、联通等)运营收入2.79亿元。全县固定电话用户1.3万户，手机用户36万户，宽带用户6.5万户。

文化·科技　年末拥有公共图书馆1个，图书藏量19.79万册；文化站12个；电影放映单位1个，放映电影1794场次，观众21.5万人次。全年获自治区级科技项目1个，获上级科技经费90万元；县级科技项目9个，科技经费29万元。共举办种植业、养殖业等科技培训班、科普讲座431期(场次)，培训人员4609人次。建立各类科技示范基地7个。年内共申请专利388件。

教育　全县有公办自治区示范性普通高中1所，普通高中2所，完全中学1所；九年一贯制学校3所，初级中学13所；小学48所，教学点36个。在校小学生3.10万人，小学专任教师1380人。在校初中生1.19万人，初中专任教师822人。在校高中生4990人，高中专任教师484人。小学适龄儿童入学率100%。

卫生·体育　全县各级各类医疗机构有床位1343张，其中县人民医院床位277张，中医医院床位178张，乡(镇)卫生院床位395张，妇幼保健院床位180张，310医院及民营医院313张。卫生技术人员2627人，其中执业医师618人，注册护士823人。全县参加新型农村合作医疗农民29.58万人，参合率99.19%。全年向上级输送各类优秀运动员2人(试训中)。灵川籍运动员获自治区级体育奖牌26枚，其中金牌4枚，银牌12枚，铜牌10枚。

计划生育　全年全县出生人数5691人，政策外多孩率2.32%。出生男女性别比110.79。人口自然增长率8.46‰。

固定资产投资　全县固定资产投资149.98亿元，下降26.3%。房地产业投资25.07亿元。

招商引资　全年全县共引进市外境内新建或增资项目33个，协议投资总额170.56亿元，自治区外建设项目资金72.49亿元。引进外资项目到位资金2650万美元。投资1亿元(含1亿元)项目22个，协议投资总额163.60亿元，实际到位资金66.89亿元。

居民生活　全县城镇非私营从业人员年平均工资61555元，增长8.44%，城镇居民人均可支配收入33680元，增长7.4%。农民人均可支配收入13893元，增长8.8%。全年发放农村低保户人口低保金2436.06万元，发放城镇居民低保金400.41万元。

2017 年 2 月 12 日，桂林义乌国际商贸城　　（灵川报社　供图）

城镇新增就业人数 4212 人；领取再就业优惠证的下岗失业人员再就业人数 864 人，城镇登记失业率为 2.39%。新增劳务输出 5500 人。农村劳动力转移就业职业培训 117 人；开发公益性岗位 118 个。

旅游　全县有 16 个自然景点和人文景观，营业景区 5 个（国家 5A 级旅游景区 1 个，国家 4A 级旅游景区 2 个，国家 3A 级旅游景区 2 个）。全年接待国内外游客 699 万人次，旅游总收入 67 亿元。

【中央电视台新闻频道直播海洋桃花】 2017 年 3 月 19 日，中央电视台新闻频道《春天的中国》特别节目摄制组走进海洋乡，以直播的方式向全国观众展示海洋乡“万亩”桃花盛开的秀美景致。在当天播出的《新闻直播间》《东方时空》栏目中，《春天的中国》摄制组用 6 分 30 秒时间，从空中、地面等不同角度、不同视角全面展示海洋乡的春天美景，并介绍海洋乡“万亩”桃林种植情况。

【桂林西物流中心开通运营】 2017 年 4 月 8 日，桂林西物流中心开通运营。该中心位于灵川县定江镇，占地面积 133.33 公顷，建设总投资 3 亿元，设计年发货物能力约 300 万吨，年集装箱吞吐量约 2000 个。设置商品汽车、集装箱、长大笨重、成件快运 4 个物流功能区，仓储面积 2.96 万平方米，装卸设备配置龙门吊 2 台，货物线的肌道总有效长 3437 米、作业总容车数 170 车、仓库及雨棚总面积 2.96 万平方米、露天堆场总面积 8.5 万平方米。

【桂林义乌国际商贸城试业】 2017 年 6 月 25 日，桂林义乌国际商贸城举行试业仪式。义乌国际商贸城位于灵川县国道 322 线与马岭路交汇处，湘桂铁路、贵广高铁、绕城高速、泉南高速在此汇集。有“家居家饰馆、百货商品馆、酒店用品馆、文化用品馆、生活日杂馆”五大经营馆，建筑面积 6 万平方米，是广西首个“义乌模式”，由桂林袭汇集团和神龙物流有限公司万和分公司联合开发建设。年内，共有百货、日用品、食杂等批发行业 105 家商家入驻。

【海洋乡小平乐村获“全国一村一品示范村”称号】 2017 年 8 月，农业部公布第七批全国一村一品示范村镇名单，灵川县海洋乡小平乐村获“全国一村一品示范村”称号。小平乐村处桂北山区海洋山脉中心，位于海洋乡东北面，海拔 600 米—1000 米，年平均气温 18℃，昼夜温差明显，独特的地理环境和气候因素为发展名、特、优水果提供天然的种植条件。全村以桃为主导的水果种植面积 800 公顷，年水果产量 2 万多吨，年销售收入 1 亿元以上，全村人均种桃收入超 1 万元，占该村人均纯收入 85% 以上，桃产业成为该村优势主导产业。种植的桃品种有 20 余个，创建了小平乐桃子生产标准园，打造了“海洋之星”“好得很”桃产品品牌。

【桂林高铁经济产业园首届汽车文化博览会开幕】 2017 年 8 月 26 日，2017 桂林高铁经济产业园首届汽车文化博览会·八里街夏日冰点狂欢节在灵川县大西南汽车城开幕。该届汽车博览会为期 3 天，共有几十个汽车品牌，上百种参展车型集体亮相，是灵川县会展中规模最大、档次最高、参展品牌最多的一次汽车博览会。博览会集汽车销售、汽车文化、汽车保养及参与性、互动性、知识性、娱乐性于一体，消费者能够在展会近距离品味汽车文化。

【八里街九年一贯制学校全面投入使用】 2017 年 9 月 5 日，八里街九年一贯制学校投入使用。该学校项目总

2017 年 9 月 5 日，灵川县八里街九年一贯制学校全面投入使用

（八里街九年一贯制学校　供图）

投资1.1亿元，规划用地5.33公顷，建筑面积3.5万平方米，建设有教学楼、业务综合楼、学生宿舍、体育馆以及篮球场等配套设施。可容纳2500名学生就读，缓解八里街片区读书难问题。

【重大项目集中开工】 2017年10月16日，灵川县开展2017年项目集中开工活动，集中开工项目15个，项目总投资17.58亿元，年度计划完成投资7.8亿元，涉及工业、物流、基础设施、教育、卫生等领域，其中桂林天海塑业有限公司圆织成套生产线智能化升级扩建项目、广西立大节能玻璃有限公司高新技术遮阳节能玻璃及节能门窗生产项目、灵青东路项目、灵川县社会福利院项目，项目总投资4.69亿元。

【灵川县被授予首批"自治区级生态县(市、区)"称号】 2017年，灵川县开展城乡环境综合整治和基础设施建设，实施农村环境连片整治。建成农村污水处理站110余座、污水管网230余千米，垃圾中转站4个，垃圾热解处理站1座，解决100多个村庄的污水以及多个乡(镇)的垃圾处置问题。12月25日，灵川县被自治区环境保护厅授予首批"自治区级生态县(市、区)"称号。 (秦荣萍)

全 州 县

【概况】 全州县位于桂林市东北部，辖全州、石塘、枧塘、凤凰、安和、才湾、绍水、咸水、龙水、大西江、黄沙河、庙头、文桥、两河、永岁15个镇和蕉江(瑶族乡)、白宝、东山(瑶族乡)3个乡，下设社区11个，建制村273个。县人民政府驻全州镇。行政区域面积3979平方千米。2017年年末，户籍人口84.15万人。

经济总指标 全年地区生产总值171.02亿元，其中第一产业增加值51.89亿元，第二产业增加值55.87亿元，第三产业增加值63.26亿元。人均地区生产总值2.03万元。全社会固定资产投资完成额219.04亿元，增长21.3%。社会消费品零售总额35.52亿元，增长11.5%。

财政·金融 全年组织财政收入7.56亿元。财政支出42.61亿元。年末，金融机构各项存款余额204.71亿元，增长12.38%，其中城乡居民存款余额156.99亿元，增长9.64%。各项贷款余额116.52亿元，增长25.51%。

农业 全年农林牧渔总产值82.53亿元，其中农业产值54亿元，林业产值5.45亿元，牧业产值18.19亿元，渔业产值3.04亿元，服务业产值1.85亿元。粮食播种面积6.20万公顷，总产量40.60万吨。全年完成各类人工造林面积1386.70公顷，森林覆盖率64.04%。农业机械总动力57.82万千瓦。

工业 全年工业总产值148.78亿元，工业增加值43.29亿元，工业增加值占地区生产总值的25.31%。规模以上工业实现总产值132.69亿元，实现利税8.74亿元。新增规模以上企业5家，全县规模以上工业企业55家，其中年产值超1000万元企业55家，超1亿元企业16家。

交通·邮电 全年完成农村通达公路73条131.2千米，完成农村公路建设投资及固定资产6179万元。完成客运量556万人次，客运周转量3.46亿人千米；完成货运量576万吨，货运周转量12.24亿吨千米。邮路总长671千米，完成邮政业务运营收入2935.9万元，电信业务(含电信、移动、联通)运营收入2.95亿元。全县固定电话用户1.2万户，手机用户43万户，宽带用户6.5万户。

文化·科技 年末拥有公共图书馆1个，图书藏量18万册；文化站18个；电影放映单位1个，放映电影3276场次，观众32万人次。全年申报自治区级科技项目7个，市级科技项目3个，县级科技项目7个，总投资1203万元，共举办种植业、养殖业等科技培训班、科普讲座68期(场次)，培训1.2万人次。建立各类科技示范基地12个。年内申请专利188件。

教育 全县有自治区示范性普通高中1所，专任教师195人，在校高中生3310人。普通高中4所，专任教师243人，在校高中生6692人。初级中学20所，专任教师1504人，在校初中生2.34万人。小学318所，专任教师2360人，在校小学生5.34万人。小学适龄儿童入学率100%。

卫生·体育 全县各级各类医疗机构有床位1580张，其中医院床位1434张，妇幼保健院床位146张。卫生技术人员1900人，其中执业医师621人，注册护士826人。全县参加城乡居民基本医疗保险69.20万人，参保率98.5%。全年向上级输送各类优秀运动员6人。全州籍运动员获自治区级银牌2枚。

计划生育 全年全县出生人数9352人，符合政策生育率96.76%，其中二孩符合政策生育率100%，政策外多孩率3.18%。出生男女性别比112.4。人口自然增长率5.88‰。

固定资产投资 全县固定资产投资219.04亿元，增长21.30%，其中项目投资211.09亿元，房地产业投资7.95亿元。

招商引资 全年全县在建项目71个，续建项目43个，其中自治区外建设项目资金58.74亿元，引进外资项目到位资金598万美元。

居民生活 全县城镇居民人均可支配收入30961元。农民人均纯收入13651元，增长10.1%。全年发放城乡低保金9137.23万元。城镇新增就业人数6581人；城镇失业人员再就业1996人，就业困难对象再就业645人，城镇登记失业率2.9%。新增农村劳动力转移就业1.92万人，农村劳动力转移职业培训946人。开发公益性岗位86个。

旅游 全县有营业景区4个(其中国家3A级旅游景区2个)。全年接待国内外游客92.49万人次，其中境外游客0.61万人次。旅游总收入9.34亿元。

【农业优势持续巩固】 2017年，全州县新种沃柑、W默科特等优质水果2000公顷，建成"千亩"以上沃柑基地5个。金槐种植持续稳固，总产值超8亿元。生猪出栏76.3万头，连续11年被列为全国生猪调出大县。禾花鱼养殖面积2万公顷，龙水镇建成禾花鱼育种良种场(广西唯一)。投资5300多万元推进现代特色农业核心示范区创建，建成远志现代农牧养殖等农业示范区6个，其中两河镇金槐

2017 年 11 月 2 日，中华文化八桂行——走进全州书画笔会在全州县湘山寺举行
（周田秀 摄）

产业（核心）示范区获“自治区三星级现代特色农业示范区”称号。全州“金槐米”“醋血鸭”获首批“广西十珍系列品牌产品”称号，石塘镇生姜通过国家地理标志保护登记认证。有机莲藕、有机莲子、有机芦笋、无公害葡萄 4 个产品通过国家“三品一标”（无公害农产品、绿色食品、有机农产品和农产品地理标志）认证。新增农民专业合作社 77 家，累计 461 家，其中获“国家级示范社”称号 5 家，“自治区级示范社”称号 20 家。严格监管农产品质量安全，全州县被批准为开展第二批国家农产品质量安全县（市）创建试点。

【城镇建设呈现新面貌】 2017 年，全州县城北新区征收土地 520 公顷，规划范围内土地征收到位。体育中心、湘源文化公园等 19 个重大建设项目顺利推进，完成投资 24.3 亿元，其中总投资 5 亿元的全州高中新校区 9 月正式揭牌。总投资 8000 万元的公安综合大楼建成使用，市民文化中心建成使用；桂北大道东面延伸段以及新区其他 8 条路网项目建成；体育中心建设完成主体工程；县委、县人民政府驻地迁入新区创业大厦。江东新区新征土地 133.33 公顷，城市框架进一步拉大，灌江大桥完工验收。老城区改造提升，全年棚户区改造 3255 户，拆迁面积 35.5 万平方米，棚户区改造集中安置小区——氮肥厂棚改项目一期交付使用，二期完成主体施工。投资 5800 多万元更新改造鸿福路、镇湘路、三江路等小街（巷）13 条。完成城区管道燃气工程项目 LNG 气化站建设和主要管网铺设。投资 1.2 亿元的绍水镇新型城镇化示范乡（镇）建设完成验收。

【社会事业全面进步】 2017 年，全州县被授予 2016 年度“广西科学发展进步县”称号，被确立为第二批广西可持续发展实验区。启动投资 4.5 亿元的义务教育均衡发展项目，城北完小、安和冠英初中被评为“广西壮族自治区第一届文明校园”。投资 1066 万元建成村级公共服务中心 26 个，完成县工人文化宫主体工程建设。举办“中华文化八桂行——走进全州”、湘山文化主题活动；舞蹈《苗山晨韵》获桂林市第三十八届“漓江之声”一等奖。龙水贡陂堰、绍水梅溪公祠、黄沙河大路底古建筑群、枧塘和好铺古建筑 4 处古遗址、古建筑被批准为自治区重点文物保护单位。两河鲁水、安和龙井等 35 个传统村落被列入自治区第三批传统村落名录。桂剧《蛮牛护印》获自治区戏曲展演优秀剧目奖，被选为 2018 年全国地方戏交流展演节目。

【石塘生姜获国家地理标志产品保护】 2017 年 12 月 30 日，国家质量监督检验检疫总局发布《关于批准对涉县黑枣等 30 个产品实施国家地理标志产品保护的公告》，全州石塘生姜获国家质监总局颁发的国家地理标志产品保护证书，成为国家级地理标志保护产品。地域保护范围为全州县所辖行政区域。

【全州“禾花鱼高产模式”获全国稻田综合种养模式创新大赛金奖】 2017 年 11 月 25 日，在首届全国稻渔综合种养产业发展论坛暨稻渔综合种养模式创新大赛和优质渔米评介活动上，广西桂林绿淼生态农业有限公司的“禾花鱼高产”（稻渔瓜果生态共作）模式获全国稻渔综合种养模式创新金奖。该模式通过实施稻渔共生的农田基础设施改造，实现 666.67 平方米产富硒稻谷 500 千克、禾花鱼 100 千克，获 666.67 平方米产值 1 万元以上。

2017 年 10 月 19 日，全州县湘江战役遗址公园项目建设开工仪式在才湾镇觉山铺举行
（周田秀 摄）

【全州建成华南首个户外大型高山滑雪场】 2017年12月30日，广西桂林天湖冰雪世界户外滑雪场建成，成为华南首个户外大型高山滑雪场。广西桂林天湖冰雪世界位于全州天湖华南第二高峰真宝顶东侧，由核心滑雪区、嬉雪怡情区、休闲观光区、服务配套区、基础设施区五大核心功能区域组成，总投资5亿元。

【全州县红色文化旅游建设拉开序幕】 2017年10月19日，全州县湘江战役遗址公园项目建设开工仪式在才湾镇觉山铺阻击战遗址举行，标志着全州县红色文化旅游建设拉开序幕。全州县红色文化旅游建设主要规划有湘江战役遗址公园、古岭头阻击战纪念区、凤凰嘴渡江战纪念区、安和文塘红34师突围战纪念区和大西江红七军北上纪念区（“一园四区”），湘江战役遗址公园是其核心景区，计划投资1.8亿元，建设期3年。 （蒋晓琼）

兴 安 县

【概况】 兴安县位于桂林市北部，辖兴安、湘漓、界首、高尚、溶江、严关6个镇和漠川、白石、崔家、华江（瑶族乡）4个乡，下设社区10个，建制村115个。县人民政府驻兴安镇。行政区域面积2332平方千米。2017年年末，户籍人口39.09万人。

经济总指标　全年地区生产总值136.47亿元，其中第一产业增加值35.8亿元，第二产业增加值51.1亿元，第三产业增加值49.57亿元。人均地区生产总值3.97万元。全社会固定资产投资完成额218.25亿元，增长12.3%。社会消费品零售总额45.37亿元，增长10.8%。

财政・金融　全年组织财政收入12.71亿元，其中地方财政收入9.65亿元。财政支出26.65亿元。年末，金融机构各项存款余额148.48亿元，增长11.1%，其中城乡居民存款余额119.93亿元，增长8.5%。

农业　全年农林牧渔业总产值56.86亿元，其中农业产值39.56亿元，林业产值3.1亿元，牧业产值11.07亿元，渔业产值1.33亿元，农林牧渔服务业产值1.8亿元。粮食播种面积3.79万公顷，总产量20.47万吨。全年完成各类人工造林面积84公顷，森林覆盖率73.34%。农业机械总动力51.2万千瓦。

工业　全年工业总产值125.42亿元，工业增加值40.04亿元，工业增加值占地区生产总值的29.3%；工业对全县经济增长的贡献率17.2%。规模以上工业实现总产值111.77亿元。

交通・邮电　全年续建及新建农村公路项目16个，公路建设里程93.97千米，桥梁建设334.42延米，至年末累计完成建设投资1.84亿元。全年客运量737.16万人次，客运周转量4.99亿人千米。货运量615.21万吨，货运周转量9.26亿吨千米。邮路总长160千米，实现邮政业务收入2037.5万元。全县固定电话用户1.8万户、手机用户28.32万户、宽带用户4.12万户。

文化・科技　年末拥有专业艺术表演团体1个，演出场次120场；公共图书馆1个，图书藏量13.6万册；文化站10个；电影放映单位7个，放映电影2080场次，观众20万人次。8月，县文旅广体局被国家体育总局评为2013—2016年度“群众体育先进单位”。全年获自治区、桂林市科技项目2个，获项目经费86万元。

教育　全县共有各级各类中小学130所，在校学生3.48万人。其中，高中（含职校、幼师各1所）5所，学生5229人；初级中学13所，学生6735人；小学112所，学生2.28万人；幼儿园155所（其中公办幼儿园43所，民办幼儿园112所），在园（班）幼儿1.60万人。全县教职员工2575人，其中小学1300人，幼儿园58人，初中523人，高（职）中650人，教育局机关44人。

卫生　全县各级各类医疗机构有床位1680张，其中医院床位1600张，妇幼保健院床位80张。卫生技术人员1940人，其中执业医师587人，注册护士833人。

计划生育　全年全县出生人数5484人，出生男女性别比为107.48。人口自然增长率7.64‰。

固定资产投资　全社会固定资产投资完成额218.25亿元，增长12.3%，其中房地产业投资8.24亿元，其他投资210.01亿元。

招商引资　全年新引进投资1000万元以上项目13个，利用外资2350万美元。相继签约引进并落地海创集团利用水泥窑协同处理城市生活垃圾、海螺商品混凝土及型材构件、军盈环保型干混砂浆企业、米粉产业园等20多个项目，总投资约40亿元。

居民生活　全县城镇居民人均可支配收入32879元，农民人均纯收入15926元。城乡居民年末储蓄存款余额119.93亿元。城镇新增就业人数5175人，农村劳动力转移就业新增7139人。社会保障“一卡通”实现全国通用，城乡居民基本医疗保险制度整合工作完成。保障性住房基本建成1935套，完成农村危房改造562户，灾后倒损民房恢复重建102户。

旅游　全县有7个自然景点和人文景观，营业景区6个（国家5A级旅游景区1个，国家4A级旅游景区1个）。全年接待游客699.09万人，实现旅游总收入77.74亿元。

【项目建设成果丰硕】 2017年，兴安县统筹推进重点项目42个，完成投资31.79亿元。斧子口水库完成验收并下闸蓄水，修建库周公路156千米，桂林市防洪及漓江补水枢纽工程主体工程全面完工。兴安县城市棚户区改造项目完成国家任务1000户和自治区新增任务613户。

【新能源发展持续推进】 2017年，兴安县完成风电项目总装机容量55万千瓦并网发电，实现财政收入2000万元。界首（一、二期）风电场10万千瓦和严关（二期）风电场5万千瓦项目持续推进。启动（二期）风电场50万千瓦和特变电白石风电场15万千瓦相关前期工作，中国南方（兴安）风电基地粗具规模。

【环境治理扎实有效】 2017年，兴安县推进大气、水、土壤三大领域防治行动，全县12家砖厂烟气在线监控系统的安装和验收工作有序推进，全年空气质量优良天数301天，优良率89.9%。印发《兴安县人民政府关于对辖区内矿粉、灰钙粉加工企业环境综合整治的通告》,制订《兴安县矿粉加工企业环境综合整治工作实施方案》,实质性启动严关矿粉产业环境专项整治工作。兴安镇、高尚镇、白石乡、漠川乡4个垃圾碳化热解项目建设完工,农村垃圾2年攻坚任务和总投资近7000万元的4个乡(镇)污水工程项目完成。全面推行河长制,加强水源保护、水污染防治和水生态修复。"绿满八桂"工程造林绿化866.67公顷,全县森林覆盖率73.34%。

【现代特色农业巩固升级】 2017年,兴安县编制《2017—2021年兴安县农业提质升级发展规划》,出台《兴安县促进现代农业发展奖励办法(试行)》等政策,助推现代特色农业转型、优化和升级。全县种植葡萄9780公顷、柑橘1.07万公顷、甜玉米7733.33公顷、猕猴桃166.67公顷、食用菌960万平方米。"兴安葡萄"获国家农产品地理标志,"错峰葡萄"通过全国绿色食品认证。灵渠葡萄产业(核心)示范区和红色湘江蜜橘产业(核心)示范区分别通过自治区五星级和三星级现代特色农业(核心)示范区认定,全年新建(升级)区、市、县、乡四级核心示范区11个,引领全县农业走规模化、产业化的发展路子。

【"桂林兴安灵渠"号动车开通】 2017年7月1日,"桂林兴安灵渠号"动车组列车正式开通。桂林北—兴安北、兴安北—桂林北、北海—兴安北3趟动车组列车正式运营,兴安县成为广西第二个拥有县域始发动车组列车的县城。

【夯实农业发展基础】 2017年,兴安县农村土地承包经营权确权登记颁证工作取得阶段性成效。18个整县推进高标准基本农田土地整治项目完成总工程量的77%。完成农村饮水安全巩固提升工程11处。实施中小河流治理项目3处,修复小堰坝49处,完成新建防洪堤及护岸10.57千米。完成川江、留莲塘危桥改造和76个自然村(屯)1144盏太阳能路灯的安装。投资8136万元,实施农网项目建设323个。全年新建(续建)农村公路93.97千米,漠川长洲至艳林四级公路建成通车,湘漓普头大桥、白石高圩天桥、严关雷军桥建设进展顺利。投资400多万元,完成溶江镇金石片区和华江瑶族乡4座水毁桥梁及水毁道路滑坡塌方的抢险修复任务。石枧至苏家、盐江线至塔边和兴界线至渔江村公路项目完工,实现全县建制村全部通公路。 (李翔)

永福县

【概况】 永福县位于桂林市西南部,辖永福、百寿、罗锦、苏桥、三皇、堡里6个镇和广福、永安、龙江3个乡,下设社区6个,建制村93个。县人民政府驻永福镇。行政区域面积2795平方千米。2017年年末,户籍人口28.87万人。

经济总指标 全年地区生产总值133.18亿元,其中第一产业增加值28.87亿元,第二产业增加值80.72亿元,第三产业增加值23.59亿元。人均地区生产总值4.61万元。全社会固定资产投资完成额143.78亿元,增长17.3%。社会消费品零售总额32.11亿元,增长10.8%。

财政·金融 全年组织财政收入6.73亿元。财政支出19.85亿元。年末,金融机构各项存款余额78.45亿元,增长7.88%。其中,城乡居民存款余额56.58亿元,增长6.73%;各项贷款余额60.87亿元,增长4.65%。

农业 全年农林牧渔业总产值46.57亿元,其中农业产值28.41亿元,林业产值4.06亿元,牧业产值11.54亿元,渔业产值0.84亿元,农林牧渔业服务业产值1.72亿元。粮食播种面积2.60万公顷,总产量12.84万吨。全年完成各类植树造林面积973.3公顷,森林覆盖率74.88%。农业机械总动力26.99万千瓦。

工业 全年工业总产值232.88亿元,工业增加值64.26亿元,工业增加值占地区生产总值的48.3%,工业对全县经济增长的贡献率54.2%。规模以上工业实现总产值221.82亿元,实现利税8.36亿元。全县规模以上工业企业50家。

交通·邮电 全年完成农村公路建设投资及固定资产0.50亿元。公路客货营运车843辆,其中公交车71辆,完成客运量453万人次,客运周转量2.27亿人千米。完成货运量408万吨,货运周转量2.24亿吨千米。邮路总长450千米,完成邮政业务运营收入2431.76万元,电信业务(含电信、移动、联通等)运营收入1.27亿元。全县固定电话用户0.66万户,手机用户21万户,宽带用户2.80万户。

文化·科技 年末拥有专业艺术表演团体1个,演出场次100多场;公共图书馆1个,图书藏量11万册;剧场3个,文化站9个;电影放映单位1个,放映电影1120场次,观众13.8万人次。全年申报自治区级科技项目6个,市级科技项目4个,总投资5940万元。共举办种植业、养殖业等科技培训班、科普讲座1449期(场次),培训7.14万人次。年内共申请专利296件。

教育 全县有自治区示范性普通高中1所,专任教师150人,在校高中生1600人。普通高中2所,专任教师105人,在校高中生1644人。初级中学11所,专任教师505人,在校初中生7144人。小学78所,专任教师999人,在校小学生1.87万人。小学适龄儿童入学率99.5%。

卫生·体育 全县各级各类医疗机构有床位970张,其中医院床位606张,妇幼保健院床位86张,乡(镇)卫生院床位278张。卫生技术人员1340人,其中执业医师432人,注册护士527人。全县参加新型农村合作医疗农民23.35万人,参合率99.08%。全年向上级输送各类优秀运动员13人。获国家级奖牌1枚(第十三届全国运动会男子举重94kg总成绩第四名)。获自治区级奖牌9枚,其中金牌2枚,银牌6枚,铜牌1枚。

计划生育 全年全县出生人数4717人,符合政策生育率95.04%,其中二孩符合政策生育率99.53%,政策外多孩率3.47%。出生男女性别比为105。人口自然增长率7.4‰。

固定资产投资 全县固定资产投资143.78亿元,增长17.3%,其中更新技改投资46.26亿元,房地产业投资1.06亿元,其他投资96.46亿元。

招商引资 全年全县在建自治

区外投资项目 37 个，续建项目 6 个，合同总额 95.76 亿元，自治区外建设项目资金 57.09 亿元。引进外资项目 3 个，到位资金 2613 万美元。

居民生活　全县在岗职工年平均工资 55929 元，增长 7.5%。城镇居民人均可支配收入 33502 元，增长 8.0%。农民人均可支配收入 12913 元，增长 9.9%。全年发放农村低收入人口低保金 4871.38 万元，发放城镇居民低保金 1109.83 万元。城镇新增就业人数 3161 人，城镇失业人员再就业人数 857 人，城镇登记失业率为 2.5%。农村劳动力转移就业职业培训 55 人。开发公益性岗位 142 个。

旅游　全县有 19 个自然景点和人文景观，营业景区 2 个(其中国家 4A 级旅游景区 1 个)。全年接待国内外游客 96.97 万人次，旅游总收入 11.70 亿元。

2017 年 10 月 17 日，中央电视台《乡约》栏目永福县专场录制现场（张日斌　摄）

【重大项目建设助推经济发展】 2017 年，永福县重点推进自治区、市层面重大项目 63 个，完成投资 43.93 亿元，增长 18.7%。永良路(永福段)生态旅游通道建成。广福经永安至三皇二级公路、永安风电一期、管道天然气等项目加速推进。西江大桥至污水厂道路、桂林至柳城高速公路等项目开工建设。工人文化宫、西河滨江大道等项目竣工投入使用。推进比亚迪新能源汽车、八加一制药、华源氧化铁等一批重点工业项目建设。兴城福铝业、金峰锌钢型材等项目竣工投产。全年完成规模以上工业增加值 60.6 亿元，增长 8%。

【现代农业提质增效】 2017 年，永福县现代特色农业示范区创建成效显著，福寿橘园获“自治区三星级示范区”称号，龙江福寿神果、广福龙溪麻竹示范区获“自治区县级示范区”称号。全县砂糖橘种植总面积 2.67 万公顷，成为广西最大的砂糖橘生产县。罗汉果入选首批中国特色农产品优势区名录，龙江乡成为第七批全国“一乡一品”示范村镇。“永福香米”入选全国名特优新农产品目录。全年新认证“三品一标”产品 9 个。永福县被农业部列为全国果蔬茶有机肥替代化肥试点县。成功举办第三届中国(永福)罗汉果节和第二届桂林永福砂糖橘交易会。

【城镇化建设步伐加快】 2017 年，永福县开展“城市建设管理年”活动，推进一批重点城建项目，县城环凤山风貌改造、进出口节点改造等项目加速推进，碧桂园商住小区、洛清江大桥、文明塔、文武状元祠等项目开工建设，旧农械厂棚户区改造、樟峡至城北学校管网、县城雨污分流管网工程顺利推进，县城面貌进一步改观，获“广西园林城市”称号。启动堡里镇新型城镇化示范乡(镇)建设，百寿镇“百镇建设示范工程”和罗锦镇新型城镇化示范乡(镇)建设通过市级验收，集镇容貌、产城融合发展实现“双提升”，苏桥罗汉果小镇入选广西第一批特色小镇。投资 1.6 亿元对“环广西”自行车赛永福段 7584 户住房进行风貌改造提升，重点打造铺上、穿岩等景观节点 7 个。

2017 年 10 月 31 日，永福县第四季度重大项目集中开工（张日斌　摄）

【美丽乡村建设成果显著】 2017 年，永福县“宜居乡村”建设全面启动，开展“产业富民”“服务惠民”“基础便民”专项活动。培育新型农业经营主体 93 个；建立村级综合服务中心 36 个；建设太阳能光伏发电公共照明示范村 13 个；解决 10 个村(屯)5400 人饮水安全难题；完成农村 1800 户危房改造，137 条农村通屯道路建设和 100 个自然村(屯)内道路硬化工程，打造新农村示范点 18 个。

【《乡约》走进永福】 2017 年 10 月 17 日，第三届中国罗汉果节(桂林·永福)在永福县福寿广场开幕，中央电

视台第七套《乡约》栏目走进永福现场录制开幕式和《乡约》永福专场。在娱乐相亲过程中,通过主持人与嘉宾互动,展示了永福县丰富的旅游资源、特色物产、乡土人情、风俗文化,把“中国罗汉果之乡——永福”推介给全国观众。

【第二届桂林永福砂糖橘交易会举行】 2017年12月27日—29日,第二届桂林永福砂糖橘交易会在永福县城福寿广场举办。全国各地500多位客商受邀参加交易会。交易会共签约销售砂糖橘16万吨,意向签约销售50万吨。交易会期间举办了“福寿田园”、“万亩”富硒砂糖橘开园仪式,交易会高峰论坛,橘王争霸赛,农产品、农业生产资料、器械展示一条街和“福寿田园、橘送吉祥”摄影赛、媒体采风等活动。 (秦建发)

灌阳县

【概况】 灌阳县位于桂林市东北部,辖灌阳、黄关、文市、新街、新圩、水车6个镇和观音阁、西山(瑶族乡)、洞井(瑶族乡)3个乡,下设社区3个,建制村138个。县人民政府驻灌阳镇。行政区域面积1835平方千米。2017年年末,户籍人口29.57万人。

经济总指标 全年地区生产总值77.88亿元,其中第一产业增加值18.94亿元,第二产业增加值37.97亿元,第三产业增加值20.97亿元。人均地区生产总值2.63万元。全社会固定资产投资74.26亿元,增长15.9%。社会消费品零售总额20.48亿元,增长10.6%。

财政·金融 全年财政收入3.68亿元,财政支出22.27亿元。年末金融机构各项存款余额84亿元,增长16.2%;金融机构各项贷款余额47.81亿元,增长11.4%。

农业 全年农林牧渔业总产值31.05亿元,其中农业产值20.35亿元,林业产值1.87亿元,牧业产值6.88亿元,渔业产值0.65亿元,服务业产值1.30亿元。粮食播种面积2.8万公顷,总产量17.83万吨。全年完成各类人工造林面积293公顷,森林覆盖率75.73%。农业机械总动力35.3万千瓦。

工业 全年工业总产值完成106.21亿元,工业增加值32.99亿元,工业增加值占地区生产总值的42.36%;工业对全县经济增长的贡献率19.9%。规模以上工业总产值100.91亿元,实现利税18.73亿元。新增规模以上企业2家,全县规模以上企业29家,其中年产值超1亿元企业18家。

交通·邮电 全年交通运输仓储邮政业实现增加值1.76亿元,增长5.3%;完成客运周转量2.12亿人千米,下降4.5%;完成货运周转量5.14亿吨千米,增长9.4%。邮路总长1022千米,完成邮政业务总量2274万元,电信业务(含电信、移动、联通等)总量2.16亿元。全县固定电话用户1.11万户,手机用户16.2万户,宽带用户2.2万户。

文化·科技 年末拥有专业艺术表演团体1个;有公共图书馆1个,图书藏量86万册(含数字图书)。全年申报市级以上科技项目1个,申报专利76件,其中有效发明专利27件。

教育 全县有自治区示范性高中1所,普通高中2所,专任教师270人,在校高中生3255人。初级中学10所,专任教师661人,在校初中生7271人。小学138所,教学点153个,专任教师1206人,在校小学生1.79万人。小学适龄儿童入学率100%。

卫生·体育 全县各级各类医疗机构有床位978张,医院卫生技术人员1232人。医疗机构总诊疗人次32.69万次、门急诊32.25万人次、住院2.48万人次。全县参加新型农村合作医疗农民25.1万人,参合率100%。灌阳籍运动员参加自治区级各类运动会获金牌2枚、银牌5枚、铜牌2枚。

计划生育 全年全县出生人数3245人,人口出生率10.9‰,政策外多孩率3.7%。出生男女性别比为103。人口自然增长率4.8‰。

固定资产投资 全县固定资产投资完成74.26亿元,增长15.9%。其中新建投资41.03亿元,改建投资6.17亿元,更新改造投资26.62亿元,其他投资0.44亿元。

招商引资 全年全县新签项目3个,签约资金13亿元。实施招商引资项目21个,总投资49.18亿元,引进外资项目到位资金510万美元。

居民生活 全县城镇居民人均可支配收入30454元,增长8.1%。农民人均纯收入9796元,增长8.9%。全县享受城乡最低生活保障人数2.2万人,发放低保金5107.93万元;发放城乡医疗救助金764.58万元,救助2.92万人次。农村五保供养对象2692人,发放五保金1248.49万元。城镇新增就业人数3374人,城镇登记失业率2.91%。参加城乡居民社会养老保险人数14.24万人,发放养老保险金4726万元。

旅游 全县有自然景点和人文景观41个,营业景区2个(国家4A级旅游景区1个)。全年接待国内外游客70.51万人次,增长32.9%。旅游总收入7.61亿元,增长45.79%。

【全域旅游格局形成】 2017年,灌阳县实施“旅游+”战略,以打造红色灌阳为切入点,推进“湘江战役·新圩阻击战”遗迹遗址保护修缮、酒海井红军纪念园二期项目、杨柳井红色旅游新村、旅游红道和绿道建设等项目建设。千家洞瑶族文化旅游暨“二月八”农具文化节、千家洞“六月六”尝新暨雪梨黑李节成为灌阳品牌节庆,成功举办国家级2017中国·灌阳全国山地户外运动挑战赛等活动。入围“全国十佳生态休闲旅游城市”,大仁村生态休闲园、江口村特色文化旅游区被评定为四星级“广西乡村旅游区”,生态灌阳的知名度和影响力得到提高,“红、古、绿”特色旅游精品路线加速形成。

【酒海井红军烈士遗骸安葬仪式举行】 2017年9月12日—16日,酒海井红军烈士遗骸勘查打捞发现罹难红军烈士遗骸近20具。9月24日,湘江战役·灌阳新圩阻击战酒海井红军烈士遗骸安葬仪式举行。自治区有关部门、桂林市和灌阳县领导、红军后代、社会各界群众共3000余人参加安葬仪式。

【灌阳县同胞三翰林研究开发取得重大进展】 2017年5月22日,灌阳县唐景崧同胞三翰林文史资料收集整理工作取得重大进展，唐景崧同胞三翰林研究与开发项目组向灌阳县人民政府移交资料长编。唐景崧同胞三翰林研究及资料收集工作自2016年9月启动，共搜集到几千万字资料，整理编纂成近800万字的资料长编，填补了灌阳县对中国晚清历史研究的空白。

【灌阳县电商服务覆盖全域】 2017年，灌阳县推进电商惠民工程，投入3093万元为全县138个建制村全部连通12兆以上的宽带网络。建成乡（镇）电商服务站9个，村级电商服务站点173个，实现县、乡、村三级网络服务站点全覆盖，带动农副产品销售3.3亿元，农副产品产地收购综合价格平均提高25%以上，促进农村就业1万余人。年内，灌阳红薯粉获“国家地理标志保护产品”称号。

（莫国建）

龙胜各族自治县

【概况】 龙胜各族自治县位于桂林市西北部，辖龙胜、瓢里、三门、龙脊、平等5个镇和泗水、江底、马堤、伟江、乐江5个乡，下设社区6个，建制村119个。县人民政府驻龙胜镇。行政区域面积2450平方千米。2017年年末，户籍人口17.25万人。

经济总指标　全年地区生产总值66.63亿元，其中第一产业增加值12.09亿元，第二产业增加值34.93亿元，第三产业增加值19.61亿元。人均地区生产总值3.99万元。全社会固定资产投资完成额56.39亿元，增长15.4%；社会消费零售总额9.97亿元，增长10.7%。

财政·金融　全年组织财政收入4.53亿元，其中地方财政收入2.36亿元。财政支出19.70亿元。年末，金融机构人民币各项存款余额57.82亿元，增长9.7%。各项贷款余额42.25亿元，增长13.16%。

农业　全年农林牧渔业总产值19.1亿元，其中农业产值12.55亿元，林业产值2.42亿元，牧业产值3.35亿元，渔业产值0.09亿元，农林牧渔服务业产值0.69亿元。粮食播种面积（含复种）1.07万公顷，总产量6.31万吨。全年完成各类人工造林面积358公顷，森林覆盖率79.12%。农业机械总功力28万千瓦。

工业　全年工业总产值66.01亿元，工业增加值29.06亿元，工业增加值占地区生产总值的43.6%；工业对全县经济增长的贡献率37.6%。规模以上工业实现总产值62.81亿元，实现利税8.36亿元。新增规模以上企业1家，全县规模以上工业企业21家，其中年产值超1000万元企业21家，超1亿元企业14家。

交通·邮电　全年完成农村通达公路32条559千米，完成农村公路建设投资及固定资产5.02亿元。完成客运周转量1.58亿人千米，完成货运量12.53亿吨千米。邮路总长695千米，完成邮政业务总量1229万元，电信业务总量2.32亿元。年末固定电话用户0.35万部，移动电话15.62万部，互联网宽带接入用户2.73万户。

文化·科技　年末拥有专业艺术表演团体1个，演出场次10场；公共图书馆1个，图书藏量11.8万册；文化站10个；电影放映单位2个，放映电影1428场次，观众15万人次。全年申报自治区级科技项目1个，市级科技项目1个。建立各类科技示范基地13个。年内共申请专利68件。

教育　全县有普通高中1所，专任教师187人，在校高中生2159人。初级中学3所，专任教师334人，在校初中生4464人。小学11所，教学点51个，专任教师784人，在校小学生1.01万人。小学适龄儿童入学率100%。

卫生　全县各级各类医疗机构有床位500张，其中县人民医院床位250张，县中医医院100张，县妇幼保健院50张，乡（镇）卫生院100张。卫生技术人员1162人，其中执业医师（助理）249人，注册护士349人。全县参加新型农村合作医疗农民14.60万人，参合率98.90%。

计划生育　全年全县出生人数2009人，符合政策生育率94.93%，其中二孩符合政策生育率99.40%，政策外多孩率1.44%。出生男女性别比为104.03。人口自然增长率3.54‰。

固定资产投资　全县固定资产投资56.39亿元，增长15.4%，其中项目投资56.09亿元，房地产业投资0.30亿元。

招商引资　全年全县在建项目8个，续建项目6个，合同总额49亿元，其中市外建设项目资金15.1亿元，自治区外建设项目资金15.1亿元，引进外资项目到位资金815万美元。

居民生活　全县在岗职工年平均工资59569元，下降6.6%。城镇居民人均可支配收入31172元。全年发放农村低收入人口低保金3553万元，发放城镇居民低保资金489万元。城镇新增就业人数3153人；城镇失业人员再就业人数663人，城镇登记失业率为2.39%。新增劳务输出4963人。农村劳动力转移就业新增人数4963人。开发公益性岗位199个。

旅游　全县有30个自然景点和人文景观，国家4A级旅游景区2个，国家3A级旅游景区2个。全年接待国内外游客777.36万人次，其中入

龙脊梯田系统的平安壮寨梯田秋天景色　（潘志祥　2017年摄）

境游客 32.34 万人次，实现旅游消费 83.38 亿元。

【龙胜发生特大洪灾】 2017 年 6 月开始，龙胜各族自治县连续遭遇多轮强降雨，6 月 30 日晚至 7 月 1 日，全县 10 个乡（镇）降雨量普遍都在 100 毫米以上，其中瓢里镇 203.6 毫米，形成 20 年一遇的洪水灾情。全县受灾人口 10 万人以上，交通、电力、通信、房屋、农业、水利、市政设施等受损严重，造成直接经济损失 6.6 亿元，间接经济损失 21 亿元。全县内国道中断 1 条，省道中断 1 条，县、乡、村道中断 70 多条。

【桂林至三江高速公路通车】 2017 年 10 月 26 日，自治区重点工程——桂林至三江高速公路通车，结束龙胜各族自治县不通高速公路的历史。桂林至三江高速公路是《国家高速公路网规划》中厦门至成都和包头至茂名高速公路网的重要组成部分，公路全长 135 千米。经临桂、龙胜、柳州市三江侗族自治县，止于三江侗乡唐朝村（桂黔界），与贵州省水口至都匀高速公路对接。主线路采用双向四车道标准建设，设计行车速度每小时 100 千米，沥青混凝土路面，项目概算总投资 150.87 亿元。龙胜内主线全长 47.46 千米，途经龙胜龙脊镇、龙胜镇、瓢里镇，涉及建制村 14 个、村民小组 45 个，设置双洞、瓢里、思陇 3 个互通式立交。

【龙脊梯田系统入选全球重要农业文化遗产】 2017 年 11 月 23 日，“广西龙胜龙脊梯田系统”通过联合国粮农组织（FAO）评审，被认定为全球重要农业文化遗产（GIASH）。龙脊片区连片梯田 715.6 公顷，有不可比拟的规模美、和谐美、节律美和分形美，构建了世代相传的梯田农耕文明。距今有 2300 多年历史，堪称世界梯田原乡。梯田落差大，层级最多为 1100 多级，连片梯田最大高度差为 860 多米，有“世界梯田之冠”称号。

【龙胜红糯成为国家地理标志性农产品】 2017 年 11 月 28 日，农业部第四次农产品地理标志登记专家评审会在北京召开，龙胜红糯以其品种特性、产地环境、人文历史、发展前景获评委高度评价，成为龙胜第六个国家地理标志性农产品。

龙胜红糯，又称“胭脂米”，主要生产于龙胜各族自治县乐江乡地灵村一带，是当地的传统农作物。地灵村处于高寒或半高寒山区，水田土质肥沃，水质优良，拥有红糯生长的良好生态环境。龙胜红糯营养丰富，含有蛋白质、钙、磷、铁、维生素等。

（杨进朝　李庭韩　白明宣）

资　源　县

【概况】 资源县位于桂林市东北部，辖资源、中峰、梅溪 3 个镇和瓜里、车田（苗族乡）、两水（苗族乡）、河口（瑶族乡）4 个乡，下设社区 3 个，建制村 71 个。县人民政府驻资源镇。行政区域面积 1941 平方千米。2017 年年末，户籍人口 18.03 万人。

经济总指标　全年地区生产总值 60.12 亿元，其中第一产业增加值 11.49 亿元，第二产业增加值 29.34 亿元，第三产业增加值 19.29 亿元。全社会固定资产投资金额 74.56 亿元，增长 17.6%。全社会消费零售总额 13.08 亿元，增长 11.2%。

财政·金融　全年组织财政收入 1.95 亿元。财政支出 16.71 亿元。年末金融机构各项存款余额 65.96 亿元，增长 9.5%；金融机构贷款余额 46.42 亿元，增长 14.8%。

农业　全县农林牧渔业总产值 18.18 亿元，其中农业产值 11.26 亿元，林业产值 3.28 亿元，牧业产值 2.69 亿元，渔业产值 0.16 亿元，服务业产值 0.79 亿元。粮食播种面积 9110 公顷，粮食总产量 5.64 万吨，下降 0.72%。完成各类人工造林面积 1000 公顷，森林覆盖率 79.21%。农业机械总动力 27.6 万千瓦。

工业　全县工业总产值 63.25 亿元，其中规模以上工业总产值完成 61.43 亿元，规模以下工业总产值完成 1.82 亿元。完成工业增加值 23.30 亿元，其中规模以上工业增加值完成 22.61 亿元，规模以下工业增加值完成 0.69 亿元。

交通·邮电　全县完成通畅公路工程 164.66 千米，项目总投资金额 97.34 亿元，客运周转量 313 万人千米。邮政总长 1200 千米，邮政业务总量 1600 万元。固定电话用户 2.76 万户，移动电话用户 8 万户。

文化·科技　年末拥有专业艺术表演团体 1 个，演出 65 场次；公共图书馆 1 个，图书藏书量 6.85 万册；文化站 7 个；电影放映单位 1 个，年放映电影 852 场次，观众 13 万人次。全年申报专利 77 件，其中发明专利 45 件。

教育　全县有普通高中 2 所，专任教师 149 人，在校学生 2151 人。中等职业学校 1 所，学生 806 人，专业教师 67 人。初级中学 6 所，专任教师 363 人，在校学生 4461 人。小学 115 所，专任教师 706 人，在校小学生 1.23 万人，小学适龄儿童入学率 99.9%。

卫生·体育　全县有医疗卫生机构 11 个，床位 416 张，其中县级医院医疗床位 245 张，乡（镇）卫生院 171

桂三高速公路龙胜段双洞村建设场景　（潘志祥　2017 年摄）

张。卫生技术人员591人，其中执业医师176人，注册护士286人，药师（士）37人，检验师（士）26人，影像9人。全县参加新型农村合作医疗农民14.31万人，参合率99.98%。

计划生育　全年全县出生2393人，政策外多孩率2.26%。人口出生率11.63‰，人口自然增长率8.1‰。

固定资产投资　全社会固定资产投资额74.56亿元。

招商引资　全年新引进产业项目6项，总投资额20.58亿元。

居民生活　全县在岗职工年平均工资77237元，增长20.24%，城镇居民可支配收入30334元。农村居民可支配收入9968元，增长10.3%。城镇新增就业人员2963人，领取再就业优惠证的下岗失业人员再就业人员1534人，城镇登记失业率2.49%，新增劳务输出4811人。农村劳动力转移就业职业培训456人。社会养老保险综合参保率100%。

旅游　全县主要旅游景区（点）有八角寨、资江、天门山、五排河、宝鼎瀑布、丹霞温泉、石山底、雷公田红色旅游区。全年接待游客680.6万人次，旅游收入44.9亿元。

【脱贫攻坚步伐加快】 2017年，资源县投入资金6500万元，建立有机蔬菜示范基地133.33公顷，带动9个贫困村1000多户贫困户增收。养殖场1940个，带动3000余户贫困户发展养殖产业。建立茶叶、金银花及菊花生产示范基地并进行深加工，茶叶种植面积80公顷，金银花66.67公顷，菊花6.67公顷，年总产值2300万元，通过带动贫困户种植、采摘、加工及包装农产品等方式，帮助400余户贫困户实现脱贫增收。投入资金2000余万元，帮助贫困村结合自身实际，通过村集体资产出租、入股企业和专业合作社分红等形式，培育发展村集体经济。74个建制村（社区）全部建立村民合作社，覆盖率实现100%。通过集中安置和分散安置，实施异地扶贫搬迁959户4584人。投入6158万元，打造车田苗族乡枫林阁、中峰镇老乡家园集中安置点2处，签订搬迁协议165户809人。整合投入资金3.38亿元，硬化道路250千米，新修屯道路59千米，新建独立桥梁11座，新建小型人畜饮水工程38处，实施村（屯）绿化项目7个，完成小型农田水利项目3个，建立水利灌溉渠道129.76千米。新发放小额信贷1118户，贷款金额4450万元，累计贴息1112万元。“雨露计划”补助贫困学生464人，补助金额112.3万元。实施危房改造1353户，其中贫困户610户。

【推动特色农业新发展】 2017年，资源县全面完成永久基本农田划定工作。全县完成粮食播种面积9073.33公顷，粮食总产量5.55万吨。建成瓜里乡白竹村、两水苗族乡塘洞村富硒产品（水稻）示范基地。全县发展红提、西红柿、辣椒、猕猴桃等特色种植7173.33公顷，总产量9.4万吨。完成蔬菜种植7053.33公顷，产量15.11万吨。特色药材白芨、重楼种植面积分别为93.33公顷、13.33公顷。发展肉牛、肉羊、竹狸、生态猪等养殖业，养殖13万多只（头）。车田西红柿、车田辣椒被评为国家地理标志保护产品。推进现代农业示范区建设，打造县级示范区3个和乡级示范区7个。培育新型农业经营主体，新增示范社5家、家庭农场12家，全县市级农业龙头企业8家、合作社335家、家庭农场37家。年内，资源县获国家电子商务进农村综合示范县建设项目。资源县骏坤果蔬种植农民专业合作社等5家企业上限入库，限额以上批发企业实现零的突破。

【项目建设成果丰硕】 2017年，资源县推进重大项目45个，总投资234.94亿元。自治区层面重大项目中国电力投资集团公司广西资源县十万古田风电厂工程顺利开工，总投资15亿元，完成投资4500万元。资源实验中学、小型农田水利建设重点县、中小河流治理、鼎丰城、丹霞世纪城、社会福利院养护楼等一批桂林市重点考评项目全面完成。资源（枫木）至兴安（界首）二级公路、梅溪（咸水口）至全州（天湖）二级公路、资源至梅溪二级公路（含绕城公路）、220伏朝阳变电站、县城综合提升等项目进展顺利。项目储备不断加大，储备1000万元以上重大项目30个，总投资70亿元；绿境竹业、鸡公凸10万千瓦等项目10个，总投资30.5亿元。全县通过PPP模式、商业银行贷款、与金融企业合作建立基金等方式，完成项目融资10亿元。

【2017年漂流世界杯大赛中国站在资源举行】 2017年8月18日，2017年漂流世界杯大赛中国站竞赛在资源县双龙体育场拉开帷幕。来自中国、俄罗斯、澳大利亚、意大利、德国等10个国家的14支顶级漂流队伍参加比赛。漂流世界杯是国际漂流联合会旗下的A级赛事，每年举办1次。大赛涵盖竞速赛、对抗赛、障碍赛和拉力赛等多个项目。21日，各项赛事落幕。闭幕式上，国际漂流联合会主席乔·威利斯·琼斯授予资源“世界最美漂流基地”牌匾。

【资兴高速公路通车】 2017年12月29日，资兴高速公路通车。该项目于

2017年，资源县白洋坪有机蔬菜示范基地　（资源县志办　供图）

2013年8月1日开工。资源至兴安高速公路建有大桥38座、隧道7个，全程83千米。其中，资源境内64.22千米，兴安境内18.78千米，总投资94.6亿元。 （陈小吉）

平 乐 县

【概况】 平乐县位于桂林市东南部，辖平乐、二塘、沙子、同安、张家、源头6个镇和阳安、青龙、桥亭、大发（瑶族乡）4个乡，下设社区11个，建制村134个。县人民政府驻平乐镇。行政区域面积1893平方千米。2017年年末，户籍人口46.19万人。

经济总指标 全年实现地区生产总值111.02亿元，其中第一产业增加值42.29亿元，第二产业增加值37.53亿元，第三产业增加值31.2亿元。人均地区生产总值2.39万元。全社会固定资产投资完成额120.87亿元，社会消费品零售总额25.04亿元。

财政·金融 全年组织财政收入5.34亿元，其中地方财政收入3.54亿元。财政支出23.96亿元。年末，金融机构各项存款余额90.27亿元，增长7.2%；各项贷款余额46.05亿元，增长8.1%。

农业 全年农林牧渔业总产值64.78亿元，其中农业产值45.61亿元，林业产值5.71亿元，牧业产值9.15亿元，渔业产值1.09亿元，服务业产值3.22亿元。粮食播种面积3.02万公顷，总产量16.11万吨。全年完成各类人工造林面积600公顷，森林覆盖率72.18%。农业机械总动力49.24万千瓦。

工业 全年工业总产值106.08亿元，工业增加值32.38亿元，工业增加值占地区生产总值的29.17%。规模以上企业实现总产值28.5亿元，实现利税4608.91万元。全县规模以上工业企业25家，其中年产值超1000万元企业25家，超1亿元企业19家。

交通·邮电 全年全县有等级公路里程256.83千米。完成农村公路建设投资及固定资产3.36亿元，完成道路客运量463万人次，客运周转量5.67亿人千米；货运量498.30万吨千米，货运周转量4.6亿吨千米；完成水路客运量44.05万人次，客运周转量2481.10万人千米，货运量50.79万吨，货运周转量7617.70万吨千米。邮路总长867千米，完成邮政业务运营收入2217万元，电信业务（含电信、移动、联通等）运营收入5.44亿元。全县固定电话用户1.6万户，手机用26.83万户，宽带用户3.87万户。

文化·科技 年末拥有专业艺术表演团体1个，演出场次129场；公共图书馆1个，图书藏量14.45万册；剧场1个，文化站10个；电影放映单位7个，放映电影1054场次，观众15.02万人次。全年申报自治区级科技项目1个，共举办种植业、养殖业等科技培训班、科普讲座156期（场次），培训0.73万人次。建立各类科技示范基地5个。年内共申请专利234件。

教育 全县有自治区示范性普通高中1所，普通高中2所，专任教师351人，在校高中生5332人。初级中学13所，专任教师585人，在校初中生1.27万人。小学66所，专任教师1749人，在校小学生3.11万人。小学适龄儿童入学率100%。

卫生 全县各级各类医疗机构有床位1708张，其中县级医院957张，乡（镇）卫生院531张，民营医院220张。卫生技术人员1806人，其中执业医师706人、注册护士966人。全县参加新型农村合作医疗农民35.98万人，参合率100%。

计划生育 全年全县出生人数5910人，符合政策生育率95.72%，其中二孩符合政策生育率95.33%，政策外多孩率3.91%。出生男女性别比为112。人口自然增长率8.92‰。

固定资产投资 全县固定资产投资120.87亿元，增长15%，其中基本建设投资25.31亿元，更新改造投资57.82亿元，房地产业投资8.16亿元，其他投资29.58亿元。

招商引资 全年全县在建项目15个，续建项目2个，合同总额41.88亿元，其中自治区外建设项目资金32.33亿元，引进外资项目到位资金600万美元。

居民生活 全县在岗职工年平均工资5591元，增长10.32%。城镇居民人均可支配收入31348元，增长8.5%；农村居民人均可支配收入12701元，增长10.1%。人均生活费支出6319元。全年发放农村低收入人口低保金5960万元，发放城镇居民低保金915万元。城镇新增就业人数4808人，领取再就业优惠证的下岗失业人员再就业人数1101人，城镇登记失业率为3.15%。新增劳务输出5079人。农村劳动力转移就业职业培训531人。开发公益性岗位58个。

旅游 全县有自然景点5个，营业景区2个，国家3A级旅游景区1个。全年接待国内外游客130万人次，其中境外游客0.93万人次，旅游总收入14.5亿元。

【工业稳步发展】 2017年，平乐县实施“工业突破年”活动，出台工业发展配套措施和“零地价、零租金、建园有奖、入园有奖”奖励扶持政策。抓好工业园区建设，投资5.97亿元建成标准厂房18万平方米、办公用房2万平方米、大型停车场2.3万平方米。抓好工业园区配套服务，安排2000万元工业发展基金，安排地方债券2000万元扶持企业发展，将土地收入作为奖励返还给企业用于基础设施建设共计3279万元，为企业争取补贴资金568万元。抓好工业园区招商引资工作，实现融资8亿元，组织人员到广东东莞、福建厦门等地参加大型招商专场活动20余次，新增入驻企业49家。抓好传统产业升级改造工作。清理“僵尸企业”11家，盘活园区闲置土地2.1万平方米，加快桂林平乐钢铁有限公司、兆虹锰业有限公司等一批传统支柱企业升级改造。

【现代农业提质增效】 2017年，全县水果种植3.09万公顷、改扩种面积1506.67公顷，其中建设优质沙田柚种植33.33公顷，在“三品一标”企业全面推广使用国家农产品质量安全示范县、国家级出口食品农产品质量示范县标志。抓好自治区农产品质量安全体系试点建设，完成国有林场改革，实现保护生态，保障职工生活目标。推行河长制工作，建立县、乡、村三级河长体系。二塘柿海波涛农业示范园、桥亭天泽茶叶示范园、源头丝绸之源桑蚕产业园获“广西现代特色农业示范园”称号。打造车田河集现代肉牛循环农业(核心)示范区种、养、生产销售、休闲观光于一体的生态循环发展模式。83个建制村完成新型农业经营主体培育,79个建制村完成农村电子商务服务点建设。

【城乡建设】 2017年,平乐县城南洲、同乐新区征地拆迁工作取得突破性进展,完成征地30.13公顷。新区路网、安置地、农贸市场改建农民临时过渡房等核心区基础设施建设全面加快。投资1.2亿元建成平乐大市场并投入使用,全面完成新安街旧市场搬迁。投资4000多万元在三江六岸重点房屋、金字岭、狮子岭和福禄岭安装景观灯1.90万盏。投入资金1亿元实施新安街、同乐新区棚户区改造206套及相关基础设施建设。张家镇第三批桂林市新型城镇化示范镇建设实施项目22个,完成投资1.42亿元。投资2000万元,完善大发少数民族乡基础设施建设;源头、张家、同安污水处理厂建成投入使用;同安、沙子、青龙、阳安一批乡(镇)级商业中心建设有序推进。完成危房改造1216户。

【民生保障明显提升】 2017年,平乐县成功应对特大洪涝灾害袭击,下拨资金500万元用于水毁道路、桥梁等灾后基础设施修复。实现新增城镇就业4808人,城镇失业人员再就业1101人。各项社会保险参保人数达40万人;发放城乡低保资金4884.8万元,救助22345人次,发放救助大米67万斤,优抚金1480.54万元。成立教育发展基金会,筹集教育资金817.22万元支持教育事业。加快公立医院医联体示范点建设,县人民医院综合楼、妇幼保健院业务楼以及沙子、桥亭、大发等一批乡(镇)卫生院业务用房建设加快推进。(欧应清)

荔浦县

【概况】 荔浦县位于桂林市南部,辖荔城、东昌、新坪、杜莫、青山、修仁、大塘、双江、花箦、马岭10个镇和茶城、蒲芦(瑶族乡)、龙怀3个乡,下设社区22个,建制村122个。县人民政府驻荔城镇。行政区域面积1760平方千米。2017年年末,户籍人口38.24万人。

经济总指标　全年地区生产总值166.93亿元,其中第一产业增加值34.21亿元,第二产业增加值76.78亿元,第三产业增加值55.94亿元。人均地区生产总值4.63万元。全社会固定资产投资完成额179.46亿元,社会消费品零售总额61.07亿元。

财政·金融　全年组织财政收入9.63亿元,其中地方财政收入6.43亿元。财政支出25.57亿元。年末,金融机构各项存款余额123.03亿元,增长16.6%,其中城乡居民存款余额96.35亿元,增长9.6%;各项贷款余额128.08亿元,增长53.6%。

农业　全年农林牧渔业总产值55.48亿元,其中农业产值39.61亿元,林业产值1.85亿元,牧业产值11.47亿元,渔业产值0.80亿元,服务业产值1.75亿元。粮食播种面积2.32万公顷,总产量12.44万吨。全年完成各类人工造林面积146万公顷,森林覆盖率70.23%。农业机械总动力44.2万千瓦。

工业　全年工业总产值217.27亿元,工业增加值65.59亿元,工业增加值占地区生产总值的39.3%;工业对全县经济增长的贡献率35.3%。规模以上工业实现总产值208.03亿元。新增规模以上企业1家,全县规模以上工业企业64家,其中年产值超1000万元企业64家,超1亿元企业39家。

交通·邮电　全年完成农村通达公路3条23千米,完成农村公路建设投资及固定资产0.29亿元。完成客运量510万人次,客运周转量3.1亿人千米;完成货运量1475万吨,货运周转量27.88亿吨千米。邮路总长1820千米,完成邮政业务运营收入2302.1万元,电信业务(含电信、移动、联通等)运营收入2.36亿元。全县固定电话用户3.30万户,手机用户33.18万户,宽带用户6.96万户。

文化·科技　年末拥有专业艺术表演团体1个,演出场次85场;公共图书馆1个,图书藏量9万册;文化站13个;电影放映单位4个,放映电影1.16万场次,观众23.21万人次。全年申报自治区级科技项目10个,市级科技项目2个,总投资4970万元,共举办种植业、养殖业等科技培训班、科普讲座42期(场次),培训400万人次。建立各类科技示范基地9个。年内共申请专利458件。

教育　全县有自治区示范性普通高中1所,专任教师157人,在校高中生2144人。普通高中2所,专任教师249人,在校高中生3192人。初级中学10所,专任教师623人,在校初中生9615人。小学150所,专任教师1483人,在校小学生2.35万人。小学适龄儿童入学率100%。

卫生·体育　全县各级各类医疗机构有床位1335张,其中医院床位282张,妇幼保健院床位65张。卫生技术人员1843人,其中执业医师480人,注册护士714人。全县参加新型

2017年10月11日,荔浦县委书记陈代昌(右)在中国—东盟博览会旅游展接受广西电台采访　(钟国文　摄)

农村合作医疗农民30.98万人，参合率99.98%。荔浦县籍运动员获国家级奖牌1枚，其中金牌1枚；获自治区级奖牌3枚，其中金牌1枚，铜牌2枚。

计划生育　全年全县出生人数5435人，符合政策生育率92.84%，其中二孩符合政策生育率98.38%，政策外多孩率2.04%。出生男女性别比为108.64。人口自然增长率6‰。

固定资产投资　全县固定资产投资179.47亿元，其中新建投资25.69亿元，扩建投资10.02亿元，改建和技术改造投资135.93亿元，房地产业投资7.83亿元。

招商引资　全年全县在建项目12个，续建项目3个，合同总额35.95亿元。引进外资项目到位资金1200万美元。

居民生活　全县在岗职工年平均工资53842元，增长1.38%，城镇居民人均可支配收入32792元。农民人均纯收入13803元，增长10.6%。全年发放农村低收入人口低保金3699.95万元，发放城镇居民低保金603.47万元。城镇新增就业人数5488人；领取再就业优惠证的下岗失业人员再就业人数858人，城镇登记失业率为2.42%。新增劳务输出6085人。农村劳动力转移就业职业培训264人。开发公益性岗位37个。

旅游　全县有11个自然景点和人文景观，营业景区7个（国家4A级旅游景区3个，国家3A级旅游景区4个）。全年接待国内外游客623.7万人次，其中境外游客32.14万人次，旅游总收入74.21亿元。

【荔浦县获“广西科学发展先进县”称号】 2017年，荔浦县列入自治区、桂林市跟踪推进项目65个，计划投资33.36亿元，完成投资33.8亿元。“中国衣架之都”衣架产品研发展示中心、滨江公园二期、县政务服务中心等城市基础设施建设快速推进。北环路、东环路、荔滨路等城市道路建设有序推进。荔浦美亚迪光电科技有限公司和荔浦县荣事达光电科技有限公司的光电产业项目、马岭鼓寨等一批产业类项目实施。荔浦高新技术产业投资有限公司挂牌成立，投入1.3亿元，完善小微企业创业园、农民工创业园、金鸡坪工业园、高新科技产业园等园区基础设施建设，落户小微企业创业园和农民工创业园的企业51家，建成投产企业26家。集中开工医药信息产业园、精密电路板项目等重点工业项目10个，总投资超过10亿元。桂林爱明生态农业开发有限公司与广西农村投资集团农业发展有限公司实现“增资扩股”战略合作，成为荔浦首家混合所有制企业。碧桂园、蓝泊湾小镇、君临荔江三期等一批高档商住小区加快建设，县域经济发展后劲显著增强。年内，荔浦县获“广西科学发展先进县”称号。

【荔浦县获“‘四好农村路’全国示范县”称号】 2017年，荔浦县农村公路总里程1327千米。完成五里至八鲁等4条共11千米县道路面大修工程，完成马岭至凤凰等3条通建制村公路硬化工程，完成自然村（屯）道路硬化53.4千米。启动修仁横水至蒙山新圩、马岭至东昌（三月—思贡段）县道联网工程，13个乡（镇）全部通水泥路、沥青路，建制村道路通畅率100%。投入新能源公交车103辆，建制村公交覆盖率66%，受益群众达30万人。年内，荔浦县获“‘四好农村路’全国示范县”称号。

【现代农业建设】 2017年，荔浦县对已创建的1个自治区级现代特色农业核心示范区、3个县级现代特色农业示范区、4个乡级现代特色农业示范园进行提档升级，加快覆盖特色种植、休闲旅游、林下经济、特色养殖等产业的10个县、乡两级现代特色农业核心示范区创建，以示范区带动特色农业规模化、产业化、现代化发展。强化农产品品牌培育，荔浦芋入选中国百强农产品区域公用品牌，荔浦砂糖橘获国家级“荔浦砂糖橘地理标志证明商标”和国家级“荔浦砂糖橘地理标志认证”，荔浦马蹄、荔浦砂糖橘再次入选全国名特优新农产品目录。举办荔浦县第一届荔浦芋采收节、第一届荔浦芋文化节、首届广西好砂糖橘评选活动，荔浦现代特色农业影响力不断扩大。年内，广西现代特色农业产业“10+3”提升行动阶段总结暨转段动员部署会在荔浦县举办。

【旅游业转型升级】 2017年，荔浦县以创建广西特色旅游名县和国家全域旅游示范区为契机，完善旅游基础设施建设和公共服务体系。打造马岭旅游核心带、县城滨江旅游核心区、青山龙怀修仁旅游核心带，加快建设生态休闲旅游精品线路。创建阳朔县、荔浦县、蒙山县旅游联合体，6月24日，阳荔蒙旅游联合体成功签约并在荔浦县挂牌。加大荔江湾、桂林锦龙国际赛车场、丰鱼岩等旅游项目推进力度，马岭鼓寨二期建设基本完成。打造修仁柘村特色名村，完成骑行道建设和3D石头画、壁画创作并对外开放。新引进地球记忆、高端舍澜酒店、桃花源等旅游项目，马岭鼓寨、鹅翎寺、修仁

2017年10月23日，荔浦县第一届荔浦芋采收节上开挖荔浦芋

（荔浦县志办　供图）

柘村 3 个景区被评为国家 3A 级旅游景区。（方杰萍　覃信刚）

恭城瑶族自治县

【概况】恭城瑶族自治县位于桂林市东南部，辖恭城、栗木、莲花、嘉会、西岭 5 个镇和平安、三江、观音、龙虎 4 个乡及栗木矿区管理委员会，下设社区 10 个，建制村 117 个。县人民政府驻恭城镇。行政区域面积 2139 平方千米。2017 年年末，户籍人口 30.36 万人。

经济总指标　全年地区生产总值 81.9 亿元，其中第一产业增加值 27.07 亿元，第二产业增加值 29.19 亿元，第三产业增加值 25.64 亿元。人均地区生产总值 3.17 万元。全社会固定资产投资完成额 93.25 亿元，社会消费品零售总额 29.38 亿元。

财政・金融　全年组织财政收入 5.56 亿元，其中地方财政收入 4.02 亿元。公共预算支出 21.16 亿元。年末，金融机构存款余额 71.83 亿元，增长 6.67%。贷款余额 51.05 亿元，增长 13.23%。

农业　全年农林牧渔业总产值 41.66 亿元，其中农业产值 31.87 亿元，林业产值 1.28 亿元，牧业产值 6.42 亿元，渔业产值 0.88 亿元，服务业产值 1.21 亿元。粮食作物播种面积 1.8 万公顷，总产量 7.96 万吨。全年完成各类人工造林面积 66.7 公顷，森林覆盖率 83.23%。农业机械总动力 57.27 万千瓦。

工业　全年工业总产值 76.60 亿元，工业增加值 25.14 亿元。工业对全县经济增长的贡献率 24%。规模以上工业增加值 23.41 亿元。规模以下工业增加值 1.72 亿元，增长 1.9%。新增规模以上企业 2 家，全县规模以上工业企业 25 家，其中年产值超 1000 万元企业 25 家，超 1 亿元企业 21 家。

交通・邮电　全年完成农村改扩建公路 3 条 21.32 千米，完成农村公路建设投资及固定资产投资 0.12 亿元。完成旅客周转量 1.66 亿人千米；完成货运量 188 万吨，货运周转量 4.05 亿吨千米。邮路总长 1200 千米。全年邮政业务总量 3.18 亿元，电信业务（含电信、移动、联通等）总量 2.97 亿元，手机用户 7.18 万户，宽带用户 3.85 万户。

文化・科技　年末拥有专业艺术表演团体 1 个，演出场次 50 多场；公共图书馆 1 个，图书藏量 9.2 万册，接待读者 4 万余人次，文献借还 4 万多册次；文化站 9 个；电影放映单位 1 个，放映电影 1404 场次，观众 14.45 万人次。全年实施科技项目 6 个，其中自治区级科技项目 3 个，市级科技项目 3 个，总投资 3000 万元。共举办种植业、养殖业等科技培训班、秋普照讲座 10 期（场次），培训 450 人次。建立各类科技示范基地 35 个。年内共申请专利 239 件。

教育　全县有自治区示范性普通高中 1 所，专任教师 151 人，在校高中生 1851 人。普通高中 2 所，专任教师 156 人，在校高中生 2508 人。初级中学 11 所，专任教师 580 人，在校初中生 8296 人。小学 109 所，专任教师 1355 人，在校小学生 2.13 万人。小学适龄儿童入学率 99.98%。

卫生・体育　全县各级各类医疗机构有床位 925 张，其中医院床位 553 张，妇幼保健院 30 张。全县卫生技术人员 1420 人，其中执业医师（含执业助理医师）484 人，注册护士（师）567 人，药剂师 101 人，检验人员 91 人，其他 177 人。全县参加基本医疗保险 29.29 万人，参合率 100%。恭城县籍获国家级奖牌 3 枚，其中金牌 1 枚，铜牌 2 枚，获自治区级奖牌 7 枚，其中金牌 3 枚，银牌 4 枚。获市级金牌 2 枚。

计划生育　全年全县出生人数 3553 人，符合政策生育率 91.19%，其中二孩符合政策生育率 97.26%，政策外多孩率 2.76%。出生男女性别比为 107.9。人口自然增长率 5.26‰。

固定资产投资　全县固定资产投资 93.25 亿元，增长 18.6%。其中房地产投资 3.32 亿元。

招商引资　全年全县在建项目 11 个，其中续建项目 1 个，合同总额 18.2 亿元，其中自治区外建设项目资金 18.2 亿元。引进外资项目资金 600 万美元。

居民生活　全年城镇居民人均可支配收入 30551 元，增长 8.3%；农村居民人均可支配收入 11880 元，增长 10%。全年累计发放低保资金 4132.89 万元。城镇新增就业人员 3475 人，城镇登记失业率为 2.6%。新增劳务输出 4494 人。农村劳动力转移就业培训 613 人，开发公益性岗位 110 个。

旅游　全县有 10 个自然景点和人文景观，营业景区 13 个（国家 4A 级旅游景区 1 个，国家 3A 级旅游景区 2 个）。全年接待游客 260.36 万人次，旅游总收入 28.46 亿元。

【创建国家农产品质量安全试点工作】2017 年，恭城瑶族自治县开展农产品质量安全创建工作，组织各乡（镇）监管人员、协管员、种植户、村干部、农产品经营业主等人员集中培训 1000 多人次。推行出口水果示范基地、绿色食品水果示范基地、无公害水果生产示范基地农资定点经营店。全县构建农业投入品经营配送网络 11 家，覆盖各乡（镇），实施农业投入品连锁、统购配送等连锁农业投入品模式。定期开展农业投入品抽样检查工作，严格查处禁用、限用农业投入品和农药兽药、饲料及饲料添加剂等。制定恭城月柿地方标准，出口水果质量安全示范区田间管理制度等。年内，全县无公害桃认定面积 2200 公顷，无公害蔬菜认定面积 16 公顷，认证绿色水果近 5000 吨，“三品一标”（无公害食品、绿色食品、有机产品，地理标志）面积和产量占全县农产品生产面积 60% 以上。开展日常抽检和风险监测工作，县本级全年例行风险监测样 1955 个，合格率 100%；指导各乡（镇）开展例行风险监测样 9477 个，合格率 100%；县农贸市场日常抽检样 37226 个，合格率 100%。开展春节大培训、放心农资下乡进村活动等，接受群众咨询 2800 人次。培训农资销售店负责人、农产品企业、合作社负责人、种植大户 500 多人次。开展柑橘苗木和农资市场专项整治，查获销毁无证苗木 1500 株，立案查处违法案件 18 件。

【现代特色农业示范区建设】2017 年，恭城瑶族自治县加快推进现代特色农业示范区建设。2015—2017 年，现代特色农业示范区建设累计投入 2.49 亿元，建设和完善示范区基础设施。广泛应用绿色标准化生产技术，提升经营组织化程度，其中恭城月柿产业初显要素集中、产业集聚、技术集成、经营集约的现代特色农业雏形。全县累计通过自治区验收示范区(园)12个,其中2017年栗木金燕子柑橘产业示范区和古樟林油茶文化产业示范区通过自治区县级示范区(园)验收。

【项目建设全面提速】 2017年,恭城瑶族自治县滨江东路改造、"三庙一馆"及周边街道建设、全县污水处理工程、互联网影视旅游基地建设等重中之重项目建设进度得到全面提速。桥头健康文化村、瑶汉养寿城、瑶药特色小镇、燕子山森林养生温泉度假村、乡村健康休闲骑行道"一村、一城、一镇、一泉、一道"健康旅游重点项目建设推进。9月18日,总投资约15亿元的瑶家大院互联网影视旅游基地开工建设。

2017年9月18日,恭城瑶族自治县举行多彩瑶乡·文化旅游特色小镇配套基础设施建设项目设计采购施工一体化工程总承包项目开工 (梁辉 李振杰 摄)

【助推项目落实】 2017年,恭城瑶族自治县投入1300多万元启动工业园区污水处理、供水、排水等基础设施建设,推进虎尾园、开花山园污水处理厂、污水管网、供水管网等项目。实施燕新园排水项目建设,投入近100万元帮助长行冶金炉料有限公司改造排水渠道。加快建设开花山园、莲花石材产业园道路建设。投入近1000万元落实石材小区用地13.33公顷。集中开展土地清理确权工作,完成华宇木业厂房不动产权登记证办理工作,完成松宝林化土地转让手续,为项目落地提供土地储备。盘活栗木矿业、龙星锌业。抓紧栗木矿业的土地确权,加快纠纷调处,已完成土地确权、发证25宗。6月,促成北京国盛鑫融集团洽谈,注资龙星公司2.5亿元,解决龙星公司资金链断裂困难。督促县内三大矿山加快完成矿山环保的恢复治理,推进海洋山自然保护区的确界,确保三大矿山恢复生产。推进汇源集团与丰华园公司柿子醋合作开发项目。

【旅游业快速发展】 2017年,恭城瑶族自治县接待国内外游客260.36万人次,其中境外游客10.70万人次,旅游总消费28.46亿元,增长44.66%。开展全县乡村定向马拉松绿道线路规划设计,完成选点布线及招投标准备工作。实施或续建一批旅游基础设施建设工程。完成全县全域旅游示范带(高铁站至同安镇)旅游标识牌设计制作安装工程。瑶寨项目已完成盘王公园建设和景观绿化布局,山水瑶寨项目防洪整治工程。多彩瑶乡文化旅游特色小镇项目完成一期53.33公顷征地工作。10月25日,平安乡牛路头休闲农庄申报五星级农家乐工作通过考核验收,白天鹅三星级酒店通过复核评定。新增1家旅行社(桂林市桂海国际旅行社有限公司恭城门市部)和1家旅游车队公司,金茶江五星级标准酒店完成主体建设工程封顶。

【民生保障】 2017年年初,恭城瑶族自治县财政筹集设立农民工创业担保基金335万元,为农民工创业担保贷款提供保障。至年末,收到农民工创业担保贷款申请54份,发放33笔贷款,金额316万元。全年共开办育婴员、挖掘机驾驶员、维修电工、电焊工等各类职业技能培训班10个班次,参加职业技能培训462人。开展全民参保登记工作,完成全县各乡(镇)入户调查,调查率和系统录入均为100%。城乡居民医疗保险完成上线。完成"手机APP"认证养老保险待遇资格。举办待遇领取人员资格"手机APP"认证培训会议,应参加待遇领取人员资格认证4.32万人,已通过手机APP认证4.25万人,认证率98.27%。履行劳动保障监察职责,推进农民工工资支付工作,立案并结案件16件,共涉及劳动者186人,涉及金额136.8万元。

(张万强)

2017年5月21日,恭城瑶族自治县实施中华优秀传统文化传承发展工程全面启动仪式闭幕式在人民会堂举行 (梁辉 周世通 摄)

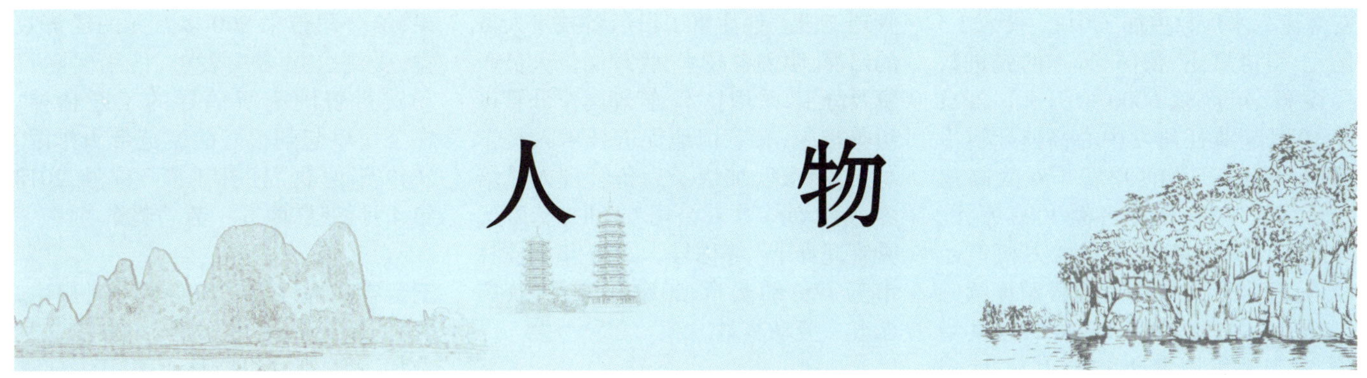

人　物

全国五一劳动奖章获得者

刘小荣　女，汉族，1972年11月出生，广西阳朔人，硕士研究生学历，中共党员，1991年7月参加工作。桂林皮尔金顿安全玻璃有限公司工会主席、高级讲师。刘小荣于1997年进入桂林皮尔金顿安全玻璃有限公司，2009年被推选为公司工会主席。她善于倾听一线群众心声，乐于为职工办实事、做好事、解难事。她严格坚持“五必访”（生病住院、丧事、产妇、退休、重大困难必访）制度，并每年按时为公司工会会员购买“互助保险”，对患重疾和发生意外的职工，她总会在第一时间号召大家捐款，并及时向上级反映，为他们上报困难员工档案，使他们得到及时的经济救助。2010年，在得到不利于员工的调薪信息后，她代表工会致信集团领导，转达员工的心声，最终形成了员工利益最大化、公司生产稳定、效益稳定的双赢局面。2011年她被评为广西壮族自治区工会先进工作者，2013年被评为广西壮族自治区厂务公开民主管理工作先进工作者，2015年获广西壮族自治区“双十佳”（即广西壮族自治区优秀工会工作者标兵、广西五一劳动奖章二项荣誉的十佳奖）称号，2018年4月，获全国五一劳动奖章。

广西五一劳动奖章获得者

杨源　男，汉族，1987年9月出生，广西贺州人，本科学历，中共党员，2010年8月参加工作。桂林长海发展有限责任公司项目管理员、助理经济师。2015年，他独立完成公司首个国投保密技防类项目的实施与验收工作，项目零整改，并圆满完成700多万元的项目投资工作。2016年，他主动出击，积极开展项目实施效能评估工作，认真做好年度技改计划前期策划，组织专项评审，将原投资1000多万元的技改计划核减为800多万元，节约率高达40%。2017年，他整理归档19盒352份保密档案资料，及时梳理完成无编号的涉密文件编号工作，共登记552份，为顺利通过保密资质换证审查作出贡献。同年国庆节期间，他放弃休息，认真组织，积极协调，短短8天内就完成122#项目培训场地改造任务，20天完成W157#项目场地改造及物品采购等各项工作，为两个项目顺利进行外方人员培训提供了保障。平时，他认真拟制招投标文件，及时进行市场调研，积极组织项目报价谈判，每年为公司节约近100万元的资金投入，有效地防止公司资金流失。2015年获桂林市五一劳动奖章，2018年4月，获广西五一劳动奖章。

宁加康　男，汉族，1984年12月出生，广西博白人，本科学历，2008年9月参加工作。桂林市啄木鸟医疗器械有限公司研发中心副总监、工程师。2007年11月至2008年9月，他在桂林正菱第二机床厂担任技术员，其间独立设计CA61100车床主轴箱、CK6040数控车床主轴箱，并改进尾座技术、CA6180车床变速箱凸轮设计。2008年9月，他到桂林市啄木鸟医疗器械有限公司担任工作尖研发组长，设计出150余款超声洁牙机工作尖和50余款超声骨刀工作尖，年销量超过200万件，产值2000余万元。2010年9月起担任数控加工中心主任，负

2018年4月27日，桂林市2018年庆“五一”表彰全国、自治区五一劳动奖状、奖章、工人先锋号颁奖仪式暨“奋进新时代、筑梦新桂林”文艺汇演在春天剧场举行。图为获奖者在台上领奖　（市总工会　供图）

责筹建啄木鸟数控加工中心，投入1.5亿元，引进瑞士、德国、日本的先进数控设备，年产值6000余万元。2011年10月起兼任研发中心高速牙科手机研发组长，其间开发了6款高速牙科涡轮手机，累计售额3000万元。2015年4月起担任超声骨刀机产品经理，超声骨刀机项目销售额连续三年分别以21%、68%、152%的速度增长，三年销售额累计3500万元，实现利税1500万元。2015年获得桂林市五一劳动奖章，2018年4月，获广西五一劳动奖章。

王河澄　男，汉族，1983年5月出生，广西兴安人，大专学历，中共党员，2004年2月参加工作。兴安海螺水泥有限责任公司维修工段长。2004年2月，兴安海螺水泥有限责任公司一期生产线建设时期，21岁的王河澄进入了兴安海螺制造分厂维修工段，成为一名普通的维修工。他对待工作有股拼劲，不管是学习技术还是工作，从来不服输，凭着这股拼劲，练就了精湛的技术和管理能力，从一位普通的维修工成长为维修班长、维修工段长。作为机修工段负责人，他注重对日常细节工作的管理，对工段管理制订了明细表，及时督促落实，并对每天工作开展情况认真进行核实验证。他很好地发挥带头人的作用，带领工段其他管理人员，建立工段议事机制，明确好人员分工，发挥每个人的管理特长来管理工段。他注重工段后备技术人员的培养，明确各技术、管理岗位人员职责及分工，采用技术、管理岗位分管班组等措施，有意识地促进技术人员参与工段管理，加快了后备管理人员培养力度。他多次获公司“先进个人”“优秀管理骨干”等称号。2015年获桂林市五一劳动奖章，2018年4月，获广西五一劳动奖章。

翟玲党　男，汉族，1968年7月出生，河南新安人，高中学历，1986年4月参加工作。福达控股集团——桂林福达重工锻造有限公司模具技师。1986年以后，他一直从事锻造修模工作，他执着专注，勇于创新，在工作中不断实践、钻研、探索，并提出新方案，解决了生产过程中模具方面的诸多难题，为公司创造了显著的经济效益。主要创新项目有：一是在日常劳动生产中认真观察、分析8000T、12500T、14000T切边工序，通过技术改进，解决了平面、立体分模，锻件卡切边上冲头这个“老大难”问题，使锻件飞边充分切断，卡冲头问题大幅下降，磕碰伤、变形废品率从原来的4%减少至0.8%。二是发明了凹模快修装置，达到从原来的换模6小时降到3小时，3小时可生产450件曲轴锻件。三是设计制作4000T、6300T、8000T、14000T热锻模上模架二级顶杆弹簧压盖螺栓。他带领团队在工作中取得的多项改进技术和创新成果，给公司带来500多万元的经济效益，受到公司多次表彰，他用实际行动践行着国家所倡导的工匠精神，在公司里起到很好的模范带头作用。2017年他获“桂林工匠”称号，2018年4月，获广西五一劳动奖章。

2018年4月27日，桂林市2018年庆“五一”表彰全国、自治区五一劳动奖状、奖章、工人先锋号颁奖仪式暨奋进新时代、筑梦新桂林文艺汇演在春天剧场举行。图为获奖章者在台上领奖　　（市总工会　供图）

王金宇　男，汉族，1983年2月出生，吉林长春人，大学学历，2006年7月参加工作。中共桂林市委组织部人才科科长，恭城瑶族自治县平安乡巨塘村第一书记。他任第一书记以来，共争取资金1412.9万元，其中基础设施建设442.9万元，美丽乡村建设项目270万元，村集体经济项目200万元，古村落保护项目500万元。修路5519米，安装路灯74盏，修水渠4条、篮球场2个、儿童家园1个、老年活动中心2个，2017年村集体经济收入4万元。他还打造产业扶贫种植示范基地，基地采用公司+基地+农户（贫困户）的经营管理模式，至2017年年末，有40户农户参加基地生产，其中有12户贫困户以土地入股形式参与经营管理，基地为贫困户提供了15个就业岗位，为贫困户搭建一个脱贫致富的新平台。他一手引进的炫烽服饰有限公司在巨塘村开办服装加工厂，建立起村级扶贫基地。巨塘村委会以老村委办公楼入股服装厂6%股份，每年还收取4000元的租金，这部分村集体经济收入全部用于帮扶贫困户。服装厂为当地老百姓提供100多个就业岗位，平均工资2000元—3000元，至2017年年末已吸收贫困户5人就业。服装厂的开办还吸引部分外出务工人员回乡就业，解决了巨塘村日益突出的留守问题。2018年4月，他获得广西五一劳动奖章。

欧文华　女，汉族，1967年8月出生，广西荔浦人，中共党员，大学本科学历，1986年7月参加工作。荔浦县荔城镇第二小学校长。不管在哪所学校任职，她都带领教职工团队创造一个个奇迹。2015年1月，她由荔城镇第一小学调到荔城镇第二小学任校长。短短三年，这所学校硬件设施建设得到有效改善，教学质量大幅提升，使这所鲜人问津的学校成为全县名校。她具有较强的科研能力和

2018年4月27日，桂林市2018年庆"五一"表彰全国、自治区五一劳动奖状、奖章、工人先锋号颁奖仪式上，市领导与获奖者、演员合影 （市总工会 供图）

水平，指导、承担的9个市级、自治区级课题都顺利结题，课题成果得到推广应用。3篇论文在国家级刊物上发表，11篇论文获得市级以上奖励。她擅长培养年轻教师，培养了36位市级骨干教师，23位教师走上领导岗位。指导教师参加教学比赛，102人次获得县、市级以上奖励。她创建文华先模教师创新工作室，与马岭中心小学、茶城中心小学结成帮扶对子，使帮扶学校教学成绩大幅提高。她作为广西基础教育百名名校长之一、桂林市优秀校长、桂林市首届教学能手、桂林市首届科研带头人、桂林市第二批学科带头人等，教育教学成绩突出，获得国家级、自治区级课堂教学比赛一等奖，获得市教育局颁发的"优秀校长"荣誉2次，"优秀教育工作者"荣誉2次，7次获得县"十佳校长""优秀管理者""优秀教师"称号。2018年4月，获广西五一劳动奖章。

王珂 女，汉族，1965年9月出生，广西桂林人，民革党员，大学本科学历，1988年7月参加工作。桂林市妇女儿童医院业务副院长、妇产科主任医师。作为主抓全院妇幼项目建设的院领导，她立足岗位，认真履职尽责，拼搏奉献，带领大家配合市卫计委较好地完成了国家妇幼健康服务项目的各项工作，对设立在该院的桂林市婚育综合服务中心、盆底功能障碍诊治中心、桂林市地中海贫血产前诊断分中心、听力筛查诊治中心的建立起了重要作用。她所分管的产科、妇科近几年来不断开展新业务、新技术，走在全院以至桂林市妇幼部门的最前列。她带领团队成立了全市首家助产士门诊，使医院产前、产时、产后形成一条完整的诊疗、康复服务体系，促进了桂林市自然分娩和助产专业发展。中国妇幼保健协会启动了全国"'1+N'基层医疗机构帮扶培训工程"，她亲自参与并带领专家团队到桂林4个N基地授课3年，免费为桂林市培训1000余人次的医务人员，为提高桂林市妇科内分泌及常见病的诊疗水平作出了积极贡献，对桂林市妇女儿童医院获得中国妇幼保健协会颁发的"全国妇幼保健医疗技术促进工程先进基地"奖发挥了重要作用。她带领的课题组开展自治区、市级科研7项，结题2项，在国家级核心期刊发表论文4篇。获中华预防医学会中国妇女盆底功能障碍防治项目优秀论文奖，广西唯一一人获此奖项。2018年4月，获广西五一劳动奖章。

黄光先 男，汉族，1962年8月出生，广西灌阳人，中共党员，本科学历，1979年12月参加工作。桂林市秀峰区工会主席。他从事工会工作6年多来，刻苦钻研工会工作，不断总结工作经验，能够创造性地开展工作。在工作中他爱岗敬业，经常深入基层进行调查研究，贴近基层，贴近职工群众，热心为广大职工群众办实事、办好事，真心实意为职工服务，为职工排忧解难，使职工感受到党的温暖，因而深受广大职工群众的信赖和好评。他自觉带头严明党的纪律和规矩，深入贯彻落实中央八项规定精神，严格执行民主集中制，如实报告个人有关事项，带头接受组织和干部群众监督，带头树立良好家风，管好自己，管好亲属和身边工作人员，不搞特权，做廉洁从政的表率。领导秀峰区工会连续多年在全市年度工会重点工作考评中获特等奖。他2009年2月获桂林市创建全国文明城市工作先进个人，2009年12月获秀峰区2008—2009年度计划生育工作先进个人，2007—2009年连续三年被评为秀峰区政府优秀公务员，立个人三等功一次，2015年7月获广西壮族自治区优秀工会工作者，2015年11月获全国优秀工会工作者。2017年获得自治区人力资源和社会保障厅与自治区总工会组织评选的全自治区工会部门记二等功。2018年4月，获广西五一劳动奖章。

黄峻 男，汉族，1968年6月出生，浙江杭州人，中共党员，大专学历，1988年8月参加工作。桂林市交通投资控股集团有限公司副董事长、党委副书记、总经理。他自1988年参加工作以来，一直从事城市公共交通的运营、管理及城市交通基础设施建设等方面的工作。在担任公司领导职务后，不仅从总体上狠抓集团公司经营生产，不断提高集团内控管理水平，同时也对各大重点项目亲力亲为、现场监督指导，从思想上、工作上、政治觉悟上充分发挥共产党员的模范带头作用，不辞辛劳，加班加点，不计得失，带领集团公司取得业务上的好成绩，赢得了广大干部职工的尊敬和赞誉，将干部职工紧紧团结在集团领导班子周围，形成了团结、务实、开拓、创新的工作团体。在他的带领下，集团公司获得2015年度创建全国文明城市先进单位等荣誉，培育出了全国劳动模范、自治区优秀共产党员、全国十九大党代会代表夏四初，"桂林工匠"莫伟平等优秀干部职工。2013年黄峻获桂林市五一劳动奖章，2018年4月，获广西五一劳动奖章。 （王镜凯）

统计资料

2017年桂林市行政区划及土地面积一览表

县(区)名称	乡(镇)合计	乡	民族乡	镇	街道	建制村(社区)	建制村	社区	土地面积(平方千米)
全市	134	48	15	86	13	1891	1654	237	27667
秀峰区					3	27	7	20	43
叠彩区	1	1			2	36	15	21	52
象山区	1	1			3	42	8	34	90
七星区	1	1			4	43	14	29	71
雁山区	4	2	1	2	1	43	39	4	302
临桂区	11	2	2	9		171	161	10	2247
阳朔县	9	3		6		114	99	15	1436
灵川县	12	5	2	7		148	129	19	2302
全州县	18	3	2	15		284	273	11	3979
兴安县	10	4	1	6		125	115	10	2332
永福县	9	3		6		99	93	6	2795
灌阳县	9	3	2	6		141	138	3	1835
龙胜各族自治县	10	5		5		127	119	8	2450
资源县	7	4	3	3		74	71	3	1941
平乐县	10	4	1	6		146	134	12	1893
荔浦县	13	3	1	10		144	122	22	1760
恭城瑶族自治县	9	4		5		127	117	10	2139

注:行政区划数据由桂林市民政局提供,土地面积数据由桂林市国土资源局提供。

2010—2017年桂林市社会经济主要指标

指标	单位	2010年	2011年	2012年	2013年	2014年	2015年	2016年	2017年
人口									
年末户籍人口	万人	518.96	521.80	522.09	521.78	526.48	528.97	533.96	534.08
#非农业人口	万人	123.03	123.03	123.03	122.38	118.69	161.37	168.11	178.21
农业人口	万人	395.93	398.77	399.06	399.40	407.79	367.60	365.85	355.87
#男性人口	万人	269.91	271.25	271.27	271.21	273.56	274.73	277.05	276.55
女性人口	万人	249.05	250.55	250.82	250.58	252.92	254.24	256.92	257.53
出生率	‰	19.85	10.48	11.55	14.06	13.02	15.89	15.01	17.05
死亡率	‰	9.40	6.21	18.12	3.68	6.68	5.54	5.23	17.16
自然增长率	‰	10.45	4.27	-6.57	10.39	6.34	10.35	9.78	-0.11
年平均人口	万人	515.29	520.38	521.94	521.93	524.13	527.73	531.47	534.02
就业									
乡镇村从业人员数	万人	212.85	213.47	214.54	215.87	215.44	216.20	215.01	216.71
在岗职工人数	万人	14.82	30.63	14.82	16.28	16.55	36.17	34.48	32.83
劳务派遣人员	万人		1.49	1.33	3.10	3.79	4.71	4.73	5.08
其他从业人员	万人	0.97	2.15	1.84	2.58	1.80	3.51	3.50	4.05

续表一

指　　标	单位	2010 年	2011 年	2012 年	2013 年	2014 年	2015 年	2016 年	2017 年
国民经济核算									
地区生产总值(当年价)	亿元	1103.56	1327.57	1485.02	1674.48	1826.27	1942.90	2054.82	2045.18
第一产业	亿元	203.31	247.11	271.84	293.95	320.63	339.59	361.27	381.83
第二产业	亿元	492.36	615.08	697.46	790.75	865.05	900.98	916.74	791.94
#工业	亿元	417.93	519.85	585.55	658.19	717.27	745.22	750.07	609.71
第三产业	亿元	407.89	465.37	515.71	589.78	640.59	702.33	776.81	871.41
人均地区生产总值	元	21416	25512	28452	32082	34844	36816	38663	38298
财政									
组织财政收入	亿元	121.08	141.94	163.56	180.37	195.18	209.19	223.76	239.54
#公共财政预算收入	亿元	67.08	80.75	106.01	111.00	123.89	134.53	145.33	144.16
公共财政预算支出	亿元	182.25	232.67	261.33	286.56	312.00	357.60	399.03	434.07
组织财政收入占生产总值的比重	%	11.0	10.7	11.0	10.9	10.7	10.8	10.9	11.7
固定资产投资									
全社会固定资产投资	亿元	908.56	1140.12	1462.40	1390.32	1627.30	1970.83	—	—
固定资产投资	亿元	758.52	975.58	1336.18	1308.46	1536.88	1837.32	2131.62	2234.24
#基本建设	亿元	405.11	501.96	603.86	557.60	664.85	821.41	—	—
更新改造	亿元	216.05	290.47	414.49	443.53	510.48	621.67	—	—
其他投资	亿元	17.81	23.77	31.56	18.82	28.37	32.62	—	—
房地产	亿元	118.01	158.09	176.07	194.34	215.23	191.14	280.72	300.40
城镇工矿区私人建房	亿元	1.54	1.28	2.00	0.30	0.22	—	—	—
农村投资	亿元	125.77	164.62	234.41	175.73	208.16	303.98	—	—
#农村非农户投资	亿元	63.52	64.64	108.19	93.87	117.74	170.48	—	—
农村建房投资	亿元	62.25	99.98	126.22	81.86	90.42	133.50	—	—
商品房销售额	亿元	115.66	118.19	136.59	169.20	171.01	174.10	215.16	293.07
商品房销售面积	万平方米	323.58	303.69	322.69	383.41	351.66	358.28	439.36	528.60
商品房空置面积	万平方米	56.21	75.37	69.41	91.94	86.87	126.86	129.27	127.98
农业									
年末耕地面积	千公顷	262.50	329.54	329.42	334.11	331.09	329.82	376.27	328.98
农林牧渔总产值(当年价)	亿元	319.80	393.50	429.00	469.92	511.10	544.02	584.08	609.64
农业	亿元	185.57	221.38	255.95	288.08	323.78	343.11	368.02	409.11
林业	亿元	18.42	24.67	26.40	29.75	31.91	33.39	33.81	34.84
牧业	亿元	98.74	127.19	125.70	129.17	129.66	139.72	151.26	132.29
渔业	亿元	8.13	9.71	9.76	10.75	12.11	12.95	13.56	14.36
农林牧渔服务业	亿元	8.94	10.55	11.19	12.16	13.63	14.85	17.42	19.03
主要农产品产量									
粮食	万吨	186.17	190.07	199.47	207.20	206.19	206.29	204.70	195.79
#稻谷	万吨	172.38	173.18	180.93	167.20	168.53	165.01	163.81	154.84
花生	万吨	4.42	4.93	5.36	5.70	6.13	6.32	6.64	7.07
甘蔗	万吨	40.48	43.77	48.93	52.78	50.40	44.77	41.82	40.09
水果	万吨	252.00	283.08	307.37	336.34	378.32	417.21	475.92	539.74
#柑橘	万吨	89.41	95.21	98.66	107.85	126.26	144.75	277.94	323.04
肉类	万吨	49.48	49.90	52.29	53.62	54.18	54.22	53.73	54.34
#猪肉	万吨	30.77	30.36	31.85	32.90	33.67	33.01	31.77	32.37
水产品	万吨	9.11	9.58	10.16	10.78	11.39	11.97	12.50	13.04
工业									
规模工业总产值(当年价)	亿元	942.86	1262.39	1585.51	1917.11	2125.56	2374.71	2516.55	—

续表二

指　　标	单位	2010 年	2011 年	2012 年	2013 年	2014 年	2015 年	2016 年	2017 年
＃轻工业	亿元	350.12	494.42	618.85	764.06	783.54	887.93	957.58	—
重工业	亿元	592.74	767.97	966.67	1153.04	1342.03	1486.78	1558.97	—
规模工业增加值（当年价）	亿元	300.58	395.82	497.33	601.99	640.22	682.79	701.36	489.29
规模工业固定资产原价	亿元	381.49	470.04	553.15	634.89	667.44	760.87	792.15	—
规模工业主营业务收入	亿元	861.05	1159.99	1496.15	1783.92	1991.18	2185.16	2304.64	1579.44
规模工业利税总额	亿元	152.90	190.47	247.92	237.40	255.32	264.42	248.51	—
主要工业产品产量									
电力电缆	千米	62916	55852	46444	59913	76087	80815	84813	105268
机制纸及纸板	万吨	18.31	26.38	27.51	14.26	16.92	16.11	16.40	20.83
金属切削机床	台	4980	6878	4064	3727	2175	1485	1927	1998
汽车	辆	2040	3079	3945	5642	5117	5340	5935	4616
轮胎外胎	万条	63.87	53.56	104.33	175.63	261.96	278.97	135.86	43.81
饮料酒	万千升	107.07	111.18	126.30	138.44	136.50	129.43	120.95	105.73
＃啤酒	万千升	93.69	95.49	111.51	124.16	122.27	117.00	108.05	93.04
铁合金	万吨	74.44	69.10	90.8	98.84	97.87	99.48	77.71	66.48
中成药	吨	25205	27502	32628	37501	41995	29404	20342	21621
发电量	亿千瓦小时	83.27	85.79	123.49	109.05	109.86	113.21	81.87	—
自来水的生产量	万立方米	14723	12610	12428	12926	13818	13686	14795	15511
钢材	万吨	60.91	68.20	78.58	77.58	78.11	80.58	73.54	4.74
水泥	万吨	913.49	1250.68	1508.87	1703.39	1383.00	1272.87	1366.79	1292.59
建筑业									
建筑业企业人数	万人	5.97	4.44	5.83	6.64	6.30	6.55	8.33	9.41
建筑业总产值	亿元	129.22	166.46	197.58	236.06	254.29	277.71	308.15	349.85
房屋建筑施工面积	万平方米	1296.99	1460.06	1654.40	2190.95	2645.84	2588.65	2939.93	3238.61
房屋建筑竣工面积	万平方米	457.16	470.41	445.12	354.33	663.44	647.94	704.06	764.03
交通运输业									
货运量	万吨	4797	6315	8522	9650	9033	8166	8637	9397
铁路	万吨	147	144	240	—	—	—	—	—
公路	万吨	4619	6112	8239	9605	8997	7983	8591	9351
水路	万吨	29	57	41	43	34	181	44	45
空运	万吨	2	2	2	2	2	1.7	1.4	1.2
客运量	万人	15474	16864	18462	19247	9635	8612	8282	7969
铁路	万人	413	460	491	—	—	—	—	—
公路	万人	14560	15881	17416	18641	9037	8042	7701	7376
水路	万人	221	230	253	291	223	227	223	236
空运	万人	280	293	302	315	375	343	358	357
公路里程	千米	11172	11287	11423	11784	13859	12564	13117	13596
＃等级公路	千米	7956	8386	8630	9223	11479	10290	11051	11711
＃高速公路	千米	349	349	349	402	402	450	450	629
邮电通信业									
邮电业务总量	万元	935448	355827	382165	402196	529511	675270	1043113	849709
电话机年末数	万部	76.79	76.91	68.61	58.56	52.51	51.69	41.86	31.38
互联网宽带接入用户数	万户	39.69	50.78	60.60	67.14	72.72	85.16	95.09	104.75
国内贸易									
社会消费品零售总额	亿元	391.53	462.36	536.35	604.03	682.87	751.96	836.45	928.12
对外经济贸易									
进出口总额	万美元	90270	95655	97487	92370	94327	88271	89500	104270

续表三

指　标	单位	2010年	2011年	2012年	2013年	2014年	2015年	2016年	2017年
进口额	万美元	28041	23955	18629	16481	17102	10851	10800	16385
出口额	万美元	62229	71700	78858	75889	77225	77420	78700	87885
实际利用外资	万美元	2136	3453	4178	5047	9522	65300	16137	4179
旅游									
接待国内外游客人数	万人	2246.33	2788.17	3292.65	3584.16	3871.16	4469.95	5385.87	8232.79
#入境游客人数	万人	148.62	164.39	182.41	193.65	203.32	216.34	233.32	248.90
旅游总收入	亿元	168.30	218.34	276.87	348.48	420.30	517.33	637.31	971.76
#国际旅游收入	亿元	34.12	40.13	46.39	53.85	59.53	63.82	78.50	88.87
金融保险业									
金融机构各项存款余额	亿元	1367.59	1554.90	1829.93	2067.01	2269.76	2607.11	2979.80	3284.51
金融机构各项贷款余额	亿元	784.18	907.21	1053.15	1225.77	1389.56	1580.79	1862.14	2149.77
保险公司承保额	亿元	6308.70	4368.34	5229.06	7476.75	7313.05	8259.47	10509.67	16635.37
保险公司保费收入	亿元	24.13	28.06	30.12	33.33	36.92	44.98	55.85	65.38
保险公司赔款及给付	亿元	5.46	4.53	5.62	6.00	7.62	8.83	18.77	23.61
教育									
专任教师数	万人	4.63	4.70	5.07	5.11	5.08	5.28	5.40	5.67
#普通高等学校	万人	0.58	0.62	0.64	0.67	0.71	0.83	0.81	0.91
普通中学	万人	1.62	1.57	1.56	1.56	1.56	1.57	1.58	1.61
普通小学	万人	1.91	1.88	1.90	1.94	1.95	2.01	2.05	2.16
在校学生数	万人	77.32	84.43	94.99	96.92	95.67	101.37	104.22	102.54
#普通高等学校	万人	12.83	14.50	15.31	16.15	18.52	22.89	23.06	19.22
普通中学	万人	21.03	20.17	19.88	20.01	20.36	20.80	21.94	23.12
普通小学	万人	28.10	29.28	30.38	31.85	33.75	35.26	36.81	37.92
家庭									
家庭总户数	万户	161.45	162.62	160.36	161.38	161.65	162.67	163.57	163.26
平均每户家庭人口	人	3.21	3.21	3.26	3.23	3.26	3.25	3.26	3.27
婚姻									
结婚数	万对	4.92	4.98	4.75	4.31	4.73	4.01	3.72	3.48
离婚数	万对	0.80	0.85	1.25	—	—	—	1.11	1.15
生活									
城镇居民人均可支配收入	元	17949	19882	22300	24552	26811	28768	30124	32534
城镇居民人均消费支出	元	11477	12852	14470	15555	16930	17998	17649	19005
农村居民人均可支配收入	元	5487	6325	7328	8361	9431	11089	12176	13345
农村居民人均消费支出	元	3872	5332	5770	6239	6825	7471	7964	8620
城乡居民储蓄存款余额	亿元	772.39	906.89	1095.11	1232.23	1334.22	1564.00	1699.98	1820.69
城市居民消费价格总指数	%	102.2	105.8	103.5	102.5	102.0	101.9	102.3	101.6
城市商品零售价格总指数	%	102.5	106.2	102.4	101.7	101.4	100.1	100.9	101.1
工资·福利									
单位从业人员平均劳动报酬	元	30141	33085	36049	40728	45194	51642	56285	62127
#市区	元	32770	35526	39579	44298	49050	53102	57652	64780
在岗职工平均工资	元	30833	34085	37037	42257	46670	53925	59129	65694
#企业	元	28975	33882	37476	41092	46476	50164	53629	57493
#市区	元	33475	36742	40724	46394	51251	56057	61307	69531
#企业	元	30441	34463	39353	43573	49647	53061	56869	62736
卫生									
卫生技术人员	人	22170	23599	24799	26527	28070	29979	31782	32864

续表四

指　标	单位	2010 年	2011 年	2012 年	2013 年	2014 年	2015 年	2016 年	2017 年
#执业医生	人	6933	7200	7357	7883	8117	8798	9383	9468
医院床位数	张	9658	9963	10819	11750	12375	13428	14655	15738
城市市政建设									
自来水供水量(市区)	万吨	9997	10501	11110	11104	10482	12849	14025	14706
下水道长度(市区)	千米	485	504	504	516	582	724	824	868
公共汽车总数(市区)	辆	680	885	774	644	776	728	736	774
年末实有道路长度(市区)	千米	441	462	469	505	530	658	680	729
园林绿化总面积	公顷	2790	2507	2514	4793	2849	4185	4364	7072
其他									
火灾发生数	起	129	234	99	417	717	227	293	789
火灾损失	万元	723.50	840.98	374.70	886.46	2898.22	1107.18	1112.63	1105.88
交通事故发生数	起	267	358	278	309	284	400	263	318
交通事故损失	万元	114.38	194.88	157.87	190.38	195.83	718.08	154.39	225.10

注:1. 本表人口为市公安局提供的户籍人口。2016 年投资报表取消了基建、更改、其他分组。
2. 发电量指标 2016 年调整了口径。
3. 城乡居民储蓄存款余额 2011 年为个人存款。农村居民人均可支配收入一栏 2010—2014 年为农村居民人均纯收入。

2011—2017 年桂林市按人口平均的国民经济和社会发展主要指标

指　标	单位	2011 年	2012 年	2013 年	2014 年	2015 年	2016 年	2017 年
人均地区生产总值	元	25512	28452	31765	34844	36816	38663	38298
人均固定资产投资	元	19573	25141	24620	28918	34571	40108	41838
人均农林牧渔业总产值	元	7562	8219	9003	9808	10309	10990	11416
人均耕地面积	亩	0.95	0.95	0.64	0.63	0.94	0.93	0.92
人均粮食产量	千克	365	382	397	393	391	385	367
#稻谷	千克	333	347	320	322	313	308	290
人均水果产量	千克	544	589	644	722	791	895	1011
#柑橘	千克	183	189	207	240	274	523	605
人均肉类产量	千克	96	100	103	103	103	101	102
人均水产品产量	千克	18	20	21	22	23	24	24
人均工业增加值	元	9990	11219	11534	12160	12938	14113	9975
人均发电量	千瓦时	1649	2366	2089	2087	2145	1540	1664
人均饮料酒产量	升	214	242	265	250	245	228	198
人均中成药产量	千克	5.29	6.25	7.19	7.98	5.57	3.83	4.05
人均社会消费品零售总额	元	8885	10276	11573	13029	14249	15739	17380
人均地方财政收入	元	1552	2031	2127	2364	2549	2734	2700
人均地方财政支出	元	4471	5007	5490	5926	6776	7508	8128
人均外贸出口额	美元	138	151	145	180	147	148	165
每百人接待旅游人数	人	536	631	687	739	847	1013	1542
#海外游客	人	32	35	37	39	41	44	47
每万人在校大学生	人	278	293	309	353	431	432	360
每万人在校中学生	人	386	381	383	388	394	411	433
每万人在校小学生	人	561	582	610	641	668	689	710
每万人医院病床数	张	19	21	23	24	25	27	29
每万人医生数	人	14	14	15	15	17	18	18

注:每万人拥有教育、卫生指标按年末户籍总人口计算,其余指标按年平均户籍人口计算。发电量指标 2016 年调整了口径。

2017年桂林市、县（区）、乡（镇）总户数、总人口一览表

单位：人

区　域	总户数（户）	总人口		出生人口	死亡人口
			城镇人口		
桂林市	1632617	5340754	1782060	91067	91643
市辖区	406236	1303952	815562	23459	23206
秀峰区	37091	111297	111297	1820	2714
叠彩区	49174	150600	131414	2331	3356
象山区	85840	242426	228501	3700	4842
七星区	74584	216908	208987	4242	3334
雁山区	18160	69297	10211	1446	1282
临桂区	141387	513424	125152	9920	7678
阳朔县	93794	328577	69243	6014	5674
灵川县	118117	390855	96336	7110	6431
全州县	247037	841493	108285	12430	11932
兴安县	124658	390869	90396	7815	7362
永福县	80974	288709	61975	4717	4342
灌阳县	105754	295717	79826	4764	5097
龙胜各族自治县	47788	172482	27891	2621	3180
资源县	56996	180282	31487	2910	2349
平乐县	149058	461850	163006	8075	8210
荔浦县	111529	382408	166193	6552	8153
恭城瑶族自治县	90676	303560	71860	4600	5707

注：本表为公安部门户籍人口。

2017年桂林市、县（区）农村社会经济基本情况表

指　标	单位	桂林市	秀峰区	叠彩区	象山区	七星区	雁山区
一、农村基层组织情况							
1. 乡（镇）个数	个	134		1	1	1	4
其中：镇个数	个	86					2
2. 村民委员会	个	1654	7	15	8	16	37
3. 居民委员会	个	143	5				3
4. 村民小组	个	29677	85	153	100	188	318
二、农村基础设施							
1. 自来水受益村数	个	1302	7	6	8	16	6
2. 通有线电视村数	个	1516	7	15	8	16	5
3. 通宽带村数	个	1400	7	15	8	16	13
三、乡村人口与从业人员							
1. 乡（镇）村户数	万户	107.11	0.46	0.67	0.56	1.36	1.68
2. 乡（镇）村人口数	万人	392.56	1.62	2.78	2.29	5.20	6.48
其中：男	万人	203.97	0.87	1.42	1.16	2.55	3.20
其中：女	万人	188.59	0.75	1.36	1.13	2.65	3.28
3. 乡（镇）村劳动力资源数	万人	248.16	0.96	1.53	1.29	3.42	4.12
其中：男	万人	131.59	0.49	0.80	0.65	1.70	2.05
其中：女	万人	116.57	0.47	0.73	0.64	1.72	2.07
4. 乡（镇）村从业人员数	万人	216.71	0.71	1.42	1.15	3.03	3.81
其中：男	万人	115.03	0.37	0.74	0.58	1.75	1.87
其中：农业从业人员	万人	79.18	0.16	0.54	0.26	0.69	1.35
其中：女	万人	101.68	0.34	0.68	0.57	1.28	1.94
其中：农业从业人员	万人	71.50	0.14	0.45	0.25	0.41	1.37
四、农业用地情况							
1. 耕地	公顷	328978	433	1005	1424	753	5951
2. 园地	公顷	209660	57	512	211	256	2702
3. 林地	公顷	1839624	118	1012	1727	798	11572
4. 草地	公顷	3881					
5. 设施农业用地	公顷	2459	37	31	20	23	138

续表一

指　标	单位	临桂区	阳朔县	灵川县	全州县	兴安县	永福县
一、农村基层组织情况							
1. 乡镇个数	个	11	9	12	18	10	9
其中:镇个数	个	9	6	7	15	6	6
2. 村民委员会	个	161	99	129	273	115	93
3. 居民委员会	个	10	15	19	11	10	6
4. 村民小组	个	3086	2209	2026	4236	1862	1866
二、农村基础设施							
1. 自来水受益村数	个	114	94	122	177	110	56
2. 通有线电视村数	个	101	99	84	273	110	96
3. 通宽带村数	个	104	97	127	187	108	57
三、乡村人口与从业人员							
1. 乡(镇)村户数	万户	10.42	7.31	8.05	18.93	9.35	6.08
2. 乡(镇)村人口数	万人	43.86	28.43	30.78	68.61	31.86	22.67
其中:男	万人	22.66	14.68	15.58	36.64	16.52	11.79
其中:女	万人	21.20	13.75	15.20	31.97	15.34	10.88
3. 乡(镇)村劳动力资源数	万人	26.78	18.97	18.60	43.65	22.03	13.72
其中:男	万人	13.98	10.01	9.61	23.54	11.57	7.16
其中:女	万人	12.80	8.96	8.99	20.11	10.46	6.56
4. 乡(镇)村从业人员数	万人	23.56	17.39	16.63	36.47	17.81	11.84
其中:男	万人	12.16	9.35	8.47	19.96	9.23	6.18
其中:农业从业人员	万人	7.24	5.84	6.87	14.47	6.52	5.17
其中:女	万人	11.40	8.04	8.16	16.51	8.58	5.66
其中:农业从业人员	万人	6.76	5.08	7.17	12.60	6.09	4.75
四、农业用地情况							
1. 耕地	公顷	47059	13990	27867	70908	26556	26942
2. 园地	公顷	3288	24863	12482	22148	14215	7137
3. 林地	公顷	132710	82609	155930	249720	165427	212886
4. 草地	公顷	4	—	—	—	—	8
5. 设施农业用地	公顷	867	174	288	195	141	290

续表二

指　标	单位	灌阳县	龙胜各族自治县	资源县	平乐县	荔浦县	恭城瑶族自治县
一、农村基层组织情况							
1. 乡镇个数	个	9	10	7	10	13	9
其中:镇个数	个	6	5	3	6	10	5
2. 村民委员会	个	138	119	71	134	122	117
3. 居民委员会	个	3	7	3	19	22	10
4. 村民小组	个	2438	1649	1573	2267	3310	2311
二、农村基础设施							
1. 自来水受益村数	个	138	119	61	48	111	109
2. 通有线电视村数	个	138	119	66	134	128	117
3. 通宽带村数	个	130	119	66	92	138	116
三、乡村人口与从业人员							
1. 乡(镇)村户数	万户	7.23	3.73	4.63	10.73	9.15	6.77
2. 乡(镇)村人口数	万人	24.43	14.48	16.03	36.97	31.31	24.76
其中:男	万人	12.89	7.41	8.31	18.95	16.12	13.22
其中:女	万人	11.54	7.07	7.72	18.02	15.19	11.54
3. 乡(镇)村劳动力资源数	万人	14.91	8.90	9.56	23.72	21.65	14.35
其中:男	万人	8.04	4.85	5.11	12.23	11.79	8.01

续表三

指　标	单位	灌阳县	龙胜各族自治县	资源县	平乐县	荔浦县	恭城瑶族自治县
其中:女	万人	6.87	4.05	4.45	11.49	9.86	6.34
4. 乡(镇)村从业人员数	万人	13.20	7.98	8.44	21.80	18.49	12.98
其中:男	万人	7.01	4.38	4.40	11.31	10.06	7.21
其中:农业从业人员	万人	5.33	3.58	2.69	6.41	7.03	5.03
其中:女	万人	6.19	3.60	4.04	10.49	8.43	5.77
其中:农业从业人员	万人	4.68	2.87	2.48	6.01	6.61	3.78
四、农业用地情况							
1. 耕地	公顷	19671	17754	16498	20751	25528	5888
2. 园地	公顷	8195	14870	2245	40814	7742	47923
3. 林地	公顷	126027	178014	155983	107504	118539	139048
4. 草地	公顷	—	3869	—	—	—	—
5. 设施农业用地	公顷	73	9	22	58	61	32

2017年桂林市、县(区)农村居民人均收支情况

指标名称	单位	桂林市	秀峰区	叠彩区	象山区	七星区	雁山区
农村居民人均可支配收入与生活消费支出							
一、可支配收入	元	13345	15483	13704	13463	16329	12449
(一)工资性收入	元	4356	6788	6765	6508	8500	4709
(二)经营净收入	元	6908	3804	3395	3633	2204	6223
1. 第一产业经营净收入	元	5067	1758	2177	2470	1490	4737
①农业	元	3740	1481	1300	1480	922	3537
②林业	元	480	10	7	13	10	262
③牧业	元	795	0	860	768	551	905
④渔业	元	52	267	10	209	7	33
2. 第二产业经营净收入	元	340	104	90	98	109	200
3. 第三产业经营净收入	元	1501	1942	1128	1065	605	1286
(三)财产净收入	元	285	1736	1367	1298	2058	191
(四)转移净收入	元	1796	3155	2177	2024	3567	1326
二、生活消费支出	元	8620	9673	9128	9071	11294	8077
(一)食品烟酒	元	3413	3834	3596	3687	4325	3185
(二)衣着	元	297	374	283	292	405	277
(三)居住	元	1826	2430	2041	1960	2125	1767
(四)生活用品及服务	元	551	454	648	583	818	450
(五)交通通信	元	987	984	1093	922	1359	842
(六)教育文化娱乐	元	736	815	777	826	1113	869
(七)医疗保健	元	680	668	611	701	944	592
(八)其他用品和服务	元	130	114	79	100	205	95

续表一

指标名称	单位	临桂区	阳朔县	灵川县	全州县	兴安县	永福县
农村居民人均可支配收入与生活消费支出							
一、可支配收入	元	15907	15045	13893	13651	15926	12913
(一)工资性收入	元	4484	4491	5290	3861	5315	3766
(二)经营净收入	元	8867	8717	6441	7207	8296	7603
1. 第一产业经营净收入	元	5508	7044	4930	4638	6635	6151

续表二

指标名称	单位	临桂区	阳朔县	灵川县	全州县	兴安县	永福县
①农业	元	4008	5532	3349	3527	4688	4794
②林业	元	642	549	700	409	955	481
③牧业	元	816	924	870	663	969	861
④渔业	元	42	39	11	39	23	15
2. 第二产业经营净收入	元	1218	230	200	285	341	332
3. 第三产业经营净收入	元	2141	1443	1311	2284	1320	1120
(三)财产净收入	元	338	168	256	273	199	165
(四)转移净收入	元	2218	1669	1906	2310	2116	1379
二、生活消费支出	元	9609	9669	8083	8749	9729	8158
(一)食品烟酒	元	4125	3419	3176	3247	3826	3186
(二)衣着	元	363	302	256	303	326	281
(三)居住	元	1946	1925	1822	1921	2062	1633
(四)生活用品及服务	元	640	612	468	572	696	556
(五)交通通信	元	1053	1455	851	1025	845	1082
(六)教育文化娱乐	元	773	834	788	806	926	670
(七)医疗保健	元	615	949	616	767	837	602
(八)其他用品和服务	元	94	173	106	108	211	148

续表三

指标名称	单位	灌阳县	龙胜各族自治县	资源县	平乐县	荔蒲县	恭城瑶族自治县
农村居民人均可支配收入与生活消费支出							
一、可支配收入	元	9796	10572	9968	12724	13803	11880
(一)工资性收入	元	2962	3540	3566	3816	4046	4150
(二)经营净收入	元	5203	5379	4556	6984	8130	6085
1. 第一产业经营净收入	元	3409	3956	3514	5511	6339	4646
①农业	元	2368	2458	2888	4348	4485	3525
②林业	元	429	713	581	479	457	466
③牧业	元	599	771	20	627	1374	629
④渔业	元	13	14	25	57	23	26
2. 第二产业经营净收入	元	280	259	153	292	336	218
3. 第三产业经营净收入	元	1514	1164	889	1181	1455	1221
(三)财产净收入	元	172	290	228	176	166	151
(四)转移净收入	元	1459	1363	1618	1748	1461	1494
二、生活消费支出	元	6765	6819	6678	7961	8969	7656
(一)食品烟酒	元	2781	2703	2699	2926	3120	3141
(二)衣着	元	258	225	264	270	304	259
(三)居住	元	1192	1419	1433	1826	1971	1502
(四)生活用品及服务	元	377	434	497	459	488	543
(五)交通通信	元	914	722	711	897	1411	857
(六)教育文化娱乐	元	597	625	583	768	786	629
(七)医疗保健	元	539	589	404	674	750	608
(八)其他用品和服务	元	107	102	87	141	139	117

注:本表数据由国家统计局桂林调查队提供。

2017年桂林市农作物播种面积和产量

指标	播种面积(公顷)			总产量(吨)		
	本年	上年	±%	本年	上年	±%
农作物总播种面积	714769	715594	-0.1			
粮食合计	369290	376268	-1.9	1957850	2047022	-4.4
谷物合计	301240	308537	-2.4	1765433	1856534	-4.9
稻谷	254835	261924	-2.7	1548435	1638124	-5.5
早稻	116900	120662	-3.1	691837	766725	-9.8
中稻	38400	37816	1.5	282024	274487	2.7
晚稻	99535	103446	-3.8	574574	596912	-3.7
旱稻						
小麦	1824	1878	-2.9	3269	3322	-1.6
玉米	41484	41678	-0.5	206138	207541	-0.7
粟(谷子)	247	249	-0.8	894	871	2.6
高粱	1522	1506	1.1	5108	5051	1.1
其他谷物	1328	1302	2.0	1589	1625	-2.2
豆类合计	33713	33065	2.0	68507	65395	4.8
大豆	22239	21646	2.7	47548	44902	5.9
绿豆	2825	2744	3.0	5255	5131	2.4
其他豆类	8629	8652	-0.3	15680	15338	2.2
薯类	34337	34666	-0.9	619539	625464	-0.9
红薯	29519	29501	0.1	526587	525279	0.2
马铃薯	4818	5165	-6.7	92952	100185	-7.2
经济作物	75509	74283	1.7			
油料作物	25661	24795	3.5	77838	73449	6.0
花生	20967	20038	4.6	70731	66403	6.5
油菜籽	3084	3149	-2.1	4473	4464	0.2
棉花	437	477	-8.4	587	640	-8.3
麻类	580	601	-3.5	2213	2192	1.0
苎麻	514	525	-2.1	2094	2058	1.7
甘蔗	4737	5001	-5.3	400857	418172	-4.1
糖蔗	2134	2400	-11.1	178504	197073	-9.4
果蔗	2603	2601	0.1	222353	221099	0.6
药材	30977	30481	1.6			
木薯	7250	7284	-0.5	47669	47239	0.9
其他经济作物	5859	5644	3.8			
红瓜籽	4393	4180	5.1	10014	9734	2.9
其他农作物	269970	265043	1.9			
蔬菜(包括菜用瓜)	193525	189222	2.3	4320019	4155721	4.0
食用菌(干鲜混合)	4261	4225	0.9	152517	149683	1.9
果瓜类	19939	20175	-1.2	677177	659467	2.7
西瓜	15995	16355	-2.2	613580	598920	2.4
青饲料	4610	4471	3.1			
饲草	3684	3664	0.5			
绿肥	31068	30493	1.9	18359		
马蹄	12607	12465	1.1	507438	495179	2.5
其他						

2017 年桂林市规模工业主要产品产量

产品名称	计量单位	生产量	产品名称	计量单位	生产量
锰矿石成品矿	吨	6262789	蚕丝	吨	517
铅金属含量	吨	28233	服装	万件	414
锌金属含量	吨	51075	梭织服装	万件	387
锡金属含量	吨	10517	衬衫	万件	356
稀有稀土金属矿	吨	2465	针织服装	万件	27
其中:钨精矿折合量(折三氧化钨 65%)	吨	2465	手提包(袋)、背包	万个	2340
建筑用天然石料	立方米	354879	锯材	立方米	376046
萤石	吨	44647	人造板	立方米	2773377
重晶石	吨	1595815	其中:胶合板	立方米	1375054
天然石墨	吨	786881	纤维板	立方米	1398323
小麦粉	吨	59784	人造板表面装饰板	平方米	157057
大米	吨	544687	家具	件	642276
饲料	吨	1105628	其中:木质家具	件	401397
其中:配合饲料	吨	852019	软体家具	件	7879
混合饲料	吨	145093	衣架	万个	426925
精制食用植物油	吨	4860	机制纸及纸板(外购原纸加工除外)	吨	208283
成品糖	吨	26114	包装用纸及纸板	吨	52374
鲜、冷藏肉	吨	40003	其中:箱纸板	吨	52374
腌渍菜	吨	35090	纸制品	吨	414330
焙、炒加工的坚果及果仁	吨	126010	其中:瓦楞纸箱	吨	340232
冷冻蔬菜	吨	63704	单色印刷品	令	609632
淀粉及淀粉制品	吨	15471	多色印刷品	对开色令	3298969
豆腐及豆制品	吨	5542	硫酸(折 100%)	吨	
糖果	吨	142	甲醛	吨	419530
米制半成品	吨	218792	合成复合肥料(实物量)	吨	347635
速冻食品	吨	8362	涂料	吨	35085
罐头	吨	180957	松香	吨	30929
酱油	吨	16248	松节油	吨	1635
食品添加剂	吨	93	多晶硅	千克	527915
饮料酒	千升	1057333	炸药	吨	11964
其中:白酒(折 65 度,商品量)	千升	61479	肥(香)皂	吨	1200
啤酒	千升	930436	合成洗涤剂	吨	154119
软饮料	吨	1525735	其中:合成洗衣粉	吨	82179
其中:碳酸型饮料(汽水)	吨		液体洗涤剂	吨	70928
包装饮用水	吨	891566	牙膏(折 65 克标准支)	万支	4327
果汁和蔬菜汁类饮料	吨	43460	化学药品原药	吨	1567
蛋白饮料	吨	26190	中成药	吨	21621
精制茶	吨	243	橡胶轮胎外胎	条	438078
纱	吨	8212	载货汽车橡胶轮胎外胎	条	415340
棉纱	吨	8212	工程机械用橡胶轮胎外胎	条	867

续表

产品名称	计量单位	生产量
航空器充气橡胶轮胎外胎	条	21871
其中：子午线轮胎外胎	条	415340
塑料制品	吨	191114
其中：塑料薄膜	吨	1489
塑料管及其附件	吨	64352
泡沫塑料	吨	2415
硅酸盐水泥熟料	吨	5366199
其中：窑外分解窑水泥熟料	吨	5366199
水泥	吨	12925937
其中：强度等级 42.5 水泥（含 R 型）	吨	1072182
强度等级 52.5 水泥（含 R 型）	吨	361270
商品混凝土	立方米	9604716
水泥混凝土排水管	千米	2574
水泥混凝土电杆	根	626659
蒸压加气混凝土板	立方米	243831
砖	万块	241641
天然大理石建筑板材	平方米	4851235
沥青和改性沥青防水卷材	平方米	69885
钢化玻璃	平方米	1089458
夹层玻璃	平方米	1143448
玻璃包装容器	吨	605857
石墨及炭素制品	吨	533437
铸铁件	吨	354538
铸钢件	吨	154271
钢材	吨	47448
钢筋	吨	37415
其他钢材	吨	10033
铁合金	吨	664763
其中：电炉硅铁（折合含硅 75%）	吨	19163
锰硅合金（折合含锰硅量合计 82%）	吨	538920
十种有色金属	吨	12041
锌	吨	12000
锡	吨	41
铜材	吨	9091
铝材	吨	1895
金属切削工具	万件	5
钢绞线	吨	18409
金属切削机床	台	1998
其中：数控金属切削机床	台	4
起重机	吨	817
泵	台	690
齿轮	吨	205
电动手提式工具	台	41117
减速机	台	
矿山专用设备	吨	39571
建筑工程用机械	台	1148
其中：挖掘、铲土运输机械	台	1148
其中：挖掘机	台	1148
水泥专用设备	吨	139
金属冶炼设备	吨	1101
炼油、化工生产专用设备	吨	683
橡胶加工专用设备	台	398
小型拖拉机	台	253
机械化农业及园艺机具	台	3855
收获机械	台	3855
其中：谷物收获机械	台	3855
汽车	辆	4616
客车	辆	4616
大型客车（车长＞10 米）	辆	334
中型客车（7 米＜车长≤10 米）	辆	284
轻型客车（车长≤7 米）	辆	3998
机动车（汽车）零配件	千元	1502943
变压器	千伏安	744290
互感器	台	3272
电力电容器	千乏	38652573
配电或电器控制设备（11 万伏以下）	台（套、面）	8014219
通信及电子网络用电缆	对千米	2919
电力电缆	千米	105268
绝缘制品	吨	1200
太阳能电池（光伏电池）	千瓦	894726
电光源	万只	4
微波终端机	部	5584
半导体分立器件	万只	58163
工业自动调节仪表与控制系统	台（套）	814
量具	万件	467
分析仪器及装置	台（套）	43011
试验机	台	443
自来水生产量	万立方米	15511

2017年桂林市、县(区)规模以上工业企业主要经济指标

县(区)	企业(家)		工业总产值(当年价格)(万元)	工业销售产值(当年价格)(万元)		年初存货(万元)
		亏损企业(家)			出口交货值	
桂林市	646	82	17290626.80	16652475.00	1195075.90	1251920.90
秀峰区	11		247474.60	246944.00	6260.20	110711.80
叠彩区	9	2	401805.90	343215.00		20141.50
象山区	28	7	1280236.70	1272952.00	56651.90	157464.60
七星区	66	10	2747266.20	2576626.40	328921.00	248467.00
雁山区	7	1	61685.90	53296.00	20787.70	15240.60
临桂区	72	4	1488623.20	1443899.20	53512.20	162583.30
阳朔县	21		544436.00	541233.20	11665.20	13992.50
灵川县	68	7	1054055.60	996368.60	41222.10	76037.80
全州县	55	12	1330424.90	1276616.30	25272.80	30448.40
兴安县	45	3	1093641.20	1085595.60	76400.90	43829.50
永福县	55	16	1920754.80	1883674.90	8617.00	136275.20
灌阳县	29	1	1004401.80	986033.50	3225.60	48290.90
龙胜各族自治县	23	3	389753.80	393535.40	16693.20	20957.20
资源县	29	6	613100.80	554639.70		12009.80
平乐县	39	3	753427.30	696895.10	51680.80	23561.70
荔浦县	64	3	1776070.70	1735939.80	430905.50	98956.30
恭城瑶族自治县	25	4	583467.40	565010.30	63259.80	32952.80

续表一

县(区)	产成品(万元)	资产总计(万元)				
			流动资产合计(万元)			
				应收账款	存货	
						产成品
桂林市	537970.00	13026349.30	5916449.80	1541679.50	1361309.60	617749.50
秀峰区	18933.80	324523.50	228696.60	35574.80	29260.50	17715.90
叠彩区	7428.00	401905.60	259130.30	28003.30	25373.90	6826.30
象山区	27515.40	1913935.70	684430.50	156828.50	165655.80	30189.20
七星区	97032.50	2567042.90	1515712.30	393537.10	316331.30	130318.80
雁山区	7598.10	99361.70	77379.20	32386.60	14875.00	7596.80
临桂区	97708.10	1722298.80	885398.30	219950.50	171243.30	101424.20
阳朔县	4670.00	88991.50	54045.90	13439.10	17570.40	7474.10
灵川县	25554.70	535567.60	324159.00	121807.70	93380.80	28396.80
全州县	15155.60	555005.40	214938.50	44490.70	45202.60	21238.20
兴安县	29777.60	870965.50	222238.60	75828.40	61843.40	36158.30
永福县	79561.40	993656.70	464700.60	166955.60	165787.90	93830.40
灌阳县	39718.10	485252.80	116934.80	24928.40	54933.80	45466.20
龙胜各族自治县	4829.60	730628.70	149130.50	30969.40	23101.10	4753.40
资源县	5093.90	203327.60	61261.90	7081.90	13329.60	6337.60
平乐县	16824.00	405093.80	147409.80	37565.60	27469.10	18518.80
荔浦县	38259.90	602061.90	356748.80	117559.20	115879.30	50623.10
恭城瑶族自治县	22309.30	526729.60	154134.20	34772.70	20071.80	10881.40

续表二

县(区)	固定资产合计（万元）	固定资产原价（万元）	累计折旧（万元）	本年折旧	负债合计（万元）	流动负债合计
桂林市	4896767.10	7322142.00	2997471.60	425509.70	7188489.00	4560685.00
秀峰区	68741.50	91519.50	215592.60	4789.50	167160.90	146205.10
叠彩区	79104.00	131212.30	51662.20	28765.40	238784.20	195030.20
象山区	990211.10	1645122.00	825056.90	79404.10	1189800.20	535320.40
七星区	500288.30	728163.70	305594.10	44151.40	1044504.30	737175.80
雁山区	12328.60	27897.20	15657.90	1457.80	29545.00	28331.90
临桂区	585156.70	1055057.10	447000.10	76351.70	798611.30	704779.30
阳朔县	25298.70	42065.50	16620.20	1991.60	30242.90	28206.40
灵川县	115334.60	197053.60	85453.40	10477.30	294505.00	231395.30
全州县	245665.90	339424.10	103108.90	11376.50	355811.40	201120.90
兴安县	443606.90	608577.80	161513.90	35269.20	591487.30	287851.60
永福县	445499.30	710712.50	259396.80	34966.60	811928.50	590042.70
灌阳县	302777.90	464733.10	161357.90	29023.20	165694.30	66234.50
龙胜各族自治县	439457.60	404295.00	112011.50	22255.30	504217.80	283821.80
资源县	104114.20	146969.30	45988.80	5395.80	123485.00	75641.50
平乐县	173493.20	192272.60	40157.30	11909.30	191057.50	83208.00
荔浦县	114973.80	224940.70	78635.50	13735.10	351846.70	194661.40
恭城瑶族自治县	250714.80	312126.00	72663.60	14189.90	299806.70	171658.20

续表三

县(区)	应付账款（万元）	非流动负债合计（万元）	所有者权益合计（万元）	实收资本	国家资本	集体资本
桂林市	1042075.00	1973036.10	6184115.70	2167255.40	331277.40	113784.10
秀峰区	63969.40	20955.70	607362.60	66512.10	14912.60	1855.00
叠彩区	21447.90	30814.20	163121.30	42173.00		
象山区	233523.50	650118.20	724135.40	350007.60	18069.60	36260.30
七星区	188761.20	176485.00	1460062.50	433557.20	79839.40	18679.30
雁山区	7326.30	363.00	69816.60	48077.30	210.00	
临桂区	94586.50	74880.90	923685.60	317743.10	5223.70	727.50
阳朔县	5188.10	23.20	58076.60	7567.20		
灵川县	68593.60	29422.30	241062.00	85408.30	10658.70	2703.90
全州县	38143.60	116648.10	199193.50	75681.40	21001.20	
兴安县	103604.90	282791.30	265710.60	188595.70		3000.00
永福县	92217.00	174091.40	174147.10	137449.20	13670.00	7104.70
灌阳县	11697.90	55993.50	319558.30	47044.00	15488.10	2958.30
龙胜各族自治县	16439.40	112073.00	226411.00	88682.40	38080.70	16034.10
资源县	8599.90	40801.40	79196.70	40801.50	24456.10	
平乐县	16479.10	66975.40	214036.30	93333.70	16218.20	22461.00
荔浦县	50039.80	45182.30	231616.70	38923.20	5318.00	
恭城瑶族自治县	21456.90	95417.20	226922.90	105698.50	68131.10	2000.00

续表四

县(区)					营业收入（万元）	主营业务收入
	法人资本(万元)	个人资本(万元)	港澳台资本(万元)	外商资本(万元)		
桂林市	896950.40	561468.70	120657.20	69693.30	15974937.60	15794393.20
秀峰区	3766.90	2303.20		9097.40	240872.20	239377.50
叠彩区	8087.90	34085.10			247104.70	235461.80
象山区	124196.10	18591.70	113201.30	842.80	1148094.40	1130808.90
七星区	178396.60	128169.50	75.00	28397.40	2319335.90	2289030.20
雁山区	16100.00	15769.20		15998.10	59130.40	58552.00
临桂区	219457.70	87184.40	192.30	4957.40	1450600.10	1392925.90
阳朔县	1150.00	2297.20		4120.00	541349.70	541349.70
灵川县	20984.00	51061.70			1048856.60	1047968.60
全州县	24421.40	30257.80			1184146.30	1182903.40
兴安县	120324.80	58038.70	7188.60	43.50	1093871.30	1090389.30
永福县	95437.60	21236.90			1922904.00	1874028.90
灌阳县	15631.50	12966.10			939874.70	938185.30
龙胜各族自治县	25131.20	6503.60		2932.70	390850.70	389707.50
资源县	5166.80	7937.10		3241.40	470048.90	469482.60
平乐县	12928.00	41726.50			708567.40	707929.20
荔浦县	15261.10	18281.40		62.60	1669499.10	1667576.30
恭城瑶族自治县	10508.80	25058.60			539831.20	538716.10

续表五

县(区)	营业成本（万元）		营业税金及附加（万元）		其他业务收入（万元）	其他业务利润（万元）
		主营业务成本		主营业务税金及附加		
桂林市	13129328.20	12956049.50	126717.30	114225.50	180544.40	12755.60
秀峰区	198699.90	197645.80	1342.90	1338.50	1494.70	1598.80
叠彩区	219495.40	210517.00	342.00	342.00	11642.90	-56.70
象山区	923302.50	903371.20	38790.20	37919.90	17285.50	3466.00
七星区	1713265.50	1673156.40	14537.40	14187.00	30305.70	1126.40
雁山区	47543.00	47537.80	417.60	417.60	578.40	447.60
临桂区	1173639.70	1125155.70	19576.90	9013.30	57674.20	3121.60
阳朔县	481561.40	481561.40	2144.60	2144.60		
灵川县	916024.40	915559.70	4805.30	4646.60	888.00	116.20
全州县	1087409.60	1085308.10	4792.30	4792.30	1242.90	-124.80
兴安县	944017.20	943188.40	3441.10	3349.80	3482.00	85.40
永福县	1564275.10	1520299.30	9021.80	8959.10	48875.10	2640.40
灌阳县	808425.00	808325.70	8657.70	8621.60	1689.40	
龙胜各族自治县	282906.90	282449.20	4384.80	4260.10	1143.20	270.50
资源县	421873.30	421873.30	2187.30	2187.30	566.30	
平乐县	570665.00	570485.90	2030.50	1871.20	638.20	
荔浦县	1372853.30	1372050.80	7869.20	7861.30	1922.80	
恭城瑶族自治县	403371.00	397563.80	2375.70	2313.30	1115.10	64.20

续表六

县(区)	销售费用（万元）	管理费用（万元）		财务费用（万元）		
			税金		利息收入	利息支出
桂林市	624932.90	768134.80		184312.50	18697.30	173682.60
秀峰区	7419.80	15716.40		1164.80	742.70	1389.30
叠彩区	2553.00	12610.10		2649.00	573.20	2400.50
象山区	46386.00	68854.00		1043.00	4578.90	5170.70
七星区	187771.10	175891.50		33480.80	3397.10	30094.20
雁山区	4946.60	7504.60		1257.10	291.30	882.70
临桂区	54997.00	64359.40		26200.70	2729.70	25625.70
阳朔县	24747.00	18800.20		564.70	2.70	473.80
灵川县	28846.30	33489.30		4950.90	243.20	3755.10
全州县	8670.90	16555.20		5896.30	744.00	4933.00
兴安县	28083.10	35849.80		11832.80	–20.50	10569.40
永福县	56797.40	87347.80		24448.90	41.60	24045.30
灌阳县	8025.90	14104.50		6119.10	31.50	6142.80
龙胜各族自治县	15849.50	27348.70		28947.60	1733.80	30107.90
资源县	14282.90	18716.30		5153.90	1548.40	3560.10
平乐县	17845.10	20292.70		6016.90	21.80	5255.10
荔浦县	105313.70	59638.60		14784.10	144.90	14466.70
恭城瑶族自治县	12397.60	91055.70		9801.90	1893.00	4810.30

续表七

县(区)	营业利润（万元）	资产减值损失（万元）	公允价值变动收益（万元）	投资收益（万元）	营业外收入（万元）
桂林市	908432.90	27651.10	8137.30	–236197.30	73673.50
秀峰区	17077.20	264.20		783.70	1044.30
叠彩区	20031.60		10576.10		2070.80
象山区	72264.50	405.30		1297.30	6220.40
七星区	184326.00	21775.70	–35.30	4858.30	23115.50
雁山区	8063.70	1998.40		8817.30	1071.00
临桂区	127525.60	–53.50		6795.40	18637.50
阳朔县	13531.80				14.40
灵川县	60407.00	339.30		133.30	1701.20
全州县	60462.50	481.20			1713.50
兴安县	70723.80	48.00		126.10	3512.10
永福县	20067.80	1169.70		–159825.60	11313.60
灌阳县	94295.80	246.70			290.50
龙胜各族自治县	32973.70	265.30		1699.70	262.70
资源县	7837.70			2.70	178.00
平乐县	48876.80	666.10	–2403.50	–40684.00	256.70
荔浦县	48824.90	29.60		–60201.50	1514.50
恭城瑶族自治县	21142.50	15.10			756.80

续表八

县(区)	政府补助 (万元)	营业外支出 (万元)	利润总额 (万元)	所得税费用 (万元)	亏损企业亏损总额 (万元)
桂林市		19442.10	961660.80	100622.30	94865.50
秀峰区		134.70	17986.30	3315.70	
叠彩区		1514.90	20587.50	902.00	251.50
象山区		1892.50	75589.50	11861.50	1890.10
七星区		7229.70	200211.30	32660.90	14523.00
雁山区		2141.60	6993.10	1992.30	1851.00
临桂区		420.00	145743.00	12365.80	901.30
阳朔县			13546.20	518.20	
灵川县		419.80	61688.50	6886.60	1147.50
全州县		1157.20	61018.90	532.10	1888.40
兴安县		503.10	73732.70	9191.80	10124.80
永福县		1509.50	29872.40	4827.30	40656.00
灌阳县		365.40	94220.60	686.80	3956.40
龙胜各族自治县		156.50	33080.00	5628.00	9177.70
资源县		106.10	7908.80	918.10	501.40
平乐县		287.20	48846.40	303.10	1270.60
荔浦县		938.00	49402.30	4629.50	1904.40
恭城瑶族自治县		665.90	21233.30	3402.60	4821.40

续表九

县(区)	利税总额 (万元)	应交税金及附加 (万元)	本年应付职工薪酬 (万元)	本年应交增值税 (万元)	从业人员平均人数 (人)
桂林市	1577640.60	716602.10	978252.40	489262.50	169226.00
秀峰区	26331.20	11660.60	27872.60	7002.00	4234.00
叠彩区	22091.80	2406.30	7742.50	1162.30	1488.00
象山区	163702.50	99974.50	154703.30	49322.80	18253.00
七星区	282808.00	115257.60	152849.20	68059.30	23221.00
雁山区	8246.20	3245.40	7236.50	835.50	1149.00
临桂区	203635.70	70258.50	71611.30	38315.80	13805.00
阳朔县	35556.90	22528.90	54096.20	19866.10	11240.00
灵川县	103344.60	48542.70	46930.90	36850.80	12143.00
全州县	84896.00	24409.20	26724.20	19084.80	5684.00
兴安县	93622.70	29081.80	36860.40	16448.90	8212.00
永福县	79464.00	54418.90	48112.00	40569.80	9379.00
灌阳县	187492.70	93958.90	12562.70	84614.40	3049.00
龙胜各族自治县	60830.40	33378.40	44927.40	23365.60	6683.00
资源县	21848.00	14857.30	12263.20	11751.90	3296.00
平乐县	66478.20	17934.90	42019.00	15601.30	7035.00
荔浦县	99005.20	54232.40	210110.40	41733.70	35130.00
恭城瑶族自治县	38286.50	20455.80	21630.60	14677.50	5225.00

2017 年桂林市、县(区)全部工业总产值和增加值

指　标	桂林市	秀峰区	叠彩区	象山区	七星区	雁山区
全部工业						
总产值(当年价格、万元)	18432372	263171	426796	1337004	2800900	80078
增长速度(%)	0.3	8.4	7.6	9.6	-1.5	0.5
增加值(当年价格、万元)	5326752	74460	69750	448626	802443	19876
增加值(可比价格、万元)	5167129	72111	67842	441826	783563	19369
增长速度(%)	-1.5	3.3	6.0	8.0	-1.8	2.1
规模以上工业						
总产值(当年价格、万元)	17290627	247475	401806	1280237	2747266	61686
增长速度(%)	0.2	8.4	7.6	9.6	-1.5	0.4
增加值(当年价格、万元)	4892889	68495	60254	427054	782062	12887
增加值(可比价格、万元)	4750991	66390	58734	421136	764015	12666
增长速度(%)	-1.5	3.3	6.1	8.0	-1.8	2.2
规模以下工业						
总产值(当年价格、万元)	1141745	15697	24990	56767	53634	18392
增长速度(%)	5.2	5.2	5.2	5.2	5.1	5.2
增加值(当年价格、万元)	433863	5965	9496	21572	20381	6989
增加值(可比价格、万元)	416138	5721	9108	20690	19548	6703
增长速度(%)	0.9	0.9	0.9	0.9	0.8	0.9

注:1. “规模以上工业”是指年主营业务收入 2000 万元以上的工业企业。
2. 产值的速度按当年价格计算;增加值的速度按可比价格计算。
3. “规模以下工业”数据按国家统计局调查系统采取抽样调查方式推算整理得出。

续表一

指　标	临桂区	阳朔县	灵川县	全州县	兴安县	永福县
全部工业						
总产值(当年价格、万元)	652554	1536800	1135581	1491515	1230161	2031364
增长速度(%)	13.6	-30.8	-2.2	10.0	7.4	8.7
增加值(当年价格、万元)	219840	421580	294507	347425	371653	509469
增加值(可比价格、万元)	211541	459613	287723	321146	346126	484724
增长速度(%)	9.6	-27.9	-2.3	2.4	3.2	7.9
规模以上工业						
总产值(当年价格、万元)	544436	1488623	1054056	1330425	1093641	1920755
增长速度(%)	13.8	-30.8	-2.3	10.0	7.5	8.7
增加值(当年价格、万元)	178755	403273	263528	286211	319775	467437
增加值(可比价格、万元)	172134	442054	258009	262433	296368	444410
增长速度(%)	9.8	-27.9	-2.3	2.4	3.2	8.0
规模以下工业						
总产值(当年价格、万元)	108118	48177	81525	161090	136520	110609
增长速度(%)	5.2	4.9	5.1	5.2	5.2	5.2
增加值(当年价格、万元)	41085	18307	30979	61214	51878	42032
增加值(可比价格、万元)	39406	17559	29714	58713	49758	40314
增长速度(%)	0.9	0.6	0.8	0.9	0.9	0.9

续表二

指　　标	灌阳县	龙胜各族自治县	资源县	平乐县	荔浦县	恭城瑶族自治县
全部工业						
总产值(当年价格、万元)	1119148	609446	578004	1163147	2291324	695769
增长速度(%)	10.5	5.4	10.4	10.1	12.5	-33.3
增加值(当年价格、万元)	346866	304971	213221	353492	685136	227444
增加值(可比价格、万元)	330595	267550	209364	343827	676970	266145
增长速度(%)	7.2	6.1	9.0	8.2	9.4	-14.7
规模以上工业						
总产值(当年价格、万元)	1059707	573601	557587	1065190	2187624	644903
增长速度(%)	11.0	5.5	10.7	10.9	13.0	-35.1
增加值(当年价格、万元)	324278	291350	205462	316268	645730	208115
增加值(可比价格、万元)	307756	253777	201519	306189	637126	246601
增长速度(%)	7.4	6.2	9.2	8.7	9.8	-15.9
规模以下工业						
总产值(当年价格、万元)	59441	35846	20417	97957	103700	50866
增长速度(%)	3.0	2.9	3.0	2.9	3.0	2.9
增加值(当年价格、万元)	22588	13621	7759	37224	39406	19329
增加值(可比价格、万元)	22839	13773	7845	37638	39844	19544
增长速度(%)	4.1	4.1	4.1	4.0	4.1	4.0

2017 年桂林市旅游统计主要指标

指标名称	1 月	2 月	3 月	4 月	5 月	6 月	7 月
来桂林旅游人数(万人)	785.81	605.99	359.21	726.89	692.64	835.35	768.60
# 市区	236.12	237.74	181.17	216.42	241.96	300.87	270.29
各县	549.69	368.25	178.04	510.47	450.68	534.48	498.31
# 国内游客	774.99	593.76	340.43	704.10	668.36	812.27	744.79
# 市区	232.75	234.97	177.35	211.46	237.22	296.71	265.95
海外游客	10.82	12.23	18.78	22.79	24.28	23.08	23.81
# 市区	3.37	2.77	3.82	4.96	4.74	4.16	4.34
# 外国人	5.43	6.29	9.16	11.24	12.53	11.79	12.26
# 东盟十国	1.58	1.77	3.51	3.94	4.76	4.34	4.20
港澳同胞	2.45	2.35	4.27	6.05	4.85	4.78	4.72
台湾同胞	2.94	3.59	5.35	5.50	6.90	6.51	6.83
旅游总收入(亿元)	85.61	69.21	47.09	84.94	85.54	89.87	89.37
# 市区	29.13	30.26	15.77	28.16	30.22	31.85	31.49
各县	56.48	38.94	31.31	56.78	55.32	58.02	57.88
# 国内旅游收入	81.98	65.09	40.85	77.45	77.32	81.61	81.11
# 市区	27.93	29.25	14.39	26.46	28.56	30.13	29.97
海外旅游收入(万美元)	5466.98	6197.40	9390.21	11279.59	8.22	12438.88	12446.92
# 市区(万美元)	1802.70	1522.26	2080.84	2560.33	1.66	2584.82	2289.83
境外旅游者人均逗留天数(人/天)	2.21	2.22	2.28	2.29	2.29	2.41	2.33

续表

指标名称	8月	9月	10月	11月	1—12月累计	累计比上年增长(%)
来桂林旅游人数(万人)	790.57	1074.08	573.68	365.08	8232.79	52.90
#市区	278.25	681.84	225.15	141.87	2906.03	58.20
各县	512.32	392.24	348.53	223.21	5326.76	50.10
#国内游客	763.52	1047.09	547.14	348.30	7983.89	55.00
#市区	272.64	676.22	218.86	137.57	2852.52	59.90
海外游客	27.05	26.99	26.54	16.78	248.90	6.70
#市区	5.61	5.62	6.29	4.30	53.51	1.30
#外国人	14.33	15.42	16.29	9.36	132.94	3.30
#东盟十国	4.36	4.25	4.36	3.19	44.79	5.50
港澳同胞	5.50	4.90	3.92	3.14	50.06	8.80
台湾同胞	7.22	6.67	6.33	4.28	65.90	12.40
旅游总收入(亿元)	93.03	143.80	71.23	45.81	971.76	52.50
#市区	33.01	83.10	27.81	17.67	354.13	61.10
各县	60.02	60.70	43.42	28.14	617.63	47.90
#国内旅游收入	83.15	134.40	61.28	39.61	882.89	58.0
#市区	30.72	81.06	25.06	15.87	334.17	66.1
海外旅游收入(万美元)	14877.44	14162.53	14989.24	9342.37	131627.23	11.3
#市区(万美元)	3442.82	3077.51	4143.91	2712.17	29565.05	5.1
境外旅游者人均逗留天数(人/天)	2.45	2.29	2.42	2.40	2.32	3.6

2017年桂林市教育事业基本情况

单位:人

学校名称及类别	本年招生数	本年毕业生数	期末在校生数	年末教职工人数				
					专任教师	副教授以上	讲师	助教
总计	316569	247368	1025379	73374	56748	4348	4224	1314
高等院校	58170	46695	192170	13021	9135	3911	3350	742
普通院校	57558	46158	191041	12951	9110	3897	3345	739
广西师范大学	10120	9099	32597	2355	1699	888	541	10
桂林理工大学	10013	8996	33706	2346	1700	669	635	300
桂林电子科技大学	11987	8891	40270	2756	1956	855	663	155
桂林医学院	3485	2966	13243	1401	932	631	207	36
桂林旅游学院	4232	2407	11897	757	601	194	273	84
桂林航天工业学院	4558	3464	14794	1076	711	207	267	52
广西师范大学漓江学院	3182	3015	12001	466	238	29	144	9
桂林电子科技大学信息科技学院	2917	1939	9660	643	543	197	262	20
桂林理工大学博文管理学院	3255	3003	13078	451	179	27	100	52
桂林师范高等专科学校	3360	2151	8370	607	486	195	227	14
桂林山水职业学院	449	227	1425	93	65	5	26	7
成人高等学校	612	537	1129	70	25	14	5	3
桂林市广播电视大学	426	444	894	43	9	5	2	2
桂林市职工大学	186	93	235	27	16	9	3	1
中等专业学校(不含区直学校)	15013	9316	36871	1877	1596	332	757	425
桂林市财贸管理干部中等专业校	610	244	892	45	35	11	11	7
桂林市卫生学校	935	1301	3857	181	160	63	63	32
桂林市艺术学校	64	17	168	18	10	1	2	6
广西壮族自治区桂林林业学校	652	735	1814	106	83	13	49	21

续表

学校名称及类别	本年招生数	本年毕业生数	期末在校生数	年末教职工人数				
					专任教师	副教授以上	讲师	助教
桂林市旅游职业中等专业学校	2461	1296	6818	247	224	68	100	44
桂林市经济管理干部中等专业学校	422	73	631	61	61	18	32	11
桂林市机电工程学校	800	174	1613	65	48	7	33	23
桂林市荔浦师范学校	85	51	233	108	92	20	54	17
张艺谋漓江艺术学校	103	61	275	78	50	7	4	20
桂林市民族职业技术学校	195	15	367	22	20	4	12	4
桂林东方中等职业技术学校								
广西桂林创新中等职业技术学校								
桂林电子中等专业学校	913	376	1587	74	61	5	19	35
桂林风帆旅游学校	179	170	589	26	21	2	9	6
山水职业学校附属中专	232	84	414	52	40		29	9
桂林华兴中等职业技术学校	182	175	254	52	37		12	19
兴安师范学校	338	186	904	90	73	18	37	18
全州县中等职业技术学校	1075	1014	2784	101	101	7	56	36
桂林职教中心临桂分校								
灵川县职业中等专业学校	718	557	1692	70	70	16	36	12
兴安县中等职业技术学校	565	506	1578	83	77	12	52	9
平乐县中等职业技术学校	556		1254	38	33	5	19	7
荔浦县中等职业技术学校	718	814	1943	90	75	14	32	21
阳朔县中等职业技术学校	728		774	47	44	14	17	11
灌阳县中等职业技术学校	518	327	1302	41	33	3	14	16
永福县职业教育中心	607	118	1202	52	52	6	23	12
恭城瑶族自治县职业教育中心	503	63	1222	47	35	10	16	4
资源县中等职业技术学校	468	532	1415	67	48	8	26	13
龙胜各族自治县民族职业中等专业学校	386	427	1289	16	13			12
桂林市森林美工艺雕刻中等职业技术学校								
技工学校	5827	3455	13372	855	478	105	117	147
广西桂林商贸旅游技工学校	715	544	1974	150	106	12	24	58
桂林市交通技工学校	357	84	867	123	63	12	23	18
广西商业技师学院	2036	1067	4673	256	82	11	3	17
桂林市第二技工学校	777	792	2118	148	106	16	35	33
桂林技师学院	1942	968	3740	178	121	54	32	21
普通中学	82980	70777	231241	19472	16111			
# 城区	19891	16598	55882	4908	3821			
# 高中(市属)	6922	6177	20306	3093	1466			
初中(市属)	12969	10421	35576	1815	2355			
县镇	49883	43921	139036	11474	9609			
农村	13206	10258	36323	3090	2681			
普通小学	66376	55607	379159	22775	21624			
# 城区	15466	12151	84746	5226	4730			
县镇	26548	26344	166645	8554	8313			
农村	24362	17112	127768	8995	8581			
幼儿园	88025	61445	171671	15166	7625			
# 城区	13756	11986	42986	5303	2611			
县镇	46107	26821	85925	7629	3919			
农村	28162	22638	42760	2234	1095			
特殊教育学校	165	73	882	191	166			
工读学校	13		13	17	13			

2017年桂林市文化、体育、科技事业基本情况

指　标	单位	全市	市区
文化事业			
艺术表演团体	个		
年末职工人数	人	298	271
全年演出场次	场	523	169
观众人数	万人	33.80	13.90
业务收入	万元	325.70	325.70
国家经费补贴	万元	1164	1164
电影事业			
单位数	个	33	15
座位数	个	32143	21166
放映场次	场	273000	158000
观众人数	万人次	453.70	348.30
放映收入	万元	13900.00	10889.10
体育事业			
年末拥有体育馆	个	16	
体育系统职工人数	人	169	
各级体育机关	个	1	
各级体委直属单位	个	9	
等级运动员	人	41	
等级裁判员	人	20	
少年儿童业余体校在校学生数	人	1856	
少年儿童业余体校专职教练员	人	91	
各级体委本年训练体育干部	人	152	
#裁判员	人	576	
各级体委全年举办运动会	次	1	
参加运动会人数	人次	30	
参加各类运动会	次	2	
#参加省市级人次	人	30	
参加全国性运动会人次	人	26	
参加国际、世界运动会人次	人	8	
获团体前三名	人次	1	
获个人前三名	人次	3	
达到国家体育锻炼达标人数	人	513000	
全年输送运动员	人	36	
全年获省以上奖牌总数	枚	94	
金牌	枚	25	
银牌	枚	27	
铜牌	枚	42	
广播电视情况			
平均每日播出时间	小时		
全年收稿数	份	16000	7000
全年播发数	份	2000	600
电台发射功率（调频）	千瓦	45.94	12.00
广播中波调频覆盖率	%		
广播调频覆盖率	%	97.91	100.00
全年广播制作节目	小时	13511	10348
电视台情况			
电视播放频道个数（含转播）（市区）	个	15	3
发射功率	千瓦	60.40	30.00
电视覆盖率	%	98.61	100.00
平均每周播放时间	小时	1528	325
全年播放新闻（含转播）	小时	13318	3258
全年播放电视剧（交换）	部	949	334
	集	30948	11090

指　标	单位	全市	市区
广播电视年末职工人数	人	1491	861
#编采人员	人	256	160
播音员	人	65	42
技术人员	人	128	70
文艺人员	人	12	
全年事业收入	万元	2921.09	2768.09
全年事业支出	万元	2883.51	860.09
年末事业经费节余	万元		
科研机构、设计机构基本情况			
总单位数	个		13
年末职工人数	人		1299
#科技人员	人		1111
#大学本科以上文化	人		874
大学专科文化	人		141
#中级职称科技人员	人		1312
高级职称科技人员	人		225
全年科技成果	项		
#省级以上科技成果	项		
全年业务收入	万元		250135
全年业务支出	万元		233352
全年预算内拨款	万元		
固定资产原值年末数	万元		118321
固定资产净值年末数	万元		
上年末经费结余	万元		
本年经费结余	万元		
科协活动情况	万元		
年末学会个数	个		29
年末厂矿科协个数	个		34
学会会员数	人		
县属科协个数	个		17
全年国内学术会议次数	次		74
参加人数	人次		3700
交流学术论文	份		232
全年接待国外来访次数	次		1
接待人数	人次		1
全年科技夏（冬）令营次数	次		1
参加人数	人		25
全国青少年科技竞赛参加人数	人		8
全年科技报刊发行量	万份		1.20
全年科技咨询合同实现金额	万元		
全年财政拨款	万元		551.52
#行政费	万元		436.27
事业费	万元		115.25
全年经费支出	万元		551.52
#行政策费	万元		
科普活动费	万元		46.37
青少年科技活动费	万元		11
全年科普讲座次数	次		
科技培训情况			
年末拥有学院个数	个		
全年培训班数	个		6
全年培训人员	人		680
#科技人员继续教育人数	人		
科普展览次数	次		6
参观人数	人		18300

2017年桂林市社会服务事业基本情况

指　标	单位	全市	市区	指　标	单位	全市	市区
社会福利事业基本情况				全年实用技术培训班培训人数	万人	47500	
优抚对象				女农民技术人员年末数	人		
抚恤、补助优抚对象总人数	人	30858	4506	先进女能手年末数	人	300	
烈士家属	人	296	35	先进协调组织	个		
牺牲军人家属	人	51	13	先进协调单位	个		
病故军人家属	人	120	33	**来信来访情况**			
在乡复员军人	人	3301	476	全年来信人数	人	2	
带病回乡退伍军人	人	415	51	来信件数	件	2	
在乡红军老战士	人			处理件数	件	2	
退休、退职人员				全年来访人次	人	2560	
年末实有军队离退休干部	人	751	729	来访件数	件	2498	
年末实有军队无军籍职工	人	396	347	处理件数	件	2498	
农村社会救济事业				**其他**			
农村收养性老年福利机构	人	8	3	三八红旗手	人	62	
工作人员	人	85		三八红旗集体	个	40	
农村医疗救助人数	人			五好家庭	户		
农村定期救济人数	人			全年妇联干部培训	期	18	
农村居民最低生活保证人数	人	216615	21458	接受培训人数	人	3500	
城市社会福利事业				妇联内部期刊份数	份		
城市福利院(所)	个	9	1	婚姻登记状况			
工作人员	人	156	124	登记结婚数	对	34801	9284
年末实有收养人员	人	586	380	**社会团体及城镇社区服务设施情况**			
城镇居民最低生活保障人数	人	31151	11668	社会团体年末数	个	1484	457
妇联组织基本情况				本年申请登记社团机构数	个	170	72
妇联组织情况				本年准予登记社团机构数	个	161	66
县、区妇联年末数	个	17		学术性社团	个		
乡镇(街道)妇联年末数	个	147		行业性社团	个		
社区妇联	个	230		专业性社团	个		
委员人数	人	1527		联合性社团	个		
村级妇联	个	1654		本年注销取缔社团数	个	62	6
委员人数	人	22599		农村困难人口救济			
妇联干部基本情况				临时救济人次数	人	39828	25080
干部总数	人	260		传统救济人次数	人	86	32
# 正副主席	人	40		定期救济支出金额	万元	785	155
参加同级党委	人	18		城镇社区服务设施数		256	138
参加统计人大	人			城镇社区服务设施数	个		
参加同级政协	人			福利企业	个		
妇联少数民族干部	人	96		便民利民服务网点	个		
巾帼建功活动情况				殡葬情况			
组织妇女参与创业就业	万人	5		殡葬管理处	个	20	7
新建市级巾帼文明岗	个	24		年末职工人数	人	182	84
巾帼劳动竞赛	场次	55		火化炉	台	15	4
参与巾帼竞赛人数	人	5900		全年火化尸体	具	8368	5560

2017年桂林市、县人口、户数及人口变动情况

指标	单位	全市	市区	阳朔县	灵川县	全州县	兴安县	永福县
年末总户数	户	1632617	406236	93794	118117	247037	124658	80974
年末总人口	人	5340754	1303952	328577	390855	841493	390869	288709
#城镇人口	人	1782060	815562	69243	96336	108285	90396	61975
乡村人口	人	3558694	488390	259334	294519	733208	300473	226734
男性人口	人	2765487	651450	169792	197470	453566	201166	152555
女性人口	人	2575267	652502	158785	193385	387927	189703	136154
性别比(女为100)	人	107.39	99.84	106.93	102.11	116.92	106.04	112.05
出生人数	人	91067	23459	6014	7110	12430	7815	4717
#男	人	47423	12382	3114	3600	6556	4051	2414
女	人	43644	11077	2900	3510	5874	3764	2303
死亡人数	人	91643	23206	5674	6431	11932	7362	4342
#男	人	53396	13949	3209	3694	7049	4224	2541
女	人	38247	9257	2465	2737	4883	3138	1801
本年迁入人口	人	32515	17576	1343	2932	1684	1471	1112
本年迁出人口	人	34945	13381	1610	2441	4746	2166	1634
人口迁入率	‰	6.09	13.48	4.09	7.50	2.00	3.76	3.85
人口迁出率	‰	6.54	10.26	4.90	6.25	5.64	5.54	5.66

续表

指标	单位	灌阳县	龙胜各族自治县	资源县	平乐县	荔浦县	恭城瑶族自治县
年末总户数	户	105754	47788	56996	149058	111529	90676
年末总人口	人	295717	172482	180282	461850	382408	303560
#城镇人口	人	79826	27891	31487	163006	166193	71860
乡村人口	人	215891	144591	148795	298844	216215	231700
男性人口	人	158133	87944	94227	244378	196751	158055
女性人口	人	137584	84538	86055	217472	185657	145505
性别比(女为100)	人	114.94	104.03	109.50	112.37	105.98	108.63
出生人数	人	4764	2621	2910	8075	6552	4600
#男	人	2491	1296	1531	4180	3370	2438
女	人	2273	1325	1379	3895	3182	2162
死亡人数	人	5097	3180	2349	8210	8153	5707
#男	人	3021	1813	1309	4746	4555	3286
女	人	2076	1367	1040	3464	3598	2421
本年迁入人口	人	1019	1155	654	1673	1011	885
本年迁出人口	人	1534	1059	779	2881	1458	1256
人口迁入率	‰	3.45	6.70	3.63	3.62	2.64	2.92
人口迁出率	‰	5.19	6.14	4.32	6.24	3.81	4.14

注：本表为公安部门的户籍人口数。

2016—2017 年桂林市社会消费品零售总额及发展速度

单位:万元

指　　标	2017 年	2016 年	2017 年比 2016 年增长 %
合　计	9281166	8364550	10.96
按区域分			
市区合计	5720835	5160254	10.86
秀峰区	1451585	1308913	10.90
叠彩区	1221224	1104181	10.60
象山区	1622829	1462764	10.94
七星区	928967	839554	10.65
雁山区	39057	35187	11.00
临桂区	457174	409654	11.60
县合计	3560331	3203296	11.15
阳朔县	294488	264352	11.40
灵川县	543536	489672	11.00
全州县	355179	318546	11.50
兴安县	453681	409459	10.80
永福县	321091	289793	10.80
灌阳县	204765	185224	10.55
龙胜各族自治县	99652	90020	10.70
资源县	130828	117651	11.20
平乐县	252644	226465	11.56
荔浦县	610683	548682	11.30
恭城瑶族自治县	293784	264432	11.10
按销售单位所在地分			
城镇	7789595	7033332	10.75
其中:城区	5036700	4555266	10.57
乡村	1491571	1331217	12.05
按消费形态分			
餐饮收入	1571993	1329840	18.21
商品零售	7709173	7034709	9.58

注:1. 统计资料均由市统计局提供;最终数据以《桂林经济社会统计年鉴》为准。
2. 地区生产总值、各产业增加值、农业总产值、工业增加值、建筑业增加值、交通运输仓储及邮政业增加值绝对数按当年价格计算,增长速度按可比价计算。
3. 自 2013 年起地区生产总值数据已与经普数据衔接。
4. 自治区从 2013 年开始对计划总投资 500 万元以上的固定资产投资项目进行统计,计划总投资 500 万元以下的项目投资不再纳入统计范围。

（市统计局）

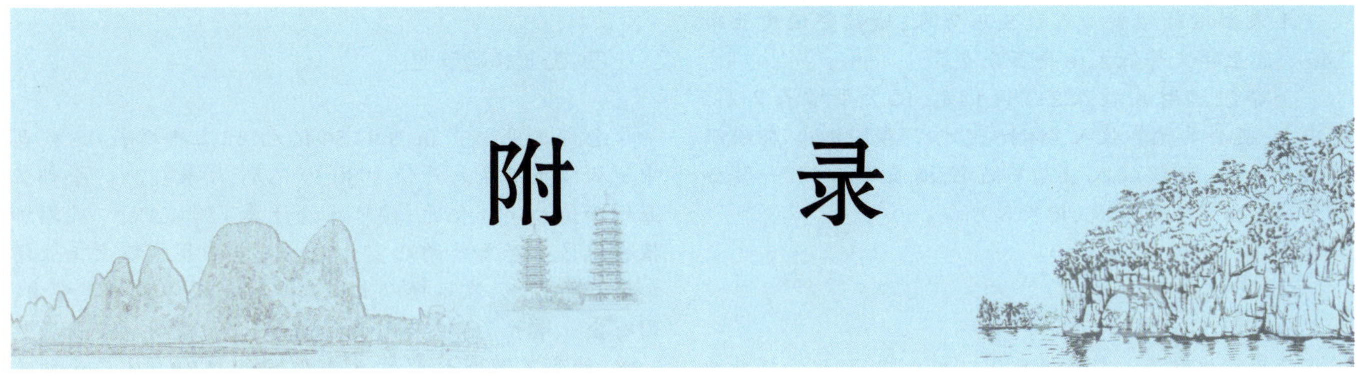

2017年桂林市国民经济和社会发展统计公报

桂林市统计局　国家统计局桂林调查队

2018年4月26日

2017年，在桂林市委、市人民政府的领导下，全市各级各部门深入贯彻落实国家和自治区各项决策部署，认真学习贯彻党的十八届五中、六中、七中全会和十九大精神，以习近平新时代中国特色社会主义思想为指导，准确把握经济发展新形势，坚持“五大发展理念”，努力营造“三个生态”，奋力推进“两个建成”，坚持以经济发展的质量和效益为中心，积极推进供给侧结构性改革，稳增长、促改革、调结构、惠民生、防风险各项工作统筹推进，经济运行稳中向好，经济社会各项事业平稳健康发展。

一、综合

2017年末，全市户籍总人口534.08万人，其中城镇人口178.21万人；常住人口505.75万人，其中城镇人口247.34万人，常住人口城镇化率为48.91%。年度内常住人口出生率13.25‰，死亡率6.58‰，人口自然增长率6.67‰。

初步核算，全市地区生产总值2045.18亿元，按可比价格计算，比上年增长3.9%。其中，第一产业增加值381.83亿元，增长4.3%；第二产业增加值791.94亿元，下降0.5%；第三产业增加值871.41亿元，增长8.5%。三次产业增加值占地区生产总值的比重分别为18.7%、38.7%和42.6%，第三产业对经济增长的贡献率为85.0%，人均地区生产总值40632元，增长2.9%。

2013—2017年桂林市地区生产总值及增长速度

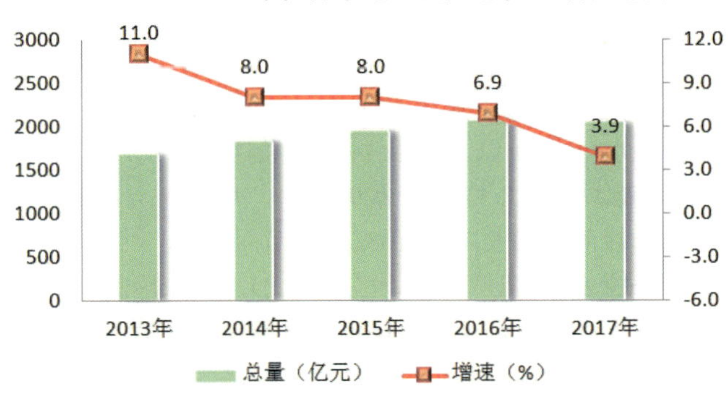

2013年地区生产总值结构对比　2017年地区生产总值结构对比

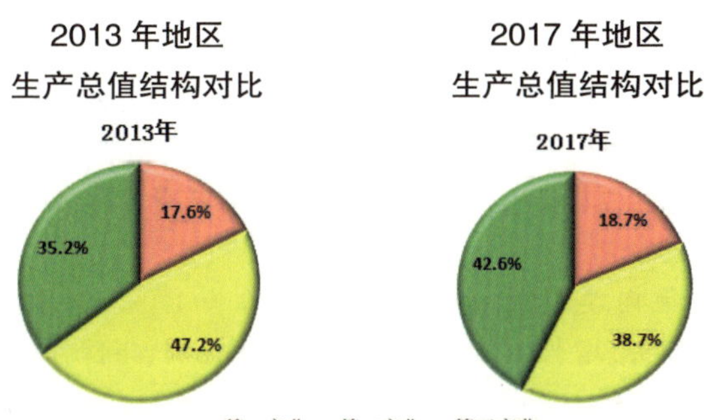

物价水平温和上涨。居民消费价格(CPI)比上年上涨1.6%，商品零售价格比上年上涨1.1%。

2017年桂林市居民消费价格指数

指　标	指数(上年同期=100)
居民消费价格总指数	101.6
#食品烟酒	100.0
衣着	98.0
居住	102.4
生活用品及服务	101.2
交通和通信	102.4
教育文化和娱乐	103.2
医疗保健	106.9
其他用品和服务	101.6

2017年桂林市月度居民消费价格涨跌情况

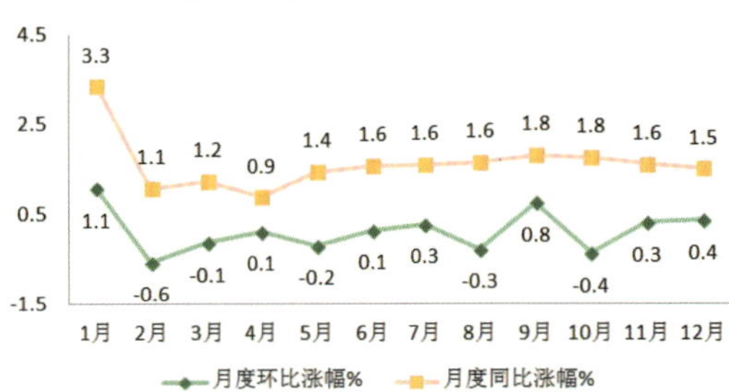

年末新增城镇就业人数5.95万人;城镇登记失业率2.40%,比上年末降低1.16个百分点。

全年组织财政收入239.54亿元,比上年增长7.0%。其中,一般公共预算收入144.16亿元,下降0.8%。在组织财政收入中,税收收入167.67亿元,增长12.5%。一般公共预算支出434.71亿元,增长8.9%。

二、农业

全市农林牧渔业总产值609.44亿元,按可比价格计算比上年增长4.4%。其中,农业产值409.11亿元,增长5.7%;林业产值34.84亿元,增长1.5%;牧业产值132.09亿元,增长1.4%;渔业产值14.36亿元,增长4.3%。

年末农田有效灌溉面积21.98万公顷,比上年增长0.4%。年末拥有农业机械总动力503.47万千瓦,下降9.4%。农用化肥使用量(按实物量计)70.28万吨,增长0.6%;农用塑料薄膜使用量2802吨,增长0.9%;农药使用量(按实物量计)7725吨,增长2.0%。

全年农作物总播种面积71.52万公顷,下降0.1%。其中,粮食作物播种面积36.93万公顷,下降1.9%;经济作物播种面积7.55万公顷。全年粮食总产量195.79万吨,下降4.4%,其中夏粮86.35万吨,秋粮106.30万吨。水果总产量539.74万吨,增长13.4%;蔬菜产量431.32万吨,增长3.8%。

全年肉类总产量54.34万吨,增长1.1%;生猪出栏431.55万头,增长1.9%;家禽出栏1.14亿羽,下降1.3%;水产品产量13.04万吨,增长4.3%。

2017年桂林市主要农产品产量及增长速度

指　标	绝对值(万吨)	增速(%)
粮食	195.79	-4.4
#稻谷	154.84	-5.5
玉米	20.61	-0.7
豆类	6.85	4.8
薯类(折粮)	12.39	-0.9
油料	7.78	6.0
#花生	7.07	6.5
糖类(甘蔗)	40.09	-4.1
水果产量	539.74	13.4
#柑橘	323.04	16.2
蔬菜产量	431.32	3.8
肉类总产量	54.34	1.1
#猪肉	32.37	1.9
牛肉	2.41	6.6
羊肉	0.44	9.1
水产品产量	13.04	4.3
禽蛋产量	6.59	4.3

三、工业和建筑业

全部工业总产值2094.56亿元,比上年增长0.5%,其中规模以上工业总产值1980.39亿元,增长0.2%。全部工业增加值609.71亿元,按可比价计算下降1.3%,工业增加值占地区生产总值的比重为29.8%,其中规模以上工业增加值下降1.5%。在规模以上工业增加值中,从经济类型看,国有企业增长7.3%,集体企业增长3.2%,股份制企业增长0.8%,外商及港澳台商投资企业下降21.8%;从产业结构看,高技术行业增加值增长5.8%,高耗能行业增加值下降2.5%;从行业看,在30个工业行业大类中有14个行业增长,占行业面46.7%。

2013—2017年桂林市工业增加值及增长速度

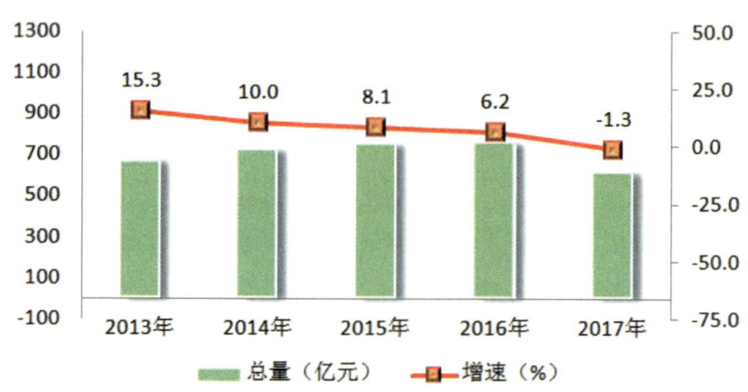

2017年桂林市主要工业产品产量及增长速度

产品名称	计量单位	绝对值	比上年增长(%)
金属切削机床	台	1998	4.6
汽车	辆	4616	-22.2
电力电容器	万千乏	3865.26	7.9
电力电缆	万千米	10.53	24.1
饮料酒	万千升	105.73	-12.6
#白酒(折65度,商品量)	万千升	6.15	4.3
啤酒	万千升	93.04	-13.9
人造板	万立方米	277.34	33.2
衣架	亿个	42.68	52.2
太阳能电池(光伏电池)	万千瓦	89.47	-14.2
半导体分立器件	亿只	5.82	19.8
铁合金	万吨	66.48	-10.3
化学药品原药	吨	1567	20.2
中成药	吨	21621	6.3
水泥	万吨	1292.59	-4.9

全年规模以上工业主营业务收入1740.20亿元,比上年下降5.6%;规模以上工业销售产值1882.87亿元,增长0.2%;规模工业产品销售率为95.08%。规模以上工业企业盈亏相抵后的利润总额为108.23亿元。

全年全社会建筑业增加值182.23亿元,按可比价格计算,增长3.0%。资质以上建筑业企业实现总产值349.85亿元,增长13.5%。

四、固定资产投资

全年固定资产投资2234.24亿元，比上年增长4.8%。其中，工业投资696.65亿元，下降6.8%；房地产开发投资300.40亿元，增长7.0%。分区域看，五城区固定资产投资502.55亿元，增长3.7%；十二县（含临桂区）固定资产投资1731.69亿元，增长5.1%。

在固定资产投资中，第一产业投资110.57亿元，增长67.2%；第二产业投资699.57亿元，下降6.8%；第三产业投资1424.09亿元，增长8.3%。本年新增固定资产1432.34亿元，下降1.3%。

2013—2017年桂林市固定资产投资及增长速度

2017年桂林市分行业固定资产投资额及增长速度

行业名称	绝对值（亿元）	比上年增长（%）
固定资产投资	2234.24	4.8
#农、林、牧、渔业	110.57	67.2
采矿业	52.47	-20.1
制造业	548.15	-1.4
电力、热力、燃气及水生产和供应业	96.03	-23.5
建筑业	2.92	-16.2
批发和零售业	50.34	-17.8
交通运输、仓储和邮政业	285.90	5.2
住宿和餐饮业	49.15	57.1
信息传输、软件和信息技术服务业	9.39	-50.1
租赁和商务服务业	72.72	26.7
科学研究和技术服务业	7.95	-45.9
水利、环境和公共设施管理业	379.78	14.0
教育	66.08	11.8
卫生和社会工作	25.28	21.6
公共管理、社会保障和社会组织	17.5	7.1

全年房地产开发房屋施工面积2278.67万平方米，增长7.5%。其中，年内新开工面积456.28万平方米，下降6.0%。房屋竣工面积134.99万平方米，下降7.3%；其中住宅112.62万平方米，下降6.8%。商品房销售面积528.60万平方米，增长20.3%；其中住宅494.92万平方米，增长18.0%。商品房销售额293.07亿元，增长36.2%；其中住宅267.74亿元，增长33.4%。年末商品房待售面积127.98万平方米，下降1.0%；其中住宅86.41万平方米，下降9.3%。

五、国内贸易和对外经济

全年社会消费品零售总额928.12亿元，比上年增长11.0%。其中，城镇消费品零售总额778.96亿元，增长10.8%；乡村消费品零售总额149.16亿元，增长12.1%。

2013—2017年桂林市社会消费品零售总额及增长速度

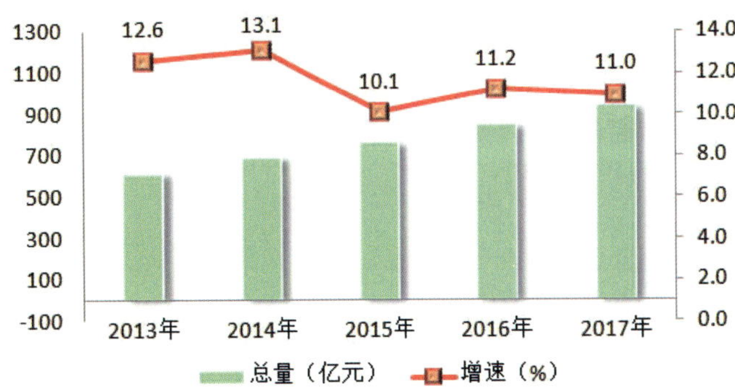

限额以上批发业销售额303.05亿元，增长11.5%；限额以上零售业销售额179.99亿元，增长9.6%；限额以上住宿业营业额19.52亿元，同比增长11.3%；限额以上餐饮业营业额8.26亿元，同比增长21.6%。

在限额以上批发零售业零售额中，粮油、食品类增长24.2%，烟酒类增长19.4%，化妆品类增长19.9%，金银珠宝类增长14.4%，五金、电料类增长12.1%，体育、娱乐用品类增长16.5%，中西药品类增长9.2%，文化办公用品类增长46.3%，石油及制品类增长5.7%，建筑及装潢材料类增长7.0%，机电产品及设备类增长2.4%，汽车类增长9.1%。

全年外贸进出口总额70.01亿元，比上年增长18.6%。其中，出口58.95亿元，增长13.5%；进口11.06亿元，增长55.5%。

全年内资区外到位资金676.78亿元，增长16.4%，实施区外项目387个；全市外资实际到位5.23亿美元（依据广西利用外资全口径统计办法）。

六、交通、邮电和旅游

全年交通运输、仓储及邮政业增加值74.40亿元，比上年增长6.1%。年末公路总里程13585千米，增长4.2%。其中，高速公路里程630.80千米，增加170.48千米。

2017年桂林市客货运输量及增长速度

指 标	单位	绝对值	比上年增长(%)
全社会货运总量			
#公路	万吨	9351	8.9
水运	万吨	45	0.5
空运	吨	24188	-8.4
全社会客运总量			
#公路	万人次	7376	-4.2
水运	万人次	236	5.7
空运	万人次	786	18.6

年末民用汽车保有量56.15万辆，其中私人50.88万辆。

全年邮电业务总量84.69亿元，比上年增长80.5%。其中，邮政业务总量6.85亿元，增长30.6%；电信业务总量77.84亿元，增长86.7%。年末移动电话465.80万部，互联网宽带接入用户112.34万户。

全年接待国内外游客8232.79万人次，增长52.9%。其中，国内游客7983.89万人次，增长55.0%；入境过夜游客248.90万人次，增长6.7%。实现旅游总消费971.76亿元，增长52.5%。其中，国内旅游总消费882.89亿元，增长58.0%；国际旅游消费13.16亿美元，增长11.3%，入境过夜游客人均逗留2.32天。

七、金融和保险

年末金融机构本外币存款余额3284.51亿元，增长10.2%。本外币贷款余额2149.77亿元，增长15.4%。

2017年末桂林市金融机构本外币存、贷款及其增长速度

指　标	绝对值(亿元)	比上年增长(%)
本外币各项存款余额	3284.51	10.2
#住户存款	1820.69	7.1
本外币各项贷款余额	2149.77	15.4
#境内中长期贷款	1603.82	20.5
境内短期贷款	502.78	14.5

全年保险业承保额合计16635.37亿元，比上年增长57.9%。其中，财产险业务承保额9283.47亿元，增长32.9%；寿险业务承保额7351.89亿元，增长107.1%。保费收入65.38亿元，比上年增长17.1%。其中，财产险业务保费收入21.32亿元，增长13.6%；寿险业务保费收入44.06亿元，增长18.8%。已决赔款23.61亿元，增长25.8%。其中，财产险业务赔款11.08亿元，增长29.1%；寿险业务赔款12.53亿元，增长23.0%。

八、教育和科学技术

全市有普通高等院校13所，专任教师9135人，在校生19.22万人，当年招收学生5.82万人，当年毕业学生4.67万人。有普通中学214所，专任教师1.61万人，当年招生8.30万人，在校生23.12万人，毕业生7.08万人。其中，普通高中55所，专任教师5283人，当年招生2.70万人，在校生7.67万人，毕业生2.29万人。有普通小学559所，专任教师2.16万人，当年招生6.64万人，在校生37.92万人，毕业生5.56万人。全市小学毕业升初中比例100%，初中毕业升高中比例91.3%。有社会办学校70所，在校学生5.00万人。有特殊教育学校9所，在校学生882人，专任教师166人。有幼儿园944所，专任教师7625人，当年在园幼儿17.17万人。全年参加高等教育自学考试3149人。

国家驻桂林科研机构6个，自治区驻桂林科研机构3个，县级以上科学技术研究机构21个。全年组织实施国家级科技项目188项，自治区级363项，市级127项。全年完成科技成果154项，获科技进步奖61项。

年内签订技术登记合同174件，合同成交额3857万元，受理专利申请9750项，专利授权2421项。

九、文化、卫生和体育

全市共有专业艺术表演团体3个，国内演出750场次，文艺组团出访1次。各类电影放映单位33个，全年放映电影27.36万场次。公共图书馆14个，藏书452.26万册。文化馆及艺术馆18个。博物馆18个，接待观众190万人次。年内广播电台日播出时间35小时，广播人口覆盖率97.91%，比上年末提高0.17个百分点；桂林电视台日播出时间45小时，电视节目综合人口覆盖率98.61%，比上年末提高0.22个百分点。市区有线电视用户25.73万户，其中数字电视用户25.91万户。

全市共有各类卫生医疗机构5042所。其中，医院66所(三甲以上医院6所)，疾病预防控制中心13所，妇幼保健院13所，乡(镇)卫生院144所，社区卫生服务中心11所。卫生机构床位2.22万张，其中，医院1.57万张，乡(镇)卫生院0.46万张。全市卫生技术人员3.29万人，其中执业医师(含执业助理医师)1.16万人，注册护士(师)1.41万人。全市共有村卫生室3282个，执业医师(含执业助理医师)710人，乡村医生和卫生员4524人。

全年向上级输送各类运动员36人。在各类大赛中获国际比赛2枚金牌，4枚银牌，3枚铜牌；获全国比赛23枚金牌，23枚银牌，39枚铜牌。

十、人民生活和社会保障

全体居民人均可支配收入22480元，比上年增长9.4%。按地域看，城镇居民人均可支配收入32534元，比上年增长8.0%。农村居民人均可支配收入13345元，比上年增长9.6%。

参加居民基本养老保险199.89万人，参加职工养老保险91.25万人；参加失业保险36.53万人；参加居民基本医疗保险432.39万人，参加职工基本医疗保险70.22万人；参加工伤保险人数46.18万人，其中参保农民工8.50万人；参加生育保险39.40万人。

全年享受政府最低生活保障的人数24.78万人，比上年下降10.2%，其中，城镇居民3.12万人，农村居民21.66万人。领取失业保险金人数1.70万人。全市有社会福利院9个，床位数973张，年末收养各类人员586人。

十一、资源、环境和安全生产

全市水资源总量490亿立方米。全市森林覆盖率70.91%。园林绿化总面积9.68万公顷。

全年售水量1.23亿吨,年末日供水能力44万吨。

全年全社会用电量113.80亿千瓦时,比上年增长4.0%。其中,居民生活用电31.95亿千瓦时,工业用电57.94亿千瓦时。

全市污水处理厂17个,日处理污水能力59.30万吨,污水集中处理率90.55%。全市生活垃圾处理厂10个,全年处理生活垃圾71.87万吨,处理率97.21%,无害化处理率95.56%。

全年发生火灾事故789起,火灾事故伤亡人数3人。发生交通事故318起,造成523人伤亡。

注:

1.本公报中数据均为初步统计数。部分数据因四舍五入的原因,存在与分项合计不等的情况。

2.地区生产总值、各产业增加值、农业总产值、工业增加值、建筑业增加值、交通运输仓储及邮政业增加值绝对数按当年价格计算,增长速度按可比价计算,人均地区生产总值按平均常住人口计算。

3.常住人口指在桂林居住半年以上的人口,以及户口在桂林、外出不满半年或在境外工作学习的人口。

4.户籍人口由市公安局提供,常住人口及邮电业务数据由自治区统计局反馈;物价及城乡居民收入数据由国家统计局桂林调查队提供;财政数据由市财政局提供;进出口数据由桂林海关提供;外资利用数据由市投资促进局提供;交通数据由市交通局、市交警支队、桂林机场提供;邮政数据由市邮政管理局提供;电话、移动数据由移动、电信、联通、铁通、广电桂林分公司提供;旅游数据由市旅游发展委员会提供;金融数据由中国人民银行桂林市中心支行提供;保险数据由市保险行业协会提供;教育数据由市教育局及相关院校提供;科技数据由市科技局提供;体育数据由市体育局提供;文化数据由市文化新闻出版广电局提供;卫生数据由市卫生与计划生育委员会提供;就业、社会保障数据由市人力资源和社会保障局提供;用电情况数据由市供电局提供;水资源总量、农田灌溉面积数据由市水利局提供;森林覆盖率数据由市林业局提供;园林绿化面积数据由市园林局提供;火灾事故数据、道路交通事故数据由市公安局提供;城市供水、污水处理、垃圾处理数据由市住房和城乡建设委员会提供。

桂林市工业发展“十三五”规划(节选)

“十三五”时期(2016—2020年),是桂林市实现全面建成小康社会和基本建成国际旅游胜地“两个建成”目标的决胜期,也是桂林市调整产业结构、转变经济发展方式的关键期。科学编制和组织实施工业发展“十三五”规划,对加快桂林市新型工业体系建设,促进桂林市经济社会持续健康发展具有重要意义。《桂林市工业发展“十三五”规划》依据《中国制造2025》《广西壮族自治区工业和信息化发展“十三五”规划》和《桂林市国民经济和社会发展第十三个五年规划纲要》等国家、自治区和桂林市相关规划编制,是“十三五”时期全市工业发展的行动纲领,是桂林市工业领域编制其他规划的重要依据。

第一章 发展基础和发展环境

一、“十二五”发展回顾

——工业总量跃上新台阶,主导地位进一步增强。“十二五”时期,桂林市工业经济总量跨越2000亿元大关,全市工业总产值5年增长了96%,基本实现翻番目标。2015年,全市完成工业总产值2470亿元,“十二五”年均增长14.3%,其中规模以上工业总产值2355.7亿元,“十二五”年均增长19.9%;完成工业增加值745.2亿元,对全市经济增长的贡献率达46.2%,“十二五”年均增长12.3%,其中规模以上工业增加值701.8亿元,“十二五”年均增长17.7%;规模以上工业主营业务收入达到2145亿元,“十二五”年均增长20.1%。2010年至2015年,工业增加值占地区生产总值的比重从37.9%提升到38.4%,工业化率从2.11提高到2.20。工业已成为全市经济增长的主要引擎和重要支撑。

——优势产业实力增强,转型升级步伐加快。“十二五”时期,桂林市优势产业规模和实力稳步提升,产业结构不断优化,转型升级步伐不断加快。2015年,全市电子信息、医药及生物制品、先进装备制造、生态食品四大产业完成规模以上工业产值1185亿元,占全市规模以上工业总产值的50.3%;战略性新兴产业完成规模以上工业产值562亿元,占全市规模以上工业总产值的23.9%;高耗能产业产值占全市工业总产值的比重为8.9%,较2010年下降5.3个百分点。全市年产值超10亿元、50亿元的工业企业分别达到32家、5家,桂林力源集团成为桂林市首家超百亿元企业。桂林福达股份有限公司等一批企业挂牌上市。产业结构的不断调整和企业实力的不断增强成为桂林市工业发展的重要保障和坚实基础。

——创新实现新突破,创新体系进一步完善。“十二五”时期,全市企业组织实施技术创新项目超5000项,新增企业技术创新平台128个,共获得国家科技奖4项,自治区科技奖151项,8件专利获得中国专利优秀奖,燕京啤酒(桂林漓泉)股份有限公司、桂林福达股份有限公司荣获自治区主席质量奖。截至2015年底,全市共有国家级技术中心3个、自治区级技术中心57个、市级技术中心38个,国家级创新示范企业2家、自治区级创新示范企业7家，自治区级研发中心27个，自治区级产学研用一体化企业25家。有效期内的广西品牌(广西名牌产品和著名商标)131个，有效期内发明专利达2254件。多层次、多渠道、多形式的相对完善的企业技术创新体系已初步形成。

——园区建设步伐加快，集聚效应进一步凸显。“十二五”时期，全市工业园区累计完成基础设施建设投资80亿元，新增开发面积35平方千米，新增入园工业企业450家，新增标准厂房超60万平方米。2015年，全市园区完成工业总产值达到1600亿元，占全市工业总产值的比重达64.5%，比2010年提高28个百分点，其中桂林国家高新技术产业开发区、西城经济开发区工业总产值均超过300亿元。目前，全市拥有国家和自治区级开发区3个，自治区A类工业园区7个、B类工业园区4个，入园工业企业超1700家。工业园区对全市工业集聚发展的作用更加明显。

——工业投入创新高，发展后劲进一步增强。“十二五”时期，全市累计完成工业固定资产投资2821亿元，是“十一五”时期的3.2倍，年均增长21.2%；累计完成技术改造投资2280亿元，是“十一五”时期的4.3倍，年均增长23.5%。全市新开工工业项目累计7668项，竣工投产7313项。2015年，全市完成工业固定资产投资744.3亿元，占全社会固定资产投资总量的37.8%；全市完成技术改造投资621.7亿元，同比增长21.8%。电工电子新材料基地、现代中药产业基地、绿色智能发电设备产业园等一批重大项目的开工建设和投产，为桂林市工业加快发展注入了持续动力。

——节能减排成效突出，绿色发展逐渐显现。“十二五”时期，全市34家重点用能企业累计完成节能30.6万吨标准煤，超额完成自治区下达的目标任务。5年间累计淘汰铁合金、水泥、造纸等行业落后产能企业60家，总计淘汰落后产能铁合金60.8万吨、水泥239万吨、造纸5.5万吨、制革5万标张。全市共有114家企业通过清洁生产实施效果评估验收，共实施清洁生产技术改造项目298项。2015年，全市万元工业增加值能耗为0.9628吨标准煤，比2010年下降52.3%，固体废弃物综合利用率为82.5%，超额完成目标任务。工业绿色发展的理念和模式正逐渐形成。

——信息化应用不断深入，融合发展趋势明显。“十二五”时期，桂林市成功获批国家两化融合试验区、国家信息消费试点城市和国家电子商务示范城市，累计完成信息化基础设施建设投资40亿元，信息消费规模增长超过5倍，桂林力港网络科技股份有限公司的“动漫游戏设计技术与旅游融合发展应用”项目被评为国家信息消费创新应用示范项目。2015年，全市拥有国家级两化深度融合示范企业1家，两化融合贯标企业3家，自治区两化深度融合标杆企业7家，自治区企业信息化示范应用企业287家。全市主要行业大中型企业数字化设计工具应用率超65%、关键工序数控化率超60%，规模以上企业管理信息系统应用率超75%。全市信息化、工业化相互融合发展的趋势日趋明显。

二、“十三五”发展环境

(一)优势机遇

——宏观经济仍处于大有作为的重要战略机遇期。“十三五”时期，国家深入推进“一带一路”、“互联网+”、“中国制造2025”等国家发展战略，加快打造中国—东盟自贸区升级版，自治区深入实施“创新驱动、开放带动、双核驱动、绿色发展”四大战略，推进珠江—西江经济带开放发展，《关于做强做大做优我区工业的决定》等系列政策的效应将逐渐显现。此背景下，依托桂林市良好的区位优势和科技创新比较优势，桂林工业迎来了新一轮跨越发展的重大机遇。

——“两个建成”是工业重大发展的历史性契机。“十三五”时期是桂林市实现全面建成小康社会和基本建成国际旅游胜地“两个建成”目标的决胜期，全市各级部门将围绕这一中心目标开展各项工作。工业作为支撑桂林市经济增长的重要组成部分，将迎来新一轮重大发展契机。在“两个建成”目标全面实现的同时，也迎来了工业转型升级、提质增效的发展良机。

——桂林经济技术开发区和国家级基地建设工作构成工业发展新动能。桂林经济技术开发区的启动建设是桂林市工业发展的一次重大整合和优化。国家级两化融合试验城市、国家新型工业化(电子信息)产业示范基地、国家级老工业基地等国家级基地的建设，将不断优化桂林市产业及空间布局，为“十三五”桂林市工业发展提供新平台和新动能。

(二)制约挑战

——城市发展定位的约束趋紧。作为国际旅游名城，桂林的城市定位和战略发展目标对资源利用和生态环保的要求高于一般城市。“十三五”时期，资源、环保的约束进一步趋紧，也对桂林市工业的发展提出了更高要求，需要在产业选择、转型升级、空间布局、土地供给等方面充分考虑资源、环保等多方面因素，做到协调发展。

——工业体系发展不够协调。产业集聚发展程度、集群发展水平不高，产业结构存在不合理之处，先进制造业发展速度不够快，战略性新兴产业处于起步阶段，生产性服务业发展水平较低，具有区域性影响力的产业集群和企业集团偏少，工业增长更多依赖投资拉动和资源消耗，产业创新综合能力不强。

——发展环境存在不确定因素。当前，世界经济在深度调整中曲折复苏，增长乏力，稳定性不强。国内各地发展新旧问题交织，同质化严重。同时，以信息技术、互联网技术、智能制造技术等为核心的新技术革命颠覆性地改变现有的增长模式。桂林市工业也将面临进一步提升优化发展环境的挑战。

第二章　总体思路和发展目标

三、发展目标

经过五年努力，全市工业总量规模稳步壮大，产业结构进一步优化,创新能力显著提高,绿色发展取得成效,工业化与信息化融合不断深入。

——总量进一步扩大。到2020年,全市实现工业总产值、增加值分别达到4500亿元和1350亿元,年均增长率达到12.7%和12.6%以上。工业固定资产投资达1300亿元。百亿元产业达到10个以上,超300亿元的产业6个,超500亿元的产业4个。百亿元园区达到8个,超200亿元的园区4个,超1000亿元的园区2个。超10亿元企业60家,超50亿元企业10家,超百亿元企业3家。

——结构进一步优化。到2020年,电子信息、医药及生物制品、先进装备制造、生态食品四大优势产业实现总产值超2400亿元,战略性新兴产业实现产值超1000亿元,四大优势产业和战略性新兴产业在全市工业的占比进一步提升。园区工业总产值占全市工业总产值比重超70%;高耗能产业产值占比进一步下降。

——创新进一步加强。到2020年,力争新增自治区级以上企业技术中心20家,规模以上工业企业研发经费内部支出占主营业务收入的比重超过1.5%,规模以上工业企业新产品销售收入占主营业务收入的比重超过10%,20%以上的规模以上工业企业设立专业的研发机构,有效期内广西品牌(广西名牌产品和著名商标)150个。

——生态进一步发展。到2020年,产业绿色化、生态化、循环化发展水平大幅度提高,新建一批生态型、循环经济型企业。与2015年相比,规模以上万元工业增加值能耗下降15%,规模以上万元工业增加值用水量下降18%。工业固体废弃物综合利用率达到94.5%。

——两化进一步融合。到2020年,力争两化融合发展水平指数达到50,全市主要行业大中型企业数字化设计工具应用率超70%、关键工序数控化率超65%,规模以上企业管理信息系统应用率超80%。

桂林市工业发展“十三五”规划主要发展指标

类别	指标	单位	2015年	2020年	属性	备注
总量扩大	工业总产值	亿元	2470	4500	预期	年均增长12.75%
	工业增加值	亿元	745.2	1350	预期	年均增长12.63%
	工业固定资产投资	亿元	744.3	1300	预期	年均增长11.80%
	超100、300、500亿元产业数量	个	9、4、0	10、6、4	预期	
	超100、200、1000亿元园区数量	个	5、2、0	8、4、2	预期	
	超50、100亿元企业数量	家	5、1	7、2	预期	
结构优化	四大优势产业产值	亿元	1185	2400	预期	年均增长15.16%
	战略性新兴产业产值	亿元	562	1000	预期	年均增长12.21%
	园区工业总产值占全市工业总产值比重	%	64.5	70	预期	
创新发展	新增自治区级企业技术中心(五年累计)	家		20	预期	
	规模以上工业企业研发经费内部支出占主营业务收入比重	%	0.44	1.5	预期	
	规模以上工业企业新产品销售收入占主营业务收入比重	%	3.69	10	预期	
	设立专业研发机构的工业企业比重	%	10%	20%	预期	
	有效期内广西品牌(广西名牌产品和著名商标)	个	131	150	预期	
生态发展	规模以上万元工业增加值能耗	吨标准煤	0.9628	0.8184	约束	累计下降15%
	规模以上万元工业增加值用水量	立方米	119	97.58	约束	累计下降18%
	工业固体废弃物综合利用率	%	82.5	94.5	约束	
两化融合	两化融合发展水平指数		32.6	50	预期	年均增长8.9%
	主要行业大中型企业数字化设计工具应用率	%	65	70	预期	
	主要行业大中型企业关键工序数控化率	%	60	65	预期	
	规模以上工业企业管理信息系统应用率	%	75	80	预期	

第三章 构建产业发展新体系

全面落实中国制造2025,进一步壮大提升优势产业,大力培育发展战略性新兴产业和生产性服务业,加快传统产业转型升级,推动制造业向智能型、服务型和生态化转变,推进工业向中高端迈进。

一、进一步壮大提升优势产业

整合资源,集中力量,加快产业聚集与技术突破,进一步做大、做强、做优桂林市电子信息、医药及生物制品、先进装备制造、生态食品四大优势产业,不断提高优势产业的比重和影响力。到2020年,四大优势产业实现工业总产值超2400亿元,占全市规模以上工业总产值的比重达55%。

(一)电子信息产业

立足产业传统优势,以桂林国家新型工业化(电子信息)产业示范基地建设为契机,围绕信息消费、智能制造、两化深度融合和智慧城市建设,重点发展光通信、微波通信、军工电子、LED、应用电子等产业,推动产业进一步扩大规模、优化结构、提升品质。到2020年,实现总产值超

600亿元,把桂林打造成西南地区重要的电子信息产业基地之一。

——光通信。依托现有的光电结合、光器件与整机系统结合、研发与生产结合的优势条件,积极引进封装、测试装备和仪器仪表、电子元器件、焊接等配套生产企业,完善产业链,提升光子集成和光电系统集成能力和技术水平。开发生产具有国际先进水平的光电子器件、光通信芯片、光通信设备、光通信系统及光通信仪器仪表等产品,提升规模化、产业化水平。

——微波通信。依托桂林市在地面数字电视系统、数字微波传输系统、数字音频广播系统三大系列的核心技术和产品,研发基于米波段数字音频广播技术的北斗卫星导航定位地基增强技术和北斗亚米级差分定位信号调制器、数字广播发射机、终端解调芯片、亚米级北斗接收终端。积极引进射频和微波电子元器件、封装测试、通信系统及通信软件标准开发企业,推动各类高性能通信天线、波导器件、射频组件、通信整机和系统集成等系列产品的发展。

——军工电子。在现有电子对抗设备、雷达、气象雷达、航天电磁继电器、固体继电器等龙头产品的基础上,从导航接收终端领域入手,发展各类军(民)机、无人机、弹载、车载、舰载及航天器的电子系统及设备,网络与信息服务系统及设备,无线电通信与导航系统。大力发展低功耗、智能化、高精度、高可靠性的精密仪器仪表,加快智能视频监控系统、安防产品、工业与民用自动化控制系统及电子设备等产品的研发,积极拓展军贸出口,推动以军促民、军民融合发展。

——LED。利用已有的产业基础,整合优势资源,研发智能、健康、节能、绿色、高光效的高端LED照明产品,进一步优化产品结构。推进LED与太阳能光伏产品的技术结合,研发生产新一代光伏应用LED照明系列产品,积极开发车用LED产品市场。积极引进LED外延材料和芯片制造、集成电路驱动芯片设计、封装测试及衬底材料制作等环节,形成以封装器件、照明及显示等应用产品制造为龙头,以光电半导体材料生长和芯片制造为配套,集研发、制造、测试和设计为一体的产业集群。

——应用电子。依托桂林市成熟的数字测控技术与产业基础,加大数显量具的研发力度,进一步提升品牌影响力。依托物联网等新一代信息技术,优化发展民用电子仪器仪表(水、气、电、热),提高产品精度、一致性和工艺水平。结合桂林市汽车产业基础,重点发展汽车安全电子产品、车载信息娱乐系统、综合信息服务系统及先进的发动机控制系统等产品,扩大汽车电子产业规模。依托机床行业改造提升,大力发展机床电子。

(二)医药及生物制品产业

利用桂林市丰富的中药材资源、较为健全的中西药产业体系、独特的基因生物研发技术和良好的医疗设备产业基础,加快产业结构调整和转型升级,整合优势资源,促进企业兼并重组,做大做强做优桂林市医药及生物制品产业。重点推进现代中药、化学原料药、植物提取和高性能诊疗设备等产业发展。到2020年,实现总产值超400亿元,打造广西重要的特色医药产业基地。

——现代中药。进一步发挥桂林喉口类、抗泌尿系统感染、心脑血管类、抗眩晕等中成药的产业优势,加快研发和推广抗肿瘤、抗血栓、抗血管硬化等特效中药新产品。推动中药材生产质量管理(GAP),培育中药材种植基地。全面提升中药提取数字化控制系统技术,引进和建设先进的中药生产成套设备,实现生产的自动化、系统化、规模化。

——化学原料药。立足青蒿琥酯、左旋米唑、紫杉醇等系列优势产品,实施资源整合,扩大生产规模,增加市场份额。重点发展心脑血管药、糖尿病药、抗肿瘤药、提高机体免疫功能药、速效药。利用微囊包合、缓释控释、药物透皮等技术,推动品种和剂型系列化发展。

——植物提取。充分利用桂林市罗汉果、银杏、甜茶、槐米、柿子叶(皮)等特色植物资源优势,以特色植物资源成分分析、功能性试验、终端产品开发为发展方向,促进相关技术资源的整合和开发共享;建设植物资源检验检测平台;推进国家或行业质量标准的制定;着力推进特色植物资源在医药保健、食品、农业、生物能源等方面的发展和应用。

——高性能诊疗设备。充分发挥现有临床检验设备及配套试剂、超声波洁牙设备等方面的生产研发优势,进一步巩固现有的生化分析仪、牙周治疗仪、光固化机等优势产品的市场,以高端医疗诊断仪器、影像设备、医用机器人研发、远程诊疗移动医疗设备和系统为发展方向,推动医疗器械产业进一步规模化、集群化、高端化发展,打造桂林智慧医疗产业链。

(三)先进装备制造产业

依托桂林市装备制造业现有基础,以智能化、高精度为发展方向,优先发展智能电网电力设备、高等级轮胎及橡塑设备、汽车产业和轨道交通装备产业,重点完善桂林市制造业体系,提升产品品质,大力发展先进装备制造业。到2020年,力争实现总产值超600亿元,建成智能电网电力设备产业基地、广西重要的先进装备制造业基地和客车产业基地。

——智能电网电力设备。以现有绿色能源智能电网设备制造和超百万伏输变电设备等核心技术为基础,积极引进电力电子器件、成套装备等企业,突破大功率电力电子器件等关键元器件和材料的制造及应用技术,推进全膜介质电容器、光电式互感器、可调电感式串联电抗器、新型变压器、先进储能装置和智能电网用输变电设备发展。扩大柔性直流输电系统、超高压特高压设备、智能电网成套设备、高压电气元器件、高性能环保特种线缆等产品规模。

——高等级轮胎及橡塑装备。重点发展子午线汽车轮胎、工程机械轮胎、航空轮胎等高等级轮胎,以及万吨级连续密闭环保再生橡胶生产装备、智能橡塑装备、全自动系列硫化机、钢丝帘布裁断机、轮胎复合挤出机组等高端橡塑专用装备。通过加强与国外行业巨头企业合作,借助海外优质资源,进一步扩大海外市场。

——汽车。依托桂林市广西新能源汽车试点城市建设契机,充分发挥龙头企业的带动作用,以乘用车为重点,以提高配套能力为核心,大力发展新能源客车与节能客车,积极研发智能型客车。以节能、安全、易操控、高智能、舒适为技术方向,加快发展关键零部件加工产业和汽车电子产业,加快完善零部件供应体系,提升零部件与整车生产的配套能力,大力推进汽车工业技术改造和产品升级。

——轨道交通装备。依托云轨、磁悬浮等项目建设,引进发展城轨车辆、机车车辆关键部件、信号设备、轨道工程机械设备等制造产业,积极加快车辆架大修、车辆日常维保、车辆停放等轨道交通装备服务产业发展。

——通用装备制造。提升发展车、铣、刨、磨、钻、镗等系列机床产品及其加工中心,加快培育壮大中高端通用装备产业集群。积极发展环保、物流、食品包装等通用装备。推动产业的智能化、复合化、高速化、高精化、高柔性化、大型化方向发展。

——专用装备制造。重点发展人造金刚石压机、太阳能发电装备、风能发电装备、粉体加工装备、农业机械等专用装备及系统集成。大力推广新型水平定向钻机、挖掘机、履带式推土机、叉车、新型液压凿岩机等工程机械产品。积极发展面对市政工程作业的微型化机械产品。

——通用航空。积极引进通用航空产业链关键环节企业,择机发展各类航空通用设备,研发通用航空的仿真、训练模拟器,通用航空飞机的关键零部件,空管系统与地面维护系统及设备,新能源机场专用车等。

(四)生态食品产业

依托桂林市丰富的绿色生态农林资源和生态功能区优势,以优化产品结构和提高产品附加值为重点,加快发展生态饮品及酒类制造产业,大力发展旅游休闲食品产业,着力推进果蔬加工业和粮油加工业,打造与桂林市国际旅游名城和生态山水名城相得益彰的特色生态食品产业。到2020年,实现总产值800亿元,建成广西绿色生态食品产业基地。

——生态饮品及酒类制造。发挥桂林水资源优势,以健康化、系列化、品牌化为方向,推动饮料产业转型升级,加快发展生态水、保健凉茶、果蔬原汁饮料、植物蛋白原汁饮料、碳酸饮料、果酒等生态饮料。引进国外先进工艺和设备,加快开发优质白酒、新型啤酒、原味果酒等新产品和中高端产品,优化酒品结构。

——旅游休闲食品。利用桂林市丰富的农产品资源,结合旅游市场需求,扩大方便型桂林米粉、葛根系列粉丝、燕麦等方便主食类食品及桂林豆腐乳、辣椒酱、三花酒等特色食品的生产规模。加快开发桂花系列、荔浦芋、禾花鱼等地方特色旅游休闲食品,培育旅游休闲食品产业集群。

——果蔬加工。依托桂林市月柿、柑橘、葡萄、银杏、罗汉果、绿叶菜等特色农林产品,加快果脯、果粉、果酱、蔬菜粉、果蔬萃取、速冻菜、脱水菜等产品产业化发展,积极研发具有调节血脂血糖、保护肝功能、改善骨质、养生滋补、延缓衰老等功能性养生食品,壮大果蔬加工产业。

——粮油加工。以多元化、健康化、便利化为方向,推动粮油加工产业转型升级。大力发展发芽糙米、蒸谷米、免淘米、营养强化米等绿色健康大米,开发即食型食用油、色拉油、功能型食用油。

二、大力培育发展战略性新兴产业

立足桂林市战略性新兴产业发展基础,实行扩大产业规模和抢占产业发展制高点并举,加快发展壮大新一代信息技术、新材料、新能源、节能环保等具有较好产业基础的新兴产业,加快培育机器人、3D打印、旅游装备、核电与智能电网、高铁维修维护、航空航天等新兴产业。到2020年,力争实现总产值1000亿元,打造广西高新技术产业基地。

(一)新一代信息技术产业

以助推产业智能化为重点,大力推进新一代信息技术研发与产业化发展,加强新一代信息技术成果产业化推广应用,加快发展行业应用软件、大数据、物联网、云计算和旅游信息服务等产业。

——行业应用软件。以智能设计为重点,大力发展与装备制造、汽车、医疗、新能源、通信等产业配套的应用软件及集成,加快发展与节能环保、新材料、养生健康等产业配套的应用软件,培育发展与机器人、智能控制等新兴产业配套的行业应用软件。

——大数据。以应用为导向,突破大数据关键技术,推动产品和解决方案研发及产业化,创新技术服务模式,形成技术先进、生态完备的技术产品体系。发挥龙头企业的牵引带动作用,整合产学研用资源优势联合攻关,研发大数据采集、传输、存储、管理、分析、应用等关键技术。

——物联网。以智能城市交通管理、智能物流管理和智能工业流程监控等为重点,推动实施一批重点工程。以桂林国家高新技术产业开发区和桂林经济技术开发区为主要载体,加快物联网产业布局,促进基础设施建设。加强物联网关键技术攻关,推动物联网传感器、射频识别设备、应用软件、系统集成、智能控制系统等产业化、规模化、集群化发展。

——云计算。以网络升级和“新三网融合”建设为契机,积极推进云计算、云存储、云服务基础设施建设,推动企业、科研机构、高等院校建立跨区域云产业发展联盟,重点建设电子政务云、旅游云、智慧交通云、养生健康云和食品安全云等,大力推进云技术体系建设。

——旅游信息服务。以旅游电子商务为核心,旅游网络媒体和旅游软件服务为两翼,加快发展第三方支付平台、智能终端旅游信息产品及服务等相关旅游信息服务产业。大力发展旅游大数据采集、处理、交易和应用服务产业。

(二)新材料产业

大力发展绿色、高效、低能耗、可回收新材料产业,进一步做大做强非金属材料、电工电子新材料等优势材料产业,加快培育发展新能源材料产业。

——非金属材料。发挥桂林市雄厚的超硬材料研发实力、生产优势,研发具备高速、高效、高精、绿色环保加工特性的新一代超硬材料制品及其制造设备。大力开展特种玻璃、纳米材料等新材料的研发生产。拉长滑石、碳酸钙产品产业链,拓展在航天、医药、食品、橡塑制品、电缆等领域的应用。

——电工电子新材料。重点推进聚酰亚胺薄膜、电工触头材料的开发,丰富产品系列,打造集材料生产、设备研制、生产线集成于一体的产业集群。积极开展3D打印电子耗材、电子墨水等新材料研发,加快产业化进程。

——新能源材料。加快发展太阳能电池材料。加快培育新能源汽车储能材料、动力车新型储能材料、充电桩快速充电关键材料等新能源材料。

（三）新能源产业

以国家统筹推进集中式和分布式能源网络建设为契机,以兴安、全州、灌阳等新能源产业基地为主要平台,推动太阳能光伏产业恢复性增长,推动风能等其他可再生清洁能源产业稳步增长,促进新能源资源开发、发电设备制造和新能源应用推广配套发展,实现新能源产业稳步发展。

——太阳能。大力发展新型铜铟镓硒薄膜太阳能电池、晶体太阳能电池、电池片组件、智能光电站成套设备及相关光伏应用产品,进一步完善产业链、壮大产业集群。积极拓展光电应用领域,着力提高光电转换效率,促进太阳能光电产业稳步发展。

——风能。积极发展风能叶片制造、调速系统、控制系统、智能风电站成套设备、风力电站设计及建设,努力提高风电转换效率,加快壮大风电产业链。努力拓展风电应用领域、提高利用水平,促进风电产业健康发展。

（四）节能环保产业

以推广示范为先导,以重点工程为依托,重点发展高效节能、先进环保设备和产品,推进节能环保产业化、集群化发展,加速扩大产业规模。

——高效节能与先进环保设备。大力推广在线能源计量、检测技术和设备,支持研发节能减排技术,积极推动节能型矿物粉磨设备、矿物筛分设备等节能装备生产。重点发展污水处理、垃圾处理、大气污染控制等领域的设备和产品,积极发展分散式污水处理技术和成套化设备,加快发展工业领域的除烟、脱硫、除臭的三废处理设备。

——再生资源回收利用。逐步构建污染治理和服务平台,推动废弃机电设备、电线电缆、电器电子产品、汽车、铅酸电池、塑料、橡胶等再生资源的循环利用、规模利用和高值利用。统一规划工业废旧回收产业布局,淘汰现有落后企业,推动产业健康发展。

（五）其他新兴产业

——特色工艺美术。按照适当集中、形成规模、体现特色的要求,引导根雕、奇石等工艺美术行业稳步发展,提高产业聚集能力,以桂林市工艺美术创意产业园为重点,打造集生产、原辅料配套、创新培训、销售展示、旅游观光为一体的新型特色工艺美术产业。

——机器人。加快引进和开发机器人技术,研发移动机器人工作系统,开发适宜性的焊接、装配、搬运、专用等工业机器人。以优势产业为基础,培养一批工业机器人研发、应用和技术服务的专业人才和创新团队,策划引进国内外主要机器人生产企业。

——旅游休闲装备及用品。以桂林市国际旅游胜地建设为契机,加快发展无人机航拍、智慧旅游导航系统、户外装备及用品等重点产品,培育旅游休闲装备产业。

三、加快传统产业转型升级

依托新一代信息技术和生态环保技术,引进智能装备,实施智能制造,推动包装与竹木加工、建材和冶金等传统企业改造提升,加快向产业链中高端转移,实现传统产业提质增效和转型升级。到2020年,传统产业实现总产值超过1000亿元。

（一）包装与竹木加工产业

——产品包装印刷。积极发展工业品包装设计、生产及印刷业务,完善产品包装印刷产业集群。加快发展多重防伪、多种验证、人机互动、可追溯等数字信息化印刷产品,推动包装印刷产业智能化、高端化、生态化、系列化发展。

——家居及竹木材加工。实行标准化生产和个性化定制并举,加快发展绿色家居和办公用品。稳妥发展胶合板、中/高密度板纤维板、刨花板等产品,推进林板一体化。适度发展竹制品系列产品加工,延长竹木产品产业链。

——造纸及纸制品。大力发展纸制品深加工,增加纸制品品种,提升品质,提高产品附加值和技术含量。推动中小造纸企业并购,逐步淘汰落后产能和高污染企业。

（二）建材产业

——水泥建材。大力提升水泥预制品的比重,发展标准化水泥制品,进一步优化产品结构,全面推广预拌砂浆应用。推进企业利用尾矿、粉煤灰、建筑垃圾等废弃物开发新型建材,优化水泥粉磨站、水泥搅拌站、水泥预制品站场布局,推动产业生态环保发展。

——金属建材。以轻型、环保为方向,大力发展铜、铝、铁等合金建材。积极发展标准化金属建材成品和钢架型建材成品。积极探索拓展“以铝节木”,推动多样化铝产品的应用。

——塑型建材。大力发展塑型建材的深加工,拉长产业链。加快开发新型塑型建材,完善塑型建材产业集群。开发适用于塑型建材的PVC、PE、PP专用材料,加强管材管件模具的研究开发。促进推广塑料管材、塑料门窗等塑型建材的应用,带动其他化学建材产品的发展。

（三）冶金产业

——铁合金。控制产能总量规模,引进先进环保处理技术,淘汰落后产能,推广原材料预处理等先进工艺。发挥人才、技术等优势,有效利用能源、资源,优化产业结构和产品结构,提升产业规模和集中度。

——电解锰。重点利用本地区丰富的低品位锰矿资源,生产电解锰及其下游系列产品,推进锰产业资源重组,发展锰矿—冶炼—精深加工主产业链和生态锰循环经济产业链。加强科技合作,降低能源消耗,提升产业核心竞争力。

——有色金属。以加工精深化和再生利用为重点,以产品多样化、终端化、高端化为方向,积极推广海水淡化管研发生产和钨锡钽铌铅锌深加工,拉长产业链,壮大铝铜有色金属产业集群。

四、大力发展生产性服务业

以总部经济、研发设计、孵化转化、电子商务、现代物流、工业旅游和会展服务为主要内容，大力发展生产性服务业，推动生产性服务业与工业融合发展，相互促进。

——总部经济。充分利用桂林城市品牌、历史文化、自然环境和综合交通优势，加快推动企业总部集聚，建设集研发、推广、居住、养生、休闲于一体的工业总部经济园区，打造总部经济产业。

——研发设计。积极引导工业设计资源集聚，推动现有研发设计平台融合与拓展，建立一批专业化、规模化、跨区域的工业研发设计平台和联盟，推动工业研发与设计产业化发展。培育集聚一批社会化投资、专业化服务的第三方研发机构，逐步形成研发服务集群。

——孵化转化。推动现有孵化企业和转化企业拓展服务领域，加快引进一批专门服务新兴产业的科技成果孵化转化企业，打造工业研发设计成果孵化转化平台。加快培育发展一批成果孵化转化中介服务机构，逐步构建多领域、网络化的科技成果孵化转化服务体系。

——电子商务。积极建设和发展电子商务集聚区，重点培育、引进一批支付、金融、信息技术等电子商务第三方服务机构，提升桂林电商谷品牌影响力。运用互联网技术，提高物流、配送、仓储能力，推进电子商务产业发展。

——现代物流。加快传统运输业、仓储业向现代物流业转型，鼓励物流企业与制造企业深化战略合作，建设与制造业企业紧密配套、有效衔接的仓储配送设施和物流体系及信息平台。鼓励工业园区加快物流基础设施建设，积极培育、引进第三方物流企业，重点加快大溪河工业物流基地等项目建设。

——工业旅游。以服装、酒业、食品、衣架等产业为重点，以桂阳公路沿线为核心区域，建设与桂林山水相得益彰的集设计、研发、生产、体验、销售、休闲于一体的工业旅游带，带动相关产业配套发展，推进工业与旅游相结合。

——会展服务。推动中国—东盟旅游博览会等非工业会展平台增设工业板块，拓展会展功能，推动非工业会展与工业会展融合发展。加快创建新型工业会展平台，大力发展工业会展服务，壮大优化会展产业。借助会展平台，全面推广“桂林制造”。加强交流合作，打造工业会展经济品牌。

第四章 优化工业发展布局

按照桂林市“一轴两带”经济社会发展总体布局和现有工业空间发展基础，遵循集约、集群、循环、生态发展的原则，构建桂林工业“一核双驱、多点支撑”空间发展布局。依托桂林国家高新技术产业开发区、桂林经济技术开发区的建设促进中心城区发展，依据自身特点，加快各县及特色工业园区发展，形成重点推进、优势互补、协调发展的格局。到2020年，园区实现工业总产值占全市工业总产值的比重超过70%。

一、全力建好“一核双驱”

“一核”是指由桂林市城区构成的现代产业核心区。“双驱”是指核心区内的桂林国家高新技术产业开发区和桂林经济技术开发区。在“一核双驱”区域，进一步壮大四大优势产业，大力培育发展战略性新兴产业和生产性服务业，充分发挥引领、示范、辐射、带动作用，构建集聚发展的现代产业体系。围绕打造桂林国家高新技术产业开发区和桂林经济技术开发区“双千亿”产业园目标，通过做优桂林国家高新技术产业开发区、做大桂林经济技术开发区、做活中心城区，到2020年，“一核双驱”区域实现的工业总产值占全市工业总产值的比重超过50%，成为桂林工业发展的主要引擎。

（一）中心城区

按照业态先进、特色突出、配套完善、效益显著的原则，发展技术研发、工业设计、电子商务、互联网、云计算、大数据等新兴产业，为城市运行和发展提供生活及生产性配套服务。加大楼宇经济培育力度，鼓励在城区工业用地基础上发展楼宇经济，加快对现有商务楼宇进行改造提升，着力引进一批高端业态的企业和机构，提高楼宇经济品质，完善载体功能，助推城区工业转型升级。强化城区产业规划对工业发展建设用地总量的控制和对土地储备的引导，积极盘活存量建设用地，提高土地利用效率，优化土地利用结构，实现节约集约用地，促进经济发展方式转变。

（二）桂林国家高新技术产业开发区

发挥桂林国家高新技术产业开发区在政策、产业、技术、品牌等优势，重点壮大电子信息、生物医药等现有优势产业的规模，延伸产业链，加快发展软件开发、物联网、云计算等新一代信息技术产业，突出培育科技研发与成果孵化转化产业，推动产业融合发展。优化布局，拓宽产业承载空间，推动七星老城、漓东科技新城、华侨科技旅游新城的优势互补和联动发展，建设智慧示范园区。推广智能制造生产模式，提升科技创新能力，积极推进大众创业、万众创新。着力打造区域性高新技术产业基地，进一步提升引领全市科技创新能力。到2020年，实现技工贸总收入1300亿元（其中工业总产值超500亿元）。

专栏一：“十三五”时期桂林国家高新技术产业开发区工业发展主要任务

桂林国家高新技术产业开发区目前已形成七星老城、漓东科技新城、华侨科技旅游新城和桂磨路高新技术产业带、内环路商业旅游休闲带、外环路现代物流批发带的“三城三带”发展格局。“十三五”时期，桂林国家高新技术产业开发区重点打造“四城联动、四带辐射”发展格局。

一、“四城联动”。即七星老城、漓东科技新城、花江生态城和华侨旅游新城联动发展。

——七星老城。推动七星老城升级改造，加快七星老城区工业企业的搬迁改造，向园区聚集，为老城区现代商业、金融、会展、文化等现代服务业腾出发展空间。

——漓东科技新城。按照“产城一体、宜居宜业”的发展要求，围绕重点产业发展规划，完善配套体系，加快园区城镇基础设施及生产生活配套设施建设，打造生态、环保、创新型、高科技、可持续发展的宜居宜业新城。

——华侨科技旅游新城。加强规划引领，加大投入力度，全面提升华侨旅游经济区的档次和品位，打造集工业观光旅游、总部经济、养生健康等产业为一体的综合科技旅游休闲度假区。

——花江生态城。加快规划建设花江生态城（托管区、共建区），聚焦发展生物医药产业、电子信息产业以及与两个产业融合发展的现代服务业，为老城区搬迁改造企业及辖区内优质企业扩大生产规模提供发展空间，实现产业集聚发展。

二、“四带辐射”。即建设桂磨路高新技术产业带、内环路商业旅游休闲带、外环路现代物流批发市场带和堤园路休闲旅游经济带，辐射周边区域发展。

——桂磨路高新技术产业带。依托现有产业基础，加快高新技术特色产业园及相关配套项目建设，打造高新技术产业基地、创新创意产业聚集区、科技企业孵化基地、企业总部基地和人才培训基地。

——内环路商业旅游休闲带。加快七星CBD商务区和桂林电商谷等项目建设，助力“大众创业，万众创新”，加快推动电子商务示范基地建设，打造桂北地区创业中心和企业营销总部基地。

——外环路现代物流批发带。依托桂林长途汽运站、漓东货运站、神龙医药物流城、黄莺岩现代物流市场等资源，加快打造现代物流批发产业。

——堤园路休闲旅游经济带。在堤园路两侧重点加强景观建设，加大工业旅游产业培育力度，形成堤、路、景、企为一体的城市沿江风光带，探索工业与旅游融合发展的新道路。

（三）桂林经济技术开发区

整合西城经济开发区、苏桥经济开发区现有产业基础，加大承接产业转移力度，大力发展先进装备制造、电子信息、医药及生物制品、生态食品等产业，积极发展橡胶制品、新材料等产业，努力培育生产性服务业。拓展园区发展空间，促进产城融合，实行“一区多园、一园多中心”发展模式，建设创新创业产业园。塑造新的发展优势，构建桂林工业发展新空间，力争建成国家级经济技术开发区。打造西江经济带先进制造业示范区，建设桂林工业经济发展新增长极和支撑带。到2020年，实现工业总产值超1000亿元。

专栏二：“十三五”时期桂林经济技术开发区工业发展主要任务

桂林经济技术开发区是桂林市委、市人民政府贯彻落实自治区“保护漓江，发展临桂，再造一个新桂林”的发展战略和实现产业转型升级的重要战略举措。开发区范围主要包括秧塘片区、两江片区和苏桥片区，规划总面积142.71平方千米。“十三五”时期，桂林经济技术开发区将重点打造“多产并举、分工合理、联动发展”的新型工业新城。

——秧塘片区。依托原西城经济开发区及其周边用地，做强做大电子信息、医药及生物制品、仪器仪表等高新技术制造业，加快提升园区产业科技含量。重点推进山水科技双创园、云计算产业园等园区建设，打造山水高科技产业园。

——两江片区。依托两江机场和宝山工业集中区，培育发展高技术航空综合制造产业（包括航空核心产业及其关联产业，如临空高技术制造及飞机制造与维修等）和服务业，打造临空制造产业园。

——苏桥片区。依托原苏桥经济开发区（苏桥工业园和福龙工业园），发展先进装备制造、生态食品、生物医药、橡胶制品、新材料等产业。重点推进大溪河物流园、无水港物流园等项目，打造先进制造产业园和生态食品产业园。

二、打造多点支撑的县域工业

依托县域资源、市场和区域优势，以强化特色、统筹协调、转型升级为重点，加速工业产业聚集，做大县域主导产业规模，增强县域工业活力，到“十三五”期末，形成错位发展、互补发展、融合发展的县域工业新格局。

——兴安县。重点发展农产品深加工、养生健康、太阳能光伏等产业。改造提升建材、林化产品加工、金属冶炼、机械制造等传统产业。积极培育太阳能光伏应用、通用航空产业。依托现有太阳能光伏产业基础，推动骨干企业加强并购重组和强强联合，进一步做大太阳能电池、太阳能发电设备、光伏产品三大产业集群，积极发展太阳能新材料产业，打造区域性太阳能光伏产业基地。

——全州县。大力发展生态食品深加工、医药、家居办公用品等产业。改造提升铁合金、木材加工和轻纺等产业。适度发展机械制造、建材等产业。积极培育新能源、生物医药等战略性新兴产业。做大工业总量，做优工业品牌，打造桂林市经济发展的工业强县。

——灌阳县。重点发展冶炼、选矿装备、食品饮料等产业。提升改造石材加工、电力、农林木产品加工产业。积极培育以智能装备为重点的矿山机械产业，进一步做特做精特种矿山机械产业，打造广西特色选矿装备产业基地。

——资源县。依托生态资源优势，重点发展农产品深加工、养生健康、风力发电等生态产业，推动冶金、竹木加工、建材产业转型升级，打造生态食品、养生健康产业基地。

——龙胜各族自治县。立足广西重要生态功能区定位，大力发展农产品深加工、养生健康、风力发电、非金属矿新材料等产业，推动竹木加工、鸡血玉加工等产业转型升级，打造生态食品、养生健康产业基地。

——灵川县。大力发展高端装备制造、生物医药、生态食品等产业。改造提升建材、化工、冶炼等产业。积极培育文化创意、电子商务、节能环保、新能源、新材料等战略性新兴产业。依托粤桂黔高铁经济带合作试验区（广西园）、桂林西货运中心等项目建设，打造绿色产业聚集区和重要物流基地。

——荔浦县。大力发展生态食品加工、养生健康、医药等产业。巩固提升木衣架、家居办公用品等产业。积极培育新材料、电子商务等产业。发挥民营经济优势，打造小微企业创新创业、农民工创业园等制造业基地，力争成为桂柳工业融合发展的纽带与平台。

——平乐县。依托桂贺一体化发展契机，加快承接东部产业转移，大力发展生态食品加工、竹木加工、新材料等产业，推动冶金、建材产业加快转型升级，积极培育船舶、航运等产业。力争建成桂贺工业协同发展的重要支点。

——恭城瑶族自治县。依托恭城国家级生态示范县品牌和丰富的绿色农林资源，大力发展生态食品、养生健康、竹木加工等产业。推动冶金、建材产业绿色发展。加快发展风力发电、高端稀土等产业。打造特色生态工业基地。

——阳朔县。依托自身独有的旅游和生态优势，发展养生健康、生态食品、旅游工艺品加工等产业，积极培育楼宇经济、电子商务等特色生态产业。

——永福县。依托拥有“长寿之乡”生态资源优势，重点发展养生健康、生态食品、旅游工艺品加工等产业，积极发展生物医药、丝绸轻纺等产业，逐步培育绿色生态工业体系。

三、做大做强重点特色产业基地

——桂林国家新型工业化（电子信息）产业示范基地。依托桂林电子信息产业优势，围绕中国制造2025全面实施、信息消费升级和智慧城市建设，以提升产业配套能力为重点，大力发展光通信、微波通信、行业应用电子、软件和信息服务等产业，积极发展电力电子、北斗导航、消费性电子信息等产业。以新型工业化建设带动产业发展，建成特色鲜明的电子信息产业基地。

——粤桂黔高铁经济带合作试验区（广西园）。依托贵广高铁和宁京高铁建成通车，及桂林北站、桂林西站等配套站场建成投入运营，重点发展仓储、包装、加工、装配、配送产业，大力发展先进轨道交通制造业和生产性服务业。积极承接产业转移，推动产业园区化发展，加快八里街经济开发区转型升级。打造区域性高铁产业基地和综合物流产业基地。

——县（区）特色产业园。鼓励县（区）引导特色产业集聚发展，支持龙头企业进入工业园区做大做强，延伸产业链，建设特色产业园。重点推进雁山低碳经济产业示范园建设，加快荔浦农民工创业园和小微企业创新创业基地、兴安太阳能光伏产业园、灌阳特色选矿装备园、全州米粉深加工产业园建设。

第五章　推动转型升级发展

按照新型工业化要求，以提质增效为核心，加强创新能力和品牌建设，推进全面融合发展，推行生态化改造，实施多层面开放合作，推动转型升级发展，进一步提升桂林市工业综合实力。

一、加强创新能力建设

——推动优势产业和企业创新。强化企业技术创新主体地位。依托优势产业的龙头企业，重点突破关键共性技术、主导性技术的研发与转化，组织光通信、智能电网、中药新药等产业重大项目科技攻关，大力推动产业创新发展。加强知识产权保护，支持重点企业参与承担各级标准的起草制定。采取政府与社会合作、政产学研用联合等新机制，培育一批技术创新能力强、创新业绩显著、具有重要示范和导向作用的企业成为国家级技术创新示范企业，推动企业技术创新活动升级。

——加强技术创新平台建设。以搭建技术创新平台为手段，积极推进我市企业、科研院所与国内外领军企业、高等院校和科研院所等开展项目研究、科技成果转化、科技交流等领域合作，建设一批促进制造业协同创新的公共服务平台，建立完善科技成果信息发布与共享平台。通过国家、自治区和桂林市三级创新平台建设，进一步完善企业技术创新体系。

——积极培育创新创业载体。充分发挥互联网开放创新优势，调动全社会力量，支持创新工场、创客空间、社会实验室、智慧小企业创业基地等一批新型众创空间发展。积极盘活闲置的商业用房、工业厂房、企业库房、物流场所等资源，通过市场化方式构建一批创业服务与创业投资相结合、线上与线下相结合、孵化与投资相结合的开放式众创空间。加大对微型企业孵化园、科技孵化器、工商企业集聚区等小微企业创业基地建设的支持力度，建立一批新兴产业“双创”示范基地。

二、推进全面融合发展

——推进两化深度融合。加快推进新一代信息技术与制造技术融合发展，把智能制造作为两化深度融合的主攻方向。充分发挥云计算、大数据、物联网等现代信息技术，着力推进“互联网+”制造业模式。推动企业从单项信息技术应用向集成化、智能化应用转变，从单一企业信息化向产业链信息化及行业信息化转变。加快优势行业智能化改造，在电子、机械、汽车、食品、制药等行业推广建设智能工厂和数字化车间。推动工业企业与互联网平台全面对接，全面提升企业研发、生产、管理和服务的智能化水平。

——推进产业融合发展。推动产业结构调整，促进产业纵向延伸、横向嫁接、跨界融合。强化企业市场主体地位，支持企业间战略合作和跨行业跨区域兼并重组，促进大中小企业协调发展，提高规模化、集约化经营水平，培育一批综合实力强的企业。加快推进工业与服务业融合发展，推动经营模式创新和业态创新，促进生产型制造向服务型制造转变。大力发展与制造业紧密相关的生产性服务业。积极探索高端高质高效的产业融合发展模式。

——推进产城融合发展。加快推进工业园区化、园区城镇化、产城一体化建设。实施多规合一，统筹安排园区及周边城镇的基础设施建设，加快产业园区道路、给排水、垃圾污水处理、电力电信等基础设施的建设步伐，形成与周边城镇互为补充、协调发展的管网、电网、路网体系。加大廉租房、公租房、经济适用住房建设力度，引导城镇居民和园区产业工人就近集中居住，提升园区聚集能力。统筹考虑城镇与产业园区的商业、居住、教育、医疗等公共服务设施建设，进一步提升城镇和产业园区的社会服务功能。形成产业发展、城镇繁荣、安居乐业的新格局。

三、培育提升质量品牌

——推广先进质量管理技术和方法。积极开展质量标杆和领先企业示范活动，普及精益生产、质量诊断、质量持续改进等先进生产管理模式和方法。支持企业建立质量在线监测、在线控制和产品全生命周期质量追溯系统。

积极推进重点行业工艺优化工作，提升关键工艺过程控制水平。加强中小企业质量管理，开展质量安全培训、诊断和辅导活动。

——加快提升产品质量。开展工业产品质量提升行动，在电子信息、先进装备制造等产业，加强可靠性设计、试验与验证技术开发应用，推广采用先进成型和加工方法、在线检测装置、智能化生产和物流系统及检测设备等，使重点产品的性能稳定性、质量可靠性、环境适应性、使用寿命等指标达到国际国内同类产品先进水平。在食品、药品等产业，推广实施覆盖产品全生命周期的质量管理、质量自我声明和质量追溯制度，保障重点消费品质量安全。

——推进工业品牌建设。支持一批重点企业围绕研发创新、生产制造、质量管理、营销服务全过程，制定品牌管理体系，提升内在素质，夯实品牌发展基础。引导广大中小企业增强以质量和信誉为核心的品牌意识，树立品牌消费理念，提升品牌附加值和软实力。扶持一批品牌培育和运营专业服务机构，开展品牌管理咨询、市场推广等服务。培育一批特色鲜明、竞争力强、市场信誉好的工业品牌，打造助推国际旅游胜地建设的品牌文化。

四、推行生态化提升改造

——加快工业绿色改造升级。全面推进包装与竹木加工、建材、冶金、机械等产业绿色改造，支持企业实行绿色标准、绿色管理和绿色生产，实施原料无害化、生产洁净化、废物资源化、能源低碳化的绿色战略。发展绿色园区，推进工业园区产业耦合，打造绿色供应链，逐步建立资源节约、环境友好的采购、生产、营销、回收及物流体系。落实生产者绿色监管责任制度，加强节能环保监察，推行企业社会责任报告制度，开展绿色评价。

——推进资源高效循环利用。支持企业强化技术创新和管理，增强绿色精益制造能力，大幅降低能耗、物耗和水耗水平。全面推行循环生产方式，促进企业、园区、行业间链接共生、原料互供、资源共享。强化技术装备支撑，提高工业固体废弃物、水循环利用、有毒有害原料替代、余热余压回收等综合利用水平。推进资源再生利用产业规范化、规模化发展。

——强化节能减排硬性约束。在工业企业推广应用节能新技术、新材料、新产品、新设备，提高产业用能效率和水平。严格控制“两高”15 和产能过剩行业新上项目，遏制高耗能产业无序发展和低水平扩张。认真开展新建项目环境影响评价和节能评估审查。强化对节能工作的监察管理，实行节能工作问责制，科学合理制定节能降耗目标任务，健全目标考核机制。在重点耗能行业全面推行能效对标，推动工业企业能源管控中心建设。

五、实施多层面开放合作

——强化招商引资。以“强链、延链、补链”为原则，以四大优势产业和战略性新兴产业为重点，瞄准重点地区、重点企业，组织开展有针对性的招商活动，加快推进专题招商、精准招商。推动企业与先进生产要素联合重组，促进产业结构优化升级。依托各行业龙头企业，着力引进一批高水平的大企业和大项目，延伸上下游产业链，以新的增量促进产业结构调整。改善投资软环境，强化企业的能动作用，培育发展新的增长点。

——创新产业合作。积极参与珠江—西江经济带、中国—东盟经济圈建设，建立健全沟通合作机制，构建有机衔接区域发展规划体系，打造产业发展联盟，共建跨区域产业园区，加强运行领域协调沟通，提高参与区域产业分工与合作的能力。鼓励企业通过授让商标权、专利权、合作开发、合作生产、资产重组、股权与经营权转让等方式，开展全方位、多领域的合作。鼓励有条件的企业积极开拓国际市场，进行海外资源开发、国际投资贸易和工程承包。

——提高产业转移承接能力。加快连接市外高等级公路、高速铁路建设，完善市域公路网络、航道、码头、车站和空港建设，构建工业交通物流体系。加强园区基础设施及服务配套设施建设，提高产业转移承载能力，促进转移产业向专业园区聚集。全面对接粤港澳台、联动西南中南，加快向东部地区、沿海地区和先进生产力靠拢。主动承接产业转移，依托高铁经济带建设，打造一批承接产业转移示范园区和跨省合作园区。

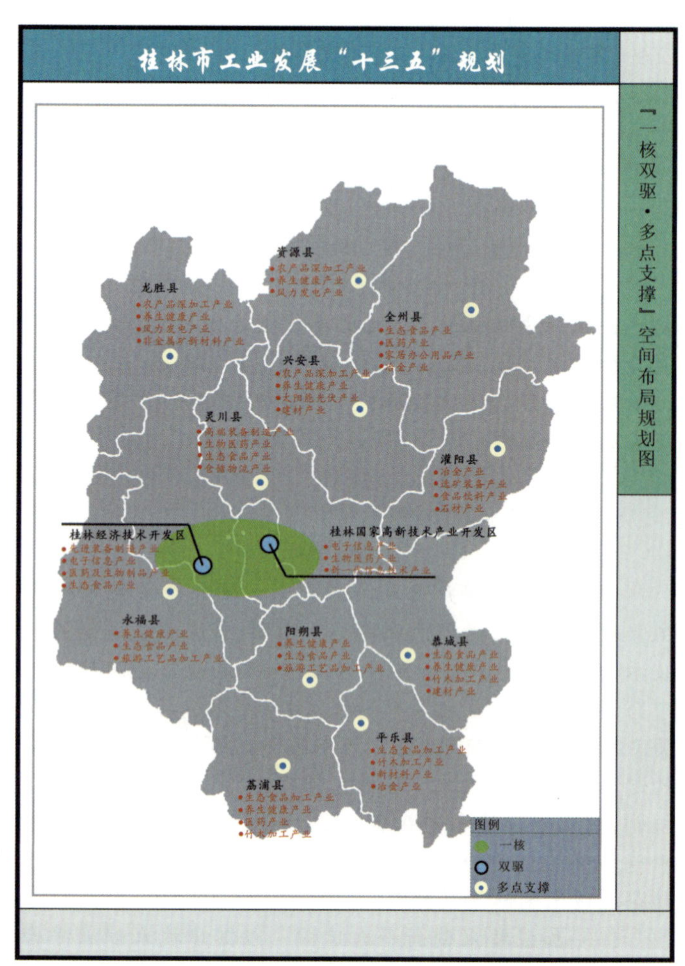

桂林市文化发展“十三五”规划(节选)

“十三五”时期,是桂林全面建成小康社会和基本建成桂林国际旅游胜地的决胜期,也是全市文化事业改革发展和市委、市政府坚持文化立市,全面深入实施“寻找桂林文化的力量、挖掘桂林文化的价值”战略部署的重要时期。为此,科学地规划桂林市“十三五”文化发展,对于坚持文化立市,打造文化精品,加快转变发展方式,构建社会主义和谐文化,满足人民群众不断增长的精神文化需求,全面提升文化软实力,保障人民群众的基本文化权益,使人民群众共享文化发展成果具有重要的意义。为充分发挥桂林市文化新闻出版广电部门在公共文化服务、文化产品创作生产、文化遗产保护、对外文化交流与合作、文化产业和人才培养等领域中的重要作用,明确“十三五”时期桂林市文化发展方向、总体思路、主要任务、重点项目和保障措施,积极应对国内外文化发展环境的新变化、适应新常态、把握新常态、引领新常态,进一步推进桂林市文化事业和文化产业更加全面、协调和可持续发展,根据《广西壮族自治区文化发展“十三五”规划》《桂林市国民经济和社会发展第十三个五年规划纲要》,结合桂林的实际,制定本规划。

第一章　发展基础和发展环境

第一节　发展基础

“十二五”时期,认真贯彻桂林市委、市政府的决策部署,积极应对复杂多变的国内外环境,坚持围绕中心、服务大局、改革创新、攻坚克难、求真务实、稳中求进,推动全市文化事业和文化产业繁荣发展,全面完成了“十二五”时期各项任务。

一、保护与传承历史文化成效显著

(一)历史文化保护

1. 通过开展第三次全国文物普查,全市现有各级文物保护单位 418 处(其中:国家重点文物保护单位 15 处,自治区级文物保护单位 68 处,市(县)级文物保护单位 335 处),全州县贡陂堰荣获“第三次全国文物普查百大新发现奖”,有关的照片和音像资料汇编成册,形成调查报告,由桂林图书馆、桂林市档案馆永久收藏。甑皮岩正式列入第二批国家考古遗址公园名单,龙胜龙脊壮族生态博物馆列入国家文物局首批公布的 5 个“全国生态(社区)博物馆示范点”,美国“飞虎队”桂林遗址公园建成开园,历史文化名城通过国家复核评估,制定了《桂林市历史文化保护利用工作总体方案》,组建了桂林历史文化研究院,举办了纪念西南剧展 70 周年研讨会与纪念西南剧展 70 周年专场演出活动。

2. 整合历史文化研究力量,开展课题研究。组建了桂林历史文化研究院,整合史前文化、古代水利文化、古代石刻文化、靖江藩王文化、抗战文化、桂系文化、科举文化、古建筑文化、红色文化等 9 个研究会的专家力量,开展了“孙中山在桂林的活动及其影响”“湘江战役及红军长征调查资料整理研究”“抗战期间桂林的民间记忆”“灵渠和桂柳运河沿岸古村庄系列研究”等课题的调查研究工作。

3. 推进文化标识建设。设计抗战文化标识 22 处,完成“民国时期夏衍住所旧址”“广西建设研究会旧址”“民国军事委员会广西办公厅旧址”等 19 处文化标识建设。

(二)物质文化遗产保护利用

1. 非物质文化遗产保护。全市有国家级非物质文化遗产 4 项、自治区级非物质文化遗产 64 项、市级非物质文化遗产 98 项、县级非物质文化遗产 271 项;国家级非物质文化遗产项目代表性传承人 4 人,自治区级非物质文化遗产项目代表性传承人 38 人,市级非物质文化遗产项目代表性传承人 95 人;自治区级非物质文化遗产传承基地和示范学校 17 个。市艺术学校入选首批全国职业院校民族文化传承与创新示范专业点名单,荔浦县荣获“中国曲艺之乡”称号。

2. 实施历史文化保护利用工程。从 2013 年开始,先后启动了正阳东西巷保护性修缮整治工程、逍遥楼重建工程、靖江王府一期修缮工程及“拆围透墙”工程。靖江王陵遗址保护与环境整治工程通过国家验收,并评定为国家 A 级考古项目;甑皮岩国家考古遗址公园完成一期工程,通过国家文物局验收,成为华南地区第一个国家考古遗址公园;八路军桂林办事处旧址入选第二批国家级抗战纪念设施遗址名录;华南史前考古研究基地落户甑皮岩国家考古遗址公园。

(三)创新文化旅游

文化与旅游深度融合,建立文化旅游信息平台,提高了文化旅游项目服务质量,创新了文化旅游模式。传统旅游项目乐满地主题乐园、愚自乐园和新兴项目罗山湖、玉圭园等成功实现了从山水观光旅游向文化休闲旅游的转型。县(区)乡的文化休闲旅游各具特色,快速发展。如:龙胜各族自治县、资源县、恭城瑶族自治县的生态农业旅游,兴安县、灌阳县、全州县的红色旅游等,增加了群众收入,带动了当地的经济发展。

二、文化事业得到长足发展

(一)城镇公共文化服务体系和基础设施不断完善

公共文化基础设施建设稳步发展。推进灵渠世界文化遗产申报,“一院两馆”“八路军桂林办事处”新陈列馆、

靖江王府及王陵国家考古遗址公园、甑皮岩国家考古遗址公园、桂海碑林改扩建等一批标志性文化公益性项目相继实施或完成。灵川县图书馆评为一级馆，兴安县、临桂区图书馆评为二级馆，灌阳县、永福县、龙胜各族自治县、恭城瑶族自治县、全州县图书馆评为三级馆。全市有15个乡（镇）文化站评为一级站。投资3.5亿元的桂林广电中心大厦建设取得阶段性成果。“三网融合”工程推进顺利，电台、电视台的数字化率分别提高到93%和95%，基本实现广播电视设备的数字化。广播、电视综合覆盖率分别达到97.35%、97.74%，覆盖人口分别为488.98万、490.93万，均高于全区平均水平。全市171家公共图书馆、纪念馆、文化馆、文化站、综合类博物馆全方位免费开放，实现“零门槛”服务。

（二）农村公共文化服务体系建设快速发展

全面构建农村公共文化服务体系。完成170个村级公共服务中心的建设任务，为570家农家书屋补充了总价值456万元的图书，新建45家数字书屋示范点；23个乡（镇）安装完成无线发射台站，发放安装直播卫星信号地面接收设备23250套，全面完成村村通广播电视乡（镇）无线覆盖工程、广播电视户户通工程建设；实现“平均每个行政村每年放映12场电影”；广播电视数字化工作顺利推进。

（三）文化活动和文艺创作齐头并进

文化活动丰富多彩。推出了《欢乐艺苑》惠民演出，开展了地方戏剧进校园等活动。“百姓大讲坛”“读书月”“漓江之声”“周末大家乐”等公益性文化活动深受群众喜爱。“漓江之声”“百姓大舞台”先后获得国家文化部“全国群星奖项目奖”。

电视、广播节目整体质量提高。《身边》《桂林新闻》《行风热线》《板路》等栏目收视率高。一批优秀作品在全国、自治区、市各类评比中获奖。桂林电视台制作的电视纪录片《桂林红色记忆》《月岭》《感悟嘉峪关》《桂剧三百年》《湿地人家》和桂林人民广播电台《阳光好少年》等分别获得全国奖项；《桂林石刻》《山与水》入选国家广电总局优秀纪录片推选名录；《让爱永驻人间》专题片荣获中国广播影视大奖提名奖。

（四）文化体制改革取得进展

公益性事业单位体制改革不断深化，经营性文化转企改制稳步推进。公益性文化单位积极探索、全面推进内部三项制度改革，在全区率先完成市县两级国有文艺院团改制。由市歌舞团、杂技团、漓江剧院组建桂林市文艺演出有限责任公司，由市桂剧团、彩调团、曲艺团组建成桂林市戏剧创作研究院（并增挂“桂林市非物质文化遗产保护传承中心”牌）。2012年6月，桂林市新华书店改制为桂林市新华书店有限公司，在全区率先完成新华书店体制改革工作。

三、文化产业不断发展壮大

（一）文化产业加快发展，文化品牌培育初见成效

以演艺娱乐、游戏动漫、出版发行、印刷包装等为引领的文化产业产值增长较快。万达文化旅游产业城和万达广场、金世邦国际足球旅游文化产业园、保利文化产业园等大项目顺利签约并开工建设。全市拥有印象·刘三姐、愚自乐园、五通农民画3个全国文化产业示范基地，高新区创意产业园等21个广西文化产业示范基地，2个自治区特色文化产业示范县（兴安、阳朔），3个自治区特色文化产业项目示范县区（临桂区、龙胜各族自治县、恭城瑶族自治县），1个动漫试验园区、3家国家动漫企业认定、6家自治区级动漫企业认定、5家动漫人才培养基地。临桂区五通镇获得“中国民间文化艺术（民间绘画）之乡”称号。《印象·刘三姐》《梦幻漓江》入选全国文化旅游重点项目支持名录。桂林市被命名为“国家级文化与科技融合示范基地”，入围文化部首届“东亚文化之都”十大候选城市。

（二）优势行业明显，领军企业快速发展

全市在工商局注册登记的文化企业数量已达1300家，与2010年前相比，计算机软件设计类企业的数量增长了4倍，动漫游戏类企业数量增长了6倍，广播影视类数量增长了3倍，工业、广告、建筑、时尚设计类企业数量增长了2倍。理顺了扶持重点行业、助力优质企业的产业发展思路，形成了以演艺娱乐、游戏动漫、出版发行等优势行业为主体的产业格局，并产生了一批具有发展潜力和实力的企业。

专栏1　重点行业领军企业

序号	行业	领军企业
1	演艺娱乐	桂林广维文华旅游文化产业有限公司
2	游戏动漫	桂林云尚动画制作有限公司
		桂林力港网络科技有限公司
		广西临届动漫设计有限公司
		桂林坤鹤文化传播有限公司
3	出版发行	广西师范大学出版社
		漓江出版社

（三）以园区为依托，打造文化产业小集聚

桂林文化产业集聚地——桂林国家高新区创意产业园，2011年被自治区认定为动漫试验园区，已入驻文化企业98家，其中：动漫、游戏类12家，软件类18家，设计类22家，广告策划类13家，科技及网络服务类15家，其他文化类企业18家。园区企业数量在增长的同时，人才结构方面也在逐渐优化，留学归国人员和硕士、博士等高学历人员逐渐增加。企业的集聚和人才结构的优化直接创造了巨大的经济效益。

（四）文化产业示范基地的申报、动漫企业的国家认定

完成国家、自治区、市级示范基地及国家认定动漫企业申报工作；完成首批桂林市国家级文化和科技融合示范基地建设及示范企业认定工作。

专栏 2　示范企业认定		
序号	认定文化与科技融合企业名称	批次
1	桂林力港网络科技有限公司	第一批
2	广西师范大学出版社集团有限公司	第一批
3	桂林海威科技有限公司	第一批
4	桂林市思奇通讯设备有限公司	第一批
5	广西翰特信息产业股份有限公司	第一批
6	桂林坤鹤文化传播有限公司	第一批
7	桂林广维文华旅游文化产业有限公司	第一批
8	桂林澳群彩印有限公司	第一批
9	广西临届动漫设计有限公司	第一批
10	桂林博众旅游发展股份有限公司	第一批
11	桂林升辉旅游景区投资管理有限公司	第一批
12	桂林市三新网络传媒有限责任公司	第一批
13	桂林唐朝国际旅行社有限责任公司	第一批

(五)新兴文化业态抢占新高地

加大推动文化业态创新,促进文化与旅游、科技等相关产业互动发展。构成旅游演艺、文化娱乐、美术品经营、文化旅游、艺术培训、网络创意文化、对外文化交流与经纪、广播影视业、新闻出版业、广告会展业等 10 大类型文化产业。拥有桂林愚自乐园艺术园、印象·刘三姐、五通农民画、力港网络科技有限公司等 7 个国家文化产业示范基地。

专栏 3　国家文化示范产业基地		
序号	基地(企业)名称	级别
1	桂林愚自乐园艺术园	国家级
2	印象·刘三姐	国家级
3	五通农民画	国家级
4	桂林力港网络科技有限公司	国家级
5	桂林云尚动画制作有限公司	国家级
6	广西临届动漫设计有限公司	国家级
7	桂林坤鹤文化传播有限公司	国家级

“十二五”时期,全市文化发展快速,为维护改革发展稳定大局做出了重要贡献,也为今后文化发展奠定了坚实基础。

第二节　发展环境

“十三五”时期,是桂林全面建成小康社会和基本建成桂林国际旅游胜地决胜期,既面临经济加快发展多重叠加的战略机遇,同时,也面临经济下行压力加大、风险隐患增多等诸多困难和挑战,要充分认识新形势、把握新特点、抓住新机遇、做好新布局,推动桂林文化繁荣发展。

一、发展机遇

(一)党中央、国务院高度重视文化建设工作

党的十八大以来,以习近平总书记为核心的党中央,站在党和国家事业全局战略高度,对宣传思想文化工作做出一系列重大部署,特别是习近平总书记在文艺工作座谈会上的讲话,为文化、新闻出版广播影视改革的发展提出了更高要求。中共中央办公厅《关于繁荣发展社会主义文艺的意见》、中共中央办公厅、国务院办公厅《关于加强公共文化服务体系建设的若干意见》、国务院《关于进一步加强文物工作的指导工作意见》(国发〔2016〕17 号)、文化部国家旅游局《关于促进文化与旅游结合发展的指导意见》等一系列重要文件出台,为深化文化体制改革、推动社会主义文化大发展大繁荣指明了方向,也是桂林市“十三五”时期文化发展的依据和动力。

(二)桂林国际旅游胜地建设带来新的发展机遇

2012 年 11 月,经国务院同意,国家发展改革委批复了《桂林国际旅游胜地建设发展规划纲要》,桂林迎来了重大历史发展机遇。为建设国际旅游胜地,桂林市委、市政府明确提出“实施十大工程,七千亿元投资,三年初见成效,八年基本建成”的总目标。当前桂林万达文化旅游城、华润万象城、玉圭园等重大项目已经投入建设,保利、恒大、港中旅、海航、华侨城等一批实力巨头也相继进驻桂林,桂林国际旅游胜地建设的全面推进,为桂林文化事业及文化产业的发展提供千载难逢的好机会。

(三)全市国民经济社会持续平稳较快发展

2015 年生产总值达到 1943 亿元,比上年增长 8.0%;组织财政收入 209.2 亿元,比上年增长 7.2%;全社会固定资产投资 1970.8 亿元,比上年增长 21.1%;社会消费品零售总额 752 亿元,比上年增长 10.1%;城镇居民人均可支配收入 28768 元,比上年增长 7.3%;农民人均纯收入 10365 元,比上年增长 9.9%;为文化事业发展奠定了更加坚实物质基础。

(四)文化管理工作进入常态化

“十二五”期间,桂林积极探索适应新形势下的文化事业发展模式,理顺了内部工作机制,形成了科学明晰的工作理念,建立了与市场环境相匹配的公共文化服务、文化遗产保护、文化体制改革、文化市场管理服务等体系,文化工作规范化、专业化、常态化程度越来越高,为全市文化发展奠定了坚实的工作基础。

二、形势与挑战

(一)桂林市“两个建成”目标对文化建设提出了新要求

桂林全面建成小康社会和基本建成桂林国际旅游胜地“两个建成”奋斗目标,是“十三五”时期的重要历史任务。根据上级精神,结合桂林文化发展的具体情况,文化发展要高举创新旗帜,大力实施文化经济战略、龙头带动战略、品牌特色战略、人才集聚战略和文化科技创新驱动

发展战略，在桂林加快实现“两个建成”目标中起到文化引领作用，为实现“两个建成”目标凝聚强大的正能量。

（二）社会主义核心价值观对文化建设赋予了新任务

社会主义核心价值体系反映了我国社会主义基本制度的本质要求，是全党、全国各族人民团结奋斗的共同思想基础。目前，在国外敌对势力对我国进行意识形态渗透和国内某些封建落后思想沉渣泛起的情况下，积极构建社会主义核心价值观，具有重大的现实意义。

通过文化的特殊作用，建设和践行社会主义核心价值观，引领人们的思想导向，不断形成理念共识，增强自身的精神力量，深入开展爱国主义、集体主义和社会主义的文化领悟，已成为确保社会主义和谐社会建设和国家文化安全所必须完成的任务。

（三）人民精神文化需求对文化建设增加了新期待

21世纪以来，人民的文化需求和鉴赏水平有了大幅提高，对文化产品和文化服务的要求不断增强，对文化产品的数量和质量期望值更高。繁荣文艺创作，让一大批思想性、艺术性、观赏性俱佳的文化艺术精品脱颖而出，为人民奉献丰富的精神食粮，丰富群众的文化生活，活跃城乡群众的文化生活，是党和政府的要求，也是广大文化工作者的历史责任。

（四）文化发展面临新情况

1. 桂林文化事业发展存在的问题。一是文化事业发展与当前形势需要不够协调，文化体制与市场经济体制不相适应，文化人才队伍建设与文化大发展大繁荣的要求不相适应，文化服务与人民群众的需求不相适应。在艺术创作、遗产保护、文化管理、文化经营等门类缺少一批领军人物和创新型人才，培养人才、引进人才、留住人才任务艰巨。二是桂林文化发展基础设施薄弱，文化对经济社会的影响力和渗透力还不足，难以满足文化发展需求。三是人才队伍数量不足，结构不合理，有技术、懂经营、善管理并具有创新精神的复合型人才十分缺乏。四是文化精品和大型文化项目少。五是文化遗产保护还需加强。

2. 桂林文化产业发展存在的问题。一是文化产业总量较小，整体实力不强。二是文化产业内部结构不合理。三是高科技含量高的文化产品较少，文化与科技的融合创新水平亟待提高。

总之，面对新形势新要求，在经济发展新常态下，必须紧紧抓住机遇，积极应对挑战，着力解决突出问题和矛盾，努力开创桂林文化发展的新局面。

第二章 总体要求

第一节 指导思想

高举中国特色社会主义伟大旗帜，坚持以马列主义、毛泽东思想、邓小平理论、“三个代表”重要思想和科学发展观为指导，全面贯彻落实党的十八大和习近平总书记一系列重要讲话精神，特别是在全国文艺工作座谈会上的讲话精神，贯彻“二为”方向和“双百”方针，按照全面建成小康社会和桂林基本建成国际旅游胜地的总体要求，坚持社会主义先进文化前进方向，构建体现时代发展趋势、符合文化发展规律、具有桂林特色的文化发展格局，倾力实施“寻找文化的力量，挖掘文化的价值”战略，全面提升城市核心竞争力，将历史文化传承、保护、利用与旅游有机融合，打造国际旅游胜地的文化旅游新业态，为实现两个“一百年”奋斗目标和中华民族伟大复兴中国梦、为加快实施桂林文化立市提供更加强大的价值引导力、文化凝聚力和精神推动力。

第二节 基本原则

——坚持以社会主义核心价值观为统领。深入开展社会主义核心价值体系学习教育，坚持贴近实际、贴近生活、贴近群众，坚持用社会主义核心价值体系引领多样化的思想观念和社会思潮，培育和践行富强、民主、文明、和谐、自由、平等、公正、法治、爱国、敬业、诚信、友善为主要内容的社会主义核心价值观，大力弘扬时代精神，弘扬中华传统美德，提高公民道德素质。

——坚持以人为本，服务群众。充分尊重人民群众的主体地位，继续发挥广大文化工作者的积极性和创造性，激发全社会的文化创造活力。不断提高公共文化服务能力，努力提升公民的文明素质，保障和实现人民群众的基本文化权益，以城乡基层为重点，加快实施重点文化惠民工程和重大公共文化设施建设工程，完善公共文化服务体系，让城乡居民共享文化发展成果。

——坚持文化事业与经济社会协调发展。适应人民群众文化需求变化新趋势，丰富面向基层、群众的文化产品种类和数量，实现基本公共文化服务均等化，加快发展数字文化、网络文化等新兴文化业态，推动传统媒体与新兴媒体融合发展，构建现代传播体系。促进文化与旅游、科技、商务和体育等领域融合，以文化引领经济发展方式转变，实现文化与经济社会统筹协调发展。

——坚持传承与创新和谐统一。树立新的文化发展理念，创新管理思路，提高文化科学发展水平。始终把改革创新作为文化发展的动力源泉，不断解放和发展文化生产力，努力推进文化内容形式、体制机制、传播手段的创新，增强文化发展活力。广泛吸收其他省、市先进文化建设经验和优秀文化发展成果，增强文化发展活力，加强区域特色文化资源整理和开发，拓展文化产品宣传和推广手段，有效提升文化影响力。

第三节 发展目标

一、总体目标

按照桂林全面建成小康社会和基本建成桂林国际旅游胜地的总体要求，适应经济社会发展对文化建设的新要求和人民群众对精神文化生活的新期待，充分发挥桂林文化底蕴深厚的优势，准确把握国情、区情和市情，立足科学发展，体现桂林文化特色。着力改革创新，完善体制机制。

紧扣国计民生，顺应人民期盼。加强文化改革发展的战略研究和统筹谋划，着重解决关系我市文化发展全局的重大问题、关键问题和疑难问题。全市居民思想道德素质全面提高；文化发展环境进一步优化；特色鲜明的公共文化服务体系基本建成；文化融合功能进一步强化；文化产业形成融合创新、开放互动的发展格局；文化创意市场主体活力和竞争力明显增强；文化人才队伍扩大和水平显著提升；文化产业逐步成为桂林的支柱产业；加快推进文化立市步伐。

二、具体指标

——组织创作生产5部大型舞台艺术作品，10部小戏小品，50部（件）音乐（歌曲）、舞蹈、曲艺、杂技、美术等优秀作品。

——村级公共服务中心基本覆盖全市有建设条件的行政村，基本建成均衡发展、供给丰富、运行高效、多元参与的现代公共文化服务体系，实现桂林贫困地区基本公共文化服务达到或接近全国平均水平。

——全市实现广播电视户户通、长期通、优质通，培养一支优秀的农家书屋管理员队伍，建立农家书屋管理运行维护机制，建立符合桂林实际的农村电影放映运行机制。发展桂林语言节目，建设桂林广播电视远程监控系统，农村电影放映监管系统和“村村通”乡（镇）广播电视监管系统，切实提高公共服务的质量和效益。全市广播综合人口覆盖率和电视综合人口覆盖率节目分别达到98%和99%。

——实施灵渠、靖江王府及王陵、甑皮岩等文化遗产保护与利用工程，争取兴安灵渠申报世界文化遗产，靖江王府及王陵挂牌成为第三批国家考古遗址公园。

——建立系统完备、具有桂林特色的非物质文化遗产保护制度，打造非物质文化遗产保护惠民富民示范建设工程。

——发挥广播影视内容产业的核心优势，大力繁荣电影、电视剧、影视动画、纪录片、网络剧、微电影等产业。到2020年，全市影院银幕数达到35块，3D银幕数达到30块，巨幕影厅达到5个，电影票房年均增长25%以上，突破2.5亿元。

——实施桂林对东盟的“文化睦邻”友好交流。利用桂林在中国—东盟交流合作的区位优势和旅游龙头优势，加强桂林新闻出版广播影视国际传播能力建设，提高桂林在东盟各国的文化影响力，以交流促友好，提升桂林市在周边和东盟国家的文化亲和力。

——加快文化产业发展。以文化创意、出版发行、演艺娱乐、文化会展和数据、动漫等产业为重点，依托桂林国家级文化和科技融合示范基地建设，加大政策扶持力度，促进文化产业突破式发展。到2020年文化产业增加值突破200亿元。

——建设“云上桂林”互联网平台。夯实新信息基础设施、创新互联网经济、渗透传统产业，为桂林经济实现转型与增长开辟新路。

专栏4 “十三五”时期桂林市文化事业发展主要指标

指标	“十二五”实现	“十三五”目标	属性
一、创新创作			
1、创作大型舞台艺术作品（部）	—	5	预期性
2、创作小戏小品（部）	—	10	预期性
3、创作音乐（歌曲）、舞蹈、曲艺、杂技、美术等优秀作品（部、件）	—	50	预期性
二、公共服务			
4、村级公共服务中心覆盖率 %	48.9	基本覆盖有条件的行政村	预期性
三、文化产业			
5、推进桂林力港网络科技有限公司、《印象·刘三姐》上市工作		完成	预期性
6、文化产业增加值	—	200亿元	约束性
7、建立“云上桂林”互联网云平台		完成	预期性
四、广播电视			
8、广播综合人口覆盖率 %	97.6	98	约束性
9、电视综合人口覆盖率 %	98.2	99	约束性

第三章 主要任务

第一节 构建产品创作体系

一、创作生产文艺精品

把创作生产优秀作品作为文艺工作的中心环节，实施文化精品战略，坚持思想性、艺术性相统一，开展“美丽桂林”主题系列文艺精品创作，打造“美丽桂林”品牌，推动桂林文艺工作创新发展。实施艺术创作项目签约制度和艺术委员会评审制度，引进文化名家，培育桂林艺术创作群体，创作桂林韵味的文艺作品。选送优秀剧目参加国内外各种艺术赛事，展示桂林文化艺术风采。继续实施舞蹈创作项目签约制度和艺术创作“十百千”计划，组织创作优秀作品，具体完成5部大型舞台艺术作品，10部小戏小品，50部（件）音乐（歌曲）、舞蹈、曲艺、杂技、美术等优秀作品。

加强重大革命历史题材、现实题材、民族题材、农村题材、少儿题材等主题创作，大力发展民族文化、红色文化、山水文化。鼓励策划更多反映人民主体地位和现实生活、群众喜闻乐见的、传播当代中国价值观念、体现中华文化精神、反映中国人民审美追求，思想性、艺术性、观赏性有机统一的优秀精神产品。推出一批思想精深、艺术精湛、制作精良的舞台艺术和新闻出版广播影视优秀作品。

二、惠民演出深入生活，扎根人民

以“唱响八桂中国梦”“文化进万家共筑中国梦”等为主题，深入开展文化惠民进乡村、进社区、进企业、进学

校、进军营演出，弘扬社会主义核心价值观，唱响主旋律，传递正能量。以广西壮族“三月三”等重要民族节庆为载体，以剧场、群艺馆、文化馆（站）等为阵地开展惠民演出和节假日演出。组织全市各级文艺院团开展优秀文化下基层活动，深入民族地区、边远地区和贫困地区，为基层群众送上优质的精神文化食粮，繁荣社会主义文化。持续打造常态化4个以上驻场演出品牌。

三、扶持民族作品创作

统筹运用文化专项资金，扶持具有桂林特色和地方特色的优秀艺术品种，重点扶持发展水平相对薄弱的艺术品种和亟待保护、挖掘与发展的极具桂林特色和独特文化艺术价值的艺术形式，支持原创剧本征集、重点原创剧目创作、优秀剧目演出交流推广。强化保护、传承和弘扬桂林戏曲，对优秀传统剧目和新创作剧目进行系统整理和研究，加强和规范政府购买服务，把戏曲产品纳入公共文化服务体系，探索面向群众、面向市场的新体制新机制，繁荣发展桂林艺术。

四、完善评价机制

高度重视和切实加强文艺理论和评论工作，建立健全反映文艺作品质量的综合评价体系。完善文艺演出、文艺比赛、美术作品等创作生产出版的立项、采购、评审标准，完善文艺作品推介传播等环节的评估标准，把服务群众和引领群众结合起来，既满足人民多样化精神文化需求，又可加强引导。讲品位、讲格调，克服浮躁，坚决抵制趋利媚俗之风。继承中国传统文艺理论评论优秀遗产，批判借鉴外国文艺理论。深入研究中国特色社会主义文艺理论，把马克思主义中国化最新成果贯穿到演出和文艺评论实践各环节。扶持重点文艺评论力量，发挥好各级文艺评论组织、艺术研究机构的积极作用。办好重点文艺评论报刊、网站和栏目，褒优贬劣、激浊扬清，助推文艺发展。

专栏5　文化产品创作生产

重大主题艺术创作工程：围绕“中国梦”，结合“十三五”期间的重大活动，即：建国70周年、建党95周年、自治区成立60周年，“美丽桂林”系列艺术品牌打造等相关内容，组织开展重大主题艺术创作活动，服务大局，引领精品创作。

重点创作生产项目：5部大型舞台艺术作品，10部小戏小品，50部（件）音乐（歌曲）、舞蹈、曲艺、杂技、美术等优秀作品。

重点剧本创作项目：推进杂技剧《漓江神韵》、民族歌剧《刘三姐》、舞剧《山水传奇》等大型剧目的剧本创作，打造一台象山实景演出节目。

重点作品提升项目：修改、提升《龙隐居》《五子图》等优秀舞台作品。

驻场演出品牌项目：进一步扶持“欢乐艺苑”惠民演出、“周末大家乐”广场文艺演出活动、“春天剧场”“桂林有戏”等常态化演出，在全市形成4个以上驻场演出品牌。

“五进”惠民演出项目：进乡村、进社区、进企业、进学校、进军营每年演出60场。

第二节　完善现代公共文化服务体系

一、推进公共文化服务体系的标准化、均等化

坚持政府主导，社会参与，进一步加强文化基础设施建设，完善公共文化服务设施网络，构建覆盖城乡、结构合理、功能健全、实用高效的公共文化服务体系，让人民群众广泛享有免费或优惠的基本公共文化服务。贯彻实施中共桂林市委办公室、桂林市人民政府办公室《桂林市加快构建现代公共文化服务体系实施方案》，加大对边远贫困地区、民族地区扶持力度。

二、完善公共文化服务协调机制

围绕构建现代公共文化服务体系的总目标，成立由多部门组成的桂林市公共文化服务体系建设协调组。发挥绩效评价对政府行为的导向作用，研究建立完善的公共文化服务绩效评价指标体系及考核和监督机制，探索实施公共文化服务第三方评价机制，增强公共文化服务评价的客观性和科学性。积极争取上级财政支持桂林贫困县和贫困村基本公共文化服务体系建设，编制桂林市脱贫攻坚科技文化帮扶实施方案，并纳入桂林扶贫开发攻坚战略整体规划。

建立群众文化需求反馈机制，及时准确了解和掌握群众文化需求，制定公共文化服务提供目录，开展“菜单式”“订单式”服务，形成具有鲜明特色和社会影响力的服务项目和品牌。整合各部门、行业、县（区）公共文化资源，以行业联盟等形式开展各种形式的合作和互联互通，实现区域文化共建共享。

支持社会各类组织和机构参与新闻出版广播影视公共服务。健全监管平台和服务网点，逐步形成“县级及以上有机构管理、乡（镇）有网点支撑、村组有专人负责”的公共服务长效运行维护体系。

三、推动公共文化服务多渠道发展

健全公共文化设施布局，坚持均衡配置、严格预留、规模适当、功能优先、经济适用、节能环保的原则，合理规划建设各类公共文化设施。以城乡公共文化设施建设为重点，以流动文化设施和数字文化阵地建设为补充，加快补齐公共文化硬件设施不完备和不达标的短板，完善市、县（区）、乡（镇）（街道）、村（社区）四级标准化公共文化设施网络。

统筹实施党员干部现代远程教育工程和公共数字文化工程，及时更新相关设备，形成内容丰富、技术先进、覆盖城乡、传播快捷的公共数字文化服务网络。规划建设网络数字科技馆，实现具有桂林特色的文化科技、科普资讯的数字化。

加强新型主流媒体建设，推动传统媒体与新兴媒体融合发展。创新媒体发展思路和运行机制，在新兴媒体传播

领域探索多媒体发展，构建具有多样传播形态、多元传播渠道、多种平台终端的立体传播体系。综合运用微博、微信、移动客户端等平台，拓展传统媒体传播空间。优化采编流程、加强内容建设，发挥专业采编优势和信息资源优势，发挥主流媒体舆论引导主体作用，满足多种终端传播和不同用户需求。以先进技术为支撑，以内容建设为根本，推动桂林各级党报党刊、电台电视台与网络、手机等新兴媒体在内容、渠道、平台，以及业务开发、经营管理、体制机制等方面深度融合、优势互补、一体发展。推进媒体资源聚合、生产流动融合、采编力量整合，逐步建立顺畅高效、适应市场竞争和一体化发展的内部运行机制。

四、增强公共文化服务供给

坚持面向基层、服务群众，以城乡基层为重点，深入推进公共图书馆、博物馆、文化馆(站)、纪念馆、美术馆等免费开放。拓展“村级公共服务中心”“公共文化设施场所免费开放项目”“文化进万家”等重大文化惠民活动，推动文化资源向农村地区倾斜，扶持在乡(镇)逐步开展“数字文化乡(镇)示范点”、在村屯逐步开展“数字文化驿站”建设工作，运用“移动图书馆”“流动公共文化站”“科普大篷车”、城乡阅报栏(屏)工程、数字农家书屋系列建设等，打通公共文化服务“最后一公里”。推广以县级文化馆和图书馆为中心、乡(镇、街道)文化站为分馆、村级(社区)公共服务中心为服务网点的总分馆制，统筹管理免费开放项目。

加大对少数民族聚居区、贫困地区的文化建设力度和文化艺术服务力度，组织市县相应剧团送戏到基层，完善政府购买惠民性演出服务的政策，购买文艺院团的演出服务，保障公民的基本文化权益。支持基层挖掘利用山歌、地方戏、特色工艺等民族民间文化资源，充实公共文化服务内容。

在全面实现“村村通”的基础上，科学统筹无线、有线、卫星三种技术，因地制宜、因户而异选择适合本地特点和用户需求的方式，推进数字广播电视入户接收。加快地面无线模拟电视向数字化转换，加快地面数字音频广播(CDR)的试点与应用推广。加强县乡广播电视基础设施建设。巩固农村电影放映“一村一月一场”成果，着力推动流动放映向固定放映、室外放映向室内放映转变。进一步做好中小学爱国主义影片放映，同时扩大到有条件的乡(镇)。加快桂林应急广播体系建设，提供基层政务信息发布、政策宣讲和灾害预警应急广播服务。

五、推进智慧文化服务

推进公共文化服务与科技融合发展，推进公共文化服务手段创新。结合“宽带中国”“智慧城市”等国家重大信息工程建设，加强公共文化大数据采集、存储和分析处理，加快推进数字文化资源在智慧城市中的应用，提高效能，实现“一站式”服务。加快推进公共文化服务智慧化建设，统筹实施全市文化信息资源共享，大力推进智慧博物馆、图书馆建设。

专栏6 现代公共文化服务

基础设施建设项目：继续建设村级公共服务中心；新建或改扩建未达标的公共图书馆、文化馆、乡(镇)文化中心。

公共服务网络项目：建设桂林应急广播体系、农家书屋——农家书屋数字升级、桂林地面数字电视无线覆盖网。县级广播电视监测系统升级改造。

广播电视建设工程：推进广播电视“户户通”、桂林农村乡(镇)广播电视无线覆盖、直播卫星“户户通”、桂林“村村通”、乡(镇)广播电视监管系统等工程；完成石漠化山区县广播电视项目。

第三节 保护利用文化遗产

桂林历史文化底蕴深厚，是独树一帜的历史文化瑰宝，有七大主要特色：一是以甑皮岩遗址为代表的史前人类文化；二是以灵渠为代表的古代军事水利文化；三是以桂海碑林为代表的摩崖石刻和山水诗文文化；四是以靖江王府及王陵为代表的明代藩王文化；五是以西南剧展为代表的抗战文化；六是以八路军桂林办事处和红军长征突破湘江烈士纪念碑园为代表的中国革命文化；七是以李宗仁官邸及故居、徐悲鸿故居为代表的历史名人在桂官邸、故居、古村落文化。在保护和利用文化遗产各项工作中，要彰显桂林文化魅力和体现历史人文效应。

一、加强文物保护基础性工作

(一)做好第八批全国重点文物保护单位的申报工作，报请自治区人民政府核定公布第七批自治区级文物保护单位，上报市人民政府批准桂林市第七批桂林重点文物保护单位。

(二)做好全国、自治区、桂林市各级文物保护单位的“四有”工作，夯实文物保护单位记录档案备案等文物保护基础提升工作，规范文物保护工程管理。补充完善1—6批自治区级以上文物保护单位记录档案及启动第七批自治区级以上文物保护单位记录档案备案工作，完成市(县)级文物保护单位记录档案备案工作，进一步完善“四有”工作，建立文物保护工程巡查制度及验收工作规范，确保文物保护工程质量，实现对文物的科学保护，加强对文物保护工程资质管理，推动文物保护资质单位整体水平的提高。

(三)加快推进传统村落的综合保护利用工作，全市古镇古村有100多处，其中：阳朔县旧县村、灵川县江头洲村、兴安县榜上村和灌阳县月岭村等4个传统村落已入选中国历史文化名村；灵川县江头村、长岗岭村2个村已列入全国重点文物保护单位。兴安县水源头村、榜上村，灵川县大桐木湾村，恭城县朗山村等4个村已列入省级文物保护单位。临桂区横山村、永福县崇山村等21个村已列入市县级文物保护单位。重点推进已评审上报的15个中国传统村落保护利用项目实施，开展兴安县水源头村、灵川县江头洲村等一批全国重点文物保护单位、自治区文物保护单位中传统村落的现状调查、保护利用、规划编制、基础设施和安防设施建设、环境整治工作。实施中国传统村落、自治区传统村落文物保护工作。

（四）建立桂林市历史文化资源资料库。建立历史文化资源信息数据库，运用信息化手段来辅助历史文化资源的相关规划与管理。对世界文化遗产、历史文化街区、历史文化名镇、名村、传统村落等历史环境要素和历史信息要素等，采用数据库管理平台对信息进行全面的数据入库、编辑与管理，为全市历史文化资源的保护提供科学的管理依据。

二、加快实施文物保护工程和考古发掘项目

（一）加快推进甑皮岩、靖江王府及王陵大遗址保护与国家考古遗址公园建设，争取靖江王府及王陵挂牌成为全国第三批国家考古遗址公园。

（二）加大灵渠申报世界文化遗产的工作力度。

（三）申报实施桂林石刻、永福县百寿岩石刻、全州湘山寺塔群与石刻等一批全国重点文物保护单位保护工程。

（四）加强大遗址考古和配合基建的抢救性考古发掘工作。

（五）争取国家文物局把桂林市列入全国大遗址保护片区，以加强国家对桂林大遗址保护支持力度。

三、加强博物馆管理与对外宣传交流

制定关于贯彻落实《博物馆条例》的实施办法。宣传、推广、实施国家文物博物馆行业标准，推动管理工作的制度化、规范化和科学化。加大文物博物馆对外交流与合作、文物博物馆信息化建设力度，使博物馆成为桂林文化展示的重要窗口。

（一）积极争取桂林博物馆成为国家一级博物馆，全面提升博物馆免费开放水平。

（二）大力扶持发展桂林市民办博物馆。

（三）积极申办2018年全国文化遗产日主场城市活动或全国博物馆及相关产品与技术博物馆等全国性文博会议，全面宣传展示桂林市实施“寻找桂林文化的力量、挖掘桂林文化的价值”战略所取得的显著成果。

四、推进数字文化遗产服务

加快推进数字文化遗产公共服务平台建设，实现公共数字文化遗产信息资源有效保护。整合中华优秀文化资源，实施“互联网 + 中华文明”行动计划，支持和引导企事业单位通过市场方式让文物活起来，丰富人民群众尤其是广大青少年的精神文化生活。实施智慧博物馆项目，推广生态博物馆、流动博物馆，拓展服务渠道，提升服务水平，使文物保护成果更多惠及人民群众。大力发展文博创意产业，鼓励依托高新技术创新文化资源展示方式，提升体验性和互动性，实施精品文物数字产品和精品展览数字产品推广项目。

专栏7　文化遗产保护和利用重点项目

重点文物资源抢救保护利用工程：继续做好灵渠、恭城古建筑群、红军长征突破湘江战役旧址等全国重点文物保护单位规划编制、修缮保护、环境整治。

传统村落整体保护利用工程：开展江头洲村、长岗岭村、水源头村等一批全国重点文物保护单位、自治区文物保护单位中传统村落的现状调查、规划编制、保护利用、基础设施和安防设施建设、环境整治工作。实施中国传统村落、自治区传统村落文物保护工作。

国家考古遗址公园建设工程：推进靖江王府及王陵、甑皮岩遗址等2处大遗址的本体保护工程、周边环境整治工程、安全防护和展示服务设施建设、大遗址保护管理机构建设。

石刻类文物保护工程：开展桂林石刻、永福县百寿岩石刻、全州县湘山寺塔群与石刻等保护工程。

第四节　构建非物质文化遗产保护传承新格局

一、加大非物质文化遗产基础设施建设

建设桂林市非遗展示馆，将非遗展示馆建设成本地非遗项目展示的窗口、全国非遗项目交流的场所、优秀传统文化传播的平台，改造维修桂林非物质文化展示馆及工作用房20000平方米；建设桂林渔鼓传承展示中心，将桂林渔鼓传承展示中心建成集培训、展示、展演、研究的传承中心；改造省立艺术馆，将省立艺术馆改建为地方戏曲展演的场所；建设一批非物质文化遗产传承（传习、展示）基地，实行整体性保护。

二、推进抢救性记录工作

开展代表性传承人抢救性记录，留存珍贵的数字影像资料，巩固非物质文化遗产抢救保护成果。以国家级和自治区级非物质文化遗产项目代表性传承人为核心，运用数字多媒体等现代信息技术，全面、真实、系统地记录传承人掌握的非物质文化遗产丰富知识和精湛技艺。

三、振兴传统工艺，促进非物质文化遗产的保护和利用

秉承传统、不失其本，引入现代创意设计，进一步改良制作、提升品质，提高传统工艺产品的当代审美价值和实用程度，促进传统工艺与文化创意产业融合发展。重视非物质文化遗产资源的创造性转化和创新性发展，支持利用非物质文化遗产元素研发衍生产品，让非物质文化遗产衍生产品开发成为提高传承群体收入、扩大就业的重要渠道。重点培育“非物质文化遗产生产性保护示范基地”，将非物质文化遗产及资源转化为生产力和产品，产生经济效益，并促进相关产业发展，使非物质文化遗产在生产实践中得到积极保护，实现非物质文化遗产保护与经济社会协调发展的良性互动。

四、统筹规划非物质文化遗产整体性保护措施

出台《桂林市非物质文化遗产保护条例》，统筹运用非

物质文化遗产专项保护资金,稳步推进桂派戏曲文化(桂林)生态保护区建设,力争建成国家级生态保护区,构建覆盖全市文化生态保护格局。进一步深化非物质文化遗产整体性保护内涵,探索非物质文化遗产代表性项目与环境、生态的整体保护。

五、拓展非物质文化遗产展示与传播途径

深入挖掘文化遗产的历史、文化、科学价值,运用现代传播技术,实施中华文明展示工程和文化遗产陈列展示精品工程,全面提升文化遗产展示、展演水平和传播能力。编辑出版《桂林市非物质文化遗产丛书》;实施非物质文化遗产进校园工程,选择地方戏曲等项目在中小学开展培训;实施非遗巡回展示展演工程,到高校、中小学、农村、社区、企业、机关宣传展示非遗项目。

专栏 8　非物质文化遗产重点项目

抢救性记录工程:完成国家级非物质文化遗产项目代表性传承人抢救性记录工作。

基础设施建设:建成 50 个以上传承(传习、展示)中心、示范学校。

整体性保护:出台《桂林市非物质文化遗产保护条例》。

传播、研究:编辑出版《桂林市非物质文化遗产丛书》。

第五节　完善文化市场体系

一、提高文化市场管理服务水平

继续深化行政审批制度改革,依法规范行政审批。改进文化领域行政审批工作,对涉及文化新闻出版及广电等主体准入审批项目实施“先照后证”制度。按照便民、高效、规范原则,完善和优化审批工作流程,简化申报材料,简化审核、审批及登记备案手续,提高办事效率。根据文化市场行政审批事项清单,制定本部门行政审批权力清单,公布所承担的审批项目、条件、程序和时限,确保审批项目公开、透明、规范,真正做到“阳光审批”,推进政务服务水平提高,提高群众满意度。

探索行政审批正面与负面清单管理模式。凡属于行政许可清单中的项目,只要符合申请条件,行政审批部门即予以同意。凡属于行政不许可清单内的项目一律不得审批。清单之外的项目充分开放,激发市场主体活力,促进经济稳定增长。

(一)推进行政审批制度改革。按照政府各级部门工作要求,聚焦投资、创业、创新等经济社会文化发展领域,进一步解放思想,转变职能,放管结合。不断调整行政审批事项权力埋单,取消、下放一批含金量高、能够激发市场活力的行政审批事项,更多释放改革红利;深入研究解决审批难问题,确保行政审批制度改革平稳推进。

(二)拓展网上办事功能,打造“网上政府”。为适应电子政务发展需要,着力构建网上审批平台,不断提高行政审批效能。本着安全、实用的原则,加强文化市场网络平台的审批监管,拓展网上办事功能,建设网上审批平台,研究制定电子签章、政府信息公开、网络与信息安全、电子政务项目管理等方面的管理措施、办法和操作规程,建立健全网上办事的审批配套制度、日常管理和运行维护机制。

(三)加强审批管理人员队伍建设。分期、分批对县、区行政审批管理人员进行审批工作业务培训,使其依法规范操作,提高依法审批工作技能,促进行政审批队伍整体素质提高,使行政审批工作法制化、制度化和规范化,确保桂林市文化领域审批行为依法、规划、高效。

二、健全文化市场体系

完善文化市场准入和退出机制,鼓励各类市场主体公平竞争、优胜劣汰。加快推进互联网网上服务行业转型升级,培育农村文化市场,支持各种形式小微文化企业发展。深入推进平安文化市场建设,加强文化市场监管,综合运用法律、行政、经济等手段强化文化市场监管,营造公开、公平、公正的文化市场发展环境。建立多层次新闻出版产品和要素市场,重点发展出版物印刷、书报刊、音像、电子出版物发行市场,加快培育产权、版权、技术、人才等要素市场。建立布局合理、技术先进、便捷高效、绿色环保、安全有序的现代出版物流服务体系。

三、构建以信用为核心的监管体系

建立全市文化市场信息数据库,以信息公开为监督约束手段,以警示名单和黑名单为基本制度,以协会开展信用评价、分类评定为辅助,构建守信激励、失信惩戒和相同监管机制。定期公布文化市场违法违规经营主体和文化产品黑名单、警示名单,对文化市场经营主体实行分级分类管理。建立文化市场行业协会,发挥协会在文化市场信用体系建设中的积极作用。

四、提升综合执法能力

强化日常监管执法力度,依法打击非法经营活动,确保各类文化经营场所,尤其是完成试点转型升级的网上服务场所,在经营过程中不发生安全生产事故和其他违法违规经营行为。针对突出问题开展专项整治,加强重大案件督察督办。确保文化经营场所安全稳定,进一步促进文化市场健康有序繁荣发展。

五、提升监测监管能力

加强文化信息安全、版权管理和版权保护体系建设,健全网络版权保护机制,构建国家版权监管与服务平台,进一步加大版权保护力度,突出网络版权监管,推进软件正版化长效机制建设,维护著作权人合法权益,营造公平、开放、透明的版权产业环境,增强市场主体创新创业动力。加强版权社会服务体系建设。完善著作权登记制度,提高

版权产业的经济贡献。支持版权服务平台和版权交易平台，支持版权代理、评估、质押、投资、融资等活动，打造新型版权交易产业链。

加强广播影视监测监管和安全保障能力建设。统筹兼顾内容与技术、传统媒体与新兴媒体，建设技术监测、视听新媒体监管、内容监管、安全播出、信息安全的广播电视监测监管系统。利用大数据、云计算等先进技术，加快完善市、县广播电视监管平台，特别是视听新媒体监管平台。探索整合全市监测监管数据资源，研究构建全市统一的监测监管体系。完善数字电影技术服务监管平台建设，提升电影监管的现代化水平。强化广播电视安全保障能力。加强对持有业务经营许可的广播电视节目、互联网电视节目、IPTV和网络音视频节目等的生产、发布、传输和分发等环节的汇集和管控，汇聚音视频内容源，保障三网融合环境下内容源的安全可控性。

专栏9　文化市场重点项目

互联网上网服务场所转型升级项目：作为广西现行的试点城市，桂林市以城区中心和繁华商业区为重点，引导和帮助互联网上网服务场所提高现代经营管理和文化消费服务水平，在已完成18家转型升级互联网上网服务场所的基础上，努力推进互联网上网服务场所转型升级工作，继续再完成30家互联网上网服务场所转型升级。

技术装备、基础设施建设和网络化、智能化项目：完善制播传输、安全管理、指挥调度、预警监测、应急处置等方面技术保障系统建设。

文化市场信用体系建设工程：建立文化市场信用管理规章制度，指导协会开展行业标准及规范建设。健全文化市场各行业信用评价体系，与其他部门建立信用信息交互共享及联合惩戒机制，向管理部门和公众提供便捷及时的文化市场信用信息服务。

网络文化市场建设工程：完善网络文化内容监管体系，构建全网筛查、全区协作、标准统一、步调一致的网络文化市场执法机制，防控含有禁止内容的网络文化产品传播，净化网络文化环境，鼓励传统文化市场与网络文化产品传播，净化网络文化环境，鼓励传统文化市场与网络文化市场优势互补、融合发展。

文化市场综合执法能力提升工程：健全文化市场综合执法协作机制，加强与我国东部、北部等区域执法协作。推广文化市场随机抽查监管机制，制定文化市场安全工作规范，提升公共突发事件防范处置能力。

第六节　促进产业融合发展

一、加大产业主体培育

坚持市场运作、政府引导，以培育文化产业主体、统筹城乡文化产业发展、促进文化产业与相关产业融合发展为重点，实施重大文化产业工程和重点文化产业项目带动战略，进一步优化文化产业结构布局，推动文化产业转型升级、提质增效、加快发展。充分利用桂林文化体育产业投资集团投融资功能，做大做强桂林文化体育产业，围绕市场运作，提升桂林大剧院的运营能力。建立一批涵盖演艺、动漫、民间艺术、文化旅游等业态的文化创意产业示范基地。强调历史文化与现代文化并举。深入挖掘桂林历史文化、抗战文化等文化内涵和产业价值，策划包装独具桂林历史文化特色的甑皮岩古人类遗址、靖江王陵、明代梅瓶、桂海碑林等与消费者需求深度融合的产业类项目。

加强文化产业示范园区、基地建设，培育一批有实力、有竞争力的骨干文化企业。实施成长型小微文化企业扶持计划，重点培育一批具有较强创意创新能力和发展潜力的小微文化企业，营造文化领域“大众创业，万众创新”的良好氛围。加强重点企业、重点产品的政策扶持和宣传推广，培育一批知名文化品牌。打造“桂林演艺之都”“桂林动漫基地”“漓江画派”“中国农民画第一村”等文化品牌。进一步提高“印象·刘三姐”、愚自乐园、桂剧、彩调等文化品牌知名度和影响力。

二、统筹城乡产业协调发展

充分发挥中心城市的辐射带动作用，努力推动县域文化产业发展。实施特色文化产业发展工程，推动特色文化产业示范县和特色文化城镇、街区、村屯建设，形成“一地一品”特色文化产业发展格局。全市获得首批特色文化产业示范县：阳朔县、兴安县（全区16个）；特色文化产业项目示范县（区）：临桂区、恭城瑶族自治县、龙胜各族自治县（全区22个）；争取其他5个县获得第二批特色文化产业（项目）示范县。

三、推动创意集聚区建设

着力推动桂林文化产业城、广播影视产业基地、桂林创意产业园等文化创意集聚区建设，依托桂林的区位优势、资源优势以及产业发展条件，重点建设桂林高新区创意产业园区、五通农民画产业园、希宇文化创意产业园、桂林独秀网络游戏产业园，提高文化产业规模化、集约化、专业化水平。

（一）桂林高新区创意产业园。广西最大的创意产业集群，入园企业达到130多家，形成以动漫、软件、设计等为主的文化创意产业基地。获得自治区级“动漫试验园区”“文化产业示范基地”“文化产业示范（试验）园区”命名。“十三五”期间加大政策扶持、加大资金投入、加大人才引进，增强桂林文化创意产业的发展实力，壮大动漫产业规模。

（二）五通农民画产业园。五通农民画要走现代化的管理、产品品牌包装之路。一是政府加强监控，统一管理；二是申请注册五通农民画商标；三是加大宣传力度，打造五通农民画品牌；四是以五通农民画为中心大力发展五通旅游业。

（三）桂林希宇文化创意产业园。园区定位为“国际文化创意产业园”，涵盖专业的动漫产业研发、生产、展示、体验、销售等功能，同时涉及动漫产业设备加工原材料生产、销售和提供商贸、推广服务，以动漫产业软件研发为龙头带动当地文化、经济、旅游、娱乐的发展。

四、推动产业转型升级

改造提升演艺、娱乐、文化旅游、工艺美术等传统文化产业，加快发展动漫、游戏、创意设计、数字内容等新型文化业态，促进产业结构优化升级，推动商业模式创新。实施文化产业园区、基地提升工程，支持园区、基地更好的促进创意孵化、加强人才培养、推进产业融合、建设服务平台、培育文化品牌等功能，促进文化产业园区、基地转型升级。实施新兴文化产业发展工程，推进原创动漫精品培育计划，推动高新技术在文化领域的转化应用，加快传统文化产业数字化转型升级。推进文化消费数字化、网络化发展，开发新型文化消费服务模式，引导推动文化消费。

五、促进产业融合发展

完善文化产业发展政策，强化重大项目带动，实施文化创意、影视服务、广告服务、印刷服务、旅游演艺、数字内容与动漫游戏、文化会演与相关产业融合发展工程。按照"以大融合推动文化产业大发展"的思路，积极探索文化与科技、旅游、信息、资本、教育等相关产业融合发展的新模式，统筹各类资源，加强协调配合，着力推进文化创意和设计服务与装备制造业、消费品工业、建筑业、信息业、旅游业、农业和体育产业等重点领域融合发展，更好地为经济结构调整、产业转型升级服务。

专栏 10　文化产业重点项目
桂林文化产业重大项目：继续跟进希宇文化创意产业园、桂林独秀网络游戏产业园、桂林华龙文化生态园、园田居南国文化艺术城、智慧甑皮岩国家考古遗址公园等项目建设，争取早日投入运营。 新闻出版广播电视边疆少数民族事业产业发展项目：打造"桂林旅游胜地"传统媒体和新兴媒体融合基地、绿色印刷基地建设及环保、数字油墨研发、生产基地，建设中国—东盟绿色创意印刷产业园（桂林园区）、"云上桂林"互联网云平台。 农村电影放映项目：县级城市数字影院建设。

第七节　打造传播媒体新形象

大力实施科技创新驱动战略，组织实施一批具有自主知识产权的核心技术、关键技术和共性技术重大研发课题，推进产学研用相结合，加快科技创新成果转化，提高技术装备水平，增强新闻出版广播影视科技竞争力。加强大数据、云计算、物联网等在广电领域应用的研究。完善支持科研机构创新活动的科技投入机制和科研成果评估机制。

一、创新出版业态融合发展

立足传统出版，发挥内容优势，运用先进技术，走向网络空间。深入实施创新驱动发展战略，贯彻落实"互联网+"行动计划，发展分享经济，推动行业大数据应用。持续推进转型升级，推进线上线下互动创新，盘活出版资源，再造出版流程，丰富产品形态，提升技术水平，加快推动传统出版与新兴出版优势互补，在内容、渠道、平台、经营、管理等方面深度融合，实现出版内容、技术应用、平台终端、人才队伍的共享融通，形成一体化的组织机构、传播体系和管理机制。充分发挥资本、金融、技术等在融合发展中的作用，应用新技术，开发新产品，发展新业态，继续创新内容生产服务，以内容优势赢得发展优势，不断巩固、壮大主流思想舆论阵地。加强重点平台建设、扩展内容传播渠道、拓展新技术新业态，努力建立健全一个内容多种创意、一个创意多次开发、一次开发多种产品、一种产品多个形态、一次销售多条渠道、一次投入多次产出、一次产出多次增值的生产经营运行方式，激发出版融合发展的活力和创造力。

二、推进广播影视行业技术创新

进一步推动桂林广播电视全媒体网络化制播技术、全台网技术与云计算、大数据、社交媒体、宽带互联网等新一代信息技术的融合创新，面向标清、高清、超高清 4K、3D 等电视机、PC 和各类移动终端等。优化、创新全媒体采编播存用制播流程，积极推进全媒体内容制作和媒资存储一体化，以及端到端、全流程 IP 网络化。面向全媒体业务的多屏联动和协同，加快推动广播电视全媒体制播云与全媒体服务云的聚合协同、联动创新，建立智能感知、智能协同、智能接口的台网联动技术机制。力争到"十三五"末，桂林电视台全部实现高清化制播，基本建立全媒体制播云平台和全台网，实现广播电视全媒体网络化综合制播，市广播电视台全部实现数字化网络化制播。

深入实施"宽带广电"战略，积极支持广西广电网络公司参与网络产业竞争。牢牢把握广播电视节目传输的主导地位，积极开发网络新业务，大力促进网络综合效益增长，努力使广电网络成为兼具宣传文化和信息服务特色的新型网络，更好地发挥广电网络作为广西重要基础信息网络的作用。加快推进广电网络双向化、宽带化，提升业务承载能力，大力拓展综合信息服务，建设家庭信息中心。着力构建"内容 + 平台 + 渠道 + 终端"完整产业链。加快推进网络业务开发，以视听业务为核心，在保障提供好基本广播电视节目服务的同时，积极发展高清电视、3D 电视、互动电视等新业务新业态。

提升电影放映与市场监管等诸多系统和环节的科技水平，实行全流程高度统筹的信息化管理，形成互联互通、可管可控、信息安全、资源共享的现代化数字电影发行放映体系和适应产业化发展的数字电影信息化服务体系，提升电影视听质量、观影体验和运营服务管理水平。积极发展巨幕电影、3D 电影、4K 电影、动感电影、沉浸式声音和新型光源电影放映。

专栏 11　科技创新重点项目
广播影视行业技术创新项目：构建全媒体制播云平台；打造智能异构、开放透明、绿色安全的广播电视全台网。

第八节　加快文化与旅游融合发展

依托文化提升旅游品牌，立足旅游繁荣特色文化。从建设文化立市和旅游强市的高度，实施文化与旅游融合发展战略。

一、挖掘、整合文化资源

以文化内涵提升旅游品质，培育桂林山水、长寿养生、民族风情、红色文化、绿色文化、特色文化等文化旅游品牌。重点发展山水文化旅游，演绎桂林山水文化故事；整合挖掘长寿养生旅游资源，重点推进永福等养生长寿文化资源开发；打造中医药文化养生基地；在少数民族区域发展民族文化体验旅游；重点在市区和灌阳县、兴安县、全州县等发展红色旅游。建设兴安秦汉文化特色主题城镇、五通农民画产业园、恭城儒家文化主题城镇等一批个性突出、风情浓郁的文化旅游精品。

二、开发利用好桂林得天独厚的山水文化旅游资源

随着城市化进程的加快和人们回归自然心态的出现与升温，山水文化旅游受到国内外的关注和热捧，以文化提升旅游的内涵质量，以旅游扩大文化的传播消费。坚持健康、文明、安全、环保的文化旅游休闲理念，大力支持精品艺术节目在桂林老城区、旅游景区的驻场演出。依托象山景区春晚效应，打造一台极具山水民族风情的大型实景演出；鼓励工艺美术、文化娱乐、文化休闲、文化创意、影视动漫等优势文化产业进入旅游产业；建设一批文化休闲街区、民俗特色村镇、文化旅游度假区；加强文化遗产地和非物质文化遗产的保护利用，开发便捷、舒适、健康的文化休闲空间，大力发展红色旅游和特色文化旅游，推进文化资源向旅游产品的有效转化。

三、加强宣传，推动山水文化“走出去”

多年来，桂林大力开展多渠道、多层次、丰富多彩的对外文化交流活动，与国内、国外文化交流日益频繁。通过交流，广交朋友，增进共识，推动了合作。特别是一批以山水文化为主题的重要对外文化项目的实施，显著提升了桂林市在国际上的知名度，增强了世界对桂林山水文化的了解和认知度。旅游是文化的载体，是推广和宣传中华文化和山水文化的重要手段。坚持文化与旅游并重，借助旅游宣传方式的立体感和鲜活性，在潜移默化中达到宣传桂林山水文化的效果。

四、创新发展文化旅游产品

重点集聚化开发龙胜多元民族文化、灌阳瑶族历史、恭城瑶族文化、资源苗族文化四个主题片区，精品化构建以民族文化景区、民族文化村寨、民族文化博物馆为支撑的项目载体，产业化带活民族文化旅游。主打秦水利文化、明藩王文化、宋石刻文化三大品牌，以红色文化、远古文化和岭南文化为支撑，深化历史文化旅游。以旅游演艺为核心亮点，巩固表演艺术优势，传承工艺美术历史，创新动漫艺术平台，打造区域性文化创意产业中心，创新发展艺术文化旅游。重点项目包括龙脊梯田民族文化旅游区、灵渠历史文化旅游区、恭城多彩瑶乡·文化旅游特色小镇、永福百寿健康养生旅游区。

专栏 12　文化旅游项目	
民族文化游	融合山水观光资源，提升义江缘景区、阳朔世外桃园景区、大唐湾等民族文化景区；注入休闲度假，发展灌阳瑶族之源主题城镇、龙胜侗寨群、周家村白面瑶寨、同烈瑶寨、布弄瑶寨、红岩村、浪田苗寨等民族文化村寨；提升科技手段和互动要素，建设桂北民俗博物馆、灌阳瑶族博物馆、龙胜各族博物馆等民族博物馆。
历史文化游	将灵渠水街建设成为“亲水型宽窄巷子”；以靖江王城扩容为重点，带活城区文化产业发展；保护性开发李宗仁旧居、白崇禧旧居、徐悲鸿旧居等名人故居，打造两岸共同精神家园；大力发展八路军驻桂林办事处旧址、红军长征突破湘江烈士纪念碑园等经典红色景区，带动兴安界首古街、灌阳岩口、全州渡江码头、老山界等红色旅游景点发展；建设甑皮岩为代表的遗址公园，结合喀斯特地质科普，打造具有世界性影响的文化遗址旅游地。
艺术文化游	打造“光影桂林”，扶持市区《夜王城》、兴安《秦安天下》、龙胜《龙脊神韵》等新兴演艺品牌，引进宋城等国内外成熟演艺运作品牌，打造中国山水民俗演艺胜地。打造“书画桂林”，重点建设国奥文化历史街区、袭汇千年桂林等文化旅游博物综合景区。辅助开发宗教文化，重建西庆林寺、全州湘山寺、栖霞寺、祝圣寺、开元寺、能仁寺、恭城“三庙一馆”。

第九节　桂林根雕、书画文化市场建设

一、桂林根雕市场建设

桂林根雕资源丰富，根雕工艺及产品在国内外都享有盛誉。桂林是全国最大和最重要的根雕集散地，市场影响力已辐射到全国二十多个省市，而且通过台湾和港澳客商已经影响到了东南亚和美国等地。桂林瓦窑根雕奇石市场现有根雕加工户600多户、奇石经营户400多户。为了扩大市场，“十二五”期间市政府通过市场运作，在象山区长虹东路建设“中国·桂林国际根雕奇石文化城”，项目位于凯风路大风山段，分两期建设，计划投资3.2亿元，计划用地约350亩。主要以根雕艺术文化为基础，以丰富旅游市场为宗旨，打造集根雕红木、翡翠玉石、奇石矿物、美食文化、旅游观光和休闲为一体的新型文化城。“十三五”期间继续完善“中国·桂林国际根雕奇石文化城”建设，挖掘根雕、奇石所蕴含的美学艺术，大力整合辖区根雕、奇石市场资源，力争把桂林根雕奇石市场打造成全国规模较大、档次较高，在世界较有影响力的集加工、展览、交易于一体的专业化市场。

二、书画文化市场建设

桂林山水画在中国山水画中占有独特的地位，以黄格胜为首的“漓江画派”更是在中国画坛独树一帜，作品在全国画展、画册、报刊以及网络平台，都随处可见。从20世纪80年代起，桂林书画市场就开始兴旺起来，经过三十多年的发展，桂林书画市场同桂林旅游产业一道并步同行，不断在竞争发展、规范管理中成熟壮大起来。目前，桂林书画市场除了安新洲的书画自由超市外，还有广西师范大学书画市场、瓦窑国际商品批发城、南站礼品城及分散在各大景区（景点）、宾馆、出入境港等地共二十多个较为规范而成熟的专业市场或画店。

五通农民书画市场不断扩大，成为农民增收的新兴产业之一，引领文化致富模式得到了广泛推广，引起了国内外的高度关注。近年来，五通书画产业得到了蓬勃发展，全镇有1000多户3200多人专门从事绘画产业，绘画内容达20多种，尤以画动物、山水、梅、竹等出名，五通农民画占桂林自由市场70%以上份额，在全国各大城市均有销售，并逐步打开了日本、英国、俄罗斯等外国市场，年产值超过2亿元。

桂林书画作品大多取材于山水风光、民族风情等本土题材，展示了桂林文化和自然风光的双重魅力。桂林书画产业不仅增加旅游地就业，丰富旅游产品、弘扬民族优秀文化艺术，而且提升了桂林的知名度，促进桂林旅游产业发展。“十三五”时期，桂林市书画市场建设要重点做好：一是继续完善好传统瓦窑书画批发市场建设，加强早市书画市场管理；二是提升现有书画展览馆（厅）水准，拓展知名度增加展览率；三是成立五通书画协会组织，做好申请五通农民画商标，并通过协会组织农民书画艺人集体创作，统一销售，形成品牌效应。四是在五通镇修建占地320亩的“中国农民画第一村”书画艺术中心，集展览、创作、销售、培训、旅游于一体，打造成为桂林旅游的又一特色景点。

第十节 加强人才队伍建设

一、培养高层次高素质文化人才队伍

造就高层次领军人物和高素质文化人才队伍。遵循文化发展规律和人才成长规律，建立和完善有利于优秀人才健康成长和脱颖而出的体制机制，加快构建门类齐全、结构合理、梯次分明、专业分布均衡、整体素质优良、具备参与国内国际竞争实力的桂林文化新闻出版广电人才群体。加强文化企业家队伍建设，扶持资助优秀中青年文化人才主持重大课题、领衔重点项目，抓紧培养善于开拓文化新领域的拔尖创新人才、掌握现代传媒技术的专门人才、懂经营善管理的复合型人才和适应文化需求的国际化人才。探索人才培养的新模式，加强与相关高校对接，开展定向招生、委托培养、进修学习、短期培训等多种培养模式，加强对行政管理人才、文艺专业人才、新闻传播人才、理论研究人才、经营管理人才的培训培养力度。加大新兴媒体内容生产、研发、资本运作和经营管理等各类人才培养引进力度，完善相关政策措施，多渠道吸引海外优秀文化人才。积极支持高层次人才创办文化企业，实施扶持创业优惠政策。表彰奖励成就卓著的文化工作者。

二、健全人才队伍建设工作机制

创新人才管理模式，促进人才合理流动，营造优秀人才脱颖而出的良好环境，吸引、聚集国内外优秀文化和新闻传播名人以及经营管理人才。打破各种条件限制，建立灵活的人才引进、培养、使用机制，鼓励和支持各单位采取项目聘任、项目合作等多种方式，面向国内外，引进一批高层次的文艺专业人才；推动桂林市拔尖人才培养，充分发挥人才小高地平台作用，着力培养历史文化研究和文化创意、文化传播领军人物和骨干人才。充分发掘文化藏财于民、藏艺于民的优势，聚合民间资源，调动一批分散在社会的文化艺术人才的才干。

三、落实基层人才支持计划

推进实施基层文化人才队伍建设和大学生“村官”计划，鼓励到基层从事宣传文化事业。完善机构编制、学习培训、待遇保障等方面的政策措施，吸引优秀文化人才服务基层。完善基层优秀人才发现培养机制，配好配齐乡（镇）、街道党委宣传委员、宣传干事和乡（镇）综合文化站专职人员，提高队伍建设科学化水平。重视发现和培养扎根基层的乡土文化能人、民族民间文化传承人特别是非物质文化遗产项目代表性传承人，鼓励和扶持群众中涌现出的各类文化人才和文化活动积极分子，促其健康成长、发挥积极作用。依托自治区文化厅落实“三区”（边远贫困地区、边疆民族地区和革命老区）人才支持计划，每年选派一批优秀文化工作者到基层提供服务，通过长期服务、项目服务等多种形式为基层培养急需紧缺的文化工作者。同时，安排基层文化工作者到上级文化系统有关单位进行脱产学习、挂职锻炼等，通过选派和培养工作，提高基层文化工作者素质，推动基层文化发展，提升全市公共文化服务水平。

四、开展职业道德及作风建设

加强职业道德建设和作风建设，引导全市文化工作者加强自身修养，做道德品行和人格操守的示范者，并成为优秀文化的生产者和传播者，自觉践行社会主义核心价值体系，增强社会责任感，弘扬科学精神和职业道德，发扬严谨笃学、潜心钻研、淡泊名利、自尊自律的风尚，努力追求德艺双馨，坚决抵制学术不端、情趣低俗等不良风气。积极支持文化工作者、中青年骨干深入实际、深入生活、深入群众，拜人民为师，增强国情、区情和市情的了解，增加基层体验，增进群众感知。

桂林加速推进国际旅游胜地建设 山水更美 文化增色

（《人民日报》2017 年 6 月 19 日第 1 版）

本报桂林 6 月 18 日电（记者刘华新、王云娜）“游漓江，和在欧洲坐船游览多瑙河、莱茵河一样美。”坐在舒适美观、安全环保的游轮上，正带全家在广西桂林度假的以色列企业家加尔·本—大卫博士，一脸兴奋地对记者说。

“以前漓江很多游船陈旧破损，而且采用明火烹制游客用餐，厨房用水直排漓江，造成污染。”漓江风景名胜区工委委员丘伟雄指着江中的游轮告诉记者，“去年，我们改造、新建了 87 条游船，船上全部实行配餐制。”

近年来，桂林加大环境整治力度，守住生态“生命线”。对漓江城市段干流、小东江等 7 条支流的排水口进行截污整治，拆除沿江洲岛乱搭违建餐厅，清理住家船、网箱养鱼等污染源，关闭核心景区全部采石场、砖瓦厂和石灰窑，并进行破损山体生态复绿。借助无人机巡查，桂林实现了对漓江风景区生态“水、陆、空”全方位监管。漓江水质长期保持在国家二类标准以上。桂林市委、市政府还带头迁至临桂新区，远离漓江景区，缓解老城生态压力。

桂林要在 2020 年基本建成国际旅游胜地，2012 年 11 月国家发改委批复的《桂林国际旅游胜地建设发展规划纲要》提出明确要求，并提出四大战略定位：世界一流旅游目的地、全国生态文明建设示范区、全国旅游创新发展先行区、区域性文化旅游中心和国际交流的重要平台。

桂林不仅山水甲天下，还是全国首批历史文化名城。桂林市委主要负责人表示，桂林在加速推进国际旅游胜地建设中，守好生态“生命线”的同时，还要“寻找文化的力量、挖掘文化的价值”，将历史文化中的“散珠碎玉”串成“葡萄串”，做好生态、文化、旅游相融的大文章。

漓江之滨，古色古香的逍遥楼傲然耸立。近观唐代大书法家颜真卿所书“逍遥楼”碑刻，远眺“桂林老八景”，山水桂林更添几分文化底蕴之美。始建于唐代的逍遥楼，去年 4 月在遗址附近重建后开门迎客，成为桂林文化新地标。

散落的文化瑰宝被一一拾起。保护修缮后的灵渠、桂海碑林、靖江王府，让游客驻足流连；红军长征突破湘江烈士纪念碑园、八路军桂林办事处、美国飞虎队桂林遗址公园，纷纷得到挖掘、保护；全市 85 个村落被列入中国传统村落名录。寄情山水之余，越来越多的游客在桂林开启文化之旅。

2016 年，桂林共接待游客 5300 多万人次，旅游总消费 637.31 亿元，同比分别增长 20.49% 和 23.19%，旅游总收入占 GDP 比重从 2011 年的 16.3% 提升到 30.2%。

桂林市城市市容和环境卫生管理条例

（2017 年 10 月 31 日桂林市第五届人民代表大会常务委员会第九次会议通过，2017 年 12 月 1 日广西壮族自治区第十二届人民代表大会常务委员会第三十二次会议批准）

目　录

第一章　总则

第一条　为了加强和规范本市市容和环境卫生管理，创造整洁、优美、文明的城市环境，促进经济发展和社会进步，根据国务院《城市市容和环境卫生管理条例》和有关法律法规的规定，结合本市实际，制定本条例。

第二条　本条例适用于本市城市建成区、县级人民政府所在城镇建成区以及不在建成区范围内的风景名胜区、旅游景区、经济开发区等其他实行城市化管理的区域。

其他实行城市化管理区域的具体范围，由市、县级人民政府划定并公布。

第三条　市容和环境卫生工作坚持统一领导、分级管理、分区负责、公众参与和社会监督相结合的原则，实行科学化、市场化、便民化管理。

第四条　市、县级人民政府应当加强对市容和环境卫生工作的领导，将市容和环境卫生事业纳入国民经济和社会发展规划，加大市容和环境卫生设施建设的力度，保障市容和环境卫生事业所需经费，提高市容和环境卫生公共服务能力。

第五条 市、县级人民政府市容环境卫生行政主管部门负责本行政区域内市容和环境卫生管理工作,街道办事处协助做好相关的市容和环境卫生管理工作。

规划、住建、环保、园林、卫生、工商、交通运输、公安、旅游、水利等行政主管部门以及漓江风景名胜区管理机构按照各自职责,共同做好市容和环境卫生管理的相关工作。

第六条 任何单位和个人应当维护市容和环境卫生、爱护市容和环境卫生设施;尊重市容和环境卫生工作人员,不得妨碍、阻挠其正常作业;对损害市容和环境卫生设施、破坏市容和环境卫生的行为有权劝阻、投诉、举报。

市容环境卫生行政主管部门应当建立投诉举报受理和处理制度,向公众公布投诉、举报电话和其他联系方式。对投诉、举报应当及时调查处理,对投诉人、举报人的信息应当保密,并将处理结果及时反馈给实名投诉人、举报人。

居民委员会可以组织制定社区市容和环境卫生公约,动员单位和居民参加市容和环境卫生治理工作和公益活动。

第二章 市容和环境卫生责任

第七条 市容和环境卫生按照属地管理的原则实行责任区管理,由市容环境卫生行政主管部门组织实施。责任区内的市容和环境卫生具体工作由责任人负责。

市容和环境卫生责任区是指由单位和个人所有、使用或者管理的建(构)筑物或者其他设施、场所及其一定范围内的区域。

具体责任区范围由市容环境卫生行政主管部门划定并公布。责任区和责任人确定后,应当书面告知责任人。

市容和环境卫生责任区和责任人确定后,应当在责任区向社会公布。

第八条 市容和环境卫生责任区以及责任人,按照属地管理的原则,依据下列规定确定:

(一)城市道路和市政设施,由市、县级人民政府市容环境卫生行政主管部门负责;

(二)公共设施和空中架设的管线,由设置者和管理者负责;

(三)汽车、船舶、轨道交通等交通工具,由所有人或者经营者、管理者负责;

(四)文体娱乐场所、广场、旅游景区、公园、城市绿地和公路、铁路、机场、车站、码头、公交站点等公共场所,由经营者、管理者负责;

(五)商场、宾馆、饭店、集贸市场、展览展销场所以及其他临街店铺等经营场所,由经营者、管理者负责;

(六)江河、湖泊、水塘、水渠等水域及岸线,由管理者负责;

(七)实行物业管理的居住区,由物业服务单位负责,未实行物业管理的居住区由业主或者其委托的单位、人员负责;

(八)机关、团体、企事业单位的管理区域,由本单位负责;

(九)建设工地由施工单位和建设单位负责,待建用地由土地使用权人负责。

第九条 市容和环境卫生责任人负责责任区内的市容美化、卫生保洁等工作:

(一)保持责任区市容整洁,车辆停放有序;

(二)保持责任区环境卫生整洁,无暴露垃圾、渣土、粪便和污水,按照规定设置公共环境卫生设施并保持整洁;

(三)保持责任区路面平整、排水通畅;

(四)保持水域责任区水面清洁,无垃圾、粪便、油污、动物尸体;

(五)法律法规规定的其他市容和环境卫生工作。

第三章 市容管理

第十条 市人民政府市容环境卫生行政主管部门应当会同相关行政主管部门和管理机构,根据国家、自治区城市容貌标准,制定与本市相适应的市级城市容貌标准,经本级人民政府批准后公布实施。

县级人民政府市容环境卫生行政主管部门根据地方特色、民族风情,参照市级城市容貌标准,可以依法制定本行政区域的城市容貌标准,经本级人民政府批准后公布实施。

第十一条 建(构)筑物应当符合城市容貌标准,不得擅自改变建(构)筑物原貌,不得擅自在建(构)筑物外墙开门窗,不得在屋顶乱搭建、乱堆放,不得擅自改变屋顶结构。在屋顶安装固定设施应当规范设置。

主要街道和重点区域建(构)筑物的所有者应当对破损、污损的建(构)筑物外立面进行整修、清洗。

主要街道和重点区域的范围,在市容和环境卫生专项规划中划定,经本级人民政府批准后公布实施。

第十二条 城市主要街道和重点区域临街建筑物的阳台外、窗外、平台、外走廊,不得堆放或者吊挂影响市容、危及安全的物品,不得超出墙体外立面安装防盗窗(网),不得擅自搭建遮阳雨棚。

在城市主要街道和重点区域临街建筑物安装空调、热水器等设施应当符合城市容貌标准。

城市道路两侧建筑物的油烟排放通道应当避开建筑物正面或者主干道一侧,保证其色彩与建筑主体色彩一致,并保持外观整洁,油烟排放不得污染建筑物。

第十三条 城市道路以及其他设施应当符合下列标准:

(一)道路路面、桥面、人行步道应当平坦、整洁,道缘石整齐、无缺损;

(二)交通护栏、交通指示牌、路街名牌等设施保持整洁;

(三)城市道路上设置的检查井(箱)盖、雨箅等保持齐全,不堵塞并与路面平整。

第十四条 经批准挖掘城市道路的,应当在施工现场公示占道范围、占道期限和批准单位。

任何单位和个人不得擅自在道路路缘、道路隔离带以及人行道上搭斜坡,不得擅自开挖进出口或者通道。

第十五条 在空中架设电力、电信、有线电视、通讯等线缆,或者依附于城市道路建设各种管线、杆线等设施,应当符合城市容貌标准。新建线缆设施应当入地敷设,各种架空线缆应当按规划入地敷设。

第十六条　闲置用地、待建用地、装饰装修场地应当设置符合城市容貌标准的围挡。

第十七条　路灯照明设施的设置单位或者管理单位应当加强照明设施的设置和维护管理,做到使用安全、整洁美观,达到规定的标准和要求,并按照规定开闭路灯照明设施。路灯照明设施损坏、断亮的,应当及时维修或者更换。

景观灯光设施的所有者或者管理者应当保持景观灯光设施外观完好、功能正常,并按照规定的时间使用景观灯光设施。

第十八条　临街和广场周边的经营者不得超出门窗进行店外经营、作业,不得在店外堆放、吊挂、展示、晾晒物品,不得摆放广告牌、灯箱和其他影响市容的物品。

从事车辆清洗修理、废品收购和废弃物接纳作业的,不得占用城市道路、人行道和其他公共场所经营,并应当保持经营场所周围环境整洁。

第十九条　任何单位和个人不得擅自在城市主要街道、重点区域和公共场所设摊经营、兜售物品。

经依法批准临时占用城市道路和公共场所举办庆典、文化、促销等商业和公益活动的,活动设施的摆放、使用不得影响市容。举办者应当按照要求设置公共环境卫生设施,保持周围市容和环境卫生整洁;活动结束后,应当及时清除设置的设施和废弃物。

第二十条　在城市道路和公共场所停车位停放机动车辆、非机动车辆的,应当在停放线内有序停放。

收费车位由管理者进行管理和维护。任何单位和个人不得擅自在城市道路和公共场所划定停车位或者设置地锁等装置。

公共租赁自行车或者共享自行车应当有序停放,不得妨碍市容。

第二十一条　市、县级人民政府市容环境卫生行政主管部门应当会同相关行政主管部门,根据本条例、城市总体规划和城市容貌标准的要求,编制户外广告设施设置专项规划和技术规范,经本级人民政府批准后公布实施。

第二十二条　在城市主要街道和重点区域建(构)筑物屋顶不得设置户外广告。

第二十三条　户外广告设置应当符合户外广告设置专项规划和技术规范的要求,与周围景观环境相协调。

户外广告设置业主应当及时拆除存在安全隐患、过期的户外广告设施,及时修复陈旧、污损、残缺和灯光显示不全等影响市容的户外广告设施。

第二十四条　新建建筑物的招牌应当与建筑物同步规划、同步建设、同步验收,建成后不得擅自修改和变动。

在建(构)筑物以及建筑用地地界线范围内设置招牌的,应当整洁、美观,不得改变或者影响建筑物立面的风貌。

设置人应当加强日常管理,保持招牌的外形美观、安全牢固和功能完好,对外形污损、字体残缺、灯光显示不完整等影响市容的及时维修或者更换,对存在安全隐患、过期的及时拆除。

第二十五条　任何单位和个人不得在树木、地面、电线杆、建(构)筑物或者其他设施上任意发布广告,不得擅自在城市道路、公共场所等区域散发宣传材料或者悬挂条幅、张贴标语等。

县级人民政府市容环境卫生行政主管部门或者街道办事处应当按照规划设置公共信息栏,并负责日常管理和保洁。

第四章　环境卫生管理

第二十六条　市容环境卫生行政主管部门应当会同相关行政主管部门,根据城市总体规划的要求,编制城市公共环境卫生设施专项规划,经本级人民政府批准后公布实施。

市容环境卫生行政主管部门应当根据公共环境卫生设施专项规划和设置标准,制定年度计划并组织实施。

第二十七条　任何单位和个人不得擅自设置城市生活垃圾、建筑垃圾消纳、中转场所。

任何单位和个人不得侵占、毁坏、擅自拆除环境卫生设施。因建设需要必须拆除的,建设单位应当提出拆迁方案,报市容环境卫生行政主管部门批准。

第二十八条　公共厕所、公用厕所应当设置明显、可识别的标志,产权人应当安排专人负责保洁,免费对外开放。

大型商场、集贸市场、影剧院等人口密集的场所应当设置公用厕所。

第二十九条　任何单位和个人应当维护城市环境卫生,不得有下列行为:

(一)从机动车内向外抛撒纸钱、鞭炮、垃圾等物品;

(二)在城市道路、公共场所、绿地和垃圾收集器内焚烧各种废弃物或者冥器、冥钞,在公共场所烧烤食品;

(三)在街道上从事家禽家畜屠宰、肉类和水产品加工等活动;

(四)将生活垃圾丢进下水道和厕所管道;

(五)在城市道路两旁遗留清掏出的下水道污泥、修剪产生的植物枝叶;

(六)在城市道路、居住区等公共区域内丢弃、堆放大件垃圾;

(七)在城市道路上堆放建筑材料、谷物以及其他杂物;

(八)乱倒生活垃圾,随地吐痰、便溺,乱扔瓜果皮核、烟蒂、纸屑、食品包装等废弃物;

(九)其他影响城市环境卫生的行为。

第三十条　宠物在城市道路和公共场所产生粪便的,饲养人应当及时清除。

第三十一条　市、县级人民政府负责统筹安排生活垃圾收集、运输、处置设施建设,推行生活垃圾分类投放、分类收运和分类处置,并加强宣传教育和引导。

市人民政府市容环境卫生行政主管部门应当制定生活垃圾分类的具体标准和方法、大件垃圾的处置方法,向社会公布并组织实施。

第三十二条　餐饮服务经营者应当建立餐厨垃圾处置管理制度，按照规定单独收集、存放。

禁止将餐厨垃圾直接排入城镇排水管网，禁止随意倾倒、抛撒、堆放餐厨垃圾。

第三十三条　化粪池责任人应当按照清掏周期的设计要求清掏化粪池，防止阻塞、外溢。

第三十四条　运输建筑垃圾应当随车携带建筑垃圾处置核准文件，并按照核定的路线、时间将建筑垃圾运至市容环境卫生行政主管部门确认的建筑垃圾消纳场所，不得影响市容和环境卫生。

第三十五条　装载砂石、砖块、渣土、水泥、沥青、混凝土等散装物品以及液体、生活垃圾、粪便的车辆应当采取密闭、覆盖等措施，不得泄漏、散落、飞扬或者带泥运行，影响市容和环境卫生。

第五章　法律责任

第三十六条　本条例规定的行政处罚以及相关行政强制措施，由市容环境卫生行政主管部门负责实施；实行城市管理综合执法的，由综合行政执法部门实施。法律法规和本条例另有规定的除外。

违反本条例规定的行为，法律法规已有法律责任规定的，从其规定。

第三十七条　违反本条例第九条规定，市容和环境卫生责任人不履行保洁责任的，由市容环境卫生行政主管部门或者相关行政主管部门责令限期改正；逾期不改正的，对个人处五十元以上二百元以下罚款，对单位处五百元以上五千元以下罚款。

第三十八条　违反本条例第十一条第一款规定，擅自改变建（构）筑物原貌，擅自在建（构）筑物外墙开门窗，擅自改变屋顶结构，乱搭建的，由规划行政主管部门或者建设行政主管部门依法处理。

违反本条例第十一条第一款规定，乱堆放、乱设置影响市容的，由市容环境卫生行政主管部门责令其限期清理、拆除或者采取其他补救措施，并可处五百元以上五千元以下罚款。

违反本条例第十一条第二款规定，建（构）筑物的外立面破损影响市容的，由市容环境卫生行政主管部门责令建（构）筑物的所有者限期清理、拆除或者采取其他补救措施，并可处二百元以上二千元以下罚款。

第三十九条　违反本条例第十二条第一款的规定，堆放或者吊挂影响市容、危及安全的物品，超出墙体外立面安装防盗窗（网），擅自搭建遮阳雨棚的，由市容环境卫生行政主管部门责令其限期清理、拆除或者采取其他补救措施，并可处二百元以下罚款。

违反本条例第十二条第二款的规定，不按规定安装空调、热水器等设施影响市容的，由市容环境卫生行政主管部门责令其限期清理、拆除或者采取其他补救措施，并可处一百元以上一千元以下罚款。

第四十条　违反本条例第十四条规定，责任人未在施工现场公示占道范围、占道期限和批准单位，擅自在道路路缘、道路隔离带以及人行道上搭斜坡的，由市政工程行政主管部门责令限期改正，并可处二百元以上五百元以下罚款。擅自开挖进出口或者通道的，由市政工程行政主管部门责令限期改正，并可处二万元以下罚款。

第四十一条　违反本条例第十五条规定，架设有关线缆不符合城市容貌标准的，由市容环境卫生行政主管部门责令限期改正；逾期不改正的，处一千元以上一万元以下罚款。

第四十二条　违反本条例第十六条规定，闲置用地或者待建用地未设置符合城市容貌标准围挡的，由市容环境卫生行政主管部门责令限期改正；逾期不改正的，处一千元以上一万元以下罚款。装饰装修场地未设置符合城市容貌标准围挡的，由市容环境卫生行政主管部门责令限期改正；逾期不改正的，处二百元以上二千元以下罚款。

第四十三条　违反本条例第十七条规定，不履行城市照明或者景观灯维护、修缮义务的，由市容环境卫生行政主管部门责令限期改正；逾期不改正的，处二百元以上一千元以下罚款。

第四十四条　违反本条例第十八条第一款规定，经营者超出门窗进行店外经营，在店外堆放、吊挂、展示、晾晒物品，摆放影响市容的物品的，由市容环境卫生行政主管部门责令改正，并可处五十元以上二百元以下罚款。

违反本条例第十八条第二款规定，占用城市道路、人行道和其他公共场所作业或者作业影响周围环境整洁的，由市容环境卫生行政主管部门责令改正，并可处二百元以上二千元以下罚款。

第四十五条　违反本条例第十九条第一款规定，在城市主要街道、重点区域和公共场所擅自设摊经营、兜售物品的，由市容环境卫生行政主管部门责令改正，并可处五十元以上五百元以下罚款。

违反本条例第十九条第二款规定，未经依法批准举办活动或者经依法批准举办活动后影响市容和环境卫生的，由市容环境卫生行政主管部门对个人处二十元以上二百元以下罚款，对单位处五百元以上一千元以下罚款。

第四十六条　违反本条例第二十条第一款规定，停放非机动车辆超出停放线或者无序停放的，由市容环境卫生行政主管部门责令改正，并可对非机动车辆所有人或者使用人处二十元以下罚款。

违反本条例第二十条第二款规定，擅自划定停车位或者设置地锁等装置的，由市容环境卫生行政主管部门责令行为人限期改正，并可处一百元以上一千元以下罚款。

违反本条例第二十条第三款规定，无序停放公共租赁自行车或者共享自行车的，使用人在现场的，由市容环境卫生行政主管部门责令改正；拒不改正的，对使用人处二十元以下罚款。经营公共租赁自行车或者共享自行车妨碍市容的，由市容环境卫生行政主管部门责令经营者限期改正；逾期不改正的，处一千元以上一万元以下罚款。

第四十七条　违反本条例第二十二条规定，在城市主要街道和重点区域建（构）筑物屋顶设置户外广告的，由市容环境卫生行政主管部门责令其限期清理、拆除或者采取其他补救措施，并可处五百元以上五千元以下罚款。

第四十八条　违反本条例第二十三条第一款规定，户外广告设置不符合设置专项规划和技术规范的，由市容环境卫生行政主管部门责令其停止违法行为，限期清理、拆除或者采取其他补救措施，并可处五百元以上二千元以下罚款。

违反本条例第二十三条第二款规定，对存在安全隐患、过期的户外广告设施不及时拆除，对陈旧、污损、残缺和灯光显示不全等影响市容的户外广告设施不及时修复的，由市容环境卫生行政主管部门责令其限期清理、拆除或者采取其他补救措施，并可处五百元以上二千元以下罚款。

第四十九条　违反本条例第二十四条第二款规定，在建(构)筑物以及建筑用地地界线范围内设置招牌改变或者影响建筑物立面风貌的，由市容环境卫生行政主管部门责令其限期清理、拆除或者采取其他补救措施，并可处一百元以上五百元以下罚款。

违反本条例第二十四条第三款规定，对外形污损、字体残缺、灯光显示不完整等影响市容的招牌不及时维修或者更换，对存在安全隐患、过期的招牌不及时拆除的，由市容环境卫生行政主管部门责令其限期清理、拆除或者采取其他补救措施，并可处一百元以上五百元以下罚款。

第五十条　违反本条例第二十五条第一款规定，任意发布广告，擅自散发宣传资料、悬挂条幅、张贴标语的，由市容环境卫生行政主管部门责令改正，采取补救措施，并可对个人处五十元以上五百元以下罚款，对单位处五百元以上五千元以下罚款。

第五十一条　违反本条例第二十九条第一项规定，从机动车内向外抛撒纸钱、鞭炮、垃圾等物品的，由公安机关交通管理部门对乘车人处二十元罚款。

违反本条例第二十九条第二项规定，在城市道路、公共场所、绿地和垃圾收集器内焚烧各种废弃物或者冥器、冥钞的，由市容环境卫生行政主管部门责令改正，处五十元以上五百元以下罚款；在公共场所烧烤食品的，由市容环境卫生行政主管部门责令改正，没收烧烤工具和违法所得，并处五百元以上二万元以下罚款。

违反本条例第二十九条第三项、第四项、第五项、第六项规定，在街道上从事家禽家畜屠宰、肉类和水产品加工等活动，将生活垃圾丢进下水道和厕所管道，在道路两旁遗留污泥、枝叶，在公共区域丢弃、堆放大件垃圾的，由市容环境卫生行政主管部门责令改正，处五十元以上五百元以下罚款。

违反本条例第二十九条第七项、第八项、第九项规定，在城市道路上堆放建筑材料、谷物以及其他杂物，乱倒生活垃圾、随地吐痰、便溺等的，由市容环境卫生行政主管部门责令改正，处二十元以上二百元以下罚款。

第五十二条　违反本条例第三十条规定，未及时清理宠物粪便的，由市容环境卫生行政主管部门责令改正，处二十元以上二百元以下罚款。

第五十三条　违反本条例第三十二条第二款规定，将餐厨垃圾直接排入排水管网，随意倾倒、抛撒、堆放餐厨垃圾的，由市容环境卫生行政主管部门责令改正，处二百元以上二千元以下罚款。

第五十四条　违反本条例第三十三条规定，造成化粪池外溢的，由市容环境卫生行政主管部门或者其委托的单位责令其限期清理，并可处五百元以上五千元以下罚款。

第五十五条　违反本条例第三十四条规定的，由市容环境卫生行政主管部门责令改正，并按照以下规定进行处罚：

(一)未依法办理建筑垃圾处置核准文件从事建筑垃圾运输、处置的，对运输单位处二千元以上二万元以下罚款；

(二)未随车携带建筑垃圾处置核准文件的，对车辆驾驶员处二百元以下罚款；

(三)未按照核定的路线、时间运输建筑垃圾的，对运输单位处每车次五百元以上五千元以下罚款。

第五十六条　违反本条例第三十五条规定，未采取密闭、覆盖措施或者车辆带泥运行，影响市容和环境卫生的，由市容环境卫生行政主管部门责令改正，处二百元以上二千元以下罚款。

第五十七条　市容环境卫生行政主管部门和其他有关职能部门及其工作人员违反本条例规定，有下列情形之一的，对直接负责的主管人员和其他直接责任人员依法给予处分：

(一)对依法应当受理的许可申请、投诉、举报不受理，或者不依法处理的；

(二)对依法应当予以制止或者处罚的违法行为不予制止、处罚，或者不依法处理的；

(三)包庇、纵容违法行为人，或者泄露执法秘密的；

(四)有其他滥用职权、玩忽职守或者徇私舞弊行为的。

第六章　附则

第五十八条　本条例自 2018 年 1 月 1 日起施行。

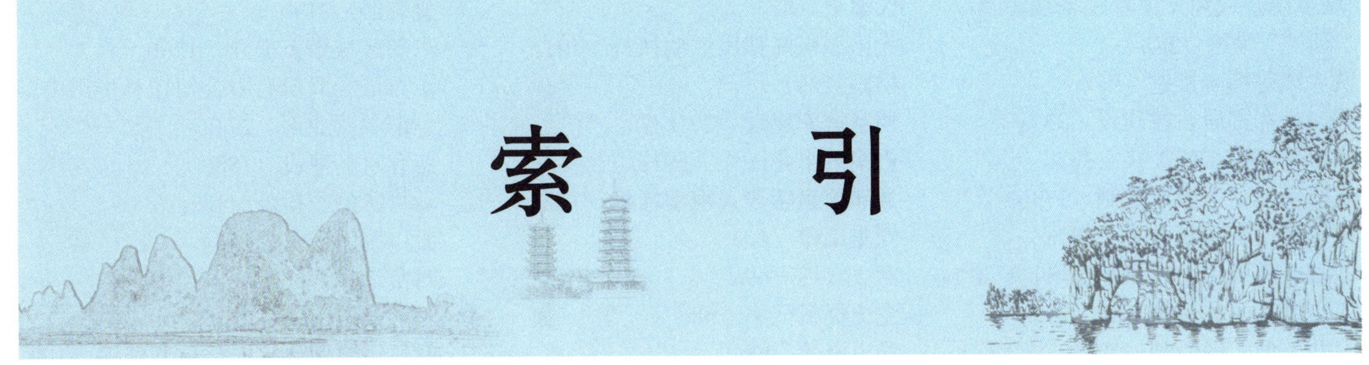

索　引

说　明

1. 本索引采用主题分析方法，主题词词首按汉语拼音字母（同音字按声调）顺序排列。索引范围包括类目、分目、条目、表格标题和人物。

2. 文中的类目、分目在本索引中用黑体字标明，其余款目用宋体字排印。

3. 主题词后的数字表示其所在页码，a、b、c分别表示左栏、中栏、右栏。

4. 同一主题的内容在文中多处出现的，在其款目后用不同的页码标明。空两字起排的款目为上一主题的“附见”。内容有交叉的款目在本索引中重复出现。

A

B

C

D

E

F

G

H

J

K

L

M

N

O

P

Q

R

S

T

W